云南省大理学院南诏大理历史文化传承与发展研究基地文库

中国白族白文文献释读

主编／张锡禄 ［日］甲斐胜二

副主编／段伶 赵敏

广西师范大学出版社
·桂林·

图书在版编目（CIP）数据

中国白族白文文献释读 / 张锡禄，（日）甲斐胜二主编. —桂林：广西师范大学出版社，2011.2
ISBN 978-7-5495-0370-4

Ⅰ. 中… Ⅱ. ①张…②甲… Ⅲ. 白语—文献—汇编—中国 Ⅳ. Z42

中国版本图书馆 CIP 数据核字（2011）第 011169 号

广西师范大学出版社出版发行

（广西桂林市中华路22号 邮政编码：541001）
（网址：http://www.bbtpress.com）

出版人：何林夏
全国新华书店经销
桂林广大印务有限责任公司印刷
（广西桂林市临桂县金山路168号 邮政编码：541100）
开本：890 mm×1 240 mm 1/16
印张：45.5 插页：8 字数：800 千字
2011年2月第1版 2011年2月第1次印刷
定价：398.00元

如发现印装质量问题，影响阅读，请与印刷厂联系调换。

本书为日本财团法人丰田财团(The Toyota Foundation)援助项目(助成号码D08-9-19)中国西部残存白族白文文献收集整理课题成果之一

课题领导组成员：

王　毅　戴志明　王沛智　钱金栿　纳张元　张学清
李　辉　刘　明　陈艳兰

课题协理人：

[日] 甲斐胜二

课题主持人：

张锡禄

子课题主持人：

段　伶　赵　敏　杨红斌　寸云激　王丽梅

成员敬业工作　项目圆满完成
——白族白文文献收集整理课题组工作掠影

　　白族白文文献课题组先后有6名成员，在两年的工作中，深入白族聚居的大理、剑川、洱源、云龙等市县多个农村，访问了多位民间艺人、文化名人，进行白文文献的征集，并进行研读、分类，建立了白族白文文献书架进行保存，编制了文献书目和检索系统。本组图片展现了课题组成员的工作场景。

课题组组长大理学院张锡禄研究员(右1)和日本福冈大学甲斐胜二教授(左1)在向民间艺人杨兴庭先生请教白文古籍。

课题组副组长大理学院段伶副研究员(左1)、民族文化研究所副所长赵敏副研究员(右2)、副所长杨红斌教授(右1)等为征集到的白文古籍进行录像保存。

寸云激副研究员在整理白文文献资料。

王丽梅讲师在整理白文文献资料。

课题组成员在探讨白文文献的翻译。

课题组成员在云龙长新乡拍摄吹吹腔传抄本。

课题组成员在乡下记录采访资料。

课题组成员在云龙"千年古村"诺邓。

课题组成员在云龙顺荡梵文、白文混合碑前留影。

艺人热情支持　同道热心协助
——艺人和同道支持协助掠影

课题组的工作离不开民间艺人和同道的支持与协助，许多艺人和同道将自己收藏多年的白文古籍支持征集，并协助工作。本处选录部分图片，以表达课题组对他们的盛情和辛劳的感激。

大理州博物馆原馆长谢道辛先生（右）、杨伟林先生（中）和该馆工作人员孙燕（左）协助拍摄博物馆收藏的本子曲长卷。

民间艺人李丽女士为课题组演唱大本曲。

国家级民间艺人赵丕鼎先生（左）将自己抄写的多种白文文献支持课题组收藏。

州级民间艺人张文祥先生多次指导课题组工作。

民间宗教人士张维明先生在给课题组成员讲述经书。

民间艺人刘沛先生曾为课题组提供自己抄写的几份文献资料。

洱源大松甸李慰芳先生向课题组展示自己收藏多年的吹吹腔戏本及本子曲。

云龙关平乡老乡将自己收藏多年的白文祭文支持课题组收藏。

白文文献隐秘　　多彩容颜初现

白族历史上的文人，崇尚汉语文化，积极学习汉语、汉文，发挥汉字之长，创造汉字型的方块白文；运用方块白文，记录本民族语言的民歌，书写抒发情感的"山花词"诗篇，移植内地明清时流行的经典戏曲曲艺，唱诵与祖先和各种神灵对话的祭文、经文。以文字寄托理想，传承民族文化，教化世代子孙。由于白文文献大多隐藏于民间，人所鲜见，堪称秘籍，本书选录部分书影，使更多人能够一睹白文文献真容。

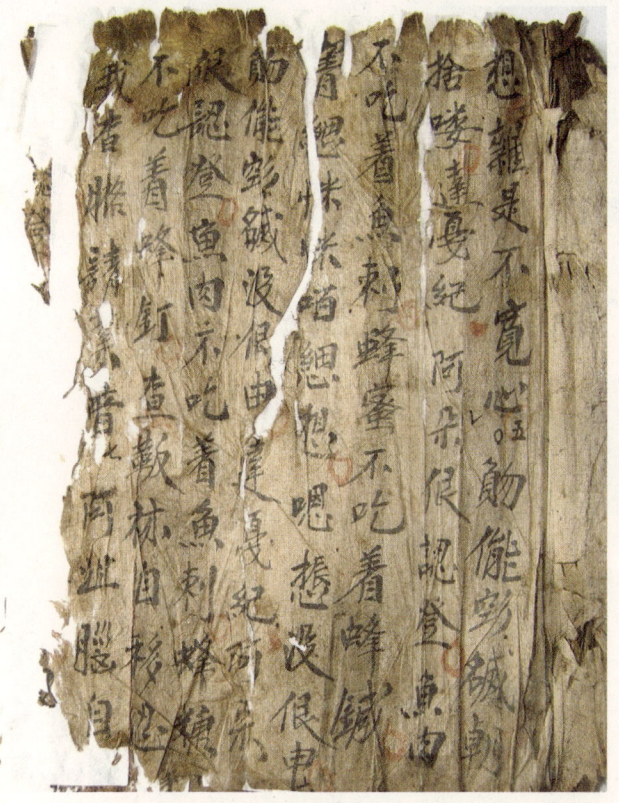 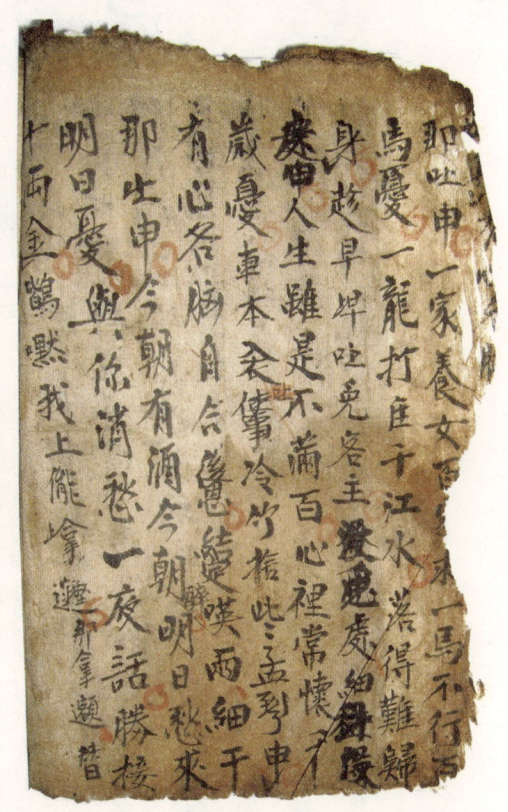

民国传抄本《云龙白曲残本》图版节录。原书今存美国傅京起女士处，全书图版今大理学院民族文化研究所有存。

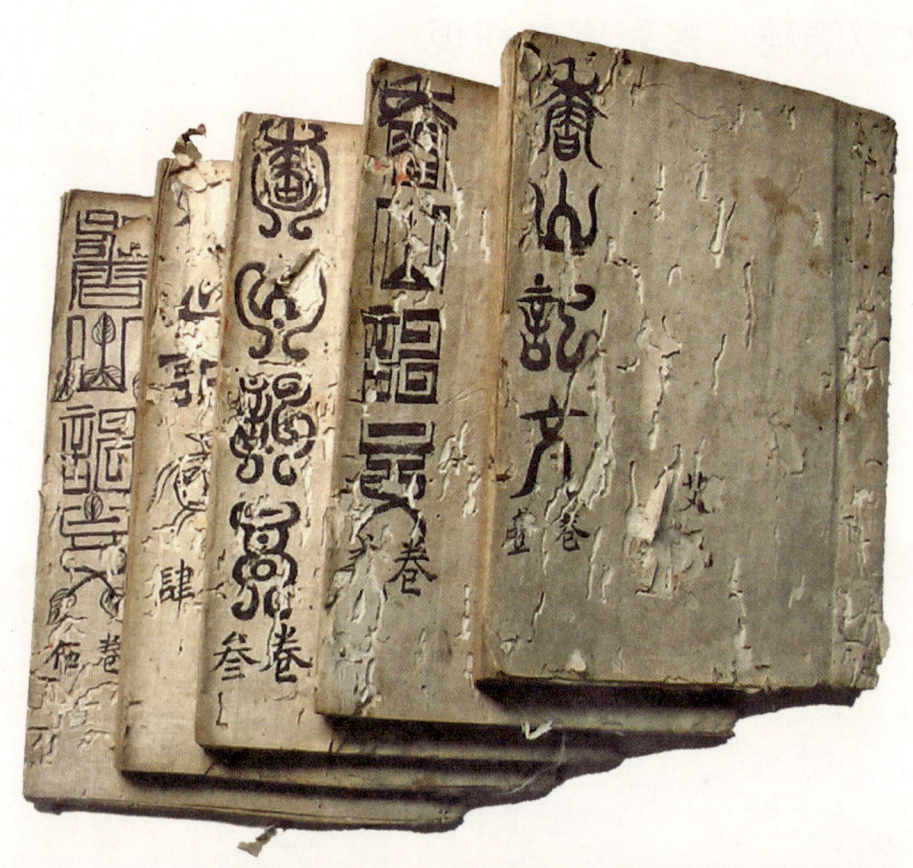

古代讲唱佛教教义《香山记文》（五卷），民国时传抄本，全书图版今大理学院民族文化研究所有存。

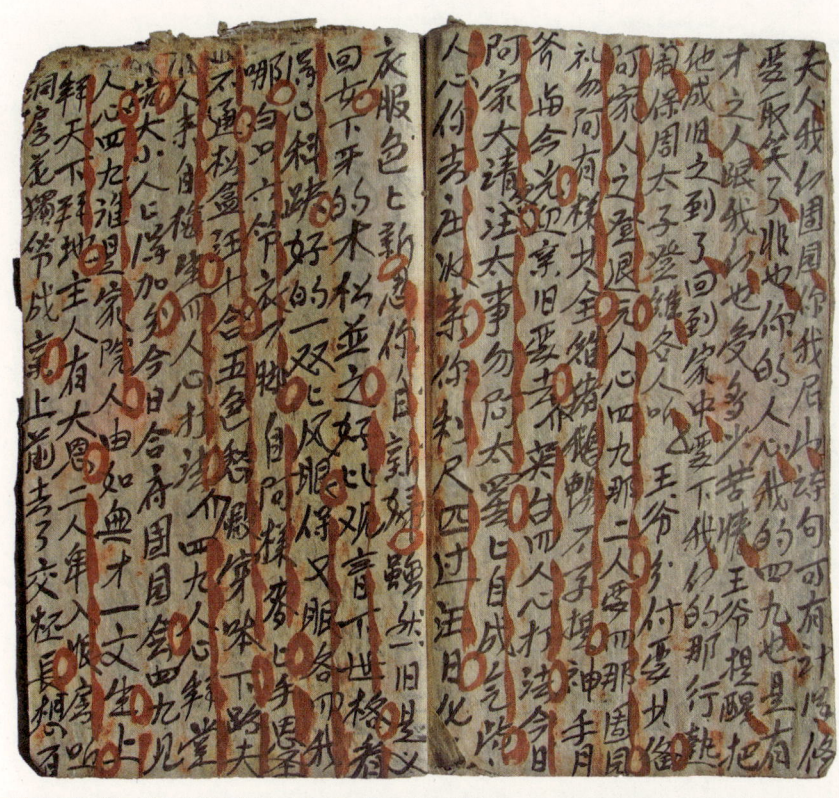

大本曲移植明代曲目《梁山伯与祝英台》民国传抄本图版节录,全本图片今大理学院民族文化研究所有存。

《丁郎刻木》图版节录。明代大本曲移植本,原书今存大理学院民族文化研究所。

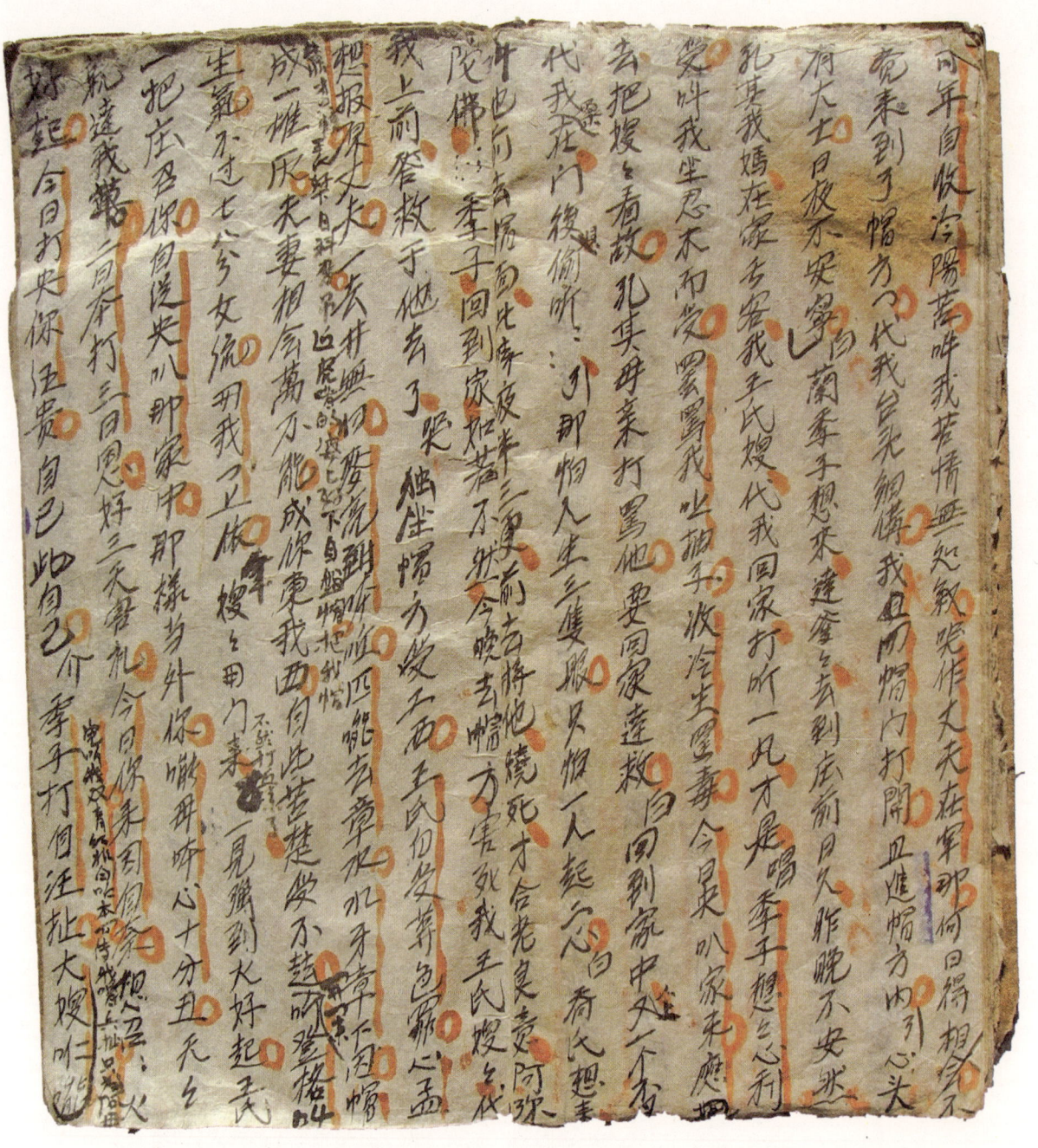

大本曲《火烧磨房》（又名《血汗衫》）民国传抄本图版节录。明代根据大理战事为背景创作，原书今存大理学院民族文化研究所。

传统本子曲《黄氏女对金刚》图版节录。原书今存大理州博物馆，全书图版今大理学院民族文化研究所有存。

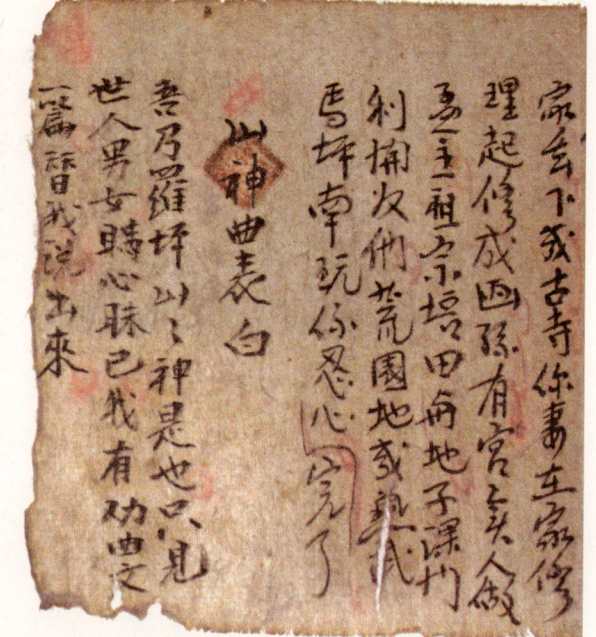

传统本子曲《山神曲表白》图版节录。原书今存大理州博物馆，全书图版今大理学院民族文化研究所有存。

大本曲《卖花记》民国传抄本图版节录。明代根据汉族曲目移植,今大理学院民族文化研究所存复制本。

大本曲《唐王游地府》民国传抄本图版节录。明代根据汉族曲目移植,今大理学院民族文化研究所存复制本。

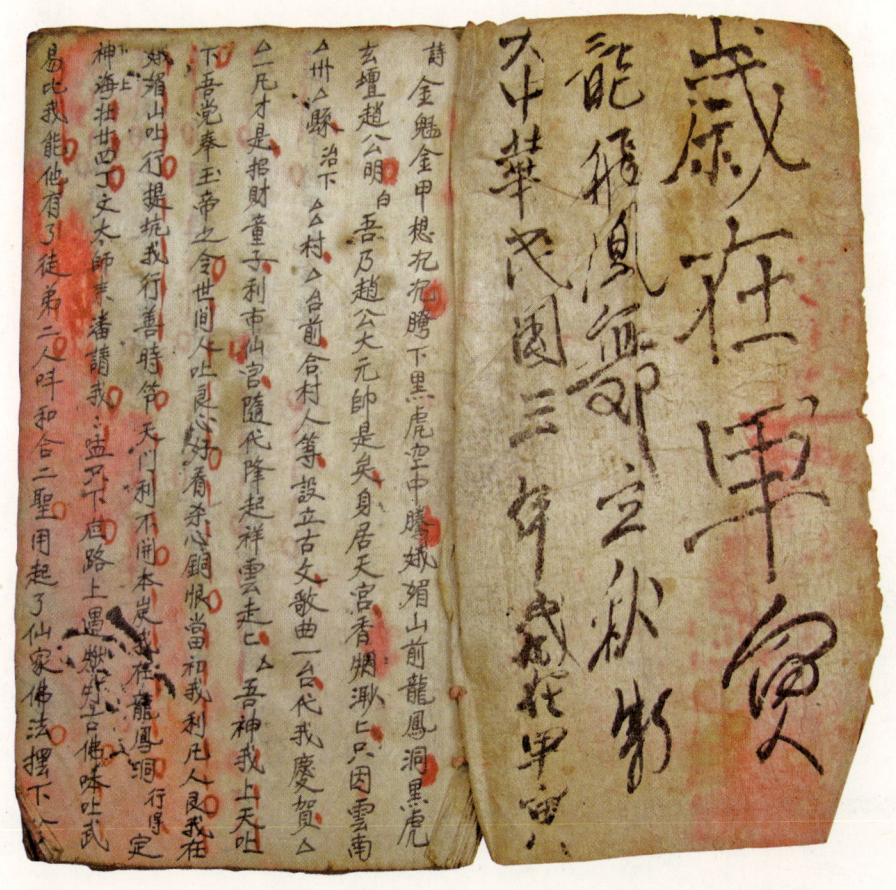

民间道师传统经文《白赞科》图版节录。

大本曲《夜明珠》民国传抄本图版节录。明代根据汉族曲目移植,全书图版今大理学院民族文化研究所有存。

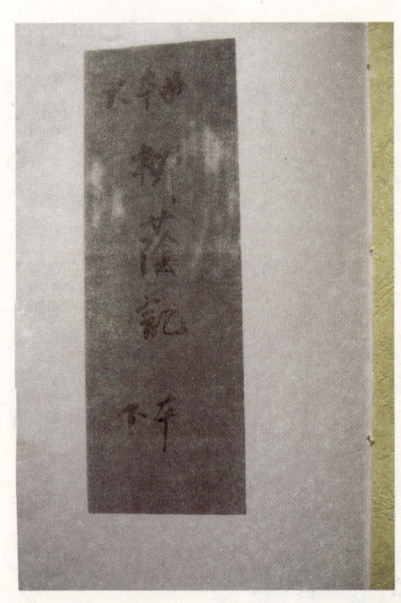

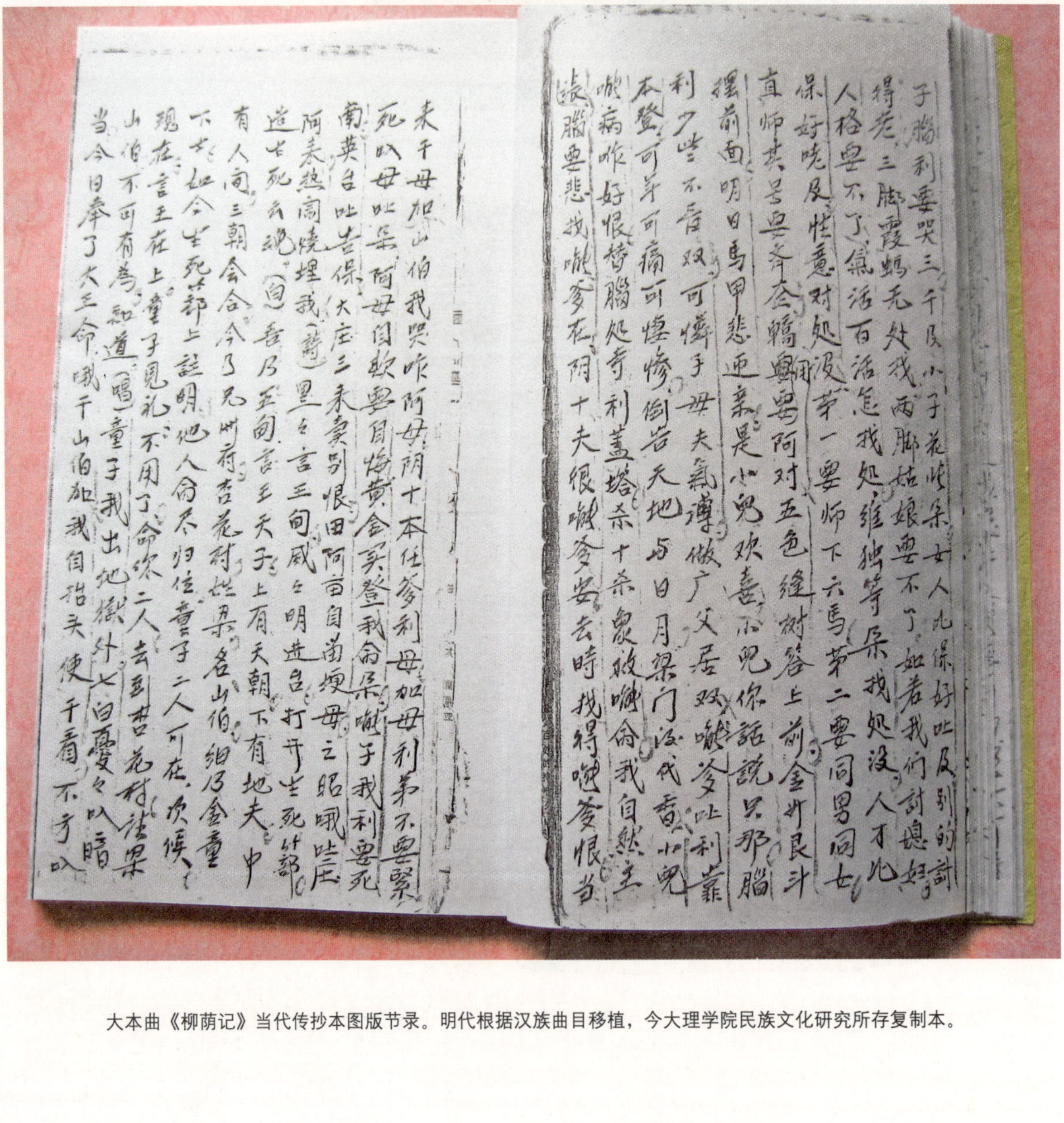

大本曲《柳荫记》当代传抄本图版节录。明代根据汉族曲目移植，今大理学院民族文化研究所存复制本。

文人山花词：《词记山花·咏苍洱境》碑。明朝景泰元年（1450）立，白族杨黼作。原碑从圣元寺移至大理市博物馆碑林保存。

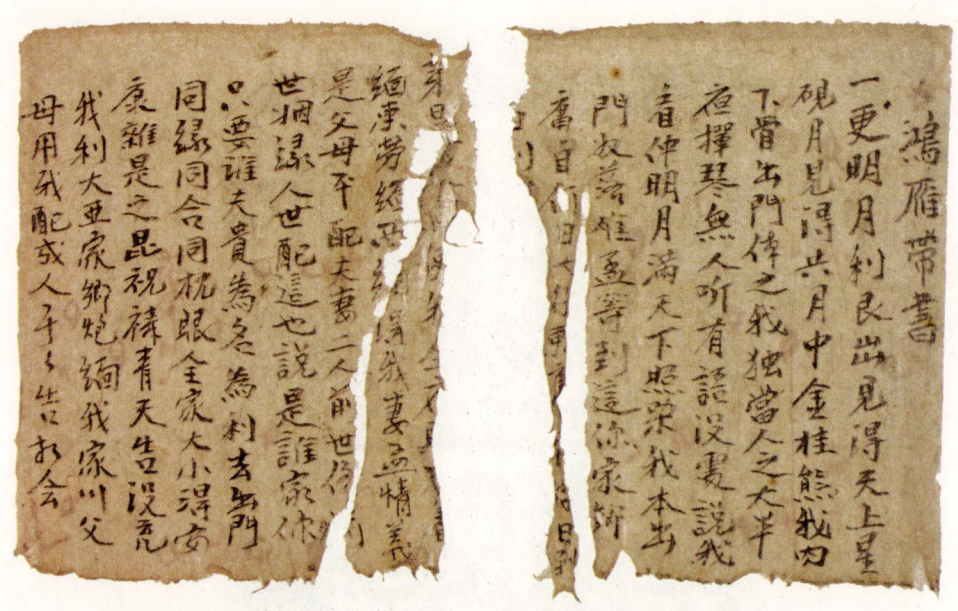

传统本子曲《鸿雁带书》民国传抄本图版节录。原书今存大理州博物馆，图版今大理学院民族文化研究所有存。

大本曲《韩顺龙退亲》图版节录。明代根据汉族曲目移植，全书图版今大理学院民族文化研究所有存。

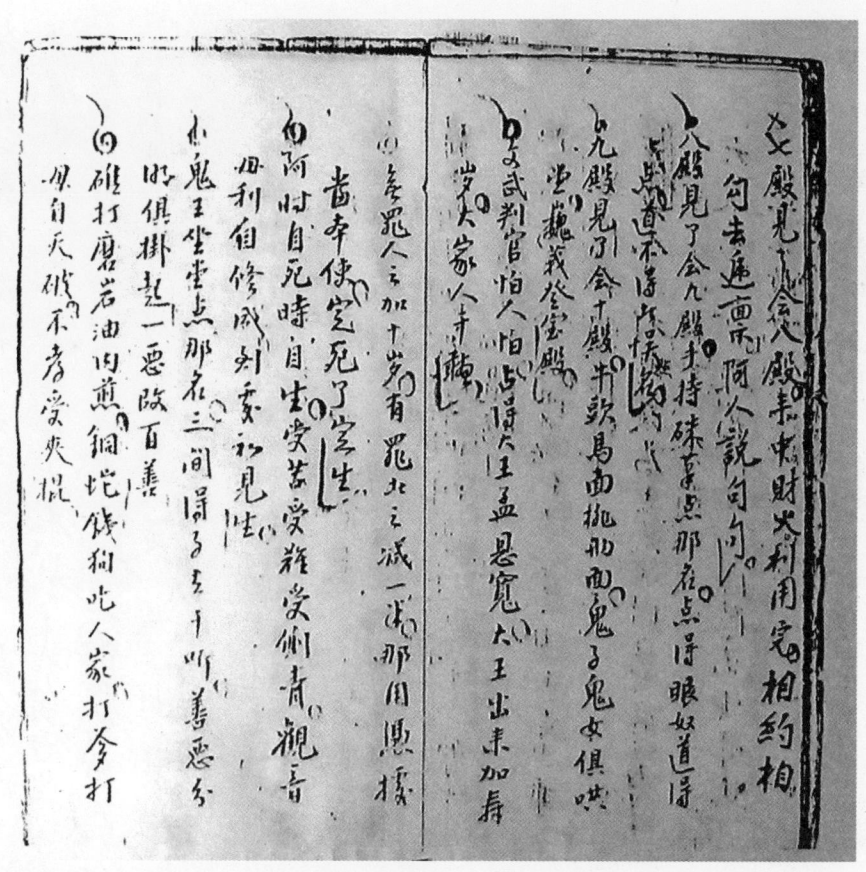

佛寺藏本密宗阿吒利教经文《十王白词》图版节录，全篇图片今大理学院民族文化研究所有存。

民间传抄经文《三献礼白词》图版节录，全篇图片今大理学院民族文化研究所有存。

大本曲《火烧松明楼》。当代民间艺人根据白族历史故事改编,全书图版今大理学院民族文化研究所有存。

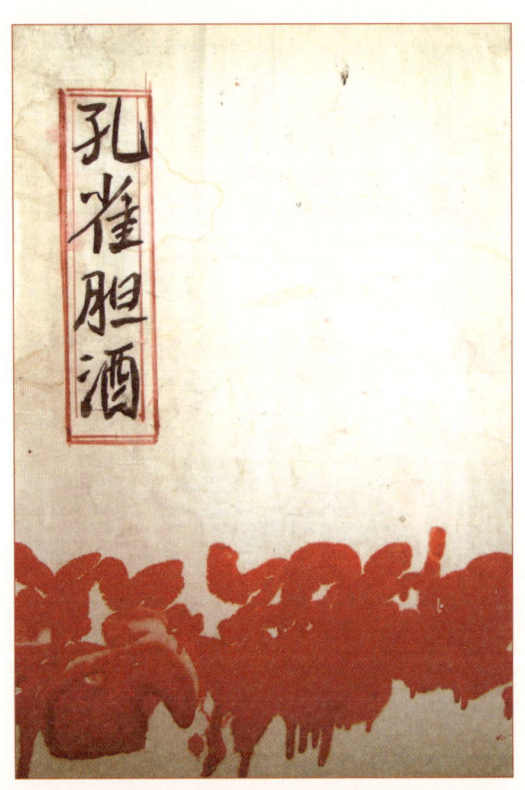

大本曲《孔雀胆酒》。当代民间艺人根据白族历史事件改编,全书图版今大理学院民族文化研究所有存。

中国白族白文文献释读 15

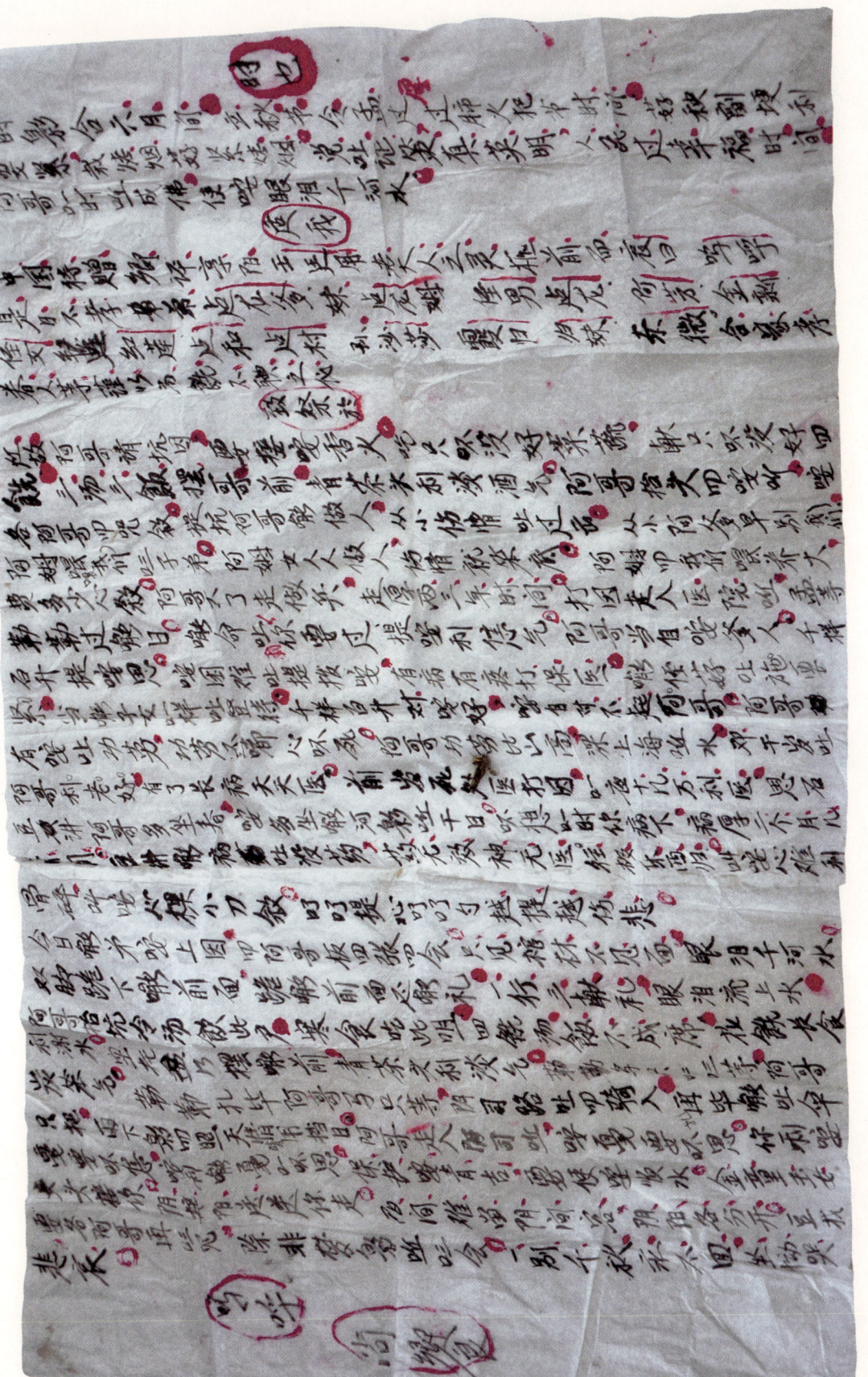

当代民间殡葬习俗中使用的祭文之一。图版今大理学院民族文化研究所有存。

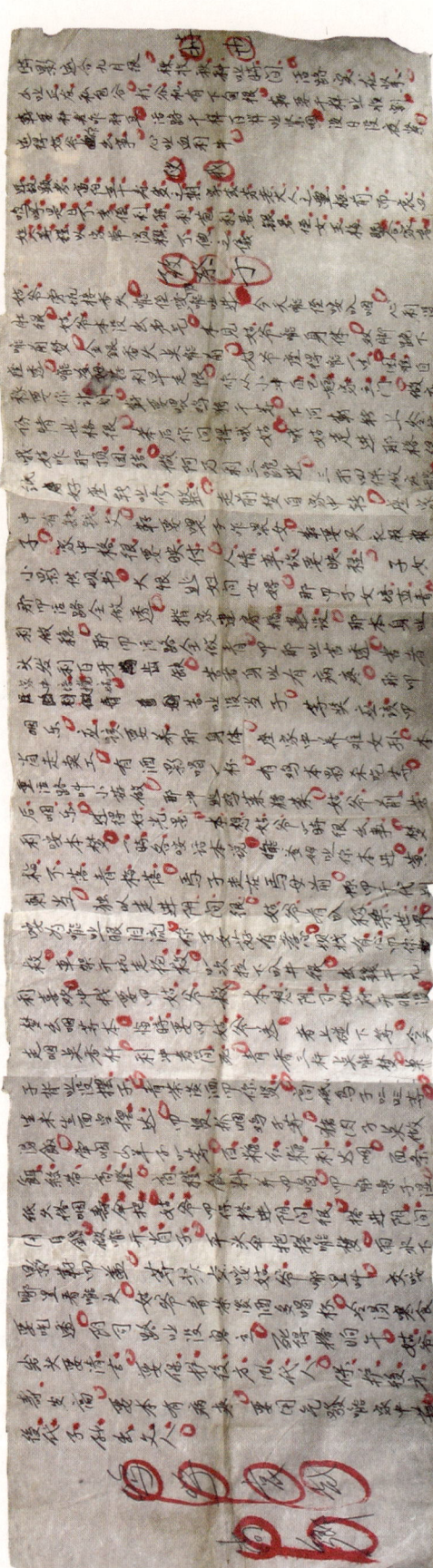

当代民间殡葬习俗中使用的祭文之二。图版今大理学院民族文化研究所所有。

序 一

当我捧着本书清新的样稿一篇篇审读时，一阵阵喜悦之情涌上心头。之所以喜悦，其原因有三：一是本书来之不易；二是完成了白族文化史的一件大事；三是培养造就了一支队伍。

先说来之不易。

白族是生息繁衍在中国西南以洱海为代表的滇西高原淡水湖泊群边的定居的水稻农耕渔猎民族，有四五千年可考的历史。创造的辉煌的白族文化，是中华民族文化的有机组成部分。我们一群白族儿女深深地热爱自己的民族，以调查研究本民族的文化为终身使命，百折不挠，无怨无悔。

白族有自己的语言，白族人民在日常生活中一般都以白语作交际工具。语言学家认为白语属于汉藏语系藏缅语族白语支，分中部、南部、北部三个方言区，分别以剑川、大理和原碧江为中心。

白族群众很早就与汉族同胞接触，在历史上形成了一种以汉字和自造新字相杂的"方块白文"（以下简称"白文"）。这种白文是采用汉字的音读、训读、汉语借词等方法来表达白语，用以记录白族的历史传说、经文、祭文、民间文学作品，为推动和保存白族文化作出了积极的贡献。

追溯历史，用汉字记录白语的方法在汉代就已出现。汉武帝元封二年（公元前109年）在云南设置郡县，其中县名"楪榆"（今大理一带）、"比苏"（今云龙一带）从古至今同音。唐宋南诏大理国时期直至元明清时期，这种用汉字记录白语的现象都十分普遍。

在歌谣方面，汉代的《行人歌》、南诏时期的《河赕贾客谣》、《南诏中兴二年图传·文字卷》都有汉字记录白语的例证。白文流行源远流长，"白文"二字始见于明代杨安道撰《故善士杨宗墓志》（亦称《杨宗碑》）中"弟杨安道书白文"一语，此碑是用白文写的。

1942年和1943年暑假，石钟健先生在大理的喜洲和邓川两地收集到一批碑刻，其中有白文碑5通。之后60多年间，各方人士又在大理白族地区陆续发现古代的白文碑多通。无数次证明白族的古代白文存在是一个不争的事实。

如果说，古代的白文是一种历史上的白族文字，那么到了21世纪的今天，它消失了吗？没有。我们在大理白族乡间随处可见一些民间歌手，他们在演唱时，尤其是在演唱长篇曲艺"大本曲"时，边看边唱一个本本——曲本，这种曲本基本上都是用白文写的。歌手们照着它用白语演唱，台下的观众随着情节的进展，有时哭、有时笑，手舞足蹈。有时候，同一个村，一边在放电影，一边在表演"大本曲"，听"大本曲"的观众爆满，看电影者稀稀疏疏。我有时在想，白族人真聪明，发明了白文，用它记载长篇文艺作品，一两个人简单的表演，超过了几十号人复杂演出的电影。

不仅是曲艺，白剧"吹吹腔"的剧本，佛教、道教、本主崇拜的经文，祭奠死者的祭文，至今都用白文写成。于是我们感受到了，在白族民间，白文到今天仍是一种有鲜活生命力的文字。

跟一切事物一样，有生就有死，有存就有亡。随着世界经济的飞速发展，电子信息化的普及，有些新一代的年轻白族人，他们更多接受的是乡土之外的知识，从小一步入学校，主要学习的是汉语文，为了升学、就业，他们已经慢慢地疏远了母体文化，像一位伟人说的，他们"言必称希腊，对自己的祖宗，则对不住，忘记了"。由于电视的普及，白族歌手的市场有逐渐疲软之势。而随着一些老歌手的去世，后继者日渐稀少，甚至寥寥无几。各种体裁白文的运用也日益减少，有些人甚至不知道白文存在的事实。这样下去，不用很长时间，白文就会成为一种濒临灭亡的文字了。

所以收集整理白文就成了有识之士的共识。

这些有识之士有中国大理本土的，中国其他地方的，也有国际的。我们有幸遇到这样一位难得的日本友人，他就是日本福冈大学的甲斐胜二教授。甲斐胜二教授以前是研究中国汉文古典诗词的，十多年前，通过在云南大学工作的一位白族先生知道了白文之事，便亲自来到大理调查研究。回到日本之后，他连续在日本和中国的学术刊物上发表多篇相关的研究论文。更为难得的是，他每年节省下一部分工资寄到大理的学者手中，让其转送到大理或剑川正在开办白汉双语学校的农村去，希望让白文这份珍贵的文化遗产得到保护和弘扬。他的行动感动了我们大家。1994年，为研究白族的佛教和民间宗教，我们曾申请到美国路斯基金会的资助。我就询问甲斐胜二教授，能否在日本申请一点基金，以便做更大一点的事。他答应了。

经他多方努力，2001年我们得到日本丰田基金的支持，设立了"中国云南白族民间文艺之研究与推广"的课题。参加人有：甲斐胜二、张锡禄、施珍华、段伶、杨恒灿。2003年10月，我们如期完成了课题，也得到了各方的好评。在此基础上，2008年，同样是在甲斐胜二教授的帮助下，大理学院民族文化研究所张锡禄等又申请了"云南省西北部残存的以汉字表记白语文献的搜集整理和保存"课题。开始时有张锡禄、施珍华、段伶、赵周、赵敏、寸云激、杨熊端7人参与。后来施珍华先生去世，赵周工作调动，杨熊端去读书，先后离开，后增补了杨红斌和王丽梅2人，课题组实有6人。

按课题总设计，张锡禄总主持并参与大理市田野调查，段伶负责本书的总成及多媒体软件制作，赵敏主持大理白族自治州西部三县田野调查并做版本信息总成，寸云激主持大理白族自治州北部三县田野调查和文献库存，杨红斌主持大理白族自治州南部三县田野调查和"大本曲"音乐总成，王丽梅主持云南省外和海外文献收集翻译和后勤工作。大家既分工又合作，在这两年里，跋山涉水，走村串寨，可以说，大凡著名的民间歌手的家里都留下了我们的足迹。对现在仍使用白文的一些老人我们都作了专程拜访。现在，大理学院民族文化研究所图书资料室已经设置了本课题的专柜，收藏收集到的一批白文原始纸质资料和另外的一百多册纸质的复制品，另有上百件的相关音像制品也在收录之列。这样的收藏，在全省乃至全国的高等院校、研究机构的收藏中也有其独特之处。它将努力成为中国及世界白族文化研究的资料中心和平台。

俗语说"栽得梧桐树，引得凤凰来"，收集保存的这批白文资料，将会吸引国内外一批批对此有兴趣的专家学者、教授前来大理学院做研究工作，白文的研究会涌现一批世界级的成果，我对此抱有信心。因为，方块白文的出现和长期运用，决不是一种孤立的文化现象。在历史上，汉文化是一种先进文化，方块汉字是记录先进文化的载体。在中国国内，方块汉字被部分少数民族吸收，有方块壮文、瑶文等的出现；在国际上有日文、朝鲜文、韩文和越南文的运用。在亚洲地区曾出现过一个汉字文化圈的现象，也就是历史上受中华政治及中华文化影响、曾经或现在仍然使用汉字、以汉语文言文（日韩越称之为"汉文"）作为书面语（并不使用口头语言的汉语官话作为交流媒介），文化、习俗相近的区域，包括日本、朝鲜、韩国及东南亚部分地区。有个现象值得注意，加工改造使用方块汉字的非汉族的一些民族，本民族的文化并没有消亡，相反，本民族的文化发展更好、更快，这是值得我们深入研究的。

在国际上，越南、韩国、朝鲜现在都不再使用汉字。有的国外文字学家在考察白文当今的状况时曾指出："今天的白文，是研究日本、朝鲜、韩国、越南古代文字产生发展的活化石。"这是中肯的。本书的出版，为国内外研究者提供了翔实的、鲜活的资料。

我们深知，我们在做一件前无古人的大事。我们用国际通行的国际音标一个字一个词正确记录下当今还在使用的白文的音韵。它的意义在于，不让白文变成一种"死文字"。当今世界上，我们可以找到一些民族使用过的书写文字，但却不知道怎样读了，它们的读音已经失传。也就是说，变成了死文字了。前车之覆，后车之鉴。现在，我们趁还有一些人会熟练地使用白文之际，不失时机地把它记录下来，并抓紧出版，把它公之于众，这样，就为白族保存了一份遗产，为国内外学者提供了一份独特的民族文字资料，也是我辈人为民族文化事业尽了一份自己的力量。

考虑到白文的种类多、数量大，本书选择了除碑刻之外的多数品种。之所以碑刻部分不选，是因为白文碑这些年一直受到重视，已经出版过不少，仅《山花碑》就出版发表过十多次，重复出版不好。当然，今后在有新资料和新的研究发现的基础上，我们会考虑以白文碑作为专题出版。

为比较全面地展示白文的品种，我们为每个品种都选取了样本，虽然品种不同，但都是韵文，可以吟唱。可以说这些选本既有个性又有共性。这样较全面地展示白文并进行释读，也是完成了白族文化史的一大工程，我们感到欣慰和自豪。

更值得高兴的是，通过课题的实施，老学者发挥了专长，还培养了几位中青年白文研究学者。段伶先生早年毕业于中央民院语文专业，长期从事白、傈僳、怒、彝、独龙等民族的语言文化调查研究，此次他以深厚的语言学功底和计算机技术，从课题的申报到实施都提出了可行性方案，并集征集、释读、录编于一身，工作卓有成效。赵敏先生是中年学者，他遍访知音，同时虚心向内行学习，对照研究大理、洱源、剑川等地的白文文献，现在他已经通读各地的白文文献，此次以他为主破译云龙县的一本老白文古籍，将一部濒临死亡的文献变成了活的文献。美国马里兰大学傅京起教授得知我们有这个课题之后，将其母亲徐琳老师珍藏一生的白文古抄本慷慨地交给我们，并参与校订。（徐老师是中国社会科学院少数民族研究所研究员，海内外知名的白语专家，这个古抄本是她1958年在云龙县收集到的，来不及全部翻译和整理就因年迈病逝。）毕业于中央民族大学艺术系音乐专业的杨红斌教授，在参与课题组工作中，记录了众多白族艺术家的音乐，尤其是重新记录了"大本曲"的曲调，不仅做了收集保存的工作，也增进了他对白族曲艺音乐系统的理解。寸云激硕士曾学习过博物馆学，此次他发挥专长，为课题组收集到的白文文献的科学编目、存档做了出色的工作。王丽梅不仅做好后勤，并通过课题逐渐加深认识，热爱上了白族语言文字研究工作。总之，我欣喜地发现，通过课题工作的开展、白文文献的研究，老专家发挥专长，新人在成长，一支研究梯队正形成和健康发展。白族文化研究后继有人，也是我深感喜悦之事。

此次工作，我们在得到日本财团法人丰田财团的支持之外，还得到大理学院及社会各界人士的大力支持和帮助，在此一并致谢！

白族文献收集的路正长，其研究也正待深入。我们愿与国内外同道一起，为白族文化事业的发展作出更大贡献。

是为序。

大理学院民族文化研究所　张锡禄
2010年10月6日于大理古城"种书第"

序 二

《中国白族白文文献释读》这部书的出版，想来不只是我们课题组的幸事，也是研究白族语言文化的学者的幸事，不仅中国学者高兴，外国学者也一定会高兴。同样，白族群众看到自己平常传抄的书本竟然能够出版，也是会感到荣耀的吧！

白族自己的文献记录，没有特殊文字，历来是用汉字和汉字多笔少划的"白字"写成，因为白族有这样使用汉字型文字书写的传统和习惯，人们对这种文献怀着特殊的感情。文献的思想内容不论是日常生活的表达，还是观念中与神灵的对话，都是自己的情感；它们的艺术形式为群众喜闻乐见，并结合了音乐，群众性很强。白族历史上有很多这样的文献，昭示着白族语言文化的灿烂和辉煌，对了解和认识白族历史文化具有特殊价值，研究白族文化的学者历来对这种文字的"白文文献"甚为关注。

可是，白文文献一般只在白语地区民间流传，虽然过去有人注意到它们的存在及价值，但由于多种原因，没有进行系统地搜集和整理。今天，我们课题组经过两年的努力，收集整理了其中的大部分，并选择有代表性的作品进行释读和出版，这对于保存白文文献更加有效，也能更广泛地提供白族历史文化研究者参考。

白文文献的内容反映了许多白族人民群众的生活侧面，其价值是多方面的，民俗、婚恋、宗教、文学、音乐、语言等多学科的研究者都可以从中找到新资料。除了这些学科参考价值外，白文文献对文字学研究也很有意义。

第一，具有文字学方面的研究价值，特别是对研究汉语汉字文化圈及其周边民族文字的发展和演变，其参考价值更高。例如，日本古代跟白族一样，都是使用汉字谐音和汉字的意思来书写日文，后来把汉字化的文字作为平假字，成为专门写日语的文字。参考研究白语汉字文献使用汉字方法，在理解汉语汉字周边的语言文化接纳汉字方法的差异性和共同性方面很有意义。从这个观点来说，白语汉字文献也可以称为历史的"活化石"。

第二，对完善白语老白文很有参考价值。20世纪50年代初，国家为白族创定了新文字，80年代初进行修订并推行试用。这种新文字属于罗马字的拼音文字，在试用过程中，很多人称赞这种文字很有用，我也很高兴，曾尽我微薄之力给予支持。可是，后来有些人看到它只在一些地方达到一般人理想的效果，而在其他地方却没有明显的效果。个中原因是多方面的，不过，有个问题值得关注。白语方言土语较多，拼音文字虽好，却难以超越方言土语的空间进行广泛的书面交际。于是，有些白族学者提出，在不影响某些地方使用拼音白文的情况下，可以研究改进白族使用已久的汉字型白文。我认为，这是个很好的建议。汉字型的文字可以超越方言土语，书面交流更加广阔。同时，创制或改进民族文字离不开"文化环境"。"文化环境"是一个重要因素,既然白族有使用汉字型白文的传统和习惯,不妨也完善一下老白文。从这个意义上说,这部书的出版,能为这样研究提供一份参考资料,这份资料是难得的、可贵的,我很希望这部书的出版,能够成为完善老白文科学研究的前导。

最后,我和本课题组的成员还要心怀感激地声明,本书的出版是日本财团法人丰田财团(The Toyota Foundation)援助项目(助成号码D08-9-19)的一部分,我们再次感谢日本财团法人丰田财团,虔诚希望以后能够继续得到帮助。

日本福冈大学人文系　甲斐 胜二
2010年9月2日

说　　明

本书的出版是日本财团法人丰田财团援助项目"云南省西北部残存的以汉字表记白语文献的搜集整理"课题成果的一部分。为了简化，本书称为"中国白族白文文献释读"。

一、关于白文

白族有本民族的语言，也有本民族的文字，《中国大百科全书》等多种辞书均有"白文"词条，国家古文字名录中有"白文"一名。

白文由来已久。"白文"二字，始见于明代《杨宗碑》，其时又称"僰文"，并有《白古通》《玄峰连运志》等国史方志典籍。之前的元代，有以僰人之言为书的碑载。再前，则有当今考古发现的许多南诏大理国时期的"有字瓦"、碑刻和一批经书。史书记载，明代大理"在官之典籍，在野之简编，全付之一烬"[1]，自此，白文的应用转向民间，作为书写白曲、戏剧、曲艺、经文、祭文等韵文体的工具。

白文是以汉字和仿汉字结构的"白字"为形体的混合文字，为了区别于当代创制的拼音白文，一般称之为方块白文、古白文、老白文。老白文中的汉字读音有音读（假借）、训读（以意转音）、直读（全借词语）3种；白字为"增损汉字笔划的新奇字"和汉字的俗体字，读音多依从形声、会意的音读或训读，有独立的白语音。近现代，由于文化环境不同于古代，白文因书写者文化水平的差异，加之白语与汉语同源和受汉语影响的关系，形成白文汉字和"白字"使用或多或少的差异以及繁体简体字相杂的现象。

以老白文传抄的白文文献表达的是白语，是地地道道的一种白族文化形式，是白族文化中的重要组成部分，其使用者是各个方言土语地区的老年人，这种文字堪称是白族老年人的文字。他们笔下传抄的世传文献弥足珍贵，对它们进行收集整理是一项抢救性的工作，对它们进行释读的工作也显得尤其重要。

二、本书编辑的目的

白族白文文献内容丰富，包括白族文化生活的各个方面，其流传形式与诵唱音乐互相关联，古今一脉相传，民族特色浓郁，在白族文化中享有特殊地位。本书力求有效保存，对文献进行逐字逐句的解读，并简介相关的内容和形式，为读者开辟认识白族历史文化的一个新窗口，为研究白族语言文字、文艺、宗教、民俗等的学者提供一批科学性的新资料。

---

[1] 清师范纂辑《滇系·沐英传》，云南通志局出版，光绪十三年（1887）。该文曰："自傅、蓝、沐三将军临之以武，胥元之遗黎而荡涤之，不以为光复旧物，而以为首破天荒，在官之典册，在野之简编，全付之一烬，既奏迁富以实滇，于是滇之土著皆曰，我来自江南，我来自南京。"师范是大理人，官至安徽望江县令。其言多为大理之事，白文典籍亦难逃"一烬"之灾，状元杨升庵在谪居大理时，经多方查访，只得白文《白古通》和《玄峰年运志》，遂译为《滇载记》，白族在叙述家谱时，亦多言祖先"来自南京应天府柳树湾"。

三、本书的选编内容

本书遵循文本的内容、传抄年代和流传地区具有代表性的原则，选取了 16 本（篇）文献，分编为 5 辑：白曲（民歌）4 本，大本曲（曲艺）2 本，吹吹腔（戏剧）1 本，宗教经文 6 篇，悼亡祭文 3 篇，每辑和每本（篇）之前附有相关情况的概述。

四、关于本书的释读

1. 广泛运用各地白族习用老白文中汉字的读音和白字读音，对文献中的汉字和白字进行读音辨识、断句、翻译、注释，力求准确揭示文献的思想内容和词语特点、民间习俗。

2. 由于所收录文献都是直书连写的长短句韵文，故本书使用《白族曲词格律通论》[1]一书对白曲律韵、律调以及体式、联章结构的研究成果，作为韵文文献定字、定词、定句、定段、定篇章的依据。

五、关于选录文献的编排

1. 内容。本书所录的每种文献分为三个部分：一是概述，简述该文献的来源、流传、内容、主题思想、文本结构及相关的情况；二是文献原文和白语注音；三是汉语直译、意译和相关注释。

2. 分栏。本书将原文直书连写整理为分栏横行编排。第 1 栏为序号；第 2 栏分 3 行，上行照录原文（书体），中行为白语注音（国际音标），下行分词直译（楷体）；第 3 栏为汉语意译（楷体）。有的文献另加人物身份、词调、残缺字说明行。

3. 序号。本书对原文献词语的连写按断句加标点符号，并按人物角色的诵唱语句进行编码，每句一个编号。

4. 注音与释义。本书释读中的注音，力求符合该文本传抄地区的方言土语发音；直译文字力求译出词语的本意，意译只求汉语通顺。原文中的汉语对白和汉语文辞按原文照录，原文词段中的汉文或汉、白相杂的词语或句子，其音韵从属白语的韵句均进行了转译。

5. 注释。主要注释民俗性词语和特殊性词语的意义和用法。

6. 分段空行。释读以空行作为段落的标志。白文文献均为"白曲"基本体式，分段按音韵结构的词调划分。白曲基本体式均有固定的八句体和七句体两种长短句词调。每个词调即空一行。两种词调均由上、下两个词段构成，下段的音韵结构与上段稍有不同，本子曲、戏曲、经文、祭文因情景和感情需要大段唱词，这些空行的段落分别是两种基本词调中下段音韵和乐曲的重复，作为叠段联章的一个段落，即空一行。大本曲的大段落中还有乐曲转调，原抄本原注有"介"、"换韵"之类的术语，本书作为韵文，对此不再空行。

7. 术语。祭文中有的标有"一献"、"亚献"、"三献"，这是祭奠行礼的程序。大本曲和吹吹腔唱词有"介"、"换韵"等随意性的标注，表示音韵、内容、动作、乐曲等的转换。为了标示明确，除照录原文中的术语外，本书还添加了"诵"、"白"、"唱"等术语和括注等说明文字。

8. 释读符号。原文中有残缺字、行、页、错页等情况，本书都用仿宋字作了说明；原抄本中的个别掉字、错字，本书以方框代替或于圆括号内补入新字，存疑字则加缺字符标

---

[1] 段伶著：《白族曲词格律通论》，云南民族出版社，1998 年。

注，暂时难考的词语用方框或"待考"标示。

9. 注音符号。对白文白语注音，采用国际音标国内常用的音标符号。

六、关于本书的方言土语

本书选录的是两个方言区的文献，土语较多，差异大多是方音，方言词和方言语法较少。书中出现的韵母、声母、声调，各地多少不一，现按书中出现的总数统计如下：

1. 声母：p、ph、b、f、v、ts、tsh、s、sh、z、t、th、n、l、tʃ、tʃh、ʃ、ʃh、ʒ、tɕ、tɕh、ɕ、ɕh、j、k、kh、x、ɣ、kj、kjh、xjh、xjh、ŋ、ʔ。

2. 韵母：白文文献均为韵文，讲究押韵和押调，押韵的韵类称为律韵。各地韵母数目悬殊较大，但在唱词的律韵基本统一。律韵可分为5部，各部所含韵母如下：

阿韵：a（ɑ）、ua、ia

乌韵：u、o、ɔ、uo、uɔ、ou、ɤ、iu、io、ɔi

哎韵：ɛ、uɛ、iɛ、

衣韵：i、e、ui（ue）、y（yi、ye）、ie

厄韵：ɿ、ɯ、iɯ

（本书中剑川一带方音的韵母还有一套鼻化音，因韵类不分鼻化和非鼻化，此处省列鼻化韵母，凡书中标有鼻化音符号者，读鼻化音。大理一带的[ɛ]音，读时舌根隆起，近似儿化音，开口度相应变窄；[e]音开口度稍大。云龙一些地方的[ɯ]音，变读为[ou]，同属于厄韵。）

3. 声调：白文文献韵文尤其注重押调，即声调的和谐。所押声调的调类，本书称为律调。各地方言土语的声调多少不等，总数有9个。唱词的律调分为3类，所含声调如下：

高调：松喉高平55、紧喉高平54（为了区别高平的松紧，用54代表紧高平。这个调只存在于剑川一带）。

中调：紧喉中平调44、紧喉中平调33、中升调35。

低调：松喉中降调31、紧喉次高降调42、紧喉次低降调21、松喉中低降调32（这个调只存在于大理一带）。

七、关于书中几个常用字词

1. 白语的人称代词，各地文字书写不一，尤其单数人称代词。白语单数人称代词有主格和宾格、领属格的区别。单数主格为：[ŋo³¹]或[ŋɔ³¹]、[no³¹]或[nɔ³¹]、[mo³¹]或[pɔ³¹]；领属格和宾格为：[ŋɯ⁵⁵]（我的）、[nɯ⁵⁵]（你的）、[mɯ⁵⁵]或[pɯ⁵⁵]。书写形式除单数主格的"我"统一外，各地古今传抄者用字不尽相同，具体情况书中直译已经标示。还有尊称[ɲi⁵⁵]（您），有的写为"彦"、"利"等。

2. [tsɿ⁵⁵]：一般书写为"自"，兼类词。作连词，在连动句的两个动词之间，表示动作行为的先后；在转折复句中，位于前一个分句之后，表示转折，有"则"、"则是"等的意味。也作助词，在动词或形容词与表示效果的形容词词组之间，有"成"、"是"的意味。

3. [tsɿ³³]：一般书写为"子"，兼类词。可作为名词的词尾，广泛使用于各种事物的名词之后，表示小巧、可爱之物，有"儿"的意味；也可放在句中的名词或代词之后，有系词"是"的意味。在各种方音中，其韵母与 [ɯ] 有互变现象，词义相应有变化。

4. [ka⁴⁴]：兼类词。一般书写为"㕹"、"干"。用作介词时，有"把"、"对"、"跟"等之意，可构成介词结构的词组；用作动词的词头时，构成意思为短暂而连续的新词，如：[ka⁴⁴ʔa³³]（看看）、[ka⁴⁴mi³³]（想想）。

5. 表述处所的常用方位词，兼作宾语助词，常用的有3个。

[no³³] 或 [nɔ³³]：一般书写为"吐"或"上"，含有事物表面"之上"的意味，一般直译为"上"；这个词还兼作动词和形容词名物化助词。

[mɯ⁵⁵]：书写一般为"孟"，含有事物所在"之处"的意味，一般直译为"处"。

[tua⁴⁴] 或 [tuo⁴⁴]：一般书写为"罢"，含有事物整体"之上"的意味，一般直译为"上"。

目 录

第一辑 白曲曲本 …………………………………………………………………………… 1

白曲短曲残本　　徐　琳　（美）傅京起　赵　敏　段　伶 ……………… 3

黄氏女对金刚经　　段　伶　张杏莲 …………………………………………… 101

山神曲　　段　伶　杨福寿 ……………………………………………………… 205

放鹰赶雀　　段　伶　杨福寿 …………………………………………………… 219

　　上　集 …………………………………………………………………………… 220

　　下　集 …………………………………………………………………………… 234

第二辑 大本曲曲本 ………………………………………………………………………… 253

火烧磨房　　段　伶 ……………………………………………………………… 255

　　一、继父外出想家　继子代父探亲 …………………………………………… 255

　　二、后娘苛刻儿媳　儿媳忍气吞声 …………………………………………… 263

　　三、季子救嫂遭难　嫂子得救遭罪 …………………………………………… 281

　　四、公公探视儿媳　儿媳哭诉衷肠 …………………………………………… 331

　　五、公主沙场诈败　中秀喜得娇妻 …………………………………………… 341

　　六、白王亲征失利　中林中秀封官 …………………………………………… 344

　　七、挑夫万里落难　季子乞讨街头 …………………………………………… 348

　　八、乞丐偶遇兄长　兄弟阔别省亲 …………………………………………… 367

　　九、王氏临刑得救　兄弟扫平冤屈 …………………………………………… 387

　　十、全家欢聚家乡　恶婆流浪他乡 …………………………………………… 410

　　尾　声 …………………………………………………………………………… 419

梁山伯与祝英台（中集）　　张福雄　段　伶 ………………………………… 421

　　一、忆旧谊山伯访友　吐真情英台食言 ……………………………………… 421

　　二、山伯染病思英台　英台开单救山伯 ……………………………………… 464

　　三、抑郁伤情赴地府　梁母痛失独儿子 ……………………………………… 491

　　四、英台奔丧尽忠贞　声泪吊孝吟祭文 ……………………………………… 505

　　五、魂魄夜访心不甘　深情日思意难平 ……………………………………… 547

　　六、摆阔迎亲成泡影　梁祝化蝶天上飞 ……………………………………… 555

七、梁祝化蝶永相随　天地共悯留万世 …………………………………… 577
　　尾　声 ……………………………………………………………………………… 585

第三辑　吹吹腔戏本 …………………………………………………………… 587
　　竹林拾子　　　段　伶　杨福寿 ……………………………………………… 589

第四辑　宗教经文 ………………………………………………………………… 605
　　叹亡白词　　　段　伶　杨建芳 ……………………………………………… 607
　　十王白词　　　段　伶　杨福寿 ……………………………………………… 621
　　三献礼白词　　段　伶　杨福寿 ……………………………………………… 635
　　行三献礼·奏乐唱礼　　段　伶　杨福寿 …………………………………… 639
　　祭脚力　　　　段　伶　寸云激 ……………………………………………… 643
　　超宗度祖文　　段　伶　张福雄 ……………………………………………… 659

第五辑　祭　文 …………………………………………………………………… 673
　　剑川孝男张某祭奠亡母文　　段　伶　张杏莲 ……………………………… 675
　　大理孝婿赵某祭奠岳母亡灵文　　段　伶　张锡禄 ………………………… 685
　　云龙孝侄字某祭奠伯父亡灵文　　段　伶　王丽梅 ………………………… 703

后　记 ……………………………………………………………………………… 713

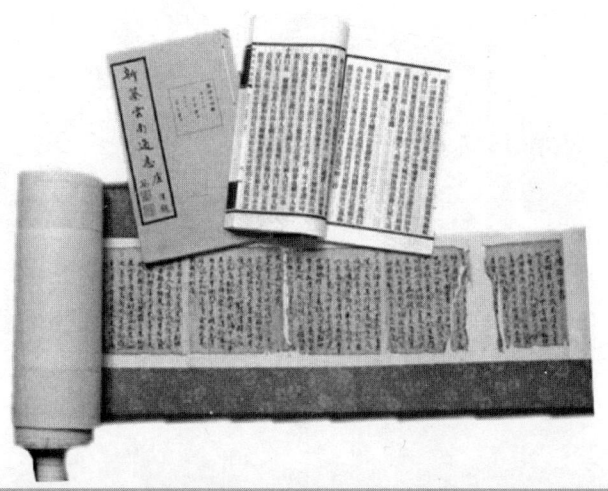

第一辑　白曲曲本

白曲，是流传地区广泛的一种白族民歌，白族称之为[khɣ⁴⁴]（曲）。考其名称，是唐代汉语借词。人们为了区别于当地流传的汉曲，冠以民族自称。

白曲曲词的音韵格律与其乐曲曲式、旋律结合密切。其基本句式是"七七七五"的上、下两段八个长短句。其中上段第一句也可为三字句。音韵格律严谨，既押韵又押调。律韵有5部，律调有3类，首句起韵起调后，二四六八句押韵押调。另有一种地方性变体，即省去基本体式的第二句的七句体。这种七句体的第二句为三字句。长曲一般由重复下段的音韵格局多句构成，称为叠段联章。长曲一般是叙事性的民歌，称为"本子曲"[pɯ³¹tsɿ³¹khɣ⁴⁴]，即故事曲。白族韵文的戏曲、经文、祭文等都是由本子曲结构形式写成。本辑释读白文古籍4本，第一本《白曲短曲残本》为七句体情歌集锦，其他3本为劝世和婚恋本子曲名曲。

白曲短曲残本

徐 琳 （美）傅京起 赵 敏 段 伶

《云龙白曲残本》，是 1958 年中国科学院少数民族语言研究所白语调查组在云南省云龙县收集到的。虽然经过世事更替，体制变动，该所的资料大量散失，但是，该所研究员徐琳老师把它视如珍宝，一直保存下来，并传之后代。

该残本是用古白文传抄的。残本没有页码，没有抄录年代，没有抄录者地址和姓氏。残本中有两处可供考察抄录年代的文字，一是中元节给祖先烧的金银包，落款地址是"金泉乡"，年代是"民国二十八年"（1939 年）；二是借款条，年代是"民国二十一年"（1930 年）。由此可以推测，该残本的抄录年代应该不晚于 80 年前的民国初期（或在清代）。其传抄地，应是云龙宝丰一带（其押韵的语音是云龙宝丰一带的方音，该地的方言比较特殊，[ɯ]和[ou]同属一个韵部，声调 21 调有时读为 35 调）。宝丰是旧时县府所在地，民间知识分子较多，当地有白文使用习俗。

抄本的内容，全是当地白曲唱词，具有严谨的格律形式。其表达方式，大多运用当地习俗和事物，从中透视出当地白族的婚恋习俗、人际关系、风物特色、歌唱方式、歌词特点等。其文字除使用白族一般运用的汉字音读、训读、借词外，大量使用汉字构造表音兼表意的合体字，这些新奇字能为我们提供认识白文的许多新启示。

该残本共有 75 页，除去无关插页，正文共 73 页。绵纸，黑字，基本为楷体，直行书写，每页行数、每行字数不等，多处残缺。残字、缺字大多难考，可考曲子有 177 首。至于原抄本全书有多少页码，只能是历史之谜。

白族使用本民族文字的古文献较少，这个抄本对于丰富白族古文献、认识白族历史社会、方言特点、古白文结构和应用等，具有特殊价值，是一份难得的白族历史文献资料。

徐琳老师深知其价值，耄耋之年还念念不忘，在异国他乡，日夜伏案，抄录原件，做了许多稽考、释读的基础工作。但是，毕竟年事已高，加之工作量大，宿愿未已，留下一叠残稿，遗恨仙逝。面对老师残稿，我们两代学生为了完成老师的遗愿，捧起老师的残稿，继续运用白语方言、文字知识进行释读和研究，并运用现代电脑技术，以多媒体的方式进行数据处理，希望尽可能保留文献的原始风貌。

本释读是残本多媒体化的纸质形式，为了阅读方便，按现代民族语阅读习惯，照录原文、白语注音、直译、意译。均作横排处理。其中，以曲调歌唱的字数、句序，以每个"七三五，七七七五"（"三"，也可为七字句和五字句）为曲词的七句基本单位，即一个词调（一首），个别词段因内容和感情的需要，增加到八句和十句的。它们大多是对歌中男方的唱词，少数是女方的唱词，各自基本独立。按当地同韵调的曲调对歌习俗，民间还以相同韵调为一个"韵"。这些称之为"韵"的词调，民间叫曲姓或曲名。该残本中所见的有：第 1 组曲子作"四咬恩",第 2 组曲子作"線夭夭",第 3 组曲子作"細索索",第 4 组曲子作"嶠崳崳",第 5 组曲子作"胷荫荫",第 6 组曲子作"煽甘煽",第 7 组曲子作"滴滴长",第八组曲子作"花上花"。

释读时,为检索方便,每一词调都添加序号。残本所载词调,因曲调具有伸缩性,有的加一个或两个词句,也是一个完整词调;有的因字句残缺,词调句数不足,只表示残本的残缺字句和句序释读文第 1 栏中的"××页"是残本原文的页码,"页"下的数字是本次释读每"首"的句数及句序,每首因残损,有的句数不足,只标句的序号;第 2 栏是对该页前残损情况的说明;第 3 栏是散曲"首"的序次。其中第 1 页的行首"想,杂是不宽心"6 字未予著录,从韵脚看,它应该是上一词调的尾句。并且"心"字右下角有注小字"五",说明这是上一词调该韵类、调类的第 5 首。同页,尾句尾字"音"字下的"七",第 2 页第 7 句尾字"申"字下的"十",作用相同。从小字注词调作为划分单位推断,该残本中的这一韵类前缺失的正文可能有 2 页。白曲词调既押韵又押调(声调),当地流行的白曲句式为七句,首句末字起韵、起调后,奇句末字押韵、押调。参考当地民间韵类、调类在当地对歌习俗中的"曲姓",就这个韵、调而言,一般汉字称为"四咬恩"。这个曲姓的韵类包括韵母[ɯ]、[iɯ]等,当地方音还把[ɯ]变读为[ou],并把这个韵母也包括在里面;调类包括紧喉 44 调和松喉 33 调。一个曲姓之后的词调都属同一韵类和调类之词。该残本还有其他韵类调类的专名,可参看后文注释。

第 1 页　（页前有残损）　　　　　　　　　　第 1 首

1　飰僾䒕鹼朝捨嘍,　　　　　　　　　　这窝蜂蜜好丰盛,
　　fy⁵⁵ nɯ³¹ khy³¹ mi⁴⁴ tso²¹sɛ³⁵ lɯ³³
　　蜂　这　窝　蜜　丰盛　　的

2　達憂紀,　　　　　　　　　　　　　　偷吃点,
　　ta³¹ jɯ⁴⁴ tɕɛ⁴⁴
　　偷　吃　点

3　阿朵佷認得。　　　　　　　　　　　　谁人也不知。
　　ʔa⁵⁵to²¹ȵi²¹ zɯ⁴⁴tɯ⁴⁴
　　谁人　　　认得

4　魚肉不吃着魚刺,　　　　　　　　　　不吃鱼肉怕鱼刺,
　　y⁴²zu³⁵ pu³⁵tshŋ³⁵ tsuo³⁵ y⁴²tshŋ⁵⁵
　　鱼肉　　不吃　　　着　　鱼刺

5　蜂蜜不吃着蜂鍼。　　　　　　　　　　不吃蜂蜜怕蜂蜇。
　　fo³³mo³⁵ pu³⁵tshŋ³⁵ tsuo³⁵ fɯ³³tsɯ³³
　　蜂蜜　　不吃　　　着　　蜂蜇

6　胷繱悚悚咟繱想,　　　　　　　　　　清心千次百次想,
　　tɕhɛ⁵⁵ɕi⁵⁵ mi³³mi³³ pɛ⁴⁴ɕɯ⁵⁵ ɕa³¹
　　清心　　想想　　　百心　想

7　僞憗没佷申。　　　　　　　　　　　　谁知我的情。
　　ŋɯ⁵⁵ tsu³¹ mu³¹ȵi²¹ sɯ³³
　　我的　缘　没人　　知道

第 2 首

1　夠僾寥鹼朝捨喽,　　　这窝蜂蜜藏得深,
　　fv⁵⁵ nɯ³¹ khɤ³¹ miɛ⁵⁵ tso²¹ sɛ⁵⁵ lɯ⁴⁴
　　蜂　这窝　　名声　藏　深　的

2　達憂紀,　　　　　　　偷点吃,
　　ta³¹ jɯ⁴⁴ tɕɛ⁴⁴
　　偷　吃　点

3　阿朵佷認登。　　　　　谁知我的情。
　　ʔa⁵⁵ to²¹ ɲo²¹ zɯ⁴⁴ tɯ⁴⁴
　　谁人　　　认得

4　魚肉不吃着魚刺,　　　不吃鱼肉怕鱼刺,
　　y⁴² zu³⁵ pu³⁵ tʂʅ³⁵ tsuo³⁵ y⁴² tʂʅ⁵⁵
　　鱼肉　不吃　着　　鱼刺

5　蜂糖不吃着蜂釘。　　　不吃蜂蜜怕蜂蜇,
　　fo³³ mo³⁵ pu³⁵ tʂʅ³⁵ tsuo³⁵ fu³³ tsɯ³³
　　蜂蜜　不吃　着　蜂蜇

6　杏靯衼自移忍我,　　　羊皮褂子穿给我,
　　jo²¹ pe²¹ ji⁵⁵ khɔ⁵⁵ ji⁴² zu³¹ ŋo³¹
　　羊皮　衣　穿给我

7　杏𠺕請業音。　　　　　羊肉请人吃。
　　jo²¹ kɛ²¹ tɕhe³³ ɲi³⁵ jɯ⁴⁴
　　羊肉　请　人　吃
　　（后有"阿姐脑自"4字）

第 2 页　（前残缺数行）　　　　**第 3 首**

1　漢僾票吐乎合申,　　　看你模样像花朵,
　　xa⁵⁵ nɯ⁵ pio⁵⁵ nɔ³³ xu³³ xuo³⁵ sɯ³³
　　看你的　面貌上　好　花　像

2　翆人才,　　　　　　　好人才,
　　xu³³ zɯ⁵⁵ tshe⁵⁵
　　好　人才

3　啷業呔科喽。　　　　　骗人不眨眼。
　　（待考）
　　（待考）

4　易漲易縮山間水,　　　易涨易落山溪水,
　　ji⁵⁵ tsa³¹ ji⁵⁵ su³ se³³ tɕie³³ sui³¹
　　易　涨　易　缩　山间　水

5　乙反乙復女人心。　　　反复不定女人心。
　　ji⁵⁵ fe³¹ ji⁵⁵ fv³⁵ ny³¹ zu⁴² ɕɯ³³
　　易　反　易　复　女人　心

6　水性楊花無定准,　　　水性杨花没定数,

```
            sui³¹ɕɯ⁵⁵ ja⁴² xua³³ vɣ⁴² tɯ⁵⁵ tsui³¹
            水性      杨花    无定      准
    7   那縂出罱申。                                    你心有两色。
            na⁵⁵ ɕi³⁵ tshɣ⁴⁴ ko³³ sɯ⁴⁴
            你们  心    出      两色
```

第 4 首

```
    1   阿姐細悶出罱毹,                                情姐的心有两色,
            ʔa³¹tɕie³³ ɕi³⁵mɯ⁵⁵ tshɣ⁴⁴ ko³³ sɯ⁴⁴
            阿姐       心上      出     两色
    2   出罱陽,                                        有两样,
            tshɣ⁴⁴ ko³³ja⁴²
            出     两样
第3页 3   那細摸呋登。                                  摸不透你心。
            na⁵⁵ ɕi³⁵ mo³³ pɯ³¹ tɯ⁴⁴
            你们  心    摸    不    着
    4   易漲易缩山間水,                                易涨易落山溪水,
            ji⁵⁵ tsa³¹ ji⁵⁵ su³ se³³tɕie³³ sui³¹
            易   涨   易   缩  山   间      水
    5   乙反乙復女人心。                                反复不定女人心。
            ji⁵⁵ fe³¹ ji⁵⁵ fɣ³⁵ nʲ³¹zɯ⁴² ɕɯ³³
            易    反   易   复    女 人    心
    6   躋登那孟可冷嘛,[1]                             跟你对上这曲子,
            tɕi⁴² tɯ⁴⁴ na⁵⁵ mɯ⁵⁵ khɣ⁴⁴ lɯ³¹ tsɔ³¹
            唱   着     你们   上    曲    这   首
    7   悔到脚后跟。                                    悔到脚后跟。
            xui³¹ to⁵⁵ tɕu³⁵hou⁵⁵ kɯ³³
            悔    到    脚 后     跟
```

第 5 首

```
    1   劝那合恩合施嘍,                                劝你俩情要合适,
            tɕhy³³ na⁵⁵ xuo³⁵ ɣɯ³³ xo⁵⁵ sʅ⁴⁴ lɯ⁴⁴
            劝     你们   花柳        合适    的
    2   趨急后,                                        着急了,
            tsu³⁵tɕi³⁵ xou⁵⁵
            着急        了
    3   儥俉本鞥屦。                                    往后不牢靠。
            pɯ⁵⁵ ɣɯ³³ pɯ³¹ ke³⁵kɯ³³
            此后        不    结实
```

---

[1] 孟 [mɯ⁵⁵]: 方位词,表示处所。类似的方位词还有[nɔ³³]、[tua⁴⁴]等,都兼作宾语助词。孟,本文译作"处";后两个词各自的意思稍有差异,但本文均译作"上"。

4　上喜滑拿上咧裶，
　　sa³⁵ ɕi³¹ xua³⁵ na⁵⁵ sa⁵⁵ piɛ⁴⁴tuo³¹
　　相　喜欢　则　相　探问　　　　　　相互喜欢常问讯，

5　上憛憛嗐合處孟。
　　sa⁵⁵ ŋɛ²¹ tsɯ³³ na⁵⁵ xuo³⁵ tshɣ³¹ mɯ⁵⁵
　　互　去　在　则　合　适　处　　　来去要在合适处。

6　以佬上奪合處孟，
　　ji³¹ xou⁵⁵ sa⁵⁵ to⁵⁵ xuo³⁵ tshɣ³¹ mɯ⁵⁵
　　以后　　相遇　　合适处　　　　他日相遇花月下，

7　劦本上唶餿。
　　mia⁴⁴ pɯ³¹ sa⁵⁵ khe⁵⁵ sɯ³³
　　别　不　相　牵手　　　　　　　不用相携手。

第6首

1　阿姐礘細朝鑾申，
　　ʔa³¹tɕi³³ ŋɛ⁴²ɕi³⁵ tsɔ⁴² the⁴⁴ sɯ³³
　　阿姐　硬心　是　铁样　　　　　阿姐你心硬如铁，

2　一去不回因，
　　ji³⁵tɕhɣ⁵ pɯ³⁵ xui⁴² jɯ³³
　　一　去　不　回音　　　　　　　一去不回音，

3　雙拿綱俤别餒佬。
　　sua⁴⁴ na⁵⁵ ka⁴⁴ the³³ piɛ⁵⁵ nɯ⁵⁵ ɣɯ³³
　　说　则　把　弟　丢　你的后　　把我抛弃在后面。

4　昳狠玶申自本實，
　　ȵi⁴⁴ xɯ³¹ tso⁴² sɯ³³ tsʅ⁵⁵ pɯ³¹ sʅ³⁵
　　日里　活路　做　不　想　　　　让我白天不想做活，

5　昂呷嗣響哎想音。
　　tsha⁵⁵ pe³³ ko³³ tui⁴⁴ pɯ³¹ ɕa³¹ jɯ⁴⁴
　　早饭晚饭　两顿　不　想　吃　　让我一日两餐也不思。

6　我歪餒吐期者疬，
　　ŋɔ³¹ ui⁴⁴ nɯ⁵⁵ nɔ³³ tɕhi⁴⁴tsɛ²¹ pɛ³¹
　　我　为　你的上　气　成　病　　我想念你想成病，

7　脑邋喃認登。
　　nɔ³¹ ɣɯ³⁵ na⁴⁴ zu⁴⁴tɯ⁴⁴
　　你　去　哪里　认得　　　　　　你哪里知情。
　　（后残缺）

第4页　（前残缺字3行）

第7首

1　阿姐墊細朝鑾申，
　　ʔa⁵⁵tɕi³¹ ŋɛ⁴²ɕi³⁵ tsɔ⁴² the⁴⁴ sɯ³³
　　阿姐　硬心　像　铁样　　　　　阿姐你心硬如铁，

2　比鑾墊，　　　　　　　　　　　比铁硬，

pi³¹ the⁴⁴ ŋɛ⁴²
比　铁　硬

3　一去不轉身。　　　　　　　　　　　一去不转身。
　　ji³⁵ tɕhy⁵⁵ pu³⁵ tsuɛ³¹ sɯ³³
　　一　去　不　转　身

4　斗孟儸償那上果，　　　　　　　　　你跟丈夫很相爱，
　　tɯ³¹mɯ⁵⁵ nɯ⁵⁵ po⁵⁵ na⁵⁵ sa⁵⁵kuo⁴²
　　前面　你的 丈夫　你们　相爱

5　闪佛谷单没喀觪。　　　　　　　　　小弟孤单没客主。
　　sɛ³¹thi³³ ku⁵⁵ta⁵⁵ mo³³ khɛ⁴⁴tsɯ³³
　　小弟　孤单　没　客主

6　躋登儸孟可冷嘘，　　　　　　　　　跟你唱着这曲子，
　　tsha⁵⁵tɯ⁴⁴ nɯ⁵⁵ mɯ⁵⁵ kɣ⁴⁴ lɯ³¹ tso³¹
　　唱着　你 处 曲　这　调

7　迷渫淌瀧瀧。　　　　　　　　　　　眼泪流不停。
　　mi⁴²ji³¹ kɯ²¹nɯ³³nɯ³³
　　眼泪　（流不停状）

第8首

1　阿姐鏟细朝鏨申，　　　　　　　　　阿姐你心硬如铁，
　　ʔa³¹tɕi³³ ŋɛ⁴² ɕi³⁵ tso⁴² the⁴⁴sɯ³³
　　阿姐　硬心　像　铁样

2　比鏨鏟，　　　　　　　　　　　　　比铁硬，
　　pi³¹ the⁴⁴ ŋɛ⁴²
　　比　铁　硬

3　一去不回音。　　　　　　　　　　　一去不回音。
　　ji³⁵ tɕhy⁵⁵ pu³⁵ xui⁴²jɯ³³
　　一　去　不　回音

4　睐侣歪儸吐期痢，　　　　　　　　　我想念你想成病，
　　sɛ³³ ŋa⁵⁵ ui⁴⁴ nɯ⁵⁵ nɔ³³ tɕhi⁴⁴ pɛ⁴²
　　让　咱　为　你的　上　气　病

5　脑勒安樂得安心。　　　　　　　　　你却快乐好安心。
　　nɔ³¹ lɛ⁵⁵ ʔa³³lu³⁵ tɯ³⁵ ʔa³³ɕɯ³³
　　你　还　安乐　得　安心

6　躋邑那孟可冷呼，　　　　　　　　　跟你唱错这曲子，
　　tɕi³¹ tsha⁵⁵ na⁵⁵ mɯ⁵⁵ kɣ⁴² lɯ³¹ tso³¹
　　唱　错　你们　处　曲　这　调

7　悔犁脚後跟。　　　　　　　　　　　悔到脚后跟。
　　xui³¹ pia⁴⁴ tɕu³⁵ xo⁵⁵kɯ³³
　　悔　到　脚　后跟

			第9首
	1	阿姐磻細朝鑗申，	阿姐你心硬如铁，
		ʔa³¹tɕi³³ ŋɛ⁴²ɕi³⁵ tso⁴² the⁴⁴ sɯ³³	
		阿姐　硬心　　像　铁　样	
	2	比鑗磻，	比铁硬，
		pi³¹ the⁴⁴ ŋɛ⁴²	
		比　铁　硬	
第5页	3	干偈别儾后。	将我抛后面。
		ka⁴⁴ ŋa⁵⁵ pia⁵⁵ nɯ⁵⁵ ɣɯ³³	
		把　我们　丢　你的　后	
	4	那劈倩保欠拿欠，	你们夫妻亲又亲，
		na⁵⁵ lɛ⁵⁵ pɯ⁵⁵tshe⁵⁵ tɕhi⁵⁵ na³⁵ tɕhi⁵⁵	
		你们　呀　夫妻　　亲　又　亲	
	5	闪倜僤佷殺姐喽。	小弟孤身好伤心。
		se³¹thi⁵⁵ ta³⁵n̩i²¹ ɕa⁴⁴ tɕi⁴² ɣɯ³³	
		小弟　　单人　　死　姐　后	
	6	我歪儾吐欺者鬎，	我想念你想成病，
		ŋɔ³¹ ui⁴⁴ nɯ⁵⁵ nɔ³³ tɕhi⁴⁴tsɛ²¹ pɛ³¹	
		我　为　你的　上　气成　病	
	7	脑额喃認登。	你哪里认得。
		nɔ³¹ ɣɛ³⁵ na⁴⁴ zɯ⁴⁴tɯ⁴⁴	
		你　去　哪里　认得	
			第10首
	1	躋躋儾厚跻儾后，	追追赶赶你后面，
		tɕi⁴²tɕi⁴² nɯ⁵⁵ ɣɯ³³ tɕi⁴² nɯ⁵⁵ ɣɯ³³	
		赶赶　　你的　后　赶　你的　后	
	2	躋迷儾吐朝坡處，	追上你在上坡处，
		tɕi³¹mi⁴² nɯ⁵⁵ nɔ³³ tso³³po²¹tshɤ³¹	
		赶上　　你的　上　上坡处	
	3	各脑毽合后。	要跟你定花柳情。
		ko⁵⁵ nɔ³¹ tɕa⁴⁴ xuo³⁵ɣɯ³³	
		跟　你　定　花柳	
	4	唊歪偲菜果申蹇，	因为我的妻子称心如意，
		jɯ³³ui⁵⁵ ŋɯ⁵⁵tshe⁵⁵ kɔ²¹ sɯ⁴⁴ tua⁴²	
		因为　　我的妻　　爱　停不得	
	5	闪倜偲細没處申。	小弟我的心没放处。
		se³¹thi³³ ŋɯ⁵⁵ ɕi³⁵ mu³³ tshɤ³¹ sɯ⁴⁴	
		小弟　　我的　心　没处　　放	
	6	躋登儾孟可冷㗛，	跟你唱着这曲子，

tsha⁵⁵ tuɯ⁴⁴ nɯ⁵⁵ mɯ⁵⁵ khɣ⁴⁴ lɯ³¹ tso³¹
唱　着　你的　处　曲　这首

7　細干儸吐申。　　　　　　　　把心放在你身上。
　　ɕi³⁵ ka⁴⁴ nɯ⁵⁵ nɔ³³ sɯ³³
　　心　把　你的　上　放

第11首

1　漢儸斗拿漢儸俖，　　　　　　又盼又望等着你，
　　xa⁵⁵ nɯ⁵⁵ tɯ²¹ na⁵⁵ xa⁵⁵ nɯ⁵⁵ ɣɯ³³
　　看　你的　前　又　看　你的　后

2　儸斗漢孥儸魋孟，　　　　　　时时盼着你身影，
　　nɯ⁵⁵ tɯ²¹ xa⁵⁵ phia⁴⁴ nɯ⁵⁵ ɣ³³mɯ⁵⁵
　　你的　前　看　到　你的　尾处

3　愆侣雨孟喽。　　　　　　　　（待考）
　　tɯ⁴⁴ ŋa⁵⁵ la⁴² mɯ⁵⁵ lɯ⁴⁴
　　得　我们　样　没　的

4　有錢之人韵真話，　　　　　　有钱之人说真话，
　　tɕɯ³³tɕhe⁵⁵ȵi²¹ na⁵⁵ sua⁴⁴ tsʅ⁵⁵tuo²¹
　　有钱人　　　则　说　真话

5　無錢之人語不真。　　　　　　无钱之人语不真。
　　tɕhe⁵⁵mu³³ȵi²¹ na⁵⁵ xua⁵⁵ pu³⁵ tsɯ³³
　　无钱人　　　则　话　不　真

6　閃娣很赧利寬早，　　　　　　小弟我家很贫穷，
　　se³¹thi³³ȵi²¹ na⁵⁵ li⁵⁵ khui³³tso³¹
　　小弟　　　则　也　穷困

7　韵話没人聽。　　　　　　　　说话没人听。
　　su³⁵xua⁵⁵ mu³³ ȵi²¹ thiɯ³³
　　说话　　没　认　听

（后残缺1行）

第6页　（前残缺2行）

第12首

1　蹟蹟儸唇跻儸唇，　　　　　　又追又赶你后面，
　　tɕi⁴²tɕi⁴² nɯ⁵⁵ ɣɯ³³ tɕi⁴² nɯ⁵⁵ ɣɯ³³
　　赶赶　你的　后　赶　你的　后

2　蹟迷儸吐那處孟，　　　　　　追上你在村路口，
　　tɕi⁴²mi⁴² nɯ⁵⁵ nɔ³³ na⁵⁵ tshɣ⁵⁵mɯ⁵⁵
　　赶上　你的　上　你们　巷处

3　各脑夔合唇。　　　　　　　　跟你要定花柳情。
　　ko⁵⁵ nɔ³¹ tɕa⁴⁴ xuo³⁵ɣɯ³³
　　跟　你　接　花柳

4　申憼上扡夔債保，　　　　　　互换手怕结夫妻，

	sɯ³³tɕɯ³³ sa⁵⁵xui⁴⁴ tɕa⁴⁴ pɯ⁵⁵tshe⁵⁵	
	手帕　　交换　　结　夫妻	
5	手鐲上扡麳合唇。	互换戒指订衷情，
	sɯ³³ku⁵⁵ sa⁵⁵xui⁴⁴ tɕa⁴⁴ xuo³⁵ɣɯ³³	
	戒指　　交换　　结　花柳	
6	絞絞償保迷姐嘴，	花柳情爱眼泪薄，
	tɕɔ³¹tɕɔ³¹ pɯ⁵⁵tse⁵⁵ mi⁴²ji⁴² po⁴²	
	（深情状）夫妻　眼泪　薄	
7	合厚迷姐腰。	花柳情爱眼泪厚。
	xuo³⁵ɣɯ³³ mi⁴²ji⁴² kɯ³³	
	花柳　　眼泪　　厚	

第 13 首

1	鴉鵠嘼後落嵎傛，	乌鸦叫到山背后，
	xu⁴⁴u⁵⁵ mɛ²¹ xɯ⁵⁵ luo⁵⁵ se⁵⁵ ɣɯ³³	
	乌鸦　鸣了　落　山　后	
2	落傛肯，	到山里，
	luo⁵⁵ xɔ⁵⁵ khɯ³¹	
	落　了　里	
3	語話話不真。	语真话不真。
	ju³¹ tsɯ³³ xua⁵⁵ pu³⁵ tsɯ³³	
	语　真　话　不　真	
4	烏鴉能知反哺義，	乌鸦能知反哺义，
	u³³ja³³ nɯ⁴² tsʅ³³ fe³¹pu³¹ ji⁵⁵	
	乌鸦　能　知　反哺　义	
5	羊羔能知跪乳恩，	羔羊能知跪乳恩，
	ja⁴⁴kɔ³³ nɯ⁴² tsʅ³³ kui⁵⁵zɣ³¹ ʔɯ³³	
	羊羔　能　知　跪乳　恩	
6	董永賣身殯葬父，	董永卖身殡葬父，
	to³¹jo³¹ me⁵⁵sɯ³³ piɯ³³tsa⁵⁵ fɣ⁵⁵	
	董永　卖身　殡葬　父	
7	滅謀寸打傛。	名声传身后。
	miɛ⁵⁵mu⁴² tshui⁵⁵ ta⁴² ɣɯ³³	
	名声　　存　　回　后	

第 14 首

1	躣啟躣屈那好傛，	在你家后的悄悄话，
	kho⁴⁴tɕhi³¹ kho⁴⁴tɕho³¹ na⁵⁵ xɔ³¹ ɣɯ³³	
	（声响悄悄状）　你们　家　后	
2	闇止干偲細雙涵，	一时让我软了心，
	ʔa³¹tsʅ²¹ ka⁴⁴ ʔɯ⁵⁵ ɕi³⁵ sua⁴⁴ phɛ⁵⁵	
	一时　把　我的　心　说　软	

3　孟斗峨那申。
　　mɯ⁵⁵tɯ²¹ u⁴² na⁵⁵ sɯ³³
　　这才　　握 你们的 手
　　　　　　　　　　　　　　　　　这才握住你的手。

第7页 4　蜂子爲花傷了命，
　　tsʅ⁵⁵ fo⁵⁵ ui⁵⁵xua³³ sa³³ liɔ³¹ miɯ⁵⁵
　　蜂子　为花　伤　了　命
　　　　　　　　　　　　　　　　　蜂子为花伤了命，

5　雀鳥爲食傷了身。
　　ʔɣ⁵⁵tso⁴⁴ ui⁵⁵sʅ³⁵ sa³³ liɔ³¹ sɯ³³
　　鸟雀　为食　伤　了　身
　　　　　　　　　　　　　　　　　鸟雀为食伤了身。

6　我爲儂吐期者繇，
　　ŋɔ³¹ ui⁴⁴ nɯ⁵⁵ nɔ³³ tɕhi⁴⁴tsɛ²¹ pɛ³¹
　　我　为 你的　上　气成　病
　　　　　　　　　　　　　　　　　我想念你想成病，

7　阿朵佷認登。
　　ʔa⁵⁵tuo³¹ n̠i²¹ zɯ⁴⁴tɯ⁴⁴
　　谁　　　人　认得
　　　　　　　　　　　　　　　　　哪一个认得。

　　　　　　　　　　　　　　　　　第15首

1　霸剩那坡佷犂𪻐，
　　pa⁵⁵sɯ⁴⁴ na⁵⁵ pɔ⁵⁵n̠i²¹ xɛ⁵⁵xou³³
　　总给　　你先人　　家业
　　　　　　　　　　　　　　　　　帮你创下一份家业，

2　我干儂伎忍那佷，
　　ŋo³¹ ka⁴⁴ ŋɯ⁵⁵ tsʅ³³ zɯ³¹ na⁵⁵ n̠i²¹
　　我 把 我的 儿 给 你们 一个
　　　　　　　　　　　　　　　　　让我儿子去上门，

3　苦矸盒吐丑。
　　khu³¹ pia⁴⁴ miɛ⁴² nɔ³³ tshɯ⁴⁴
　　苦　到　命　上　丑
　　　　　　　　　　　　　　　　　辛苦到命根。

4　次廿狎拿夫廿嗹，
　　tshʅ⁵⁵ li⁵⁵ ɕa³⁵ na⁵⁵ fɣ⁴⁴ li⁵⁵ lia⁴²
　　身　也　闲　则　肚　也　圆
　　　　　　　　　　　　　　　　　你们身子闲肚也饱，

5　艸本自矣夫本登。
　　sɯ³³ pu³¹ tsʅ⁵⁵n̠i²¹ fɣ⁴⁴ pu³¹ tɯ⁴⁴
　　手　不　做活　肚 不 得
　　　　　　　　　　　　　　　　　我儿双手不做肚不饱。

6　獨侣漢伎廿哇徐，
　　tu³⁵ ŋa⁵⁵ xa⁵⁵tsʅ³³ li⁵⁵ tso⁴²ɕy⁴²
　　独 我们 养儿　也　不止
　　　　　　　　　　　　　　　　　不止独我养儿女，

7　那廿漢伩嘍。
　　na⁵⁵ li⁵⁵ xa⁵⁵ n̠ɣ³³ lɯ⁴⁴
　　你们也　养女　的
　　　　　　　　　　　　　　　　　你家养女也心疼。

　　　　　　　　　　　　　　　　　第16首

1　霸剩那坡佷丑𪻐，
　　　　　　　　　　　　　　　　　你家先人没美丑，

	pa^{55}suɯ^{44} na^{55} pɔ^{55}ɲi^{21} tshuɯ^{33} xou^{33} 他们　让　你们　先人　　丑　美	
2	醋闪卑哝那格狠， tsho^{55}se^{31} pe^{44}ɲi^{44} na^{55} ka^{42} xɯ^{31} 从小　　　走进　你们　狭道　里	让我儿走进你家门，
3	苦到盒吐蠿。 khu^{31} phia^{44} miɛ^{42} nɔ^{33} tshuɯ^{33} 苦　到　命　上　丑	苦到了绝路。
4	自峭拿哼自本峭， tsɿ^{55} tɕhio^{55} na^{55} tsɔ^{42} tsɿ^{55} puɯ^{31} tɕhio^{55} 做　好　　则　说 做　不　　好	活计做好说不好，
5	戛達拿自哼喽哽。 ka^{35} tɕuɯ^{42} na^{55} tsɿ^{55} tsɔ^{42} jo^{33} kɯ^{33} 干净　　　则　则　说　懒惰	干净还说很肮脏。
6	戳鮊苦到后害飂， mɛ^{21} pɛ^{42} khu^{33} phia^{44} ɣɯ^{33} xe^{55} miɛ^{42} 天亮　　苦　到　　了　天黑	从天亮苦到了天黑，
7	那哉喽飔飄。 na^{55} tse^{44} ɲo^{33} ʔɯ^{44} tshuɯ^{44} 你们　再　要　　骂丑	你们再骂人。

第 17 首

1	霸剩那坡很蠳篡， pa^{33} tsɯ^{55} na^{55} pɔ^{35} ɲi^{21} xɛ^{55} xuo^{33} 总给　　你们　先人　　家业	帮你创下一份家业，
2	我干偲伎忍那很， ŋɔ^{31} ka^{44} ŋɯ^{55} tsɿ^{33} zɯ^{31} na^{55} ɲi^{21} 我　把　我的　儿　给　你们　一个	我让儿上了你家门，
3	苦到盒吐蠿。 khu^{31} phia^{44} miɛ^{42} nɔ^{33} tshuɯ^{33} 苦　到　命　上　丑	辛苦到命根，

第 8 页 （前残缺 2 行半）

第 18 首

4	伩很如业如闇筩， nʐ^{33} ɲi^{21} zʐ^{42} ɲi^{35} zʐ^{42} ʔa^{31} xɔ^{31} 女人　　如人　　如　一　家	女人处世处一家，
5	伎很如业如闇崮。 tsɿ^{33} ɲi^{21} zʐ^{42} ɲi^{35} zʐ^{42} ʔa^{31} jɯ^{44} 男人　　如人　　如　一　村	男人处世处一村。
6	闇弟支狠癸霸细， ʔa^{31} ti^{55} tsɿ^{33} xɯ^{31} nu^{55} pa^{55} ɕi^{35} 一小点　　里　惹　你们　心	有一丁点不如意，

7　讚起莫吐飅。
　　tsa³⁵tɕhi³¹mo³³nɔ³³ʔɯ⁴⁴
　　全都　　　的　罵

全家都咒骂。

第 19 首

1　車棲鸑酥䔍棲桐，
　　tshɛ⁴⁴tɕhi⁴⁴kɛ⁴²mi⁴²lɣ⁴⁴tɕhi⁴⁴tsɯ³³
　　红漆　　大门　　绿漆　柱

红漆大门绿漆柱，

2　捯捯及，
　　ta⁴²ta⁴²tɕi⁵⁵
　　关了又关

关了又关，

3　把欖頂美俢。
　　pa⁴²tɯ⁵⁵tiɯ³¹me²¹ɣɯ³³
　　板凳　顶门　后

板凳还顶门。

4　髁霸頂美美本頂，
　　kua⁴²pa⁵⁵tiɯ³¹me²¹me²¹pɯ³¹tiɯ³¹
　　管 他们　顶门　　门　不　顶

管他顶门不顶门，

5　髁霸自琱本自琱。
　　kua⁴²pa⁵⁵tsɿ⁵⁵tsɯ³³pɯ³¹tsɿ⁵⁵tsɯ³³
　　管 他们　做主　　不　做主

管他做主不做主。

6　漢蓁鏖自到處㙓，
　　xa⁵⁵tɕhi⁵⁵ji⁵⁵tsɿ⁵⁵phia⁴⁴tshɣ³¹xɛ⁵⁵
　　荨麻　　则　到　处　长

虽然荨麻到处生，

7　合後到處徴。
　　xuo³⁵ɣɯ³³phia⁴⁴tshɣ³¹tsɯ³³
　　花柳　　到处　有

花柳情爱到处有。

第 20 首

1　伎佷瘽美睸漢朋，
　　tsɿ³³ȵi²¹tshɣ⁴⁴me²¹ŋui³³xa⁵⁵pɯ⁴⁴
　　男子　出门　眼　看　北

男子出门眼望北，

2　漢登施与偲可是，[1]
　　xa⁵⁵tɯ⁴⁴sɿ⁴⁴jy⁴⁴ŋɯ⁵⁵khɣ³¹sɯ⁴⁴
　　看见　　实意　我的　情人　仿佛

隐约看见我的恋人，

3　睏透干保鍪。
　　kɣ⁴²thɯ⁵⁵ka⁴⁴pɔ³¹tɯ³³
　　坐下　　把　他　等

坐下等等她。

4　本鐙償孟鍪廿饔，
　　pɯ³¹khɔ⁴⁴pɯ⁵⁵mɯ⁵⁵tɕi³⁵li⁵⁵ȵi²¹
　　不　求　他的　那里　金　和　银

不求她有金与银，

---

[1] 可[khɣ⁴⁴]：原意为曲子，寓意恋人、情人。又，唱曲子的唱[tɕi³¹]和追赶[tɕi⁴²]音近，这三个词在本文中常常作双关语。

	5	我体蹬孟合甘恩。 ŋɔ³¹ thi³¹ khɔ⁴⁴ mɯ⁵⁵ xuo³⁵ li⁵⁵ ɣɯ³³ 我 只 求 他的 花 和 柳	我只求她的情与意。
	6	偲可干債孟干躋， ŋɯ⁵⁵ khɣ⁴⁴ ka⁴⁴ pɯ⁵⁵ mɯ⁵⁵ ka⁴⁴tɕi³¹ 我的 曲 把 他的 处 唱唱	我曲子跟她唱一唱，
第9页	7	偲窓干吐申。[1] ŋɯ⁵⁵ yo⁴² ka⁴⁴ nɔ³³ sɯ⁴⁴ 我的 情 把 上 放	把心放在她身上。

第21首

你的曲子（情人）在我们村里，

	1	儜可躋后侸學因， nɯ⁵⁵ khɣ⁴⁴ tɕi³¹ ɣɯ³⁵ ŋa⁵⁵ ɕu⁵⁵jɯ⁴⁴ 你的 曲 唱来 我们 乡村	
	2	侸因狠， ŋa⁵⁵ jɯ⁴⁴ xɯ³¹ 我们 村 里	在我们村里，
	3	格侸認本登。 kɛ⁴² ŋa⁵⁵ zu⁴⁴ pɯ³¹ tɯ⁴⁴ 怕 我们 认 不 得	怕我们不知。
	4	自玾申處那尚卓， tsɿ⁵⁵ tso⁴²sɯ³³ tshɣ³¹ na⁵⁵ sa⁵⁵tsɔ⁵⁵ 做 活路 处 你们 相遇	做活地方你们相会，
	5	透犇遨午那尚鐙。 thɯ⁵⁵tɕɛ²¹ tso⁴²u³¹ na⁵⁵ sa⁵⁵khɯ³³ 下井 做活 你们 相等	下井（赶集）做活相等待。
	6	脑干侸懃别商后， nɔ³¹ ka⁴⁴ ŋa⁵⁵ tsɯ³³ piɛ⁵⁵ sa⁴² xɯ⁵⁵ 你 把 我的 情 丢 散 了	你把我的情意丢掉了，
	7	有寃無處申。 jo³¹ jye³³ vɣ⁴² tshɣ⁵⁵ sɯ³³ 有冤 无处 申	我有冤情无处申。

第22首

我的曲子唱到你们村，

	1	偲可躋后那學音， ŋɯ⁵⁵ khɣ⁴⁴ tɕi⁴² xɔ⁵⁵ na⁵⁵ ɕu⁵⁵jɯ⁴⁴ 我的 曲 唱了 你们 乡村	
	2	那音狠， na⁵⁵ jɯ⁴⁴ xɯ³¹ 你们 村 里	在你们村里，

---

[1] 吐[nɔ³³]：方位词兼宾语助词。这里作宾语助词，由于歌唱音节的关系，该词前面压缩省略了[nɯ⁵⁵]（你的）音节。

3 替我幹招音。 替我关照关照。
　thi⁵⁵ ŋɔ³¹ ka⁵⁵ tsɔ⁵⁵ jɯ⁴⁴
　替 我 　照应照应

4 其蜜莫使野蜂採, 其蜜莫使野蜂采,
　tɕhi³¹ mi³⁵ mo³⁵ sɿ³¹ je³¹ fo³³ tshe³¹
　其 蜜 莫 使 野蜂 采

5 其花莫使蝴蝶侵。 其花莫使蝴蝶侵。
　tɕhi³¹ xua³³ mo³⁵ sɿ³¹ xu⁴² ti³⁵ tɕɯ³³
　其 花 莫 使 蝴蝶 侵

6 閃閃偲可躋償孟, 从小恋人寄你处,
　se³¹se³¹ ŋɯ⁵⁵ khɤ⁴⁴ tɕi³¹ pɯ⁵⁵ mɯ⁵⁵
　小小 我的 曲 唱 他的 处

7 偲酯干吐申。 我心有归属。
　ŋɯ⁵⁵ ɤɔ³¹ ka⁴⁴ nɔ³³ sɯ³³
　我的 情 把 上 放

第23首

1 偲可躋后那學音, 我的曲子唱到你们村,
　ŋɯ⁵ khɤ⁴⁴ tɕi⁴² xɔ⁵⁵ na⁵⁵ ɕu⁵⁵ jɯ⁴⁴
　我的 曲 唱 了 你们 乡村

2 那因狠, 在你们村里,
　na⁵⁵ jɯ⁴⁴ xɯ³¹
　你们 村 里

3 師啡朅要醜。 是非又是丑。
　sɿ⁵⁵ fe³³ lɯ³¹ ȵo⁴⁴ tshɯ³³
　是非 又是 丑

4 有意栽花花不發, 有意栽花花不发,
　jo³¹ ji⁵⁵ ze³³ xua³³ xua³³ pu³⁵ fa³⁵
　有意 栽花 花 不 发

5 無心插柳柳成蔭。 无心插柳柳成荫。
　vɤ⁴² ɕɯ³³ tsha³⁵ liu³¹ liu³¹ tshɯ⁴² jɯ³³
　无心 插 柳柳 成 荫

6 胥細怵怵唔細想, 仔仔细细来思量,
　tɕhe⁵⁵ ɕi³⁵ mi³³ mi³³ pɛ⁴⁴ ɕi³⁵ ɕa³¹
　清心 想想 百心 想

7 干悔細廿申。 岂把悔心放一放。
　ka⁴⁴ xui³¹ ɕi³⁵ li⁵⁵ sɯ³³
　把 悔心 也 放
　（后残缺2行多）

第10页 （前残缺2行） ### 第24首

1 躋可招唉良吐自, 曲子既然这样唱,

	tɕi⁴²khɤ⁴⁴ tso⁴⁴ji³⁵ n̠a⁵⁵nɔ³³ tsɿ⁵⁵	
	唱曲　照依　这个　则	
2	合僭妙蘷喽，	情意别再定，
	xuo³⁵ɣɯ³³ mia⁴⁴ tɕa⁴⁴ lɯ⁴⁴	
	情意　　不要　定　的	
3	寬早合僭自本夒。	贫穷情意没好处。
	khui³³tso³¹ xuo³⁵ɣɯ³³ tsɿ⁵⁵ pɯ³¹ xou³³	
	贫穷　　情意　　做　不　好	
4	漢覤僴吐乙裨勺，	见你衣服不蔽体，
	xa⁵⁵ke⁴² nɯ⁵⁵ nɔ³³ ji⁵⁵pe⁴² ɕɔ³³	
	看见　你的　上　衣服　少	
5	困攩債客主。	亏做人客主。
	khui⁵⁵ ta⁵⁵ pɯ⁵⁵ khɛ⁴⁴tsɯ³³	
	亏　当　他　客主	
6	貧居鬧市無人問，	贫居闹市无人问，
	pi⁴² tɕy³³ nɔ⁵⁵sɿ⁵⁵ vɤ³¹rɯ⁴² vɯ⁵⁵	
	贫　居　闹市　无人　问	
7	富在深山有遠親。	富在深山有远亲。
	fɤ⁵⁵ tse⁵⁵ sɯ³³ se³³ jo³¹ jye³¹tɕhɯ³³	
	富　在　深山　有　远亲	
8	躋昰那孟可冷嘯，	跟你唱错这一曲，
	tɕi⁴² tsha⁵⁵ na⁵⁵ mɯ⁵⁵ khɤ⁴⁴ lɯ³¹ tso³¹	
	唱错　你们　处　曲　这　调	
9	干悔细廿申。	岂把悔心放。
	ka⁴⁴ xui³¹ɕi³⁵ li⁵⁵ sɯ³³	
	把　悔心　也　放	
		第 25 首
1	躋躋僴昏躋僴昏，	紧赶慢跑去追你，
	tɕi⁴²tɕi⁴² nɯ⁵⁵ ɣɯ³³ tɕi⁴² nɯ⁵⁵ ɣɯ³³	
	赶赶　你的　后　追　你的　后	
2	躋迷僴昏朝保處，	追上你在上坡处，
	tɕi⁴²mi⁴² nɯ⁵⁵ ɣɯ³³ tso³³ pɔ²¹ tshɤ³¹	
	赶上　你的　后　上坡　处	
3	各脳蘷合昏。	跟你要定花柳情。
	ko⁵⁵ nɔ³¹ tɕa⁴⁴ xuo³⁵ɣɯ³³	
	跟　你　定　花柳	
4	月到十五光明少，	月过十五光明少，
	jy³⁵ tɔ⁵⁵ sɿ³⁵u³¹ kua³³miɯ⁴² sɔ³¹	
	月　到　十五　光明　　少	
5	人到中年萬事休。	人到中年万事休。

zu⁴² tɔ⁵⁵ tso³³ni⁴² va⁵⁵sɿ⁵⁵ ɕiu³³
人　到　中年　万事　休

6　 蹄可趁早咪些闪，
tɕi⁴²khɣ⁴⁴ tshɯ⁵⁵tsɔ³¹ ȵi⁴⁴ɕɛ⁴⁴ se³¹
唱曲　　趁早　　年纪　小

唱曲要趁年纪小，

7　 合侪干蹙喽。
xuo³⁵ɣɯ³³ ka⁴⁴tɕa⁴⁴ lɯ⁴⁴
花柳　　定一定　的

定一定终身。

第26首

1　 水性杨花妇女心，
sui³¹ɕɯ⁵⁵ ja⁴²xua³³ fɣ⁵⁵mv³¹ ɕɯ³³
水性　　杨花　　妇女　心

水性杨花妇女心，

2　 蹄可干良吐漢唤，
tɕi⁴² khɣ⁴⁴ ka⁴⁴ ȵa⁵⁵ nɔ³³ xa⁵⁵ jɯ³⁵
唱曲　　把　咱们　上　看　来

按照咱们这曲子，

3　 无錢莫結亲。
vɣ⁴² tɕhi⁴² mo³⁵ tɕi³⁵tɕhɯ³³
无　钱　莫　结亲

无钱莫成亲。

4　 人情似紙張張薄，
zu⁴²tɕhɯ⁴² sɿ⁵⁵tsi³¹ tsa³³tsa³³ po³⁵
人情　　似纸　张张　薄

人情似纸张张薄，

第11页

5　 世事如棋局局新。
sɿ⁵⁵sɿ⁵⁵ zu⁴²tɕhi⁴² tɕu³⁵tɕu³⁵ ɕɯ³³
世事　　如棋　　局局　新

世事如棋局局新。

6　 習细悚悚咟细想，
tɕhɛ⁵⁵ɕi³⁵ mi³³mi³³ pɛ⁴⁴ɕi³⁵ ɕa³¹
清心　　想想　　百心　想

仔仔细细想明白，

7　 干悔细甘申。
ka⁴⁴ xui³¹ɕi³⁵ li⁵⁵ sɯ⁴⁴
把　悔心　　也　放

岂把悔心放。

第27首

1　 呾𡐢合侪孟使登，
tsu³³ tui³³ xuo³⁵ɣɯ³³ mɯ⁵⁵ sɿ³¹ tɯ⁴⁴
早　远　情意　　才　试　得

花柳恋情要得试，

2　 使透唤，
sɿ³¹ thɯ⁵⁵ jɯ³⁵
试　下　来

试下来，

3　 蒔償峭處喽。

有它的好处。

$$tsɯ^{33}\ pɯ^{55}\ ɕiɔ^{55}\ tshɤ^{31}\ lɯ^{44}$$
有　它　好处　　的

4　路遥方纏知馬力，　　　　　　　路遥方才知马力，
　　$lu^{55}\ jɔ^{42}\ fa^{33}\ tshe^{42}\ tsɿ^{33}\ ma^{31}\ li^{35}$
　　路　遥　方才　　知　马力

5　事久方纏見人心。　　　　　　　事久方才见人心。
　　$sɿ^{55}\ tɕiu^{31}\ fa^{33}\ tshe^{42}\ tɕi^{55}\ zɯ^{42}\ ɕɯ^{33}$
　　事　久　方才　　见　人　心

6　閃姐趾塑矝細脂，　　　　　　　小妹若是有情意，
　　$se^{31}\ tɕi^{33}\ tsɯ^{31}\ tso^{42}\ xu^{33}\ ɕi^{35}\ tsɿ^{55}$
　　心姐　有　说　好　心　则

7　仁義值千金。　　　　　　　　　仁义值千金。
　　$zɯ^{42}\ ji^{55}\ tsɿ^{55}\ tɕhe^{55}\ tɕɯ^{33}$
　　仁义　值　千　金

第 28 首

1　伩俍細窓摸本登，　　　　　　　女人心思摸不透，
　　$n̠ʝ^{33}\ n̠i^{21}\ ɕi^{35}\ u^{42}\ mo^{33}\ pɯ^{31}\ tɯ^{44}$
　　女人　话语　摸　不　得

2　一時非來一時是，　　　　　　　一时非来一时是，
　　$ji^{35}\ sɿ^{42}\ fe^{33}\ lɛ^{42}\ ji^{35}\ sɿ^{42}\ sɿ^{55}$
　　一时　非　来　一时　是

3　害死人不清。　　　　　　　　　害人真不浅。
　　$xe^{55}\ sɿ^{31}\ zɯ^{42}\ pu^{35}\ tɕhɯ^{33}$
　　害　死　人　不　清

4　老虎吃人猶可近，　　　　　　　老虎吃人尤可近，
　　$lo^{31}\ xu^{31}\ tshɿ^{35}\ zɯ^{42}\ jou^{42}\ ko^{31}\ tɕɯ^{55}$
　　老虎　吃　人　犹　可　近

5　人熟相知不可親。　　　　　　　人熟相知不可亲。
　　$zɯ^{42}\ su^{35}\ ɕa^{33}\ tsɿ^{33}\ pu^{35}\ ko^{31}\ tɕhɯ^{33}$
　　人　熟　相知　　不　可　亲

6　口蜜心刀掬括我，　　　　　　　口蜜心刀哄骗我，
　　$ko^{31}\ mi^{35}\ ɕɯ^{33}\ tɔ^{33}\ tɕu^{35}\ kua^{35}\ ŋo^{31}$
　　口蜜　心　刀　哄骗　　我

7　偲吐初脑铿。　　　　　　　　　就是你坑害。
　　$ŋɯ^{55}\ nɔ^{33}\ tshu^{33}\ nɔ^{31}\ khɯ^{33}$
　　我的　上　就　你　坑害

第 29 首

1　懇甘本懇直啵喽，　　　　　　　得与不得直说吧，
　　$ta^{42}\ li^{55}\ pɯ^{31}\ ta^{42}\ tsɿ^{35}\ ka^{31}\ lɯ^{44}$
　　得　或　不　得　直　讲　的

2　䨇申自，　　　　　　　　　　　说不得，
　　tua⁴² sɯ³³ tsʅ⁵⁵
　　不得　了　则
3　侣困搭客主。　　　　　　　　我另找客主。
　　ŋa⁵⁵ kua⁵⁵ ta⁴² khɛ⁴⁴tsɯ³³
　　我们　另　找　客主
　　（后残缺1行半）

第12页　（前残缺1行）　　　　　　　　第30首
4　一家養女百家求，　　　　　　一家养女百家求，
　　ji³⁵tɕa³³ ja³¹nv³¹ puɯ³⁵tɕa³³ tɕhio³¹
　　一家　养女　百家　求
5　一馬不行百馬憂。　　　　　　一马不行百马忧。
　　ji³⁵ma³¹ puɯ³⁵ɕɯ⁴² puɯ³⁵ma³¹ jo³³
　　一马　不行　百马　忧
6　一龍擋住千江水，　　　　　　一龙挡住千江水，
　　ji³⁵lo⁴² ta³¹tsu⁵⁵ tɕhe³³tɕa³³ sui³¹
　　一龙　挡住　千江　水
7　落得難歸身。　　　　　　　　落得难归身。
　　luo³⁵tɯ³⁵ na⁴² kui³³sɯ³³
　　落得　难　归身

　　　　　　　　　　　　　　　　第31首
1　趁早㞎吐兔客主，　　　　　　早晚要趁年纪轻，
　　tshɯ⁵⁵tsɔ³¹ tsu³³ nɔ³³ thu⁵⁵ khɛ⁴⁴tsɯ³³
　　趁早　　早　的　找　客主
2　没兔處，　　　　　　　　　　没讨妻，
　　mo³³ thu⁵⁵ tshɣ³¹
　　没　讨　处
3　細科没處申。　　　　　　　　无处去放心。
　　ɕi³⁵khɔ³³ mu³³tshɣ³¹ sɯ⁴⁴
　　心　　没处　放
4　人生雖是不滿百，　　　　　　人生虽是不满百，
　　zɯ⁴²sɯ³³ sui³³sʅ⁵⁵ puɯ³⁵mɛ³¹ puɯ³⁵
　　人生　虽是　不满　百
5　心裏常懷千歲憂。　　　　　　心里常怀千岁忧。
　　ɕɯ³³ li³¹ tsha⁴²xuɛ⁴² tɕhi³³sui⁵⁵ jo³³
　　心里　常怀　千岁　忧
6　車本佥吐擎冷竹，　　　　　　为何辗转难入睡，
　　tshɛ³³ puɯ³¹ ȵi⁴⁴ nɔ³³ sʅ³¹ lɯ³¹ tso³¹
　　睡　不　稳　的　事　这　件
7　捨些孟到申。　　　　　　　　哪天才到头。

sɛ³¹ ɕi³³ mɯ⁵⁵ phia⁴⁴ sɯ⁴⁴
什么 日 才 到 的

		第 32 首
1	有心各脑自合戀，	有心跟你要做花柳伴，
	tsɯ³³ ɕi³⁵ ko⁵⁵ nɔ³¹ tsʅ⁵⁵ xuo³⁵ɣɯ³³	
	有 心 跟 你 做 花 柳	
2	虁噗雨，	结姻缘，
	tiɯ⁵⁵ jɯ⁵⁵jy³¹	
	定 姻缘	
3	細干那吐申。	把心放在你身上。
	ɕi³⁵ ka⁴⁴ na⁵⁵ nɔ³³ sɯ³³	
	心 把 你们 伤 放	
4	今朝有酒今朝醉，	今朝有酒今朝醉，
	tɕɯ³³tsɔ³¹ jou³¹tɕiu³¹ tɕɯ³³tsɔ³¹ tsui⁵⁵	
	今朝 有酒 今朝 醉	
5	明日愁來明日憂。	明日愁来明日忧。
	miɯ⁴²zʅ³⁵ tsho⁴² lɛ⁴² miɯ⁴²zʅ³⁵ jo³³	
	明日 愁 来 明日 忧	
6	與你消愁一夜話，	与你消愁一夜话，
	jy³³ ni³¹ ɕɔ³³tshou⁴² j i³⁵ je⁵⁵ xua⁵⁵	
	与 你 消愁 一 夜 话	
7	勝接十兩金。	胜接十两金。
	sɯ⁵⁵ tɕe³⁵ sʅ⁵⁵lia³¹ tɕɯ³³	
	胜 接 十 两 金	
		第 33 首
1	鹘黙我上僟嗐邋，	鸡鸣时我从你那里启程，
	ke³⁵mɛ²¹ ŋɯ⁵⁵ nɔ³³ nɯ⁵⁵na⁴² khɯ³³	
	鸡鸣 我的 上 你那里 起	
2	那拿邋，	在你那里启程，
	na⁵⁵na⁴² ŋɛ²¹	
	你那里 去	
第 13 页 3	替侣諗申申。	就在念叨我。
	thi³¹ ŋa⁵⁵ tu⁴⁴sɯ³³sɯ³³	
	提 咱 不得样子	
4	受恩深處宜先退，	受恩深处宜先退，
	so⁵⁵ ʔɯ³³ sɯ³³ tshɣ⁵⁵ ni⁴² ɕi³³ thui⁵⁵	
	受 恩 深处 宜 先 退	
5	得意濃時便早休。	得意浓时便早休。
	tɯ³⁵ji⁵⁵ no⁴² sʅ⁴² pi⁵⁵ tsɔ³¹ ɕiu³³	
	得意 浓 时 便 早 休	

6 卑申那南初冷蹲，　　　　　　　　　到你们那里就这回，
　　pe⁴⁴ sɯ³³ na⁵⁵ na⁴² tshu³³ lɯ³¹ tsuɛ⁴⁴
　　走　停歇　你们　处　就　　这　转
7 央細本狄偁。　　　　　　　　　　　我心不回头。
　　ȵa⁵⁵ ɕi³⁵ pɯ³¹ ti³⁵ ɣɯ³³
　　咱　心　不　回　后

第 34 首

1 鹊嚛我尚那南邅，　　　　　　　　　鸡鸣我从你那里启程，
　　ke⁵⁵mɛ²¹ ŋɔ³¹ sa³⁵ na⁵⁵na⁴² khɯ³³
　　鸡鸣　　我　从　你们那里　起
2 儂債斗，　　　　　　　　　　　　　你的丈夫，
　　nɯ⁵⁵ po⁵⁵tɯ²¹
　　你　　丈夫
3 達檂跻偲偁。　　　　　　　　　　　拿棍子追赶我。
　　ta⁵⁵ kua⁴² tɕi⁴² ŋɯ⁵⁵ ɣɯ³³
　　拿　棍　　追　我的　后
4 透保處自侶自簒，　　　　　　　　　下坡路上我跳越，
　　thɯ⁵⁵po³²¹ tshɣ³¹ tsʅ⁵⁵ ŋa⁵⁵ tsʅ⁵⁵ tshua⁵⁵
　　下坡　　　处　　则　我们　做　跳越
5 塑保处自鸢服申。　　　　　　　　　上坡路上如鹰飞。
　　tso³³po²¹ tshɣ³¹ tsʅ⁵⁵ ua⁴² fɣ⁵⁵ sɯ³³
　　上坡　　处　　则　鹰　飞　样
6 鐙儂債斗跻剄嗼，　　　　　　　　　等你丈夫追赶到，
　　tɯ³³ nɯ⁵⁵ po⁵⁵tɯ²¹ tɕi⁴² phia⁴⁴ jɯ³⁵
　　等　你的　丈夫　　　追　到　来
7 侶旅侶學英。　　　　　　　　　　　我已回家乡。
　　ŋa⁵⁵ lui²¹ ŋa⁵⁵ ɕo⁵⁵jɯ⁴⁴
　　我们　翱翔　我们　乡村

第 36 首

1 阿姐脑鲋穆桂英，　　　　　　　　　阿姐你是穆桂英，
　　ʔa³¹tɕi³³ nɔ³¹ tsɯ³³ mu³⁵kui⁵⁵jɯ³³
　　阿姐　　你　是　穆桂英
2 閃俤侶鲋楊忠保，　　　　　　　　　小弟我是杨忠保，
　　se³¹thi³³ ŋɔ³¹ tsɯ³³ ja⁴²tso³³pɔ³¹
　　小弟　　我　是　杨忠保
3 逼勒我成親。　　　　　　　　　　　逼我来成亲。
　　pi³⁵lɯ³⁵ ŋɔ³¹ tshɯ⁴²tɕhu³³
　　逼勒　　我　成亲
4 天上無雷不成雨，　　　　　　　　　天上无雷不成雨，

	thi³³sa⁵⁵ vɣ⁴²lyi⁴² pu³⁵ tshɯ⁴² jy³¹	
	天上　无雷　不　成　雨	
5	地上無媒不成親。	地下无媒不成亲。
	ti⁵⁵sa⁵⁵ vɣ⁴² me⁴² pu³⁵ tshɯ⁴²tɕhɯ³³	
	地上　无　媒　不　成亲	
6	你有情來我有義，	你有情来我有义，
	ni³¹ jou³¹ tɕhɯ⁴² lɛ⁴² ŋo³¹ jou³¹ ji⁵⁵	
	你　有　情　来　我　有　义	
7	仁義值千金。	仁义值千金。
	zɯ⁴²ji⁵⁵ tsɿ³⁵ tɕhi³³tɕɯ³³	
	仁义　值　千金	
	（后残缺1行）	

第14页　（前残缺1行多）　　　　　　**第37首**

1	那美孟䰣劝古申，	你家门前有拱桥，
	na⁵⁵ me²¹mɯ⁵⁵ tsɯ³³ tɕhy⁵⁵ku²¹sɯ³³	
	你们　门口　　有　一座拱桥	
2	閃俤儨吐多夔蔻，	小弟过桥跌了跤，
	se³¹thi³³ pɯ⁵⁵ nɔ³³ tui⁴⁴fɛ⁴⁴khɛ⁵⁵	
	小弟　它　上　跌一跤	
3	没很慨俉申。	没人牵我手。
	mo³³ȵi²¹ khe⁵⁵ ŋa⁵⁵ sɯ³³	
	没人　牵　我们　手	
4	有緣千里來相會，	有缘千里来相会，
	jou³¹jye⁴² tɕhi⁵⁵li³¹ lɛ⁴² ɕa³³xui⁵⁵	
	有缘　　千里　来　相会	
5	無緣對面不相親。	无缘对面不相亲。
	vɣ⁴²jye⁴² tui⁵⁵mi⁵⁵ pu³⁵ ɕa³³tɕhɯ³³	
	无缘　　对面　不　相亲	
6	滈俤隔諾捨唻雨，	哥妹中间有情缘，
	ko³³thi³³ kɛ²²lo⁵⁵ sɛ³³ jɯ⁵⁵jye⁴²	
	兄妹　　中间　是　姻缘	
7	䢩本慨廿遷。	不牵也起身。
	sɯ³³ pɯ³¹ khe⁵⁵ li⁵⁵ khɯ³³	
	手　不　牵　也　起	

第38首

1	瞀覼閃姐嗖狄倦，[1]	都见情姐回去了，
	tɕhɛ⁵⁵ ke⁴² se³¹tɕi³³ nɔ³³ ti³⁵ ɣɯ³³	
	都　见　小姐　要　回　了	
2	捨唻孟斗狄迌唻，	哪天才能折转来，

---

[1] 闪姐[se³¹tɕi³³]：直译意思是小姐。这是对恋人的爱称，与谦称对称自己为小弟[se³¹thi³³]对应。

se³¹n̻i⁴⁴ mɯ⁵⁵tɯ³¹ ti³⁵ta⁴² jɯ³⁵
哪天　　才　　折转　来

3　細孟乃乃申。　　　　　　　　　　　心里好焦心。
ɕi³⁵mɯ⁵⁵ ne²¹ne²¹sɯ³³
心上　　（忧心状）

4　遠水止不得近渴，　　　　　　　　远水止不得近渴，
jye³¹sui³¹ tsʅ³¹ pu³⁵ tɯ⁵⁵ tɕɯ⁵⁵khɯ³⁵
远水　　　止　不　得　近渴

5　遠親難顧急病憂。　　　　　　　　远亲难顾急病忧。
jye³¹tɕhu³³ na⁴²ku⁵⁵ tɕi³⁵piɯ⁵⁵ jou³³
远亲　　难顾　　急病　　忧

6　我哩儂儜期相後，　　　　　　　　我要是想你没了命，
ŋɔ³¹ nɔ³³ nɯ⁵⁵ ɣɯ³³ tɕhi⁴⁴ ɕa⁴⁴ xɯ⁵⁵
我　如果　你的　后　气　死　了

7　脑額喃唔登。　　　　　　　　　　你也不知晓。
nɔ³¹ ɣɛ³⁵ na⁴⁴ zɯ⁴⁴tɯ⁴⁴
你　去　那里　认得

第39首

1　期斄儂儜阿朵申，　　　　　　　　谁知我在你后气成病，
tɕhi⁴⁴pɛ²¹ nɯ⁵⁵ ɣɯ³³ ʔa⁵⁵tuo³¹ sɯ³³
气病　　你的　后　　谁　　知

2　漢儂斗，　　　　　　　　　　　　盼你来，
xa⁵⁵ nɯ⁵⁵ tɯ²¹
盼　你的　前

3　狄唉鳌我喽。　　　　　　　　　　回来救救我。
ti³¹jɯ³⁵ kɯ⁴² ŋɔ³¹ lɯ⁴⁴
回来　　救　我　的

4　本哩儂孟鈑甘饗，　　　　　　　　不图你的金与银，
pɯ³¹n̻o⁴⁴ nɯ⁵⁵ mɯ⁵⁵ tɕi³⁵ li⁵⁵ n̻i²¹
不要　　你的　处　金　和　银

5　本哩儂孟把瞽喽。　　　　　　　　（待考）
pɯ³¹n̻o⁴⁴ nɯ⁵⁵ mɯ⁵⁵（待考）
不要　　你的　处　（待考）

6　體哩儂孟干我漢，　　　　　　　　只要你来看看我，
thi³¹n̻o⁴⁴ nɯ⁵⁵ mɯ⁵⁵ ka⁴⁴ ŋɔ³¹ xa⁵⁵
只要　　你的　处　把　我　看

第15页 7　仁義值千金。　　　　　　　　仁义值千金。
zɯ⁴²ji⁵⁵ tsʅ³⁵ tɕhi³³tɕɯ³³
仁义　　值　千金

		第 40 首
1	誓禮支吐罌諾蘷，	青衣上面结汗垢，
	tɕhɛ⁵⁵ji⁵⁵tsɿ³³khɔ⁵⁵ khɯ³³ ɣa²¹kɯ³³	
	青衣儿　　　结　汗垢	
2	泊禮支吐罌直有，	白衣上面结油污，
	pɛ⁴²ji⁵⁵tsɿ³³ nɔ³³ khɯ³³ tsɿ⁵⁵jɯ²¹	
	白衣儿　上　结　油污	
3	淰廿淰本鏗。	洗也洗不掉。
	se³³ li⁵⁵ se³³ pɯ³¹ khɯ³³	
	洗 也 洗 不 起	
4	渜斗淰自渜魃誓，	河头洗衣河尾清，
	kɤ⁵⁵tɯ²¹ se³³ tsɿ⁵⁵ kɤ⁵⁵ɣ³³ tɕhɛ⁵⁵	
	河头　洗 则 河尾　清	
5	渜魃淰自渜斗黌。	河尾洗衣河头浊。
	kɤ⁵⁵ɣ³³ se³³ tsɿ⁵⁵ kɤ⁵⁵tɯ²¹ xɯ⁴⁴	
	河尾　洗 则 河头　黑	
6	滈俤隔諾捨嘆遠，	哥妹若是有情缘，
	ko³³thi³³ kɛ⁵⁵nɔ⁵⁵ sɛ⁴⁴ jɯ⁵⁵jye⁴²	
	姐弟俩 中间　有　姻缘	
7	艹本淰廿鏗。	手不洗自净。
	sɯ³³ pɯ³¹ se³³ li⁵⁵ khɯ³³	
	手 不 洗 也 起	

		第 41 首
1	那美嗑蕪劝古申，	你家门前有拱桥，
	na⁵⁵ me²¹mɯ⁵⁵ tsɯ³³ tɕhy⁵⁵ku²¹sɯ³³	
	你们 门口　　有　一座拱桥	
2	閃俤僨吐多夔蔻，	小弟过桥跌了跤，
	se³¹thi³³ pɯ⁵⁵ nɔ³³ tui⁴⁴fɯ³³khɛ⁵⁵	
	小弟　它 上　跌一跤	
3	没很慨侶艹。	没有牵我手。
	mo³³n̠i²¹ khe⁵⁵ ŋa⁵⁵ sɯ³³	
	没人　牵　我　手	
4	千佷慨廿我本蟹，	千人来牵我不动，
	tɕhi⁵⁵n̠o²¹ khe⁵⁵ li⁵⁵ ŋɔ³¹ pɯ³¹ ju²¹	
	千人　　牵 也 我 不 动	
5	百佷慨廿我本鏗。	百人来牵我不起。
	pɛ⁴⁴n̠i²¹ khɯ⁵⁵ li⁵⁵ ŋɔ³¹ pɯ³¹ khɯ³³	
	百人　牵 也 我 不 起	
6	滈俤隔諾捨嘆遠，	哥妹中间有情缘，

ko³³thi³³ kɛ⁵⁵no⁵⁵ sɛ⁴⁴ jɯ⁵⁵jye⁴²
姐弟俩 中间 是 姻缘

7 艸本慨廿鏗。 不牵也起身。
sɯ³³ pɯ³¹ khe⁵⁵ li⁵⁵ khɯ³³
手 不 牵 也 起
（前残缺1行多）

第42首

1 那美孟鮪止㯢㯢， 你家门前有池塘，
na⁵⁵ me²¹ mɯ⁵⁵ tsɯ³³ tʂʅ⁵⁵tha⁵⁵tha⁵⁵
你们 门前 有 一池塘

2 鵝闇塪， 雁一双，
jɯ⁵⁵ ʔa³¹ sʅ⁵⁵
雁 一 双

3 搭鏗斗相英。 抓一只杀吃。
kɛ⁴⁴khɯ³³ tɯ²¹ ɕa⁴⁴jɯ⁴⁴
捉起 一只 杀吃

4 鵝细鵝戛今偲可， 雁心雁肝恋人吃，
jɯ⁵⁵ɕi³⁵ jɯ⁵⁵ka⁵⁵ tɕɯ⁴⁴ ŋɯ⁵⁵ khɣ⁴⁴
雁心 雁肝 敬 我的 情人

5 雁斗保自我干音。 雁头我来吃。
jɯ⁵⁵ tɯ²¹po²¹ tsʅ⁵⁵ ŋɔ³¹ ka⁴⁴jɯ⁴⁴
雁头 则 我 吃吃

6 鵝斗保吐□□□ （待考）
jɯ⁵⁵ tɯ²¹po²¹ nɔ³³ □□□
雁头 上（待考）
（后残缺1行多）

第16页 （前3字残缺） **第43首**

6 合冷綵吐探都是， 这枝鲜花摘不到，
xuo³⁵ lɯ³¹ tuo³³ nɔ³³ tha⁵⁵ tu³³ tsʅ⁵⁵
花 这朵 上 接不得 则

7 死也不甘心。 死也不甘心。
sʅ³¹ je³¹ pu³⁵ ka³³ɕɯ³³
死也 不 甘心

第44首

1 云期结自䚻本登， 运气差到这地步，
jye⁵⁵tɕhi⁵⁵tɕɛ⁴⁴ tsʅ⁵⁵ phia⁴⁴ pɯ³¹ tu⁴⁴
运气一点儿 则 到 不得

2 双业孟廿业本洗， 说与谁也不相信，
sua⁴⁴ȵi³⁵ mɯ⁵⁵ li⁵⁵ ȵi³⁵ pɯ³¹ sɯ³³
说 你 处 也 你 不信

3 阿朵佷嗯登。　　　　　　　　　　　有谁知真情。
　　ʔa⁵⁵tuo³¹ȵi²¹zɯ⁴⁴tɯ⁴⁴
　　　谁　　认得

4 屋漏更遭連夜雨，　　　　　　　　屋漏更遭连夜雨，
　　u³⁵lou⁵⁵kɯ⁵⁵tsɔ³³liɛ⁴²je⁵⁵jy³¹
　　屋漏　更　遭　连夜雨

5 行船遇着打頭風。　　　　　　　　行船又遇打头风。
　　ɕɯ⁴²tshue⁴²jy⁵⁵tsu³⁵ta³¹tou⁴²fɯ³³
　　行船　　遇着　　打头风

6 自佷遇登良廠嘹，　　　　　　　　做人处事这地步，
　　tsɿ⁵⁵ȵi²¹jy⁴⁴tɯ⁴⁴lia⁴²tsha³¹tɕɯ³¹
　　做人　遇着　这　场景

7 迷夷苟瀧瀧。　　　　　　　　　　两眼泪涟涟。
　　mi⁴²ji⁴²kɯ²¹nɯ³³nɯ³³
　　眼泪　流　（不停状）

第17页　（前缺字3行）　　　　　　　　　第45首

4 制笼廿體扣阖靡，　　　　　　　　真花她只开一春，
　　tsɿ⁵⁵xuo³⁵li⁵⁵thi³¹khɯ⁵⁵ʔa³¹tshy⁵⁵
　　真花　也　只开　一春

5 制旺廿體啯捴鴶。　　　　　　　　真月亮只圆在十五。
　　tsɿ⁵⁵ua⁴⁴li⁵⁵thi³¹ue²¹tsɛ⁴²ɣ³³
　　真月亮　也只　圆　十五

6 臍可趁早咏哐閃，　　　　　　　　唱曲要趁年纪轻，
　　tɕi⁴²khɣ⁵⁵tshɯ⁵⁵tsu³³ȵi⁴⁴ɕɛ⁴⁴se³¹
　　唱曲　趁早　　年纪　小

7 喓哻兔佫趾。　　　　　　　　　　早找心上人。
　　ȵo³³tsu³³thu⁵⁵kɛ⁴⁴tsɯ³³
　　要　早　讨　客主

　　　　　　　　　　　　　　　　　　第46首

1 結細佬吐躋佬偸，　　　　　　　　牵心牵肝追赶你，
　　tɕɛ⁵⁵ɕi³⁵nɯ⁵⁵nɔ³³tɕi⁴²nɯ⁵⁵ɣɯ³³
　　牵心　你的上　追　你的后

2 當佬使，　　　　　　　　　　　　跟你走，
　　ta⁴⁴nɯ⁵⁵sɿ³¹
　　跟　你的去

3 邈鄄那消囪。　　　　　　　　　　来到你家乡。
　　ɣɯ²¹phia⁴⁴na⁵⁵ɕo³⁵jɯ³³
　　去　到　你们　乡村

4 那勒債保上五衾，　　　　　　　　你们夫妻相拥好，

na⁵⁵ lɛ⁵⁵ pɯ⁵⁵tshe⁵⁵ sa⁵⁵ u³¹ɣa⁴²
你们 哪 夫妻　　相 握合

5　賒侶没撒没胥輔。　　　　　　让我水漫无边际。
sɛ³³ ŋa⁵⁵ ma³³sa⁴⁴ mo³³ kɣ⁵⁵tsɯ³³
让 咱 漫水　　无 河主

6　隮登傩孟可冷嗦，　　　　　　跟你对唱这曲子，
tɕi⁴²tɯ⁵⁵ nu⁵⁵ mɯ⁵⁵ khɣ⁴⁴ lɯ³¹ tso³¹
唱着 你的 处 曲 这 调

7　悔到脚后跟。　　　　　　　　悔到脚后跟。
xui³¹ phia⁴⁴ tɕu³⁵xou⁵⁵kɯ³³
悔 到 脚后跟

第 47 首

1　結細干傩次吐儴，　　　　　　牵心挂肚你身上，
tɕɛ⁵⁵ɕi³⁵ ka⁴⁴ nu⁵⁵ tshŋ⁵⁵nɔ³³ tshɯ⁴⁴
牵心 把 你的 身上 起

2　儴邃脑，　　　　　　　　　　紧挨你，
tshɯ⁴⁴ tɕɯ³¹ nɔ³¹
起 挨 你

3　細干傩吐申。　　　　　　　　把心放在你身上。
ɕi³⁵ ka⁴⁴ nu⁵⁵ nɔ³³ sɯ³³
心 把 你的 上 放

4　喋歪債保呔上漢，　　　　　　因为夫妻没好脸，
jɯ³³ui⁵⁵ pɯ⁵⁵tshe⁵⁵ pɯ³¹ sa⁵⁵ xa⁵⁵
因为 夫妻 不 相 看

5　喋歪細科没處申。　　　　　　因为爱心没处放。
jɯ³³ui⁵⁵ ɕi³⁵khɔ³³ mo³³tshɣ³¹ sɯ³³
因为 一颗心 无处 放

6　孟斗各脑媻喋逺，　　　　　　这才跟你定情缘，
mɯ⁵⁵tɯ²¹ ko⁵⁵ nɔ³¹ tɕa⁴⁴ jɯ⁵⁵jye⁴²
这才 跟 你 接 姻缘

7　達干那酯鰓。　　　　　　　　你得知道我的心。
ta⁴⁴ka⁴⁴ na⁵⁵ tsŋ³¹ sɯ³³
定让 你们 心意 知道

（后残缺 1 行多）

第 18 页（前残缺 2 行多）　　**第 48 首**

1　佷格債倰上五奓，　　　　　　人家夫妻相恩爱，
ɲi²¹kɛ⁵⁵ pɯ⁵⁵tshe⁵⁵ sa⁵⁵ u³¹ɣa⁴²
人家 夫妻 相 握合

2　閃偗債保上憥恩。　　　　　　小弟夫妻如雾罩。

se³¹thi³³ pɯ⁵⁵tshe⁵⁵ sa⁵⁵ vɣ̩³³ xɯ³³
小弟　　夫妻　　相　雾罩起

3　止蠮邎㖿蠼真意，　　　　　　　山高路远定真情，
tsɛ²¹ tui³³ ɣɛ²¹ jɯ³⁵ tɕa⁴⁴ tsɿ⁵⁵ji⁵⁵
成　远　去　来　接　真情

4　細幹那吐申。　　　　　　　　真心托付你。
ɕi³⁵ ka⁴⁴ na⁵⁵ nɔ³³ sɯ³³
心　把　你们　上　放

第 49 首

1　躅啓躅嶬那好倄，　　　　　　悄声悄气你家后，
khɣ̩³¹tɕhi³¹ khɣ̩³¹ni³¹ na⁵⁵ xɔ³³ ɣɯ³³
（悄声悄气状）　你们　房　后

2　細□涹，　　　　　　　　　　心很软，
ɕi³⁵ □ phɛ⁵⁵
心　□　软

3　孟斗峨那申。　　　　　　　　这才握你手。
mɯ⁵⁵tɯ²¹ u²¹ na⁵⁵ sɯ³³
才　握　你们　手

4　前頭你韵是麽話，　　　　　　以前你说什么话，
tɕhi⁴²thou⁴² ni³¹ su³⁵ sɯ⁵⁵mo⁵⁵ xua⁵⁵
前头　　你　说　什么　话

5　而今話語話不真。　　　　　　如今说话话不真。
ɛ⁴²tɕɯ³³ ɕi³⁵ɣo⁴² xua⁵⁵ pu³⁵ tsɯ³³
而今　话语　话　不　真

6　生意不成人義在，　　　　　　生意不成人义在，
sɯ³³ji⁵⁵ pu³⁵tshɯ⁴² zɯ⁴²ji⁵⁵ tse⁵⁵
生意　不成　　人义　在

7　仁義值千金。　　　　　　　　仁义值千金。
zu⁴²ji⁵⁵ tsɿ⁵⁵ tɕhi³³tɕɯ³³
仁义　值　千金

第 50 首

1　月亮出來白生生，　　　　　　月亮出来白生生，
jye³⁵nia⁵⁵ tshɣ³⁵le⁴² pɯ³⁵sɯ³³sɯ³³
月亮　　出来　　白生生

2　斜你一氣不出來，　　　　　　等你很久不见你，
tɯ³³ ni³¹ ji³⁵ tɕhi⁵⁵ pu³⁵ tshɣ³⁵le⁴²
等　你　一　气　不　出来

3　教我冷成風。　　　　　　　　让我如寒风。
tɕɔ⁵⁵ ŋo³¹ nɯ³¹ tshɯ⁴² fu³³
叫　我　冷　成　风

第19页 4　良藥吃了好幾兩，
　　　　　nia⁴²ju³⁵ tshɿ³⁵liɔ³¹ xɔ³¹ tɕi³¹nia³¹
　　　　　良药　吃了　　好　　几两

良药吃了好几两，

　　　5　草藥吃了兩三斤。
　　　　　tshɔ³¹ju³⁵ tshɿ³⁵liɔ³¹ nia³¹sa³³ tɕɯ³³
　　　　　草药　吃了　　两三　　斤

草药吃了两三斤。

　　　6　我爲你上氣成病，
　　　　　ŋɔ³¹ ui⁴⁴ nɯ⁵⁵ nɔ³³ tɕhi⁴⁴ tsɛ²¹ pɛ³¹
　　　　　我　为　你　的　上　气　成　病

我因相思染了病，

　　　7　韵出不好聽。
　　　　　su³⁵tshɤ³⁵ pu³⁵xɔ³¹ thiɯ³³
　　　　　说出　　　不好　　听

说出不好听。

第51首

　　　1　月亮出來白生生，
　　　　　jye³⁵lia⁵⁵ tshɤ³⁵le⁴² pɯ³⁵sɯ³³sɯ³³
　　　　　月亮　　出来　　白生生

月亮出来白生生，

　　　2　想着你，
　　　　　mi³³ nɯ⁵⁵ tua⁴⁴
　　　　　想　你　上

想着你，

　　　3　連夜就起身。
　　　　　ni³¹je⁵⁵ tɕiu⁵⁵ tɕhi³¹sɯ³³
　　　　　连夜　　就　　起身

连夜就起身。

　　　4　天上衆星皆拱北，
　　　　　thi³³sa⁵⁵ tso⁵⁵ɕɯ³³ ke³³kɔ³¹pɯ³⁵
　　　　　天上　　众星　　　皆　拱北

天上众星皆拱北，

　　　5　世間無水不朝東。
　　　　　sɿ⁵⁵tɕi³³ vɤ⁴²sui³¹ pu³⁵ tshɔ⁴²to³³
　　　　　世间　　无水　　　不　朝东

世间无水不朝东。

　　　6　躋登那孟可冷嘨，
　　　　　tɕi⁴² tu⁴⁴ na⁵⁵ mɯ⁵⁵ khɤ⁴⁴ lu³¹ tso³¹
　　　　　唱着　你们　处　曲　这　调

跟你对唱这曲子，

　　　7　隔河也認親。
　　　　　kɯ³⁵ xɔ⁴² je³³ zɯ⁵⁵tɕhu³³
　　　　　隔　河　也　认亲

隔河也认亲。

　　　　　（后残缺2行半）

第20页　（前残缺2行多）

第52首

　　　1　腺夭夭，[1]

心悠悠，

---

[1] 腺夭夭[ɕi³⁵jo⁴⁴jo⁴⁴]：曲姓名称。韵类包括[u]、[o]、[ɔ]、[io]、[iɔ]等，调类是紧喉44调和松喉33调。

ɕi³⁵jo⁴⁴jo⁴⁴
心悠悠

2　細結僙吐細冷科,　　　　　　　　牵着你的这颗心,
　　ɕi³⁵ tɕɛ⁴⁴ nɯ⁵⁵ nɔ³³ ɕi³⁵ lɯ³¹ khɔ³³
　　心 牵　你的 上　心　这　颗

3　瞓冷庶,　　　　　　　　　　　　这双眼,
　　ui³³ lɯ³¹ sɣ⁵⁵
　　眼　这　双

4　呋砰佷僦吐。　　　　　　　　　　不看庄稼上。
　　pɯ⁵⁵ xa⁵⁵ ȵi²¹xɛ⁵⁵ nɔ³³
　　不　看　庄稼　上

5　佷僦僟孟呋撥憂,　　　　　　　　庄稼不让你操劳,
　　ȵi²¹xɛ⁵⁵ nɯ⁵⁵ mu⁵⁵ pɯ⁵⁵ pho⁵⁵jo³³
　　庄稼 你的 处　不　操持

6　合僜僙吐呋達搁。　　　　　　　　花柳情爱不耽搁。
　　xuo³⁵ɣɯ³³ nɯ⁵⁵ nɔ³³ pɯ⁵⁵ ta⁵⁵ko³³
　　花柳　你的 上　白　耽搁

7　閃溆跳逾參棗狠,　　　　　　　　小河跳入大箐里,
　　se³¹kɣ⁵⁵ tio⁴⁴ ȵi⁴⁴ tɔ⁴² tso²¹ xɯ³¹
　　小河　跳　进　达　箐　里

8　𡥧殗倒僙吐。　　　　　　　　　　生死赌在你身上。
　　xɛ⁵⁵ɕi³³ tɔ³¹ nɯ⁵⁵ nɔ³³
　　生死　赌　你的 上

第53首

1　結細僙吐細冷科,　　　　　　　　牵着你的心这颗,
　　ɕi³⁵ tɕɛ⁴⁴ nɯ⁵⁵ nɔ³³ lɯ³¹ khɔ³³
　　牵心　你的 上　这　颗

2　瞓冷庶,　　　　　　　　　　　　这双眼,
　　ui³³ lɯ³¹ sɣ⁵⁵
　　眼　这　双

3　𡥧殗倒僙吐。　　　　　　　　　　生死赌在你身上。
　　xɛ⁵⁵ɕi³³ tɔ³¹ nɯ⁵⁵ nɔ³³
　　生死　赌　你的　上

4　父歪合吐燒債次,　　　　　　　　蜜蜂为花烧了身,
　　fɣ⁵⁵ ui⁴⁴ pɯ⁵⁵ nɔ³³ su⁵⁵ pɯ⁵⁵ tshŋ⁵⁵
　　蜂　为 它 上　烧　它　身

5　我歪可吐別支姆。　　　　　　　　我为恋人抛家室。
　　ŋɔ³¹ ui⁴⁴ khɣ³¹ nɔ³³ pie⁵⁵ tsŋ³³mo³³
　　我　为　情人 上　丢　子母

第21页 6　僤懲双忍阿禱洗,　　　　　　　　我的情意谁知道,

ŋɯ⁵⁵ tsɯ³¹ sua⁴⁴ tsɿ³¹ ʔa⁵⁵tuo³¹ se³³
我的 情 说给 谁 知

7 那弟哹我槀。 你们只会说我的不是。
na⁵⁵ ti⁵⁵ tso⁴² ŋɔ³¹ piɔ³³
你们 只 说 我 不是

第54首

1 伱那細科兩面刀， 你们女人的心是两面刀，
n̠ɣ³³ na⁵⁵ ɕi³⁵khɔ³³ lia³¹mi⁵⁵ tɔ³³
女 你们 心 两面 刀

2 心最歹， 心最毒，
ɕi³⁵ tsui⁵⁵ tu³⁵
心 最 毒

3 五必廿夒縏。 （待考）
u³¹pi³⁵ li⁵⁵ fɛ³³liɔ⁴⁴
（待考）

4 葉没處自脑果偒， 别人在时你爱我，
n̠i³⁵ mo³³ tshɣ³¹ tsɿ⁵⁵ nɔ³¹ ko²¹ ŋa⁵⁵
别人 没 处 则 你 爱 我们

5 偒没處自果傽蒿。 我不在时你爱别人。
ŋa⁵⁵ mo³³ tshɣ³¹ tsɿ⁵⁵ ko²¹ tɕa⁴² xɔ³³
我们 没 处 则 爱 别人

6 阿姐嚦果細咊果， 阿姐嘴爱心不爱，
ʔa⁵⁵tɕi³³ jy³³ ko²¹ ɕi³⁵ pɯ³¹ ko²¹
阿姐 嘴 爱 心 不 爱

7 偒悔偒細科。 我悔我的心。
ŋa⁵⁵ xui³¹ ŋa⁵⁵ ɕi³⁵ khɔ³³
我们 悔 我们 心

第55首

1 伱那細科兩面刀， 你们女人心是两面刀，
n̠ɣ³³ na⁵⁵ ɕi³⁵khɔ³³ lia³¹mi⁵⁵ tɔ³³
女 你们 心 两面 刀

2 嚮酾矣， 两面快，
ko³³mi⁴² ji³¹
两面 快

3 韇朝且爽方。 真像青竹飙。
tɕɯ³³tsɔ⁴² tɕhi³¹ sua³¹ tɔ³³
尽是 青竹飙

4 入山不怕傷人虎， 入山不怕伤人虎，
zɣ³⁵ se³³ pu³⁵ pa⁵⁵ sa³³ zɯ⁴² xu³¹
入 山 不怕 伤 人 虎

5	就怕仁義兩面刀。 tɕiu⁵⁵ pa⁵⁵ zɯ⁴²ji⁵⁵ lia³¹mi⁵⁵tɔ³³ 就怕　　仁义　两面刀	就怕仁义两面刀。
6	躋登那孟可冷呼， tɕi⁴² tɯ⁴⁴ na⁵⁵ mɯ⁵⁵ khɤ⁴⁴ lɯ³¹ tso³¹ 唱着　你们　处　曲　这　调	跟你唱着这曲子，
7	悔剄偲膽吐。 xui³¹ phia⁴⁴ ŋɯ⁵⁵ ta³³ nɔ³³ 悔　到　我的　胆　上 （后残缺1行半）	后悔到胆子上。

第22页　（前残缺头2行半）　　**第56首**

1	溁狠透嗼溁綫科， kɤ³⁵ xɯ³¹ thɯ⁵⁵ jɯ³⁵ kɤ³⁵ɕi³⁵khɔ³³ 河里　下　来　河心一颗	河中漂下河心一颗，
2	闇直朝拿闇直透， ʔa³¹tsʅ²¹ tso³³ na⁵⁵ ʔa³¹tɕʅ²¹ thɯ⁵⁵ 一时　上　则　一时　下	漂上漂下漂不定，
3	五必甘夔縊。 u³¹pi³⁵ li⁵⁵ fɛ³³liɔ⁴⁴ （待考）	徘徊又反复。
4	透佷孟自保許透， thɯ⁵⁵ ȵi²¹ mɯ⁵⁵ tsʅ⁵⁵ pɔ³¹ ɕy³¹ thɯ⁵⁵ 下来人　处　则　她　许　下	一会相许逆行人，
5	朝佷孟自保許朝。 tso³³ ȵi²¹ mɯ⁵⁵ tsʅ⁵⁵ pɔ³¹ ɕy³¹ tso³³ 上　人　处　则　她　许　上	一会相许顺行人。
6	鸜保朝嘞鸜保透， jua⁴² pɔ³¹ tso³³ lɯ³⁵ kua⁴² pɔ³¹ thɯ⁵⁵ 管　他　上　来　管　他　下	管他漂上或漂下，
7	償櫼𠊳嚀吐。 pɯ⁵⁵ miɛ⁵⁵ khɯ⁵⁵po⁵⁵nɔ³³ 她　名　刻薄女	名叫叨难女。

　　　　　　　　　　　　　　　　　　　　第57首

1	溁狠透嗼溁綫科， kɤ³⁵ xɯ³¹ thɯ⁵⁵ jɯ³⁵ kɤ³⁵ɕi³⁵khɔ³³ 河里　下　来　河心一颗	河中漂下河心一颗，
2	闇直朝拿闇直透， ʔa³¹tsʅ²¹ tso³³ na⁵⁵ ʔa³¹tɕʅ²¹ thɯ⁵⁵ 一时　上　则　一时　下	漂上漂下漂不定，
3	五必甘夔縊。	徘徊又反复。

u³¹pi³⁵ li⁵⁵ fɛ³³liɔ⁴⁴
（待考）

4 山頭老虎我不怕，
se³³thou⁴² lɔ³¹xu³¹ ŋo³¹ pu³⁵pa⁵⁵
山头　　老虎　我　不怕

山头老虎我不怕

第23页 5 就怕人情兩面刀。
jiu⁵⁵pa⁵⁵ zɯ⁴²tɕhu⁴² lia³¹mi⁵⁵tɔ³³
就怕　　人情　　两面刀

就怕人情两面刀。

6 爹姆体祇烧傀次，
ti³³mɔ³³ thi³¹tsʅ³³ sɔ⁵⁵ nɯ⁵⁵ tshʅ⁵⁵
爹妈　　只是　　管　你的 身

父母只养你的身，

7 摸傀細咪淘。
mo³³ nɯ⁵⁵ ɕi³⁵ pɯ³¹ thɔ⁴⁴
摸　你的心　不　不想

你心摸不透。

第58首
牵在你上这颗心，

1 結細傀吐細冷科，
tɕɛ⁵⁵ɕi³⁵ nɯ⁵⁵ nɔ³³ ɕi³⁵ lɯ³¹ khɔ³³
牵心　你的 上　心　这　颗

2 漢登脑，
xa⁵⁵ tɯ⁴⁴ nɔ³¹
看　着　你

看见你，

3 捨廿次本滔。
sɛ⁴⁴ nɯ⁵⁵ tshʅ⁵⁵ pɯ³¹ thɔ⁴⁴
舍　你的身　不　不想

舍你不忍心。

4 各脑狎登氣初氣，
ko⁵⁵ nɔ³¹ ɕa³⁵ tɯ⁴⁴ tɕhi⁵⁵ tshu³³ tɕhi⁵⁵
跟　你　闲　着　气　就　气

跟你闲着一会是一会，

5 各脑笑登蒿初蒿。
ko⁵⁵ nɔ³¹ sɔ³¹ tɯ⁴⁴ xɔ⁵⁵ tshu³¹ xɔ⁵⁵
跟　你　笑　着　回　就　回

跟你欢乐一回是一回。

6 不申蓋咪打好狎，
pu³⁵sɯ³¹ ke⁵⁵ɲi⁴⁴ ta³¹xɔ³¹ ɕa³⁵
不如　　今天　　一起　闲

不如今天一起闲，

7 妹咪狎咪滔。
me⁵⁵ɲi⁴⁴ ɕa³⁵ pɯ³¹ thɔ⁴⁴
明天　　闲　不　不想

明天不想闲。

第59首
从小我心向着你，

1 錯閃傀雨儞那坡，
tshu⁵⁵se³¹ ŋɯ⁵⁵ jy²¹ ko²¹ na⁵⁵ pho⁴⁴
从小　　我的 转 过　你们　旁边

2	上結細，	心相牵，
	sa⁵⁵ tɕɛ⁵⁵ɕi³⁵	
	相　　牵心	
3	結細到䏿吐。	牵心到这地步。
	tɕɛ⁵⁵ɕi³⁵ phia⁴⁴ ja⁴²nɔ³³	
	牵心　到　　这样	
4	蜂爲花香常採蜜，	蜂为花香常采蜜，
	fo³³ ui⁵⁵ xua³³ɕa³³ tsha⁴² tshe³¹mi³⁵	
	蜂　为　花香　　常　采蜜	
5	人爲情好常結交。	人为情好常结交。
	zɯ⁴² ui⁵⁵ tɕhɯ⁴²xɔ³¹ tsha⁴² tɕi³⁵tɕɔ³³	
	人　为　情好　　　常　结交	
6	堯狠哉要上衮門，	夜里睡觉相入梦，
	jo³¹xɯ³¹ tse⁴⁴ no³³ sa⁵⁵ n̠i⁴⁴mɯ³¹	
	夜里　　再　要　相　入梦	
7	上果不開交。	相爱不开交。
	sa⁵⁵kuo²¹ pu³⁵ khe³³tɕɔ³³	
	相爱　　不　开交	
	（后残缺字1行半）	
第24页	（前残缺字2行）	第60首
1	偲細氣殺歪傀吐，	为你伤透我的心，
	ŋɯ⁵⁵ ɕi³⁵ tɕhi⁴⁴ ɕa⁴⁴ ui⁴⁴ nɯ⁵⁵ nɔ³³	
	我的　心　气　死　为　你的　上	
2	呌歪自，	不为你，
	pɯ³¹ ui⁴⁴ tsɿ⁵⁵	
	不　为　则	
3	偲刁良刁稟。	我不会成这个吊吊。
	ŋɯ⁵⁵ tiɔ⁴⁴ lia⁴² tiɔ⁴⁴ piɔ³³	
	我的　样　这样　　不　是	
4	次躺期者鱲起各，	身子伤成鱼骨架，
	tshɿ⁵⁵khɯ³¹ tɕhi⁴⁴tsɛ²¹ y³⁵tɕhi³¹ku⁵⁵	
	身子　　　气成　　鱼刺架	
5	洣票期者且檠科。	脸色伤成青梅果。
	mi⁴²piɔ⁵⁵ tɕhi⁴⁴tsɛ²¹ tshi³¹tɕɛ³³khɔ³³	
	面貌　　气成　　青梅果一颗	
6	闇些期覺闇達達，	一日伤身多少次，
	ʔa³¹ɕɛ⁴⁴ tɕhi⁴⁴kue⁴² ʔa³¹ta⁵⁵ta⁵⁵	
	一日　　气成　　　一搭搭	
7	期者毷斗礜。	伤成一把骨头。

tɕhi⁴⁴tsɛ²¹ kua⁴⁴tɯ³¹ tshua³³
气成　　骨头　　一把

第61首

1　偲細期殺歪儾吐，　　　　为你伤透我的心，
　　ŋɯ⁵⁵ ɕi³⁵ tɕhi⁴⁴ɕa⁴⁴ ui⁴⁴ nɯ⁵⁵ nɔ³³
　　我的 心　气 死　 为 你的 上

2　咊歪自，　　　　　　　　不为你，
　　pɯ³¹ ui⁴⁴ tsɿ⁵⁵
　　不　为　则

3　偲刁良刁禀。　　　　　　不会成这个吊吊。
　　ŋɯ⁵⁵ tiɔ⁴⁴ lia⁴² tiɔ⁴⁴ piɔ³³
　　我的 样　这样　不是

4　身像鷚子皮裹骨，　　　　身像鷚子皮裹骨，
　　se³³ ɕa⁵⁵ jɔ³³tsɿ³¹ phi⁴² pɔ³³ ku³⁵
　　身　像　鷚子　 皮　裹　骨

5　臉像猴子面如焦。　　　　脸像猴子面如焦。
　　ni³¹ ɕa⁵⁵ xou⁴²tsɿ³¹ mi⁵⁵ zu⁴² tɕɔ³³
　　脸　像　猴子　 面　如　焦

6　我歪儾吐期相后，　　　　为你我若丢了命，
　　ŋɔ³¹ ui⁵⁵ nɯ⁵⁵ nɔ³³ tɕhi⁴⁴ ɕa⁴⁴ xɯ⁵⁵
　　我　为　你的　上　气　死　了

7　天合峨儾坡。　　　　　　天花跟你相拥。
　　xe⁵⁵ xuo³⁵ ɣo²¹ nɯ⁵⁵ phɔ⁴⁴
　　天　花　握　你的　方面

第62首

1　偲細期殺歪儾吐，　　　　为你伤透我的心，
　　ŋɯ⁵⁵ ɕi³⁵ tɕhi⁴⁴ɕa⁴⁴ ui⁴⁴ nɯ⁵⁵ nɔ³³
　　我的 心　气 死　 为 你的 上

2　者良堯，　　　　　　　　成这样，
　　tsɛ²¹ lia⁴²jɔ⁴²
　　成　　这样

第25页 3　自己闇咊科。　　　　　自己不敢看自己。
　　tsɿ⁵⁵tɕi³¹ ʔa³³ pɯ³¹ thɔ⁴⁴
　　自己　　看　不　不想

4　身像鷚子皮裹骨，　　　　身像鷚子皮裹骨，
　　se³³ ɕa⁵⁵ jɔ³³tsɿ³¹ pi⁴² pɔ³³ ku³⁵
　　身　像　鷚子　 皮　裹　骨

5　脸像猴子眼眶睯。　　　　脸像猴子眼眶凹。
　　ni³¹ ɕa⁵⁵ xou⁴²tsɿ³¹ ui³³ka⁴⁴ ʔɔ³³
　　脸　像　猴子　 眼眶　　凹

6 我干良吐漢透噗，　　　　　　　　我把这些看透了，
　　ŋɔ³¹ ka⁴⁴ nia⁴² nɔ³³ xa⁵⁵ thɯ³¹ jɯ³⁵
　　我　把　这些　　看透　来

7 細㑲逼㑲吐。　　　　　　　　　　心寒就因你。
　　ɕi³⁵ kɯ⁵⁵ thɯ⁵⁵ nɯ⁵⁵ nɔ³³
　　心寒　　下　　你的　上

第 63 首

1 梆㑲可汝槩絲稍，　　　　　　　　他用粗麻绳绑我恋人，
　　fɤ⁴² ŋɯ⁵⁵ khɤ⁴⁴ zɤ³¹ tsu⁵⁵ sɿ⁵⁵ so⁴⁴
　　绑　我的　情人　用　粗麻绳

2 桲㑲可汝臂撝檁，　　　　　　　　他用青黑棍打我恋人，
　　tɛ⁴⁴ ŋɯ⁵⁵ khɤ⁴⁴ zɤ³¹ tɕhɛ⁵⁵ xɯ⁵⁵ kua⁴²
　　打　我的　情人　用　青冈栗棍

3 過於剄良吐。　　　　　　　　　　过分到这样。
　　ku⁵⁵ ju⁴² phia⁴⁴ nia⁴² nɔ³³
　　过于　到　这样

4 債申㪽㑲髻之贇，　　　　　　　　他的手揪你的发髻，
　　pɯ⁵⁵ sɯ³³ tɕiu³³ nɯ⁵⁵ tshui⁴⁴ tsɿ³³ khui⁵⁵
　　她的手　揪　你的　发髻儿

5 債蹐瞥解㑲次吐。　　　　　　　　他的脚跪在你身上。
　　pɯ⁵⁵ ko⁴⁴ kɤ³¹ kɛ²¹ nɯ⁵⁵ tsh²⁵⁵ nɔ³³
　　他　脚　跪　在　你的　身　上

6 脑歪㑲吐桲登擎，　　　　　　　　你为了我遭毒打，
　　nɔ³¹ ui⁴⁴ ŋɯ⁵⁵ nɔ³³ tɛ⁴⁴ tɯ⁴⁴ tui⁴⁴
　　你　为　我的　上　打得　顿

7 我趾㑲細科。　　　　　　　　　　都在我心上。
　　ŋɔ³¹ tsɯ³³ ŋɯ⁵⁵ ɕi³⁵ nɔ³³
　　我　在　我的　心　上

第 64 首

1 梆㑲可汝槩絲稍，　　　　　　　　他用粗麻绳绑我恋人，
　　fɤ⁴² ŋɯ⁵⁵ khɤ⁴⁴ zɤ³¹ tsu⁵⁵ sɿ⁵⁵ sɔ⁴⁴
　　绑　我的　情人　用　粗麻绳

2 桲㑲可汝箄株必。　　　　　　　　他用龙竹片打我的恋人，
　　tɛ⁴⁴ ŋɯ⁵⁵ khɤ⁴⁴ zɤ³¹ nu²¹ tsɤ⁴⁴ pi⁵⁵
　　打　我的　情人　用　龙竹片

3 過於剄良吐。　　　　　　　　　　过分到这地步。
　　ku⁵⁵ jy⁴² phia⁴⁴ nia⁴² nɔ³³
　　过于　到　这样

4 桲闇桇自細闇死，　　　　　　　　打了一棍心不死，

　　　　　te⁴⁴ ʔa³¹kua⁴² tsŋ⁵⁵ ɕi³⁵ ʔa³¹sŋ³¹
　　　　　打　一棍　　则　心　不死

5　桿罳栳拿死細吐。　　　　　　　打了两棍死了心。
　　　　　te⁴⁴ ko³³ kua⁴² na⁵⁵ sŋ³¹ ɕi³⁵ nɔ³³
　　　　　打　两　棍　　则　死　心　上

6　喽喽桿吐喽喽自，　　　　　　　越打越做不服气，
　　　　　lɯ⁴⁴lɯ⁴⁴ te⁴⁴ nɔ³³ lɯ⁴⁴lɯ⁴⁴ tsŋ⁵⁵
　　　　　越更　　　打　的　越更　　　做

7　制期□□没。　　　　　　　　　最后闷气不出声。
　　　　　tshŋ⁵⁵tɕhi⁴⁴ li⁵⁵ shŋ⁵⁵ mo³³
　　　　　声气　　　　也　气　　没
　　　　　（该行下残缺）

第 26 页　（前残缺字 2 行多）　　**第 65 首**

1　梛偲可汝胥鐢稍，　　　　　　　他用青铁索绑我的恋人，
　　　　　fɤ⁴² ŋɯ⁵⁵ khɤ⁴⁴ zɤ³¹ tɕhe⁵⁵the⁴⁴so⁴⁴
　　　　　绑　我的　情人　　用　青铁索

2　桿偲可汝鐢釟戛，　　　　　　　用铁尺打我的恋人，
　　　　　te⁴⁴ ŋɯ⁴⁴ khɤ⁴⁴ zu³¹ te⁴⁴tshŋ³³ka⁵⁵
　　　　　打　我的　情人　　用　铁尺

3　過於到良吐。　　　　　　　　　过分到这地步。
　　　　　ko⁵⁵jy³¹ phia⁴⁴ nia⁴²nɔ³³
　　　　　过于　　到　　这样

4　花爲蜂上遭雨打，　　　　　　　花为蜂上遭雨打，
　　　　　xua³³ ui⁵⁵ fo³³ sa⁵⁵ tsɔ³³ jy³¹ ta³¹
　　　　　花　　为　蜂　上　遭　雨　打

5　人爲財上受挨敲。　　　　　　　人为财上受挨敲。
　　　　　zɯ⁴² ui⁵⁵ tshe⁴² sa⁵⁵ so⁵⁵ e⁴²khɔ³³
　　　　　人　　为　财　　上　受　挨敲

6　脑歪偲吐桿者疴，　　　　　　　你为了我打成病，
　　　　　nɔ³¹ ui⁴⁴ ŋɯ⁵⁵ nɔ³³ te⁴⁴ tsɛ²¹ pɛ³¹
　　　　　你　　为　我的　上　打　成　病

7　我尯偲細科。　　　　　　　　　我都在我心上。
　　　　　ŋo³¹ tsɯ³³ ŋɯ⁵⁵ ɕi³⁵ khɔ³³
　　　　　我　　在　　我的　心　上

　　　　　　　　　　　　　　　　　第 66 首

1　矣毪三牛緊喽操，　　　　　　　三根弦线紧紧搓，
　　　　　ji²¹xɯ³³ sa⁵⁵ n̩ɯ⁴² tɕɯ³¹lɯ⁴⁴ tsho⁴⁴
　　　　　麻绳　　　三　股　紧的　　搓

2　操矣后，　　　　　　　　　　　搓紧了，

tsho⁴⁴ ji²¹ xɯ⁵⁵
搓　绳　了

3　偁汝保高稍。　　　　　　　　　　　　　用它下扣子。
　　ŋa⁵⁵ zu³¹ pɔ³¹ ko⁴⁴so⁴⁴
　　我们　用　它　　下扣子

4　偁甧披後㻋崭岌，　　　　　　　　　　　我的猎网布在东山顶，
　　ŋɯ⁵⁵ ɣɔ²¹ phi³³ xɯ⁵⁵ ka³⁵sɣ⁴²tɕi³⁵
　　我的　网　披　在　　高山尖

5　偁稍高後南崭高，　　　　　　　　　　　我的猎扣下在南山脚。
　　ŋɯ⁵⁵ so⁴⁴ ko⁴⁴ xɯ⁵⁵ na²¹sɣ⁴²ko⁴⁴
　　我的　绳　下　在　　南山脚

6　偂姆剩脑螺老攴，　　　　　　　　　　　你妈让你成猛虎女，
　　nɯ⁵⁵ mɔ³³ sɯ³³ nɔ³¹ xɛ⁵⁵lɔ²¹n̪ɣ³³
　　你的　妈　让　你　猛虎女

7　絞絞鷍偁稍。　　　　　　　　　　　　　紧紧被我套。
　　tɕɔ²¹tɕɔ²¹ tsɔ⁴² ŋɯ⁵⁵ so⁴⁴
　　紧紧　　遭　我的　绳

第 67 首

1　矣魋三牛紧喽操，　　　　　　　　　　　三根弦线紧的搓，
　　ji²¹xɯ³³ sa⁵⁵n̪ɯ⁴² tɕɯ³¹lɯ⁴⁴ tsho⁴⁴
　　弦线　　三股　　紧的　　搓

2　操矣后，　　　　　　　　　　　　　　　搓紧了，
　　tsho⁴⁴ ji³¹ xɯ³³
　　搓　绳　了

3　侸汝保高稍。　　　　　　　　　　　　　我用它下扣子。
　　ŋa⁵⁵ zɣ³¹ pɔ³¹ ko⁴⁴so⁴⁴
　　我们　用　它　　下扣

第27页 4　侸稍高后㻋崭岌，　　　　　　　　　　　我的猎扣下在东山顶，
　　ŋa⁵⁵ sɔ⁴⁴ ko⁴⁴ xɯ⁵⁵ tɣ⁵⁵sɣ⁴²tɕi³⁵
　　我是　绳　下　在　　东山顶

5　侸稍披后喃崭高。　　　　　　　　　　　我的猎网布在南山脚。
　　ŋa⁵⁵ sɔ⁴⁴ phi³³ xɯ⁵⁵ na²¹sɣ⁴² ko⁴⁴
　　我的　绳　披　在　　南山脚

6　偂姆剩脑鳳凰攴，　　　　　　　　　　　你的妈让你成为凤凰女，
　　nɯ⁵⁵ mɔ³³ sʅ³¹ nɔ³¹ fe⁵xua⁴² n̪ɣ³³
　　你的　妈　让　你　凤凰女

7　絞絞䚴偁吐。　　　　　　　　　　　　　紧紧缠在我的猎扣上。
　　tɕɔ³¹tɕɔ³¹ tshe⁴² ŋɯ⁵⁵ nɔ³³
　　紧紧　　缠　我的　上

第 68 首

1　梆偲可汝胥縶稍，　　　　　　　　　　他用青铁索绑我恋人，
　　pa⁴² ŋɯ⁵⁵ khɣ⁴⁴ zɣ³¹ tɕhe⁵⁵the⁴⁴so⁴⁴
　　绊　我的哥　用　青铁索

2　梼偲可汝筭朱必，　　　　　　　　　　用龙竹片打我恋人，
　　tɛ⁴⁴ ŋɯ⁵⁵ khɣ⁴⁴ zɣ³¹ no²¹tsɣ⁴⁴pi⁵⁵
　　打　我的情人　用　龙竹片

3　過於玾良吐。　　　　　　　　　　　　过分到这地步。
　　ku⁵⁵jy⁴² phia⁴⁴ nia⁴²nɔ³³
　　过于　到　这样

4　申欠斗嘛施欠死，　　　　　　　　　　手抓头发痛煞人，
　　sɯ³³ tɕhi⁵⁵ tɯ²¹ma⁴² sʅ³³ tɕhi⁵⁵ sʅ³¹
　　手　拔　头发　极　拔　疼

5　高躠細吐死細吐。　　　　　　　　　　脚踢心口痛人心。
　　ko⁴⁴ ta⁴² ɕi³⁵ nɔ³³ sʅ³¹ ɕi³⁵ nɔ³³
　　脚　踩　心上　疼　心上

6　申登償孟梼良挈，　　　　　　　　　　得知恋人挨了打，
　　sɯ⁴⁴tɯ⁴⁴ pɯ⁵⁵ mɯ⁵⁵ tɛ⁴⁴ nia⁴² tui⁴⁴
　　知道　他的　处　打　这样　一顿

7　梼耦偲細吐。　　　　　　　　　　　　像打在我心头。
　　tɛ⁴⁴ ŋɯ³¹ ŋɯ⁵⁵ ɕi³⁵ nɔ³³
　　打　凝结　我的　心　上

第 69 首

1　偲細期殺歪儌吐，　　　　　　　　　　我为了伤透心，
　　ŋɯ⁵⁵ ɕi⁵⁵ tɕhi⁴⁴ ɕa⁴⁴ ui⁴⁴ nɯ⁵⁵ nɔ³³
　　我的　心　气　死　为　你的　上

2　本歪自，　　　　　　　　　　　　　　若不然，
　　pɯ³¹ ui⁴⁴ tsʅ⁵⁵
　　不　为　则

3　偲刁良刁齋。　　　　　　　　　　　　我不是这个吊吊。
　　ŋɯ⁵⁵ tiɔ⁴⁴ nia⁴² tiɔ⁴⁴ piɔ³³
　　我的　吊　这样　吊　不是

4　斗孟伲蓖蝴廿合，　　　　　　　　　　从前我俩是蜂和花，
　　tɯ²¹mɯ⁵⁵ ŋa⁵⁵ tsɯ³³ fɣ⁵⁵ li⁵⁵ xuo³⁵
　　过去　我们　是　蜂　和　花

5　闇更次罂高境吐。　　　　　　　　　　如今各在一个地方。
　　ʔa³¹kɯ⁵⁵ tshʅ⁵⁵ kɛ⁴⁴ ko³³ ta³¹ nɔ³³
　　如今　身　隔　两　地方　上

6　次罂高境細上結，　　　　　　　　　　身在两地心相牵，

白曲短曲残本

	tshŋ⁵⁵ kɛ⁴⁴ ko³³ ta³¹ ɕi³ sa⁵⁵ tɕɛ⁵⁵	
	身　隔　两　地　方　心　相　牵	
7	兽鼈上絆縷。	魂魄相缠绵。
	phɛ³¹mɛ³¹ sa⁵⁵ ɲo³¹ɲɔ³³	
	魂魄　　相　缠绵	
	（后残缺约10字）	

第28页　（前残缺2行）　　　　**第70首**

1　律只偲孟夔瑿坡，　　　脱给你我的银手镯，
　　lue⁵⁵ tshɛ²¹ ŋɯ⁵⁵ mɯ⁵⁵ ȵi²¹tɕi²¹po⁴⁴
　　脱　去　我的　处　银手镯

2　律只劵齓招处虋，　　　没有看见你戴在手，
　　lue⁵⁵tsɛ²¹ lɛ³¹ ke⁴² tso⁴⁴tshɣ³¹ kui⁴²
　　脱去　又 尖　戴処　　不见

3　律必阿朵招？　　　　　你给谁戴了？
　　lie⁵⁵ pi⁵⁵ ʔa⁵⁵tuo³¹ tso⁴⁴
　　脱　给　谁　　戴

4　侣桿僨吀囖斗保，　　　我在它上雕龙头，
　　ŋa⁵⁵ tɛ⁴⁴ pɯ⁵⁵ nɔ³³ nɣ²¹tu²¹pɔ³¹
　　我们 打 它 上　　龙头

5　侣桿僨吀囖申高。　　　我在它上雕龙手脚。
　　ŋa⁵⁵ tɛ⁴⁴ pɯ⁵⁵ nɔ³³ nɣ²¹ sɯ³³ko⁴⁴
　　我们 打 它 上　龙　手脚

6　招本辺吀律狄侣，　　　若不戴就还给我，
　　tso⁴⁴ pɯ³¹ ta⁴² nɔ³³ lue⁵⁵ ti³⁵ ŋa⁵⁵
　　戴　不　得　的　脱　回 我

7　侣可侣困邀。　　　　　我另寻戴镯人。
　　ŋa⁵⁵ khɣ⁴⁴ ŋa⁵⁵ khui⁵⁵ zɔ³³
　　我们 情人我们 另　找

　　　　　　　　　　　　　　第71首

1　律只偲孟夔韬坡，　　　脱给你我的银手镯，
　　lue⁵⁵ tshɛ²¹ ŋɯ⁵⁵ mɯ⁵⁵ ȵi²¹tɕi²¹po⁴⁴
　　脱　去　我的　处　银手镯

2　律只劵齓招處虋，　　　没有看见你戴在手，
　　lue⁵⁵tsɛ²¹ lɛ³¹ ke⁴² tso⁴⁴tshɣ³¹ kui⁴²
　　脱去　又 尖　戴処　　不见

3　律必阿朵招？　　　　　你给谁戴了？
　　lue⁵⁵ pi⁵⁵ ʔa⁵⁵ tuo³¹ tso⁴⁴
　　脱　给　谁　　戴

4　岬廿僨吀粲申岬，　　　别让你去擦洗它。

se³³ li⁵⁵ pɯ⁵⁵ nɔ³³ mia⁴⁴sɯ³³ se³³
洗 也 他 上 不要 洗

5 甕廿債吐桼申蠻。 别让汗泥玷污它。
kɯ³³ li⁵⁵ pɯ⁵⁵ nɔ³³ mia⁴⁴sɯ³³ tsɔ³³
汗垢 也 它 上 不要 结

6 招本迍吐律狄侶， 不想戴就还给我，
tsɔ⁴⁴ pɯ³¹ ta⁴² nɔ³³ lue⁵⁵ ti³⁵ ŋa⁵⁵
戴 不 得 的 脱 回 我们

7 侶可侶困遜。 我另寻意中人。
ŋa⁵⁵ khɣ⁴⁴ ŋa⁵⁵ khui⁵⁵ zɔ³³
我们 情人 我们 另 找

第72首

1 律只倛孟爨圙坡， 脱给你我的银手镯，
lue⁵⁵tshɛ²¹ ŋɯ⁵⁵ mɯ⁵⁵ ɲi²¹tɕi²¹po⁴⁴
脱去 我的 处 银手镯

2 圙律只， 脱手镯，
tɕi³¹ lue⁵⁵tsɛ²¹
手镯 脱去

3 侶債吐本招。 我没戴在手。
ŋa⁵⁵ pɯ⁵⁵ nɔ³³ pɯ³¹ tsɔ⁴⁴
我们 它 上 不 戴

4 刞廿債吐桼申刞， 别让你去擦洗它。
se³³ li⁵⁵ pɯ⁵⁵ nɔ³³ mia⁴⁴sɯ³³ se³³
洗 也 它 上 不要 洗

第29页 5 甕廿債吐桼申蠻。 别让汗泥玷污它。
kɯ³³ li⁵⁵ pɯ⁵⁵ nɔ³³ mia⁴⁴sɯ³³ tsɔ³³
汗垢 也 它 上 不要 结

6 刞峭西西送滑脑， 原来样子还给你，
tɕhi³³ tɕhiɔ⁵⁵ ɕi³³ɕi³³ so³³ xue³⁵ nɔ³¹
（原样狀） 送 还 你

7 省登脑哉哩。 免得你再要。
sɯ³¹ tɯ⁴⁴ nɔ³¹ tse⁴⁴ ɲo⁴⁴
省 得 你 再 要

第73首

1 律只倛孟爨圙坡， 脱给你我的银手镯，
lue⁵⁵tshɛ²¹ ŋɯ⁵⁵ mɯ⁵⁵ ɲi²¹tɕi²¹po⁴⁴
脱去 我的 处 银手镯

2 搜偬孟， 我藏着，
tso²¹ ŋɯ⁵⁵ mɯ⁵⁵
藏 我的 处

3 業吐本申招。　　　　　　　　　　　　不让别人戴。
　　ȵi³⁵ nɔ³³ pɯ³¹ so³³ tso⁴⁴
　　人　上　不　让　戴

4 何必罍罍迹細懕，　　　　　　　　　　何必屡次托话语，
　　xo³⁵pi³⁵ lue²¹lue²¹ pɯ³¹ ɕi⁵⁵yo⁴²
　　何必　（翱翔状）托　话语

5 何必天天邐嘆哩。　　　　　　　　　　何必天天来讨要。
　　xo⁴²pi³⁵ thi³³thi³³ ɣɯ³⁵ jɯ³⁵ ȵo⁴⁴
　　何必　天天　来　来　要

6 將來初哩遯滑那，　　　　　　　　　　以后就要送还你，
　　tɕa³³le⁴² tshu³³ȵo³³ so³³xua³⁵ na⁵⁵
　　将来　就要　送还　你们

7 我看脑哉哩！　　　　　　　　　　　　我看你再要！
　　ŋɔ³¹ xa⁵⁵ nɔ³¹ tse⁴⁴ ȵo⁴⁴
　　我　看　你　再　要

第 74 首

1 邐那處孟桿麤駑，　　　　　　　　　　到你村巷打春雀，
　　ɣɛ²¹ na⁵⁵ tshɿ⁵ xɯ³¹ tɛ⁴⁴ tshɿ⁵⁵tso⁴⁴
　　去　你们　巷道　里　打　春雀

2 麤駑吐劣桿唝奪，　　　　　　　　　　春雀还是没打着，
　　tshɿ⁵⁵tso⁴⁴ nɔ³³ le⁵⁵ tɛ⁴⁴ pɯ³¹ tu⁴⁴
　　春雀　上　也　打　不　不得

3 答次鑀囡坡。　　　　　　　　　　　　反丢银手镯。
　　ta⁴² tshɿ⁵⁵ ȵi²¹tɕi²¹po⁴⁴
　　反　输　银手镯

4 鑀囡坡廿不要緊，　　　　　　　　　　丢了银镯不要紧，
　　ȵi²¹tɕi²¹po⁴⁴ li⁵⁵ pu³⁵ jɔ⁵⁵tɕɯ³¹
　　银手镯　也　不　要紧

5 不過於體兩榜蒿。　　　　　　　　　　（待考）
　　pu³⁵ku⁵⁵jy⁴² thi³¹ ko³³ pa³¹ xɔ³³
　　不过于　只　（待考）

6 斗孟儺佛自鑀皎，　　　　　　　　　　从前我就是银匠，
　　tɯ²¹mɯ⁵⁵ nɯ⁵⁵ thi³³ tsɿ⁵⁵ ȵi²¹tɕo⁴²
　　过去　你的　弟　做　银匠

7 細坡薑坡招。　　　　　　　　　　　　新新旧旧都在手。
　　ɕi⁵⁵pho⁴⁴ kɯ³¹pho⁴⁴ tso⁴⁴
　　新镯　旧镯　戴

第 75 首

1 邐那處孟桿麤駑，　　　　　　　　　　到你村巷打春雀，

ɣɛ²¹ na⁵⁵ tshɣ⁵ xɯ³¹ tɛ⁴⁴ tshɣ⁵⁵tso⁴⁴
  去　你们　村巷　里　打　春雀

2 麤駕吐劈㭞哛奪，　　　　　　　　　春雀没打着，
  tshɣ⁵⁵tso⁴⁴ nɔ³³ le⁵⁵ tɛ⁴⁴ pɯ³¹ tu⁴⁴
  春雀　　上　又　打　不　不得

3 答次玉圙坡。　　　　　　　　　　　反丢玉手镯。
  ta⁴² tshŋ⁵⁵ jy⁴⁴tɕi²¹pho⁴⁴
  反　输　　玉手镯

  （后缺字残字半行）

第30页　（前残缺2行）　　　　　　　　　第76首

1 律只偲孟夔已坡，　　　　　　　　　脱给你我的玉手镯，
  lue⁵⁵tsŋ²¹ ŋɯ⁵⁵ mɯ⁵⁵ ȵi²¹tɕi²¹pho⁴⁴
  脱去　　我的　处　　银手镯

2 律只劈粧招處蠫，　　　　　　　　　只见给你不见戴，
  lue⁵⁵tsŋ²¹ le³¹ tsua⁵⁵ tso⁴⁴tshɣ³¹ kui⁴²
  脱去　　又　怎样　戴处　　不见

3 律必阿朵招？　　　　　　　　　　　你给谁戴了？
  lue⁵⁵pi⁵⁵ ʔa⁵⁵tuo³¹ tso⁴⁴
  脱给　　　谁　　　戴

4 拿我屁股妆你脸，　　　　　　　　　你拿我屁股妆你脸，
  na⁴² ŋɔ³¹ phi⁵⁵ku³¹ ȵi³¹ nɯ⁵⁵ ȵi³¹
  拿　我　屁股　　　妆　你的　脸

5 㧋着鼻子暗忍招。　　　　　　　　　我捏着鼻子暗忍着。
  tɕhi³³tsu³⁵ pi³⁵tsŋ³¹ ŋa⁵⁵ zɯ³¹ tso⁴⁴
  牵着　　　鼻子　　　暗　忍　戴

6 納偲斈紀做人情，　　　　　　　　　拿我的礼物做人情，
  na⁴² ŋɯ⁵⁵ vɣ³³tɕi³¹ tsu⁵⁵ zɯ⁴²tɕhɯ⁴²
  拿我的　　东西　　　做　人情

7 遳冷假吐覂，　　　　　　　　　　　真的假不了，
  tsŋ⁵⁵ lɯ³³ tɕa³¹ nɔ³³ miɔ⁴⁴
  真　的　假　的　不是

8 納申冷假吐。　　　　　　　　　　　就是这回事。
  nia⁴²sɯ³³ lɯ³¹tɕa³¹ nɔ³³
  这样　　　这回　　的

　　　　　　　　　　　　　　　　　　第77首

1 律只偡孟夔囶坡，　　　　　　　　　脱给你我的银手镯，
  lue⁵⁵tsŋ²¹ ŋɯ⁵⁵ mɯ⁵⁵ ȵi²¹tɕi²¹pho⁴⁴
  脱去　　我的　处　　银手镯

2 干偡申吐圙，　　　　　　　　　　　让你戴一戴，

ka⁴⁴ nɯ⁵⁵ sɯ³³ nɔ³³ tso⁴⁴
把 你的 手 上 戴

3 律只搜當闇本招。　　　　　　　　　　（待考）
lue⁵⁵tsʅ³¹ so³³ ta⁴⁴ ʔa³¹ pɯ³¹ tso⁴⁴
脱去　　（待考）

4 我呢拿扣償匹草，　　　　　　　　　　我呢拿去当片草，
ŋɔ³¹ li⁵⁵ na⁴² khɯ⁵⁵ ta³³ phi³¹ tshɔ³¹
我 呢 拿去 　当 片 草

5 你呢拿扣像寶刀。　　　　　　　　　　你呢拿去当宝刀。
nɔ³¹ li⁵⁵ na⁴ khɯ⁵⁵ ta⁵⁵ pɔ³¹ tɔ³³
你 呢 拿去 　当 宝 刀

6 冷假認得儂細窓，　　　　　　　　　　这回知道你的话，
lɯ³¹ tɕa²¹ zu⁴⁴ tu⁴⁴ nɯ⁵⁵ ɕi⁵⁵ ɣo⁴²
这回　 认得　 你的 话语

7 干悔細靜吐。　　　　　　　　　　　　把悔心忽悠。
ka⁴⁴ xui³¹ ɕi³⁵ xu³³ nɔ³³
把 悔心 　胡噜

第78首

1 邈那處孟桴廳鴐，　　　　　　　　　　去你们村巷打春雀，
ɣɛ²¹ na⁵⁵ tshɣ⁵⁵ mɯ⁵⁵ ta⁴⁴ tshɣ⁵⁵ tso⁴⁴
去 你们 村巷 处 打 春雀

2 桴廳鴐，　　　　　　　　　　　　　　打春雀，
tɛ⁴⁴ tshɣ⁵⁵ tso⁴⁴
打 春雀

3 廳鴐吐劈桴哸奪。　　　　　　　　　　春雀还是打不着。
tshɣ⁵⁵ tso⁴⁴ nɔ³³ lɛ³¹ tɛ⁴⁴ pɯ³¹ tu⁴⁴
春雀　 上 又 打 不 不得

4 答次玉圖坡。　　　　　　　　　　　　反输玉手镯。
ta⁴² tshʅ⁵⁵ y⁴⁴ tɕi²¹ pho⁴⁴
反 输　 玉手镯

第31页 5 金鐲打失都閑事，　　　　　　　　　　金镯丢失是小事，
tɕɯ³³ tsu³⁵ ta³¹ tsʅ³⁵ tu³³ ɕi³⁵ sʅ⁵⁵
金镯　 打失 都 闲事

6 仁義更比玉價高。　　　　　　　　　　仁义更比玉价高。
zu⁴² ji⁵⁵ kɯ⁵⁵ pi³¹ y⁵⁵ tɕa⁵⁵ kɔ³³
仁义　 更比　 玉价 高

7 體嗳霸伱慝慸峭，　　　　　　　　　　只要姑娘有情意，
thi³¹ nɔ³³ pa⁵⁵ nɣ³³ tɕɛ²¹ ji³¹ tɕhio⁵⁵
只要　 他们女　 情意 好

8 不要久吐嘖。　　　　　　　　　　　　不要旧的货。

pu³⁵jɔ⁵⁵ kɯ³¹ nɔ³³ xu⁴⁴
不要　旧　的　货

第79首

1　錯閃俤雨儞那坡，
tshu⁵⁵se³¹ ŋa⁵⁵ y²¹ khɔ⁵⁵ na⁵⁵ pho⁴⁴
从小　我们　转　靠　你们　那边
从小我就向着你，

2　偶可跻儵孟，
ŋɯ⁵⁵ khɣ⁴⁴ tɕi³¹ na⁵⁵ mɯ⁵⁵
我的　曲　唱　你们　处
我的曲子唱着你，

3　偶吐脑作鏊。
ŋɯ⁵⁵ no³³nɔ³¹ tsu⁵⁵liɔ⁴⁴
我的　上　你　照料
多靠你照料。

4　偶次干儵次吐俤，
ŋɯ⁵⁵ tshŋ⁵⁵ ka⁴⁴ nɯ⁵⁵ tshŋ⁵⁵ nɔ³³ kho⁴⁴
我的　身　把　你的　身　上　靠
我的身子靠着你，

5　偶怣干儵怣吐柯。
ŋɯ⁵⁵ ɣo²¹ ka⁴⁴ nɯ⁵⁵ ɣo²¹ nɔ³³ kho⁴⁴
我的　情　把　你的　情　上　靠
我的情意靠着你。

6　閃俤偶次没柯處，
se³¹thi³³ ŋɯ⁵⁵ tshŋ⁵⁵ mo³³ kho⁴⁴tshɣ³¹
小弟　我的　身　没　靠处
小弟我身无依靠，

7　嚀邦邆那吐。
tui⁵⁵ pa⁴⁴ tɕɯ³¹ na⁵⁵ nɔ³³
直　倒　挨拢　你们　上
横竖都靠你。

第80首

1　自俍招哄俤吐桼，
tsŋ⁵⁵ɲi²¹ tsɔ⁴⁴jɯ³⁵ ŋa⁵⁵ nɔ³³ miɔ⁴⁴
做人　照依　我们　上　不要
为人在世莫学我，

2　趄俤自，
ka³¹ ŋa⁵⁵ tsŋ⁵⁵
像　我们　则
像我样，

3　白跻犨咃方。
pɯ³⁵ tɕi⁴² xɛ⁵⁵ se⁴²to³³
白　生　世上
白活在世上。

4　羜嚟乙靠衻本過，
xu³³ lɯ³³ ji⁵⁵kho⁵⁵ ji⁴² pɯ³¹ ko⁴²
好的　衣服　穿　不　过
像样衣裳没穿过，

5　皈眹光乙無乙稍。
pɛ⁴²ɲi⁴⁴ kua⁵⁵ji⁵⁵ mo³³ ji⁵⁵so⁴⁴
白天　裤　无　腰带
白天裤子无裤带。

6	寬早冷嘯戛没鬼，	这种贫穷哪里见，
	khui³³tso³¹ lɯ³¹tso³¹ ʔa³⁵ma⁴⁴ kui⁴²	
	贫穷　　　这种　　哪里　　不见	
7	跻本迷儴吐。	比不上同伴。
	tɕi⁴² pu³¹ mi⁴² tɕa⁴² nɔ³³	
	赶　不　上　伴　上	
	（后残缺字1行多）	

第32页　（前残缺字2行）　　　　　　　　　第81首

1	蜂子靠山在花上，	蜂子靠山在花朵，
	fɯ³³tsŋ³¹ khɔ⁵⁵se³³ tse⁵⁵ xua³³tsha³¹	
	蜂子　　靠山　　在　花上	
2	魚呢身靠在水波。	鱼呢身靠在水波。
	y⁴² ni⁵⁵ sɯ³³ khɔ⁵⁵ tse⁵⁵ sui³¹po³³	
	鱼　呢　身　靠　在　水波	
3	閃弟偲可跻那孟，	小弟的曲子唱给你，
	se³¹ thi³³ ŋɯ⁵⁵ khɣ⁴⁴ tɕi⁴² na⁵⁵ mɯ⁵⁵	
	小弟　我的　曲　寄存　你们　处	
4	偲愆儴那吐。	我的情意靠着你。
	ŋɯ⁵⁵ yo³¹ khɔ⁴⁴ na⁵⁵ nɔ³³	
	我　情　靠　你们　上	

第82首

1	閃弟偲與儴那坡，	从小我就靠着你，
	se³¹ thi³³ ŋɯ⁵⁵ y²¹ khɔ⁴⁴ na⁵⁵ po⁴⁴	
	小弟　我的　缘　靠　你们　边	
2	雙那孟，	说给你，
	sua⁵⁵ na⁵⁵ mɯ⁵⁵	
	说　你们　处	
3	偲細結那吐。	我的心挂着你。
	ŋɯ⁵⁵ ɕi³⁵ tɕɛ⁵⁵ na⁵⁵ nɔ³³	
	我的　心　牵　你们　上	
4	鰯勞噴次儴水狠，	鱼儿身子靠水养，
	y³⁵ le³¹ pɯ⁵⁵ tshŋ⁵⁵ khɯ³³ ɕye³³ xɯ³¹	
	鱼　呢　它　身　在　　水里	
5	自富噴次儴合吐。	蜜蜂身子靠花活。
	tsŋ⁵⁵fɣ⁵⁵ pɯ⁵⁵ tshŋ⁵⁵ khɯ³³ xuo³⁵ nɔ³³	
	蜜蜂　　它　身　在　花　上	
6	支我偲可跻那孟，	我的曲子唱给你，
	tsŋ³³ ŋɔ³¹ ŋɯ⁵⁵ khɣ⁴⁴ tɕi⁴² na⁵⁵ mɯ⁵⁵	
	男　我　我的　情妹　寄存　你们　处	
7	偲吐脑作犎。	曲子你照料。

ŋɯ⁵⁵ nɔ³³ nɔ³¹ tso⁴⁴liɔ⁴⁴
我的 上 你 照料

第83首

1 　千擎百夫阿姐蒿，　　　　　　　　千叮万嘱大姐们，
　　tɕhi⁵⁵so³¹ pɛ⁴²fɣ⁴⁴ ʔa³¹tɕi³³ xɔ³³
　　　千叮万嘱　　　阿姐　们

2 　偲可躋后那因狠，　　　　　　　　情妹寄住在你村，
　　ŋɯ⁵⁵ khɣ⁴⁴ tɕi⁴² xɯ⁵⁵ na⁵⁵ jɯ⁴⁴ xɯ³¹
　　我的 情妹 寄存 了 你们 村 里

3 　替我干作𣎴。　　　　　　　　　　帮我照料照料。
　　thi⁵⁵ ŋɔ³¹ ka⁴⁴ tso⁴⁴liɔ⁴⁴
　　替 我 把 照料

4 　保要採合賒㕯採，　　　　　　　　她要采花莫让采，
　　pɔ³¹ no³³ tshe³¹xuo³⁵ sɛ³³ miɔ⁴⁴ tshe³¹
　　它 要 采花 让 不要 采

5 　保要燒可賒㕯燒。　　　　　　　　她要寻爱莫让寻。
　　pɔ³¹ no³³ sɔ³³khɣ³³ sɛ³¹ miɔ⁴⁴ sɔ³³
　　它 要 寻爱 让 不要 寻

6 　閃閃偲可躋償孟，　　　　　　　　从小情妹寄你村，
　　se³¹se³¹ ŋɯ⁵⁵ khɣ³³ tɕi⁴² pɯ⁵⁵ mɯ⁵⁵
　　小小 我的 情妹 寄存 他 处

7 　偲與償償坡。　　　　　　　　　　我的情意全靠她。
　　ŋɯ⁵⁵ y²¹ khɔ⁴⁴ na⁵⁵ pho⁴⁴
　　我的 缘 靠 你们 一边

第33页

第84首

1 　夋吐生登獨謝科，　　　　　　　　天上有颗最亮星，
　　xe⁵⁵nɔ³³ xɛ⁵⁵tɯ⁴⁴ tu⁵⁵ ɕɛ⁵⁵khɔ³³
　　天上 生着 独 星一颗

2 　圯吐漢登獨攸恨，　　　　　　　　地上有个独生女，
　　tɕi³¹ no³³ xa⁵⁵tɯ⁴⁴ tu⁵⁵ n̩ɣ³³n̩i²¹
　　地上 生着 独 姑娘

3 　偲細結償吐。　　　　　　　　　　我心挂着她。
　　ŋɯ⁵⁵ ɕi³⁵ tɕɛ⁵⁵ pɯ⁵⁵ nɔ³³
　　我的 心 牵 她 上

4 　償細結助本結助，　　　　　　　　不知她的心和意，
　　pɯ⁵⁵ ɕi³⁵ tɕɛ⁵⁵ tsu⁵ pɯ³¹ tɕɛ⁵⁵ tsu⁵⁵
　　她 心 挂 （待考）

5 　偲細止止結償吐。　　　　　　　　我心时时挂着她。
　　ŋɯ⁵⁵ ɕi³⁵ tsɛ²¹tsɛ²¹ tɕɛ⁵⁵ mɯ⁵⁵ nɔ³³
　　我的 心 时时 牵 她 上

6　車裒后廿上裒門，　　　　　　　　夜里总要入我梦，
　　tsɛ³³ɲi⁴⁴ xɔ⁵⁵ li⁵⁵ sa⁵⁵ ɲi⁴⁴mɯ³¹
　　入睡　了　也　相　入梦

7　嘆雨犁良吐。　　　　　　　　　　姻缘到了这个地步。
　　jɯ⁵⁵jy³¹ phia⁴⁴ nia⁴² nɔ³³
　　姻缘　　到　这　上

第85首

1　勞申結細閃姐吐，　　　　　　　　如此牵挂小姐上，
　　lo²¹sɯ³³ tɕɛ⁵⁵ɕi³⁵ se³¹thi³³ nɔ³³
　　（待考）牵心　小姐　上

2　樸樸素素初良景，　　　　　　　　朴朴素素这个人，
　　phu³⁵phu³⁵ su⁵⁵su⁵⁵ tshu³³ nia⁴² tɕɯ³¹
　　朴朴　素素　就　这　光景

3　闇本哀着燒。　　　　　　　　　　本不爱打扮。
　　jɯ⁵⁵ pɯ³¹ e⁴⁴ tsu⁵⁵so⁴⁴
　　应　不　爱　打扮

4　會使不在家豪富，　　　　　　　　本事不在家豪富，
　　xue³⁵shi⁵⁵ pu³⁵tse⁵⁵ tɕa³³ xɔ⁴² fu⁵⁵
　　会使　不在　家　豪富

5　風流不用着衣多。　　　　　　　　风流不用着衣多。
　　fo³³liu⁴² pu³⁵ jo⁵⁵ tsu³⁵ji³³ tuo³³
　　风流　不用　着衣　多

6　挈者甏者本結細，　　　　　　　　（待考）
　　（待考）　pɯ³¹ tɕɛ⁵⁵ɕi³⁵
　　（待考）　不　牵心

7　結細鸞儀吐。　　　　　　　　　　（待考）
　　tɕɛ⁵⁵ɕi³⁵ ke²¹ ji⁵⁵ nɔ³³
　　牵心　在（待考）

第86首

1　勞申結細閃姐吐，　　　　　　　　一心挂在小姐上，
　　lɔ⁴²sɯ³³ tɕɛ⁵⁵ɕi³⁵ se³¹thi³³ nɔ³³
　　（待考）牵心　小姐　上

2　噉吐晉禱虐付付，　　　　　　　　听她说话很温柔，
　　ka³¹tsŋ³¹ sua⁴⁴tuo²¹ ȵo³³fɣ⁵⁵fɣ⁵⁵
　　讲事　说话　柔和

3　諾塑篛牛方。　　　　　　　　　　（待考）
　　（待考）tso⁵⁵ɕi³⁵（待考）
　　□羡慕（待考）

4　償細結助本結助，　　　　　　　　她的心意难捉摸，

	pɯ⁵⁵ ɕi³⁵ tɕɛ⁵⁵ tso⁴² pɯ³¹ tɕɛ⁵⁵ tso⁴²	
	她　心　牵　或　不　牵　或	
5	俺細止止結債吐。	我心时时挂着她。
	ŋɯ⁵⁵ ɕi³⁵ tsɛ²¹tsɛ²¹ tɕɛ⁵⁵ pɯ⁵⁵ nɔ³³	
	我的　心　时时　牵　她　上	
6	車袞后廿門登脑,	夜里总要入我梦,
	tʂhɛ³³ ȵi⁴⁴ xɔ⁵⁵ li⁵⁵ mɯ³¹ tɯ⁴⁴ nɔ³¹	
	入睡　了　也　梦着　你	
7	□□□□上。	（待考）
	（待考）nɔ³³	
	（待考）上	

第 34 页　（前残缺字 1 行多）　　第 87 首

1	勞申結細閃姐吐,	如此挂恋着小姐,
	lɔ²¹ sɯ³³ tɕɛ⁵⁵ɕi³⁵ se³¹tɕi³³ nɔ³³	
	（待考）牵心　小姐　上	
2	嗷吐嗭哚施虐叻,	说话声音很温柔,
	ka³¹ tsʅ³¹ sua⁴⁴ xuo²¹ sʅ⁴⁴ ȵo⁵⁵ne⁴²	
	讲话　说话　实在　温柔	
3	諾塑豁牛方。	（待考）
	nɔ³¹ tso⁵⁵ɕi³⁵ ȵo³¹ tɔ³³	
	（待考）	
4	挚者荒者本結細,	（待考）
	（待考）	
	（待考）	
5	結細結儀巧葉方。	有谁这样牵心又挂肚。
	tɕɛ⁵⁵ɕi³⁵ tɕɛ⁵⁵ji⁴² tɕhu³¹ ȵi³⁵ tɔ³³	
	牵心挂肚　　超过　别人上	
6	想要俺可干孟趴,	我把曲子寄托在她处,
	ɕa³¹ nɔ³³ ŋɯ⁵⁵ khɣ⁴⁴ ka⁴⁴ mɯ⁵⁵ tɕi⁴²	
	想　要　我的　曲　把　她处　寄存	
7	俺愙干吐科。	让我的情意有依托。
	ŋɯ⁵⁵ ɣo³¹ ka⁴⁴ nɔ³¹ khɔ⁴⁴	
	我的　情　把　你　靠	

第 88 首

1	俺可趴後那嗯坡,	我的曲子唱到你那边
	ŋɯ⁵⁵ khɣ⁴⁴ tɕi⁴² xɔ⁵⁵ na⁵⁵ ɣɯ³³ pho⁴⁴	
	我的　曲　寄存　了　你们	
2	卑那南,	去你村,
	pe⁴⁴ na⁵⁵ na⁴²	
	走　你们地方	

3　又要是非多。　　　　　　　　　　又怕是非多。
　　jou⁵⁵ sɿ⁵⁵ sɿ⁵⁵ fe³³ tuo³³
　　又　 是　 是非　 多

4　知事少時煩惱少，　　　　　　　知事少时烦恼少，
　　tsɿ³³ sɿ⁵⁵ sɔ³¹ sɿ⁴² fe⁴² nɔ³¹ sɔ³¹
　　知事　少　时　烦恼　　少

5　識人多處是非多。　　　　　　　识人多处是非多。
　　sɿ³⁵ zu⁴² tuo³³ tshɤ⁵⁵ sɿ⁵⁵ fe³³ tuo³³
　　识人　多处　　是非　多

6　趴登那孟可冷嗦，　　　　　　　与你对上这曲子，
　　tɕi⁴² tɯ⁴⁴ na⁵⁵ mɯ⁵⁵ khɤ⁴⁴ lɯ³¹ tso³¹
　　唱　着　你们 处　曲　这　调

7　迷夷雙老坡。　　　　　　　　　两眼泪汪汪。
　　mi⁴² ji⁴² sua⁴⁴ lɔ³¹ pho³³
　　眼泪　　　（待考）

第89首

1　偲可趴后那嗯坡，　　　　　　　我的曲子唱到你那边，
　　ŋɯ⁵⁵ khɤ⁴⁴ tɕi⁴² xɔ⁵⁵ na⁵⁵ ɣɯ³³ pho³³
　　我的　曲　寄存　了　你们

2　趴那孟，　　　　　　　　　　　长唱给你，
　　tɕi⁴² na⁵⁵ mɯ⁵⁵
　　寄存你们处

3　偲與倜那坡。　　　　　　　　　我的缘分靠着你。
　　ŋɯ⁵⁵ jy³¹ khɔ⁴⁴ na⁵⁵ pho³³
　　我的　缘　靠　你们　处

4　初車衾自初門腦，　　　　　　　才睡着就入我梦，
　　tsu³³ tshɛ³³ ȵi⁴⁴ tsɿ⁵⁵ tsu³³ mɯ³¹ nɔ³¹
　　才　入睡　则　就　梦　你

5　戒謝謝，　　　　　　　　　　　一惊醒，
　　kɛ⁵⁵ ɕɛ⁵⁵ ɕɛ⁵⁵
　　怕　醒来

6　次隔罱境吐。　　　　　　　　　身子在两地。
　　tsɿ⁵⁵ kɛ⁴⁴ ko³³ ta³¹ nɔ³³
　　身　隔　两　地方　上

7　臀細愩愩臀細想，　　　　　　　清心想来清心想，
　　tɕhɛ⁵⁵ ɕi³⁵ mi³³ mi³³ tɕhɛ⁵⁵ ɕi³⁵ ɕa³¹
　　清心　想想　　清心　想

第35页 8　迷夷双老坡。　　　　　　　　　眼泪刷刷流。
　　mi⁴² ji⁴² sua⁴⁴ lɔ³¹ pho³³
　　眼泪　双　（待考）

第 90 首
（待考）

1　奘斗序苗奘斗桼，
　（待考）
　（待考）

2　行扣合，　　　　　　　　　　花谢了，
　ɕɯ⁴² khɯ⁵⁵xuo³⁵
　谢　开花

3　壐侣上施吐。　　　　　　　　就为我们分离。
　tsɯ⁴² n̠a⁵⁵ sa⁵⁵sɿ⁴⁴ nɔ³³
　有　咱们　相离　上

4　斗嗢上施结孟仲，　　　　　　过去分别牵人肠，
　tɯ²¹mɯ⁵⁵ sa⁵⁵sɿ⁴⁴ tɕɛ⁵⁵ mɯ⁵⁵ tso²¹
　过去　　相离　牵　它　肠

5　闍够上施蹲次吐。　　　　　　如今分离在人身。
　ʔa³¹kɯ⁵⁵ sa⁵⁵sɿ⁴⁴ kɤ²¹ tshɿ⁵⁵ nɔ³³
　如今　　相离　在　身　上

6　申斗虒甘赋上施，　　　　　　手指甲和肉分离，
　sɯ³³tɯ³¹kɛ⁴⁴ li⁵⁵ vɤ³¹ sa⁵⁵sɿ⁴⁴
　手指甲　　和　肉　相离

7　拾唲怨細吐。　　　　　　　　疼疼到心头。
　sɛ⁴⁴ ŋa⁵⁵ ɕi³³ ɕi³⁵ nɔ³³
　让　我们　死　心　上

第 91 首

1　眼不識寶那能蒿，　　　　　　有眼无珠你这些，
　je³¹ pu³⁵ sɿ³⁵ pɔ³¹ na⁵⁵ nɯ³¹ xɔ³³
　眼　不　识　宝　你们　这　些

2　那干坛吐當自璆，　　　　　　错把美玉当石头，
　na⁵⁵ ka⁴⁴ jy⁴⁴ nɔ³³ ta⁴⁴tsɿ⁵⁵ tso⁴⁴
　你们　把　玉　上　当成　（待考）

3　別是闍保吐。　　　　　　　　把它丢一边。
　piɛ⁵⁵ sɿ⁵⁵ ʔa⁵⁵ pɔ³¹ nɔ³³
　丢　则　一　边　上

4　世上萬般皆下品，　　　　　　世上万般皆下品，
　se⁴² to³³ va⁵⁵pe³³ ke³³ ɕa⁵⁵piɯ³¹
　世上　　万般　皆　下品

5　席前尊讓讀書高。　　　　　　席前尊让读书高。
　ɕi³⁵tɕhe⁴² tsui³³za⁵⁵ tu³⁵sɿ⁵⁵ kɔ³³
　席前　　尊让　　读书　高

6　脑初侣吐本經甘，　　　　　　你就不将我当人物，

nɔ³¹ tshu³³ ŋa⁵⁵ nɔ³³ pɯ³¹ tɕɯ³¹ li⁵⁵
你　就　我们　上　不　敬　也

7　侢吐蚺經吐。　　　　　　　　　　　有人在乎我。
ŋa⁵⁵ nɔ³³ tsɯ³³ tɕɯ³¹ nɔ³³
我们　上　有　敬　的

第92首

1　勞申結細閃姐吐，　　　　　　　　牵心挂肚爱小姐，
lɔ³¹ sɯ³³ tɕɛ⁵⁵ ɕi³⁵ se³¹ tɕi³³ nɔ³³
这样　　牵心　小姐　上

2　欠陽吐鳳漏，　　　　　　　　　　千般（待考）
tɕhi⁵⁵ ja⁴² nɔ³³ fɯ³³ lou⁵⁵
千样　的　（待考）

3　佰陽吐着燒。　　　　　　　　　　百般来打扮。
pɛ⁴⁴ ja⁴² nɔ³³ tsɔ⁵⁵ sɔ⁴⁴
百样　的　打扮

（下残字缺字2行）

第36页　（前有"雨儞債坡"4字）　　**第93首**

1　偲細阿科儞能坡，　　　　　　　　我一心靠着你那方，
ŋɯ⁵⁵ ɕi³⁵ ʔa³¹ khɔ³³ khɯ⁴⁴ nɯ⁵⁵ pho⁴⁴
我的　心　一颗　靠　你们　一边

2　脑廿我蚺合高五，　　　　　　　　你和我是两丛花，
nɔ³¹ li⁵⁵ ŋɔ³¹ tsɯ³³ xuo³⁵ ko³³ u³¹
你　也　我　是　花　两　丛

3　闇五諾五吐。　　　　　　　　　　一丛盖一丛。
ʔa³¹ u³¹ nɔ⁵⁵ u³¹ nɔ³³
一丛　越　丛　上

4　偲申干儞申吐諾，　　　　　　　　我的手搭在你手上，
ŋɯ⁵⁵ sɯ³³ ka⁴⁴ nɯ⁵⁵ sɯ³³ nɔ³³ no⁵⁵
我的　手　把　你的　手　上　越

5　偲愿干儞愿吐柯。　　　　　　　　我是情意靠着你。
ŋɯ⁵⁵ ɣo²¹ ka⁴⁴ nɯ⁵⁵ ɣo²¹ nɔ³³ khɔ⁴⁴
我的　情　把　你的　情　上　靠

6　閃閃偲可躋那孟，　　　　　　　　小小的曲子唱给你，
se³¹ se³¹ ŋɯ⁵⁵ khɣ⁴⁴ tɕi³¹ na⁵⁵ mɯ⁵⁵
小小　我的　曲　寄存　你们　处

7　偲細結那吐。　　　　　　　　　　我的心挂在你身上。
ŋɯ⁵⁵ ɕi³⁵ tɕi⁴² na⁵⁵ nɔ³³
我的　心　牵　你们　上

第94首

1　錯閃偲雨儞那坡，　　　　　　　　从小我的缘分在你那边，

tshu⁵⁵se³¹ ŋɯ⁵⁵ jy³¹ khɔ⁴⁴ na⁵⁵ pho⁴⁴
从小　我的　缘　靠　你们　一边

2　我干直祷講那孟，
　　ŋɔ³¹ ka⁴⁴ tsʅ⁵⁵tuo²¹ ka³¹ na⁵⁵ mɯ⁵⁵
　　我　把　真话　讲　你们　处　　　　我把真话说给你，

3　脑弟哗我橐。
　　nɔ³¹ ti³¹ tso⁴² ŋɔ³¹ piɔ³³
　　你　只　说　我　不是　　　　　　　你该说不是。

4　我歪傂吐合咮採，
　　ŋɔ³¹ ui⁴⁴ nɯ⁵⁵ nɔ³³ xuo³⁵ pɯ³¹ tshe³¹
　　我　为　你的　上　花　不　采　　　我为了你不采花，

5　我歪傂吐可本燒。
　　ŋɔ³¹ ui⁴⁴ nɯ⁵⁵ nɔ³³ khɣ⁴⁴ pɯ³¹ zɔ³³
　　我　为　你的　上　曲　不（待考）　我为了你不唱其他曲。

6　我歪傂吐斃衣翎，
　　ŋɔ³ ui⁴⁴ nɯ⁵⁵ nɔ³³ tse⁴² ji³¹khɣ⁵⁵
　　我　为　你的　上　断　翅膀　　　　我为了你断了翅，

7　飝本迷僿吐。
　　fɣ⁵⁵ pɯ³¹ mi⁴² tɕa⁴² nɔ³³
　　飞　不　及　伴　上　　　　　　　　飞不过人家。

第95首

1　閃閃偲雨僴那坡，
　　se³¹se³¹ ŋɯ⁵⁵ jy³¹ khɔ⁴⁴ na⁵⁵ pho⁴⁴
　　小小　我的　缘　靠　你们　一边　　从小我的缘分在你那边，

2　我干偲可隮那孟，
　　ŋɔ³¹ ka⁴⁴ ŋɯ⁵⁵ khɣ⁴⁴ tɕi⁴² na⁵⁵ mɯ⁵⁵
　　我　把　我的　曲　寄存　你们　处　我将曲子托付你，

3　偲细结那吐。
　　mɯ⁵⁵ ɕi³⁵ tɕɛ⁵⁵ na⁵⁵ nɔ³³
　　我的　心　牵　你们　上　　　　　　我的心儿挂着你。

4　覬登斈合闇咮採，
　　ke⁴²tɯ⁴⁴ xu³³xuo³⁵ ŋa⁵⁵ pɯ³¹ tshe³¹
　　看见　好花　我们　不　采　　　　　见到鲜花不想采，

5　遇得斈可闇本繞。
　　jy⁴⁴tɯ⁴⁴ xu³³khɣ³¹ ŋa⁵⁵ pɯ³¹ zɔ³³
　　遇着　好曲　我们　不　绕
　　（末行中缺字残字若干）　　　　　　遇到佳人不想绕。

第37页　（前残缺字1行）　　　　　　**第96首**

1　我歪傂吐期登期，　　　　　　　　　我为了你伤了心，

	ŋɔ³¹ ui⁴⁴ nɯ⁵⁵ nɔ³³ tɕhi⁴⁴ tɯ⁴⁴ tɕhi⁴⁴	
	我 为 你的 上 气 得 气	
2	期者鬲，	酿成病，
	tɕhi⁴⁴ tsɛ²¹ pɛ³¹	
	气 成 病	
3	音旵本想餐。	吃了早饭不想吃晚饭。
	jɯ⁴⁴ tsha⁵⁵ pɯ³¹ ɕa³¹ pe³³	
	吃早饭 不 想 晚饭	
4	音旵侣音勺细旵，	早饭我吃心疼饭，
	jɯ⁴⁴tsha⁵⁵ ŋa⁵⁵ jɯ⁴⁴ sʅ³¹ɕi³⁵ tsha⁵⁵	
	吃早饭 我们 吃 痛心 早饭	
5	音餐侣音迷夷餐。	晚饭我吃泪眼饭。
	jɯ⁴⁴pe³³ ŋa⁵⁵ jɯ⁴⁴ mi⁴²ji³¹ pe³³	
	吃晚饭 我们 吃 眼泪 晚饭	
6	我迏債吐期香是，	我为了她丢了命，
	ŋɔ³¹ tɕɯ⁴⁴ mɯ⁵⁵ nɔ³³ tɕhi⁴⁴ ɕa⁴⁴ sʅ⁵⁵	
	我 就 她的 上 气 死 则	
7	扣喃呢訴冤？	到哪里诉冤？
	khɯ⁵⁵ na³¹li³¹ su⁵⁵ jye³³	
	去 哪里 诉冤	

第 97 首

1	我歪儺吐期登期，	我为了你伤了心，
	ŋɔ³¹ ui⁴⁴ nɯ⁵⁵ nɔ³³ tɕhi⁴⁴ tɯ⁴⁴ tɕhi⁴⁴	
	我 为 你的 上 气 得 气	
2	期者鬲，	酿成病，
	tɕhi⁴⁴ tsɛ²¹ pɛ³¹	
	气 成 病	
3	啥唻甘雙云。	不敢说出口。
	xa³¹tʅ⁵⁵ li⁵⁵ sua⁴⁴ jye³³	
	家里 也 说 不敢	
4	次躬期者光斗昔，	身板伤成皮裹骨，
	tshʅ⁵⁵khɯ³¹ tɕhi⁴⁴tsɛ²¹ kua⁴⁴tɯ³¹ ɕi⁵⁵	
	身子 气成 骨头 串	
5	啹喢期者且翩翩。	面色伤成憔悴脸。
	tɕy³³ui³³ tɕhi⁴⁴tsɛ²¹ tɕhɛ³¹phi³³phi³³	
	脸 气成 （青色状）	
6	偲菜壘壘过唎我，	妻子多次借口问，
	ŋɯ⁵⁵tshe⁵⁵ lui³¹lui³¹ ta³¹piɛ⁴⁴ ŋɔ³¹	
	我的妻 多次 偷问 我	
7	我雙云本雙云。	我不敢说真情。

ŋo³¹ sua⁴⁴ jye³³ pɯ³¹ sua⁴⁴ jye³³
我　说　不敢　不　说　不敢

		第 98 首
1	期廿我歪那吐期，	伤心就是为了你，
	tɕhi⁴⁴ li⁵⁵ ŋo³¹ ui⁴⁴ na⁵⁵ nɔ³³ tɕhi⁴⁴	
	气　也　我 为　你们　上　气	
2	那吐覺，	为了你，
	na⁵⁵ nɔ³³ tɕo⁴²	
	你们　上（待考）	
3	㖧坌本雙千。	不说出嘴边。
	tɕy³³ ua⁴⁴ pɯ³¹ sua⁴⁴ tɕhi⁴⁴	
	嘴　外　不　说　出	
4	賒我凍籲瀫咉肯，	让我冬瓜烂在里，
	sɛ³³ ŋo³¹ to³⁵ kua³⁵ la⁴⁴ n̠i⁴⁴ khɯ³¹	
	让　我　冬瓜　烂　进　里	
5	期毅細戛雙保云	上到心肝不敢说。
	tɕhi⁴⁴ ɕa⁴⁴ ɕi³⁵ ka⁴⁴ sua⁴⁴ pɔ³¹ jye³³	
	气　死　心肝　说　它　不敢	
	（后有"我歪那"3字）	

第 38 页　（开头行首有"我自己倩云"5字）　第 99 首

1	伲滈俤納施上甂，	咱俩哥妹真般配，
	n̠a⁵⁵ ko³³ thi³³ na⁵⁵ sɿ⁴⁴ sa⁵⁵ pe⁴⁴	
	咱们　姐弟俩　则　很　相配	
2	上甂拿，	真般配，
	sa⁵⁵ pe⁴⁴ na³¹	
	相配　呀	
3	甓渠廿甓灘。	隔河又隔水。
	kɛ⁴⁴ kɣ³⁵ li⁵⁵ kɛ⁴⁴ ɕyi³³	
	隔　河　和　隔　水	
4	甓嵱甓崶俤廿諾，	隔山隔岭也翻越，
	kɛ⁴⁴ se⁵⁵ kɛ⁴⁴ sɣ⁴² ŋa⁵⁵ li⁵⁵ no⁵⁵	
	隔山　隔山　我们　也　越	
5	甓渠甓灘俤渡千。	隔河隔水也渡过。
	kɛ⁴⁴ kɣ³ kɛ⁴⁴ ɕyi³³ ŋa⁵⁵ tɣ³¹ tɕhi⁴⁴	
	隔　河　隔　水　我们　涉出	
6	蒩憗戛嵱朧憗渠，	有情高山无情水，
	tsɯ³³ tɕɛ²¹ ka³⁵ se⁵⁵ mo³³ tɕɛ²¹ kɣ³⁵	
	有情　高山　无情　水	
7	努甓伲滈俤。	隔不断姐弟情意。

	mio⁴⁴ kɛ⁴⁴ ɲa⁵⁵ ko³³thi³³	
	不要 隔 咱们 姐弟俩	
		第 100 首
1	闪闪各脑自入俤,	从小跟你做姐弟,
	se³¹se³¹ ko⁵⁵ nɔ³¹ tsɿ⁵⁵ zu⁵⁵thi³³	
	小小 和 你 做 兄妹	
2	嫢本兔,	妻未娶,
	vɣ³³ pɯ³¹ thu⁵⁵	
	妻 不 讨	
3	挈後旅盖昵。	一直到如今。
	phia⁴⁴ xɯ⁵⁵ lui³¹ kɛ⁵⁵ȵi⁴⁴	
	到 后 了 今天	
4	佷格兔嫢坎子佷,	别人娶妻为生活,
	ȵi²¹kɛ⁵⁵ thu⁵⁵vɣ³³ kha⁴⁴ tsɿ⁵⁵ȵi²¹	
	人家 讨妻 渴求 做人	
5	我坎採合兔仁義。	我想采花图仁义。
	ŋɔ³¹ kha⁴⁴ tshe³¹xuo³⁵ thu⁵⁵ zɯ⁴²ji⁴⁴	
	我 渴求 采花 图 仁义	
6	我歪那吐本自佷,	我为了你舍家财,
	ŋɔ³¹ ui⁴⁴ na⁵⁵ nɔ³³ pɯ³¹ tsɿ⁵⁵ȵi²¹	
	我 为 你们 上 不 做人	
7	脑畜我干慥。	你替我想想。
	nɔ³¹ thi⁵⁵ ŋɔ³¹ ka⁴⁴mi³³	
	你 替 我 想想	
		第 101 首
1	漢覷阿姐笑嚟嚟,	见到情姐笑眯眯,
	xa⁵⁵ke⁴² ʔa³¹tɕi³³ ɕiɔ⁵⁵mi³³mi³³	
	看见 阿姐 笑眯眯	
2	所冷合,	眯眯笑,
	sɔ³¹ lɯ³¹ xuo³⁵	
	笑 这 笑	
3	拾捨脑本奶。	（待考）
	tsɿ²¹tsɿ²¹ nɔ³³ pɯ³¹ne⁴⁴	
	时时 的 不断	
4	自本迊吐積甘菜,	做不到的夫和妻,
	tsɿ⁵⁵ pɯ³¹ ta⁴² nɔ³³ pɯ⁵⁵ li⁵⁵ tshe⁵⁵	
	做 不 得 的 夫 和 妻	
	（后缺 1 行半）	
第 39 页	（前残缺 1 行）	第 102 首
1	馬因馴性被人騎,	马因驯性被人骑,

$$ma^{31}\ jui^{33}\ \varepsilon y^{55}\varepsilon ui^{55}\ pi^{55}\ zu^{42}\ t\varepsilon hi^{42}$$
马　因　驯性　　被　人　骑

2　人因随善被人欺。
$$zu^{42}\ jui^{33}\ sui^{42}\ s\varepsilon^{55}\ pi^{55}\ zu^{42}\ t\varepsilon hi^{33}$$
人　因　随　善　被　人　欺

人因随善被人欺。

3　胥細悕悕胥細想，
$$t\varepsilon he^{55}\varepsilon i^{35}\ mi^{33}mi^{33}\ t\varepsilon he^{55}\varepsilon i^{3}\ \varepsilon a^{31}$$
清心　　想想　　清心　　想

细细思来细细想，

4　迷夷苟塱槳。
$$mi^{42}ji^{42}\ kui^{21}\ tso^{21}\ \varepsilon yi^{33}$$
眼泪　流　长　水

眼泪如流水。

第 103 首

1　细勺傕僋到冷旵，
$$\varepsilon i^{35}s\gamma^{31}\ nui^{55}\ \gamma ui^{33}\ phia^{44}\ lui^{31}\ \eta i^{44}$$
心疼　你　后　到　这　天

为你心疼到今天，

2　期者瘦，
$$t\varepsilon hi^{44}\ ts\varepsilon^{21}p\varepsilon^{31}$$
气　成　病

想成病，

3　㖂坌本雙期。
$$t\varepsilon ye^{33}ua^{44}\ puu^{31}\ sua^{44}\ t\varepsilon hi^{44}$$
嘴　外　不　说　出

不说出嘴边。

4　次吐嗝廿期皼後，
$$tsh\eta^{55}\ n\mathfrak{o}^{33}\ k\varepsilon^{21}\ li^{55}\ t\varepsilon hi^{44}\ ts\varepsilon^{42}\ xui^{55}$$
身　上　肉　也　气　断　了

身上肌肉伤断了，

5　闇昢西那我妟鏴。
$$\mathord{?}a^{31}\varepsilon\varepsilon^{44}\ \varepsilon i^{33}\ na^{55}\ \eta\mathfrak{o}^{31}\ \varepsilon u^{33}sui^{44}$$
一　天　少　则　我　寿岁

一天过了短了命一天。

6　一年又十二個月，
$$ji^{35}ni^{42}\ jou^{55}\ s\eta^{35}\varepsilon^{55}\ ko^{55}\ jye^{33}$$
一年　有　十二　个　月

一年有十二个月，

7　脑替我干鑋。
$$n\mathfrak{o}^{31}\ thi^{55}\ \eta\mathfrak{o}^{31}\ ka^{44}sui^{44}$$
你　替　我　算算

你替我算算。

第 104 首

1　细勺傕僋到冷旵，
$$\varepsilon i^{35}s\gamma^{31}\ nui^{55}\ \gamma ui^{33}\ phia^{44}\ lui^{31}\ \eta i^{44}$$
心疼　你　后　到　这　天

为你心疼到如今，

2　期者疤，
$$t\varepsilon hi^{44}\ ts\varepsilon^{21}\ p\varepsilon^{31}$$
气　成　病

想成病，

3　因昻本想餙。
　　jɯ⁴⁴ tsha⁵⁵ pɯ³¹ ɕa³¹ pe³³
　　吃　早饭　不　想　晚饭

吃了早饭不想晚饭。

4　賖我迷夷自嫛斗，
　　sɛ³³ ŋɔ³¹ mi⁴² ji⁴² tsʅ⁵⁵ tsʅ³³ tɯ³¹
　　让　我　　眼泪　　做　枕头

让我眼泪做枕头，

5　賖我細勺車本阻。
　　sɛ³³ ŋɔ³¹ ɕi³⁵ sɣ³¹ tsɛ³³ pɯ³¹ ɲi⁴⁴
　　让　我　痛心　　睡　不　入

让我心痛难入眠。

6　闇些齣狠期韶後，
　　ʔa³¹ ɕɛ⁴⁴ khɣ⁴⁴ xɯ³¹ tɕhi⁴⁴ ɕa⁴⁴ xɯ⁵⁵
　　一天　　瞬间　　气　死　了

一夜之间伤了命，

7　扣南呢訴云？
　　khɯ⁵⁵ na³¹ li³¹ su⁵⁵ jye³³
　　去　　哪里　　诉冤

上哪里诉冤？

第 105 首

1　胥櫱㵾狠堼櫱㴠，
　　tɕhe⁵⁵ ɕyi³³ kɣ³⁵ xɯ³¹ tsɣ⁴² ɕyi³³ ti³³
　　清水　　河　离　浊水　一滴

清水河中有污点，

第40页2　黯彤廠后黯五噅，
　　（待考）
　　（待考）

（待考）

3　億獣醋西先。
　　（待考）
　　（待考）

（待考）

4　樂衼駕廿有赫菜，
　　luo³⁵ tsʅ²¹ tso⁴⁴ li⁵⁵ tsɯ³³ fɣ⁵⁵ tshe⁵⁵
　　麻雀　　　也　有　夫妻

麻雀也有夫妻，

5　我劈接孟没兊傊。
　　ŋɔ³¹ nɛ⁵⁵ tɕi⁵⁵ mu⁵⁵ mɔ³³ zu³³ thi³³
　　我　呢　间或　没　兄弟姐妹

我却孤身没情妹.

6　可以人而不如鳥，
　　ko³¹ ji³¹ zɯ⁴² ɣɛ⁴² pu³⁵ zɣ⁴² niɔ³¹
　　可以　人　而　不　如　鸟

可怜人还不如鸟，

7　煞姐迖償庇。
　　（待考）tha³³ ti³¹
　　（待考）它的　底

伤心到心底.

第 106 首

1　胥櫱㵾狠堼櫱㴠，

清水河中有浊水，

tɕhe⁵⁵ɕyi³³ kɤ³⁵ xɯ³¹ tsɤ⁴²ɕyi³³ti³³
清水　　河　里　浊水一滴

2　黯彤厰衾黯五犖，　　　　　　　　（待考）
　　（待考）
　　（待考）

3　億黙醋西西。　　　　　　　　　　（待考）
　　（待考）
　　（待考）

4　樂祇駕廿有䒵菜，　　　　　　　　麻雀成双又成对，
　　luo³⁵tsʅ²¹tso⁴⁴ li⁵⁵ tsɯ³³ fɤ⁵⁵tshe⁵⁵
　　麻雀　　　也　有　夫妻

5　儜俤僤佷没傄瞴。　　　　　　　　我却孤身无人伴。
　　nɯ⁵⁵thi³³ ta³⁵ȵi²¹ mo³³ tɕa⁴² （待考）
　　你的弟　单人　没　伴　（待考）

6　可以人而不如鳥，　　　　　　　　可怜人而不如鸟，
　　ko³¹ji³¹ zɯ⁴² ɣɛ⁴² pu³⁵ zɤ⁴² nio³¹
　　可以　人　而　不　如　鸟

7　迷夷苟塑槊。　　　　　　　　　　眼泪如流水。
　　mi⁴²ji⁴² kɯ²¹ tso²¹ ɕyi³³
　　眼泪　流　长　水

第107首

1　瞀槊溧狠塎槊湉，　　　　　　　　清水河中有浊水，
　　tɕhɛ⁵⁵ɕyi³³ kɤ³⁵ xɯ³¹ tsɤ⁴²ɕyi³³ti³³
　　清水　　河　里　浊水一滴

2　黯彤厰衾黯五犖，　　　　　　　　（待考）
　　（待考）
　　（待考）

3　億黙醋西西。　　　　　　　　　　（待考）
　　（待考）
　　（待考）

4　俤罕凍甓槊要噍，　　　　　　　　我们家中还要看，
　　ŋa⁵⁵ xa⁵⁵tɤ⁵⁵ tua⁴⁴ lɛ³¹ ȵo³³ xa⁵⁵
　　我们家里　上　又　要　看

5　妆俤儜甓槊要愲。　　　　　　　　还得想我的小情妹。
　　ȵɤ³³thi³³ nɯ⁵⁵ tua⁴⁴ lɛ³¹ ȵo³³ mi³³
　　妹子　你的　上　又　要　想

6　早狠槊自杲杲耆，　　　　　　　　箐里河水杲杲流，
　　tso²¹ xɯ³¹ ɕyi³³ tsʅ⁵⁵ ko²¹ko²¹ kɯ²¹
　　箐　里　水　则　杲杲　流

7　□□□□密。　　　　　　　　　　（待考）

（待考）
（待考）
（后残缺字 1 行又 2 字）

第 41 页　（前残缺字 2 行）　　　　　　　第 108 首

1　拇夔闪姐阿喃咀？　　　　　　　小姐哪天要出嫁？
　　tɛ⁴⁴fɛ⁴⁴ se³¹tɕi³³ ʔa⁵⁵na⁴⁴ȵi⁴⁴
　　打发　小姐　　哪一天

2　雙偲孟，　　　　　　　　　　　说给我，
　　sua⁴⁴ ŋɯ⁵⁵ mɯ⁵
　　说　我的　处

3　央起脑犟庇。[1]　　　　　　　　为你压箱底。
　　ja⁴⁴ tɕhi³¹ nɔ³¹ ɕo⁵⁵tɕi³³
　　压给　　你　箱底

4　央起吉糯𥫣斗保，　　　　　　　送你金梳梳长发，
　　ja⁴⁴tɕhi³¹ tɕi⁵⁵sʏ⁵⁵ sʏ³¹ tɯ²¹po²¹
　　压给　　　金梳　梳　头

5　央起吉鐕𥫣睎唔。　　　　　　　送你铜镜照容颜。
　　ja⁴⁴tɕhi³¹ tɕi³⁵ke⁴² tsɔ⁴² tɕye³³ue³³
　　压给　　　金镜　照　　脸

6　斗呣偙𠯈那上果，　　　　　　　你跟丈夫很相爱，
　　tu²¹mɯ⁵⁵ nɯ⁵⁵ pɯ⁵⁵ na⁵⁵ sa⁵⁵kuo²¹
　　过去　你的　丈夫　你们　相爱

7　偲罢脑本憺。　　　　　　　　　却把我忘怀。
　　ŋɯ⁵⁵ tua⁴⁴ nɔ³¹ pɯ³¹ mi³³
　　我的　处　你　不　想

　　　　　　　　　　　　　　　　　第 109 首

1　偲爹看侼𦥑仕俤，　　　　　　　我爹养了我们三兄弟，
　　ŋɯ⁵⁵ti³³ xa⁵⁵ ŋa⁵⁵ sa⁵⁵tsɿ³¹thi³³
　　我的爹　养　我们　三兄弟

2　霸干侼吐𦥑自怗，　　　　　　　把我抓去当兵了，
　　pa⁵⁵ ka⁴⁴ ŋa⁵⁵ nɔ³³ kɛ⁴⁴ tsɛ²¹ kʏ³⁵
　　他们　把　我们　上　捉去　兵

3　劤嘱侣滈俤。　　　　　　　　　分开咱姐弟。
　　sɛ⁴⁴ kɛ⁴⁴ ȵa⁵⁵ ko³³thi³³
　　切　隔　咱们　兄妹俩

---

[1] 央犟庇[ja⁴⁴ ɕo⁵⁵tɕi³³]：白族婚俗，词意是压箱底。该术语中插入"起恼"[tɕhi¹³ nɔ³¹]，意思是随同给你。婚俗嫁妆中都有一对柜子、一对箱子，在出嫁前深夜，几个伴娘在闺房内为新娘举行央犟庇仪式。此时夜深人静，鞭炮声响过后，伴娘们不出声气，同时在各个箱子和柜子的四各角落放上四个小石子，然后，分别装进新娘平常的穿戴等饰物。完成之后，同时盖上箱盖、柜盖、上锁。整个过程中，伴娘们故意加大放石子、盖子、上锁等的声响，寓意是镇住邪气，平安出嫁。

4　脑惢偲叟塑捨助，
　　nɔ³¹ mi³³ ŋɯ⁵⁵ tua⁴⁴ tso⁴² sɯ³³ tsu⁵⁵
　　你　想　我的　上　　活路　　做

你想念我做活路，

5　我惢傂叟捨剚唱。
　　ŋɔ³¹ mi³³ nɯ⁵⁵ tua⁴⁴ phia⁴⁴ sɛ³¹ n̠i⁴⁴
　　我　想　你的　上　　到　　哪日

我想你到哪一天。

6　除非退伍狄迌嘆，
　　tshɤ⁴² fe³³ tui⁵⁵ u³³ ti⁴² ta⁴² jɯ³⁵
　　除非　　退伍　　回来　来

除非退伍回家乡，

7　孟斗千上辉。
　　mɯ⁵⁵ tɯ³¹ tɕhi⁵⁵ sa⁵⁵ hui⁴⁴
　　才　　亲　　　相会

才跟你相会。

第110首

1　偲爹看侣尨仩俤，
　　ŋɯ⁵⁵ ti³³ xa⁵⁵ ŋa⁵⁵ sa⁵⁵ tsŋ³¹ thi³³
　　我的　爹　养　我们　三兄弟

我爹养了三兄弟，

2　霸干侣吐刁自䏦，
　　pa⁵⁵ ka⁴⁴ ŋa⁵⁵ nɔ³³ tio⁴⁴ tsŋ²¹ kɤ⁵⁵
　　他们　把　我们　上　调　去　兵

他们调我去当兵，

3　劣嚰侣高俤。
　　sɛ⁴⁴ kɛ⁴⁴ n̠a⁵⁵ ko³³ thi³³
　　切　隔　咱们　姐弟俩

分开咱姐弟。

4　脑廿困细趴傂可。
　　nɔ³¹ li⁵⁵ ɣɔ³¹ ɕi³⁵ tɕi⁴² nɯ⁵⁵ khɤ⁴⁴
　　你　也　爱心　唱　我的　曲

你还爱心唱我的曲子，

5　我廿赧科生廿殛。
　　ŋɔ³¹ li⁵⁵ na²¹ ko⁴² xɛ⁵⁵ li⁵⁵ ɕi³³
　　我　也　难过　生　也　死

我也不顾生死爱着你。

6　䢔申迷夷双傂孟，
　　sɯ³³ sɯ⁴⁴ mi⁴² ji⁴² sua⁴⁴ nɯ⁵⁵ mɯ⁵⁵
　　手　擦　眼泪　说　你的　处

手擦眼泪说给你，

7　達次那仁焉。
　　ta³⁵ tshŋ⁵⁵ na⁵⁵ zɯ⁴² ji⁴⁴
　　拿　下　你们　仁义

放下给你我的爱意。

第42页

第111首

1　細索索，[1]
　　ɕi³⁵ so³⁵ so³⁵
　　心索索

心索索，

---

[1] 细索索 [ɕi³⁵so³⁵so³⁵]：曲姓名称。韵类包括[u]、[o]、[io]、[iɔ]等，调类主要是中升35调，有时也与高平55调相押。

2 上憶罡拿難上奪，　　　　　　　相思已久难相遇，
   sa⁵⁵mi³³ tua⁴⁴ na⁵⁵ na²¹ sa⁵⁵tuo⁵⁵
   相思　　上　则　难　相遇

3 歪那吐，　　　　　　　　　　为了你，
   ui⁴⁴ na⁵⁵ nɔ³³
   为　你们　上

4 昻睥音本實。　　　　　　　　吃了早饭不想晚饭。
   tsha⁵⁵pe³³ ju⁴⁴ pɯ³¹ sʅ³⁵
   早饭　　吃　不　不想

5 堯狠堯狠上佘門，　　　　　　每天夜里相入梦，
   jɔ³¹xɯ³¹ jɔ³¹xɯ³¹ sa⁵⁵ ȵi⁴⁴mɯ³¹
   夜里　　夜里　　相　入梦

6 旴狠旴狠細繄勺。　　　　　　每个白天心难过。
   ȵi⁴⁴xɯ³¹ ȵi⁴⁴xɯ³¹ ɕi³⁵ le⁴⁴ sɣ³¹
   白天里　白天里　心　又　疼

7 車廿本佘騰本科，　　　　　　睡不着来嘴不渴，
   tshɛ³³ li⁵⁵ pɯ³¹ ȵi⁴⁴ jye³³ pɯ³¹ kho³³
   睡　也　不　着　嘴　不　渴

8 捨旴孟上奪！　　　　　　　　何时才相见！
   sɛ³¹ȵi⁴⁴ mɯ⁵⁵ sa⁵⁵tuo³⁵
   哪天　　才　相遇

第112首

1 上憶罡拿細上勺，　　　　　　想你想得好心痛，
   sa⁵⁵mi³³ tua⁴⁴ na⁵⁵ ɕi³⁵ sa⁵⁵sɣ³¹
   相思　　上　则　心　相疼

2 趕良申，　　　　　　　　　　像这样，
   ka³¹ nia⁴² sɯ³³
   讲　这样

3 比着嚛廿諾。　　　　　　　　比吃药还难受。
   pi³¹ tso⁴² jo⁴⁴ li⁵⁵ no⁴⁴
   比　着　药　也　腻

4 缘法更比嚛发高，　　　　　　缘法更比药法高，
   jye⁴²fa³⁵ kɯ⁵⁵ pi³¹ ju³⁵fa³⁵ kɔ³³
   缘法　更　比　药法　高

5 糯米成團解不脱。　　　　　　糯米成团解不脱。
   nuo⁵⁵mi³¹ tshu⁴²thuɛ⁴² ke³¹ pu³⁵ thuo³⁵
   糯米　　成团　　　解　不　脱

6 初格上果本長遠，　　　　　　只怕相爱不长久，
   tshu³³ kɛ⁵⁵ sa⁵⁵kuo²¹ pɯ³¹ tsha⁴²jye³¹
   就　怕　相爱　　不　长远

7　被人家談剥。
　　pi⁵⁵ zuɯ⁴² tɕa³³ tha⁵⁵ po³⁵
　　被　人家　　　包塘

被别人耻笑。

第113首

1　憽儙罢拿細繫勺，
　　mi³³ nɯ⁵⁵ tua⁴⁴ na⁵⁵ ɕi³⁵ lɯ⁴⁴ sʅ³¹
　　想　你　的　上　則　心　又　疼

想你想得好心痛，

2　歪那吐，
　　ui⁴⁴ na⁵⁵ nɔ³³
　　为　你们　上

为了你，

3　車吐本瓨樂。
　　tshɛ³³ nɔ³³ pɯ³¹ ʔa⁵⁵ lo³⁵
　　睡　的　不　安乐

睡也不安稳。

4　丈堯炒心舠間帕，
　　tsa³⁵ jo³¹ tshɔ⁵⁵ ɕɯ⁵⁵ phia⁴⁴ mɛ²¹ pɛ⁴²
　　整夜　　操心　　到　天亮

整夜想你到天明，

5　使儙丈堯細勺勺。
　　sɛ³³ ŋa⁵⁵ tsa³⁵ jo³¹ ɕi³⁵ jo³⁵ jo³⁵
　　让　我们　整夜　　心悠悠

让人整夜心里痛。

6　儂恚干那孟謗認，
　　ŋɯ⁵⁵ tsɯ³¹ ka⁴⁴ na⁵⁵ mɯ⁵⁵ pa²¹ zʅ³¹
　　我的　情　把　你们　处　讲给

我的此情说给你，

7　細溁霂方諾。
　　ɕi³⁵ kɯ⁵⁵ sue⁴⁴ to³³ no⁵⁵
　　心寒　雪　上　越

心寒雪上头。

（后残缺数字）

第43页　（前1行缺数字）

第114首

1　閃閃儙鯑富甘合，
　　se³¹ se³¹ ŋa⁵⁵ tsɯ³³ fɣ⁵⁵ li⁵⁵ xuo³⁵
　　小小　咱们是　　蜂　和　花

从小咱俩是蜂和花，

2　阿够儙無鯑對儠，
　　ʔa³¹ kɯ⁵⁵ nɯ⁵⁵ vɣ³¹ tsɯ³³ tui⁴² tɕa⁴²
　　如今　　你的　有　　对象

如今你却有伴侣，

3　儙罢憽本實。
　　ŋa⁵⁵ tua⁴⁴ mi³³ pɯ³¹ sʅ³⁵
　　我们　上　想　不　不想

懒心再想我。

4　千畦□□□□必，
　　tɕhi⁵⁵ ɕɛ⁴⁴（待考）。
　　（待考）

（待考）

5　百羍眷吐閽达剛。

百岁青松一刀断。

白曲短曲残本

pɛ⁴⁴sua⁴⁴ jo²¹ nɔ³³ ʔa³¹ ta⁵⁵ miɔ³⁵
百年　　松　上　一　刀　瞄

6　趴登儤孟無情可，[1]　　　　　跟你对唱无情曲，
tɕi⁴² tuɯ⁵⁵ nuɯ⁵⁵ muɯ⁵⁵ vɣ⁴²tɕuɯ⁴² khɣ⁴⁴
唱　着　你的　处　无情　曲

7　細㾝㵺方諾。　　　　　　　　心寒雪上头。
ɕi³⁵kuɯ⁵⁵ sue⁴⁴ to³³ no⁵⁵
寒心　　雪　上　越

第 115 首

1　閃閃各脑富廿合，　　　　　　从小跟你做蜂和花，
se³¹se³¹ kɔ⁵⁵ nɔ³¹ fɣ⁵⁵ li⁵⁵ xuo³⁵
小小　　跟　你　蜂　和　花

2　闇够億無蛹對儴，　　　　　　如今你另有伴侣，
ʔa³¹kuɯ⁵⁵ ɲi⁵⁵vɣ³¹ tsuɯ³³ tui⁴²tɕa⁴²
一时　　您的　有　对象

3　侶吐本學約。　　　　　　　　别给我炫耀。
ŋa⁵⁵ nɔ³³ puɯ³¹ ɕu³⁵ju³⁵
我们　上　不　炫耀

4　侶合鱻自驫嚷我，　　　　　　我花开鲜你来采，
ŋa⁵⁵ xuo³ se⁵⁵ tsʅ⁵⁵ jiɔ⁴⁴ɲi⁴⁴ ŋɔ³¹
咱们花　鲜　则（待考）我

5　侶合行拿闇達努。　　　　　　我花败时你就扔。
ŋa⁵⁵ xuo³⁵ ɕuɯ⁴² tsʅ⁵⁵ ʔa³¹ta⁴⁴ miɔ³⁵
我们花　谢　则　谁　瞄

6　趴昰儤孟可冷嚇，　　　　　　跟你对唱无情曲，
tɕi⁴² tsha⁵⁵ nuɯ⁵⁵ muɯ⁵⁵ khɣ⁴⁴ luɯ³¹ tso³¹
唱错　　你的　处　曲　这　调

7　細㾝㵺方諾。　　　　　　　　心寒在雪上头。
ɕi³⁵kuɯ⁵⁵ sue⁴⁴ to³³ no⁵⁵
寒心　　雪　上　越

第 116 首

1　面胥之鄙施帕峭，　　　　　　天上月圆亮汪汪，
mi⁵⁵ua⁴⁴tsʅ³³phi³¹ sʅ⁴⁴ pɛ⁴² tɕhiɔ⁵⁵
月亮儿　　　很　白　好

2　採合彎吐達很卑，　　　　　　采花路上孤身走，
tse³¹ xuo³⁵ thu³³ no³³ ta³⁵ ɲi²¹ pe⁴⁴
采花　　路　上　独　人　走

3　干偲細卑勻。　　　　　　　　走着心里痛。

---

[1] 无情可 [vɣ⁴²tɕuɯ⁴²khɣ⁴⁴]: 即无情曲。白曲情歌民间分有情曲和无情曲两类。

ka⁴⁴ ŋɯ⁵⁵ ɕi³⁵ pe⁴⁴ sɣ³¹
把　我的　心　走　疼

4　面胥照㘓遠處夒，　　　　　　月光远照远处美，
mi⁵⁵ua⁴⁴ tso⁴² phia⁴⁴ tui³³ tshɣ³¹ tɕɛ⁵⁵
月亮　　　照　到　　远处　（待考）

5　偲可燒后遠處峭。　　　　　　我的曲声远处好听。
ŋɯ⁵⁵ khɣ⁴⁴ sɔ³³ xɯ⁵⁵ tue³³ tshɣ³¹ tɕhiɔ³⁵
我的　曲　　找　了　远处　　好

第44页 6　遠遠學拿近近楚，　　　　　远处香来近处臭，
tue³³ tue³³ ɕo³⁵ na⁵⁵ tɕi³³ tɕi³³ tshu³¹
远远　　　香　则　近近　　臭

7　可燒遠處學。　　　　　　　　曲声飘远处。
khɣ³¹ sɔ³³ tue³³ tshɣ³¹ ɕo³⁵
唱曲　　　远处　香

第117首

1　哀那刷狠吉桂合，　　　　　　爱你园中金桂花，
e⁴⁴ na⁵⁵ sua³⁵ xɯ³¹ tɕi³⁵ kui⁴² xuo³⁵
爱　你们　园　里　金　桂花

2　細孟想要干保採，　　　　　　心中好想把它采，
ɕi³⁵ mɯ⁵⁵ ɕa³¹ nɔ³³ ka⁴⁴ pɔ³¹ tshe³¹
心处　　想要　　把　它　采

3　格那好落奪。　　　　　　　　又怕你家（待考）。
kɛ⁵⁵ na⁵⁵ xɔ³¹ luo³⁵ tuo⁵⁵
怕　你家　（待考）

4　採登保拿細孟傘，　　　　　　采到桂花心才甘，
tshe³¹ tu⁴⁴ pɔ³¹ na⁵⁵ ɕi³⁵ mɯ⁵⁵ sa⁴²
采　的　它　则　心处（待考）

5　採保都矣期本若。　　　　　　花没采到心不死。
tshe³¹ pɔ³¹ tu⁴⁴ tɕhi⁵⁵ pɯ³¹ zuo⁵⁵
采　它　不得　气　不（待考）

6　伎侻醋閃全黑子，　　　　　　（待考）
tsɿ³³ ŋa⁵⁵ tshu⁵⁵ se³¹ tɕhue³¹ xɯ³⁵ tsɿ³¹
男　我们　从小　　（待考）

7　㘓㘓處脯合。　　　　　　　　凡到处有花。
phia⁴⁴ phia⁴⁴ tshɣ³¹ tsɯ³³ xuo³⁵
到　到处　　有　花

第118首

1　結細那坡採那合，　　　　　　牵心着你采你花，
tɕɛ⁵⁵ ɕi⁵⁵ na⁵⁵ po⁴⁴ tshe³¹ na⁵⁵ xuo³⁵
牵心　你们　一边　采　你们　花

2　那坡合吐採都矣，　　　　　　　若是你花没采到，
　　na⁵⁵po⁵⁵ xuo³⁵ nɔ³³ tshe³¹ tu⁴⁴ ji³¹
　　你们　花　上　采　不得

3　我償期本若。　　　　　　　　我的心不甘。
　　ŋɔ³¹ pɯ⁵⁵ tɕhi⁴⁴ pɯ³¹ zuo³⁵
　　我　（待考）

4　其廿我歪合吐期，　　　　　　忧心我只为花忧，
　　tɕhi⁴⁴ li⁵ ŋɔ³¹ ui⁴⁴ xuo⁵³ nɔ³³ tɕhi⁴⁴
　　气　也　我　为　花　上　气

5　覺廿我歪合吐觉。　　　　　　愁苦我只为花愁。
　　tɕɔ⁴⁴ li⁵⁵ ŋɔ³¹ ui⁴⁴ xuo³⁵ nɔ³³ tɕiɔ⁴⁴
　　焦　也　我　为　花　上　焦

6　伎侣醋閃逰姚美，　　　　　　从小我就走四方，
　　tsɿ³³ ŋa⁵⁵ tɕhu⁵⁵se³¹ ɣɛ²¹ tshɤ⁴⁴me²¹
　　男　我们　从小　去　出门

7　翌翌處採合。　　　　　　　　凡到处采花。
　　phia⁴⁴ phia⁴⁴tshɤ³¹ tshe³¹ xuo³⁵
　　到　到处　采花
　　（后残缺字1行半）

第45页　（前残缺字1行多）　　　　第119首

1　爨宰達觧彎宰合，　　　　　　银剪剪断绿刺花，
　　ȵi²¹tɕhi³¹ta⁵⁵ kɛ⁴² lv⁴⁴ tɕhi³¹xuo³⁵
　　银剪刀　剪　绿　刺花

2　因狠霸設伱滈俍，　　　　　　村里人说我们俩，
　　jɯ⁴⁴ xɯ³¹ pa⁵⁵ se³³ ɳa⁵⁵ ko³³ȵi²¹
　　村　里　他们　让　咱们　两个

3　細斗吐槩着。　　　　　　　　不要放心上。
　　ɕi³⁵tɯ²¹ nɔ³³ miɔ⁴⁴ tso³⁵
　　心头　上　不要　放

4　俍格鮪處訨喓噉，　　　　　　有旁人时别言语，
　　ȵi²¹kɛ³⁵ tsɯ³tshɤ³¹ tsɿ³¹ ɳo³³ ka³¹
　　别人　在处　事　别　讲

5　俍格沒處伱上作。　　　　　　没旁人时相作伴。
　　ȵi²¹kɛ³⁵ mo³³ tshɤ³¹ ɳa⁵⁵ sa⁵⁵ tso⁵⁵
　　人家　没处　咱们　相遇

6　燨霸細吐伱上果，　　　　　　就为他们要相爱，
　　xɛ⁵⁵ pa⁵⁵ ɕi³ nɔ³³ ɳa⁵⁵ sa⁵⁵kuo²¹
　　赌　他们　心　上　咱们　相爱

7　擎霸瞴狠合。　　　　　　　　遮住我们眼里花。

pe³³ pa⁵⁵ ue³³ xɯ³¹ xuo³⁵
遮 他们 眼里 花

第 120 首

1 吉宰達辮罊宰合， 金剪剪断绿刺花，
tɕi³⁵ tɕhi³¹ ta⁵⁵ kɛ⁴ lv⁴⁴ tsʅ³¹ xuo³⁵
银剪刀 剪 绿 刺花

2 因狠謗設侣滈俍， 村中非议你和我，
jɯ⁴⁴ xɯ³¹ pa⁵⁵ se³³ n̩a⁵⁵ ko³³ n̩i²¹
村里 他们 知 咱们 两个

3 細斗吐要作。 别放在心里。
ɕi³⁵ tɯ²¹ nɔ³³ miɔ⁴⁴ tso³⁵
心头 上 别 放

4 丗方阿朵本燒可？ 世间谁人不唱曲？
se⁴² to³³ ʔa⁵⁵ tuo³¹ pɯ³¹ sɔ³³ khɣ⁴⁴
世上 谁 不 唱 曲

5 丗方阿朵本採合？ 世间谁人不采花？
se⁴² to³³ ʔa⁵⁵ to³¹ pɯ³¹ tshe³¹ xuo³⁵
世上 谁 不 采花

6 上白保歪英太吐， 山伯一心为英台，
se³³ pɯ³⁵ pɔ³¹ ui⁴⁴ jɯ³³ te⁴² nɔ³³
山伯 他 为 英台 上

7 我歪可吐覺。 我为情歌活。
ŋɔ³¹ ui⁴⁴ khɣ⁴⁴ nɔ³³ tɕiɔ³⁵
我 为 曲 上 焦

第 121 首

1 面胥詔到玉皇閣， 月亮照到玉皇阁，
mi⁵⁵ ua⁴⁴ tsɔ⁴⁴ phia⁴⁴ jy⁵⁵ xua⁴² kuo³⁵
月亮 照到 玉皇阁

2 面胥照到□□水， 月亮照到两河水，
mi⁵⁵ ua⁴⁴ tsɔ⁴⁴ phia⁴⁴ ko³³ kɣ³⁵ ɕye³³
月亮 照到 两 河 水

3 祼水苟上諾。 两河流一起。
kɣ³⁵ ɕye³³ kɯ²¹ sa⁵⁵ nɔ⁵⁵
河水 流 相 越

4 我脑廿蒳黯桸合， 我和你是一园花，
ŋɔ³¹ li⁵⁵ nɔ³¹ tsɯ³³ ʔa⁵⁵ na²¹ xuo³⁵
我 和 你 是 我们的 花

5 脑廿我蒳滈祼水， 你和我是两河水，
nɔ³¹ li⁵⁵ ŋɔ³¹ tsɯ³³ ko³³ kɣ³⁵ ɕye³³
你 和 我 是 两 河 水

第46页 6　溙水苟上諾。　　　　　　　　　　　河水流一起。
　　　　kɤ³⁵ɕye³³ kɯ²¹ sa⁵⁵nɔ⁵⁵
　　　　河水　　流　相越

　　7　自拿熆菜奪姆趴，　　　　　　　要做夫妻爹妈兴起，
　　　　tsɿ⁵⁵ na⁵⁵ pɯ⁵⁵tshe⁵⁵ to⁵⁵mɔ³³ tɕi⁴²
　　　　做　则　夫妻　　爹妈　　兴

　　8　自拿合恩細上合。　　　　　　要做花柳两心投合。
　　　　tsɿ⁵⁵ na⁵⁵ xuo³⁵ɣɯ³³ ɕi³⁵ sa⁵⁵xuo³⁵
　　　　做　则　花柳　　心　相合

　　9　憵可罖自直乃錖，　　　　　　（待考）
　　　　mi³³ khɤ⁴⁴ tua⁴⁴ tsɿ⁵⁵ tsɿ³⁵ ne³¹ tɕhi⁴⁴
　　　　想　曲　上　则　（待考）

　　10　拭塱打巳合。　　　　　　　　（待考）
　　　　tshɿ³¹tsɔ³³ ta³¹ ji³¹xuo³⁵
　　　　始终　　田　野花

　　　　　　　　　　　　　　　　　　第122首

　　1　直乙皮氣方本峭，　　　　　　情妹脾气才不好，
　　　　tsɿ⁵⁵ji⁵⁵ phi⁵⁵tɕhi⁴⁴ fa³³ pɯ³¹ tɕhiɔ⁵⁵
　　　　情妹　脾气　　方　不　好

　　2　黯偦黯麵脑初狠，　　　　　　常常计较小丁点，
　　　　ʔa³¹ti³⁵ ʔa³¹kɛ⁴⁴ nɔ³¹ tshɤ⁵⁵ xɯ³¹
　　　　小点小些　　　你　处　里

　　3　侼焉吐本合。　　　　　　　　不让我如意。
　　　　ŋa⁵⁵ ji⁵⁵ nɔ³³ pɯ³¹ xuo³⁵
　　　　我们　意　上　不　合

　　4　仁焉憖儀雙乎拿，　　　　　　仁义的情意说的好，
　　　　zɯ⁴²ji⁵⁵ tɕɛ²¹ji³¹ sua⁴⁴ xu³³ na⁵⁵
　　　　仁义　　情意　　说　好　则

　　5　自牙覉牙本削剝。　　　　　　凡做一样不让人挑剔。
　　　　tsɿ⁵⁵ja⁴² ui²¹ja⁴² pɯ³¹ tɕhi³⁵po³⁵
　　　　做样为样　　　不　讥讽

　　6　可惜細窓生吠嗜，　　　　　　可惜心胸又狭窄，
　　　　kho³¹ɕi³⁵ ɕi³⁵ɣo⁴² xɛ⁵⁵ tsɛ⁴⁴kɛ⁴²
　　　　可惜　　话语　　生　狭窄

　　7　狠乃方本峭。　　　　　　　　做的都不好。
　　　　xɛ³¹ne³¹ fa³³ pɯ³¹ tɕhiɔ⁵⁵
　　　　样样　　方　本　好

　　（后面另有汉语文词小字8句的一首）

第47页

1 嵪崻崻，[1]
　ka⁵⁵sɣ̩⁴²sɣ̩⁴²
　高山山

2 儂枺干腦將央黜，
　nɯ⁵⁵ pɯ⁵⁵ ka⁴⁴ nɔ³¹ tɕa⁴⁴ ja⁴⁴khɣ³¹
　你的丈夫　把　你　接　回家

3 將央狄，
　tɕa⁴⁴ ja⁴⁴ ti³⁵
　接　回去

4 干偒細期死。
　ka⁴⁴ ŋɯ⁵⁵ ɕi³⁵ tɕhi⁴⁴ sɣ̩³¹
　把　我的　心　气　痛

5 賒我昆餑音本實，
　sɛ³³ ŋɔ³¹ tsha⁵⁵pe³³ jɯ⁴⁴ pɯ³¹ sɿ³⁵
　让　我　早饭晚饭 吃　不 不想

6 賒我迷夷没着處。
　sɛ³³ ŋɔ³¹ mi⁴²ji⁴² mo³³ tso⁵⁵ tshɣ³¹
　让　我　眼泪　无　放　处

7 捨昵孟斗狄迚嘆，
　sɛ³¹ȵi⁴⁴ mɯ⁵⁵tɯ³¹ ti³⁵ta⁴² jɯ³⁵
　哪天　才　　折转　来

8 細孟輀申處？
　ɕi³⁵ mɯ⁵⁵ tsɯ³³ sɯ³³ tshɣ³¹
　心　上　有　放　处

1 儂枺干腦將央黜，
　nɯ⁵⁵ pɯ⁵⁵ ka⁴⁴ nɔ³¹ tɕa⁴⁴ ja⁴⁴khɣ³¹
　你的丈夫　把　你　接　回家

2 賒我自，
　sɛ³³ ŋɔ³¹ tsɿ⁵⁵
　让　我　则

3 迷夷没着處。
　mi⁴²ji⁴² mo³³ tso⁵⁵tshɣ³¹
　眼泪　无　放　处

4 賒我實餑本想昆，
　sɛ³³ ŋɔ³¹ sɿ⁴⁴ pe³³ pɯ³¹ ɕa³¹ tsha⁵⁵
　让　我　渴　晚饭　不　想　早饭

第123首

高山顶，

你夫把你接回家，

接回去，

让我心伤透。

让我不想早晚饭，

让我眼泪藏不住。

哪天你才回家来，

心才有着落？

第124首

你的丈夫把你接回家，

却让我，

满眼藏不住。

让我想晚饭不想早饭，

---

[1] 嵪崻崻[ka⁵⁵sɣ̩⁴²sɣ̩⁴²]: 曲姓名称。韵类包括[ɣ]、[ɿ]等，调类包括紧喉42调、松喉31调、紧喉21调。

5	睒我實鬻本想繁。 sɛ³³ ŋɔ³¹ sʅ⁴⁴ xɛ⁵⁵ pɯ³¹ ɕa³¹ zʅ³¹ 让 我 渴汤 不 想 饭	让我想汤不想饭。
6	申伍唔吧唎能戶, sɯ³³ ɣu²¹ tɕy³³pa⁴² khɔ³³ nɯ⁵⁵ ɣɯ³³ 手 扶 腮巴 哭 你的 后	手托腮巴哭着你,
7	細䏶僨死處。 ɕi³⁵ tsɯ³³ pɯ⁵⁵ ɕi³³ tshɣ³¹ 心 有 它 死处	心有心痛处。

第 125 首

1	偘林干腦將央鬻, nɯ⁵⁵ pɯ⁵⁵ ka⁴⁴ nɔ³¹ tɕa⁴⁴ ja⁴⁴khɣ³¹ 你的丈夫 把 你 接 回家	你的丈夫把我接回家,
2	睒我自, sɛ³³ ŋɔ³¹ tsʅ⁵⁵ 让 我 则	使得我,
3	迷夷没着處。 mi³⁵ji⁴² mo³³ tso⁵⁵ tshɣ³¹ 眼泪 无 放 处	眼泪止不住。
4	交我自甘本想自, sɛ³³ ŋɔ³¹ tsʅ⁵⁵ li⁵⁵ pɯ³¹ ɕa³¹ tsʅ⁵⁵ 让 我 做 也 不 想 做	叫我做也不想做,
5	交我細䏶□ sɛ³³ ŋɔ³¹ ɕi³⁵ kɣ⁴²（待考） 让 我 心 在 （后残字、缺字）	叫我心（待考）

第 49 页 （前残缺 2 字，又半行）

第 126 首

1	那好走昏施漢響, na⁵⁵ xɔ³¹ tso²¹xui³³ sʅ⁴⁴ka⁴⁴ sɣ³¹ 你们家 家畜 很 顺	你家牲口养得顺,
2	施漢峭, sʅ⁴⁴ xa⁵⁵ tɕhiɔ⁵⁵ 很 养 好	很好养,
3	睒我鬭查羚。 sɛ³³ ŋɔ³¹ ui⁵⁵ jo²¹tsʅ³¹ 让 我 围 羊羔	让我放羔羊。
4	柰香姆孟蔚閭纂, tɔ⁴² jo²¹mɔ³³ mɯ⁵⁵ tsʅ³³ ʔa³¹tshua⁵⁵ 大 母羊 它 儿 一 双	大个母羊产一对,
5	善羣姆甘譚斗瑳。	小个母羊都产仔。

$$se^{31} jo^{21} mɔ^{33} li^{55} ke^{42} tɯ^{31} tsɿ^{33}$$
小　母羊　　也　见着　儿

6　我廿招乎鎚唉寯， 我也照应不过来，
$$ŋɔ^{31} li^{55} tso^{55} xu^{55} ɣɛ^{21} ju^{35} tua^{42}$$
我　也　招呼　　去　来　不得

7　要脑當偲使。 约你跟我去。
$$no^{33} nɔ^{31} ta^{44} ŋɯ^{55} sɿ^{31}$$
约　你　跟　我的　去

第127首

1　本登各脑自者使， 没想跟你做成事，
$$pɯ^{31} tɯ^{44} ko^{55} nɔ^{31} tsɿ^{55} tsɛ^{21} sɿ^{31}$$
不　得　跟　你　做成　　事

2　交佷格， 却让人，
$$sɛ^{33} ȵi^{21} kɛ^{55}$$
让　人家

3　講偲吐狽証。 说我的闲话。
$$tɕa^{31} ŋɯ^{55} nɔ^{33} ɕa^{35} tsɿ^{31}$$
讲　我的　上　闲话

4　冷佷雙偲吐習習， 这人说我一串串，
$$lɯ^{31} ȵi^{21} sua^{44} ŋɯ^{55} nɔ^{33} ɕi^{35} ɕi^{35}$$
这人　　说　我的　上　串串

5　噛佷雙偲吐謅謅。 那人说我一本本。
$$tɔ^{35} ȵi^{21} tɕa^{31} ŋɯ^{55} nɔ^{33} vɣ^{31} vɣ^{31}$$
那人　讲　我的　上　端端

6　自暫自都贅竻鹹， 没成事情背空名，
$$tsɿ^{55} lɯ^{31} tsɿ^{55} tu^{44} vɣ^{33} khɣ^{55} miɛ^{55}$$
做　又　做不得　背　空名

7　干那孟雙噢。 跟你说一说。
$$ka^{44} na^{55} mɯ^{55} sua^{44} jy^{31}$$
把　你们处　说　给

第128首

1　偲悥干偲孟雙噢， 我的苦衷说给你，
$$ŋɯ^{55} tsɯ^{31} ka^{44} na^{55} mɯ^{55} sua^{44} jy^{31}$$
我的　事　把　你们处　说给

2　贅竻鹹， 背空名，
$$vɣ^{33} khɣ^{55} miɛ^{55}$$
背　空名

3　细䐉債死處。 心里有苦情。
$$ɕi^{35} tsɯ^{33} pɯ^{55} ɕi^{33} tshɣ^{31}$$
心　有　它　死处

第49页 4　奇是各脑本上耒，　　　　　　　其实跟你没故事，
　　　　　　tɕhi³¹ sʅ³⁵ ko⁵⁵ nɔ³¹ pɯ³¹ sa⁵⁵tɕhiu⁵⁵
　　　　　　其实　跟你　不　相求

      5　本登各脑干狎埊。　　　　　　也没跟你闲坐坐。
　　　　　　pɯ³¹ tɯ⁴⁴ ko⁵⁵ nɔ³¹ ka⁴⁴ ɕa³⁵kɤ⁴²
　　　　　　不　得　跟　你　把　闲坐

      6　佷格罾佷往我是，　　　　　　　人人都来把我骂，
　　　　　　n̠i²¹kɛ³ ke⁴² n̠i²¹ ua³¹ ŋɯ⁵⁵ tsʅ⁵⁵
　　　　　　人家　见　人　骂　我的　则

      7　交喝没言时。　　　　　　　　　让我真可怜。
　　　　　　sɛ³³ ŋa⁵⁵ mo³³ji²¹sʅ³¹
　　　　　　让　我们　可怜

第50页　　　　　　　　　　　　　　　　　　　**第129首**
      1　胥潆潆，[1]　　　　　　　　　　青悠悠，
　　　　　　tɕhɛ⁵⁵ jɯ³⁵ jɯ³⁵
　　　　　　清　茵茵

      2　嚣㑯上着透崩忩，[2]　　　　　　姐弟相偕去盐井，
　　　　　　ko³³thi³³ sa⁵⁵tso⁵⁵ thɯ⁵⁵ pɯ³³tɕɯ⁵⁵
　　　　　　兄妹　相领　下　盐井

      3　甓自施卑栽，　　　　　　　　　道路太难走，
　　　　　　thu³³ tsʅ⁵⁵ sʅ⁴⁴ pe⁴⁴ na²¹
　　　　　　路　则　实在　走难

      4　干㑯细卑涁。　　　　　　　　　把我心走凉。
　　　　　　ka⁴⁴ ŋa⁵⁵ ɕi³⁵ pe⁴⁴ kɯ⁵⁵
　　　　　　把　我们　心　走　冷

      5　鞑佷卑自旴施早，　　　　　　　独人行路觉日长，
　　　　　　ta³⁵n̠i²¹ pe⁴⁴ tsʅ⁵⁵ n̠i⁴⁴sɛ⁴⁴ tso²¹
　　　　　　独人　走　则　日子　长

      6　嚣㑯卑自旴施矮。　　　　　　　姐弟同行觉日短。
　　　　　　ko³³n̠i²¹ pe⁴⁴ tsʅ⁵⁵ n̠i⁴⁴sɛ⁴⁴ tshɯ⁵⁵
　　　　　　两人　走　则　日子　短

      7　忍旴忍宵廿忍拿，　　　　　　　闰年闰月都闰过，
　　　　　　zɯ³¹n̠i⁴⁴ zɯ³¹ua⁴⁴ li⁵⁵ zɯ³¹ na⁵⁵
　　　　　　闰年　闰月　也　闰　则

      8　哉忍闇哇唛。　　　　　　　　　再闰一天吧。

---

[1] 胥潆潆[tɕhɛ⁵⁵ jɯ³⁵jɯ³⁵]：曲姓名称。韵类包括[ɯ]、[iɯ]等，调类包括紧喉55调、松喉35调等。
[2] 透崩忩[thɯ⁵⁵ pɯ³³tɕɯ⁵⁵]：意思是下盐井，即赶集之意。该曲本流传地区，唐代就有产盐的记录，千年以来是云南重要的盐业之地。盐井所在之处，都有集市，又在山谷，民间即以下盐井代称赶集。又有说，意思为下北京，即去北京。北京一名在当地并不陌生。该地区还产银，清末庚子赔款的银子中，政府曾从这里调运去几万两，途经这里的一座风雨桥也命名"通京桥"，以备一说。

	tse⁴⁴ zɯ³¹ ʔa³¹ɕɛ⁴⁴ jɯ³⁵	
	再 闰 一天 来	
		第 130 首
1	棑礈要棑礈够漏，	打谷要打青谷子，
	tɛ⁴⁴kɤ²¹ ȵo³³ tɛ⁴⁴ kɤ²¹kou⁵⁵lou⁵⁵	
	打谷子 要 打 青谷子	
2	燒可要燒呾雙夠，	相恋要赶年纪轻，
	sɔ³³ khɤ⁴⁴ ȵo³³ sɔ³³ ȵi⁴⁴sua⁴⁴ se³¹	
	找 曲 要 找 年纪 小	
3	車子虐巫后。	相拥入梦乡。
	tshɛ³³ tsɿ⁵⁵ ȵo⁴⁴ u²¹ ɣɯ⁵⁵	
	睡 则 要 握 后	
4	韃佷車自堯施猒，	独自就寝觉夜长，
	ta³⁵ȵi²¹ tshɛ³³ tsɿ⁵⁵ jɔ³¹ sɛ⁴⁴ tso²¹	
	单人 睡 则 夜 很 长	
5	鬲佷車自堯施猭。	相拥入睡觉夜短。
	ko³³ȵi²¹ tshɛ³³ tsɿ⁵⁵ jɔ³¹ sɛ⁵⁵ tshɯ⁵⁵	
	两人 睡 则 夜 很 短	
6	忍胥忍些廿忍拿，	闰年闰月都闰过，
	zɯ³¹ȵi⁴⁴ zɯ³¹ua⁴⁴ li⁵⁵ zɯ³¹ na⁵⁵	
	闰年 闰月 也 闰 则	
7	再忍闇堯溇。	再闰一夜吧。
	tse⁴⁴ zɯ³¹ ʔa³¹jɔ³¹ jɯ³⁵	
	再 闰 一夜 来	
	（后残缺字）	
第 51 页	（开头残缺字 1 行半）	**第 131 首**
1	伩佛央吼傂斗嚨，	小妹前面回家去，
	ȵɤ³³thi³³ ja⁴⁴xɤ³¹ nɯ⁵⁵ tu²¹mɯ⁵⁵	
	妹子 回家 你的 前面	
2	侰覂那僇愢那嘎，	我在后面想念你，
	ŋa⁵⁵ kɤ⁴² na⁵⁵ ɣɯ³³ mi³³ na⁵⁵ tua⁴⁴	
	我们 在 你们 后 想 你们 上	
3	實要愢相後。	差点想死了。
	sɿ⁵⁵ ȵo³³ mi³³ ɕa⁴⁴ xɯ⁵⁵	
	想要 想 死 掉	
4	那勞欠吐哉夾姐，	你放宽心再玩一天，
	na⁵⁵ le³¹ tshɿ⁵⁵ nɔ³³ tse⁴⁴ ɕa³⁵ ɕɛ⁴⁴	
	你们 又 身 上 再 闲 天	
5	賒侰壁达阿朵嗳。	让我这里好孤单。

sɛ³³ ŋa⁵⁵ kɣ⁴² ta⁴⁴ ʔa⁵⁵to³¹ jɯ³⁵
让 我们 在 这里 谁 来

6 胥細愢愢胥細想，
tɕhɛ⁵⁵ɕi³⁵ mi³³mi³³ tɕhɛ⁵⁵ɕi³⁵ ɕa³¹
清心 想想 清心 想

清心想想再思量，

7 細比氎甘哽。
ɕi³⁵ pi³¹ sui⁴⁴ li⁵⁵ kɯ⁵⁵
心 比 雪 也 冷

心比冰雪凉。

第 132 首

1 伱偙央吼儍斗嘔，
n̠ɣ³³thi³³ ja⁴⁴khɣ³¹ nɯ⁵⁵ tɯ²¹mɯ⁵⁵
妹子 回家 你们 前面

小妹朝前回家去，

2 干偗别次儍髁俆，
ka⁴⁴ ŋa⁵⁵ piɛ⁵⁵ tshŋ⁵⁵ nɯ⁵⁵ to³¹ɣɯ³³
把 我们 丢 掉 你的 背后

将我抛在你身后，

3 實要期餽後。
sŋ⁴⁴ n̠o³³ tɕhi⁴⁴ kui⁴² xɯ⁵⁵
想要 气 坏 掉

差点想死了。

4 那劈邀斗本漢儳，
na⁵⁵ le³¹ ɣɛ²¹ tɯ²¹ pɯ³¹ xa⁵⁵ ɣɯ³³
你们 又 去 前 不 看 后

你只顾前去不看后，

5 賒偗庶乃瞘漢哽。
sɛ³³ ŋa⁵⁵ sɣ⁴⁴ nɛ⁵⁵ ui³³ xa⁵⁵ kɯ⁵⁵
让 我们 宿 呢 眼 望 冷

让我失望在后面。

6 蹟登那孟可冷喓，
tɕi⁴² tɯ⁴⁴ na⁵⁵ mɯ⁵⁵ khɣ⁴⁴ lɯ³¹ tso³¹
唱 着 你们 处 曲 这 调

跟你独唱这曲子，

7 細勺到闇够。
ɕi³⁵sɣ³¹ phia⁴⁴ ʔa³¹kɯ⁵⁵
心痛 到 现在

心痛到如今。

第 133 首

1 伱偙央吼儍斗嘔，
n̠ɣ³³thi³³ ja⁴⁴khɣ³¹ nɯ⁵⁵ tɯ²¹mɯ⁵⁵
妹子 回家 你们 前面

小妹朝前回家去，

2 干偗别次儍髁俆，
ka⁴⁴ ŋa⁵⁵ piɛ⁵⁵ tshŋ⁵⁵ nɯ⁵⁵ to³¹ɣɯ³³
把 我们 丢 掉 你的 背后

把我抛在你身后，

3 實要期相后。
sŋ⁵⁵ n̠o³³ tɕhi⁴⁴ ɕa⁴⁴ xɯ⁵⁵
想要 气 死 掉

伤心到绝命。

第52页 4　那勒犞菜上五䥽　　　　　　　你们夫妻相拥抱，
　　　　na⁵⁵ le³¹ pɯ⁵⁵tshe⁵⁵ sa⁵⁵ u³¹ɣa⁴²
　　　　你们　又　夫妻　　　相　握合

5　賖侣䑞达阿朵溁。　　　　　　　让我孤身在这里。
　　　sɛ³³ ŋa⁵⁵ kɣ⁴² ta⁴⁴ ʔa⁵⁵to³¹ jɯ³⁵
　　　让　我们　在　这里　谁　　来

6　躋登那孟可冷嗦，　　　　　　　唱着你的这曲子，
　　　tɕi⁴² tɯ⁴⁴ na⁵⁵ mɯ⁵⁵ khɣ⁴⁴ lɯ³¹ tso³¹
　　　唱　着　你们　处　曲　这　调

7　細比舊廿浭。　　　　　　　　　心比雪凉透。
　　　ɕi³⁵ pi³¹ sui⁴⁴ li⁵⁵ kɯ⁵⁵
　　　心　比　雪　也　冷

1　本昁卑㔿那處孟，　　　　　　　天天来到你村巷，
　　　pɯ³¹ɲi⁴⁴ pe⁴⁴phia⁴⁴ na⁵⁵ tshɣ⁵⁵ mɯ⁵⁵
　　　那天　走到　你们　村巷　处

2　那因狠，　　　　　　　　　　　你村里，
　　　na⁵⁵ jɯ⁴⁴ xɯ³¹
　　　你们　村　里

3　細䙡㾪奴后。　　　　　　　　　是非跟着你。
　　　ɕi³⁵ɣo⁴² kɯ⁵⁵ nɯ⁵⁵ xɯ⁵⁵
　　　话语　跟　你的　了

4　冷佷雙偲吐𠴟𠴟，　　　　　　　这人说了一番番，
　　　lɯ³¹ɲi²¹ sua⁴⁴ ŋɯ⁵⁵ nɔ³³ vɣ³¹vɣ³¹
　　　这人　说　我的　的　端端

5　刀佷雙偲吐聘聘。　　　　　　　那人说了一本本。
　　　tɔ³⁵ɲi²¹ sua⁴⁴ ŋɯ⁵⁵ nɔ³³ phiɯ⁵⁵phiɯ⁵⁵
　　　那人　说　我的　的　事事

6　喫歪上果昁些䚔，　　　　　　　因为相爱日子长，
　　　jɯ³³ui⁵⁵ sa⁵⁵kuo²¹ ɲi⁴⁴ɕɛ⁴⁴ tso²¹
　　　因为　相爱　年纪　长

7　憙儀別本透。　　　　　　　　　情意丢不下。
　　　tɕɛ²¹ji³¹ pie⁵⁵ pɯ³¹ thɯ⁵⁵
　　　情意　丢　不　下

第134首

第135首

1　本昁卑㔿那處孟，　　　　　　　那天走到你们村巷，
　　　pɯ³¹ɲi⁴⁴ pe⁴⁴ phia⁴⁴ na⁵⁵ tshɣ⁵⁵ mɯ⁵⁵
　　　那天　走到　你们　村巷　处

2　那因狠，　　　　　　　　　　　你村里，

　　　　　　na⁵⁵ ju⁴⁴ xɯ³¹
　　　　　　你们 村 里

3　　倆吐餽申嗟。　　　　　　　像是难见你。
　　　　nɯ⁵⁵ no³³ kui⁴² sɯ³³ nɯ⁵⁵
　　　　你　上　不见　似　的

4　　登登矣甘倆吐餽，　　　　等了又找没见你，
　　　　tɯ³³tɯ³³ ji³¹ li⁵⁵ nɯ⁵⁵ nɔ³³ kui⁴²
　　　　等等　找　也　你的　上不见

5　　漢漢矣自本犁嗼。　　　　望了又找眼望穿。
　　　　xa⁵⁵xa⁵⁵ ji³¹ tsʅ⁵⁵ ui³³ xa⁵⁵ kɯ⁵⁵
　　　　看看　找　则　眼　看　冷

6　　魁斗登犁後眍峨，　　　　清早等到下午后，
　　　　kɯ⁵⁵tɯ³¹ tɯ³³phia⁴⁴ ɣɯ³³n̠ɯ⁴⁴ɣo³¹
　　　　早上　　等到　　后下午

7　　庶乃膃漢㼆。　　　　　　失望又心寒。
　　　　sʅ⁵⁵ ne³¹ ui³³ xa⁵⁵ kɯ⁵⁵
　　　　双　呢　眼　望　冷

　　　　（残缺字1行又三分之二）

第53页　（前残缺字1行又多字）　　**第136首**

1　　達你同笑回家扣，　　　　跟你同笑回家去，
　　　　ta³⁵ ni³¹ tho⁴²ɕɔ⁵⁵ xui⁴²tɕa³³ khɯ⁵⁵
　　　　跟　你　同笑　　回家　去

2　　想着你，　　　　　　　　想着你，
　　　　ɕa³¹tsu³⁵ ni³¹
　　　　想着　你

3　　连夜要想扣。　　　　　　连夜要想去。
　　　　ni⁴²je⁵⁵ jɔ⁵⁵ xui⁴²khɯ⁵⁵
　　　　连夜　要　回去

4　　不怕隔山路遥遠，　　　　不怕隔山路遥远，
　　　　pu³⁵pha⁵⁵ kɯ³⁵se³³ lu⁵⁵ jɔ⁴²jye³¹
　　　　不怕　　隔山　路　遥远

5　　就是隔河也要扣。　　　　就是隔河也要去。
　　　　tɕiu⁵⁵sʅ⁵⁵ kɯ³⁵xo⁴² je³¹ jɔ⁵⁵ khɯ⁵⁵
　　　　就是　　隔河　　也　要　去

6　　閃閃儂可趴倆南，　　　　小小曲子放在你那里，
　　　　se³¹se³¹ ŋɯ⁵⁵ khɣ⁴⁴ tɕi⁴² na⁵⁵ na⁴²
　　　　小小　我的　曲　寄存　你们那里

7　　結孟要邋嗼！　　　　　　就去追它吧！
　　　　tɕi²¹mɯ⁵⁵ n̠o³³ ɣu²¹ ju³⁵
　　　　怎么　　要　去　来

第 137 首

1 細勺儂偺剄闇够，
　çi³⁵ sɿ³¹ nuɯ⁵⁵ ɣɯ³³ phia⁴⁴ ʔa³¹kɯ⁵⁵
　心 痛 你的 后 到 如今
在你后面心痛到如今，

2 漢登脑，
　xa⁵⁵tɯ⁴⁴ nɔ³¹
　看见 你
见到你，

3 庶乃迷夷瑹。
　sɿ⁵⁵ ne³¹ mi⁴² ji³¹ tsɯ⁵⁵
　双 呢 眼 泪 有
双眼闪泪花。

4 賒我拾瑒本想楳，
　sɛ³³ ŋɔ³¹ sʅ⁵⁵xɛ⁵⁵ pɯ³¹ ça³¹ zʅ³¹
　让 我 渴汤 不 想 饭
让我想汤不想饭，

5 賒我拾膈音本透。
　sɛ³³ ŋɔ³¹ sʅ⁵⁵kɛ²¹ jɯ⁴⁴ pɯ³¹ thɯ⁵⁵
　让 我 渴肉 吃 不下
让我想肉吃不下。

6 胥細惢惢胥細想，
　tɕhɛ⁵⁵çi³⁵ mi³³mi³³ tɕhɛ⁵⁵çi³⁵ ça³¹
　清心 想想 清心 想
清心想了又再想，

7 偲恩雙禱孟？
　ŋɯ⁵⁵ tsɯ⁴² sua⁴⁴ to³¹ mɯ⁵⁵
　我的 情 说 谁 处
我的苦情向谁诉？

第 138 首

1 我惢儂奨剄闇够，
　ŋɔ³¹ mi³³ nuɯ⁵⁵ tua⁴⁴ phia⁴⁴ ʔa³¹kɯ⁵⁵
　我 想 你的 上 到 如今
我想念你到如今，

2 漢登脑，
　xa⁵⁵tɯ⁴⁴ nɔ³¹
　看见 你
见到你，

3 實侶音脑唉。
　sɛ³³ ŋa⁵⁵ jɯ⁴⁴ nɔ³¹ jɯ³⁵
　让 我们 吃 你 来
让我恨不得吃掉你。

4 旅旅述必儂吐邪，
　lue²¹lue²¹ pɯ³¹ pi⁵⁵ nuɯ⁵⁵ nɔ³³ çɯ⁴⁴
　纷纷 寄给 你的 上 信
多次托信问讯你，

5 脑歪捨吐本狄唉？
　nɔ³¹ ui⁴⁴sɛ³¹ nɔ³³ pɯ³¹ ti³⁵ jɯ³⁵
　你 为何 上 寄 回 来
你为何不回来？

第 54 页 6 乙定鶯困燒登傓，
一定是另找了情人，

　　　　　ji³¹ti⁵⁵ kɛ⁵⁵kui⁵⁵ sɔ³³tɯ⁴⁴ tɕa⁴²
　　　　　一定　隔山　找着　伴

7　　　侊吐勞别后。　　　　　　　　把我丢掉了。
　　　　　ŋa⁵⁵ nɔ³³ miɔ⁴⁴ piɛ⁵⁵ xɯ⁵⁵
　　　　　我们　上　不要　丢　后

　　　　　　　　　　　　　　　　　　第 139 首

1　　　嚻佲上果𤙟闇够，　　　　　　姐弟相爱到如今，
　　　　　ko³³thi³³ sa⁵⁵kuo²¹ phia⁴⁴ ʔa³¹kɯ⁵⁵
　　　　　兄妹俩　相爱　　到　如今

2　　　冷炭僾南本卑衾，　　　　　　这回不见你来我村里，
　　　　　lɯ³¹tha⁵⁵ ŋɯ⁵⁵na⁴² pɯ³¹ pe⁴⁴ ɲi⁴⁴
　　　　　这回　我的地方　不　走　进

3　　　歪舍吐細㼎？　　　　　　　　为什么心冷？
　　　　　ui⁴⁴sɛ³¹ nɔ³³ ɕi³⁵kɯ⁵⁵
　　　　　为什么　上　心寒

4　　　阿朵嗷僾孟狙詚，　　　　　　是谁讲给你瞎话，
　　　　　ʔa⁵⁵tuo²¹ ka³¹ nɯ⁵⁵ mɯ⁵⁵ ɕa³⁵tsʅ³¹
　　　　　谁　讲　你的　处　闲话

5　　　脑干憨仪勞别后。　　　　　　你把情意抛脑后。
　　　　　nɔ³¹ ka⁴⁴ tɕɛ²¹ji³¹ nɔ³³ piɛ⁵⁵ xɯ⁵⁵
　　　　　你　把　情意　别　丢　后

6　　　狄傛車服干保慫，　　　　　　回头睡觉想一想，
　　　　　ti³⁵ɣɯ³³ tshɛ³³fɣ⁵⁵ ka⁴⁴ pɔ³¹ mi³³
　　　　　回头　睡觉　把　它　想

7　　　狙朵要㿒究。　　　　　　　　瞎话别计较。
　　　　　ɕa³⁵tuo²¹ nɔ³³ tɕi⁵⁵tɕiu⁵⁵
　　　　　闲话　不要　计较

　　　　　　　　　　　　　　　　　　第 140 首

1　　　嚻佲上果𤙟闇够，　　　　　　姐弟相爱到如今，
　　　　　ko³³thi³³ sa⁵⁵kuo²¹ phia⁴⁴ ʔa³¹kɯ⁵⁵
　　　　　兄妹俩　相爱　　到　如今

2　　　冷炭僾南本卑衾，　　　　　　最近不见你来村里，
　　　　　lɯ³¹tha⁵⁵ ŋa⁵⁵na⁴² pɯ³¹ pe⁴⁴ ɲi⁴⁴
　　　　　现在　我的地方　不　走　进

3　　　歪捨吐細㼎？　　　　　　　　为什么心冷？
　　　　　ue⁴⁴sɛ³¹ nɔ³³ ɕi³⁵kɯ³⁵
　　　　　为何　上　心寒

4　　　脑劈别透𠮦我拿，　　　　　　你是狠心抛弃我，
　　　　　nɔ³¹ lɛ⁵⁵ piɛ⁵⁵thou⁵⁵ tou⁴⁴ ŋɔ³¹ na⁵⁵
　　　　　你　呢　丢下　　得　我　则

5　賒我儱吐別本透。　　　　　　　让我却放不下你。
　　sɛ³³ ŋɔ³¹ nɯ⁵⁵ nɔ³³ piɛ⁵⁵ pɯ³¹ thɯ⁵⁵
　　让　我　你的　上　丢　不　下

6　欠及狎朵嘥本理，　　　　　　千万不要理睬那瞎话，
　　tɕhi⁵⁵tɕi⁵⁵ ɕa³⁵tuo²¹ ȵɔ⁴⁴ pɯ³¹ li³¹
　　千记　　闲话　　不要　不理

7　上果與斗孟，　　　　　　　　相爱像以前，
　　sa⁵⁵kuo²¹ jy³¹ tu²¹mɯ⁵⁵
　　相爱　像　从前

8　是非不要聽。　　　　　　　　是非不要听。
　　sɿ⁵⁵fe³³ pu³⁵jɔ⁵⁵ thiɯ³³
　　是非　不要　听
　　（后残缺字3行）

第55页　（前残缺字2行）　　　　　　**第141首**

1　脑歪舍吐儱細㑦？　　　　　　为什么你的心意冷？
　　nɔ³¹ ue⁴⁴sɛ³¹ nɔ³³ nɯ⁵⁵ ɕi⁵⁵ kɯ⁵⁵
　　你　为什么上　你的　心　冷

2　斗孟儱朵結孟雙，　　　　　　过去你的话怎么说，
　　tou²¹mɯ⁵⁵ nɯ⁵⁵ tuo²¹ tɕi⁵⁵mɯ⁵⁵ sua⁴⁴
　　过去　　你的　话　怎么　　说

3　侣南本狄嘆？　　　　　　　　不回来我们地方？
　　ŋa⁵⁵ na⁴² pɯ³¹ ti³⁵ jɯ³⁵
　　我们　地方　不　回　来

4　脑許偲孟自偲夔，　　　　　　你曾许我做我妻，
　　nɔ³¹ ɕy³¹ ŋɯ⁵⁵ mɯ⁵⁵ tsɿ⁵⁵ ŋɯ⁵⁵ vɣ³³
　　你　许　我的　处　做　我的　妻

5　我干偲菜努別后。　　　　　　我就把妻子抛掉。
　　ŋɔ³¹ ka⁴⁴ ŋɯ⁵⁵ tshe⁵⁵ nɔ³³ piɛ⁵⁵ xɯ⁵⁵
　　我　把　我的　妻　上　丢　了

6　闇止夔細要別我，　　　　　　一时你却要丢我，
　　ʔa³¹tsɿ³¹ fɛ³³ɕi³⁵ ȵo³³ piɛ⁵⁵ ŋɯ³¹
　　一时　反心　　要　丢　我

7　本乙儱斗孟！　　　　　　　　哪能放过你！
　　pɯ³¹ji³³ nɯ⁵⁵ tuo²⁵ mɯ⁵⁵
　　不依　你的　话　处

　　　　　　　　　　　　　　　　第142首

1　直乙上迖方透嘆，　　　　　　情姐从那上边来，
　　tsɿ⁵⁵ji⁵⁵ sa³⁵ ta³⁵ to³³ thɯ⁵⁵ jɯ³⁵
　　情妹　从　那　上　下　来

2　黌迷黌黛阿捨乃，　　　　　　犹豫不决为什么，

mɛ⁴⁴mi⁴²　mɛ⁴⁴xɯ⁴⁴　ʔa⁵⁵sɛ³¹ne³¹
（忸怩状）　　　　什么的

3　侣南本透噗，　　　　　　　　　不下来我村里。
　　ŋa⁵⁵na⁴²　pɯ³¹　thɯ⁵⁵　jɯ³⁵
　　我们地方　不　下　　来

4　支侣吐有吐合獮，　　　　　　　（待考）
　　tsʅ³³　ŋa⁵⁵　nɔ³³　tsɯ³³　thɯ⁵⁵　xuo³⁵　ɣɛ³³
　　男　我们　上　在　（待考）花　下

5　伩那吐有吐胥胸。　　　　　　　（待考）
　　ȵɣ³³　na⁵⁵　nɔ³³　tsɯ³³　thɯ⁵⁵　ua⁴⁴kɯ⁵⁵
　　女　你们　上　在（待考）弯月

6　上果胥启黴侣吐，　　　　　　　正在相爱记恨我，
　　sa⁵⁵kuo²¹　tɕhɛ⁵⁵tɕhi⁴⁴　xɯ⁴²　ŋa⁵⁵　nɔ³³
　　相爱　　　正在　　　　恨　我们上

7　嘤登阿朵孟？　　　　　　　　　向谁学这样？
　　ɣɯ⁴²tɯ⁴⁴　ʔa⁵⁵tuo³¹　mɯ⁵⁵
　　学着　　谁　　　处

第143首

1　直乙觊我爾塑噗，　　　　　　　情弟见我往上来，
　　tsʅ⁵⁵ji⁵⁵　ke⁴²　ŋa⁵⁵　ɣɯ³³　tso³³　jɯ³⁵
　　情妹　见　我们　下　上　来

2　糵迷糵黴訨本噉，　　　　　　　犹豫不决话别说，
　　mɛ⁴⁴mi⁴²　mɛ⁴⁴xɯ⁵⁵　tsʅ³¹　pɯ³¹　ka³¹
　　（忸怩状）　　事　不　讲

第56页 3　狠侣吐申嚨。　　　　　　　　　像是记恨我。
　　kɯ⁴²　ŋa⁵⁵　nɔ³³　sɯ³³　nɯ⁵⁵
　　恨　我们　上　像　的

4　脑狠哷吐噛脑狠，　　　　　　　你要恨就随你恨，
　　nɔ³¹　kɯ⁴²tɯ⁴⁴　nɔ³³　sui⁵⁵　nɔ³¹　kɯ⁴²
　　你　恨着　　的　随　你　恨

5　阿嗾□吐本細溇。　　　　　　　（待考）
　　ʔa³¹ɕɣ³¹　□　pɯ³¹　ɕi³⁵　kɯ⁵⁵
　　□□□　　不　心　冷

6　醋閃皮氪初梁乃，　　　　　　　从小脾气就这样，
　　tshu⁵⁵se³¹　phi⁵⁵tɕhi⁴⁴　tshu³³　mia⁴²ne³¹
　　从小　　脾气　　　就　这样

7　随脑棎狠噴。　　　　　　　　　随你背后恨。
　　sui⁵⁵　nɔ³¹　to³¹xɯ³³　pɯ⁵⁵
　　随　你　背后　　一次
　　（下有"喷浭醋"3字，又空行）

第 144 首

（该页前缺下曲第 1 句 7 字）

2 尚奪闇啰廿登囃，　　　　　　　相遇一次也难得，
　 sa⁵⁵to⁵⁵ ʔa³¹tso³¹ li⁵⁵ tɯ⁴⁴ na⁵⁵
　 相遇　一次　　也　得　难

3 伲奪狎保氣。　　　　　　　　　这里玩一会。
　 n̠a⁵⁵ tuo⁴⁴ ɕa³⁵ pɔ³¹ tɕhi⁵⁵
　 咱　这里　闲　它　气

4 早已聽着你聲名，　　　　　　　早已听过你名声，
　 tsɔ³¹ ji³¹ tɕhe⁵⁵tɯ⁴⁴ ni³¹ sɯ³³miɯ⁴²
　 早　已　听着　　你　名声

5 今天達你才相會。　　　　　　　今日跟你才相会。
　 tɕɯ³³thi³³ ta³⁵ ni³¹ tshe⁴² ɕa³³xui⁵⁵
　 今天　　跟　你　才　相会

6 罵俤上奪冷窭狠，　　　　　　　姐弟相遇到这里，
　 ko³³thi³³ sa⁵⁵to⁵⁵ lɯ³¹ui³³xɯ³¹
　 兄妹俩　相遇　　这里

7 各腦定垶菜。　　　　　　　　　跟你定夫妻。
　 ko⁵⁵ nɔ³¹ tiɯ⁴⁴ pɯ⁵⁵tshe⁵⁵
　 跟　你　定　夫妻

第 145 首

1 本上奪拿本上欠，　　　　　　　不相遇就不相亲，
　 pɯ³¹ sa⁵⁵ to⁵⁵ na⁵⁵ pɯ³¹ sa⁵⁵tɕhi⁵⁵
　 不　相遇　　则　不　相亲

2 上奪拿，　　　　　　　　　　　相遇后，
　 sa⁵⁵to⁵⁵ na⁵⁵
　 相遇　　则

3 伲奪狎保氣。　　　　　　　　　这里玩一会。
　 n̠a⁵⁵ ta⁴⁴ ɕa³⁵ pɔ³¹ tɕhi⁵⁵
　 咱　这里　闲　它　气

（后残缺 2 字，又 1 行 1 字）

第 57 页 1 嵧廿嵧，[1]　　　　　　　　## 第 146 首
　　　　　　se⁵⁵li⁵⁵se⁵⁵　　　　　　　赛利赛，
　　　　　　赛哩赛

2 申探合五哉合及。　　　　　　　伸手花丛摘花尖。
　 sɯ³³ tha⁵⁵ xuo³⁵u³¹ tse⁴⁴ xuo³⁵ tɕi³⁵
　 手　够　花丛　摘　花　尖

3 哉登合及冷谷之，　　　　　　　摘到花尖这一朵，

---

[1] 嵧廿嵧[se⁵⁵li⁵⁵se⁵⁵]: 曲姓名称。韵类包括[e]、[ui]、[ue]等，调类包括55调、35调。

tse⁴⁴ tɯ⁴⁴ xuo³⁵ tɕi³⁵ lɯ³¹ ku⁴² tsʅ³³
摘　得　花　尖　着　朵儿

4　止止勺侣细。　　　　　　　　时时挠我心。
tsɛ²¹ tsɛ²¹ sɣ³¹ ŋa⁵⁵ ɕi³⁵
时时　　疼　我们　心

5　昍狠勺侣细替兄，　　　　　　不止白天挠我心，
ɲi⁴⁴ xɯ³¹ sɣ³¹ ŋa⁵⁵ ɕi³⁵ sɣ⁴² ɕy³³
白天　　疼　我们　心　不止

6　堯狠佥侣門替及。　　　　　　夜里还在入我梦。
jo³¹ xɯ³¹ ɲi⁴⁴ ŋa⁵⁵ mɯ³¹ sɣ⁴² tɕi³⁵
夜里　入　我们　梦　次数多

7　闇胥甘体上揎哔，　　　　　　一月仅有三十天，
ʔa³¹ ua⁴⁴ li⁵⁵ thi³¹ sa⁵⁵ tsʅ⁴² ɕɛ⁴⁴
一月　也　只　三十　天

8　門脑怂揎爨。　　　　　　　　梦你九十回。
mɯ³¹ nɔ³¹ tɕɯ³³ tsɛ⁴² tui⁵⁵
梦　你　九十　个

第58页　（前残缺2字，又1行2字）　　**第147首**

1　本上逬拿本上欠，　　　　　　不相访就不相亲，
pɯ³¹ sa⁵⁵ ŋɛ²¹ na⁵⁵ pɯ³¹ sa⁵⁵ tɕhi⁵⁵
不　相访　则　不　相亲

2　盖昍逬嘆到傮南，　　　　　　今天来到你这里，
ke⁵⁵ ɲi⁴⁴ ŋɛ²¹ jɯ³⁵ phia⁴⁴ nɯ⁵⁵ na⁴²
今天　去　来　到　你的地方

3　俉奪犽保氣。　　　　　　　　要多玩一会。
ɳa⁵⁵ tɯ⁴⁴ ɕa³⁵ pɔ³¹ tɕhi⁵⁵
咱　这里　闲　也　气

4　昍哔迏塑辖吐轉，　　　　　　时光伴着星星转，
ɲi⁴⁴ ɕɛ⁴⁴ ta⁴² tso⁴² ɕɛ³⁵ nɔ³³ tsui⁴²
日子　跟着　星　上　转

5　轉髹乃甘峩塌及。　　　　　　转一圈要落山尖。
tsui⁴² to³¹ nɛ⁵⁵ li⁵⁵ ɣo⁴² se⁵⁵ tɕi³⁵
转　圈　呢　也　落　山　尖

6　躋可趁哘昍些閃，　　　　　　对曲要赶年纪轻，
tɕi⁴² khɣ⁴⁴ tshɯ⁵⁵ tsɔ³¹ ɲi⁴⁴ ɕɛ⁴⁴ se³¹
唱　曲　趁早　年纪　小

7　粲本務知氣。　　　　　　　　可不要没志气。
mio⁴⁴ pɯ³¹ vɣ⁴⁴ tsʅ⁵⁵ tɕhi⁵⁵
不要　不　务　志气

第148首

这回从我们地方回去，

1. 冷炭偘南本卑狄，
   lɯ³¹tha⁵⁵ ŋa⁵⁵ na⁴² pɯ³¹ pe⁴⁴ ti³⁵
   这回 我们地方 并不 走 回

2. 捨斗噉僎孟狎訨， 让谁讲给你闲话，
   sɛ³³ tuo³¹ ka³¹ nɯ⁵⁵ mɯ⁵⁵ ɕa³⁵tsʅ³¹
   让 谁 讲 你的 处 闲话

3. 各偘上艡恶。 跟我再相推。
   ko⁵⁵ ŋa⁵⁵ sa⁵⁵ the⁵⁵tse⁵⁵
   跟 我们 相 推脱

4. 阿朵噉僎孟狎訨， 是谁说给你闲话，
   ʔa⁵⁵tuo³¹ ka³¹ nɯ⁵⁵ mɯ⁵⁵ ɕa³⁵tsʅ³¹
   谁 讲 你的 处 闲话

5. 阿朵榜僎孟甓麾？ 是谁搬给你是非？
   ʔa⁵⁵tuo³¹ pha⁵⁵ nɯ⁵⁵ mɯ⁵⁵ sʅ⁴⁴fe⁵⁵
   谁 搬 你的 处 是非

6. 脑哩喜滑要描我， 你不喜欢不要我，
   nɔ³¹ ȵo³³ ɕi³¹xua³⁵ ȵo⁴⁴ mia⁴⁴ ŋɔ³¹
   你 不 喜欢 要 不要 我

第59页 7. 不如我描億。 不如我先不要你。
   pu³⁵zu⁴² ŋɔ³¹ mia⁴⁴ ji⁵⁵
   不如 我 不要 依从

第149首

1. 脑上偘崘孟卑狄， 你从我们村巷里回去，
   nɔ³¹ sa³⁵ ŋa⁵⁵ tshɣ⁵⁵ mɯ⁵⁵ pe⁴⁴ti³⁵
   你 从 我们 村巷 处 回去

2. 偲南本卑龛， 不进我村里，
   ŋa⁵⁵ na⁴² pɯ³¹ pe⁴⁴ ȵi⁴⁴
   我们地方 不 走 进

3. 歪捨吐艡恶？ 为什么推诿？
   ui⁴⁴sɛ³¹ nɔ³³ the⁵⁵tse⁵⁵
   为什么 上 推脱

4. 阿朵噉僎孟狎訨， 是谁讲给你闲话，
   ʔa⁵⁵tuo³¹ ka³¹ nɯ⁵⁵ mɯ⁵⁵ ɕa³⁵tsʅ³¹
   谁 讲 你的 处 闲话

5. 阿朵榜僎孟甓贒？ 是谁搬给你是非？
   ʔa⁵⁵tuo³¹ pa²¹ nɯ⁵⁵ mɯ⁵⁵ sʅ⁴⁴fe⁵⁵
   谁 搬 你的 处 是非

6. 黯够脑想要描我， 一时你想不要我，

ʔa³¹kɯ⁵⁵ nɔ³¹ ɕa³¹ n̩o³³ mia⁴⁴ ŋo³¹
　　　一时　 你　想要　 不要 我

7　匡廿螺香逼。　　　　　　　　像狗要硬相逼。
　　khua³³ li⁵⁵ xɛ⁵⁵ ɕa³³pi³⁵
　　狗　 也　生　相逼

第 150 首

1　白馬苟塑武老及，　　　　　　骑匹白马上云天，
　　pɛ⁴²mɛ³³ kɯ²¹ tso³³ vɣ²¹lɔ³¹ tɕi³⁵
　　白马　 骑　上　 云山　尖

2　到嚰吐，　　　　　　　　　　到寺里，
　　phia⁴⁴ se⁵⁵ nɔ³³
　　到　 寺　上

3　折迣加直乙。　　　　　　　　折转接情姐。
　　tse⁵⁵ ta⁴² tɕa⁴⁴ tsɿ⁵⁵ji⁵⁵
　　折　回　接　情　妹

4　上約卑衾合薮狠，　　　　　　相约走进花园里，
　　sa⁵⁵jo⁵⁵ pe⁴⁴ȵi⁴⁴ xuo³⁵na²¹ xɯ³¹
　　相约　 走进　 花园　 里

5　稿膈本音相滅鬖。　　　　　　不吃供肉杀阉鸡。
　　ko³³ kɛ²¹ pɯ³¹ jɯ⁴⁴ ɕa⁴⁴ miɛ⁵⁵ke³⁵
　　供　 肉　不　吃　杀　阉鸡

6　唉歪偲傑本睒棚，　　　　　　因为我妻难割开，
　　jɯ³³ui⁵⁵ ŋɯ⁵⁵ tshe⁵⁵ pɯ³¹ sɛ⁴⁴khe⁵⁵
　　因为　 我的妻　 不　割开

7　鷄特閃直乙。　　　　　　　　还带小情姐。
　　tɛ⁴⁴sɿ⁵⁵ se³¹ tsɿ⁵⁵ji⁵⁵
　　带去　 小　情妹

第 151 首

1　白馬苟塑武老及，　　　　　　骑匹白马上云天，
　　pɛ⁴²mɛ³³ kɯ²¹ tso³³ vɣ²¹lɔ³⁵ tɕi³⁵
　　白马　 骑　上　 云山　尖

2　闇苟上衾嚰廍很，　　　　　　一脚闯到寺院里，
　　ʔa³¹ ko⁴⁴ sa⁵⁵ ȵi⁴⁴ se⁵⁵tɕɛ⁴² xɯ³¹
　　一　脚　闯　进　寺院　里

3　掙登錯上菜。　　　　　　　　拾着金三钱。
　　tsɿ⁴² tɯ⁴⁴ tɕi³⁵ sa⁵⁵ tshɛ⁵⁵
　　拾　着　金　三　钱

4　一分半渻麗花漂，　　　　　　一分半用它买花容貌，
　　ji³⁵ fu³³ pe⁵⁵ zɣ³¹ mɛ⁴² xuo⁵³pio⁵⁵
　　一　分　半　用　买　花容貌

5 一分半淆黵合細。
　ji³⁵ fu³³ pe⁵⁵ zɣ̩³¹ mɛ⁴² xuo³⁵ɕi³⁵
　一分　半　用　买　花　心
　（后残缺字大半行）　　　　　一分半用它买花心意。

第60页　（前半残缺字3行）　　　　第152首

1 煞習光後武觱及，　　　　　　三弦琴挂在肩，
　sa⁵⁵ɕi³⁵ kua⁴⁴ xɯ⁵⁵ vɣ̩³³pɔ³¹tɕi³⁵
　三弦　挂　后　肩头

2 律透當，　　　　　　　　　　脱下来，
　lue⁵⁵ thɯ⁵⁵ ta⁴⁴
　脱　下　这里

3 伲使甕保氣。　　　　　　　　我试弹一调。
　n̩a⁵⁵ sɛ³³ ta²¹ pɔ³¹ tɕhi⁵⁵
　咱们　试　弹　它　气

4 迷票皈塑嬱桌申，　　　　　　面白如同一张纸，
　mi⁴²phiɔ⁵⁵ pɛ⁴² tso⁴² tsɿ³³tso⁵⁵ sɯ³³
　面貌　白　如　纸张　样

5 細科嘗塑嬠申甘。　　　　　　心清如同水波清。
　ɕi³⁵khɔ³³ tɕhe⁵⁵ tso⁴² ɕye³³ sɯ³³ li⁵⁵
　心　清　如　水　样　也

6 支伲真金不怕火，　　　　　　男子我真金不怕火，
　tsɿ³³ ŋa⁵⁵ tsɯ³³tɕɯ³³ pu³⁵pa⁵⁵ xu³¹
　男　我们　真金　不怕　火

7 黯本格斯費。　　　　　　　　我不怕是非。
　ŋa⁵⁵ pɯ³¹ kɛ⁵⁵ sɿ⁴⁴fe⁵⁵
　我们　不　怕　是非

　　　　　　　　　　　　　　　第153首

1 漢儸斗拿到冷氣，　　　　　　盼望你来到这时，
　xa⁵⁵ nɯ⁵⁵ tu²¹ na⁵⁵ phia⁴⁴ lɯ³¹ tɕhi⁵⁵
　望　你的　前　则　到　这　气

2 五月五吐伲嗢嘟，　　　　　　五月初五咱过节，
　ɣ̃³³ua⁴⁴ ɣ̃³³ nɔ³³ ŋa⁵⁵ ko⁴²tɕa⁴⁴
　五月五　上　我们　过节

3 必脑夒夒墳。　　　　　　　　捎给你馒头。
　piɛ⁵⁵ nɔ³¹ ma⁵⁵thɣ³¹khui⁵⁵
　丢　你　馒头一个

4 拾本奶音作必脑，　　　　　　舍不得吃它留给你，
　se³¹ pɯ³¹ ju⁴⁴ nɛ⁵⁵ tso⁵⁵pi⁵⁵ nɔ³¹
　舍　不　吃　呢　藏给　你

5 音本透干脑作必。　　　　　　吃不下它捎给你。

ju⁴⁴ puɯ³¹ thɯ⁵⁵ ka⁴⁴ nɔ³¹ tso⁵⁵pi⁵⁵
吃　不　下　　把　你　留给

第61页 6　歸系儂吐到冷登，　　　　　　　关心你到这地步，
kui³³ɕi⁵⁵ nɯ⁵⁵nɔ³³ phia⁴⁴ lɯ³¹tɯ⁵⁵
关系　　你的　　上 到　　这里

7　報答你情義。　　　　　　　　　报答你情义。
pɔ⁵⁵ta³⁵ nɯ⁵⁵ tɕɯ⁴²ji⁵⁵
报答　　你的　 情意

第154首
1　啓旵脳逍阿南氣？　　　　　　　昨日你去哪里了？
tɕhi²¹ȵi⁴⁴ nɔ³¹ ɣɛ²¹ ʔa⁵⁵na⁴⁴ tɕhi⁵⁵
昨天　　　你　去　哪里　　一气

2　阿南思？　　　　　　　　　　　到哪睡？
ʔa⁵⁵na⁴⁴ sɿ⁵⁵
哪里　　宿

3　阿朵燰儂細？　　　　　　　　　是谁暖你心？
ʔa⁵⁵tuo³¹ ʔui⁵⁵ nɯ⁵⁵ ɕi³⁵
谁　　　暖　　你的　心

4　斗孟脳許自偲傷，　　　　　　　从前相许做我伴，
tɯ²¹mɯ⁵⁵ nɔ³¹ ɕy³¹ tsɿ⁵⁵ ŋɯ⁵⁵ tɕa⁴²
前面　　　你　许　做　　我的　伴

5　黯够脳許自業菜。　　　　　　　如今你许人做人妻。
ʔa³¹kɯ⁵⁵ nɔ³¹ ɕy³¹ tsɿ⁵⁵ ȵi³⁵ tshe⁵⁵
一时　　　你　许　做　　别人　妻

6　黯够赅糕者鳖饈，　　　　　　　如今生米成熟饭，
ʔa³¹kɯ⁵⁵ xɛ⁵⁵me³³ tsɛ²¹ tsɣ⁴²zɿ³¹
一时　　　生米　　　成　　熟饭

7　不饒你的氣！　　　　　　　　　我难忍这口气！
pu³⁵zɔ⁴² ni³¹ ti³³ tɕhi⁵⁵
不饶　　你的　　气

第155首
1　啓旵脳邂阿南氣？　　　　　　　昨天你去哪里去，
tɕi²¹ȵi⁴⁴ nɔ³¹ ɣɛ²¹ ʔa⁵⁵na⁴⁴ tɕhi⁵⁵
昨天　　　你　去　哪里　　气

2　儂吐嘅，　　　　　　　　　　　不见你，
nɯ⁵⁵ nɔ³³ kue⁴²
你的　上　不见

3　脳燰阿朵細？　　　　　　　　　你暖谁的心？
nɔ³¹ ʔue⁵⁵ ʔa⁵⁵tuo³¹ ɕi³⁵
你　暖　　谁　　　心

4 斗孟脑許自偬儶，
   tɯ²¹mɯ⁵⁵ nɔ³¹ ɕy³¹ tsʅ⁵⁵ ŋɯ⁵⁵ tɕa⁴²
   前面　你　许　做　我的　伴

从前许下做我伴，

5 黯够脑㘃燶業細。
   ʔa³¹kɯ⁵⁵ nɔ³¹ ɣɛ²¹ ʔue⁵⁵ ɲi³⁵ ɕi³⁵
   一时　你　去　暖　别人　心

如今你去暖人心。

6 脑想困迌傀佫妵，
   nɔ³¹ ɕa³¹ khu⁵⁵tɛ⁴⁴ nɯ⁵⁵ kɛ⁴⁴tsɿ³³
   你　想　亏心　　你的　客主

你想亏待你客主，

7 不饒你的氣！
   pu³⁵zɔ⁴² ni³¹ ti³³ tɕhi⁵⁵
   不饶　你　的　气

不饶你的这口气！

（残字、缺字3行，不成段落）

第62页　（前残字缺字4行又3字）

第156首

1 傀債細窓毒塑糀，
   nɯ⁵⁵ pu⁵⁵ ɕi³⁵ɣo⁴² tu³⁵ tso⁴² tɯ⁴²
   你丈夫　话语　毒　如　草窝

你丈夫的话草窝毒，

2 干我搞衾辺适很，
   ka⁴⁴ ŋɔ³¹ kɛ⁴⁴ ɲi⁴⁴（待考） xɯ³¹
   把　我　捉进（待考）里

（待考）

3 寸偬捓侈禀。
   tshui⁵⁵ ŋɯ⁵⁵ tɔ³¹ɣɯ³³ piɯ³¹
   存　我的　背后　禀告

在背后告我。

4 适很剳我假廿直，
   sʅ³¹ ɲi²¹ pie⁴⁴ ŋɔ³¹ tɕa³¹ li⁵⁵ tsʅ⁵⁵
   官人　问　我　假　或　真

官吏问我真或假，

5 回禀縣長是真情。
   xui⁴²piɯ³¹ ɕi⁵⁵tsa³¹ sʅ⁵⁵ tsɯ³³tɕhɯ⁴²
   回禀　县长　是　真情

回禀县长是真情。

6 我歪网朩㽞，
   ŋɔ³¹ ui⁴⁴ nɔ³¹ tɔ³¹xui³¹
   我　为　你（待考）

（待考）

7 阿朵浩偬恩。
   ʔa⁵⁵tuo³¹ se³³ ŋɯ⁵⁵ tsɯ³¹
   谁　知　我的　情

谁知我的情。

第157首

1 傀穦干我當自鼚，
   nɯ⁵⁵ pu⁵⁵ ka⁴⁴ ŋɔ³¹ ta⁴⁴tsʅ⁵⁵ tsɯ⁴²
   你的丈夫　把　我　当成　贼

你的丈夫把我当成贼，

2 絲鞘鏩鞘縶次吐，

麻绳铁索拴我身，

sŋ³³sɔ⁴⁴ the⁴⁴sɔ⁴⁴ fɣ⁴² tshŋ⁵⁵ nɔ³³
麻绳　铁索　拴　身　上

3　燒衾旅适狠。　　　　　　　　　　（待考）
so³³ ɲi⁴⁴ lui³¹ kua³⁵ xɯ³¹
送　进　（待考）里

4　烙銕乃子干烙烙，　　　　　　　　红红烙铁烙烙我，
lo⁵⁵thi⁵⁵ne³¹tsŋ³³ ka⁴⁴ lo⁵⁵lo⁵⁵
烙铁一个　　把　烙烙

5　鸭子付水干审审。[1]　　　　　　　鸭子浮水审审我。
ja³⁵tsŋ³¹ fɣ⁴²sui³¹ ka⁴⁴ sɯ³¹sɯ³¹
鸭子　浮水　把　审审

6　我歪那吐申琋□□，　　　　　　　（待考）
ŋɔ³¹ ui⁴⁴ nɯ⁵⁵ nɔ³³（待考）
我　为　你的　上（待考）

第63页 7　阿朵申偲恩。　　　　　　　　　谁知我的情。
ʔa⁵⁵tuo³¹ se³³ ŋɯ⁵⁵ tsɯ³¹
谁　　知　我的　情

第158首

1　罱佮上約衾鍋斗，　　　　　　　姐弟相约一早上，
ko³³th³³ sa⁵⁵jo⁵⁵ ɲi⁴⁴kɛ⁵⁵tɯ²¹
兄妹俩　相约　一早上

2　闇勺卑塑洛禀嶨，　　　　　　　一走走到洛彪山，
ʔa³¹ sɔ⁵⁵ pe⁴⁴ phia⁴⁴ lo³⁵piɔ³³sɣ⁴²
一口气　走　到　　洛彪山

3　骉自爂申湇。　　　　　　　　　汗流如流水。
ɣa²¹ tsŋ⁵⁵ ɕye³³ sɯ³³ kɯ²¹
汗　则　水　样　流

4　秦姐傂盂彡槳愧，　　　　　　　大姐你那里带着饵块，
ĩo⁴²tɕi³³ nɯ⁵⁵ mɯ⁵⁵ te⁴⁴ zŋ³¹khui⁵⁵
大姐　你的　处　带　饵块

5　小佮偲盂彡槳犟。　　　　　　　小弟我这里带着饭团。
se³¹thi³³ ŋɯ⁵⁵ mɯ⁵⁵ te⁴⁴ zŋ³¹ŋɯ³¹
小弟　我的　处　带　饭团

6　脑甘達登勢達登，　　　　　　　你也带着我带着，
nɔ³¹ li⁵⁵ ta⁵⁵tɯ⁴⁴ ŋa⁵⁵ ta⁵⁵tɯ⁴⁴
你　也　拿着　我们　拿着

7　上約音昭斗。　　　　　　　　　相约吃午饭。

---

[1] 鸭子付水：即鸭子浮水。指双手拴在背后，如同鸭子浮水。这句的意思是，官吏抓住背后的绳子在审问。

sa⁵⁵jo⁵⁵ jɯ⁴⁴ ȵi⁴⁴tɯ²¹
相约　　吃　午饭

第 159 首

1　䥤佛上着㐱鎘斗，
ko³³thi³³ sa⁵⁵tso⁴² ȵi⁴⁴kɛ⁵⁵tɯ²¹
兄妹俩　相投　　一早上

姐弟相约一早上，

2　闇勺洛禀卑蓮后，
ʔa³¹sɔ⁵⁵ lo³⁵piɔ³³ pe⁴⁴thɣ⁵⁵ xɯ⁵⁵
一口气　洛彪　　走通　了

一口气走到洛彪山，

3　上約音哝登。
sa⁵⁵jo⁵⁵ jɯ⁴⁴ ȵi⁴⁴tɯ³¹
相约　　吃　午饭

相约吃午饭。

4　甦隔着㐱澈㮿琊，
tɕɯ⁵⁵kɛ²¹ tso²¹ȵi⁴⁴ ka²¹zɻ³¹ ɣɛ³³
瘦肉　　藏进　　冷饭　下

瘦肉埋在冷饭下，

5　勺朵着㐱㮿愧狠。
sɔ⁵⁵tɔ²¹ tso²¹ȵi⁴⁴ zɻ³¹khui⁵⁵ xɯ³¹
红糖　　藏进　　饵块　里

红糖藏在饵块里。

6　勺朵着口㮿着㴱，
sɔ⁵⁵tɔ²¹ tso²¹tɕy³³ zɻ³¹ tso²¹xa⁴⁴
红糖　尝一口　饭　藏一口

尝口红糖尝口饭，

7　上果着夫狠。
sa⁵⁵kuo²¹ tso⁵⁵ fv̩⁴⁴ xɯ³¹
相爱　　藏　肚　里

甜蜜相爱藏心头。

第 160 首

1　桌支鬠㐱合藪狠，
tsɻ⁵⁵tsɻ³³ ʔa⁵⁵ȵi⁴⁴ xuo³⁵na²¹ xɯ³¹
桌子　　安进　　花园　　里

桌子摆在花园里，

2　椅支杷橙攞宰当，
ji³¹tsɻ³³ pa⁴²tɯ⁵⁵ pe³¹ tse²¹ta⁵⁵
椅子　板凳　　摆　齐整

椅子板凳摆齐整，

3　上約音哝登。
sa⁵⁵jo⁵⁵ jɯ⁴⁴ ȵi⁴⁴tɯ³¹
相约　　吃　午饭

相约吃午饭。

（后残缺字 1 行半）

第 64 页　（前残缺字半行）

第 161 首

1　我麥結孟者良暸，
ŋo³¹ mɛ⁵⁵ tɕɛ⁵⁵mɯ⁵⁵ tsɛ²¹ nia⁴² tɕɯ³¹
我　嘛　怎么　　成　这样　情境

我怎么是这情境，

2　直乙邎嗩干我漢，

情姐过来看看我，

	tsɿ⁵⁵ji⁵⁵ ɣɛ²¹jɯ³⁵ ka⁴⁴ ŋɔ³¹ xa⁵⁵ 情妹　过来　把 我　看	
3	麥侣音肏丑。 te⁴⁴ ŋa⁵⁵ jɯ⁴⁴ se³¹tshɯ³¹ 得 我们 吃　 小菜	同我吃小菜。
4	保劵細孟塑捨助, pɔ³¹ lɛ⁵⁵ ɕi³⁵mɯ⁵⁵ tso⁴² sɛ³¹tsu⁵⁵ 她 呢 心上　 说 什么	不知她的心情怎么样,
5	我自漢南西夫狠。 ŋɔ³¹ tsɿ⁵⁵ xa⁵⁵na²¹ɕi³³ fɣ⁴⁴ xɯ³¹ 我 则 羞愧　 肚 里	我却羞惭在心里。
6	寬早躋登果乙可, khui³³tso³¹ tɕi⁴²tɯ⁴⁴ kuo²¹ȵi²¹ khɣ⁴⁴ 贫穷　 唱着　 富人　曲	贫穷哥唱着富曲子,
7	韵不出的口。 su³⁵ pu³⁵ tshɣ³⁵ ti³³ khou³¹ 说 不 出　的 口	说也说不出口。

第 162 首

1	我麥結孟者良暻, ŋɔ³¹ mɛ⁵⁵ tɕɛ⁵⁵mɯ⁵⁵ tsɛ²¹ nia⁴² tɕɯ³¹ 我 嘛　怎么　 成 这　情境	我怎么是这般光景,
2	直乙邎㗖干我漢, tsɿ⁵⁵ji⁵⁵ ɣɛ²¹jɯ³ ka⁴⁴ ŋɔ³¹ xa⁵⁵ 情妹　 过来　把 我　看	情姐过来探望我,
3	韵不出的口。 su³⁵ pu³⁵ tshɣ³⁵ ti³³ khou³¹ 说 不 出　的 口	叫我难开口。
4	我漢保拿相侣龘, ŋɔ³¹ xa⁵⁵ pɔ³¹ na⁵⁵ ɕa⁴⁴ ŋa⁵⁵ ke⁵⁵ 我 看 他 则　杀 我们 鸡	我看她时还杀鸡,
5	保到漢我音肏丑。 pɔ³¹ phia⁴⁴ xa⁵⁵ ŋɔ³¹ jɯ⁴⁴ se³¹tshɯ³¹ 他 到　看 我 吃　 小菜	她看我时吃小菜。
6	我自覿保浴言昔, ŋɔ³¹ tsɿ⁵⁵ ke⁴² pɔ³¹ mo³³ȵi⁵⁵ ɕi³⁵ 我 则　见 她 没人　 心	我见了她心无主,
7	漢叔黌夫狠。 xa⁵⁵ na³¹ ke⁴² fɣ⁴⁴ xɯ³¹ 看 了 见 肚 里	羞愧在心里。

第 163 首

1　偲恩干儱孟唠忍，　　　　　　　　　　跟你说说我的情，
　　ŋɯ⁵⁵ tsɯ³¹ ka⁴⁴ nɯ⁵⁵mɯ⁵⁵ pa⁴²ʐɿ³¹
　　我的 情　把 你的　处　　讲给

2　雙儱孟，　　　　　　　　　　　　　　说给你，
　　sua⁴⁴ nɯ⁵⁵mɯ⁵⁵
　　说　　你们

3　迷㮈㮈申㳘。　　　　　　　　　　　　眼泪如水流。
　　mi⁴²ji⁴² ɕye³³ sɯ³³ kɯ²¹
　　眼泪　　水　样　流

4　有酒有肉多兄弟，　　　　　　　　　　有酒有肉多兄弟，
　　jou³¹tɕiu³¹ jou³¹zu³⁵ tuo³⁵ ɕo³³ti⁵⁵
　　有酒　　　有肉　　多　兄弟

5　急難何曾見一人。　　　　　　　　　　急难何曾见一人。
　　tɕi³⁵na⁵⁵ xu⁴²tshɯ⁴² tɕi⁵⁵ ji³⁵zu⁴²
　　急难　　何曾　　　见　一人

第65页 6　儱佛凍嘁叔衾口，　　　　　　　　　冬瓜烂在肚子里，
　　nɯ⁵⁵thi³³ to⁵⁵kua⁵⁵ na⁴⁴ ȵi⁴⁴ kɯ³¹
　　你的弟　冬瓜　　烂　进　里

7　阿朵浩偲恩？　　　　　　　　　　　　有谁知我情？
　　ʔa³¹tuo³¹ se³³ ŋɯ⁵⁵ tsɯ²¹
　　谁　　　知　我的 情

第 164 首

1　懑那罢拿婗那斗，　　　　　　　　　　想着你呀等着你，
　　mi³³ na⁵⁵ tua⁴⁴ na⁵⁵ ʔa³³ na⁵⁵ tɯ²¹
　　想　你们 上　则　看　你们 前

2　笙庶礬板初别透，　　　　　　　　　　双手把碗才放下，
　　sɯ³³sʅ⁵⁵ ke⁴²pe²¹ tshu³³ piɛ⁵⁵ thɯ⁵⁵
　　双手　　小碗　　才　丢　下

3　卑期美邕齷。　　　　　　　　　　　　在门口等你。
　　pe⁴⁴tɕhi⁴⁴ me²¹ua⁴⁴ tsɯ³¹
　　出去　　　门外　　站

4　與只東㮈干漢漢，　　　　　　　　　　转向东边望一望，
　　jy³¹tsɛ²¹ tv̩⁵⁵pɔ²¹ ka⁴⁴ xa⁵⁵xa⁵⁵
　　转向　　 东边　　把　看看

5　與只南㮈干齷齷。　　　　　　　　　　转向南边站一站。
　　jy³¹tsɛ²¹ na²¹pɔ²¹ ka⁴⁴ tsɯ³¹tsɯ³¹
　　转向　　 南边　　把　站站

6　昍峩拿廿儱吐齷，　　　　　　　　　　日落西山不见你，

白曲短曲残本

ȵi⁴⁴ɣo⁴² na⁴² li⁵⁵ nɯ⁵⁵ nɔ³³ kue⁴²
日落　了　也　你的　上　不见

7　迷夷须申渹。　　　　　　　　　　眼泪如水流。
mi⁴²ji⁴² ɕye³³ sɯ³³ kɯ²¹
眼泪　水　样　流

第 165 首

1　嗝哼五□施嚜迖，　　　　　　　　（待考）
（待考）sɿ⁴⁴ mɛ⁵⁵ tɕɯ³¹
（待考）

2　車拔拉，　　　　　　　　　　　　（待考）
（待考）
（待考）

3　施業璃狎處。　　　　　　　　　　（待考）
（待考）
（待考）

4　本厰斗□□□□，　　　　　　　　（待考）
（待考）
（待考）

5　尯斗尯斗課八孟，　　　　　　　　早上他去水沟坝，
khɯ⁵tɯ²¹ khɯ⁵⁵tɯ²¹ khɯ⁵⁵pa⁵⁵ mɯ⁵⁵
早上　早上　水沟　处

6　晿狠晿狠搞杞狠。　　　　　　　　每天都在稻田里。
ȵi⁴⁴xɯ³¹ ȵi⁴⁴xɯ³¹ kɔ²¹tɕi³¹ xɯ³¹
白天　白天　稻田　里

7　高廿自韌申自苦，　　　　　　　　双脚麻木手辛苦，
ko⁴⁴ li⁵⁵ tsɿ⁵⁵ khɯ⁵⁵ sɯ³³ tsɿ⁵⁵ khɯ³¹
脚　也　则　麻木　手　则　苦

8　儀本迖吐迖。　　　　　　　　　　做活本很紧。
ji⁵⁵pɯ³¹ tɕɯ³¹ nɔ³³ tɕɯ³¹
本来　忙　的　忙

第66页 9　我要自很峭本削，　　　　　　　我若生活有本事，
ŋɔ³¹ no³³ tsɿ⁵⁵ȵi²¹ tɕhio⁵⁵ pɯ³¹ ɕɔ³⁵
我　要　生活　好　不　成

10　本峭鵽良景。　　　　　　　　　　不好到这地步。
pɯ³¹ tɕhio⁵⁵ phia⁴⁴ lia⁴² tɕɯ³¹
不　好　到　这　处境

第 166 首

1　偲恩干傟孟嗙忍，　　　　　　　　我的情意说给你，
ŋɯ⁵⁵ tsu⁴² ka⁴⁴ nɯ⁵⁵ mɯ⁵⁵ pa⁴² zɿ³¹
我的　情　把　你们　处　讲　给

2　雙那孟，　　　　　　　　　　　　说给你，
　　sua⁴⁴ na⁵⁵ mɯ⁵⁵
　　说　你们　处

3　偲細行夫狠。　　　　　　　　　我心烂肚里。
　　ŋɯ⁵⁵ ɕi³⁵ ɕɯ⁴² fɤ⁴⁴ xɯ³¹
　　我的　心　烂　肚　里

4　昳狠拿賍細上結，　　　　　　　白天你们心挂牵，
　　ȵi⁴⁴ xɯ³¹ na⁵⁵ tsɯ³³ ɕi³⁵ sa⁵⁵tɕɛ⁵⁵
　　日　里　你们　是　心　相牵

5　堯狠拿自劵衾門。　　　　　　　夜里你们相入梦。
　　jɔ³¹ xɯ³¹ na⁵⁵ tsʅ⁵⁵ lɛ³¹ ȵi⁴⁴mɯ³¹
　　夜　里　你们　则　又　入梦

6　趴登那孟可冷嘥，　　　　　　　跟你对唱这曲子，
　　tɕi⁴² tu⁴⁴ na⁵⁵ mɯ⁵⁵ khɤ⁴⁴ lɯ³¹ tso³¹
　　唱着　你们　处　曲　这　调

7　細吐双廿犨。　　　　　　　　　血凝在心头。
　　ɕi³⁵ nɔ³³ sua⁴⁴ li⁵⁵ ŋɯ³¹
　　心　上　血　也　凝结

第 167 首

1　迷票期餽者良景，　　　　　　　想你面容成这模样，
　　mi⁴²phiɔ⁵⁵ tɕhi⁴⁴ kui⁴² tsɛ²¹ lia⁴² tɕɯ³¹
　　面貌　　　气　坏　成　这　情境

2　雙偌孟，　　　　　　　　　　　说给你，
　　sua⁴⁴ na⁵⁵ mɯ⁵⁵
　　说　你们　处

3　細吐盁廿犨。　　　　　　　　　血凝在心头。
　　ɕi³⁵ nɔ³³ sua⁴⁴ li⁵⁵ ŋɯ³¹
　　心　上　血　也　凝结

4　脑勒細孟塑捨助，　　　　　　　你的心意怎么样，
　　nɔ³¹ lɛ⁵⁵ ɕi³⁵ mɯ⁵⁵ tso⁴² sɛ³¹ tsu⁵⁵
　　你　又　心　上　怎么　做

5　我自偲細行夫狠。　　　　　　　我却心烂在肚里。
　　ŋɔ³¹ tsʅ⁵⁵ ŋɯ⁵⁵ ɕi³⁵ ɕɯ⁴² fɤ⁴⁴ xɯ³¹
　　我　则　我的　心　烂　肚　里

6　趴登那孟可冷嘥，　　　　　　　跟你对唱这曲子，
　　tɕi⁴² tu⁴⁴ na⁵⁵ mɯ⁵⁵ khɤ⁴⁴ lɯ³¹ tso³¹
　　唱着　你们　处　曲　这　调

7　細吐盁廿犨。　　　　　　　　　血凝在心头。
　　ɕi³⁵ nɔ³³ sua⁴⁴ li⁵⁵ ŋɯ³¹
　　心　上　血　也　凝结

（后 2 行下缺半行字）

第 67 页 （前残缺字 3 行）

第 168 首

1　愢僥戛拿漢僥斗，　　　心想着你等你来，
　　mi³³ nɯ⁵⁵ tua⁴⁴ na⁵⁵ xa⁵⁵ nɯ⁵⁵ tu²¹
　　想　你的 上　则　看　你的　前

2　漢處没，　　　　　　　没见你，
　　xa⁵⁵ tshv̩³¹ mo³³
　　看処　　无

3　迷夷䚗申苟。　　　　　眼泪如水流。
　　mi⁴²ji⁴² ɕye³³ sɯ³³ kɯ²¹
　　眼泪　　水　样　流

4　㘏那好犞干胥胥，　　　到你房角听一听，
　　ɣɛ²¹ na⁵⁵ xɔ³¹ kv̩⁴⁴ ka⁴⁴ tɕhɛ⁵⁵tɕhɛ⁵⁵
　　去　你们　房　角　把　听听

5　㗊那蠐橄干儞儞。　　　到你村里等一等。
　　phia⁴⁴ na⁵⁵ tshv̩⁵⁵ka⁴² ka⁴⁴ ɣɯ³¹ɣɯ³¹
　　到　　你们　巷道　　把　（悄等状）

6　趴登那孟可冷嗦，　　　唱着你的这曲子，
　　tɕi⁴² tɯ⁴⁴ na⁵⁵ mɯ⁵⁵ khv̩⁴⁴ lɯ³¹ tso³¹
　　唱着　　你们　処　曲　这　调

7　細吐霜廿犟。　　　　　血凝在心头。
　　ɕi³⁵ nɔ³³ sua⁴⁴ li⁵⁵ ŋɯ³¹
　　心　上　　血　也　凝结

第 169 首

1　米僥戛拿盈廿犟，　　　想你盼你心血凝，
　　mi³³ nɯ⁵⁵ tua⁴⁴ na⁵⁵ sua⁴⁴ li⁵⁵ ŋɯ³¹
　　想　你的 上　则　血　也　凝结

2　笙庶䂖板初達鏗，　　　吃饭碗筷才端起，
　　sɯ³³ sv̩⁵⁵ ke⁴²pe²¹ tshu³³ ta³⁵ khɯ³³
　　双手　　小碗　　才　拿　起

3　迷夷㶞申苟。　　　　　眼泪如水流。
　　mi⁴²ji⁴² ɕye³³ sɯ³³ kɯ²¹
　　眼泪　　水　样　流

4　自廿本想音本拾，　　　不想做也不想吃，
　　tsʅ⁵⁵ li⁵⁵ pɯ³¹ ɕa³¹ jɯ⁴⁴ pɯ³¹ sʅ³⁵
　　做　也　不　想　吃　不　不想

5　車廿本衾椐本斗。　　　睡不安稳坐不宁。
　　tshɛ³³ li⁵⁵ pɯ³¹ ȵi⁴⁴ kv̩⁴² pɯ³¹ tɯ³¹
　　睡　也　不　入　坐　不　得

6　趴登那孟可冷嗦，　　　跟你对唱这曲子，

tɕi⁴² tɯ⁴⁴ na⁵⁵ mu⁵⁵ khɣ⁴⁴ lɯ³¹ tso³¹
唱着　你们　处　曲　这　调

7　細吐霜廿犨。　　　　　　　　　　　血凝在心头。
　　ɕi³⁵ nɔ³³ sua⁴⁴ li⁵⁵ ŋɯ³¹
　　心上　　血　也　凝结

第 68 页　　　　　　　　　　　　　　**第 170 首**

1　滴滴長，[1]　　　　　　　　　　　滴滴长，
　　ti⁵⁵ti⁵⁵tsa⁴²
　　滴滴长

2　醋廿那南本狄迡，　　　　　　　　　死也不回你们家，
　　tshu⁵⁵ li⁵⁵ na⁵⁵na⁴² pɯ³¹ ti³⁵ta⁴²
　　错　也　你们地方　不　回去

3　狄迡噗，　　　　　　　　　　　　　去你家，
　　ti³⁵ta⁴² jɯ³⁵
　　回去　来

4　偲懇督那嘎。　　　　　　　　　　　是非听不完。
　　ŋɯ⁵⁵ ɣo²¹ tɕhɛ⁵⁵ na⁵⁵ tua⁴²
　　我的　情　听　了　不得

5　冷佷双嘆黯必必，　　　　　　　　　张三说出一串串，
　　nɯ³¹ n̠i²¹ sua⁴⁴ jɯ³⁵ ʔa³¹ pi⁵⁵pi⁵⁵
　　这　人　说　来　一　桩桩

6　嗟佷達嘆黯担担。　　　　　　　　　李四挑来一担担。
　　tɔ³⁵ n̠i²¹ ta⁵⁵ jɯ³⁵ ʔa³¹ ta⁴²ta⁴²
　　那　人　挑　来　一　担担

7　密繞末劈碥嘍是，　　　　　　　　　大麦的麦芒能咽下，
　　mi⁵⁵zɔ²¹ mu⁵⁵ lɛ⁵⁵ ʔe⁴² lɯ³³ sɿ⁵⁵
　　大麦芒　　呢　咽　了　则

8　緦懇碥透嘎。　　　　　　　　　　　是非难咽下。
　　ŋɯ⁵⁵ ɣo³¹ ʔe⁴² thɯ⁵⁵ tua⁴²
　　话语　咽下　　不得
　　（后缺）

第 69 页　（前残缺字 6 行）　　　　**第 171 首**

1　閃閃上果到冷够，　　　　　　　　　从小相爱到如今，
　　se³¹se³¹ sa⁵⁵kuo²¹ phia⁴⁴ lɯ³¹kɯ⁵⁵
　　小小　相爱　　到　现在

2　閃姐要央戁那南，　　　　　　　　　今日情姐要回家，
　　se³¹tɕi³³ n̠o³³ ja⁴⁴khɣ³¹ na⁵⁵na⁴²
　　小姐　要　回去　你们地方

---

[1] 滴滴长 [ti⁵⁵ti⁵⁵tsa⁴²]：曲姓名称。韵类包括[a]、[ua]、[ia]等，调类包括42调、31调、21调等。

3	脑思偘達賖？ nɔ³¹ sɛ⁴⁴ ŋa⁵⁵ ta³⁵sɛ³¹ 你 失 我们 干嘛	你别我干嘛？
4	侣高俤迮吐上漢， n̠a⁵⁵ ko³³thi³³ ŋɛ²¹ nɔ³³ sa⁵⁵xa⁵⁵ 咱们 兄妹俩 岩 的 相看	姐弟岩头还相望，
5	及次上迏債吐昴。 tɕi⁴²tʂʅ⁵⁵ sa⁵⁵tɕɯ³¹ pɯ⁵⁵ nɔ³³ ɣa⁴² 说下 相挨拢 它 上 集中	说了相见它上头。
6	捨等趴相合甘鉹， se⁴²tɯ⁴⁴ tɕi⁴² ɕa⁴⁴ xuo³⁵ li⁵⁵ ɣɯ³³ 世上 兴 下 花 和 柳	世间兴下花柳情，
7	上施我本想。 sa⁵⁵sʅ⁴⁴ ŋɔ³¹ pɯ³¹ɕa³¹ 相离 我 不想	分离我不想。

第172首

1	申概僦吐思偘南， sɯ³³ khe⁵⁵ nɯ⁵⁵ nɔ³³ sʅ⁴⁴ ŋa⁵⁵ na⁴² 手 牵 你的 上 离 我们 地方	牵着你手别我家，
2	脑央鞔， nɔ³¹ ja⁴⁴khɣ³¹ 你 回家	你回家，
3	嗳嗳捨那嘎。 sɛ⁴⁴sɛ⁴⁴ se³¹ na⁵⁵ tua⁴² 实在 舍 你们 不得	难舍得你走。
4	賖侣高嶺吐上漢， sɛ³³ ŋa⁵⁵ ko³³ ɣɛ²¹ nɔ³³ sa⁵⁵xa⁵⁵ 让 我 两 岭 上 相望	让我们两个岩头上相望，
5	及次上迏債吐昴。 tɕi⁴²tʂʅ⁵⁵ sa⁵⁵tɕɯ³¹ pɯ⁵⁵ nɔ³³ ɣa⁴² 许下 相挨拢 它 上 集中	许下相挨在岩头。
6	閃閃上果剄蓋咀， se³¹se³¹ sa⁵⁵kuo²¹ phia⁴⁴ ke⁵⁵n̠i⁴⁴ 小小 相爱 到 今天	从小相爱到今天，
7	上施我本想。 sa⁵⁵sʅ⁴⁴ ŋɔ³¹ pɯ³¹ɕa³¹ 相离 我 不想	分离我不想。

第173首

1	冷氣僦使脑困坎，	如今你另有想法，

nɯ³¹tɕhi⁵⁵ nɯ⁵⁵ tsɯ³³ nɔ³¹ khua⁵⁵ka³¹
这回　你的　在　这　另想

2　偘彎脑困皁，　　　　　　　　　你朝这山走，
　　nɯ⁵⁵ thu³ nɔ³¹ khui⁵⁵ pe⁴⁴
　　你的路　这座　走

3　狎止要本噉。　　　　　　　　　闲话可不传。
　　ɕa³⁵tsɿ³¹ n̠o³³ pɯ³¹ ka³¹
　　闲话　要　不　讲

4　佷格自偘嘎瞫合，　　　　　　　人家要做耍眼的花，
　　n̠i²¹kɛ⁵⁵ tsɿ⁵⁵ nɯ⁵⁵ tɕio⁴²ue³³xuo³⁵
　　人家　做　你的　哄眼花

5　我體自偘噉止儴。　　　　　　　我只做你的闲话伙伴。
　　ŋɔ³¹ thi³¹ tsɿ⁵⁵ nɯ⁵⁵ ka²¹tsɿ³¹tɕa⁴²
　　我　只　做　你的　闲话伴

6　矣夒牛上偘坡堆，　　　　　　　琴弦上面你那边长，
　　ji²¹xou³³n̠ɯ⁴² nɔ³³ nɯ⁵⁵ phɔ⁴⁴ tue³³
　　琴弦　　　上　你的　一边　远

7　冷炭本狄迏。　　　　　　　　　这次不回来。
　　nɯ³¹tha⁵⁵ pɯ³¹ ti³⁵ta⁴²
　　这回　　不　回来

第 70 页　　　　　　　　　　　**第 174 首**

1　冷炭那南本狄迏，　　　　　　　这回不再去你家乡，
　　lɯ³¹tha⁵⁵ na⁵⁵na⁴² pɯ³¹ ti³⁵ta⁴²
　　这回　你们地方　不　回去

2　狄迏及，　　　　　　　　　　　去多了，
　　ti³⁵ja⁴⁴ tɕi³⁵
　　回去　多

3　那好鼞過嘒。　　　　　　　　　受不了你家的打骂。
　　na⁵⁵ xɔ³¹ ʔɯ⁴⁴ko⁴²tua⁴²
　　你家　骂的不行

4　我甘䆩達偘合諴，　　　　　　　我也空当你名誉，
　　ŋɔ³¹ li⁵⁵ khɤ⁵⁵ ta⁵⁵ nɯ⁵⁵ xuo³⁵miɛ⁵⁵
　　我　也　空　当　你的　花名

5　脑甘䆩達偲罍罍。　　　　　　　你也空担我担子。
　　nɔ³¹ li⁵⁵ khɤ⁵⁵ ta⁵⁵ ŋɯ⁵⁵ ta⁴²ta⁴²
　　你　也　空　担　我的　担子

6　虛當名氣俏高俤，　　　　　　　虚当名气咱姐弟，
　　ɕy³³ ta³³ miɯ⁴²tɕhi⁵⁵ n̠a⁵⁵ ko³³thi³³
　　虚当　名气　咱们　兄妹俩

7　邋喃忍透迏。　　　　　　　　　哪里忍得下。

ɣɛ³⁵na⁴² zɯ³¹thɯ⁵⁵ ta⁴²
去哪里 忍下 得

第175首

1 冷炭那南本狄迋， 这回不再回你家，
lɯ³¹tha⁵⁵ na⁵⁵na⁴² pɯ³¹ ti³⁵ja⁴⁴
这回 你们那里 不 回去

2 狄迋唉， 回去了，
ti³⁵ta⁴² jɯ³⁵
回去 来

3 斯攢翆拿嘅。 是非听不完。
sɿ⁵⁵fe³³ tɕhɛ⁵⁵lo⁴² tua⁴²
是非 听了 不得

4 狄甘侣逩方禹狄， 回去还得绕路村上下，
ti³⁵ li⁵⁵ ŋa⁵⁵ ɣɛ²¹ to³³ɣɛ³³ ti³⁵
回 也 我们 去 上下 回

5 罍甘侣逩方禹罍。 闲逛也去别处闲逛。
lue²¹ li⁵⁵ ŋa⁵⁵ ɣɛ²¹ to³³ɣɛ³³ lue²¹
翱翔 也我们 去 上下 翱翔

6 莽犛俍鼬耻面胄， 偷牛贼心里怕亮光，
ta³¹ŋɯ²¹n̩i²¹ tsɯ³³ tshɿ⁴⁴mi⁵⁵ua⁴⁴
偷牛人 是 光月亮

7 侣格那匡罍。 我怕你家狗叫。
ŋa⁵⁵ kɛ⁵⁵ na⁵⁵ khua⁴⁴ pia⁴²
我们 怕 你们 狗 吠
（后3行字迹模糊）

第71页

第176首

1 花上花，[1] 花上花，
xua³³sa⁵⁵xua³³
花上花

2 哀那刷狠朝阳花。 爱你园中朝阳花。
e⁴⁴ na⁵⁵ sua³⁵ xɯ³¹ tshɔ⁴²ja⁴²xua³³
爱 你们 园里 朝阳花

3 哀那薮狠吉桂合， 爱你园中金桂花，
e⁴⁴ na⁵⁵ sua⁵⁵ xɯ³¹ tɕi³⁵kui⁴²xuo³⁵
爱 你们 园里 金桂花

4 採都細本方。 采不着就心不甘。
tshe³¹ tu⁴⁴ ɕi³⁵ pɯ³¹ fa⁴⁴
采 不得 心 不 放

---

[1] 花上花[xua³³sa⁵⁵xua³³]：曲姓名称。韵类包括[a]、[ia]、[ua]等，调类包括44调、33调等。

5　醋償把自馨付付，　　　　　　　　闻它味道香喷喷，
　　tshu⁵⁵ puɯ⁵⁵ pa²¹ tsɿ⁵⁵ ɕiɔ³⁵fɣ⁵⁵fɣ⁵⁵
　　闻　它　味　则　香喷喷

6　漢償申自白号号。　　　　　　　　看它花色白恰恰。
　　xa⁵⁵ puɯ⁵⁵ suɯ⁴⁴ tsɿ⁵⁵ pɛ⁴²pa³³pa³³
　　看　它　色　则　白恰恰

7　合冷苶吐採都是，　　　　　　　　要是采不到这朵花，
　　xuo³⁵ luɯ³¹ tuo³³ nɔ³³ tshe³¹ tu⁴⁴ tsɿ⁵⁵
　　花　这　朵　上　采　不得　则

8　㗂偲細本方。　　　　　　　　　　死也心不放。
　　ɕi³³ ŋuɯ⁵⁵ ɕi³⁵ puɯ³¹fa³³
　　死　我的　心　不妨

第 177 首

1　哀那刷狠朝陽花，　　　　　　　　爱你园中朝阳花，
　　e⁴⁴ na⁵⁵ sua⁵⁵ xuɯ³¹ tshɔ⁴²ja⁴²xua³³
　　爱　你们　菜园里　朝阳花

2　哀那㮈狠牡丹花，　　　　　　　　爱你园中牡丹花，
　　e⁴⁴ na⁵⁵ na²¹ xuɯ³¹ mo³¹ta³³xua³³
　　爱　你们　花园里　牡丹花

3　採都細本方。　　　　　　　　　　采不着心难安。
　　tshe³¹ tu⁴⁴ ɕi³⁵ puɯ³¹fa⁴⁴
　　采　不得　心　不妨

4　結細償矣馨付付，　　　　　　　　芬芳香味牵人心，
　　tɕɛ⁵⁵ɕi³⁵ puɯ⁵⁵ ji³¹ ɕiɔ³⁵fɣ⁵⁵fɣ⁵⁵
　　牵心　它　味　香喷喷

5　我哀償嶸胥疆疆。　　　　　　　　我爱花叶绿荫荫。
　　ŋɔ³¹ e⁴⁴ puɯ⁵⁵ se⁴⁴ tɕhɛ³¹tɕha⁴⁴tɕha⁴⁴
　　我　爱　它　叶　青恰恰

6　合冷苶吐採本都，　　　　　　　　采不着这朵花，
　　xuo³⁵ luɯ³¹ tuo³³ nɔ³³ tshe³¹ puɯ³¹ tu⁴⁴
　　花　这　朵　上　采　不　不得

7　施施細本甘。　　　　　　　　　　实在心不甘。
　　sɿ⁴⁴sɿ⁴⁴ ɕi³⁵ puɯ³¹ka³³
　　实在　心　不甘
　　（后残缺字 1 行多）

黄氏女对金刚经

段　伶　张杏莲

本子曲《黄氏女对金刚经》，曾有几种传抄本子，详略不一，但多已散佚，此本是难得的遗存，是目前所见最长的一部，共有1295行，也是目前所见本子曲中最长的一部。

该曲的主题是，通过诚心拜佛的黄氏女在阳间和阴间所遇、所见的故事，用因果报应劝化世人为人要善行善为。

故事的内容是，常年吃斋的中年妇女黄氏，去烧香拜佛时淋雨得病。其丈夫屠夫赵莲芳，成天忙于杀猪，不管家务，并反对妻子吃斋，夫妻俩平常争吵不迭。黄氏染病后求医无效，求神无果，最后离开人世。其阴魂被五帝阎王请去对金刚经，在金童玉女带领下，途中经过阴森的血河池、奈何桥、望乡台等处，一路所见不孝、不忠、不洁女人遭罪的惨状；黄氏心里牵挂一双儿女，回到阳间看到一双儿女无人照管的孤苦情形，母子相见难分难离。她先后拜过五位阎王对完金刚经后，五帝恩赐转世男身做官。

该曲讲述的故事情节曲折复杂，人物的思想、性格、语言、行为及人物关系，反映了白族民间的人和事，世俗气息浓郁，贴近平民生活，在白族民间长传不衰，是研究白族宗教信仰、民间习俗的重要作品。同时，本曲也是白族文艺中唯一一部使用白曲歌唱的最长的长诗，全篇结构以第一人称的人物对话（对唱）韵文谋篇，是研究白族歌唱艺术的重要资料。

参考有关资料考证，这部长诗创作年代应为明代，现存的是民国时期的几种抄本。本书所采用的释读本，从内容看，与其他抄本有所不同，如叙述到裹小脚、五帝的称谓及其身世、陕西旱灾、转世河南等等，是他本所无的。又，此本结构不如其他抄本严谨，还带有原始版本的痕迹。从这些情况可以看出，这部长诗原本应当是根据汉族有关故事并结合白族习俗改编创作的，后来发展成为白族的民间文学作品。同时，从中也可推测出原作创作年代应该不早于宋代，因为其中有宋代的群众祈雨仪式。明代是白族大量吸收汉文化的时代，政府在大理一带实行"军屯"、"民屯"政策，迁入大量的汉族移民，其中有江南的，也有陕西、山西的，随着移民的到来，汉文化大量进入白族地区，这一长诗应该是在这一时期移植成为白族白语的本子曲。

这部本子曲是以白文为载体而流传的。参考跋语记述及用字考察，该抄本传抄年代是在1948年之后，可能是上世纪50年代初期。该抄本大量使用音读和训读汉字，其中白字（包括汉字的俗体字）很少，而且许多白字与音读和训读汉字混用，如：介词"把"有的写作"皿"，多处却写作假借字"干"；"喑"（您），有的写作"彦"等。白文中的音读汉字，如果是近现代汉语借词，去声字在该曲流传地区有两读现象，在汉语借词的语境（句子）中，读紧喉高平调（本文写作51），在白语的语境中读紧喉中平调（44）。有的专用词语也存在两读现象，如本曲中的主人公"黄氏女"，在本语的语境中读[xuã⁵⁵ sɿ⁴⁴ n̥v³³]，在汉语借词较多的语境中读[xuã⁴²sɿ⁵⁵ny³¹]。这种两读现象，只能视情况而读。这种两读现象主要在白语中部方言的剑川一带。

再看押韵的韵字。韵字同时也是"律调"字，是衡量能否歌唱的重要标志，从方言土语的韵字中可以推断原始移植和流传地区。这部本子曲中的韵字，如"没有"为[mo³³]，此本用[mɯ⁵⁵]；其他地方的方位词兼宾语助词[ṽ⁵⁵]，此本用[mɯ⁵⁵]；"不要、别"的音；[mia⁴⁴]和[ŋo⁴⁴]混用，"不"的音[pɯ³¹]和[ja³⁵]及其不同的词序混用，而且这个词的用法有时与白语南部方言相同。这种现象只出现在剑川沙溪一带，由此可以推断，这部本子曲的原始移植和传抄者主要是沙溪一带的民间文化人。现有的几种古本都是在沙溪一带发现的，进一步证明了这个推断。

这部本子曲的遗存可以说是幸运的。它是载于《白文本子曲曲本残本》中的一部。该残本载有古曲名篇8首：《鸿雁带书》、《出门曲》、《鸿雁带书唱白》、《山神曲表白》、《放鹰曲》、《花柳曲》2首（一首无题）、《黄氏女》。残本由沙溪张祖烈抄、张萃廷收藏，20世纪中期藏于土罐中，埋在地下，页边破损，缺封面页，上世纪80年代中期施珍华先生收集到此书，并加跋语，由云南省大理白族自治州博物馆装裱为卷轴收藏。今在州博物馆的支持下，以照相图片形式另存一份于大理学院民族研究所。

释读遵照原文的书写字形，进行白语注音、汉语翻译、注释。翻译分为直译和意译两个部分，并标注人物角色及其唱段行号；唱段中的空行，表示另起不同律韵和律调。文中人物标注"金玉"二字是指阴间的金童玉女。因原件破损严重，装裱时有些错页，传抄时也可能偶有错漏，这次释读除对原文进行译注外，对错页和漏字作了部分校订。字词的校订主要根据歌唱乐曲与相应的歌词搭配，有的补充了漏字，如"说孟孟（利）某阿听"、"提孟斗自（我）活起"、"千金留必能（妈）吃"、"前时（利）后标"，括号中是补字。针对错页，主要根据唱词的意思和音韵格局连贯性进行了初步调整。

黄氏	1	阿大我問小玉英， ʔa⁵⁵ta⁴⁴ ŋo³¹ piɛ⁴⁴ ɕo³¹jy⁵⁵jũ³³ 这里 我 问 小玉英	这里我问小玉英，
	2	今早你餐喫了們？[1] khɛ⁵⁵tɯ³¹ nɯ⁵⁵ tshã⁵⁵ jɯ⁴⁴ la⁴ mɯ³³ 今日 你的 早饭 吃 了 吗	你的早饭吃了吗？
	3	介日阿媽去拜經， ke⁵⁴ȵi⁴⁴ nɯ⁵⁵ mo³³ ɣɛ²¹ pɛ⁴²tɕɛ̃⁵⁵ 今天 你的 妈 去 拜经	今天你妈去拜经，
	4	奴看能弟子。 ni³¹ xã⁵⁵ mɯ⁵⁵ thi³³tsɿ³³ 你 领 你的 弟弟	领好你的弟弟。

---

[1] 这里的"你"[nɯ⁵⁵]，指人称代词单数有主格。白语人称代词单数有主格和宾格、领属格的区别。[ŋo³¹]（我）、[no³¹]（你）、[mo³¹]（他、它）为主格词，[ŋɯ⁵⁵]（我的）、[mɯ⁵⁵]（你的）、[mɯ⁵⁵]（他的、它的）为领属格和宾格。抄写者往往不分第一、第二人称不同的格，都写作"你"、"我"，第三人的领属格和宾格称写作"孟"。

5	潷湳拿得某幾張，[1]	拿几片干啦片下来，
	kã⁵lã⁵⁵ me⁴⁴tʰɯ⁵⁵ mo³¹ ka³⁵tsõ⁵⁵	
	干啦　　拿下　　它　几张	
6	麵粉更得孟取子。[2]	还舀一点儿糯米面。
	mi⁴²su⁵⁵ kɯ⁵⁵tʰɯ⁵⁵ mo³¹ tɕhy³¹tsɿ³³	
	糯米面　舀下　　它　一点儿	
7	大柜皆中更米取，[3]	仓柜里还舀些米，
	to⁴²ka⁴⁴kɛ⁵⁵ ɣɯ³¹ kɯ⁵⁵ me³³tɕhy³¹	
	大仓柜　　里　舀　米　一些	
8	更孟白某色。	舀最白的那些。
	kɯ⁵⁵ mɯ⁵⁵ pɛ⁴² mo³¹ sɯ⁴⁴	
	舀　它的　白　那　色	
9	竹筍在乃達奴取，[4]	竹笋要拿那一些，
	tsɣ⁴⁴ɕy³³ tsɯ³³ ne⁴⁴ ta³⁵no³³ tɕhy³¹	
	竹笋　要　拿　那里　些	
10	石花菜啥盧豆子。[5]	还拿些石花菜和绿豆芽。
	tsɿ³⁵xua³³tɕhe⁵⁴ ji⁵⁵ lu⁵⁵to⁴⁴tsɿ³³	
	石花菜　　和　绿豆芽	
11	大壺空中欠油古，	大壶里面倒个小壶油，
	to⁴²ku²¹kho³³ xɯ³¹ tɕhĩ⁵⁵ jɯ²¹ ku²¹	
	大壶个　　里　倒　油　一壶	
12	文心大上勒。	担心不要打泼哟。
	vũ⁵⁵ɕũ⁵⁵ tɛ⁴⁴sa⁴⁴ lɯ⁴⁴	
	担心　　打泼　了	
13	鑪鍋鐵門古下則，[6]	小罗锅也端下来，
	lo⁵⁵ko⁵⁵ the⁴⁴mɯ²¹ ku³¹ thɯ⁵⁵tsɯ³⁵	
	罗锅　　铁锅　　端　下来	
14	替我安片起。	帮我收拾起来。
	thi⁵⁵ ŋo³¹ ã⁵⁵pe⁵⁵ khɯ³³	
	替　我　安排　　起	
15	共能弟子坐東相，	和你弟弟在家玩，

---

[1] 潷湳[kã⁵⁵la⁵⁵]: 白语音译词，今写作干啦，是敬供神灵的祭品。由加有红、黄、兰的食用颜料的豌豆粉做的凉粉，切成薄如厚纸约四寸、宽约一寸的片片，晒干而成。平时不食用，一般放置楼上，因此，这里说拿下来。

[2] 麵粉 [mo⁴²su⁵⁵]: 实际指糯米面。平时放置于楼上的瓮中，也说舀下来。人们一般用糯米面做油煎的祭品。取子[tɕhy³¹tsɿ³³]: 前音节[tɕhy³¹]，意思是面状物或零碎物的计量单位"堆"，后音节[tsɿ³³]是表示事物小巧的后缀。

[3] 大柜皆[to⁴²ka⁴⁴kɛ⁵⁵]: 指楼上三格的大柜子，这是一种特有的楼上粮仓。它的一个长边和一个短边将就靠墙壁两边隔板，再围两方，加隔板，再加盖板，即成装粮仓的大柜子。

[4] 達奴[ta³⁵nu³³]: 较远指的指示代词。白语方位词有近指、远指、较远指、最远指之别。

[5] 石花菜[tsɿ³⁵xua³³tɕhe⁵⁴]: 是生长在水中石头上可以食用的一种苔类。

[6] 则[tsɯ³⁵]: 方向性语气助词，即向我方的"吧"。

		kõ⁵⁵ nɯ⁵⁵ thi³³tsɿ³³ kv̩⁴ tỹ⁵⁵ ɕa⁵⁵	
		和 你的 弟弟 在家 闲	
	16	文心貝七勒。	记住不要出去。
		vũ⁵⁵ɕĩ⁵⁵ pe⁴⁴tɕhi⁴⁴ lɯ⁴⁴	
		担心 走出 哟	

女儿	1	女我一切聽明白，	女儿我一切都听明白，
		ȵv̩³³ ŋo³¹ ji³⁵tɕhi³⁵ tɕhẽ⁵⁵ mɛ²¹pɛ⁴²	
		女儿 我 一切 听 明白	
	2	媽喧共媽急速去。	阿妈只管跟她们赶快去。
		mo³³ ȵi⁵⁵ kõ⁵⁵ ma⁵⁵ tɕi⁴²tsua⁴² ŋɛ²¹	
		妈 您 跟 他们 赶快 去	
	3	石龍寺奴路呈遠，[1]	石龙寺的路途远，
		tsɿ³⁵lo⁴²sɿ⁵⁵ no³³ thu³³ tsɿ³³ tui³³	
		石龙寺 的 路 则 远	
	4	庸走到孟時。	需要走一定时辰。
		ȵo³³ pe⁴⁴phia⁴⁴ mɯ⁵⁵ tsɛ²¹	
		要 走到 它的 时辰	
	5	三午共弟自熱吃，	午饭姐弟热冷饭，
		ȵɯ⁴⁴tu²¹ kõ³³thi³³ tsɿ⁵⁵ ʔũi⁵⁵jɯ⁴⁴	
		午饭 姐弟俩 则 热吃	
	6	俾奴孟等物生飯，[2]	晚饭才做甄子饭。
		pẽ³³ no³³ mɯ⁵⁵tɯ²¹ vɣ²¹xẽ⁵⁵zɿ²¹	
		晚饭 的 才 蒸米饭	
	7	急冷去南急冷亞，	赶快去了赶快回，
		lɛ⁴⁴sɯ³³ ŋɛ²¹ na³¹ lɛ⁴⁴sɯ³³ ja⁴⁴	
		赶快 去 呐 赶快 回	
	8	本妙到天暗。	不要到天黑。
		pɯ³¹ mia⁴⁴ phia⁴⁴ xẽ⁵⁵miɛ⁴²	
		不 不要 到 天黑	

黄氏	1	黄氏初自這時貝，	黄氏我就这时走，
		xuã⁵⁵sɿ⁴⁴ tshu³³ tsɿ⁵⁵ nɯ³¹tsɿ²¹ pe⁴⁴	
		黄氏 就 则 这时 走	
	2	共媽去做太子會。[3]	跟她们做太子会。
		kõ⁵⁵ ma⁵⁵ ŋɛ²¹ tsu⁵⁵ thɛ⁵⁴tsɿ³¹xui⁴⁴	
		跟 他们 去 做 太子会	

---

[1] 石龍寺：在今剑川县甸南镇石龙村。从这个寺名的远近和该曲方音推测，黄氏女是今该县沙溪一带的人。
[2] 物生飯[vɣ²¹ xẽ⁵⁵zɿ²¹]：本意是捞米饭。这里用蒸米饭过程中的"捞米饭"代称蒸米饭。
[3] 太子會[thɛ⁵⁴tsɿ³¹xui⁵⁴]：佛教盛会，传说是佛太子的生日，会期是阴历四月初八。该会一直流传至今。

3　　今日經母來者自，[1]　　　　　　　　今天经母要是来得齐，
　　ke⁵⁵ȵi⁴⁴ tɕɛ̃⁵⁵mo³³ ɣɯ³⁵tse²¹ tsʅ⁵⁵
　　今天　　经母　　来齐　　则

4　　共媽幹商議。[2]　　　　　　　　　　一起商量商量。
　　kõ⁵⁵ ma⁵⁵ ka⁴⁴sã⁵⁵ji⁴⁴
　　跟　她们　商议商议

5　　得力經母二三人，　　　　　　　　　得力的经母三两个，
　　tɯ³⁵li³⁵ jẽ⁵⁵mo³³ kõ³³sã⁵⁵ȵi²¹
　　得力　　经母　　两三　人

6　　共他去化功德最。[3]　　　　　　　　一起去化一回功德。
　　kõ⁵⁵ ma⁵⁵ ŋɛ²¹ xua⁴⁴ kõ⁵⁵tɯ̃⁴⁴ tsui⁴⁴
　　跟　她们　去　化　功德　　一转

7　　太子奴次利舊了，　　　　　　　　　太子的身子也旧了，
　　the⁵⁴tsʅ³¹ no³¹ tshʅ⁵⁵ li⁵⁵ kɯ³¹ la⁴²
　　太子　这　身　也　旧　了

8　　奎新幹某洗。　　　　　　　　　　　还要给他洗一洗。
　　khua⁵⁵ɕi⁵⁵ ka⁴⁴ mo³¹ se³³
　　重新　给　他　洗

9　　黃氏我杀寺奴亞，　　　　　　　　　黄氏我从寺上回，
　　xuã⁴²tshʅ⁵⁵ ŋo³¹ sa³⁵ se⁵⁵ no³³ ja⁴⁴
　　黄氏　我　从　寺　上　回

10　看見達奴雨下到。[4]　　　　　　　　看见远处下过来雨。
　　xã⁵⁵kẽ⁴² ta³⁵no³³ vɣ³³ ɣo⁴² phia⁴⁴
　　看见　那边　雨　下　到

11　半路奴至雨下來，　　　　　　　　　走到半路雨下大，
　　pã⁴²thu³³ no³³ tsʅ⁵⁵ vɣ³³ ɣo⁴² thɯ⁵⁵
　　半路　上　则　雨　下　下

12　楊用躲則麻？[5]　　　　　　　　　　咱们要躲到哪里？
　　ȵa⁵⁵ ȵo³³ tu³¹ tsɛ²⁵ ma⁴⁴
　　咱们　要　躲　去　哪里

13　貝七某時青天學，　　　　　　　　　来时大天晴，
　　pe⁴⁴ tɕhi⁴⁴ mo³¹ tsɛ²¹ tshẽ⁵⁵xẽ⁵⁵ɕu⁵⁵
　　走　出　那　时　青色天

---

[1] 经母[tɕɛ̃⁵⁵mo³³]：是老妈妈的莲池会领头人的称呼。是其会自然推举的领头人人，她懂得经多，有组织能力，很有威望。
[2] 幹[kka⁴⁴]：介词，有把、给、跟等之意。有的写作"干"、"皿"，该词使用频率很高。
[3] 最[tsui⁴⁴]：动量词，即转、回。在动词之后，表示一个计量单位，即一回、一转。
[4] 达奴[ta³⁵no³³]：指示代词，那里。白语的"那里"有两级，这个词指很远处的"那里"。
[5] 躲則麻[tu³¹tsɛ²⁵ma⁴⁴]：其中的[tsɛ³⁵ma⁴⁴]是[tu³¹tsʅ²¹ʔa⁵⁵ma⁴⁴]（躲去哪里）的压缩音节，声调25中的5是压缩音节的流音。[tsɛ²¹]：是方向性助词，即给于彼方向；[a⁵⁵ma⁴⁴]：疑问代词，即哪里。

14 阿斗想起戴草帽。[1] 哪个想到带雨帽。
   a³¹to³¹ mi³³khɯ³³ te⁴⁴ ju⁵⁵ja⁴⁴
   谁   想起   带   篾帽

15 光天化日票大雨, 光天化日来大雨,
   kuã³³thĩ³³ xua⁵⁵zȵ³⁵ phio⁵⁵ to⁴²vɣ³³
   光天化日   飘   大雨

16 一路妙大亞。 一路淋回去。
   ji³⁵lu⁵⁵ mia⁴⁴to⁴² ja⁴⁴
   一路   大淋   回

17 黄氏女我幹香送, 黄氏我只送把香,
   xuã⁴²sȵ⁵⁵nui³¹ ŋo³¹ ka⁴⁴ ɕõ⁵⁵ sõ³³
   黄氏女   我   把   香   送

18 樓棋梯奴起阿慟。 脚上楼梯挪不动。
   ne²¹ku⁵⁴thi⁵⁵ no³³ xɯ⁵⁵ ʔa³¹tho⁴⁴
   楼梯   上   踮   不想

19 太子會日去燒香, 太子会上去烧香,
   the⁵⁴tsȵ³¹xui⁵⁴ ȵi⁴⁴ ŋɛ²¹ xu⁵⁵ɕõ⁵⁵
   太子会   日   去   烧香

20 妙得雨幾點。 淋了一身雨。
   mia⁴⁴ tɯ⁴⁴ vɣ³³ ka³⁵ kho³³
   淋   得   雨   几 点

21 某日亞更受風疾, 那天回来得感冒,
   mo³¹ɕɛ⁴⁴ ja⁴⁴kɯ⁵⁵ sõ⁵⁵fɣ⁵⁵sɣ̃³¹
   那天   回来   感冒

22 身體雜乃火炭空。 身子热得一颗炭。
   tsȵ⁵⁵khɯ³¹ tsa³⁵ne³¹ xui³³tha³¹kho³³
   身体   全个   火炭一颗

23 今年怎麼不吉利, 今年怎么不吉利,
   kɛ⁵⁵tsȵ⁵⁵ tsȵ⁵⁵kɛ²¹ ja³⁵ tɕi³⁵li⁵
   今年   怎么   不   吉利

24 氣到恩命奴。 忧愁到命根。
   tɕhi⁴⁴ phia⁴⁴ ʔɯ⁵⁵ miɛ⁴² no³³
   气   到   我的 命   上

25 作夜夢魂夢不好, 昨夜做了不好梦,
   tɕi²¹ɕɛ⁴⁴ mɯ³¹ɣ̃⁴² mɯ³¹ ja³⁵tshõ⁵⁵
   昨夜   梦   做梦   不好

26 此夢不之主吉凶。 这梦不仅有预兆。

---

[1] 草帽[ju⁵⁵ja⁴⁴]: 防雨的一种篾编的雨帽。用篾子编成双层，中间夹一层干笋叶。

nɯ³¹mɯ³¹ pu³⁵tsŋ³³ tsu³¹ tɕi³⁵ɕõ³³
这梦　　不只　　主　吉凶

27　我梦白云遮青天，　　　　　　梦见白云遮青天，
ŋo³¹ mɯ³¹ pɛ⁴²ṽ²¹ pẽ³³ tɕɛ̃⁵⁵xẽ⁵⁵
我　梦　　白云　遮　青天

28　日月见鸭哆。　　　　　　　　不见日和月。
ɲi⁴⁴ uã⁴⁴ kẽ⁴² ja³⁵tu⁴⁴
日　月　见　不得

29　太子会日我得病，　　　　　　太子会上得了病，
tʰɛ⁵⁴tsŋ³¹xui⁴⁴ no³³ ŋo³¹ tu⁴⁴ pẽ²¹
太子会　　　上　我　得　病

30　时时只仲我心奴。　　　　　　时时放在我心头。
tsɛ²¹tsɛ²¹ tsŋ³³tso⁴² ŋɯ⁵⁵ ɕĩ⁵⁵ no³³
时时　　　有在　　我　心　上

31　设或我自鸭好自，　　　　　　要是我的病不好，
sɛ³⁵xuɛ³⁵ ŋo³¹ tsŋ⁵⁵ ja³⁵ xũ³³ tsŋ⁵⁵
设想　　　我　那么　不　愈　则

32　子女兔我法鸭哆。[1]　　　　　儿女难救我。
tsŋ³³ɲɣ³³ tʰu⁵⁵fɛ⁴⁴tu⁴⁴
子女　　　没有办法

女儿　1　我劝阿妈庸某气，　　　　　　我劝阿妈别难过，
ŋo³¹ tɕʰỹ⁴⁴ ʔa³¹mo³³ ɲo³³mo³¹ tɕʰi⁴⁴
我　劝　　阿嫫　　　不要　　　气

2　病自代用病几日，　　　　　　得病就得疼几天。
pẽ³¹ tsŋ⁵⁵ tɛ⁴⁴ɲo³³ sɣ³¹ ka³⁵ɲi⁴⁴
病　是　　定要　　疼　几天

3　我送我姨大恩使，[2]　　　　　我请姨妈跟我去，
ŋo³¹ so³³ ŋɯ⁵⁵ji⁵⁵ ta⁴⁴ŋɯ⁵⁵sɛ³¹
我　让　我姨妈　　跟我去

4　架必唁药件。　　　　　　　　给你抓副药。
tɕa⁴⁴pi⁵⁵ ɲi⁵⁵ jo⁴⁴tɕʰa⁴⁴
抓给　　　您　一副药

5　药师某人难请来，　　　　　　那位医生难请来，
jo⁴⁴sŋ⁵⁵ mo³¹ɲi³¹ na²¹ tɕʰẽ³³ ɣɯ³⁵
药师　　那人　　难　请　　来

6　亲正庸去孟南最。　　　　　　需要亲去他那里。

---

[1] 兔法哆[tʰu⁵⁵fɛ⁴⁴tu⁴⁴]：固定词组，意思是没办法、没法。
[2] 大恩使[ta⁴⁴ŋɯ⁵⁵sɛ³]：固定词组，意思是跟我去。

			tɕhĩ⁵⁵tsʅ⁵⁵ n̠o³³ ɣɛ²¹ mɯ⁵⁵na³¹tsui⁴⁴	
			亲自　　要　去　他那里一转	
		7	共恩姨至告病狀，	我和我姨妈说病情，
			kõ⁵⁵ ŋɯ⁵⁵ji⁵⁵ ɣɯ²¹ ko⁴⁴pĩ⁴⁴tsuã⁴⁴	
			和　我姨　　去　告病狀	
		8	媽喑庸懊氣。	阿妈别难过。
			mo³³ n̠i⁵⁵ mia⁴⁴ ʔo⁴⁴tɕhi⁴⁴	
			妈　您　不要　难过	
黄氏	1	仲千小女奴聽我。[1]	可怜女儿听我说，
			tso⁴²tɕhĩ⁵⁵ se³¹n̠ɣ³³ no³¹ tɕhẽ⁵⁵ ŋo³¹	
			可怜　　小女　　你　听　我	
	2	貝大阿媽見七奴。	回来阿妈嘱咐你。
			pe⁴⁴ta⁴² ʔa³¹mo³³ tɕi⁵⁵tshi³¹ no³¹	
			回来　　阿嫫　　嘱咐　　你	
	3	女子人自庸行鄉，	做个女子要有样，
			n̠ɣ³³tsʅ³¹n̠i²¹ tsʅ⁵⁵ n̠o³³ ɕɯ⁴²ɕã⁵⁵	
			女子　　　　则要　　　形象	
	4	藥師人自某山書，	医生是个知书人，
			jo⁴⁴sʅ⁵⁵n̠i²¹ tsʅ⁵⁵ mo³¹ se³³ sɣ⁵⁵	
			药师　　　则　他　知　书	
	5	庸用先生稱呼某，	要称呼"先生"，
			n̠o³³ n̠o⁴² ɕẽ⁵⁵sɯ̃⁵⁵ tshũ³³xu³³ mo³¹	
			要　用　先生　　称呼　　他	
	6	大言不常自阿妙，	大言不惭可不行，
			ta⁵⁴jĩ⁴² pu³⁵tshã⁴² tsʅ⁵⁵ ʔa³¹mia⁴⁴	
			大言不惭　　　则　不要	
	7	代貴媽名譽。	会坏妈名声。
			tɛ⁴⁴ue⁴² mo³³ mɛ⁵⁵mi⁴²	
			毁坏　　妈　名声	
女儿	1	女我初自冷時走，	小女这时就要走，
			n̠ɣ³³ ŋo³¹ tshu³³ tsʅ⁵⁵ nɯ³¹tsɛ²¹ pe⁴⁴	
			女　我　就　则　这是　　走	
	2	走到我姨孟門居。	走到阿姨她门口。
			a³¹pe⁴⁴ pe⁴⁴ phia⁴⁴ ji⁵⁵ me²¹tɕy³³	
			一走　走　到　姨　门口	
	3	叫仲阿姨開門來，	叫声"阿姨开门来"，

---

[1] 仲千[tso⁴²tɕhĩ⁵⁵]：感叹词，带有可爱的、亲爱的、可怜的、难为情等意味。

		ʔɯ⁵⁵ tso⁴² ʔa³¹ji⁵⁵ khɯ⁵⁵me²¹ ɣɯ³⁵	
		叫 着 阿姨 开门 来	
	4	答詔没聲七。	好像没回音。
		ta⁴⁴tso⁴² mo³³ tshẽ⁵⁵tshi⁴⁴	
		以为 没 声气	
	5	叫馬孟之叫亞四，	要叫他们没回应，
		ʔɯ⁵⁵ ma⁵⁵ mɯ⁵⁵ tsʅ³³ ʔɯ⁵⁵ ja³⁵sʅ⁵⁵	
		叫 他们 处 是 叫 不应	
	6	馬狗幾個吠熱鬧。	几只家狗叫得欢。
		ma⁵⁵ khuã³³ ka³⁵ tɯ²¹ pia⁴⁴ ʔuẽ⁵⁵ɲi⁴⁴	
		他们 狗 几个 吠 热闹	
	7	終爲恩爹安使管，[1]	终为阿爹不管咱，
		tsõ³³ ue⁴⁴ ŋɯ⁵⁵ ti³³ ŋa⁵⁵ sɛ³¹⁵ kuã⁴²	
		终 为 我的 爹 我们 事 管	
	8	湎淚自化七。	两眼双泪流。
		mi⁴²ji³¹ tsʅ⁵⁵ xua⁴⁴ tɕhi⁴⁴	
		眼泪 则 沸 出	
姨妈	1	听得門孟叫声七，	听见门外有叫声，
		tɕhẽ⁵⁵tɯ⁴⁴ me²¹ mɯ⁵⁵ ʔɯ⁵⁵ tshɛ⁵⁵tɕhi⁴⁴	
		听见 门 处 叫 声气	
	2	阿姨架棍初貝七。	阿姨攥狗就出来。
		a³¹ji⁵⁵ tɕa⁴⁴ kua⁴⁴ tshu³³ pe⁴⁴tɕhi⁴⁴	
		阿姨 抓 棍 就 走出来	
	3	昨夜你爹打你莱?	昨晚你爹打你吗？
		tɕi²¹ɕɛ⁴⁴ nɯ⁵⁵ti³³ tɛ⁴⁴ no³¹ nɛ⁵⁵	
		昨夜 你的爹 打 你 是吗	
	4	今日是早貝。	早早就过来。
		ke⁵⁴ɲi⁴⁴ tsʅ⁵⁵ tsu³³ pe⁴⁴	
		早晨 则 早 走	
	5	看見能奴湎淚朱，	见你脸上有泪痕，
		xã⁵⁵kẽ⁴² nɯ⁵⁵ no³³ mi⁴²ji³¹ tsỹ⁵⁵	
		看见 你的 上 眼泪 痕迹	
	6	祇使怎幹姨孟説。[2]	委屈就跟阿姨说。
		tsʅ³³⁵ sɛ³¹ tsʅ⁵⁵ ka⁴⁴ ji⁵⁵ mɯ⁵⁵ sua⁴⁴	
		有何事 则 把 姨 处 说	

---

[1] 安使管[ŋa⁵⁵sɛ³¹⁵kuã⁴²]：其中压缩了一个音节[ja³⁵]（不），只留下声调的痕迹，即315。文字不好表示，即没有这个"不"字。

[2] 使[tsʅ³³⁵sɛ³¹]：有何事。其中省略了音节[ʔa⁵⁵sʅ³¹]的[ʔa⁵⁵]，只留下声调的痕迹。此类情况后面还有，多出现在[ʔa⁵⁵]，本文只标声调的痕迹，即5。

	7	終爲你爹漫啍處，[1] tso³³ ue⁵⁵ nɯ⁵⁵ ti³³ mɛ⁴⁴ȵi⁵⁵tshu³¹ 终　为　你的　爹　　脾气怪	只因你爹脾气怪，
	8	時時緬你哆。[2] tsɛ²¹tsɛ²¹ mi³³ na⁵⁵ tua⁴⁴ 时时　　想　你们　上	姨妈想你们。
女儿	1	女姪告送阿姨山， ȵv̩³³tɕi⁴² ko⁴⁴so³³ ʔa³¹ji⁵⁵ se³³ 侄女　　告给　　阿姨　知道	侄女告诉给阿姨，
	2	恩媽孟病啍亞雖。 ŋɯ⁵⁵ mo³³ mɯ⁵⁵pẽ²¹ ȵi⁵⁵ ja³⁵sui³³ 我的　妈　她的病　　您　不知	您还不知阿妈病。
	3	太子會日去拜經， te⁵⁴tsɿ³¹xui⁴⁴ ȵi⁴⁴ ɣɛ²¹ pɛ⁴²tɕẽ⁵⁵ 太子会　　　日　去　拜经	太子会上去拜经，
	4	妙得雨幾點。 mia⁴⁴ tɯ⁴⁴ vv̩³³ ka³⁵ tĩ³³ 淋　着　雨　几　滴	淋着几滴雨。
	5	某日亞更送付病， mo³¹ȵi⁴⁴ ja⁴⁴kɯ⁵⁵ sõ⁵⁵fɣ⁵⁵sv̩³¹ 那天　　回来　　感冒	那天回来就感冒，
	6	後半夜自記冷水。 ɣɯ³³pã⁴²jo³¹ tsɿ⁵⁵ kha⁴⁴ kɯ⁵⁵ɕy³³ 后半夜　　　则　渴　　冷水	后半夜里渴冷水。
	7	今日請啍的恩使， tɕi²¹ȵi⁴⁴ tɕhẽ³³ ȵi⁵⁵ ta⁴⁴ ŋɯ⁵⁵sɛ³¹ 今日　　请　　您　跟　我去	今天请您做我伴，
	8	架必某藥副。[3] tɕa⁴⁴ pi⁵⁵ mo³¹ jo⁴⁴tɕi⁴⁴ 抓　给　她　一副药	给妈抓副药。
姨妈	1	牙手乃自哭阿使， ja⁴²sɯ³³ne³¹ tsɿ⁵⁵ kho⁴⁴ a⁵⁵sɛ³¹ 是这样　　　则　哭　什么	这样你也何必哭，
	2	能南坐下吃餐居。	那里坐着吃口饭。

---

[1] 漫啍处[mɛ⁴⁴ȵi⁵⁵tshu³¹]: 固定词组，即脾气让人难容。这是一种类型的固定词组，三音节中间都有[ȵi⁵⁵]。
[2] 哆[tua⁴²]: 方位词，兼宾语助词用。有这样的助词，宾语可置于句子的前或后。
[3] 藥副[jo⁴⁴tɕi⁴⁴]: 名词+量词，表示事物为一个单位。

黄氏女对金刚经   111

		nɯ⁵⁵na⁴² kɤ⁴²thɯ⁵⁵ jɯ⁴⁴ tshã⁵⁵tɕy³³	
		那里　坐下　吃　一口早饭	
	3	藥師轟自晚爬起，	医生这些晚起床，
		jo⁴⁴sʅ⁵⁵xo³³ tsʅ⁵⁵ me³³ fã³³khɯ³³	
		医生　　则　晚　起床	
	4	尺票日照七。	睡到太阳出。
		tshŋ³³ phia⁴⁴ ȵi⁴⁴ tso⁴⁴tɕhi⁴⁴	
		睡　到　日　照出	
	5	今日家中楊割豆，	今天家里割豆子，
		ke⁵⁴ȵi⁴⁴ xa³¹tɤ̃⁵⁵ na⁵⁵ sɛ⁴⁴tɯ³¹	
		今日　家里　咱们　割豆子	
	6	送能女弟陪馬日。	叫你妹妹陪帮工。
		so³³ nɯ⁵⁵ ȵɤ³³thi³³ pe⁵⁵ ma⁵⁵ ȵi⁴⁴	
		让你的　妹妹　陪　他们 一天	
	7	昌吃了自楊初去，	早饭吃了咱们去，
		tshã⁵⁵ jɯ⁴⁴ la⁴² tsʅ⁵⁵ na⁵⁵ tshu³³ ɣɛ²¹	
		早饭 吃 了　则　咱们 就　去	
	8	能心用沒七。	你不要伤心。
		nɯ⁵⁵ ɕĩ⁵⁵ no³³ mo³¹ tɕhi⁴⁴	
		你的 心 要　不要　气	
女儿	1	我幹先生唵孟説，	我给先生说一说，
		ŋo³¹ ka⁴⁴ ɕĩ⁵⁵sɯ̃⁵⁵ nɯ⁵⁵ mɯ⁵⁵ sua⁴⁴	
		我 跟 先生　你的　处　说	
	2	安來架唵孟藥祥。	我们来抓一副药。
		ŋa⁵⁵ ɣɯ³⁵ tɕa⁴⁴ ȵi⁵⁵ mɯ⁵⁵ jo⁴⁴tɕha⁴⁴	
		我们 来 抓　您　处　一副药	
	3	我母貝票岸大哆，	阿妈到不了这里，
		ŋɯ⁵⁵ mo³³ pe⁴⁴ phia⁴⁴ a⁵⁵ta⁴⁴ tua⁴²	
		我的 妈　走 到　这里 不得	
	4	安自告病狀。	只得报病情。
		ŋa⁵⁵ tsʅ⁵⁵ ko⁴⁴ pĩ⁴⁴tsua⁴⁴	
		我们 则 告 病状	
	5	上節發熱成火仲，	上身热得像火炭，
		tõ³³ tse⁴² fɛ⁴⁴ȵi⁴⁴ tsɛ²¹ xui³³tso⁴²	
		上身　发热　成　一塘火	
	6	下節冷仲蓋孟大。[1]	下身冷到大腿根。

---

[1] 盖孟大[kɛ̃⁵⁵ mɯ⁵⁵ta⁴⁴]：隐语，意思是恐怕那里，实指大腿根。

		ɣɛ³³tse⁴²kɯ⁵⁵tso⁴²kɛ̃⁵⁵mɯ⁵⁵ta⁴⁴	
		下节　冷　上　（恐怕那里）	
	7	恩媽孟病報錫唁，	阿妈病情就这样，
		ŋɯ⁵⁵mo³³mɯ⁵⁵pɛ̃²¹po⁴²tsʅ³¹ɲi⁵⁵	
		我的妈　她的病　报给　您	
	8	唁看孟奴降。	请您看着抓。
		ɲi⁵⁵xã⁵⁵mɯ⁵⁵no³³tɕa⁴⁴	
		您　看　它　的　抓	
医生	1	聽見女佺自樣説，	听见佺女这样说，
		tɕhɛ̃⁵⁵tɯ⁴⁴ɲv³³tɕi⁴²tsʅ⁵⁵jã⁴²sua⁴⁴	
		听　得　佺女　则　这样　说	
	2	告病狀自説真骨。	病情说了真实话。
		ko⁴⁴pĩ⁴⁴tsua⁴⁴tsʅ⁵⁵sua⁴⁴tsʅ⁵⁵kua⁴⁴	
		告　病状　则　说　真情	
	3	奴媽孟病之手奴，	你妈的病在手上，
		nɯ⁵⁵mo³³mɯ⁵⁵pɛ̃²¹tsʅ³³sɯ³³no³³	
		你　妈　她的　病　在　手　上	
	4	楊罕孟奴降。	就这么配方。
		ɲa⁵⁵xã⁵⁵mɯ⁵⁵no³³tɕa⁴⁴	
		咱们　看　它　的　抓	
	5	藥引子之用生薑，	生姜要做药引子，
		jo⁴⁴jĩ³¹tsʅ³³tsʅ³³no⁴²kõ⁵⁵	
		药引子　是　用　姜	
	6	滾水雙某二三道。[1]	开水熬药两三道。
		xua⁴⁴ɕy³³sua⁵⁵mo³¹kõ³³sã⁵⁵ta⁴⁴	
		开水　煮　它　二　三　道	
	7	上熱下冷陰陽病，	上热下冷阴阳病，
		sã⁵⁴zɯ³⁵ɕa⁵⁴nɯ³¹jĩ³³jã⁵⁴pĩ⁵⁴	
		上热　下冷　阴阳　病	
	8	柴胡雙解他。	柴胡去解它。
		tshe⁴²xu⁴²suã³³ke³¹tha³³	
		柴胡　双　解　它	
姨妈	1	女佺独單艮之亞，	佺女独个儿回家，
		ɲv³³tɕi⁴²tu⁵⁵tã⁵⁵ɲi²¹tsʅ³³ja⁴⁴	
		佺女　独单个儿　回	
	2	能姨心孟不放下。	你姨心里放不下。

---

[1] 道[tɑ⁴⁴]：此为该长诗流传地方的方音，入阿[a]韵。其他地方读[to⁴⁴]，入乌[u]、[o]、[ɔ]韵。

		nɯ⁵⁵ji⁵⁵ ɕĩ⁵⁵ mɯ⁵⁵ ja³⁵ fã⁴⁴ɕa⁴⁴ 你的 姨 心 处 不 放心	
	3	今日我大能使自， ke⁵⁴n̩i⁴⁴ ŋo³¹ ta⁴⁴nɯ⁵⁵sʅ³¹ tsʅ⁵⁵ 今天 我 跟你去 则	今天跟你去抓药，
	4	皆媽庸講説。 kɛ̃⁵⁵ ma⁵⁵ n̩o³³ tɕã³¹sua⁴⁴ 怕 他们 要 讲说	怕帮工闲话。
	5	家中午飯莫人做， xa³¹tỹ⁵⁵ n̩ɯ³³tɯ³¹ mo³³ n̩i²¹ tsu⁵⁵⁵ 家中 午饭 没 人 做	家里午饭没人做，
	6	菜蔬艮利没艮窗。 tshʅ³¹sɤ⁵⁵ n̩i⁵⁵ li⁵⁵ mo³³ n̩i²¹ tshua³³ 菜蔬 把 也 没 人 切	几把菜也没人切。
	7	案大藥樣乃起奴， a⁵⁵ta⁴⁴ jo⁴⁴ja⁴² ne⁴⁴ khɯ³³ no³¹ 这里 药 拿 起 你	这些草药你拿着，
	8	回家好了化。 ja⁴⁴khɤ³¹ ɕo³¹ lɯ⁴⁴ xua⁴⁴ 回去 好 的 熬	回家好好熬。
	9	千嘱回到家中自， tɕhĩ⁵⁵tɕi⁵⁵ ja⁴⁴khɤ³¹ xa³¹tỹ⁵⁵ tsʅ⁵⁵ 千嘱 回家 家中 则	回到家里要记住，
	10	能媽前面好裏説。 nɯ⁵⁵ mo³³ tɕi⁴²mi⁴² ɕo³¹ lɯ⁴⁴ sua⁴⁴ 你的 妈 前面 好 的 说	你妈面前好好说。
	11	説仲恩姨孟心張， sua⁴⁴tso⁴² ŋɯ⁵⁵ ji⁵⁵ mɯ⁵⁵ ɕĩ⁵⁵tsa⁵⁵ 说是 我的 姨 她的 心急	要说姨妈心也急，
	12	某利緬楊哆。 mo³¹ li⁵⁵ mi³³ n̩a⁵⁵ tua⁴⁴ 她 也 想 咱们 上	时时想咱们。
女儿	1	脚孟用自急速貝， ko⁴⁴ mɯ⁵⁵ n̩o³³ tsʅ⁵⁵ tɕi⁴²tsua⁴² pe⁴⁴ 脚 处 要 则 急速 走	脚下急忙走，
	2	阿時貝到大門居。 ʔa³¹tsɛ²¹ pe⁴⁴ phia⁴⁴ kɛ⁴²mɛ²¹tɕy³³ 一时 走 到 大门口	一时走到大门口。
	3	媽唔病見自罕東，	阿妈一人病在家，

mo³³ n̩i⁵⁵ sỹ³¹ ke²¹ tsŋ⁵⁵ xa³¹ tỹ⁵⁵
妈 您 病 在 则 家里

4 當工坪利鴛。 不敢耽搁一下子。
tã⁵⁵ko³³ pẽ²¹ li⁵⁵ jỹi³³
耽搁 时 也 不敢

5 恩弟子奴抱唔孟， 您把我弟抱怀里，
ŋɯ⁵⁵ thi³³tsŋ⁵⁵ no³³ pu³³ n̩i⁵⁵ mɯ⁵⁵
我的 弟弟 的 抱 您 处

6 皆唔吃得居孟雖。 早饭没有吃一口。
kẽ⁵⁵ n̩i⁵⁵ jɯ⁴⁴ tɯ⁴⁴ tɕy³³ mo³³ sui³³
恐怕您 吃 得 口 没 不知

7 能南初自饑渴利， 就是这时才饥渴，
nɯ⁵⁵na⁴² tshu³³ tsŋ³³ tɕi⁵⁵kha⁴⁴ li⁵⁵
那里 就 是 饥渴 也

8 熱成唔孟居。 热给您一口。
ʔuẽ⁵⁵tsẽ²¹ n̩i⁵⁵ mɯ⁵⁵ tɕy³³
熱给 您 你的 口

黄氏 1 餐俾出利不想吃， 做出饭也不想吃，
tshã⁵⁵pẽ³³ tshɣ⁴⁴ li⁵⁵ ja³⁵ ɕã³¹ jɯ⁴⁴
饭 出 也 不想 吃

2 替我幹能弟子抱。 替我抱抱你弟弟。
thi⁵⁵ ŋo³¹ ka⁴⁴ nɯ⁵⁵ thi³³tsŋ³³ pɯ³³
替 我 把 你的 弟弟 抱

3 藥樣架亞更南自， 既然药已抓回来，
jo⁴⁴ja⁴² tɕa⁴⁴ ja⁴⁴kɯ⁵⁵ la⁴² tsŋ⁵⁵
药 抓 回来 了 则

4 楊杀孟奴飲。 就得先吃药。
n̩a⁵⁵ ɕa³⁵ mɯ⁵⁵ no³³ ʔɯ³³
咱们 从 它 上 喝

5 孟大教七奴阿使？ 医生教给你什么？
mɯ⁵⁵ta⁴⁴ kã⁵⁵tɕhi³¹ no³¹ a⁵⁵sɛ³¹
那里 教给 你 什么

6 孟中藥引子只没？ 有没有用药引子？
mɯ⁵⁵xɯ³¹ jo⁴⁴jĩ³¹tsŋ³³ tsŋ³³ mɯ³³
里面 药引子 有 吗

7 冷水雙仲化水雙？ 用冷水煮或开水煮？
kɯ⁵⁵ɕy³³ sua⁵⁵ tso⁴² xua⁴⁴ɕy³³ sua⁵⁵
冷水 煮 或 开水 煮

8 教楊自個飲？ 教我怎么喝？

ka⁵⁵ ŋa⁵⁵ tsɿ⁵⁵kɛ²¹ ʔɯ³³
教 咱们 怎么 喝

女儿 1 阿媽心性庸没實， 阿妈心情不要急，
ʔa³¹mo³³ ɕĩ⁵⁵sɿ⁴² no³³mo³¹ sɿ⁴⁴
阿妈 心情 不要 急

2 阿達庸慢茂冷水， 这里不要摸冷水。
ʔa⁵⁵ta⁴⁴ no³³mo³¹ mo⁴⁴ kɯ⁵⁵ɕy³³
这里 不要 摸 冷水

3 冷南清心坐下閑， 您坐着闲一会儿，
nɯ⁵⁵na⁴² tɕhẽ⁵⁵ɕĩ⁵⁵ kv̩⁴²thɯ⁵⁵ ɕã⁵⁵
哪里 清闲 坐着 闲

4 我們等仲火。 我就去烧火。
ŋa⁵⁵ mɯ⁵⁵tɯ³¹ tso⁵⁵xui³³
咱们 才 烧火

5 教楊藥引子用薑， 医生药引子用姜，
ka⁵⁵ ŋa⁵⁵ jo⁴⁴jĩ³¹tsɿ³³ no⁴² kõ⁵⁵
教 咱们 药引子 用 姜

6 雙某庸用豆化水。 熬药要用涨开水。
sua⁵⁵ mo³¹ no³³ no⁴² to⁴² xua⁴⁴ɕy³³
煮 它 要 用 大 开水

7 某仲藥樣吃下自， 他说这药吃下去，
mo³¹ tso⁴² jo⁴⁴ ŋa⁵⁵ ʔɯ³³ thɯ⁵⁵ tsɿ⁵⁵
他 说 药 咱们 喝 下 则

8 庸出汗幾點。 要出一点汗。
no³³ tshv̩⁴⁴ ɣa²¹ ka³⁵ ti³³
要 出汗 几 滴

9 姨送唁（奴）冰糖包， 姨妈给你送冰糖，
ji⁵⁵ so³³ ɲi⁵⁵ no³³ pĩ⁵⁵tha⁵⁵po⁵⁵
姨 送 您 上 冰糖包

10 孟内在之楊生件。 还有一砣西洋参。
mɯ⁵⁵xɯ³¹ tse⁴⁴tsɯ³³ jã⁴²sɯ̃³³tɕi⁴⁴
里面 还有 洋参陀

11 我説孟孟仲唁病， 我说给她您的病，
ŋo³¹ sua⁴⁴ mɯ⁵⁵ mɯ⁵⁵ tso⁴² ɲi⁵⁵ pẽ²¹
我 说 她 处 给 您 病

12 恩姨利懊氣。 她也很难过。
ŋɯ⁵⁵ ji⁵⁵ li⁵⁵ ʔo⁴⁴tɕhi⁴⁴
我的 姨 也 难过

13 今日駡東馬割豆， 今天他家割豆子，

			ke⁵⁴ȵi⁴⁴ ma⁵⁵tỹ⁵⁵ ma⁵⁵ sɛ⁴⁴tɯ³¹	
			今天 他们家 他们 割豆子	
	14	某仲看彦白照日。		她说白天再看您。
			mo³¹ tso⁴² xã⁵⁵ ȵi⁵⁵ pɛ⁴²tso⁴²ȵi⁴⁴	
			她 说 看 您 大白天	
	15	自肉恩姨孟心硬，[1]		谁说我姨心头狠，
			tsɿ⁵⁵kɛ²¹ ŋɯ⁵⁵ji⁵⁵ mɯ⁵⁵ ɕĩ⁵⁵ ŋɛ⁴²	
			怎说 我的姨 她的 心 硬	
	16	孟心白得雪。[2]		她心白如雪。
			mɯ⁵⁵ ɕĩ⁵⁵ pɛ⁴² tɯ⁴⁴ sui⁴⁴	
			她的心 白 得 雪	

姨妈	1	明白金雞豆其吃，		拂晓金鸡村中鸣，
			mɛ²¹pɛ⁴² tɕĩ⁵⁵ke⁵⁵ to³³tɕhi³¹jɯ⁴⁴	
			天明 金鸡 （鸣在村）	
	2	大姐喑病好點没？		大姐您病怎样了？
			ta⁵⁴tɕi³³ ȵi⁵⁵ pɛ²¹ xɯ̃³³ tɕɛ⁴⁴ mɯ³³	
			大姐 您 病 愈 点 吗	
	3	喑奴鴨見二三日，		不见您才两三天，
			ȵi⁵⁵ no³³ ja³⁵ kẽ⁴² kõ³³sã⁵⁵ ȵi⁴⁴	
			您 上 不见 两三 日	
	4	面目成二色。		面色成两色。
			mi⁴²phio⁵⁵ tsɛ̃²¹ kõ³³ sɯ⁴⁴	
			脸面 成 两 色	
	5	早起能餐吃了麻？		早饭吃了一点吗？
			kɛ⁵⁵tɯ³¹ nɯ⁵⁵ tsã⁵⁵ jɯ⁴⁴ la³⁵ ma³⁵	
			早晨 早饭 吃 了 吗	
	6	昨夜藥樣吃扣孟？		昨晚的药怎么样？
			tɕi²¹ɕɛ⁴⁴ jo⁴⁴jã⁴² ʔɯ³³ kho⁵⁵ mɯ³³	
			昨夜 药 喝 有效 没有	
	7	昨天玉英仲喑病，[3]		昨天玉英说您病，
			tɕi²¹ɕɛ⁴⁴ jui⁵⁴jĩ³³ tso⁴² ȵi⁵⁵ pɛ̃²¹	
			昨夜 玉英 说 您 病	
	8	心個戲戲手。[4]		心里痛兮兮。

---

[1] 心硬[ɕĩ⁵⁵ ŋɛ⁴²]：即狠心。白语用心的硬与软构词，心硬，即心狠、心狠，反之心软。
[2] 孟心白得雪[mɯ⁵⁵ ɕĩ⁵⁵ pɛ⁴² tɯ⁴⁴ sui⁴⁴]：意思是他的良心好。白语表示良心好与坏，用心的黑与白构词，心白，即心善、良心好，反之心黑，即良心丑。
[3] 仲[tso⁴²]：情态助词。一般在动词之后，表示动作为着某一个对象，这里说的是病，意思是认为或说。
[4] 戲戲手[ɕi⁴⁴ɕi⁴⁴sɯ³³]：形声词重叠后加[sɯ³³]，是一种固定格式的词，意思是某某样子。这里戲戲手是丝丝不断一般地疼痛感。

       çĩ⁵⁵kho³³ çi⁴⁴çi⁴⁴sɯ³³
       一颗心　兮兮的

黄氏 1 餐俾出利不想吃，   饭做好也不想吃，
    tshã⁵⁵pẽ³³ tsɣ⁴⁴ li⁵⁵ ja³⁵çã³¹ ju⁴⁴
    饭　熟　也　不想　吃

   2 皆我魂魄身奴没。   恐怕魂魄不在身。
    kẽ⁵⁵ ŋɯ⁵⁵ uẽ²¹pẽ²¹ tshɛ⁵⁵no³³ mɯ³³
    恐怕 我的　魂魄　身上　没有

   3 這回病（乃）不相興，   这病跟前不相同，
    nɯ³¹pɯ⁵⁵ pẽ²¹ne³¹ ja³⁵ sã⁵⁵jy³¹
    这回　　病　不　相像

   4 氣死利大勒。   让我很伤心。
    tçhi⁴⁴xa⁴⁴ li⁵⁵ ta⁴² lɯ⁴⁴
    伤心极 也　得　的

   5 玉英體成十二歲，   玉英她才十二岁，
    jy⁵⁴jĩ³³ thi³¹ tsẽ²¹ tsɛ⁴²ne⁴⁴ sua⁴⁴
    玉英　只 成　十二　岁

   6 仲氣官安使奴没。   可怜没人管我们。
    tso⁴²tçhi⁵⁵ kuã⁴² ŋa⁵⁵ sɛ²¹ no³³ mɯ³³
    可怜　　管　我们 事 的　没有

   7 設或我自死成自，   也许这回死得成，
    sɛ³⁵xuɛ³⁵ ŋo³¹ tsɿ⁵⁵ çi³³ tsẽ²¹ tsɿ⁵⁵
    設或　　我　则　死　成　则

   8 江散没江主。[1]   家散没家主。
    tça³³ sa⁴² mo³³ tça³³ tsɯ³³
    江　散　没　江　主

姨妈 1 我勸大姐庸某氣，   我劝大姐别伤心，
    ŋo³¹ tçhỹ⁴⁴ ta⁵⁴tçi³³ no³³mo³¹ tçhi⁴⁴
    我　劝　大姐　　不要　气

   2 病自代容之幾天。   疾病总是病几天。
    pẽ²¹ tsɿ⁵⁵ tɛ⁴⁴no³³ sỹ³¹ ka³⁵ ȵi⁴⁴
    病　则　定要　疼　几　天

   3 世上之樣手奴乃，   世上的事在手上，
    se⁴² tõ³³ tsɿ³³ ȵa⁵⁵ sɯ³³no³³ ne³¹
    世上　　有　咱们　手上　的

---

[1] 江散没江主[tça³³ sa⁴² mo³³ tça³³ tsɯ³³]中的江：是谐音双关语，"江"字白语借用汉语古音，变音为[kɣ̃⁵⁵]，宋代后，汉语称江为[tçiaŋ³³]，白语念"江"与"家"同音为[tça³³]。这里以字谐音，意思是家散没有家主。

	4	天奴利開眼。	老天也睁眼。
		xẽ⁵⁵ no³³ li⁵⁵ khɯ⁵⁵uẽ³³	
		天 的 也 开眼	
	5	吃齋體之唔誠心,	吃斋只有您诚意,
		jɯ⁴⁴tsŋ³¹ thi³¹tsŋ³³ ȵi⁵⁵ tshũ⁴²ɕũ³³	
		吃斋 只有 您 诚心	
	6	燒香體之唔走遠。	烧香只有您走远。
		xu⁵⁵ɕõ⁵⁵ thi³¹tsŋ³³ ȵi⁴⁴ pe⁴⁴tuẽ³³	
		烧香 只有 您 走远	
	7	經之體之唔無多,	懂经只有您最多,
		tɕẽ⁵⁵ tsŋ³³ thi³¹tsŋ³³ nɯ⁵⁵vɣ³¹ tɕi⁵⁵	
		经 是 只有 您的 多	
	8	阿麻利拜七。	什么都会念。
		ʔa⁵⁵ma⁴⁴ li⁵⁵ pɛ⁴² tɕhi⁴⁴	
		什么 也 拜 出	
黄氏	1	今年經利去拜少,	今年拜经去得少,
		kɛ⁵⁵tsŋ⁵⁵ tɕẽ⁵⁵ li⁵⁵ ŋɛ²¹ pɛ⁴² ɕu³³	
		今年 经 也 去 拜 少	
	2	必日體自不如動。	每天觉得不想动。
		pe²¹ȵi⁴⁴ thi³ tsŋ³³ ju²¹tsɣ⁴² ɕu³³	
		每天 只有 行动 少	
	3	内利我呐外利我,	里里外外都要我,
		khɯ³¹ li⁵⁵ ŋo³¹ na⁴² ua⁴⁴ li⁵⁵ ŋo³¹	
		内 也 我 呐 外 也 我	
	4	磨仲心個奴。	折磨我的心。
		mu²¹ tso⁴² ɕĩ⁵⁵kho³³ no³³	
		磨 着 心 上	
	5	能姐夫(子)没良心,	你的姐夫没良心,
		nɯ⁵⁵ tɕi³¹fɣ⁵⁵ tsŋ³³ mo³³liã⁵⁵ɕũ⁵⁵	
		你的 姐夫 是 莫良心	
	6	仲七理奴某不素。[1]	可怜他不识理。
		tso⁴²tɕhi⁵⁵ li³³ no³³ mo³¹ ja³⁵ su⁴⁴	
		可怜 理 上 他 不 识	
	7	家常全盆交賜我,	全部家当交给我,
		tɕa⁵⁵tshã⁵⁵ tsa³⁵pã²¹ tɕo⁵⁵tshŋ³¹ ŋo³¹	
		家常 全部 交给 我	

[1] 素[su⁴⁴]：否定式动词。意思是不知道、不认识。这是白语中的一种特殊词类，一般以语音交替的形态变化而成。该词的肯定是动词为[sŋ⁴⁴]（认识）。

	8	馬步一張弓。[1] ma^{31}pu^{54} ji^{35}tsa^{33} kõ^{33} 马步　一张　弓	忙得一张弓。
姨妈	1	告辭大姐我庸亞， ko^{44}tsʰŋ^{55} ta^{54}tɕi^{33} ŋo^{31} no^{33} ja^{44} 告辞　　大姐　　我　要　回	告辞大姐我要走，
	2	界巡割我心干肺。 kɛ^{42}ɕy^{42} sɛ^{44} ŋɯ^{55} ɕĩ^{55}kã^{55}pʰia^{44} 就像　　割　我的　心肝肺	好像小刀割心肝。
	3	斗斯媽头邁唵處， to^{31}sŋ^{33}mɯ^{33}n̩i^{21} mɛ^{44}n̩i^{55}tsʰɤ^{31} 　婆婆　　　脾气怪	婆婆那个脾气怪，
	4	共安話亞説。 ko^{55} ŋa^{55} tõ^{21} ja^{35} sua^{44} 跟　我们　话　不　说	跟咱不说话。
	5	我奴是非某講清， ŋɯ^{55} no^{33} sɛ^{42}fe^{55} mo^{31} tɕã^{31} tɕʰẽ^{55} 我　上　是非　她　讲　尽	是是非非她讲尽，
	6	好百必奴利説到。 xa^{31} pɛ^{44}pi^{55} no^{33} li^{55} sua^{44} pʰia^{44} 凡百样　　上　也　说　到	还有哪样没有讲。
	7	今日我自如大日，[2] ke^{54}n̩i^{44} ŋo^{31} tsŋ^{55} zu^{42} to^{42}n̩i^{55} 今天　　我　则　如大人	今天我是如大人，
	8	安初三磨咬。 ŋa^{55} tsʰu^{33} sã^{55} mo^{21}ŋa^{44} 我们　就　相　　磨咬	跟我胡折腾。
黄氏	1	葉自罕能得孟貝，[3] jɛ^{33}tsŋ^{55} xã^{55} nɯ^{55} tɯ^{21}ỹ^{55} pe^{44} 那么　　看　你的　面前　走	那么你就瞧着走，
	2	送恩取心化水慮。 so^{33} ŋɯ^{55} tɕʰy^{44}ɕĩ^{55} xua^{44}ɕy^{33} lue^{44} 让　我的　热心　　　开水　烫	我的热心加烫水。
	3	能二哥之死必呈，	咱们二哥死得早。

---

[1] 馬步一張弓：是汉语成语。这里的意思是忙得就像绷紧弓弦一般紧。
[2] 如大日 [zu^{42} to^{42}n̩i^{55}]：如日[zu^{42}n̩i^{55}]是一个词，即奉祀公婆之意。其中加大，表示极其之意。白曲中有许多[zu^{42}n̩i^{55}kʰɤ^{44}]（如人曲），唱述妇女奉祀公婆苛刻之苦。
[3] 葉自[jɛ^{33}tsŋ^{55}]：副词，意即那么。罕能得孟[xã^{55}nɯ^{55}tɯ^{21}ỹ^{55}]：固定词组，意思是你自己看着（做）。

nɯ⁵⁵ ɛ⁴⁴ko³³ tsɿ³³ ɕi³³ piɛ⁵⁵ tshɯ⁵⁵
你是 二哥　是 死　丢　掉

4　杂得杨工弟。　　　　　　　　　　只剩咱姊妹。
tsa³⁵tɯ⁴⁴ n̠a⁵⁵ kõ³³thi³³
只有　咱们　姊妹俩

5　今夜奴自如大日，　　　　　　　今天你也如大人，
ke⁵⁴ɕɛ⁴⁴ no³¹ tsɿ⁵⁵ zu⁴² to⁴²n̠i⁵⁵
今天　你　则 如 大人

6　明日受馬氣。　　　　　　　　　明天再受气。
me⁵⁴n̠i⁴⁴ sõ⁴⁴ ma⁵⁵ tɕhi⁴⁴
明天　送 他们　气

7　能母言語我聽過，　　　　　　　你婆说话我听过，
nɯ⁵⁵ mo³³ ɕi⁵⁵ɣo⁴² ŋo³¹ tɕhẽ⁵⁵ ko⁴²
你的　妈　话语　我　听　过

8　某喜歡講是非。　　　　　　　　喜欢搬是非。
mo³¹ ɕi³¹xuã⁵⁵ tɕa³¹ sɿ⁵⁴fe³³
她　喜欢　讲　是非

女儿　1　听得金鷄鳴初庸起，　　　　听见金鸡叫声起，
tɕhẽ⁵⁵tɯ⁴⁴ tɕi⁵⁵ke⁵⁵ tshu³³ mɛ²¹ khɯ³³
听见　　金鸡　就 鸣 起

2　昨夜媽唅好占没？　　　　　　　阿妈是否好一点？
tɕi³¹ɕɛ⁴⁴ mo⁵⁵ n̠i⁵⁵ xũ³³ tɕɛ⁴⁴ mɯ³³
昨夜　妈 您　好 点 没有

3　後半夜自尺雖則，　　　　　　　后半夜我睡着了，
ɣɯ³³ pã⁴²jo³¹ tsɿ⁵⁵ tshɿ³³sui³³ tshɯ⁵⁵
后　半夜　则　睡这　掉

4　管唅使亞得。　　　　　　　　　没有照管您。
kuã⁴² n̠i⁵⁵ sɿ³¹ ja³⁵ tɯ⁴⁴
管　您 事 不 得

5　看使幹唅毛之則，　　　　　　　试试把您摸一摸，
xã⁵⁵sɿ³¹ ka⁴⁴ n̠i⁵⁵ mo⁴⁴tsɿ³³ tsɯ³⁵
试着　把　您　一摸儿 来

6　昨夜出汗仲没？　　　　　　　　昨夜出汗有没有？
tɕi³¹ɕɛ⁴⁴ tshɣ⁴⁴ ɣã⁵⁴ mɯ³³
昨夜　出　汗 没有

7　吃藥不好又求神，　　　　　　　吃药不好去求神，
jo⁴⁴ ʔɯ³³ ja³⁵ xũ³³ la³¹ tɕhõ⁵⁵zɿ²¹
药　喝 不 愈 了 求神

8　自去請使最之。　　　　　　　　去找巫师瞧。

tsʅ⁵⁵ ɣɛ²¹ tɕhɛ̃⁴⁴ sʅ³¹ tsui⁴ tsʅ³³
则　去　请　巫　一转儿

9　庸去孟南大香杆，　　　　　　　要去就得带炷香，
　ȵo³³ ɣɛ²¹ mɯ⁵⁵na⁴² ta⁵⁵ ɕõ⁵⁵kã⁵⁵
　要　去　他那里　拿　一炷香

10　看妈唅病自肉得。　　　　　　看妈的病怎么得。
　xã⁵⁵ mo³³ ȵi⁵⁵ pɛ̃²¹ tsʅ⁵⁵kɛ²¹ tɯ⁴⁴
　看　妈　您　病　怎么　得

11　終爲恩爹安使管，[1]　　　　　終因我爹不管家，
　tso³³ ui⁴⁴ ŋɯ⁵⁵ti³³ ŋa⁵⁵ sʅ³¹⁵ kuã⁴²
　终　为　我的爹　我们　事　不管

12　問安次利孟。　　　　　　　　也不问一声。
　piɛ⁴⁴ ŋa⁵⁵ tshʅ⁵⁵ li⁵⁵ mɯ³³
　问　我们　声　也　没

13　問媽好香用阿使？　　　　　　看香还要带什么？
　piɛ⁴⁴ mo³³ xu⁵⁵ɕõ⁵⁵ ȵo⁴² a⁵⁵sʅ³¹
　问　妈　烧香　用　什么

14　鶏子罕東楊無子。　　　　　　要鸡咱家已经有。
　ke⁵⁵ tsʅ³³ xa³¹tỹ⁵⁵ ȵa⁵⁵vɣ³¹ tsʅ³³
　鸡　是　家中　咱们　有

15　城隍孟利楊初去，　　　　　　城隍那里也得去，
　tshũ⁵⁵xuã⁵⁵ mɯ⁵⁵ li⁵⁵ ȵa⁵⁵ tshu³³ ɣɛ²¹
　城隍　那里　也　咱们　就　去

16　南山神孟楊許起。　　　　　　南山庙里许个愿。
　na²¹se⁵⁵zʅ²¹ mɯ⁵⁵ ȵa⁵⁵ ɕu³¹ khɯ³³
　南山神　处　咱们　许愿　起

17　東南西北謝降則，　　　　　　东南西北都要献，
　tỹ⁵⁵ na²¹ se⁵⁵ pɯ⁴⁴ ɕi⁴⁴ tɕa⁴⁴ tshu⁵⁵
　东　南　西　北　祭　全　掉

18　體用唅病好。　　　　　　　　只要妈病好。
　thi³¹ȵo³³ ȵi⁵⁵⁵ pɛ̃³¹ xũ³³
　只要　您　病　愈

19　媽唅恩情提了哆，　　　　　　妈恩一时提不完，
　mo³³ ȵi⁵⁵ ʔɛ̃³³tɕhũ²¹ thi⁵⁵ lo⁴² tua⁴²
　妈　您　恩情　提　全　不得

20　養安界旬金雀子。　　　　　　养我们像养金雀子。
　xã⁵⁵ ŋa⁵⁵ ke⁴²ɕy⁴² tɕi⁵⁵tso⁴⁴tsʅ³³
　养　我们　就像　金雀子

---

[1] 安使管[ŋa⁵⁵ sʅ³¹⁵kuã⁴²]：315 中的 5 是压缩音节[ja³⁵]（不），只残留声调的音。

	21	用安敢唔嘴解中，	把我们含在您嘴里，
		no⁴² ŋa⁵⁵ kã²¹ ȵi⁴⁴ tɕy³³ kɛ⁵⁵ xɯ³¹	
		把 我们 含 进 嘴 里	
	22	報唔後本得。	还没报您恩。
		po⁴² ȵi⁵⁵ ʔũ³³ pɯ³¹ tu⁴⁴	
		报 您 恩 不 得	
	23	母唔心奴庸没仲，	阿妈您不必焦心，
		mo³³ ȵi⁵⁵ cĩ⁵⁵ no³³ ȵo³³ mia⁴⁴ tso⁵⁵	
		妈 您 心 上 要 不要 放	
	24	錢文體之手奴垢。[1]	钱财只是手上泥。
		tse²¹ li⁵⁵ thi³¹ tsɿ³³ sɯ³³ no³³ kɯ³³	
		钱财 只是 手 上 污垢	
	25	古説財去人安樂，	古说财去人安乐，
		ku³¹ su³⁵ tshɛ⁴² tɕy⁵⁴ zũ⁴² ã³³ lu³⁵	
		古说 财 去 人 安乐	
	26	體庸唔病好。	只要您病好。
		thi³¹ ȵo³³ ȵi⁵⁵ pẽ²¹ xũ³³	
		只要 您 病 愈	
丈夫	1	案大我問小玉英，	这里我问小玉英，
		ʔã⁵⁴ ta⁴⁴ ŋo³¹ piɛ⁴⁴ ɕo³¹ jy⁵⁴ jũ³³	
		这里 我 问 小 玉英	
	2	生次人只能母手？	呻吟的人是你妈吧？
		xẽ⁵⁵ tshɿ³¹ ȵi²¹ tsɿ³³ nɯ⁵⁵ mo³³ sɯ³³	
		呻吟人 是 你的 妈 像是
	3	能那拜經利没見，	拜经地方不见她，
		nɯ⁵⁵ na⁴² pɛ⁴² tɕẽ⁵⁵ li⁵⁵ mo³³ kẽ⁴²	
		那里 拜经 也 不 见	
	4	貝出貝入利鴨孟。	出出进进也不见。
		pe⁴⁴ tɕhi⁴⁴ pe⁴⁴ ȵi⁴⁴ li⁵⁵ ja³⁵ mɯ³³	
		走出 走进 也 不 没有	
	5	説孟孟（利）某阿聽，[2]	给她说话她不听，
		sua⁴⁴ mɯ⁵⁵ mɯ⁵⁵ li⁵⁵ mo³¹ ʔa³¹ tɕhẽ⁵⁵	
		说 你的 处 也 她 不 听	
	6	説仲長菜庸某吃。[3]	我说不要吃长斋。

---

[1] 钱文体之手奴垢：谚语，[tse²¹li⁵⁵ thi³¹tsɿ³³ sɯ³³ no³³ kɯ³³, se³³tshɯ⁵⁵ tsɯ²¹tsɯ²¹ tshɤ⁴⁴ tsɯ²¹tsɯ²¹]，（钱财就像手上泥垢，洗了一层过后还有一层又一层。）意思是只要勤劳，财源不断。

[2] 阿[ʔa³¹]：副词，是该做而不做的不，与泛指的不[ja³⁵]有区别。本文中还有多处泛指的"不"。

[3] 長菜[tsõ²¹tɕhɯ³¹]：意思是常年吃斋。即信奉佛教的老妈妈，禁忌吃荤，只吃素菜。白族地区老妈妈吃斋有两种，一种是一年四季都吃斋，一种是只在每月初一、十五两天吃斋。

　　　　　　　sua⁴⁴tso⁴² tsõ²¹tshɯ³¹ ȵo³³mo³¹ jɯ⁴⁴
　　　　　　　说给　　长斋　　　不要　　吃

7　　恩奴不見代庸吃，　　　　　　　　不见我时偏要吃，
　　　　　　　ŋɯ⁵⁵ no³³ ja³⁵kẽ⁴² tɛ⁴⁴ȵo³³ jɯ⁴⁴
　　　　　　　我　上　不见　　定要　吃

8　　自肉生回起。　　　　　　　　　　这病怎能好。
　　　　　　　tsʅ⁵⁵kɛ²¹ xẽ⁵⁵ ta⁴² khɯ³³
　　　　　　　怎么　　生　回　起

9　　今日我去做市自，　　　　　　　　今天赶街去街上，
　　　　　　　ke⁵⁴ȵi⁴⁴ ŋo³¹ ɣɛ²¹ tsu⁵⁵tsʅ³³ tsʅ⁵⁵
　　　　　　　今天　　我　去　　赶街　　则

10　馬問黃氏女好孟，　　　　　　　　有人问我她病情，
　　　　　　　ma⁵⁵ piɛ⁴⁴ xua⁵⁵sʅ⁴⁴ȵv³³ xũ³³ mɯ³³
　　　　　　　他们　问　　黄氏女　　　愈　　吗

11　我孟等山得。　　　　　　　　　　才知她得病。
　　　　　　　ŋo³¹ mɯ⁵⁵tɯ³¹ sẽ³³ tɯ⁴⁴
　　　　　　　我　才　　　知道　得

12　聽得南去請藥師，　　　　　　　　听说你们请医生，
　　　　　　　tɕhẽ⁵⁵tɯ⁴⁴ na⁵⁵ ɣɛ²¹ tshẽ³³ jo⁴⁴sʅ⁵⁵
　　　　　　　听见　　你们　去　　请　　医生

13　體起好香施六得。[1]　　　　　　　提到烧香做斋事。
　　　　　　　thi⁵⁵khɯ³³ xu⁵⁵ɕõ⁵⁵ tsu⁵⁵fɣ⁴⁴tɯ⁴⁴
　　　　　　　提起　　　不消　　做斋事

14　東南西北利施清，　　　　　　　　东西南北都献了，
　　　　　　　tỹ⁵⁵ na²¹ se⁵⁵ pɯ⁴⁴ li⁵⁵ tsu⁵⁵ tɕhẽ⁵⁵
　　　　　　　东　南　西　北　　也　做　尽

15　扣孟病奴孟！　　　　　　　　　　对病情好不好！
　　　　　　　khõ⁵⁵ mɯ⁵⁵ pẽ²¹ no³³ mɯ³³
　　　　　　　效果　她的　病　　上　吗

16　緬起能媽孟做則，　　　　　　　　想起你妈所做事，
　　　　　　　mi³³ khɯ³³ nɯ⁵⁵ mo³³ mɯ⁵⁵ tsu⁵⁵tsɯ³¹
　　　　　　　想起　　你的　妈　她的　做事

17　提孟斗自（我）活起。　　　　　　提起她来我生气。
　　　　　　　thi⁵⁵ mɯ⁵⁵ tõ²¹ tsʅ⁵⁵ ŋɯ⁵⁵ xo³¹ khɯ³³
　　　　　　　提　她的　话　则　我的　火　起

18　日月經利拜降清，　　　　　　　　日月经都拜完了，

---

[1] 施六得[tsu⁵⁵ fɣ⁴⁴tɯ⁴⁴]：即做斋事。白族地区人家为了消灾免难、图吉利，请村里佛教密宗阿吒利坛主召集其组织，来家里诵唱经文活动。活动设有经堂，有诵经、有吹拉敲打乐器伴奏。

zɿ³⁵jy³⁵tɕuĩ³³ li⁵⁵ pɛ⁴²tɕa⁴⁴ tɕhẽ⁵⁵
日月经　　也　拜全　尽

19　某拜金剛經。　　　　　　　　　　还拜金刚经。
mo³¹ pɛ⁴² tɕuĩ³³kã³³tɕuĩ³³
她　拜　金刚经

20　十七歲自亞我家，　　　　　　　十七岁时回我家，
tsɛ⁴²tɕhi⁴⁴ sua⁴⁴ tsɿ⁵⁵ ja⁴⁴ ŋa⁵⁵tɣ̃⁵⁵
十七　　　岁　则　回　我的家

21　甘心油奴沾阿們。　　　　　　　甘愿不沾一点肉。
kã³³ɕuĩ³³ tsɿ⁵⁵ no³³ tsẽ³³ ʔa³¹mɯ³³
甘心　　　脂肪　上　沾　没有

22　某看得我子屠户，　　　　　　　看见我是一屠夫，
mo³¹ ʔã³³ tɯ⁴⁴ ŋo³¹ tsɿ³³ so⁵⁵kɛ⁵⁵
她　看　得　我　是　屠夫

23　初下恩台之。　　　　　　　　　就拆我台子。
tshu³³ ɕa⁴⁴ ŋɯ⁵⁵ te⁴²tsɿ⁵⁵
就　　下　我的　台子

24　二十四歲自吃長菜，　　　　　　二十四岁吃长斋，
ɛ⁵⁴sɿ³³sɿ⁵⁴ sui⁵⁴ jɯ⁴⁴ tsõ²¹tshɿ³¹
二十四　　　岁　吃　长斋

25　在雖某去南啨北。　　　　　　　在随她东西南北。
tse⁴⁴sui⁵⁵ mo³¹ ɣɛ²¹ na³¹ li⁵⁵ pɯ⁴⁴
随　　　　她　去　南　和　北

26　必日某把拜經使，　　　　　　　每天她忙拜经事，
pe²¹ȵi⁴⁴ mo³¹ pa³¹ pɛ⁴²tɕẽ⁵⁵ sɿ³¹
每天　　　她　搞　拜经　　事

27　天六利把黑。　　　　　　　　　随她乱天下。
xẽ⁵⁵fv⁴⁴ li⁵⁵ pa³¹ xɯ⁴⁴
天肚子　也　搞　黑

28　早起某拜經東星經，　　　　　　早起她拜东心经，
tsu³³khɯ³³ mo³¹ pɛ⁴² tõ³³ɕuĩ³³tɕẽ⁵⁵
早起　　　　她　拜　东心经

29　俾界某拜金剛經。　　　　　　　晚上她拜金刚经。
pẽ³³kɛ⁴² mo³¹ pɛ⁴² tɕuĩ³³kã³³tɕuĩ³³
晚上　　　她　拜　金刚经

30　真佛前面户假香，　　　　　　　真佛面前烧假香，
tsẽ⁵⁵ ve⁴² tu²¹mɯ⁵⁵ xu⁵⁵ tɕa³¹ ɕõ⁵⁵
真　佛　面前　　烧　假　香

31　孟病孟等稱。　　　　　　　　　病才这样深。

mɯ⁵⁵ pẽ²¹ mɯ⁵⁵tu⁴⁴ tshɯ³³
她　病　才　丑

32　昨天留得盤骨面，　　　　　　　昨天留下猪排骨，
tɕi²¹ɕɛ⁴⁴ lio⁵⁵ tu⁴⁴ pe⁴²ku³⁵mi⁴²
昨天　留得　一块排骨

33　千金留必能媽吃。　　　　　　　叮嘱留给你妈吃。
tɕhĩ⁴⁴tɕi⁵⁵ lio⁵⁵pi⁵⁵ nɯ⁵⁵ mo³³ jɯ⁴⁴
故意　　留给　你的　妈　吃

34　玉英奴去問某則，　　　　　　　玉英你去问问妈，
jy⁵⁴jũ³³ no³¹ ɣɛ²¹ piɛ⁴⁴ mo³¹ tsɯ³⁵
玉英　你　去　问　她　去

35　看某吃不吃？[1]　　　　　　　　看她吃不吃？
xã⁵⁵ mo³¹ jɯ⁴⁴⁵ tso⁴²⁵ jɯ⁴⁴
看　她　吃　或　不吃

女儿　1　玉英告賜孔母善，[2]　　　　　玉英告知我阿妈，
jy⁵⁴jũ³³ kã³¹tʂʅ³¹ khõ³³mo³³ se⁴⁴
玉英　讲给　　空母　　知

2　恩爹説樣唔不善。　　　　　　　我爹说话您不知。
ŋɯ⁵⁵ ti³³ sua⁴⁴ jã⁴² n̪i⁵⁵ ja³⁵ sui⁴⁴
我的　爹　说　样　您　不　不知道

3　某仲拜阿使奴經，　　　　　　　他说您拜什么经，
mo³¹ tso⁴² pɛ⁴² ʔa⁵⁵sʅ³¹ no³³ tɕẽ⁵⁵
他　说　拜　什么　的　经

4　某仲燒阿使奴香火。　　　　　　还说烧什么的香。
mo³¹ tso⁴² xu⁵⁵ sʅ³¹ no³³ ɕõ⁵⁵xui³³
他　说　烧　什么　的　香火

5　真佛面前燒假香，　　　　　　　真佛面前烧假香，
tsɛ⁵⁵ ve⁴² tu²¹mɯ⁵⁵ xu⁵⁵ tɕa³¹ ɕõ⁵⁵
真佛　　面前　　烧　假　香

6　成唔上奴罪。　　　　　　　　　成了您罪过。
tsɛ²¹ tsue³³ nɯ⁵⁵ tu²¹ no³³
成　罪　你的　头　上

7　昨天留得盤骨面，　　　　　　　昨天他留猪排骨，
tɕi²¹ɕɛ⁴⁴ liu⁵⁵ tu⁴⁴ phe⁴²ku³⁵mi⁴²
昨天　留得　一扇排骨

---

[1] 吃不吃[jɯ⁴⁴⁵ tso⁴²⁵ jɯ⁴⁴]：当地没有"不吃"专词（鹤庆话有专词），而用"吃或者不吃"[jɯ⁴⁴ li⁵⁵tso⁴² ɣa³⁵ jɯ⁴⁴]表示。一般说话中省略[li⁵⁵]和[ɣa³⁵]，只留下声调的流音5。

[2] 善[se³³]：意为知道。下句的"善"，应读[sui³³]，意为不知道，可单独使用，也可再加"不"[ja⁵³]。这对词是肯定式和否定式动词。孔母[kho³¹mu³³]：女儿一般对亲生母亲的别称，一般在哭诉时使用。

	8	某送唔開葷。 mo³³ so³³ ȵi⁵⁵ ke³³xui³³ 他　让　您　开荤	要叫您开荤。
黄氏	1	千斤緬自恩血化， tɕhi⁵⁵tɕi⁵⁵ mi³³ tsɿ⁵⁵ ŋɯ⁵⁵ sua⁴⁴ xua⁴⁴ 细心　　想　则　我的　血　沸腾	仔细想时心血涨，
	2	做了你妻二十歲。 tsu⁵⁵ nɯ⁵⁵ vɿ³³ tshɯ⁵⁵ ni³¹ji³¹ sua⁴⁴ 做　你的妻　了　二十　年	做了你妻二十年。
	3	昨天初想汗恩菜，[1] tɕi²¹ ɕɛ⁵⁵ tshu³³ ɕã³¹ xa⁵⁵ ŋɯ⁵⁵ tshɿ³¹ 昨天　就　想　挑拣 我的 菜	昨夜就要拣拣菜，
	4	做恩孟南罵。 tsu⁵⁵ ŋɯ⁵⁵ mɯ⁵⁵ na⁵⁵ma⁴⁴ 做　我的　处　那久	为难我这久。
	5	共我菜湯打火鍋， ko⁵⁵ ŋɯ⁵⁵ tshɯ³¹xɛ̃⁵⁵ ta³¹xo³¹ ko⁴² 和　我的　菜汤　　一起　熬	跟我菜汤一起煮，
	6	油之庸仲二三初。 tsɿ⁵⁵ tsɿ³³ ȵo³³ tsõ⁵⁵ kõ³³ sã⁵⁵ tshua⁴⁴ 猪油　是要　放　两　三　把	猪油放了两三把。
	7	無情果義這蓮芳， vɿ⁴²tɕhĩ⁴² vɿ⁴²ji⁵⁴ no³¹ li⁴²fã³³ 无情　　无义　你　莲芳	无情无义赵莲芳，
	8	你上天亞馬！ nɯ⁵⁵ tõ³³ xɛ̃⁵⁵ ja³⁵ma³³ 你的　上　天　没有	头上还有天没有！
	9	千容萬色奴講清， tɕĩ⁵⁵jõ⁴² ṽ⁴²sɯ⁴⁴ no³¹ tɕã³¹ tɕhɛ̃⁵⁵ 　千样万色　　你　讲　尽	千样万样你说尽，
	10	好百便奴説。 xã³¹ pɛ⁴⁴pi⁵⁵ no³³ sua⁴⁴ 凡　百事　你　说	哪样没说到。
	11	死了走入陰司中， ɕi³³ la⁴² pe⁴⁴ȵi⁴⁴ jĩ⁵⁵sɿ⁵⁵ xɯ³¹ 死　了　走进　阴　司　里	死后走进阴司里，
	12	媽起能牙齒。	他们撬你牙。

---

[1] 汗恩菜[xa⁵⁵ ŋɯ⁵⁵ tshɿ³]：即挑捡我的菜。这里指挑拣吃斋的菜蔬。白语吃斋[jɯ⁴⁴tshɿ³¹]由吃＋菜构成。

ma⁵⁵ tɕhi³¹ nɯ⁵⁵ tsɿ³³pa⁴⁴
他们 起 你的 牙

13 黄氏女我千斤緬,   黄氏女我仔细想,
    xuã⁵⁵sɿ⁴⁴n̠v³³ ŋo³¹ tɕhi⁵⁵tɕhĩ⁵⁵ mi³³
    黄氏女   我   仔细   想

14 送我寸心化水慮。   让我热心开水烫。
    so³³ ŋa⁵⁵ tɕhui⁴⁴ɕĩ⁵⁵ xua⁴⁴ɕy³³ lui⁴⁴
    让 我的 热心   开水   烫

15 艮錢培得這蓮芳,   为妻配着赵莲芳,
    n̠i²¹tshe⁵⁵ phe⁵⁵ tu⁴⁴ no³¹ lĩ⁴²fã³³
    人妻   配   得 你 莲芳

16 孟心堅得鐵。   他心硬如铁。
    nɯ⁵⁵ ɕĩ⁵⁵ ŋɛ⁴² tu⁴⁴ the⁴⁴
    你的 心   硬   得   铁

17 看香楊東之神佛,   看香咱家有神佛,
    xã⁵⁵ɕõ⁵⁵ na⁵⁵tỹ⁵⁵ tsɿ³³ zɛ²¹ve⁴²
    看香   咱们家   有   神佛

18 降藥古人艮記七。   抓药古人传下来。
    tɕa⁴⁴jo⁴⁴ ku³³n̠i²¹ n̠i²¹ tɕi⁴² tɕhi⁴⁴
    抓药   古人   人   创   出

19 媽仲經自代庸拜,   人说经文要常拜,
    ma⁵⁵ tso⁴² tɕɛ̃⁵⁵ tsɿ⁵⁵ tɛ⁴⁴ no³³ pɛ⁴²
    他们 说   经   则 定 要 拜

20 拜病后殺死。   人病后会死。
    pɛ³¹sỹ³¹ ɣɯ³³ sa³⁵ ɕi³³
    得病   后   剩   死

21 咦仲奴問過我句,   抑或你问过我一声,
    jĩ⁵⁵tso⁴² no³¹ piɛ⁴⁴ ko⁴² ŋo³¹ tshɛ⁵⁵
    或许   你   问   过 我 一声

22 咦仲奴扶死我幾天。   抑或你服侍我几天。
    jĩ⁵⁵tso⁴² no³¹ vɣ²¹zɿ²¹ ŋo³¹ ka³⁵n̠i⁴⁴
    或许   你   服侍   我 几天

23 做艮做昌能奴使,   为人做错就为你,
    tsu⁵⁵n̠i²¹ tsu⁵⁵ tsha⁵⁵ nɯ⁵⁵ no³³ sɿ³¹
    做人   做   错   你的 上 事

24 得能孟使罪!   给你我何罪!
    tu⁴⁴ nɯ⁵⁵ mɯ⁵⁵ sɛ³¹tsui⁴⁴
    得   你的 处   何罪

25 能錢文奴我不用,   你的钱文我不用,

26 你的钱文 上我 不用
    做㦤本當𢖩能居。 做人本来就忌嘴。
    tsu⁵⁵ȵi²¹ puɯ³³tã⁵⁵ tɕi⁴⁴ nɯ⁵⁵ jy³³
    做人 本当 忌 这 嘴

27 玉英听某説仲使, 我听玉英转他话,
    jy⁵⁴jĩ³³ tɕhẽ⁵⁵ mo³¹ sua⁴⁴tso⁴²⁵sɛ³¹
    玉英 听 他 说这 什么

28 能能加我爲奴病。 越更加重我的病。
    lɯ⁴⁴lɯ⁴⁴ ue⁴⁴ no³¹ tɕa⁵⁵ ŋɯ⁵⁵ pẽ²¹
    越更 为 你 加 我的 病

29 今日现在说手自, 今天好在说过了,
    ke⁵⁴ȵi⁴⁴ ɕi⁵⁴tse⁵⁴ sua⁴⁴ sɯ⁵⁵ tsʅ⁵⁵
    今天 现在 说 了 则

30 庸共某對命。 要跟你对命。
    ȵo³³ kõ⁵⁵ no³¹ tui⁴²miɛ⁴²
    要 跟 你 对命

31 出牲牛馬啍某樣, 畜生那些牛和马,
    tshɣ⁴⁴sɯ̃⁵⁵ ŋɯ²¹mɛ³³ ȵi⁵⁵ mo³¹jã⁴²
    畜生 牛马 与 那些

32 某山得按使。 知道些什么。
    mo³¹ sẽ³³ tɯ⁴⁴ a⁵⁵sɛ³¹
    它 知得 什么

33 玉英奴去自之自, 玉英你去赶个街,
    jy⁵⁴jĩ³³ no³¹ ɣɛ²¹ tsu⁵⁵tsʅ³³ tsʅ⁵⁵
    玉英 你 去 赶街 则

34 腊住買某叁百價。 买三百元的蜡烛来。
    la⁴⁴tsɣ⁴⁴ mɛ⁴² mo³¹ sã⁵⁵pɛ⁴⁴ kɛ⁴²
    蜡烛 买 它 三百 价

35 孟中長奴買某對, 里面长的要一对,
    mɯ⁵⁵xɯ³¹ tso²¹ no³³ mɛ⁴² mo³¹ tui⁴²
    里面 长 的 买 它 对

36 用因到鷄鳴。 要点到鸡鸣。
    ȵo³³ ȵɯ³³ phia⁴⁴ ke⁵⁵mɛ²¹
    用 燃 到 鸡鸣

37 初殺四月到冷更, 就从四月到今天
    tshu³³ sa³⁵ ɕi⁴⁴ua⁴⁴ phia⁴⁴ nɯ³¹kɯ⁵⁵
    就 从 四月 到 这时

38 佛孟經利我不拜。 对佛没有拜过经。

黄氏女对金刚经　　　　　　　　　　129

  ve⁴² mɯ⁵⁵ tɕɛ̃⁵⁵ li⁵⁵ ŋo³¹ ja³⁵ pɛ⁴²
  佛　处　经　也　我　不　拜

39　那南經武挑來則，[1]　　　　　你把经书拿过来，
  na⁵⁵na⁴² tɕɛ̃⁵⁵vɣ³¹ tã⁵⁵ ɣɯ³⁵tsɯ³⁵
  哪里　　经书　　拿　过来

40　幹某分明白。　　　　　　让我分一分。
  ka⁴⁴ mo³¹ fɣ⁵⁵ mɛ²¹pɛ⁴²
  把　它　分　明白

（下面是用五更曲唱）

41　就一更，[2]　　　　　　　交一更，
  tɕo⁵⁵ ji⁴⁴kɛ̃⁵⁵
  交　一更

42　心利七雄眼七瞎。　　　　气烂心头气瞎眼。
  ɕĩ⁵⁵ li⁵⁵ tɕhi⁴⁴ɕõ⁴² uẽ³³ tɕhi⁴⁴ tẽ⁵⁵
  心　也　气烂　　眼　气　瞎

43　長壽玉英那二弟，　　　　长寿玉英姐弟俩，
  tshã³¹sõ⁵⁴ jy⁵⁴jĩ³³ na⁵⁵ kõ³³thi³³
  长寿　　玉英　你们　姊妹俩

44　次醒醒度堅？　　　　　为啥睡不醒？
  tshẽ³¹ ɕẽ⁵⁵ɕẽ⁵⁵ tua⁴² tɕɛ⁵⁵
  睡　醒醒　不得　怎么

45　金童玉女去我孟，　　　　金童玉女来接我，
  tɕũĩ³³thõ⁴² jy⁵⁴nui³¹ ŋɛ²¹ ŋɯ⁵⁵ mɯ⁵⁵
  　金童玉女　　去　我　处

46　阿母仲東拜恩經。　　　阿妈只顾拜我的经。
  ʔa³¹mo³³ tso⁴²to³³ pɛ⁴² ŋɯ⁵⁵tɕɛ̃⁵⁵
  阿妈　认真　拜　我的经

47　能的冷人牛得神，　　　你参那个牛头神，
  nɯ⁵⁵ti³³ nɯ³¹ ȵi²¹ ŋɯ²¹tɯ²¹zɹ²¹
  你的爹　这人　　牛头神

48　難過關冷關。　　　　　难过这一关。
  na²¹ ko⁴² kuẽ⁵⁵ nɯ³¹ kuẽ⁵⁵
  难　过　关　这　关

49　馬奉玉旨來接我，　　　他们恭奉谕旨来接我，
  ma⁵⁵ fũĩ⁵⁴ jy⁵⁴tsɹ³¹ ɣɯ³⁵ tɕa⁴⁴ ŋo³¹
  他们　奉　谕旨　来　接　我

50　五帝奴自馬利皆。　　　他们阴间五帝也不怕。

---

[1] 經武[tɕɛ̃⁵⁵vɣ³¹]：即经书。后面的武[vɣ³¹]，量词，是一部书的"部"。
[2] 下面插入的段落结构是五更曲。五更曲，是白曲的一种结构体式，要从一更唱到五更，每更一般为8句，即一个乐曲的词段，也可以由多段的叠段联章结构。

	u³¹ti⁴² no³³ tsɿ³³ ma⁵⁵ li⁵⁵ kɛ̃⁵⁵	
	五帝 上 是 他们 也 怕	
51	仲千示示求次度，	求求他们还是没放我，
	tso⁴²tɕhi⁵⁵ sɛ⁴⁴sɛ⁴⁴ tɕho⁵⁵ tshɿ⁵⁵ tua⁴²	
	可怜 实在 求 辞 不得	
52	心雄骨利晶。	痛心牵连骨头烂。
	ɕĩ⁵⁵ ɕõ⁴² kua⁴⁴ li⁵⁵ tɕɛ̃⁵⁵	
	心 烂 骨 也 牵	
53	阿大體之南二弟，	这里只有你们姐弟俩，
	ʔa⁵⁴ta⁴⁴ thi³¹tsɿ³³ na⁵⁵ kõ³³thi³³	
	这里 只有 你们 姐弟俩	
54	阿斗大陽更說聲。	有谁还帮咱说一声情。
	a³¹to³¹ ta⁴² ȵa⁵⁵ ɣɯ⁴² sua⁴⁴ tshɛ̃⁵⁵	
	哪个 帮 咱们 来 说 一声	
55	這樣你母孟命中，	这些都是你妈命里来，
	nɯ³¹jã⁴² nɯ⁵⁵ mo³³ mɯ⁵⁵ miɛ⁴² xɯ³¹	
	这些 你的 妈 她的 命 里	
56	皆犯閻王關奴關。	该犯阎王这一关。
	ke⁴⁴ fã⁴⁴ jĩ⁴²uã⁴² kuɛ̃⁵⁵ no³¹ kuɛ̃⁵⁵	
	该 犯 阎王 关 这 关	
57	做艮初庸忍你的，	做人就要忍让你们爹，
	tshu⁵⁵ȵi²¹ tshu³³ ȵo³³ zũ³¹ nɯ⁵⁵ ti³³	
	做人 就 要 忍 你的 爹	
58	說自初用聽。	他说你们就得听。
	sua⁴⁴ tsɿ⁵⁵ tshu³³ ȵo³³ tɕhɛ̃⁵⁵	
	说 则 就 要 听	
59	不許送罵打幹南，	不许让他打和骂，
	pu³⁵ɕy³¹ so³³ ma⁵⁵ tɛ̃⁴⁴ka⁴⁴ na⁵⁵	
	不许 让 他们 敲打 你们	
60	送能弟（子）皆。	让你弟弟怕。
	so³³ nɯ⁵⁵ thi³³tsɿ³³ kɛ̃⁵⁵	
	让 你的 弟弟 怕	
61	交二更，	交二更，
	tɕo⁵⁵ zɿ²¹kɛ̃⁵⁵	
	交 二更	
62	小女哭到日奴晶？	女儿为何哭到这模样？
	se³¹ȵy³³ kho⁴⁴ pia⁴⁴ ȵi⁴⁴ no³³ tɕɛ̃⁵⁵	
	小女 哭 到 日 的 怎么	
63	涵淚士次端起我，	擦掉眼泪站起来，

	mi⁴²ji³¹ suɯ⁴⁴ tshɯ⁵⁵ tue⁵⁵khɯ³¹ ɣɯ³⁵	
	眼泪 擦掉 站起来	
64	在記奴幾聲。	再嘱咐你几句。
	tse⁴⁴ tɕi⁵⁵ no³¹ ka³⁵ tshẽ⁵⁵	
	再 嘱咐 你 几 句	
65	開自等自早冷起，	早上要早起，
	khɛ⁵⁵tsɿ⁵⁵tɯ³¹ tsɿ⁵⁵ tsu⁴⁴ luɯ⁴⁴ khɯ³³	
	早上 则 早 的 起	
66	爬起南自掃地慢。	起来要扫地。
	fẽ³³khɯ³³ la⁴² tsɿ⁵⁵ tsho⁴⁴tɕi³¹ue⁵⁵	
	起床 了 则 扫地	
67	文星居眼奴不洗，	担心不洗脸，
	vɯ⁵⁵ɕũ⁵⁵ tɕui³³ŋui³³ no³¹ ja³⁵ se³³	
	担心 脸 上 不 洗	
68	初景灶唔次。	就挨着锅灶。
	tshu³³ tɕɯ³¹ tso⁴² n̠i⁵⁵ tshẽ⁵⁵	
	就 挨 灶 和 锅	
69	好東皆自用潔清，	家里要清洁，
	xa³¹tỹ⁵⁵kɛ⁵⁵ tsɿ⁵⁵ n̠o³³ tɕũ⁵⁵tɕi⁵⁵	
	家里 则 要 清洁	
70	己頭五角用明雪。	房前屋后要明亮。
	tɕi³¹tɯ²¹ ỹ³³kɤ⁴⁴ n̠o³³ mɛ²¹ɕuɛ⁵⁵	
	地头五角 要 光亮	
71	階等空中利之神，	台阶院坝里也有神，
	kɛ⁵⁵tɯ³¹ kho³¹tso⁴⁴ li⁵⁵ tsɿ³³ zẽ²¹	
	台阶沟边 也 有 神	
72	某樣仲艮皆。	那些会害人。
	mo³¹jã⁴² tso⁵⁵ n̠i²¹kɛ⁵⁵	
	那些 弄 人	
73	夜裏香杆早了英，[1]	晚上烧香要早点，
	ko³¹ xɯ³¹ ɕõ⁵⁵kã⁵⁵ tsu³³ luɯ⁴⁴ n̠uɯ⁴⁴	
	晚上 香柱 早 的 燃	
74	净水碗自初用清。	净水那碗要清澈。
	tɕhẽ⁵⁵ɕy³³ke⁴² tsɿ⁵⁵ tshu³³ n̠o³³ tɕhẽ⁵⁵	
	净水碗 则 早 要 清	
75	燈點了自共某睡，	点了灯后跟你弟弟睡，
	tũ⁵⁵ ke³¹ la⁴² tsɿ⁵⁵ ko⁵⁵ mo³¹ tshe³¹	
	灯 点 了 则 跟 他 睡	

---

[1] 每天晚上要在佛堂和祖宗牌位面前烧香、点灯、置净水，这是白族农家祖传的规矩。

| 76 | 千金用某皆。 | 切记不要怕。 |

tɕhi⁵⁵tɕĩ⁵⁵ ȵo³³mo³¹ kɛ̃⁵⁵
切记　　　　不要　　怕

| 77 | 送某尺能手曲中， | 让弟弟睡在你的手弯里， |

so³³ mo³¹ tshɛ̃³³ nɯ⁵⁵ suɰ³³khɣ⁴⁴ xu³¹
让　他　　睡　你的　手弯　　里

| 78 | 醒醒幹孟被子拉。 | 醒来要给他被子盖一盖。 |

ɕɛ̃⁵⁵ɕɛ̃⁵⁵ ka⁴⁴ mu⁵⁵ lo³¹po³¹ tɕɛ̃⁵⁵
醒来　　　把　他的　被子　拉

| 79 | 體殺大數奴記， | 只好大概记一记， |

thi³¹ sa³⁵ to⁴² vɣ⁴² sɣ⁴² ȵo³³ tsɯ⁴⁴
只　从　大　概　数　的　记

| 80 | 奴那時纏視清。 | 看当时情况。 |

ȵo³¹ mo³¹tsɛ²¹ tshe⁴² sɿ⁴⁴ tɕhɛ̃⁵⁵
你　那时　　才　认识　清楚

| 81 | 設或某自問媽話， | 抑或你弟要找妈， |

se³⁵xue³⁵ mo³¹ tsɿ⁵⁵ piɛ⁴⁴ mo³³ tõ²¹
设或　　　他　则　问　妈　消息

| 82 | 説仲阿母去拜經。 | 就说阿妈去拜经。 |

sua⁴⁴tso⁴² ʔa³¹mo³³ ɣɛ²¹ pɛ⁴²tɕɛ̃⁵⁵
说　　　阿妈　　去　拜经

| 83 | 阿坪之自某回更， | 一小会儿就回来， |

ʔa³¹pɛ̃²¹tsɿ³³ tsɿ⁵⁵ mo³¹ ja⁴⁴ kɯ⁵⁵
一会儿　　　则　他　回家

| 84 | 庸耍某幾次。 | 要哄他几句。 |

ȵo³³ sua³¹ mo³¹ ka³⁵ tshɛ̃⁵⁵
要　哄　他　几　句

| 85 | 某要籽拉啃乳善，[1] | 他要干啦和乳善， |

mo³¹ ȵo³³ kã⁵⁵la⁵⁵ ȵi⁵⁵ jĩ³³se⁴²
他　要　干啦　　和　乳善

| 86 | 必楊沙糖雪梨片，[2] | 还要沙糖和雪梨干， |

pi⁵⁵ na⁵⁵ so⁵⁵to²¹ ɕy⁵⁵li⁵⁵phiɛ⁵⁵
逼　咱们　砂糖　　梨子干

| 87 | 要了片自某睡乃， | 给几片也就会睡觉了， |

ȵo³³ la⁴² phiɛ⁵⁵ tsɿ⁵⁵ mo³¹ tsɛ³³ ne³¹
要　了　片　则　他　睡　的

| 88 | 孟奴庸受怕。 | 不要让他怕。 |

---

[1] 籽拉啃乳善[kã⁵⁵la⁵⁵ ȵi⁵⁵ jĩ³³se⁴²]：即干啦和乳扇，佛教祭品。干啦，面制品；乳扇，古书也写乳线，牛奶制品，是白族地区的一种特产。

[2] 雪梨片[ɕy⁵⁵li⁵⁵phiɛ⁵⁵]：即梨子切片晒干制成的雪梨干。

mɯ⁵⁵ no³³ ɳo³³ so³³ kɛ̃⁵⁵
他的 上 要 受 怕

89　二更利過三更到，　　　　　　　　二更过了三更到，
　　zʅ³¹ kɛ⁵⁵ li⁵⁵ ko⁴² sã⁵⁵kɛ⁵⁵ phia⁴⁴
　　二更　 也 过 三更　 到

90　四示我話說了哆。　　　　　　　　现世的话儿说不完。
　　ɕi⁴⁴sʅ⁵⁵ ŋɯ⁵⁵ tõ²¹ sua⁴⁴ la⁴² tua⁴⁴
　　现世 我的 话 说 了 不得

91　阿弟子奴本來則，　　　　　　　　你把小弟抱过来，
　　a³¹thi³³tsʅ³³ no³³ pu³³ ɣɯ³⁵tsɯ³⁵
　　阿弟弟　的 抱 过来

92　腊手補送我賜殺。[1]　　　　　　 赶快抱到我身边吧。
　　lɛ⁴⁴sɯ³³ pu³³ so³³ ŋɯ⁵⁵ tʂʅ⁵⁵ sa⁴⁴
　　赶快　 抱 送 我的 身 吧

93　今日乳冷本，　　　　　　　　　　今天再给他吃一次奶，
　　ke⁵⁴ɳi⁴⁴ pa⁴² nɯ³³pɯ⁵⁵
　　今天　 奶 这次
　（疑后缺页）

94　喂奶看看我儿奴，　　　　　　　　喂奶看着我的儿，
　　o⁵⁵pa⁴² xa⁵⁵xa⁵⁵ ŋɯ⁵⁵ tsʅ³³ no³¹
　　喂奶　 看看　 我的儿 你

95　仲氣自界山大奴，　　　　　　　　可怜怎么舍得你，
　　tso⁴²tɕhi⁵⁵ tsʅ⁵⁵kɛ²¹ se³¹ to⁴² no³¹
　　可怜　 怎么　 舍 得 你

96　手等蓋啃肉三示，　　　　　　　　手指甲和肉相分离，
　　sɯ³³tɯ³¹kɛ⁴⁴ ɳi⁵⁵ kɛ²¹ sã⁵⁵sɛ⁴⁴
　　手指甲　　 和 肉 相离

97　心肝利氣雄。　　　　　　　　　　气烂我心肝。
　　ɕĩ⁵⁵kã⁵⁵ li⁵⁵ tɕhi⁴⁴ ɕo⁴²
　　心肝　 也 气 烂

98　一面飲自一面哭，　　　　　　　　一面吃奶一面哭，
　　je³³miɛ⁵⁵ ʔɯ³³ tsʅ⁵⁵ je³³miɛ⁵⁵ kho⁴⁴
　　一面　 喝 则 一面 哭

99　孟眼子雙偷瞧我。　　　　　　　　一双小眼偷看我。
　　mɯ⁵⁵ ʔuɛ̃³³ tsʅ³³ sỹ⁵⁵ ta³¹ʔã³³ ŋɯ³¹
　　你的 双眼儿　 偷看 我

100　牙手人利孟心使，　　　　　　　 这样小人心感知，

---

[1] 殺[ɕa⁴⁴]：语气词。这里含有"不然就有什么不幸"之意。

jã⁴²sɯ³³ ɲi³¹ li⁵⁵ mɯ⁵⁵ ɕĩ⁵⁵ sʅ⁴²
这样 人也 他的 心 感知

101	咬我乳頭保。	还咬我奶头。

ŋa⁴⁴ ŋɯ⁵⁵ pa⁴²tɯ³¹po³¹
咬 我的 乳头

102	阿媽養南工子弟,	阿妈养育你姐弟,

ʔa³¹mo³³ xã⁵⁵ na⁵⁵ kõ³³tsʅ³¹thi³³
阿妈 养 你们 姐弟俩

103	夜這四南坪不過。	每夜不离一下子。

jo³¹ tsʅ⁵⁵ sɛ⁴⁴ na⁵⁵ pɛ̃²¹ ja³⁵ ko⁴²
夜 则 离 你们 时 不 过

104	己閻王來苗隔楊,	阎王来要捉我,

tɕi³¹li⁵⁵ɣ̃²¹ ɣɯ³⁵ mo³¹ kɛ⁴⁴ na⁵⁵
阎王 来 他 捉 咱

105	骨殺肉下雄。	气烂我骨肉。

kɛ²¹ sa³⁵ kua⁴⁴ ɣɯ³³ ɕo⁴²
肉 从 骨 下 烂

106	那南書雙拿出則,[1]	那对梳子拿过来,

na⁵⁵na⁴² sɣ⁵⁵khɛ³³ ne⁴⁴ɕi⁴⁴ tsɯ³⁵
那里 一对梳子 拿 出 来

107	恩頭毛必梳開某。	帮我梳开我辫子。

ŋɯ⁵⁵ tɯ²¹ma⁵⁵pĩ⁵⁵ sɣ³¹ khe⁵⁵ mo³¹
我的 头发辫子 梳 开 它

108	箱門子扇打開自,	把箱子也打开来,

ɕã⁵⁵me²¹tsʅ³³ se⁴² tɛ̃⁴⁴ khe⁵⁵ tsʅ⁵⁵
箱子门 打开 则

109	孟奴翠貫代起我。	里面发髻戴给我。

mɯ⁵⁵ no³³ tshui⁴⁴khui⁵⁵ te⁴⁴ tshi³¹ ŋo³¹
它的 山 发髻 结 给 我

110	勒脚本符用孟長奴符,[2]	拿来长的那副裹脚布,

tshɯ⁴⁴ko⁴⁴pɯ⁴⁴fɣ⁴² no³³ tsõ²¹ mo³¹ fɣ⁴²
裹脚布 要 长 那 副

111	多紹某幾道。	给我多绕几道。

to⁵⁵ zo⁴⁴ mo³¹ ka³⁵ to³¹
多 绕 它 几 道

---

[1] 書雙[sɣ⁵⁵sɣ̃⁵⁵]: 即一对梳子，即粗梳子和细梳子。前字是梳子的音读字，后字训读字，是一双或一对之意。这两个字是用白语语法结构的古汉语借词。

[2] 勒脚本符[tshɯ⁴⁴ko⁴⁴pɯ⁴⁴fɣ⁴²]: 是裹小脚的裹脚布。白族地区没有裹脚的习俗，今老人所见旧时有裹脚者，是汉族地区嫁过来的汉族妇女。但是，早期，尤其是明代，大量的江南汉族移民到白族地区，融入白族中，看来黄氏女应该是那时期的人。

112	我想長命扶事那，	我想长命养育你们，
	ŋo³¹ ɕã³¹ tso²¹mĩɛ⁴² vɣ²¹zɻ²¹ na⁵⁵	
	我 想 长命 服侍 你	
113	大了送南孝養我。	大了让你们孝养我。
	to⁴²la⁴⁴ so³³ na⁵⁵ ɕo⁴⁴jã⁴⁴ ŋo³¹	
	大了 让 你们 孝养 我	
114	地閻王有衣刀子，	阎王有把小刀子，
	tɕi³¹li⁵⁵ỹ²¹ tsɻ³³ ji⁵⁵ta⁵⁵tsɻ³³	
	阎王 是 刀子	
115	阿刀折兩半。	一刀斩断亲骨肉。
	ʔa³¹ ta⁵⁵ tse⁴² kõ³³ po³¹	
	一 刀 斩 两 半	
116	四更緬緬心忙丈，	四更想想心慌张，
	ɕi⁴⁴kɛ⁵⁵ mi³³mi³³ ɕĩ⁵⁵ma⁴⁴tsa⁴⁴	
	四更 想想 心慌	
117	在幹丈夫奴拜上。	再把丈夫你拜上。
	tse⁴⁴ka⁴⁴ tso²¹fɣ⁵⁵ no³¹ pɛ⁴⁴sã⁵⁵	
	再 跟 丈夫 你 拜上	
118	今日陰司他請我，	今天阴司来请我，
	ke⁵⁴n̪i³³ jĩ³³sɻ³³ ma⁵⁵ tɕhẽ³³ ŋo³¹	
	今天 阴司 他们 请 我	
119	去對我金剛。	去对金刚经。
	ɣɛ²¹ tui⁴² ŋɯ⁵⁵ tɕĩ³³kã³³	
	去 对 我的 金刚	
120	子啨女奴辭你們，	一双儿女留给你，
	tsɻ³³ n̪i⁵⁵ n̪ɣ³³ no³³ tshɻ⁵⁵ nɯ⁵⁵mũ⁵⁵	
	儿 和 女 的 放 你处	
121	奴利扶養他幾年。	你也养育他们几年。
	no³ li⁵⁵ fɣ³¹jã³¹ ma⁵⁵ ka³⁵ sua⁴⁴	
	你也 抚养 他们 几 年	
122	設或麻起火利打，	抑或他们惹火气，
	se³⁵xuɛ³⁵ ma⁵⁵ xo³¹khɯ³³ li⁵⁵ tẽ⁴⁴	
	设或 他们 火气 也 打	
123	扛麻阿苗打。	要教不要打。
	kã⁵⁵ ma⁵⁵ ʔa³¹mia⁴⁴ tẽ⁴⁴	
	教 他们 不要 打	
124	初庸教訓他偕當，	教育他们理该当，
	tshu³³ n̪o⁴⁴ kã⁵⁵to²¹ ma⁵⁵ kɛ⁵⁵tã⁵⁵	
	就 要 教训 他们 该当	

125 罵利庸自說。 需要骂的也做说。
　　?ɯ⁴⁴ li⁵⁵ ȵo³³ tsʅ⁵⁵ sua⁴⁴
　　骂　也　要　则　说

126 他奴面情阿仲利， 即使不给他们情面，
　　ma⁵⁵ no³³ mi⁴²tɕẽ²¹ ?a³¹tso⁵⁵ li⁵⁵
　　他们　上　情面　不给　也

127 庸看我面哆。 也要看在我面上。
　　ȵo³³ xã⁵⁵ ŋɯ⁵⁵ mi⁴² tua⁴⁴
　　要　看　我的　面　的

128 二人打火養大他， 我俩一起把他们养大，
　　kõ³³ȵi²¹ ta³¹xo³¹ xã⁵⁵to⁴² ma⁵⁵
　　两人　打火　养大　他们

129 送麻做樣香仲棍。[1] 让他们做咱们的香火棍。
　　so³³ ma⁵⁵ tsu⁵⁵ ȵa⁵⁵ ɕõ⁵⁵tso²¹kua⁴⁴
　　让　他们　做　咱们　香火棍

130 你皮氣楊剪斷某， 你的脾气需要改，
　　nɯ⁵⁵ pi⁴²tɕhi⁵⁵jã⁴² kɛ⁴²tse⁴² mo³¹
　　你的　脾气　剪断　它

131 亥撞麻阿苗。 千万别打骂。
　　xɛ⁴⁴tsua⁴⁴ ma⁵⁵ ?a³¹mia⁴⁴
　　狠骂　他们　不要

132 子人培植某讀書， 要让儿子去读书，
　　tsʅ³³ȵi²¹ phe⁵⁵tsʅ⁵⁵ mo³¹ ɣɯ⁴²sɣ⁵⁵
　　儿子　培植　他　读书

133 女人學針絲幾年。 要让女儿学针线。
　　ȵɣ³³ȵi²¹ ɣɯ⁴² tsẽ⁵⁵se⁴² ka³⁵ sua⁴⁴
　　女儿　学　丝线　几　年

134 崇小時奴教訓他， 教育要从小时候来，
　　sa³⁵ se³¹tsɛ²¹ no³³ kã⁵⁵to²¹ ma⁵⁵
　　从　小时　的　教导　他们

135 莫錯過時光。 莫错过时光。
　　mo³⁵ tsho⁵⁴ko⁵⁴ sʅ⁴²kuã³³
　　莫　错过　时光

136 今夜言語說了度， 今夜话语说不完，
　　ke⁵⁴ȵi⁴⁴ ɕi⁵⁵ɣo⁴² sua⁴⁴ lo³¹ tua⁴²
　　今天　话语　说　够　不得

137 體殺空幹奴尚服。[2] 只有空对你请求。

---

[1] 香仲棍[ɕõ⁵⁵tso³¹kua⁴⁴]：即香火棍。比喻词，即血缘承传的后人。
[2] 尚服[sã⁴⁴fɣ⁴⁴]：即谢谢。可能是汉语南方方言借词。白语中的概念是作谢。

	thi³¹ sa³⁵ khɣ⁵⁵ ka⁴⁴ no³¹ sã⁴⁴fɣ⁴⁴	
	只　从　空　把　它　尚付	
138	我想長明養育馬,	本想长命养育他们,
	ŋo³¹ ɕã³¹ tsõ²¹mie⁴² xã⁵⁵to⁴² ma⁵⁵	
	我　想　长命　　样大　他们	
139	出我命冷挂。	谁知命不好。
	tshɣ⁴⁴ ŋɯ⁵⁵ mie⁴² nɯ³¹ kua⁴⁴	
	出　我的　命　这　根	
140	賭錢這開斷辭某,	赌钱嗜好要改掉,
	tɕe⁴²pia⁴⁴ no³¹ khe⁵⁵ tui⁴⁴ tshŋ⁵⁵ mo³¹	
	赌钱　你　回　断　掉　它	
141	屠户冷乃做阿苗。	也不要做屠夫。
	so⁵⁵ke⁵⁵ nɯ³¹ ne³¹ tsu⁵⁵ ʔa³¹mia⁴⁴	
	屠夫　　这个　做　不要	
142	共奴做艮殺冷坪,	跟你做人只剩下这会儿,
	ko⁵⁵ no³¹ tsu⁵⁵ɲi²¹ sa³⁵ no³¹ pẽ²¹	
	和　你　做人　只　这　会儿	
143	庸聽我勸化。	要听我劝化。
	ȵo³³ tɕhẽ⁵⁵ ŋo³¹ tɕhɣ⁴⁴xua⁴⁴	
	要　听　我　劝化	
144	在等阿時茂阿易,	再等一会儿他们就不依,
	tse⁴⁴ tɯ³³ ʔa³¹tse²¹ ma⁵⁵ ʔa³¹ji⁵⁵	
	再　等　一时　他们　不依	
145	馬仲某時利初到。	他们说这时就要走。
	ma⁵⁵ tso⁴² mo³¹ tse²¹ li⁵⁵ tshu³³ phia⁴⁴	
	他们　说　那　时　也　就　到	
146	那幾父子幹緬冷,	我想想你们几父子,
	na⁵⁵ ka³⁵tsŋ³¹pɯ³³ ka⁴⁴mi³³ lɯ³¹	
	你们　几父子　想想　的	
147	自阿開倒坝。	一跤就跌倒。
	tsŋ⁵⁵ ʔa³¹khe⁵⁵ to⁴⁴pa⁴⁴	
	则　一跤　跌倒	
148	本自氣自這時中,	本来伤心这时间,
	pɯ³¹ tsŋ⁵⁵ tɕhi⁴⁴ tsŋ⁵⁵ no³¹ tse²¹ xɯ³¹	
	本　则　气　则　这　时　里	
149	送恩面洟千江流。	让我眼泪流千条。
	so³³ ŋɯ⁵⁵ mi⁴²ji³¹ tɕhi⁵⁵kɣ̃⁵⁵ kɯ²¹	
	让　我的　眼泪　千条　流	
150	我用馬奴辭能盂,	我把儿女留给你,

ŋo³¹ ȵo⁴² ma⁵⁵ no³³ tshŋ⁵⁵ nɯ⁵⁵ mɯ⁵⁵
我　用　他们　上　放　你是　处

151　恩心不放心。　　　　　　　　　　　　心里放不下。
ŋɯ⁵⁵ ɕĩ⁵⁵ ja³⁵ fã⁴⁴ɕɯ̃³³
我的　心　不　放心

152　五更跪下灶脚奴，　　　　　　　　　五更跪在灶门前，
ṽ³³kɛ⁵⁵ kv̩³¹ thɯ⁵⁵ tso⁴² ko⁴⁴no³³
五更　跪　下　灶　脚处

153　灶君老爷幹後崇。　　　　　　　　　请灶君老爷保佑我后人。
tso⁵⁴tɕy³³ lao³¹ji⁴² ka⁴⁴ ɣɯ³³ tsho³³
灶君　老爷　跟后　扶住

154　今日陰司馬請我，　　　　　　　　　今天阴司他们来请我，
ke⁵⁴ȵi⁴⁴ jĩ³³si³³ ma⁵⁵ tɕhẽ³³ ŋo³¹
今日　阴司　他们　请　我

155　不書主吉凶。　　　　　　　　　　　不知道吉凶。
ja³⁵ su⁴⁴ tsu³¹ tɕi³⁵ɕõ³³
不不知　有　吉凶

156　子小女小辭家中，　　　　　　　　　小儿小女留家里，
tsŋ³³se³¹ ȵv̩³³se³¹ tshŋ⁵⁵ xa³¹tṽ⁵⁵
儿小　女小　放　家里

157　求喑庸幹馬保佑。　　　　　　　　　求您过保佑。
tɕho⁵⁵ ȵi⁵⁵ no³³ ka⁴⁴ ma⁵⁵ po³¹jo⁴⁴
求　您　要　把　他们　保佑

158　好東家主公艮去，　　　　　　　　　家里两个主人都去了，
xa³¹tṽ⁵⁵ xo³¹tsɯ³³ kõ³³ ȵi²¹ ɣɛ²¹
家里　家主　两人　去

159　奴利不等道。　　　　　　　　　　　你也不正经。
no³¹ li⁵⁵ ja³⁵ tɯ⁵⁵to⁴⁴
你　也　不　正经

160　馬奴衣樣利庸管，　　　　　　　　　他们衣服也要管，
ma⁵⁵ no³³ ji⁵⁵jã⁴² li⁵⁵ no³³ kuã⁴²
他们　上　衣服　也　要　管

161　求喑黃傘照茂奴。[1]　　　　　　　求您黄伞罩他们。
tɕho⁵⁵ ȵi⁵⁵ ṽ²¹sa³¹ tso³¹ ma⁵⁵ no³³
求　您　黄伞　撑　他们　上

162　仲氣做艮到這坪，　　　　　　　　　可怜做人到这时，

---

[1] 黄伞[ṽ²¹sa³¹]：比喻保佑。人死后出殡时，祭品中有纸扎的黄伞。

	tso⁴²tɕhi⁵⁵ tsu⁵⁵n̩i²¹ phia⁴⁴ no³¹ pẽ²¹	
	可怜 做人 到 这 会儿	
163	前時（利）後標。[1]	顾前也顾不了后。
	tɯ²¹ tsẽ²¹ li⁵⁵ ɣɯ³³ pio³³	
	前 成 也 后 不是	
164	一誠感格天非遠，	霎时离天已不远，
	ʔa³¹tsẽ²¹kã³¹kɛ⁴⁴ thĩ³³ pu³⁵ tui³³	
	一时之间 天 不 远	
165	奏善惟求上帝通。[2]	奏善惟求上帝通。
	tso³³se⁵⁵ ve⁴² tsho⁴² sã⁵⁴ti⁵⁴ thõ³³	
	奏善 惟求 上帝 通	
166	黃氏一心皈命禮，	黄氏一心皈命礼，
	xuã⁴²sɿ⁵⁴ ji³⁵ ɕɯ̃³³ kui³³mĩ⁵⁴ li³¹	
	黄氏 一 心 皈命 礼	
167	以功過兩空。	功过已两空。
	ji³¹ kõ³³ku⁵⁴ liã³¹ kho³³	
	已 功过 两 空	
168	阿月啨上天三本，	一月您上天三次，
	ʔa³¹ ua⁴⁴ n̩i⁵⁵ tsõ³³ xẽ⁵⁵ sã⁵⁵ pɯ⁵⁵	
	一 月 您 上 天 三 次	
169	監察神他頭奴過。	监察神从头上过。
	tɕẽ³³tsha³⁵zɛ²¹ ma⁵⁵ tɯ²¹no³³ ko⁴²	
	监察神 它 头上 过	
170	拜經冷乃好奴乃，	拜经这些是好事，
	pɛ⁴²tɕẽ⁵⁵ nɯ³¹ ne³¹ xu³³ no³³ ne³¹	
	拜经 这 个 好 的 件	
171	吃齋冷樣稱奴非，	吃斋这些不是丑。
	jɯ⁴⁴tshɿ³¹ nɯ³¹ jã⁴² tshɯ³³ no³³ pio³³	
	吃斋 这样 丑 的 不是	
172	成心至意去燒香，	诚心诚意去烧香，
	tshɯ̃⁴²ɕĩ³³ tsɿ⁵⁵ji⁵⁵ ŋɛ²¹ xu⁵⁵ɕõ⁵⁵	
	诚心 致意 去 烧香	
173	修成奴時奴。	修成在这时。
	ɕɯ⁵⁵ tsɛ²¹ nɯ⁵⁵ tsɛ²¹ no³³	
	修 成 这 时 的	
174	死了走入陰司中，	死了走进阴司里，

---

[1] 前时后标[tɯ²¹tsẽ²¹ ɣɯ³³ pio³³]：成语。此句中原文按白曲句式不够一字，今插入"利"[li⁵⁵]（或者）。
[2] 奏善[tso³³sẽ⁵⁵]：即上去寺里，比喻死。白语的死，有多个词表达，其中有[tso³³sẽ⁵⁵ pĩ⁴²ve⁴²]，意思是上寺成佛。

ɕi³³ la⁴² pe⁴⁴ ɲi⁴⁴ jĩ³³ sɿ³³ xɯ³¹
死　了　走　进　　阴司　　里

175　金童玉女引馬路。　　　　　　　　金童玉女把路引。
tɕũ³³thõ⁴² jy⁵⁵nu³¹ jĩ³¹ ma⁵⁵ thu³³
金童　　玉女　　引　他们　路

176　青乃其禮處庸去，　　　　　　　　不干不净处不去，
tɕhi³¹ne³¹ tshy³¹li³¹ tshy³¹ no³³ ŋɛ²¹
　烂泥齷齪　　　处　不要　去

177　自恩得大路。　　　　　　　　　　有我的大路。
tsɿ³³ ŋɯ⁵⁵ tɯ⁴⁴ to⁴² thu³³
有　我的　得　大　路

178　雜自在走阿退子，　　　　　　　　只剩一小节路，
tsa³⁵tsɿ⁵⁵ tse⁴⁴ pe⁴⁴ ʔa³¹thui⁵⁵tsɿ⁵⁵
只剩　　再　走　一节儿

179　身奴汗自松水手。　　　　　　　　身上的汗像水流。
tshɿ⁵⁵ no³³ ɣã²¹ tsɿ³³ jo²¹ɕy³³sɯ³³
身上的　汗　是　泳水样

180　仲氣居中吐貝乾，　　　　　　　　走路走得口里干，
tso⁴²tɕhi⁵⁵ tɕy³³xɯ³¹ thu³³ pe⁴⁴ kã⁵⁵
可怜　　嘴里　　路　走　干

181　道奴水井没。　　　　　　　　　　途中没水井。
thu³³no³³ ɕy³³tɕẽ³³ mɯ³³
路上　　水井　　没有

182　能則貝某退，　　　　　　　　　　这时走点路，
nɯ³¹ tsɿ³¹ pe⁴⁴ mo³¹ thui⁵⁵
这时　走　它　一节

183　貝自汗冷冷。　　　　　　　　　　一身汗淋淋。
pe⁴⁴ tsɿ⁵⁵ ɣã²¹nɯ³³nɯ³³
走　则　汗淋淋

184　得孟馬賣迷姑湯，　　　　　　　　前面有卖迷糊汤，
tɯ²¹mɯ⁵⁵ ma⁵⁵ kɯ²¹ mi⁴²kɯ⁵⁵thã⁵⁵
前边　　他们　卖　迷糊汤

185　貝則得買飲。　　　　　　　　　　上前有你喝。
pe⁴⁴tsɛ²¹ tɯ²¹ mɛ⁴² ʔɯ³³
走朝　　前　买　吃

186　賣迷姑湯由阿大嫂，　　　　　　　卖迷糊汤的阿大嫂，
kɯ²¹ mi⁴kɯ⁵⁵thã⁵⁵ jo⁴² ʔa³¹ta⁵⁴so³¹
卖　迷糊汤　　婆　阿大嫂

187　燕碗子杯乾净孟？　　　　　　　　您的碗儿干净不？

	ȵi⁵⁵ ke⁴²tsɿ³³pe²¹ kã⁵⁵tɕui⁴² mɯ³³	
	你　小碗儿　　干净　吗	
188	那南磨洗某杯則，	那里擦洗给一个，
	na⁵⁵na⁴ ma⁵⁵se³³ mo³¹ pe²¹ tsɿ⁵⁵	
	那里　　擦洗　它　碗　则	
189	賜我利杯之。	给我一小碗。
	tshɿ⁵⁵ ŋa⁵⁵ li⁵⁵ pe²¹tsɿ³³	
	给　　咱　也　小碗儿	
190	鬼牙幹我孟搶則，	鬼利把我碗抢去，
	kv³³ja⁴² ka⁴⁴ ŋɯ⁵⁵ mɯ⁵⁵ tɕhã³¹ tsɿ²¹	
	鬼们　把　我　的　他　抢　去	
191	馬仲阿大唁庸飲。	他们说"这里不要喝"。
	ma⁵⁵tso⁴² ʔa⁵⁴ta⁴⁴ li⁵⁵ ȵo³³ ʔɯ³³	
	他们说　　这里　也　不要　喝	
192	案大我利渴緊哆，	我说"我口渴的不行，
	ʔa⁵⁴ta⁴⁴ ŋo³¹ li⁵⁵ kha⁴⁴ tɕɯ⁵⁵tua⁴²	
	这里　我　也　渴　　不行	
193	難共大那手。	请你抬抬手。"
	na²¹ko⁴² to⁴² na⁵⁵ sɯ³³	
	难过　抬　你的　手	
194	姑由艮利好奴標，	老婆子也不是好人，
	ku³³jo⁴²ȵo²¹ li⁵⁵ xu³³no³³ pio³³	
	老婆婆　　也　好的　不是	
195	要緊使巫鴨仲東。	要紧事情不当紧。
	jo⁴⁴tɕɯ³¹ sɿ³¹vɣ³³ ja³⁵ tso⁴²to³³	
	要紧　　事情　　不　重视	
196	此人厄開黃氏女，	这人叫开"黃氏女，
	no³¹ ȵi²¹ yɯ³⁵ khe⁵⁵ xuã⁵⁵sɿ⁴⁴nɣ³³	
	这　人　来　牵　黄氏女	
197	唁井孟奴素？	您怎么不认识她？
	ȵi⁵⁵ tɕɛ⁵⁵ mɯ⁵⁵no³³⁵ su⁴⁴	
	您　怎么　她的　　不知	
198	孟奴不賜利四好，	不给她还好，
	mɯ⁵⁵ no³³ ja³⁵ sɿ³¹ li⁵⁵ sɿ⁴⁴xo⁵⁵	
	她　　上　不　给　也　正好	
199	飲冷樣之惡人矗。	喝这些只是恶人。"
	ʔɯ³³ nɯ³¹ja⁴² tsɿ³³ yo³⁵zẽ⁴²xo³³	
	喝　这些　　是　恶人们	
200	薄道恥物奴冷艮，	没有情意这些人，

	po³⁵to⁵⁴ tsʅ³³vɣ³⁵ no³¹ nɯ³¹ n̠i²¹	
	薄道　　耻物　　你　这　人	
201	怕你能眼神定馬奴。	怕你眼神瞪他们。
	kẽ⁵⁵ nɯ⁵⁵ ũi³³zʅ²¹ nũ⁴² ma⁵⁵ no³³	
	眼神　瞪　　他们　上	
202	罪半點（也）不饒人，	半点罪也不饶人.
	tɕui⁴⁴ tɕɛ⁴⁴tsʅ³³ li⁵⁵ pu³⁵ zo⁴² zũ⁴²	
	罪　　小点儿　也　不　饶人	
203	死了貝到阿大自，	死了走到了这里，
	ɕi³³ la⁴² pe⁴⁴ phia⁴⁴ ʔa⁵⁴ta⁴⁴ tsʅ⁵⁵	
	死了　走　到　　这里　则	
204	鬼牙坐大短馬頭。	鬼在这里拦他们。
	kɣ³³ja⁴² kɣ⁴²⁵ta⁴⁴ tuẽ³³ ma⁵⁵ tɯ²¹	
	鬼们　　在这里　短　他们　前	
205	孟中罪重某轟自，	里面罪重人，
	mɯ⁵⁵xɯ³¹ tsui⁵⁵tsɣ̃³³ mo³¹xo³³ tsʅ⁵⁵	
	里面　　　罪重　　那些　　则	
206	又落下孟中。	又落到里面。
	la³¹ lo⁵⁵ thɯ⁵⁵ mɯ⁵⁵ xɯ³¹	
	又　落　下　　它　里	

死鬼	1	阿大我幹黃氏拜，	这里我拜黄氏女，
		ʔa⁵⁴ta⁴⁴ ŋo³¹ ka⁴⁴ xuã⁵⁵sʅ⁴⁴ pɛ⁴²	
		这里　　我　跟　黄氏　　拜	
	2	唫東餐俾吃了肉。	您家的饭吃了不少。
		n̠i⁵⁵tɣ⁵⁵ tshã⁵⁵pẽ³³ ju⁴⁴ la⁴²¹ kɛ²¹	
		您家　　　饭　　　吃　了　不少	
	3	在唫家堂孟送經，	在您家堂里诵经，
		tsʅ³³ n̠i⁵⁵ tɕa³³thã⁴² mɯ⁵⁵ ɕo³¹tɕẽ⁵⁵	
		在　您　家堂　　处　念经	
	4	看唫頭修成。	盼望您修成。
		xã⁵⁵ n̠i⁵⁵ tɯ²¹ ɕɯ⁵⁵ tsɛ̃²¹	
		看　您　前头　修　成	
	5	我來唫頭二三年，	我朝前来了两三年，
		ŋo³¹ ɣɯ³⁵ n̠i⁵⁵ tɯ²¹ kõ³³sã⁵⁵ sua⁴⁴	
		我　来　您　前　两三　　年	
	6	在之保守血河池。[1]	还在阴间血河池。

---

[1] 保守[po³¹so³¹]：即阴间。这是白语古词。

		tse⁴⁴tsɿ³³ po²¹so³¹ ɕy³⁵xo⁴²tshɛ⁴²	
		还在　　阴间　　血河池	
	7	吀之使罪我當代，	您有何罪我当代，
		ȵi⁵⁵ tsɿ³³ sɛ³¹ tsui⁴⁴ ŋo³¹ tã³³tɛ⁵⁴	
		您　有　何　罪　我　当代	
	8	做界清心去。	尽管做客清闲去。
		tsu⁵⁵kɛ⁴² tɕẽ⁵⁵ɕĩ⁵⁵ ɣɛ²¹	
		做客　　清闲　去	
	9	聽得吀來南幾天，	听见您来了几天，
		tɕẽ⁵⁵tɯ⁴⁴ ȵi⁵⁵ yɯ³⁵ la⁴² ka³⁵ ȵi⁴⁴	
		听见　　您　来　了　几　天	
	10	我來一殿問明白。	我来一殿问明白。
		ŋo³¹ yɯ³⁵ ji³⁵tĩ⁵⁴ pia⁴⁴ mɛ²¹pɛ⁴²	
		我　来　一殿　　问　明白	
	11	用唔經牙對則自，	把您的经对了后，
		ȵo⁴² ȵi⁵⁵ tɕẽ⁵⁵ja⁴² tui⁴² tshɯ⁵⁵ tsɿ⁵⁵	
		要　您　经　　对　掉　　则	
	12	孟等還家成。	才得以回家。
		mɯ⁵⁵tɯ³¹ ja⁴⁴khɣ³¹ tsẽ²¹	
		才　　　回家　　成	
黄氏	1	黄氏女我看則東，	黄氏女我朝东看，
		xuã⁵⁵sɛ⁴⁴ȵv³³ ŋo³¹ xã⁵⁵ tsẽ²¹ tõ³³	
		黄氏女　　　我　看　朝　东	
	2	看見達奴貝來轟。[1]	看见远处来一些人。
		xã⁵⁵kẽ⁴² ta³⁵no³³ pe⁴⁴ yɯ³⁵ xo³³	
		看见　　那里　　走　来　伙	
	3	耳孟聽得馬拜經，	听见她们来拜经，
		uẽ⁵⁵ mɯ⁵⁵ tɕhɛ⁵⁵tɯ⁴⁴ ma⁵⁵ pɛ³⁵tɕɛ⁵⁵	
		耳　处　听见　　他们　拜经	
	4	打木魚利中。[2]	还敲打着木鱼。
		tẽ⁴⁴ mɯ⁴⁴ʔɣ̃⁵⁵ li⁵⁵ tso³³	
		敲　木魚　　　也　是	
	5	禮拜乃自貝退退，	拜经一节走一程，
		li³¹pɛ⁴² nɛ⁵⁵ tsɿ⁵⁵ pe⁴⁴ thui⁵⁵thui	
		礼拜　嘛　则　走　节节	
	6	馬自阿艮拉艮奴。	一个牵着一个走。

---

[1] 达奴 [ta³⁵no³³]: 是更远指。白语指示代词有近指、远指、更远指的区别。
[2] 木魚[mɯ⁴⁴ʔɣ̃⁵⁵]: 老妈妈佛教礼器。拜经时，每人手里都按诵唱节奏敲打木鱼。

	ma⁵⁵ tsɿ⁵⁵ ʔa³¹n̪i²¹ khe⁵⁵ n̪i²¹ no³³	
	他们 则 一个 牵 人 上	
7	聽馬聲氣拜使經，	听听他们拜何经，
	tɕhẽ⁵⁵ ma⁵⁵ tshɛ⁵⁵tɕhi⁴⁴ pɛ⁴²⁵ sɿ³¹ tɕɛ̃⁵⁵	
	听 她们 声气 拜 什么 经	
8	馬自四遊遊。	她们很悠闲。
	ma⁵⁵ tsɿ⁵⁵ sɿ⁵⁵jo⁴⁴jo⁴⁴	
	他们 则 很悠悠	
9	坐世上奴拜經自，	在世上拜经则，
	kv̩⁴² se⁴²to³³ no³³ pɛ⁴²tɕɛ̃⁵⁵ tsɿ⁵⁵	
	在 世上 上 拜经 则	
10	至子艮轟講。	尽管男子们咋讲。
	tsɿ⁵⁵tsɿ³³ tsɿ³³n̪i²¹xo³³ tɕa³¹	
	摆给 汉子们 讲	
11	馬仲體去講是非，	说是只去讲是非，
	ma⁵⁵ tso⁴² thi³¹ ŋɛ²¹ tɕã³¹ sɛ⁴²fe⁵⁵	
	他们 说 只 去 讲 是非	
12	担奴經母工。	任随经母舞弄。
	ta⁴² ma⁵⁵ ɕi³³ mo³¹ ko³³	
	踏 他们 经母 舞	
13	陰司中至馬歡樂，	他们在阴司里欢乐，
	jḭ³³sɿ³³ xɯ³¹ tsɿ³³ ma⁵⁵ huã⁵⁵lu⁵⁵	
	阴司 里 是 他们 欢乐	
14	講馬奴轟看鴨度。	没有看见说他们的人。
	tɕã³¹ ma⁵⁵ no³³ xo³³ ʔã³³ ja³⁵ tu⁴⁴	
	讲 他们 的 伙 看 不 着	
15	經母轟奴利馬講，	他们还说经母们，
	tɕɛ̃⁵⁵mo³³ xo³³ no³³ li⁵⁵ ma⁵⁵ tɕã³¹	
	经母 伙 上 也 他们 讲	
16	成仲獨子奴利多。	世间独子的也多。
	tsɛ²¹ tso⁴² tɯ⁴²tsɿ³³ no³³ li⁵⁵ tɕi⁵⁵	
	成 是 孤儿 的 也 多	
17	哭仲獨女（奴）利之，	依靠独女的也有，
	kho⁵⁵ tso⁴² tɯ⁴²n̪v̩³³ li⁵⁵ tsɿ³³	
	靠 着 孤女 也 有	
18	仲氣盡之女艮人，	可怜尽是女人们，
	tso⁴²tɕhi⁵⁵ jũ⁵⁵tsɿ³³ n̪v̩³³n̪i²¹ xo³³	
	可怜 尽是 女人 伙	
19	唷古麻稱稱。	为难了她们。

	ȵi⁵⁵ku²¹ ma⁵⁵ sɯ³³sɯ³³	
	为难 她们 样子	
20	蛇牙殺馬（下）雄下，	小蛇从她们下面梭下去，
	khɣ³³ja⁴² sa³⁵ ma⁵⁵ ɣɯ³³ ɕo³¹thɯ⁵⁵	
	蛇 从 她们 下 梭下	
21	大牙坐馬邊奴守。	大蛇守在她们身边。
	to⁴²ja⁴² kɣ⁴² ma⁵⁵ pĩ⁵⁵no³³ sʅ³³	
	大的 在 他们 边上 守	
22	六畜得利欺艮皆，	那些鱼虫也欺人，
	lu³⁵ɕu³⁵tɯ³¹ li⁵⁵ tɕhi⁵⁵ ȵi²¹kɛ⁵⁵	
	六畜 也 欺 人	
23	狗坐孟奴吃。	饿狗还吃人。
	khuã³³ kɣ⁴² pĩ⁵⁵no³³ jɯ⁴⁴	
	狗 在 边上 吃	
24	看得上節奴利多，	看见多少人上节，
	xã⁵⁵ tɯ⁴⁴ to³³ tse⁴² no³³ li⁵⁵ tɕi⁵⁵	
	看 得 上节 的 也 多	
25	看得下節奴利之，	下节也不少。
	ʔã³³ tɯ⁴⁴ ɣɛ³³ tse⁴² no³³ li⁵⁵ tsʅ³³	
	看 得 下 节 的 也 有	
26	孟中全艮之沉下，	有的整个身子落下去，
	mɯ⁵⁵xɯ³¹ tsa³⁵ ȵi²¹ tsʅ³³ lo⁵⁵ thɯ⁵⁵	
	里面 整 人 是 落 下	
27	見雜頭毛命。	只有一把头发露出来。
	kẽ⁴² sa³⁵ tɯ²¹ma⁵⁵ȵiɯ³³	
	见 剩 头发丝	
28	仲氣到自冷時奴，	可怜到了这结果，
	tso⁴²tɕhi⁵⁵ pia⁴⁴ tsʅ⁵⁵ no³¹tsɛ²¹ no³³	
	可怜 到 则 这时 上	
29	女人情自初阿朋。	女人情是不是情。
	nɣ³³ȵi²¹ tɕɛ²¹ tsʅ⁵⁵ tshu³³ ʔa³¹ pio³³	
	女人 情 则 就 不 不是	
30	看馬奴自心奴疼，	看见它们心里疼，
	xã⁵⁵ ma⁵⁵ no³³ tsʅ⁵⁵ ɕĩ⁵⁵no³³ sỹ³¹	
	看 他们 上 则 心疼	
31	越看越傷心。	越看越伤情。
	jy³⁵ khã⁵⁴ jy³⁵ sã³³ɕĩ³³	
	越 看 越 伤心	
32	黄氏我看心不服，	黄氏女我看不惯，

		xuã⁵⁵sɛ⁴² ŋo³¹ ʔã³³ ɕĩ³³ pu³⁵ fu³⁵	
		黄氏　我　看　心　不　服	
	33	爲使孟中子人没？	里面为何没男人？
		ui⁴⁴⁵sɛ³¹ mɯ⁵⁵xɯ³¹ tsɻ̩³³ɲ̩i²¹⁵ mo³³	
		为什么　里面　　男人　　没有	
	34	那二人去問他則，	你们二位去问问，
		na⁵⁵ kõ³³ ɲ̩i²¹ ɣɛ²¹ piɛ⁴⁴ ma⁵⁵ tsɯ³⁵	
		你　二　人　去　问　他们　去	
	35	説仲我坐阿大登。	说我在这里。
		sua⁴⁴tso⁴² ŋo³¹ kɣ⁴² ʔa⁵⁵ta⁴⁴ tu³³	
		说是　　我　在　这里　　等	
金玉	1	冷樣善人啥不知，	这些善人您不知，
		nɯ³¹ja⁴² sɛ̃⁵⁴zẽ⁴² li⁵⁵ ja³⁵sui³³	
		这些　　善人　　也　不知	
	2	奈何橋生初冷生。	这里就是奈何桥。
		lɛ⁵⁴xo⁴²tɕho⁴²sɯ³³ tshu³³ nɯ³¹ sɯ³³	
		奈何桥　　　　就　这　座	
	3	血河池江初冷江，	血河池是这潭水，
		ɕy³⁵xo⁴²tshɻ̩⁴² kỹ⁵⁵ tshu³³ nɯ³¹ kỹ⁵⁵	
		血河池　　河　　就　这　河	
	4	陰稱初冷奔。	可怕就是这池水。
		jũ³³tshɻ̩³¹ tshu³³ nɯ³¹ pɯ³³	
		阴森　　　就　这　塘	
黄氏	1	女人轟馬坐火孟，[1]	女人她们生娃娃，
		ɲ̩ɣ³³ɲ̩i²¹xo³³ ma⁵⁵ kɣ⁴²hui³³mɯ⁵⁵	
		女人伙　　她们　坐月子	
	2	汗穢家庭與灶神，	污秽家里的灶神。
		ɣo⁴²kɯ³³ xa³¹tɣ⁵⁵ ɲ̩i⁵⁵ tso⁵⁵sɯ̃⁴²	
		污秽　　家里　　和　灶神	
	3	阿七不過馬貝七，[2]	不满一七就出去，
		ʔa³¹ tɕhi⁴⁴ ja³⁵ma³³ ma⁵⁵ pe⁴⁴ tɕhi⁴⁴	
		一　七　不满　　他们　走　出	
	4	有草帽利馬戴没。	有篾帽也不戴。
		tsɻ̩³³ jo⁵⁵ja⁴⁴ li⁵⁵ ma⁵⁵ ja³⁵tu⁴²	
		有　篾帽　也　她们　不戴	

---

[1] 坐火孟 [kɣ⁴²xui³³mɯ⁵⁵]：分娩时的坐月子。

[2] 民俗，分娩时流血，肮脏，对灶神不敬；分娩坐床七天，之后才能下地走动。下句也是，坐月子期间，出房间门要戴篾帽，即当地使用的篾片编、夹笋叶的遮雨的雨帽。

5 汗天汗地汗日月， 汗天汗地汗日月，
   γẽ²¹ xẽ⁵⁵ γã²¹ tɕi³¹ γã²¹ n̠i⁴⁴ uã⁴⁴
   汗　天　汗　地　汗　日　月

6 馬孟大成夢。 她们这样不合情。
   ma⁵⁵ mɯ⁵⁵ ta⁴⁴ tsẽ²¹ mɯ³³
   她们　那里　成　吗

7 灶君老爺怕上天， 吓得灶君老爷上天庭，
   tso⁵⁴tɕỹ³³ lo³¹ji⁴² kẽ⁵⁵ tsõ³³ xẽ⁵⁵
   灶君　　老爷　怕　上　天

8 門神二次利怕上樹。 吓得两位门神爬上树。
   mɯ²¹zẽ²¹ ko³³ tsɿ⁵⁵ li⁵⁵ kẽ⁵⁵ tso³³ tsɯ³¹
   门神　　两　尊　怕　上　树

9 監察監察唔邊奴， 监察监察您身边，
   ji³³tsha³⁵ ji³³tsha³⁵ n̠i⁵⁵ pĩ³³ no³³
   监察　　监察　　您　边　上

10 善惡到頭終有報， 善恶到头终有报，
   sẽ⁵⁴γo³⁵ to⁵⁴tho⁴² tsõ³³ jo³¹ po⁵⁴
   善恶　　到头　　终　有　报

11 在雖彥調度。 在随您调度。
   tse⁴⁴sui⁵⁵ n̠i⁵⁵ tio⁴⁴tu⁴⁴
   在随　　您　调度

12 阿歲衣裏之幾石， 一年衣服有几叠，
   ʔa³¹sua⁴⁴ ji⁵⁵ li⁵⁵ tsɿ³³ ka³⁵ ta⁵⁵
   一年　　衣　也　有　几　叠

13 阿歲錢文有多少。 一年钱财有多少。
   ʔa³¹sua⁴⁴ tse²¹li⁵⁵ tsɿ³³ tɕi⁵⁵xu³³
   一年　　钱文　　有　多少

14 六畜長旺人清吉， 六畜长旺人清吉，
   lu³⁵ɕu⁴⁴ tshã²¹uã⁵⁴ zũ⁴² tɕhĩ³³tɕi³⁵
   六畜　　兴旺　　人　清吉

15 全靠頭唔奴。 都全靠着您。
   tɕhỹ⁴² kho⁴⁴to⁵⁵ nɯ⁵⁵ no³³
   全　依着　　你的　上

16 告辭唔孟我用去， 告辞山神又上路，
   ko⁴⁴tshɿ⁵⁵ n̠i⁵⁵ mɯ⁵⁵ ŋo³¹ no³³ γɛ²¹
   告辞　　您　处　我　要　去

17 金童玉女之外奴。 金童玉女在外面等我，
   tɕũ³³tho⁴² jy⁵⁴ny³¹ tsɿ³³ ua⁴⁴no³³
   金童　　玉女　在　外边

18 三配三四三況開， 撕不开也撕开了，

sã⁵⁵phe⁵⁵ sã⁵⁵sɛ⁴² sã⁵⁵khua⁴⁴khe⁵⁵
相剥　　相割　　相剥离

19　生哭聲聲去。　　　　　　　　　　　　流着眼泪走。
　　xɛ̃⁵⁵kho⁴⁴ tshɛ̃⁵⁵tshɛ̃⁵⁵ ɣɛ²¹
　　嚎哭　　声声　　　去

20　黃氏去到大門居，　　　　　　　　　　黄氏我到大门口，
　　xuã⁵⁵sɛ⁴² ŋo³¹ phia⁴⁴ kɛ⁴²me²¹ tɕy³³
　　黄氏　　我　到　　大门　　口

21　尚服門神那二位。　　　　　　　　　　谢谢门神您二位。
　　sa⁴⁴fɣ⁴⁴ me²¹zɛ²¹ na⁵⁵ kõ³³ ui⁴⁴
　　谢谢　　门神　　你们　两　位

22　這是孟等見得你，　　　　　　　　　　这时才能见着您，
　　no³¹tsɛ²¹ mɯ⁵⁵tɯ³¹ kɛ̃⁴² tɯ⁴⁴ no³¹
　　这时　　　才　　　　见　得　你

23　顯赫赫之威。　　　　　　　　　　　　赫赫好威风。
　　ɕĩ³¹ xɯ³⁵xɯ³⁵ tsɿ³³ ui³³
　　显　赫赫　　之　威

24　今日我在陰司中，　　　　　　　　　　今日我在阴司里，
　　ke⁵⁴ȵi⁴⁴ ŋo³¹ kɣ⁴² jĩ³³sɿ³³ xɯ³¹
　　今天　　我　在　阴司　　里

25　尚服那奴使冷期。　　　　　　　　　　这里敬请你们一件事。
　　sa⁴⁴fɣ⁵⁵ na⁵⁵ no³³ sɛ³¹ no³¹ tɕhi³³
　　谢谢　　你们　上　事　这件

26　閑人閑鬼之門孟，　　　　　　　　　　闲人闲鬼在门外，
　　ɕã⁵⁵ȵi²¹ ɕã⁵⁵kɣ³³ tsɿ³³ mɯ⁵⁵mɯ⁵⁵
　　闲人　　闲鬼　　在　他的　处

27　送馬庸去進。　　　　　　　　　　　　让他们莫进去。
　　so³³ ma⁵⁵ ȵo³³ ɣɛ²¹ ȵi⁴⁴
　　让他们 不要 去 进

28　黃氏我去陰司中，　　　　　　　　　　黄氏我在阴司里，
　　xuã⁵⁵sɛ⁴⁴ ŋo³¹ ɣɛ²¹ jĩ³³sɿ³³ xɯ³¹
　　黄氏　　我　去　阴司　　里

29　金童玉女走我前。　　　　　　　　　　金童玉女走在前。
　　tɕĩ³³thõ⁴² jy⁵⁴ny³¹ pe⁴⁴ ŋɯ⁵⁵ tɯ²¹
　　金童　　玉女　走　我的　前

30　千事萬事丟別辭，　　　　　　　　　　千事万事都丢掉，
　　tɕhy⁵⁵sɛ³¹ ṽ⁴²ṽ³³ piɛ⁵⁵ kɛ⁴⁴ tshɯ³³
　　千事万事　　丢　开　掉

31　走進夢曲中。　　　　　　　　　　　　走进梦境里。

pe⁴⁴ȵi⁴⁴ muɯ³¹ỹ⁴² xɯ³¹
走进　梦境　里

32　金童抬得旗子杆，　　　　　　　　　　金童拿着一面旗，
tɕɯ̃³³thõ⁴² tã⁵⁵tuɯ⁴⁴ tɕi²¹tsʅ³³kã⁵⁵
金童　　拿着　　小旗儿

33　玉女捧得花自樹。　　　　　　　　　　玉女捧着一花树。
jy⁵⁴ny²¹ tã⁵⁵tuɯ⁴⁴ xua⁵⁵tsʅ³³tsɯ³¹
玉女　　拿着　　花树儿

34　金童玉女那工弟，　　　　　　　　　　金童玉女兄妹俩，
tɕɯ̃³³thõ⁴² jy⁵⁴ny³¹ na⁵⁴ kõ³³thi³³
金童　　　玉女　那　弟妹俩

35　本來之看則。　　　　　　　　　　　　两个很好看。
puɯ³¹lɛ⁵⁵ tsʅ³³ ʔã³³tsɯ³¹
本来　　　有　看常

36　仲我乃走阿退子，　　　　　　　　　　领我走了小段路，
tso⁵⁵ ŋo³¹ nɛ⁵⁵ pe⁴⁴ ʔa³¹thui⁵⁵tsʅ³³
那我　嘛　走　一节儿

37　貝得路半裏利没。　　　　　　　　　　半路还没有。
pe⁴⁴ tuɯ⁴⁴ pã⁴²thu³³ li⁵⁵ ja³⁵ muɯ³³
走　得　半路　也　没　没有

38　土邊奴之大碑杆，　　　　　　　　　　路边有大碑，
thu³³pĩ⁵⁵ no³³ tsʅ³³ to⁴² pe⁵⁵kã⁵⁵
路边　　上　有　一块大碑

39　細奴書寫黑。　　　　　　　　　　　　上面写满字。
ɕi⁵⁵xɯ³¹ sɤ⁵⁵ vɛ⁴² xɯ⁴⁴
上面　　书　写　黑

40　馬叫孟奴陰陽界，　　　　　　　　　　他们叫它阴阳界，
ma⁵⁵ ʔɯ⁵⁵ muɯ⁵⁵ no³³ jĩ³³jã⁴²ke⁵⁴
他们　叫　它　的　阴阳界

41　過了此地到陰司。　　　　　　　　　　过了这里到阴司。
ko⁴² la⁴² tuɯ⁵⁵xɯ³¹ phia⁴⁴ jĩ³³sʅ³³
过了　　这里　　到　　阴司

42　丢父母或必男女，　　　　　　　　　　丢下爹妈丢儿女，
piɛ⁵⁵ ti³³mo³³ ȵi⁵⁵ piɛ⁵⁵ tsʅ³³ ny³³
丢　爹妈　　　和　丢　子女

43　越説越傷心。　　　　　　　　　　　　越说越伤心。
jy³⁵ sua⁴⁴ jy³⁵ sã³³ɕi³³
越　说　越　伤心

44　今夜冷宵貝則麻？　　　　　　　　　　今夜要到哪里去？

ke⁵⁴ȵi⁴⁴ nɯ³¹jo³¹ pe⁴⁴tsɛ²¹ ma⁴⁴
今夜　这夜　走向　哪里

45　得孟看見坝子坝，　　　　　　　　前面看见有坝子。
　　tɯ²¹mɯ⁵⁵ kẽ⁴² tɯ⁴⁴ pa⁴⁴tsɿ³¹pa⁴⁴
　　前面　　看　得　一坝子

46　孟大修得大寺西，　　　　　　　　那里建着大寺庙，
　　mɯ⁵⁵ta⁴⁴ ɕo⁵⁵ tɯ⁴⁴ to⁴² se⁵⁵se⁵⁵
　　那里　　修　得　大　一寺

47　燈火明喨喨。　　　　　　　　　　里面灯火明亮亮。
　　tũ⁵⁵xui³³ mɛ²¹lia⁴⁴lia⁴⁴
　　灯火　　明亮亮

48　馬仲孟中古城隍，　　　　　　　　人说这里是城隍，
　　ma⁵⁵ tso⁴² mɯ⁵⁵xɯ³¹ ku³¹tsũ⁴²xuã⁴²
　　他们　说　里面　　古城隍

49　死則轟至界到大。　　　　　　　　要死的人们捉到这里来。
　　ɕi³³tsɛ⁵⁴ xo³³ tsɿ⁵⁵ kɛ⁴² pia⁴⁴⁵ ta⁴⁴
　　死了　伙　则　捉　到　这里

50　文武判官能二艮，　　　　　　　　门口文武判官这两尊，
　　vũ²¹vɿ³¹ pe⁵⁴kuã³³ nɯ⁵⁵ kõ³³ȵi²¹
　　文武　　判官　这　两人

51　怕喑茂稱稱。　　　　　　　　　　赫赫惊吓人。
　　kẽ⁵⁵ȵi⁵⁵mo³³ tshɯ³³tshɯ³³
　　惊吓人　　（面貌状）

52　阿奔這樣自肉説？　　　　　　　　"啊呗"可怕怎么说？
　　ʔa³¹pɯ⁵⁵ nɯ³¹ja⁴² tsɿ⁵⁵kɛ²¹ sua⁴⁴
　　啊呗　　这些　怎么　说

53　阿大冷轟生吊死！　　　　　　　　这里人们吊死啦！
　　ʔa⁵⁵ta⁴⁴ nɯ³¹xo³³ xẽ⁵⁵ tio⁴⁴xa⁴⁴
　　这里　这些　生　吊死

54　從小冷樣看不過，　　　　　　　　从小这样惨状没见过，
　　tshõ³¹ ɕo³¹ nɯ³¹ja⁴² kẽ⁴² ja³⁵ko⁴²
　　从　小　这些　见　不过

55　怕自摇南南。　　　　　　　　　　怕的我一身抖。
　　kẽ⁵⁵ tsɿ⁵⁵ ju²¹na³³na³³
　　怕　则　抖呐呐

56　兩人打火背於面，　　　　　　　　两人对对背靠背，
　　kõ³³ȵi²¹ ta³¹xo³¹ pe⁵⁴ jy³¹ mi⁴²
　　两人　一起　背　转　面

57　手必儀斗吊起大。　　　　　　　　双手扭曲吊这里。

		suɯ³³pi⁵⁵ ji⁴²to³¹ tio⁴⁴ khɯ³³⁵ta⁴⁴	
		扭手扭曲 吊 起 这里	
	58	看馬臉奴年紀小,	他们模样年纪小,
		xã⁵⁵ ma⁵⁵ tɕy³³ue³³ n̠i⁴⁴sua⁴⁴ se³¹	
		看 他们 脸面 年纪 小	
	59	爲阿使奴犯?	不知犯什么?
		ui⁴⁴ ʔa⁵⁵sɛ³¹ no³³ fã⁴⁴	
		为 什么 的 犯	
金玉	1	我幹善人啥孟說,	我跟善人说一说,
		ŋo³¹ ka⁴⁴ sɛ⁵⁵n̠i²¹ n̠i⁵⁵ mɯ⁵⁵ sua⁴⁴	
		我 跟 善人 您 处 说	
	2	此人馬之世上自,	这些人在世界上,
		no³¹n̠i²¹ ma⁵⁵ tsɿ³³ se⁴²to³³ tsɿ⁵⁵	
		这人 他们 在 世上 则	
	3	馬斗天亞沒。	胡作非为无上天。
		ma⁵⁵ to³³ xẽ⁵⁵ ja³⁵ ma³³	
		他们 上 天 不 不有	
	4	那人孟爹奴不孝,	南边那个不孝敬他爹,
		na²¹n̠i²¹ mɯ⁵⁵ti³³ no³³ ja³⁵xio⁵⁴	
		南人 他爹 的 不孝	
	5	北人用孟母怕死。	北边那个把他妈吓死。
		pɯ⁴⁴n̠i²¹ n̠o⁴² mɯ⁵⁵mo³³ kɛ̃⁵⁵ xa⁴⁴	
		北人 把 他妈 怕 死	
	6	案大送馬受刑法,	让他们在这里受刑法,
		ʔa⁵⁴ta⁴⁴ so³³ ma⁵⁵ so⁵⁴ ɕɯ̃⁴²fa³⁵	
		这里 让 他们 受 刑法	
	7	啥問他阿苗。	您不要问他们什么话。
		n̠i⁵⁵ piɛ⁴⁴ ma⁵⁵ ʔa³¹mia⁴⁴	
		您 问 他们 不要	
黄氏	1	一面貝自一面懊,	一面走着一面难过,
		jɛ³³miɛ⁵⁵ pe⁴⁴ tsɿ⁵⁵ jɛ³³miɛ⁵⁵ ʔo⁴⁴	
		一面 走 则 一面 难过	
	2	今夜冷夜四辛苦。	今夜实在很辛苦。
		ke⁵⁴ɕɛ⁴⁴ no³¹ jo³¹ sɛ⁴⁴ so⁵⁵khu³³	
		今夜 这 夜 实在 辛苦	
	3	阿大禮拜山神啥,	这里又拜山神您,
		ʔa⁵⁴ta⁴⁴ li³¹pe⁵⁴ sɿ⁵⁵zɛ²¹ n̠i⁵⁵	
		这里 礼拜 山神 您	

4 庸幹我後從。[1]　　　　　　　　　　请您撑撑我们。
   no³³ ka⁴⁴ ŋa⁵⁵ ɣɯ³³ tsho³³
   要　把　我们　后　支撑

5 路奴去大奴利多，　　　　　　　　路上回去的也多，
   thu³³ no³³ ɣɛ²¹ ta⁴² no³³ li⁵⁵ tɕi⁵⁵
   路上　　回来　的　也　多

6 仲氣阿艮奴不識。　　　　　　　　可惜不识一个。
   tso⁴² tɕhi⁵⁵ ʔa³¹ ȵi²¹ nu³³ li⁵⁵ su⁴⁴
   可怜　　一　人　上　也　不知

7 他奴毛樣自反生，　　　　　　　　他们身上的毛反着生，
   ma⁵⁵ no³³ ma²¹ ja⁴² tsɿ⁵⁵ fɛ³³ xɛ̃⁵⁵
   他们　上　毛　　则　反　生

8 眼皮反則上。　　　　　　　　　　眼皮向上翻。
   uɛ̃³³ pe²¹ fɛ³³ tsɛ̃²¹ to³³
   眼皮　　反　朝　上

9 姑没得奴貝幾步，　　　　　　　　硬着头皮走几步，
   ku³³ mo³³ tɯ²¹ no³³ pe⁴⁴ ka³⁵ pɯ³¹
   （硬着头皮）　　走　几步

10 寸心氣臭我六中。　　　　　　　　热心气烂肚里头。
   tɕhui⁴⁴ ɕĩ⁵⁵ tɕhi⁴⁴ ɕo⁴² ŋɯ⁵⁵ fɤ⁴⁴ xɯ³¹
   寸心　　气烂　我的　肚里

11 清風師子割啍肉，　　　　　　　　丝丝清风割人肉，
   tɕhɛ̃⁵⁵ pi⁵⁵ sɿ⁵⁵ tsɿ³³ sɛ⁴⁴ ȵi⁵⁵ kɛ²¹
   清风儿　　　　割　您　肉

12 頭保利貝色。　　　　　　　　　　走得头发昏。
   tɯ²¹ po³¹ li⁵⁵ pe⁴⁴ zɿ²¹
   头　　也　走　晕

13 這裏不是陽家鄉，　　　　　　　　这里不是阳家乡，
   ʔa⁵⁴ ta⁴⁴ pu³⁵ sɿ⁵⁵ jã⁴² tɕa³³ ɕã³³
   这里　　不是　阳　家乡

14 本當貝入陰司中。　　　　　　　　本来就走进阴司里。
   pɯ³¹ tã⁵⁵ pe⁴⁴ ȵi⁴⁴ jĩ³³ sɿ³³ xɯ³¹
   本来　走　进　阴司　里

15 東南西北分不清，　　　　　　　　东南西北分不清，
   tỹ⁵⁵ na³¹ se⁵⁵ pɯ⁴⁴ fɤ⁵⁵ ja³⁵ tɕhɛ̃⁵⁵
   东　南　西　北　分　不　清

16 送水頭奴油。　　　　　　　　　　好像在天上飘游。

---

[1] 從[tsho³³]：意为支撑、帮助、护佑。

	so⁵⁵ɕy³¹ tɯ²¹no³³ jɯ²¹	
	好像　　上面　　游	
17	開自我挂扶弟串，	这回我挂佛珠串，
	khɛ⁵⁵tsʅ⁵⁵ ŋo³¹ kua⁴⁴ vɣ⁴²ti⁴²tshui⁴⁴	
	这就　　我　挂　　一串佛珠	
18	木魚子堅把手中。	小小木鱼拿手里。
	mu⁴⁴ṽ⁵⁵tsʅ³³tɕɛ³³ pɛ³³ sɯ³³ xɯ³¹	
	木鱼儿　　　　拿　手　里	
19	打開經門拜我經，[1]	打开经门拜我的经，
	tɛ⁴⁴khe⁵⁵ tɕɛ̃⁵⁵me²¹ pɛ⁴² ŋɯ⁵⁵ tɕɛ̃⁵⁵	
	打开　　经门　　拜	
20	我殺使奴齊頭？	该从哪里起头？
	ŋo³¹ sa³⁵ sɛ³¹ nu³³ khɯ³³ ɯ²¹	
	我　从　哪里　的　起头	
21	府下幹我信代片，	弯下把我的跪垫摆，
	ʔuɛ³³thɯ⁵⁵ ka⁴⁴ ŋɯ⁵⁵ ɕɯ⁵⁵te⁴⁴ pe³¹	
	俯下　　把我的　跪垫　　摆	
22	在起幹我翠愧僅。	站起把我的发髻正。
	tsɯ³¹khɯ³³ ka⁴⁴ ŋɯ⁵⁵ tshui⁴⁴khui⁵⁵ tɕɯ³¹	
	站起　　把我的　　发髻　　　紧	
23	衣質俾前扣齊整，	把我的围腰拴齐整，
	ji⁵⁵tsʅ⁵⁵ pe³³tɕi³¹ kho⁵⁵ tsɛ²¹tsa⁴²	
	围腰　　　围腰　　拴　整齐	
24	僅直拜則内。	拜经一直拜进去。
	tɕi³¹tsʅ³⁵ pɛ⁴² tsɛ²¹ khɯ³¹	
	直直　　拜　朝　里	

25	第一我拜東心經，	第一我拜东心经，
	ti³¹ji⁴⁴ ŋo³¹ pɛ⁴² tõ³³ɕĩ³³ tɕɛ⁵⁵	
	第一　我　拜　东　心　经	
26	守開轟利站起聽。	要让看客站起听。
	so³³ khe⁴⁴ xo³³ li⁵⁵ tsɯ³¹khɯ⁵⁵ tɕhɛ̃⁵⁵	
	让　客人　　也　站起　　听	
27	馬仲黄氏女到阿大，	他们说黄氏到这里，
	ma⁵⁵ tso⁴² xuã⁵⁵sɛ⁴²ŋɣ³³ phia⁴⁴⁵ ta⁴⁴	
	他们说　黄氏女　　　到　这里	
28	關門打開清。	把所有关起的门打开听。

---

[1] 經門[tɕɛ̃⁵⁵me²¹]：即经文之门。比喻开始诵唱经文。

tɕi⁵⁵me²¹ tɛ⁴⁴khe⁵⁵ tɕhẽ⁵⁵
关门　　　打开　　尽

29　一步一步走则前，　　　　　　　　一步一步拜朝前，
ʔa³¹pu³¹ ʔa³¹pu³¹ pe⁴⁴tsɛ²¹ tɯ²¹
一步　　　一步　　　走朝　　　前

30　一歇高下拜我經。　　　　　　　　一心认真拜我的经。
ji³⁵ɕĩ³³ kã⁵⁵pi³³ pɛ⁴² ŋɯ⁵⁵ tɕẽ⁵⁵
一心　　　高低　　白　我的　经

31　鬼門官利來接我，　　　　　　　　鬼门守官来接我，
kui³¹me²¹ kuã⁵⁵ li⁵⁵ ɣɯ³⁵ tɕa⁴⁴ ŋo³¹
鬼门　　　官　也　来　接　我

32　鬼樣迯則清。　　　　　　　　　　鬼们在外面听。
kɤ³³ja⁴² ua⁴⁴ tsɿ²¹ tɕhẽ⁵⁵
鬼们　　外　边　听

33　阿大貝過幾步子，　　　　　　　　这里走过去几步，
ʔa⁵⁴ta⁴⁴ pe⁴⁴ ko⁴² ka³⁵pu³¹tsɿ³³
这里　　走　过　几步儿

34　前孟看見石橋生。　　　　　　　　前面看见石桥一座。
tɯ²¹mɯ⁵⁵ kẽ⁴² tɯ⁴⁴ tso⁴²ku²¹sɯ³³
前面　　　见　得　一座石桥

35　石橋生下之人皆，　　　　　　　　石桥下面又有人，
tso⁴²ku²¹sɯ³³ ɣɛ³³ tsɯ³³ ȵi²¹kɛ⁵⁵
石桥　　　　下　有　人

36　哭自四四手。　　　　　　　　　　哭的嘶嘶地痛苦声。
kho⁴⁴ tsɿ⁵⁵ sɿ⁴⁴sɿ⁴⁴sɯ³³
哭　则　嘶嘶样

37　阿大我問那二人，　　　　　　　　这里我问你们俩，
ʔa⁵⁴ta⁴⁴ ŋo³¹ piɛ⁴⁴ na⁵⁵kõ³³ȵi²¹
这里　我　问　你们俩

38　陽東阿大貝做使？　　　　　　　　回来咱家做什么？
na⁵⁵tɤ⁵⁵ ʔa³¹ta⁴⁴ pe⁴⁴ tsu⁵⁵sɿ³¹
咱们家　　这里　　走　做什么

39　怕你那二人心不清，　　　　　　　恐怕你俩不清楚。
kɛ̃⁵⁵ na⁵⁵ kõ³³ȵi²¹ ɕĩ⁵⁵ ja³⁵ tɕhẽ⁵⁵
恐怕　你们　二人　心　不　清楚

40　代書朱女其。　　　　　　　　　　耍娃娃脾气。
tɛ⁴⁴ sɿ⁵⁵tsɿ³³ȵɤ³³tɕhi³¹
耍　　娃娃脾气

41　孟奴樹木利不生，　　　　　　　　上面树木也不生，

		mɯ⁵⁵ no³³ tsɯ³¹ỹ⁴⁴ li⁵⁵ ja³⁵ xɛ̃⁵⁵	
		它的上　树木　也不长	
	42	阿愧孟利鸭三与，	一座不跟一座同，
		ʔa³¹ khui⁵⁵ mɯ⁵⁵ li⁵⁵ ja³⁵ sã⁵⁵jy³¹	
		一　座　它的也　不　相像	
	43	孟奴大道見不度。	上面不见有大路。
		mɯ⁵⁵ no³³ to⁴²thu³³ kẽ⁴² ja³⁵ tu⁴⁴	
		他的上　大路　见不不着	
	44	山冷愧自界唁皮，	这座吓的皮不附人体，
		sɣ⁴² nɯ³¹ khui⁵⁵ tsʅ⁵⁵ kɛ⁴⁴ȵi⁵⁵pe²¹	
		山　这　座　则　让人皮子裂	
	45	初自筋干皮。[1]	就像"筋干皮"。
		tshu³³ tsʅ⁵⁵ tɕi⁵⁵kã⁵⁵pe²¹	
		就　是　（一种树皮）	
金玉	1	我幹善人唁孟説，	我给善人您说说，
		ŋo³¹ ka⁴⁴ sɛ̃⁵⁵ȵi²¹ nɯ⁵⁵ ỹ⁵⁵ sua⁴⁴	
		我　跟　善人　你处　说	
	2	這牙幾人轟做下。	这些古人们兴起。
		nɯ³¹ja⁴² tɕi⁴²ȵi²¹ xo³³ tsu⁵⁵ ɕa⁴⁴	
		这些　　创始者们　做下	
	3	世上燒香要火真，	世上烧香要诚心，
		se⁴² to³³ xu⁵⁵ɕõ⁵⁵ no³³ xu⁵⁵ tsɛ⁵⁵	
		世上　烧香　要　烧　真	
	4	燒奴庸幹吊。	烧香要干净。
		xu⁵⁵ no³³ no³³ kã⁵⁵tia⁴⁴	
		烧　的要　干净	
	5	啊卑阿大山冷愧，	"啊呗"这里这座山，
		ʔa³⁵pe³³ a⁵⁴ta⁴⁴ sɣ⁴² nɛ³¹khui⁵⁵	
		啊呗　这里　山　这座	
	6	衣刀插自孟尖頭。	刀子插在山顶上。
		ji⁵⁵ta⁵⁵ tsha⁴⁴ tsʅ⁵⁵ mɯ⁵⁵ tɕĩ⁵⁵tɯ²¹	
		刀子　插　则　它　尖头	
	7	惡人界到阿大自，	恶人捉到这里来，
		ɣo³⁵ȵi²¹ kɛ⁴⁴ phia⁴⁴ ʔa⁵⁴ta⁴⁴ tsʅ⁵⁵	
		恶人　捉　到　这里　则	
	8	打下入孟中。	打杀到那里。

---

[1] 筋干皮[tɕi⁵⁵kã⁵⁵pe²¹]：即一种药用灌木之皮。这种植物白语称[kõ⁴²tɕi⁵⁵kã⁵⁵]，其内皮苦甜回味，有清热解毒的药效，可入药。皮[pe²¹]：训读字。这里以此比喻光溜溜的。

$t\tilde{\epsilon}^{44}\varepsilon a^{44} \eta i^{44} m\mu^{55}x\mu^{31}$
打杀　进　那里

黄氏			
	1	仲七沙過了冷大，	可怜爬过了那里，
		$tso^{42}t\varepsilon hi^{55} so^{55} ko^{42} la^{42} m\mu^{31}ta^{44}$	
		可怜　　爬　过　了　那里	
	2	聽得頭孟鬧下下。	听见前边叫连天。
		$t\varepsilon h\tilde{\epsilon}^{55} tu^{44} tu^{21}m\mu^{55} ky^{55}\varepsilon a^{44}\varepsilon a^{44}$	
		听　见　前边　（叫声状）	
	3	本至到了逆鏡台，	本来到了逆镜台，
		$p\mu^{31}ts\gamma^{55} phia^{44}la^{42} ni^{35}t\varepsilon\tilde{u}^{54}the^{42}$	
		本来　　到　了　逆镜台	
	4	走則前幹看。	上前看一看。
		$pe^{44}ts\gamma^{21} tu^{21} ka^{44}?\tilde{a}^{33}$	
		走朝　前　看看	
	5	孟高處之三丈餘，	它的高处有三丈多，
		$m\mu^{55} k\tilde{a}^{55}tshy^{31} ts\gamma^{33} s\tilde{a}^{55}ts\tilde{a}^{31} no^{55}$	
		它　高处　　有　三丈　余	
	6	寬處十丈量鴨架。	它的宽处将近有十丈。
		$khua^{44}tshy^{31} ts\varepsilon^{42}ts\tilde{a}^{31} lia^{55} ja^{35} t\varepsilon a^{44}$	
		宽处　　　十丈　量　不　尽	
	7	孟奴寫得逆鏡台，	上面写着"逆镜台"，
		$m\mu^{55} no^{33} v\varepsilon^{42} tu^{44} ni^{35}t\varepsilon\tilde{u}^{55}te^{42}$	
		他　上　写　着　逆镜台	
	8	屏友挂孟外。	这样的匾额挂在外。
		$p\tilde{i}^{31}jo^{31} kua^{44} m\mu^{55} ua^{44}$	
		匾一块　挂　那　外	
	9	仲七孟大吊得艮，	可怜那里吊着一个人，
		$tso^{42}t\varepsilon hi^{55} m\mu^{55}ta^{44} tio^{44}tu^{44} ni^{21}$	
		可怜　　那里　吊着　一人	
	10	吊鏡哆自说真骨。	痛苦不迭说真话。
		$tio^{44} t\varepsilon\mu^{55}tua^{42} ts\gamma^{55} sua^{44} ts\varepsilon^{55}kua^{44}$	
		吊　难受　则　说　真事	
	11	某用真話説出清，	他把事情原委说清楚，
		$mo^{31} no^{42} ts\varepsilon^{55} t\tilde{o}^{21} sua^{44}t\varepsilon hi^{44} t\varepsilon h\tilde{\varepsilon}^{55}$	
		他　用　真话　说掉　尽	
	12	看孟死某相。	瞧他那要死要活的样子。
		$x\tilde{a}^{55} m\mu^{55} \varepsilon i^{33} mo^{42} \varepsilon\tilde{a}^{44}$	
		看　他的　死　那　像	
	13	看孟臉奴年紀小，	看他的年纪还在小，

xã⁵⁵ mɯ⁵⁵ tɕy³³ʔuẽ³³ ɲi⁴⁴sua⁴⁴ se³¹
看 他的 脸面 年纪 小

14 某庸恩奴利稱到, 他羞愧到我身上。
mo³¹ ɲo⁴² ŋɯ⁵⁵ no³³ li⁵⁵ tshɯ³³ phia⁴⁴
他 用 我的 上 也 丑 到

15 他初用某吊死利, 他们就是吊死他,
ma⁵⁵ tshu³³ ɲo⁴² mo³¹ tio⁴⁴ xa⁴⁴ li⁵⁵
他们 就 要 他 吊 死 也

16 真話説阿苗。 不要说真情。
tsʅ⁵⁵tõ²¹ sua⁴⁴ ʔa³¹mia⁴⁴
真话 说 不要

17 阿大我問那二人, 这里我问你们俩,
ʔa⁵⁵ta⁴⁴ ŋo³¹ piɛ⁴⁴ na⁵⁵ kõ³³ ɲi²¹
这里 我 问 你们俩 人

18 拴來此人自肉説? 为何拴来这个人?
fɤ⁴² ɣɯ³⁵ no³¹ ɲi²¹ tsʅ⁵⁵kɛ²¹ sua⁴⁴
缚 来 这 人 怎么 说

19 工人對對子扶來, 两个一对对拴来,
kõ³³ɲi²¹ tui⁴²tui⁴²tsʅ³³ fɤ⁴² ɣɯ³⁵
两人 对对儿 缚 来

20 罰跪在這點? 罚跪在这里?
fɛ⁴⁴kɤ³¹ kɛ²¹ ʔa⁵⁴ta⁴⁴
罚跪 在 这里

金玉 1 這樣善人唔不書, 善人您不知这些人,
nɯ³¹jã⁴² sɛ⁵⁴ɲi²¹ ɲi⁵⁵ pɯ³¹su⁴⁴
这些 善人 您 不知

2 逆鏡台子初冷面。 逆镜台就这一面。
ni³⁵tɕɯ̃⁵⁴the⁴² xɯ³¹ tshu³³ no³¹ mi⁴²
逆镜台 里 就 这 面

3 坐世上他做差, 他们在世做错事,
kɤ⁴² se⁴²kɛ⁴² xɯ³¹ ma⁵⁵ tsu⁵⁵tsha⁵⁵
在 世上 里 他们 做错

4 到了阿大自初山。 到了这里就照出来。
phia⁴⁴ la⁴² ʔa⁵⁴ta⁴⁴ tsʅ⁵⁵ tshu³³ se³³
到 了 这里 则 就 知

5 唔大馬中氣阿使, 不要为他们难过,
ɲi⁵⁵ ta⁴²ma⁵⁵ɣɯ³¹ tɕhi⁴⁴ ʔa⁵⁵se³¹
您 帮助 他们 气 什么

	6	前世做清了爲最。		他们坏事已做绝。
		tɯ²¹se⁴² tsu⁵⁵tɕhẽ⁵⁵ la³⁵ ui³¹tsui⁴⁴		
		前世　做尽　　　又　为绝		
	7	死了貝到阿大自，		死了走到这里来，
		ɕi³³ la⁴² pe⁴⁴ phia⁴⁴ ʔa⁵⁴ta⁴⁴ tsɿ⁵⁵		
		死　了　走　到　这里　则		
	8	馬羊足露出。[1]		羊脚露出来。
		ma⁵⁵ jõ²¹ko⁴⁴ lu⁴⁴ tɕhi⁴⁴		
		他们　羊脚　露　出		
黄氏	1	黄氏女我跪則前，		黄氏女我跪朝前，
		xuã⁵⁵sɿ⁴⁴n̠ɣ³³ ŋo³¹ kɣ³¹tsɛ²¹ tɯ²¹		
		黄氏女　　我　坐朝　　前		
	2	看自世上做使怎。		看见人间所作为。
		ʔã³³ tsɿ⁵⁵ se⁴²tõ³³ tsu⁵⁵ sɿ³¹tsɯ⁴²		
		看　则　世上　做　多少。		
	3	家中雜界看得清，		家里全部看清楚，
		xa³¹tɣ⁵⁵ tsa³⁵kɛ⁵⁵ ʔã³³ tɯ⁵⁵ tɕhẽ⁵⁵		
		家中　全部　　看得　清		
	4	看入灶房中。		看到灶房里。
		ʔã³³ n̠i⁴⁴ tso⁴²fã⁵⁵ xɯ³¹		
		看　进　灶房　里		
	5	我奶之孟大拜經，		我的奶奶在那里拜经，
		ŋɯ⁵⁵ ne⁴⁴ tsɿ³³ mɯ⁵⁵ta⁴⁴ pɛ⁴²tɕẽ⁵⁵		
		我的　奶奶　是　哪里　　拜经		
	6	木魚子井把手中。		手里敲木鱼儿。
		mɯ⁴⁴ʔɣ̃⁵⁵tsɿ³³tɕẽ³³ pɛ³ sɯ³³ xɯ³¹		
		木鱼儿　　　　拿　手里		
	7	我東在之黄氏女，		家里还有一个黄氏女，
		ŋa⁵⁵tɣ⁵⁵ tse⁴⁴ tsɿ³³ xuã⁵⁵aɿ⁴⁴n̠ɣ³³		
		我家　再　有　黄氏女		
	8	自鬼仲做賊？		做鬼或做贼？
		tsu⁵⁵ kɣ³³ tso⁴² tsu⁵⁵ tsɯ⁴²		
		做　鬼　或　做　贼		
	9	李紀看馬工弟面，		理应领我小儿女，
		li³³tɕi⁴² xã³³ ma⁵⁵ kõ³³tsɿ³¹thi³³		
		礼兴　领　他们　姐弟俩		
	10	看見馬之灶房中。		姐弟都在灶房里。

[1] 羊脚露出[jõ²¹ko⁴⁴ lu⁴⁴ tɕhi⁴⁴]：即露羊脚。隐语，比喻显露出真相。

ʔã³³kẽ⁴² ma⁵⁵ tsȵ³³ tso⁴²fã⁵⁵ xɯ³¹
看见 他们 在 灶房 里

11　馬自阿艮拉艮奴，　　　　　　　　他们一个牵一个，
ma⁵⁵ tsȵ⁵⁵ ʔa³¹ n̠i²¹ kẽ⁵⁵ n̠i²¹ no³³
他们 则 一 人 牵 人 上

12　自哭飽哭流。　　　　　　　　　个个哭成眼泪人。
tsȵ⁵⁵ kho⁴⁴ pu³³ kho⁴⁴ kɯ⁴²
则 哭 饱 哭 低头

13　鏡盾小刀割我心，　　　　　　　一看心里小刀割，
tɕɯ⁴⁴tui⁵⁵ sε³¹ta⁵⁵ sε⁴⁴ ŋɯ⁵⁵ ɕĩ⁵⁵
直直 小刀 割 我的 心

14　使我涵淚千江流。　　　　　　　我的眼泪满脸流。
sε³³ ŋa⁵⁵ mi⁴²ji³¹ tɕhĩ⁵⁵ kɣ⁵⁵ kɯ²¹
让 我 眼泪 千条 流

15　那你捨大子唔女，　　　　　　　怎舍我的小儿女，
na⁵⁵ni³¹ sε³¹ ta⁴² tsȵ³³ n̠i⁵⁵ n̠ɣ³³
哪里 舍得 子 和 女

16　我要回家庭。　　　　　　　　　我要回家看他们。
ŋo³¹ no³³ xui⁴² tɕa³³thũ²¹
我 要 回 家庭

17　那二人體幹我容，　　　　　　　求你二人通融我，
na⁵⁵ kõ³³n̠i²¹ thi³¹ ka⁴⁴ ŋo³¹ jo⁵⁵
你们 两人 只 把 我 通融

18　回家體幹馬看了，　　　　　　　回家只把他们看望。
ja⁴⁴khɣ³¹ thi³¹ ka⁴⁴ ma⁵⁵ ʔã³³ la⁴²
回家 只 把 他们 看了

19　地閻王初怪折利，　　　　　　　阎王就是怪罪我，
tɕi³¹li⁵⁵ṽ²¹ tshu³³ kui⁵⁴tsɯ³⁵ li⁵⁵
阎王 就 怪责 也

20　我雜擔抬則。[1]　　　　　　　　我得一担挑。
ŋo³¹ tsa³⁵tã⁴² tã⁵⁵ tsɯ²¹
我 全担 抬 去

金玉　1　善人言之也有理，　　　　　　　善人言之也有理，
sẽ⁵⁴zũ⁴² sua⁴⁴ no³³ li⁵⁵ tsȵ³³ li³³
善人 说 的 也 有理

2　情願隨你回家轉。　　　　　　　我也情愿你回家。

---

[1] 我雜擔抬則[ŋo³¹ tã⁵⁵ tã⁴² tã⁵⁵ tsɯ²¹]: 意思是我全担挑起去了。则 [tsɯ²¹]: 是助词，指离心方向。

		tɕĩ⁴²jỹ⁵¹ sui⁵⁵ no³¹ ja⁴⁴khɣ³¹ tsuĩ⁴⁴	
		情愿 随 你 回家 转	
	3	就是我兩個去了,	要是我俩回去了,
		tshu³³tsʅ³³ n̠a⁵⁵ kõ³³ n̠i²¹ ɣɛ²¹ la⁴²	
		就是 咱们 两 人 去 了	
	4	上下兩難使冷七。	上下两难难为您。
		sã⁵⁴ ɕa⁵⁴ liã³¹na⁴² so³³ no³¹ tɕhi⁴⁴	
		上下 两难 让 你 气	
	5	他初共楊回家利,	她就跟咱回家里,
		mo³¹ tshu³³ ko⁵⁵ n̠a⁵⁵ ja⁴⁴kɯ⁵⁵ li⁵⁵	
		他 就 和 咱们 回家 也	
	6	體大隨孟意。	只好随她意。
		thi³¹ta⁴² sui⁵⁵ mɯ⁵⁵ ji⁴⁴	
		只有 随 他的 意	
	7	壽歲某成六十餘,	他的寿岁六十多,
		so⁴⁴sui⁴⁴ mo³¹ tsɛ²¹ lu³⁵sʅ³³ no⁵⁵	
		寿岁 他 成 六十 余	
	8	孟奴楊體自請入。	她是咱们请的人。
		mɯ⁵⁵ no³³ n̠a⁵⁵ thi³¹tsʅ³³ tɕhẽ³³ n̠i⁴⁴	
		她 上 咱们 只是 请 进	
	9	體使某來幹經對,	只是让她来对经,
		thi³¹ so³³ mo³¹ ɣɯ³⁵ ka⁴⁴ tɕẽ⁵⁵ tui⁴²	
		只 让 她 去 把 经 对	
	10	不管早與遲。	不管她迟早。
		ja³⁵kuã⁴² tsu³³ n̠i⁵⁵ me³³	
		不管 就 或 晚	
黃氏	1	黃氏某自急速貝,	黄氏她那急速走,
		xuã⁵⁵sʅ⁴⁴ mo³¹ tsʅ⁵⁵ tɕi⁴²tsua⁴² pe⁴⁴	
		黄氏 她 则 赶快 走	
	2	還家看馬兩子弟。	回家看她小儿女。
		ja⁴⁴khɣ³¹ ʔã³³ ma⁵⁵ kõ³³tsʅ³¹thi³³	
		回家 看 他们 姐弟俩	
	3	回家家中幹打聽,	回家听一听,
		ja⁴⁴khɣ³¹ xa³¹tɣ⁵⁵ ka⁴⁴ta³¹tɕhẽ⁵⁵	
		回家 家里 打听打听	
	4	喜歡仲懊氣?	喜欢或伤心?
		ɕi¹xuã⁵⁵ tso⁴² ʔo⁴⁴tɕhi⁴⁴	
		喜欢 或 恼气	
	5	喜歡回家去看他,	喜欢你就回家去,

	ɕi³¹xuã⁵⁵ ja⁴⁴khɤ³¹ ɣɛ²¹ ʔã³³ ma⁵⁵	
	喜欢 回家 去 看 他们	
6	氣自馬奴用送山。	难过不让他们知道。
	tɕhi⁴⁴ tsʅ⁵⁵ ma⁵⁵ no³³ n̠o³³ so³³ se³³	
	气 则 他们 上 不要 让 知	
7	體大看使奴映事，	只得看实情行事，
	thi³¹ta⁴² xã⁵⁵ sʅ³¹ no³³ juɯ̃⁴⁴sʅ⁵⁴	
	至于 看事 上 应事	
8	奎心打主意。	另外打主意。
	kuã⁵⁵ɕuĩ⁵⁵ tɛ̃⁴⁴ tsu³¹ji⁴⁴	
	另外 打 主意	
9	黃氏我殺陰司牙，	黄氏我从阴司回，
	xuã⁵⁵sʅ⁴⁴ ŋo³¹ sa³⁵ jĩ⁵⁵sʅ⁵⁵ ja⁴⁴	
	黄氏 我 从 阴司 回	
10	阿時牙到大門外。	一时走到大门前。
	ʔa³¹tsɛ²¹ ja⁴⁴ phia⁴⁴ kɛ⁴²me²¹ ua⁴⁴	
	一时 回 到 大门 外	
11	大門開善彥金善，	大门开一扇闭一扇，
	kɛ⁴²me²¹ khɯ⁵⁵se⁴² n̠i⁵⁵ tɕi⁵⁵se⁴²	
	大门 开一扇 和 闭一扇	
12	看馬奴利媽。	没人照料我儿女。
	xã⁵⁵ ma⁵⁵ no³³ li⁵⁵ ma³³	
	看 他们 的 也 没有	
13	仲氣走入家堂盂，	伤心走进家堂里，
	tso⁴²tɕhi⁵⁵ pe⁴⁴ n̠i⁴⁴ tɕa⁵⁵tha⁵⁵ mɯ⁵⁵	
	伤心 走进 家堂 处	
14	盂中燈火名喨喨。	里面灯火明亮亮。
	mɯ⁵⁵xɯ³¹ tɯ̃⁵⁵xui³³ mɛ²¹ nia⁴⁴ni⁴⁴	
	里面 灯火 明亮亮	
15	趙蓮芳票自不見，	不见赵莲芳容颜，
	tso⁵⁴liã⁴²fã³³ phio⁵⁵ tsʅ³³ ja³⁵ kɛ̃⁴²	
	赵莲芳 面影 是 不 见	
16	四必去賭錢。	想必去赌钱。
	sʅ⁴⁴pi⁵⁵ ɣɛ²¹ tɕɛ⁴²pia⁴⁴	
	想必 去 赌钱	
17	自啍女奴辭能盂，	一双儿女留给你，
	tsʅ³³ n̠i⁵⁵ n̠ɣ³³ no³³ tshe⁵⁵ nɯ⁵⁵ mɯ⁵⁵	
	儿 和 女 上 留 你的 处	
18	奴利皆用生心肺。	兴许你会有心肺。

	nõ³¹ li⁵⁵ kẽ⁵⁵ ȵo³³ xẽ⁵⁵ çĩ⁵⁵ phia⁴⁴ 你　也　怕　要　生　心肺	
19	奴想我孟在做艮， no³¹ çã³ ŋɯ⁵⁵ mɯ⁵⁵ tse⁴⁴ tsu⁵⁵ȵi²¹ 你　想　我的（宾）再　做人	你要想再做夫妻，
20	水下捞月亮。 çy³³ɣɯ³³ vɣ²¹ mi⁵⁵uã⁴⁴ 水下　　捞　月亮 （前缺页）	那是水里捞月。 （待考）
21	某等走進內房中。[1] mo³¹tɯ²¹ tso⁵⁵ ȵi⁴⁴ tɕhɛ⁵⁵kɛ⁵⁵ xɯ³¹ 那个　　领进　内房　里	那个把我领进内房里，
22	李記幹媽工弟看， li³³ tɕi⁴² ka⁴⁴ ma⁵⁵ kõ³³thi³³ xã⁵⁵ 礼 兴 把 他们　姐弟俩　看	理当姐弟看一看，
23	樓保葉利踏則清， lo³¹po³¹se⁴⁴ li⁵⁵ ta⁴² tshɯ⁵⁵ tɕhẽ⁵⁵ 被子　　也　踏掉　尽	被子已经踢掉了，
24	工弟羊仲大。 kõ³³thi³³ ja³⁵ tso⁴²to³³ 姐弟俩 裸露 上头	姐弟俩裸露在上边。
25	小子艮之滚則內， se³¹tsɿ³³ȵi²¹ tsɿ³³ jui³¹ tsɯ²¹ khɯ³¹ 小儿子　　是　面朝　里	小儿面朝里，
26	小女艮之滚七外。 se³¹ȵɣ³³ȵi²¹ tsɿ³³ kui³¹ tɕhi⁴⁴ ua⁴⁴ 小女儿　　是　滚　出　外	小女滚在外。
27	仲氣示那坪不過， tso⁴²tɕhi⁵⁵ sɛ⁴⁴ na⁵⁵ pẽ²¹ ja³⁵ ko⁴² 可怜　别　你们　时　不　过	从来没有离开一会儿，
28	本當去了久。 pũ³¹tã⁵⁵ ɣɛ²¹ la⁴² ma⁴⁴ 本来　去　了　久	谁想离开这么久。
29	嗚哭小子眼皆心， xẽ⁵⁵kho⁴⁴ se³¹tsɿ³³ ȵi²¹kɛ⁵⁵çĩ⁵⁵ 嚎哭　　小儿　　眼珠子	嚎哭我儿眼珠子，
30	今日阿母我大亞。	今天阿妈折转来。

---

[1] 内房[tɕhɛ⁵⁵ xɯ³¹]：即里屋。原为新婚洞房，引申为夫妻卧房、父母卧房。白族民居的堂屋两边的侧房一般为套间，有里间和外间，里间为卧室，即里屋，外间放置一般用品。

ke⁵⁴ȵi⁴⁴ ʔa³¹mo³³ ŋo³¹ ta⁴²ja⁴⁴
今天 阿妈 我 转回

31 母艮没奴光景乃, 看见没妈的这光景,
mo³³ȵi²¹ mo³³ no³³ kuã⁵⁵tɕũ³¹ nɛ⁵⁵
妈妈 没有 的 光景 这个

32 出那像能像! 出了这样子!
tshɤ⁴⁴ na⁵⁵ ɕã⁴⁴ nɯ³¹ ɕã⁴⁴
出 你们 像 这 像

33 用某抱仲我手中, 我把小儿抱手里,
ȵo⁴² mo³¹ pu³³ tso³³ ŋɯ⁵⁵ pu³³ xɯ³¹
把 他 抱 上 我的 怀抱 里

34 送我緬洟千江流。 让我眼泪满面流。
so³³ ŋo³¹ mi⁴²ji³¹ tɕhĩ⁵⁵ kỹ⁵⁵ kɯ³¹
让 我 眼泪 千 条 流

35 仲氣雜艮之羊冷, 可怜光身这样冷,
tso⁴²tɕhi⁵⁵ tsa³⁵ȵi²¹tsʅ³³ jõ²¹ kɯ⁵⁵
可怜 整人儿 裸露 冷

36 氣凝心奴血! 伤心血凝在我心头!
tɕhi⁴⁴ ŋɯ³¹ ɕĩ⁵⁵ no³³ sua⁴⁴
气 凝 心 上 血

37 黄氏坐仲千中哭, 黄氏坐在屋里哭,
xuã⁵⁵sʅ⁴⁴ kɤ⁴²tso⁴² tɕhɛ⁵⁵ xɯ³¹ kho⁴⁴
黄氏 坐在 房 里 哭

38 鳴哭傷情子啹女。 嚎哭可怜小儿女。
xɛ̃⁵⁵kho⁴⁴ sã³³tɕhĩ⁴² tsʅ³³ ȵi⁵⁵ ȵɤ³³
嚎哭 伤情 儿 好 女

39 今日能母我還來, 今天阿妈回来看,
ke⁵⁴ȵi⁴⁴ nɯ⁵⁵ mo³³ lɛ³¹ ja⁴⁴kɯ⁵⁵
今天 你的 妈 有 回来

40 到了那邊奴。 到了你们的身旁。
phia⁴⁴ la⁴² na⁵⁵ pĩ⁵⁵no³³
扫 了 你们 身边

41 去時自肉嘱住奴, 去时阿妈怎叮嘱,
ɣɛ²¹tsɛ²¹ tsʅ³³kɛ²¹ tsu³⁵fɤ⁵⁵ no³¹
去时 怎么 嘱咐 你

42 阿茂牙奴説不哆。 哪样没有说到。
ʔa³¹mo³³ ja⁴⁴ no³³ sua⁴⁴ ja³⁵ tu⁴⁴
阿妈 回的 说 不着

43	你弟子使奴不管，	小女你不管弟弟，
	nɯ⁵⁵ thi³³tsɿ³³sɛ³¹ no³¹ ja³⁵ kuã⁴²	
	你的 弟弟事 你 不 管	
44	睡到至日奴。	睡得这么久。
	tshɛ³³ phia⁴⁴ tsɿ⁵⁵ ȵi⁴⁴ no³³	
	睡 到 则 日 的	
45	仲氣去處不安樂，	可怜我去心不安，
	tso⁴²tɕhi⁵⁵ ɣɛ²¹tshɤ³¹ pu³⁵ ʔã⁵⁵lu³⁵	
	可怜 去处 不 安乐	
46	送我坐處不等道。	回来家里也难过。
	so³³ ŋo³¹ kɤ⁴² tshɤ³¹ ja³⁵ tɯ⁵⁵to⁴⁴	
	让 我 在 处 不 地道	
47	身去了利心不去，	身子去了心难去，
	tshɛ⁵⁵ ɣɛ²¹ la⁴² li⁵⁵ ɕĩ⁵⁵ ja³⁵ ɣɛ²¹	
	身 去 了 也 心 不 去	
48	爲那工弟奴。	就为你姐弟。
	ui⁴⁴ na⁵⁵ kõ³³thi³³ no³³	
	为 你们 姐弟俩 的	
49	昏昏迷迷叫醒醒，	昏昏迷迷叫醒来，
	xũ³³xũ³³ mi⁴²mi⁴² ʔɯ⁵⁵ ɕɛ̃⁵⁵ɕɛ̃⁵⁵	
	昏昏 迷迷 叫 醒来	
50	工弟界得你母哭。	看见阳间儿女哭。
	kõ³³thi³³ kɛ⁴⁴ tɯ⁴⁴ na⁵⁵ mo³³ kho⁴⁴	
	姐弟俩 隔 得 你们 母 哭	
51	流淚眼觀流淚眼，	流泪眼观流泪眼，
	lio⁴²lui⁵⁴ jã³¹ kuã³³ lio⁴²lui⁵⁴ jã³¹	
	流泪 眼 观 流泪 眼	
52	傷情到名奴。	伤情在命里。
	sã³³tɕhũ⁴² phia⁴⁴ miɛ⁴² no³³	
	伤情 到 命 上	
53	今天體大用自耍，	今天只得哄一回，
	ke⁵⁴ȵi⁴⁴ thi³¹ta⁴² no³³ tsɿ⁵⁵ sua³¹	
	今天 只得 要 则 哄	
54	買必那奴香元空，[1]	买给你们一个香源。
	mɛ⁴²pi⁵⁵ na⁵⁵ no³³ ɕã⁵⁵jỹ⁵⁵kho³³	
	买给 你们 上 一个香源	
55	這是吃自小艮怕，	这时吃是小的怕，

---

[1] 香源[ɕã⁵⁵jỹ⁵⁵]: 一种水果，黄皮白心，大如小瓜，味苦凉，也作贡品。空[kho³³]: 量词，在名词之后，表示一个单位，即一个。

		no³¹ja⁴² jɯ⁴⁴ tsɿ⁵⁵ se³¹ɲi²¹ kẽ⁵⁵	
		这时 吃 则 小人 怕	
	56	留自明日奴。	留到明天吃。
		lio⁵⁵ tsɿ⁵⁵ me⁵⁴ɲi⁴⁴ no³³	
		留 在 明天 上	
女儿	1	雙手吊堅空母奴，[1]	双手吊在亲娘上，
		sɯ³³sỹ⁵⁵ tio⁴⁴tɕi⁵⁵ kho³¹mo³³ no³³	
		双手 吊紧 孔母 上	
	2	鳴哭傷情女啍母。[2]	伤情我哭我亲娘。
		xẽ⁵⁵kho⁴⁴ sã³³tɕɛ²¹ n̠ɣ³³ɲi⁵⁵mo³³	
		嚎哭 相割 亲娘	
	3	殺啍死了某日至，	自从您去世那天起，
		sa³⁵ ɲi⁵⁵ ɕi³³la⁴² mo³¹ɲi⁴⁴ tsɿ⁵⁵	
		从 您 死了 那天 则	
	4	彦姑到命奴。	我们孤苦到命里头。
		ɲi⁵⁵ku²¹ phia⁴⁴ miɛ⁴² no³³	
		穷苦 到 命 上	
	5	日中啍飄那你見，	白天不见您的面容，
		ɲi⁴⁴xɯ³¹ nɯ⁵⁵ phio⁵⁵ ʔa⁵⁴na⁴⁴ kẽ⁴²	
		白天 你的 面目 哪里 见	
	6	夜中安住安以奴。[3]	夜晚孤苦我们的一生。
		jo³¹xɯ³¹ ŋa⁵⁵ kɣ⁴² ŋa⁵⁵ji³¹ no³³	
		夜里 我们 在 我们 一世 上	
	7	天暗犬吠利安怕，	天黑狗一叫就害怕，
		xẽ⁵⁵miɛ⁴² khuã³³ pia⁴² li⁵⁵ ŋa⁵⁵ kẽ⁵⁵	
		天黑 狗 吠 也 我们 怕	
	8	恩弟子之哭。	我弟弟又哭闹。
		ŋɯ⁵⁵ thi³³tsɿ³³ tsɿ³³ kho⁴⁴	
		我的 弟弟 在 哭	
	9	第一某夜哭通宵，	开头那夜哭闹到天亮，
		ti³¹ji⁴⁴ mo³¹ jo³¹ kho⁴⁴ thɣ⁵⁵ tshɯ⁵⁵	
		第一 那 夜 哭 通 掉	
	10	哭自阿牙利認度。	哭成什么也不知道。
		kkho⁴⁴ tsɿ⁵⁵ ʔa³¹ja⁴ li⁵⁵ zũ⁴⁴ tu⁴⁴	
		哭 则 一样 也 认 不得	

---

[1] 空母[ko³¹mo³³]：儿女对亲娘的一种敬称、亲称，一般在儿女哭诉母亲的恩德时才使用。
[2] 女啍母[n̠ɣ³³ɲi⁵⁵mo³³]：固定词组，按其构词的词素是，女儿+和+母，意思是难以割舍的女儿和母亲。一般在女儿哭诉母亲的恩德时才使用。
[3] 安以奴[ŋa⁵⁵ ji³¹ no³³]：其中的"以"[ji³¹]，意思是一生一世。该短语的意思是我们自己的一生一世。

11 我去貝下抱某自，　　　　　　　　把他抱在我怀里，
    ŋo³¹ ɣɛ²¹ pe⁴⁴ tʰɯ⁵⁵ pu³³ mo³¹ tsʅ⁵⁵
    我   去   走   下   抱 他   则

12 某咬恩手脚。　　　　　　　　　　还咬我的手脚。
    mo³¹ ŋa⁴⁴ ŋɯ⁵⁵ sɯ³³ ko⁴⁴
    他   咬   我的 手脚

13 耍某砂糖某阿聼，　　　　　　　　哄他沙糖他不听，
    sua³¹ mo³¹ so⁵⁵to²¹ mo³¹ ʔa⁴⁴ tɕʰũɛ⁵⁵
    哄   他   沙糖   他   不   不听

14 某仲庸去看恩母。　　　　　　　　他要"找我的妈"。
    mo³¹ tso⁴² no³³ ɣɛ²¹ ʔã³³ ŋɯ⁵⁵ mo³³
    他   说   要   去   看   我的 妈

15 左耍右耍利阿哆，　　　　　　　　左哄右哄也不行，
    pi⁵⁵ sua³¹ tsɛ⁴² sua³¹ li⁵⁵ ʔa³¹ tua⁴²
    左   哄   右   哄   也   不   不得

16 兔孟孟法度。　　　　　　　　　　把他没办法。
    tʰɯ⁵⁵ mɯ⁵⁵ mɯ⁵⁵ fɛ⁴⁴ tu⁴⁴
    （把他没有办法）

17 發度走出外皆中，　　　　　　　　发气走到外间里，
    fɛ⁴⁴tɣ⁴² pe⁴⁴ tɕʰi⁴⁴ ua⁴⁴ kɛ⁵⁵ xɯ³¹
    赌气   走   出   外   间   里

18 登扳坐下某大哭。　　　　　　　　坐在地上又大哭。
    tɯ³¹pẽ³³ kɣ⁴²tʰɯ⁵⁵ mo³¹ to⁴²kʰo⁴⁴
    地上   坐下   他   大哭

19 不管用某本尺下，　　　　　　　　不管你抱他要睡觉，
    ja³⁵ kuã⁴² no⁴² mo³¹ pu³³ tsʰʅ³³ tʰɯ⁵⁵
    不管   把   他   抱   睡   下

20 某咬恩手朋。　　　　　　　　　　还是咬我的手。
    mo³¹ ʔa⁴⁴ ŋɯ⁵⁵ sɯ³³ pʰo⁴⁴
    他   咬   我的 手

21 笨自母唅庸某去，　　　　　　　　本该阿妈您不能去，
    pɯ⁵⁵tsʅ⁵⁵ mo³³ ɲi⁵⁵ no³³mo³¹ ɣɛ²¹
    本该   妈   您   不要   去

22 打發馬樣送馬跑。　　　　　　　　打发东西让鬼怪走。
    tɛ⁴⁴fɛ⁴⁴ ma⁵⁵ ja⁴² so³³ ma⁵⁵ pʰo³³
    打发   他们 东西 让 他们 跑

23 在奴馬奴愛惜來，　　　　　　　　有你才让他们来纠缠，
    tsɯ³³ no³¹ ma⁵⁵ no³³ ʔɛ⁵⁵ɕi⁵⁵ ɣɯ³⁵
    有   你   他们 上   绞缠   来

24 斯見唅傍奴。　　　　　　　　　　厮守在你的身边。

$$sɿ^{33}ke^{21}\ ȵi^{55}\ po^{21}no^{33}$$
守在　您　身边

25　用安丢仲世界中，　　　　　　　　　把我们丢在人世间，
$$ȵo^{42}\ ŋa^{55}\ piɛ^{55}tso^{33}\ se^{42}kɛ^{42}\ xɯ^{31}$$
把　我们　丢上　　世间　里

26　仲氣靠頭阿斗奴！　　　　　　　　　可怜啊还依赖哪一个！
$$tso^{42}tɕhi^{55}\ ko^{44}to^{55}\ ʔa^{31}to^{31}\ no^{33}$$
可怜　　依靠　　谁　上

27　恩爹替大咳狀安，　　　　　　　　　俺爹只会来打骂，
$$ŋɯ^{55}\ ti^{33}\ thi^{31}ta^{42}\ xɛ^{44}tsua^{44}\ ŋa^{55}$$
我的　爹　只有　　大声骂　我们

28　考命奴利用。　　　　　　　　　　　死了也心甘。
$$kha^{31}miɛ^{42}no^{33}\ li^{55}\ ȵo^{44}$$
　舍命　　　也　要

29　艮皆叫馬母轟孟，　　　　　　　　　人家有妈喊阿妈，
$$ȵi^{21}kɛ^{55}\ ʔɯ^{55}\ ma^{55}\ mo^{33}\ xo^{33}\ mɯ^{55}$$
人家　　喊　他们　妈　伙（宾）

30　唔送安叫阿斗奴。　　　　　　　　　您让我们喊哪个。
$$ȵi^{55}\ so^{33}\ ŋa^{55}\ ʔɯ^{55}\ ʔa^{31}to^{31}\ no^{33}$$
您　让　我们　喊　　谁　上

31　工弟體旦大唁使，　　　　　　　　　姐弟值得跟您走，
$$kõ^{33}thi^{33}\ thi^{31}ta^{42}\ ta^{44}ȵi^{55}sɛ^{31}$$
姐弟　　只有　　跟您去

32　記後世頭路。　　　　　　　　　　　成早赶后世的头一路。
$$tɕi^{42}\ ɣɯ^{33}xɛ̃^{55}\ tɯ^{21}thu^{33}$$
赶　　后世　　头路

黄氏　1　我勸小女庸某説，　　　　　　　　　我劝小女别说了，
$$ŋo^{31}\ tɕhỹ^{44}\ se^{31}\ ȵɣ^{33}\ ȵo^{33}mo^{31}\ sua^{44}$$
我　劝　　小女　　不要　　说

2　説自雄恩肉下骨。　　　　　　　　　一说刺我身骨头。
$$sua^{44}\ tsɿ^{55}\ ɕo^{42}\ ŋɯ^{55}\ kɛ^{21}ɣɛ^{33}\ kua^{44}$$
说　则　烂　我的　肉下　骨

3　冷轟茂自打發來，　　　　　　　　　那些鬼怪打发来，
$$no^{31}xo^{33}\ ma^{55}\ tsɿ^{55}\ tɛ^{44}fɛ^{44}\ ɣɯ^{35}$$
这些　他们　则　打发　来

4　抱怨茂阿妙。　　　　　　　　　　　抱怨也无用。
$$po^{44}jỹ^{44}\ ma^{55}\ ʔa^{31}mia^{44}$$
抱怨　他们　不要

5　今日你母去辭馬，　　　　　　　　　今天阿妈辞他们，

ke⁵⁴ȵi⁴⁴ nɯ⁵⁵ mo³³ ɣɛ²¹ tshŋ⁵⁵ ma⁵⁵
今天　你的　妈　去　辞　他们

6　明日冷時自初亞。　　　　　　　明天这时再回来。
me⁵⁴ȵi⁴⁴ no³¹tsɛ²¹ tsŋ⁵⁵ tshu³³ ja⁴⁴
明天　这时　则　就　回

7　坐東管能弟子使，　　　　　　　在家管好你小弟，
kɤ⁴²tɤ⁵⁵ kua⁴² nɯ⁵⁵ thi³³tsŋ³³ sɛ³¹
在家　管　你　弟弟　事

8　閑話庸某説。　　　　　　　　　闲话别再说。
ɕa⁵⁵tõ²¹ ȵo³³mo³³ sua⁴⁴
闲话　不要　说

9　那南拿來碗杯則，　　　　　　　你把那碗拿过来，
na⁵⁵na⁴² ne⁴⁴ɣɯ³⁵ ke⁴²pe²¹ tsɯ³⁵
那里　拿来　小碗　来

10　最辭能孟乳冷坝，　　　　　　我挤你弟奶一碗。
tsui⁴⁴tshŋ⁵⁵ nɯ⁵⁵ mɯ⁵⁵ pa⁴² nɯ³¹ pa⁴⁴
挤下　你　出　奶　这　碗

11　明日中自蒸熱某，　　　　　　明天蒸热喂给他，
me⁵⁴ȵi⁴⁴ xɯ³¹ tsŋ⁵⁵ tsũ⁵⁵ ʔui⁵⁵ mo³¹
明天　里　则　蒸　温　它

12　冷乳辭阿轟。　　　　　　　　不可喂冷奶。
kɯ⁵⁵pa⁴² zŋ³¹ ʔa³¹xo³³
冷奶　给　不得

13　阿大在金奴幾句，　　　　　　这里再叮嘱你几句，
ʔa⁵⁴ta⁴⁴ tse⁴⁴ tɕi⁵⁵ no³¹ ka³⁵ tshɛ⁵⁵
这里　再　嘱咐　你　几　句

14　千斤畔面心阿好。　　　　　　千万不要忘了。
tɕhi⁵⁵tɕi⁵⁵ phɛ⁴⁴mo⁴²ɕi⁵⁵ ʔa³¹xo³³
千记　忘记　不得

15　設或能弟子病自，　　　　　　如果你弟得了病，
se³⁵xui³⁵ nɯ⁵⁵ thi³³tsŋ³³ sỹ³¹ tsŋ⁵⁵
设或　你的　弟弟　病　则

16　外奴庸貝七。　　　　　　　　外面别乱跑。
ua⁴⁴ no³³ ȵo³³ pe⁴⁴tɕhi⁴⁴
外　的　不要　走出

17　輕子用去請藥師，　　　　　　病轻要去请医生，
tshẽ⁵⁵ tsŋ⁵⁵ no³³ ɣɛ²¹ tɕhɛ³³ jo⁴⁴sɛ⁵⁵
轻　则　要　去　请　医生

18	重子要去看香火。[1]	病重要去看香火。
	tsỹ³³ tsʅ³³ ȵo³³ ɣɛ²¹ ʔã³³ ɕõ⁵⁵xui³³	
	重　是　要　去　看香火	
19	等到病愈吃肉自,	等到病好能吃饭,
	tɯ³³ phia⁴⁴ pɛ²¹ xũ³³ jɯ⁴⁴kɛ³¹ tsʅ⁵⁵	
	等 到 病愈 吃点 则	
20	用調禮孟氣。	要调理身子。
	ȵo³³ tio³¹li³¹ mɯ⁵⁵ tɕhi⁴⁴	
	要 调理 他的 气	
	（后插叹五更）	
21	一更我自千斤緬,	一更我在细心想,
	ji⁴⁴kɛ⁵⁵ ŋo³¹ tsʅ⁵⁵ jĩ⁵⁵tɕhi⁵⁵ mi³³	
	一更 我 则 细心 想	
22	记自辭孤使冷七！	世间怎有别儿这事情！
	ji⁴² tsʅ⁵⁵ tshʅ⁵⁵ku³³ sɛ³¹ no³³ tɕhi³³	
	兴 则 留孤 事 这 件	
23	睁開眼睛跳下河,	睁开眼睛跳下河,
	tsɯ³³khe³³ jẽ³¹tɕĩ³³ tio⁵⁴ ɕa⁵⁴ xo⁴²	
	睁开 眼睛 跳 下 河	
24	傷情到何日！	伤心到哪天！
	sã⁵⁵tɕɛ̃²¹ phia⁴⁴ na⁴⁴ȵi⁴⁴	
	伤情 到 哪天	
25	十七歲自亞你東,	十七岁时我出嫁,
	tsɛ²¹tɕhi⁴⁴ sua⁴⁴ tsʅ⁵⁵ ja⁴⁴ nɯ⁵⁵tɤ⁵⁵	
	十七 岁 则 回 他的 家	
26	今年加滿四十四。	今年到了四十四。
	ke⁵⁵tsʅ⁵⁵ tɕa⁵⁵xo⁵⁵·ɕi³¹tsɛ⁴²ɕi⁴⁴	
	今年 正好 四十四	
27	祖宗轟利保佑楊,	幸得祖宗来保佑,
	to⁵⁵po⁵⁵xo³³ li⁵⁵ po³¹jo⁴⁴ ȵa⁵⁵	
	祖宗伙 也 保佑 咱们	
28	養得那工弟。	养着小姐弟。
	xa⁵⁵tɯ⁴⁴ na⁵⁵ kõ³³thi³³	
	养着 你们 姐弟俩	
29	能参抱你坪不過,	你参没有抱过你,
	nɯ⁵⁵ ti³³ pu³³ na⁵⁵ pẽ²¹ ja³⁵ko⁴²	
	你的 爹 抱 你们 会儿 不过	
30	阿母四那步利允。	阿妈不离一小会。

---

[1] 看香火 [ʔã³³ɕõ⁵⁵xui³³]：即请巫师巫婆，以巫术看得罪哪一路鬼神，即以什么祭品进行祭祀。

nɯ⁵⁵ mo³³ sɛ⁴⁴ na⁵⁵ pu³¹ li⁵⁵ jỹ³³
你的 妈 离 你们 步 也 不敢

31 地閻王得無艮心，[1]
tɕi³¹li⁵⁵ỹ²¹tɯ²¹ mo³³ liã⁵⁵ɕɯ⁵⁵
阎王　　　没　良　心
阎王这个没良心，

32 隔開那工弟。
kɛ⁴⁴khe⁵⁵ na⁵⁵ kõ³³thi³³
隔开　你们　姐弟俩
让我隔开小儿女。

33 用那丟仲世界中，
ȵo⁴² na⁵⁵ piɛ⁵⁵ tso³³ se⁴²kɛ⁴² xɯ³¹
把　你们　丢　上　世间　里
你们丢到人世间，

34 使恩毛落羽翼折。[2]
so⁵⁵ ŋɯ⁵⁵ ma²¹ tua⁴² ji³¹kh⁵⁵ tse⁴²
让 我的 毛 掉 翅膀 折
让落得毛掉翅膀断。

35 看那奴自心奴疼，
xã⁵⁵ na⁵⁵ no³³ tsɿ⁵⁵ ɕĩ⁵⁵no³³sỹ³¹
看 你们 上 则 心口 疼
看着你们心口疼，

36 庸自界貝七！
ȵo³³ tsɿ⁵⁵kɛ²¹ pe⁴⁴tɕhi⁴⁴
要　怎么　走出
让我离你们！

37 自之你爹趙蓮芳，
tɕɛ⁵⁵ tsɿ³³ nɯ⁵⁵ ti³³ tso⁵⁴ niã⁴²fã³³
怎 有 你的 爹 赵莲芳
怎有你爹赵莲芳，

38 做艮務的好手藝。
tsu⁵⁵ȵi²¹ ỹ⁴⁴tɯ⁴⁴ xu³³ so³¹ji⁴⁴
做人 务着 好 手艺
为人怎务那手艺。

39 小刀子啃血盆乃，
se³¹tao⁵⁵tsɿ³³ li⁵⁵ sua⁴⁴pã²¹ne³¹
小刀子　和　一个血盆
一把小刀和血盆，

40 自呼唻喫醉。
tsɿ⁵⁵xu⁵⁵ lɛ³¹ ʔɯ³³ tsy⁴⁴
酒水　又　喝醉
又喝酒自醉。

41 二更我自氣昏則，
zɿ³¹kɛ⁵⁵ ŋo³¹ tsɿ⁵⁵ tɕhi⁴⁴ xui⁵⁵sɯ⁵⁵
二更 我 则 气 昏掉
二更气得头脑昏，

42 心自在比雪利冷。
热心再比冰雪冷。

---

[1] 得[tɯ⁵⁴]：量词，用于动物个体单位。这里用于阎王，可见这时阎王在黄氏女心中已经不是至高无上了。

[2] 使恩毛落羽翼折[so⁵⁵ ŋɯ⁵⁵ ma²¹ tua⁴² ji³¹kh⁵⁵ tse⁴²]：意思是让我落得毛掉翅膀断，比喻养育孩子如同母鸡孵小鸡，到头来落得羽毛脱落、翅膀断掉的惨状。

ɕĩ⁵⁵ tsɿ⁵⁵ tse⁴⁴pi³¹ sui⁴⁴ li⁵⁵ kɯ⁵⁵
心   则 再比   雪   也 冷

43　爲人做得阿半退,　　　　　　　　做人只做一半节,
　　tsu⁵⁵n̠i²¹ tsu⁵⁵ tɯ⁴⁴ ʔa³¹pã⁴² thui⁵⁵
　　做人   做   得   一 半   节

44　怕兹世不修。　　　　　　　　　　也许修行修不成。
　　kẽ⁵⁵ no³¹se⁴² pɯ³¹ ɕɯ⁵⁵
　　怕   这世   不   修

45　從小初庸吃長齋,　　　　　　　　从小就要吃长斋,
　　se³¹tsɛ²¹ tshu³³ n̠o³³ jɯ⁴⁴ tsõ²¹tshɿ³¹
　　小时   就   要   吃   长斋

46　香火不絕家堂孟。　　　　　　　　家堂香火从不断。
　　ɕõ⁵⁵xio³³ ja³⁵ tse⁴² tɕa⁵⁵thã⁵⁵ mɯ⁵⁵
　　香火   不   断   家堂   处

47　灶君老爺經某拜,　　　　　　　　灶君面前经她拜,
　　tso⁵⁵tɕỹ³³ lo³¹ji²¹ tɕẽ⁵⁵ mo³¹ pɛ⁴²
　　灶君   老爷   经   她   拜

48　阿日拜數回。　　　　　　　　　　一天拜几回。
　　ʔa³¹n̠i⁴⁴ pɛ⁴² ka³⁵ pɯ⁵⁵
　　一天   拜   几   回

49　你母做差樣不過,　　　　　　　　到底做错了什么,
　　nɯ⁵⁵ mo³³ tsu⁵⁵tsha⁵⁵ ja⁴² ja³⁵ ko⁴²
　　你的 妈   做错   样   不   过

50　冷牙你的做我孟。　　　　　　　　这是你爹坏我事。
　　no³¹ja⁴² nɯ⁵⁵ ti³³ tsu⁵⁵ ŋɯ⁵⁵ mɯ⁵⁵
　　这些   你的   爹   做   我的 处

51　菜湯樣中利中肉,　　　　　　　　素菜汤里他放肉,
　　tshts³¹xẽ⁵⁵ja⁴² xɯ³¹ li⁵⁵ tso⁵⁵ kɛ²¹
　　菜汤   里   也   放   肉

52　幹恩心做更。　　　　　　　　　　他让我心寒。
　　ja⁴⁴ ŋɯ⁵⁵ ɕĩ⁵⁵ tsu⁵⁵ kɯ⁵⁵
　　把   我的 心   做   冷

53　必日初想污恩齋,　　　　　　　　每天就坏我吃斋,
　　pe²¹n̠i⁴⁴ tshu³³ ɕã³¹ lu³³ ŋɯ⁵⁵ tshɿ³¹
　　每天   就   想   污   我的 斋

54　在得你母齋吃靈。　　　　　　　　好在吃斋有灵验。
　　tse⁴⁴tɯ⁴⁴ nɯ⁵⁵ mo³³ tshɿ³¹ jɯ⁴⁴ liɯ⁵⁵
　　好在   你的 妈   斋   吃   灵

55　齋自齋南如自揮,　　　　　　　　即使油腻在一起,

tsʅ³¹tsʅ⁵⁵ tsʅ³¹na³¹ zu³¹ tsʅ⁵⁵ khui⁵⁵
　油腻状　　　搅　成　砣

56　某滾開處舀。　　　　　　　　　　看汤水滚开处舀。
mo³¹ xua⁴⁴khɯ³³ tshɣ⁵⁵ kɯ⁵⁵
它　　滚开　　　处　舀

57　三更緬緬明生哭，　　　　　　　三更想想哭一场，
sã⁵⁵kɛ⁵⁵ mi³³mi³³ mɛ²¹xẽ⁵⁵ kho⁴⁴
三更　　想想　　　嚎啕　　哭

58　明哭傷情的爹母。　　　　　　　嚎啕大哭爹和妈。
mɛ²¹kho⁴⁴ sã⁵⁵tɕɛ̃²¹ ti³³ ȵi⁵⁵ mo³³
嚎啕哭　　伤情　　　爹　和　妈

59　奴那配得趙蓮芳，　　　　　　　把我配给赵莲芳，
ŋɯ⁵⁵ tsʅ⁵⁵ pe⁴⁴tu⁴⁴ tso⁵⁴niã⁴²fã³³
你　则　配着　　赵莲芳

60　仲己到命奴。　　　　　　　　　糟透到命里。
tso⁵⁵tɕi³³ phia⁴⁴ miɛ⁴²no³³
糟糕　　　到　　命上

61　養得子女利閑乃，　　　　　　　养着儿女也白养，
xã⁵⁵tu⁴⁴ tsʅ³³ȵɣ³³ li⁵⁵ ɕã⁵⁵ne³¹
养着　　　子女　　也　白养

62　界緒罵奴某不數。　　　　　　　他像不识我儿女。
kɛ⁴²ɕy⁴² ma⁵⁵ no³³ mo³¹ ja³⁵ su⁴⁴
好似　　 他们 上　他 不　认识

63　説自盂眼赫怒黃，　　　　　　　说话眼珠黑又黄，
sua⁴⁴ tsʅ⁵⁵ mɯ⁵⁵ uẽ³³ xɯ⁴⁴no⁵⁵ɣ̃²¹
说　则　你的　眼睛　又黑又黄

64　送馬怕盂奴。　　　　　　　　　让姐弟可怕。
so³³ ma⁵⁵ kẽ⁵⁵ mɯ⁵⁵ no³³
让 他们 怕　你的 上

65　馬奴丟次盂的盂，　　　　　　　现在儿女丢给爹，
ma⁵⁵ no³³ piɛ⁵⁵ tshɛ⁵⁵ mɯ⁵⁵ ti³³ mɯ⁵⁵
他们 上　丢　下　他 爹 处

66　寸心時時幾馬傍。　　　　　　　热心时时在牵挂。
tshy⁴⁴ɕĩ⁵⁵ tsɛ²¹tsɛ²¹ tɕi³³ ma⁵⁵ pho⁴⁴
热心　　　时时　　　拉 他们 边

67　仲氣初之牛頭神，　　　　　　　可恨那个牛头神，
tso⁴²tɕhi⁵⁵ tshu³³ tsʅ³³ ŋɯ²¹tu²¹zɛ²¹
可怜　　　　就　是　　牛头神

68　在比狗利惡。　　　　　　　　　还比狗还恶。

tse⁴⁴pi³¹ khuã³³ li⁵⁵ ʔo⁴⁴
再比　狗　　也　恶

69　屠户冷乃庸某做，　　　　　　　　　屠夫那事你莫做，
　　so⁵⁵kɛ⁵⁵ no³¹ne³¹ ȵo³³mo³¹ tsu⁵⁵
　　屠夫　　这个　　不要　　做

70　當了多少奴罪過。　　　　　　　　　杀生当了多少罪。
　　tã⁵⁵ la⁴² tɕi⁵⁵ɕu³³ no³³ tsui⁴⁴ku⁴⁴
　　当　了　多少　　的　罪过

71　死了變得阿人哆，　　　　　　　　　死了变不成人，
　　ɕi³³la⁴² pĩ⁴²tɯ⁴⁴ ʔa³¹ȵi²¹ tua⁴²
　　死了　变着　　一人　不得

72　祇得變禽獸。　　　　　　　　　　　只得变禽兽。
　　tsɿ³¹ tɯ³⁵ pĩ⁴² ʔṽ⁵⁵tso⁴⁴
　　只得　变　鸟雀

73　四更思思心麻丈，　　　　　　　　　四更想想心发慌，
　　ɕi⁴⁴kɛ⁵⁵ mi³³mi³³ ɕĩ⁵⁵ ma⁴⁴tsa⁴⁴
　　四更　　想想　　心慌慌

74　説自雄恩肉下骨。　　　　　　　　　要说伤到身子骨。
　　sua⁴⁴ tsɿ⁵⁵ ɕo⁴² ŋɯ⁵⁵ kɛ²¹ ɣɛ³³ kua⁴⁴
　　说　则　烂　我的　肉　下　骨

75　四眼三看三示開，　　　　　　　　　四眼相看相分离，
　　sɿ⁵⁴jɛ̃³³ sã⁵⁵ʔã³³ sã⁵⁵ sɛ⁴⁴khe⁵⁵
　　四眼　　相看　　相　隔开

76　氣牛心奴血。　　　　　　　　　　　伤心血凝心。
　　tɕhi⁴⁴ ŋɯ²¹ ɕĩ⁵⁵ no³³ sua⁴⁴
　　气　凝　心　的　血

77　南工弟奴次斗孟，　　　　　　　　　你们姐弟谁抚养，
　　na⁵⁵ kõ³³thi³³ no³³ tshɿ⁵⁵ to³¹ mɯ⁵⁵
　　你　姐弟俩的　放谁　处

78　送嗯涵洟千江流。　　　　　　　　　我的眼泪流成河。
　　so³³ ŋɯ⁵⁵ mi⁴²ji³¹ tɕhĩ⁵⁵kɣ̃⁵⁵ xua⁴⁴
　　让我的　眼泪　千条　涨

79　體旦耍馬睡旦下，　　　　　　　　　只好哄哄他们睡，
　　thi³¹ta⁴² sua³¹ ma⁵⁵ tshɛ³¹ tã⁴²thɯ⁵⁵
　　只有　　要　他们　睡　回去

80　阿母睡那外。　　　　　　　　　　　阿妈睡在你们外。
　　ʔa³¹mo³³ tshɛ³³ na⁵⁵ ua⁴⁴
　　阿妈　　睡　你们　外

81　本自奴母阿去了，　　　　　　　　　本来你们阿妈不想去，

82 本则你的妈咱去了 省得你们也想我。
pɯ³¹ tsʅ⁵⁵ nɯ⁵⁵ mo³³ ŋa⁵⁵ ɣɛ²¹ la⁴²
本 则 你的 妈 咱 去 了
省得那利思嗯嘎。
sɯ³¹ tɯ⁵⁵ na⁵⁵ li⁵⁵ mi³³ ŋɯ⁵⁵ tua⁴⁴
省得 你们 也 想 我 上

83 明日杨饭吃了自， 明早咱们吃了饭，
me⁵⁴ȵi⁴⁴ na⁵⁵ tshã⁵⁵ jɯ⁴⁴ la⁴² tsʅ⁵⁵
明天 咱们 早饭 吃 了 则

84 冊南衣背抓。 把你们的衣服补一补。
ka⁴⁴ na⁵⁵ ji⁵⁵ pe⁴² tsua⁴⁴
把 你们 衣服 补

85 用马吐耍睡雖次， 我哄儿女睡着了，
ȵo⁴² ma⁵⁵ no³³ sua³¹ tshɛ³¹ sui³³ tshɯ⁵⁵
把 他们 上 耍 睡着 掉

86 寸心孟得冊放下。 热心才稍稍放下。
tɕhy⁴⁴ ɕĩ⁵⁵ mɯ⁵⁵ tɯ³¹ ka⁴⁴ fã⁴⁴ ɕa⁴⁴
热心 这才 把 放下

87 阳间难留阴间客， 阳间难留阴间客，
jã⁴² tɕĩ³³ na⁴² liu⁴² jĩ³³ tɕĩ³³ kɯ³⁵
阳 间 难 留 阴 间 客

88 體担硬心肺。 只得硬硬心。
ĩhi³¹ ta⁴² ŋɛ⁴⁴ ɕĩ⁵⁵ phia⁴⁴
只得 硬 心肺

89 五更金鸡利艮鸣， 五更金鸡也已鸣，
ṽ³³ kɛ⁵⁵ tɕĩ⁵⁵ ke⁵⁵ li⁵⁵ lɛ³¹ mɛ²¹
五更 金鸡 也又 鸣

90 坐那边吐雜冷时。 母子只有这时间。
kɣ⁴² na⁵⁵ pi³³ no³³ tsa³⁵ no³¹ tsɛ²¹
在 你们 边上 剩 这时

91 金童玉女南二位， 回头说给金童和玉女，
tɕũ³³ tõ⁴² jy⁵⁴ ny³¹ na⁵⁵ kõ³³ ui⁴⁴
金童 玉女 你们 两位

92 当苟嗯奴坪。 为我耽搁一下子。
tã⁵⁵ ko³³ ŋɯ⁵⁵ no³³ pɛ̃²¹
耽搁 我的 上 会儿

93 用去家堂孟上香，[1] 让我再去家堂烧炉香，

---

[1] 上香[zo³³ ɕõ⁵⁵]：这是在家堂祖先牌位前香炉里烧香。如果在香柱上点香，叫[ke³¹ ɕo⁵⁵]、[ȵɯ³³ ɕo⁵⁵]（点香、燃香）。

ȵo³³ ɣɛ²¹ tɕa⁵⁵tha⁵⁵ mɯ⁵⁵ zo³³ɕõ⁵⁵
要 去 家堂 出 点 香

94 東心經牙在幹拜。 东心经也拜一拜。
tõ³³ɕɯ̃³³ja⁴² tse⁴⁴ ka⁴⁴pɛ⁴²
东心经 再 拜拜

95 祝告家堂與灶神, 祷告家堂和灶神,
to³¹ko⁴⁴ tɕa³³thã⁴² ȵi⁵⁵ tso⁵⁴sɯ̃⁴²
祷告 家堂 和 灶神

96 保佑我是兒。 保佑我儿女。
po³¹jo⁵⁴ ŋo³¹ ti³³ ɣɛ⁴²
保佑 我 的 儿

97 子艮讀書庸認真, 叫儿子读书要认真,
tsʅ³³ȵi²¹ ɣɯ⁴²sʅ⁵⁵ ȵo³³ zɯ̃⁴⁴tsɯ̃⁵⁵
男子 读书 要 认真

98 女艮針絲庸明白。 叫女儿针线要明白。
ȵɣ³³ȵi²¹ tsɛ̃⁵⁵xɯ³³ ȵo³³ mɛ²¹pɛ⁴²
女子 针线 要 明白

99 馬坐嗯後掌嗯家, 他俩掌管我的家,
ma⁵⁵ kɣ⁴² ŋɯ⁵⁵ ɣɯ³³ tsã³¹ ŋɯ⁵⁵ tɕa⁵⁵
你们 在 我的 后 掌 我的 家

100 庸故恩名姓。 要顾及我的名声。
ȵo³³ ku⁵⁵ ɣɯ³³ miɛ⁵⁵ ɕɛ⁴²
要 顾 后 名 姓

101 小心奴指我經書, 小心爱惜我的经书,
se³¹ɕĩ⁵⁵ no³³ tsʅ³³ ŋɯ⁵⁵ tɕɛ̃⁵⁵sʅ⁵⁵
小心 的 是 我的 经书

102 皆馬坐後做臘丢。 莫叫他们乱丢弃。
kɛ̃⁵⁵ ma⁵⁵ kɣ⁴² ɣɯ³³ tsʅ⁵⁵ la³⁵ zɛ²¹
怕 他们 在 后 则 乱 丢

103 阿步走到大門外, 一步走到大门外,
ʔa³¹pu³¹ pe⁴⁴ phia⁴⁴ kɛ⁴²me²¹ ua⁴⁴
一步 走 到 大门 外

104 生哭聲聲往。 一边痛哭一边走。
xɛ̃⁵⁵kho⁴⁴ tshɛ̃⁵⁵tshɛ̃⁵⁵ ɣɛ²¹
嚎哭 声声 去

105 黃氏女自奴時起, 黄氏女从这时起,
xuã⁵⁵sɛ⁴⁴ȵɣ³³ tsʅ³³ no³¹ tsɛ²¹ khɯ³³
黄氏女 是 这 时 起

106 自喑女奴丢恩後。 一对儿女丢后边。

tsɿ³³ ȵi⁵⁵ ȵɣ³³ no³³ pie⁵⁵ ŋuɯ⁵⁵ ɣɯ³³
儿 和 女 的 丢 我的 后

107 蓋緒小刀割恩心， 好像小刀割我心，
kɛ⁴²ɕy³¹ se³¹ta⁵⁵ sɛ⁴⁴ ŋuɯ⁵⁵ ɕĩ⁵⁵
好似 小刀 割 我的 心

108 草豹足利冷。 野草绊脚也跌倒。
tshu³³ pa⁴⁴ ko⁴⁴ li⁵⁵ nɯ³³
草 绊 脚 也 倒

109 心空初之小刀折， 心里就像小刀戳，
ɕĩ⁵⁵kho³³ tshu³³ tsɿ³³ se³¹ta⁵⁵ tse⁴²
心 就 是 小刀 断

110 貝則前利老大後。 走朝前还是退回来。
pe⁴⁴tsɛ²¹ tɯ²¹ li⁵⁵ lo³¹ tã⁴² ɣɯ³³
走朝 前 也 转回 后

111 東南西北分不清， 让我东南西北分不清，
tỹ⁵⁵ na²¹ se⁵⁵ pɯ⁴⁴ fɣ⁵⁵ ja³⁵ tɕhẽ⁵⁵
东 南 西 北 分 不 清

112 本來示陰稱。 阴森多可怕。
pɯ³¹lɛ⁵⁵ sɿ⁴⁴ jĩ³³tshɯ³³
本来 实在 阴森

113 山水不是楊山水， 山水不是咱山水，
sã³³sui³¹ pu³⁵ sɿ⁵⁴ ȵa⁵⁵ sã³³sui³¹
山水 不 是 咱们 山水

114 鄉村本標楊鄉村。 乡邑不是咱乡邑。
ɕo⁵⁵jɯ⁴⁴ pɯ³¹ pio³³ ȵa⁵⁵ ɕõ⁵⁵jɯ⁴⁴
乡邑 不 不是 咱们 乡邑

115 陰司路上無好客， 阴司路上没好客，
jĩ³³sɿ³³ lu⁵⁴ sã⁵⁴ mo³³ xu³³ kɛ⁴⁴
阴司 路 上 没 好 客

116 獨子人當心。 独个儿担心。
tu⁵⁵tã⁵⁵ ȵi³¹ tã³³ɕɯ̃³³
独单 人 担心

117 頭孟黑雲敝山尖， 前头乌云遮山尖，
tɯ²¹mɯ⁵⁵ xɯ⁴⁴ỹ²¹ pe³³ sɣ⁴²tɕĩ⁵⁵
前面 黑云 遮 山尖

118 頭孟烟宮亮亮手。 前头黑雾填山谷。
tɯ²¹mɯ⁵⁵ jĩ⁵⁵kõ⁵⁵ niã⁴⁴liã⁴⁴sɯ³³
前面 浓雾 亮亮样

119 別了陽間到此地， 隔了阳间到这里，

pie⁵⁵ la⁴² jã³³tɕĩ³³ phia⁴⁴ tɯ⁵⁵xɯ³¹
丢　了　阳间　　到　　这里

120　天成孟無乘。　　　　　　　　　　天也变成别样天。
　　　xẽ⁵⁵ tsɛ²¹ mɯ⁵⁵vɣ³¹tshɯ⁴⁴
　　　天　成　　别的　天

121　頭孟看見大關斗，　　　　　　　　前头看见大关口，
　　　tɯ²¹mɯ⁵⁵ ʔã³³tɯ⁴⁴ to⁴² kuẽ⁵⁵to³¹
　　　前面　　　看见　　大　关一道

122　紅漆蓋門黑漆柱。　　　　　　　　红漆大门黑漆柱，
　　　tshɛ⁴⁴tɕi⁴⁴ kɛ⁴²me²¹ xɯ⁴⁴tɕhi⁴⁴ tsɯ³³
　　　红漆　　　大门　　　黑漆　　　柱

123　孟奴對屏挂滿則。　　　　　　　　上面挂满楹联和匾额。
　　　mɯ⁵⁵ no³³ tui⁴² phiɯ⁵⁵ kua⁴⁴ ma³³ tshɯ⁵⁵
　　　它　　上　对　匾　　挂　　满　　掉

124　秦大王關津。[1]　　　　　　　　　这是秦大王的关津。
　　　tɕhũĩ⁴² ta⁵⁴uã⁴² kuã³³tɕũĩ³³
　　　秦　　　大王　　　关津

125　黃氏我到一殿南，[2]　　　　　　　黄氏我到了一殿，
　　　xuã⁵⁵sʅ⁴⁴ ŋo³¹ phia⁴⁴ ji³⁵tĩ⁵⁴ na⁴²
　　　黄氏　　　我　　到　　一殿　　那里

126　到了此處心以寒。　　　　　　　　到了这里心胆寒。
　　　phia⁴⁴ la⁴ ʔa⁵⁵ta⁴⁴ ɕĩ³³ ji³¹ xã⁴²
　　　到　　了　这里　　　心　已　寒

127　衣質俾已扣齊乘，　　　　　　　　衣带围腰拴齐整，
　　　ji⁵⁵tsʅ⁵⁵ pe³³tɕi³¹ kho⁵⁵ tsɛ²¹ tshɯ⁵⁵
　　　腰带　　　围腰　　　拴　　齐　　掉

128　要見秦廣王。　　　　　　　　　　去见秦广王。
　　　n̩o³³ kẽ⁴² tɕũĩ⁴²kuã³¹uã⁴²
　　　要　见　秦广王

129　黃氏上前施一禮，　　　　　　　　黄氏上前施一礼，
　　　xuã⁵⁵sʅ⁴⁴ pe⁴⁴tsɛ²¹ tsʅ³³ ji³⁵ li³¹
　　　黄氏　　　走过　　　施　一　礼

130　大王殿上訴端詳。　　　　　　　　面向大王殿诉端详。
　　　ta⁵⁴uã⁴² tĩ⁵⁴ sã⁵⁴ su⁵⁵ tuã³³tɕhã⁴²
　　　大王　　　殿　上　诉　端详

131　坐在世上做差利，　　　　　　　　即使在世有差错，

---

[1] 秦大王[tɕhũĩ⁴² ta⁵⁴uã⁴²]：又称秦广王、一帝，是十位阎王（十帝）中的头一个阎王。
[2] 殿[tĩ⁵⁴]：当地鼻化音和非鼻化音混用，文中殿和帝亦不分，可视语境而读。

kɣ⁴² tsŋ⁵⁵ se⁴² no³³ tsu⁵⁵ tsha⁵⁵ li⁵⁵
在　则　世　上　做　错　也

132　大王要包涵。　　　　　　　　　　大王要包涵。
ta⁵⁴uã⁴² no³³ po³³xã⁴²
大王　　要　包涵

133　大王冷艮雜示好，　　　　　　　这位大王实在好，
ta⁵⁴uã⁴² no³¹ ɲi²¹ tsa³⁵tshɯ⁵⁵ xu³³
大王　　这　人　　很是　　　好

134　代庸居我幹請坐。　　　　　　　礼让要我坐下讲。
tɛ⁴⁴ no³³ tɕy⁵⁵ ŋo³¹ ka⁴⁴ tɕhẽ³³kɣ⁴²
定　要　礼让　我　把　请坐

135　我乃不過女流輩，　　　　　　　我乃不过女流辈，
ŋo³¹ nɛ⁵⁵ pu³⁵ko⁵⁴ ny³¹liu⁴⁴pe⁵⁴
我　呢　不过　　女流辈

136　怎敢對陰王！　　　　　　　　　怎敢对阴王！
tsŋ⁵⁵kɛ²⁵ tui⁴² jĩ³³uã⁴²
怎么　　对　阴王

137　恩奴培與趙蓮芳，　　　　　　　我曾配与赵莲芳，
ŋɯ⁵⁵ no³³ phe⁴⁴tɕɯ³¹ tso⁵⁴ niã⁴²fã³³
我的　上　配挨　　赵　莲芳

138　一生所作孟屠行。　　　　　　　他一生只想做屠夫。
ji³⁵ sũ³³ no³³ tsu⁵⁵ mɯ⁵⁵ thu⁴² xã⁴²
一生　　要　做　他的　屠　行

139　我勸了某廿三歲，　　　　　　　我劝了他二十三年，
ŋo³¹ tɕhỹ⁴⁴ la³⁵ mo³¹ ni³⁵sã⁵⁵ sua⁴⁴
我　劝　看　他　二十三　岁

140　孟奴勸下哆。　　　　　　　　　劝化不了他。
mɯ⁵⁵ no³³ tɕhỹ⁴⁴ thɯ⁵⁵ tua⁴²
他　上　劝　下　不得

141　大王説送黃氏聽，　　　　　　　大王说给黄氏听，
ta⁵⁴uã⁴² sua⁴⁴tsŋ³¹ xuã⁵⁵sɛ⁴⁴ tɕhẽ⁵⁵
大王　　说给　　黄氏　　听

142　五帝請你來對經。　　　　　　　五帝请你来对经。
u³¹ti⁵⁴ tɕhẽ³³ no³¹ ɣɯ³⁵ pɛ⁴²tɕɛ̃⁵⁵
五帝　请　　你　来　拜经

143　這裏不敢雷住你，[1]　　　　　　这里不敢干涉你，

---

[1] 雷住[lui⁴⁴tsɣ⁴⁴]：即责备、干涉、教训、打骂之意。

tuɯ⁵⁵ɣuɯ³¹ pu³⁵kã³¹ lui⁴⁴tsu⁴⁴ no³¹
这里　　不敢　　干涉　　你

144　恐誤你拜經。　　　　　　　　　怕耽误你拜经。
kẽ⁵⁵ u⁴⁴ ni³¹ pɛ⁴²tsẽ⁵⁵
怕　误　你　拜经

145　十八省利體奴好，　　　　　　　十八省里只有你会念，
tsɛ⁴²pia⁴⁴ suɯ³¹ li⁵⁵ thi³¹ no³¹ ɕo³¹
十八　　省　也　只　你　念

146　天下不知奴脑没有。　　　　　　全天下都知道你。
xẽ⁵⁵ɣɛ³³ ɣa³⁵se³³ no³¹ no³³ mu³³
天下　　不知　　你　的　无

147　對了經是你回陽，　　　　　　　对了经时你回阳，
tui⁴² la⁴² tɕẽ⁵⁵ tsɿ⁵⁵ no³¹ xui⁴²jã⁴²
对　了　经　则　你　回阳

148　你不必傷心。　　　　　　　　　不必要忧伤。
no³¹ pu³⁵pi³⁵ sã³³tɕẽ⁵⁵
你　不必　相牵挂

149　告辭大王我要走，　　　　　　　告辞大王朝外走，
ko⁴⁴tsɿ⁵⁵ ta⁵⁴uã⁴² ŋo³¹ ȵo³³ pe⁴⁴
告辞　　大王　　我　要　走

150　外奴鐵繩扶熱鬧。　　　　　　　看见拴人很热闹。
ua⁴⁴no³³ the⁴⁴so⁴⁴ fɤ⁴² ʔuẽ⁵⁵ȵi⁴⁴
外边　　铁索　　缚　热闹

151　孟中師夫之幾人，　　　　　　　里面师傅有几个，
mɯ⁵⁵xɯ³¹ sɿ³³fɤ³³ tsɿ³³ ka³⁵ȵi²¹
里面　　师傅　　有　几个

152　爲那樣奴雖？　　　　　　　　　不知为那般？
ui⁴⁴ ʔa⁵⁵sɛ³¹ no³³ sui³³
为　什么　　的　不知

153　楊三艮去幹馬看，　　　　　　　咱们三个看看去，
ȵa⁵⁵ sã⁵⁵ȵi²¹ ɣɛ²¹ ka⁴⁴ ma⁵⁵ xã⁵⁵
咱们三人　去　把　他们　看

154　楊看馬犯那樣罪。　　　　　　　看他们犯什么罪。
ȵa⁵⁵ xã³³ ma⁵⁵ fã⁴⁴ ʔa⁵⁵sɛ³¹ tsui⁴⁴
咱们看　他们　犯　什么　罪

155　出家艮利心不清，　　　　　　　出家人也心不正，
tshɤ⁴⁴tɕa⁵⁵ȵi²¹ li⁵⁵ ɕĩ⁵⁵ ja³⁵ tɕhẽ⁵⁵
出家人　　也　心　不　清

156　難分解馬罪。　　　　　　　　　难开脱罪过。

na²¹ fv̩⁵⁵khe⁵⁵ ma⁵⁵ tsui⁴⁴
难　分开　他们的　罪

157　黄氏雙眼淚紛紛，　　　　　　　　　黄氏双眼泪纷纷，
xuã⁵⁵sɛ⁴⁴ suã³³jĩ³¹ luɛ⁵⁴ fũ³³fũ³³
黄氏　　双眼　　泪　纷纷

158　猶如孤雁入山林。　　　　　　　　　我像孤雁入山林。
jo⁴²zu⁴² ku³³jĩ⁵⁴ zu³⁵ sɛ̃³³liɯ⁴²
犹如　孤雁　入　山林

159　善惡到頭終有報，　　　　　　　　　善恶到头终有报，
sɛ̃⁵⁴ ɣo³⁵ to⁵⁴thi⁴² tsõ³³ jo³¹ po⁵⁴
善　恶　到头　终　有　报

160　越看越傷心。　　　　　　　　　　　越看越伤心。
jy³⁵ kã⁵⁴ jy³⁵ sã³³ɕũ³³
越　看　越　伤心

161　坐世上自臘做火，　　　　　　　　　人在世上别乱来，
kv̩⁴² se⁴²to³³ tsʅ⁵⁵ lɛ³⁵ tsu⁵⁵ xo³³
在　世上　则　乱　做　不得

162　報應不差半毛多。　　　　　　　　　报应只差一点点。
po⁵⁴jĩ⁵⁴ pu³⁵tsha³³ pɛ̃⁵⁴ mo⁴² tu³³
报应　不差　半　毛　多

163　馬奴庸看楊利去，　　　　　　　　　别看他们前边去，
ma⁵⁵ no³³ ȵo³³ ʔã³³ ȵa⁵⁵ li⁵⁵ ɣɛ²¹
他们　上　不要　看　咱们　也　去

164　僅直貝則北。　　　　　　　　　　　直往北边走。
tɕi³¹tsʅ⁵⁵ pe⁴⁴tsɛ²¹ pɯ⁴⁴
直直　走朝　北

165　頭孟竪得旗杆空，[1]　　　　　　　　前边竖着一杆旗，
tɯ²¹mɯ⁵⁵ tui⁵⁵tu⁴⁴ tɕi³¹kã³³kho³³
前边　竖着　一旗杆

166　旗杆頭上架升斗。　　　　　　　　　旗杆上面接升斗。
tɕi³¹kã³³ tɯ²⁵no³³ tɕa⁴⁴ sɯ̃³³ tɯ³³
旗杆　上面　加　升斗

167　本至到了二殿南，　　　　　　　　　本身到了二殿旁，
pe⁴⁴tsɛ²¹ phia⁴⁴ la⁴² ʔɛ⁵⁴ tĩ⁵⁴ na⁴²
走去　到　了　二　殿　旁边

168　上前問原因。　　　　　　　　　　　上前问端详。

---

[1] 旗杆空[tɕi²¹kã³³kho³³]：旧时，有官位人的墓地或大庙前，竖有一对高大的石柱，白语称为旗杆[tɕi⁵⁴kã³³]，空[kho³³]是石柱的量词。这种旗杆上部加有形似升斗状一台或两台、三台者，表明不同的身份或不同级别，白语称之为升斗[sɯ³³tɯ³³]。

ɣɛ²¹tsɛ²¹ pieˢˢ jỹ⁴²jĩ³³
去前　　问　原因

169　二殿名號叫楚江,　　　　　　　二帝名号叫楚江,
ʔɛ⁵⁴tĩ⁵⁴ mũ⁴²xo⁵⁵ ʔɯ⁵⁵ tshu³¹tɕã³³
二殿　　他的号　叫　楚江

170　某利親自貝七接。　　　　　　　亲自出来接我来。
mo³¹ li⁵⁵ tɕhi³³tsɿ⁵⁵ pe⁴⁴tɕhi⁴⁴ tɕa⁴⁴
他　也　亲自　　走出　　接

171　某用我奴接喑内,　　　　　　　他把我接进去,
mo³¹ no⁴² ŋɯ⁵⁵ no³³ tɕa⁴⁴ɲi⁴⁴ khɯ³¹
他　把　我的　上　接进　里边

172　心孟不放心。　　　　　　　　　这样才放心。
ɕĩ⁵⁵ỹ⁵⁵ mɯ⁵⁵tɯ³¹ fã⁵⁴
心里　才　　　放

173　牛頭馬面怕艮怕,　　　　　　　这里尽是牛头马面人,
ŋɯ²¹tɯ²¹ mɛ³³zɛ̃²¹ kɛ̃⁵⁵ɲi²¹kɛ⁵⁵
　牛头马面　　怕人

174　銅柱樣子竪孟大。　　　　　　　一根铜柱竖这里。
tỹ²¹tsɯ³³ ja⁴² tsɿ³³ tɕɛ⁴² mɯ⁵⁵ta⁴⁴
铜柱　样是　钉　那里

175　鐵索板子挂滿乗,　　　　　　　旁边挂满铁索和板子,
the⁴⁴so⁴⁴ pɛ̃³¹tsɿ³³ kua⁴⁴ ma³³ tshɯ⁵⁵
铁索　　板子　挂满　掉

176　顯八面威光。　　　　　　　　　显得很威严。
ɕɛ̃³¹ pa³⁵mĩ⁵⁴ ui³³kuã³³
显　八面　威光

177　黄氏僅則頭行禮,　　　　　　　黄氏忙朝前行礼,
xuã⁵⁵sɛ⁴⁴ tɕɯ³¹tsɛ²¹ tɯ²¹ ɕũ⁴²li³¹
黄氏　　忙朝　前　行礼

178　大王用幹恩奴罪。　　　　　　　大王要减我的罪。
ta⁵⁴ua⁴² no³³ ka³³ ŋɯ⁵⁵ no³³ tsui⁴⁴
大王　要　减　我的　上　罪

179　金童玉女打發來,　　　　　　　打发金童玉女来,
tɕĩ³³thõ⁴² jy⁵⁴ny³¹ tɛ⁴⁴fɛ⁴⁴ ɣɯ³⁵
金童　　玉女　打发　来

180　請我對經最。　　　　　　　　　请我来对经。
tɕhɛ̃³³ ŋo³¹ tui⁴²tɕɛ̃⁵⁵tsui⁴⁴
请　我　对经一转

181　第一要拜一萬二千,　　　　　　第一要拜一万二千经,

ti³¹ji⁴⁴ ȵo³³ pɛ⁴² ʔa³¹ỹ⁴² ȵi⁵⁵ kõ³³tɕĩ⁵⁵
第一　要　拜　一万　加　二千

182　菠蘿蜜二千九百零，　　　　菠萝蜜经有二千九百整，
po³³lo⁴²mi³⁵ ʔɛ⁵⁴tɕĩ³³ tɕo³¹puɯ³⁵ li⁴²
菠萝蜜　二千　九百　零

183　阿彌阿乃幹上付。　　　　　还要阿弥阿作谢。
ʔa³³mi⁴⁴ʔa³³ ne³¹ ka⁴⁴sa⁴⁴fv⁴⁴
阿弥阿　的　尚付尚付

184　恐其孟中差錯利，　　　　　要是里边有差错，
kɛ̃⁵⁵ muɯ⁵⁵ muɯ⁵⁵xuɯ³¹ tsha⁵⁵tsho⁴⁴ li⁵⁵
怕　它的　里面　差错　也

185　請彥幹寬恕。　　　　　　　请您大王多宽恕。
tɕẽ³³ ȵi⁵⁵ ka⁴⁴kuẽ⁵⁵sv⁴⁴
请　您　宽恕宽恕

186　大王坐仲恩邊奴，　　　　　大王坐在我身边，
ta⁵⁴uã⁴² kɤ⁴² tso³³ ŋuɯ⁵⁵ po²¹no³³
大王　坐在　我的　旁边

187　某利殺幹孟舌動。[1]　　　他只默念动舌头。
mo³¹ li⁵⁵ sa³⁵ ka⁴⁴ muɯ⁵⁵ tse⁴⁴ to⁴⁴
他　也　只　把　他的　舌　动

188　坐旦在時分示我，　　　　　还在这里吩咐我，
kɤ⁴² ta⁴⁴ tsɿ³³tsẽ²¹ fuĩ⁵⁵ sɿ⁴⁴ ŋo³¹
在　这里　时候　分　示　我

189　恩奴庸耽擱。　　　　　　　不误我拜经。
ŋuɯ⁵⁵ no³³ ȵo³³ tã⁵⁵ko³³
我的　上　不要　耽搁

190　我用雜武對則清，　　　　　我把经书拜完了，
ŋo³¹ no⁴² tsa³⁵vɤ³¹ tui⁴²tshuɯ⁵⁵ tɕẽ⁵⁵
我　把　全本　对掉　尽

191　孟等驚到五殿奴。　　　　　这才惊动到五帝。
muɯ⁵⁵tuɯ³¹ tɕuĩ⁵⁵ phia⁴⁴ u³¹tĩ⁵⁵ no³³
才　惊　到　五殿　上

192　急速仲我對恩經，　　　　　急速领我去对经，
lɛ⁴⁴suɯ³³ tso⁵⁵ ŋo³¹ tui⁴² ŋuɯ⁵⁵ tɕɛ̃⁵⁵
赶快　领　我　对　我的　经

193　貝大仲世上。　　　　　　　叫我赶快回人间。

---

[1] 这两句的意思是，自己念的滔滔流水，大王在身边也只动动舌头，跟不上。

pe⁴⁴ tã⁴² tso³³ se⁴² to³³
走　回　上　世上

194　告辭二殿孟起脚，　　　　　　　告辞二帝要起步，
ko⁴⁴tsŋ⁵⁵ ʔɛ⁵⁴ti⁵⁴ mɯ⁵⁵ khɯ³³ko⁴⁴
告辞　　二殿　处　　起脚

195　儀門外有柱幾個。　　　　　　　仪门外有几棵柱。
ji⁴²me²¹ ua⁴⁴ tsŋ³³ tsɯ³³ ka³⁵ kho³³
仪门　　外　有　柱子　几　个

196　孟奴扶起得艮皆，　　　　　　　上面拴着几个人，
mɯ⁵⁵ no³³ fɤ⁴²khɯ³³ tɯ⁴⁴ ɲi²¹kɛ⁵⁵
他的　上　缚起　　　得　人

197　自動手動脚。　　　　　　　　　个个身发抖。
tsŋ⁵⁵ ju³¹ sɯ³³ ju³¹ ko⁴⁴
则　抖　手　抖　脚

198　上衣下衣托乘清，　　　　　　　上衣下裤全脱掉，
to³³ji⁵⁵ ɣɛ³³ji⁵⁵ thua⁴⁴tshɯ⁵⁵ tɕhɛ̃⁵⁵
上衣　下衣　脱掉　　　尽

199　送馬抱中銅柱奴。　　　　　　　光着身子抱铜柱。
so³³ ma⁵⁵ pu³³xɯ³¹ tɣ̃²¹tsɯ³³ no³³
让　他们　怀里　　　铜柱　上

200　銅柱樣中庄火炭，　　　　　　　铜柱里面有炭火，
tɣ̃²¹tsu⁴⁴ ja⁴² xɯ³¹ tso⁵⁵ xui³³thã³¹
铜柱　　样　里　装　火炭

201　坐旦看馬呼。　　　　　　　　　任随铜柱烫。
kɣ³⁵⁵ta⁴⁴ xã⁵⁵ ma⁵⁵ xu³³
在这里　　看　他们　好

202　那二艮去問馬則，　　　　　　　你们二位去问问，
na⁵⁵ kõ³³ɲi²¹ ɣɛ²¹ piɛ⁴⁴ ma⁵⁵ tsŋ³⁵
你们　两人　　去　问　他们　去

203　楊看馬爲阿使奴？　　　　　　　他们犯了什么罪？
ɲa⁵⁵ xã⁵⁵ ma⁵⁵ ui⁴⁴ ʔa⁵⁵sɛ³¹ no³³
咱们　看　他们　诶　什么　的

204　王法受到仲冷牙，　　　　　　　王法怎么这般惨，
uã⁴²fa³⁵ so⁵⁴phia⁴⁴ tso⁴² no³¹ja⁴²
王法　　受到　　这样　这样

205　看馬苦阿套。　　　　　　　　　他们真难受。
xã⁵⁵ ma⁵⁵ khu³¹ ʔa³¹ tho⁴⁴
看　他们　苦　　不　不得

金玉 1 善人唫馬使用管，　　　　　　　　　善人请您不要管，
$sẽ^{54}$ $ɲi^{21}$ ni^{55} ma^{55} $sɛ^{31}$ mia^{44} $kuã^{42}$
善人　您　他们　事　不要　管

2 冷轟本來瘋唫罪。　　　　　　　　　这些本来疯和醉。
$no^{31}xo^{33}$ $pɯ^{31}lɛ^{55}$ $vɣ^{21}$ $ɲi^{55}$ $tɕy^{44}$
这些　本来　疯　和　醉

3 世上馬自緬則清　　　　　　　　　　他们在世上巧计算，
se^{42} $tõ^{33}$ ma^{55} $tsŋ^{55}$ $mi^{33}tsɛ^{21}$ $tɕhẽ^{55}$
世上　他们　则　想着　尽

4 自緬清面絕。　　　　　　　　　　　想尽又想绝。
$tsŋ^{55}$ $mi^{33}tɕhẽ^{55}$ $mi^{33}tsui^{44}$
则　想尽　想绝

5 死了貝到阿大自，　　　　　　　　　死了到了这里来，
$çi^{33}$ la^{42} pe^{44} $phia^{44}$ $ʔa^{54}ta^{44}$ $tsŋ^{55}$
死了　走　到　这里　则

6 犯阿使罪孟等山。　　　　　　　　　犯了何罪才知道。
$fã^{44}$ $ʔa^{55}sɛ^{31}$ $tsui^{44}$ $mɯ^{55}tɯ^{31}$ se^{33}
犯　什么　罪　才　知

7 罪重冷轟轉生自，　　　　　　　　　罪重的人要转生，
$tsui^{54}$ $tsɣ̃^{33}$ $no^{31}xo^{33}$ $tsuẽ^{31}sɯ̃^{33}$ $tsŋ^{55}$
罪　重　这些　转生　则

8 用茂自扶七。　　　　　　　　　　　把他们拴出来。
$ɲo^{42}$ ma^{55} $tsŋ^{55}$ $fɣ^{42}tɕhi^{44}$
把　他们　则　缚出

9 善人彥心利是胖，　　　　　　　　　善人您心实在软，
$sẽ^{54}$ $ɲo^{21}$ ni^{55} $çĩ^{55}$ li^{55} $sɛ^{44}$ $phɛ^{55}$
善人　你　心　也　实在　软

10 冷轟經爲心不清。　　　　　　　　　这些都为心不善。
$no^{31}xo^{33}$ $tɕɯ^{55}$ ui^{44} $çĩ^{55}$ ja^{35} $tɕẽ^{55}$
这些　尽　为　心　不　清

11 大路奴自馬阿貝，[1]　　　　　　　　光明大道他不走，
$to^{42}thu^{33}$ no^{33} $tsŋ^{33}$ ma^{55} $ʔa^{31}$ pe^{44}
大路　上　是　他们　不　走

12 小路奴臘歪。　　　　　　　　　　　小路上乱蹿。
se^{31} thu^{33} no^{33} $lɛ^{35}$ $uɛ^{55}$
小路　上　乱　歪

13 冷艮孟妻没大小，　　　　　　　　　这个的妻子没大小，

---

[1] 阿[$ʔa^{31}$]: 这个否定副词的意思是该为而不为的"不"，一般泛指的否定副词是[ja^{35}]或[$ɣa^{35}$]。

		no³¹ ȵi²¹ muɯ⁵⁵tshe⁵⁵ mo³³ to⁴²se³¹	
		这 人 他妻 没 大小	
	14	達艮馬家奴不怕。	那个大人的话他不怕。
		ta³⁵ ȵi²¹ ma⁵⁵tɤ⁵⁵ no³¹ ja³⁵ kɛ̃⁵⁵	
		那人 他们家 上 不 怕	
	15	坐世上自迷濁起，	迷迷糊糊在世上，
		kɤ⁴² se⁴²to³³ tɕʅ⁵⁵ mi⁴²xu⁴² khɯ³³	
		在 世上 则 迷糊 起	
	16	用送馬醒醒。	让他们醒一醒。
		ȵo³³ so³³ ma⁵⁵ ɕɛ̃⁵⁵ɕɛ̃⁵⁵	
		要 让 他们 醒醒	
黄氏	1	黄氏初自冷時貝，	黄氏就在这时走，
		xuã⁵⁵sɛ⁴⁴ tshu³³ tsʅ⁵⁵ no³¹tsɛ²¹ pe⁴⁴	
		黄氏 就 则 这时 走	
	2	一面貝了一面緬。	一面走着一面想。
		jɛ³³ɕi⁵⁵ pe⁴⁴ la⁴² jɛ³³ɕi⁵⁵ mi³³	
		一面 走 了 一面 想	
	3	緬大後自心奴疼，	往后想来心里疼，
		mi³³ ta⁴² ɣɯ³³ tsʅ⁵⁵ ɕĩ⁵⁵no³³ sɿ̃³¹	
		想 回 后 则 心上 痛	
	4	寸心滚水慮。	热心如同开水烫。
		tɕhui⁴⁴ɕĩ⁵⁵ xua⁴⁴ɕy³³ lui⁴⁴	
		热心 开水 烫	
	5	走了一凸又一凹，	走了一山又一箐，
		pe⁴⁴ la⁴² ʔa³¹ khui⁵⁵ lɛ³¹ ʔa³¹ kõ⁴²	
		走 了 一 座 又 一 箐	
	6	過了一山又一山。	过了一山又一山。
		ko⁴² la⁴² ji³⁵ se³³ jo⁵⁴ ji³⁵ se³³	
		过 了 一 山 又 一 山	
	7	頭孟斗得城墙壁，	前头看见一城墙，
		tɯ²¹mɯ⁵⁵ to⁵⁵tɯ⁴⁴ tsɛ²¹u³³phiɛ⁵⁵	
		前面 竖着 一城墙	
	8	搭梯替貝人。	上台阶进去。
		ta⁴²thi⁵⁵ thi⁵⁵ pe⁴⁴ȵi⁴⁴	
		台阶 梯 走进	
	9	阿大我問那二艮，	这里我问你二位，
		ʔa⁵⁴ta⁴⁴ ŋo³¹ piɛ⁴⁴ na⁵⁵ kõ³³ ȵi²¹	
		这里 我 问 你们 两人	

10　楊毅阿大貝做使？　　　　　　　　咱们为何走这里？
　　ŋa⁵⁵ sa³⁵ ʔa⁵⁴ta⁴⁴ pe⁴⁴ tsu⁵⁵sʅ³¹
　　咱们 从 这里 走 做什么

11　皆那二艮心不清，　　　　　　　　恐怕你们心迷糊，
　　kɛ̃⁵⁵ na⁵⁵ kõ³³ ȵi²¹ ɕi⁵⁵ ja³⁵ tɕhɛ̃⁵⁵
　　盼 你们 二 人 心 不 清

12　代書朱女其。　　　　　　　　　　还耍娃娃气。
　　tɛ⁴⁴ tso⁴² tsu⁵⁵ȵy³³tɕhi³¹
　　还 娃娃气

13　雜城子中馬燒香，　　　　　　　　全城都烧香，
　　tsa³⁵tsɛ̃²¹tsʅ³³ xɯ³¹ ma⁵⁵ xu⁵⁵ɕõ⁵⁵
　　全城 里 他们 烧香

14　旗杆楊起能幾對。　　　　　　　　大旗飘飘好几对。
　　tɕi²¹kã⁵⁵ jo²¹ khɯ³³ nɯ⁵⁵ ka³⁵ tui⁴²
　　旗杆 飘 起 这 几 对

15　燈花蠟燭亮亮手，　　　　　　　　蜡烛灯花处处亮，
　　tũ⁵⁵xo⁵⁵ la⁴⁴tsɣ⁴⁴ niã⁴⁴niã⁴⁴sɯ³³
　　灯花 蜡烛 亮亮的

16　能牙馬做使？　　　　　　　　　　他们做什么？
　　no³¹ja⁴² ma⁵⁵ tsu⁵⁵sʅ³¹
　　这些 他们 做什么

金玉　1　安幹善人啍孟説，　　　　　　　我给善人说一说，
　　　　ŋa⁵⁵ ka⁴⁴ sɛ̃⁵⁴ȵi²¹ ȵi⁵⁵ mɯ⁵⁵ sua⁴⁴
　　　　我们 把 善人 您 处 说

　　2　皇帝登記十三歲。　　　　　　　今天皇帝登基十三载。
　　　　xuã⁴²ti⁵⁴ tũ³³tɕi³³ tsɛ⁴²sã⁵⁵ sua⁴⁴
　　　　皇帝 登基 十三 岁

　　3　風調雨順民安樂，　　　　　　　风调雨顺人安乐，
　　　　fẽ³³thio⁴² jy³¹suẽ⁵⁵ zũ⁴² ŋa³³lo³⁵
　　　　风调 雨顺 人 安乐

　　4　錦上又添花。　　　　　　　　　锦上又添花。
　　　　tɕũ³¹ sã⁵⁴ jo⁵⁴ thĩ³³xua³³
　　　　锦 上 又 添花

　　5　今年陝西大天旱，　　　　　　　今年陕西遭大旱，
　　　　kɛ⁵⁵tsʅ⁵⁵ sã³¹ɕi³³ to⁴² xɛ̃⁵⁵kã⁵⁵
　　　　今年 陕西 大 天旱

　　6　天旱輪到仲阿大。　　　　　　　天旱轮到这里来。
　　　　thẽ⁵⁵kã⁵⁵ nui⁴²phia⁴⁴ tso⁴² ʔa⁵⁴ta⁴⁴
　　　　天旱 轮到 在 这里

	7	馬怕黃河江江折，	人怕黄河江水断，
		ma^{55} kɛ^{55} xuã^{42}xo^{42} kɣ̃^{55}kɣ̃^{55} tse^{42}	
		他们 怕 黄河 一江 断	
	8	來求宋帝王。	来求宋帝王。
		yɯ^{35} tɕho^{42} sõ^{54} ti^{54}uã^{42}	
		来 求 宋 帝王	
	9	本冷牙奴馬起書，	为了这事做仪式，
		pɯ^{31} no^{31}ja^{42} no^{33} ma^{55} tɕhi^{31} sʅ^{55}	
		为 这些 上 他们 起 事	
	10	陰陽一理初阿牙。	阴阳行的同样礼。
		jĩ^{33}jã^{42} ji^{35} li^{31} tshu^{33} ʔa^{31}ja^{42}	
		阴阳 一 理 就 一样	
	11	開自楊去見大王，	这回要去见宋帝王，
		khɛ^{55}tsʅ^{55} ɳa^{55} ɣɛ^{21} kɛ̃^{42} ta^{54}uã^{42}	
		这就 咱们 去 见 大王	
	12	閑話庸某講。	闲话不要讲。
		ɕã^{55}tõ^{21} ɳo^{33}mo^{31} tɕã^{31}	
		闲话 不要 讲	
黃氏	1	黃氏上前施一禮，	黄氏上前施一礼，
		xuã^{55}sɛ^{44} to^{33} tsʅ^{55} sʅ^{33} ji^{35} li^{31}	
		黄氏 上 则 施 一 礼	
	2	我乃陽間黃氏女。	我是阳间黄氏女。
		ŋo^{31} nɛ^{55} jã^{42}tɕĩ^{33} xuã^{42}sʅ^{54}ny^{31}	
		我 呢 阳间 黄氏女	
	3	奉命前來對金剛，	奉命前来对金刚，
		fũ^{55}mĩ^{54} tɕhĩ^{42}lɛ^{42} tui^{54} tɕũ^{3}kã^{33}	
		奉命 前来 对 金刚	
	4	出於不得已。	出于不得已。
		tshɣ^{35} jy^{42} pu^{35} tɯ^{35} ji^{31}	
		出 于 不 得 已	
	5	頭一部三十三天仙神事，	头一部三十三天仙神事，
		tho^{42} ji^{35}pu^{54} sã^{55}tsɛ^{42} sã^{55}ni^{44} ɕĩ^{33}sũ^{42} sʅ^{54}	
		头 一部 三十 三天 仙神 事	
	6	十殿大王罵規矩。[1]	十帝大王的规矩。
		tshʅ^{35} tĩ^{54} ta^{54}uã^{42} ma^{55} kui^{33}tɕui^{31}	
		十 殿 大王 他们 规矩	
	7	設有孟中之差錯，	要是里面有差错，

---

[1] 传说阴间阎王有十位，民间传经中称十王、十帝等。

		se³⁵tsɯ³³ mɯ⁵⁵xɯ³¹ tsɿ³³ tsha³³tsho⁵⁴	
		设有　　里面　　　有　差错	
	8	大王用幹免。	大王要免罪。
		ta⁵⁴uã⁴² ȵo³³ ka⁴⁴mĩ³¹	
		大王　　要　　免一免	
三帝	1	吾王在位也不安，	吾王在位也不安，
		u⁴²uã⁴² tse⁵⁴ ui⁵⁴ jɛ³¹ pu³⁵ŋa³³	
		吾王　　在　位　　也　不安	
	2	本來算個女丈夫，	你本来算个女丈夫，
		pɯ³¹lɛ⁵⁵ suɛ⁵⁴ ko⁵⁴ ȵy³¹ tsã⁵⁴fv³³	
		本来　　算　　个　女　丈夫	
	3	天堂地獄正得清，	天堂地狱你记得清，
		thĩ³³thã⁴² ti⁵⁴ju³⁵ tsɯ⁴⁴tɯ⁴⁴ tɕhẽ⁵⁵	
		天堂　　　地狱　　记得　　　尽	
	4	半點也不差。	半点也不差。
		pẽ⁵⁴ tĩ³¹ jɛ³¹ pu³⁵tsha³³	
		半　点　也　不差	
	5	工艮趕緊仲入内。	你们赶快把她领进去，
		kõ³³ ȵi²¹ lɛ⁴⁴sɯ³³ tso⁵⁵ ȵi⁴⁴ khɯ³¹	
		两　人　赶快　　　领　进　里	
	6	四殿王宮子孟旦。	四帝王宫在那里。
		sɿ⁵⁴yi⁵⁴ uã⁴²kõ³³ tsɿ³³ mɯ⁵⁵ta⁴⁴	
		四殿　　王宫　　在　　那里	
	7	路奴閑事庸某管，	路上闲事不要管，
		thu³³no³³ ɕã⁵⁵sɿ³¹ ȵo³³mo³¹ kuã⁴²	
		路上　　　闲事　　　不要　　管	
	8	耽擱某阿妙。	不要耽搁她。
		ta⁵⁵ko³³ mo³¹ ʔa³¹ mia⁴⁴	
		耽搁　　她　不　不要	
黄氏	1	告辭大王安庸去，	告辞大王我们走，
		ko⁴⁴tshɿ⁵⁵ ta⁵⁴uã⁴² ŋa⁵⁵ȵo³³ ɣɛ²¹	
		告辞　　　大王　　　我们要　去	
	2	阿大吊得能工而。	见着这里吊着人两行。
		ʔa⁵⁴ta⁴⁴ tio⁴⁴tɯ⁴⁴ nɯ⁵⁵ kõ³³ ɣɛ⁴²	
		这里　　　吊着　　　这　　两行	
	3	拿則馬孟紙筆墨，	拿给他们笔和墨，
		ne⁴⁴tsɿ²¹ ma⁵⁵ mɯ⁵⁵ tsɿ³³fv⁴⁴mɯ⁴⁴	
		拿给　　　他们　处　纸笔墨	

	4	送馬自肉寫？	看他们怎么写？
		so^{33} ma^{55} tsʅ^{55}kɛ^{21} vɛ^{42}	
		让 他们 怎么 写	
	5	阿艮雜孟手等尖，	一人只有手指尖，
		ʔa^{31}ȵi^{21} tsa^{35} mɯ^{55} sɯ^{33}tɯ^{31} tɕĩ^{55}	
		一 人 剩 他是 手指 尖	
	6	阿艮坐大起孟岩。	一人在给他那里撬牙。
		ʔa^{31}ȵi^{21} kʅ^{42}ta^{44} tɕhi^{31} mɯ^{55} ŋɛ^{21}	
		一 人 在这里 撬 他的 白齿	
	7	用馬反吊天空中，	他们反吊在空中，
		ȵo^{42} ma^{55} fẽ^{33}tio^{44} xẽ^{55}khỹ^{55} xɯ^{31}	
		把 他们 反吊 天空 里	
	8	冷轟犯阿使？	他们犯何罪？
		no^{31}xo^{33} fã^{44} ʔa^{55}sɛ^{31}	
		这些 犯 什么	
金玉	1	勸彥馬使庸某管，	劝您不要管他们，
		tɕỹ^{44}ȵi^{55} ma^{55} sɛ^{31} ȵo^{33}mo^{31} kuã^{42}	
		劝 您 他们 事 不要 管	
	2	代子牙啈心空哆。	您总有事情心不爽。
		tɛ^{44} tsʅ^{33}ja^{42} ȵi^{55} ɕĩ^{55}khỹ^{55}tua^{42}	
		定 有一样 您 心不甘	
	3	路上耽擱乘多自，	路上要是耽搁多，
		thu^{33} no^{33} tã^{55}ko^{33} tshɯ^{55} tɕi^{55} tsʅ^{55}	
		路 上 耽搁 掉 多 则	
	4	怕啈南回陽。	怕您难回阳。
		kẽ^{55}ȵi^{55} na^{21} xui^{42}jã^{42}	
		怕 您 难 回阳	
	5	冷轟世上馬識書，	这些在世认识字，
		no^{33}xo^{33} sɛ^{42}to^{33} ma^{55} sɛ^{33}sʅ^{55}	
		这些 世上 他们 识字	
	6	小刀子子初筆挂。	小刀子是烂笔杆。
		sɛ^{31}ta^{55}tsʅ^{33} tsʅ^{33} tshu^{33} fʅ^{44}kua^{42}	
		小刀子 是 就 笔杆	
	7	誰著寫出二三行，	随便写它两三行，
		sui^{55}tsu^{42} vɛ^{42} tɕhi^{44} kõ^{33}sã^{55} kʅ^{42}	
		随便 写 出 两三 句	
	8	害子阿春巷。	害了一村巷。
		xɛ^{54}tsʅ^{31} ʔa^{31} tshʅ^{55}kã^{42}	
		害给 一 村巷	

	9	私立假契送艮皆，	私立假契送给人，
		sɿ³³li³⁵ tɕa³¹tɕhi⁵⁴ so³³ ȵi³¹kɛ⁵⁵	
		私立　假契　　送　人	
	10	三代子孫把不開，	三代儿孙难解开。
		sã³³ te⁵⁴ tsɿ³¹suẽ³³ pa³¹ khe⁵⁵ tua⁴²	
		三代　子孙　　搞开　不得	
	11	殺艮皆庸秘書當，	杀人还让秘书担，
		ɕa⁴⁴ ȵi²¹kɛ⁵⁵ ȵo⁴² mi³⁵sɿ³³ tã³³	
		杀　人　　用　秘书　担	
	12	初馬筆某挂。	就是那笔杆。
		tshu³³ ma⁵⁵ fʏ⁴⁴ mo³¹ kua⁴²	
		就　他们　笔　这　杆	
黄氏	1	黃氏聽聽恩火起，	黄氏听了怒火起，
		xuã⁵⁵sɛ⁴⁴ tɕhẽ⁵⁵tɕhẽ⁵⁵ ŋɯ⁵⁵ xo³¹khɯ³³	
		黄氏　　听听　　　我的　生气	
	2	讀書轟賣敢牙手。	读书人还敢这样。
		ɣɯ⁴sʏ⁵⁵xo⁵⁵ mɛ⁵⁵ kã³¹ ja⁴²sɯ³³	
		读书伙　　嘛　敢　这样	
	3	仲氣盡子子艮轟，	为何都是男人们，
		tso⁴²tɕhi⁵⁵ tɕũ⁵⁵tsɿ³³ tsɿ³³ȵi³¹xo³³	
		可怜　　　尽是　　男人伙	
	4	四庸幹馬問。	很想去问问。
		sɿ⁵⁵ȵo³³ ka⁴⁴ ma⁵⁵ vɯ⁴⁴	
		想要　　把　他们　问	
	5	衣仲那做仲不做，	你们到底坏不坏，
		ȵi⁵⁵tso⁴² na⁵⁵ tsu⁵⁵ tso⁴² ja³⁵ tsu⁵⁵	
		或是　你们　做　或　不　做	
	6	那利庸做心奴怎。	要做好心的主。
		na⁵⁵ li⁵⁵ ȵo³³ tsu⁵⁵ ɕĩ⁵⁵ no³³ tsɯ³³	
		你们也　要　做　心上　主	
	7	爲使送馬牙手做，	为何让他们这样做，
		ui⁵⁵sɛ³¹ so³³ ma⁵⁵ ja⁴²sɯ³³ tsu⁵⁵	
		为什么　让　他们　这样　做	
	8	在誰茂臟經。	也许任随人脏经。
		tse⁴⁴sui⁵⁵ ma⁵⁵ tsa³³tɕɯ³³	
		在随　　他们　脏经	
	9	仲氣出去那冷麻，	可怜出去了很久，

10 可憐出來了這麼久今日覺得乳利杖。 今天觉得奶水胀。
tso⁴²tɕhi⁵⁵ tshɤ⁴⁴tɕhi⁴⁴ la⁴² nɯ³¹ma⁴⁴
可怜　　出来　　了　这么久
ke⁵⁴n̠i⁴⁴ tɕu⁵⁵tu⁴⁴ pa⁴²li⁵⁵ tsa⁴⁴
今日　觉得　　奶　也　胀

11 算起時日阿月餘， 算算日子已月余，
sua⁴² khɯ³³ n̠i⁴⁴ɕɛ⁴² ʔa³¹uã⁴⁴ no⁵⁵
算着　　　日子　　一月　　余

12 心個小刀插。 心像小刀割。
ɕĩ⁵⁵kho³³ se³¹ta⁵⁵ tsha⁴⁴
心一颗　　小刀　插

13 三親六眷子唁女， 三亲六眷只有儿和女，
sã³³tɕhĩ³³ lu³⁵tɕỹ⁵⁴ tsɿ³³ n̠i⁵⁵ n̠ɤ³³
三亲　　六眷　　　儿和女

14 奴那你去樵艮皆。 你呢你去求人家。
no³¹ na⁵⁵ no³¹ ɣɛ⁵⁴ tɕho⁵⁵ n̠i⁵⁴kɛ⁵⁵
你　呢　你　去　求　　人

15 打該相見殺二世， 恐怕相见等后世，
tɛ⁴⁴kɛ̃⁵⁵ sã⁵⁵kẽ⁴² tɯ³³ ɣɯ³³ se⁴²
恐怕　　相见　　等　后　世

16 越説越心慌。 越说越心慌。
jy³⁵ su³⁵ jy³⁵ ɕĩ³³xuã³³
越　说　越　心慌

17 一面貝了一面思， 一面走来一面想，
jɛ³³ɕi⁵⁵ pe⁴⁴ la⁴² jɛ⁵⁵ɕi⁵⁵ mi³³
一面　走　了一面　想

18 我緬我使務冷氣。 我想我的一件事。
ŋo³¹ mi³³ ŋɯ⁵⁵ sɛ³¹vɤ³³ no³¹ tɕhi³³
我　想　我的　事情　上　气

19 子與女奴丟家東， 一双儿女丢家里，
tsɿ³³ n̠i⁵⁵ n̠ɤ³³ no³³ piɛ⁵⁵ xa³¹tɤ⁵⁵
儿和女　上　丢　家里

20 大該難相會。 也许难相会。
tɛ⁴⁴kɛ̃⁵⁵ na²¹ sã⁵⁵xui⁴⁴
也许　难　相会

21 金身氣成魚其姑， 金身熬成鱼骨头，
tɕĩ⁵⁵tshe⁵⁵ tɕhi⁴⁴tsɛ²¹ ỹ⁵⁵tɕhi³¹ku⁵⁵
金身　　气成　　鱼刺一架

22 嘴眼氣成青菜葉。 好脸气成青菜叶。

tɕy³³ʔũi³³ tshi⁴⁴tsɛ²¹ tɕhẽ³¹tshɯ³¹se⁴⁴
脸　　气成　　青菜叶

23　對經用去五殿南，　　　　　　　对经到了五殿处，
　　tui⁴²tɕẽ⁵⁵ no³³ ɣɛ²¹ u³¹ti⁵⁴ na⁴²
　　对经　要 去　五帝　那里

24　耽擱到何日！　　　　　　　　还耽搁几天！
　　ta⁵⁵ko³³ phia⁴⁴ na⁴⁴ɲi⁴⁴
　　耽搁　到　　哪天

金玉　1　阿大我勸善人唅，　　　　　　这里我劝善人您，
　　　　ʔa⁵⁴ta⁴⁴ ŋo³¹ piɛ⁴⁴ sẽ⁵⁴zũ⁴²xo³³
　　　　这里　我　问　善人伙

　　　2　奴乃阿妙仲心奴。　　　　　　这些不要放心上。
　　　　no³¹ ne³¹ ʔa³¹mia⁴⁴ tso⁵⁵ ɕĩ⁵⁵ no³³
　　　　不要　　　放　　心　上

　　　3　兩三天自楊到乃，　　　　　　两三天后咱们去，
　　　　kõ³³ sã⁵⁵ ɲi⁴⁴ tsŋ⁵⁵ na⁵⁵ phia⁴⁴ ne³¹
　　　　两　三　天　则　咱们　到　的

　　　4　彥心阿妙焦。　　　　　　　　您心不要焦。
　　　　ɲi⁵⁵ ɕĩ⁵⁵ ʔa³¹mia⁴⁴ tɕo³³
　　　　您　心　不要　　焦

　　　5　天下丟孤奴利多，　　　　　　天下丢儿也不少，
　　　　xẽ⁵⁵ɣɛ³³ piɛ⁵⁵tsŋ³³ no³³ li⁵⁵ tɕi⁵⁵
　　　　天下　　丢儿　　的　也　多

　　　6　吃乳次寡奴利子。　　　　　　丢下乳娃的也有。
　　　　ʔɯ³³pa⁴² tshŋ⁴⁴tsŋ³³ no³³ li⁵⁵ tu³³
　　　　吃奶　　赤子　　　的　也　多

　　　7　幹唅經樣對明白，　　　　　　只管对好您的经，
　　　　ka⁴⁴ ɲi⁵⁵ tɕẽ⁵⁵ja⁴² tui⁴ mɛ²¹pɛ⁴²
　　　　把　您　经　　　对　明白

　　　8　大回唅家村。　　　　　　　　就可回您家。
　　　　ta⁴²ja⁴⁴ ɲi⁵⁵ tɕa³³tso³³
　　　　折回　　您　家中

黄氏　1　仲氣恩奴庸某懊，　　　　　　多谢不伤我的心，
　　　　tso⁴²tɕhi⁵⁵ ŋɯ⁵⁵ no³³ ȵo³³mo³¹ ʔo⁴⁴
　　　　可怜　　　我的　上　不要　懊

　　　2　那自笑自我自哭。　　　　　　你们说笑我在哭。
　　　　na⁵⁵ tsŋ⁵⁵ so³¹ tsŋ⁵⁵ ŋo³¹ tsŋ⁵⁵ kho⁴⁴
　　　　你们　则　笑　则　我　则　哭

3   世上做差啥奴使,   我在世上错什么,
     se⁴² to³³ tsu⁵⁵ tsha⁵⁵ ȵi⁵⁵ no³³ sɛ³¹
     世上   做   错   您   上 什么
4   傷情到命奴!   伤心到命里!
     sã⁵⁵ tɕɛ²¹ phia⁴⁴ miɛ⁴² no³³
     伤情   到   命   上
5   送我時時不安樂,   让我时时心不安,
     so³³ ŋa⁵⁵ tsɛ²¹ tsɛ²¹ ja³⁵ ŋa⁵⁵ lo⁴⁴
     让 我们 时时   不 安乐
6   仲氣左脚豹右脚。   走路左脚绊右脚。
     tso⁴² tɕhi⁵⁵ pi⁵⁵ ko⁴⁴ pã⁴² tsɛ⁴² ko⁴⁴
     可怜   左脚   绊   右脚
7   猶如水上浮萍草,   人像水上浮萍草,
     sã⁵⁵ jy²¹ ɕy³³ xɯ³¹ pɯ²¹ʔa⁴⁴ tsɿ³³
     相似   水里   浮萍草
8   氣疾路頭奴。   一路在伤心。
     tɕhi⁴⁴ xa⁴⁴ thu³³ tɯ³¹ no³³
     气死   路头   上

9   姑没頭奴貝退子,   硬着头皮走一程,
     ku³³ mo³³ tɯ²¹ no³³ pe⁴⁴ thui⁵⁵ tsɿ³³
     鼓足气   的   走   节儿
10   頭孟看見大村村。   前面看见大村子。
     tɯ²¹ mɯ⁵⁵ xã⁵⁵ kẽ⁴² to⁴² jɯ⁴⁴ jɯ⁴⁴
     前面   看见   大 村子
11   四方八面圍起清,   四方八面都围起,
     sɿ⁵⁴ fã³³ pa³⁵ mi⁵⁴ ui⁵⁵ khɯ³³ tɕhẽ⁵⁵
     四方 八面   围起 尽
12   孟門開則北。   村门开朝北。
     mɯ⁵⁵ me²¹ khɯ⁵⁵ tsɛ²¹ pɯ⁴⁴
     它   门   开   朝   北
13   本至到了四殿南,   本是到了四殿处,
     pɛ³¹ tsɿ⁵⁵ phia⁴⁴ la⁴² sɿ⁵⁴ ti⁵⁴ na⁴²
     本是   到   了 四殿 那里
14   門奴對屏清挂得。   门上挂满楹联和匾额。
     me²¹ no³³ tui⁴² pĩ⁵⁴ tɕhẽ⁵⁵ kua⁴⁴ tɯ⁴⁴
     门 上   对匾   尽   挂   得
15   從冷扇中走進內,   从这扇门里走进去,
     sa³⁵ no³¹ se⁴² xɯ³¹ pe⁴⁴ ȵi⁴⁴ khɯ³¹
     从   这扇 里 走进 里

16 别有一番風。 别有一风景。
pi³⁵ jo³¹ ji³⁵ fẽ⁴² fũ³³
别　有　一　风景

17 阿大我問那二人， 这里我问你二位，
ʔa⁵⁴ta⁴⁴ ŋo³¹ piɛ⁴⁴ na⁵⁵ kõ³³ ȵi²¹
这里　我　问　你们　两　人

18 五官大王之麻冷？ 五官大王在哪里？
u³¹kuɛ̃³³ ta⁵⁴ua⁴² tsʅ³³ ma³⁵ lɯ⁴⁴
五官　大王　在　哪里　的

19 楊庸走進幹某見， 咱们进去把他见，
ȵa⁵⁵ȵo³³ pe⁴⁴ ȵi³³ ka⁴⁴ mo³¹ kẽ⁴²
咱们　要　走　进（介）他　见

20 那去仲我起？ 你们去或我去？
na⁵⁵ ɣɛ²¹ tso⁴² ŋo³¹ khɯ³³
你们　去　领　我　起

21 黃氏女我跪則頭， 黄氏女我跪朝前，
xuã⁵⁵sɛ⁴⁴ȵɣ³³ ŋo³¹ kɣ³¹tsɛ²¹ tɯ²¹
黄氏女　我　跪　朝　前

22 大王唁自子山情。 有您大王最知情。
ta⁵⁴ua⁴² ȵi⁵⁵ tsʅ⁵⁵ tsʅ³³ se³³ tɕhũ⁴²
大王　您　则　是　知情

23 小子小女丟中家， 小儿小女丢家中，
se³¹tsʅ³³ se³¹ȵɣ³³ piɛ⁵⁵ xa³¹tɣ⁵⁵
小儿　小女　丢　家中

24 到仲冷可中。 人到这里来。
phia⁴⁴tso⁴² no³¹ khua³¹ xɯ³¹
到达　这　凹　里

25 叫天孟之天腳高， 叫天，天又高，
ʔɯ⁵⁵xẽ⁵⁵ nɯ⁵⁵ tsʅ³³ xẽ⁵⁵ ko⁴⁴ ka⁵⁵
叫天　处　是　天　脚　高

26 挖地扳子地扳怎。 叫地，地皮硬。
ua⁴² tɕi³¹pẽ³¹ tsʅ³³ tɕi³¹pẽ³¹ tsɯ⁴²
挖地　是　地　硬

27 子母相見那一日， 母子哪天才见面，
tsʅ³³mo³³ sã⁵⁵kẽ⁴² ʔa⁵⁴ma⁴⁴ȵi⁴⁴
子母　相见　哪一天

28 大王幹我救。 大王救救我。
ta⁵⁴ua⁴² ka⁴⁴ ŋo³¹ kɯ⁴²
大王　把　我　救

四帝	1	吾王分示你二人，	吾王吩咐你二人，
		u⁴² uã⁴² fɯ⁵⁵ sŋ⁴⁴ na⁵⁵ kõ³³ ȵi²¹	
		吾王　吩咐　你们　两 儿女	
	2	爲何你莫不通情？	为何你们不通情？
		ui⁴⁴ ʔa⁵⁵ sɛ³¹ no³³ ja³⁵ tõ³³ tɕhũ⁴²	
		为什么　上　不　通情	
	3	他在世間大善人，	她是人间大善人，
		mo³¹ tsŋ³³ se⁴² to³³ ta⁵⁴ sɛ̃⁵⁴ zũ⁴²	
		她　是　世上　大　善人	
	4	無人点私情！	怎没点私情！
		vɣ⁴² zũ⁴² tĩ³¹ sŋ³³ tɕhũ⁴²	
		无人　点　私情	
	5	急速將他引進去，	赶快把她引进去，
		lɛ⁴⁴ sɯ³³ ȵo⁴² mo³¹ jũ³¹ tɕũ⁵⁴ tɕhy⁵⁴	
		赶快　把　她　引　进去	
	6	去見五帝大天子。	去见五帝大天子。
		ɣɛ²¹ kẽ⁴ u³¹ ti⁵⁴ ta⁵⁴ thĩ³³ tsŋ³¹	
		去　见　五帝　大　天子	
	7	急速使他轉回陽，	赶快让她转回阳，
		lɛ⁴⁴ sɯ³³ so³³ mo³¹ tsuɛ̃³¹ xui⁴² jã⁴²	
		赶快　让　她　转　回阳	
	8	莫誤他前程。	莫误她前程。
		mo³⁵ u⁵⁴ tha³³ tɕĩ⁴² tsũ⁴²	
		莫　误　她　前程	
金玉	1	乃自善人楊去起，	这回善人咱们走，
		nɛ⁵⁵ tsŋ⁵⁵ sɛ̃⁵⁴ zũ⁴² ȵa⁵⁵ ɣɛ²¹ khɯ³³	
		那么　善人　咱们　去　起	
	2	説吒孟自欧手手。	看您还在自伤心。
		sua⁴⁴ ȵi⁵⁵ mɯ⁵⁵ tsŋ⁵⁵ ʔo⁴⁴ sɯ³³ sɯ³³	
		说　您　处　则　懊样子	
	3	路上閑事庸某管，	路上闲事不要管，
		thu³³ no³³ ɕã⁵⁵ sɛ³¹ ȵo³³ mo³¹ kuã⁴²	
		路上　闲事　不要　管	
	4	看罵得孟罵。	在随人受刑。
		xã⁵⁵ ma⁵⁵ tu⁴⁴ mɯ⁵⁵ ʔɯ⁴⁴	
		看　他们　前面　骂	
	5	陰司路上耽擱多，	阴间路上事情多，
		jĩ³³ sŋ³³ thu³³ no³³ ta⁵⁵ ko³³ tɕi⁵⁵	
		阴司　路上　耽搁　多	

6 见得牙自吒去没。 见着您就不想走。
kẽ⁴² tuɯ⁴⁴ ja⁴² tsɿ⁵⁵ ɲi⁵⁵ ɣɛ²¹ muɯ³³
见 得 样 则 您 去 不要

7 自件自件子問清， 件件都想问明白。
tsɿ⁵⁵tɕi⁵⁵ tsɿ⁵⁵tɕi⁵⁵tsɿ³³ piɛ⁴⁴ tɕhẽ⁵⁵
一件 一件儿 问 尽

8 抱怨安不得。 不得抱怨我们。
po⁴⁴jỹ⁴⁴ ŋa⁵⁵ puɯ³¹ tuɯ³⁵
抱怨 我们 不 得

9 吒回家利安誰彥， 您要回家也随您，
ɲi⁵⁵ ja⁴⁴khɣ³¹ li⁵⁵ ŋa⁵⁵ sui⁵⁵ ɲi⁵⁵
您 回家 也 我们 随 您

10 好問樣自安答應。 凡要问的咱答应。
xa³¹ piɛ⁴⁴ ja⁴² tsɿ³³ ŋa⁵⁵ ta⁵⁵jɯ⁴⁴
凡 问 样 是 我们 答应

11 頭孟乃子三叉路， 前面还有三岔路，
tuɯ²¹muɯ⁵⁵ nɛ⁵⁵ tsɿ³³ sã³³tsha⁵⁴lu⁵⁵
前面 呢 有 三岔路

12 干彥心奴怎。 您要记在心。
ka⁴⁴ ɲi⁵⁵ ɕĩ⁵⁵ no³³ tsuɯ⁴⁴
在 您 心 上 记

13 東自貝則望鄉台， 东边走有个望乡台，
tɣ⁵⁵ tsɿ⁵⁵ pe⁴⁴tsɛ²¹ uã⁵⁴ɕã³³the⁴²
东 则 走 朝 望乡台

14 西之貝大那鄉村。 西边去则是您村邑，
se⁵⁵ tsɿ⁵⁵ pe⁴⁴ ta⁴² na⁵⁵ ɕõ⁵⁵jɯ⁴⁴
西 则 走 回 你们 乡邑

15 北之貝進五殿南， 北边过去是五帝处，
puɯ⁴⁴ tsɿ⁵⁵ pe⁴⁴ ɲi⁴⁴ u³¹tĩ⁵⁴ na⁴²
北 则 走 进 五殿 那里

16 在誰吒高牲。 在随您高兴。
tse⁴⁴sui⁵⁵ ɲi⁵⁵ ko⁵⁵ɕɯ̃⁴⁴
在随 您 高兴

黄氏 1 黃氏我上望鄉台， 黄氏我上望乡台，
xuã⁵⁵sɛ⁴⁴ ŋo³¹ tso³³ uã⁵⁴ɕã³³te⁴²
黄氏 我 上 望乡台

2 望望家是心安然。 望望家乡心欢喜。
xã⁵⁵tuɯ⁴⁴ xa³¹tɣ⁵⁵ ɕɯ̃³³ ŋa³³zẽ⁴²
看见 家里 心 安然

3	仲氣看見子吒女，	高兴看见儿和女，
	tso⁴²tɕhi⁵⁵ kẽ⁴²tɯ⁴⁴ tsŋ³³ n̠i⁵⁵ n̠ʏ³³	
	可怜　　看见　　儿　和　女	
4	要如何下台！	要我怎下台！
	n̠o³³ tsŋ⁵⁵kɛ²¹ ɕa⁵⁴te⁴²	
	要　　怎么　　下台	
5	門外走出趙蓮芳，	看见门里走出赵莲芳，
	me²¹ua⁴⁴ pe⁴⁴tshi⁴⁴ tso⁵⁴ nĩ⁴²gã³³	
	门外　　走出　　赵　莲芳	
6	還是孟心奴不悔。	他的那心还不悔。
	kuã²¹lɛ⁵⁵ mɯ⁵⁵ ɕĩ⁵⁵ no³³ ja³⁵ xui³¹	
	还是　　他的　心　上　不　悔	
7	門孟罵馬工弟奴，	往里大骂姐弟俩，
	me²¹mɯ⁵⁵ ma⁵⁵ mɯ⁵⁵ kõ³³tsŋ³¹thi³³	
	门前　　他们　那　姐弟俩	
8	金孟後大門。	就关闭大门。
	tɕi⁵⁵ mɯ⁵⁵ kɯ³³ kɛ⁴²me²¹	
	关　他的　后　大门	
9	手中那得通條杆，	一根通条拿手里，
	sɯ³³xɯ³¹ na³³tɯ⁴⁴ thõ³³thio⁴²kua⁴⁴	
	手里　　拿着　　通条棍	
10	小刀幾子捏三見。	几把小刀捏一起。
	se³¹ta⁵⁵ ka³⁵ tsŋ³³ ni⁵⁵ sã⁵⁵tɕi³¹	
	小刀　几　把　捏　一起	
11	繩子扣孟衣挂中，	绳子拴在腰间处，
	so⁴⁴ tsŋ³³ kho⁵⁵ mɯ⁵⁵ ji⁵⁵kua⁴⁴ xɯ³¹	
	绳子　拴　他的　腰间　里	
12	有去漢直豬。	又去收拾猪。
	tsŋ³³ ɣɛ²¹ xa⁵⁵tsŋ⁵⁵ te⁴²	
	是　去　收拾　猪	
13	子女二人哭自愧，	一双儿女相抱哭，
	tsŋ³³n̠ʏ³³ kõ³³n̠i²¹ kho⁴⁴ tsŋ⁵⁵ khui⁵⁵	
	儿女　两人　哭　则　一堆	
14	工艮豆共界緬以。	两个眼泪流满面。
	ko³³n̠i²¹ to⁴²ko⁵⁵ kɛ⁴² mi⁴²ji³¹	
	两人　一起　掉　眼泪	
15	我用幹工子弟奴看，	让我看见姐弟俩，
	ŋo³¹ ka⁴⁴ ko³³tsŋ³¹thi³³ no³³ xã⁵⁵	
	我　把　姐弟俩　　上　看	
16	爲難那二人。	多谢你两位。

ui⁴²na⁴² na⁵⁵ kõ³³ n̠i²¹
为难　　你们　二　人

金玉			
	1	安勸善人庸某懊，	劝劝善人莫伤心，
		ŋa⁵⁵ tɕhỹ⁴⁴ sɛ̃⁵⁴zũ⁴² n̠o³³mo³¹ ʔo⁴⁴	
		我们　劝　善人　　不要　　懊	
	2	五帝初三答等奴。	初三五帝回这里。
		u³¹ti⁵⁴ tshu³³sã³³ ta⁴² tɯ⁵⁵no³³	
		五帝　初三　　回　这里	
	3	幹彥經牙對乘自，	把您的经拜完了，
		ka⁴⁴ n̠i⁵⁵ tɕɛ̃⁵⁵ja⁴² tui⁴²tshɯ⁵⁵ tsɿ⁵⁵	
		把　您　经　样　对掉　　则	
	4	雜阿本起腳。	就一起起程。
		tsa⁵⁵ ʔa³¹pɯ⁵⁵ khɯ³³ko⁴⁴	
		就　　一次　　启程	
	5	阿大記仲吒心奴，	这里有事您要记，
		ʔa⁵⁵ta⁴⁴ tɕi⁵⁵tso⁵⁵ n̠i⁵⁵ ɕɿ̃⁵⁵no³³	
		这里　　记在　您　心上	
	6	五帝天子生稱空。	五帝天子生得丑。
		u³¹ti⁵⁴ thĩ³³tsɿ³¹ xɛ̃⁵⁵tshɯ³¹kho³³	
		五帝　天子　　生得丑	
	7	走進孟大跪下自，	您走进去只顾跪，
		pe⁴⁴n̠i⁴⁴ mɯ⁵⁵ta⁴⁴ kv̩³¹ thɯ⁵⁵ tsɿ⁵⁵	
		走　进　那里　跪下　则	
	8	看孟奴阿罕。	不可看着他。
		xã⁵⁵ mɯ⁵⁵ no³³ ʔa³¹ xo³³	
		看　他　上　不不可	
	9	扭頭馬面怕艮怕，	牛头马面可怕人，
		n̠o⁴²tho⁴² ma³¹mi⁵⁴ kɛ̃⁵⁵n̠i²¹kɛ⁵⁵	
		牛头　　马面　　怕人	
	10	文武判官能彥奴。	文武判官眼瞪您。
		vũ⁴²vv̩³¹ phɛ̃⁵⁴kuɛ̃³³ nɯ⁴² n̠i⁵⁵ no³³	
		文武　　判官　　瞪　您　上	
	11	三班六房站起清，	三班六房都站起，
		sã³³pɛ̃³³ lu³⁵fã⁴² tsũ³¹khɯ⁵⁵ tɕhɛ̃⁵⁵	
		三班　六房　　站起　　尽	
	12	有八面威風。	有八面威严。
		tsɯ³³ pa³⁵mĩ⁵⁴ ui³³fõ³³	
		有　八面　　威风	

黃氏 1   黃氏聽聽恩怨氣，   黄氏听听有运气，
xuã⁵⁵sɛ⁴⁴ tɕhẽ⁵⁵tɕhẽ⁵⁵ ŋɯ⁵⁵ jỹ⁴⁴tɕhi⁴⁴
黄氏　听听　我的 运气

2   急速大量我主意。   赶快打量我主意。
lɛ⁴⁴sɯ³³ ta³¹niã⁵⁵ ŋɯ⁵⁵ tsu³¹ji⁴⁴
赶快　打量　我的 主意

3   木魚子堅拿出來，   包里拿出小木鱼，
mu⁴⁴ʔỹ⁵⁵tsɿ³³tɕẽ³³ nɛ⁴⁴tɕhi⁴⁴ ɣu³⁵
小木鱼儿　　拿出　来

4   用幹某處洗。   先把它擦洗。
ɳo³³ ka⁴⁴ mo³¹ tsɣ⁴⁴sɛ³³
要 把 它　 擦洗

5   府下幹晚恩信代片，   低头把我的跪垫摆，
ʔuɛ²¹thɯ⁵⁵ ka⁴⁴ ŋɯ⁵⁵ ɕi⁵⁵tɛ⁴⁴ pɛ³¹
低头　　把 我的　跪垫 紧

6   仰起幹恩頭毛肺。   站起把我的头发理。
tui⁵⁵khɯ³³ ka⁴⁴ ŋɯ⁵⁵ tɯ²¹ma⁵⁵ fɛ⁴⁴
站起　　 把我的　头发　 捋

7   衣質俾已扣齊某，   衣带围腰拴齐整，
ji⁵⁵tsɿ⁵⁵ pɛ³³tɕi³¹ kho⁵⁵ tsɛ²¹ mo³¹
腰带　围腰　拴 齐　它

8   雜阿麻拜入？   从哪里拜起？
tsa³⁵ ʔa⁵⁴ma⁴⁴ pɛ⁴² ɳi⁴⁴
从　 哪里　拜 进

9   第一我拜東心經，   第一我拜东心经，
ti³¹ji⁴⁴ ɳo³¹ pɛ⁴² tõ³³ɕũ³³ tɕẽ⁵⁵
第一　 我　拜 东 心　 经

10   三班六房站起清。   三班六房站起听。
sã³³pẽ³³ lu³⁵fã⁴² tsɯ³¹khɯ³³ tɕhẽ⁵⁵
三班　 六房　 站起　 听

11   馬仲黃氏到阿大，   他们说黄氏到这里，
ma⁵⁵ tso⁴² xua⁵⁵sɛ⁴⁴ phia⁴⁴ ʔa⁵⁴ta⁴⁴
他们 说　黄氏　　到　 这里

12   儀門打開清。   仪门都打开。
ji⁵⁵mɛ²¹ tɛ⁴⁴khɛ⁵⁵ tɕhẽ⁵⁵
仪门　　 打开　 尽

13   初用我奴架入內，   这就把我接进去，
tshu³³ ɳo⁴² ŋɯ⁵⁵ no³³ tɕa⁴⁴ ɳi⁴⁴ khɯ³¹
就　 把 我的 上 接　 进　里

14 五帝分示我幾句。 五帝吩咐我几句。
u³¹ti⁵⁴ fũ⁵⁵ sɛ⁴² ŋo³¹ ka³⁵ tshɛ̃⁵⁵
五帝　分　示　我　几　句

15 恭正跪下阿邁奴,[1] 恭敬跪在我边上，
ko⁵⁵tsɯ³¹ kɤ⁴² thɯ⁵⁵ ŋa⁵⁵pĩ⁵⁵ no³³
恭敬　　跪下　　咱边　上

16 坐旦對我經。 我对我的经。
kɤ⁴²⁵ta⁴⁴ tui⁴² ŋɯ⁵⁵ tɕɛ̃⁵⁵
在这里　对　我的　经

17 夜以繼日不息對, 夜以继日不息对，
ji⁵⁴ ji³¹ tɕi⁵⁴zʅ³⁵ ɣa³⁵ɕã⁵⁵ tui⁴²
夜以　继日　不息　对

18 手把翠門看三星。 手把发髻看三星。
sɯ³³ pɛ³³ tshe⁴⁴mɯ²¹ xã⁵⁵ sã⁵⁵ɕɛ̃⁵⁵
手扶　发髻　　看　三星

19 對了二日吒三夜, 对了两天又三夜，
tui⁴² la⁴² kõ³³ ȵi⁴⁴ ȵi⁵⁵ sã⁵⁵ jo³¹
对　了　两　天　和　三　夜

20 孟等對則清。 这才对得完。
mɯ⁵⁵tɯ³¹ tui⁴² tshɯ⁵⁵ tɕhɛ̃⁵⁵
才　　对　掉　尽

21 黃氏就則頭行禮, 黄氏就朝前行礼，
xuã⁵⁵sɛ⁴⁴ tɕo⁴⁴tsʅ³¹ tɯ²¹ ɕɯ⁴²li³¹
黄氏　　就去　前　行礼

22 大王初赦恩奴罪。 大王开恩赦我罪。
ta⁵⁴uã⁴² tshu³³ sɛ⁵⁴ ŋɯ⁵⁵ no³³ tsui⁴⁴
大王　　就　赦　我的　上　罪

23 多心經武對乘清, 东心经卷对完了，
tõ³³ɕĩ³³tɕɛ̃⁵⁵vɤ³¹ pɛ⁴² tshɯ⁵⁵ tɕhɛ̃⁵⁵
东心经卷　　拜　掉　尽

24 庸幹我送出。 把我送出来。
ȵo³³ ka⁴⁴ ŋo³¹ sõ⁵⁴ tshɤ⁴⁴
要　把　我　送　出

25 子小女小丟家中, 小儿小女在家里，
tsʅ³³ se³¹ ȵɤ³³ se³¹ piɛ⁵⁵ xa³¹tɤ⁵⁵
儿　小　女　小　丢　家里

26 馬看我頭了幾日。 盼我回来已多天。

---

[1] 阿邁[ʔa⁵⁵mɛ⁵⁵]: 跪垫。即下跪的垫子。

		ma⁵⁵ ʔã³³ ŋɯ⁵⁵ tɯ²¹ la⁴² ka⁴³⁵ɲi⁴⁴	
		他们 看 我的 等了 几天	
	27	告辭大王我庸去，	告辞大王我要走，
		ko⁵⁴tʂɻ̩⁴² ta⁵⁴uã⁴² ŋo³¹ n̥o³³ ɣɛ²¹	
		告辞 大王 我 要 去	
	28	幹我仲大出。	领我快回去。
		ka⁴⁴ ŋo³¹ tso⁵⁵ tã⁴²tɕhi⁴⁴	
		把 我 领 回出	
五帝	1	我聽黃氏説此話，	我听黄氏说这话，
		ŋo³¹ tɕhẽ⁵⁵ xuã⁵⁵sɛ⁴⁴ su³⁵ tsɻ̩⁵⁴ xua⁵⁴	
		我 听 黄氏 说 这 话	
	2	今日回陽趕不上。	今天回阳赶不上。
		ke⁵⁴ɲi⁴⁴ xui⁴²jã⁴² kã³ pu³⁵sã⁵⁴	
		今天 回阳 赶不上	
	3	打發童子去清查，	打发童子去清查，
		tɛ⁴⁴fɛ⁴⁴ thõ⁴²tsɻ̩³¹ ɣɛ²¹ tɕhĩ³³tsha⁴²	
		打发 童子 去 清查	
	4	你尸首也爛。	你尸首已烂。
		nɯ⁵⁵ sɻ̩³³ so³¹ li⁵⁵ nã⁵⁴	
		你的 尸首 也 烂	
	5	王我清賜十六歲，	王我亲赐十六岁，
		uã⁴² ŋo³¹ tɕhɯ³³ tshɻ̩⁵⁴ tsɛ⁴²fɣ⁴⁴ sua⁴⁴	
		王 我 亲 赐 十六 岁	
	6	清點狀元做（大）官。	亲点状元做大官，
		tɕhɯ³³ tĩ³¹ tsua⁴⁴jỹ⁵⁵ tsu⁵⁵ to⁴²kuã⁵⁵	
		亲 点 状元 做 大官	
	7	衣服換停旦。	衣服换停当。
		ji⁵⁵pe⁴² xuẽ⁵⁴ thɯ⁴²ta⁴⁴	
		衣服 换 停当	
	8	送奴女艮轉子艮，	让你女人转男子，
		so³³ no³¹ n̥ɣ³³ɲi²¹ tsuẽ³¹ tsɻ̩³³ɲi²¹	
		让 你 女人 转 男子	
	9	去走出做官。	出去做大官。
		ɣɛ²¹ pe⁴⁴ tɕhi⁴⁴ tsu⁵⁵kuã⁵⁵	
		去 走 出 做官	
	10	綵泥轎乘打發奴，	五彩轿乘打发你，
		tshɛ³¹ni⁴² tɕo⁵⁴tshɯ⁵⁴ ta⁴⁴fɛ⁴⁴ ni³¹	
		彩绸 轿乘 打发 你	
	11	貝起送馬八艮抬，	走路要用八人抬。

　　　　　pe⁴⁴tɕhi⁴⁴ so³³ ma⁵⁵ pa³⁵zũ⁴ ta⁵⁵
　　　　　走出　　让　他们　八人　　抬

12　以後子母得團圓，　　　　　　　以后母子得团圆，
　　ji³¹xo⁵⁴ tsɿ³¹mo³¹ tɯ³⁵ thuɛ̃⁴²jỹ⁴²
　　以后　　子母　　　得　团圆

13　你心阿妙張。　　　　　　　　　你心不要急。
　　nɯ⁵⁵ ɕĩ⁵⁵ ʔa³¹mia⁴⁴ tsa⁵⁵
　　你的心　　不要　　　急

黄氏

1　黄氏女我鳴生哭，　　　　　　　黄氏女我很伤心，
　　xuã⁵⁵sɛ⁴⁴n̪ɣ³³ ŋo³¹ mɛ²¹xɛ̃⁵⁵kho⁴⁴
　　黄氏女　　　我　嚎啕哭

2　穿使奴衣做使轎！　　　　　　　穿啥官服坐啥轿！
　　ji⁴²⁵sɛ³¹ no³³ ji⁵⁵ kɣ⁴²sɛ³¹⁵ tɕo⁴⁴
　　穿什么的　衣　坐什么　　轿

3　做使官利不喜歡，　　　　　　　做啥官也不喜欢，
　　tsu⁵⁵⁵sɛ³¹ kuã⁵⁵ li⁵⁵ ja³⁵ ɕi³¹xuã⁵⁵
　　做什么　　官　也　不　喜欢

4　捨恩翠愧套！　　　　　　　　　怎舍得发髻！
　　se³¹ ŋɯ⁵⁵ tshui⁴²khui⁵⁵ tho⁴⁴
　　舍　我的　发髻　　　　不想

5　體想回家拜恩經，　　　　　　　只想回去拜我的经，
　　thi³¹ mi³³ ja⁴⁴khɣ³¹ pɛ⁴² ŋɯ⁵⁵ tɕɛ̃⁵⁵
　　只　想　回家　　报　我的　经

6　早起晚時幹香送。　　　　　　　早早晚晚烧我的香。
　　tsu³³ khɯ³³ me³³ tsɛ²¹ ka⁴⁴ ɕõ⁵⁵ zo³³
　　早　起　晚　时　把　香　烧

7　那用恩奴送牙自，　　　　　　　你们把我送回去，
　　na⁵⁵ n̪o⁴² ŋɯ⁵⁵ no³³ so³³ ja⁴⁴ tsɿ⁵⁵
　　你们　把　我的　上　送　回　则

8　香名傳世上。　　　　　　　　　好名传世上。
　　ɕo³¹ miɛ⁵⁵ tshui⁵⁵ se⁴²to³³
　　好　名　　传　　世上

9　黄氏思思心忙丈，　　　　　　　黄氏想想心发慌，
　　xuã⁵⁵sɛ⁴⁴ mi³³mi³³ ɕĩ⁵⁵ma⁴⁴tsa⁵⁵
　　黄氏　　　想想　　　心头慌

10　叫我身安心不安。　　　　　　　叫我身安心不安。
　　tɕo⁵⁴ ŋo³¹ sũ³³ ŋa³³ ɕũ³³ pu³⁵ ŋa³³
　　叫　我　身　安　心　不　安

	11	阿達女艮轉子艮，[1]	这里女人转男人，
		ʔa⁵⁴ta⁴⁴ n̠y³³n̠i²¹ tsuɛ³¹ tsŋ³³n̠i²¹	
		这里　女人　　转　男人	
	12	心利不放下。	心难放得下。
		çĩ⁵⁵ li⁵⁵ ja³⁵ fã⁴⁴ça⁴⁴	
		心　也　不　放下	
金玉	1	阿旦我幹善人勸，	这里我把善人劝，
		ʔa⁵⁴ta⁴⁴ ŋo³¹ ka⁴⁴ sɛ̃⁵⁴zũ⁴² tɕhỹ⁴⁴	
		这里　我　把　善人　劝	
	2	本自奴利庸某氣。	这事您也别伤心。
		puɯ³¹tsŋ⁵⁵ no³¹ li⁵⁵ n̠o³³mo³¹ tɕhi⁴⁴	
		本是　　你　也　不要　　懊	
	3	大王送彦去做官，	大王让你去做官，
		ta⁵⁴uã⁴² so³³ n̠i⁵⁵ ɣɛ²¹ tsu⁵⁵kuã⁵⁵	
		大王　让　您　去　做官	
	4	滿天下利知。	天下也传名。
		tsa²¹ xẽ⁵⁵ɣɛ³³ li⁵⁵ se³³	
		全　天下　　也　知	
	5	十六歲自中狀元，	十六岁就中状元，
		sŋ³⁵lu³⁵ sui⁵⁴ tsŋ⁵⁵ tsõ⁵⁴ tsuã⁴⁴jỹ⁵⁵	
		十六　　岁　则　中　状元	
	6	做官去大那本村。	做官回到你们村。
		tsu⁵⁵kuã⁵⁵ ɣɛ²¹ ta⁴² na⁵⁵ puɯ³¹tshui³³	
		做官　　去　回　你们　本村	
	7	阿旦安體陋送彦，	这里只是漏给您，
		ʔa⁵⁴ta⁴⁴ ŋa⁵⁵ thi³¹ lo⁵⁴tsŋ³¹ n̠i⁵⁵	
		这里　我们　只　漏给　　您	
	8	没泄露天機。	莫泄露天机。
		mia⁴⁴ çi⁵⁴lu⁵⁴ thĩ³³tɕi³³	
		不要　泄露　　天机	
黄氏	1	安旦说送玉女奴，	说给金童玉女听，
		ʔa⁵⁴ta⁴⁴ sua⁴⁴sŋ³¹ jy⁵⁴jũ³³ no³¹	
		这里　说给　　玉英　　你	
	2	昨夜五帝分示我。	昨夜五帝吩咐我。
		tɕi²¹çɛ⁴⁴ u³¹ti⁵⁴ fẽ⁵⁵fv⁴⁴ ŋo³¹	
		昨天　　五帝　　吩咐　　我	
	3	用我托生在河南，	把我托身在河南，

---

[1] 阿達[ʔa³¹ta³⁵]: 疑问代词的复数 "谁"。相对的单数疑问代词是[ʔa³¹to³¹]（谁）。

			ȵo⁴² ŋo³¹ thu³⁵suĩ³³ tsʅ⁵⁵ xo⁴²na⁴²	
			把 我 托生 在 河南	
	4	今日打發我。		今天打发走。
			ke⁵⁴ȵi⁴⁴ tɛ⁴⁴fɛ⁴⁴ ŋo³¹	
			今天 打发 我	
	5	用你工艮引我來,		让你两个引我去,
			ȵo⁴² na⁵⁵ kõ³³ȵi²¹ jĩ³¹ ŋɯ⁵⁵ ɣɯ³⁵	
			把 你们 两人 引 我的 来	
	6	工艮馬下我。		你俩别哄我。
			kõ³³ȵi²¹ ma⁴⁴ɕa⁴⁴ ŋo³¹	
			两人 耍弄 我	
金玉	1	黄氏初自奴時走,		黄氏就在这时走,
			xuã⁵⁵sɛ⁴⁴ tshu³³ tsʅ⁵⁵ no³¹tsɯ²¹ pe⁴⁴	
			黄氏 就 则 这时 走	
	2	昏昏忙忙走如飛。		昏昏迷迷快如飞。
			xui³³xui³³ ma⁴²ma⁴² zo³¹ zu⁴² fe³³	
			昏昏 茫茫 走 如 飞	
	3	今日送某去托生,		今天让她去托生,
			ke⁵⁴ȵi⁴⁴ so³³ mo³¹ ɣɛ²¹ thu³⁵suĩ³³	
			今天 送 她 去 托生	
	4	路往那你走?		路从哪里走?
			thu³³ sa³⁵ ʔa⁵⁵ma⁴⁴ pe⁴⁴	
			路 从 哪里 走	
	5	太白金星來接應,		太白金星来接应,
			the⁵⁴pɯ³⁵tɕuĩ³³ɕuĩ³³ ɣɯ³⁵ tɕi³⁵jĩ⁵⁴	
			太白金星 来 接应	
	6	吹羅打鼓把熱鬧。[1]		敲锣打鼓很热闹。
			phɯ⁵⁵lu²¹ tɛ⁴⁴ku³³ pa³¹ ʔuẽ⁵⁵ȵi⁴⁴	
			吹笛 打鼓 搞 热闹	
	7	陰陽相隔一張紙,		阴阳相隔一张纸,
			jĩ³³jã⁴² ɕã³³kɯ³⁵ ji³⁵ tsã³³ tsʅ³¹	
			阴阳 隔着 一 张 纸	
	8	又進了凡間。		又进了人间。
			lɛ³¹ jĩ⁵⁴ lio³¹ fã⁴²tɕɛ̃³³	
			又 进 了 凡间	

---

[1] 吹羅[phɯ⁵⁵lu³¹]: 其中的"罗",是白族的一种古乐器,形如没有喇叭的唢呐管。

山神曲

段　伶　杨福寿

　　清朝末年，白族地区战事纷争，死伤无数，人伦涣散，男女昧心。为了改变世俗，该曲以山神的口气，引经据典，劝化人们要遵循佛教观念和人道传统。故事开篇先交代时代背景，后面分为劝世人、劝儿女、劝农民、劝学生、劝生意人、劝工匠等几个部分。文字多用汉字和汉字中的俗体字，以音读、训读、直读表达白语。其中的借词，有单词、词组、句子等，有的是整句，有的是半句，白语和汉语错杂。但都用白语读汉语音。从内容看，该曲应该是清末时创作的曲子，作者已不可考，该曲与前录《黄氏女对金刚经》同抄于一部白曲残本。全文音韵格律整齐，一韵到底，即首句末字限韵、限调后，逢双句末字押韵、押调，可入白曲乐曲歌唱。本曲还有一个特点，即前面安排有一段表白，以山神的口吻，用第一人称劝化听众，一来增添神秘可敬的权威性，二来表明该体裁可作为说唱曲体，亦可为其他曲种联唱使用。

　　表白：吾乃罗坪山山神是也。只见世人男女瞒心昧己，我有劝曲之文一篇，替我端出来。[1]

1　　開口我幹那務説，　　　　　　　　　　　开口我给你们说说，
　　　khɯ⁵⁵tɕy³³ ŋo³¹ ka⁴⁴ na⁵⁵mɯ⁵⁵ sua⁴⁴
　　　开口　　我（介）你们　　说

2　　世界亂澤十八年。　　　　　　　　　　世间乱了十八年。
　　　se⁴²kɛ⁴² luɛ̃⁴⁴ tɕhɯ⁵⁵ tsɿ⁴²pia⁴⁴ sua⁴⁴
　　　世界　　乱　　掉　十八　　年

3　　遭劫遭了十八春，[2]　　　　　　　　　苦难熬了十八春，
　　　tso⁵⁵tɕi³³ tso⁵⁵ la⁴² sɿ³⁵pa⁴⁴ tshỹ⁵⁵
　　　糟糕　　遭　了　十八　春

4　　你革悔心肺。　　　　　　　　　　　　恐怕你们的心也会后悔。
　　　na⁵⁵ kɛ̃⁵⁵ xui³¹ɕĩ⁵⁵phia³³
　　　你们恐怕　悔心肝

5　　山神我本之姓何，　　　　　　　　　　山神我本姓何，

---

[1] 这句表白，一般用汉语念诵，也可翻译成白语念诵。
[2] 遭劫[tso⁵⁵tɕi³³]，不是汉语，是白语音读字，意思是糟糕透顶。

sɿ⁵⁵zɿ²¹ ŋo³¹ puɯ³¹ tsɿ³³ ɕuɯ⁵⁵ xo²¹
山神 我 本 是 姓 何

6 羅坪山上我承當，   我承当管罗坪山一职，
lo²¹puã²¹sẽ³³ no³³ ŋo³¹ tshuɯ²¹tã³³
罗坪山　　上　我　承当

7 不自由奴懊過哆，   不自由的日子不知熬过多少，
pu³⁵ tsɿ⁵⁵jo⁴² no³³ o⁴² ko⁴² tɕi⁵⁵
不　自由　（助）熬　过　多

8 在幹納勸化。   我要给你们劝化劝化。
tse⁴⁴ ka⁴⁴ na⁵⁵ tɕỹ⁴⁴xua⁴⁴
再　把　你们　劝化

9 你們坐在阿境里，[1]   你们在烟火人间不知道，
na⁵⁵ tsɿ³³ kɣ⁴² tsɿ⁵⁵ ʔa³¹tɕuɯ³¹ xuɯ³¹
你们　是　坐　在　一境　　里

10 我本納奴緬己出。[2]   我为你们流过许多伤心泪。
ŋo³¹ pe³¹ na⁵⁵ no³³ mo⁴²ji³¹ tshɣ⁴⁴
我　为　你们　上　眼泪　　出

11 提起這樣奴話語，   提起这样的苦情话，
thi⁵⁵kuɯ³³ nuɯ³¹ja⁴⁴ no³³ ɕi⁵⁵ɣo⁴²
提起　　这样　　的　话语

12 越説越心傷。   越说越伤心。
jy³⁵ sua⁴⁴ jy³⁵ ɕuɯ³³sã³³
越　说　越　心伤

13 子人女人幹我聽，   男男女女要听听，
tsɿ³³ȵi²¹ ȵɣ³³ȵi²¹ ka⁴⁴ ŋo³¹ tɕhẽ⁵⁵
男人　　女人　　把　我　听

14 老人幼人們幹説。   老老小小在处要说说。
ku³³ȵo²¹ se³¹ȵi²¹ muɯ⁵⁵ ka⁴⁴sua⁴⁴
老人　　小人　　处　说说

15 爲做人自庸悔心，   为人做事要有悔心意，
ui⁴⁴ tsu⁵⁵ȵi²¹ tsɿ⁵⁵ no³³ xui³¹ɕĩ⁵⁵
为　做人　　则　要　悔心

16 孟等免灾難。[3]   才能免灾难。
muɯ⁵⁵tuɯ³¹ mi³¹ ze⁵⁵na⁴⁴
才能　　　免　灾难

17 提起大劫話，   提起大劫大难的事，

---

[1] 阿境[ʔa³¹tɕuɯ³¹]：即一境。这里指另一个世界，即烟火人间。
[2] 出[tshɣ⁴⁴]：韵母[ɣ]，在诗韵押中平调时，可与中平调的[a]韵相押。
[3] 灾難：是汉语借词，这里读[ze⁵⁵na⁴⁴]，既符合汉语借词两读的规则，又入韵。

$$thi^{31}khɯ^{33}\ tse^{33}nã^{55}\ to^{21}$$
提起　　　灾难　　话

18　雄我肉下骨。　　　　　　　　　　　　气烂我身子里面的骨头。
$$la^{55}\ ŋo^{31}\ kɛ^{21}ɣɛ^{33}\ kua^{44}$$
烂　我　肉　下　骨

19　幾百年奴集存此，　　　　　　　　　托付下记忆几百年，
$$tɕi^{31}\ pɯ^{35}\ ni^{42}\ no^{33}\ tɕi^{55}\ tɕhui^{55}\ tɕŋ^{55}$$
几　百　年　的　托付　存　下

20　這是初庸換世界，　　　　　　　　　这次就要换人间，
$$nɯ^{31}\ tsɿ^{21}\ tshu^{33}\ no^{33}\ xuan^{44}\ se^{42}kɛ^{42}$$
这　时　就　要　换　世界

21　道將及乃來初到。[1]　　　　　　　新世界的大人物就要来到。
$$to^{42}tɕa^{44}tɕi^{55}ne^{31}\ ɣɯ^{35}\ tɕhu^{33}pia^{44}$$
大梁楔子　　　来　就到

22　天哩變了地利變，　　　　　　　　　天也变来地也变，
$$xẽ^{11}\ li^{55}\ pĩ^{42}\ la^{42}\ tɕi^{31}\ li^{55}\ pĩ^{42}$$
天　也　变　了　地　也　变

23　海水要乾山哩霸。　　　　　　　　　海水要干山也倒。
$$ko^{21}ɕy^{33}\ no^{33}\ kã^{55}\ sɿ^{42}\ li^{55}\ pa^{44}$$
海水　　要　干　山　也　倒

24　這是之界天利暗，　　　　　　　　　一时之间天灰暗，
$$nɯ^{31}tsɿ^{21}\ tsɿ^{33}kɛ^{44}\ xẽ^{55}\ li^{55}\ ã^{44}$$
这是　　之间　　天　也　暗

25　本見日與月。　　　　　　　　　　　不见日和月。
$$pɯ^{31}\ ke^{42}\ ɲi^{44}\ ɲi^{55}\ uã^{44}$$
不　见　日　和　月

26　虎豹哩擁咬吃那，　　　　　　　　　虎豹也要咬你们，
$$lo^{21}pa^{42}\ li^{55}\ no^{33}\ ŋa^{44}\ jɯ^{55}\ na^{55}$$
虎豹　也　要　咬　吃　你们

27　我自勸清勞勸架　　　　　　　　　　我把人们劝了多少。
$$ŋo^{31}\ tsɿ^{55}\ tɕhỹ^{44}\ tɕẽ^{55}\ la^{42}\ tɕhỹ^{44}\ tɕa^{44}$$
我　则　劝　完　了　劝　尽

28　世上人皆種利最，　　　　　　　　　世界纷乱气断肠，
$$se^{42}tõ^{33}\ ɲi^{21}kɛ^{55}\ tsõ^{21}\ li^{55}\ tsui^{44}$$
世上　人　　肠子　也　断

29　將及乃初到。　　　　　　　　　　　大人物就到。
$$tɕa^{44}tɕi^{55}ne^{31}\ tshu^{33}phia^{44}$$
大楔子　　　就到。

---

[1] 道將及乃[$to^{42}tɕa^{44}tɕi^{55}ne^{31}$]：即新屋上大梁时使用的大楔子，比喻造就新世界的大人物、大事。

30 陰司門們擠開哆,
jĩ³³sɿ³³ me²¹mɯ⁵⁵ tɕi⁴⁴khe⁵⁵ tua⁴²
阴司 门外 拥挤 不得

阴司门外人拥挤,

31 望鄉台奴哭下下。[1]
uã⁵⁵ɕã³³te⁴² no³³ kho⁴⁴ɕa⁴⁴ɕa⁴⁴
望乡台 上 哭成一片

望乡台上哭成一片。

32 千傷情了百傷情,
tɕhĩ³³ sã³³tɕhĩ²¹ la⁴² vã⁵⁵ sã³³tɕhĩ²¹
千 伤情 了 万 伤情

千悲惨来万悲惨,

33 説某自則馬。[2]
sua⁴⁴ mo³¹ tsu⁵⁵tsɯ²¹ma³³
说 它 没有什么用处

说也说不完。

34 閻王看見也吊涙,
jã⁴²uã⁴² kɛ̃⁴² li⁵⁵ kɛ⁴² mi⁴²ɕi⁴²
阎王 看见 也 掉 眼泪

阎王见了也掉泪,

35 鐵關城中擠行滿。
the⁴⁴kuɛ̃⁵⁵ tsɿ²¹me²¹ tɕi⁴⁴ xa³¹ma³³
铁关 城门 拥挤 全满

铁关城门外挤满人。

36 十地閻王多往過,
tsɿ³⁵ti⁵⁵ jã⁴²uã⁴² tɕi⁴⁴ pe⁴⁴ ko⁴²
十帝 阎王 挤 走 过

十帝阎王挤过去,

37 千樣王法利受降。
tɕhĩ⁵⁵jã⁴² uã⁴²fa³⁵ li⁵⁵ so⁴⁴ tɕa⁴⁴
千样 王法 也 受 尽

大家受尽了王法。

38 生了乃死死了生,
xɛ̃⁵⁵ la⁴² lɛ³¹ ɕi³³ ɕi³³ la⁴² xɛ̃⁵⁵
生 了 又 死 死 了 生

生了死吧,死了又生,

39 身體乃成盂麵床。
tshɛ⁵⁵kɯ³¹ne³¹ tsɛ²¹ mɯ⁵⁵ mi⁴² tshua⁴⁴
身子 成 它 面 一捧

身子折磨成一把面。

40 苦共苦足陰司中,
khu³¹ko⁴² khu³¹tsu⁵⁵ ju³³si³³ xɯ³¹
苦过 苦做 阴司 里

阴司里的痛苦日子,

41 有情莫處説。
tsɯ³³tɕɛ̃²¹ mo³³tshɣ³¹ sua⁴⁴
有情 没处 说

苦情没处说。

42 前時勸你你不聽,

过去劝化你们不听,

---

[1] 哭下下[kho⁴⁴ɕa⁴⁴ɕa⁴⁴]:词尾意思是多人哭的状态,即哭成一片状。
[2] 自则马[tsu⁵⁵tsɯ²¹ma³³]:词组,意思没有什么用处。其中的则[tsɯ²],方向性助词;马[ma³³],意思是没有。从用韵看,这里马[ma³³]为[a]韵,说明这首曲子源于剑川沙溪一带,因为其他地方的马[ma³³]读[u]韵。

tɯ²¹tsɛ²¹ tɕhy⁴⁴ na⁵⁵ na⁵⁵ ja³⁵ tɕhẽ⁵⁵
前时　劝　你们　你们　不　听

43　這是手節倒後咬。[1]　　　　　　　　　这时咬手拐子——后悔不及。
nɯ²¹tsɛ²¹ sɯ³³tse⁴⁴ ta⁴²ɣɯ³³ ŋa⁴⁴
这时　手节　倒后　咬

44　作惡下場初冷時，　　　　　　　　　作恶下场就这时，
tsu³⁵u³⁵ ɕa⁵⁵tshã³¹ tshu³³ nɯ³¹tsɯ²¹
作恶　下场　就　这时

45　自家害自家。　　　　　　　　　　　自家害自家。
tsɿ⁵⁵ tɕa³³ xɛ⁵⁵ tsɿ⁵⁵ tɕa³³
自　家　害　自　家

46　講阿使奴富啍貴，　　　　　　　　　要讲什么富与贵，
tɕã³¹ a⁵⁵sɿ³¹ no³³ fv⁵⁵ jĩ⁵⁵ kui⁵⁵
讲　什么　的　富　与　贵

47　講阿使奴艮啍錢。[2]　　　　　　　　要讲什么钱和银。
tɕã³¹ a⁵⁵sɿ³¹ no³³ ɲi²¹ jĩ⁵⁵ pia⁴⁴
讲　什么　的　银　与　贝

48　生不帶來死不帶，　　　　　　　　　生不带来，死不带去，
sũ³³ pu³⁵ tɛ⁵⁵ le⁴² sɿ³¹ pu³⁵ tɛ⁵⁵
生　不　带　来　死　不　带

49　何必爭艮錢。　　　　　　　　　　　何必争财产。
xo⁴²pi³⁵ tsũ⁵⁵ ɲi²¹pia⁴⁴
何必　争　钱

50　聖諭講則這奴久，[3]　　　　　　　　圣谕讲了这么久，
sũ⁴⁴jy⁴⁴ tɕa³¹ tshu⁵⁵ tsɯ³³ no³¹ ma⁴⁴
圣谕　讲　掉了　有　这　时期

51　那一樣奴勸鴨到。　　　　　　　　　哪一样没有讲到。
a⁵⁵na⁴⁴jã⁴² no³³ ja³⁵ tɕã³¹ phia⁴⁴
哪一样　的　不　讲　到

52　越越勸自越越惡，　　　　　　　　　越更讲来越作恶，
lɯ⁴⁴lɯ⁴⁴ tɕhỹ⁴⁴ tsɿ⁵⁵ lɯ⁴⁴lɯ⁴⁴ ɣu³⁵
越更　劝　则　越更　恶

53　你死扒庸到。　　　　　　　　　　　死期就来到。

---

[1] 民谚：咬手拐子——赶不上[ŋa⁴⁴ sɯ³³tse⁴⁴tsɿ³³ tsɿ⁵⁵ tɕi⁴² mi⁴² tua⁴⁴]。手拐子，即手关节的后背。
[2] 艮啍錢[ɲi²¹ ɲi⁵⁵ pia⁴⁴]：即银和钱。其中[ɲi²¹]，是银的称谓；[pia⁴⁴]，是贝的称谓。白族古代使用的是银钱和贝币。
[3] 聖諭[sũ⁴⁴jy⁴⁴]：汉语借词。白族农村过去都有讲圣谕的习俗，村中贤达每年定期在固定的场所，将汉文经典翻译成白语讲述给民众听，由此，白语中有借词[tɕa³¹ sũ⁵⁵jy⁵⁵]（讲圣谕）一词。"圣谕"二字的声调有两读。

nɯ⁵⁵ sɿ³³pha⁵⁵ ȵo³³ phia⁴⁴
你的　死期　要　到

54　天母奴哩納阿帕，[1]　　　　　　　　　你们老天也不怕，
　　xẽ⁵⁵mo³³ no³³ li⁵⁵ na⁵⁵ ʔa³¹ kẽ⁵⁵
　　老天　（助）也　你们　不　怕

55　爹母奴利鴨孝養。　　　　　　　　　　还不孝养爹妈。
　　ti³³mo³³ no³³ li⁵⁵ ja³⁵ xo⁴⁴jã⁴⁴
　　爹妈　（助）也　不　孝养

56　親兄独弟坐共哆，　　　　　　　　　　亲兄亲弟也不能在一起，
　　tɕhĩ⁵⁵jõ⁵⁵ tɯ⁴²thi³³ kɤ⁴² ko⁴² tua⁴²
　　亲兄　独弟　在　过　不得

57　幹親人儅外。　　　　　　　　　　　　把亲人当外人。
　　ka⁴⁴ tɕhĩ⁵⁵ȵi²¹ tã⁴⁴ua⁴⁴
　　把　亲人　当外

58　你身體乃哪裏來？　　　　　　　　　　你们的身子哪里来？
　　nɯ⁵⁵ tɕhɿ⁵⁵khɯ³¹ne³¹ a⁵⁵na⁴⁴ ɣɯ³⁵
　　你的　身体　哪里　来

59　爹母次奴肉喑骨。　　　　　　　　　　那是爹妈身上的骨肉。
　　ti³³mo³³ tsɿ⁵⁵no³³ kɛ²¹ ȵi⁵⁵ kua⁴⁴
　　爹妈　身上　肉　和　骨

60　小小時候養大你，　　　　　　　　　　把你们从小拉扯大，
　　se³¹se³¹ tsɿ²¹kɛ⁴⁴ xã⁵⁵tõ⁴² na⁵⁵
　　小小　时候　养大　你们

61　費了多心腸。　　　　　　　　　　　　费了爹妈多少热心肠。
　　fe⁴⁴tshɯ⁵⁵ tɕi⁵⁵ ɕĩ³³tshã³³
　　费了　多少　心肠

62　羊子吃乳跪母前，　　　　　　　　　　羊子吃奶还跪母前，
　　jã²¹tsɿ³³ ʔɯ³³pa⁴² kɤ³¹ mo³³ tɯ²¹
　　羊子　吃乳　跪　母　前

63　反哺也有那烏鴉。　　　　　　　　　　老鸦还有小鸦叼肉喂给它。
　　fe³¹pu³¹ je³¹ jo³¹ na⁵⁵ u³³ja³³
　　反哺　也　有　那　乌鸦

64　爲使到则大了至，　　　　　　　　　　为什么你们大了，
　　ue⁴⁴sɿ³¹ phia⁴⁴ tsɿ⁵⁵ tõ⁴² la⁴² tsɿ⁵⁵
　　为什么　到　至　大　了　则

65　打壞你心肝。　　　　　　　　　　　　坏了你们的心肝。
　　tɛ⁴⁴ kui⁴² nɯ⁵⁵ ɕĩ⁵⁵phia⁴⁴
　　打　坏　你的　心肝

---

[1] 阿[ʔa³¹]：该方言的否定副词"不"，即该为而不为的不。此句的意思是应该听而不听。

66 幹你喜事做乘乃，　　　　　　　　　　　给你婚事办过后，
　　ka⁴⁴ nɯ⁵⁵ ɕi³¹sʅ⁴⁴ tsu⁵⁵ tshɯ⁵⁵ nɛ⁵⁵
　　把　你的　喜事　做　掉　那么

67 你初唻那夫妻哆。　　　　　　　　　　你就只想你们夫妻俩。
　　no³¹ tshu³³ lɛ⁵⁵ na⁵⁵ fɤ⁵⁵tshe⁵⁵ tua⁴⁴
　　你　就　又是　你们　夫妻　（助）

68 我家家常奴亞管，　　　　　　　　　　咱们家中事事全不管，
　　n̠a⁵⁵tɤ⁵⁵ tɕa⁵⁵tshã⁵⁵ no³¹ ja³⁵ kuã⁴²
　　咱们　　家常　　你　不　管

69 幹爹母儅外。　　　　　　　　　　　　还把爹妈当外看。
　　ka⁴⁴ ti³³mo³³ tã⁴⁴uã⁴⁴
　　把　爹妈　当外

70 夫妻歡樂坐你們，　　　　　　　　　　小夫妻欢乐过你们的日子，
　　fɤ⁵⁵tshe⁵⁵ xuɛ⁵⁵lu⁵⁵ kɤ⁴² na⁵⁵ mɯ⁵⁵
　　夫妻　　欢乐　　在　你们　处

71 爹娘暗地也心傷。　　　　　　　　　　爹妈暗地里好伤心。
　　ti³³nia⁴² ã⁵⁵ti⁵⁵ li⁵⁵ ɕi³³sã³³
　　爹娘　　暗地　也　心伤

72 養子爲自樣奈自，　　　　　　　　　　养儿养女若是只为爹和妈，
　　xã³³tsʅ³³ ui⁴⁴ tsʅ³³ n̠a⁵⁵ nɛ⁵⁵tsʅ⁵⁵
　　养子　喂子　咱们　那么

73 子人孟利三。　　　　　　　　　　　　没儿没女也罢了。
　　tsʅ³³ n̠i²¹ mo³³ li⁵⁵ sã⁴⁴
　　子　人　没有　也　算了

74 家中做啍兒息人，　　　　　　　　　　家里做您那儿媳，
　　xa³¹tɤ⁵⁵ tsu⁵⁵ n̠i⁵⁵ tsʅ³³vɤ³³n̠i²¹
　　家中　做　您　　儿媳人

75 時時刻刻想生方，　　　　　　　　　　时时刻刻想找茬。
　　tsʅ²¹tsʅ²¹ kɛ⁴⁴kɛ⁴⁴ ɕã³¹ sɯ³³fã³³
　　　时时刻刻　　想　生方

76 充呼丈夫人分家，　　　　　　　　　　怂恿丈夫来分家，
　　tshõ⁵⁵xo⁵⁵ tso²¹fɤ⁵⁵n̠i²¹ fɤ⁵⁵tɕa⁵⁵
　　怂恿　　丈夫人　　分家

77 初庸做你哆。　　　　　　　　　　　　就想自己做一家。
　　tshu³³ n̠o³³ tsu⁵⁵ mɯ⁵⁵ tua⁴⁴
　　就　要　做　他们　上

78 姑舅奴哩本儅叔，　　　　　　　　　　不想把姑舅当亲人，
　　ku⁵⁵kɯ³³ no³³ li⁵⁵ pɯ³¹ tã⁴⁴ su⁵⁵
　　姑舅　　上　也　不　搭　不想

79 丈夫奴利亞敬上。　　　　　　　　　　也不相敬自己的丈夫。

tso²¹fv⁵⁵ no³³ li⁵⁵ ja³⁵ tɕɯ⁴⁴ sã⁴⁴
丈夫　上　也　不　敬　上

80　小姑袖奴待哆。　　　　　　　　　　　　待不得小姑和妯娌，
se³¹ ku³³tsu⁴⁴ te⁴⁴ tua⁴⁴
小　姑妯　待　不得

81　作毒心毒肝。　　　　　　　　　　　　　暗藏歹毒心肝。
tsu⁵⁵ tu⁵⁵ɕĩ⁵⁵ tu⁵⁵kã³³
作　毒心　毒肝

82　白晝日利某小尺，　　　　　　　　　　　大白天还要小睡一会儿，
pɛ⁴²tso⁴²ɲi⁴⁴ li⁵⁵ mo³¹ se³¹tsɿ³³
大白天　也　她　小睡

83　孟嘴孟自喜歡哈，　　　　　　　　　　　一副嘴脸笑哈哈。
mɯ⁵⁵ tɕy³³ mɯ⁵⁵ tsɿ⁵⁵ xua⁵⁵ xa⁴⁴
她　嘴　哪里　则　欢喜　极

84　沒規沒矩這等人，　　　　　　　　　　　沒规沒矩这等人，
mo³³kui⁵⁵ mo³³tɕy³¹ tsɿ⁵⁵tɯ³¹zɯ̃⁴²
没规　没矩　这等人

85　可惡的婆娘。　　　　　　　　　　　　　是可恶的婆娘。
kho³¹u³⁵ ti³³ pho⁴²liã³³
可恶　的　婆娘

86　是非艮仲某哙講，　　　　　　　　　　　搬是倒非会说话，
sɿ⁵⁵fe³³ ɲi²¹tso³³ mo³¹ xui⁵⁵ tɕã³¹
是非　人是　她　会　讲

87　説哆某次利某説。　　　　　　　　　　　说不得的话也要说。
sua⁴⁴ tua⁴² mo³¹ tshɛ⁵⁵ li⁵⁵ mo³¹ sua⁴⁴
说　不得　那　句　也　她　说

88　時時刻刻亞母南，　　　　　　　　　　　时刻辩说"没有嘛"，
tsɿ²¹tsɿ²¹ kɛ⁴⁴kɛ⁴⁴ ja³⁵mo³³ la⁵⁵
　时时刻刻　没有　了

89　樣子出這看。[1]　　　　　　　　　　　那嘴脸就是这样。
jã⁴⁴ tsɿ⁵⁵ tshv⁴⁴ nɯ³¹ kha⁴⁴
样子　则　出　这　样

90　男人女人利無聊，　　　　　　　　　　　有男有女又怎样，
tsɿ³³ɲi²¹ ɲv³³ɲi²¹ li⁵⁵ vv⁴²lio⁴²
男人　女人　也　无聊

91　阿人孟利納三説。　　　　　　　　　　　哪一个那里也难说。
a³¹ɲi²¹ mɯ⁵⁵ li⁵⁵ na²¹ sã⁵⁵ sua⁴⁴
一人　那里　也　难　相　说

---

[1] 看[kha⁴⁴]：是脸面的状态词，这里的意思是丑态的样子。

92	上梁不正下梁歪，	上梁不正下梁歪，
	sã⁵⁵liã⁴² pu³⁵tsuĩ⁵⁵ ça⁵⁵liã⁴² uɛ³³	
	上梁　不正　下梁　歪	
93	做歪千歪架。	一歪千样歪。
	tsu⁵⁵ uɛ⁵⁵ tɕʰĩ⁵⁵ uɛ⁵⁵ tɕa⁴⁴	
	做　歪　千　歪　接	
94	幹想想自歡啥心，	一想曾经逗人爱，
	ka⁴⁴mi³³mi³³ tsɿ⁵⁵ xuã⁵⁵ɲi⁵⁵ɕĩ⁵⁵	
	想想　　则　逗人爱	
95	幹想想自又心傷。	又想眼前很悲伤。
	ka⁴⁴mi³³mi³³ tsɿ⁵⁵ jo⁵⁵ ɕuĩ³³sã³³	
	想想　　则　又　心伤	
96	世上可有悔心人，	世上有没有悔心人，
	sɛ⁴² tõ³³ kʰo³¹jo³¹ xui³¹xĩ³³zẽ²¹	
	世上　咯有　　悔心人	
97	水下撈面月。	那是水中捞月亮。
	çy³³ ɣɛ³³ vɣ²¹ mi⁵⁵uã⁴⁴	
	水　下　捞　月亮	
98	家中做啥爹媽人，	既然做人爹和妈，
	xa³¹tɣ⁵⁵ tsu⁵⁵ ɲi²¹ ti³³mo³³ ɲi²¹	
	家中　做　人　爹妈　人	
99	也要心平待兒家。	也得心平待儿女。
	lɛ³¹ no³³ ɕĩ³³ pʰĩ⁴² tɛ⁵⁵ ɣɛ⁴² tɕa³³	
	也　要　心　平　待　儿　家	
100	親啥親利初阿樣，[1]	不同的"亲"一个样，
	tɕʰuĩ³³ ɲi⁵⁵ tɕʰĩ⁵⁵ li⁵⁵ tshu³³ ʔa³¹jã⁴²	
	亲　和　亲　也　就　一样	
101	切莫分別他。	切莫有分别。
	tshi³⁵mo³⁵ fe⁵⁵pi⁵⁵ tha³³	
	切莫　　分别　它	
102	爹媽子女話說了，	劝了爹妈和子女，
	ti³³mo³³ tsɿ³³ɲɣ³³ tõ²¹ sua⁴⁴ la⁴²	
	爹妈　　子女　话　说　了	
103	讀書轟奴幹勸化。	再给学子劝化。
	ɣɯ⁴²sɿ⁵⁵ xo³³ no³³ ka⁴⁴tɕʰɣ⁴⁴xua⁴⁴	
	读书　伙　上　劝化劝化	

[1] 親啥親[tɕʰuĩ³³ ɲi⁵⁵ tɕʰĩ⁵⁵]：其中"親"，前字[tɕʰuĩ³³]为近代借词，后字[tɕʰĩ⁵⁵]为古代借词，已成为白语词。此句的意思是汉语的"亲"和的白语"亲"都一样。

104 書奴説話亞楷切，　　　　　　　　　　书上写的不清楚，
sɤ⁵⁵no³³sua⁴⁴tõ²¹ja³⁵ke⁵⁵tɕhi⁵⁵
书　上　说话　不　剀切

105 禮貌不端莊。　　　　　　　　　　　　礼貌不端庄。
li³¹mo⁵⁵pu³⁵tuɛ̃³³tsuã³³
礼貌　不　端庄

106 刀筆害人那種人，　　　　　　　　　　刀笔害人也有人，
to³³pi³⁵xɛ⁵⁵zẽ⁴²na⁵⁵tsõ³¹zẽ²¹
刀笔　害人　那种　人

107 祇會告狀寫報單。　　　　　　　　　　只会告状写文章。
tsʅ³¹xui⁵⁴ko⁴⁴tsua⁴⁴vɛ⁴²po⁵⁴tã³³
只会　告状　写　报单

108 古説書法者犯法，　　　　　　　　　　古说书家也犯法，
ku³¹shu³⁵vɛ⁴²sɤ⁵⁵ȵi²¹fã⁵⁴fa³⁵
古说　写书人　犯法

109 罪重在儒家。　　　　　　　　　　　　罪重是儒家。
tsui⁵⁴tsõ⁵⁴tsɯ³³zɤ⁴²tɕa³³
罪　重　在　儒家

110 讀書轟奴勸化了，　　　　　　　　　　劝了读书人，
ɣɯ⁴²sɤ⁵⁵xo³³no³³tɕhỹ⁴⁴xua⁴⁴la⁴²
读书　伙上　劝化　了

111 莊家話哩使幹説。　　　　　　　　　　庄稼话也说一说。
tsuã⁵⁵tɕa⁵⁵tõ⁴²li⁵⁵sʅ³¹ka⁴⁴sua⁴⁴
庄家　话　也　试　说说

112 五穀乃是天壤世，　　　　　　　　　　五谷就是老天的饭，
u³¹ku³⁵nɛ⁵⁵tsʅ³³xẽ⁵⁵xɛ̃⁵⁵zʅ³¹
五谷　乃是　天　饭

113 爲何不敬他？　　　　　　　　　　　　为何不敬它？
ue⁵⁵xo⁴²pu³⁵tɕɯ̃⁵⁴tha³³
为何　不　敬　它

114 吾種也是莊稼漢，　　　　　　　　　　吾种也是庄稼汉，
u⁴²tsõ³¹li⁵⁵tsʅ³³tsuã³³tɕa³³xã⁵⁴
吾　种　也　是　庄稼汉

115 第一要勤儉莊家。　　　　　　　　　　第一要服侍好庄稼。
ti³¹ji⁴⁴ȵo³³vɤ²¹zʅ²¹tsuã⁵⁵tɕa⁵⁵
第一　要　服侍　庄稼

116 古説勤儉黄金本，　　　　　　　　　　古说勤俭本是金，
ku³³sua⁴⁴tɕhũ⁵⁵tɕi³¹xuã⁴²tɕɯ̃³³pũ³¹
古　说　勤俭　黄金　本

117 衣食靠莊家。　　　　　　　　　　　　　　衣食全靠它。
　　　ji³³ sɿ³⁵ kho⁴⁴ tsuã⁵⁵tɕa⁵⁵
　　　衣　食　靠　　庄稼

118 爲使那自昏糟踏，　　　　　　　　　　　为什么你们乱糟蹋，
　　　ue⁴⁴sɿ³¹ na⁵⁵ tsɿ⁵⁵ la³⁵ tso⁵⁵tha⁵⁵
　　　为什么　你们　则　乱　糟蹋

119 那牛那馬編壩放。　　　　　　　　　　　庄稼地里乱放牛马。
　　　na⁵⁵ ŋɯ²¹ na⁵⁵ mɛ³³ phĩ⁵⁵ ta³¹ xã⁵⁵
　　　你们 牛 你们 马　遍　田坝 放

120 有心放從無心房，　　　　　　　　　　　有心放或是无心放，
　　　jo³¹ xɯ̃³³ xã⁵⁵ tso⁴² vɿ⁴² ɕɯ̃³ xã⁵⁵
　　　有　心　放　或　无 心 放

121 問你心无靠。　　　　　　　　　　　　　问问你们的良心。
　　　pie⁴⁴ na⁵⁵ ɕĩ⁵⁵ỹ⁴²kha⁴⁴
　　　问　你们　良心

122 人眼見之有眼見，[1]　　　　　　　　　　人眼见了就是亲眼见，
　　　zẽ⁴² jẽ³¹ jĩ⁵⁴ tsɿ⁵⁵ tsɯ³³ uẽ³³ kẽ⁴²
　　　人眼见　则　有　眼　见

123 天母瞧見那心肺。　　　　　　　　　　　老天看见你们的良心。
　　　xẽ⁵⁵mo³³ kẽ⁴² tɯ⁴⁴ na⁵⁵ ɕĩ⁵⁵phia⁴⁴
　　　老天　见 得 你们　心肺

124 人皆心賣出這樣，[2]　　　　　　　　　　人心嘛，怎么是这样，
　　　ȵi²¹kɛ⁵⁵ ɕĩ⁵⁵ mɛ⁵⁵ tshɿ⁴⁴ nɯ³¹jõ⁴²
　　　人　　心　是么　出　这样

125 你上有亞媽！　　　　　　　　　　　　　难到没有看见上面的老天！
　　　nɯ⁵⁵ tõ³³ tsɯ³³ ja³⁵ ma³³
　　　你　上面　有　不　有

126 想想起來真可傷，　　　　　　　　　　　一想起来真伤心，
　　　ka⁴⁴mi³³mi³³ tsɿ⁵⁵ tsɯ̃³³ ɕĩ³³sã³³
　　　想想　　　则　真　心伤

127 想想起來實可傷。　　　　　　　　　　　一想起来真心伤。
　　　ka⁴⁴mi³³mi³³ tsɿ⁵⁵ tsɯ̃³³ ɕĩ³³sã³³
　　　想想　　　则　真　心伤

128 世上不有悔心人，　　　　　　　　　　　世上没有悔心人，
　　　se⁴² tõ³³ pu³⁵ jo³¹ xui³¹xɯ̃³³zẽ⁴²
　　　世　上　不　有　悔心人

129 水下撈面月。　　　　　　　　　　　　　就像水里捞月亮。

---

[1] 人眼见之有眼见[zẽ⁴² jẽ³¹ jĩ⁵⁴ tsɿ⁵⁵ tsɯ³³ uẽ³³ kẽ⁴²]：其中"人眼见"是汉语借词，后面"有眼见"是白语训读字。

[2] 賣[mɛ⁵⁵]：句中的语气助词，有"怎么就"的意味。

    ɕy³³ ɣɛ³³ vɣ²¹ mi⁵⁵uã⁴⁴
    水　下　捞　月亮

130　莊稼話利説乗了，　　　　　　　　　　　庄稼话也说过了，
    tsuã⁵⁵tɕa⁵⁵ tõ²¹ li⁵⁵ sua⁴⁴ tshɯ⁵⁵ la⁴²
    庄稼　　话　也　说　　掉　　了

131　生意話利再幹説。　　　　　　　　　　　生意话也说一说。
    sɯ̃⁵⁵ji⁴⁴ tõ²¹ li⁵⁵ tse⁴⁴ ka⁴⁴sua⁴⁴
    生意　　话　也　再　说说

132　最惡不過生意人，　　　　　　　　　　　最恶不过生意人，
    tsui²¹ u³⁵ pu³⁵ ko⁵⁴ sɯ̃³¹ji⁵⁴ zɯ̃⁴²
    最　恶　不　过　　生意　　人

133　全無好心腸。　　　　　　　　　　　　　没有好心肠。
    tɕy̆⁴²vɣ⁴² xo³¹ ɕɯ̃³³tshã³³
    全无　　好　　心肠

134　市奴少扎自放槍，[1]　　　　　　　　　　市井欺诈像打仗，
    tsʅ³³ no³³ ɕu³³tsa³⁵ tsʅ⁵⁵ fã⁵⁴tɕhã³³
    街上　　至少　　则　放枪

135　艮初收賊心鬼肺。[2]　　　　　　　　　　人心厮守贼心肝。
    ȵi²³ tshu³³ so³³ tsɯ⁴²ɕĩ⁵⁵ kɣ³³phia⁴⁴
    人　就　放　贼心　　鬼肺

136　惡棘某人某怕某，　　　　　　　　　　　凶恶的人也怕他，
    u³⁵la³⁵ mo³¹ȵi²¹ mo³¹ kɛ̃⁵⁵ mo³¹
    恶辣　那人　　他　怕　他

137　忠孝人衷道。　　　　　　　　　　　　　忠孝人被糟蹋。
    tsõ³³ɕo⁵⁴ ȵi²¹ tso⁵⁵ta⁴⁴
    忠厚　　人　糟蹋

138　兩人對面生巧計，　　　　　　　　　　　面对面也计谋，
    liã³¹zɯ̃⁴² tui⁵⁴mi⁵⁴ sɯ̃³³ tɕho³¹tɕi⁵⁴
    两人　　对面　　生　巧计

139　朋友中間也相傷。　　　　　　　　　　　朋友之间也伤情。
    phɯ̃⁵⁵jo³¹ kɛ⁵⁵no⁵⁵ jɛ³¹ ɕã³³sã³³
    朋友　　中间　　也　相伤

140　秤鼓某收十二兩，[3]　　　　　　　　　　出售用十二两的秤，
    tɕhy̆⁵⁵ku³¹ mo³¹ so³³ tsʅ⁴²ne⁴⁴ no⁴²
    秤　　　他　收　十二　　两

141　千算萬生方。　　　　　　　　　　　　　生方设法计算人。

---

[1] 少扎[ɕu³³tsa³⁵]：副词。至少、如同。
[2] 收[so³³]：动词。厮守。
[3] 旧时使用十六两秤。此句意思是出售货物时，在秤上做手脚，少称给人家四两。

tɕhĩ³³ suẽ⁵⁴ va⁵⁴ sɯ̃³³ fã³³
千　　算　　万　　生方

142　小升大斗收孟家，[1]
　　　se³¹ pã⁵⁵ to⁴² tɯ̃³³ sɯ⁵⁵ mɯ⁵⁵ tỹ⁵⁵
　　　小　升　大　斗　收　他家
　　　　　　　　　　　　　　　　　　大升大斗收人家的东西，

143　某想坐千年百歲。
　　　mo³¹ ɕã³¹ ky⁴² tɕhĩ⁵⁵ sua⁴⁴ bɛ⁴⁴ sua⁴⁴
　　　他　想　在　千　岁　百　岁
　　　　　　　　　　　　　　　　　　他想在世百岁千岁。

144　一出門自奉承啍，
　　　ji³⁵ tshɤ⁴⁴ mũ⁴² tsŋ⁵⁵ fɯ̃⁵⁴ tshɯ̃⁴² ɲi⁵⁵
　　　一　出门　　则　奉承　　您
　　　　　　　　　　　　　　　　　　一出门就奉承人，

145　禮物送自各地方。
　　　li³¹ vɤ³⁵ sõ³³ tsɯ²¹ ko³⁵ ti⁵⁴ fã³³
　　　礼物　送去　　各　地方
　　　　　　　　　　　　　　　　　　礼物送去各地方。

146　左求右求説孟情，
　　　pi⁵⁵ tɕho⁵⁵ tsɛ⁴² tɕho⁵⁵ sua⁴⁴ mɯ⁵⁵ tɕɛ̃²¹
　　　左　求　右　求　说　他的　情
　　　　　　　　　　　　　　　　　　左求情来右求情，

147　保他外面光。
　　　po³¹ mɯ⁵⁵ uɛ⁵⁴ mi⁵⁴ kuã³³
　　　保　他的　外面　　光
　　　　　　　　　　　　　　　　　　处处都做外面光。

148　這轟到至陰司中，
　　　nɯ³¹ xo³³ phia⁴⁴ tsŋ⁵⁵ jĩ³³ sŋ³³ xɯ³¹
　　　这些　到　　则　阴司　里
　　　　　　　　　　　　　　　　　　这些到了阴司里，

149　前年苦了苦萬年。
　　　tɯ²¹ sua⁴⁴ khu³¹ la⁴² khu³¹ ỹ⁴² sua⁴⁴
　　　前年　　苦　了　苦　万　年
　　　　　　　　　　　　　　　　　　受苦还要苦万年。

150　吞公肥己自條律，
　　　thui³³ kõ³³ fe⁴² tɕi³¹ tsɯ³³ thio⁴² li³⁵
　　　吞公　　肥己　　有　条律
　　　　　　　　　　　　　　　　　　吞公肥私有条律，

151　如何容得他！
　　　zu⁴² xo⁴² jõ⁴ tɯ³⁵ tha³³
　　　如何　　容得　他
　　　　　　　　　　　　　　　　　　岂能容忍他！

152　銅鐵現匠那些人，
　　　ke³³ the⁴⁴ ɕi⁴⁴ tɕõ⁴² na⁵⁵ ɕi³³ zɯ̃⁴²
　　　铜铁　　焊匠　　那些人
　　　　　　　　　　　　　　　　　　铜匠铁匠那些人，

153　四道無處利走到。
　　　sŋ⁵⁴ to⁵⁴ u³¹ tshɤ⁵⁴ li⁵⁵ pe⁴⁴ phia⁴⁴
　　　四　道　五　处　也　走　到
　　　　　　　　　　　　　　　　　　四道五处都走到。

---

[1] 旧时量器使用升、斗。此句的意思是收货时，在升斗上做手脚，以大升、大斗当标准的升、斗。

154 嘴孟滿口仁義話，　　　　　　　　　　　　嘴里满口仁义话，
    tɕy³³muɯ⁵⁵ mẽ³¹kho³¹ zẽ⁴²ji⁵⁴ xua⁵⁴
    嘴边　　满口　　仁义　　话

155 心俗一空腔。　　　　　　　　　　　　　　心术一腹腔。
    ɕĩ³³su⁴⁴ ji³⁵ lhõ³³tɕhã³³
    心术　一　　空腔

156 勸那修造處屋轟，　　　　　　　　　　　　劝你们修建盖房木匠，
    tɕhỹ⁴⁴ na⁵⁵ ɕo³³tsho⁵⁴ tshɣ³¹xo³¹ xo³³
    劝　你们　修造　　建房　　伙

157 魯班奴自空阿轟。　　　　　　　　　　　　不可空嘴对鲁班。
    lu³¹pẽ⁵⁵ no³³ tsɿ⁵⁵ khỹ⁵⁵ a³¹xo³³
    鲁班　　上　则　空　　不得

158 某用木神從出自，　　　　　　　　　　　　要是鲁班放出木神，
    mo³¹ ɲo⁴² mu³⁵suĩ⁴² tsho⁵⁵ɕi⁴⁴ tsɿ⁵⁵
    他　要　木神　　充出　　则

159 家中利出鬼。　　　　　　　　　　　　　　家里会出鬼。
    xa³¹tỹ⁵⁵ li⁵⁵ tshɣ⁴⁴kɣ³³
    家里　也　出鬼

160 皇帝坐一木之下，　　　　　　　　　　　　皇帝也在一木之下，
    xuã⁴²ti⁵⁴ tso⁵⁴ ji³⁵mu³⁵ tsɿ³³ ɕa⁵⁴
    皇帝　坐　一木　之　下

161 用某敬至無上奴。　　　　　　　　　　　　把他敬上宾。
    ɲo⁴² mo³¹ tɕuĩ⁴⁴ tsɿ⁵⁵ vɣ⁴² sã⁵⁴ no³³
    把　它　敬　成　无上　的

162 那三代奴爲官利，　　　　　　　　　　　　纵虽你们三代都做官，
    na⁵⁵ sã⁵⁵te⁴⁴ no³³ ui⁴² kuẽ³³ li⁵⁵
    你们　三代　的　为官　也

163 莫要欺師夫。　　　　　　　　　　　　　　不能欺师傅。
    mo³⁵ jo⁵⁴ tɕhi³³ sɿ³³fɣ³³
    莫　要　欺　师傅

放鹰赶雀

段　伶　张杏莲

《放鹰赶雀》是白族传统名曲，流传于剑川一带。

该曲有多个名称，用白语命名的如[piɛ⁵⁵ua⁴² xɛ⁴⁴tso⁴⁴]（放鹰赶雀）、[tẽ⁴⁴tsɿ³³nv̩³³ khv̩⁴⁴ tshẽ⁵⁵]（打胎曲），也有用汉语称《三十六换》。但每个名称都有来由。《放鹰赶雀》，是根据该曲开头的内容而称的。白族过去有驯养鹞鹰、放鹰护谷的习俗，每当田里稻谷打浆即将成熟时，人们就把驯鹰放出去，麻雀见到鹞鹰就纷纷落地藏身或飞走，人们用手还可以捉住。当谷子收回家后，又举行放飞仪式，把鹞鹰放回大自然。白族人很崇拜放鹰护谷的人，有的本主就是放鹰护谷之神。之所以又称"打胎曲"，是因为该曲主体是叙述未婚先孕以至打胎造成的悲剧。"三十六换"是因该曲先后有多次对唱，"三十六"是数中的大数，是以对唱许多次命名。在多个名称中主要是称《打胎曲》，但由于民间避讳，一般使用其他几个名称。该曲产生的年代比较久远，从歌唱的内容、风格和传说内容看，应是明代或清初的作品，人们一般将之与《黄氏女对金刚经》相提并论。

该曲是个悲剧，唱述的主要情节是：一个学子和一个村姑相爱，两人偷吃禁果，后来村姑怀孕，堕胎而死，最后阴魂托梦，与学子诉说后世之情。

人们根据文字内容将该曲分为上、下集。上集叙说学子和村姑二人初识、相爱、偷情的过程；下集叙述村姑堕胎致疾而终的过程，即学子托人探视情人、寡母悲痛葬女、学子含泪祭奠、村姑阴魂与学子梦中会面等。其中，偷吃禁果之事只寥寥数言，以隐晦含蓄的言辞将其回避；怀孕及堕胎之事回避不言，听众从故事情节中揣测其事。故事情真意切，先喜后悲，层次清晰，言辞含蓄，乡情浓郁，反映了旧时白族民间婚恋习俗及情歌的一个侧面。

在旧时的白族礼俗中，在村里、在亲人在场的场合忌讳歌唱情歌，连说[tɕi³¹khv̩⁴⁴]或[tsha⁵⁵khv̩⁴⁴]（唱曲）这个词也要避讳。因此，这首曲子只是在野外或歌会上流传。在新社会里，"唱曲"解禁，但主要是"唱政策曲"，在平时的公开场合也不传唱这首本子曲，这首曲子便成了公开的秘籍。但曲子里的美好情节和经典的唱词，对后来的白曲影响很大，常为歌手们吸收和运用，在即兴对歌或新编的本子曲中屡屡出现。上世纪初，剑川的歌手还据此曲新编了歌颂时代自由恋爱的《放鹰赶雀》。从这个本子曲的时代背景看，这个婚恋的悲剧是在婚姻包办、妇女不能自主的封建时代造成的，透过该曲，可以看到古代白族婚恋的一般状况，其思想是积极的。尤其，该曲的语言既生动又朴实，表现出浓郁的乡情世俗，让听众如临其境。它的歌唱形式可以男女对唱，一般由一歌手代表几个不同的角色进行歌唱。每个角色的唱段一般独立一个高低律的韵部，以转韵的形式作为角色转换或情节结构的标志，虽然不加旁白、不做表演，但听众对于人物角色、情节层次依然能够清清楚楚，这是白族本子曲的通则。总之，该曲对于白语及其语言艺术、婚恋习俗的研究都有一定价值。

该曲也跟其他民间歌谣一样，在歌唱时因歌唱者的风格、修养有异而有详有略，有长有短。该抄本多次传抄，古抄本未发现，本书依据羊岑话流传的传抄本进行释读。所依据的抄本是水笔抄的笔记本，汉字旁边还标注勾、圈等符号，表示该行汉字训读或音读，释读不便标注，不再录入。

上 集

男　1　之勞心腸莫心緒，　　　　　　　　　虽有心肠没心情，
　　　　tsʅ³³ la⁴² ɕɯ⁵⁵tsha⁵⁵ mo³³ ɕɯ⁵⁵tɕye⁴⁴
　　　　有了　心肠　　没　心绪

　　2　自我出黨備王最。[1]　　　　　　　　就去田坝放放鹰。
　　　　tsʅ⁵⁵ ŋo³¹ tshɤ⁴⁴ ta³¹ piɛ⁵⁵ua⁴² tsue⁴⁴
　　　　则　我　出　田坝　丢鹰　　转

　　3　阿時来到花冲處，[2]　　　　　　　　一时来到花开处，
　　　　ʔa³¹tsɛ²¹ ɣɯ³⁵pia⁴⁴ xo⁵⁵tsʅ⁵⁵ ɣ̃⁵⁵
　　　　一时　　来到　　花巷　　处

　　4　坐下嘎細米。[3]　　　　　　　　　　坐下想一想。
　　　　kɤ⁴²thɯ⁵⁵ ka⁴⁴ ɕi⁵⁵mi³³
　　　　坐下　　　把　　细想

　　5　奴哇看得女子銀，　　　　　　　　　看见远方有妹子，
　　　　no⁵⁵ua⁴⁴ xa⁵⁵tɯ⁴⁴ ȵɤ³³tsʅ³³ȵi²¹
　　　　远处　　望见　　　小女子

　　6　初子牡丹花手代。　　　　　　　　　就像牡丹花一朵。
　　　　tshu³³tsʅ³³ po⁴²ta⁵⁵xo⁵⁵sɯ³³ te⁴⁴
　　　　就是　　　牡丹花　　　　棵

　　7　男子我不妨去緊某，　　　　　　　　男子我不妨走近她，
　　　　tsʅ³³ ŋo³¹ pu³⁵fa⁴² ɣɛ²¹ tɕi³¹mo³¹
　　　　男子我　不妨　　去　拢她

　　8　使透孟口氣。　　　　　　　　　　　探探她口气。
　　　　ʃhi³¹ tho⁴⁴ mɯ⁵⁵ kho³¹tɕhi⁴⁴
　　　　试　探　她　口气

---

[1] 黨[ta³¹]：白语地名通名词，即赕。这里指田坝，也称有人烟的大平坝、大地方。有关南诏的古籍中常见这个字，称地方或政区；明清功德碑刻中常见这个字，称田坝。该曲中有时直接写作"赕"。备王[piɛ⁵⁵ua⁴²]（放鹰）：指放飞驯鹰。最[tsui⁴⁴]：量词，白语量词置于名词、动词之后，表示一个单位，这里指的是一回。
[2] 處[ɣ̃⁵⁵]：方位词，含有物体旁边之意。也作宾语助词，即在宾语之后，作为宾语的标志。这类方位词常用的还有[no³³]，带有实体之上之意；[tua⁴⁴]含有虚体之上之意。这些方位词一般译作"上"、"处"。
[3] 嘎[ka⁴⁴]：动词词头，表示动作短暂而连续。也作介词，有把、跟等意。

女	1	女我出畂去害奏，[1]	姑娘来到田坝撵麻雀，
		nɣ³³ ŋo³¹ tshɣ⁴⁴ ta³¹ ɣɛ²¹ xɛ⁴⁴tso⁴⁴	
		女 我 出 田坝 去 撵雀	
	2	絲書夹起心悠悠，[1]	夹起丝线书心悠悠。
		se⁴²sɣ⁵⁵ kɛ⁴² khɯ³³ ɕi⁵⁵jo⁴⁴jo⁴⁴	
		丝线书 夹 起 心悠悠	
	3	綫書夹起牵人心，	丝线牵动人的心，
		se⁴²sɣ⁵⁵ kɛ⁴² khɯ³³ tɕɛ⁵⁵ȵi⁵⁵ɕi⁵⁵	
		丝线书 夹 起 牵人心	
	4	牵疼我的心。[2]	疼在我心头。
		tɕɛ⁵⁵ sɣ³¹ ŋɯ⁵⁵ ɕi⁵⁵kho³³	
		牵 疼 我 心一颗	
	5	今年加满十八春，	今年正好满十八，
		kɛ⁵⁵tsŋ⁵⁵ tɕa⁵⁵ ma³³ tʃi⁴²pia⁴⁴ tshɣ⁵⁵	
		今年 正 满 十八 春	
	6	前面本想秋尼乎。	本想前面有个好兆头。
		tɯ²¹ỹ⁵⁵ pɯ³¹ɕa³¹ tɕho⁵⁵ ȵi⁵⁵ xu³³	
		前面 本想 好 和 好	
	7	几夜我梦春花克，	昨夜梦见春花开，
		tɕi²¹ɕɛ⁴⁴ ŋo³¹ mɯ³¹ tshɣ⁵⁵xo⁵⁵ khe⁵⁵	
		昨天 我 梦 春花 开	
	8	春雀飛孟奴。	春雀歇上头。
		tshɣ⁵⁵tso⁴⁴ tshe⁵⁵ mɯ⁵⁵ no³³	
		春雀 歇 它 上	
	9	春雀歇利来事秋，	春雀歇上也是好，
		tshɣ⁴⁴tso⁴⁴ tshe⁵⁵ li⁵⁵ lɛ³¹ ʃi⁴⁴ tɕho⁵⁵	
		春雀 歇 也 还 很 好	
	10	就怕前时来后标。	只怕前不就来后不就。
		tsu³³ kjɛ⁵⁵ tɯ²¹ tʃi²¹ la³⁵ ɣɯ³³ pio³³	
		就怕 前 是 又 后 不是	
	11	夫罵居奴川某庆，[3]	就为他们打一回秋千，

---

[1] 絲書[se⁴²sɣ⁵⁵]：即丝线书。这是白族女子存放绣花丝线的一种工具书，宽大如A3纸型，布裱的壳，内有多页纸，每页夹一种色彩的丝线。白族女子常备这样的丝线书，外出时，如同学生上学，将丝线书夹于腋下行走。

[2] 我[ŋɯ⁵⁵]：即我(的)。白语人称代词的单数有主格和领属格、宾格的语音交替变化。主格[ŋo³¹]（我）、[no³¹]（你）、[mo³¹]（他）；领属格和宾格为：[ŋɯ⁵⁵]（我[的]）、[nɯ⁵⁵]（你[的]）、[mɯ⁵⁵]（他[的]）。文字书写时，"我"、"你"不分主格和领属格、宾格，读者只能从语境中释读。

[3] 夫罵居奴[fv³³ ma⁵⁵ tɕye³³ no³³]：固定词组，意思是为他们嘴脸，这里的意思是为了堵住人家的嘴。川某庆[tɕhuɛ⁴⁴ mo³¹ tɕhɯ⁵⁵]：即打一回秋千。川[tɕhua⁴⁴]，专指秋千的动作；某 [mo³¹]：意思是他、它；庆[tɕhɯ⁵⁵]：指打秋千一个来回的量词。

fɣ³³ ma⁵⁵ tɕye³³ no³³ tɕhuɛ⁴⁴ mo³¹ tɕhɯ⁵⁵
为　他们　嘴脸　上　（打一回秋千）

12　打扭秋罵柬。　　　　　　　　　　　定要超他们。
tɛ⁴⁴ no³³ tɕho³¹ ma⁵⁵ to³³
定　要　胜过　他们　上

男　1　女弟子人阿那奴，[1]　　　　　　小妹子是哪里人？
ȵɣ³³thi³³tsɿ³³ȵi²¹ ʔa⁵⁵na⁴⁴ no³³
小妹子　　　哪里　的

2　看你樣奴實花羅。　　　　　　　　看你模样很活泼。
xa⁵⁵ nɯ⁵⁵ ja⁴⁴ no³³ sɿ⁴⁴ xo⁵⁵lo⁴²
看　你　样子　上　实在　活泼

3　看你樣奴實子情，　　　　　　　　看你模样很知情，
xa⁵⁵ nɯ⁵⁵ ja⁴⁴ no³³ sɿ⁴⁴ tsɿ³³tɕɛ²¹
看　你　样子　上　实在　知情

4　説話去理奴。　　　　　　　　　　说话有礼貌。
sua⁴⁴to²¹ ɣɛ²¹ li³³ no³³
说话　去　理　上

5　想要跟你加姻緣，　　　　　　　　我想跟你结姻缘，
ɕa³¹ no³³ ko⁵⁵ no³¹ tɕa⁴⁴ jĩ⁵⁵jỹ⁴²
想　要　跟　你　结　姻缘

6　也怕女弟罵恩奴。　　　　　　　　也怕阿妹来骂我。
tɛ⁴⁴kjɛ⁵⁵ ȵɣ³³thi³³ ʔɯ⁴⁴ ŋa⁵⁵ no³³。
就怕　妹子　骂　咱　上

7　得利端自説母聲，[2]　　　　　　得不得就说一声，
ta⁴² li⁵⁵ tua⁴² tsɿ⁵⁵ sua⁴⁴ mo³¹ tʃhɛ⁵⁵
得　或　不得　也　说　它一声

8　省得三耽擱。　　　　　　　　　　省得两耽搁。
sɯ³¹tɯ⁴⁴ sha⁵⁵ ta⁵⁵ko³³
省得　　相互　耽搁

女　1　聽走省得三耽擱，[3]　　　　　　听说省得两耽搁，
tɕhɛ⁵⁵ tso⁴² sɯ³¹tɯ⁴⁴ sha⁵⁵ ta⁵⁵ko³³
听　着　省得　相　耽搁

---

[1] 女弟子[ȵɣ³³thi³³tsɿ³³]：即女弟子。唐代汉语借词，即小姑娘。女弟[ȵɣ³³thi³³]：意为妹妹。子[tsɿ³³]：词尾，有小巧、可爱之意。

[2] 聲[tʃhi⁵⁵]：训读字，声音的量词。凡是语句中没有加数词的个体单位量词，大多附在名词在后面，都表示一个单位。

[3] 走[tso⁴²]：在动词和形容词后面的情态词，有或是、据说、着等揣测意味。

2 罵子奴得阿那轰![1]
　ma⁵⁵tsʅ³³ no³¹tuɯ²¹ ʔa⁵⁵na⁴⁴ xo³³
　那男子　这个　　哪里　的

3 想要共我加姻緣，
　ɕa³¹ no³³ ko⁵⁵ ŋo³¹ tɕa⁴⁴ jĩ⁵⁵jỹ⁴²
　想　要　跟　我　结　姻缘

4 看孟奴樹偷。[2]
　ʔa³³ mu⁵⁵ no³³ tsɯ³¹tho⁴⁴
　看　它　上　休想

5 去你武乃顶嘎秋，[3]
　ɣɛ²¹ nɯ⁵⁵ vɣ³¹ ne³¹ tuɯ³¹ ka⁴⁴ tɕho⁵⁵
　去　你　的　个　顶　随便　好

6 省得让俺罵你奴。[4]
　sɯ³¹tuɯ⁴⁴ sho³³ ŋa⁵⁵ ʔɯ⁴⁴ nɯ⁵⁵ no³³
　省得　让　咱　骂　你　上

7 坪子俺好来票自，[5]
　pɛ³⁵tsʅ³³ ŋa⁵⁵xo³¹ ɣɯ³⁵pia⁴⁴ tsʅ⁵⁵
　一会儿　咱家人　来到　则

8 恰成歹盼哦![6]
　tɕhɛ⁴⁴tsʅ²¹ te⁴²phɛ⁵⁵ʔo³³
　踢成　　猪尿泡

男 1 聽走恰成歹盼哦，[7]
　tɕhɛ⁵⁵ tso⁴² tɕɛ⁴⁴tsʅ²¹ te⁴²phɛ⁵⁵ʔo³³
　听　着　踢成　　猪尿泡

2 代怕那好去理奴。[8]
　tɛ⁴⁴kjɛ⁵⁵ na⁵⁵xo³¹ ɣɛ²¹ li³³ no³³
　恐怕　　你家人　去　理　上

3 竹竿奴单必苏等，[9]
　tsɣ⁴⁴kua⁴⁴ no³³ ta⁵⁵ pi²¹shu⁵⁵tuɯ²¹
　竹竿　　上　抬　毛毛虫

---

[1] 罵子[ma⁵⁵tsʅ³³]: 即那个男子，有鄙视之意。[no³¹tuɯ²¹]: 其中的[tuɯ²¹]动物的量词，用于人，带贬义。
[2] 樹偷[tsɯ³¹tho⁴⁴]: 有不可能、休想之意。
[3] 代怕那好去理奴[ɣɛ²¹ nɯ⁵⁵vɣ³¹ ne³¹ tuɯ³¹ ka⁴⁴ tɕho⁵⁵]: 意思是去你的还好。其中[nɯ⁵⁵vɣ³¹]，即你的.
[4] 顶[tuɯ³¹]: 副词，即很之意；嘎[ka⁴⁴]: 副词，有马虎地、随便地之意。
[5] 自[tsʅ⁵⁵]: 意思有则、则是、则成、那么、之后，等等。本文一般只译作"则"或"则是"。
[6] 歹盼哦[te⁴²phɛ⁵⁵ʔo³³]: 即猪尿泡。旧时民间孩子把猪膀胱吹上气，当作气球玩。这里把人踢成猪尿泡。比喻浮肿，好玩。
[7] 走[tso⁴²]: 这是情态助词，在动词之后，有成、如同、说是等意味。
[8] 去理奴[ɣɛ²¹ li³³ no³³]: 短语，即讲道理。其中的 去[ɣɛ²¹]，是训读字。
[9] 俗语。即在长竹竿头端放上一只毛毛虫，伸向别人吓唬。毛毛虫的毛会让人起疙瘩。竹竿[tsɣ⁴⁴kua⁴⁴]: 撵雀工具，其头部破开成两三半，摇动时"啪啪"作响。

	4	使嘎俺開叟。[1]	伸来吓跑我。
		ʃi³¹ ka⁴⁴ ŋa⁵⁵ khjɛ³³sho³³	
		试 把 咱 吓跑	
	5	你利好花俺呼名，	你是名花我名家，
		no³¹ li⁵⁵ xu³³xo⁵⁵ ŋa⁵⁵ xu³³miɛ⁵⁵	
		你 也 好花 咱 好名	
	6	何必阿人罵人奴！[2]	何必一个骂一个！
		xo⁴²pi³⁵ ʔa³¹ȵi²¹ ʔɯ⁴⁴ȵi²¹ no³³	
		何必 一个 骂 人 上	
	7	看看日落西山尖，[3]	看着太阳已落山，
		xha⁵⁵xha⁵⁵ ȵi⁴⁴yo⁴² se⁵⁵sʏ⁴²tɕi⁵⁵	
		看看 日落 西山尖	
	8	阿庙三耽搁。	莫要相耽搁。
		ʔa³¹mia⁴⁴ sha⁵⁵ ta⁵⁵ko³³	
		不要 相 耽搁	
女	1	聽走阿庙三耽搁，	听说莫要相耽搁，
		tɕhɛ⁵⁵ tso⁴² ʔa³¹mia⁴⁴ sha⁵⁵ ta⁵⁵ko³³	
		听 着 不要 相 耽搁	
	2	罵子奴等阿那奴。	那男子是什么人，
		ma⁵⁵tsʅ³³ no³¹tɯ²¹ ʔa⁵⁵na⁴⁴ no³³	
		那男子 这个 哪里 的	
	3	想要勾我加姻缘，	要想跟我结姻缘，
		ɕa³¹no³³ ko⁵⁵ ŋo³¹ tɕa⁴⁴ ji⁵⁵jỹ⁴²	
		想要 跟 我 结 姻缘	
	4	安孟奴樹偷。	白费你心机。
		ʔa³³ mɯ⁵⁵ no³³ tsɯ³¹tho⁴⁴	
		看 它 上 休想	
	5	安花奴楊子名花，	咱是这里有名花，
		ŋa⁵⁵ xo⁵⁵ no³¹nia⁴² tsʅ³³ miɛ⁵⁵ xo⁵⁵	
		咱花 这些 有 名 花	
	6	你只菁里没名雀。	你只是没名的小野雀。
		no³¹ thi³¹ ko⁴²xɯ³¹ mo³³miɛ⁵⁵ tso⁴⁴	
		你 只 菁里 没名 雀	
	7	你就春三月布谷，	你就是春三月的布谷鸟，

---

[1] 開叟[khjɛ³³ sho³³]：即吓跑。其中的[kjɛ³³]，动词，惊吓之意；[sho³³]，消失、逃跑之意。

[2] 阿人罵人奴[ʔa³¹ȵi²¹ ʔɯ⁴⁴ȵi²¹ no³³]：短语，意思是一个骂一个上。其格式固定，即：[ʔa³¹]+量词+动词+量词+[no³³]。

[3] 看看[xha⁵⁵xha⁵⁵]：训读字，意思是看看。

$$no^{31}\ tshu^{33}\ tsh\gamma^{55}\ sha^{55}ua^{44}\ ko^{44}pi^{55}$$
你 就是 春 三月 布谷

8 空鳴樹等奴。　　　　　　　　　　　　空叫树上头。
$$kh\gamma^{55}\ m\varepsilon^{21}\ tsu^{31}\ tu\mathrm{ɯ}^{21}\ no^{33}$$
空 鸣 树 头 上

男 1 子我聽聽自肯笑，　　　　　　　　　汉子我听听很可笑，
$$ts\gamma^{33}\ ŋo^{31}\ tɕhɛ^{55}tɕhɛ^{55}\ ts\gamma^{55}\ khɯ^{31}\ sho^{31}$$
男子我 听听 则 偷 笑

2 空鳴布谷初子我。　　　　　　　　　空叫的布谷就是我。
$$kh\gamma^{55}\ m\varepsilon^{21}\ ko^{44}pi^{55}\ tsu^{33}ts\gamma^{33}\ ŋo^{31}$$
空 鸣 布谷 就是 我

3 今天奴喊阿爹利，　　　　　　　　今天你就是喊来你的爹，
$$ke^{54}ɲi^{44}\ no^{31}\ ʔɯ^{55}\ ʔa^{31}ti^{33}\ li^{55}$$
今天 你 喊 阿爹 也

4 我能奴牙繞。　　　　　　　　　　　我也不饶你。
$$ŋo^{31}\ nɯ^{55}\ no^{33}\ ja^{35}\ zo^{31}$$
我 你 上 不 让

5 你依了利我鴨依，　　　　　　　　你就是依了我还不依，
$$no^{31}\ ji^{55}\ la^{42}\ li^{55}\ ŋo^{31}\ ɣa^{35}\ ji^{55}$$
你 依了 也 我 不 依

6 今天光棍遇。[1]　　　　　　　　　今天光棍钻进马缰头，
$$ke^{54}ɲi^{44}\ kua^{33}kue^{54}\ to^{55}\ ma^{31}tho^{42}$$
今天 光棍 遇 马头

7 初子撥奴鴨得利，[2]　　　　　　　就是附不了你的身，
$$tshu^{33}\ ts\gamma^{55}\ po^{21}\ no^{33}\ ɣa^{35}\ tɯ^{44}\ li^{55}$$
就 则是 鬼附 你 不 得 也

8 克能奴夫無。[3]　　　　　　　　　也要让你起鸡皮疙瘩。
$$khɯ^{33}\ nɯ^{55}\ no^{33}\ fɣ^{55}v\gamma^{31}$$
起 你 的 荨麻疹

女 1 女我米米自肯笑，　　　　　　　　我这里想想偷着笑，
$$n\gamma^{33}\ ŋo^{31}\ mi^{33}mi^{33}\ ts\gamma^{55}\ khɯ^{31}\ sho^{31}$$
女子我 想想 则 偷 笑

2 某想肯額奴夫無。　　　　　　　　他想让我起鸡皮疙瘩。

---

[1] 马头[ma³¹to⁴²]: 这里指马缰头[mɛ³³tɕy⁵⁵ku³¹]。比喻如同马头上了马缰头，已经无法解脱。

[2] 拨[po²¹]: 专指鬼附身。该句的意思是：即使野鬼附不了身上，也要叫小鬼给你得荨麻疹。

[3] 克能奴夫無[khɯ³³ nɯ⁵⁵ no³³ fɣ⁵⁵vɣ³¹]: 意思是给你得荨麻疹。民间认为是染着鬼而得的病，就得给野鬼送冷水饭，并用热饭去搓荨麻疹的疙瘩，才能治好。其中的[khɯ³³fɣ⁵⁵vɣ³¹]，是疾病名称，即得荨麻疹。

mo³¹ ɕa³¹ khɯ³³ ŋu⁵⁵ no³³ fɣ⁵⁵vɣ³¹
他　想起　　我　上　荨麻疹

3　女我利走嘎某看，　　　　　　　我这里不妨看看他，
　　ȵɣ³³ ŋo³¹ li⁵⁵tso⁴² ka⁴⁴ mo³¹ xha⁵⁵
　　女　我　或许　　把　他　看

4　看看子名某。　　　　　　　　看他也有好模样。
　　xha⁵⁵xha⁵⁵ tsʅ³³ mi⁴²mo⁴²
　　看看　　　有　面目

5　我用金尺許孟無，　　　　　　我把金身许给他，
　　ŋo³¹ no⁴² tɕi⁵⁵tshʅ⁵⁵ ɕy³¹ mɯ⁵⁵ ṽ⁵⁵
　　我　用　金身　　许　他　处

6　克居自肉手子某？　　　　　　这话怎能说出口？
　　khɯ⁵⁵tɕy³³ tsʅ⁵⁵kɛ²¹ sua⁴⁴ tsʅ³¹ mo³¹
　　开口　　　怎么　　说　　给　他

7　居利鴨开斗鴨说，　　　　　　我不出声气不说话，
　　tɕye³³ li⁵⁵ ɣa³⁵khɯ⁵⁵ to²¹ ɣa³⁵ sua⁴⁴
　　嘴　　也　不开　　话　不　说

8　漢某自肉斗！　　　　　　　　看他怎么样！
　　xha⁵⁵ mo³¹ tsʅ⁵⁵kɛ²¹ to²¹
　　看　他　怎么　　搞

男　1　小女梯，　　　　　　　　　小妹子，
　　　she³¹ȵɣ³³thi³³
　　　小妹子

　　2　心阿空奴再嘎叙。[1]　　　　心里难耐再说说。
　　　ɕhi⁵⁵ ʔa³¹khɣ⁵⁵ no³³ tse⁴⁴ ka⁴⁴ɕy⁴⁴
　　　心　　不亏　　　的　再　叙一叙

　　3　阿大體子奴利我，　　　　　这里只有你和我，
　　　ʔa⁵⁴ta⁴⁴ thi³¹tsʅ³³ no³¹ li⁵⁵ ŋo³¹
　　　这里　　只有　　　你　和　我

　　4　何必哈你西。　　　　　　　不必害羞不说话。
　　　xo⁴²pi³⁵ xha⁵⁵ni³¹ɕi³³
　　　何必　　羞耻

　　5　花柳几子酿端乃，　　　　　花柳之事不只你和我，
　　　xo⁵⁵ɣɯ³³ tɕi⁴² tsʅ³³ ȵa⁵⁵ tua⁴⁴ nɛ⁵⁵
　　　花柳　　兴　是　咱们　上　吗

　　6　奴樣古人轟几西。　　　　　这是祖传下来的规矩。

---

[1] 嘎[ka⁴⁴ɕye⁴⁴]：意为叙一叙。其中的[ka⁴⁴]，是兼类词。这里是词头，有短暂而重复的"试一试"之意。另作介词，有"把"、"跟"等意。

		no³¹na⁴² ku³¹ȵi²¹xo³³ tɕi⁴² ɕi⁴⁴	
		这些　　老人们　　兴　出	
	7	蜜蜂想庸来采花，	蜜蜂想要来采花，
		tsɿ⁵⁵fɤ⁵⁵ ɕa³¹ no³³ ɣɯ³⁵ tshe³¹xo⁵⁵	
		蜜蜂　想　要　来　采花	
	8	蜂采花上蜜。	只想花上的蜜。
		fɤ⁵⁵ tshe³¹ xo⁵⁵ no³³ mi³³	
		蜂　采　花　上　蜜	
女	1	我許哥無事物尼，	我许给哥十五日，
		ŋo³¹ ɕye³¹ ko³³ ṽ⁵⁵ tsɿ⁴²ṽ³³ ȵi⁴⁴	
		我　许　哥　上　十五　日	
	2	人清水井孟等贝。	夜深人静那时间。
		ȵi²¹tɕhɛ⁵⁵ ɕy²¹tɕɛ³³ mɯ⁵⁵tɯ²¹ pe⁴⁴	
		人静水清　　才　走	
	3	人清水井孟等来，	夜深人静那时来，
		ȵi²¹tɕhɛ⁵⁵ ɕye³³tɕɛ²¹ mɯ⁵⁵tɯ²¹ ɣɯ³⁵	
		人静水清　　才　来	
	4	使嘎恩哥会。[1]	试把阿哥会。
		shɛ³¹ ka⁴⁴ ŋɯ⁵⁵ko³³ xue⁴⁴	
		试　把　我哥　会	
男	1	喜里歡拉我亞库，	欢欢喜喜回到家，
		ɕi³¹li³¹ xua⁵⁵la⁵⁵ ŋo³¹ ja⁴⁴khɤ³¹	
		喜哩欢哩　我　回家	
	2	爹媽問我去那雖？[2]	爹妈问我去哪里？
		ti³³mo³³ piɛ⁴⁴ ŋo³¹ ɣɛ³⁵na⁴⁴ sue³³	
		爹妈　问　我　去哪　不知	
	3	我奏今天上学堂，	我就推说去学堂，
		ŋo³¹ tso⁴² ke⁵⁴ȵi⁴⁴ tso³³ ɕu⁵⁵ta⁵⁵	
		我　着　今天　上　学堂	
	4	云邹每为西。	因为文章未写完。
		ṽ²¹tso⁵⁵ me³³ vɛ⁴² ɕi⁴⁴	
		文章　迟　写　出	
	5	拉色达肯埋燈盏，	马上就点小油灯，
		lɛ⁴⁴shɯ³³ ta²¹khɯ⁵⁵ mɛ²¹ tɯ⁵⁵tse³¹	
		赶快　点起　明　灯	

---

[1] 嘎[ka⁴⁴]：介词，有把、跟等意

[2] 雖[sue³³]：动词的否定式的词，意为不知。白语一般动词有语音交替变化的否定式，这是[se³³]（知道）的韵母中加入[u]变成"不知"之词。

6　　三更燈火五更鷄。　　　　　　　　　　　　三更灯火五更鸡.
　　　sa³³kɯ³³ tɯ³³xo³¹ u³¹kɯ³³ tɕi³³
　　　三更　　灯火　　　五更　　鸡

7　　庸够爹媽自該説，　　　　　　　　　　　　想跟爹妈怎么说，
　　　ȵo³³ ko⁵⁵ ti³³mo³³ tsʅ⁵⁵kɛ²¹ sua⁴⁴
　　　要　和　爹妈　　　怎么　　说

8　　應慶再嘎米。　　　　　　　　　　　　　　静心想阿妹。
　　　jĩ⁵⁵tɕhu⁵⁵ tse⁴⁴ ka⁴⁴mi³³
　　　静心　　　再　　想想

9　　票自三哟事物尼，　　　　　　　　　　　　要到相会十五日，
　　　phia⁴⁴ tsʅ⁵⁵ sha⁵⁵jo⁵⁵ tʃi⁴²ṽ³³ ȵi⁴⁴
　　　到　　则　　相约　　　十五　　日

10　 蜜蜂去嘎花南會。　　　　　　　　　　　　蜜蜂要去逛花园。
　　　tʃi⁵⁵fɤ⁵⁵ ye²¹ ka⁴⁴ xo⁵⁵na²¹ xue⁴⁴
　　　蜜蜂　　去　　把　花园　　　会

11　 够哥血性则鴛鴦，　　　　　　　　　　　　和哥血性成鸳鸯，
　　　ko⁵⁵ ko³³ ɕye³⁵ɕɯ⁵⁵ tʃi²¹ jye³³ja³³
　　　和　　哥　血性　　　成　　鸳鸯

12　 公人一对飛。　　　　　　　　　　　　　　哥妹一对飞。
　　　ko³³ȵi²¹ ji³⁵tue⁵⁵ fe³³
　　　两个　　　一对　　飞

13　 文利文心十五票，　　　　　　　　　　　　不知不觉到十五，
　　　vɯ⁵⁵li⁵⁵ vɯ⁵⁵ɕɯ⁵⁵ tʃi⁴²ṽ³³ phia⁴⁴
　　　不知不觉　　　十五　　到

14　 咪汪照白友利票。　　　　　　　　　　　　月亮出来我也到。
　　　mi⁵⁵ua⁴⁴ tso³³ pɛ⁴² jo⁵⁵ li⁵⁵ phia⁴⁴
　　　月亮　　　照　　白　友　也　到

15　 咪汪照白友利来，　　　　　　　　　　　　月亮出来我来到，
　　　mi⁵⁵ua⁴⁴ tso³³ pɛ⁴² jo⁵⁵ li⁵⁵ ɣɯ³⁵
　　　月亮　　　照　　白　友　也　来

16　 子肯能門外。[1]　　　　　　　　　　　　 等在妹门外。
　　　tsʅ³³ke²¹ nɯ⁵⁵ me²¹ua⁴⁴
　　　在着　　　你　　门外

17　 镇字阿圈板手很，[2]　　　　　　　　　　 手里拿着镇子圈，
　　　tsɯ⁴⁴tsʅ³¹ ʔa³¹tɕhye⁵⁵ pɛ³³ shu³³ ɣɯ³¹
　　　镇子　　　　一圈　　　　拿　手　里

---

[1] 子肯[tsʅ³³ke²¹]：意为在着。其中[tsʅ³³]，意为在；[ke²¹]，情态助词，意为行动正在进行着。
[2] 镇字圈[tsɯ⁴⁴tsʅ³¹tɕhye⁵⁵]：旧时，写毛笔字时压纸的铜制用具，长方形铜圈，长约20cm，宽约13cm，边宽约1cm。

	18	三弦阿架自横挂。	三弦横挂在身上。
		sa⁵⁵ɕɯ⁵⁵ ʔa³¹tɕa⁴⁴ tsɿ⁵⁵ kuɛ²¹ kua⁴⁴	
		三弦　　一架　　则　横　挂	
	19	叫走女弟开门来，	嘴喊阿妹开门来，
		ʔɯ⁵⁵ tso⁴² n̠ʝ³³thi³³ khɯ⁵⁵ me²¹ yɯ³⁵	
		喊　着　妹子　开　门　来	
	20	蜜蜂采花票。	蜜蜂来采花。
		tsɿ⁵⁵fɤ⁵⁵ tshe³¹xo⁵⁵ phia⁴⁴	
		蜜蜂　　采花　　到	
女	1	听得阿哥票门外，	听见阿哥到门外，
		tɕhɛ⁵⁵ tɯ⁴⁴ ʔa³¹ko³³ phia⁴⁴ me²¹ua⁴⁴	
		听　得　阿哥　到　门外	
	2	抓肯薪挂去亥狗。	抓根柴头去撑狗。
		tsua⁴⁴khɯ³³ ɕi⁵⁵kua⁴⁴ ɣɛ²¹ xhɛ⁴⁴ khua³³	
		抓起　　　柴　去　撑　狗	
	3	左手面奴看格门，	伸着左手开大门，
		pi⁵⁵shɯ³³ mi⁴² no³³ khe⁵⁵ kɛ⁴²me²¹	
		左手　面份上　开　大门	
	4	右手去亥狗。	右手去拴狗。
		tsɿ⁴²shɯ³³ ɣɛ²¹ fɤ⁴² khua³³	
		右手　去　拴　狗	
	5	大狗等子豹当则，[1]	大狗豹子已经抬了去，
		to⁴²khua³³tɯ²¹ tsɿ³³ pa⁴² ta⁵⁵tʃi²¹	
		打狗　　　是　豹子　抬去	
	6	家里萨自小狗抓。[2]	家里只有小狗狗。
		xa³¹tɤ⁵⁵ sa³⁵tɯ⁴⁴ she³¹khua³³tsua⁴⁴	
		家里　只剩　　小狗狗	
	7	尺氯不出来庸偶，	不出声气很乖巧，
		tʃhi⁵⁵tɕhi⁴⁴ ya³⁵tshɤ⁴⁴ lɛ³¹ no⁴⁴yo²¹	
		声气　　　不出　还　乖巧	
	8	叭利某叭吗。[3]	悄悄在一旁。
		pia⁴² li⁵⁵ mo³¹ pia⁴⁴ ma³³	
		吠　也　它　吠　无	
	9	庸哥架进花清很，[4]	把哥接进花房里，

---

[1] 则[tʃi²¹]：助词，表示动词和形容词的离心方向。向心方向的助词是[tsɯ³⁵]。
[2] 抓[tsua⁴⁴]：小生物的量词，含有贬义。
[3] 吗[ma³³]：即无或没有。这个音是剑川沙溪一带的方音，由此推测，这个曲子原创可能是沙溪人，或别人为了押韵而用沙溪音。
[4] 花清[xo⁵⁵tɕhɛ⁵⁵]：直译为花房，[kɛ⁵⁵]原是结婚的喜房的词根，婚后沿称喜房，引申为夫妻卧室。

ȵo⁴² ko³³ tɕa⁴⁴ ȵi⁴⁴ xo⁵⁵tɕhɛ⁵⁵ ɣɯ³¹
要 哥 接 进 花房 里

10 灯火該自明亮亮。　　　　　　　　　灯光点着亮堂堂。
tu⁵⁵xue³³ ke²¹ tsʅ⁵⁵ mɛ²¹nia⁴⁴nia⁴⁴
灯火　　点　则是　明亮亮

11 我説子情恩哥無，　　　　　　　　　我说有情阿哥哥，
ŋo³¹ sua⁴⁴ tsʅ³³tɕɛ²¹ ŋɯ⁵⁵ ko³³ ṽ⁵⁵
我　说　有情　　我　哥　上

12 尺氣阿庙出。[1]　　　　　　　　　　不要出声气。
tshʅ⁵⁵tɕhi⁴⁴ ʔa³¹mia⁴⁴ tɕhv⁴⁴
声气　　　　不要　　出

13 生虎架進虎房很，　　　　　　　　　我把活虎接进房，
xhɛ⁵⁵lo²¹ tɕa⁴⁴ ȵi⁴⁴ lo²¹xo³¹ ɣɯ³¹
活虎　　接　进　虎房　里

14 血性能心得放下。[2]　　　　　　　　血性你可宽放心。
ɕye³⁵ɕɯ⁵⁵ nɯ⁵⁵ɕi⁵⁵tu²¹ fa⁴⁴ɕa⁴⁴
血性　　你心头　　放下

15 該怒隔得別片乃，　　　　　　　　　这里只隔一道墙，
kɛ⁵⁵no⁵⁵ kɛ⁴⁴tɯ⁴⁴ piɛ⁴⁴phiɛ⁵⁵ ne³¹
中间　　隔着　　板壁　　只是

16 孔母子孟大。[3]　　　　　　　　　　旁屋有阿妈。
kho³¹mo³³ tsʅ³³ mɯ³³ta⁴⁴
生母　　在　那里

17 八仙桌子自進肯，　　　　　　　　　八仙桌子摆里面，
pa³⁵ɕi³³tsu³⁵ tsʅ³³ tsʅ⁵⁵ ȵi⁴⁴ khɯ³¹
八仙桌　是　支　进　里面

18 圍椅阿对支則外。[4]　　　　　　　　一对围椅摆外边。
ʔue⁵⁵ji³¹ ʔa³¹tue⁴² tsʅ⁵⁵tʃi²¹ ua⁴⁴
围椅　　一对　　支朝　外

19 四个碟子八大碗，　　　　　　　　　四个碟子八大碗，
sʅ⁵⁴ ku⁵⁵ ti³⁵tsʅ³¹ pa³⁵ta⁵⁴ue³¹
四个　碟子　　八大碗

20 菜蔬十二巴。　　　　　　　　　　　蔬菜共有十二样。
tshɯ³¹sɤ⁵⁵ tsʅ⁴² ne⁴⁴ pa⁴⁴
菜蔬　　十二　大碗

21 登很金盅子奴對，　　　　　　　　　这里有对金杯子，

---

[1] 出[tshv⁴⁴]：即出，训读字。其韵母和声调是[v⁴⁴]，在白曲中可以跟中平调阿韵通押。
[2] 血性[ɕye³⁵ɕɯ⁵⁵]：汉语借词，即气质刚强、忠贞。传统情歌中常用这个词，也代称男子或女子的恋人。
[3] 孔母[kho³¹mo³³]：意思是亲生、血亲之母。这个词，口语中不用，只在诗歌和悼词中用。
[4] 圍椅[ue⁵⁵ji³¹]：汉语借词，指围着扶手、靠背的一种椅子，民间富人家一般有这种椅子。

		tuɯ⁵⁵ɣɯ³¹ tɕi⁵⁵tsɣ⁵⁵ tsŋ³³ no³¹ tue⁴²	
		这里　　金杯　　是　这　对	
	22	象牙筷子子兩雙。	象牙筷子有两双。
		ɕa⁵⁴ja⁴² khuɛ⁵⁴tsŋ³¹ tsŋ³³ nia³¹sua³³	
		象牙　　筷子　　　有　　两双	
	23	阿哥吃特逗吃該，	阿哥能吃多吃点，
		ʔa³¹ko³³ jɯ⁵⁵ thɯ⁵⁵ to⁵⁵ jɯ⁴⁴ ke⁴²	
		阿哥　　吃　下　多　吃　小碗	
	24	嗯大逗嗯夫。	能喝多喝一小盅。
		ʔɯ³³ ta⁴² to⁵⁵ ʔɯ³³fhɣ⁴⁴	
		喝　得　多　喝一口	
	25	即些夜里利夢奴，	昨天夜里梦见你，
		tɕi²¹ɕɛ⁴⁴ jo³¹ ɣɯ³¹ li⁵⁵ mɯ³¹ no³¹,	
		昨天　　夜　里　也　梦　你	
	26	今天够奴三斗大。	今晚相会在这里。
		ke⁵⁴n̪i⁴⁴ ko⁵⁵ no³¹ sha⁵⁵to⁵⁵ ta⁴⁴	
		今天　　和　你　相遇　　这里	
	27	子情恩哥坐則肯，	有情阿哥坐里面，
		tsŋ³³tɕɛ²¹ ŋɯ⁵⁵ko³³ kɣ⁴²tʃi³¹ khɯ³¹	
		有情　　我哥　　坐进　里边	
	28	女弟坐改外。	阿妹坐外边。
		n̪v³³thi³³ kɣ⁴²ke²¹ ua⁴⁴	
		阿妹　　坐在　　外	
男	1	漢子我吃利不吃了，	阿哥吃也吃不下，
		tsŋ³³ŋo³¹ jɯ⁴⁴ li⁵⁵ ɣa³⁵ jɯ⁴⁴ la⁴²	
		男子我　吃　也　不　吃　了	
	2	茶利嗯了酒利巴。[1]	茶也喝了酒也醉。
		tso²¹ li⁵⁵ ʔɯ³³ la⁴² tsɣ³³ li⁵⁵ pa⁴⁴	
		茶　也　喝　了　酒　也　倒	
	3	蜜蜂处得花榜秀，	蜜蜂闻到花香味，
		tsŋ⁵⁵fhɣ⁵⁵ tshu³³ tɯ⁴⁴ xo⁵⁵pa²¹ ɕo⁵⁵	
		蜜蜂　　　闻　得　花味　　香	
	4	嘎自子鄧巴。	心急要把桌子也蹬倒。
		ka⁴⁴ tsŋ⁵⁵tsŋ³³ tɯ⁵⁵ pa⁴⁴	
		把　桌子　　蹬　倒	
	5	映慶嘎恩子情安，	细看有情我阿妹，

---

[1] 巴[pa⁴⁴]：即倒，在这个语境中指醉倒。

jĩ⁵⁵tɕhɯ⁵⁵ ka⁴⁴ ŋu⁵⁵ tsŋ³³tɕɛ²¹ ʔa³³
细心　　 把　我　有情　看

6　風吹十里桂花香。　　　　　　　　　　就像一屋桂花香。
　　fo³³ tshue³³ sŋ⁴² li³¹ kue⁵⁴xua³³ ɕa³³
　　风　 吹　　十　里　桂花　　 香

7　蜜蜂处得話榜修，　　　　　　　　　　蜜蜂闻着花香味，
　　tsŋ⁵⁵fhɤ⁵⁵ tshu³³ tu⁴⁴ xo⁵⁵pa²¹ ɕo⁵⁵
　　蜜蜂　　　 闻　 得　花味　 香

8　干达腊干萨。　　　　　　　　　　　　心里就瘙痒。
　　ka⁵⁵ta⁴² la³⁵ ka⁵⁵sha⁴⁴
　　（等不及状）

9　意刀坐孟权利哟，　　　　　　　　　　刀子已在鞘里摇，
　　ji⁵⁵ta⁵⁵ kɤ⁴² mɯ⁵⁵ tsha³¹ ɤɯ³¹ ju²¹
　　刀子　　 在　它　　 鞘　 里　摇

10　改哀坐孟登很砸。[1]　　　　　　　　大碗小碗在碗箩里碰撞。
　　ke⁴²ŋɛ³³ kɤ⁴² mɯ⁵⁵ tɯ⁵⁵ ɤɯ³¹ tsa⁴⁴
　　小碗木碗 在　它　 箩　里　砸

11　生日樣子生日夏，　　　　　　　　　　饭是闲着没人吃，
　　xhɛ⁵⁵zŋ³¹ nia⁴² tsŋ³³ xhɛ⁵⁵zŋ³¹ ɕa⁵⁵
　　饭　　　 样　　是　饭　　　 闲

12　夫子夫饥渴。　　　　　　　　　　　　肚子是饿着。
　　fɤ⁴⁴ tsŋ³³ fɤ⁴⁴tɕi⁵⁵kha⁴⁴
　　肚　 是　 饥渴

女　1　女我初子初聽無，[2]　　　　　　　　阿妹会听话里话，
　　 nɤ³³ŋo³¹ tshu³³tsŋ³³ tshu³³ tɕhɛ⁵⁵ŋɤ⁴²
　　 女子我　 就是　　　　 就　 （听话）

　　2　西里萨拉初扣踏。　　　　　　　　　　这里赶忙铺垫盖。
　　　 ɕi⁴⁴li⁴⁴ sha⁴⁴la⁴⁴ tshu³³ kho⁵⁵tha⁴⁴
　　　　急急忙忙　　　　 就　 铺盖

　　3　第一扣酿空子奏，[3]　　　　　　　　先铺咱们的羊毛毡，
　　　 ti³¹ji⁴⁴ kho⁵⁵ na⁵⁵ kho⁵⁵tsŋ³¹tso⁵⁵
　　　 第一　　 铺　 咱们　羊毛毡

　　4　再庸垫卧单。　　　　　　　　　　　　还要垫卧单。
　　　 tse⁴⁴ ȵo³³ ti⁵⁵ u⁵⁴ta³³
　　　 还　 要　 垫　卧单

---

[1] 改哀[ke⁴²ŋɛ³³]：白语称小碗为[ke⁴²]，称大碗为[pa⁴⁴]。哀[ŋɛ³³]：即木碗，民间已不用，其名称也只残留在这个复合词中。

[2] 聽無[tɕhɛ⁵⁵ŋɤ⁴²]：意为听懂话语。传统民歌中常用词，意为会听话外之音，言外之意。

[3] 空子奏[kho⁵⁵tsŋ³¹tso⁵⁵]：即羊毛铺毡。这种铺毡过去一般富人家才有，上面还织有彩色花纹。

5　　新枕头子利奴乃，　　　　　　　　　新做的枕头这一个，
　　　ɕi⁵⁵ tsʅ³³tɯ³¹tsʅ³³ li⁵⁵ nɯ³¹ ne³¹
　　　新　枕头儿　也　这　个

6　　孟奴花样世一样。　　　　　　　　　它上绣着异样花。
　　　mɯ⁵⁵ no³³ xo⁵⁵ nia⁴² sʅ⁴⁴ ji⁴⁴ja⁴⁴
　　　它　上　花样　实　异样

7　　一头双狮滚绣球，　　　　　　　　　一头绣着狮子滚绣球，
　　　ji³⁵ to⁴² sua⁴⁴ʂʅ³³ kue³¹ ɕo⁵⁴tɕho⁴²
　　　一　头　双狮　滚　绣球

8　　有二龙过江。　　　　　　　　　　　还有二龙过大江。
　　　jo³¹ ʔɛ⁵⁴ no⁴² ku⁵⁴tɕa³³
　　　有　二　龙　过江

9　　中间绣得牡丹花，　　　　　　　　　中间绣着牡丹花，
　　　ɕhi⁵⁵ɣɯ³¹ tɕhɛ⁴⁴tɯ⁴⁴ po⁴²ta⁵⁵xo⁵⁵
　　　中间　绣着　牡丹花

10　 再子自老鼠偷瓜。　　　　　　　　　还有那老鼠偷瓜。
　　　tse⁴⁴tsʅ³³ tsʅ⁵⁵ lo³¹tʂhʅ³¹ to³³kua³³
　　　再有　则　老鼠　偷瓜

11　 阿哥紧自睡恩等，　　　　　　　　　阿哥你忙就先睡，
　　　ʔa³¹ko³³ tɕɯ³¹ tsʅ⁵⁵ tʃhi³³ ŋɯ⁵⁵ tɯ²¹
　　　阿哥　忙　则　睡　我　前

12　 女弟某才脱衣裳。　　　　　　　　　妹子这就脱衣裳。
　　　ȵʮ³³thi³³ mo³¹ tshe⁴² thu³⁵ ji³³sa³³
　　　妹子　她　才　脱　衣裳

13　 有缘千里来相会，　　　　　　　　　有缘千里来相会，
　　　jo³¹jỹ⁴² tɕhi³³li³¹ lɛ⁴² ɕa³³xue⁵⁴
　　　有缘　千里　来　相会

14　 共奴三逗大。　　　　　　　　　　　哥妹相会在这里。
　　　ko⁵⁵ no³¹ sha⁵⁵to⁵⁵ ta⁴⁴
　　　跟　你　相遇　这里

15　 男子脱衣自容易，　　　　　　　　　男子脱衣很容易，
　　　tsʅ³³ȵi³¹ thua⁴⁴ji⁵⁵ tsʅ⁵⁵ jõ⁴²ji⁵⁴
　　　男子　脱衣　则　容易

16　 女弟团衣最难当。　　　　　　　　　妹子脱衣最难当。
　　　ȵʮ³³thi³³ thua⁴⁴ji⁵⁵ zue⁵⁴ na⁴²ta³³
　　　妹子　脱衣　最　难当

17　 阿哥睡恩手曲很，　　　　　　　　　阿哥睡在妹的手弯里，
　　　ʔa³¹ko³³ tʃhi³³ ŋɯ⁵⁵ shɯ³³khɤ⁴⁴ɣɯ³¹,
　　　阿哥　睡　我　手弯　里

18　 锦上又添花。　　　　　　　　　　　锦上又添花。

tɕɯ³¹ sa⁵⁴ jo⁵⁴ thi³³ xua³³
锦　　上　　又　　添　　花

下　集

男　1　拜上因恩阿姐，[1]　　　　　　　　　　拜上村里我阿姐，
　　　　pe⁴⁴sa⁴⁴ jɯ⁴⁴ɣɯ³¹ ŋɯ⁵⁵ ʔa³¹tɕi³³
　　　　拜上　　村里　　我　　阿姐

　　2　靠逗能奴事武起。[2]　　　　　　　　靠你做件小事情。
　　　　kho⁴⁴to⁵⁵ nɯ⁵⁵ no³³ ʃi³¹vɣ³³tɕhi³³
　　　　依靠　　你　上　一件　事情

　　3　拷頭能奴事武笔，　　　　　　　　　靠你做事情一件，
　　　　kho⁴⁴to⁵⁵ nɯ⁵⁵ no³³ ʃi³¹vɣ³³pi⁵⁵
　　　　依靠　　你　上　事情　一件

　　4　千記奴嘎爲。[3]　　　　　　　　　　请你莫推辞。
　　　　tɕhi⁵⁵tɕi⁵⁵ no³¹ ka⁴⁴ue⁴⁴
　　　　千寄　　　你　把做

　　5　阿依阿依打嘎依，　　　　　　　　　你依不依也要做，
　　　　ʔa³¹ji⁵⁵ ʔa³¹ji⁵⁵ tɛ⁴⁴ ka⁴⁴ji⁵⁵
　　　　不依　　不依　定　依一依

　　6　依拉依拉打嘎爲。　　　　　　　　　要做要做莫推辞。
　　　　ji⁵⁵la⁴² ji⁵⁵la⁴² tɛ⁴⁴ ka⁴⁴ ue⁴⁴
　　　　依了　　依了　定　做一做

　　7　阿大禮是嫩嘎几，　　　　　　　　　这里有几件礼物，
　　　　ʔa⁵⁴ta⁴⁴ li³³ tsɿ³³ nɯ⁵⁵ ka³⁵tɕi³¹
　　　　这里　礼　是　　这　几件

　　8　替我安某最。　　　　　　　　　　　替我看看她。
　　　　thi⁵⁵ ŋo³¹ ʔa³³ mo³¹ tsue⁴⁴
　　　　替　我　看　她　一转

　　9　阿包砂糖利冰糖，　　　　　　　　　一包是砂糖和冰糖，
　　　　ʔa³¹po⁵⁵ so⁵⁵to²¹ li⁵⁵ pi⁵⁵tha⁵⁵
　　　　一包　　砂糖　　和　冰糖

　　10　孟夹奴包子阿爲。　　　　　　　　一包是荔枝。
　　　　 mu⁵⁵tɕa⁴² no³¹ po⁵⁵ tsɿ³³ ʔa⁵⁵ue⁴⁴
　　　　 其它　　　这　包　是　荔枝

　　11　用某中進衣腹很，[4]　　　　　　　把它藏在你的内衣里，

---

[1] 拜上[pe⁴⁴sa⁴⁴]：汉语借词，敬请之意。
[2] 起[tɕhi³³]和下句的笔[pi⁵⁵]：是事情、事件的量词，置于名词之后，定指一个单位。
[3] 千記[tɕhi⁵⁵tɕi⁵⁵]：即千寄托万寄托之意。嘎[ka⁴⁴]：在这里是介词，嘎为[ka⁴⁴ue⁴⁴]，意为做一做。
[4] 衣腹很[ji⁵⁵fɣ⁴⁴ɣɯ³¹]：这里指妇女服内襟上的口袋，

　　　　　ȵo⁴² mo³¹ tso⁵⁵ȵi⁴⁴ ji⁵⁵fɣ⁴⁴ɣɯ³¹
　　　　　用　它　放进　　内衣袋里
12　　妙叟下人塞。　　　　　　　　　　　别让人知道。
　　　　　mia³³ sho³³ ɕa⁵⁵ȵi³¹ se³³
　　　　　别　让　别人　知道
13　　阿七某日炖因鷄，[1]　　　　　　　头七那天炖鸡吃，
　　　　　ʔa³¹tɕhi⁵⁵ mo³¹ ȵi⁴⁴ tue⁴⁴ jɯ⁴⁴ ke⁵⁵
　　　　　一七　那　日　炖　吃　鸡
14　　千记庸嘎更水忌。　　　　　　　　千万要忌喝冷水。
　　　　　tɕhi⁵⁵tɕi⁵⁵ ȵo³³ ka⁴⁴ kɯ⁵⁵ɕy³³ tɕi⁴⁴
　　　　　千记　要　把　冷水　忌
15　　西偶説色奴聲奴，　　　　　　　　话语就是这几句，
　　　　　ɕi⁵⁵ɣo⁴² sua⁴⁴ shɯ⁴⁴ no³¹ tʃhi⁵⁵ no³³
　　　　　话语　说　掉　这　声　上
16　　迷喜自化西。　　　　　　　　　　说着泪水涌。
　　　　　mi⁴²ɕi⁴² tsʅ⁵⁵ xua⁴⁴ ɕi⁴⁴
　　　　　眼泪　则　沸　出

姐　1　　女我色十初庸貝，　　　　　　　收拾收拾我就走，
　　　　　ȵy³³ ŋo³¹ sɯ⁵⁵sʅ⁴⁴ tshu³³ ȵo³³ pe⁴⁴
　　　　　女子我　收拾　就　要　走
　　2　　小步起腊大步貝。　　　　　　　小步走来大步走。
　　　　　she³¹pu³¹ tɕhi³³ la³⁵ to⁴²pu³¹ pe⁴⁴
　　　　　小步　起步　又　大步　走
　　3　　貝票女弟孟門无，　　　　　　　走到阿妹家门口，
　　　　　pe⁴⁴phia⁴⁴ ȵy³³thi³³ mɯ⁵⁵ me²¹ ɣ̃⁵⁵
　　　　　走到　阿妹　她　门　处
　　4　　庸自該貝進？　　　　　　　　　要怎么进去？
　　　　　ȵo³³ tsʅ⁵⁵kɛ²¹ pe⁴⁴ȵi⁴⁴
　　　　　要　怎么　走进
　　5　　女我與則等嘎聽，　　　　　　　走向前面听听看，
　　　　　ȵy³³ ŋo³¹ jy³¹ tsʅ²¹ tɯ²¹ ka⁴⁴tɕhɛ⁵⁵
　　　　　女我　转　朝　前　听听
　　6　　落打二步来嘎米。　　　　　　　又退回去想一想。
　　　　　lo³¹ ta⁴² ko³³pu³¹ lɛ³¹ ka⁴⁴mi³³
　　　　　退回　两步　又　想想
　　7　　叫走大媽害狗来，　　　　　　　叫声大妈撵撵狗，

---

[1] 阿七[ʔa³¹tɕhi⁴⁴]：即第一个七天。民间迷信，常用七代表妇女。

			ʔɯ⁵⁵ tso⁴² ta⁵⁵mo³³ xɛ⁴⁴ khua³³ yɯ³⁵	
			喊　着　大妈　撵　狗　来	
		8	我看嗯女弟。	我来看我的阿妹。
			ŋo³¹ ʔa³³ ŋɯ⁵⁵ nʏ³³thi³³	
			我　看　我　阿妹	
	母	1	大媽架挂去害狗,	大妈抓起棍子去撵狗,
			ta⁵⁵mo³³ tɕa⁴⁴kua⁴² ɣɛ²¹ xhɛ⁴⁴ khua³³	
			大妈　抓棍　去　撵　狗	
		2	難爲侄女票阿大。	难为侄女到家来。
			na⁵⁵ue⁵⁵ tɕi⁴²nʏ³³ pia⁴⁴ ʔa⁵⁵ta⁴⁴	
			难为　侄女　到　这里	
		3	嗯女那利三勾唱,	我的姑娘跟你们相好一场,
			ŋɯ⁵⁵nʏ³³ na⁵⁵ li⁵⁵ sha⁵⁵ko²¹ tsha⁵⁵	
			我女　你们　也　相好　一场	
		4	奴来嘎某阿。	来家把她看。
			no³¹ ɣɯ³⁵ ka⁴⁴ mo³¹ ʔa³³	
			你　来　把　她　看	
		5	昨天迁進下間很,	昨夜迁到厢房里,
			tɕi²¹ɕɛ⁴⁴ tɕhi³³ɲi⁴⁴ ɣɛ³³ kɛ⁵⁵ yɯ³¹	
			昨夜　迁进　下　间　里	
		6	嫩那去勾某叙話。	你去那里跟她说说话。
			nɯ⁵⁵na⁴² ɣɛ²¹ ko⁵⁵ mo³¹ ɕy⁴⁴xua⁴⁴	
			那里　去　跟　她　叙话	
		7	今天孟飱某鴨吃,[1]	早上的饭她不吃,
			ke⁵⁴ɲi⁴⁴ mɯ⁵⁵ tsha⁵⁵ mo³¹ ʔa³¹ jɯ⁴⁴	
			今天　她　早饭　她　不　吃	
		8	陪某吃某哈。[2]	你就陪她吃一口。
			phe⁵⁵ mo³¹ jɯ⁴⁴ mo³¹ xa⁴⁴	
			陪　她　吃　它　一口	
	姐	1	小步起腊大步貝,	小步走来大步走,
			she³¹pu³¹ tɕhi³³ la³⁵ to⁴²pu³¹ pe⁴⁴	
			小步　起步　又　大步　走	
		2	阿步貝票欠門居。	一步走到妹门口。
			ʔa³¹pu³¹ pe⁴⁴ phia⁴⁴ tɕhɛ⁵⁵me²¹tɕy³³	
			一步　走　到　喜房门口	

---

[1] 不[ʔa³¹]: 副词, 是该为而不为的"不"。这句的意思是: 该吃而她不吃。另外还有一般的否定副词[ɣa³⁵]或[ja³⁵]、[mo³³]等。

[2] 一口[xa⁴⁴]: 动量词, 即用筷子扒着吃一口的量词。

	3	阿步貝票女弟無，	一步走到妹身边，
		ʔa³¹pu³¹ pe⁴⁴phia⁴⁴ ȵɣ³³thi³³ ỹ⁵⁵	
		一步　走到　　阿妹　处	
	4	醒醒走睡雖？	是醒还是睡着？
		ɕɛ⁵⁵ɕɛ⁵⁵ tso⁴² tʃhi³³sue³³	
		醒醒　或是　睡着	
	5	工梯鴨见两三夜，[1]	不见阿妹两三天，
		ko³³thi³³ ɣa³⁵ ke⁴² ko³³sha⁵⁵ ɕɛ⁴⁴	
		姐妹俩　不见　两三　夜	
	6	居为趁成干拉葉。[2]	妹的脸如同枯叶子。
		tɕy³³ue³³tshɯ⁴⁴ tsʅ²¹ ka⁵⁵la⁵⁵ se⁴⁴	
		脸　　成　干拉叶	
	7	做女子人孟難處，	做个女子有难处，
		tsu⁵⁵ ȵɣ³³tsʅ³³ȵi²¹ mɯ⁵⁵ na²¹tshɣ³¹	
		做　女子　　它　难处	
	8	天知腊地知。	只有天地才知道。
		xhe⁵⁵ se³³ la³⁵ tɕi³¹ se³³	
		天　知　又　地　知	
女	1	然來該來惊醒醒，	迷迷糊糊惊醒了，
		ze²¹le²¹ ke³³le³³ kjɛ⁵⁵ ɕɛ⁵⁵ɕɛ⁵⁵	
		昏昏迷迷　惊　醒	
	2	居無叫走阿姐聲，	叫声阿姐呀阿姐姐，
		tɕye³³ ỹ⁵⁵ ʔɯ⁵⁵ tso⁴² ʔa³¹tɕi³³ tɕhɛ⁵⁵	
		嘴　处　喊着　阿姐　一声	
	3	走牵阿姐赖劳啦，[3]	这回阿妹遭透了，
		tso⁴²tɕhi⁵⁵ ʔa³¹tɕi³³ lɛ⁵⁵lo⁴²la⁴²	
		走牵　　阿姐　（糟糕了）	
	4	體大害哭聲。[4]	只得有苦自己哭。
		ɕu³³tsa³⁵ xhɛ⁵⁵kho⁴⁴ tɕhɛ⁵⁵	
		只得　　大哭　一声	
	5	打該江贈水满萨，	恐怕这回水涨漫无边，
		tɛ⁴⁴kjɛ⁵⁵ kɣ⁵⁵tsɯ⁵⁵ ɕy ma³³ sa⁴²	
		恐怕　江水涨　水　满　散	

---

[1] 夜[ɕɛ⁴⁴]：民歌中常用这个词当日子的"天"。
[2] 干拉葉[ka⁵⁵la⁵⁵se⁴⁴]：即野草土大黄的叶子。
[3] 走牵[tso⁴²tɕhi⁵⁵]：对亲密、难以忘怀对象的感叹词。糟糕了[lɛ⁵⁵lo⁴²la⁴²]：感叹词，没有具体意思，表示事情坏到极点的感叹。
[4] 害哭 [xhɛ⁵⁵ko⁴⁴]：其中[xhɛ⁵⁵]是词头，在动词、形容词词素之前时，意思是极、很、狠、最之意；在名词词素之前时，有凶恶的、凶狠的之意。

6	女弟孟病莫藥師。 ȵy³³thi³³ muɯ⁵⁵pɛ²¹ no³³ mo³³ jo⁴⁴ 妹子　她病　　上　无　药	世上无药治妹病。
7	坐世上票阿大臘， kv̩⁴² se⁴²to³³ phia⁴⁴ ʔa⁵⁴ta⁴⁴ la⁴² 在　世上　　到　　这里　　了	在世就到这里了，
8	三挨緊后生。 sha⁵⁵ko²¹ tɕɯ³¹ ɣɯ³³xhɛ⁵⁵ 相爱　　挨　　后生	相爱等后世。
9	冷樣恩哥出苗説， lɯ³¹ja⁴² ŋe⁵⁵ko³³ ɣ̃⁵⁵ mia⁴⁴ sua⁴⁴ 这些　　我哥　　处　不要　讲	这些不要跟哥说，
10	山某迷學書端。 sho³³ mo³¹ ȵo³³ mi³³ ɣɯ⁴²sv̩⁵⁵ tua⁴⁴ 让　他　要　想　学习　　上	让他安心读好书。
11	勸某安心學他書， tɕhy⁴⁴ mo³¹ ȵo⁴²ɕi⁵⁵ ɣɯ⁴² mɯ⁵⁵ sv̩⁵⁵ 劝　他　用心　　学　他　书	劝他安心去读书，
12	阿苗牽我上。 ʔa³¹mia⁴⁴ tɕɛ⁵⁵ ŋɯ⁵⁵ tua⁴⁴ 不要　　牵　我　上	不要牵挂我。
13	病痛病狗來次奴， pɛ²¹sv̩³¹ pɛ³¹ko³¹ ɣɯ³⁵ tʂʅ⁵⁵ tsʅ⁵⁵ 病痛　　　　来　身　则	大病小病到身上，
14	阿麻人利病嘎砸。 ʔa⁵⁵ma⁴⁴ȵi²¹ li⁵⁵ sv̩³¹ ka³⁵ tsa⁴⁴ 哪个人　　也　疼　几　下	哪个也要疼几下。
15	病嘎日自母很乃， sv̩³¹ ka³⁵ɕɛ⁴⁴ tsʅ⁵⁵ mo¹³ xɯ̃³³ ne³¹ 病　几夜　　则　它　病愈　的	病几天后就会好，
16	恩哥苗想薩。 ŋɯ⁵⁵ tua⁴⁴ mia⁴⁴ mi³³ sha⁴⁴ 我　上　不要　想　不必	让他不消愁。
17	大姐奴體貝打勒， ta⁵⁴tɕi³³ no³¹ thi³¹ mia⁴⁴ pe⁴⁴ lɯ³¹ 大姐　你　且　不要　走　吧	大姐你姑且不要走，
18	走回我嘎你上説： pe⁴⁴ta⁴² ŋo³¹ ka⁴⁴ nɯ⁵⁵ ɣ̃⁵⁵ sua⁴⁴ 走回　我　把　你　处　说	回来跟你说件事：
19	做不完的蝴蝶鞋，	我未做完的蝴蝶鞋，

		tsu⁵⁵ ɣa³⁵ shɯ⁵⁵ no³³ xu⁴²ti³⁵xe⁴²	
		做 不 完 的 蝴蝶鞋	
	20	帮助嘎做呀？	可否帮妹做一做？
		ta⁴²ɣɯ⁴² ka⁴⁴ tsu⁵⁵ ʔja³³	
		帮助 把 做 可否	
	21	左手我嘎能手開，	左手拉着我阿姐，
		pi⁵⁵shɯ³³ ŋo³¹ ka⁴⁴ nɯ⁵⁵ shɯ³³ khe⁵⁵	
		左手 我 把 你 手 牵	
	22	右手抓改能奴抓。	右手抓着我阿姐。
		tɕɻ⁴² shɯ³³ tsua⁴⁴ke²¹ nɯ⁵⁵ no³³ tshua⁴⁴	
		右手 抓在 你 上 一把	
	23	公體三四時鴨過，	姐妹从来没有离开过，
		ko³³thi³³ sha⁵⁵sɿ⁴⁴ tsɿ²¹ ja³⁵ ko⁴²	
		两姐妹 相别 时 没有 过	
	24	奴時出奴樣！	这回怎么出现这样了！
		lɯ³¹tsɿ²¹ tshɤ⁴⁴ no³¹ ja⁴⁴	
		这时 出 这 样子	
姐	1	这時看看日利落，	看着太阳已落山，
		no³¹tsɿ²¹ xha⁵⁵xha⁵⁵ ȵi⁴⁴ li⁵⁵ ɣo⁴²	
		这时 看看 日 也 落	
	2	叫走大媽来紧我，	喊声大妈您过来，
		ʔɯ⁵⁵tso⁴² ta⁵⁵mo³³ ɣɯ³⁵ tɕi³¹ ŋo³¹	
		喊着 大妈 来 挨 我	
	3	替我做恩女弟伴，	替我做做阿妹的伴，
		thi⁵⁵ ŋo³¹ tsu⁵⁵ ŋɯ⁵⁵ ȵɤ³³thi³³ tɕa⁴²	
		替 我 做 我 妹子 伴	
	4	开俺扭回家。	我就要回家。
		khɛ⁵⁵ ŋa⁵⁵ ȵo³³ ja⁴⁴khɤ³¹	
		这就 咱 要 回家	
	5	俺好伙利莫人中，[1]	我家的人人情薄，
		ŋa⁵⁵ xa³¹tɤ³³ li⁵⁵ mo³³ȵi²¹tso⁵⁵	
		我们 家里 也 莫人情	
	6	鷄猪失掉罵已我。	猪鸡丢了要找我。
		ke⁵⁵te⁴² sho³³ shɯ⁵⁵ ma⁵⁵ ji²¹ ŋo³¹	
		鸡猪 打失 掉 他们 找 我	
	7	大馬今天失掉自，[2]	倘若今天有闪失，

---

[1] 莫人中[mo³³ȵi²¹tso⁴²]：意为莫人情。古白语，今很少用，意思是人情、话多等。
[2] 大馬[tha³¹ma³¹]：古白语，即假如、如果。

		tha³¹ma³¹ ke⁵⁴ȵi⁴⁴sho³³shuɯ⁵⁵tsʅ⁵⁵	
		假如　今天　打失　掉　则	
	8	俺好抱怨我。	家人要找事。
		ŋa⁵⁵xo³¹po⁴⁴jye⁴⁴ŋa³¹	
		我们家　抱怨　咱	
母	1	大妈叫走女佺子，	大妈我说我佺女，
		ta⁵⁵mo³³sua⁴⁴tso⁴²ȵɣ³³tɕi⁴²tsʅ³³	
		大妈　说　着　女佺子	
	2	再闲改自碑做肯。	再闲一下饭就好，
		tse⁴⁴ɕa⁵⁵kɛ²¹tsʅ⁵⁵pe³³tsu³³xɯ³³	
		再　闲　一会　则　晚饭　做　熟	
	3	恩女那利三勾昌，	女儿跟你们好一场，
		ŋɯ⁵⁵ȵɣ³³na⁵⁵li⁵⁵sha⁵⁵ko²¹tsha⁵⁵	
		我女　你们　也　相好　一场	
	4	陪某吃哈子。[1]	陪她吃一口。
		pe⁵⁵mo³¹jɯ⁴⁴xa⁴⁴tsʅ³³	
		陪　她　吃一口儿	
	5	是是者得女佺端，	挽留佺女留不住，
		sʅ⁴⁴sʅ⁴⁴tse⁴²tuɯ⁴⁴ȵɣ³³tɕi⁴²tua⁴²	
		实在　挽留　佺女　不得	
	6	送出门外阿退子。	送她出去走几步。
		sho³³ɕi⁴⁴ȵɣ³³tɕi⁴²ʔa³¹thue⁵⁵tsʅ³³	
		送出　女佺　一小段路儿	
	7	叫走女佺奴回家，	我说佺女回家后，
		ʔɯ⁵⁵tso⁴²ȵɣ³³tɕi⁴²no³¹ja⁴⁴tsʅ⁵⁵	
		喊着　女佺　你　回　则	
	8	去得莫焦后。	不必再焦心。
		ɣɛ²¹ta⁴²mo³³tɕo⁵⁵ɣɯ³³	
		去　回　不　焦　后	
姐	1	叫走大妈喧贝打，	喊声大妈您回吧，
		ʔɯ⁵⁵tso⁴²ta⁵⁵mo³³ȵi⁵⁵pe⁴⁴ta⁴²	
		喊　着　大妈　您　走　回	
	2	得单女弟坐你后。	阿妹独个在后边。
		tuɯ⁴²ta⁵⁵ȵɣ³³thi³³kɣ⁴²ȵi⁵⁵ɣɯ³³	
		单独　妹子　在　您　后	
	3	得单睡起得单人，	独个睡着独个人，

---

[1] 吃哈子[jɯ⁴⁴xa⁴⁴tsʅ³³]：意为吃一小口。其中的[tsʅ³³]，有小巧的意味，白语这样的词较多。

	tɯ⁴²ta⁵⁵ tʃhi³³khɯ³³ tɯ⁴²ta⁵⁵ ȵi²¹	
	单独　睡着　单独　人	
4	嘎眼泪色色。	想着心难过。
	ka⁴⁴ mi⁴⁴tɕi⁴² sɯ⁴⁴sɯ⁴⁴	
	把　眼泪　抹抹	
5	女我得單貝退子，	独自一人走段路，
	ȵɣ³³ ŋo³¹ tɯ⁴²ta⁵⁵ pe⁴⁴ thu⁵⁵tsʅ³³	
	女　我　单独　走　段儿	
6	我杂嘎恩眼泪色。	眼泪不断哗哗流。
	ŋo³¹ tsa³⁵ ka⁴⁴ ŋɯ⁵⁵ mi⁴²tɕi⁴² sɯ⁴⁴	
	我　只有　把　我　眼泪　抹	
7	想必恩梯看恩前，	想必阿弟还等着我，
	ɕa³¹pi³⁵ ŋɯ⁵⁵thi³³ ʔa³³ ŋɯ⁵⁵ tɯ²¹	
	想必　恩弟　看　我　前	
8	等肯回佳音。	等着回佳音。
	tɯ³³khɯ³³ xue⁴² ja³³jĩ³³	
	等着　　回　佳音	
9	我嘎恩弟能上说，	阿弟阿弟跟你说，
	ŋo³¹ ka⁴⁴ ŋɯ⁵⁵ thi³³ nɯ⁵⁵ ɣ̃⁵⁵ sua⁴⁴	
	我　把　我　弟　你　处　说	
10	禮物嘎件单回亞。	几件礼物拿回了。
	vɣ³³ta⁴² ka³⁵tɕi³¹ ta⁵⁵ta⁴² ja⁴⁴	
	东西　几件　拿回　回	
11	女弟楊上某鴨接，	阿妹就是不接受，
	ȵɣ³³thi³³ na⁵⁵ ɣ̃⁵⁵ mo³¹ ʝa³⁵ tha⁵⁵	
	阿妹　咱们　处　她　不　接	
12	亲自安三説。	亲口对我说。
	tɕhi⁵⁵tsʅ²¹ ŋa⁵⁵ sha⁵⁵sua⁴⁴	
	亲自　我们　相说	
13	梭我勸你學能書，	让我劝你读好书，
	sho³³ no³¹ ȵo⁴²ɕi⁵⁵ ɣɯ⁴² nɯ⁵⁵ sɣ⁵⁵	
	让　你　用心　读　你　书	
14	勸奴阿苗迷孟端。	劝你不要挂念她。
	tɕhye⁴⁴ no³¹ ʔa³¹mia⁴⁴ mi³³ mɯ⁵⁵ tua⁴⁴	
	劝　你　不要　想　她　处	
15	嘎日则某很乃，	还说几天病就好，
	pɛ²¹ ka³⁵ȵi⁴⁴ tsʅ⁵⁵ mo³¹ xhɯ³³ ne³¹	
	病　几天　则　她　愈　的	

	16	孟端苗迷萨。	你不要多想。
		mɯ⁵⁵ tua⁴⁴ mia⁴⁴ mi³³ sha⁴⁴	
		她　处　不要　想　不消	
男	1	我説恩姐你上説，	我说我阿姐，
		ŋo³¹ ka⁴⁴ ŋɯ⁵⁵ tɕi³³ nɯ⁵⁵ ỹ⁵⁵ sua⁴⁴	
		我　把　我　姐　你　处　说	
	2	白费杨心杨心肠。	白费了咱们心肠。
		pɯ³⁵ fe⁴⁴ n̠a⁵⁵ɕi⁵⁵ n̠a⁵⁵ ɕɯ³³ tsha³³	
		白　费　咱们心　咱们　心肠	
	3	恩使无带哦能使无，	我的事也是你的事，
		ŋɯ⁴⁴ ʃhi³¹ vɣ³³ phia⁴⁴ nɯ⁵⁵ ʃhi³¹ vɣ³³	
		我　事情　到　你　事情	
	4	牵心腊牵肺。[1]	让你牵心又挂肠。
		tɕɛ⁵⁵ɕi⁵⁵ la³⁵ tɕi³³ phia⁴⁴	
		牵　心　又　牵　肺	
母	1	孔母看看日利落，	阿妈看看太阳落，
		kho³¹mo³³ xha⁵⁵xha⁵⁵ n̠i⁴⁴ li⁵⁵ yo⁴²	
		生母　　看看　　日　也　落	
	2	开水害思单必奴。	开水泡饭端过来。
		xhua⁴⁴ɕye³³ xhɛ⁵⁵zɻ³¹ ta⁵⁵ pi⁵⁵ no³¹	
		开水　　饭　　抬　给　你	
	3	叫走得女敦起来，[2]	喊声我的独姑娘，
		ʔɯ⁵⁵ tso⁴² tɯ⁴²n̠ɣ³³ tue⁵⁵khɯ³³ ɣɯ³⁵	
		喊　着　独女　　直起　来	
	4	嘴上苗害哭。	不要再哭吃几口。
		tɕy³³ ỹ⁵⁵ mia⁴⁴ xhɛ⁵⁵kho⁴⁴	
		嘴　处　不要　痛哭	
	5	能爹用奴尺恩上，	你爹把你留给我，
		nɯ⁵⁵ti³³ n̠o⁴² no³¹ tʃhi⁵⁵ ŋɯ⁵⁵ ỹ⁵⁵	
		你爹　把　你　留　我　处	
	6	某梭母要养大奴。	让妈把你养大后。
		mo³¹ sho³³ mo³³ n̠o³³ xha⁵⁵to³¹ no³³	
		他　让　母　使　养大　你	
	7	我想能上送恩骨，	盼你给我来送终，
		ŋo³¹ ɕa³¹ nɯ⁵⁵ ỹ⁵⁵ sho³³ ŋɯ⁵⁵kua⁴⁴	
		我　想　你　处　送　我骨	

[1] 牵心腊牵肺[tɕɛ⁵⁵ɕi⁵⁵ la³⁵ tɕi³³ phia⁴⁴]：两个"牵"字意同音不同。前一个[tɕɛ⁵⁵]是汉语借词，后一个[tɕi³³]（牵、拉）是本语词。二者一般混用，有撕心裂肺之意。

[2] 得女[tɯ⁴²n̠ɣ³³]：即独姑娘，是母亲对姑娘的爱称或女儿的自称，一般只在诗歌和悼念中用。

	8	出能容奴容，	不料出这样。
		tshɣ⁴⁴ nɯ⁵⁵ jõ⁴² no³¹ jo⁴²	
		出 你 样子 这 样子	
女	1	公手吊在空母奴，	双手吊在阿妈上，
		ko³³shu³³ tio⁴⁴ ke²¹ kho³¹mo³³ no³³	
		两手 吊在 生母 上	
	2	眼泪千江流能奴。	两股眼泪流不住。
		mi⁴²tɕi⁴² tɕhi⁵⁵kɣ⁵⁵ kɯ²¹ nɯ⁵⁵ no³³	
		眼泪 千条 流 你 上	
	3	我想长命服侍你，	儿想长命服侍您，
		ŋo³¹ ɕa³¹ tso²¹miɛ⁴² vɣ²¹ʑʅ²¹ no³¹	
		我 想 长命 服侍 你	
	4	命短秃法度！	不想短命成这样！
		tshʅ⁵⁵miɛ⁴² thu⁵⁵fɛ³⁵tu⁴⁴	
		短命 没法子	
	5	能女初子唴生利，	你儿就是这样匆匆走，
		nɯ⁵⁵ n̡ɣ³³ tshu³³tsʅ³³ nia⁴²shɯ³³ li⁵⁵	
		你 女 就是 这样 也	
	6	孔母秋勒嘎周受。	还得请妈给女儿打扮一番。
		kho³¹mo³³ tɕho⁵⁵lɯ⁴⁴ ka⁴⁴tso⁵⁵so⁴⁴	
		生母 好地 打扮打扮	
	7	奴生奴子及迷端，	这一生就是赶不上，
		no³¹ xɛ⁵⁵ no³³ tsʅ⁵⁵ tɕi⁴²ɣa³⁵mi⁴²	
		这 生 上 则 赶不上	
	8	要紧后生奴。	人还有后世。
		n̡o³³ tɕɯ³¹ ɣɯ³³xhɛ⁵⁵ no³³	
		要 挨 后世 上	
	9	衣自安要鱼肚白，	衣裳我穿鱼肚白，
		ji⁵⁵ tsʅ³³ ŋa⁵⁵ n̡o³³ jye⁴²tu⁵⁵ pɯ³⁵	
		衣则 咱要 鱼肚 白	
	10	小人比甲挂孟奴。[1]	小巧坎肩套上面。
		she³¹n̡i³¹ pi³¹ja⁵⁵ kua⁴⁴ mɯ⁵⁵ to³³	
		小人 比甲 挂 它 上面	
	11	目兰围腰刺花鞋，	还有毛蓝的围腰绣花的鞋，
		mo⁵⁵na⁵⁵ pe³³tɕi³¹ tɕhɛ⁴⁴xo⁵⁵ɣe²¹	
		毛蓝 围腰 绣花鞋	
	12	再要色白夫。	脸上还要抹白粉。

---

[1] 比甲[pi³¹tɕa⁵⁵]或[pi³¹ja⁵⁵]：即白族妇女穿的坎肩外衣。该词是汉语借词，《金瓶梅》中亦称"比甲"。

tse⁴⁴ no³³ sɯ⁴⁴ pɛ⁴²fɣ³³
再 要 抹 白粉

13　尺漆得保黑漆材，　　　　　　　　　　　棺材要红漆的头黑漆的身，
　　tʃhi⁴⁴tɕhi⁴⁴ tɯ²¹po³¹ xɯ⁴⁴tɕhi⁴⁴ tshe⁵⁵
　　红漆　　　头　　　黑漆　　棺材

14　米様七材自阿轟。　　　　　　　　　　　不可用锅烟涂染。
　　mi⁵⁵ja⁵⁵ tɕhi⁴⁴tshe⁵⁵ tsʅ⁵⁵ ʔa³¹xo³³
　　锅烟　　漆棺　　　则　　不可

15　人情面子打嘎依，　　　　　　　　　　　人走面子还需要，
　　ȵi²¹tɕɛ²¹ mi⁴⁴tsʅ³¹ tɛ⁴⁴ ka⁴⁴jĩ⁴⁴
　　人情　　面子　　定　应酬

16　苗出人下奴。　　　　　　　　　　　　　不可在人下。
　　mia³³ tshɣ⁴⁴ jĩ²¹ɣɛ³³ no³³
　　不要　出　　人下　的

母　1　銀氣点利哦其奴，[1]　　　　　　　　藏着的银气也先喂给你，
　　　 ȵi²¹tɕhi⁴⁴tɕɛ⁴⁴ li⁵⁵ ʔo⁵⁵ tɕhi³¹ no³¹
　　　 银气一点　　也　喂　给　你

　　2　孔母心奴疼能奴。　　　　　　　　　　只因阿妈一心疼着你。
　　　 kho³¹mo³³ ɕi⁵⁵ no³³ sɣ³¹ nɯ⁵⁵ no³¹
　　　 生母　　　心　上　疼　你　上

　　3　寅時装棺卯時发，　　　　　　　　　　寅时装棺卯时发，
　　　 jĩ⁴² ʃi⁴² tsua³³ kua³³ mo³¹ ʃi⁴² fa³⁵
　　　 寅时　装棺　　　　卯时　发

　　4　養女母送終。　　　　　　　　　　　　妈养的女儿妈送终。
　　　 xa⁵⁵ nɣ³¹ mu³¹ so⁵⁴ tso³³
　　　 养　女　母　送　终

　　5　明生哭走眼珠子，　　　　　　　　　　痛哭妈的女儿呀眼珠子，
　　　 mɛ²¹xhɛ⁵ kho⁴⁴ tso⁴² ui³³kɛ⁵⁵ɕi⁵⁵
　　　 嘶声痛哭　　　着　眼珠子

　　6　得女奴忍打能心！　　　　　　　　　　独姑娘你怎么忍得你的心！
　　　 tɯ⁴²ȵɣ³³ no³¹ zɯ³¹ ta⁴² nɯ⁵⁵ ɕi⁵⁵
　　　 独女　　你　忍　得　你　心

　　7　説斗聲聲去能武，　　　　　　　　　　说着说着你去了，
　　　 sua⁴⁴to²¹ tɕha⁴⁴tɕha⁴⁴ ɣɛ²¹ nɯ⁵⁵ vɣ³¹
　　　 说话　　　恰恰　　　　去　你　的

---

[1] 銀氣點[ȵi²¹tɕhi⁴⁴tɕɛ⁴⁴]: 人要断气时，要给他嘴里喂一点银子，这银子叫[ȵi²¹tɕhi⁴⁴]。这可能是因为银子[ȵi²¹]和人[ȵi²¹]同音关系，谐音谐意，表达使死人有活人的人气的愿望。

	8	能母斗鴨提。	阿妈的话你不提。
		nɯ⁵⁵mo³³ to²¹ ɣa³⁵thi⁵⁵	
		你 妈 话 不提	
	9	母鷄孵鴨只是講，[1]	母鸡孵鸭只是讲，
		ke⁵⁵mo³³ ʔṽ⁴⁴ke⁵⁵ thi³¹tsɿ⁵⁵ tɕa³¹	
		母鸡 孵鸭 只是 讲	
	10	老了現世只是提。[2]	老来现世没人管。
		ku³³la⁴² ɕi⁴⁴ʃi⁴⁴ thi³¹tsɿ⁵⁵ thi⁵⁵	
		老了 现世 只是 提	
	11	阿時現世中恩奴，	一时现世轮到我，
		ʔa³¹kɛ³¹ ɕi⁴⁴ʃi⁴⁴ tso⁴² ŋɯ⁵⁵ no³³	
		一时 现世 着 我 上	
	12	死了眼鴨眛。	死时难闭眼。
		ɕi³³ li⁵⁵ ue³³ ɣa³⁵ me⁵⁵	
		死也 眼 不 闭	
男	1	子我逛西處嘎，	男子我逛到村巷里，
		tsɿ³³ ŋo³¹ kuɛ³³ ɕi⁴⁴ tshɣ⁵⁵ka⁴² tsue⁴⁴	
		男子我 逛 出 村巷 转	
	2	我盡聽得哭声氣。	耳边听见痛哭声。
		ŋo³¹ tɕɛ⁵⁵ tɕhɛ⁵⁵tɯ⁴⁴ kho⁴⁴ tʃhi⁵⁵tɕhi⁴⁴	
		我 尽 听得 哭 声气	
	3	自該血性中甸维，[3]	怎么血性中甸维，
		tsɿ⁵⁵kɛ²¹ ɕye³⁵ɕɯ⁵⁵ tso⁵⁵ti⁴⁴ve⁴²	
		怎么 血性 中甸维	
	4	氣到阿那日！	让我伤心到哪天！
		tɕhi⁴⁴ phia⁴⁴ ʔa⁵⁵na⁴⁴ ɲi⁴⁴	
		气 到 哪 天	
	5	孟東鴨去要自改，	不去她家可不行，
		mɯ⁵⁵tɣ⁵⁵ ɣa³⁵ ɣɛ²¹ ɲo³³ tsɿ⁵⁵kɛ²¹	
		她家 不去 要 怎样	
	6	去孟東自怕是非。	去了又怕有是非。
		ɣɛ²¹ mɯ⁵⁵tɣ⁵⁵ tsɿ³³ kjɛ⁵⁵ ʃi⁵⁵fe³³	
		去 她家 则 怕 是非	

---

[1] 母鸡孵鸭[ke⁵⁵mo³³ ʔṽ⁴⁴ke⁵⁵]: 俗语，即母鸡孵鸭——一场空。鸭子是靠母鸡孵出来的，即母鸡为鸭子付出了心血。这句的意思是孝顺只是句空话。白族有名曲《母鸡孵鸭》，母鸡自述其悲惨命运，很有教育意义。

[2] 现世[ɕi⁴⁴ʃi⁴⁴]: 古汉语借词，即现世。也说[ɕi⁴⁴se⁴²kɛ⁴²]（现世界）。这两个词都意思是：丑陋、寒酸在人世间。

[3] 中甸维[tso⁵⁵ti⁴⁴ve⁴²]: 这是白语四音格连绵词的省略式的隐语。这个四音格连绵词是[tso³³ti⁵⁴ ve⁴²ɕi³³]（中甸维西）两个地名并列词，省略了后面的"西"，而"西"[ɕi³³]的读音与死 [ɕi³³]的同音，以此谐音，避讳直说"死"。

7	斗自得啫腊后驃，	思前想后都不是，
	to²¹ tsʅ⁵⁵ tuɯ²¹ tʃi²¹ la³⁵ ɣɯ³³ pio³³	
	搞 成 前 成 又 后 不是	
8	打去罵东轉。	还是得要去。
	ta⁴⁴ ɣɛ²¹ muɯ⁵⁵ tɤ⁵⁵ tsue⁴⁴	
	定 去 她家 转	
9	我咱血性孟年纪，	我想血性她年纪，
	ŋo³¹ tsa⁴² ɕye³⁵ ɕɯ⁵⁵ muɯ⁵⁵ ɲi⁴⁴ shua⁴⁴	
	我 揣悟 血性 她 年纪	
10	今年十七接十八。	今年已到十八岁。
	kɛ⁵⁵tsʅ⁵⁵ tʃi⁴²tɕhi⁴⁴ tha⁵⁵ tʃi⁴²pia⁴⁴	
	今年 十七 接 十八	
11	女弟犯十八奴关，[1]	阿妹犯着十八岁的关，
	nɤ³³thi³³ fa⁴⁴ tʃi⁴²pia⁴⁴ shua⁴⁴ kuɛ⁵⁵	
	妹子 犯 十八 岁 关	
12	氣凝心奴血。[2]	让我伤心已极。
	tɕhi⁴⁴ ŋɯ²¹ ɕhi⁵⁵ no³³ shua⁴⁴	
	气 凝结 心 上 血	
13	大雁阿双雜阿得，	一双不离的大雁剩一只，
	jĩ⁵⁵ʔo²¹ ʔa³¹shɤ⁵⁵ tsa³⁵ ʔa³¹tuɯ²¹	
	雁鹅 一双 剩 一只	
14	細心迷自恩血化。	想着想着好伤心。
	jĩ⁵⁵tɕhɯ⁵⁵ mi³³ tsʅ⁵⁵ ŋɯ⁵⁵ shua⁴⁴ xua⁴⁴	
	细心 想 则 我 血 沸	
15	齐筷阿双雜阿躺，	一双筷子只剩一只，
	tse²¹tsɤ³¹ ʔa³¹shɤ⁵⁵ tɕa³⁵ ʔa³¹tha³¹	
	齐筷 一双 剩 一只	
16	害眼泪利出。[3]	怎能止得住伤心的泪。
	xhɛ⁵⁵mi⁴²tɕi⁴² li⁵⁵ tshɤ⁴⁴	
	眼泪 也 出	
17	我咱血性孟時候，[4]	我想血性她出殡后，
	ŋo³¹ tsa⁴² ɕye³⁵ ɕɯ⁵⁵ muɯ⁵⁵ tʃi²¹ɲi⁴⁴	
	我 揣悟 血性 她 时日	
18	今日三七奴死日。	今天已到三七天。

---

[1] 传说女子十八岁是一个关口，凶吉常在这关口出现。
[2] 氣凝心奴血[tɕhi⁴⁴ ŋɯ³¹ ɕi⁵⁵ no³³ shua⁴⁴]：俗语，意为难过得心血凝固在心上，比喻伤心至极。
[3] 害[xhɛ⁵⁵]：词头。表示极其、厉害、活脱之类。如[xhɛ⁵⁵kho⁴⁴]（害哭），意思是嘶声力竭。
[4] 从意思上看，这段之前脱落一段文字。之前应该叙说看见出殡时的心情，而这里开始突然开始叙说埋葬后七天的上坟。

	keˈ⁵⁴ȵi⁴⁴ sa³³tɕhi³⁵ no³¹ ɕi³³ȵi⁴⁴	
	今天　三七　你　死日	
19	今日生十去上夢,	我这就收拾上坟去,
	ke⁵⁴ȵi⁴⁴ sɯ⁵⁵sɿ⁴⁴ ɣɛ²¹ tso³³ mɯ³¹	
	今天　收拾　去　上　坟	
20	寧金銀之火。[1]	给阿妹烧些纸钱。
	ȵɯ³³ tɕi⁵⁵ȵi²¹ tsɿ³³xue³³	
	燃　金银纸火	
21	茶气阿杯黄得金,[2]	一杯茶气黄似金,
	tso²¹tɕhi⁴⁴ ʔa³¹tsɣ⁵⁵ ɣ̃²¹ tɯ⁴⁴ tɕi⁵⁵	
	茶气　一杯　黄　得　金	
22	害絲氣該白得雪。	饭气一碗白生生。
	xhɛ³¹zɿ³¹tɕhi⁴⁴ke⁴² pɛ⁴² tɯ⁴⁴ shue⁴⁴	
	饭气一碗　　白　得　雪	
23	奴時能友来看你,	这时你友来看你,
	no³¹ tʃi²¹ nɯ⁵⁵ jo⁵⁵ ɣɯ³⁵ ʔa³³ no³¹	
	这　时　你　友　来　看　你	
24	你山走不山?	你可知道这般情?
	no³¹ se³³ tso⁴² ya³⁵ se³³	
	你　知　或　不　知	
25	害日自使示風流,	在世那么的风流,
	xhɛ⁵⁵ ȵi⁴⁴ tsɿ⁵⁵ tʃi²¹ ʃi⁴⁴ fe⁵⁵lo⁵⁵	
	活　日　则　那么　很　风流	
26	死了變成土絲遮。	死了变成一堆土。
	ɕi³³ la⁴² pi⁴²tʃi²¹ thu³³ʃi³³tse³³	
	死　了　变成　一　土堆	
27	水牛子縛干已奴,	水牛拴在旱田上,
	ɕye³³ŋɯ²¹ tsɿ³³ fɣ⁴² ka⁵⁵tɕi³¹ no³³	
	水牛　是　缚　旱田　上	
28	哭票阿那日?	苦到哪一天?
	khu³¹ phia⁴⁴ ʔa⁵⁵na⁴⁴ȵi⁴⁴	
	苦　到　哪一天	
29	説了端奴女弟情,	说不完的阿妹情,
	sua⁴⁴ la⁴² tua⁴² no³³ ȵɣ³³thi³³ tɕɛ²¹	
	说　了　不得　的　妹子　情	
30	奴時体当俺要貝。	这时只得要回去。

---

[1] 金銀之火[tɕi⁵⁵ȵi²¹tʃi³³xue³³]: 即金银纸火。祭祀品, 即用锡箔纸折叠的金锭银锭。这个词是白语使用汉语词素构造的白语词。

[2] 氣[tɕhi⁴⁴]: 指专门敬献神灵之物的一点儿。茶、酒、饭作为祭祀品时, 词根后都加气。下句给死人的祭饭, 是小碗盛得冒尖的白米饭, 上面还加一个鸡蛋。

no³¹tʃi²¹ thi³¹ta⁴² ŋa⁵⁵ no³³ pe⁴⁴
这时　只得　咱　要　走

31   七月十四再看奴，   七月十四再看你，
tɕhi³⁵jye³⁵ ʃi³⁵sʅ⁵⁴ tse⁴⁴ ʔa³³ no³¹
七月　　十四　再　看　你

32   要嘎能春祭。   还要祭祭你青春。
no³³ ka⁴⁴ nɯ⁵⁵ tshɣ⁵⁵ tɕi⁴⁴
要　把　你　春　　祭

33   扎本能處大缸對，   给你扎对大纸缸，
tsa⁵⁵ pɯ³¹ nɯ⁵⁵ ɣ̃⁵⁵ to⁴² ka⁵⁵ tue⁴²
扎　寄　你　处　大　缸　一对

34   孟很金銀利温日。   里面放满金和银。
mɯ⁵⁵ɣɯ³¹ tɕi⁵⁵ȵi²¹ li⁵⁵ ʔue⁵⁵ȵi⁴⁴
里面　　　金银　也　热闹

35   扎搭孟奴鞍馬赫，[1]   还要扎匹大鞍马，
tsa⁵⁵ ta⁴² mɯ⁵⁵ no³³ ʔa⁵⁵me³³xɯ⁵⁵
扎　搭　它　上　鞍马一匹

36   本必恩女弟。   寄给我妹子。
pɯ³¹ pi⁵⁵ ŋɯ⁵⁵ ȵɣ³³thi³³
寄　给　我　妹子

37   白紙奏奴写滿書，   祭文写满一张纸，
pɛ⁴²tʃi³³ tso⁵⁵ no³³ vɛ⁴² ma³³ sʅ⁵⁵
白纸　　张　上　写　满　字

38   孟奴話語清寫最。   写尽心中兄妹情。
mɯ⁵⁵ no³³ ɕi⁵⁵ɣo⁴² tɕhɛ⁵⁵ vɛ⁴² tsue⁴⁴
它　上　话语　　尽　写　绝

39   女弟心不甘阿斯，   妹子还有什么事，
ȵɣ³³thi³³ ɕi⁵⁵ʔa³¹khɣ⁵⁵ ʔa⁵⁵sʅ³¹
妹子　　　心不甘　　　什么

40   代嘎安夢日。   兴许托我梦。
tɛ⁴⁴ ka⁴⁴ ŋa⁵⁵ mɯ³¹ ȵi⁴⁴
定　给　咱　梦　进

女   1   女我到陰司們居，   妹我来到阴司门，
ȵɣ³³ ŋo³¹ phia⁴⁴ jĩ³³sʅ³³ me²¹tɕye³³
女　我　到　阴司　　门口

     2   然来該赖莫是非。   迷迷糊糊无是非。

---

[1] 赫[xɯ⁵⁵]: 量词。这里以[xɯ⁵⁵]代替动物量词[tɯ²¹]，含有又高又大之意。用不同的量词作为修辞格，是白语修辞的一个特点。

	zɛ²¹lɛ²¹ kɛ³³lɛ³³ mo³³ ʃɯ⁵⁴fe³³	
	昏昏迷迷　　　无　是非	
3	叫走二位判官那。	嘴喊您二位判官,
	ʔɯ⁵⁵ tso⁴²~ʔɛ⁵⁴ue⁵⁴ phe⁵⁴kue³³ na⁵⁵	
	喊着　　二位　　判官　你们	
4	主我逛西最。	放我出门逛一回。
	tsɣ⁴² ŋo³¹ kuɛ³³ɕi⁴⁴ tsue⁴⁴	
	放　我　　逛出　　一转	
5	阿时来票世改很,	一时回到人世间,
	ʔa³¹tʃi²¹ ɣɯ³⁵ta⁴² se⁴²kɛ⁴² ɣɯ³¹	
	一时　　回来　　人世　　里	
6	票血性孟門居。	逛到血性哥门边。
	kuɛ³³ phia⁴⁴ ɕye³⁵ɕɯ⁵⁵ mɯ⁵⁵ me²¹tɕye³³	
	逛　到　　血性　　他　门口	
7	逛票血性孟門處,	一时逛到哥门口,
	kuɛ³³ phia⁴⁴ ɕye³⁵ɕɯ⁵⁴ mɯ⁵⁵ me²¹ ỹ⁵⁵	
	逛　到　　血性　　他　门处	
8	門神公尊赫赫威。	两尊门神显威风。
	me²¹zɿ²¹ ko³³tʃhi⁵⁵ xɯ³⁵xɯ³⁵ue³³	
	门神　　两尊　　赫赫威	
9	害人處只紙阿奏,	活人前面一幅画,
	xhɛ⁵⁵ɲi²¹ ỹ⁵⁵ thi³¹ tʃi³³ve⁴²tsue⁵⁵	
	活人　处　只　一纸神	
10	西人处埋喂。	死人面前瞪眼睛。
	ɕi³³ɲi²¹ ỹ⁵⁵ mɛ⁴²ue³³	
	死人　处　瞪眼	
11	门哀奴主雜色高,	这时的门槛也很高,
	me²¹ʔɛ³³ no³¹ tsɣ⁴⁴ tsa³⁵shɯ⁵⁵ ka⁵⁵	
	门槛　这根　　很是　高	
12	搜安自改要貝進?	让我怎么进得去?
	sho³³ ŋa⁵⁵ tsɿ⁵⁵kɛ²¹ no³³ pe⁴⁴ɲi⁴⁴	
	让　咱　怎么　要　走进	
13	體当跪下尚付某,	只得跪着求门神,
	thi³¹ta⁴² kɣ³¹ thɯ⁵⁵ sa⁴⁴fɣ⁴⁴ mo³¹	
	只得　跪下　　谢谢　他	
14	某搜我貝進。	让我走进去。
	mo³¹ sho³³ ŋo³¹ pe⁴⁴ɲi⁴⁴	
	他　让　我　走进	
15	女我改子初貝進,	妹我一步跨进门,

女 我　一下子　　就　　走进

16　票恩哥孟書房居。　　　　　　　到了我哥书房前。
　　phia⁴⁴ ŋɯ⁵⁵ko³³ mɯ⁵⁵ sɣ⁵⁵fa⁵⁵tɕye³³
　　到　我哥　他　　书房门口

17　奴时恩哥再讀書，　　　　　　看见我哥在读书，
　　no³¹tʃi²¹ ŋɯ⁵⁵ ko³³ tse⁴⁴ yɯ⁴²sɣ⁵⁵
　　这时　我　哥　再　读书

18　要等某睡雖。　　　　　　　　得等他睡着。
　　n̠o³³ tɯ³³ mo³¹ tʃhi³³sue³³
　　要　等　他　　睡着

男　1　交西更，[1]　　　　　　　　交四更，
　　jo⁵⁵ ɕi⁴⁴kɛ⁵⁵
　　交　四更

2　人清水静夜利深。　　　　　　人静水清夜已深。
　　n̠i²¹tɕhɛ⁵⁵ ɕye³³tɕɛ²¹ jo³¹ li⁵⁵ ʃhi⁵⁵
　　人静水清　　　夜也　深

3　改子迷肯女弟端，　　　　　　一时想起我阿妹，
　　kɛ³¹tsɿ³³ mi³³ khɯ³³ n̠ɣ³³thi³³ tua⁴⁴
　　一下子　想　起　　妹子　　上

4　心颗小刀旋。　　　　　　　　心头如刀戳。
　　ɕi⁵⁵kho³³ she³¹ta⁵⁵ tse⁵⁵
　　心　　　　小刀　戳

5　轟肯燈盞喷哈某，　　　　　　无心再读把灯灭，
　　xo³¹ khɯ³³ tɯ⁵⁵tse²¹ phɯ⁵⁵xa⁴⁴ mo³¹
　　生气　　灯盏　　吹死　　它

6　金身使嘎床東快。　　　　　　斜靠床头歇歇身。
　　tɕi⁵⁵tʃhi⁵⁵ shɿ³¹ ka⁴⁴ tso²¹ to³³ khuɛ⁵⁵
　　金身　　试　把　床　上　歪斜

7　莫良心子已利黄，　　　　　　没良心的这阎王，
　　mo³³ nia⁵⁵ɕɯ⁵⁵ tsɿ³³ tɕi²¹li⁵⁵ɣ̃²¹
　　莫　良心　　是　阎王

8　盖安公體见？　　　　　　　　怎么狠心拆散两颗心？
　　kɛ⁴⁴ ŋa⁵⁵ ko³³thi³³ tɕɛ⁵⁵
　　隔　安　兄妹俩　怎的

---

[1] 这里的[tɕo⁵⁵ɕi⁴⁴ kɛ⁵⁵]：即交四更。这是五更曲作换韵、起兴的曲头，是第序联章结构的"四更"。

女	1	周氣哥腊赞子情哥，[1]	亲哥哥呀亲哥哥，
		tso⁴²tɕhi⁵⁵ko³³ la³⁵ tsʅ³³tɕɛ²¹ko³³	
		亲哥哥　　又　有情哥	
	2	女弟票改能比奴。	妹子来到你身边。
		ȵɣ³³thi³³ phia⁴⁴ ke²¹ nɯ⁵⁵ pi⁵⁵ no³³	
		妹子　到　在　你　边　上	
	3	女弟票改能比那，	妹子来到你身旁，
		ȵɣ³³thi³³ phia⁴⁴ ke²¹ nɯ⁵⁵ pi³³ na⁴²	
		妹子　到　在　你　边　里	
	4	你山奏不某。[2]	你知道不知道？
		no³¹ se³⁵ tso⁴² ya³⁵mo³³	
		你　知　或　不知	
	5	恩哥迷按安端利真，	我哥你在想阿妹，
		ŋɯ⁵⁵ko³³ mi³³ ŋa⁵⁵ tua⁴⁴ li⁵⁵ tʂi⁵⁵	
		我哥　想　咱　上　也　真	
	6	女弟秃能法鸭度。[3]	阿妹在旁没办法。
		ȵɣ³³thi³³ thu⁵⁵ nɯ⁵⁵ fɛ⁴⁴ ya³⁵ tu⁴⁴	
		妹子　（把你没有办法）	
	7	奴世奴自紧鸭迷，	今世已经赶不上，
		no³¹ xhɛ⁵⁵ no³³ tsʅ⁵⁵ tɕi⁴² ya³⁵mi⁴²	
		这　世　上　则　赶　不及	
	8	楊紧后世奴。	只得等后世。
		ȵa⁵⁵ tɕɯ³¹ ɣɯ³³xha⁵⁵ no³³	
		咱们　挨　后世　上	
	9	烫得金銀利之火，	已经接到你的金和银，
		tha⁵⁵tɯ⁴⁴ tɕi⁵⁵ȵi²¹ ni⁵⁵ tʂi³³xue³³	
		接得　金银　和　纸火	
	10	书鸭山利山情意。	不识文字也知情。
		sɣ⁵⁵ ya³⁵ se³³ li⁵⁵ se³³ tɕhɯ⁵⁵ji⁴⁴	
		字　不　知　也　知　情意	
	11	女弟陰司冲能后，[4]	妹子阴间护佑你，
		ȵɣ³³thi³³ kɯ³³sʅ³³ tsho³³nɯ⁵⁵ɣɯ³³	
		妹子　阴司　支持你	

---

[1] 周氣哥[tso⁴²tɕhi⁵⁵ko³³]、子情哥[tsʅ³³tɕɛ²¹ko⁴⁴]：意思是亲哥哥、有情哥。情歌中的常用词，都可以作起韵的曲头。前者中的[tso⁴²]，具体意思有些费解，可能是[ʔɯ⁵⁵ tso⁴²]（喊的是）或[sua⁴⁴ tso⁴²]（说的是）中省略后的词素。

[2] 山[se³⁵]：即知道。原形[se³³]，因为句中省略[li⁵⁵tso⁴²]（或是），留下流音5，即成35调。

[3] 秃能法鸭度[thu⁵⁵ nɯ⁵⁵ fɛ⁴⁴ ya³⁵ tu⁴⁴]：意思是把你没有办法。这是固定词组[thu⁵⁵ fɛ⁴⁵ tu⁴⁴]（没办法）的扩充，其中插入其他领属格的人称代词。

[4] 冲能后[tsho³³ nɯ⁵⁵ ɣɯ³³]：固定格式的常用词组，意思是支持你、保佑你、祝福你。词组中的代词可以更换其他领属格的人称代词。

12   等能后讀西。   等你得功名。
       tɯ³³ nɯ⁵⁵ ɣɯ⁴² ɣɯ⁴²ɕi⁴⁴
       等   能   后   读成

13   下子曲里票五更，   忽然之间到五更，
       kɛ²¹tsɿ³³khɣ⁴⁴ɣɯ³¹ phia⁴⁴ ṽ³³kɛ⁵⁵
       忽然一下子   到   五更

14   打怕金鷄要开居。   恐怕金鸡要打鸣。
       tɛ⁴⁴kjɛ⁵⁵ tɕi⁵⁵ke⁵⁵ ȵo³³ khɯ⁵⁵tɕye³³
       恐怕   金鸡   要   开口

15   陰間難留陽間客，   阳间难留阴间客，
       jã⁴²tɕĩ³³ na⁴² liu⁴² jĩ³³tɕĩ³³ khɯ³⁵
       阳间   难留   阴间   客

16   體当告辞貝。   只得惜别回阴间。
       thi³¹ta⁴² ko⁴⁴tʂɿ⁵⁵ pe⁴⁴
       只得   告辞   走

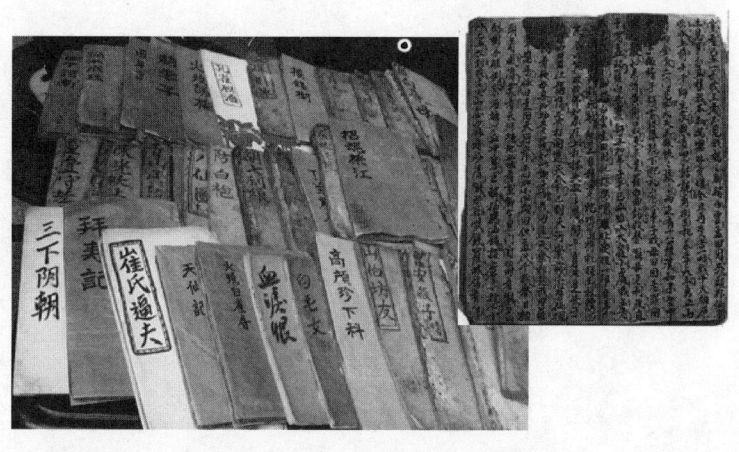

第二辑　大本曲曲本

大本曲，是白族特有的一种曲艺形式。其名称是白汉混合语 [tɔ³¹puɯ³¹tsʅ³³khɤ⁴⁴]，意思是大故事曲。顾名思义，这是一种有人物、有情节歌唱的大型曲艺门类。

大本曲主要流行于大理市及其周边地区。传说其曲本有"三十六大本，七十二小本"，其中大多数抄本的故事是汉语传统戏曲和故事的白语移植本；其唱腔相传有"九板三腔十八调"，大多是大本曲特有的乐曲，少数是地方流行的小曲；其流派相传有"南腔"、"北腔"、"海东腔"三个流派。当今所见民间所藏不同内容的抄本有 70 多本，口传的常用乐曲有 20 多个，民间传承艺人传唱其中少数几本。其演唱方式是，在香案旁，一人持扇进行多角色坐唱，一人在旁弹拨三弦伴奏。曲本中的道白，一般用汉语或临时翻译的白语，唱词都是白语，其中夹杂的汉语词语，其音韵从属白语。这里释读的《火烧磨房》和《梁山伯与祝英台（中集）》是民间艺人的当代白文传抄本。

火烧磨房

段 伶

  大本曲《火烧磨房》，又名《血汗衫》、《磨房记》、《兰季子会大哥》、《兰季子会兄》、《白王造反》等。从内容上推测，相对于传统大本曲曲目大多移植汉族故事而言，此本应当是大理白族文人在当时的社会背景下自行创作的一个曲本。由于在民间流传中不断传抄、加工，各种抄本的表述重点、唱述方式乃至故事的详略都各有不同，有些抄本地名、书写的用字也不尽相同，但故事内容、过程和人物基本一致。

  故事讲述的是：兰芳草后妻乔氏，见前妻两个儿子投军，从征云南，生死未卜，为了给亲生儿子季子霸占家产，视身怀六甲的大儿媳王氏为眼中钉。一天，乔氏借丈夫和季子出外收租之机，安排儿媳去磨面，并设置火烧磨房的阴谋，意图将其烧死。不料事情被亲生儿子获悉，季子暗救嫂子并数落母亲。后来季子被军队抓走，音信全无。乔氏见暗计败露，在儿媳住处寻得季子溅有鸡血的汗衫，以之作为伪证，又用钱银买通官吏，诬告儿媳害死儿子。儿媳被判死罪，在待斩期间狱中生子，备受苦难。此间，季子身为挑夫，随军万里跋涉到了大理，沦落街头乞讨唱曲为生，后巧遇高官厚禄的大哥二哥相救。正当王氏斩首之日，三兄弟带兵马省亲回来，看到兰家老爹前来收尸，王氏为自己的儿子喂最后一次奶，三兄弟悲愤至极，终于处死贪官，全家团圆。乔氏见家人欢聚，无颜相对，遂转身离去，流浪他乡。全篇故事情节曲折复杂，语言催人泪下。故事以季子的真诚形象和乔氏的狠毒形象为代表，通过一场家庭的悲欢离合，告诫世人：善有善报，恶有恶报，做人要处理好婆媳、父子、子女、兄弟、官民之间的关系。

  该曲真实地展示了明代初期大理一带的世俗风情，故事中有继子的真诚，继母的苛刻，官吏的贪腐，人情的冷暖，牢狱的生活，杀人的情景，社会的错乱，等等。尤其是漾濞至大理古城的一路风光、人情世俗，将军洞的"上刀山"，几个街子的买卖，各个地方的建筑物，妇女眼皮上贴菜叶的习俗，乞丐的悲欢，旧时的服饰，过时的词语等，真实地再现了当时大理一代的社会风貌，对现在的人们认识大理的历史具有重要的意义。

  由于全曲很长，为了阅读方便，本书释读时参考内容把全曲分为十一节，并分别拟定了题目，同时根据曲中人物关系和音韵格律关系，添加了人物称谓、白、唱、旁白、换韵等术语。本书依据大理市民间艺人赵丕鼎先生提供的抄本进行释读。

一、继父外出想家　继子代父探亲

  【诗】　人到中年万事休，
      七旬来人能几秋。

记得少年骑竹马，
看看又是包头翁。

老汉【白】：老汉姓兰，名芳草，山东立城县人氏。[1]想我祖德流芳，父母生下我独儿一人，上无兄，下无弟，贤妻张氏，满三十而亡，遗有二子，名中林、中秀。贤妻亡后，另娶乔氏到家，随娘带来一子，既到兰家，叫他兰季子。因为云南白王起反，唐天子招兵，我县三丁抽二、五丁抽三，中林、中秀兄弟当兵去了，季子同我到东庄收租，半年有余，想将起来，叹煞人也。【唱】：

1 芳草米米自生果，   芳草想想就嚎哭，
   fa^{33}tsho^{31} mi^{33}mi^{33} tsɿ^{55} xɛ^{55}khuo^{44}
   芳草   想想   则   嚎哭

2 米肯苦情双本完。   想起苦情说不完。
   mi^{33}khɯ^{33} khɯ^{31}tɕɛ^{21} sua^{44} pɯ^{31} tuo^{32}
   想起   苦情   说   不 不得

3 早当家来迟当家，   早当家来晚当家，
   tsu^{33} ta^{55}tɕa^{55} lɛ^{31} me^{55} ta^{55}tɕa^{55}
   早   当家   来 迟   当家

4 活把人气倒。   把人要气倒。
   xuo^{35} pa^{33} zɯ^{42} tɕhi^{55}to^{31}
   或   把   人   气倒

5 想起兰家有祖德，   想起兰家有祖德，
   mi^{33}khɯ^{33} la^{42}tɕa^{33} tsɯ^{33} tsɯ^{31}te^{35}
   想起   兰家   有   祖德

6 想起斗母罢得我，[2]   想起爹妈他们有了我，
   mi^{33}khɯ^{33} to^{55}mu^{33} pa^{55} tɯ^{44} ŋo^{31}
   想起   爹妈   他们 得 我

7 斗利没肉下没胎，   上无兄长下无弟，
   to^{33} li^{55} mo^{33} zɯ^{31} ɣɯ^{33} mo^{33} the^{33}
   上   也   无   兄   下   无   弟

8 当自一颗宝。   当成一颗宝。
   ta^{44}tsɿ^{55} ji^{35}khuo^{33} po^{31}
   当成   一颗   宝

9 好比高山一独松，   好比高山上独松一棵，
   xo^{31}pi^{31} tɕi^{35} no^{33} tu^{55}ɕo^{21}tsɯ^{31}
   好比   山上   独一松

10 前后左右逗风火。   前后左右挡不住风火。
   tɕhi^{32}xou^{55} tsu^{31}ju^{55} tuo^{55} fo^{33}xuo^{31}
   前后   左右   逗   风火

---

[1] 该抄本原文"姓兰，山东立城县人氏"，本次又收集另种抄本称"陕西南坝人"，待考。
[2] 斗母[to^{55}mo^{33}]：即爹妈。一般在韵文中使用，平常话说[ti^{33}mo^{33}]（爹妈）。

11	自跌倒来自爬起，	自跌倒来自爬起，
	tsʅ⁵⁵ ti³⁵tɔ³¹ lɛ⁴² tsʅ⁵⁵ pha⁴²tɕhi³¹	
	自　跌倒　来自　爬起	
12	没阿人慨我。	没有一个扶我。
	mɔ³³ ʔa³¹ȵi²¹ khe⁵⁵ ŋɔ³¹	
	没　一人　牵　我	
13	前妻娶得张氏女，[1]	前妻娶得张氏女，
	tɕhi⁴²tɕhi³³ tɕhy³¹ tɯ³⁵ tsa³³sʅ⁵⁵mi³¹	
	前妻　娶得　张氏　女	
14	夫妻想白头偕老。	夫妻想白头到老。
	fɤ⁵⁵tshe⁵⁵ ɕa³¹ pɯ³⁵tou⁴² tɔ⁵⁵lɔ³¹	
	夫妻　想　白头　到老	
15	格六汉得之两人，	夫妻有儿两兄弟，
	kɛ⁵⁵luo⁵⁵ xa⁵⁵tɯ⁴⁴ tsʅ³³ ko³³ȵi²¹	
	中间　生得　儿　两个	
16	三十岁丢我。	三十岁时妻子丢下我。
	sa⁵⁵tsʅ⁴² sua⁴⁴ piɛ⁵⁵ ŋɔ³¹	
	三十　岁　丢　我	
17	男人无妻家无室，	男人无妻家无室，
	na⁴²zɯ⁴² vɤ⁴²tɕhi³³ tɕa³³ vɤ⁴²sʅ³⁵	
	男人　无妻　家　无室	
18	芳草我自磨期朵。	生活折磨得不行。
	fa³³tshɔ³¹ ŋɔ³¹ tsʅ⁵⁵ mu²¹tɕhi⁴⁴ tuo³¹	
	芳草　我　则　磨出　不得	
19	光汉子的门路多，	鳏光汉子的难处多，
	kua³³xa⁵⁵tsʅ³³ ti³³ na²¹tshɤ³¹ tɕi³⁵	
	鳏汉子　的　难处　多	
20	何必气欧保。	何必再气他。
	xo⁴²pi³⁵ tɕhi⁵⁵ou⁴⁴ pɔ³¹	
	何必　气怄　他	
21	老后讨打夜乔氏，[2]	后来娶后妻乔氏女，
	lɔ⁴²ɣɯ³³ thu⁵⁵tɯ⁴⁴ ji³⁵ tɕhɔ⁴²sʅ⁵⁵	
	后来　娶着　姨　乔氏	
22	保干季子带笨吐。	她把她季子儿也带来。
	pɔ³¹ ka⁴⁴ tɕi⁵⁵tsʅ³¹ te⁴⁴ pɯ⁵⁵ nɔ³³	
	他　把　季子　带　她的　上	
23	假的犹如亲生待，	我把继子当成亲生待，

---

[1] 女[mi³¹]：当地土语，读"女"为[mi³¹]。
[2] 夜[ji³⁵]：这里是后妈的指称，平常话称后妈为[ji⁵⁵mɔ³³]，即姨妈。唐代南诏古籍、明代白文古碑中有此字，却指称亲生之母。

tɕa³¹ ti³³ jou⁴²zu⁴² tɕhuɯ³³suɯ³³ te⁵⁵
假 的 犹如 亲生 待

24 自得好艮好。 做得好人家。
tsɿ⁵⁵tuɯ⁴⁴ tɕhuo³³ ɲi²¹xɔ³³
做的 好 人家

25 云南有个段白王，[1] 云南有个段白王，
jye⁴²na⁴² jou³¹ ko⁵⁵ tuɛ⁵⁵puɯ³⁵ua⁴²
云南 有 个 段 白王

26 他人在以西周缴。 他在迤西闹事。
pɔ³¹ɲi²¹ tsuɯ³³ ji³¹ɕi³³ tsɔ⁵⁵ɕɔ⁴²
那人 在 迤西 糟蹋

27 唐王坐在金龙殿， 唐王坐在金龙殿，
tha⁴²ua⁴² kɣ⁴²tsɿ⁵⁵ tɕuɯ³³lo⁴²ti⁵⁵
唐王 坐在 金龙殿

28 圣旨如山倒。 圣旨如山倒。
suɯ⁵⁵tsɿ³¹ zu⁴² sa³³ tɔ³¹
圣旨 如 山 倒

29 打发李密平南蛮， 打发李密平南蛮，
ta³¹fa³⁵ li³¹mi³⁵ phuɯ⁴² na⁴²me⁴²
打发 李密 平 南蛮

30 各州府县把兵找。 各州府县把兵找。
ko⁴² zou³³ fɣ³¹ ɕi⁵⁵ pa³¹ puɯ³³ tsɔ³¹
各 州 府 县 把 兵 找

31 凡若有人挂先锋， 凡若有人挂先锋，
fa⁴²zuo³⁵ jou³¹zuɯ³¹ kua⁵⁵ ɕi³³fo³³
凡若 有人 挂 先锋

32 急速行兵了。 急速行兵了。
tɕi³⁵su³⁵ ɕuɯ⁴²puɯ³³ lɔ³²
急速 行兵 了

33 中林中秀去投军， 中林中秀去投军，
tso³³li⁴² tso³³ɕiu⁵⁵ ŋɛ²¹ thou⁴² tɕy³³
中林 中秀 去 投军

34 阿好之人交给我。 一家子人交给我。
ʔa³¹xɔ³¹tsɿ³³ɲi²¹ tɕiu⁵⁵sɿ³¹ ŋɔ³¹
一家子人 交给 我

---

[1] 白王，指白族之王。据方志野史记载，我国战国时就有白国，其王称白王，名仁果，三国时诸葛亮赐张姓，传至唐代初期张乐进求，逊位与细奴罗，细奴罗传三代至阁罗凤，统一六诏，建南诏，历150多年，其间君主名和国名亦称拜、邦、骠、白等，近"白"音字者。后经历三个小王朝，至宋代，段氏当权，改称大理国，历十三王300多年，其君主一般亦称白王。至元代，忽必烈统一云南，建立行省，封段氏为总管治理大半个云南，一般仍称段氏总管为白王。该曲所言为唐代战事，却无依据，又据云南历史，战事应该在明代。

35 古说是远信难闻，　　　　　　　　　　　　古说是远信难闻，
    ku³¹ su⁴⁴ tsɯ³³ ju³¹ ɕɯ⁵⁵ na⁴² vɯ⁴²
    古说　是　远信　难闻

36 活把人气倒。　　　　　　　　　　　　　　活把人气倒。
    xɛ⁵⁵ pa³³ ze⁴² tɕhi⁵⁵ tɔ³¹
    活　把　人　气倒

37 小儿同我到东庄，　　　　　　　　　　　　小儿同我去东庄，
    se³¹ tsʅ⁵⁵ ko⁵⁵ ŋɔ³¹ ŋɛ²¹ tɤ⁵⁵ tso⁵⁵
    小儿　同　我　去　东庄

38 甲合杯下半双吐。　　　　　　　　　　　　正好走到半路上。
    tɕa⁵⁵ xɔ⁵⁵ pe⁴⁴ phia⁴⁴ pa⁴² thu³³ nɔ³³
    正好　走到　半路　上

39 米肯我的好东冷格，　　　　　　　　　　　想起我的家里事，
    mi³³ khɯ⁵⁵ ŋɯ⁵⁵ xɔ³¹ tɤ⁵⁵ lɯ³¹ kɛ⁵⁵
    想起　我的　家　这间

40 操我心头火。【介】[1]　　　　　　　　　让我操心上火。
    tsho⁵⁵ ŋɯ⁵⁵ ɕi³ nɔ³³ xuo³¹
    操　我的　心　上　火

  老汉【白】：大叫一声小儿季子快快出来！
  季子【白】：爹爹在上，叫我有何吩咐？
  老汉【白】：听我一声呐——【唱】：

1　老汉我干之闷双，　　　　　　　　　　　老汉我给儿说说，
    lɔ³¹ xa⁵⁵ ŋɔ³¹ ka⁴⁴ tsʅ³³ mɯ⁵⁵ sua⁴⁴
    老汉　我　给　儿　上　说

2　亮下东庄咽半双。　　　　　　　　　　　咱们来到东庄已半年。
    n̠a⁵⁵ ɕa⁴⁴ tɤ⁵⁵ tso⁵⁵ ji³¹ pa⁴² sua⁴⁴
    咱们下　东庄　已半年

3　君子难保身后事，　　　　　　　　　　　君子难保身后事，
    tɕy³³ tsʅ³¹ na⁴² pɔ³¹ sɛ³³ xou⁵⁵ sʅ⁵⁵
    君子　难保　身后事

4　要想回家乡。　　　　　　　　　　　　　要想回家乡。
    jɔ⁵⁵ ɕa³¹ xue⁴² tɕa³³ ɕa³³
    要想　回　家乡

5　闪之一面杯打去，　　　　　　　　　　　小儿你姑且折回去，
    se³¹ tsʅ³³ jɛ³³ mi⁵⁵ pe⁴⁴ ta⁴² ŋɛ²¹
    小儿　姑且　折回　去

6　央去干好动汉三。　　　　　　　　　　　咱们回去看看家。

---

[1] 介[ke⁵⁵]：原注。在大本曲曲本和吹吹腔戏本中常用这个术语，表示此字以下或换韵或换曲或转换内容等。但抄本一般不严格标注，本次释读照抄之外，另加人物身份、"白"、"唱"等术语，并代指内容分段。

ȵa⁵⁵ ŋɛ²¹ ka⁴⁴ xɔ³¹ tɤ⁵⁵ xa⁵⁵ sa⁴⁴
咱们 去 把 家 看 吧

7 唯愿亮家和人和, 唯愿咱们家和人和,
ve⁴² jye⁵⁵ ȵa⁵⁵ tɕa³³ xɔ⁴² zɯ⁴² xɔ⁴²
唯愿 咱们 家和 人和

8 下咽干爹加。 日后把爹接。
ɣɛ²¹ ɣɯ³³ ka⁴⁴ ti³³ tɕa⁴⁴
以后 把 爹 接

季子【唱】:

1 季子我阿时听得, 季子我一时听了,
tɕi⁵⁵ tsɿ³¹ ŋɔ³¹ ʔa³¹ tsɛ²¹ tɕhɛ⁵⁵ tu⁴⁴
季子 我 一时 听着

2 父亲说话果有音。 阿爹说话果有因。
ʔa³¹ ti³³ sua⁴⁴ tuo²¹ kuo³¹ jo³¹ jɯ³³
阿爹 说话 果 有 音

3 干爹丢恨东庄吐, 把爹独自留东庄,
ka⁴⁴ ti³³ piɛ⁵⁵ xɯ⁵⁵ tɤ⁵⁵ tso⁵⁵ nɔ³³
把 爹 丢下 东庄 上

4 这种不忍心。 这种不忍心。
tsɿ⁵⁵ tso³¹ pu³⁵ zɯ³¹ ɕɯ³³
这种 不 忍心

5 冷寒甲人多穿衣, 寒天别人加衣服,
jɯ⁵⁵ ja²¹ tɕa⁴² xɔ³³ tuo⁵⁵ ji⁴² ji⁵⁵
冷寒 伙伴 多 穿衣

6 饥渴独人饱冷因。 饥渴独自饿在我后边。
tɕi⁵⁵ ka⁴⁴ tu⁵⁵ ȵi²¹ ŋɔ⁴² nɯ⁵⁵ ɣɯ³³
饥渴 独人 饿 你的 后

7 辞别阿爹我杯了, 辞别阿爹我走了,
tshɿ⁴² pi³⁵ ʔa³¹ ti³³ ŋɔ³¹ pe⁴⁴ lɔ³²
辞别 阿爹 我 走了

8 不必焦我后。 不必在我后面焦心。
pu³⁵ pi³⁵ tɕiu⁵⁵ ŋɯ⁵⁵ ɣɯ³³
不必 焦 我的 后

【白】:待我季子回家去了呐——【唱】:

9 季子杯期庄门口, 季子走到庄门口,
tɕi⁵⁵ tsɿ³¹ pe⁴⁴ tɕhi³³ tso⁵⁵ me²¹ tɕye³³
季子 走出 庄 门口

10 放开脚步往前川。 放开脚步往前川。
fa⁵⁵ ke³³ tɕu³⁵ pu⁵⁵ ua³¹ tɕiɛ⁴² tshue³³
放开 脚步 往 前川

11	一路之上来得快， ji³⁵lu⁵⁵ tsʅ³³sa⁵⁵ le⁴²tɯ³⁵ kue⁵⁵ 一路　　之上　　来　得　快	一路之上来得快，
12	我图要紧杯。 ŋɔ³¹ thu⁵⁵ ȵo³³ tɕɯ³¹ pe⁴⁴ 我　图　要　快　走	我只图要快走。
13	上坡杯得阿哞哞， tso³³po²¹ pe⁴⁴tɯ⁴⁴ ʔa³¹pɯ⁵⁵pɯ⁵⁵ 上坡　　走着　　一回回	上坡走着一回回，
14	下坡杯得阿哉哉。 thɯ⁵⁵po²¹ pe⁴⁴tɯ⁴⁴ ʔa³¹tse⁴⁴tse⁴⁴ 下坡　　走着　　一节节。	下坡走着一节节。
15	桃红柳绿三春景， tɔ⁴²xo⁴² liu³¹lu³⁵ sa³³ tshui³³ tɕɯ³¹ 桃红　柳绿　　三　春　　景	桃红柳绿三春景，
16	开吐思热闹。 khe⁵⁵ nɔ³³ sɛ⁴⁴ ʔui⁵⁵ȵi⁴⁴ 开　的　实在　热闹	开的很热闹。
17	党很菜之花开黄， ta³¹xɯ³¹ tshɯ³¹tsʅ³³xuo³⁵ khe⁵⁵ ŋɤ²¹ 田坝里　菜子花　　开　黄	田野菜花黄灿灿，
18	叙利花开白如雪。 ɕye⁵⁵li⁵⁵xuo³⁵ ke⁵⁵ pɛ³⁵ tɯ⁴⁴ sui⁴⁴ 梨花　　　开　白　得　雪	山坡梨花白如雪。
19	二党花开冬季里，[1] ŋe³³ta²¹xuo³⁵ khe⁵⁵ tɤ³⁵tɕi⁴⁴ xɯ³¹ 樱桃花　　　开　冬季　　里	樱桃花开在冬季里，
20	名叫小阳春。 miɛ³⁵ ʔɯ⁵⁵ ɕɔ³¹ja⁴²tshui³³ 名　叫　小阳春	名叫小阳春。
21	绿咽咽自树头尖， lɤ⁴⁴jɯ⁵⁵jɯ⁵⁵ tsɯ³³ tsɯ³¹tɯ²¹tɕi³⁵ 绿茵茵　　　是　树头尖	山上树木绿茵茵，
22	清咽烟自江很水。 tɕhe³⁵jɯ³⁵jɯ³⁵ tsɯ³³ kv³⁵xɯ³¹ ɕye³³ 清幽幽　　　是　江河　水	山下江水清幽幽。
23	青周之怎树尖鸣，	林间麻雀啁啁叫，

---

[1] 二党花[ʔɛ³³ta²¹xuo³⁵]：指野樱桃。这种植物滇西较多，在大理多用作为绿化城市栽培。

tɕhɛ⁵⁵tsou⁴⁴tsɿ³³ tsɯ³³ tsɯ³¹nɔ³³ mɛ²¹
麻雀　　　　在　树上　　鸣

24　越想越伤悲。　　　　　　　　　　越想越伤悲。
　　jye³⁵ ɕa³¹ jye³⁵ sa³³pe³³
　　越　想　越　伤悲

25　昌昌寸寸山川石，　　　　　　　　弯弯曲曲山川石，
　　tsha³³tsha³³ tshui⁵⁵tshui⁵⁵ se³³tshui³³ sɿ³⁵
　　弯弯曲曲　　　　山川　石

26　白白红红花满山。　　　　　　　　红红白白花满山。
　　pɯ³⁵pɯ³⁵ xo⁴²xo³⁵ xuo³⁵ me³¹se³³
　　白白　　红红　　花　满山

27　前面一棵映山红，　　　　　　　　前面一棵映山红，
　　tɯ²¹mu⁵⁵ tsɯ³³ tsɯ³¹ tshɛ⁴⁴tu⁴²xuo³⁵
　　前面　　头　棵　映山红

28　春花分第一。　　　　　　　　　　春花算第一。
　　tshɣ⁵⁵xuo³⁵ fɯ³³ ti³¹ji⁴⁴
　　春花　　分　第一

29　白豆花开满山坡，　　　　　　　　白色的杜鹃花开满山坡，
　　pɛ⁴²tɯ³¹xuo³⁵ ke⁵⁵ ma³¹se³³pho³³
　　白杜鹃花　　开　满山坡

30　笨很夹得车子杯。　　　　　　　　里面夹着红花朵。
　　pɯ⁵⁵xɯ³¹ tɕa³⁵tu⁴⁴ tshɛ⁴⁴tsɿ³³pe⁴⁴
　　里面　　夹杂着　红花朵

31　车花开日白花敢，　　　　　　　　红花开进白花巷，
　　tshɿ⁴⁴tsɿ³³ khe⁵⁵ɲi⁴⁴ pɛ⁴²xuo³⁵ ka⁴²
　　红花　　开进　白花　巷

32　红白两相依。　　　　　　　　　　红白两相依。
　　xo⁴²pɯ⁴² lia³¹ ɕa³³ji³³
　　红白　两　相依

33　千花开日春季很，　　　　　　　　千花开在春季里，
　　tɕhi⁵⁵xuo³⁵ khe⁵⁵ ɲi⁴⁴ tshɣ⁵⁵tɕi⁴⁴ xɯ³¹
　　千花　　开进　春季　里

34　万紫千红总是春。　　　　　　　　万紫千红总是春。
　　va⁵⁵tsɿ³¹ tɕhi³³xo⁴² tso³¹sɿ⁵⁵ tshui³³
　　万紫　　千红　　总是　春

35　马必英利映山红，　　　　　　　　杜鹃花又映山红，
　　ma³¹pi³⁵xuo³⁵ li⁵⁵ jɯ⁵⁵se³³xo⁴²
　　杜鹃花　　又　映山红

36　红梅到处开。　　　　　　　　　　红梅到处开。

xo⁴²me⁴² tɔ⁵⁵tshɤ⁵⁵ khe³³
红梅　到处　开

37　三十里到红花唐，　　　　　　　　　　　三十里到红花唐，
　　sa³³sŋ³⁵ li³¹ phia⁴⁴ xo⁴²xua³³tha⁴²
　　三十　里　到　红花唐

38　四十里到杏花村。　　　　　　　　　　　四十里到杏花村。
　　sŋ⁵⁵sŋ³⁵ li³¹ phia⁴⁴ ɕɯ⁵⁵xua³³tshui³³
　　四十　里　到　杏花村

39　季子一路来得快，　　　　　　　　　　　季子一路来得快，
　　tɕi⁵⁵tsŋ³¹ ji³⁵lu⁵⁵ le⁴²tɯ³⁵ khui⁵⁵
　　季子　一路　来得　快

40　回到我乡村。　　　　　　　　　　　　　回到我乡村。
　　xui⁴² tɔ⁵⁵ ŋɯ⁵⁵ ɕa³³tshui³³
　　回　到　我　乡村

二、后娘苛刻儿媳　儿媳忍气吞声

【诗】：　老娘生得怪性情，
　　　　或打或骂赛过人。
　　　　哪个逗着老娘气，
　　　　拔他眼毛挖他心。

乔氏【白】：乔氏自想自嫁兰之后，随娘带来兰季子。前有中林、中秀二子，当兵去了。听说，白王有两把飞刀，一飞人头落地，二子哪有不死之理。中林丢下媳妇王氏，现在身怀六甲，老娘如将她害死，叫她妻离子散，一家家当就是我儿季子的了——王氏，你快来！

王氏【白】：来了！婆婆在上，儿媳见礼。

乔氏【白】：又不是过年，何必如此，行什么礼。

王氏【白】：婆婆叫我不知有何事情？

乔氏【白】：叫你去做客，去吃肉，叫你去骑马、坐轿，你咯喜欢。今天老娘叫你出来，家常之事吩咐与你。从今天起，你当外家，我当里家，里家外家有何区别。当里家钱粮门户，还要待客；当外家出门打柴、打碓、磨面。你站在一边听我一讲——【唱】：

1　王氏你听阿母双，　　　　　　　　　　　王氏你听阿嫫说，
　　ua⁴²sŋ⁵⁵ nɔ³¹ tɕhɛ⁵⁵ ʔa³¹mɔ³³ sua⁴⁴
　　王氏　你听　阿嫫　说

2　冷叹过到七八洼。　　　　　　　　　　　这时已经七八月。
　　lɯ³¹tha⁵⁵ kuo³² phia⁴⁴ tɕhi⁴⁴pia⁴⁴ ua⁴⁴
　　这时　过到　七八　月

3　家东在怎麦阿斗，　　　　　　　　　　　家里还有一斗麦，
　　xɔ³¹tɤ⁵⁵ tse⁴⁴ tsɯ³³ mɯ⁴⁴ ʔa³¹tɯ³³
　　家里　还　有　麦　一斗

4 叫你去磨它。
　　tɕɔ⁵⁵ ni³¹ tɕhy⁵⁵ mo⁴⁴ tha³³
　　叫　 你　 去　 磨　 它

叫你去磨它。

5 王氏你杯磨麦怎，
　　ua⁴²sɿ⁵⁵ nɔ³¹ pe⁴⁴ ue⁴² muɯ⁵⁵ tsɿ⁵⁵
　　王氏 你　走　磨面　　则

王氏你去磨面，

6 冷母怎冷后汉三。
　　nɯ⁵⁵mɔ³³ tsɯ³³ nɯ⁵⁵ ɣɯ³³ xa⁵⁵ sa³³
　　你嫫　　在　你的　后　看　吧

你妈我在家看家。

7 你干麦呀磨打咽，
　　nɔ³¹ ka⁴⁴ mɯ⁴⁴ja⁴² ue⁴² ta⁴²jɯ³⁵
　　你　把　面　　　磨　回来

你把麦面磨回来，

8 亮炕吃粑粑。
　　n̠a⁵⁵ ka⁴⁴ jɯ⁴⁴ pa³³pa³³
　　咱们 烤　吃　粑粑

咱们烤粑粑。

王氏【唱】：

1 王氏我叫咋阿妈，
　　ua⁴²sɿ⁵⁵ ŋɔ³¹ ʔɯ⁵⁵ tsɔ⁴² ʔa³¹mɔ³³
　　王氏 我　叫　着　阿嫫

王氏我把阿嫫喊，

2 从人我去磨麦面。
　　sui⁵⁵n̠i⁵⁵ ŋɔ³¹ ɣɛ²¹ ue⁴² mu⁵⁵mi⁴²
　　随您　　我 去　磨　麦面

随您我可去磨面。

3 因为我吐勾树小，
　　jɯ³³ue⁵⁵ ŋɯ⁵⁵ nɔ³³ ko⁴⁴sɣ⁵⁵ se³¹
　　因为　　我的 上　双脚　 小

因为我的双脚小，

4 走路也难当。
　　pe⁴⁴thu³³ li⁵⁵ na⁴²ta³³
　　走路　　也 难当

走路也难行。

5 瞎唱我怎我母那，
　　xɛ⁵⁵tsha⁵⁵ ŋɔ³¹ tsɯ³³ ŋɯ⁵⁵mɔ³³ na⁴²
　　过去　　　我　在　阿嫫　　那里

过去我在阿嫫家，

6 三双本出大门外。
　　sa⁵⁵sua⁴⁴ pɯ³¹tshɣ⁴⁴ kɛ⁴²me²¹ ua⁴⁴
　　三年　　　不出　　　大门　　外

三年不出大门外。

7 女我本出大门外，
　　n̠ɣ³³ ŋɔ³¹ pɯ³¹ tshɣ⁴⁴ kɛ⁴²me²¹ ua⁴⁴
　　女　 我　不　 出　 大门　　外

就因不出大门外，

8 省得闲人说。
　　sɯ³¹tɯ⁴⁴ ɕa⁵⁵n̠i²¹ sua⁴⁴
　　省得　　　闲人　　说

免得闲人说闲话。

乔氏【唱】：

1   乔氏听听大发火，   乔氏听听我发火，
      tɕhiɔ²¹ sʐ⁵⁵ tɕhɛ⁵⁵tshɛ⁵⁵ tuo⁴² fa³⁵xuo³¹
      乔氏   听听   大   发火

2   狗母儂胆十分大。   母狗你胆实在大。
      khua³³mɔ³³ nɯ⁵⁵ ta³¹ sʐ³⁵fɯ³³ tɔ⁴²
      母狗   你的   胆   实在   大

3   你提勾大勾小斗，   你说脚大脚小话，
      nɔ³¹ thi⁵⁵ kou⁴⁴ tɔ⁴² kou⁴⁴ se³¹ tuɔ²¹
      你   提   脚   大   脚   小   话

4   明明打底我。   明明耍闹我。
      mi⁴²mi⁴² ta³¹ti³⁵ ŋɔ³¹
      明明   耍闹   我

5   脚大是你老娘大，   脚大是你老娘大，
      kuo⁴⁴tuɔ⁴² tsɯ⁵⁵ nɯ⁵⁵ lɔ³¹nia⁴² tɔ⁴²
      脚大   是   你的   老娘   大

6   脚小也是你的小。   脚小是你的小。
      kuo⁴⁴se³¹ li⁵⁵ tsɯ³³ ni³¹ti³³ ɕiɔ³¹
      脚小   也   是   你的   小

7   双斗你自转完双，   说话你是婉转说，
      sua⁴⁴tuo²¹ nɔ³¹ tsʐ⁵⁵ tsui⁴²uɛ³³ sua⁴⁴
      说话   你   是   婉转   说

8   摆起处擦我。   明摆讥讽我。
      pe³¹khɯ³³ tshɤ⁵⁵tsha⁴⁴ ŋɔ³¹
      明摆   讥讽   我

9   你咋老娘管不下，   你说老娘管不下，
      nɔ³¹ tsuo⁴² lɔ³¹nia⁴⁴ kua³¹ pu³⁵ɕa⁵⁵
      你   说   老娘   管   不下

10   今日老娘干下你。   今天老娘打杀你。
      ke⁵⁵ɲi⁴⁴ lɔ³¹nia⁴² ka⁴⁴ɕa⁴⁴ nɔ³¹
      今天   老娘   打杀   你

11   你是我板基老肉，   你是我的砧板肉，
      nɔ³¹ tsɯ³³ ŋɯ⁵⁵ tshɯ³¹pɛ³³ kɛ²¹
      你   是   我的   砧板   肉

12   由得老娘朵。   在随老娘剁。
      tse⁵⁵sui⁵⁵ lɔ³¹nia⁴² tuɔ⁴²
      在随   老娘   剁

13   必手拉肯儂头发，   左手拉起你头发，
      pi⁵⁵sɯ⁵⁵ la³³khɯ³³ nɯ⁵⁵ tɯ²¹ma⁵⁵
      左手   拉起   你的   头发

14 干保绕肯手嗤倒；　　　　　　　　　把它绕一道在手；
    ka⁴⁴ pɔ³¹ zɔ⁴⁴khɯ⁵⁵ sɯ³³ nɔ³³ tuo⁴²
    把   它   绕其   手 上   一道

15 右手拿肯捌门棍　　　　　　　　　右手提起销门棍，
    tsɛ⁴²sɯ³³ ta⁵⁵khɯ³³ nɔ⁵⁵me²¹kua⁴²
    右手   拿起   销门棍

16 活活打香你！　　　　　　　　　　活活打死你！
    xe⁵⁵xɛ⁵⁵ te⁴⁴ɕa⁴⁴ nɔ³¹
    活活   打死   你

17 打你哉要手脚气，　　　　　　　　打你还要手脚气，
    tɛ⁴² nɔ³¹ tse⁴⁴ no⁴² sɯ³³ko⁴⁴ tɕhi⁵⁵
    打   你   还要   手脚   气

18 大骂你贼不学好！　　　　　　　　大骂贼你不学好！
    ta⁵⁵ma⁵⁵ tsɯ⁴² ȵi³¹ pu³⁵ ɕiɔ³⁵ xɔ³¹
    打骂   贼   你   不   学   好

19 打自手麻勾利乃，　　　　　　　　打得手麻脚也麻，
    tɛ⁴⁴ tsɿ⁵⁵sɯ³³ma⁴² kuo⁴⁴ li⁵⁵ ne⁴²
    打 则 手麻   脚   也   麻

20 买几自咬你。　　　　　　　　　　过去咬死你。
    me³¹tɕi³¹ tsɿ⁵⁵ ŋa⁴⁴ nɔ³¹
    挨拢   则   咬   你

王氏【白】：那是婆婆饶命这——**【唱】**：

1   王氏我叫作阿妈，　　　　　　　　王氏我喊你阿嬷，
    ua⁴²sɿ⁵⁵ ŋɔ³¹ ʔɯ⁵⁵ tsɔ⁴² ʔa³¹mɔ³³
    王氏   我   喊   着   阿嬷

2   难为我吐要打三。　　　　　　　　多谢您不要再打了。
    na⁵⁵ue⁵⁵ ŋɯ⁵⁵ nɔ³³ nɔ³³ tɛ⁴⁴ sa³³
    多谢   我   上   不要 打 了

3   王氏我自受朱朵，　　　　　　　　王氏我再受不了，
    ua⁴²sɿ⁵⁵ ŋɔ³¹ tsɿ⁵⁵ sou⁴⁴tsɣ⁵⁵ tuo⁴²
    王氏   我   是   经受   不得

4   树勾跪阿当。　　　　　　　　　　双脚跪您前。
    sua³³tɕu³⁵ kɣ³¹ ʔa⁵⁵ta⁴⁴
    双脚   跪   这里

5   周身打得血淋淋，　　　　　　　　全身打得血淋淋，
    tsou³³sɯ³³ tɛ⁴⁴ tsɿ⁵⁵ ɕye³⁵li⁴²li⁴²
    周身   打成   血淋淋

6   手勾打自破朱光。　　　　　　　　手脚打成破竹竿。
    sɯ³³kou⁴⁴ tɛ⁴⁴ tsɿ⁵⁵ pho³¹tsɣ⁴⁴kua⁴⁴
    手脚   打成   破竹竿

7	次扣丈埂打烂恨，	身子全身打烂了，
	tshŋ⁵⁵khɯ³¹ tsa³⁵ne³¹ tɛ⁴⁴la⁴⁴ xɯ⁵⁵	
	身体　　整个　　打烂　了	
8	浓利变自血。	脓也变成血。
	no³¹ li⁵⁵ pi⁴²tsŋ⁵⁵ xue⁴⁴	
	脓　也　变成　　血	
9	低下头来细思想，【换韵】[1]	低下头来细心想，
	ti³¹ɕa⁵⁵ tou⁴² le⁴² ɕi⁵⁵sŋ³ɕa³¹	
	低下　头　来细心想	
10	我坐阿哒自商量：	我在这里暗打量：
	ŋɔ³¹ kɣ⁴² ʔa⁵⁵ta⁴⁴ tsŋ⁵⁵ sa³³lia⁴²	
	我在　这里　则　打量	
11	今日哉达保旺声，	今天再回她几句，
	ke⁵⁵n̠i⁴⁴ tse⁴⁴ ta⁴² pɔ³¹ ua⁵⁵tshŋ⁵⁵	
	今天　再　答　她　几句	
12	必定见阎王。	必定见阎王。
	bi³⁵tɯ⁵⁵ tɕi⁵⁵ je⁴²ua⁴²	
	必定　见　阎王	
13	称人问自双好斗，	丑人要问说好话，
	tshu³³n̠i²¹ piɛ⁴⁴ tsŋ⁵⁵ sua⁴⁴ xu³³tuo²¹	
	丑人　问　则　说　好话	
14	我嗏好言应酬她。	我拿好话应酬她。
	ŋɔ³¹ na⁴² xɔ³¹je⁴² jɯ⁵⁵tshuo⁴² tha³³	
	我　拿　好话　应酬　她	
15	难为阿母利情意，	多谢阿嫫您情意，
	na⁵⁵ue⁵⁵ ʔa³¹mɔ³³ n̠i⁵⁵ tɕɛ²¹ji³¹	
	多谢　阿嫫　您 情意	
16	我吐要打三。	不要再打了。
	ŋɯ⁵⁵ nɔ³³ n̠o³³ tɛ⁴⁴ sa³³	
	我的上 不要 打了	
17	千错百错子我错，	千错百错是我错，
	tɕhi³³tshu⁵⁵ pɯ³⁵tshu⁵⁵ tsɯ³³ ŋo³¹ tshu⁵⁵	
	千错　百错　是我错	
18	千差万差子我差。	千差万差是我差。
	tɕhi³³tsha³³ va⁵⁵tsha³³ tsɯ³³ ŋo³¹ tsha³³	
	千差　万差　是我差	
19	磨麦面自我杯约，	我这就去磨麦面，

---

[1] 换韵：原注。这种换韵不一定是音韵格律的换韵，多数是乐曲的转调。

ue⁵⁵ mo⁴⁴mi⁴² tsɿ⁵⁵ ŋɔ³¹ pe⁴⁴ jɔ³⁵
磨 麦面 则 我 走 去

20 　我吐要打三。　　　　　　　　　　　　不要再打了。
ŋɔ³¹ nɔ³³ ŋo³³ tɛ⁴⁴ sa³³
我 上 不要 打 了

乔氏【白】：哎，你早早说这话，何必妈打你，打在你身上，疼着老娘心，儿媳起来呐——【唱】：

1　乔氏我敌自党笑，　　　　　　　　　　乔氏我只得暗里笑，
tɕhɔ⁴²sɿ⁵⁵ ŋo³¹ ti³¹ tsɿ⁵⁵ khɯ³¹sɔ³¹
乔氏 我 只 则 暗笑

2　王氏你斗双唱劳。　　　　　　　　　　王氏你的话说错了。
ua⁴²sɿ⁵⁵ nɯ⁵⁵ tuo²¹ sua⁴⁴ tsha⁵⁵ lɔ³²
王氏 你的话 说 错 了

3　早头你斗双那发，　　　　　　　　　　要是你早说那话，
tsu³³tɯ²¹ nɯ⁵⁵tuo²¹ sua⁴⁴ na⁵⁵fa³⁵
开头 你的话 说 那样

4　母何必打你。　　　　　　　　　　　　媒何必打你。
mɔ³³ xuo⁴²pi³⁵ tɛ⁴⁴ nɔ³¹
媒 何必 打 你

5　王氏你听我双咽，　　　　　　　　　　王氏你听我说来，
ua⁴²sɿ⁵⁵ nɔ³¹ tɕhɛ⁵⁵ ŋɔ³¹ sua⁴⁴ jɯ³⁵
王氏 你 听 我 说 来

6　叫咋王氏你听我。　　　　　　　　　　喊着王氏你听我。
ʔɯ⁵⁵ tsɔ⁴² ua⁴²sɿ⁵⁵ nɔ³¹ tɕɛ⁵⁵ ŋɔ³¹
喊 着 王氏 你 听 我

7　宽之上咬皮本使，　　　　　　　　　　小狗相咬皮不疼，
khua³³tsɿ³³ sa⁵⁵ŋa⁴⁴ pe²¹ pɯ⁵⁵ sɿ³¹
小狗 相咬 皮 不 疼

8　留记心头吐。　　　　　　　　　　　　不要记心头。
mɔ⁴⁴ tɕi⁴⁴ ɕi³⁵tɯ²¹ nɔ³³
不要 记 心头 上

9　王氏你听我双咽，　　　　　　　　　　王氏你听我来说，
ua⁴²sɿ⁵⁵ nɔ³¹ tɕhɛ⁵⁵ ŋɔ³¹ sua⁴⁴ jɯ³⁵
王氏 你 听 我 说 来

10　老娘今日教导你。　　　　　　　　　 老娘今天教导你。
lɔ³¹nia⁴⁴ ke⁵⁵ȵi⁴⁴ ka³⁵tɔ³¹ nɔ³¹
老娘 今天 教导 你

11　提肯自女小时加，　　　　　　　　　 提起我做姑娘时候，
thi⁴²tɕhi³¹ tsɿ⁵⁵ȵɣ³³ nɔ³³ tsɿ³¹tɕa⁴⁴
提起 做姑娘 的 时节

12	那来自本过。	哪样事没有经受过。
	na⁵⁵ne³¹ tsɿ⁵⁵ puɯ³¹ kuo³²	
	哪样事 做 不 过	
13	老娘从小活到老,	老娘从小活到老,
	lɔ³¹nia⁴² tsɿ⁵⁵se³¹ xuo³⁵ phia⁴⁴ ku³³	
	老娘 从小 活 到 老	
14	万世离我做不了。	万事离我做不了。
	va⁵⁵sɿ⁵⁵ li⁴² ŋɔ³¹ tsɿ⁵⁵ puɯ³⁵liɔ³¹	
	万事 离 我 做 不了	
15	十七岁嫁九家人,	十七岁嫁过九家人,
	tsɿ³¹tɕhi⁴⁴ sua⁴⁴ tɕa⁵⁵ tɕiu³¹tɕa³³ zuɯ⁴²	
	十七 岁 嫁 九家 人	
16	哪个不知晓。	哪个不知晓。
	na³¹kuo⁵⁵ puɯ³⁵ tsɿ³³ɕɔ³¹	
	哪个 不 知晓	
17	本叹我自艮时加,	那时我做人期间,
	puɯ³¹ta⁵⁵ ŋɔ³¹ tsɿ⁵⁵ȵi²¹ tsɿ³¹tɕa⁴⁴	
	那时 我 做人 时节	
18	自小我如倒手天。[1]	从小我如人婆婆。
	tsɿ⁵⁵se³¹ ŋɔ³¹ ze⁴² tɔ³¹sɿ³³jɔ⁴²	
	从小 我 如 婆婆	
19	明本白自我杯肯,	天不亮我就起来,
	mɛ²¹ puɯ³¹ pɛ⁴² tsɿ⁵⁵ ŋɔ³¹ pe⁴⁴khuɯ³³	
	天 不 白 则 我 走起	
20	干己弯打扫。	把家里打扫。
	ka⁴⁴ tɕi³¹uɛ⁵⁵ ta³¹sɔ³¹	
	把 地 打扫	
21	出而洗菜在达水,	出门挑水带洗菜,
	tshɤ⁴⁴ŋɛ²¹ se³³tshuɯ³¹ tse⁴⁴ ta³⁵ɕye³³	
	出去 洗菜 再 挑水	
22	跟我自嘿呀嘿跑。	那时我来去奔波。
	sɛ³³ ŋɔ³¹ tsɿ⁵⁵ xuɯ⁴⁴ja⁴⁴ xuɯ⁴⁴phɔ³³	
	让 我 则 快去 快跑	
23	自唱达水周之女,	做饭挑水领娃娃,
	tsɿ⁵⁵tsha⁵⁵ ta³⁵ɕye³³ tsou⁵⁵ tsɿ³³ȵ.v³³	
	做饭 挑水 领 娃娃	
24	周火利生我。	烧火也支使我。

---

[1] 如倒手尧[ze⁴² tɔ³¹sɿ³³jɔ⁴²]: 即服侍婆婆。还有[zɤ⁴²ȵi⁵⁵]一词, 指服侍婆婆、姑嫂、妯娌等。做人媳妇很难, 若不顺眼, 打骂是常事, 白族民间的很多[zɤ⁴²ȵi⁵⁵]为题的曲子, 如表演类《青姑娘》长曲。

tsou⁵⁵xui³³ li⁵⁵ sɛ³³ ŋɔ³¹
烧火　　　也　使　我

25　子女争恨铺狠哭，　　　　　　　　　　　子女在床上哭，
　　tsʅ³³n̡ɣ³³ tsɯ³³xɯ⁵⁵ khɣ³¹xɯ³¹ khou⁴⁴
　　子女　　　在　　　　床里　　　哭

26　那留杯只靠称嗖。　　　　　　　　　　　还要过去给他们穿戴。
　　nɔ³¹ nɔ⁴⁴ pe⁴⁴tɕɯ³¹ khɔ⁴⁴tʂhɯ⁵⁵ sou³¹
　　你　要　过去　　　穿戴　　　　去

27　早肯我面自因唱，　　　　　　　　　　　早上是我做早饭，
　　tsu³³khɯ⁵⁵ ŋɯ⁵⁵mi⁴² tsʅ⁵⁵jɯ⁴⁴tsha⁵⁵
　　早上　　　我面分　　做早饭

28　晚上割马草。　　　　　　　　　　　　　晚上还要割马草。
　　pe³³kɛ⁴² sɛ⁴⁴ ma³¹tsɔ³¹
　　晚上　　割　马草

29　阿日我自鞋三双，　　　　　　　　　　　一天我做鞋三双，
　　ʔa³¹n̡i⁴⁴ ŋɔ³¹ tsʅ⁵⁵ŋe²¹ sa⁵⁵tɕi³³
　　一天　　我　做鞋　　三双

30　带缝带拉又带锁。　　　　　　　　　　　带缝带纳还滚边。
　　te⁵⁵tse²¹ te⁴⁴na⁴⁴ tse⁵⁵nɔ³³ zou³³
　　带缝　　带纳　　还要　滚边

31　鞋头包闷再绣花，　　　　　　　　　　　鞋头上面还绣花，
　　ŋe²¹tɯ²¹pɔ²¹ mɯ⁵⁵ tse⁴⁴ tɕhɛ⁴⁴xuo³⁵
　　鞋头　　　　处　还　绣花

32　剪花利生我。　　　　　　　　　　　　　剪花样也支使我。
　　kɛ⁴²xuo³⁵ li⁵⁵ tsɯ³³ ŋɔ³¹
　　剪花样　也　是　我

33　阿日我弹合三得，　　　　　　　　　　　一天我弹棉花三箩，
　　ʔa³¹n̡i⁴⁴ ŋɔ³¹ ta²¹ xuo³⁵ sa⁵⁵tɯ⁵⁵
　　一天　　我　弹　棉花　三箩

34　车合巴老哉争布。　　　　　　　　　　　绕棉花线还织布。
　　tshe⁴⁴ xuo³⁵pa⁴⁴ lɔ³¹ tse⁴⁴ tsɯ⁵⁵phiɔ³¹
　　绕　　棉花线　　了　还　织布

35　布端争期街吐卖，　　　　　　　　　　　织出布匹街上卖，
　　phiɔ³¹tui⁵⁵ tsɯ⁵⁵xɯ⁵⁵ tsʅ³³ nɔ³³ kɯ²¹
　　布匹　　　织出　　　街　上　卖

36　央因因唱过。　　　　　　　　　　　　　回来再吃饭。
　　ja⁴⁴jɯ³⁵ jɯ⁴⁴tsha⁵⁵ kuo⁴²
　　回来　　吃早饭　　　过

37　直付磨麦我利杯，　　　　　　　　　　　支使磨面我也去，

tsʅ⁵⁵se³³ ue⁴² muɯ⁴⁴ ŋɔ³¹ li⁵⁵ pe⁴⁴
支使 　 磨面 　 我 　 也 　 走

38　嘴母那来自本过。　　　　　　　　　你妈哪样没做过。
　　nɯ⁵⁵mɔ³³ na⁴⁴le³¹ tsʅ⁵⁵ pɯ³¹ ko⁴²
　　你妈 　 哪样 　 做 　 没 　 过

39　安屎已使杯本米，　　　　　　　　　屎急尿急走不脱，
　　ʔi³³sʅ³³ tɕi³¹so³³ pe⁴⁴ pɯ³¹mi⁴²
　　大便 　 小便 　 走 　 不及

40　敌自格节跑。　　　　　　　　　　　只能强忍跑。
　　ti³¹tsʅ⁵⁵ kɛ⁴²tɕi⁴² phɔ³³
　　只得 　 强忍 　 跑

41　头包利梳勾利洗，　　　　　　　　　头也梳，脚也洗，
　　tɯ²¹pɔ³¹ li⁵⁵ sɣ³¹ kuo⁴⁴ li⁵⁵ se³³
　　头 　 也梳 　 脚 　 也 　 洗

42　嘴母打扮师清巧。　　　　　　　　　你嫫打扮很清秀。
　　nɯ⁵⁵mɔ³³ tsou⁵⁵suo⁴⁴ sɛ⁴² tɕhɯ⁵⁵tɕhɔ³¹
　　你嫫 　 打扮 　 很 　 清秀

43　自人奔忙过日些，　　　　　　　　　做人奔忙过日子，
　　tsʅ⁵⁵ɲi²¹ pɯ⁵⁵ma⁵⁵ kuo³² ɲi⁴⁴ɕɛ⁴⁴
　　做人 　 奔忙 　 过 　 日子

44　艰苦计少吐。　　　　　　　　　　　辛苦了多少。
　　sou³⁵khu³³ tɕi³⁵ɕɔ³³ nɔ³³
　　辛苦 　 多少 　 上

45　阿更勾来杯倒号，　　　　　　　　　现在脚也走大了，
　　ʔa³¹kɯ⁵⁵ kuo³²le³¹ pe⁴⁴ ta⁴² xɔ⁵⁵
　　现在 　 脚 　 走 　 大 　 了

46　因为当家自艮好。　　　　　　　　　因为做了当家嫫。
　　jɯ³³ue⁵⁵ ta⁵⁵tɕa⁵⁵ tsʅ⁵⁵ɲi²¹xɔ³¹
　　因为 　 当家 　 做活持家

47　冷叹年双利古号，　　　　　　　　　这时年事也已老，
　　lɯ³¹tha⁵⁵ ɲi⁴⁴sua⁴⁴ li⁵⁵ ku³³ xɔ⁵⁵
　　这时 　 年纪 　 也 　 老 　 掉

48　不耐烦冷保。　　　　　　　　　　　不耐烦裹脚。
　　pu³⁵ne⁵⁵fɛ⁴² lɯ³¹pɔ³¹
　　不耐烦 　 裹它

49　半夜三更打手埂，　　　　　　　　　半夜三更春谷米，
　　pa⁴²jɔ³¹ sa⁵⁵kɛ³⁵ tɛ⁴⁴ sɯ³³kɯ³³
　　半夜 　 三更 　 春 　 手白

50　山吐习利周达吐。　　　　　　　　　烧柴也找回来给你。

sɛ³³ nɔ³¹ ɕi³⁵ li⁵⁵ tsou³⁵ ta⁴² nɔ³¹
让　你　柴　也　烧　回　你

51　寸妈火哉皮等习，　　　　　　　　　　　一面烧火一面剥豆米，
　　tshue⁵⁵ ma⁵⁵ xue³³ tse⁴⁴ pe²¹ tɯ³¹ ɕi³⁵
　　抽　　稻草火　　再　剥豆米

52　鸡猪汉打吐。　　　　　　　　　　　　　鸡猪给回你去喂。
　　ke⁵⁵ te⁴² xa⁵⁵ ta⁴² nɔ³¹
　　鸡猪　　羊　回　你

53　王氏你杯磨麦正，　　　　　　　　　　　王氏你去磨面后，
　　ua⁴² sʅ⁵⁵ nɔ³¹ pe⁴⁴ ue⁴² mɯ⁴⁴ tsɯ³⁵
　　王氏　你　去　磨　面　去

54　老娘我把饭做好。　　　　　　　　　　　老娘我把饭做好。
　　lɔ³¹ nia⁴² ŋɔ³¹ ka⁴⁴ pe³¹ tsʅ⁵⁵ xɔ³¹
　　老娘　　我　把　晚饭　做好

55　你干麦央磨打咽，　　　　　　　　　　　你把麦面磨回来，
　　nɔ³¹ ka⁴⁴ mɯ⁴⁴ mi⁴² ue⁴² ta⁴² jɯ³⁵
　　你把　　麦面　　磨　回　来

56　央应因摆吐。　　　　　　　　　　　　　回来吃晚饭。
　　ja⁵⁵ jɯ³⁵ jɯ⁴⁴ pe³³ nɔ³¹
　　回来　　吃　晚饭　了

【白】：王氏接口袋来，老娘舀给你麦子，一二三三二一，一二三四五六七。

王氏【白】：阿奔！太多了！

乔氏【白】：管他多不多，只要口袋满。

王氏【白】：王氏想来好笑——【唱】：

1　王氏越想越伤心，　　　　　　　　　　　王氏越想越伤心，
　　ua⁴² sʅ⁵⁵ jye³⁵ mi³³ jye³⁵ sa³³ ɕɯ³³
　　王氏　　越想　　越　伤心

2　我母笨心十分称。　　　　　　　　　　　我妈她心十分丑。
　　ŋɯ⁵⁵ mɔ³³ mɯ⁵⁵ ɕi³⁵ sʅ³⁵ fɯ³³ tshɯ³³
　　我妈　　她心　　十分　丑

3　羊得给我麦阿龙，　　　　　　　　　　　量了给我一袋麦，
　　ja²¹ tɯ⁴⁴ sʅ³¹ ŋɔ³¹ mɯ⁴⁴ ʔa³¹ no²¹
　　量着　　给我　麦　一袋

4　女我背本肯。　　　　　　　　　　　　　让我背不起。
　　n̺ɣ³³ ŋɔ³¹ jɛ⁴² pɯ³¹ khɯ³³
　　女　我　背　不起

5　背肯背肯那斗下，　　　　　　　　　　　背起背起又倒下，
　　jɛ⁴² khɯ³³ jɛ⁴² khɯ³³ lɛ³¹ tuo⁴⁴ thɯ⁵⁵
　　背起　　背起　　又　倒下

6　斗下斗下那站肯。　　　　　　　　　　　倒下倒下又站起。

tuo⁴⁴thɯ⁵⁵ tuo⁴⁴thɯ⁵⁵ lɛ³¹ tsɯ³³khɯ³³
倒下　　倒下　　又　站起

7 背动得朵利要背，　　　　　　　　　　我背不动也要背，
jɛ⁴²khɯ³³ tɯ⁴⁴ tuo³² li⁵⁵ nɔ³³ jɛ⁴²
背起　　得　不行　也　要　背

8 叫晴天一声。　　　　　　　　　　　　只得喊青天一声。
tɕɔ⁵⁵ tɕhɯ³³thi³³ ji³⁵sɯ³³
叫　青天　　一声

9 女我次扣生单薄，　　　　　　　　　　我的身子本单薄，
n̩ɣ³³ ŋɔ³¹ tshŋ⁵⁵khɯ³¹ xɛ⁵⁵ ta⁵⁵pou⁴²
女　我　身子　　生　单薄

10 六月胎要生。　　　　　　　　　　　　身孕六月就要生。
fɣ⁴⁴ua⁴⁴ the³³ jɔ⁵⁵ sɯ³³
六月　胎　要　生

11 甲合杯叩大门外，　　　　　　　　　　坚持走到大门外，
tɕa⁵⁵xou⁵⁵ pe⁴⁴phia⁴⁴ kɛ⁴²me²¹ ua⁴⁴
正好　　走到　　大门　外

12 后闷听得叫人声。　　　　　　　　　　后面听见叫人声。
ɣɯ³³mɯ⁵⁵ tɕhɛ⁵⁵tɯ⁴⁴ ʔɯ⁵⁵ ni²¹ lɯ⁴⁴
后面　　听见　　叫　人　的

13 杯期而吐哉打央，　　　　　　　　　　人出去了又回来，
pe⁴⁴tɕhi⁴⁴ ŋɛ²¹ nɔ³³ ze⁴²ta⁴² jɯ³⁵
走　出　去　的　再回来

14 不知为何因？　　　　　　　　　　　　不知为何因？
pɯ³¹se³³ ue⁵⁵ huo⁴²jɯ³³
不知　为　何因

乔氏【白】：这是王氏，你去磨面，为何不辞而去？老娘限你四时出门，五时归家，一斗麦子三斗面，麦皮子在外。老娘我这里有三双鞋底纳帮。老娘明天要去做客，你把我好好做起来，带缝、带纳、带绣花。如果误了时刻，老娘就要你的命。

王氏【白】：王氏听来，不好了——【唱】：

1 王氏杯期大门外，　　　　　　　　　　王氏走出大门外，
ua⁴²sɿ⁵⁵ pe⁴⁴tɕhi⁴⁴ kɛ⁴²me²¹ ua⁴⁴
王氏　走出　　大门　外

2 米西二江流期汪。　　　　　　　　　　两行眼泪流脸上。
mi⁴²ɕi⁴² kou³³kɣ⁵⁵ kɯ²¹tɕhi⁴⁴ ua⁴⁴
眼泪　　两行　　流出　外

3 脚尖脚小路难行，　　　　　　　　　　小小尖脚路难行，
kou⁴⁴tɕi³⁵ kou⁴⁴se³¹ thu³³ na³¹ pe⁴⁴
脚尖　　脚小　路　难　走

4 实在好凄惨。　　　　　　　　　　　　实在好伤心。

sɿ³⁵tse⁵⁵ xɔ³¹ tɕhi³³tsha³³
实在　好　伤心

5　大骂一声乔氏女，　　　　　　　　　　大骂一声乔氏女，
ta⁵⁵ma⁵⁵ ʔa³¹tshɿ⁵⁵ tɕhiɔ⁴²sɿ⁵⁵ny³¹
大骂　一声　乔氏女

6　嚁心自闷毒期加！　　　　　　　　　　你心怎么这么狠！
nɯ⁵⁵ ɕi³⁵ tsɿ³³mɯ⁵⁵ tu³⁵tɕhi³³tɕa³³
你　心　怎么　这么毒

7　定我四时要出门，　　　　　　　　　　定给我四时出家门，
tɯ⁵⁵ ŋɔ³¹ sɿ⁵⁵sɿ⁴² ɲɔ³³ tshɣ³⁵mɯ⁴²
定　我　四时　要　出门

8　五时要归家。　　　　　　　　　　　　五时要回家。
u³¹sɿ⁴² ɲɔ³³ kui³³tɕa³³
五时　要　回家

9　一斗麦磨三斗面，　　　　　　　　　　一斗麦磨三斗面，
mɯ⁴⁴ ʔa³¹tɯ³³ ue⁴² sa⁵⁵tɯ³³
麦　一斗　磨　三斗

10　麦皮之亮在除外。　　　　　　　　　　麦皮还除外。
mɯ⁴⁴pe²¹tsɿ³³ja⁴² tse⁴⁴tsɿ³³ ua⁴⁴
麦皮　　　还在　外

11　打发我三双鞋底，　　　　　　　　　　让我还做三双鞋，
tɛ⁴⁴fɛ⁴⁴ ŋɯ⁵⁵ ŋe²¹tɕi³³ sa⁵⁵fɣ⁴²
打发　我　鞋底　三双

12　在三双鞋帮。　　　　　　　　　　　　鞋底又鞋帮。
tse⁵⁵ sa³³sua³³ xe⁴²pa³³
再　三双　鞋帮

13　叫我带拉又带做，　　　　　　　　　　让我缝帮又纳底，
se³³ ŋɔ³¹ te⁵⁵na⁴⁴ jou⁵⁵ te⁵⁵tsɿ⁵⁵
让　我　带纳　再　带做

14　带锁带拉带赏花。　　　　　　　　　　还要绣花上鞋底。
te⁴⁴ zɔ³³ te⁴⁴ na⁴⁴ te⁴⁴ sa³¹xua³³
带　上底　带　纳　带　绣花

15　若凡误了她时辰，　　　　　　　　　　若是误了她时辰，
zuo³⁵fa⁴² u⁵⁵liɔ³¹ mɯ⁵⁵ tsɛ²¹kɛ⁴⁴
若是　误了　她的　时辰

16　打断我衣光。　　　　　　　　　　　　打断我腰杆。
tɛ⁴⁴ tse⁴² ŋɯ⁵⁵ ji⁵⁵kua⁴⁴
打　断　我的　腰杆

17　一面杯自一面哭，　　　　　　　　　　一面走来一面哭，

ji³³mi⁵⁵ pe⁴⁴ tsŋ⁵⁵ ji³³mi⁵⁵ khuo⁴⁴
一面　走　则　一面　哭

18　倒害怎恨透吐看。 　　　　　　　老天在你头上看。
tɔ³¹xe⁵⁵ tsɯ³³xɯ⁵⁵ xe⁵⁵ nɔ³³ ʔa³³
大天　在着　天上　看

19　日批利落山山尖,[1] 　　　　　　太阳落到西山顶,
ȵi⁴⁴phi³¹ li⁵⁵ ɣɔ⁴² se⁵⁵sɣ³² tɕi³⁵
太阳　也　落　西山　尖

20　闷干磨房叭。 　　　　　　　　　才到了磨房。
mɯ⁵⁵ ka⁴⁴ ue⁴²mɯ⁵⁵ phia⁴⁴
才　把　磨房　到

21　麦亮气里道闹灯, 　　　　　　　把麦倒进磨兜里,
mɯ⁴⁴ja⁴² tɕhi⁵⁵ȵi⁴⁴ tɔ³²nɣ³³tɯ⁵⁵
麦　　倒进　　磨兜

22　慌张出而干水张。 　　　　　　　赶快出房去引水。
xua³³tsa³³ ɣɛ²¹tɕhi⁴⁴ ka⁴⁴ ɕye³³ tsa⁴⁴
急忙　　去出　　把　水　堵

23　清因因自水冷江, 　　　　　　　清幽幽的这股水,
tɕhɛ⁵⁵jɯ³⁵jɯ³⁵tsŋ³³ ɕye³³ lɯ³¹ kɣ³⁵
清幽幽儿　　　水　这　股

24　自阴风惨惨。 　　　　　　　　　看它阴风惨惨。
tsŋ⁵⁵ jɯ³³fo³³ tsha³³tsha³³
则　阴风　　惨惨

25　事到如今讲不起, 　　　　　　　事到如今讲不完,
sŋ⁵⁵ tɔ⁵⁵ zu⁴²tɕɯ³³ tɕa³¹lɔ³¹ tuo³²
事　到　如今　讲完　不得

26　王氏我干牙来咬。 　　　　　　　王氏我再咬咬牙。
ua⁴²sŋ⁵⁵ ŋɔ³¹ ka⁴⁴ ŋɛ²¹ jɯ³⁵ ŋa⁴⁴
王氏　我　把　咬咬牙

27　水张恨央磨房很, 　　　　　　　引了水后进磨房,
ɕye³³ tsa⁴⁴ xɯ⁵⁵ ja⁴⁴ mo⁵⁵fa⁴² xɯ³¹
水　引　后　回　磨房　里

28　顺手把门关。 　　　　　　　　　顺手关上门。
sui⁴⁴sou³¹ ka⁴⁴ mɯ⁴² kua³³
顺手　　把　门　关

29　慌张杯只筛麦面, 　　　　　　　赶忙过去筛麦面,
xua³³tsa³³ pe⁴⁴ tsŋ²¹ lɔ²¹ mu⁴⁴mi⁴²
赶忙　　走　近　筛　麦面

---

[1] 山山[se⁵⁵sɣ³²]: 前者音读字, 读[se⁵⁵](西), 后者训读字, 读[sɣ³²](山)。

30 磨麦哉干鞋己纳。 磨面还要纳鞋底。
ue⁴²muɯ⁴⁴ tse⁴⁴ ka⁴⁴ ŋe²¹tɕi³³ na⁴⁴
磨面　　　还把　　鞋底　纳

31 叫我无事两头忙, 叫我无事两头忙,
tɕɔ⁵⁵ ŋɔ³¹ vɣ⁴²sʅ⁵⁵ lia³¹thou⁴² ma⁴²
叫　我　无事　两头　　忙

32 我绣花咽巴。 还要再绣花。
ŋɔ³¹ tɕhɛ⁴⁴xuo³⁵ jɯ³⁵ pa³³
我　绣花　　来　了

33 桃红金线绣里垦, 桃红金线绣里面,
ta²¹xuo³⁵ tɕi⁵⁵se⁴² tɕhɛ⁴⁴ pɯ⁵⁵ khɯ³¹
桃红　　金线　　绣　它　面

34 梅红银线绣期外。 梅红银线绣外边。
tɕi³³xuo³⁵ n̠ɯ⁴²se⁴² tɕhɛ⁴⁴ tɕhi⁴⁴ ua⁴⁴
梅红　　银线　　绣　出　外

35 哉怎玉绿线冷直, 玉绿丝线这一支,
ze⁴⁴tsɯ³³ jy⁵⁵lu³⁵ se⁴² nɔ³¹ tsʅ⁵⁵
还有　　玉绿　丝　这　一支

36 汝保绣活光。 用它绣花杆。
zu³¹ pɔ³¹ tɕhɛ⁴⁴ xuo³⁵ku⁴⁴
用　它　绣　花杆

37 黄线汝保绣花心, 黄线用它绣花心,
ŋɣ²¹se⁴² zu³¹ pɔ³¹ tɕhɛ⁴⁴ xuo³⁵ɕi³⁵
黄线　用　它　绣　花心

38 绿线绣活山活光。 绿线绣花叶花枝。
lɣ⁴⁴se⁴² tɕhɛ⁴⁴ xuo³⁵se⁴⁴ xuo³⁵kua⁴⁴
绿线　绣　花叶　花枝

39 无心绣出老梅树, 无心绣出老梅树,
vɣ⁴²ɕɯ³³ tɕhɛ⁴⁴tɕhi⁴⁴ lɔ³¹me⁴²sɣ⁵⁵
无心　绣出　　老梅树

40 生老实古干。 生的很古老。
xɛ⁵⁵ nɔ³³ sʅ⁴⁴ ku³¹ka⁴⁴
生　的　很　古怪

41 阿己绣喜鹊登梅, 一双绣喜鹊登梅,
ʔa³¹tɕie³¹ tɕhɛ⁴⁴ ɕi³¹tɕhu³⁵ tɯ³³me⁴²
一双　　绣　喜鹊　　登梅

42 阿己绣风吹牡丹, 一双绣风吹牡丹,
ʔa³¹tɕie³³ tɕhɛ⁴⁴ fo³³tshui³³ mu³¹ta³³
一双　　绣　风吹　　牡丹

43 阿己绣二龙抢宝, 一双绣二龙抢宝,

	ʔa³¹tɕie³³ tɕhɛ⁴⁴ ʔɛ⁵⁵no⁴² tɕha³¹pɔ³¹	
	一双　绣　二龙　抢宝	
44	争吐倒上咬。	相争大相咬。
	tsɯ⁵⁵ nɔ³³ tɔ³² sa³⁵ŋa⁴⁴	
	争　的　大　相咬	
45	小直小直千，	小针小针绣，
	se³¹tsʅ³⁵ se³¹tsʅ³⁵ tɕhɛ⁴⁴	
	小针　小针　绣	
46	无直无直拉，	匀针匀针纳，
	vɣ²¹tsʅ³⁵ vɣ²¹tsʅ³⁵ na⁴⁴	
	匀针　匀针　纳	
47	鞋己三府拉岸当。	鞋底三副纳这里。
	ŋe²¹tɕi³³ sa⁵⁵fɣ⁴² na⁴⁴ ʔa⁵⁵ta⁴⁴	
	鞋底　三副　纳　这里	
48	王氏我吐针线求，	王氏我的针线好，
	ua⁴²sʅ⁵⁵ ŋɯ⁵⁵ nɔ³³ tsʅ³⁵se⁴² tɕhiɔ⁵⁵	
	王氏　我　的　针线　好	
49	拉自芝麻花。	纳成芝麻花。
	na⁴⁴ tsʅ⁵⁵ tsʅ³³ma³³ xua³³	
	纳　成　芝麻　花	

艺人【旁白】：此话暂且不表。

季子【白】：待我兰季子，一路来得快，回到家门口。躲在大门口，听见我母亲怪声怪气，姑且偷听一番。

乔氏【诵】：一不做来二不休，搬倒葫芦烧香油。一把柴草一把火，烧死王氏贱骨头。【白】：我乔氏，想来，老狗不在，儿子在外，机会难得，老娘我好下毒手。今晚半夜三更，老娘要烧磨房去，把王氏烧死，才顺老娘的心。

艺人【旁白】：兰季子听得此言，大惊。

季子【白】：我妈竟有此毒计！烧死我大嫂，日后我大哥回来，怎能对得起他。我只得给我大嫂报信。行行走走，来到磨房门口——开门开门，赶快开门！

王氏【白】：你是哪一个？

季子【白】：我是三弟兰季子。

王氏【白】：莫非他生怪方来了——【唱】：

1	王氏我干牙来咬，	王氏我只得咬咬牙，
	tɕhiɔ⁴²sʅ⁵⁵ ŋɔ³¹ ka⁴⁴ ŋe²¹ le³¹ ŋa⁴⁴	
	王氏　我　把　大牙　来　咬	
2	事物自闷出冷样！	事情怎么出这样！
	sʅ³¹vɣ³³ tsʅ⁵⁵mɯ⁵⁵ tshɣ⁴⁴ nɯ³¹ja⁴²	
	事情　怎么　出　这样	
3	今日你应自舍来？	今天你来做什么，

ke⁵⁵ȵi⁴⁴ nɔ³¹ jɯ³⁵ tsʅ⁵⁵ se³¹ le³¹
今天　你　来　做　什么

4　想必生怪方。　　　　　　　　　　　想必生怪方。
　　ɕa³¹pi³⁵ sɯ³³ kue⁵⁵fa³³
　　想必　　生　怪方

5　气气敌那子母气，　　　　　　　　　说亲只是子母亲，
　　tɕhi⁵⁵tɕhi⁵⁵ ti³¹ na⁵⁵ tsʅ³³mɔ³³ tɕhi⁵⁵
　　亲亲　　只　你们　子母　亲

6　外外利敌生我外。　　　　　　　　　说外只是我当外。
　　ua⁴⁴ua⁴⁴ li⁵⁵ ti³¹ ŋɔ³¹ ta⁴⁴ua⁴⁴
　　外外　　也　只　我　当外

7　王氏我敌女人人，　　　　　　　　　只是一个女人我，
　　ua⁴²sʅ⁵⁵ ŋɔ³¹ ti³¹ ȵy³³ȵi²¹ȵi²¹
　　王氏　　我　只　一个女人

8　自笨闷舍样。　　　　　　　　　　　把他没办法。
　　tsʅ⁵⁵ pɯ⁵⁵mɯ⁵⁵ se³¹ja⁴²
　　做　他的　　哪样

9　低下头来细思想，　　　　　　　　　低下头来细思想，
　　ti³¹ɕa⁵⁵ thou⁴² le⁴² ɕi⁴⁴ɕɯ⁵⁵ mi³³
　　低下　头　来　细心　想

10　我做口达心三量。　　　　　　　　我的口与心商量。
　　ŋɔ³¹ tsʅ⁵⁵ tɕy³³ ta⁵⁵ ɕi⁵⁵ sa³³lia⁴²
　　我　则　嘴　和　心　商量

11　心正哪怕天大事，　　　　　　　　心正哪怕天大事，
　　ɕɯ³³tsɯ⁵⁵ na³¹pa⁵⁵ thi³³ta⁵⁵sʅ⁵⁵
　　心正　哪怕　　天大事

12　格保自舍样？　　　　　　　　　　有啥还怕他？
　　kɛ³⁵ pɔ³¹ tsʅ⁵⁵ se³¹ja⁴²
　　怕　他　做　什么

13　必手我干门闪开，　　　　　　　　左手把门打开来，
　　pi³⁵sɯ³³ ŋɔ³¹ ka⁴⁴ me²¹se⁴² khɯ⁵⁵
　　左手　我　把　门　　开

14　左手乃肯古军巴。　　　　　　　　右手拿起老扫把。
　　tsʅ⁴²sɯ³³ ne⁴⁴khɯ³³ ku³³tsye⁴⁴pa³¹
　　右手　　拿起　　老扫把

15　打人不如先下手，　　　　　　　　打人不如先下手，
　　ta³¹zɯ⁴² pu³⁵zu⁴² ɕi³³ ɕa⁵⁵sou³¹
　　打人　不如　先　下手

16　打翻你岸当。　　　　　　　　　　姑且打翻他。

tɛ⁴⁴fɛ³³ nɔ³¹ ʔa⁵⁵ta⁴⁴
打翻　你　这里

17　干我鞋巴脱下来，　　　　　　　　　　　　把我烂鞋脱下来，
　　ka⁴⁴ ŋɯ⁵⁵ ŋe²¹pa⁴² thuo⁴⁴thɯ⁵⁵ jɯ³⁵
　　把 我的　烂鞋　　脱下　　来

18　必张打恨打右张。　　　　　　　　　　　　甩他左右几嘴巴。
　　pi³⁵ tsa⁴⁴ tɛ⁴⁴ xɯ⁵⁵ tɛ⁴² tsɛ⁴² tsa⁴⁴
　　左　掌　打了　打　右　掌

19　干嘅嘴巴利打烂，　　　　　　　　　　　　把你嘴巴打烂掉，
　　ka⁴⁴ nɯ⁵⁵ tɕye³³pa⁴² li⁵⁵ tɛ⁴⁴ la⁴⁴
　　把 你的　脸　　也　打 烂

20　嘴里利出血。　　　　　　　　　　　　　　让嘴巴流血。
　　tɕye³³ xɯ³¹ li⁵⁵ tshɤ⁴⁴ sua⁴⁴
　　嘴　里　也 出　血

季子【白】：大嫂，不要打了！听我道来，哎——伤心啊！【唱】：

1　阿初我吐要打三，　　　　　　　　　　　　大嫂不要来打我，
　　ʔa³¹tshu³³ ŋɯ⁵⁵ nɔ³³ nɔ³³ tɛ⁴⁴ sa³³
　　大嫂　　我的 上　不要　打　来

2　从头听我季子说。　　　　　　　　　　　　从头听我季子说。
　　tshu³¹tо⁴² tshɛ⁵⁵ ŋɔ³¹ tɕi⁵⁵tsŋ³¹ sua⁴⁴
　　从头　　　听　我　季子　　说

3　我由东庄吐央咽，　　　　　　　　　　　　我从东庄回来后，
　　ŋɔ³¹ɕa³⁵ tuo³³tsua³³ nɔ³³ ja⁴²jɯ³⁵
　　我　从　东庄　　　上　回来

4　杯叭大门外。　　　　　　　　　　　　　　走到家门口。
　　pe⁴⁴phia⁴⁴ kɛ⁴²me²¹ ua⁴⁴
　　走到　　　大门　　外

5　乔氏阿母肯毒心，　　　　　　　　　　　　听见阿嫫毒心话，
　　tɕhiɔ⁴²sŋ⁵⁵ ʔa³¹mɔ³³ khɯ⁵⁵ tu⁵⁵ɕi³⁵
　　乔氏　　　阿嫫　　起　毒 心

6　想要杯咽生怪方。　　　　　　　　　　　　想要走来生怪方。
　　ɕa³¹ ȵiɔ³³ pe⁴⁴ jɯ³⁵ sɯ³³ kue⁵⁵fa³³
　　想　要　走　来　生　怪 方

7　阿母杯咽烧磨房，　　　　　　　　　　　　她要走来烧磨房，
　　ʔa³¹mɔ³³ pe⁴⁴ jɯ³⁵ su⁵⁵ mu⁵⁵fa⁴²
　　阿嫫　　走　来　烧　磨房

8　要干初数香。　　　　　　　　　　　　　　想烧死阿嫂。
　　nɔ³³ ka⁴⁴ tshu³³ su⁵⁵ ɕa⁴⁴
　　要　把　嫂　烧　死

9　你弟听来心不忍，　　　　　　　　　　　　你弟听着不忍心，

nɯ⁵⁵the³³ tɕhɛ⁵⁵ jɯ³⁵ ɕɯ³³ pu³⁵zɯ³¹
你弟　听到　心　不忍

10　我咽干阿初救叭。　　　　　　　　　赶忙过来救阿嫂。
ŋɔ³¹ jɯ³⁵ ka⁴⁴ ʔa³¹tshu³¹ kɯ⁴² phia⁴⁴
赶忙　把　阿嫂　救到

11　不想利利咽打我，　　　　　　　　　不想您要来打我，
pu³⁵ɕa³¹ n̩i⁵⁵ li⁵⁵ jɯ³⁵ tɛ⁴² ŋɔ³¹
不想　您　也　来　打　我

12　嘴里打期血。　　　　　　　　　　　嘴巴打出血。
tɕye³³ xɯ³¹ tɛ⁴⁴tɕhi⁴⁴ sua⁴⁴
嘴里　打出　血

王氏【唱】：

1　树手干我胎慨肯，　　　　　　　　　双手扶起我三弟，
sy⁵⁵sɯ³³ ka⁴⁴ ŋɔ⁵⁵the³³ khe⁵⁵khɯ³³
双手　把　我弟　牵起

2　阿胎情意比海宽。　　　　　　　　　三弟情意比海深。
ʔa³¹the³³ tɕɛ²¹ji³¹ pi³¹ kɔ²¹ khua⁴⁴
阿弟　情意　比　海　宽

3　嚧初汝鞋巴打你，　　　　　　　　　你嫂用鞋打了你，
nɯ⁵⁵tshu³³ zu³¹ tse²¹pa⁴² tɛ⁴⁴ nɔ³¹
你嫂　用鞋　打　你

4　对朱胎朵三。　　　　　　　　　　　对不起三弟了。
tui⁴²tsy⁴² the³³ tuo³² sa³³
对着　弟　不得了

5　敌咋阿胎你杯因，　　　　　　　　　只想阿弟你要来，
ti³¹tsou⁴² ʔa³¹the³³ nɔ³¹ pe⁴⁴ jɯ³⁵
只是　阿弟　你　走来

6　想必你来生怪方。　　　　　　　　　想必也来生怪方。
ɕa³¹pi³⁵ sɯ³³ kue⁵⁵fa³³
想必　生　怪方

7　阿胎杯因搭救我，　　　　　　　　　阿弟前来搭救我，
ʔa³¹the³³ pe⁴⁴jɯ³ ta³⁵tɕiu⁵⁵ ŋɔ³¹
阿弟　走来　搭救　我

8　干胎误会叭。　　　　　　　　　　　错怪了阿弟。
ka⁴⁴ the³³ u⁵⁵xui⁵⁵ phia⁴⁴
把　弟　误会　到

9　树勾跪下胎面前，　　　　　　　　　双脚跪在弟面前，
sy⁵⁵kuo⁴⁴ ky³¹thɯ⁵⁵ the³³ tɕi⁴²mi⁴²
双脚　跪下　弟　面前

10　嚧初干胎尚付叭。　　　　　　　　嫂嫂多谢弟好意。

  nɯ⁵⁵tshu³³ ka⁴⁴ the³³ sa⁴⁴fɤ⁴⁴ phia⁴⁴
  你嫂多　把　弟　尚付　到

11 王氏阿初不贤惠，   王氏阿嫂不贤惠，
  ua⁴²sɿ⁵⁵ ʔa³¹tshu³³ pu³⁵ ɕi⁴²xui⁵⁵
  王氏　阿嫂　不　贤惠

12 心头吐要挂。   不要记心头。
  ɕi³⁵khuo³³ nɔ³³ ȵɔ³³ kua⁴⁴
  心头　上　不要　挂

季子【白】：大嫂在上，不要多说了，妈妈马上就要来了。弟嫂二人只得藏到磨房后面去吧。

三、季子救嫂遭难　嫂子得救遭罪

【诗】： 半夜三更正当时，
    黑夜黢黢黑黢黢。
    今晚烧死王氏女，
    方顺老娘心机。

乔氏【白】：待我关起大门，烧磨房去了——【唱】：

1 乔氏我自笑哈哈，   乔氏我心暗欢喜，
  tɕiɔ⁴²sɿ⁵⁵ ŋo³¹ tsɿ⁵⁵ xiɔ⁵⁵xa⁴⁴xa⁴⁴
  乔氏　我　则　笑哈哈

2 冷叹争三格时加。   这时正是三更时。
  lɯ³¹tha⁵⁵ tsɯ³³ sa⁵⁵kɛ³⁵ tsɿ³¹tɕa⁴⁴
  这时　是　三更　时节

3 天时正合我心意，   天时正合我心意，
  thi³³sɿ⁴² tsɯ⁵⁵xuo³⁵ ŋo³¹ ɕɯ³³ji⁵⁵
  天时　正合　我　心意

4 我要烧磨坊。   我要烧磨坊。
  ŋo³¹ ȵɔ⁵⁵ so³³ mɔ⁵⁵fa³³
  我　要　烧　磨房

5 必手提肯油阿古，   左手提着一壶油，
  pi³⁵sɯ³³ ti⁵⁵khɯ³³ jɯ²¹ ʔa³¹ku²¹
  左手　提起　油　一壶

6 右手抱肯麻阿巴。   右手抱着一捆草。
  tsɛ⁴²sɯ³³ ti⁵⁵khɯ³³ ma⁴⁴ ʔa³¹pa³³
  右手　抱起　稻草　一捆

7 慌慌张张杯期咽，   急急忙忙走出来，
  xua³³xua³³ tsa³³tsa³³ pe⁴⁴tɕhi³³ jɯ³⁵
  慌慌　张张　走出　来

8 前后干偷看。   把前后瞧瞧。

tuɯ²¹ɣɯ³³ ka⁴⁴ta³¹ʔa³³
前后　　偷瞧一下

9　我由村里杯期咽，　　　　　　　　　　　我从村里走出来，
　　ŋɔ³¹ ɕa³⁵ jɯ⁴⁴xɯ³¹ pe⁴⁴tɕhi⁴⁴ jɯ³⁵
　　我　从　村里　　走出　来

10　杯途自恨跑恨三。　　　　　　　　　　　走路得连走带跑。
　　pe⁴⁴thu³³ tsɿ⁵⁵ xɯ⁴⁴phɔ³¹ xɯ⁴⁴sa³³
　　走路　　则　快跑　　快去

11　一路如飞走的快，　　　　　　　　　　　一路走来快如飞，
　　ji³⁵lu⁵⁵ zu⁴²fe³³ tsou³¹tɯ³⁵ khue⁵⁵
　　一路　快飞　走得　　快

12　杯叭磨房外。　　　　　　　　　　　　　走到磨房外。
　　pe⁴⁴phia⁴⁴ mɔ⁵⁵fa⁴² ua⁴⁴
　　走到　　　磨房　　外

13　抬起头来咽干汉，　　　　　　　　　　　抬起头来看一看，
　　tuɯ²¹pɔ²¹ ta³⁵khɯ³³ jɯ³⁵ ka⁴⁴xa⁵⁵
　　头　　　抬起　　来　看看

14　东南西北利汉加。　　　　　　　　　　　四方八面看清了。
　　tv̩³⁵na²¹ se³⁵pɯ⁴⁴ li⁵⁵ xa⁵⁵tɕa⁴⁴
　　东南　　西北　　也　看尽

15　前后左右无一人，　　　　　　　　　　　前后左右没有人，
　　tɕhi⁴²xou⁵⁵ tsuo³¹jou⁵⁵ vɣ⁴² ji³⁵zɯ⁴²
　　前后　　　左右　　　没　一人

16　该当我造化。　　　　　　　　　　　　　当是我造化。
　　ke⁵⁵ta⁵⁵ ŋɔ³¹ tshɔ³³xua⁴⁴
　　该当　　我　造化

17　开嘴我叫咋王氏，　　　　　　　　　　　开口我叫你王氏，
　　khɯ⁵⁵tɕye³³ ŋɔ³¹ ʔɯ⁵⁵tsɔ⁴² ua⁴²sɿ⁵⁵
　　开口　　　　我　叫着　　　王氏

18　今日嘘吐死怕叭。　　　　　　　　　　　今夜你的死期到。
　　ke⁵⁵n̩i⁴⁴ nɯ⁵⁵ nɔ³³ ɕi³³pha⁵⁵ phia⁴⁴
　　今日　你的　上　死期　　到

19　上天无路地无门，　　　　　　　　　　　上天无路地无门，
　　sa⁵⁵thi³³ vɣ⁴²lu⁵⁵ ti⁵⁵ vɣ⁴²mɯ⁴²
　　上天　　无路　　地　无门

20　本事争岸拉？　　　　　　　　　　　　　本事在何方？
　　pɯ³¹sɿ⁴⁴ tsɯ³³ ʔa⁵la³³
　　本事　　在　　哪里

21　具利仕鲁送肯咽，　　　　　　　　　　　稀里哗啦烧起来，

	tɕy⁵⁵li⁵⁵ sɿ⁴²lu³¹ su⁵⁵khɯ³³ jɯ³⁵	
	稀里 哗啦 烧起 来	
22	肥梅必十加麦光。	掀门大风加麦秆。
	fɛ³³me²¹ pi³⁵sɿ³⁵ li⁵⁵ mɯ⁴⁴kua⁴⁴	
	掀门 风 和 麦秆	
23	茅草房吐去放火，	茅草房上放把火，
	mu⁵⁵tshu³¹xɔ³¹ nɔ³³ su⁵⁵khɯ³³ xui³³	
	茅草房 上 烧起 火	
24	火吐把油加。	火上把油加。
	xui³³ nɔ³³ ka⁴⁴ jɯ²¹ tɕa³³	
	火 上 把 油 加	
25	乔氏我跑期旺步，	乔氏我跑出来几步，
	tɕiɔ⁴²sɿ⁵⁵ ŋo³¹ phɔ³³tɕhi⁴⁴ ua⁵⁵pu³¹	
	乔氏 我 跑出 几步	
26	抬肯头博咽干看。	回过头来看一看。
	ta³⁵khɯ³³ tɯ²¹pɔ²¹ jɯ³⁵ ka⁴⁴ʔa³³	
	抬起 头 来 看看	
27	请得南方丙丁火，	请得南方丙丁火，
	tɕhɯ³¹tɯ³⁵ na⁴²fa³³ pɯ³³ tɯ³³ xuo³¹	
	请得 南方 丙 丁 火	
28	送自火轿康。	烧成火轿子。
	su⁵⁵ tsɿ⁵⁵ xui³³tɕiɔ⁴⁴ kha⁴⁴	
	烧成 火轿子	

【白】：待我乔氏烧了磨房，这里要洗清卖白，大骂一场——哎！哪个短命的，挨刀的，不得好死的，竟敢烧我家的磨房！烧死我家王氏儿媳！要是老娘抓着你，剥你的皮！抽你的筋！

季子【白】：待我兰季子想来，这个老东西，自己烧了磨房，还在这里洗清卖白！让我跳出来骂他几句——哪个没良心的，不要脸的，烧了我家磨房！

乔氏【白】：你是哪个？

季子【白】：你看我是何人？

乔氏【白】：咯是隔壁张大妈的儿子？

季子【白】：你猜错了，我是兰家的兰季子。

乔氏【白】：阿哞哞！那是我的儿子！忤逆不孝。你什么时候回来？你咯看见哪个烧了我家的磨房？

季子【白】：这是妈妈。我看见了。

乔氏【白】：你看见什么样的人？

季子【白】：我看见她走路一摇一摆的，屁股一甩一甩的，骂人指手画脚的，打人鼓眼扭嘴的，头也像妈，脚也像妈。不知哪个没良心的，老杂种的，老挨刀的，短命不得好死的。

乔氏【白】：啊呀，你不要骂了，就算是老娘烧。

季子【白】：啊！原来是妈妈烧的。请问妈妈，为何半夜三更来火烧磨房？
乔氏【白】：妈妈为你好啊——【唱】：

1 叫作阿子你听我，　　　　　　　　　　　　叫声我儿你听我，
　　ʔɯ⁵⁵tsɔ⁴² ʔa³¹tsɿ³³ nɔ³¹ tɕhɛ⁵⁵ ŋ³¹
　　叫着　　我儿　　你　听　我

2 你母烧房委你吐。　　　　　　　　　　　　阿嫫烧房为了你。
　　nɯ⁵⁵mɔ³³ su⁵⁵xɔ³¹ ue⁴⁴ nɯ⁵⁵ nɔ³³
　　阿嫫　　烧房　　为　你的　上

3 半夜三更烧磨房，　　　　　　　　　　　　半夜三更烧磨房，
　　pa⁴²jɔ³¹ sa³⁵kɛ³⁵ su⁵⁵ mɔ⁵⁵fa⁴²
　　半夜　　三更　　烧　磨房

4 都是为你好。　　　　　　　　　　　　　　都是为你好。
　　tu³³sɿ⁵⁵ ue⁵⁵ ni³¹ xɔ³¹
　　都是　　为　你　好

5 冷叹嚨爹日双古，　　　　　　　　　　　　这时你爹年事高，
　　lɯ³¹ta⁵⁵ nɯ⁵⁵ti³³ ȵi⁴⁴sua⁵⁵ ku³³
　　这时　　你爹　　年岁　老

6 今日本得明日朵。　　　　　　　　　　　　今天顾不了明天。
　　ke⁵⁵ȵi⁴⁴ pɯ³¹tɯ⁴⁴ me⁵⁵ȵi⁴⁴ tuo³²
　　今天　　不得　　明天　　不得

7 中林中秀当兵恨，　　　　　　　　　　　　中林中秀去当兵，
　　tso³³li⁴² tso³³ɕiu⁵⁵ ta³⁵kɣ⁵⁵ xɯ⁵⁵
　　中林　　中秀　　当兵　去

8 敌死战场吐。　　　　　　　　　　　　　　只会死战场。
　　ti³¹ ɕi³³ tɕe⁵⁵tsha³¹ nɔ³³
　　只死　　战场　　上

9 在怎嚨初王氏女，　　　　　　　　　　　　还有你嫂王氏女，
　　tse⁴⁴tsɯ³³ nɯ⁵⁵⁵tshu³³ ua⁴²sɿ⁵⁵ny³¹
　　还有　　你的嫂　　王氏女

10 不害死她就不好。　　　　　　　　　　　　不害死她就不好。
　　pɯ³¹ xe⁴⁴ɕa⁴⁴ pɔ³¹ tɕiu⁵⁵ pɯ³⁵xɔ³¹
　　不　害死　她　就　不好

11 阿母生保咽磨麦，　　　　　　　　　　　　阿嫫叫她去磨面，
　　ʔa³¹mɔ³³ sɛ³³ pɔ³¹ jɯ³⁵ ue⁴²mɯ⁴⁴
　　阿嫫　让　她　来　磨面

12 干保数香劳。　　　　　　　　　　　　　　把她烧死了。
　　ka⁴⁴ pɔ³¹ su⁵⁵ ɕa⁴⁴ lɔ³¹
　　把　她　烧　死　了

13 的肖王氏数香恨，　　　　　　　　　　　　只让王氏烧死掉，

ti⁵⁵ɕɔ⁵⁵ ua⁴²sʅ⁵⁵ su⁵⁵ɕa⁴⁴xɯ⁵⁵
只消　王氏　　烧　死掉

14　一家家当归儿吐。　　　　　　　　　　一个家当归你有。
ʔa³¹xɔ³¹ tɕa³³ta⁵⁵ kui³³ nɯ⁵⁵ nɔ³³
一个　　家当　　归　你　上

15　阿母为嗯吐数房，　　　　　　　　　　阿嫫为你去烧房，
ʔa³¹mɔ³³ ue⁴⁴ nɯ⁵⁵ nɔ³³ su⁵⁵ xɔ³¹
阿嫫　　为　你的　上　烧　房

16　你说好不好？　　　　　　　　　　　　你说好不好？
ni³¹ su³⁵ xɔ³¹ pu³⁵xɔ³¹
你　说　好　不好

【白】：好比人家起房盖屋，妈妈为儿为女烧磨烧房。
季子【白】：这么说，我回去将我家三坊一照壁、四合五天井也统统烧掉。
乔氏【白】：啊呀，那是我儿，烧不得。
季子【白】：那是妈妈，烧得，烧得。
乔氏【白】：那是我儿，烧不得，小儿快背妈妈回去。
季子【白】：哦，妈妈出得来，回不去，待我背妈妈回去——【唱】：

1　季子我背肯阿母，　　　　　　　　　　季子我背起阿嫫，
tɕi⁵⁵tsʅ³¹ ŋɔ³¹ jɛ⁴²khɯ³³ ʔa³¹mɔ³³
季子　　我　　背起　　　阿嫫

2　阿母利自重过朵。　　　　　　　　　　阿嫫身子怎的这么重。
ʔa³¹mɔ³³ ɳi⁵⁵ tsʅ⁵⁵ tsɣ³³kuo⁴²tuo³²
阿嫫　　您　则　重不过

3　背背是起府气哟，　　　　　　　　　　背着背着嫫放屁，
jɛ⁴²jɛ⁴²tsʅ⁵⁵tɕhi³¹ fɣ³¹tɕhi⁴⁴ jɯ³⁵
背着背着　　　屁出　来

4　干我楚香可。　　　　　　　　　　　　把我臭死了。
ka⁴⁴ ŋɔ³¹ tshu³¹ ɕa⁴⁴ kɔ³³
把　我　臭　死　一个

5　杯阿步自凑阿凑，　　　　　　　　　　走一步就往上抽一抽，
pe⁴⁴ ʔa³¹pu³¹ tsʅ⁵⁵ tshou³³ ʔa³¹tshou⁵⁵
走　一步　　则　抽　　一抽

6　杯两步自倒三倒。　　　　　　　　　　走两步就在地上跺一跺。
pe⁴⁴ kɔ³³pu³¹ tsʅ⁵⁵ tuo⁴⁴ ʔa³¹tuo³³
走　两步　　则　跺　一跺

7　乔氏阿母没良心，　　　　　　　　　　乔氏阿嫫没良心，
tɕhiɔ⁴²sʅ⁵⁵ ʔa³¹mɔ³³ mu³³lia⁵⁵ɕɯ³³
乔氏　　阿嫫　　莫良心

8　倒香恨利要。　　　　　　　　　　　　情愿跺死她。

$$tuo^{44}\ ca^{44}\ xɯ^{55}\ li^{55}\ ŋɔ^{33}$$
踩　死　了　也　要

【白】：一路来得快，回到了家门口，前门后门关起，老子打死你这个老贱人！

乔氏【白】：阿唶！忤逆不孝！你打老娘，上有天，下有地，你要着雷打火烧！

季子【白】：既是这样，我把你背到楼上去。

乔氏【白】：要得，要得。我儿真有孝心。

季子【白】：待我把窗子关起，风洞塞起，这叫上无天，下无地，打死你这老妖精！

乔氏【白】：忤逆不孝，打不得。

季子【白】：既是打不得，我要告你，你火烧磨房，烧死王氏，把你拖进衙门里，打断你的狗腿。

乔氏【白】：忤逆不孝，你告老娘不得。

季子【白】：告不得，打不得，我羞你咯得。

乔氏【白】：我们母子有什么羞的。

季子【白】：妈妈，你听——**【唱】**：

1　季子我自羞阿母，　　　　　　　　　　季子我要羞阿嬷，
　$tɕi^{55}tsɿ^{31}\ ŋɔ^{31}\ tsɿ^{55}\ tshɯ^{33}\ ʔa^{31}mɔ^{33}$
　季子　我　则　羞　阿嬷

2　阿母利吐羞完朵。　　　　　　　　　　阿嬷的丑事羞不完。
　$ʔa^{31}mɔ^{33}\ ȵi^{55}\ nɔ^{33}\ tshɯ^{33}\ lɔ^{32}\ tuo^{32}$
　阿嬷　您　上　羞　了　不得

3　从小自认本正经，　　　　　　　　　　从小自认不正经，
　$se^{31}tsɿ^{21}\ tsɿ^{55}zɯ^{55}\ pɯ^{31}\ tsɯ^{44}tɕɯ^{55}$
　小时　自认　不　正经

4　对朱人格朵。　　　　　　　　　　　　做事见不得人。
　$tui^{42}tsɤ^{42}\ ȵi^{21}kɛ^{35}\ tuo^{32}$
　对着　人　不得

5　阿母女那子时加，　　　　　　　　　　阿嬷在做姑娘时，
　$ʔa^{31}mɔ^{33}\ ȵv^{33}na^{42}tsɿ^{33}\ tsɿ^{31}tɕa^{44}$
　阿嬷　姑娘　时节

6　三十岁利省恨朵。　　　　　　　　　　三十岁还嫁不出。
　$sa^{55}tsɿ^{42}\ sua^{44}\ li^{55}\ zɿ^{31}\ xɯ^{55}\ tuo^{32}$
　三十　岁　也　给　出　不得

7　张格伙杯争讨利，　　　　　　　　　　张家人来讨要您，
　$tsa^{55}kɛ^{35}xɔ^{33}\ pe^{44}\ jɯ^{35}\ thu^{55}\ ȵi^{55}$
　张家人　走　来　讨　您

8　欢自跳勾勾。　　　　　　　　　　　　乐得跳起来。
　$xua^{35}\ tsɿ^{55}\ thiɔ^{44}\ kuo^{44}kuo^{44}$
　乐　得　跳　脚脚

9　东边笑走叭西边，　　　　　　　　　　东边傻笑到西边，

tɤ⁵⁵pɔ²¹ sɔ³¹ pe⁴⁴ phia⁴⁴ se⁵⁵pɔ²¹
东边　笑　走　到　西边

10　干您省给张格伙。　　　　　　　　　　把您许给了张家。
ka⁴⁴⁴ n̠i⁵⁵ zɿ³¹tsɿ³¹ tsa⁵⁵kɛ³⁵xɔ³³
把　您　给去　张家人

11　罢请梅香咽双利，　　　　　　　　　　他们请媒人来提亲，
pa⁵⁵ tɕhɛ³³ me⁴²ɕa³³ jɯ³⁵ sua⁵⁵ n̠i⁵⁵
他们　请　媒人　来　说　您

12　跑期大堂吐。　　　　　　　　　　　　您跑来大堂里。
phɔ³³tɕhi⁴⁴ tha⁵⁵u⁵⁵ nɔ³³
跑出　　堂屋　上

13　我阿公保本达约，　　　　　　　　　　我阿公他不答应，
ŋɯ⁵⁵ ʔa⁵⁵lɔ³¹ pɔ³¹ pɯ³¹ ta³⁵jɯ³⁵
我的　阿公　他　不　答应

14　阿母手达约罢吐。　　　　　　　　　　阿嫫就答应他们。
ʔa³¹mɔ³³ sɯ³³ ta³⁵jɯ⁴⁴ pa⁵⁵ nɔ³³
阿嫫　就　答应　他们　上

15　订婚压吐布阿对，[1]　　　　　　　　　订婚礼的布一匹，
tiɯ⁵⁵xui³³ jɔ⁴⁴ nɔ³³ phiɔ³¹ ʔa³¹tui⁴²
订婚　押　的　布　一匹

16　生恨大堂吐。　　　　　　　　　　　　放在大堂上。
sɯ³³ xɯ³³ tha⁵⁵u⁵⁵ nɔ³³
放　在　堂屋　上

17　利干阿刀剪两哉，　　　　　　　　　　您剪一刀成两节，
n̠i⁵⁵ ka⁴⁴ ʔa³¹ta⁵⁵ kɛ⁴² kɔ³³ tse⁴²
您　剪　一刀　剪　两节

18　汝保勒皆您勾吐。　　　　　　　　　　用它裹您的小脚。
nɔ⁴² pɔ³¹ lɯ⁴⁴ke²¹ n̠i⁵⁵ kuo⁴⁴ nɔ³³
用　它　裹　您　脚　上

19　勒恨三天里三夜，　　　　　　　　　　裹了三天又三夜，
lɯ⁴⁴ xɯ⁵⁵ sa⁵⁵n̠i⁴⁴ li⁵⁵ sa⁵⁵jɔ³¹
裹　了　三天　也　三夜

20　勒期羊勾坡。　　　　　　　　　　　　裹出羊子脚。
lɯ⁴⁴ tɕhi⁴⁴ jɔ²¹kuo⁴⁴ phɔ⁴⁴
裹　出　羊子　脚

21　自从本日许罢闷，　　　　　　　　　　自从那天许他们，
sa³⁵tsɿ⁵⁵ pɯ³¹ɕɛ⁴⁴ ɕy³¹ pa⁵⁵ me⁵⁵
自从　那天　许　他们　上

---

[1] 阿对[ʔa³¹tui⁵⁵]：布匹的量词。过去，白语称一匹布料为[ʔa³¹tui⁵⁵]（一端），此处作音读。

22 天天汉定达轿伙。 天天盼着抬轿子。
    thi³³thi³³ xa⁵⁵tiɯ⁴⁴ ta³⁵tɕiɔ⁴⁴ xɔ³³
    天天　看着　　抬轿　人们

23 张格好哉本应加， 张家人还不来接，
    tsa⁵⁵kɛ³⁵xɔ³³ tse⁴⁴ pɯ³¹ jɯ³⁵ tɕa⁴⁴
    张家人　　　还　不　来　接

24 利留跑里那罢了。 您就跑到他们那里了。
    li⁴⁴ nɔ⁴⁴ phɔ³³tɕɯ³¹ lɔ³¹ pa⁵⁵ nɔ³³
    您要　跑去　　了　他们　上

25 阿母您喜事本日， 阿嬷您喜事那天，
    ʔa³¹mɔ³³ ȵi⁵⁵ ɕi³¹sɿ⁴⁴ pɔ³¹ȵi⁴⁴
    阿嬷　　您　喜事　　那天

26 红衣阿扣披次吐。 一件红衣披在身。
    tshɿ⁴⁴ji⁵⁵ ʔa³¹khou⁵⁵ pe⁴² tshɿ⁵⁵ nɔ³³
    红衣　　一件　　披　身上

27 弟的吹叭门门利， 唢呐吹到家门口，
    ti⁵⁵tɛ⁴⁴ phɯ⁵⁵ phia⁴⁴ me²¹mɯ⁵⁵ li⁵⁵
    唢呐　　吹　到　家门口　也

28 炮期大路吐。 您跑到大路上。
    phɔ³³tɕhi⁴⁴ tuo³²thu³³ nɔ³³
    跑出　　大路　　上

29 利问达轿夫旺等， 您问轿夫那几个，
    ȵi⁵⁵ piɛ⁴⁴ ta³⁵tɕiɔ⁴⁴fɣ⁵⁵ ua⁵⁵tu²¹
    您　问　抬轿夫　　　几个

30 那杯争加我利标？ 你们是否来接我？
    na⁵⁵ pe⁴⁴ jɯ³⁵ tɕa⁴⁴ ŋɔ³¹ li⁵⁵ piɔ³³
    你们　是　来　接　我　也　不是

31 本防隔壁听得号， 邻居不妨听见了，
    pɯ³¹fa⁴² kɛ⁴⁴piɛ⁴⁴ tɕhe⁵⁵tu⁴⁴ xɔ⁵⁵
    不妨　邻居　　听见　　了

32 干罢笑相可。 把人笑死了。
    ka⁴⁴ pa⁵⁵ sɔ³¹ ɕa⁴⁴khɔ³³
    把　他们　笑　死了

33 轿夫旺头那双合， 几个轿夫说汉话，
    tɕiɔ⁴⁴fɣ⁵⁵ ua⁵⁵tu²¹ ma⁵⁵ sua⁴⁴ xa⁴²
    轿夫　　几个　他们　说　汉话

34 白话保自听通朵。 白族话语听不懂。
    pɛ⁴²tuo²¹ pa⁵⁵ tsɿ⁵⁵ tɕhe⁵⁵ thɣ⁵⁵ tuo³²
    白族话　他们　则　听　懂　不得

35 汉子吐自白问保， 汉族男子问白话，

xa⁴²tsɿ³³ nɔ³³ tsɿ⁵⁵ pɛ⁴² piɛ⁴⁴ pɔ³¹
汉族男 上 则 问 白 他

36 保日吵嘞吐。 他是在笑你。
pɔ³¹ zɿ⁵⁵tshɔ⁵⁵ nɯ⁵⁵ nɔ³³
他 大骂 你 上

37 没声没气杯打应, 你没声没气走回来,
mu³³tshɿ⁵⁵ mu³³tɕhi⁴⁴ pe⁴⁴ta⁴² jɯ³⁵
没声 没气 走回 来

38 阿母您藏上楼吐。 阿嫫您躲到楼上。
ʔa³¹mɔ³³ ȵi⁵⁵ tsuo³¹tsuo³³ le²¹ nɔ³³
阿嫫 您 躲上 楼 上

39 给罢杯咽加新武, 您让他们找新娘,
zɿ³¹ pa⁵⁵ pe⁴⁴jɯ³⁵ tɕa⁴⁴ ɕi³⁵vɣ³³
让 他们 走来 接 新娘

40 找得阿母朵。 找不着阿嫫。
ji²¹tɯ⁴⁴ ʔa³¹mɔ³³ tuo³²
找着 阿嫫 不得

41 罢咋新武人次号, 他们说新娘弄丢了,
pa⁵⁵ tsuo⁴² ɕi³⁵vɣ³³ ȵi²¹ tshɿ⁵⁵ xɯ⁵⁵
他们 说 新娘 丢 了

42 阿母笑住朵。 阿嫫不住笑。
ʔa³¹mɔ³³ sɔ³¹tsɣ⁴⁴ tuo³²
阿嫫 笑住 不得

43 吹弟的来笑肯约, 吹唢呐的笑起来,
phɯ⁵⁵ ti⁵⁵tɛ⁴⁴ȵi²¹ sɔ³¹khɯ³³ jɔ³⁵
吹 唢呐人 笑起 来

44 闷咋等阿母。 他说等阿嫫。
mɯ⁵⁵ tsɔ⁴² tɯ³³ ʔa³¹mɔ³³
他 说 等 阿嫫

45 梅香杯争背新武, 媒人前去背新娘,
me⁴²ɕa³³ pe⁴⁴jɯ³⁵ jɛ⁴² ɕi³⁵vɣ³³
媒人 走来 背 新娘

46 保咋阿母重期朵。 她说阿嫫身很重。
pɔ³¹ tsɔ⁴² ʔa³¹mɔ³³ tsɣ³³tɕhi⁴⁴ tuo³²
她 说 阿嫫 重 不得

47 当自背得石块块, 当成背一个石头,
ta⁴⁴tsɿ⁵⁵ jɛ⁴²tɯ⁴⁴ tsuo⁴²khui³⁵kɛ³⁵
当成 背着 一个 石头

48 干保争相可。 把她要挣死。

$$ka^{44}\ pɔ^{31}\ tsɯ^{44}ɕa^{44}\ khɔ^{33}$$
把　她　挣死　了

49　杯阿步自冲阿冲，　　　　　　　　　　走一步就抽一抽，
　　$pe^{44}\ ʔa^{31}pu^{31}\ tsɿ^{55}\ tshɔ^{55}\ ʔa^{31}\ tshɔ^{55}$
　　走　一步　则　抽　一　抽

50　杯两步自倒阿倒。　　　　　　　　　　走两步就跺一跺。
　　$pe^{44}\ kuo^{33}pu^{31}\ tsɿ^{55}\ tuo^{44}\ ʔa^{31}\ tuo^{44}$
　　走　两步　则　跺　一　跺

51　干利倒弟府冲期，　　　　　　　　　　让您跌倒跌出屁，
　　$ka^{44}\ ȵi^{55}\ tuɛ^{44}ti^{55}\ fɣ^{31}\ tshuo^{44}\ tɕhi^{44}$
　　让　您　跌倒　屁　抽　出

52　干罢楚相可。　　　　　　　　　　　　把人要臭死。
　　$ka^{44}\ pa^{55}\ tshu^{31}ɕa^{44}\ khuo^{33}$
　　把　他们　臭死　了

乔氏【白】：忤逆不孝咯羞完了？

季子【白】：这是阿母，乡里人赶街正来——【唱】：

1　羞阿母自羞阿母，　　　　　　　　　　羞阿嬷来羞阿嬷，
　　$tshɯ^{33}\ ʔa^{31}mɔ^{33}\ tsɿ^{55}\ tshɯ^{33}\ ʔa^{31}mɔ^{33}$
　　羞　阿嬷　则　羞　阿嬷

2　三天羞完阿母朵。　　　　　　　　　　三天羞也羞不完。
　　$sa^{55}ȵi^{44}\ tshɯ^{33}\ lɔ^{32}\ ʔa^{31}mɔ^{33}\ tuo^{32}$
　　三天　羞　了　阿嬷　不得

3　咋干阿母羞完恨，　　　　　　　　　　要是把阿嬷羞得完，
　　$tsɔ^{42}\ ka^{44}\ ʔa^{31}mɔ^{33}\ tshɯ^{33}\ lɔ^{31}\ xɯ^{55}$
　　如　把　阿嬷　羞　完　了

4　气相人格伙。　　　　　　　　　　　　气煞在世人。
　　$tɕhi^{44}\ ɕa^{44}\ ȵi^{21}kɛ^{35}xɔ^{33}$
　　气　死　人们

5　张格我爹闷死恨，　　　　　　　　　　张家我爹死了后，
　　$tsa^{55}kɛ^{35}\ ŋɯ^{55}tie^{33}\ mɯ^{55}\ ɕi^{33}\ xɯ^{55}$
　　张家　我爹　他　死　后

6　阿母干我背次吐。　　　　　　　　　　阿嬷把我背身上。
　　$ʔa^{31}mɔ^{33}\ ka^{44}\ ŋɔ^{31}\ jɛ^{42}\ tshɿ^{55}\ nɔ^{33}$
　　阿嬷　把　我　背　身　上

7　寡妇婆娘无人管，　　　　　　　　　　寡妇婆娘无人管，
　　$kua^{31}fɣ^{55}\ phɔ^{42}nia^{33}\ mu^{33}ȵi^{21}\ kua^{42}$
　　寡妇　婆娘　无人　管

8　跳肯八丈高。　　　　　　　　　　　　您跳八丈高。
　　$tio^{44}\ khɯ^{33}\ pa^{35}ta^{55}\ kɔ^{33}$
　　跳　起　八丈　高

9	央罢闷自问送罢,	想嫁给他们还要问他们,
	ja⁴⁴ pa⁵⁵mɯ⁵⁵ tsʅ⁵⁵ pi ɛ⁴⁴ so³³ pa⁵⁵	
	回 他们 则 问 送 他们	
10	兰芳草闷利叫大,	喊兰芳草叫大爹。
	na⁴²fa³³tshɔ³¹ mɯ⁵⁵ li⁵⁵ ʔɯ⁵⁵ ta⁵⁵	
	兰芳草 上 也 喊 大爹	
11	罢咋利留讨武艮,	他们说要讨老婆,
	pa⁵⁵ tsɔ⁴² li⁵⁵ nɔ⁴⁴ thu⁵⁵ vɣ³³ȵi²¹	
	他们 说 还要 讨 妻子	
12	我自利牛母。	你说我做要不要。
	ŋɔ³¹ tsʅ⁵⁵ li⁵⁵ nɔ⁴⁴ mɔ³³	
	我 做 您 要 不	
13	欠上息自央罢闷,	三吊钱就去他们家,
	tɕhie⁵⁵ sa⁵⁵ ɕi⁵⁵ tsʅ⁵⁵ ja⁴² pa⁵⁵ mɯ⁵⁵	
	钱 三 吊 则 回他们 处	
14	世界利敌出阿母。	人世间也只有您。
	se⁴²kɛ⁴² li⁵⁵ ti³¹ tshɣ⁴⁴ ʔa³¹mɔ³³	
	人世 也 只 出 阿嫫	
15	卖弓鱼自达富凹,[1]	卖鱼再搭小鱼,
	kɯ²¹ kɣ³⁵ɣ³⁵ tsʅ⁵⁵ ta⁴⁴ fɣ⁵⁵ua⁴²	
	卖 弓鱼 则 搭 小鱼	
16	干我背达吐。	把我背身上。
	ka⁴⁴ ŋɔ³¹ jɛ⁴² ta⁴² nɔ³³	
	把 我 背 搭 上	
17	我爷闷自灯我爹,	阿爷他在等阿爹,
	ŋɯ⁵⁵jie⁴² mɯ⁵⁵ tsʅ⁵⁵ tɯ³³ ŋɯ⁵⁵tie³³	
	我爷 他 则 等 我爹	
18	我阿公闷灯阿母。	阿公他在等阿嫫。
	ŋɯ⁵⁵ ʔa³¹ko³³ tsʅ⁵⁵ tɯ³³ ŋɯ⁵⁵mɔ³³	
	我的 阿公 则 等 阿嫫	
19	干那两艮配上几,	把你两个配一起,
	ka⁴⁴ na⁵⁵ kuo³³ȵi²¹ pe⁴⁴ sa⁵⁵tɕi³¹	
	把 你们 两个 配 一起	
20	配石更利锁。[2]	就像扁担绳连勾。
	pe⁴⁴tsʅ²¹ kɯ⁵⁵ li⁵⁵ so⁴⁴	
	配成 担勾 和 绳	

乔氏【白】: 忤逆不孝! 你咯羞完了?

---
[1] 富凹[fɣ⁵⁵ua⁴²]: 一种小鱼。此句为俗语, 卖公鱼搭上小鱼卖, 比喻出嫁还要带个小儿子。
[2] 配石更利锁[pe⁴⁴tsʅ²¹ kɯ⁵⁵ li⁵⁵ so⁴⁴]: 俗语. 意思是配成钥匙和锁, 比喻很般配。

季子【白】：阿哟妈妈，老妈爬楼梯一蹬一蹬的呐——【唱】：

1　季子我再羞阿母，　　　　　　　　　　　季子我再羞阿嫫，
　　tɕi⁵⁵tsʅ³¹ ŋɔ³¹ tse⁴⁴ tshu³³ ʔa³¹mɔ³³
　　季子　我　再　羞　　阿嫫

2　记得本叹南利没？　　　　　　　　　　　是否还记得那时？
　　tɕi⁴⁴tu⁴⁴ puɯ³¹tha⁵⁵nɔ⁴² li⁵⁵mu³³
　　记得　　那时的　　　　是否

3　上双格六央两好，　　　　　　　　　　　三年之间嫁两家，
　　sa⁵⁵sua⁴⁴ kɛ⁵⁵lu⁵⁵ ja⁴⁴ kuo³³ ɔ³¹
　　三年　之间　咱们　两家

4　名声利本功。　　　　　　　　　　　　　名声也没有。
　　miɛ⁵⁵tshɛ⁵⁵ li⁵⁵ puɯ³¹ kuo³²
　　名声　　也　没　过

5　阿妈从小苦因跌，　　　　　　　　　　　阿嫫从小的艰难，
　　ʔa³¹mɔ³³ tsɤ⁵⁵se³¹ khu³³ jɯ⁴⁴tɛ⁴⁴
　　阿嫫　　从小　　善于　吃点

6　煎老煎自初唯初，　　　　　　　　　　　又是煎来又是炒，
　　tɕe³³ lɔ³¹ tɕe³³ tsʅ⁵⁵ tshu³¹ luɯ³¹ tshu³¹
　　煎　了　煎　则　炒　又　炒

7　三玄古猪母炕凑，[1]　　　　　　　　　　像是老母猪想糠，
　　sa⁵⁵ɕy³¹ ku³³ te⁴²mɔ³³ kha⁴⁴ tshuo⁵⁵
　　像是　老　母猪　饥　糠

8　的格本书没。　　　　　　　　　　　　　只怕吃的没本事。
　　ti³¹kɛ³⁵ puɯ³¹sʅ⁴⁴ mu³³
　　只怕　本事　没

9　当面利咋因本实，　　　　　　　　　　　当面您说不想吃，
　　ta³³mi⁵⁵ ȵi⁵⁵ tsɔ⁴² jɯ⁴⁴ puɯ³¹sʅ³⁵
　　当面　　您　说　吃　不想

10　党自党因利认没。　　　　　　　　　　　背后偷吃您不认。
　　ta³¹tsʅ⁵⁵ ta³¹jɯ⁴⁴ li⁵⁵ zu⁴⁴mu³³
　　偷做　偷吃　您　不认

11　利干我爹因相恨，　　　　　　　　　　　您把我爹吃死了，
　　ȵi⁵⁵ ka⁴⁴ ŋuɯ⁵⁵tie³³ jɯ⁴⁴ɕa⁴⁴ xuɯ⁵⁵
　　您　把　我爹　吃死　了

12　坐吃死老公。　　　　　　　　　　　　　又吃死老公。
　　tsuo⁵⁵ tshʅ³⁵ sʅ³³ lɔ³¹juo³³
　　坐　吃　死　老公

---

[1] 三玄古猪母炕凑[sa⁵⁵ɕy³¹ ku³³ te⁴²mɔ³³ kha⁴⁴ tshuo⁵⁵]：俗语。意思是好像老母猪吃糠皮，狼吞虎咽，大嘴大嘴地吃。比喻馋嘴。

13	好东做期因本十, xɔ³¹tɤ⁵⁵ tsu⁵⁵tɕhi⁴⁴ juɯ⁴⁴ puɯ³¹sʅ³⁵ 家里　做出　　吃　不想	家里做的不想吃,
14	天天利杯走馆铺。 thie³³thie³³ ȵi⁵⁵ pe⁴⁴ tsuo³³ kue³¹phu³³ 天天　　您　走上　　馆子铺	天天您上馆子铺。
15	吃死老公不戴孝, tshʅ³⁵sʅ³¹ lɔ³¹kuo³³ pu³⁵ te⁵⁵ɕiɔ⁵⁵ 吃死　老公　不　戴孝	吃死老公不戴孝,
16	因相人好母。[1] juɯ⁴⁴ ɕa⁴⁴ ȵi²¹xɔ³¹mu³³ 吃　死　夫家人	吃死丈夫家。
17	因跌利自丕八字, juɯ⁴⁴ tuɛ⁴⁴ li⁵⁵ tsʅ⁵⁵ phiɛ³¹ pa³⁵tsʅ⁵⁵ 吃　倒　也　则　甩　八字	吃饱倒下甩成"八字",
18	跳二郎腿勾娄勾。 tɕhiɔ³³ ʔe⁵⁵la³⁵thui³¹ kuo⁴⁴ lou³¹ kuo⁴⁴ 翘　二郎腿　　脚　搂　脚	翘二郎腿脚搭脚。
19	则之阿张丕本六, tse⁴⁴tsuɯ³³ ʔa³¹tsa⁵⁵ phiɛ³¹ puɯ³¹ li⁵⁵ 桌子　　一张　　占　不　够	一张桌子占不够,
20	伴伙老本功。 tɕa⁴²xɔ³³ nɔ³³ puɯ³¹ kuo⁴⁴ 同伴　　上　不　顾	别人全不顾。
21	不想之来落未号, pu³⁵ɕa³¹ tsʅ⁵⁵ le³¹ lu³⁵mu³⁵ xɔ⁵⁵ 不想　　则　又　落寞　掉	不想后来落寞了,
22	头顿怎自后顿没。 tuɯ²¹tui⁴⁴ tsuɯ³³ xuɯ⁵⁵ ɣuɯ³³tui⁴⁴ mu³³ 前顿　有　了　后顿　　无	有了上顿没下顿。
23	本羞阿母利羞吐, puɯ³¹ tshuɯ³³ ʔa³¹mɔ³³ li⁵⁵ tshuɯ³³ lɔ³² 不　羞　阿嬤　也　羞　了	不羞阿嬤也羞了,
24	上头羞叭勾。 tuɯ²¹ nɔ³³ tshuɯ³³ phia⁴⁴ kuo⁴⁴ 头　上　羞　到　脚	头上羞到脚。
25	死没良心下毒手,	死没良心下毒手,

---

[1] 人好母[ȵi²¹xɔ³¹mu³³]: 名词, 指所嫁去的夫家。

sɿ³¹ mu³⁵nia⁴²ɕɯ³³ ɕa⁵⁵ tu³⁵sou³¹
死　没良心　　　下　毒手

26　火烧磨房害我初。　　　　　　　　　火烧磨房害我嫂。
    xui³³su⁵⁵ mu⁵⁵fa⁴² xe⁴⁴ ŋɯ⁵⁵tshu³³
    火烧　磨房　害　我嫂

27　季子我干救期咽，　　　　　　　　　季子把嫂救出来，
    tɕi⁵⁵tsɿ³¹ ŋɔ³¹ ka⁴⁴ kɯ⁴² tɕhi⁴⁴ jɯ³⁵
    季子　我　把　救　出　来

28　利的白勺苦。　　　　　　　　　　　也成白辛苦。
    li⁵⁵ ti³¹ pɯ³⁵ sɔ⁵⁵khu³³
    也　只　白　辛苦

29　提肯阿母吐支起，　　　　　　　　　提起阿嬷做的丑事，
    thi⁵⁵khɯ³³ ʔa³¹mɔ³³ nɔ³³ tsɿ³³tɕhi³¹
    提起　　阿嬷　的　丑事

30　三玄您吐人格没。　　　　　　　　　世上没有人像您。
    sa⁵⁵ɕy³¹ ȵi⁵⁵ nɔ³³ zɯ⁴²kɯ³⁵ mu³³
    好像　您　的　人格　无

31　头发取利先因号，　　　　　　　　　虱子吃掉您头发，
    tɯ²¹ma⁵⁵tɕhye³¹ li⁵⁵ ɕi⁴⁴ jɯ⁴⁴ xɯ⁵⁵
    头发　　　也　虱　吃　掉

32　春快里争没。[1]　　　　　　　　　　发髻也没有。
    tshui⁴⁴khui⁵⁵ li⁵⁵ tsɯ³³ mu³³
    发髻　　　也　有　无

33　代灯您吐生巾奔，　　　　　　　　　头上的那包头布，
    te⁴⁴tɯ⁴⁴ mɯ⁵⁵ nɔ³³ sɯ⁴⁴tɕi³⁵ pɯ⁴⁴
    戴得　你的　上　包头布

34　配自三习利三丢。　　　　　　　　　撕烂成了布条条。
    phe⁵⁵ tsɿ⁵⁵ sa⁵⁵ ɕi³⁵ li⁵⁵ sa⁵⁵ tio⁴⁴
    撕　则　三吊　也　三条

35　必十阿十倒吹争，　　　　　　　　　一丝风儿吹过来，
    pi³⁵sɿ³⁵ ʔa³¹ sɿ³⁵ ta⁴² phɯ⁵⁵ tsɿ⁵⁵
    风　一丝　回　吹　则

36　飞肯您头吐。　　　　　　　　　　　飘飞您头上。
    fy⁵⁵ khɯ³³ ȵi⁵⁵ tɯ²¹ nɔ³³
    飞　起　您　头　上

37　穿灯您吐衣本扣，　　　　　　　　　身上穿的那件衣，
    ji⁴² tɯ⁴⁴ nɯ⁵⁵ nɔ³³ ji⁵⁵ pɯ³¹ khou⁵⁵
    身着　你的　上　衣　那　件

---

[1] 旧时，白族民俗，做姑娘时编辫子，挽于包头外边的前面，结婚后，打结发髻于脑后。

38	前面通打后面吐。 tɯ²¹mi⁴² thɣ⁵⁵ phia⁴⁴ ɣɯ³³mi⁴² nɔ³³ 前面　　通　到　　后面　　上	前面通到衣后头。
39	奶两弟利野期约， pa⁴² kou³³ti⁵⁵ li⁵⁵ jɛ³¹ tɕhi⁴⁴ jɔ³⁵ 两　奶包　　也　露　出　来	两个奶包露出来，
40	三玄猪弟铺。 sa⁵⁵ɕye³¹ te⁴²to⁵⁵phɔ³³ 好像　　　猪尿泡	像是猪尿泡。
41	靠得您吐官本尧， khou⁵⁵ tɯ⁴⁴ ɲi⁵⁵ nɔ³³ kua³⁵ pɯ³¹ jɔ³⁵ 拴　着　您　上　裤　那　件	拴在身上那裤子，
42	官勾自下朋上朋。 kua³⁵kou⁴⁴ tsʅ⁵⁵ thɯ⁵⁵phɔ⁴⁴ tso³³phɔ⁴⁴ 裤脚　　则　下一只　　上一只	裤脚一只长一只短。
43	莫实必边国灯国， mɔ⁵⁵sʅ³⁵ pi⁵⁵pɔ²¹ kuɛ³⁵ tɯ⁴⁴ kuɛ³⁵ 冒失　　旁边　挂　得　挂	不料旁边挂一下，
44	自阿朋本朋。 tsʅ⁵⁵ ʔa³¹ phɔ⁴⁴ pa⁴² phɔ⁴⁴ 则　一只　　绊　一只	双脚一只绊一只。
45	靠灯您吐靠山笨， khou⁵⁵tɯ⁴⁴ ɲi⁵⁵ nɔ³³ kou⁵⁵se⁴⁴ pɯ³¹ 拴着　　　您的　围腰　　块	身前系着那围腰，
46	靠山武汝处欠收。 khou⁵⁵se⁴⁴vɣ⁴² zu³¹ tshɣ³¹tɕhe³³sou⁴⁴ 围腰带　　用　穿铜钱索	腰带就是穿钱索。
47	前面心里摆肯朵， tɕi⁴²mi⁴²ɕi³⁵ li⁵⁵ pe³³khɯ³³ tuo³² 前面中心　也　遮着　　不得	前面要遮的地方遮不了，
48	我替您害羞。 ŋo³¹ thi³¹ nɔ³¹ xe⁵⁵ɕiu³³ 我　替　你　害羞	我替您害羞。
49	周得您吐鞋本双， tsou⁴⁴ tɯ⁴⁴ nɯ⁵⁵ nɔ³³ ŋɛ²¹ pɯ³¹ tɕie³³ 穿　着　你的　的　鞋　那　双	脚上穿的那双鞋，
50	头哉怎吐后哉没。 tɯ²¹tse⁴² tsɯ³³ lɔ³² ɣɯ³³tse⁴² mu³³ 前节　　有　了　后节　　无	有着前节没后跟。
51	脚不走来鞋子走，	脚不走来鞋子走，

kou⁴⁴ puɯ³¹ pe⁴⁴ li⁵⁵ ŋe²¹ tsʅ³¹ pe⁴⁴
脚　不　走　也　鞋子　走

52　三玄土朋跳。　　　　　　　　　像是癞蛤蟆跳。
　　sa⁵⁵ɕy³¹ thu³¹ phɯ³¹ thiɔ⁴⁴
　　像是　　蛤蟆　　　跳

乔氏【白】：啊呀，忤逆不孝。你咯羞完了？老娘不耐烦听了。这是妈妈小姑娘学裹脚，是一道一道的。

季子【唱】：

1　提肯阿母自因跌，　　　　　　　提起阿嫫做饭吃，
　　thi⁵⁵khɯ⁴⁴ ʔa³¹mɔ³³ tsʅ⁵⁵ juɯ⁴⁴tɛ⁴⁴
　　提起　　阿嫫　　做　　吃的

2　端灶保头绍克武。　　　　　　　蹲灶头有搔屁股痒。
　　tui⁵⁵ tso⁴²pɔ³¹tɯ²¹ so⁵⁵ khɛ⁵⁵fɣ³³
　　蹲　　灶头　　　搔痒　屁股

3　刮育阿绍绍吊号，　　　　　　　裤子随着搔掉了，
　　kua³⁵ju³⁵ ʔa³¹sɔ⁵⁵ sɔ⁵⁵ tiɔ⁴² xɔ⁵⁵
　　裤子　　一搔　　搔掉　了

4　我替您现世。[1]　　　　　　　　我替您现世。
　　ŋɔ³¹ thi⁵⁵ ȵi⁵⁵ ɕi⁴⁴sʅ⁴⁴
　　我　替　您　现世

5　自得您饭使本为，　　　　　　　蒸做那个甑子饭，
　　tsʅ⁵⁵tɯ⁵⁵ ȵi⁵⁵ xɛ⁵⁵sʅ³¹ pɯ³¹ue²¹
　　那得　您　饭　那甑子

6　争恨角角没角角。　　　　　　　熟一角生一角。
　　tsɯ⁵⁵xɯ³³ kɣ⁴⁴kɣ⁴⁴ mu³³ kɣ⁴⁴kɣ⁴⁴
　　蒸熟　　角角　　无　角角

7　包因元宵牛打滚，[2]　　　　　　要包元宵牛打滚，
　　pɔ⁵⁵ju⁴⁴ jye⁴²ɕɔ³³ ȵiu⁴²ta³¹kue³¹
　　包称　　元宵　　　牛打滚

8　三玄包重之。　　　　　　　　　个个都像粽子大。
　　sa⁵⁵ɕye²¹ pɔ³³ tsuo⁵⁵tsʅ³³
　　好像　　包　粽子

9　腌期腌菜保屁溴，　　　　　　　腌的腌菜有屁臭，
　　ʔe⁴⁴tɕhi⁴⁴ kɣ⁵⁵tshɯ³¹ pɔ³¹ fɣ³¹ tshu³¹
　　腌出　　腌菜　　它　屁　臭

10　唠期白恶肯干格。　　　　　　　窝的米酒干饭一层层，

---

[1] 现世[ɕi⁴⁴sʅ⁴⁴]：汉语借词，有羞人、羞煞人间之意。
[2] 元宵[jye⁴²ɕɔ³³]：即有陷的大汤圆。民俗，包得越小越显示姑娘的手巧，是看新媳妇的一个标准。牛打滚[ȵiu⁴²ta³¹kue³¹]：用糯米面做的小饼，水煮，两面滚上拌糖的熟黄豆面或燕麦面。后者文中没有涉及，看似为了句子的节律添加的。

$ʔɣ^{44}$ tɕhi^{44} pɛ^{42}ɣɔ^{35} khɯ^{33} ka^{35}kɛ^{44}
窝　出　米酒　　起　硬层

11　因保自具蒜干蒜，　　　　　　　　　　　　吃它酸溜溜的，
　　jɯ^{44} pɔ^{31} tsʅ^{55} tɕy^{55}sua^{35} ka^{35}sua^{55}
　　吃　它　则　　（酸溜溜状）

12　三玄蒜猪之。　　　　　　　　　　　　　　就像酸猪食。
　　sa^{5}ɕye^{21} sua^{55} te^{42}tsʅ^{44}
　　好像　酸　猪食

13　腌期您等夫本咀，　　　　　　　　　　　　腌出你那臭豆腐，
　　ʔe^{44}tɕhi^{44} ȵi^{55} tɯ^{31}fɣ^{31} pɔ^{31} tɕye^{33}
　　腌出　　您　臭豆腐　那　些许

14　笨吐虫利花花麦。　　　　　　　　　　　　里面生蛆爬满虫。
　　pɯ^{55} nɔ^{33} tsɣ^{31} li^{55} xua^{44}xua^{44} mɛ^{44}
　　它　上　蛆　也　花花　爬

15　三玄格必沾莫十，　　　　　　　　　　　　就像房后厕所里的蛆爬，
　　sa^{55}ɕy^{31} kɛ^{44}piɛ^{44} tse^{33} mɔ^{35}sʅ^{35}
　　就像　隔壁　　搅　茅斯

16　人人称鼻夫。　　　　　　　　　　　　　　人人蒙鼻子。
　　ȵi^{21}ȵi^{21} tshɯ^{55} pi^{21}fɣ^{44}
　　人人　蒙　鼻子

17　伴伙扣铺长斗使，　　　　　　　　　　　　别人铺床往长处铺，
　　tɕa^{42}xɔ^{33} khɔ^{55}khɣ^{31} tso^{21}tou^{31}sʅ^{31}
　　别人　　铺床　　长处铺

18　阿母扣铺园路路。　　　　　　　　　　　　阿嫫铺床圆圆铺。
　　ʔa^{31}mo^{33} khɔ^{55}khɣ^{31} ue^{31}lu^{55}lu^{55}
　　阿嫫　　铺床　　圆圆的

19　隔壁水牛抽因妈，　　　　　　　　　　　　隔壁水牛抽吃稻草，
　　kɛ^{44}piɛ^{44} ɕye^{33}ŋɯ^{21} tshou^{55}jɯ^{44} ma^{44}
　　隔壁　　水牛　　抽吃　稻草

20　天天过半闹。　　　　　　　　　　　　　　夜夜跟它们闹。
　　thie^{33}thie^{33} kou^{35} pa^{55} nɔ^{44}
　　夜夜　　　跟　他们　闹

21　季子我哉羞阿母，　　　　　　　　　　　　季子我再羞阿嫫，
　　tɕi^{55}tsʅ^{31} ŋɔ^{31} tse^{44} tshɯ^{33} ʔa^{31}mɔ^{33}
　　季子　我　再　羞　阿嫫

22　阿母您吐羞完朵。　　　　　　　　　　　　阿嫫的事羞不完。
　　ʔa^{31}mɔ^{33} ȵi^{55} nɔ^{33} tshɯ^{33} lɔ^{32} tuo^{32}
　　阿嫫　　您　上　羞　了　不得

23　古说家无生活计，　　　　　　　　　　　　古说家无生活计，

ku³¹suo³⁵ tɕa³³ vɣ⁴² sɯ³³xuo³⁵ tɕi⁵⁵
古说　家　无　生活　　计

24　因相人家母！　　　　　　　　　　　吃败婆婆家。
　　ju⁴⁴ ɕa⁴⁴ ȵi²¹xɔ³¹mɔ³³
　　吃　死　　婆家

25　自鞋汝灯布三件，　　　　　　　　　做鞋用了三匹布，
　　tsɿ⁵⁵ ŋe²¹ zu³¹tɯ⁴⁴ phiɔ³¹ sa⁵⁵tui⁵⁵
　　做　鞋　用着　　布　　三匹

26　阿日米升因六朵。　　　　　　　　　一天升米吃不够。
　　ʔa³¹ȵi⁴⁴ me⁵⁵pa⁵⁵ jɯ⁴⁴ lu⁵⁵ tuo³²
　　一天　　升米　　吃　够　不得

27　我爹事迹无君子，　　　　　　　　　我爹平日没本事，
　　ŋɯ⁵⁵tie³³ sɿ⁵⁵tɕi³⁵ vɣ⁴² tɕye³³tsɿ³¹
　　我爹　　事迹　　无　君子

28　打您手磨座。【换韵】　　　　　　　打给您一个手磨。
　　tɛ⁴² ȵi⁵⁵ sɯ³³ue⁴²tsuo⁴⁴
　　打　您　手磨一座

29　做卖豆腐讨为您，　　　　　　　　　做豆腐卖为您讨生计，
　　tsɿ⁵⁵kɯ²¹ tɯ³¹fɣ³¹ thu⁵⁵ ʔue⁴² nɔ³¹
　　做卖　　豆腐　　讨　喂　你

30　小小生意把钱找。　　　　　　　　　小小生意把钱找。
　　ɕɔ³¹ɕɔ³¹ sɯ³³ji⁵⁵ pa³¹ tɕhie⁴² tsɔ³¹
　　小小　　生意　　把　钱　找

31　十字街前串一串，　　　　　　　　　十字街前串一串，
　　sɿ³⁵tsɿ⁵⁵ ke³³thou⁴² tshue⁵⁵ ji³ tshue⁵⁵
　　十字　　街头　　串　一　串

32　讨为您夫科。【介】　　　　　　　　只为您吃饱。
　　thu⁵⁵ʔue⁴² nɯ⁵⁵ fɣ⁴⁴khɔ³³
　　讨喂　　您的　肚子

乔氏【唱】:

1　乔氏听听真可恼，　　　　　　　　　乔氏听听真可恼，
　　tɕiɔ⁴²sɿ⁵⁵ tɕhɛ⁵⁵tɕhɛ⁵⁵ tsɯ³³ khɔ³¹nɔ³¹
　　乔氏　　听听　　　真　可恼

2　逗肯老娘一盆火。　　　　　　　　　逗着老娘一盆火。
　　tou⁵⁵khɯ³³ lɔ³¹nia⁴² ji³⁵phɯ⁴² xuo³¹
　　逗起　　老娘　　一盆　火

3　忤逆说话实难听，　　　　　　　　　忤逆说话实难听，
　　u³¹ni³⁵ sua⁴⁴tɔ²¹ sɿ³⁵ na⁴²thiɯ³³
　　忤逆　　说话　　实　难听

4　岸南人听恼。　　　　　　　　　　　哪个来听你。

	ʔa⁵⁵na⁴⁴ȵi²²¹ tɕhɛ⁵⁵ nɔ³¹	
	哪个　　　听 你	
5	必手干我头发飞，	左手把我头发理，
	pi³⁵sɯ³³ ka⁴⁴ ŋɯ⁵⁵ tɯ²¹ma³⁵ fe⁴⁴	
	左手　把我的　头发 理	
6	右手我干靠山搞。	右手把我围腰抖。
	tsʅ⁴²sɯ³³ ŋɔ³¹ ka⁴⁴ khou⁵⁵se⁴⁴ tou³¹	
	右手　我 把 围腰　抖	
7	和你说话费精神，	和你说话费精神，
	kuo⁵⁵ nɔ³¹ sua⁴⁴tuo²¹ fe⁵⁵ tɕɯ⁵⁵sɯ⁵⁵	
	和 你 说话 费　精神	
8	回房睡清高。	回房睡个清高。
	xui⁴²fa⁴² sui⁵⁵ tɕhɯ³³kɔ³³	
	回房　睡 清高	

季子【白】：我季子想骂也骂了，羞也羞了，我不免向妈妈要点钱和米，安置大嫂要紧。妈妈，这里我有几个朋友约我打拼伙，把米拿给我一斗，钱给我一吊。

乔氏【白】：好。米在大柜子内，钱在床底下，你自己去拿。

季子【白】：啊呀！妈妈，你为何勾引和尚进房。

乔氏【白】：你胡说八道！

季子【白】：那和尚帽子为何在床底下？

乔氏【白】：那是我的夜师壶。

季子【白】：待我季子装一袋米，一二三，三二一……

乔氏【白】：啊唉唉！太多了。

季子【白】：管他多不多，只要把口袋装满。待我还抓一只公鸡去。

乔氏【白】：哎，你这淘气鬼！

季子【唱】：

1	季子我奔忙过朵，	季子奔忙一阵子，
	tɕi⁵⁵tsʅ³¹ ŋɔ³¹ pɯ⁵⁵ma³⁵ kuo³² tuo³²	
	季子 我 奔忙　过 不行	
2	钱息米斗背次吐。	钱米背在我身上。
	tse²¹ɕi⁵⁵ me³³tɯ³³ jɛ⁴² tshʅ⁵⁵ nɔ³³	
	钱　米斗　背 身 上	
3	鸡等捉恨我手里，	手里抓捉着一只鸡，
	ke³⁵tɯ²¹ kɛ⁴⁴xɯ⁵⁵ sɯ³³phɔ⁴⁴ xɯ³¹	
	鸡　捉了　手只　里	
4	杯只磨房吐。	直往磨房走。
	pe⁴⁴tsʅ²¹ mɔ⁵⁵fa⁴² nɔ³³	
	走去　磨房　上	
5	我初王氏难心倒，	我嫂王氏蒙大难，

ŋɯ⁵⁵tshu³³ ua⁴²sɿ⁵⁵ ma⁵⁵ɕɯ⁵⁵ tɔ³²
我嫂　　王氏　　难心　　大

6　　干保送只西庄吐。　　　　　　　　送她直往西庄走。
ka⁴⁴ pɔ³¹ sɔ³³tsɿ²¹ se³⁵tsuo³⁵ nɔ³³
把　她　送往　　西庄　　上

7　　一路之上来得快，　　　　　　　　一路之上来得快，
ji³⁵lu⁵⁵ tsɿ³³ sa⁵⁵ le⁴² tɯ³⁵ khue⁵⁵
一路　之　上　来　得　快

8　　杯叭西庄吐。【介】　　　　　　　　就到西庄了。
pe⁴⁴ phia⁴⁴ se³⁵tsɔ³⁵ nɔ³³
走　到　　西庄　　上

9　　季子我双给阿初，　　　　　　　　季子我说给阿嫂，
tɕi⁵⁵tsɿ³¹ ŋɔ³¹ sua⁴⁴sɿ³¹ ʔa³¹tshu³³
季子　我　说给　　阿嫂

10　　季子我回到家中。　　　　　　　　刚才我回到家中。
tɕi⁵⁵tsɿ³¹ ŋɔ³¹ xui⁴²tɔ⁵⁵ tɕa³³tso³³
刚才　我　回到　　家中

11　　当对祖先羞阿母，　　　　　　　　当对祖先羞阿嫫，
ta³³tui⁵⁵ tɔ³⁵pɔ³⁵ tshɯ³³ ʔa³¹mɔ³³
当对　　祖先　　羞　　阿嫫

12　　羞自咀勾勾。　　　　　　　　　　羞的无颜张大嘴。
tsɯ³³ tsɿ⁵⁵ jy³³ko⁴⁴ko⁴⁴
羞的　则　张大嘴

13　　阿初您干我干听，　　　　　　　　阿嫂听听我说说，
ʔa³¹tshu³³ n̩i⁵⁵ ka⁴⁴ ŋɔ³¹ ka⁴⁴tɕɛ⁵⁵
阿嫂　　您　把　我　听听

14　　千寄不能回家中。　　　　　　　　千记不能回家中。
tɕhi⁵⁵tɕi⁵⁵ pu³⁵nɯ⁴² xui⁴² tɕa³³tso³³
千记　　不能　　回　　家中

15　　乔氏阿母莫良心，　　　　　　　　乔氏阿嫫没良心，
tɕhiɔ⁴²sɿ⁵⁵ ʔa³¹mɔ³³ mu³³nia⁵⁵ɕɯ⁵⁵
乔氏　　阿嫫　　莫良心

16　　想害相阿初。　　　　　　　　　　想害死阿嫂。
ɕa³¹ xe⁵⁵ɕa⁴⁴ ʔa³¹tshu³³
想　害死　　阿嫂

17　　季子我有个主意，　　　　　　　　季子有一个主意，
tɕo⁵⁵tsɿ³¹ ŋɔ³¹ jou³¹ ku⁵⁵ tsu³¹ji⁵⁵
季子　　我　有　个　主意

18　　干您松叭西庄吐。　　　　　　　　送您到西庄。

	ka⁴⁴ ȵi⁵⁵ so³³ phia⁴⁴ se³⁵tsɔ³⁵ nɔ³³	
	把 您 送到 西庄 上	
19	阿初您在西庄闲，	阿嫂您在西庄闲，
	ʔa³¹tshu³³ ȵi⁵⁵ kɤ⁴² se³⁵tsi³⁵ ɕa³⁵	
	阿嫂 您 在 西庄 闲	
20	免得有风波。	免得有风波。
	mi³¹tɯ³⁵ tsɯ³³ fu³³po³³	
	免得 有 风波	

【白】：阿初，我们走吧。行行走走，前面有条大江，我背阿初过江。

王氏【白】：不可。三弟，我身上有……

季子【白】：季子明白了，那我牵你过江。一路来到西庄上，待我进去——那是庄户大哥，大哥，我大嫂在家烦闷，来此地闲几天，相烦大哥借一间房子，早晚请多加照看。

庄户【白】：哎。不必客气，请进来吧。

季子【白】：大嫂快快进来呐——【唱】：

1	季子干阿初闷说，	季子给阿嫂说说，
	tɕi⁵⁵tsɿ³¹ ka⁴⁴ ʔa³¹tshu³³ mɯ⁵⁵ sua⁴⁴	
	季子 把 阿嫂 处 说	
2	我生阿初住岸当。	我让阿嫂住这里。
	ŋɔ³¹ sɯ³³ ʔa³¹tshu³³ kɤ⁴² ʔa⁵⁵ta⁴⁴	
	我 让 阿嫂 住 这里	
3	龙乃很在米利钱，	口袋里有钱和米，
	nu³¹me³¹ xɯ³¹ tsɯ³³ tɕhue⁵⁵ li⁵⁵ me³³	
	口袋 里 有 钱 和 米	
4	您打开干看。	您打开看看。
	ȵi⁵⁵ tɛ⁴⁴ khɯ⁵⁵ ka⁴⁴ ʔa³³	
	您 打开 看看	
5	我哉捉得杜本头，	我还捉来大公鸡，
	ŋɔ³¹ tse⁴⁴ kɛ⁴⁴ tɯ⁴⁴ tu⁵⁵pɯ³³tɯ²¹	
	我 还 捉着 公鸡一只	
6	您干鸡头喂岸当。	您把公鸡喂这里。
	ȵi⁵⁵ ka⁴⁴ ke⁵⁵tɯ²¹ ʔue⁴² ʔa⁵⁵ta⁴⁴	
	您 把 鸡 喂 这里	
7	车肯晚冷保鸣声，	早上它打鸣，
	tshɿ³³khɯ³³ me³³lɯ⁴⁴ pɔ³¹ mɛ²¹ tshɿ⁵⁵	
	早上 迟 它 鸣声	
8	生宝壮您胆。	让它壮你胆。
	sɯ³³ pɔ³¹ tsua⁴⁴ ȵi⁵⁵ ta³³	
	让 它 壮 您 胆	

王氏【唱】：

1	我胎勺苦叭岸当，	三弟辛苦到这里，

ŋɯ⁵⁵the³³ sɔ³⁵khu³³ phia⁴⁴ ʔa⁵⁵ta⁴⁴
我弟　　辛苦　　到　这里

2　我格我胎闷健康。　　　　　　　　　　担心三弟你饥饿。
ŋɔ³¹ kɛ³⁵ ŋɯ⁵⁵the³³ mɯ⁵⁵ tɕi⁵⁵kha³³
我　怕　我弟　　你　饥渴

3　王氏我杯自三午，　　　　　　　　　　王氏我去做晌午，
ua⁴²sʅ⁵⁵ ŋɔ³¹ pe⁴⁴ tsʅ⁵⁵ ȵɯ⁴⁴tɯ³¹
王氏　我　走　做　晌午

4　给我胎因哈。　　　　　　　　　　　　三弟吃一口。
sʅ³¹ ŋɯ⁵⁵the³³ jɯ³³xa⁴⁴
给　我弟　　吃一口

5　人生地不熟，　　　　　　　　　　　　人生地不熟，
zɯ⁴²sɯ³³ ti⁵⁵ pu³⁵su³⁵
人生　　地　不熟

6　冷地把火烧。　　　　　　　　　　　　冷地方烧火。
kɯ³⁵ tɕi³¹pɛ²¹ su⁵⁵ xui³³
冷　地方　　烧　火

7　白米饭使没打怎，　　　　　　　　　　光吃米饭没有菜，
pɯ³⁵mi³¹fa⁵⁵ mu³³ ta⁴⁴tsɯ³¹
白米饭　　　没　搭的

8　我干鸡头杀很保，　　　　　　　　　　再把公鸡杀，
ŋɔ³¹ ka⁴⁴ ke³⁵tɯ²¹ ɕa⁴⁴ xɯ⁵⁵ pɔ³¹
再　把　鸡　　杀　了　它

9　待我胎因巴。　　　　　　　　　　　　让我三弟吃。
te⁴⁴ ŋɯ⁵⁵the³³ jɯ⁴⁴pa⁴⁴
待　我弟　　吃一碗

季子【唱】：

1　阿初杀我咽鸡头，　　　　　　　　　　阿嫂说要杀公鸡吃，
ʔa³¹tshu³³ ɕa⁴⁴ ŋɔ³¹ jɯ⁴⁴ ke³⁵tɯ³¹
阿嫂　　杀　我　吃　鸡

2　鸡头本吐要本杀。　　　　　　　　　　公鸡本来不要杀。
ke³⁵tɯ²¹ pɯ⁵⁵ nɔ³³ ȵɔ³³ pɯ³¹ ɕa⁴⁴
鸡　　　它　上　要　不　杀

3　勾子胎自拘肯约，　　　　　　　　　　嫂弟两个相客气，
ko³³tsʅ³¹the³³ tsʅ⁵⁵ tɕy⁵⁵khɯ³³ jɯ³⁵
嫂弟　　　　则　客气　起来

4　自拟扯我拉。　　　　　　　　　　　　在你扯我拉。
tsʅ⁵⁵ ni³¹ tshe³¹ ŋɔ³¹ la³³
则　你　扯　我　拉

王氏【唱】：

1 　　杀因鸡头使意思，　　　　　　　　　　　　杀鸡本来是小事，
　　　　ɕa⁴⁴jɯ⁴⁴ ke³⁵tɯ²¹ se³¹ ji⁵⁵sʅ³³
　　　　杀鸡　　鸡　　小　　意思

2 　　白衣扣吐瓦得双。　　　　　　　　　　　　白汗衫上溅鸡血。
　　　　pɛ⁴²ji³⁵khou⁵⁵ nɔ³³ ua³¹ tɯ⁴⁴ sua⁴⁴
　　　　白汗衫　　　上　染　着　血

3 　　阿胎干保脱下约，　　　　　　　　　　　　阿弟你把它脱下来，
　　　　ʔa³¹the³³ ka⁴⁴ pɔ³¹ thua⁴⁴thɯ⁵⁵ jɯ³⁵
　　　　阿弟　　把　它　　脱下　　来

4 　　帮你洗洗它。　　　　　　　　　　　　　　阿嫂洗洗它。
　　　　pa³³ ni³¹ ɕi³¹ɕi³¹ tha³³
　　　　帮　你　洗洗　　它

5 　　门闷生得大树怎，　　　　　　　　　　　　门外有一棵大树，
　　　　me²¹mɯ⁵⁵ xɛ⁵⁵tɯ⁴⁴ tɔ³²tsɯ³¹tsɯ³¹
　　　　门处　　生着　　大树一棵

6 　　笨吐干习怎旺光。　　　　　　　　　　　　上面有些干枝桠。
　　　　pɯ⁵⁵ nɔ³³ ka³⁵ɕi³⁵ tsɯ³³ ua⁵⁵ kua⁴⁴
　　　　它　上　干柴　　有　几　根

7 　　阿胎杯期干汉争，　　　　　　　　　　　　三弟你去看一看，
　　　　ʔa³¹the³³ pe⁴⁴tɕhi⁴⁴ ka⁴⁴xa⁵⁵ tsɯ³⁵
　　　　阿弟　　走出　　看看　　来

8 　　叹笨吐哦柴光。　　　　　　　　　　　　　摘几根当柴。
　　　　tha⁵⁵ pɯ⁵⁵ nɔ³³ ɕi³⁵kua⁴⁴
　　　　摘　它　上　柴根

【白】：三弟，你快去快回！

季子【白】：明白。季子我出门，看见大树上有一窝麻雀，在树上飞来飞去，不如苦中作乐——【唱】：《麻雀调》（本释读省略歌词）。【白】呀呀！旁边还有个池塘，里面有几个爬蟹呢——【唱】：《爬蟹调》（本释读省略歌词）。【介】

艺人【旁白】：那时，立城发大兵，一队大兵正从大树下过，他们见有人在树上唱调子。

大兵【白】：我们把他抓来同我们抬挑挑去。哎——小伙子，快下来，快下来，同我们挑挑去。

季子【白】：可得多少豆子来的（得多少金子）。

大兵【白】：哈哈哈，狗东西！兵荒马乱的，有什么豆子（金子）。你去不去？不去，给一刀！

季子【白】：阿唶唶，不要杀我，去得了。

大兵【白】：那好，挑起来。

季子【唱】：

1 　　季子怕抖树头吐，　　　　　　　　　　　　季子树上怕发抖，

tɕi⁵⁵tsɿ³¹ kɛ³⁵ju³¹ tsɯ³¹ tɯ²¹nɔ³³
季子　　怕抖　　树　　上头

2　　可怜时运两不通。　　　　　　　　　　　可怜时运两不通。
　　　ku³¹lie³¹ sɿ⁴²jye⁵⁵ nia³¹ pu³⁵thu³³
　　　可怜　　时运　　两　　不通

3　　今日秀才遇着兵，　　　　　　　　　　　今日秀才遇着兵，
　　　ke⁵⁵ȵi⁴⁴ ɕɔ⁵⁵tshe⁴² jy⁵⁵tsu³⁵ piɯ³³
　　　今日　　秀才　　遇着　　兵

4　　有冤无处诉。　　　　　　　　　　　　　有冤没说处。
　　　tsɯ³³ jye³³ sua⁴⁴tshɤ³¹ su⁵⁵
　　　有　冤　说处　　无

5　　生我季子杯达轿，　　　　　　　　　　　让我季子去抬轿，
　　　sɯ³³ ŋɔ³¹ tɕi⁵⁵tsɿ³¹ pe⁴⁴ ta³⁵tɕɔ⁴⁴
　　　让　我　季子　　走　抬轿

6　　梦格很防没。　　　　　　　　　　　　　做梦也想不到。
　　　mɯ³¹kɛ⁴² xɯ³¹ li⁵⁵ mu³³
　　　梦境　　里　　也　无

7　　今日半要我捉争，　　　　　　　　　　　他们把我捉起去，
　　　ke⁵⁵ȵi⁴⁴ pa⁵⁵ ȵɔ⁴² ŋɔ³¹ kɛ⁴⁴tsɯ²¹
　　　今天　　他们　要　我　捉去

8　　心闷挂念井我初。　　　　　　　　　　　心里挂着我阿嫂。
　　　ɕi³⁵mɯ⁵⁵ kua⁴⁴nie⁴⁴tɕɯ³¹ ŋɯ⁵⁵tshu³³
　　　心处　　挂念着　　　　我嫂

9　　我干我初丢西庄，　　　　　　　　　　　我把阿嫂丢西庄，
　　　ŋɔ³¹ ka⁴⁴ ŋɯ⁵⁵ tshu³³ piɛ⁵⁵ se³⁵tso³⁵
　　　我　把　我嫂　　丢　西庄

10　　招呼人格没。　　　　　　　　　　　　　没人给照料。
　　　tsu³⁵xu³ ȵi²¹kɛ³⁵ mu³³
　　　照料　　人　　无

11　　再干我爹丢好东，　　　　　　　　　　　再把我爹丢我后，
　　　tse⁴⁴ ka⁴⁴ ŋɯ⁵⁵tie³³ piɛ⁵⁵ ŋɯ⁵⁵ ɣɯ³³
　　　再　把　我爹　　丢　我　后

12　　不知何日回家中。　　　　　　　　　　　不知何日回家中，
　　　pu³⁵tsɿ³³ xɛ³¹ȵi⁴⁴ xui⁴² tɕa³³tso³³
　　　不知　　哪天　　回　　家中

13　　千错百错我母错，　　　　　　　　　　　千错万错我妈错，
　　　tɕi³³tshu⁵⁵ ua⁵⁵tshu⁵⁵ ŋɯ⁵⁵mɔ³³ tshu⁵⁵
　　　千错　　　万错　　　我妈　　错

14　　我母恨心没！　　　　　　　　　　　　　我妈可狠心！

ŋɯ⁵⁵mɔ³³ nia⁵⁵ɕɯ⁵⁵ mu³³
我妈　良心　　　无

15　次吐衣服烂完号，　　　　　　　　身上衣裤已经烂，
　　tshŋ⁵⁵nɔ³³ ji³⁵pe⁴² la⁴⁴ la³² xɯ⁵⁵
　　身上　　衣裳　烂　了　掉

16　勾吐鞋己周得没。　　　　　　　　脚上无鞋光着脚。
　　kuo⁴⁴nɔ³³ ŋe²¹tɕi³³ tsou⁴⁴tɯ⁴⁴ mu³³
　　脚上　　鞋子　　穿着　　无

17　本杯半那应杀我，　　　　　　　　不走他们来杀我，
　　pɯ³¹ pe⁴⁴ pa⁵⁵ tsŋ⁵⁵ jɯ³⁵ ɕa⁴⁴ ŋɔ³¹
　　不　走　他们　则　来　杀　我

18　本杯利阿朵。　　　　　　　　　　我不得不走，
　　pɯ³¹pe⁴⁴ li⁵⁵ ʔa³¹tuo³²
　　不走　　也　不得

乔氏【白】：计谋被识破，打算第二条。王氏害不死，我心头不乐，待我乔氏想来，将王氏打入磨房烧她不死。听说季子和她到西庄去了，二人又有缘故，待我来把大门关起，找小儿他去——【唱】：

1　乔氏越米越焦习，　　　　　　　　乔氏越想越焦心。
　　tɕiɔ³¹sŋ⁵⁵ jye³⁵mi³³ jye³⁵ tɕiɔ³⁵ɕi³⁵
　　乔氏　　越想　　越　焦心

2　小儿三天不见面。　　　　　　　　小儿三天不见面。
　　se³¹tsŋ³³ sa³⁵ȵi⁴⁴ pu³⁵ tɕie⁵⁵mie⁵⁵
　　小儿　　三天　　不　见面

3　一出门来无音信，　　　　　　　　一出门来无音信，
　　ji³⁵ tshɤ³⁵mɯ⁴² le⁴² jɯ³³ɕɯ⁵⁵ mu³³
　　一　出门　　来　音信　　无

4　不知那里去？　　　　　　　　　　不知哪里去？
　　pu³⁵tsŋ³³ na³¹li³¹ tɕy⁵⁵
　　不知　　哪里　　去

5　处头闷半双瞎斗，　　　　　　　　街头巷尾说闲话，
　　tshɤ⁵⁵tɯ²¹mɯ⁵⁵ pa⁵⁵ sua⁴⁴ ɕa³⁵tuo²¹
　　巷尾处　　　他们　说　闲话

6　恐其是凶多少吉。　　　　　　　　恐怕是凶多吉少。
　　kho³¹tɕhi³¹ sŋ⁵⁵ ɕo³³tuo³³ ɕiɔ³³tɕi³⁵
　　恐其　　则　凶多　　少吉

7　罢咋保杯西庄号，　　　　　　　　人说他去了西庄，
　　pa⁵⁵ tsɔ⁴² pɯ³¹ pe⁴⁴ se³⁵tso³⁵ xɯ⁵⁵
　　他们　说　他　走　西庄　里

8　我要找他去。　　　　　　　　　　我要找他去。

ŋɔ³¹ jɔ⁵⁵ tsɔ³¹ ta³³ tɕy⁵⁵
我　要　找　他　去

【白】：行行走走。啊哞，前面有条大江，江上无桥，过不去，不如老娘把裤子脱了，光着双脚过河去。

艺人【旁白】：哎！大家来瞧，这个死不害羞的老人，脱掉裤子过河，大屁股白生生的，真笑死人！

乔氏【唱】：

1	乔氏我把话说明，	乔氏我把话说明，
	tɕhiɔ⁴²sʅ⁵⁵ ŋɔ³¹ ka⁴⁴ tuo³² sua⁴⁴mɛ²¹	
	乔氏　我　把　话　说明	
2	汉牛马你那旺头。[1]	放牛放马那几个。
	xa⁵⁵ŋɯ²¹ xa⁵⁵mɛ³³ na⁵⁵ ua⁵⁵tɯ²¹	
	放牛　放马　你们　几个	
3	裤子不穿走大路，	裤子不穿走大路，
	kua⁵⁵ju⁵⁵ ji⁴² mu³³ pe⁴⁴ tɔ³²thu³³	
	裤子　穿　不　走　大路	
4	是正大光明。	是正大光明。
	tsɯ³³ tsɯ⁵⁵ta⁵⁵ kua³³miɯ⁴²	
	是　正大　光明	
5	做生意头汗头我，	做生意的看到我，
	tsu⁵⁵sɯ⁵⁵ji⁴⁴ tɯ²¹ xa⁵tɯ⁴⁴ ŋɔ³¹	
	做生意　人　看到　我	
6	生保欠人格钱银；	让他欠人家金银；
	sɯ³³ pɔ³¹ vɣ³³ n̠i²¹kɛ³⁵ tɕhi⁴²n̠iɯ⁴²	
	让　他　欠　人家　金银	
7	汉牛汉马汉灯我，	放牛马的看到我，
	xa⁵⁵ŋɯ²¹ xa⁵⁵mɛ³³ xa⁵⁵tɯ⁴⁴ ŋɔ³¹	
	放牛　放马　看到　我	
8	生保汉牛马安一，	让他放牛马安逸，
	sɯ³³ pɔ³¹ xa⁵⁵ ŋɯ²¹mɛ³³ ʔa³³ji³⁵	
	让　他　放　牛马　安逸	
9	保咋我吐本敬重，	他说要是不敬我，
	pɔ³¹ tsɔ⁴² ŋɯ⁵⁵ nɔ³³ pɯ³¹ tɕɯ⁴⁴tsɔ⁴⁴	
	他　说　我　上　不　敬重	
10	汉次恨处吉；	放丢牛马多；
	xa⁵⁵ tshŋ⁵⁵xɯ⁵⁵ sɣ⁴² tɕi³⁵	
	放　丢了　数量　多	

---

[1] 头[tɯ²¹]：训读字。本作动物的通用量词，这里用作人的量词，稍有贬义。以下几句都用这个量词，表示这样的人是很不正经的人。

11 捉鱼旺头汗得我,   捉鱼的人看见我,
    kɛ⁴²ɤ³⁵ ua⁵⁵tɯ²¹ xa⁵⁵tɯ⁴⁴ ŋɔ³¹
    捉鱼 几个   看见   我

12 生保鱼利捉得吉,   让他捉着很多鱼,
    sɯ³³ pɔ³¹ ɤ³⁵ li⁵⁵ kɛ⁴⁴tɯ⁴⁴ tɕi³⁵
    让 他 鱼 也 捉着   多

13 保咋我吐本敬重,   他说要是不敬我,
    pɔ³¹ tsɔ⁴² ŋɯ⁵⁵ nɔ³³ pɯ³¹ tɕɯ⁴⁴tsu⁴²
    他 说 我   上 不   敬重

14 捉得虾旺弟;   只能捉小虾;
    kɛ⁴⁴tɯ⁴⁴ ɤɔ²¹ ua⁵⁵ti⁵⁵
    捉得   虾 几小个

15 周习旺头汗得我,   打柴的人看见我,
    tsu⁴⁴ɕi³⁵ ua⁵⁵tɯ²¹ xa⁵⁵tɯ⁴⁴ ŋɔ³¹
    砍柴   几个   看见   我

16 生保周得倒靠习,   让他砍着大块柴,
    sɯ³³ pɔ³¹ tsu⁴⁴tɯ⁴⁴ tɔ³²khɔ⁵⁵ ɕi³⁵
    让 他   砍得   大块   柴

17 保咋我吐本敬重,   他说要是不敬我,
    pɔ³¹ tɕɔ⁴² ŋɯ⁵⁵ nɔ³³ pɯ³¹ tɕɯ⁴⁴tsu⁴⁴
    他 说 我   上 不   敬重

18 生保结起习;   让他拾刺柴;
    sɯ³³ pɔ³¹ tsʅ⁴² tɕhi³¹ɕi³⁵
    让 他 拾 刺柴

19 周己旺头汗得我,   犁田几个看见我,
    tso⁴⁴tɕi³¹ ua⁵⁵tɯ²¹ xa⁵⁵tɯ⁴⁴ ŋɔ³¹
    犁田   几个   看见   我

20 生保己利周恨吉,   让他犁出很多田,
    sɯ³³ pɔ³¹ tɕi³¹ li⁵⁵ tso⁴⁴tɕhi⁴⁴ tɕi³⁵
    让 他 田 也 犁出   多

21 保咋我吐本敬重,   他说要是不敬我,
    pɔ³¹ tsɔ⁴² ŋɯ⁵⁵ nɔ³³ pɯ³¹ tɕɯ⁴⁴tsu⁴⁴
    他 说 我   上 不   敬重

22 计贵周哉吉;   犁头犁断多;
    tɕi³⁵kui³⁵ tso⁴⁴ tse⁴² tɕi³⁵
    犁头   犁 断 多

23 小炉匠头汗得我,   小炉匠看见我,
    ɕiɔ³¹lu⁴²tɕa⁵⁵tɯ²¹ xa⁵⁵tɯ⁴⁴ ŋɔ³¹
    小炉匠   看见   我

24 干补干的吉吐吉,   干补干打多又多,

ka⁴⁴pu³¹ ka⁴⁴ti³³ tɕi³⁵ nɔ³³ tɕi³⁵
补补　　打打　　多　的　多

25　保咋我吐本敬重，　　　　　　　　　　他说要是不敬我，
　　pɔ³¹ tsɔ⁴² ŋɯ⁵⁵ nɔ³³ pɯ³¹ tɕɯ⁴⁴tso⁴⁴
　　他　说　我　上　不　敬重

26　没时赔格具；　　　　　　　　　　　　随时赔人家铜壶；
　　mu³⁵sɿ⁴² pɛ²¹ kɛ³³jy⁵⁵
　　随时　　赔　铜壶

27　读书之头汗得我，　　　　　　　　　　读书的人看见我，
　　ɣɯ⁴²si³⁵tsɿ³³tɯ²¹ xa⁵⁵tɯ⁴⁴ ŋɔ³¹
　　读书人　　　看见　我

28　生保读书主状元，　　　　　　　　　　让他读书中状元，
　　sɯ³³ pɔ³¹ ɣɯ⁴²sɿ³⁵ tsu³³ tsua⁴⁴jye⁵⁵
　　让　他　读书　　中　状元

29　保咋我吐本敬重，　　　　　　　　　　他说要是不敬我，
　　pɔ³¹ tsɔ⁴² ŋɯ⁵⁵ nɔ³³ pɯ³¹ tɕɯ⁴⁴tso⁴⁴
　　他　说　我　上　不　敬重

30　读自达倒气；　　　　　　　　　　　　读了挑大粪；
　　ɣɯ⁴² tsɿ⁵⁵ ta⁴² tɔ³¹tɕhi⁵⁵
　　学　则　回　大粪

31　小倒走头汗得我，　　　　　　　　　　小伙子看见我，
　　se³¹tɔ³¹tsuo⁴⁴tɯ²¹ xa⁵⁵tɯ⁴⁴ ŋɔ³¹
　　小伙子　　　看见　我

32　十八九双灯之块，[1]　　　　　　　　 十八九岁得儿子，
　　sɿ³⁵pa³⁵tɕiu³¹ sui⁵⁵ tɯ⁴⁴ tsɿ³³khui⁵⁵
　　十八九　　岁　得　儿子

33　保咋我吐本敬重，　　　　　　　　　　他说要是不敬我，
　　pɔ³¹ tsɔ⁴² ŋɯ⁵⁵ nɔ³³ pɯ³¹ tɕɯ⁴⁴tso⁴⁴
　　他　说　我　上　不　敬重

34　冷恨街皆习；　　　　　　　　　　　　冷落在街头；
　　lɯ³¹ xɯ⁵⁵ tsɿ⁵⁵ kɛ³³ɕi³⁵
　　冷　掉　在　街心

35　女郎之头汗得我，　　　　　　　　　　姑娘看见我，
　　ȵy³³na⁴²tɕɿ³³tɯ²¹ xa⁵⁵tɯ⁴⁴ ŋɔ³¹
　　姑娘　　　　看见　我

36　十八双自穿红衣，[2]　　　　　　　　 十八岁就穿红衣，

---

[1] 块[khui⁵⁵]：量词，一砣的砣，比喻健壮。
[2] 红衣[tsɿ⁴⁴ji⁵⁵]：比喻结婚。民俗，结婚时姑娘要穿红衣。

$$ts\gamma^{42}pia^{44}\ sua^{44}\ ts\gamma^{55}\ ji^{42}\ ts\gamma^{44}ji^{55}$$
十八　　岁　则　　穿　红衣

37　保咋我吐本敬重，　　　　　　　　　　她说要是不敬我，
$$p\mathfrak{o}^{31}\ tso^{42}\ \eta ɯ^{55}\ n\mathfrak{o}^{33}\ pɯ^{31}\ tɕɯ^{44}tso^{44}$$
她　说　我　上　不　敬重

38　百双登敌弟；[1]　　　　　　　　　　百岁才头箍；
$$p\varepsilon^{44}sua^{44}\ tɯ^{44}\ ti^{31}ti^{55}$$
百岁　　得　头箍

39　媳武媳女汉得我，　　　　　　　　　　新媳妇看见我，
$$ɕi^{35}v\gamma^{33}\ ɕi^{35}ȵ\gamma^{33}\ xa^{55}tɯ^{44}\ \eta\mathfrak{o}^{31}$$
新妇　　新女　　看见　　我

40　后双过自得之块，　　　　　　　　　　明年到就生儿子，
$$kɯ^{33}sua^{44}\ kuo^{32}\ ts\gamma^{55}\ tɯ^{44}\ ts\gamma^{33}kui^{55}$$
明年　　　过　则　得　儿子

41　保作我吐本敬重，　　　　　　　　　　她说要是不敬我，
$$p\mathfrak{o}^{31}\ tso^{42}\ \eta ɯ^{55}\ n\mathfrak{o}^{33}\ pɯ^{31}\ tɕɯ^{44}tso^{44}$$
她　说　我　上　不　敬重

42　登成自女弟。　　　　　　　　　　　　只得小女儿。
$$tɯ^{44}\ tsɯ^{21}\ ts\gamma^{55}\ ȵ\gamma^{33}ti^{55}$$
只　成　则　小女儿

43　乔氏我干河渡过，【换韵】　　　　　　乔氏涉过这条河，
$$tɕio^{42}s\gamma^{55}\ \eta\mathfrak{o}^{31}\ ka^{44}\ k\gamma^{35}\ t\gamma^{31}\ kuo^{32}$$
乔氏　　　我　把　河　涉　过

44　大途阿珠争岸当。　　　　　　　　　　一条大路在这里。
$$t\mathfrak{o}^{32}thu^{33}\ ʔa^{31}tsɣ^{44}\ tsɯ^{33}\ ʔa^{55}ta^{44}$$
大路　　一条　　在　这里

45　前面是一条大路，　　　　　　　　　　前面有条大路走，
$$tɕi^{32}mi^{32}ɕi^{35}\ tsɯ^{33}\ t\mathfrak{o}^{32}thu^{33}tsɣ^{44}$$
前面　　　有　大路一条

46　快走到西庄。　　　　　　　　　　　　快走到西庄。
$$kue^{55}\ pe^{44}phia^{44}\ ɕi^{33}tsua^{33}$$
快　走到　　西庄

47　乔氏我干官育扣，　　　　　　　　　　乔氏我把裤子穿，
$$tɕio^{42}s\gamma^{55}\ \eta\mathfrak{o}^{31}\ ka^{44}\ kua^{35}ju^{35}\ kh\mathfrak{o}^{55}$$
乔氏　　　我　把　裤子　　拴

48　不觉杯叭英英外。　　　　　　　　　　不觉走到村外边。
$$pu^{35}tɕu^{35}\ pe^{44}phia^{44}\ jɯ^{44}jɯ^{44}\ ua^{44}$$
不觉　　走到　　　村子　　外

---

[1] 敌弟[ti³¹ti⁵⁵]：一种姑娘头上佩戴的头箍。

49 半英恨有大狗吉,　　　　　　　　　这村里有许多狗,
　　pa⁵⁵ jɯ⁴⁴xɯ³¹ tsu³³ tɔ³²khua³³ tɕi³⁵
　　他们　村里　有　狗　　　多

50 尽汉我吐咬。　　　　　　　　　　都向我狂叫。
　　tɕɯ⁵⁵ xa⁵⁵ ŋɯ⁵⁵ nɔ³³ ŋa⁴⁴
　　尽　看　我　上　咬

51 难为庄户阿大哥,　　　　　　　　多谢庄户阿大哥,
　　na³⁵ue³⁵ tsua³³xu⁵⁵ ʔa³¹ta⁵⁵kɔ³³
　　多谢　　庄户　　阿大哥

52 请您打我因打狗。　　　　　　　　请您帮我撵撵狗。
　　tɕhɛ³³ ȵi⁵⁵ ta⁴²ŋɯ⁵⁵ɣɯ⁴² xɛ⁴⁴ khua³³
　　请　您　帮我　　　　撵狗

53 乔氏我应映事务,　　　　　　　　乔氏我来应事情,
　　tɕhiɔ⁴²sɿ⁵⁵ ŋɔ³¹ jɯ³⁵ jɯ⁴⁴ sɿ³¹vʏ³³
　　乔氏　　我　来　应　事情

54 闷敌叭岸当。　　　　　　　　　　这才到这里。
　　mɯ⁵⁵ti³¹ phia⁴⁴ ʔa⁵⁵ta⁴⁴
　　这才　到　　这里

【白】: 这是庄户大哥。王氏咯在这里?我儿季子哪里去了?

庄户【白】: 婆婆,他不在这里,

季子【旁白】: 你这个烂死婆娘!

乔氏【白】: 明明白白,我季子你还装昏!待我老娘一搜——不好了!血汗衫!季子的汗衫!还在这里!你这个贱货,心好毒呀——【唱】:

1　乔氏魂魄不在身,　　　　　　　　乔氏我魂魄不在身,
　　tɕhiɔ⁴²sɿ⁵⁵ uɛ²¹phɛ³¹ pu³⁵ tse⁵⁵ sɯ³³
　　乔氏　　魂魄　　不　在　身

2　王氏吐心毒期三,　　　　　　　　王氏你心好狠毒。
　　ua⁴²sɿ⁵⁵ nɯ⁵⁵ɕi³⁵ tu³⁵tɕhi⁴⁴ sa³³
　　王氏　　你心　狠毒　　了

3　勾引我儿童男子,　　　　　　　　勾引我儿童男子,
　　kou³³jɯ³¹ ŋɯ⁵⁵tsɿ³³ thu⁴²na⁴²tsɿ³¹
　　勾引　　我儿　童男子

4　不要脸,和你作一家!　　　　　　不要脸——和你做一家!
　　pu³⁵jɔ⁵⁵ni³¹ xu³¹ ni³¹ tsu⁵⁵ ji³⁵tɕa³³
　　不要脸　　和　你　做　一家

5　王氏嘴心比蛇毒,　　　　　　　　王氏你心比蛇毒,
　　ua⁴²sɿ⁵⁵ nɯ⁵⁵ ɕi³⁵ pi³¹ se⁴² tu³⁵
　　王氏　你　心　比　蛇　毒

6　王氏嘴心乃狗咬。　　　　　　　　王氏你心让狗咬。

	ua⁴²sɿ⁵⁵ nɯ⁵⁵ ɕi³⁵ne³¹ khua³³ ŋa⁴⁴	
	王氏 你 心 狗 咬	
7	嚅干我之害相恨，	你把我儿害死了，
	nɔ³¹ ka⁴⁴ ŋɯ⁵⁵tsɿ³³ xe⁴⁴ɕa⁴⁴ xɯ⁵⁵	
	你 把 我儿 害死 掉	
8	老娘我，不能饶过他！	老娘我——不能饶过她！
	lɔ³¹nia⁴² ŋɔ³¹ pu³⁵nɯ⁴² zɔ⁴² kuo⁵⁵ tha³³	
	老娘 我 不能 饶 过 她	
9	老娘我有凭有据，	老娘我有凭有据，
	lɔ³¹nia⁴² ŋɔ³¹ jou³¹phiɯ³¹ jou³¹tɕy⁵⁵	
	老娘 我 有凭 有据	
10	白衣扣吐瓦得血。	白汗衣上有血迹。
	pɛ⁴²ji³⁵kou⁵⁵ nɔ³³ ua³¹ tɯ⁴⁴ sua⁴⁴	
	白衣裳 上 染 着 血	
11	保之着你害相恨，	他是被你害死了，
	pɔ³¹ tsɿ³³ tsɔ⁴² nɔ³¹ xe⁴⁴ ɕa⁴⁴ xɯ⁵⁵	
	他 是 着 你 害 死 掉	
12	老娘我和你去告状！	老娘我——跟你去告状！
	lɔ³¹nia⁴² ŋɔ³¹ kou⁵⁵ nɔ³¹ ɣɛ²¹ kɔ⁴⁴tsua⁴⁴	
	老娘 我 和 你 去 告状！	

【白】：王氏你这个贱人！快走，到乡约公家告去！一路来得快，到乡约门口——乡约公，开门来！有人命大案！

艺人【旁白】：乡约一听，来了。

乡约【唱】：

1	我怎因很乡约公，	我是村里乡约公，
	ŋɔ³¹ tsɯ³³ jɯ⁴⁴xɯ³¹ ɕa³³ju³⁵ko³³	
	我是 村里 乡约公	
2	从小我自武艮没。	从小就没有妻室。
	tsɿ⁵⁵se³¹ ŋɔ³¹ tsɿ⁵⁵ vɣ³³n̩i²¹ mu³³	
	从小 我 则 妻 无	
3	亲戚朋友我吐吉，	亲戚朋友有很多，
	tɕi⁵⁵tɕɛ²¹ phu⁵⁵ju³¹ ŋɯ³⁵ nɔ³³ tɕi³⁵	
	亲戚 朋友 我 的 多	
4	半叫我周公。	他们叫我周公。
	pa⁵⁵ ʔɯ⁵⁵ ŋɯ⁵⁵ tsou³³ko³³	
	他们 叫 我 周公	
5	第一本头闷伟得，	第一那个他眼瞎，
	ti⁵⁵ji³⁵ pɔ³¹tɯ²¹mɯ⁵⁵ ue³¹tɛ³⁵	
	第一 那个处 眼瞎	
6	第二本头勾阿支，	第二那个一只脚，

ti³¹ne⁴⁴ pɔ³¹tɯ²¹ ko⁴⁴ ʔa³¹phɔ⁴⁴
第二　那个　脚　一只

7　第三周公怎来头，　　　　　　　　　第三介绍来那个，
　　ti³¹sa⁵⁵ tso⁴²ku⁴⁴ jɯ⁴⁴ pɔ³¹tɯ²¹
　　第三　介绍　来　那个

8　弹三玄本初，　　　　　　　　　　　弹三弦人他嫂，
　　ta²¹ sa⁵⁵ɕɯ⁵⁵ pɯ⁵⁵ tshu³³
　　弹　三弦　他　嫂

9　第四本头大麻子，　　　　　　　　　第四那个大麻子，
　　ti⁵⁵sɿ⁵⁵ pɔ³¹tɯ²¹ ta⁵⁵ma⁴²tsɿ³¹
　　第四　那个　大麻子

10　第五耳朵的其支。　　　　　　　　　第五那个只有一只耳，
　　ti²¹ŋɣ³³ no³³to³¹ ti³¹ ʔa³¹phɔ⁴⁴
　　第五　耳朵　只　一只

11　第六本头乐干汉，　　　　　　　　　随便看看第六个，
　　ti²¹fɣ⁴⁴ pɯ³¹tɯ²¹ lo³⁵ ka⁴⁴xa⁵⁵
　　第六　那个　随便　看看

12　保敌自庄收。　　　　　　　　　　　她只会打扮。
　　pɔ³¹ ti³¹ tsɿ⁵⁵ tsua³⁵so³³
　　她　只有　打扮

13　半夜三更加过应，　　　　　　　　　半夜三更接过来，
　　pa⁴²jɔ³¹ sa⁵⁵ke³⁵ tɕa⁴⁴ kuo⁴² jɯ³⁵
　　半夜　三更　接　过　来

14　本咀委汉直咋没；　　　　　　　　　没有看清她脸面；
　　pɯ⁵⁵ tɕye³³ʔue³³ xa⁵⁵tsɿ⁵⁵tsɔ⁴² mu³³
　　她　脸面　看清　没有

15　后日车肯干汉应，　　　　　　　　　天明以后把她看，
　　ɣɯ³³ȵi⁴⁴ tshɿ⁵⁵khɯ³¹ ka⁴⁴xa⁵⁵ jɯ³⁵
　　天明　早上　看看　来

16　阿啈啈——本头发取没！　　　　　　啊啈啈——她是个光头！
　　ʔa³⁵pɯ³³pɯ³³ pɯ⁵⁵ tɯ²¹ma⁵⁵tɕhy³¹ mu³³
　　啊啈啈　她　头发许些　无

17　句委三玄土为句，　　　　　　　　　一脸好像泥巴人，
　　tɕye³³ʔue³³ sa⁵⁵ɕye³¹ thu³³ue⁴²tsui⁵⁵
　　嘴脸　好像　泥人一尊

18　手脚三玄黑期怎，　　　　　　　　　手脚好像黑漆漆，
　　sɯ³³kuo⁴⁴ sa⁵⁵ɕye³¹ xɯ⁴⁴tɕhi⁴⁴tsɯ³³
　　手脚　好像　黑漆柱子

19　手支头母十三指，　　　　　　　　　手指一共十三指，

　　　　　　　suɯ³³tsɿ³³tɯ²¹mɔ³³ sɿ³⁵sa³³ khɔ³³
　　　　　　　手指　　　　　十三　个

20　玄艮格利没。　　　　　　　　　　　　　不像一般人。
　　　　çy²¹ ȵi²¹kɛ³⁵ li⁵⁵ mu³³
　　　　是　人　也　没有

21　生保缝衣保缝官，　　　　　　　　　　　让她缝衣她缝裤，
　　　　suɯ³³ pɔ³¹ tse²¹ji⁵⁵ pɔ³¹ tse²¹kua⁵⁵
　　　　让　她　缝衣　他　缝裤

22　生保自鞋保冷勾，　　　　　　　　　　　让她做鞋头她裹脚，
　　　　suɯ³³ pɔ³¹ tsɿ⁵⁵ŋe²¹ pɔ³¹ lɯ⁴⁴ ku⁴⁴
　　　　让　她　做鞋　她　裹脚

23　生保杯只汗冷保，　　　　　　　　　　　让她过去钉被子，
　　　　suɯ³³ pɔ³¹ pe⁴⁴tsɿ²¹ xa⁵⁵ lɯ³¹pɔ³¹
　　　　让　她　走去　钉　被子

24　唠——邪山罢计本头。　　　　　　　　　唠——她把席子缝在被子上。
　　　　pɯ⁵⁵ phɔ³¹se⁴⁴ tse²¹ pɯ⁵⁵ to³³
　　　　唠　席子　缝　它　上面

25　撮气肯应打发保，　　　　　　　　　　　让人生气打发走，
　　　　tshu³⁵tɕhi⁵⁵ khɯ³³ jɯ³⁵ tɛ⁴⁴fɛ⁴⁴ pɔ³¹
　　　　生气　起　来　打发　她

26　贴打笨吐钱三吊。　　　　　　　　　　　倒贴给她钱三吊。
　　　　thi⁵⁵ ta⁴² pɯ⁵⁵ nɔ³³ tɕhie⁵⁵ sa⁵⁵ tiɔ⁴⁴
　　　　贴　搭　她　上　钱　三　吊

27　钱三吊罢拐恨咋，　　　　　　　　　　　三吊钱她拐骗走，
　　　　tɕhie⁵⁵ sa⁵⁵ tiɔ⁴⁴ pa⁵⁵ kui³¹ xɯ⁵⁵ tsɔ⁴²
　　　　钱　三　吊　她　拐　掉　说

28　啊唠唠笨吐半要没。　　　　　　　　　　啊呗呗——没有人要她。
　　　　ʔa³⁵pɯ³³pɯ³³ pɯ⁵⁵ nɔ³³ pa⁵⁵ ȵɔ³³ mu³³
　　　　啊呗呗　她　上　他们　要　无

29　绅士老人相信我，　　　　　　　　　　　绅士耆老相信我，
　　　　suɯ³³ sɿ⁵⁵ tɕhi⁴²lɔ³¹ ɕi³¹ŋɯ⁵⁵ŋɤ⁴²
　　　　绅士　耆老　相信我

30　拿给我当乡约公。　　　　　　　　　　　都让我当乡约公。
　　　　na⁴² zɿ³¹ ŋɔ³¹ ta³⁵ ɕa³³ju³⁵ko³³
　　　　拿　给　我　当　乡约公

31　鸡猪次恨报已约，　　　　　　　　　　　鸡猪丢了报过来，
　　　　ke³⁵te⁴² tshɿ⁵⁵xɯ⁵⁵ pɔ⁵⁵tɕi³¹ jɯ³⁵
　　　　鸡猪　丢了　报过　来

32　狗咬怎利闹。　　　　　　　　　　　　　狗咬也叫我。

　　　　khua³³ ŋa⁴⁴tsɯ³⁵ li⁵⁵ nɔ⁴⁴
　　　　狗　　咬着　　　也　闹

33　生厚支打笨留母，　　　　　　　　　　小伙子打婆娘，
　　　xɛ⁵⁵xo⁵⁵tsʅ⁵⁵ ta⁴⁴ pɯ⁵⁵ jo⁴²mɔ³³
　　　小伙子　　　打　他　婆娘

34　几闷牛马因豆麦，　　　　　　　　　　牛马吃田里豆麦，
　　　tɕi³¹mɯ⁵⁵ ŋɯ²¹mɛ³³ ju⁴⁴ tɯ³¹mɯ⁴⁴
　　　田里　　　牛马　　　吃　豆麦

35　忤逆不孝打斗母，　　　　　　　　　　忤逆不孝打爹妈，
　　　u³¹ni³⁵ pu³⁵ɕɔ⁵⁵ tɛ⁴⁴ tuo⁵⁵mɔ³³
　　　忤逆　　不孝　　打　爹妈

36　事物上罗罗。　　　　　　　　　　　　琐事很罗嗦。
　　　sʅ³¹vɣ³³ sa⁵⁵lu³³lu³³
　　　事情　　相互罗素

37　从小灶手自本过，　　　　　　　　　　从小没有做过庄稼活，
　　　tsʅ⁵⁵se³¹ tsuo⁴²sɯ³³ tsʅ⁵⁵ pɯ³¹ kuo³²
　　　从小　　　庄稼活　　没　吧　过

38　我敌怎好吃懒做。　　　　　　　　　　我只是好吃懒做。
　　　ŋɔ³¹ ti³¹tsɯ³³ xɔ⁵⁵tshʅ³⁵ na³¹tsu⁵⁵
　　　我　只是　　　好吃　　　懒做

39　平日饮酒打拼伙，[1]　　　　　　　　每天饮酒又吃肉，
　　　pe²¹n̥i⁴⁴ ʔɯ³³tsʅ³³ ta³¹pɯ⁵⁵xɔ³¹
　　　每天　　　饮酒　　　打拼伙

40　再比神仙乐。　　　　　　　　　　　　还比神仙乐。
　　　tse⁴⁴ pi³¹ sɯ⁴²ɕi³³ luo³⁵
　　　还　比　神仙　　　乐

41　昨山日我吃生肉，[2]　　　　　　　　昨天我们吃生肉，
　　　tɕi²¹ɕɯ⁴⁴n̥i⁴⁴ ŋɔ³¹ ju⁴⁴ xɛ⁵⁵kɛ²¹
　　　昨天　　　　　我　吃　生肉

42　干我夫来因史号。　　　　　　　　　　把我肚子吃疼了。
　　　ka⁴⁴ ŋɯ⁵⁵ fɣ⁴⁴le³¹ ju⁴⁴ sʅ³¹ xɔ⁵⁵
　　　把　我　肚子　　　吃　疼　掉

43　阿夜杯恨十六转，　　　　　　　　　　一夜拉稀十六回，
　　　ʔa³¹ɕɛ⁴⁴ pe⁴⁴ xɯ⁵⁵ tsʅ⁴²fɣ⁴⁴ tsui⁴⁴
　　　一夜　　　走　了　十六　　　回

44　干我张病号。　　　　　　　　　　　　把我胀病了。

---

[1] 打拼伙[ta³¹pɯ⁵⁵xɔ³¹]：即情投意合的人凑在一起吃喝。
[2] 吃生肉[ju⁴⁴ xɛ⁵⁵kɛ²¹]：是白族特色菜肴，白语称[ʔɛ⁴⁴ju⁴⁴xɛ⁵⁵pe²¹]，今汉语译作生皮。所谓生肉，用猪的小里脊或猪皮切成细条状，蘸酸醋、酱油、辣椒等佐料吃。今民间还吃，但生肉是经过加工和检验的。此俗由来已久，唐代《蛮书》中记载大理一带的此俗佳肴。

ka⁴⁴ ŋɔ³¹ tsa⁴⁴ sɿ³¹ xɔ⁵⁵
把　我　胀　病　掉

45　夫很三玄龙马三，　　　　　　　　　肚里好像龙马奔，
　　fɤ⁴⁴xɯ³¹ sa³⁵ɕye³¹ nɤ²¹mɛ³³ sa³⁵
　　肚里　　好像　　龙马　奔

46　干我米西使期约。　　　　　　　　　疼的让我流眼泪。
　　ka⁴⁴ ŋɯ⁵⁵mi⁴²ɕi⁴² sɿ³¹ tɕhi⁴⁴jɔ³⁵
　　把　我　眼泪　　疼　出来

47　杯期莫十闷本米，　　　　　　　　　屎急赶不上去茅厕，
　　pe⁴⁴tɕhi⁴⁴ mu⁵⁵sɿ⁵⁵mɯ⁵⁵ pɯ³¹ mi³³
　　走出　　茅厕处　　不　及

48　裤子窝完号。　　　　　　　　　　　裤子屙着屎。
　　kua³⁵ju³⁵ ʔi³³kui⁴² xɔ⁵⁵
　　裤子　　屙坏　掉

49　阿夜之跑期三里，　　　　　　　　　一夜跑路三里多，
　　ʔa³¹ju³¹ tsɿ⁵⁵ phɔ³³tɕhi⁴⁴ sa⁵⁵li³³
　　一夜　则　跑出　　三里

50　黑黢黢那莫斗号。　　　　　　　　　黑黢黢的摸跌倒，
　　xɯ³⁵tɕhye³³tɕhye³³ tsɿ⁵⁵ mu³³ tuɛ⁴² xɔ⁵⁵
　　黑黢黢　　　则　摸　跌　掉

51　五更时加想车弟，　　　　　　　　　到了五更想小睡，
　　ŋɤ³³kɛ³⁵ tsɿ²¹tɕa⁴⁴ ɕa³¹ tshɿ³³ti⁵⁵
　　五更　时节　　想　小睡

52　人格叫叭约。　　　　　　　　　　　有人又来叫。
　　ȵi²¹kɛ³⁵ ʔɯ⁵⁵ phia⁴⁴ jɔ³⁵
　　人　　叫　到　来

53　恨羊恨三争肯应，　　　　　　　　　急急忙忙站起来，
　　xɯ⁴⁴ja²¹ xɯ⁴⁴sa⁴⁴ tsɯ³¹khɯ³³ jɯ³⁵
　　急急忙忙　　　站起　来

54　干我裤子靠唱号。　　　　　　　　　把裤子也穿错了。
　　ka⁴⁴ ŋɯ⁵⁵ kua³⁵ju³⁵ ji⁴² tsha⁵⁵ xɔ⁵⁵
　　把　我　裤子　　穿错　掉

55　阿朋通入阿朋很，　　　　　　　　　一只裤筒套进一只裤筒里，
　　ʔa³¹phɔ⁴⁴ thɤ⁵⁵ȵi⁴⁴ ʔa³¹phɔ⁴⁴ xɯ³¹
　　一只裤筒　套进　一只裤筒　里

56　裤子争破号。　　　　　　　　　　　把裤筒挣破。
　　kua³⁵ju³⁵ tsɯ⁴⁴ phɔ³¹ xɔ³⁵
　　裤子　　挣　破　掉

57　争破恨利小意思，　　　　　　　　　挣破只是小意思，

tsɯ⁴⁴ phɔ³¹ xɯ⁵⁵ li⁵⁵ ɕiɔ³¹ji⁵⁵sɿ³³
挣　破　掉　也　小意思

58　裤武林那哉追号。　　　　　裤腰带也挣断了。
　　kua³⁵vɣ⁴²n̩ɯ⁴² na⁵⁵ tse⁴⁴ tsye⁴⁴ xɔ⁵⁵
　　裤腰带　　也　挣　断　掉

59　叫门冷头阿那头？　　　　　叫门的是哪一个？
　　ʔɯ⁵⁵me²¹ lɯ³¹tɯ²¹ ʔa⁵⁵na⁴⁴tɯ²¹
　　叫门　　这个　　哪一个

60　老子把他吵！　　　　　　　老子把他骂！
　　lɔ³¹tsɿ³¹ ka⁴⁴ pɔ³¹ tshɔ⁵⁵
　　老子　　把　他　痛骂

【白】待我开门一看，原来是乔氏！
乔氏【白】：我要告状。
乡约【白】：你口报还是纸报？
乔氏【白】：乡约公，王氏杀了我儿兰季子……
乡约【白】：你胡说八道——【唱】：

1　乡约听听东子张，　　　　　乡约听到很生气，
　　ɕa³³ju³⁵ tɕhe⁵⁵tɕhe⁵⁵ tɣ⁴² tsɿ⁵⁵ tsa⁴⁴
　　乡约　　听听　　生气　则　胀

2　人命大事你鬼双。　　　　　人命大事你胡说。
　　zu⁴²mɯ⁵⁵ ta⁵⁵sɿ⁵⁵ nɔ³¹ kuɛ²¹ sua⁴⁴
　　人命　　大事　你　横　说

3　古说是弄假成真，　　　　　古说弄假也成真，
　　ku³¹suo³⁵ tsɯ³³ no⁵⁵tɕa³¹ tshɯ⁴²tsɯ³³
　　古说　　有　弄假　　成真

4　由得你鬼双！　　　　　　　由得你胡说！
　　ju⁴²tɯ³⁵ nɔ³¹ kuɛ²¹ sua⁴⁴
　　由得　你　横　说

5　你咋王氏杀偻子，　　　　　你说王氏杀你儿，
　　nɔ³¹ tsɔ⁴² ua⁴²sɿ⁵⁵ ɕa⁴⁴ nɯ⁵⁵tsɿ³³
　　你说　王氏　　杀　你儿

6　这么女干支头相？　　　　　怎么女人把男子杀？
　　tsɿ⁵⁵mɯ⁵⁵ n̩ɣ³³ ka⁴⁴ tsɿ³³tɯ²¹ ɕa⁴⁴
　　怎么　女　把　男子　　杀

7　若凡事物两太没，　　　　　若凡不是这样一台事，
　　zu³⁵fa⁴² sɿ³¹vɣ³³ nia⁴²te⁵⁵ mu³³
　　若凡　事情　这样件　无

8　朱哉嗉支巴。　　　　　　　打烂你嘴巴。
　　tsɣ³³ tse⁴⁴ nɯ⁵⁵ tsɿ³³pa⁴⁴
　　打　断　你的　牙齿

9　　　乔氏你比狗利恶，　　　　　　　　　　　　乔氏你比狗还恶，
　　　tɕiɔ⁴²sʅ⁵⁵ nɔ³¹ pi³¹ khua³³ li⁵⁵ u³⁵
　　　乔氏　你　比　狗　还　恶

10　　双斗三玄狗应咬。　　　　　　　　　　　　说话就像狗来咬，
　　　sua⁴⁴tuo²¹ sa³⁵ɕye³¹ khua³³ jɯ³⁵ ŋa⁴⁴
　　　说话　　就像　狗　　来　咬

11　　你再叫达吐旺句，　　　　　　　　　　　　你再回嘴几句话，
　　　nɔ³¹ tse⁴⁴ kɤ⁴²ta⁴⁴ ŋɔ³¹ ua⁵⁵ tshʅ⁵⁵
　　　你　再　叫回　　我　几　声

12　　打烂你嘴巴！　　　　　　　　　　　　　　打烂你嘴巴！
　　　ta³¹ na⁵⁵ ni³¹ tsui³¹pa³³
　　　打　烂　你　嘴巴

【白】：这是乔氏，你胡说乱讲。有何证据？

乔氏【白】：有血汗衫为证。

乡约【白】：乡约年满三十六，知凶知吉。待我尝一尝。人血是咸苦咸苦的，鸡血是苦甜苦甜的，这是鸡血，不是人血。

乔氏【白】：乡约公，你在县大人面前行分好言，我送你十两银子。好比，我包你告去，把王氏带上，到县衙门伸冤去。

乡约【白】：好啊——心欢喜，一路来得快，来到县衙门口，我把鼓来敲。

县官【诵】：做官容易读书难，三更灯火五更寒。若要治国平天下，《大学》《中庸》看细详。【白】：本县立城县正堂是也。忽听有人击鼓，手下，带击鼓人上来！

县吏【白】：县官，人已带到！

乡约【白】：大老爷，乡约叩见。西庄有人命案，请老爷公断。

县官【白】：手下，带原告上堂。

乔氏【白】：老爷在上，乔氏叩见。

县官【白】：有何人命？快诉将上来！

乔氏【白】：哎，大老爷，亲听——【唱】：

1　　　乔氏树勾跪岸当，　　　　　　　　　　　乔氏双脚跪这里，
　　　tɕiɔ⁴²sʅ⁵⁵ sɤ⁵⁵kou⁴⁴ kɤ³¹ ʔa⁵⁵ta⁴⁴
　　　乔氏　　双脚　跪　这里

2　　　青天大人听我双。　　　　　　　　　　　青天大人听我讲。
　　　tɕhu³³thi³³ ta⁵⁵zɯ⁴² tɕhɛ⁵⁵ ŋɔ³¹ sua⁴⁴
　　　青天　　大人　听　我　说

3　　　利咋问肯我苦情，　　　　　　　　　　　您要问我的苦情，
　　　ȵi⁵⁵ tsɔ⁴² piɛ⁴⁴ khɯ³³ ŋɯ⁵⁵ khu³¹tɕhu⁴²
　　　您　说　问　起　我的　苦情

4　　　家住兰家庄。　　　　　　　　　　　　　家住兰家庄。
　　　tɕa³³ tsɤ⁵⁵ la³⁵fa³³tsɔ³¹tsua³³
　　　家　住　兰家庄

5　　　我丈夫怎兰芳草，　　　　　　　　　　　我丈夫叫兰芳草，

	ŋɯ⁵⁵ tsɔ³¹ fɣ³⁵ tsɯ³³ na⁴² fa³³ tshɔ³¹	
	我　丈夫　　叫　　兰芳草	
6	格子保满七十双。	今年他已七十岁。
	kɛ³⁵ tsɿ⁵⁵ pɔ³¹ ma³³ tshɿ³¹ tsɿ⁴² sua⁴⁴	
	今年　他　满　　七十　岁	
7	我怎老后央半闷,	我是老了才嫁他,
	ŋɔ³¹ tsɯ³³ lɔ³³ ɣɯ³³ pe⁴⁴ pa⁵⁵ mɯ⁵⁵	
	我　是　老后　走　他　处	
8	他有对娃娃。	他有对娃娃。
	tha⁵⁵ tsɯ³³ tui⁴² ua⁴² ua³³	
	他　有　对　娃娃	
9	肉胎二人杯当兵,	兄弟二人去当兵,
	jo⁵⁵ the³³ kɔ³³ ȵi²¹ pe⁴⁴ ta³⁵ kɣ³⁵	
	兄弟　二人　去　当兵	
10	当兵在万里云南。	当兵在万里云南。
	ta³⁵ kɣ³⁵ tsɯ³³ va⁵⁵ li³¹ jye⁴² na⁴²	
	当兵　在　万里　云南	
11	随娘带来兰季子,	随娘带来兰季子,
	sui⁵⁵ nia⁴² te⁴⁴ jɯ³⁵ la⁴² tɕi⁵⁵ tsɿ³¹	
	随　娘　带　来　兰季子	
12	同父到东庄。	同父到东庄。
	tho⁴² fɣ⁵⁵ tɔ⁵⁵ to³³ tsua³³	
	同　父　到　东庄	
13	季子东庄杯打因,	季子东庄转回来,
	tɕi⁵⁵ tsɿ³¹ to³³ tsua³³ pe⁴⁴ ta⁴² jɯ³⁵	
	季子　东庄　走　回　来	
14	我子央咽干我看。	回来看看我亲妈。
	ŋɯ⁵⁵ tsɿ³³ ja⁴⁴ jɯ³⁵ ka⁴⁴ ŋɔ³¹ ʔa³³	
	我儿　回来　把　我　看	
15	子武王氏母狗等,	不想大儿媳这母狗,
	tsɿ³³ vɣ³³ ua⁴² sɿ⁵⁵ khua³³ mɔ³³ tɯ²¹	
	儿媳　王氏　母狗一个	
16	天天勾引他。	天天勾引他。
	thi³³ thi³³ kou³³ jiɯ³¹ tha³³	
	天天　勾引　他	
17	两人晚上商议求,	两个晚上商议好,
	kɔ³³ ȵi²¹ jo³¹ xɯ³¹ sa⁵⁵ ji⁴² tɕhiu⁵⁵	
	两个　晚上　商议　好	
18	二人一起到西庄。	二人一起到西庄。

kɔ³³ȵi²¹ ta³¹xuo³¹ pe⁴⁴ ɕi³³tsua³³
二人　　打火　　走　西庄

19　王氏阿时肯毒心，　　　　　　　　　　　王氏一时起毒心，
　　uaʂ⁴²ʂ̩⁵⁵ ʔa³¹tsʅ³¹ khɯ⁵⁵ tu⁵⁵ɕi³⁵
　　王氏　　一时　　起　毒心

20　保干我子相。　　　　　　　　　　　　　就把我儿杀。
　　pɔ³¹ ka⁴⁴ ŋɯ⁵⁵tsʅ³³ ɕa⁴⁴
　　她　把　我儿　　杀

21　尸首不知在何处，　　　　　　　　　　　尸首不知在何处，
　　sʅ³³sou³¹ pu³⁵tsʅ³³ tse⁵⁵ xu⁴²tshɤ⁵⁵
　　尸首　　不知　　在　何处

22　我只找着他衣裳。　　　　　　　　　　　我只找着他衣裳。
　　ŋɔ³¹ tsʅ⁵⁵ ji²¹tɯ⁵⁵ pɯ⁵⁵ ji³³sa³³
　　我　只　找着　他　衣裳

23　白汗衣吐有血迹，　　　　　　　　　　　白汗衣上有血迹，
　　pɛ⁴²xa⁴⁴ji⁵⁵ nɔ³³ tsɯ³³ ɕye³⁵tɕi³⁵
　　白汗衣　上　有　血迹

24　老爷您干看！　　　　　　　　　　　　　老爷您看看！
　　lɔ³¹ji⁴² ȵi⁵⁵ ka⁴⁴ʔa³³
　　老爷　您　看看

县官【白】：原告退下。带被告上堂！
乡约【白】：这是王氏。
县官【白】：我问你，你为何提刀杀人？从实招来！
王氏【白】：哎！老爷啊，请听我讲——【唱】：

1　王氏树勾跪岸当，　　　　　　　　　　　王氏双脚跪这里，
　　ua⁴²ʂ̩⁵⁵ sɤ⁵⁵kou⁴⁴ kɤ³¹ ʔa⁵⁵ta⁵⁵
　　王氏　　双脚　　跪　这里

2　青天大人听我双。　　　　　　　　　　　青天大人听我说。
　　tɕhɯ³³thi³³ ta⁵⁵zu⁴² tɕhɛ⁵⁵ ŋɔ³¹ sua⁴⁴
　　青天　　　大人　　听　我　说

3　青害闷打鼓本透，　　　　　　　　　　　青天那里的冤鼓打不够，
　　tɕhɛ⁵⁵xe⁵⁵mɯ⁵⁵ tɛ⁴⁴ku³³ pɯ³¹ thɤ⁵⁵
　　青天处　　　　打鼓　　不　通

4　苦情没处说。　　　　　　　　　　　　　苦情没处说。
　　khu³¹tɕɛ²¹ mu³³ tshɤ³¹ sua⁴⁴
　　苦情　　　没　处　说

5　王氏嫁与兰家后，　　　　　　　　　　　王氏婚嫁到兰家，
　　ua⁴²ʂ̩⁵⁵ tɕa⁵⁵jy³³ la³⁵fa³³tsɔ³¹ xou⁵⁵
　　王氏　嫁与　　兰家　　　后

6　格自甲合满三双。　　　　　　　　　　　年纪刚满三十岁。

kɛ³⁵tsŋ⁵⁵ tɕa⁵⁵xɔ³⁵ ma³³ sa³⁵ sua⁴⁴
今年　　加合　　满　三　岁

7　我丈夫名兰中林，　　　　　　　　我丈夫叫兰中林，
　　ŋɯ⁵⁵ tso²¹fɣ³⁵ miɛ³⁵ la⁴²tso³³liɯ⁴²
　　我的　丈夫　　名　兰中林

8　他苦读寒窗。　　　　　　　　　　他苦读寒窗。
　　pɔ³¹ khu³¹tu³⁵ xa⁴²tshua³³
　　他　苦读　　　寒窗

9　丈夫杯直当兵号，　　　　　　　　丈夫当兵去，
　　tso²¹fɣ³⁵ pe⁴⁴tsŋ²¹ ta³⁵kɣ³⁵ xɔ⁵⁵
　　丈夫　　走去　　当兵　　了

10　当兵在云南地方。　　　　　　　　当兵到云南。
　　ta³⁵kɣ³⁵ tsɯ³³ jye⁴²na⁴² ti⁵⁵fa³³
　　当兵　　在　　云南　　　地方。

11　弟兄解文去习武，　　　　　　　　兄弟习文又习武，
　　zu⁵⁵the³³ ke³¹vɯ⁴² li⁵⁵ ɕi³⁵vɣ³¹
　　兄弟　　　解文　　也　习武

12　争朝廷威光。　　　　　　　　　　争朝廷威光。
　　tsɯ⁵⁵ tshɔ⁴²thiɯ⁴² ui³³kua³³
　　争　　朝廷　　　　威光

13　我爹东庄收租号，　　　　　　　　我爹东庄去收租，
　　ŋɯ⁵⁵tie³³ to³³tsua³³ sɯ⁵⁵tsu⁵⁵ xɔ⁵⁵
　　我爹　　东庄　　　收租　　了

14　把我一人丢在家。　　　　　　　　只我一人在兰家。
　　ka⁴⁴ ŋɔ³¹ ji³⁵zɯ⁴² tiu³³ tse⁵⁵tɕa³³
　　把　我　一人　　丢　在家

15　婆婆叫我去磨面，　　　　　　　　婆婆叫我去磨面，
　　pho⁴²phɔ³³ se³³ ŋɔ³¹ ue⁴² mo⁴⁴mi⁴²
　　婆婆　　　支使 我　磨　麦面

16　打自本实差。　　　　　　　　　　还是我的本事差。
　　ta⁴⁴ tsŋ⁵⁵ pɯ³¹sŋ⁴⁴ tsha³³
　　这里 则　本事　　　差

17　给我背肯麦阿斗，　　　　　　　　让我背去一斗麦，
　　sŋ³³ ŋɔ³¹ jɛ⁴²khɯ³³ mɯ⁴⁴ ʔa³¹tɯ³³
　　让　我　背起　　　麦　一斗

18　走出去又叫回家。　　　　　　　　刚出门又叫回家。
　　pe⁴⁴tɕhi⁴⁴ lɔ³² tsŋ⁵⁵ ʔɯ⁵⁵ ta⁴²ja⁴⁴
　　走出　　　了 则　叫　回

19　限我四时要出门，　　　　　　　　限我四时要出门，

ɕi⁴⁴ ŋo³¹ sɿ⁵⁵sɿ⁴² jɔ⁵⁵ tshɣ³⁵mɯ⁴²
限 我 四时 要 出门

20 五时要归家。 五时得回家。
u³¹sɿ⁴² jɔ⁵⁵ kui³³tɕa³³
五时 要 回家

21 一斗麦磨三斗面， 一斗麦要磨三斗面，
ʔa³¹tɯ³³ mɯ⁴⁴ ue⁴² sa³⁵tɯ³³ mi⁴²
一斗 麦 磨 三斗 面

22 麦皮之那留出外。 把麦麸皮除外。
mɯ⁴⁴pe²¹tsɿ³³ tsɿ⁵⁵ tse⁵⁵ tsɯ³³ ua⁴⁴
麦麸皮 则 再 在 外

23 打发我三双鞋底， 还要我纳三双鞋底，
tɛ⁴⁴fɛ⁴⁴ ŋo³¹ ŋe²¹tɕi³³ sa³⁵fɣ⁴²
打发 我 鞋底 三副

24 又三双鞋帮。 缝三双鞋帮。
tse⁴⁴ ŋe²¹pa⁵⁵ sa³³sua³³
再 鞋帮 三双

25 叫我代做又代锁， 要我做了上鞋底，
sɿ³³ ŋo³¹ te⁴⁴tsɿ⁵⁵ li⁵⁵ te⁴⁴ zuo³³
要 我 带做 也 带 上鞋底

26 代缝代拉与赏花。 又缝又纳还绣花。
te⁴⁴tse²¹ te⁴⁴na⁴⁴ li⁵⁵ ɕiu⁵⁵xua³³
带缝 带纳 也 绣花

27 如果误了他时刻， 如果误了她时辰，
zu⁴²kuo³¹ u⁵⁵tshɯ⁵⁵ pɯ⁵⁵ tsɿ²¹tɕa⁴⁴
如果 误了 她 时节

28 叫我见阎王。 叫我见阎王。
sɿ³³ ŋo³¹ tɕie⁵⁵ jie⁴²ua⁴²
叫 我 见 阎王

29 女我从小勾树小， 小女从小脚又小，
ɳɣ³³ ŋo³¹ tsɿ⁵⁵se³¹ kou⁴⁴sɣ⁵⁵ se³¹
女 我 从小 双脚 小

30 杯利杯自本实三。 走路本事差。
pe⁴⁴ li⁵⁵ pe⁴⁴ tsɿ⁵⁵ pɯ³¹sɿ⁴⁴ tsha³³
走 也 走则 本事 差

31 日匹匹利落山老， 嘱咐说到太阳落，
ɳi⁴⁴phi³¹phi³¹ li⁵⁵ ɣɔ⁴²thɯ⁵⁵ lɔ³²
太阳 也 落下 了

32 闷干磨房叭。 我才到磨房。

mɯ⁵⁵ka⁴⁴ ue⁴²mɯ⁵⁵phia⁴⁴
才 把 磨房 到

33 慌张要而筛麦面， 急急忙忙去磨面，
xua³³tsa³³ nɔ⁴⁴ ŋɛ²¹ lɔ²¹ mɯ⁴⁴mi⁴²
急忙 要 去 筛 磨面

34 喂麦再干鞋底拉。 磨面又做鞋。
ue⁴²mɯ⁴⁴ tse⁴⁴ ka⁴⁴ ŋɛ²¹tɕi³³ na⁴⁴
磨面 再 把 鞋底 纳

35 我胎东庄杯打咽，【换韵】 季子三弟东庄回到家，
ŋɯ⁵⁵the³³ to³³tsua³³ pe⁴⁴ta⁴² jɯ³⁵
我弟 东庄 走 回 来

36 怎恨门外打听得。 在门口听说婆婆烧磨房。
tsɯ³³xɯ⁵⁵ me²¹ua⁴⁴ ta³¹tɕhɛ⁵⁵ tɯ⁴⁴
在着 门外 偷听 得

37 好心杯怎及我闷， 好心前来告诉我，
tɕiu⁵⁵ɕi³⁵ pe⁴⁴tsɯ³¹ tɕi⁵⁵ ŋɯ⁵⁵mɯ⁵⁵
好心 走去 告诉 我

38 我!!躲打磨房后。 我——躲在磨房后。
ŋɔ³¹ phia⁴⁴ ta⁴² mo⁵⁵fa⁴² ɣɯ⁴⁴
我 躲 回 磨房 后

39 甲合干我藏肯咽， 我才刚刚躲过去，
tɕa⁵⁵xɔ³⁵ ka⁴⁴ ŋɔ³¹ phia⁴⁴khɯ³³ jɯ³⁵
加合 把 我 躲起 来

40 我母干磨房送肯。 婆婆就来烧磨房。
ŋɯ⁵⁵mɔ³³ ka⁴⁴ mo⁵⁵fa⁴⁴ su⁵⁵khɯ³³
我妈 把 磨房 烧起

41 季子本应双我闷， 要是三弟不来告诉我，
tɕi⁵⁵tsʅ³¹ pɯ³¹ jɯ³⁵ sua⁴⁴ ŋɯ⁵⁵mɯ⁵⁵
季子 不 来 说 我处

42 一命就归因。 我一命就归阴。
ji³⁵mi⁵⁵ tɕiu⁵⁵ kui³³jɯ³³
一命 就 归阴

43 磨房烧了她回家，【换韵】 婆婆烧了磨房就回家，
mo⁵⁵fa⁴² su⁵⁵ lɔ⁴² pɔ³¹ xui⁴²tɕa³³
磨房 烧 了 她 回家

44 季子送我到西庄。 季子把我送到了西庄。
tɕi⁵⁵tsʅ³¹ so³³ ŋɔ³¹ pe⁴⁴ ɕi³³tsua³³
季子 送 我 走 西庄

45 我胎捉怎我皆头， 三弟给我捉来一只鸡，

ŋɯ⁵⁵the³³ kɛ⁴⁴ tsɯ³¹ ŋɔ³¹ ke³⁵tɯ²¹
我弟　捉　给　我　鸡一只

46　我干鸡头相。　　　　　　　　　　　我把鸡来杀。
ŋɔ³¹ ka⁴⁴ ke³⁵tɯ²¹ ɕa⁴⁴
我　把　鸡　　杀

47　我想我胎因皆头，　　　　　　　　　我想给三弟补补身，
ŋɔ³¹ mi³³ ŋɯ⁵⁵the³³ jɯ⁴⁴ ke³⁵tɯ²¹
我　想　我弟　　吃　鸡

48　我胎双咋留肯三。　　　　　　　　　三弟要我留下鸡。
ŋɯ⁵⁵the³³ sua⁴⁴ tsɔ⁴² liu⁵⁵khɯ³³ sa⁴⁴
我弟　　说　着　留下　　吧

49　弟嫂二人多居礼，　　　　　　　　　弟嫂二人不相让，
ti⁵⁵sɔ³¹ ko³³ȵi²¹ sa³⁵tɕy⁵⁵li³¹
弟嫂　　二人　相拘礼

50　自你扯我拉。　　　　　　　　　　　你扯又我拉。
tsɿ⁵⁵ ni³¹ tshɯ³¹ ŋɔ³¹ la³³
则　你　扯　我　拉

51　杀因鸡头小意思，　　　　　　　　　杀鸡看似小事情，
ɕa⁴⁴jɯ⁴⁴ ke³⁵tɯ²¹ ɕiɔ³¹ ji⁵⁵sɿ³³
杀吃　　鸡　　小　事情

52　白衣扣吐瓦自血。　　　　　　　　　鸡血溅到弟弟的白汗衫上。
pɛ⁴²ji⁵⁵kou⁵⁵ nɔ³³ ua³¹ tɯ⁴⁴ sua⁴⁴
白衣衫　　鸡　上　染　着　血

53　我双胎闷脱下因，　　　　　　　　　我叫三弟脱下来，
ŋɔ³¹ sua⁴⁴ the³³ mɯ⁵⁵ tua⁴⁴thɯ⁵⁵ jɯ³⁵
我　说　弟　上　脱下　　来，

54　替保洗保川。　　　　　　　　　　　给他洗一洗。
thi⁵⁵ pɔ³¹ se³³ pɔ³¹ tshua⁴⁴
替　他　洗　它　一把

55　我胎衣扣脱下因，　　　　　　　　　三弟脱下汗衫后，
ŋɯ⁵⁵the³³ ji⁵⁵khou⁵⁵ thua⁴⁴thɯ⁵⁵ jɯ³⁵
我弟　　衣裳　　脱下　　来

56　保干衣扣生笨当。　　　　　　　　　就把汗衫放那里。
pɔ³¹ ka⁴⁴ ji⁵⁵kou⁵⁵ sɯ³³ pɯ⁵⁵ta⁴⁴
他　把　衣裳　　放　那里

57　我咋送吐习光没，　　　　　　　　　我说烧火没有柴，
ŋɔ³¹ tsɔ⁴² su⁵⁵ nɔ³³ ɕi³⁵kua⁴⁴ mu³³
我　说　烧　的　柴　　没有

58　季子找柴烧。　　　　　　　　　　　他就去找柴。

pɔ³¹ pe⁴⁴ thu⁵⁵ ɕi³⁵kua⁴⁴
他 走 找 柴

59　一出大门无音信，　　　　　　　　　　　不料出门以后无音信，
　　ji³⁵ tshɤ³⁵ ta⁵⁵mɯ⁴² vɤ⁴² ji³ɕɯ⁵⁵
　　一出　　大门　　无　音信

60　不知去到哪一方。　　　　　　　　　　　不知去哪方？
　　pu³⁵tsɿ³³ pe⁴⁴phia⁴⁴ na³¹ ji³⁵fa³³
　　不知　　走到　　　哪　一方

61　婆婆来到西庄内，　　　　　　　　　　　婆婆来到西庄找季子，
　　phɔ³¹phɔ³³ pe⁴⁴ jɯ³⁵ se⁵⁵tsuo⁵⁵xɯ³¹
　　婆婆　　　走 来 　西庄里

62　找着他衣裳。　　　　　　　　　　　　　找着他衣裳。
　　ji²¹ tɯ⁴⁴ pɯ⁵⁵ ji³³sa³³
　　找 着　他　衣裳

63　白汗衣上有鸡血，　　　　　　　　　　　白汗衫上有鸡血，
　　pɛ⁴²xa⁴⁴ta⁵⁵ nɔ³³ tsɯ³³ ke³⁵sua⁴⁴
　　白汗衫　　上　有　鸡血

64　奶我干我胎害相。　　　　　　　　　　　赖我杀害他。
　　le⁵⁵ ŋɔ³¹ ka⁴⁴ ŋɯ⁵⁵the³³ xe⁴⁴ ɕa⁴⁴
　　赖　我　把　我弟　　害 死

65　难为青天做俺真，　　　　　　　　　　　多谢大老爷作主，
　　na⁵⁵ue⁵⁵ ta⁵⁵lɔ³¹je⁴² tsu⁵⁵tsɯ³³
　　多谢　　大老爷　　　作主

66　请老爷明察。　　　　　　　　　　　　　请老爷明察。
　　tɕhɛ³³ lɔ³¹je⁴² mɯ⁴²tsha³⁵
　　请　老爷　　明察

县官【白】：好了，好了，既是如此，叫出武卒（相当于法医），把这件衣裳小心查看。
武卒【白】：待我查看。啊哱哱，这是鸡血，不是人血！
乡约【白】：武卒大哥，我送你五十两银子，请你在大人面前敬个言。
武卒【白】：好好好。大人在上，这是人血，不是鸡血。
县官【白】：既然如此。将王氏女打下女牢！好好看守！
武卒【白】：是！
艺人【旁白】：王氏女听来，不好了，瘫倒在地，被牢卒拖进牢里。
王氏【唱】：

1　王氏阿跌斗冷委，　　　　　　　　　　　王氏瘫倒在这里，
　　ua⁴²sɿ⁵⁵ ʔa³¹tuɛ⁴⁴pa⁴⁴ lɯ³¹ue³³
　　王氏　　一跌倒　　　这里

2　给我受等行吐罪。　　　　　　　　　　　让我受到这般刑。
　　sɯ³³ ŋɔ³¹ so⁴⁴tɯ⁴⁴ ɕɯ⁴² nɔ³³ tsui⁴⁴
　　让　我　受着　　刑　这　罪

3	婆婆她来暗害我，	婆婆她来暗害我，
	pɔ⁴²pɔ³³ puɯ⁵⁵ juɯ³⁵ ŋa⁵⁵xe⁵⁵ ŋɔ³¹	
	婆婆　她　来　暗害　我	
4	官头本开委。	官吏不开眼。
	kua⁵⁵tuɯ²¹ puɯ³¹ ke⁵⁵ue³³	
	官吏　　不　　开眼	
5	天下乌鸦一般黑，	天下乌鸦一般黑，
	thi³³ɕa⁵⁵ u³³ja³³ ji³⁵pe³³ xɯ³⁵	
	天下　乌鸦　一般　黑	
6	无辜我在牢受罪。	无辜坐牢在受罪。
	vɣ⁴²ku³³ ŋɔ³¹ kɣ⁴²lɔ⁴² so⁴⁴tsui⁴⁴	
	无辜　我　坐牢　受罪	
7	牛官因得半钱银，	牛官吃着钱和银，
	ŋɯ²¹kua⁵⁵ juɯ⁴ tuɯ⁵⁵ pa⁵⁵ tɕhie⁵⁵ȵi²¹	
	牛官　　吃着　他们　钱银	
8	好利双成害。	把好说成坏。
	tɕhiu⁵⁵ li⁵⁵ sua⁴⁴tsʅ²¹ xe⁴⁴	
	好　也　说成　坏	
9	能在高山望牢狱，	能在高山望牢狱，
	nɯ⁴² tse⁵⁵ kɔ³³se³³ ua⁵⁵ lɔ⁴²ju³⁵	
	能　在　高山　望　牢狱	
10	莫在牢狱望高山。	莫在牢狱望高山。
	mo³⁵ tse⁵⁵ lɔ⁴²ju³ ua⁵⁵ kɔ³³se³³	
	莫　在　牢狱　望　高山	
11	怎吐勾树杯处没，	有了双脚无处走，
	tsɯ³³ lɔ³² kou⁴⁴sɣ⁵⁵ pe⁴⁴tshɣ³¹ mu³³	
	有　了　双脚　走处　没有	
12	敌坐井观天。	只能坐井观天。
	thi³¹ tsu⁵⁵tɕɯ³¹ kue⁵⁵thie³³	
	只　坐井　观天	
13	远无亲来近无戚，	远无亲来近无戚，
	jye³¹ vɣ⁴² tɕhɯ³³ le⁴² tɕɯ⁵⁵ vɣ⁴² tɕhi³⁵	
	远　无亲　来　近　无戚	
14	无亲无戚没肉胎。[1]	无亲无戚无兄弟。
	vɣ⁴²tɕhɯ³³ vɣ⁴² tɕhi³⁵ mu³³ zu³³the³³	
	无亲　无戚　无　兄弟	
15	王氏我叫青天闷，	王氏我大声喊青天，

---

[1] 肉胎[zu³³the³³]: 方音，意为兄弟或姐妹。多数地区读作[jo⁵⁵the³³]或[jo⁵⁵thi]。

ua⁴²sɿ⁵⁵ ŋɔ³¹ ʔɯ⁵⁵ tɕhɯ³³thi³³ nɯ⁵⁵
王氏　我　喊　青天　　　上

16　抬头叫青天。　　　　　　　　　　　　抬头喊青天。
the⁴² thou⁴² tɕiɔ⁵⁵ tɕhɯ³³thi³³
抬　头　喊　　青天

17　叫声禁婆阿大妈，[1]【换韵】　　　　叫声禁婆阿大妈，
ʔɯ⁵⁵ tsɔ⁴² tɕɯ⁵⁵phɔ⁴² ʔa³¹ta⁵⁵mɔ³³
我　说　禁婆　　阿大妈

18　王氏阿跌倒岸当。　　　　　　　　　　王氏一倒倒这里。
ua⁴²sɿ⁵⁵ ʔa³¹tuɛ⁴⁴pa⁵⁵ ʔa⁵⁵ta⁵⁵
王氏　　一倒倒　　这里

19　头伴阿棵昏完恨，　　　　　　　　　　刚才一时昏过去，
tɯ²¹pɛ⁴² ʔa³¹tsɿ³¹ xui⁵⁵pa⁴⁴ xɯ⁵⁵
刚才　　一时　　昏倒　　掉

20　一生无主张。　　　　　　　　　　　　一身无主张。
jo³⁵shɯ³³ vɣ⁴² tsu³¹tsa³³
一身　　无　主张

21　王氏尚付阿大母，　　　　　　　　　　王氏多谢阿大妈，
ua⁴²sɿ⁵⁵ sa⁴⁴fɣ⁴⁴ ʔa³¹ta⁵⁵mɔ³³
王氏　多谢　　阿大妈

22　您吐情意比海宽。　　　　　　　　　　你的情义比海宽。
ȵi⁵⁵ nɔ³³ tɕɛ²¹ji³¹ pi³¹ xe³¹ khua⁴⁴
你　的　情义　　比　海　宽

23　您前面我说直斗，　　　　　　　　　　您的前面说真话，
ȵi⁵⁵ tɕi⁴²mi⁴² ŋɔ³¹ sua⁴⁴ tsɿ⁵⁵tuo²¹
您　前面　　我　说　真话

24　我吐日月满。[2]　　　　　　　　　　身上日子满。
ŋɯ⁵⁵ nɔ³³ ȵi⁴⁴ua⁴⁴ ma³³
我　上　日月　满

25　必边称怎阿称称，　　　　　　　　　　左边一阵阵胀痛，
pi⁵⁵pɔ²¹ tshɯ⁵⁵tsɯ³⁵ ʔa³¹tshɯ⁵⁵tshɯ⁵⁵
左边　　胀痛　　　一阵阵

26　右边张怎阿张张。　　　　　　　　　　右边一阵阵胀痛。
tsɿ⁴²pɔ²¹ tsa⁴⁴tsɯ³⁵ ʔa³¹tsa⁴⁴tsa⁴⁴
右边　　胀痛　　一胀胀

27　大肠扭进小肠很，　　　　　　　　　　大肠扭进小肠里，

---

[1] 禁婆[tɕɯ⁵⁵phɔ⁴²]: 牢狱女看守。
[2] 日月满[ȵi⁴⁴ua⁴⁴ma³³]: 白语喻指身上有孕即将生产的日子。

tɔ³²tsɔ²¹ ȵiu³¹ ȵi⁴⁴ se³¹tsɔ²¹ xɯ³¹
大肠　扭进　小肠　里

28　好像绞肠三。　　　　　　　　　　好像绞肠疼。
sa⁵⁵jy³¹ tɕɔ³¹tsha⁴² sa³³
好像　　绞肠　了

29　满身做血汗淋淋，　　　　　　　　下身流血全身汗，
tsa²¹tʂʅ⁵⁵ tsɯ³³ ɣa²¹ li⁵⁵ sua⁴⁴
满身　　有　汗　和　血

30　委闷飞肯片之花。　　　　　　　　眼前飞着片片花。
ui³³mɯ⁵⁵ fɣ̩⁵⁵khɯ⁵⁵ phie⁵⁵phie⁵⁵xua³³
眼前　　　飞着　　　片片花

31　恼怎之利恼怎女，　　　　　　　　这会儿你也是女人，
nɔ³¹tsɛ²¹tsʅ³³ ȵi⁵⁵ nɔ³¹ tsɯ³³ ȵɣ³³
这会儿　　　您　上　是　女

32　而井的应巴。【介】　　　　　　　你快点来呀！
ŋɛ²¹tɕɯ³¹ tɛ⁴⁴ jɯ³⁵ pa³³
去　快点　来　呀

禁婆【唱】:

1　禁婆干王氏闷双，　　　　　　　　禁婆我说给王氏，
tɕɯ⁵⁵phɔ⁴² ka⁴⁴ ua⁴²sʅ⁵⁵ mɯ⁵⁵ sua⁴⁴
禁婆　　把　王氏　处　说

2　大妈抱肯嗾衣光。　　　　　　　　大妈抱起你腰杆。
ta⁵⁵mɔ³³ pu³³khɯ³³ nɯ⁵⁵ ji⁵⁵kua⁴⁴
大妈　抱起　你的　腰杆

3　世间亮女人阿家，　　　　　　　　世间女人是一家，
se⁴²kɛ⁴² n̩a⁵⁵ ȵɣ³³ȵi²¹ ʔa³¹xɔ³¹
世间　咱们　女人　一家

4　自家劝自家。　　　　　　　　　　自家劝自家。
tsʅ⁵⁵ tɕa³³ tɕye⁴⁴ tsʅ⁵⁵ tɕa³³
自家　劝　自家

5　王氏上火大妈应，　　　　　　　　王氏上火大妈来，
ua⁴²sʅ⁵⁵ to⁵⁵xui³³ ta⁵⁵mɔ³³ jɯ³⁵
王氏　上火　　大妈　来

6　我劝王氏要哭三。　　　　　　　　我劝王氏别哭了。
ŋɔ³¹ tɕye⁴⁴ ua⁴²sʅ⁵⁵ nɔ³³ khuo⁴⁴ sa³³
我　劝　王氏　别　哭　了

7　子女人保汉下劳，　　　　　　　　婴儿已经生下了，
tsʅ³³ȵɣ³³ȵi²¹ pɔ³¹ xa⁵⁵thɯ⁵⁵ lɔ³²
婴儿　　他　生下　了

8　小倒子支光。　　　　　　　　　　是个小伙子。

se¹tɔ³¹tsŋ³³ tsŋ³³ kua⁴⁴
小伙子　　是　个

9　禁婆干保抱起因，　　　　　　　　　　　禁婆把他抱起来，
tɕɯ⁵⁵phɔ⁴² ka⁴⁴ pɔ³¹ pu³³khɯ³³ jɯ³⁵
禁婆　　　把 他 抱起　　来

10　我自细心干保看。　　　　　　　　　　我在细心看一看。
ŋɔ³¹ tsŋ⁵⁵ ɕi⁴⁴ɕɯ⁵⁵ ka⁴⁴ pɔ³¹ ʔa³³
我　则　细心　　把 他 看

11　眉清目秀小娇儿，　　　　　　　　　　眉清目秀小娇儿，
me⁴²tɕhɯ³³ mu³⁵ɕiu⁵⁵ xiɔ³¹tɕiɔ³³ʔe⁴²
眉清　　　目秀　　小娇儿

12　干净的洗他。　　　　　　　　　　　　干净洗洗他。
ka³³tɕɯ⁵⁵ ti³³ ɕi³¹ tha³³
干净　　　的　洗 他

13　次吐本没宽皮衣，　　　　　　　　　　身上本无狗皮衣，
tshŋ⁵⁵ nɔ³³ pu³¹mu³³ khua³³pe²¹ ji³⁵
身　上　本无　　狗皮　　衣

14　头吐本没登鸡康。[1]　　　　　　　　　头上本无帽子。
tɯ²¹ nɔ³³ pu³¹mu³³ tɯ⁴²tɕi⁵⁵kha⁴⁴
头　杀　本没　　帽子

15　我干靠山改下咽，　　　　　　　　　　我把围腰解下来，
ŋɔ³¹ ka⁴⁴ khou⁵⁵se⁴⁴ thua⁴⁴thɯ⁵⁵ jɯ³⁵
我　把　围腰　　解下　　来

16　白称肯保巴。　　　　　　　　　　　　赶快把他包裹起来。
pɯ⁵⁵ tshɯ⁴⁴khɯ³³ pɔ³¹ pa⁴⁴
他　捆绑　　　他 吧

17　子母二人受难心，　　　　　　　　　　子母二人受苦难，
tsŋ³¹mu³¹ kou³³ȵi²¹ so⁵⁵khu³¹ ɕi³³
子母　　　二人　　受苦　　死

18　冷叹双怎处没三。　　　　　　　　　　这时没说处。
lɯ³¹tha⁵⁵ sua⁴⁴tsŋ²¹ tshɣ³¹ li⁵⁵ mu³³
这时　　　说　处　也 无

19　王氏省保饮奶弟，　　　　　　　　　　王氏你给喝口奶，
ua⁴²sŋ⁵⁵ sɯ³³ pɔ³¹ ʔɯ³³ pa⁴²ti⁵⁵
王氏　给　他　喝　口奶

20　恼务肯保巴。　　　　　　　　　　　　你赶快把他窝进被子里。
nɔ³¹ ʔɣ⁴⁴khɯ³³ pɔ³¹pa⁴⁴
你　窝起　　　他 吧

---

[1] 登鸡康[tɯ⁴²tɕi⁵⁵kha⁴⁴]：白族旧时婴儿戴的一种帽子，有点像公鸡头。

王氏【唱】:

1 　王氏干我子抱起，　　　　　　　　　　王氏抱起小儿子，
　　ua⁴²sɿ⁵⁵ ka⁴⁴ ŋɯ⁵⁵tsɿ³³ pu³³khɯ³³
　　王氏　把　我儿　　抱起

2 　叫声小儿我的心。　　　　　　　　　　叫声小儿我心肝。
　　ʔɯ⁵⁵tsɔ⁴² se³¹tsɿ³³ ŋɔ³¹ ti³³ ɕɯ³³
　　叫声　　小儿　　我　的　心

3 　子母两人受苦心，　　　　　　　　　　子母二人受苦难，
　　tsɿ³¹mu³¹ kou³³ȵi²¹ so⁵⁵na⁴⁴ ɕi³³
　　子母　　二人　　受难　死

4 　自害黑土黑。　　　　　　　　　　　　天也昏来地也暗。
　　tsɿ⁵⁵ xe⁵⁵xɯ⁴⁴ tɕi³¹xɯ⁴⁴
　　则　天黑　　地黑

5 　怎钱艮格汉子女，　　　　　　　　　　有钱的人生娃娃，
　　tsɯ³³tɕhie⁵⁵ ȵi²¹kɛ³⁵ xa⁵⁵ tsɿ³³ȵɣ³³
　　有钱　　　人　　生　子女

6 　气有百生杀达灯。　　　　　　　　　　千样百样拿得到。
　　tɕhi⁴⁴tsɯ³³ pɯ³⁵sɯ³³ ɕa⁴⁴ ta³⁵ tɯ⁴⁴
　　千样　　百样　　都　拿　得

7 　杜本鸡母猪心肺，　　　　　　　　　　公鸡母鸡猪心肺，
　　tu⁵⁵pɯ³³ ke³⁵mɔ³³ te⁴² ɕɯ⁵⁵fe⁴⁴
　　公鸡　　母鸡　　猪　心肺

8 　干土门堆肯。　　　　　　　　　　　　把土锅堆满。
　　ka⁴⁴ thu³³mɯ²¹ tui⁴⁴khɯ³³
　　把　土锅　　堆起

9 　子女阿人汉计人，　　　　　　　　　　子女一人生多个，
　　tsɿ³³ȵɣ³³ ʔa³¹ȵi²¹ xa⁵⁵ tɕi⁵⁵ȵi²¹
　　子女　　一人　　生　多个

10 白恶扎米鸡山因。　　　　　　　　　　都有米酒汤圆和鸡蛋。
　　pɛ⁴²ɣ³⁵ tsa⁴²mi⁴² ke³⁵se⁴² jɯ⁴⁴
　　米酒　　汤圆　　鸡蛋　吃

11 新鲜肉利干净色。　　　　　　　　　　新鲜肉和蒸肉末，
　　ɕɯ³³ɕe³³zu³⁵ li⁵⁵ ka³⁵tsɯ⁵⁵sɿ⁵⁵
　　新鲜肉　和　蒸肉末

12 营养次肯耿。　　　　　　　　　　　　营养身体强。
　　jɯ⁴²ja²¹ tshɿ⁵⁵khɯ³¹ kɯ³³
　　营养　　身体　　厚

13 敌滴皆康狗皮衣，　　　　　　　　　　头箍帽子狗皮衣，
　　ti³¹ti⁵⁵ ke³⁵ka⁴⁴ khua⁴⁴pi²¹ji⁵³⁵
　　头箍　帽子　　狗皮衣

14　新衣新被利缝得。　　　　　　　　　　　新衣新被也缝着。
　　ɕi³⁵ji³ ɕi³⁵pe⁴² li⁵⁵ tse²¹tɯ⁴⁴
　　新衣　新被　也　缝着

15　白之白堂千之花，　　　　　　　　　　　白酒白糖绣成花，
　　pe⁴²tsɿ³³ pɯ³⁵tha⁴² tɕɛ⁴⁴tsɿ⁵⁵ xuo³⁵
　　白酒　　白糖　　绣成　　花

16　阿怎样之怎。　　　　　　　　　　　　　什么样都有。
　　xa³¹tsɿ³³ja⁴² tsɿ³³ tsɯ³³
　　什么样　　是　有

17　有有之办准备六，　　　　　　　　　　　样样置办准备够，
　　ja⁴²ja⁴²tsɿ³³ pa⁵⁵ pi⁴⁴pe⁴⁴ lu⁵⁵
　　样样儿　　他们　备办　　够

18　子怎穿自母怎因。　　　　　　　　　　　儿有穿戴母有吃。
　　tsɿ³³ tsɯ³³ ji⁴² tsɿ⁵⁵ mɔ³³ tsɯ³³ jɯ⁴⁴
　　儿　有　穿　则　母　有　吃

19　之女人阿计生下，　　　　　　　　　　　子女一旦生下来，
　　tsɿ³³n̩ɣ²¹n̩i²¹ ʔa³¹tɕi⁴²xɛ⁵⁵ thɯ⁵⁵
　　子女人　　一分娩　　下

20　穿自格格生。　　　　　　　　　　　　　穿着花花的。
　　ji⁴² tsɿ⁵⁵ kɯ³³kɯ³³sɯ³³
　　穿　则　厚厚样

21　冷时嗤因座八好，　　　　　　　　　　　这时你妈坐班房，
　　lɯ³¹tsɿ²¹ nɯ⁵⁵ mɔ³³ kɣ⁴² pe³³xɔ³¹
　　这时　　你　妈　坐　班房

22　水口怎利喂本登。　　　　　　　　　　　有口水也喂不着。
　　ɕye³³xu⁵⁵ tsɯ³³ li⁵⁵ ʔɯ³³ pɯ³¹ tɯ⁴⁴
　　水一口　有　也　喂　不着

23　干饭哈利因得朵，　　　　　　　　　　　一口干饭也吃不着，
　　xɛ⁵⁵zɿ³¹xa⁴⁴ li⁵⁵ jɯ⁴⁴tɯ⁴⁴ tuɔ³²
　　干饭一口　也　吃着　不得

24　的自花花生。　　　　　　　　　　　　　饥渴昏昏的。
　　ti³¹tsɿ⁵⁵ xue⁵⁵xue⁵⁵sɯ³³
　　只得　　昏昏的

25　你爹保咋怎好东，　　　　　　　　　　　要是你爹在家里，
　　nɯ⁵⁵ti³³ pɔ³¹ tsɔ⁴² tsɯ³³ xɔ³¹tɣ³⁵
　　你爹　　他要是　在　家里

26　把你当成一颗金。　　　　　　　　　　　把你当成一颗金。
　　pa³³ ni³¹ ta⁴⁴tsɿ⁵⁵ ji³⁵khɔ³³ tɕɯ³³
　　把　你　当成　一颗　金

27　可怜包得靠山尧，　　　　　　　　　　　只有围腰一块包着你，

$$kho^{31}li^{42}\ pɔ^{55}tu^{44}\ ue^{42}jɔ^{33}jɔ^{21}$$
　　　　可怜　　包着　　围腰一块

28　冷自慈慈生。　　　　　　　　　　　　可怜冷飕飕。
$$ku^{55}\ tsɿ^{55}\ sɿ^{55}sɿ^{55}su^{33}$$
　　冷　则　飕飕的

29　冷叹双只处没劳，　　　　　　　　　　苦难说处没有了，
$$lu^{31}tha^{55}\ sua^{44}tsɿ^{21}tshγ^{31}\ mu^{33}\ lɔ^{32}$$
　　这时　　说处　　　没有　了

30　该应亮吐命光称。　　　　　　　　　　该因咱们命不好。
$$ke^{55}ju^{55}\ na^{55}\ nɔ^{33}\ miɛ^{42}kua^{44}\ tshu^{33}$$
　　该因　咱们　是　命　　不好

31　敌要你参杯打因，　　　　　　　　　　指望你爹回到家，
$$ti^{31}nɔ^{33}\ nu^{55}tie^{33}\ pe^{44}ta^{42}\ ju^{35}$$
　　只要　你爹　　走回　来

32　好日子争后。　　　　　　　　　　　　总有好日子。
$$xu^{33}\ ni^{44}ɕɛ^{44}\ tsu^{33}\ γu^{33}$$
　　好　日子　在　后

禁婆【唱】：

1　禁婆干王氏闷双，　　　　　　　　　　禁婆说给王氏听，
$$tɕu^{55}phɔ^{42}\ ka^{44}\ ua^{42}sɿ^{55}\ mu^{55}\ sua^{44}$$
　　禁婆　　把　王氏　　处　说

2　我劝王氏要哭三。　　　　　　　　　　我劝王氏别伤心。
$$mo^{31}\ tɕhye^{55}\ ua^{42}sɿ^{55}\ nɔ^{33}\ khuo^{44}\ sa^{33}$$
　　我　劝　　王氏　　别　哭　　了

3　招呼车子女要紧，[1]　　　　　　　　　担心坐月子身子，
$$tsɔ^{35}xu^{35}\ tshɿ^{44}tsɿ^{33}nγ^{33}\ jɔ^{44}tɕu^{31}$$
　　招呼　　坐月子　　　要紧

4　劝你要哭三。　　　　　　　　　　　　劝你别伤心。
$$tɕhye^{44}\ nɔ^{31}\ nɔ^{33}\ khuo^{44}\ sa^{33}$$
　　劝　你　别　哭　了

四、公公探视儿媳　儿媳哭诉衷肠

【诗】：　老汉白发是银条，
　　　　　枯木只怕风来摇。
　　　　　任你金银堆满斗，
　　　　　难买生死路一条。

老汉【白】：兰芳草自想，本来在东庄收租，打发季子先回家。今日耳烧面热，不如回家去吧。一路来得快，回到家门口，看见隔壁大嫂，先问问——大嫂，我家儿媳不知哪

---

[1] 车子女[tshɿ⁴⁴tsɿ³³nγ³³]：也说[tshɿ⁴⁴tsɿ³³nγ³³mɔ³³]。指称正在喂奶婴儿或坐月子的妇女。

里去了？

隔壁大嫂【白】：哎，你兰大哥有所不知，只为乔氏告王氏杀了季子，两个人闹到衙门里去了，好久没有回来。

老汉【白】：啊呀，不好！待我只得给王氏送饭去——行行走走，走到了衙门——禁婆大妈，我儿媳王氏关在哪里？

禁婆【白】：这位老人不懂规矩，挨山吃山，靠海吃海。

老汉【白】：好好好，送你一百铜钱。

禁婆【白】：待我打开牢门，由你过去。

老汉【白】：好。哎呀——【唱】：

1 老汉开口叫一声，　　　　　　　　　　　老汉开口叫一声，
   lɔ³¹xa⁵⁵ khɯ⁵⁵tɕye³³ ʔɯ⁵⁵ tshŋ⁵⁵tsŋ³³
   老汉　开口　　叫　一声儿

2 儿媳王氏在哪里？　　　　　　　　　　　儿媳王氏在哪里？
   tsŋ³³vɣ³³ ua⁴²sŋ⁵⁵ tse⁵⁵ na³¹li³³
   儿媳　王氏　在　哪里？

3 阿爹送恼牢舍哈，　　　　　　　　　　　阿爹送来牢狱饭，
   ʔa³¹tie³³ so³³ jɯ³⁵ lɔ⁴²jɯ³⁵fa⁵⁵
   阿爹　送来　牢狱饭

4 杯应因保咀。　　　　　　　　　　　　　过来吃一口。
   pe⁴⁴ jɯ³ jɯ⁴⁴ pɔ³¹ tɕye³³
   走来　吃　它　一口

5 能在高山望牢狱，　　　　　　　　　　　能在高山望牢狱，
   nɯ⁴² tse⁵⁵ kɔ³³se³³ ua⁵⁵ lɔ⁴²jɯ³⁵
   能　在　高山　望　牢狱

6 莫在牢狱望高山。　　　　　　　　　　　莫在牢狱望高山。
   mo³⁵ tse⁵⁵ lɔ⁴²jɯ³⁵ ua⁵⁵ kɔ³³se³³
   莫　在　牢狱　望　高山。

7 王氏你自为舍来？　　　　　　　　　　　王氏你为何坐牢？
   ua⁴²sŋ⁵⁵ nɔ³¹ tsŋ⁵⁵ ue⁴⁴se³¹ jɯ³⁵
   王氏　你　则　为何　来

8 直干爹闷双。　　　　　　　　　　　　　真心说给阿爹听。
   tsŋ⁵⁵ ka⁴⁴ tie³³ mɯ⁵⁵ sua⁴⁴
   真　把　爹　处　说

王氏【唱】：

1 王氏我叫咋阿爹，　　　　　　　　　　　王氏我喊阿爹，
   ua⁴²sŋ⁵⁵ ŋɔ³¹ ʔɯ⁵⁵ tsɔ⁴² ʔa³¹tie³³
   王氏　我　喊着　阿爹

2 难为阿爹情意叭。　　　　　　　　　　　多谢我阿爹情意。
   na⁵⁵ue⁵⁵ ʔa³¹tie³³ tɕɛ²¹ji³¹ phia⁴⁴
   多谢　阿爹　情意　到

3	阿爹为我吐杯咽，	阿爹为我到这里，
	ʔa³¹tie³³ ue⁴⁴ ŋɯ⁵⁵ nɔ³³ pe⁴⁴ jɯ³⁵	
	阿爹　为　我的　上　走　来	
4	领您情意叭。	儿媳得亲情。
	liɯ³¹ n̠i⁵⁵ tɕɛ²¹ji³¹ phia⁴⁴	
	儿　您　亲情　到	
5	阿爹您杯东庄恨，	阿爹您去东庄后，
	ʔa³¹tie³³ n̠i⁴⁴ pe⁴⁴ to³³tsua³³ xɯ⁵⁵	
	阿爹　您　走　东庄　了	
6	您女受恨多少难。	女儿后面在受苦。
	n̠i⁵⁵ nɣ³³ so⁴⁴ xɯ⁵⁵ tɕi³⁵ɕiɔ³³ na⁴⁴	
	您　女　受　了　多少　难	
7	我母生我杯磨麦，	阿嫫让我去磨面，
	ŋɯ⁵⁵mɔ³³ sɯ³³ ŋɔ³¹ pe⁴⁴ ue⁴²mi⁴²	
	我嫫　让　我　走　磨面	
8	想干我送相。	要把我烧死。
	ɕa³¹ ka⁴⁴ ŋɔ³¹ su⁵⁵ ɕa⁴⁴	
	想　把　我　烧　死	
9	我胎回应听得老，	三弟回来打听到，
	ŋɯ⁵⁵the³³ ja⁴⁴jɯ³⁵ tɕhɛ⁵⁵tɯ⁴⁴ lɔ³²	
	我弟　回来　听到　了	
10	保干我送自西庄。	把我送去到西庄。
	pɔ³¹ ka⁴⁴ ŋɔ³¹ so³³tsɿ²¹ ɕi³³tsua³³	
	他　把　我　送去　西庄	
11	在捉使我杜波等，	三弟给我捉来一只鸡，
	tse⁴⁴ kɛ⁵⁵ jɯ³⁵ tɯ⁴⁴ tu⁵⁵pɔ³³tɯ²¹	
	再　捉　来　得　公鸡一只	
12	钱息利米亮。	一吊钱和一袋米。
	tɕhie⁴²ɕi⁵⁵ li⁵⁵ me³³ja⁴²	
	钱一吊　和　米	
13	我自我胎因热头，	我要给三弟做午饭，
	ŋɔ³¹ tsɿ⁵⁵ ŋɯ⁵⁵the³³ jɯ⁴⁴ n̠i⁴⁴tɯ²¹	
	我　做　我弟　吃　午饭	
14	菜巴没干鸡头杀。	没有蔬菜要杀鸡。
	tshɯ³¹pha⁴⁴ mu³³ ka⁴⁴ ke³⁵tɯ²¹ ɕa⁴⁴	
	蔬菜　没有　把　鸡　杀	
15	我胎本由我杀鸡，	三弟不叫我杀鸡，
	ŋɯ⁵⁵the³³ pɯ³¹ sɯ³³ ŋɔ³¹ ɕa⁴⁴ ke³⁵	
	我弟　不　让　我　杀　鸡	
16	白衣瓦得血。	鸡血溅到他衣裳。

pɛ⁴²ji³⁵ ua³¹tɯ⁴⁴ sua⁴⁴
白衣　染着　血

17　我咋生保脱下因，　　　　　　　　　　我说叫他脱下来，
　　ŋo³¹ tsɔ⁴² sɯ³³ pɔ³¹ thua⁴⁴ thɯ⁵⁵ jɯ³⁵
　　我　说　让　他　脱　下　来

18　杯时替保洗保川。　　　　　　　　　　给他洗一洗。
　　pe⁴⁴tsɿ²¹ thi⁵⁵ pɔ³¹ se³³ pɔ³¹ tshua⁴⁴
　　走去　　替　他　洗　它　一把

19　我那忙自因热头，　　　　　　　　　　我在忙着做午饭，
　　ŋɔ³¹ na⁵⁵ tɕɯ³¹ tsɿ⁵⁵jɯ⁴⁴ ȵi³³tɯ²¹
　　我　是　忙　做　吃　午饭

20　季子找习光。　　　　　　　　　　　　三弟找烧柴。
　　ŋɯ⁵⁵the³³ ji²¹ ɕi³⁵kua⁴⁴
　　我弟　　找　柴

21　季子一去无音因，　　　　　　　　　　不想一去无音信，
　　tɕi⁵⁵tsɿ³¹ ji³⁵tɕhy⁵⁵ vɣ⁴² jɯ³³ɕɯ⁵⁵
　　季子　　一去　　无　音信

22　我母干岸当找叭。　　　　　　　　　　阿嬷找来不见他。
　　ŋɯ⁵⁵mɔ³³ ka⁴⁴ ʔa⁵⁵ta⁴⁴ ji²¹phia⁴⁴
　　我妈　　把　这里　　找到

23　我母汉得衣扣恨，　　　　　　　　　　阿嬷看见汗衫后，
　　ŋɯ⁵⁵mɔ³³ xa⁵⁵tɯ⁴⁴ ji³⁵khou³⁵ xɯ⁵⁵
　　阿妈　　看见　　衣裳　　了

24　奈我干胎相。　　　　　　　　　　　　赖我杀了他。
　　le⁵⁵ ŋo³¹ ka⁴⁴ the³³ ɕa⁴⁴
　　赖　我　把　弟　杀

25　季子本认杯那脱，　　　　　　　　　　不知季子走哪头，
　　tɕi⁵⁵tsɿ³¹ pɯ³¹zu⁴⁴ pe⁴⁴ na⁵⁵thu⁵⁵
　　季子　　不知　　走　哪头

26　保那好东利本央。　　　　　　　　　　他也没有回到家。
　　pɔ³¹ na⁵⁵ xɔ³¹tɣ⁵⁵ li⁵⁵ pɯ³¹ ja⁴⁴
　　他　在　家里　也　不　回

27　我母干钱送给官，　　　　　　　　　　阿嬷把钱送给官，
　　ŋɯ⁵⁵mɔ³³ ka⁴⁴ tɕhie⁵⁵ so³³ zɿ³¹ kua³⁵
　　我妈　　把　钱　送　给　官

28　干死罪定叭。　　　　　　　　　　　　给我定死罪。
　　ka⁴⁴ sɿ³¹tsui⁵⁵ tiu⁴⁴ phia⁴⁴
　　把　死罪　　定　到

29　阿爹保养您次扣，　　　　　　　　　　阿爹您保养您身体，

ʔa³¹tie³³ pɔ³¹ja³¹ n̪i⁵⁵ tsŋ⁵⁵kɯ³¹
阿爹　保养　您　身体

30　儿媳吐自要焦三。 不要焦心儿媳了。
tsŋ³³vɣ³³ nɔ³³ tsŋ⁵⁵ n̪ɔ³³ tɕiɔ⁵⁵ sa³³
儿媳　上　则　不要　焦　了

31　我咋死没杯打因, 要是不死回家来,
ŋɔ³¹ tsɔ⁴² ɕi³³ mu³³ pe⁴⁴ta⁴² jɯ³⁵
我　要是　死　不　走回　来

32　亮吐怎主张。 咱自有主张。
n̪a⁵⁵ nɔ³³ tsɯ³³ tsu³¹tsa³³
咱们　上　有　主张

老汉【唱】:

1　听得王氏那之双, 听见儿媳诉苦情,
tɕhɛ⁵⁵tɯ⁴⁴ ua⁴²sŋ⁵⁵ na⁵⁵ tsŋ⁵⁵ sua⁴⁴
听见　　王氏　那样　则　说

2　三魂六魄到天外, 三魂六魄到天外。
sa³³xui⁴² lu³⁵pɯ³⁵ phia⁴⁴ xe⁵⁵ ua⁴⁴
三魂　六魄　到　天　外

3　大骂一声乔氏女, 大骂一声乔氏女,
ta⁵⁵ ma⁵⁵ ji³⁵ su³³ tɕhiɔ⁴²sŋ⁵⁵ny³¹
大　骂　一　声　乔氏女

4　肯毒心铁肝。 起毒心毒肝。
khɯ³³ tu³⁵ɕi³⁵ tu³⁵ka³³
起　毒心　毒肝

5　千错百错生我错, 千错万错是我错,
tɕhi³³tshuo⁵⁵ pɯ³⁵tshuo⁵⁵ tsŋ³³ ŋɔ³¹ tshuo⁵⁵
千错　　百错　　是　我　错

6　自闷干乔氏讨叭。 怎么把乔氏讨过来。
tsŋ⁵⁵mɯ⁵⁵ ka⁴⁴ tɕhiɔ⁴²sŋ⁵⁵ thu⁵⁵ phia⁴⁴
怎么　　把　乔氏　　讨　到

7　害得我妻离子散, 害得我妻离子散,
xe⁵⁵ tɯ⁴⁴ ŋɔ³¹ tɕhi³³li⁴² tsŋ³¹sa⁵⁵
害　得　我　妻离　　子散

8　老后手哉咬。[1] 回头咬手拐——后悔来不及。
lɔ³¹ɣɯ³³ sɯ³³tse⁴⁴ ŋa⁴⁴
转后　　手拐　　咬

---

[1] 老后手哉咬[lɔ³¹ɣɯ³³ sɯ³³tse⁴⁴ ŋa⁴⁴]: 转后咬手拐子, 人是咬不着身后手拐节子的, 意思是后悔来不及。白语有歇后语说[ʔa⁴⁴ sɯ³³tse⁴⁴tsŋ³³tsŋ⁵⁵ tɕi⁴²mi⁴²tua⁴²]（咬手拐节子就赶不上）。

王氏【唱】：

1 王氏听阿爹双咽，　　　　　　　　王氏听了阿爹说，
　　ua⁴² sɿ⁵⁵ tɕhɛ⁵⁵ ʔa³¹tie³³ sua⁴⁴ kɯ³⁵
　　王氏　听　　阿爹　　说　来

2 利自安心怎岸当。　　　　　　　　您要安心在这里。
　　ȵi⁵⁵ tsɿ⁵⁵ ŋa³³ɕɯ³³ tsɯ³³ ʔa⁵⁵ta⁴⁴
　　您　则　安心　　在　这里

3 古说水清鱼自现，　　　　　　　　古说水清鱼自现，
　　ku³¹suo⁴⁴ sui³¹tɕhɯ³³ jy⁴² tsɿ⁵⁵ɕie⁵⁵
　　古说　　水清　　　鱼　自现

4 水清野江己。　　　　　　　　　　水清见江底。
　　ɕye³³tɕhɛ⁵⁵ je⁴² kɤ⁵⁵ tɕi³³
　　水清　　　露　江　底

5 古说贵人多有难，　　　　　　　　古说贵人都有难，
　　ku³¹suo⁴⁴ kui⁵⁵zɯ⁴² tuo³³ jou³¹ na⁵⁵
　　古说　　贵人　　都　有　难

6 难心不满一百天。　　　　　　　　难心不足一百天。
　　na⁵⁵ɕɯ³³ pu³⁵me³¹ ji³⁵pu³⁵ thie³³
　　难心　　不满　　一百　　天

7 腌菜也有发绿时，　　　　　　　　腌菜也有发绿时，
　　kɤ⁵⁵tshɯ³¹ li⁵⁵ tsɯ³³ fa³⁵lu³⁵ sɿ⁴²
　　腌菜　　也　有　发绿　时

8 怎出头阿日。　　　　　　　　　　出头有一天。
　　tsɯ³³ tshɤ³⁵tou⁴² ʔa³¹ȵi⁴⁴
　　有　出头　　一天。

老汉【唱】：

1 我自抬头咽干汉，　　　　　　　　我再抬头看一看，
　　ŋɔ³¹ tsɿ⁵⁵ the⁴²thou⁴² jɯ³⁵ ka⁴⁴xa⁵⁵
　　我　则　抬头　　来　看看

2 王氏抱着个娃娃。　　　　　　　　王氏抱着小娃娃。
　　ua⁴²sɿ⁵⁵ pɔ⁵⁵tsu³⁵ kuo⁵⁵ ua⁴²ua³³
　　王氏　抱着　　个　娃娃

3 这个娃娃何处来，　　　　　　　　这个娃娃何处来？
　　tsɿ⁵⁵kuo⁴⁴ ua⁴ua³³ ʔa⁵⁵na⁴⁴ jɯ³⁵
　　这个　　娃娃　哪里　来

4 直斗对我双。　　　　　　　　　　真话对我讲。
　　tsɿ⁵⁵ tuo²¹ tui⁴² ŋɔ³¹ sua⁴⁴
　　真话　对　我　说

王氏【白】：

1 听得阿爹自那双，　　　　　　　　听见阿爹这样说，

tɕhɛ⁵⁵tɯ⁴⁴ ʔa³¹tie³³ tsʅ⁵⁵ na⁵⁵sua⁴⁴
听见　　阿爹　做　那样说

2　您面前自本该双。　　　　　　　　　　本来不该对您讲。
ȵi⁵⁵ tɕi⁴²mi⁴² tsʅ⁵⁵ pɯ³¹ke⁵⁵ sua⁴⁴
您　前面　则　不该　说

3　丈夫杯当兵本叹，　　　　　　　　　　丈夫当兵去那时，
tsuo²¹fɤ⁵⁵ ta³⁵kɤ³⁵ pe⁴⁴ pɯ³¹tha⁵⁵
丈夫　　当兵　走　那时

4　次吐满三月。　　　　　　　　　　　　身上已有三个月。
tshʅ⁵⁵ nɔ³³ ma³³ sa⁵⁵ua⁴⁴
身　上　满　三个月

5　昨日半夜后时节，　　　　　　　　　　昨夜半夜后时刻，
tɕi²¹ɕɛ⁴² pa⁴²jɔ³¹ɣɯ³³ tsʅ²¹tɕa⁴⁴
昨夜　　半夜后　　时节

6　您吐小孙艮添叭。　　　　　　　　　　给您添个小孙孙。
ȵi⁵⁵ nɔ³³ se³¹sua⁵⁵ȵi²¹ thie³³ phia⁴⁴
您　上　小孙子　　添　到

7　添叭小倒走子艮，　　　　　　　　　　添着一个小伙子，
thie⁵⁵ phia⁴⁴ se³¹tɔ³¹tsɔ³³tsʅ³³ȵi²¹
添　到　　小伙子儿一个

8　兰家后代香。　　　　　　　　　　　　是兰家后代。
la⁴²tɕa³³ xou⁵⁵te⁵ ɕa³³
兰家　　后代　了

9　冷叹脱生班房很，　　　　　　　　　　你孙脱生牢房里，
lɯ³¹tha⁵⁵ tɕi⁴²xɛ⁵⁵ pa³³fa⁴² xɯ³¹
这时　　生　　牢房　里

10　那吐后代香火加。　　　　　　　　　接兰家香火。
na⁵⁵ nɔ³³ xou⁵⁵te⁵⁵ ɕiu³⁵xui³³ tɕa⁴⁴
你们　的　后代　　香火　　接

11　我干我子交给您，　　　　　　　　　我把我儿交给您，
ŋɔ³¹ ka⁴⁴ ŋɯ⁵⁵tsʅ³³ tɕɔ⁵⁵zʅ³¹ ȵi⁵⁵
我　把　我儿　　交给　　您

12　生您利干汉三。　　　　　　　　　　让您也看看。
sɯ³³ ȵi⁵⁵ li⁵⁵ ka⁴⁴ʔa³³
让　您　也　看看

13　阿爹省保名声怎，　　　　　　　　　有爹给他名声吧，
ʔa³¹tie³³ sɯ³¹ pɔ³¹ miɛ³⁵tshʅ⁵⁵ tsɯ³⁵
阿爹　　给　他　名声　　吧

14　我自死利灯伟满。　　　　　　　　　我死了也闭眼。

ŋɔ³¹ tsɿ⁵⁵ ɕi³³ li⁵⁵ tɯ⁴⁴ ui³³ me⁵⁵
我 则 死 也 得 眼 闭

15 以后保自过大恨， 以后您孙长大了，
ta⁴²ɣɯ³³ pɔ³¹ tsɿ⁵⁵ tɔ³²khɯ³⁵ xɯ⁵⁵
以后 他 则 长大 了

16 保干您孝养。 他给您孝养。
pɔ³¹ ka⁴⁴ ȵi⁵⁵ ɕiɔ⁴⁴ja⁴⁴
他 把 您 孝养

17 阿爹干保领回家， 阿爹把他领回去，
ʔa³¹ti³³ ka⁴⁴ pɔ³¹ pu³³ ja⁴⁴khɣ³¹
阿爹 把 他 抱 回去

18 提我干恨奶母干。 替我讨奶找奶妈。
thi⁵⁵ pɔ³¹ ka⁴⁴ xɯ⁵⁵ pa⁴²mɔ³³ ka⁴⁴
替 我 讨 了 奶妈 讨

19 闯祸只是王氏女， 闯祸只是王氏女，
tshua³¹xuo³³ ti³¹tsɿ³³ ua⁴²sɿ⁵⁵ny³¹
闯祸   只是 王氏女

20 与小儿无干。 与小儿无干。
jy³³ se³¹tsɿ³³ vɣ⁴²ka³³
与 小儿 无干

老汉【唱】:

1 听得王氏那里双， 听了王氏这席话，
tɕhe⁵⁵tɯ⁴⁴ ua⁴²sɿ⁵⁵ na⁵⁵mɯ⁵⁵ sua⁴⁴
听着   王氏 这么 说

2 使我越想越伤心。 让我越想越伤心。
sɯ³³ ŋɔ³¹ jye³⁵ mi³³ jye³⁵ sa³³ɕɯ³³
让 我 越 想 越 伤心

3 我孙㘈吐福气没， 孙孙虽然没福气，
ŋɯ⁵⁵sua⁵⁵ nu⁵⁵ nɔ³³ fɣ³⁵tɕhi⁴⁴ mu³³
我孙 你的 福气 无

4 在牢狱脱生。 生在牢房里。
tsɯ³³ lɔ⁴²fa⁴² xɯ³¹ thuo³⁵sɯ³³
生 牢房 里 脱生

5 我干小孙抱手闷， 我把孙孙抱手里，
ŋɔ³¹ ka⁴⁴ ŋɯ⁵⁵sua⁵⁵ pu³³ sɯ³³ mɯ⁵⁵
我 把 我孙 抱 手 处

6 你自阿来认本得。 你是什么认不得。
nɔ³¹ tsɿ⁵⁵ ʔa³¹le³¹ zu⁴⁴ pu³¹tɯ⁴⁴
你 则 什么 认 不得

7 王氏使保奶弟怎， 王氏给他喂喂奶，

ua⁴²sɿ⁵⁵ sɿ³¹ pɔ³¹ pa⁴²ti⁵⁵ tsɯ³⁵
王氏　给　他　奶　　吧

8　阿孙你自饱冷饮。　　　　　　　　　　阿孙你要饱饱吃。
　　ʔa³¹sua⁵⁵ nɔ³¹ tsɿ⁵⁵ pu³³lɯ⁴⁴ ʔɯ³³
　　阿孙　　你　则　饱的　　喝

9　隔山容易隔海难，　　　　　　　　　　隔山容易隔海难，
　　kɯ³⁵se³³ jo⁴²ji⁵⁵ kɯ³⁵ xe³¹ na⁴²
　　隔山　　容易　　隔　海　难，

10　你要饮饱冷。　　　　　　　　　　　　你要饱饱吃。
　　nɔ³¹ ȵɔ⁴⁴ pu³³lɯ⁴⁴ ʔɯ³³
　　你　要　饱的　　喝

王氏【唱】：

1　王氏干小子抱起，　　　　　　　　　　王氏抱着我小儿，
　　ua⁴²sɿ⁵⁵ ŋɔ³¹ ka⁴⁴ se³¹tsɿ³³ pu³³
　　王氏　　我　把　小儿　　抱

2　生我米西流本生。　　　　　　　　　　让我眼泪不停流。
　　sɿ³³ ŋɔ³¹ mi⁴²ɕi⁴² kɯ²¹ pɯ³¹ sɯ⁴⁴
　　让　我　眼泪　　流　不　停

3　我干奶弟乃期咽，　　　　　　　　　　把奶拿出挨拢你，
　　ŋɔ³¹ ka⁴⁴ pa⁴²ti⁵⁵ ne⁴⁴tɕhi⁴⁴ jɯ³⁵
　　我　把　奶　　拿出　　来

4　喂给我子饮。　　　　　　　　　　　　喂给我儿吃。
　　ʔue⁴² sɿ³¹ ŋɯ⁵⁵tsɿ³³ ʔɯ³³
　　喂　给　我儿　　喝

5　必古饮恨饮右古，　　　　　　　　　　左边吃了吃右边，
　　pi³⁵ku²¹ ʔɯ³³xɯ⁵⁵ ʔɯ³³tsɿ⁴²ku³¹
　　左包　　喝了　　喝右包

6　我子嗾奶饱冷饮。　　　　　　　　　　我儿吃不停。
　　ŋɯ⁵⁵tsɿ³³ nɯ⁵⁵ pa⁴² pu³³lɯ⁴⁴ ʔɯ³³
　　我儿　　你　奶　饱的　　喝

7　生我死利委本闭，　　　　　　　　　　让我死也不闭眼，
　　sɯ³³ ŋɔ³¹ ɕi³³ li⁵⁵ ue³³ pɯ³¹ me⁵⁵
　　让　我　死　也　眼　不　闭

8　焦嗾端本生。　　　　　　　　　　　　心焦你不息。
　　tɕio⁵⁵ nɯ⁵⁵ tuɔ⁴⁴ pɯ³¹ sɯ⁴⁴
　　焦　你　上　不　息

9　小子饮恨杯央咽，　　　　　　　　　　小儿吃了回家去，
　　se³¹tsɿ³³ ʔɯ³³xɯ⁵⁵ pe⁴⁴ ja⁴⁴ jɯ³⁵
　　小儿　　喝了　　走　回　来

10　阿爹干您孙抱起。　　　　　　　　　阿爹把您孙抱起。

ʔa³¹ti³³ ka⁴⁴ ȵi⁵⁵ sua⁵⁵ pu³³ khɯ³³
阿爹 把 您 孙 抱 起

11 怎劳年岁那股号， 有了年纪你们老，
tsɯ³³ lɔ³² ȵi⁴⁴sua⁴⁴ na⁵⁵ ku³³ xɔ⁵⁵
有了 年纪 你们 老掉

12 二嗼老朵吐。 别惹你爷爷生气。
e⁴⁴ nu⁵⁵ lɔ³¹ tuɔ³² lɯ⁴⁴
惹 你的老 不得 的

老汉【唱】：

1 芳草我干孙抱起， 芳草我把孙抱起，
fa³³tshɔ³¹ ka⁴⁴ ŋɯ⁵⁵sua⁵⁵ pu³³khɯ³³
芳草 把 我孙 抱起

2 走一步来哭一声。 走一步来哭一声。
tsou³¹ ji³⁵pu⁵⁵ le⁴² kho³⁵ ji³⁵sɯ³³
走 一步 来 哭 一声

3 饮奶子女交给我， 吃奶子女交给我，
ʔɯ³³pa⁴² tsɿ³³ȵv̩³³ tɕɔ⁵⁵ sɿ³¹ ŋɔ³¹
吃奶 子女 交 给 我

4 难讨喂大肯。 难得喂养大。
na²¹ tu⁵⁵ʔue⁴² tɔ³²khɯ³³
难 讨喂 大起

5 芳草杯咽叭家东， 芳草走回到家里，
fa³³tshɔ³¹ pe⁴⁴ jɯ³⁵ phia⁴⁴ xɔ³¹tv̩⁵⁵
芳草 走 来 到 家里

6 乔氏古尧怎那委？ 乔氏婆娘在哪里？
tɕhiɔ⁴²sɿ⁵⁵ ku³³jɔ⁴² tsu³³ na⁵⁵ui³³
乔氏 老婆娘 在 哪里

7 我孙抱出天井很， 我把孙孙抱到天井里，
ŋɯ⁵⁵sua⁵⁵ pu³³tɕhi⁴⁴ thie³³tɕɯ³¹ xɯ³¹
我孙 抱出 天井 里

8 干害儿拜肯。 来拜老天爷。
ka⁴⁴ xe⁵⁵ɣɛ³³ pɛ⁴² khɯ³³
来 天下 拜 起

9 拜天拜地拜日月， 拜天拜地拜日月，
pɛ⁴²xe⁵⁵ pɛ⁴²tɕi³¹ pɛ⁴² ȵi⁴⁴ua⁴⁴
拜天 拜地 拜 日月

10 保佑我家后代根。 保佑我家后代根。
pɔ³¹jou⁵⁵ ŋɔ³¹tɕa³³ xou⁵⁵te⁵⁵kɯ³³
保佑 我家 后代根

11 唯运保乃过乃倒， 唯愿快长大，

ve⁴²jye⁵⁵ pɔ³¹ nɯ³³kuo⁵⁵ nɯ³³tɔ³²
唯愿　他　快长　　快大

12　清吉平安冷。　　　　　　　　　　　　　清吉又平安。
　　tɕhɯ⁵⁵tɕi⁵⁵ phiɯ⁴²ŋa³³ lɯ³³
　　清吉　　平安　　的

五、公主沙场诈败　中秀喜得娇妻

【诗】：从小生来性气干，
　　　　七星刀上放霞光。
　　　　三把飞刀随身带，
　　　　擒王斩将女大王。

公主【白】：奴家白鹤公主是也。父王在此立王，要夺大唐江山，已命常进凯镇守下关，不料他已被降。今日我带兵，杀他个落花流水——【唱】：

1　白鹤公主大兵发，　　　　　　　　　　　白鹤公主大兵发，
　　pɯ³⁵xuo³⁵ ko³³tsu³¹ ta⁵⁵ fa³⁵pɯ³³
　　白鹤　　公主　　大　兵发

2　大骂常进凯一声。　　　　　　　　　　　大骂常进凯一声。
　　ta⁵⁵ma⁵⁵ tsha⁴²jɯ⁵⁵khe³¹ ji³⁵sɯ³³
　　大骂　　常进凯　　　一声

3　你不该卖国求荣，　　　　　　　　　　　你不该卖国求荣，
　　ni³¹ pu³⁵ke³³ me⁵⁵gue³⁵ tɕhiu⁴²jo⁴²
　　你　不该　　卖国　　　求荣

4　你玩世投奔。　　　　　　　　　　　　　你玩世投奔。
　　ni³¹ ue⁴²sʅ⁵⁵ thou⁴²pɯ³³
　　你　玩世　　投奔

5　白鹤公主我出马，　　　　　　　　　　　白鹤公主我出马，
　　pɯ³⁵xuo³⁵ ko³³tsu³¹ ŋo³¹ tshɣ³⁵ ma³¹
　　白鹤　　公主　　我　出　马

6　三把飞刀随带身。　　　　　　　　　　　三把飞刀随带身。
　　sa³³ pa³¹ fe³³tɔ³³ sui⁴² te⁵⁵ sɯ³³
　　三　把　飞刀　　随　带　身

7　脚下骑着桃花马，　　　　　　　　　　　脚下骑着桃花马，
　　tɕiu³⁵ ɕa⁵⁵ tɕhi⁴²tsu³⁵ thɔ⁴²xua³³ ma³¹
　　脚　下　骑着　　桃花　　马

8　出城乱纷纷。　　　　　　　　　　　　　出城乱纷纷。
　　tshɣ³⁵ tshɯ⁴² lue⁵⁵fɯ³³fɯ³³
　　出　　城　　乱纷纷

9　兰中林和兰中秀，　　　　　　　　　　　兰中林和兰中秀，

la⁴²tso³³liɯ⁴² ko⁵⁵ la⁴²tso³³ɕiu⁵⁵
兰中林　　　和　兰中秀

10　　常进凯三个畜生。　　　　　　　　　常进凯三个畜生。
tsha⁴²tɕɯ⁵⁵khe³¹ sa³³kuo⁵⁵ tshɤ³⁵sɯ³³
常进凯　　　　三个　　　畜生

11　　你今日敢来出战，　　　　　　　　　今日胆敢来出战，
ni³¹ ke⁵⁵ȵi⁴⁴ ka³¹ jɯ³⁵ tshɤ³⁵tse⁵⁵
你　今日　敢　来　出战

12　　叫你难脱身归阴。　　　　　　　　　叫你难脱身归阴。
sɯ³³ nɔ³¹ na⁴² thuo³⁵sɯ³³ kui³³jɯ³³
让　你　难　脱身　　归阴

13　　白鹤公主急急行，　　　　　　　　　白鹤公主急急行，
pɛ³⁵xuo³⁵ ko³³tsu³¹ tɕi³⁵tɕi³⁵ ɕɯ⁴²
白鹤　　公主　　　急急　　行

14　　哪怕你百万雄兵！　　　　　　　　　哪怕你百万雄兵！
na³¹pa⁵⁵ ni³¹ pɯ³⁵va⁵⁵ ɕio⁴²piɯ³³
哪怕　　你　百万　　雄兵

15　　今日俺生格冷你，　　　　　　　　　今日俺要生捉你，
ke⁵⁵ȵi⁴⁴ ŋɔ³¹ xɛ⁵⁵ kɛ⁴⁴khɯ³³ nɔ³¹
今日　　俺　生　捉起　　　你

16　　头头之无肯。　　　　　　　　　　　个个都拴起。
tɯ²¹tɯ²¹ tsɿ³³ fɤ⁴²khɯ³³
个个　　　是　缚起

艺人【唱】：
1　　中林中秀快上马，　　　　　　　　　中林中秀快上马，
tso³³li⁴² tso³³ɕiu⁵⁵ kue⁵⁵ sa⁵⁵ma³¹
中林　　中秀　　　快　　上马

2　　人喊马叫乱纷纷。　　　　　　　　　人喊马叫乱纷纷。
zɯ⁴²xa³³ ma³¹tɕɔ⁵⁵ lue⁵⁵fu³fu³³
人喊　　马叫　　　乱纷纷

3　　叫一声白鹤公主，　　　　　　　　　叫一声白鹤公主，
tɕɔ⁵⁵ ji³⁵sɯ³³ pɯ³⁵xuo³⁵ ko³³tsu³¹
叫　一声　　白鹤　　　公主

4　　叫你难脱身！　　　　　　　　　　　叫你难脱身！
tɕɔ⁵⁵ ni³¹ na⁴² thuo³⁵sɯ³³
叫　你　难　脱身

5　　公主见势事不对，　　　　　　　　　公主见势事不对，
ko³³tsu³¹ tɕie⁵⁵sɿ⁵⁵ sɿ⁵⁵ pɯ³⁵tui⁵⁵
公主　　　见势　　事　不对

6　　想要逃跑转个身。　　　　　　　　　要想逃跑转个身。

ɕa³¹jɔ⁵⁵ thɔ⁴²phɔ³¹ tsue³³ kuo⁵⁵ sɯ³³
想要　逃跑　　转　个　身

7　　常进凯眼明手快，　　　　　　　　　常进凯眼明手快，
　　　tsha⁴²tɕɯ⁵⁵khe³¹ je³¹miɯ⁴² sou³¹khui⁵⁵
　　　常进凯　　　眼明　　手快

8　　干公主捉肯。　　　　　　　　　　　把公主捉住。
　　　ka⁴⁴ ko³³tsu³¹ kɛ⁴⁴ khɯ³³
　　　把　公主　　捉住

【旁白】：这时，中林中秀自想，既然白鹤公主活捉了，便呼令手下人，快快拖出辕门斩首。正当把白鹤公主押出辕门之际，大哥中林忽然却喊：且慢！便与兄弟中秀商量：你不是还打光棍么，不如把她留下，与你婚配，且不就是英雄配美人一对了！中秀一听，如梦初醒，大喜。白鹤公主留下一条命，也同意了。于是兄弟二人便前去禀告主帅。主帅同意，便命：快快报上酒席！中秀与白鹤公主拜堂成亲了。

中林【唱】：

1　　中林我自喜欢香，　　　　　　　　　中林我心里多欢喜，
　　　tso³³li⁴² ŋɔ³¹ tsʅ⁵⁵ ɕi³¹xua³⁵ ɕa⁴⁴
　　　中林　我　则　欢喜　　极

2　　手下兵马听我双：　　　　　　　　　手下兵马听我言：
　　　sou³¹ɕa⁵⁵ piɯ³³ma³¹ tɕhɛ⁵⁵ ŋɔ³¹ sua⁴⁴
　　　手下　　兵马　　听　我　说

3　　今日的黄道吉日，　　　　　　　　　今日是黄道吉日，
　　　ke⁵⁵ȵi⁴⁴ tsɯ³³ xua⁴²tɔ⁵⁵ tɕi³⁵zʅ³⁵
　　　今日　是　黄道　　吉日

4　　叫他俩成双。　　　　　　　　　　　叫他俩成双。
　　　tɕɔ⁵⁵ ta³³ nia³¹ tshɯ⁴²sua³³
　　　叫　他　俩　成双

中秀【唱】

1　　中秀我自喜欢香，　　　　　　　　　中秀心里多欢喜，
　　　tso³³ɕiu⁵⁵ ŋɔ³¹ tsʅ⁵⁵ ɕi³¹xua³⁵ ɕa⁴⁴
　　　中秀　　我　则　欢喜　　极

2　　我与公主配成双。　　　　　　　　　我与公主配成双。
　　　ŋɔ³¹ jy³³ ko³³tsu³¹ phe⁵⁵tshɯ⁴² sua³³
　　　我　与　公主　　配成　　双

3　　满满斟上一杯酒，　　　　　　　　　满满斟上一杯酒，
　　　ma³³ma³³ tsɯ³³sa⁵⁵ tsʅ³³ nɔ³¹ tsɣ⁵⁵
　　　满满　　斟上　　酒　这一杯

4　　公主要饮干。　　　　　　　　　　　与公主同干。
　　　ko³³tsu³¹ nɔ³³ ʔɯ³³ ka³³
　　　公主　　要　同干

艺人【唱】：

1　　两人坐自阿对枝，　　　　　　　　　　　新郎新娘一对儿，
　　　　ko³³ȵi²¹ kɤ⁴² tsɿ⁵⁵ ʔa³¹tui⁴² tsɿ³³
　　　　两人　坐　成　一对儿

2　　拜天拜地拜三光。　　　　　　　　　　　拜了天地拜三光。
　　　　pɛ⁵⁵xe⁵⁵ pɛ⁵⁵ti⁵⁵ pɛ⁵⁵ sa³³kua³³
　　　　拜天　拜地　拜　三光

3　　新郎新妇非喜欢，　　　　　　　　　　　你情我意好欢喜，
　　　　ɕɯ³³na⁴² ɕɯ³³fɤ⁴⁴ fe³³ ɕi³¹xua³⁵
　　　　新郎　新妇　很　欢喜

4　　干喜房杯叭。　　　　　　　　　　　　　走进洞房里。
　　　　ka⁴⁴ tɕhɛ⁵⁵xɯ³¹ pe⁴⁴ phia⁴⁴
　　　　把　洞房里　走到

六、白王亲征失利　中林中秀封官

【诗】：云南白王数十年，
　　　　人强马壮武艺全。
　　　　要夺大唐成一统，
　　　　要把乾坤转过来。

白王【白】：孤家白王是也。屡屡发兵，屡战屡败，可恨常进凯背王投降，昨日女儿带兵上阵，不知下落，只得我亲自领兵杀去——【唱】：

1　　今日白王我出兵，　　　　　　　　　　　今日白王我出兵，
　　　　ke⁵⁵ȵi⁴⁴ pɯ³⁵ua⁴² ŋɔ³¹ tshɤ³⁵piɯ³³
　　　　今日　白王　我　出兵

2　　越想起来越伤心。　　　　　　　　　　　越想起来越伤心。
　　　　jye³⁵ ɕa³¹ tɕhi³¹le⁴² jye³⁵ sa³³ɕɯ³³
　　　　越　想　起来　越　伤心

3　　我女出战无信息，　　　　　　　　　　　我女出战无消息，
　　　　ŋɯ⁵⁵ ȵɤ³³ tshɤ³⁵tse⁵⁵ vɤ⁴² ɕɯ⁵⁵ɕi³⁵
　　　　我　女　出战　无　消息

4　　不知为何因？　　　　　　　　　　　　　不知为何因？
　　　　pu³⁵tsɿ³³ ue⁵⁵ xuo⁴²jɯ³³
　　　　不知　为　何因

5　　城门打开看一看，　　　　　　　　　　　打开城门看一看，
　　　　tɛ⁴⁴ khɯ⁵⁵ tsɿ²¹me²¹ ŋɔ³¹ ka⁴⁴xa⁵⁵
　　　　打开　城门　我　看看

6　　四处人马乱纷纷。　　　　　　　　　　　四处人马乱纷纷。
　　　　sɿ⁵⁵tshɤ⁴⁴ zu⁴²ma³¹ lue⁵⁵fɯ³³fɯ³³
　　　　四处　人马　乱纷纷

7 前面有无数人马, 　　　　　　　　　　　前面有无数人马,
　 tɯ²¹mu⁵⁵ tsɯ³³ vɣ⁴²su⁵⁵ zɯ⁴²ma³¹
　 前面　　有　　无数　　人马
8 有无数将兵。　　　　　　　　　　　　　有无数将兵。
　 tsɯ³³ vɣ⁴²su⁵⁵ tɕa⁵⁵piɯ³³
　 有　　无数　　将兵

常进凯【唱】:

1 我劝白王早投降, 　　　　　　　　　　　我劝白王早投降,
　 ŋɔ³¹ tɕhye⁵⁵ pɯ³⁵ua⁴² tsɔ³¹ thou⁴²ɕa⁴²
　 我　劝　　白王　　早　投降
2 若不投降把命伤。 　　　　　　　　　　 若不投降把命丧。
　 zu³⁵ pu³⁵ thou⁴²ɕa⁴² pa³¹ miɯ⁵⁵ sa⁵⁵
　 若　不　投降　　把　命　丧
3 前悔容易后悔难, 　　　　　　　　　　 前悔容易后悔难,
　 tɕhie⁴²xui³¹ jo⁴²ji⁵⁵ xou⁵⁵xui³¹ na⁴²
　 前悔　　　容易　　后悔　　难
4 老后手哉咬。 　　　　　　　　　　　　 转身咬手拐。
　 lɔ³¹ɣɯ³³ sɯ³³tse⁴⁴ ŋa⁴⁴
　 转身　　手拐　　咬

白王【唱】:

1 常进凯你好大胆, 　　　　　　　　　　　常进凯你好大胆,
　 tsha⁴²tɕɯ⁵⁵khe³¹ nɔ³¹ xɔ³¹ ta⁵⁵ta³¹
　 常进凯　　　你　好　大胆
2 汉得奸臣肚及张。 　　　　　　　　　　 养你让人气好胀。
　 xa⁵⁵tɯ⁴⁴ tɕie³³tshɯ⁴² tɣ⁴²tɕi⁴⁴ tsa⁴⁴
　 养着　　奸臣　　　让人气胀
3 你不该卖国求荣, 　　　　　　　　　　　你不该求荣卖国,
　 ni³¹ pu³⁵ke³³ me⁵⁵kue³⁵ tɕhiɯ⁴²jo⁴²
　 你　不该　　卖国　　求荣
4 自家害自家。 　　　　　　　　　　　　 自家害自家。
　 tsʅ⁵⁵tɕa³³ xe⁵⁵ tsʅ⁵⁵tɕa³³
　 自家　　害　自家
5 上天无路地无门, 　　　　　　　　　　　上天无路地无门,
　 sa⁵⁵thie³³ vɣ⁴²mu⁴² ti⁵⁵ vɣ⁴²lu⁵⁵
　 上天　　无门　　地　无路
6 今日汉你逃岸那! 　　　　　　　　　　　今天看你逃哪里!
　 ke⁵⁵ȵi⁴⁴ xa⁵⁵ nɔ³¹ mɯ²¹ ʔa⁵⁵na⁴⁴
　 今天　看　你　逃　　哪里
7 反骨无耻你你头, 　　　　　　　　　　　反骨无耻你这个,

fe³¹ku³⁵ vɣ⁴² tshŋ³¹ nɔ³¹ nɔ³¹ tɯ²¹
反骨　无耻　　你　这个

8　叫你死岸当！　　　　　　　　　　　　叫你死这里！
　　sɯ³³ nɔ³¹ ɕi³³ ʔa⁵⁵ta⁴⁴
　　让　你　死　这里

艺人【旁唱】：

1　两个人杀成一团，　　　　　　　　　　两个人杀成一团，
　　pa⁵⁵ko³³ȵi²¹ sa³⁵tshɯ⁴² ji³⁵thue⁴²
　　他们　两个　　杀成　　　一　团

2　刀对刀来兵对兵。　　　　　　　　　　刀对刀来兵对兵。
　　tɔ³³tui⁵⁵tɔ³³le⁴²piɯ³³tui⁵⁵piɯ³³
　　刀　对　刀　来　兵　对　兵

3　人对人来将对将，　　　　　　　　　　人对人来将对将，
　　zɯ⁴²tui⁵⁵zɯ⁴²le⁴²tɕa⁵⁵tui⁵⁵tɕa⁵⁵
　　人　对　人　来　将　对　将

4　到处是杀声。　　　　　　　　　　　　到处是杀声。
　　tɔ⁵⁵tshɣ⁵⁵sŋ⁵⁵sa³⁵sɯ³³
　　到处　　是　杀　声

5　你来个蜻蜓点水，　　　　　　　　　　你来个蜻蜓点水，
　　ni³¹le⁴²kuo⁵⁵tɕhɯ³³thɯ⁴²tie³¹sui³¹
　　你　来　个　　蜻蜓　　　点水

6　我来个扑地转身。　　　　　　　　　　我来个扑地转身。
　　ŋɔ³¹le⁴²kuo⁵⁵phu³⁵ti⁵⁵fɛ³³sɯ³³
　　我　来　个　扑地　　转身

7　蛟龙云海战群魔，　　　　　　　　　　蛟龙云海战群魔，
　　tɕɔ³³lo⁴²jye⁴²xe³¹tse⁵⁵tɕhye⁴²mo⁴²
　　蛟龙　　云海　　战　群魔

8　全成走马灯。　　　　　　　　　　　　好像走马灯。
　　sa³⁵jye³¹zou³¹ma³¹tɯ³³
　　好像　走马灯

9　大战了九十回合，　　　　　　　　　　大战了九十回合，
　　ta⁵⁵tse⁵⁵lɔ³²tɕiu³¹sŋ³⁵xui⁴²huo³⁵
　　大战　了　九十　　回合

10　胜败实难分。　　　　　　　　　　　胜败实难分。
　　sɯ⁵⁵pe⁵⁵sŋ³⁵na⁴²fɯ³³
　　胜败　实　难分

11　白王路松气没三，　　　　　　　　　白王陆续没有气，
　　pɯ³⁵ua⁴²lu³⁵su⁴⁴tɕhi⁵⁵mu³³sa³³
　　白王　　陆续　气　没有了

12　他拍马向前奔。　　　　　　　　　　他拍马向前奔。

        pɔ³¹ phɯ³⁵ma³¹ ɕa⁵⁵tɕhie⁴² pɯ³³
        他 拍马   向前   奔

13 常进凯紧紧追上，   常进凯紧紧追上，
    tsha⁴²tɕɯ⁵⁵ke³¹ tɕɯ³¹tɕɯ³¹ tsui³³ sa⁵⁵
    常进凯   紧紧   追 上

14 中林中秀紧紧跟。   中林中秀紧紧跟。
    tso³³liɯ⁴² tso³³ɕiu⁵⁵ tɕɯ³¹tɕɯ³¹ kɯ³³
    中林   中秀   紧紧   跟

15 白王躲进桥省下，   白王躲到桥底下，
    pɯ³⁵ua⁴² pia⁴⁴ɲi⁴⁴ ku²¹sɯ³³ ɣɛ³³
    白王   躲进   桥   下

16 罢干保捉起。   下马被活捉。
    pa⁵⁵ ka⁴⁴ pɔ³¹ kɛ⁴⁴khɯ³³
    他们 把 他 捉起

常进凯【白】：手下，快把白王拖出去斩首示众！
中林【白】：待我中林想来，大王收复江山，得回报天子。
艺人【旁白】：常进凯回报天子后，龙心大喜，遂下旨，封常进凯为护国将军，封中林、中秀二人为上国元帅，白鹤公主为顺国夫人。各尽其职，为国安民。【唱】：

1 唐王收复保江山，   唐王收复了江山，
    tha⁴²ua⁴² sou³³fɣ³⁵ pɔ³¹ tɕa³³se³³
    唐王   收复   保   江山

2 中林中秀功劳大。   中林中秀功劳大。
    tso³³liɯ⁴² tso³³ɕiu⁵⁵ ko³³lɔ³¹ ta⁵⁵
    中林   中秀   功劳   大

3 白鹤公主常进凯，   白鹤公主常进凯，
    pɯ³⁵xuo³⁵ ko³³tsu³¹ tsha⁴²tɕɯ⁵⁵khe³¹
    白鹤   公主   常进凯

4 封职又加官。   封职又加官。
    fo³³tsɿ³⁵ jou⁵⁵ tɕa³³kue³³
    封职 又   加官

5 自从白王收复恨，   自从白王收复后，
    tsɿ⁵⁵tsho⁴² pɯ³⁵ua⁴² sou³³fɣ³⁵ xɯ⁵⁵
    自从   白王   收复   了

6 天下人人得平安。   天下人人得安宁。
    thie³³ɕa⁵⁵ zɯ⁴²zɯ⁴² tɯ³⁵ phiɯ⁴²ŋa³³
    天下   人人   得   平安

7 渔樵耕读务生理，   渔樵耕读务生理，
    ju⁴² tɕhiɔ⁴² kɯ³³ tu³⁵ vɣ⁵⁵ sɯ³³li³¹
    渔   樵   耕   读   务   生理

8 自五谷丰登。   就五谷丰登。

tsɿ⁵⁵ u³¹kɯ³⁵ fɯ³³tɯ³³
则　五谷　丰登

七、挑夫万里落难　季子乞讨街头

【诗】：渺渺茫茫水连天，
　　　　仿仿佛佛雨如烟。
　　　　弯弯扭扭山河水，
　　　　一层山水一层烟。

季子【白】：我兰季子，历尽万里艰辛，抬头一看，来到了云南，大理的风光，实在优美，是个好地方呐——【唱】：

1　季子我杯抬挑挑，　　　　　　　　　　季子我去挑担子，
　　tɕi⁵⁵tsɿ³¹ ŋɔ³¹ pe⁴⁴ ta³⁵ thiɔ³³thiɔ³³
　　季子　我　走　去　挑挑

2　路里杯恨多少图。　　　　　　　　　　不知走了多少路。
　　lu³³ li⁵⁵ pe⁴⁴xɯ⁵⁵ tɕi³⁵ɕiɔ³³ thu³³
　　路　也　走了　多少　路

3　一路行程来得快，　　　　　　　　　　一路行程来得快，
　　ji³⁵lu³⁵ ɕɯ⁴²tshɯ⁴² le⁴² tɯ³⁵ khue⁵⁵
　　一路　行程　来　得　快

4　叭漾濞山吐。　　　　　　　　　　　　到了漾濞山。
　　phia⁴⁴ ja⁵⁵pi³⁵ sʅ³² nɔ³³
　　到　漾濞　山　上

5　雪梨桃果飞之吉，　　　　　　　　　　雪梨桃果实在多，
　　ɕye³⁵li³⁵ ta²¹xɯ⁴⁴ fe³⁵ tsɯ³³ tɕi³⁵
　　雪梨　桃李　很　有　多

6　漆油核桃满山坡。[1]　　　　　　　　　漆树核桃满山坡。
　　tɕhi⁴⁴tsɿ⁵⁵ ɣɔ²¹tɔ²¹ me³¹ se³³ pho³³
　　漆油　核桃　满　山　坡

7　满山坡吐柿子巴，　　　　　　　　　　满山坡上柿子果，
　　me³¹se³³pho³³ nɔ³³ tha⁴⁴tsɿ²¹pa⁴²
　　满山坡　上　柿子果

8　挂满在树吐。　　　　　　　　　　　　挂满树枝头。
　　kua⁴⁴ ma³³ tsɯ³¹ tɯ²¹ nɔ³³
　　挂　满　树　头　上

9　由恨漾濞街上过，　　　　　　　　　　打从漾濞街上过，
　　sa³⁵ xɯ⁵⁵ ja⁵⁵pi³⁵ tsɿ³³ nɔ³³ kuo³²
　　从　了　漾濞　街　上　过

---

[1] 漆油[tɕhi⁴⁴tsɿ⁵⁵]：即漆籽榨的油。这种漆油可食用，在有的民族地区还当作妇女生娃娃时的补品。原文把漆油当漆树，看来是后代传抄者之误。

| 10 | 街上人格胜甲朵。 | 街上人们数不完。 |

tsɿ³³ nɔ³³ ȵi²¹kɛ³⁵ suɯ⁵⁵ tɕa⁴⁴ tuo³²
街　上　人　　数　完　不得

| 11 | 剑川婆娘到处有， | 剑川婆娘到处有， |

tɕie⁵⁵tshue³³ pho⁴²nia³³ tɔ⁵⁵tshɤ⁵⁵ jou³¹
剑川　　　婆娘　　　到处　　　有

| 12 | 这里也很多。 | 这里也很多。 |

ʔa⁵⁵ta⁴⁴ li⁵⁵ xuɯ³¹tuo³³
这里　　也　很多

| 13 | 不觉杯叽恨片泡， | 不觉来到了平坡， |

pu³⁵tɕu³⁵ pe⁴⁴phia⁴⁴ xuɯ⁵⁵ phi⁵⁵pho⁵⁵
不觉　　来到　　　了　平坡

| 14 | 片泡街吐人格少。 | 平坡街上人很少。 |

phi⁵⁵pho⁵⁵ tsɿ³³ nɔ³³ ȵi²¹kɛ³⁵ ɕiɔ³³
平坡　　　街　上　人　　少

| 15 | 漾濞河利下关河， | 漾濞河到下关河， |

ja⁵⁵pi³⁵xo⁴² li⁵⁵ ɕa⁵⁵kue³³ xo⁴²
漾濞河　　　和　下关　　　河

| 16 | 两江成一河。 | 两江成一河。 |

ko³³ kɤ³⁵ tsɿ²¹ ji³⁵ xo⁴²
两　江　成　一　河

| 17 | 头闷看得西洱河， | 前面看见西洱河， |

tuɯ²¹muɯ⁵⁵ xa⁵⁵tuɯ⁴⁴ ɕi³³ʔɛ³¹xo⁴²
前面　　　　看见　　　　西洱河

| 18 | 四十里桥挂铁索。 | 四十里桥铁索桥。 |

si⁵⁵sɿ³³ li³¹ tɕiɔ⁴² kua⁴⁴ the⁴⁴so⁴⁴
四十　　里　桥　挂　铁索

| 19 | 下关河很水呀鸣， | 下关河水涛声大， |

ɕa⁵⁵kuɛ³³xo⁴² xuɯ³¹ ɕye³³ja⁴² mɛ²¹
下关河　　　里　水　　　鸣

| 20 | 说话听得朵。 | 说话听不着。 |

sua⁴⁴tuo²¹ tɕhɛ⁵⁵tuɯ³³ tuo³²
说话　　听着　　　不得

| 21 | 不觉杯叽唐子铺， | 不觉来到唐子铺， |

pu³⁵tɕu³⁵ pe⁴⁴ phia⁴⁴ tha⁴²tsɿ³¹phu⁵⁵
不觉　　来　到　唐子铺

| 22 | 猪母龙头保招休， | 母猪龙它多事， |

te⁴²mɔ³³lɤ²¹tuɯ²¹ pɔ³¹ tsɔ⁵⁵ɕiu⁴²
母猪龙　　　　它　多事

| 23 | 保干下关河千慨， | 把下关河踢开， |

pɔ³¹ ka⁴⁴ ɣɛ³³kuɛ³⁵xo⁴² tɕhɛ⁴⁴khe⁵⁵
它　把　下关河　　踢开

24 通了个洞洞。[1]　　　　　　　　　　　　　　岩石通了洞。
to³³ liɔ³¹ kuo⁴⁴ to⁵⁵to⁵⁵
通 了 个 洞洞

25 笨头吐怎天生桥，　　　　　　　　　　　　上头天生桥，
puɯ⁵⁵ tuɯ²¹nɔ³³ tsʅ³³ thie³³suɯ³³tɕhiɔ⁴²
它　上头　　是　天生桥

26 天生桥吐必斯呼。　　　　　　　　　　　　桥下大风吼。
thie³³suɯ³³tɕhiɔ⁴² nɔ³³ pi³⁵sʅ³⁵ xou³³
天生桥　　　上　风　　吼

27 领官阿快抓快后，　　　　　　　　　　　　波浪一个撞一个，
ȵuɯ³¹kua³⁵ ʔa³¹khui⁵⁵ tsua⁴⁴ khui⁵⁵ ɣɯ³³
波浪　　　一个　　　撞　　个　　后

28 三玄鱼弟补。　　　　　　　　　　　　　　像是个鱼泡。
sa⁵⁵jye³¹ ɣ³⁵ti⁵⁵phɔ³³
好像　　　鱼泡

29 季子杯叭江风寺，【换韵】　　　　　　　　季子来到江风寺，
tɕi⁵⁵tsʅ³¹ pe⁴⁴ phia⁴⁴ tɕa³³fo³³sʅ⁵⁵
季子　　　走　到　　江风寺

30 江风寺吐大必十，　　　　　　　　　　　　江风寺上大风吹。
tɕa³³fo³³sʅ⁵⁵ nɔ³³ tɔ³² pi³⁵sʅ³⁵
江风寺　　　　上　大　风

31 女郎子吹成古母尧，　　　　　　　　　　　吹得姑娘成婆婆，
ȵɣ³³na⁴²tsʅ³³ phuɯ⁵⁵tsʅ²¹ ku³³jɔ⁴²mɔ³³
姑娘　　　　吹成　　　　老婆子

32 这个真奇特。　　　　　　　　　　　　　　这个真奇特。
luɯ³¹le³¹ tsuɯ³³ tɕhi⁴²thuɯ³⁵
这个　　　真　　　奇特

33 将军洞很我干看，　　　　　　　　　　　　我去将军洞上看，
tɕa³³tɕye³³to⁵⁵ xuɯ³¹ ŋɔ³¹ ka⁴⁴xa⁵⁵
将军洞　　　里　　我　　看看

34 佛自松灯等相相。　　　　　　　　　　　　佛像塑的动物一般。
ve⁴² tsʅ⁵⁵ su⁴⁴tuɯ⁴⁴ tuɯ²¹ ɕa⁴⁴ɕa⁴⁴
佛　则　塑得　动物　像像

35 咀国勾自大巴搞，　　　　　　　　　　　　佛像嘴巴大开口，
tɕye³³kuɛ³⁵khɔ³³ tsʅ³³ tɔ³²pa⁵⁵khɔ⁵⁵
嘴巴　　　　　是　大碗

---

[1] 指洱海的出水口，即天生桥。这里水急，浪花四溅，古有许多民间传说和赏景诗作。

36	三玄吹必十。	好像里面在吹风。
	sa³⁵ɕye³¹ phɯ⁵⁵ pi³⁵sʅ³⁵	
	好像　　吹　　风	
37	将军洞半上一刀，[1]	将军洞人们上刀山，
	tɕia³³tɕye³³to⁵⁵ pa⁵⁵ tso³³ ji³⁵ta³⁵	
	将军洞　　他们　上　刀子	
38	一刀自阿架上架。	刀梯一台接一台。
	ji³⁵ta³⁵ tsʅ⁵⁵ ʔa³¹tɕa⁴⁴ sa⁴⁴ tɕa⁴⁴	
	刀子　　则　一架　上　架	
39	爬坑一刀只梯吐。	赤脚登梯上，
	ke²¹khɯ³³ ji³⁵ta⁵⁵ tsʅ²¹thi⁵⁵ nɔ³³	
	爬起　　刀子　梯子　上	
40	这个真奇特。	这个真奇特。
	lɯ³¹le³¹ tsɯ³³ tɕhi⁴²thɯ³⁵	
	这个　　真　奇特	
41	季子杯叭恨下国，	季子走来到下关，
	tɕi⁵⁵tsʅ³¹ pe⁴⁴ phia⁴⁴ xɯ⁵⁵ ɣɛ³¹kuɛ³⁵	
	季子　　走　到　了　下关	
42	下国街道片打片。[2]	下关街道一片偏坡。
	ɣɛ³³kuɛ³⁵ ke³³tɔ⁵⁵ pie⁵⁵ ta⁴² pie⁵⁵	
	下关　　街道　偏　搭　偏	
43	月亮照在水里边，	月亮照在水里边，
	mi⁵⁵ua⁴⁴ tsɔ⁴²ȵi⁴⁴ sui³¹li³¹ pie³³	
	月亮　　照进　水里　边	
44	有风花雪月。[3]	有风花雪月。
	tsɯ³³ fo³³ xua³³ ɕye³⁵ jye³⁵	
	有　风　花　雪　月	
45	下关街道人格及，	下关街上人很多，
	ɣɛ³¹kuɛ³⁵ tsʅ³³nɔ³³ ȵi²¹kɛ³⁵ tɕi³⁵	
	下关　　街上　　人　多	
46	委杯哉吐贴菜山。[4]	人眼皮上贴菜叶。
	ue³³pe²¹tɕe³³ nɔ³³ tɕha⁴⁴ tshɯ³¹se⁴⁴	
	眼皮节　　上　贴　菜叶	
47	菜山贴恨委树好，	贴上菜叶眼病好，
	tshɯ³¹se⁴⁴ tɕha⁴⁴xɯ⁵⁵ ue³³sɣ⁵⁵ tɕhiu⁵⁵	
	菜叶　　贴了　　眼双　好	

---

[1] 上一刀[tso³³ ji³⁵ta⁵³]: 巫术的驱鬼仪式，一般译为上刀山。此俗在大理一带早已失传。
[2] 明代，下关的街道在豆康坡上一条路，以坡道称奇。
[3] 风花雪月: 大理四景，即下关风，上关花，苍山雪，洱海月。明代即有咏诗名作。这里指洱海月。
[4] 委杯哉吐贴菜山[ue³³pe²¹tɕe³³ nɔ³³ tɕha⁴⁴ tshɯ³¹se⁴⁴]: 民俗，眼皮上贴青菜叶，有清凉、消炎作用。

48	这个真奇特。	这个真奇特。
	luɯ³¹le³¹ tsɯ³³ tɕhi⁴²thɯ³⁵	
	这个 真 奇特	
49	季子杯叭街道外,	季子来到街道外,
	tɕi⁵⁵tsɿ³¹ pe⁴⁴phia⁴⁴ tsɿ³³ne³¹ ua⁴⁴	
	季子 走到 街子 外	
50	下国河咀大必十,[1]	下关河口大风吹。
	ɣɛ³³kuɛ³⁵ kɔ²¹tsye³³ tɔ³² pi³⁵sɿ³⁵	
	下关 河口 大 风	
51	风吹进门把地扫,	风吹进门把地扫,
	fo³³ tshui³³ tɕɯ⁵⁵mɯ⁴² pa³¹ ti⁵⁵ sɔ³¹	
	风 吹 进门 把 地 扫	
52	这个真奇特。	这个真奇特。
	luɯ³¹le³¹ tsɯ³³ tɕhi⁴²te³⁵	
	这个 真 奇特	
53	季子抬头细看看,	季子抬头看一看,
	tɕi⁵⁵tsɿ³¹ the⁴²thou⁴² ɕi³⁵ ka⁴⁴xa³³	
	季子 抬头 细 看看	
54	看见洱海明如月,	看见洱海如明月,
	xa⁵⁵tɯ⁴⁴ ʔɛ³¹xe³¹ zu⁴² miɯ⁴²jye³⁵	
	看见 洱海 如 明月	
55	下国水江流朝西,[2]	下关河水流朝西,
	ɣɛ³³kuɛ³⁵ ɕye³³kɣ³⁵ kɯ²¹tsɿ²¹ se³⁵	
	下关 河水 流朝 西	
56	这个真奇特。	这个真奇特。
	luɯ³¹le³¹ fe³⁵ tɕhi⁴²thɯ³⁵	
	这个真奇特	
57	奇特奇特真奇特,	奇特奇特真奇特,
	tɕhi⁴²thɯ³⁵ tɕhi⁴²thɯ³⁵ tsɯ³³ tɕhi⁴²thɯ³⁵	
	奇特 奇特 真 奇特	
58	西边山阿直连直。	西边山梁一支连一支。
	se³⁵pɔ³¹ sɣ³² ʔa³¹tsɿ⁵⁵ lie⁴² ʔ³¹tsɿ⁵⁵	
	西边 山 一支 连 一支	
59	苍山共有十九峰,	苍山共有十九峰,
	tsha³³se³³ ko⁵⁵jou³¹ sɿ³⁵tɕiu³¹ fo³³	
	苍山 共有 十九 峰	
60	好风水地脉。	好风水地脉。

---

[1] 天生桥的峡谷为下关的风口,尤其冬春两季风特别大,下关也称风城。
[2] 一般水流东南,而洱海出水口的西洱河朝西,这也奇特。

$$xɔ^{31} fo^{33} sui^{31} ti^{55} mɯ^{35}$$
好　风水　　地脉

61　季子杯叭草帽街，　　　　　　　　　　　季子来到草帽街，
$$tɕi^{35}tsʅ^{31} pe^{44}phia^{44} tshɔ^{31}mɔ^{55} ke^{33}$$
季子　　走到　　　草帽　　　街

62　草帽街半卖头门。　　　　　　　　　　　草帽街上卖草帽。
$$tshɔ^{31}mɔ^{55}ke^{33} nɔ^{33} kɯ^{21} tɯ^{42}mɯ^{44}$$
草帽街　　　　上　　卖　草帽

63　大理草帽最有名，　　　　　　　　　　　大理草帽最有名，
$$ta^{55}li^{31} tshɔ^{31}mɔ^{55} tsui^{55} jou^{31}miɯ^{42}$$
大理　　草帽　　　最　　有名

64　我利买保顶。　　　　　　　　　　　　　我也买一顶。
$$ŋɔ^{31} li^{55} mɛ^{42} pɔ^{31} tɯ^{42}$$
我　也　买　它　顶

65　下坡阿菜叭砖窑，　　　　　　　　　　　下坡一气到砖窑，
$$thɯ^{55}pɔ^{31} ʔa^{31}tɕhi^{55} phia^{44} tsui^{33}jɔ^{42}$$
下坡　　　一气　　　到　　砖窑

66　大井坡怎委面前。　　　　　　　　　　　大井坡在眼面前。
$$tɔ^{32}tɕɛ^{33}pɔ^{31} tsɯ^{33} ue^{33} tɕi^{42}mi^{42}$$
大井坡　　　在　　眼　面前

67　冷弟很半必麦秆，　　　　　　　　　　　这里他们编麦秆，
$$lɯ^{31}tɯ^{55}xɯ^{31} pa^{55} pi^{55} mɯ^{44}kua^{44}$$
这里　　　　他们　编　麦秆

68　张入衣光很。　　　　　　　　　　　　　麦秆别腰间。
$$tsa^{55} ɲi^{44} ji^{35}kia^{44}xɯ^{31}$$
绑　进　腰间

69　季子杯叭观音塘，　　　　　　　　　　　季子来到观音塘，
$$tɕi^{55}tsʅ^{31} pe^{44}phia^{44} kue^{55}jɯ^{55}tha^{55}$$
季子　　走到　　　观音塘

70　观音塘很师空旷。[1]　　　　　　　　　　观音塘里很宽阔。
$$kue^{55}jɯ^{55}tha^{55} xɯ^{31} sɛ^{44} khɤ^{55}khua^{44}$$
观音塘　　　里　很　宽阔

71　招呼旺头喝茶号，　　　　　　　　　　　招呼几个喝了茶，
$$tsɔ^{55}cɔ^{55} ua^{55}tɯ^{21} ʔɯ^{33}tsɔ^{31} xɔ^{55}$$
招呼　　几个　　　喝茶　　了

72　我杯入干汉。　　　　　　　　　　　　　我进去看看。
$$ŋɔ^{31} pe^{44}ɲi^{44} ka^{44}ʔa^{33}$$
我　走进　　看看

---

[1] 观音塘：大理名寺。原名大石庵，源于观音负石阻兵的神话。塘，为明代建制，五里一铺，十里一塘。

73 门口怎狮子阿对，　　　　　　　　　　门口狮子有一对，
　　me²¹muɯ⁵⁵ tsɯ³³ sʅ⁵⁵tsʅ³³ ʔa³¹tui⁴²
　　门口　　有　狮子　　一对

74 口含绣球笑哈哈。　　　　　　　　　　口含绣球笑哈哈。
　　kou³¹xa⁴² ɕiu⁵⁵tɕhiu⁴² ɕɔ⁵⁵xa³³xa³³
　　口含　　绣球　　　笑哈哈

75 黑漆區吐写金字，　　　　　　　　　　黑漆區上写金字，
　　xɯ⁴⁴tshi⁴⁴ pɯ³¹ nɔ³³ vɛ⁴² tɕi³⁵sʅ³⁵
　　黑漆　　區　上　写　金字

76 多少吐威光。　　　　　　　　　　　　显得很威风。
　　tɕi³⁵ɕɔ³³ nɔ³³ ui³³kua³³
　　多少　　的　威光

77 四大天王嗤四人，　　　　　　　　　　四大天王这四尊，
　　sʅ⁵⁵ta⁵⁵ thie³³ua⁴² nɯ⁵⁵ ɕi⁴⁴ tsui⁵⁵
　　四大　天王　　这　四　尊

78 十八罗汉在两方。　　　　　　　　　　十八罗汉排两边。
　　sʅ³⁵pa³⁵ luo⁴²xa⁵⁵ tse⁵⁵ nia³¹fa³³
　　十八　罗汉　　在　两边

79 十八罗汉十八样，　　　　　　　　　　十八罗汉十八样，
　　sʅ³⁵pa³ luo⁴²xa⁵⁵ tsʅ⁴²pia⁴⁴ jo⁴²
　　十八　罗汉　　十八　　样

80 阿人干人看。　　　　　　　　　　　　一个看一个。
　　ʔa³¹n̩i²¹ ka⁴⁴ n̩i²¹ xa⁵⁵
　　一个　　把　人　看

81 两边有两个池塘，　　　　　　　　　　两边有两个池塘，
　　nia³¹pie³³ tsɯ³³ tshʅ⁵⁵tha⁵⁵ kuo³³ne³¹
　　两边　　有　池塘　　两个

82 上面有楚石栏杆。[1]　　　　　　　　　上面有楚石栏杆。
　　tɯ²¹mi⁴² tsɯ³³ tshu³¹sʅ³⁵ la⁴²ka³³
　　上面　　有　楚石　　栏杆

83 本很喂得活金鱼，　　　　　　　　　　里面养着金鱼群，
　　pɯ⁵⁵xɯ³¹ xa⁵⁵tɯ⁴⁴ xuo³⁵tɕi³⁵ɣ³⁵
　　它里面　养着　　花金鱼

84 保自欢乐相。　　　　　　　　　　　　游得自由自在。
　　pa⁵⁵ tsʅ⁵⁵ xue⁵⁵lu⁵⁵ ɕa⁴⁴
　　它们　则　欢乐　极

85 观音坐在莲花台，　　　　　　　　　　观音坐在莲台上，

---

[1] 楚石[tshu³¹sʅ³⁵]：即大理石的别称。

kua⁵⁵jɯ³¹ kɣ⁴²ke²¹ lie⁴²xua³³the⁴²
观音　　坐在　　莲台上

86　护法弥陀在两方。　　　　　　　　　　　　护法弥陀站两边。
xu⁵⁵fa³⁵ mi⁴²tuo⁴² tse⁵⁵ nia³¹fa³³
护法　　弥陀　　站　两边

87　古说见佛要下拜,　　　　　　　　　　　　古说见佛先下拜,
ku³¹suo³⁵ tɕie⁵⁵fɣ³⁵ jɔ⁵⁵ ɕa⁵⁵pe⁵⁵
古说　　见佛　　要　下拜

88　树勾跪岸当。　　　　　　　　　　　　　　双脚跪这里。
sɣ⁵⁵kuo³³ kɣ³¹ ʔa⁵⁵ta⁴⁴
双脚　　跪　这里

89　季子跪下东头保,　　　　　　　　　　　　季子跪下磕个头,
tɕi⁵⁵tsʅ³¹ kɣ³¹thɯ⁵⁵ tuo⁴⁴ tɯ²¹pɔ³¹
季子　　跪下　　磕头

90　唯愿云开见日光。　　　　　　　　　　　　唯愿云开见日光。
ve⁴²jye⁵⁵ jye⁴²ke³³ tɕie⁵⁵ zʅ³⁵kua³³
唯愿　　云开　　见　日光

91　保佑季子登出头,　　　　　　　　　　　　保佑季子出头日,
pɔ³¹jou⁵⁵ tɕi⁵⁵tsʅ³¹ tɯ⁴⁴ tshɣ³⁵thou⁴²
保佑　　季子　　得　出头

92　发财做官高。　　　　　　　　　　　　　　发财做高官。
fa³⁵tshe⁴² tsu⁵⁵kua³⁵ ka³⁵
发财　　做官　　高

93　但愿神灵来助我:　　　　　　　　　　　　但愿神灵来助我:
ta⁵⁵jye⁵⁵ sɯ⁴²lɯ⁴² ɣɯ³⁵ tsu⁵⁵ ŋɔ³¹
但愿　　神灵　　来　助　我

94　保佑我清洁平安,　　　　　　　　　　　　保佑我清吉平安,
pɔ³¹jou⁵⁵ ŋɔ³¹ tɕhɯ³³tɕi³⁵ phiɯ⁴²ŋa³³
保佑　　我　清吉　　平安

95　保佑我无疼无病,　　　　　　　　　　　　保佑我不病不痛,
pɔ¹jou⁵⁵ ŋɔ³¹ mu³³sʅ³¹ mu³³pɛ²¹
保佑　　我　不痛　　不病

96　平安回到家;　　　　　　　　　　　　　　平安回到家;
phiɯ⁴²ŋa³³ xu⁴²tɔ⁵⁵ tɕa³³
平安　　回到　　家

97　保佑我四方吉利,　　　　　　　　　　　　保佑我四方吉利,
pɔ³¹jou⁵⁵ ŋɔ³¹ sʅ⁵⁵fa³³ tɕi³⁵li⁵⁵
保佑　　我　四方　　吉利

98　保佑我无害平安;　　　　　　　　　　　　保佑我无害平安;

pɔ³¹jou⁵⁵ ŋɔ³¹ vɣ⁴²xe⁵⁵ phiɯ⁴²ŋa³³
保佑　　我　无害　　平安

99　保佑我早日回家，　　　　　　　　　保佑我早日回家去，
pɔ³¹jou⁵⁵ ŋɔ³¹ tsɔ³¹zŋ³⁵ xui⁴²tɕa³³
保佑　　我　早日　　回家

100　全家得安康。　　　　　　　　　　　全家得安康。
tɕye⁴²tɕa³³ tɯ³⁵ ŋa³³ka³³
全家　　　得　安康

101　季子杯叭七里桥，　　　　　　　　　季子来到七里桥，
tɕi⁵⁵tsŋ³¹ pe⁴⁴phia⁴⁴ tɕhi³⁵li³¹tɕiɔ⁴²
季子　　　走到　　　七里桥

102　七里桥闷师空旷。　　　　　　　　　七里桥很宽阔。
tɕhi³⁵li³¹tɕhiɔ⁴² mɯ⁵⁵ sɛ⁴⁴ khɣ⁵⁵khua⁴⁴
七里桥　　　　　那里　很　宽阔

103　七里桥水清幽幽，　　　　　　　　　七里桥水清幽幽，
tɕhi³⁵li³¹tɕhiɔ⁴² sui³¹ tɕhɛ⁵⁵jɯ³⁵jɯ³⁵
七里桥　　　　　水　　清幽幽

104　保自饮求相。　　　　　　　　　　　这水很好喝。
pɔ³¹ tsŋ⁵⁵ ʔɯ³³ tɕhiu⁵⁵ ɕa⁴⁴
它　　则　　喝　好　　极

105　季子杯叭酒六闷，　　　　　　　　　季子来到帝六处，
tɕi⁵⁵tsŋ³¹ pe⁴⁴phia⁴⁴ ti³⁵lu³⁵ mɯ⁵⁵
季子　　　走到　　　帝六　　处

106　这里有一架牌坊。　　　　　　　　　这里有座大牌坊。
tsŋ⁵⁵li³¹ jou³¹ tsuo⁵⁵ phe⁵⁵fa⁵⁵tɕiu⁴²
这里　　有　　座　　牌坊一座

107　笨吐写得书四字，　　　　　　　　　上面写着四个字，
pɯ⁵⁵ nɔ³³ vɛ⁴²tɯ⁴⁴ sŋ³⁵ sŋ⁴⁴ tsŋ³¹
它　　上　　写着　　书　　四　字

108　有文献名邦。　　　　　　　　　　　是"文献名邦"。
tsɯ³³ vɯ³¹ɕie⁵⁵ miɯ⁴²pa³³
有　　文献　　　名邦

109　不觉杯叭五里桥，　　　　　　　　　不觉来到五里桥，
bu³⁵ju³⁵ pe⁴⁴phia⁴⁴ u³¹li³¹tɕiɔ⁴²
不觉　　走到　　　五里桥

110　五里桥怎南门外。　　　　　　　　　五里桥在南门外。
u³¹li³¹tɕhiɔ⁴² tsɯ³³ na²¹me²¹ua⁴⁴
五里桥　　　　在　　南门外

111　笨很在得乎回伙，　　　　　　　　　村里住的是回族，

puɯ⁵⁵ xɯ³¹ kɣ⁴² tɯ⁴⁴ xu⁵⁵xui⁴⁴xɔ³³
它 里 住着   回族人

112 不是我汉家。 不是我汉族。
pu⁵sɿ⁵⁵ ŋɔ³¹ xa⁵⁵tɕa³³
不是 我 汉族

113 季子杯叭自南门, 季子来到城南门,
tɕi⁵⁵tsɿ³¹ pe⁴⁴phia⁴⁴ tsɿ⁵⁵ na²¹me²¹
季子   走到   城 南门

114 老远汉得塔三塔。[1] 老远看见塔三塔。
tui³³tshɣ³¹ xa⁵⁵tɯ⁴⁴ tha⁴⁴ sa⁵⁵ tha⁴⁴
远处   看见   塔 三 塔

115 大理有名三塔寺, 大理有名三塔寺,
ta⁵⁵li³¹ jou³¹muɯ⁴² sa³³tha³⁵sɿ⁵⁵
大理 有名   三塔寺

116 实在好风光。 实在好风光。
sɿ³⁵tse⁵⁵ xɔ³¹ fo³³kua³³
实在 好 风光

117 季子杯叭产平街, 季子来到产平街,
tɕi⁵⁵tsɿ³¹ pe⁴⁴phia⁴⁴ tshe³¹pu⁴² ke³³
季子   走到   产平街

118 抬起头来细看看。 抬起头来仔细看。
the⁴² tɕhi³¹ thou⁴² le⁴² ɕi⁵⁵ ka⁴⁴ʔa³³
抬 起 头 来 细 看看

019 岸当怎衙门冷座, 这里衙门有一座,
ʔa⁵⁵ta⁴⁴ tsɯ³³ ja⁴²mɯ⁴² lɯ³¹tsuo⁴⁴
这里 有 衙门 这座

120 处吐师空旷。 建筑很阔气。
tshɣ³¹ nɔ³³ sɿ⁴⁴ khu⁵⁵khua⁴⁴
建 的 很 空阔

121 两边怎大照壁片, 两边有照壁两座,
kuo³³pie⁵⁵ nɔ³³ tsɯ³³ tsɔ⁴⁴phi⁵⁵phiɛ⁵⁵
两边   上 有 照壁

122 东边呼怎教场坝。 东边叫教场坝。
tɣ³⁵pɔ³¹ ʔɯ⁵⁵tsɿ⁵⁵ tɕɔ⁵⁵tsha³¹pa⁵⁵
东边   叫有   教场坝

123 围杆头吐插黄旗, 围杆顶上插黄旗,
ue³⁵ka³³ tɯ²¹ nɔ³³ tsha⁴⁴ ŋɣ²¹tɕi²¹
围杆 头 上 插 黄旗

---

[1] 三塔: 即大理名塔, 主塔为唐代建筑, 两侧付塔为宋代建筑, 在南诏大理国时的国寺圣元寺内。

124	多少吐威光。	好大的威风。
	tɕi³⁵ɕiɔ³³ nɔ³³ ui³³kua³³	
	多少　的　威光	
125	不觉杯叭磑门口,	不觉来到磨房口,
	pu³⁵ju³⁵ pe⁴⁴phia⁴⁴ ui⁴²muɯ⁵⁵khou³¹	
	不觉　走到　磨处口	
126	再干报国寺杯叭。	再到报国寺那里。
	tse⁴⁴ ka⁴⁴ pɔ⁵⁵kue³⁵sɿ⁵⁵ pe⁴⁴phia⁴⁴	
	再　把　报国寺　　走到	
127	大老爷清点东西,	老爷清点挑的货物,
	ta⁵ lɔ³¹je⁴² tɕhuɯ³³tie³¹ vɣ³³ta⁴²	
	大老爷　清点　　东西	
128	我要回家乡。	有回家指望。
	ŋɔ³¹ jɔ⁵⁵ xui⁴²tɕa³³ɕa³³	
	有 要 回家乡	

【白】: 这时, 大老爷算给我脚价钱来。

老爷【白】: 这个狗东西, 兵荒马乱, 有什么叫脚价钱！你再叫, 老子蹬你脚！快快滚出去！

季子【白】: 季子听了, 此言好不伤心啊——【唱】:

1	听了此言着一惊,	听了此言猛一惊,
	tɕhɛ⁵⁵tu⁴⁴ luɯ³¹tshŋ⁵⁵ mo³¹ ji³⁵ tɕɯ³³	
	听见　这话　猛　一　惊	
2	叫我阴魂不在身。	叫我魂魄不在身。
	suɯ³³ ŋɔ³¹ ua²¹phe³¹ pu³⁵ tse⁵⁵ suɯ³³	
	叫 我 魂魄　不 在 身	
3	山东来到云南地,	山东来到云南地,
	se³³to³³ juɯ³⁵phia⁴⁴ jye⁴²na⁴²ti⁵⁵	
	山东　来到　云南地方	
4	自举目无亲。	举目都无亲。
	tsɿ⁵⁵ jy³¹mu³⁵ vɣ⁴²tɕhuɯ³³	
	则 举目　无亲	
5	季子人生地不熟,	季子人生地不熟,
	tɕi⁵⁵tsɿ³¹ zu⁴²suɯ³³ ti⁵⁵ pu³⁵su³⁵	
	季子　人生　地 不熟	
6	到底我自岸拉亲?	到底哪里有我亲?
	tɔ⁵⁵ti³¹ ŋɔ³¹ tsɿ⁵⁵ ʔa⁵⁵na⁴⁴tɕhuɯ³³	
	到底 我 则　哪里亲	
7	好比孤雁入山林,	好比孤雁入山林,
	xɔ³¹pi³¹ ku³³je⁵⁵ zɣ³⁵ se³³liuɯ⁴²	
	好比 孤雁 入 山林	

8	何处去安身？	何处去安身？
	ʔa⁵⁵na⁵⁵ ŋɛ²¹ ŋa³³sɯ³³	
	何处　去　安身	
9	工钱我吐本乃给，	老爷不拿给工钱，
	ɣɯ⁴²kɛ⁴² ŋɯ⁵⁵ nɔ³³ pɯ³¹ ne⁴⁴ zʅ³¹	
	工钱　我　上　不　拿给	
10	保哉我吐骂。	他还在骂人。
	pɔ³¹ tse⁴⁴ ŋɯ⁵⁵ nɔ³³ ʔɯ⁴⁴	
	他　还　我的　上　骂	
11	古说官情比纸薄，	古说官情比纸薄，
	ku³¹suo³⁵ kue³³tɕhɯ⁴² pi³¹ tsʅ³³ pu⁴²	
	古说　官情　比　纸　薄	
12	斗冷声直冷。	这话说的真。
	tuo²¹ lɯ³¹tshʅ⁵⁵ tsʅ⁵⁵ lɯ⁴⁴	
	话　这　声　真　的	
13	次吐衣裳配烂号，	身上衣裳已撕烂，
	tshʅ⁵⁵nɔ³³ ji³⁵pe⁴² phe⁵⁵la⁴⁴ xɔ⁵⁵	
	身上　衣裳　撕烂　掉	
14	勾吐鞋已周本得。	光着双脚无鞋穿。
	kou⁴⁴ nɔ³³ ŋɛ²¹tɕi³³ tsuo⁴⁴ pɯ³¹ tɯ⁴⁴	
	脚　上　鞋子　穿　不　着	
15	次闷本没钱阿立，	身上没有一文钱，
	tshʅ⁵⁵ mɯ⁵⁵ pɯ³¹mu³³ tse²¹ ʔa³¹li⁵⁵	
	身　上　本无　钱　一文	
16	城隍闷师肯。	到城隍庙等施舍。
	tshɯ⁴²xua⁴²miɔ⁵⁵ sʅ³³ khɯ³³	
	城隍庙　　守　起	
17	送吐没自松起习，	没有烧的找几棵刺枝，
	su⁵⁵ nɔ³³ mu³³ tsʅ⁵⁵ sɔ⁵⁵ tɕhi³¹ɕi³⁵	
	烧　的　没有　则　烧　刺柴	
18	季子汝土门自因。	我用破土锅做饭。
	tɕi⁵⁵tsʅ³¹ zu³¹ thu³³mɯ²¹ tsʅ⁵⁵jɯ⁴⁴	
	季子　用　土锅　做吃	
19	扣得鸡毛铺阿铺，	捡些鸡毛当床铺，
	khou⁵⁵tɯ⁴⁴ ke³⁵ma²¹ khɣ³¹ ʔa³¹le³¹	
	铺着　鸡毛　窝　一个	
20	随便干靠子。	随便靠一靠。
	sui⁴²⁴pie⁵⁵ ka⁴⁴khɔ⁴⁴tsʅ³³	
	随便　靠靠一会儿	

【白】：住的城隍庙，烧的老刺柴，吃的白米饭，还要过肥年。兰季子只见太阳出来，

肚子又饿，身边无钱，只得讨饭去了——【唱】：

1   季子我抬头干看，   季子我抬头看看，
         tɕi^{55}tsʅ^{31} ŋɔ^{31} the^{42}thou^{42} ka^{44}xa^{55}
         季子   我   抬头   看看

2   冷叹怎因餐时加。   这时到了早饭时。
         lɯ^{31}tha^{55} tsɯ^{33} jɯ^{44}tsha^{55} tsʅ^{21}tɕa^{44}
         这时   有   吃早饭   时节

3   冷干我自乐过咋，   寒冷我可欢乐过，
         kɯ^{55}ka^{21} ŋɔ^{31} tsʅ^{55} luo^{35} kuo^{42} tsɔ^{42}
         冷寒   我   则   乐   过   姑且

4   饥渴难过相。   饥渴很难熬。
         tɕi^{55}kha^{44} na^{42}kuo^{32} ɕa^{44}
         饥渴   难过   死

5   树手我干邪山卷，   双手我把席子卷，
         sɤ^{55}sɯ^{33} ŋɔ^{31} ka^{44} ɕi^{35}se^{44} tɕye^{31}
         双手   我   把   席子   卷

6   干保卷自一杆枪。   把它卷成一杆枪。
         ka^{44} pɔ^{31} jy^{31}tsʅ^{55} tshuo^{44} ʔa^{31}me^{21}
         把   它   卷成   枪   一杆

7   头无称坑保勾道，   前后拴上两道绳，
         tɯ^{21}ŋɤ^{33} tshɯ^{44}khɯ^{33} pɔ^{31} kuo^{33} tɔ^{21}
         前后   拴起   它   两   道

8   背坑后一光。   背在身后面。
         jɛ^{42} khɯ^{33} ɣɯ^{33} ji^{35}kua^{44}
         背起   后   腰杆

9   必手提肯提闹来，   左手提着破提罗，
         pi^{35}sɯ^{33} ti^{55}khɯ^{33} thi^{55}nɔ^{55}le^{31}
         左手   提着   提罗一个

10   右手抬得棍阿光，   右手拿着打狗棍，
         tsɛ^{42}sɯ^{33} ta^{35}khɯ^{33} kua^{42} ʔa^{31}kua^{44}
         右手   拿着   棍   一根

11   再提达吐土门来，   再提一个破土锅，
         tse^{44} ti^{55} ta^{42} nɔ^{33} thu^{33}mɯ^{21}le^{31}
         再   提   搭   的   土锅一个

12   杯讨饭使巴。   去讨一碗饭。
         pe^{44} thu^{55} xɛ^{55}zʅ^{21}pa^{44}
         走   讨   一碗饭

13   体闹汝保讨生使，   提罗用它讨干饭，
         thi^{55}nɔ^{55} zu^{31}pɔ^{31} thu^{55} xɛ^{55}zʅ^{31}
         提罗   用它   讨   饭

14　　土门汝保讨生怕。　　　　　　　　　　　　土锅用它讨菜汤。
　　　　thu³³mɯ²¹ zu³¹ pɔ³¹ thu⁵⁵ tshɯ³¹pha⁴⁴
　　　　土锅　　用　它　讨　菜汤

15　　再干光光抬手里，　　　　　　　　　　　　再把棍棍拿手里，
　　　　tse⁴⁴ ka⁴⁴ kua⁴²kua⁴⁴ ta³⁵ sɯ³³ xɯ³¹
　　　　再　把　棍子　　　拿　手　里

16　　汝保自打狗。　　　　　　　　　　　　　　用它来打狗。
　　　　zu³¹ pɔ³¹ tsɿ⁵⁵ xe⁴⁴ khua³³
　　　　用　它　则　撵　狗

17　　由城隍么杯期因，　　　　　　　　　　　　由城隍门口走出来，
　　　　ɕa³⁵ tshɯ⁴²xua⁴² mɯ⁵⁵ pe⁴⁴tɕhi⁴⁴ jɯ³⁵
　　　　由　城隍　　　处　走出　　　来

18　　满口唱的落莲花。[1]　　　　　　　　　　 满口唱着莲花落。
　　　　tɕye³³mɯ⁵⁵ tsha⁵⁵tsɔ⁴² luo³⁵lia⁴²xua³³
　　　　满里　　唱着　　　落莲花

19　　得闷见得医生铺，　　　　　　　　　　　　前面看见草药铺，
　　　　tɯ²¹mɯ⁵⁵ ke⁴²tɯ⁴⁴ jɔ⁴⁴sɿ⁵⁵ phu³¹
　　　　前面　　　看见　　草药　铺

20　　开始落莲花。　　　　　　　　　　　　　　开始莲花落。
　　　　ke³³sɿ³¹ luo³⁵lia⁴²xua³³
　　　　开始　　莲花落

【莲花落】：医生老板生意好，左转钱来右转宝。喂——医生老板膏药好，姑娘用来贴奶头。一贴上去病就好。医生给我几文钱，明中去了暗中来。

医生【白】：滚蛋！

季子【白】：是是是。**【莲花落】**：太阳出来一点红，打马过山东。山东有个龙戏水，山西有个戏水龙。天上神仙访神仙，地上英雄访英雄。待我兰季子一处走走——高一步，低一步，一走走到皮匠铺。皮匠老板手艺高，手中捏得月牙刀。一对线二龙抢宝，左来右去凤回巢。

皮匠【白】：这个小子真有好口才，再唱一调来！

季子【白】：别的没有了，只有一个点花谱。

皮匠【白】：快快唱来，多给你点的了。

季子【白】：哎，你听——**【莲花落】**：今日我唱莲花落，唱的落莲花。莲的莲花落，落的落莲花。东街串到西街去，南街串到北街坊。东有冬瓜花，南有南瓜花，西有北风花，加上芍药配牡丹，开处黄白花。春季春游芳草地，报春花开十里香。和尚帽子通一眼，那朵名叫芙蓉花。夏季要赏绿荷池，绿柳荫浓好乘凉。两个姑娘睡一头，名叫金银花。秋季秋饮黄花酒，桂花开时十里香。夫妻同床各盖被，名叫百合花。冬季冬吟白雪诗，梅花开时面风霜。洞宾睡在石岩上，名叫水仙花。一个婆娘偏看人，那朵名叫蚕豆花。儿子打断

---

[1] 落莲花[luo³⁵lia⁴²xua³³]：即莲花落。这里为了押韵，把"落"字提前。莲花落是一种快板，旧时，讨饭的乞丐常常使用打快板的形式诉说苦情，求得人们的同情。

老子腿,那朵名叫茄子花。花哩花糊花上花,一个叉两叉,哎——用来顶起它。【白】:老板,不唱了,多给几文来。

　　老板【白】:再唱一调。
　　季子【白】:别的没有了,只有一点家谱。
　　老板【白】:如此,快唱来!
　　季子【白】:好啊——【唱】:

1　不唱家谱心不伤,　　　　　　　　　　　不唱家谱心不伤,
　　　pu³⁵tsha⁵⁵ tɕa³³phu³¹ ɕɯ³³ pu³⁵ sa³³
　　　不唱　　家谱　　心　不　伤

2　唱起家谱好心伤。　　　　　　　　　　　唱起家谱好心伤。
　　　tsha⁵⁵tɕhi³¹ tɕa³³phu³¹ xɔ³¹ ɕɯ³³sa³³
　　　唱起　　　家谱　　好　心伤

3　提起我季子家谱,　　　　　　　　　　　提起季子我家谱,
　　　thi⁵⁵khɯ³³ tɕi⁵⁵tsʅ³¹ ŋɯ⁵⁵ tɕa³³phu³¹
　　　提起　　季子　我的　家谱

4　心闷小刀插。　　　　　　　　　　　　　心像小刀插。
　　　ɕi³⁵ mɯ⁵⁵ se³¹ta⁵⁵ tsha⁴⁴
　　　心　上　小刀　插

5　家住山东立城县。　　　　　　　　　　　家住山东立城县,
　　　tɕa³³ tsu⁵⁵ se³³to³³ li³⁵tshɯ⁴² ɕie⁵⁵
　　　家　住　山东　立城　县

6　隔城五里兰家庄。　　　　　　　　　　　隔城五里兰家庄。
　　　ke⁴² tshɯ⁴² ŋu³³ li³³ la⁴²tɕa³³tsua³³
　　　隔　城　五　里　兰家庄

7　父亲名叫兰芳草,　　　　　　　　　　　父亲名叫兰芳草,
　　　ŋɯ⁵⁵tie³³ pɯ⁵⁵miɛ³⁵ na⁴²fa³³tshɔ³¹
　　　我爹　他名　　兰芳草

8　乔氏我妈妈。　　　　　　　　　　　　　乔氏是我妈。
　　　tɕhiɔ⁴²sʅ⁵⁵ ŋɔ³¹ma³³ma³³
　　　乔氏　　我妈妈

9　大哥名叫兰中林,　　　　　　　　　　　大哥名叫兰中林,
　　　ta⁵⁵kɔ³³ pɯ⁵⁵miɛ³⁵ la⁴²tso³³liɯ³¹
　　　大哥　他名　　兰中林

10　王氏夫人配与他。　　　　　　　　　　王氏夫人配给他。
　　　ua⁴²sʅ⁵⁵ fɣ³³zɯ⁴² phe⁵⁵ jy³¹ tha³³
　　　王氏　夫人　配　与　他

11　二哥名叫兰中秀,　　　　　　　　　　二哥名叫兰中秀,
　　　e⁵⁵kɔ³³ pɯ⁵⁵miɛ³⁵ la⁴²tso³³ɕiu⁵⁵
　　　二哥　他名　　兰中秀

12　还未配成双。　　　　　　　　　　　　还未配成双。

xe⁴² ve⁵⁵ phe⁵⁵ tshɯ⁴² sua³³
还　未　配　成　双

皮匠【白】：哎呀！小唱。王爷的名字，你乱叫乱喊，以后与我们不安。这几文钱拿去，快到别处去吧。

季子【唱】：

1　季子今日过街坊，　　　　　　　　　　季子今日过街坊，
　　tɕi⁵⁵tsɿ³¹ ke⁵⁵ȵi⁴⁴ pe⁴⁴ ke³³fa³¹
　　季子　　今日　走　街坊

2　该当我吐周花叭。　　　　　　　　　　该当机遇到。
　　ke⁵⁵ta⁵⁵ ŋɯ⁵⁵nɔ³³ tso⁴²xua⁴⁴ phia⁴⁴
　　该当　我的　　机遇　　到

3　我由街吐杯过应，　　　　　　　　　　我从街上走过来，
　　ŋɔ³¹ sa³⁵ tsɿ³³nɔ³³ pe⁴⁴ kuo⁴² jɯ³⁵
　　我　从　街上　　走　过　来

4　杯叭四牌坊。　　　　　　　　　　　　走到四方街。
　　pe⁴⁴ phia⁴⁴ sɿ⁵⁵phe⁴²fa³³
　　走　到　　四牌坊

5　好汉无钱是下贱，　　　　　　　　　　好汉无钱是下贱，
　　xɔ³¹xa⁵⁵ vv⁴²tɕhie⁴² sɿ⁵⁵ ɕa⁵⁵tɕie⁵⁵
　　好汉　　无钱　　则　下贱

6　光棍无钱自叫花。　　　　　　　　　　光棍无钱是叫花。
　　kua³³kui⁵⁵ vv⁴²tɕhie⁴² sɿ⁵⁵ tɕiɔ⁵⁵xua³³
　　光棍　　无钱　　则　叫花

7　靠得我吐官等尧，　　　　　　　　　　身上穿着这裤子，
　　khou⁵⁵tɯ⁴⁴ ŋɯ⁵⁵ nɔ³³ kual³⁵ lɯ³¹ jɔ³⁵
　　拴着　　我　上　裤身　这　条

8　屁股显期外。　　　　　　　　　　　　屁股露在外。
　　phi⁵⁵ku³¹ nɛ⁴² tɕhi⁴⁴ua⁴⁴
　　屁股　　掉　在外

9　头闷半格朝阳花，　　　　　　　　　　前面他们卖葵花子，
　　tɯ²¹mɯ⁵⁵ pa⁵⁵ kɯ²¹ tshɔ⁴²ja⁴²xua³³
　　前面　　他们　卖　朝阳花

10　我自闻得活香香。　　　　　　　　　闻着香气实在香。
　　ŋɔ³¹ tsɿ⁵⁵ tshu⁵⁵tɯ⁴⁴ xɛ⁵⁵ɕiu³⁵ ɕa⁴⁴
　　我　则　着闻　　实在香　死

11　杯讨笨闷保本仍，　　　　　　　　　过去讨要他不给，
　　pe⁴⁴ thu⁵⁵ pɯ⁵⁵ mɯ⁵⁵ pɔ³¹ pɯ³¹ zɿ³¹
　　走　讨　他　他的　他　不　给

12　下五抓阿川。　　　　　　　　　　　下腰抓一把。

ʔuɛ³³ thɯ⁵⁵ tsua⁴⁴ ʔa³¹ tshua⁴⁴
弯下　　抓　一　把

13　鱼自好倒阿头摆，　　　　　　　　　卖鱼都把大鱼摆，
　　ɣ̩³⁵ tsɿ⁵⁵ xa³¹ tɔ³² ʔa³¹ tɯ²¹ pe³¹
　　鱼　则　凡　大　一　个　摆

14　雪梨好大阿果加。　　　　　　　　　梨子凡见大的抓。
　　ɕye³⁵li³⁵ xa³¹ tɔ³² ʔa³¹ khɔ³³ tɕa⁴⁴
　　雪梨　　凡　大　一　个　抓

15　卖豆付头保本仍，　　　　　　　　　卖豆腐的他不给，
　　kɯ²¹ tɯ³¹fɣ³¹ tɯ²¹ pɔ³¹ pɯ³¹ zɿ³¹
　　卖　豆腐　　的　他　不　给

16　下五抓阿川。　　　　　　　　　　　下腰抓一把。
　　ʔuɛ³¹ thɯ⁵⁵ tsua⁴⁴ ʔa³¹ tshua⁴⁴
　　弯下　　抓　一　把

17　卖米线头见我格，　　　　　　　　　卖米线的见我怕，
　　kɯ²¹ mi³¹ɕie⁵⁵ tɯ²¹ ke⁴² ŋɔ³¹ kɛ⁵⁵
　　卖　米线　　的　见　我　怕

18　卖油粉头羊我川。　　　　　　　　　卖凉粉的抓给我一把。
　　kɯ²¹ lia⁴²fɯ³¹ tɯ²¹ ja²¹ ŋɔ³¹ tshua⁴⁴
　　卖　凉粉　　的　捧　我　一把

19　气之南瓜利洋芋，　　　　　　　　　茄子南瓜和洋芋，
　　tɕhie⁵⁵tsɿ³³ na⁴²kua³⁵ li⁵⁵ ja⁴²jy⁵⁵
　　茄子　　　南瓜　　和　洋芋

20　阿怎牙支抓。　　　　　　　　　　　凡有的都抓。
　　xa³¹tsɯ³³ ja⁴² tsɿ³³ tsua⁴⁴
　　凡有　　样　的　抓

21　青豆心利讨旺颗，　　　　　　　　　青蚕豆米讨几颗，
　　tɕɛ⁵⁵tɯ³¹ɕi³⁵ li⁵⁵ thu⁵⁵ ua⁵⁵khɔ³³
　　青蚕豆米　　也　讨　几颗

22　韭菜花利讨得川。　　　　　　　　　韭菜花也讨一把。
　　tɕiu³¹tshe⁵⁵xua³³ li⁵⁵ thu⁵⁵ tɯ⁴⁴ tshua⁴⁴
　　韭菜花　　　也　讨　得　一把

23　名叫青蛙抱玉柱，　　　　　　　　　炒个青蛙抱玉柱，
　　miɯ⁴² tɕiɔ⁵⁵ tɕhɯ³³ua³³ pɔ⁵⁵ jy⁵⁵sɣ⁵⁵
　　名　叫　青蛙　　抱　玉柱

24　吃得喷鼻香。　　　　　　　　　　　吃得喷鼻香。
　　jɯ⁴⁴ tɯ⁴⁴ phe⁵⁵pi³⁵ ɕa³³
　　吃　得　喷鼻　　香

25　慈姑头博讨得取，　　　　　　　　　慈姑头也讨几个，

```
            kɤ³⁵tɯ³¹tsɿ³³ li⁵⁵ thu⁵⁵ tɯ⁴⁴ tɕhye³¹
            慈姑      也  讨   得  些许
```

26 干腌菜利羊得川。   干腌菜也抓一把。
```
    ka³⁵kɤ⁵⁵tshɯ³¹ li⁵⁵ ja²¹ tɯ⁴⁴ tshua⁴⁴
    干腌菜         也  捧  得   把
```

27 回去慈姑炒腌菜,   回去慈姑炒腌菜,
```
    ja⁴⁴khɤ³¹ tshi⁴²ku³³ tshɔ³¹ kɤ⁵⁵tshɯ³¹
    回去      慈姑       炒    腌菜
```

28 吃光棍生怕。   吃光棍菜汤。
```
    jɯ⁴⁴ kua³³kui⁵⁵ xɛ⁵⁵pha⁴⁴
    吃   光棍      菜汤
```

29 萝卜利讨得旺颗,   萝卜讨几个,
```
    tshɯ³¹kua³⁵ li⁵⁵ thu⁵⁵ tɯ⁴⁴ ua⁵⁵ khɔ³³
    萝卜        也  讨   得   几  个
```

30 次姑头博利羊川。   慈姑头也抓一把。
```
    ŋɛ²¹tɯ³¹pa⁴² li⁵⁵ ja²¹ tshua⁴⁴
    豆角        也   抓   一把
```

31 名叫乌龟碰照壁,   炒个乌龟碰照壁,
```
    miɯ⁴² tɕiɔ⁵⁵ u³³kui³³ phɯ⁵⁵ tsɔ⁵⁵pi³⁵
    名    叫    乌龟     碰    照壁
```

32 吃新鲜生怕。   吃新鲜菜肴。
```
    jɯ⁴⁴ se⁵⁵sua⁴⁴ xɛ⁵⁵pha⁴⁴
    吃   新鲜     菜
```

33 洋芋芋头讨得取,   洋芋芋头讨几个,
```
    ja⁴²jy⁵⁵ jy⁵⁵thou³³ thu⁵⁵ tɯ⁴⁴ tɕhye³¹
    洋芋    芋头       讨   得   些许
```

34 脚把薯利讨得光。   脚板薯也讨一根。
```
    tɕu³⁵pa²tshe⁵⁵ li⁵⁵ thu⁵⁵ tɯ⁴⁴ kua⁴⁴
    脚板薯         也   讨   得   一根
```

35 洋芋芋头脚把薯,   洋芋芋头脚板薯,
```
    ja⁴²jy⁵⁵ jy⁵⁵tou³³ tɕu³⁵pa³¹tshe⁵⁵
    洋芋    芋头      脚板薯
```

36 煮自杂锅汤。   煮成杂锅汤。
```
    tsɤ³³ tsɿ⁵⁵ tsa³⁵kuo³³tha³³
    煮   成    杂锅汤
```

37 干保提自阿提闹,   讨着东西装提罗,
```
    ka⁴⁴ pɔ³¹ ti⁵⁵ tsɿ⁵⁵ ʔa³¹ thi⁵⁵nɔ³⁵
    把   它   提   成    一   提罗
```

38 季子我自喜欢香。   季子我看多欢喜。

tɕi⁵⁵tsɿ³¹ ŋo³¹ tsɿ⁵⁵ ɕi³¹xua³⁵ ɕa⁴⁴
季子　我　则　欢喜　死

39　叫花子有三年运，　　　　　　　　叫花子有三年运，
　　tɕiɔ⁵⁵xua³³tsɿ³¹ tsɯ³³ sa³³nie⁴² jye⁵⁵
　　叫花子　　　有　三年　运

40　做饱才回家。　　　　　　　　　　做够才回家。
　　tsɿ⁵⁵pu³³ tse⁴² xui⁴²tɕa³³
　　做够　　再　回家

41　我自抬头应干汉，　　　　　　　　我抬起头看一看，
　　ŋɔ³¹ tsɿ⁵⁵ the⁴²thou⁴² jɯ³⁵ ka⁴⁴xa⁵⁵
　　我　则　抬头　　来　看看

42　汉得太阳落西山。　　　　　　　　看见太阳落西山。
　　xa⁵⁵tɯ⁴⁴ ȵi⁴⁴phie³¹ luo³⁵ ɕi³³se³³
　　看见　　太阳　　落　西山

43　弟格数香伙等我，　　　　　　　　只怕烧香人等我，
　　ti³¹kɛ³⁵ su⁵⁵ɕiɔ³³xuo³³ tɯ³³ ŋɔ³¹
　　只怕　烧香人　　等　我

44　急速要回家。　　　　　　　　　　急速赶回家。
　　tɕi⁴²tsua⁴² jɔ⁵⁵ xui⁴²tɕa³³
　　急速　要　回家

45　季子杯央城隍么，　　　　　　　　季子走到城隍庙，
　　tɕi⁵⁵tsɿ³¹ pe⁴⁴ja³⁵ tshɯ⁴²xua⁴² mɯ⁵⁵
　　季子　走回　城隍　　处

46　敬香人格热闹香。　　　　　　　　敬香人们很热闹。
　　tɕɯ⁴⁴ɕiɔ³⁵ ȵi²¹kɛ³⁵ ʔui⁵⁵ȵi⁴⁴ ɕa⁴⁴
　　敬香　人们　热闹　死

47　干那乳扇猪耳朵，　　　　　　　　干拉乳扇猪耳朵下饭，
　　ka³⁵la³⁵ jɯ³³se⁴² te⁴²ȵɔ³³kua³⁵
　　干拉　乳扇　猪耳朵

48　饭使咽得哈。　　　　　　　　　　这饭吃得香。
　　xɛ⁵⁵ʐɿ³¹ jɯ⁴⁴tɯ⁴⁴ xa⁴⁴
　　饭　吃着　一口

【白】：总算熬过了一夜，今日起来，太阳出来了，待我又再讨饭去——【唱】：

1　季子今日到街坊，　　　　　　　　季子今日到街坊，
　　tɕi⁵⁵tsɿ³¹ ke⁵⁵ȵi⁴⁴ phia⁴⁴ ke³³fa³³
　　季子　今日　到　街坊

2　满口唱的落莲花。　　　　　　　　满口唱着莲花落。
　　tɕye³³mɯ⁵⁵ tsha⁵⁵tɯ⁴⁴ luo³⁵lia⁴²xua³³
　　嘴里　　唱着　落莲花

3　东街吐自罢找我，　　　　　　　　东街有人迎，

$$to^{33}ke^{33}\ no^{33}\ tsɯ^{33}\ pa^{55}\ ji^{21}\ ŋɔ^{31}$$
东街　的　在　他们　找　我

4　西街杯争加。　　　　　　　　　　　西街有人接。
$$ɕi^{33}ke^{33}\ pe^{44}\ tsɯ^{33}\ tɕa^{44}$$
西街　走　有　接

5　格日怎八月十五，　　　　　　　　　今天是八月十五，
$$ke^{55}ȵi^{44}\ tsɯ^{33}\ pa^{35}\ jye^{35}\ sʅ^{35}u^{31}$$
今天　是　八月　十五

6　杂街人格热闹香。　　　　　　　　　整街人们很热闹。
$$za^{35}tsʅ^{33}\ ȵi^{31}kɛ^{35}\ ueʔ^{55}ȵi^{33}\ ɕa^{44}$$
整街　人　热闹　死

7　男男女女多热闹，　　　　　　　　　男男女女很拥挤，
$$na^{42}na^{42}\ nɣ^{31}nɣ^{31}\ tuo^{33}\ zɯ^{35}nɔ^{55}$$
男男　女女　多　热闹

8　自五鲁相拉。　　　　　　　　　　　挤的唔鲁吓拉。
$$tsʅ^{55}\ u^{31}lu^{31}\ ɕa^{44}la^{44}$$
则　唔鲁　吓拉

9　怎吐卖雪梨桃果，　　　　　　　　　街上卖梨子桃子，
$$tsʅ^{33}\ nɔ^{33}\ kɯ^{21}\ ɕye^{55}li^{55}\ ta^{21}xɯ^{33}$$
街　上　卖　雪梨　桃李

10　怎吐卖赏月粑粑，　　　　　　　　街上在卖赏月粑粑，
$$tsʅ^{33}\ nɔ^{33}\ kɯ^{21}\ sa^{31}jye^{35}\ pa^{33}pa^{33}$$
街　上　卖　赏月　粑粑

11　怎吐卖鱼利卖肉，　　　　　　　　街上卖鱼卖肉，
$$tsʅ^{33}\ nɔ^{33}\ kɯ^{21}ɣ^{35}\ li^{55}\ kɯ^{21}kɛ^{21}$$
街　上　卖鱼　和　卖肉

12　大家伙喜欢。　　　　　　　　　　大家伙喜欢。
$$xa^{31}tsʅ^{33}ȵi^{31}\ ɕi^{31}xua^{35}$$
凡是人　喜欢

八、乞丐偶遇兄长　兄弟阔别省亲

【诗】：永镇乾坤第一功，
　　　　弟兄二人受皇封。
　　　　弟兄封侯王老爷，
　　　　敬得孝而难敬忠。

中林【白】：本帅想来，今日八月十五，父亲高寿是期，兄弟觉得，请个戏班子来，摇祝一番。常将军！你去请个戏班子来。

将军【白】：哎。王爷在上，年逢兵荒马乱，哪有戏班子。街上只有个唱莲花落的，果然唱得好，可否请他来唱唱？

中林【白】：好。那你快快把他请来！一路来得快，啊呀，这个叫花子，满街叫唱卖，也好听，我把他叫来：哎哎哎——叫花子，恭喜！恭喜！

季子【白】：有什么恭喜的。我光棍一条，无钱，下贱，有什么恭喜场！

将军【白】：今日是大老爷的父亲高寿之期，请你进衙门唱莲花落，会有重赏。

季子【白】：好啊，将军带我走呐——【唱】：

1　　将军杯等我杯后，　　　　　　　　　　将军走前我走后，
　　　tɕa³³tɕye³³ pe⁴⁴ tuɯ²¹ ŋɔ³¹ pe⁴⁴ ɣɯ³³
　　　将军　　走前　我　走后

2　　我同将军进衙门。　　　　　　　　　　我同将军进衙门。
　　　ŋɔ³¹ kou⁵⁵ tɕa³³tɕye³³ ɣɛ²¹ ja⁴²muɯ⁴²
　　　我　同　　将军　　去　衙门

3　　提肯我吐土门来，　　　　　　　　　　提起我的破土锅，
　　　thi⁵⁵khɯ³³ ŋɯ⁵⁵nɔ³³ thu³³muɯ²¹ jɯ³⁵
　　　提起　　　我的　　土锅

4　　打狗棍抬肯。　　　　　　　　　　　　还拿打狗棍。
　　　tɛ⁴⁴khua³³kua⁴² ta³⁵khɯ³³
　　　打狗棍　　　　抬起

5　　嘴里唱着莲花落，　　　　　　　　　　嘴里唱着莲花落，
　　　tɕye³³muɯ⁵⁵ tsha⁵⁵khɯ³³ lie⁴²xua³³ luo³⁵
　　　嘴里　　　唱起　　　莲花落

6　　把我烂草席背起。　　　　　　　　　　把我烂草席背起。
　　　ka⁴⁴ ŋɯ⁵⁵ la⁵⁵ xi³⁵se³³ jɛ⁴²khɯ³³
　　　把　我　烂　草席　　背起

7　　转个弯来打个拐，　　　　　　　　　　转个弯来打个拐，
　　　tsue³¹ kuo⁵⁵ uɛ³³ le⁴² ta³¹ kuo⁵⁵ kuɛ³¹
　　　转　个　弯　来　打　个　拐

8　　来到大衙门。　　　　　　　　　　　　来到大衙门。
　　　jɯ³⁵phia⁴⁴ tɔ³² ja⁴²muɯ⁴²
　　　来到　　大　衙门

将军【白】：这格小唱，请你把东西放在这里吧。

季子【白】：这土锅是我的家当，这席子是我的铺盖，这棍子是我的护身武器，要是打失一样，叫我哪里去找？

将军【白】：放心，只管进去。来来来，快给王爷叩头。

中林【白】：赦你无罪。有何调子，只管唱来。

季子【白】：请老爷听个莲花落——【莲花落】：一进门来是天井，上面盖的琉璃瓦。门前一对石狮子，下铺八宝砖。后面有个百花园，风花雪月好风光。抬头看见花无数，真是花上花。侯官王爷上面坐，油灯蜡烛亮堂堂。今日是太爷寿诞，小唱我——祝万寿无疆！

（上下连不起，疑缺页）

左边一撇不成字，右加一撇变成人，人字头上加两点，加成火字害万民，火字底下加个口，加成谷字养万民，谷字头上加宝盖，加成容字护万民。【白】：老爷，没有了。

中林【白】：哎，再唱别的来，多给你赏赐。

季子【白】：还有一点花谱调。【唱莲花落】：

莲的莲花落，落的落莲花。东街串到西街去，南街串到北街坊。今日我唱莲花落，唱的落莲花。东园有朵冬瓜花，南园有朵南瓜花，西园有朵北风花，北园有朵北瓜花。春季春游芳草地，报春花开十里香。和尚帽子通一眼，那朵名叫芙蓉花。夏季要赏绿荷池，绿柳荫浓好乘凉。两个姑娘睡一头，那朵名叫金银花。秋季秋饮黄花酒，桂花开时十里香。冬季冬吟白雪诗，梅花开时面风霜。洞宾睡在石岩上，那朵名叫水仙花。两个医生讲脉络，那朵名叫芍药花。两个老牛在顶架，那朵名叫豆角花。七岁姑娘生一子，那朵名叫枣子花。一个婆娘偏看人，那朵名叫蚕豆花。儿子打断老子腿，那朵名叫茄子花。夫妻同床各盖被，那朵名叫百合花。冬瓜花，南瓜花，西瓜花来北瓜花。凤尾花，玉兰花，芍药花配牡丹花。红梅花，绿梅花，花哩花糊花上花。【白】：老爷，花谱唱完了，别的没有了。

中林【白】：再唱一调，多给你几文。

季子【白】：好。那我就唱唱我自己的家谱！

中林【白】：老爷请听呐——【唱】：

1 不唱家谱心不伤，　　　　　　　　　　　　不唱家谱心不伤，
   pu³⁵ tsha⁵⁵ tɕa³³phu³¹ɕɯ³³ pu³⁵ sa³³
   不   唱   家谱   心 不 伤

2 一唱家谱我心伤。　　　　　　　　　　　　一唱家谱我心伤。
   ji³⁵ tsha⁵⁵ tɕa³³phu³¹ ŋɔ³¹ ɕɯ³³ sa³³
   一   唱   家谱   我的 心 伤

3 体起我叫苦情斗，　　　　　　　　　　　　提起我的苦情话，
   thi⁵⁵khɯ³³ ŋɯ⁵⁵nɔ³³ khu³¹tɕɛ²¹ tuo²¹
   提起   我的   苦情   话

4 心闷小刀插。　　　　　　　　　　　　　　心像小刀插。
   ɕi³⁵mɯ⁵⁵ se³¹ta⁵⁵ tsha⁴⁴
   心里   小刀   插

5 家住山东立城县，　　　　　　　　　　　　家住山东立城县，
   tɕa³³ tsʐ⁵⁵ se³³to³³ li³⁵tshɯ⁴²ɕie⁵⁵
   家   住   山东   立城县

6 隔城五里兰家庄。　　　　　　　　　　　　隔城五里兰家庄。
   kɛ⁴⁴ tsʅ²¹ ŋɤ³³ li³³ la⁴²tɕa³³tsua³³
   隔   城   五 里 兰家庄

7 父亲名叫兰芳草，　　　　　　　　　　　　父亲名叫兰芳草，
   fɤ⁵⁵tɕhu³³ miɛ³⁵ ʔɯ⁵⁵ la⁴²fa³³tshɔ³¹
   父亲   名   叫   兰芳草

8 乔氏配与他。　　　　　　　　　　　　　　乔氏配与他。
   tɕhio⁴²sʅ⁵⁵ pe⁵⁵ jy³¹ tha⁵⁵
   乔氏   配 与 他

9 大哥名叫兰中林，　　　　　　　　　　　　大哥名叫兰中林，

ta⁵⁵kɔ³³ miɛ³⁵ ʔɯ⁵⁵ la⁴²tso³³liɯ⁴²
大哥　名　叫　兰中林

10　王氏夫人配与他。　　　　　　　　　王氏夫人配与他。
　　ua⁴²sʅ⁵⁵ fy³³zɯ⁴² phe⁵⁵ jy³¹ tha³³
　　王氏　夫人　　配　与　他

11　二哥名叫兰中秀，　　　　　　　　　二哥名叫兰中秀，
　　e⁵⁵kɔ³³ miɛ³⁵ ʔɯ⁵⁵ la⁴²tso³³ɕiu⁵⁵
　　二哥　名　叫　兰中秀

12　还未配成双。　　　　　　　　　　　还未配成双。
　　xe⁴² ve⁵⁵ phe⁵⁵ tshɯ⁴² sua³³
　　还　未　配　成　双

常将军【白】：你这个狗东西！侯王爷的名字你敢提！给你一脚！
季子【白】：啊哟哟！不唱了，你们一样不给，只给我一个"元宵"，叫我吃不下。
中林【白】：常将军，你不要打他，叫他唱下去。
常将军【白】：你唱下去，重重有赏！
季子【白】：哎呀，你们听着——【唱】：

1　小唱名叫兰季子，　　　　　　　　　小唱名叫兰季子，
　　ɕio³¹tsha⁵⁵ miɛ³⁵ ʔɯ⁵⁵ la⁴²tɕi⁵⁵tsʅ³¹
　　小唱　名　叫　兰季子

2　好汉无钱做叫花。　　　　　　　　　好汉无钱是叫花。
　　xɔ³¹xa⁵⁵ vy⁴²tɕhie⁵⁵ tsʅ⁵⁵ tɕio⁵⁵xua³³
　　好汉　无钱　做　叫花

3　今天也是爹寿诞，　　　　　　　　　今日也是爹寿诞，
　　ke⁵⁵ɲi⁴⁴ li⁵⁵ tsɯ³³ tie³³ sou⁵⁵ta⁵⁵
　　今日　也　是　爹　寿诞

4　我也忘记他。　　　　　　　　　　　我也忘记它。
　　ŋɔ³¹ li⁵⁵ va⁴²tɕi⁵⁵ tha³³
　　我　也　忘记　它

5　大哥二哥当兵号，　　　　　　　　　大哥二哥去当兵，
　　ta⁵kɔ³³ e⁵⁵kɔ³³ ta³⁵ky³⁵ xɔ⁵⁵
　　大哥　二哥　当兵　了

6　我和爹爹在东庄。　　　　　　　　　我和爹爹在东庄。
　　ŋɔ³¹ kuo⁵⁵ tie³¹tie³³ ky⁴² to³³tsua³³
　　我　和　爹爹　在　东庄

7　我母乔氏没良心，　　　　　　　　　我嬷乔氏没良心，
　　ŋɯ⁵⁵mɔ³³ tɕhio⁴²sʅ⁵⁵ mu³³ nia⁵⁵ɕɯ⁵⁵
　　我嬷　乔氏　没　良心

8　生我初受难。　　　　　　　　　　　让阿嫂受难。
　　sɯ³³ ŋɯ⁵⁵tshu³³ so⁴⁴na⁴⁴
　　让　我嫂　受难

9	打发我初杯磨面，	打发阿嫂去磨面，
	tɛ⁴⁴fɛ⁴⁴ ŋɯ⁵⁵tshu³³ pe⁴⁴ ue⁴²mi⁴²	
	打发 我嫂 走 磨面	
10	我母要干保送相。	我嫫要把她烧死。
	ŋɯ⁵⁵mɔ³³ nɔ³³ ka⁴⁴ pɔ³¹ su⁵⁵ ɕa⁴⁴	
	我嫫 要 把 她 烧 死	
11	保干磨房送肯应，	我嫫把磨房烧起，
	pɔ³¹ ka⁴⁴ mo⁵⁵fa⁴² su⁵⁵khɯ³³ jɯ³⁵	
	她 把 磨房 烧起 来	
12	头吐把油加。	还再加壶油。
	tɯ²¹nɔ³³ ka⁴⁴ jou⁴² tɕa³³	
	头上 把 油 加	
13	季子阿时听得号，	季子一时听见后，
	tɕi⁵⁵tsʅ³¹ ʔa³¹tsʅ²¹ tɕhe³⁵tɯ⁴⁴ xɔ⁵⁵	
	季子 一时 听见 了	
14	杯时干我初救叭。	过去磨房见阿嫂。
	pe⁴⁴tsʅ²¹ ka⁴⁴ ŋɯ⁵⁵tshu³³ kɯ⁴² phia⁴⁴	
	走去 把 我嫂 救到	
15	我干我初救期应，	把我阿嫂救出去，
	ŋɔ³¹ ka⁴⁴ ŋɯ⁵⁵tshu³³ kɯ⁴²tɕhi⁴⁴ jɯ³⁵	
	我 把 我嫂 救出 来	
16	躲期磨房外。	躲在磨房外。
	pia⁴⁴khɯ³³ mo⁵⁵fa⁴² ua⁴⁴	
	躲起 磨房 外	
17	季子回到家中去，	季子又回到家里，
	tɕi⁵⁵tsʅ³¹ ja⁴⁴khɣ³¹ phia⁴⁴ xɔ³¹tɣ⁵	
	季子 回家 到 家里	
18	骂得乔氏脸无光。	骂得阿嫫脸无光。
	ma⁵⁵ tɯ³⁵ tɕhiɔ⁴²sʅ⁵⁵ nie³¹ vɣ⁴²kua³³	
	骂 得 乔氏 脸 无光	
19	拿钱席米利捉鸡，	拿钱拿米又捉鸡，
	ne⁴⁴ tɕie⁵⁵ɕi³⁵ me³³ li⁵⁵ kɛ⁴² ke³⁵	
	拿 钱吊 米 又 捉鸡	
20	生初而西庄。	让我阿嫂去西庄。
	sɯ³³ tshu³³ ŋɛ²¹ ɕi³³tsua³³	
	让 嫂 去 西庄	
21	我初王氏杀鸡头，	阿嫂要把鸡杀了，
	ŋɯ⁵⁵tshu³³ ua⁴²sʅ⁵⁵ ɕa⁴⁴ke³⁵tɯ²¹	
	我嫂 王氏 杀鸡	
22	季子我本由保杀。	季子不给阿嫂杀，

tɕi⁵⁵tsʅ³¹ ŋɔ³¹ pɯ³¹ sɯ³³ pɔ³¹ ɕa⁴⁴
季子 我 不 给 她 杀

23 弟嫂二人多拘礼,　　　　　　　　　　弟嫂二人不相让,
ti⁵⁵sɔ³¹ kuo³³the³³ tɕy⁵⁵khɯ³³ jɯ³⁵
弟嫂 二人 拘起 来

24 鸡血染汗衫。　　　　　　　　　　　　鸡血溅到我汗衫。
ke⁵⁵sua⁴⁴ ua³¹ xa⁵⁵se³³
鸡血 染 汗衫

25 我干衣扣脱下应,　　　　　　　　　　我把汗衫脱了后,
ŋɔ³¹ ka⁴⁴ ji³⁵kou⁵⁵ thuo⁴⁴thɯ⁵⁵ jɯ³⁵
我 把 汗衫 脱下 来

26 杯期门外找习光。　　　　　　　　　　出去门外找烧柴。
pe⁴⁴tɕhi⁴⁴ me²¹ua⁴⁴ ji²¹ ɕi³⁵kua⁴⁴
走出 门外 找 柴

27 门外遇着兵马过,　　　　　　　　　　不料门口遇着兵马过,
me²¹ua⁴⁴ jy⁴⁴tɯ⁴⁴ piɯ³³ma³¹ kuo⁵⁵
门口 遇着 兵马 过

28 生捉我杯轿夫当。　　　　　　　　　　生拉活扯当轿夫。
xɛ³⁵ kɛ⁴⁴ ŋɔ³¹ pe⁴⁴ tɕiɔ⁵⁵fɣ³³ ta³³
生 捉 我 走 轿夫 当

29 山东杯到云南地,　　　　　　　　　　山东走到云南地,
se³³to³³ pe⁴⁴phia⁴⁴ jye⁴²na⁴² ti⁵⁵
山东 走到 云南地

30 过多少地方。　　　　　　　　　　　　过了许多地方。
kuo⁵⁵ tɕi³⁵ɕiɔ³³ ti⁵⁵fa³³
过了 许多 地方

31 工钱我吐本乃给,　　　　　　　　　　一路工钱不给我,
ɣɯ⁴²kɛ⁴² ŋɯ⁵⁵ nɔ³³ pɯ³¹ ne⁴⁴ zʅ³¹
工钱 我 上 不 拿 给

32 季子回不得家乡。　　　　　　　　　　季子回不了家乡。
tɕi⁵⁵tsʅ³¹ ja⁴⁴khɣ³¹ xɔ³¹tɣ⁵⁵ tuɔ³²
季子 回去 家 不得

33 流落大理讨生使,　　　　　　　　　　流落大理去讨饭,
liu⁴²luo³⁵ ta⁵⁵li³¹ thu⁵⁵ xɛ⁵⁵zʅ³¹
流落 大理 讨 饭

34 委很流期血。　　　　　　　　　　　　伤心泪流血。
ue³³ xɯ³¹ kɯ²¹tɕhi⁴⁴ sua⁴⁴
眼里 流出 血

35 住在南门城隍庙,　　　　　　　　　　住在南门城隍庙,

ky⁴²ke²¹ na⁴²mu⁴² tshɯ⁴²xua³⁵miɔ⁵⁵
住在　　南门　　　城隍庙

36　长街讨饭过时光。　　　　　　　　　　　长街讨饭度时光。
tsha⁴²ke³³ thɔ³¹fa⁵⁵ kuo⁵⁵ sɿ⁴²kua³³
长街　　　讨饭　　度　　时光

37　季子落得井冷井，　　　　　　　　　　　季子落得这境地，
tɕi⁵⁵tsɿ³¹ lu³⁵tɯ³⁵ tɕɯ³¹ lɯ³¹ tɕɯ³¹
季子　　　落得　　境　　这　　境

38　真叫人凄惨。　　　　　　　　　　　　　真让人悲伤。
tsɯ³³ tɕɔ⁵⁵zɯ⁴² tɕhi³³tsha³¹
真　　　叫人　　　凄惨

39　大哥二哥去当兵，　　　　　　　　　　　大哥二哥去当兵，
ta⁵⁵kɔ³³ e⁵⁵ko³³ ŋe²¹ ta³⁵ky³⁵
大哥　　二哥　　去　　当兵

40　一去几年不回家。　　　　　　　　　　　一去几年不回家。
pe⁴⁴ lɔ³² ua⁵⁵sua⁴⁴ pu³⁵ xui⁴²tɕa³³
走　了　　几年　　　不　　回家

41　大哥二哥做大官，　　　　　　　　　　　大哥二哥做大官，
ta⁵⁵kɔ³³ e⁵⁵ko³³ tsɿ⁵⁵ tɔ³²kua³⁵
大哥　　二哥　　做　　大官

42　季子做叫花。　　　　　　　　　　　　　季子做叫花。
tɕi⁵⁵tsɿ³¹ tsɿ⁵⁵ tɕiɔ⁵⁵xua³³
季子　　　做　　叫花

43　我找我哥找本得，　　　　　　　　　　　我找大哥找不着，
ŋɔ³¹ ji²¹ ŋɯ⁵⁵kɔ³³ ji²¹ pɯ³¹ tɯ⁴⁴
我　找　我哥　　找　不　着

44　不知半怎恨岸拉？　　　　　　　　　　　不知他们在哪里？
se³³mu³³ pa⁵⁵tsɯ³³ xɯ⁵⁵ ʔa⁵⁵na⁴⁴
不知　　　他们　　　在　了　哪里

45　英雄好汉讨生使，　　　　　　　　　　　英雄好汉讨饭吃，
jɯ³³ɕio⁴² xɔ³¹xa⁵⁵ thu⁵⁵ xɛ⁵⁵zɿ³¹
英雄　　　好汉　　　讨　　饭

46　不抵守门狗。　　　　　　　　　　　　　不抵守门狗。
pu³⁵ti³¹ sɿ³³me²¹khua³³
不抵　　守门狗

【白】：老爷在上，家谱唱完了。

中林【白】：中林我一听此言，好心酸！这是三弟兰季子啊！我们不认他，他也不敢认我们。待我上前抚慰我三弟的心！

季子【白】：哎哎哎——大爷，老爷，你不要开玩笑了。

中林【白】：千真万确，这是三弟季子。中秀在这里，我们真是你大哥二哥啊！

季子【白】：啊啊啊——这是我的大哥哥啊！
常将军【白】：天下竟有这等凑巧之事啊！
中林【唱】：

1   中林我大哭一声，   中林我大哭一声，
       tso^{33}liɯ^{42} ŋɔ^{31} ta^{55}khu^{35} ji^{35}sɯ^{33}
       中林   我   大哭   一声

2   汉得我胎我伤心。   看见弟弟好伤心。
       xa^{55}tɯ^{44} ŋɯ^{55}the^{33} ŋɔ^{31} sa^{33}ɕɯ^{33}
       看见   我弟   我   伤心

3   我干我胎汉得没，   我没有照顾好弟弟，
       ŋɔ^{31} ka^{44} ŋɯ^{55}the^{33} xa^{55}tɯ^{44} mu^{33}
       我   把   我弟   照顾   没有

4   阿胎要气肯。   阿弟别生气。
       ʔa^{31}the^{33} nɔ^{33} tɕhi^{44}khɯ^{33}
       阿弟   不要   生气

中秀【唱】：

1   中秀我哭咋阿胎，   中秀我哭我弟弟，
       tso^{33}ɕoi^{55} ŋɔ^{31} khɔ^{44} tsɔ^{42} ʔa^{31}the^{33}
       中秀   我   哭着   阿弟

2   阿胎自闷冷叭委。   弟弟怎么到这里。
       ʔa^{31}the^{33} tsɿ^{55}mɯ^{55} phia^{44} lɯ^{31}ʔui^{33}
       阿弟   怎么   到   这里

3   阿胎流落讨生使，   阿弟流落去讨饭，
       ʔa^{31}the^{33} liu^{42}luo^{35} thu^{55} xɛ^{55}ʐɿ^{31}
       阿弟   流落   讨   饭

4   真叫人伤心。   真让人伤心。
       tsɯ^{33} tɕiɔ^{55} zɯ^{42} sa^{33}ɕɯ^{33}
       真   叫   人   伤心

5   从头一二说给我，   从头一一说给我，
       tsho^{42}thou^{42} ji^{35}ji^{35} sua^{44} sɯ^{31} ŋɔ^{31}
       从头   一一   说   给   我

6   好东父母生利死？   家里爹妈是活还是死？
       xɔ^{31}tɤ^{55} ti^{33}mɔ^{33} xɛ^{55} tsɔ^{42} ɕi^{33}
       家里   爹妈   生   或   死

7   为舍来吐叭岸当？   为什么来到这里？
       ui^{44}se^{31}le^{31} nɔ^{33} phia^{44} ʔa^{55}ta^{44}
       为什么   的   到   这里

8   三会怎冷委？   相会在这里？
       sa^{55}xui^{44} tsɯ^{33} lɯ^{31}ʔui^{33}
       相会   在   这里

9   干偢苦情唱期因，   把你苦情唱出来，
     ka⁴⁴ nɯ⁵⁵ khu³¹tɕɛ²¹ tsha⁵⁵tɕhi⁴⁴ jɯ³⁵
     把   你的   苦情   唱出   来

10   本发事物出冷堆。   不该的事情出这堆。
     pɯ³¹ fa³⁵ sŋ³¹vɤ³³ tshɤ⁴⁴ lɯ³¹ tse³³
     不   发   事情   出   这   堆

11   乔氏阿母没良心，   乔氏阿嫫没良心，
     tɕhiɔ⁴²sŋ⁵⁵ ʔa³¹mo³³ mu³³lia⁵⁵ɕɯ⁵⁵
     乔氏   阿嫫   没良心

12   害叭自冷日。   害到这一天。
     xe⁴⁴ phia⁴⁴ tsŋ⁵⁵ lɯ³¹ni⁴⁴
     害   到   则   这一天

13   自从哥半杯期因，   自从哥哥走出去，
     tsŋ⁵⁵tsho⁴² kɔ³³ pa⁵⁵ pe⁴⁴tɕhi⁴⁴ jɯ³⁵
     自从   哥   他们 走出   来

14   兄弟二人去投军。   兄弟二人去从军。
     jɔ⁵⁵the³³ kɔ³³ȵi²¹ tɕhy⁵⁵ thou⁴²jye³³
     兄弟   二人   去   投军

15   山东打到云南地，   山东来到云南地，
     se³³to³³ tɛ⁴⁴phia⁴⁴ jye⁴²na⁴²ti⁵⁵
     山东   来到   云南地

16   费恨多少气。   费了多少力气。
     fe⁴⁴ tshɯ⁵⁵ tɕi³⁵ɕiɔ³³ tɕhi⁴⁴
     费   了   多少   气

17   白王有白鹤公主，   白王有个白鹤公主，
     pɯ³⁵ua⁴² tsɯ³³ pɯ³⁵xɔ³⁵ kɔ³³tsu³¹
     白王   有   白鹤   公主

18   公主扎在玉龙关。   领兵扎营玉龙关。
     kɔ³³tsu³¹ tsa⁵⁵ tsŋ⁵⁵ jy⁵⁵lo⁴²kue³³
     公主   扎   在   玉龙关

19   三把飞刀随身带，   三把飞刀随身带，
     sa³³ pa³¹ fe³³tɔ³³ sui⁴²sɯ³³ te⁵⁵
     三   把   飞刀   随身   带

20   如仙女一般。   如仙女一般。
     zu⁴² tɕie³³nɤ³¹ ji³⁵pa³³
     如   仙女   一般

21   弟兄住扎孔明庙，   兄弟扎营孔明庙，
     ti⁵⁵ɕio³³ tsɤ⁵⁵tsa³⁵ kho³¹miɯ⁴²miɔ⁵⁵
     兄弟   驻扎   孔明庙

22   一时靠神来指点。   幸运神灵来指点。

ji³⁵sʅ⁴² khɔ⁵⁵ suɯ⁴²liɯ⁴² tsʅ³¹tie³¹
幸运 靠 神灵 指点

23 赐予我三把宝剑，
tshʅ⁵⁵ jy³¹ ŋɔ³¹ sa³³ pa³¹ pɔ³¹tɕie⁵⁵
赐予 我 三 把 宝剑

24 把她飞刀追。
ka⁴⁴ puɯ⁵⁵ fe³³tɔ³³ tsui³³
把 她 飞刀 追

25 兵马发叭天生桥，
piɯ³³ma³¹ fa³⁵ phia⁴⁴ thie³³suɯ³³tɕiɔ⁴²
兵马 发到 天生桥

26 上羊大岩石吐杯。
sa³⁵ja⁴² tɔ³²ʔe⁴²sʅ³⁵ nɔ³³ pe⁴⁴
从 大岩石 上 走

27 弟兄自三股进发，
ti⁵⁵ɕio³³ tsʅ⁵⁵ sa³³ ku³¹ tɕɯ⁵⁵fa³⁵
弟兄 就 三股 进发

28 才打到下关。
tshe⁴² tɛ⁴⁴ phia⁴⁴ ɕa⁵⁵kue³³
才 打 到 下关

29 白王笨吐兵马自，
puɯ³⁵ua⁴² puɯ⁵⁵ nɔ³³ piɯ³³ma³¹ tsʅ⁵⁵
白王 他 的 兵马 则

30 手下兵马万万千。
sou³¹ɕa⁵⁵ piɯ³³ma³¹ va⁵⁵va⁵⁵tɕhie³³
手下 兵马 万万千

31 兵也强来马也壮，
piɯ³³ je³¹ tɕhia⁴² le⁴² ma³¹ je³⁵ tsua⁵⁵
兵 也 强 来 马 也 壮

32 真实红上天。[1]
tsuɯ³³sʅ⁵⁵ xo⁴² sa⁵⁵thie³³
真是 红 上天

33 那时我自无主意，
puɯ⁵⁵tsʅ²¹ ŋɔ³¹ tsʅ⁵⁵ tsu³¹ji³⁵ mu³³
那时 我 则 无主意

34 兵马发叭漾濞山。
piɯ³¹ma³¹ fa³⁵ phia⁴⁴ ja⁵⁵pi³⁵se³³
兵马 发到 漾濞山

---

[1] 红[xo⁴²]: 感叹词，逞强、逞能之意。

35　　由恨苍山打下因，　　　　　　　　　　　从苍山后面打过来，
　　　sa³⁵xɯ⁵⁵ tsha⁵⁵se⁵⁵ tɛ⁴²thɯ⁵⁵ jɯ³⁵
　　　从了　　苍山　　打下　　来

36　　羊角点煤火。[1]　　　　　　　　　　　羊角上拴火把。
　　　jou²¹kɤ⁴⁴ ke³¹ me⁵⁵xui³³
　　　羊角　　点　　明子火

37　　后来常进凯归顺，【换韵】　　　　　　后来常进凯归顺，
　　　ɣɯ³³nɔ³³ tsha⁴²tɕɯ⁵⁵ke³¹ kui³³sui⁵⁵
　　　后来　　常进凯　　　　归顺

38　　收复了白鹤姑娘，　　　　　　　　　　收复了白鹤公主。
　　　sɯ⁵⁵sɿ⁴⁴ lɔ³² pɯ³⁵xuo³⁵ ku³³nia³³
　　　收拾　了　白鹤　　　公主

39　　白王兵败如山倒，　　　　　　　　　　白王兵败如山倒，
　　　pɯ³⁵ua⁴² piɯ³³pe⁵⁵ zu⁴² se³³ tɔ³¹
　　　白王　　兵败　　　如　山　倒

40　　杀叭西门外。　　　　　　　　　　　　杀到西门外。
　　　ɕa⁴⁴ phia⁴⁴ se⁵⁵me²¹ua⁴⁴
　　　杀　到　　西门外

41　　白王保逃叭砖窑，　　　　　　　　　　白王逃到砖窑村，
　　　pɯ³⁵ua⁴² pɔ³¹ mu²¹ phia⁴⁴ tsue³³jɔ⁴²
　　　白王　　他　逃　到　　砖窑

42　　保躲到那桥底下。　　　　　　　　　　躲到那里桥底下。
　　　pɔ³¹ pia⁴⁴ phia⁴⁴ na⁵⁵ tɕhiɔ⁴²ti³¹ɕa⁵⁵
　　　他　躲　到　　那　桥底下

43　　我马由恨桥吐过，　　　　　　　　　　我的马从桥上过，
　　　ŋɯ⁵⁵ mɛ³³ sa³⁵ xɯ⁵⁵ ku²¹ nɔ³³ kuo³²
　　　我的马　从　了　桥　上　过

44　　马过桥没三。　　　　　　　　　　　　不见白王踪影。
　　　me³³ kuo³²ku²¹ mu³³ sa³³
　　　马　过桥　　没　了

45　　弟兄下马而寻找，　　　　　　　　　　兄弟下马去寻找，
　　　ti⁵⁵ɕiɔ³³ ɕa⁵⁵ma³¹ ŋɛ²¹ ɕye⁴²tsɔ³¹
　　　兄弟　　下马　　去　寻找

46　　找着白王怎桥下。　　　　　　　　　　看见白王在桥下。
　　　ji²¹tu⁴⁴ pɯ³⁵ua⁴² tɕhiɔ⁴²ti³¹ɕa⁵⁵
　　　找看　白王　　　桥底下

---

[1] 羊角点煤火[jou²¹kɤ⁴⁴ ke³¹ me⁵⁵xui³³]：其中的煤火，是训读字，意思是松明子火把。这个字词，实际上是古汉语借词的白语语法构词，古汉语明子称楠，火称燃。这句话的意思来自民间传说的典故。据传，古代一次夜战中，兵力弱的一方，把明子拴在一群山羊的角上，点上火，赶上山，漫山跑。对方以为千军万马追杀过来，落荒而逃。

47	闷干白王收复恨，	这才把白王收复，
	mɯ⁵⁵ ka⁴⁴ pɯ³⁵ua⁴² sɯ⁵⁵sŋ⁴⁴ xɯ⁵⁵	
	才 把 白王 收拾 了	
48	百姓才平安。	百姓得平安。
	pɯ³⁵ɕɯ⁵⁵ tshe⁴² phiɯ⁴²ŋa³³	
	百姓 才 平安	
49	干恨白王收复恨，	杀了白王收复地，
	ka⁴⁴xɯ⁵⁵ pɯ³⁵ua⁴² sɯ⁵⁵sŋ⁴⁴ xɯ⁵⁵	
	杀了 白王 收复 了	
50	杀了祸害万民安。	除了祸害万民安。
	ɕa⁴⁴ lɔ³² xuo⁵⁵xui⁵⁵ va⁵⁵miɯ⁴² ŋa³³	
	除 了 祸害 万民 安	
51	马上表章奏天子，	立即表章奏天子，
	ma³¹sa⁵⁵ niɔ³¹tsa³³ tsou⁵⁵ thie³³tsŋ³¹	
	立即 表章 奏 天子	
52	唐天子喜欢。	唐天子欢喜。
	tha⁴²thie³³tsŋ³¹ ɕi³¹xua³⁵	
	唐天子 喜欢	

季子【白】：自是大哥、二哥，我要回城隍庙中去了。

中林【白】：这是常将军，快快快，拿出银盆来，叫三王爷洗脸，把箱子打开，拿出衣服，给三王爷换上新衣。

常将军【白】：好！

季子【唱】：

1	季子我自笑本身，	季子这里笑不停，
	tɕi⁵tsŋ³¹ ŋɔ³¹ tsŋ⁵⁵ sɔ³¹ pɯ³¹ sɯ³³	
	季子 我 则 笑 不 停	
2	红衣扣子打补丁。	红衣服上打补丁。
	tshŋ³³ji³⁵khou⁵⁵ nɔ³³ ta³¹ pu³¹tiɯ³³	
	红衣服 上 打 补丁	
3	难为阿哥那自官，	多谢阿哥做大官，
	na⁵⁵ui⁵⁵ ʔa³¹kɔ³³ na⁵⁵ tsŋ⁵⁵kua³⁵	
	多谢 阿哥 你们 大官	
4	衣扣认本得。	不认得衣裳。
	ji³⁵khou⁵⁵ zɯ⁴⁴ pɯ³¹ tɯ⁴⁴	
	衣裳 认 不 得	
5	前面补得阿张张，	前面补着一块块，
	tɕi⁴²mi³⁵ pu³³tɯ⁴⁴ ʔa³¹tsa⁴²tsa⁴²	
	前面 补着 一块块	
6	倒后娘得阿奔奔。	后面缝着一条条。

　　　　　tɔ³¹ɣɯ³³ na⁴⁴tɯ⁴⁴ ʔa³¹pɯ⁴⁴pɯ⁴⁴
　　　　　后面　　纳着　　一条条

7　　长那长子宽那宽，　　　　　　　　又是长来又是宽，
　　　　　tsɔ²¹ tsɿ⁵⁵ tsɔ²¹ tsɿ³³ khua⁴⁴ tsɿ⁵⁵ khua⁴⁴
　　　　　长　则　长　是　宽　　则　宽

8　　和尚袈裟哼。　　　　　　　　　像和尚袈裟。
　　　　　tɔ²¹pɔ³⁵ tɕa³³sa³ xɯ³³
　　　　　和尚　　袈裟　　像

9　　衣冷扣自我穿没，　　　　　　　赏赐衣裳不穿了，
　　　　　ji³⁵ lɯ³¹ khɔ⁵⁵ tsɿ⁵⁵ ŋɔ³¹ ji⁴² mu³³
　　　　　衣　这件　　则　我　穿　不

10　季子干土锅抬起。　　　　　　　我把破土锅拿起。
　　　　　tɕi⁵⁵tsɿ³¹ ka⁴⁴ thu³³mɯ²¹ ta³⁵khɯ³³
　　　　　季子　　把　土锅　　抬起

11　背肯我吐烂邪山，　　　　　　　背上我的烂草席，
　　　　　jɛ⁴²khɯ³³ ŋɯ⁵⁵ nɔ³³ la⁵⁵ tshɔ³¹ɕi³⁵
　　　　　背起　　我　的　烂　草席

12　央城隍闷肯。　　　　　　　　　回城隍庙去吧。
　　　　　ja⁴⁴ tshɯ⁵⁵xua⁵⁵ mɯ⁵⁵ khɯ³³
　　　　　回　城隍　　　处　起

中林【白】：这个三弟，这是做官人的衣裳！

季子【白】：哦，我那穿起。

常将军【白】：这是三王爷的高升纱帽。

季子【白】：这是大哥、二哥。我一来，你们就拿给我这两只角（指官帽），叫我去犁田，我不干！

中林【白】：这个三弟，这是做官人的乌纱帽。

季子【白】：那我就戴起。

常将军【白】：三王爷高升玉带。

季子【白】：大哥、二哥，今日才来到，你就怕我肚子胀破掉，打我土箍（指玉带），我不干！

中林【白】：这不是土箍，是玉带。

季子【白】：好，那我就系起。

常将军【白】：三王爷高升朝鞋。

季子【白】：哎，大哥、二哥，我住在城隍庙中，看见过这鞋，你们怎么把城隍老爷的靴子偷来给我穿？

中林【白】：不要说了，这是做官人的朝靴。

季子【白】：好，那我就穿起。

艺人【白】：看季子穿戴已毕。

中林【白】：快摆酒席上来！

常将军【白】：大王爷请坐！二王爷请坐！

艺人【白】：众人就坐。众人入席。
季子【白】：大哥，这个女人是谁？
中林【白】：这是白鹤公主，与你二哥配为夫妻，成你二嫂。
季子【白】：二嫂，受三弟一拜。
中林【白】不要拘礼。快请。
季子【唱】：

1   大哥二哥留拘礼，   大哥二哥别拘礼，
       ta^{55}kɔ^{33} e^{55}kɔ^{33} miɔ^{44} tɕy^{33} li^{31}
       大哥 二哥   别   拘礼

2   菜怕自闷怎那香？   菜肴为啥那样了？
       tshɯ^{31}sɣ^{55} tsʅ^{55}mɯ^{55} tsu^{33} na^{55} sa^{44}
       菜肴   怎么   有   那 了

3   四冷四热四水果，   四冷四热四水果，
       sʅ^{55}lɯ^{31} sʅ^{55}zɯ^{35} sʅ^{55}sui^{31}kuo^{31}
       四冷   四热   四水果

4   八大碗八巴。   还有八大碗。
       pa^{35}ta^{55}ue^{31} pia^{44} pa^{44}
       八大碗   八 大碗

5   大哥二哥那自坐，【换韵】   大哥二哥你们坐，
       ta^{55}kɔ^{33} e^{55}kɔ^{33} na^{55} tsʅ^{55} kɣ^{42}
       大哥 二哥 你们 则 坐

6   季子我干板凳蹲。   我可以蹲板凳。
       tɕi^{55}tsʅ^{31} ŋɔ^{31} ka^{44} pa^{42}tɯ^{35} tui^{33}
       季子   我 把 板凳 蹲

7   自我叫花蹲山号，   叫花子我蹲惯了，
       tsʅ^{55} ŋɔ^{31} tɕiɔ^{55}xua^{33} tui^{33} se^{44} xɔ^{55}
       做 我 叫花   蹲 惯 了

8   我喜欢自蹲。   喜欢蹲吃饭。
       ŋɔ^{31} ɕi^{31}xua^{35} tsʅ^{55}tui^{33}
       我 喜欢   做蹲

9   因本过冷样几席，【换韵】   没有上过这样席面，
       jɯ^{44} pɯ^{31} kuo^{32} lɯ^{31}ja^{42} ua^{55}ɕi^{55}
       吃 不 过 这样   几席

10   因本过冷样生巴。   没有吃过这样菜肴。
       jɯ^{44} pɯ^{31} kuo^{32} lɯ^{31}ja^{42} xɛ^{55}pha^{44}
       吃 不 过 这样   菜肴

11   夫来利饥渴肯约，   肚子又饿口又渴，
       vɣ^{44}le^{31} li^{55} tɕi^{35}kha^{44} khɯ^{33} jɔ^{35}
       肚子 也 饥渴   起 来

12   我自饿来饿昌。   我可又饿又馋。

ŋɔ³¹ tsη⁵⁵ u⁵⁵lɛ⁴² u⁵⁵tsha⁴⁴
我　则　（又饿又馋）

13　阿哥那汝象牙箸，　　　　　　　　你们可用象牙筷，
　　ʔa³¹kɔ³³ na⁵⁵ zu³¹ ɕa⁵⁵ja⁴²khue⁵⁵
　　阿哥　你们　用　象牙筷

14　季子我汝手来抓。　　　　　　　　季子可用手来抓。
　　tɕi⁵⁵tsη³¹ ŋɔ³¹ zu³¹ sɯ³³ jɯ³⁵ tsua⁴⁴
　　季子　我　用　手　来　抓

15　季子越吃越想吃，　　　　　　　　季子越吃越想吃，
　　tɕi⁵⁵tsη³¹ jye³⁵jɯ⁴⁴ jye³⁵ ɕa³¹ jɯ⁴⁴
　　季子　越吃　越　想　吃

16　两手工朋抓。　　　　　　　　　　两手都来抓。
　　nia³¹sou³¹ kuo³³ phɔ⁴⁴ tsua³³
　　两手　两　只　抓

17　东利抓子西礼抓，　　　　　　　　东也抓来西也抓，
　　tɤ³⁵ li⁵⁵ tsua⁴⁴ tsη⁵⁵ se³⁵ li⁵⁵ tsua⁴⁴
　　东　也　抓　则　西　也　抓

18　南利羊自北里加。　　　　　　　　南也捧北也拿。
　　na²¹ li⁵⁵ ja²¹ tsη⁵⁵ pɯ⁴⁴ li⁵⁵ tɕa⁴⁴
　　南　也　捧　则　北　也　抓

19　敌利踏那自羊因，　　　　　　　　稀里哗啦扫过来，
　　ti⁵⁵li⁵⁵ tha⁵⁵la⁵⁵ tsη⁵⁵ ja²¹ jɯ³⁵
　　稀里　哗啦　则　捧　来

20　自连水带汤。　　　　　　　　　　连水又带汤。
　　tsη⁵⁵ nie⁴²sui³¹ te⁵⁵tha³³
　　则　连水　带汤

21　季子我汝斗剥主，　　　　　　　　季子我用祖先筷，
　　tɕi⁵⁵tsη³¹ ŋɔ³¹ zu³¹ tɔ³⁵pɔ³⁵ tsη³¹
　　季子　我　用　祖宗　筷子

22　抓吐灵便相。　　　　　　　　　　五指抓的很灵活。
　　tsua⁴⁴ nɔ³³ liɯ⁴²pie⁵⁵ ɕa⁴⁴
　　抓　的　灵活　死

23　生怕自满盘满碟，　　　　　　　　菜肴都满盘满碟，
　　xɛ⁵⁵pha⁴⁴ tsη⁵⁵ ma³³phe⁴² ma³³tie³⁵
　　菜肴　则　满盘　满碟

24　咽恨阿巴出阿巴。　　　　　　　　吃了一碗又端出一碗。
　　jɯ⁴⁴ xɯ⁵⁵ ʔa³¹pa⁴⁴ tshɤ⁴⁴ ʔa³¹pa⁴⁴
　　吃　了　一大碗　出　一大碗

25　阿哥那咋咽本完，　　　　　　　　阿哥你们吃不完，

$$ʔa^{31}kɔ^{33}\ na^{55}\ tsɔ^{42}\ jɯ^{44}\ pɯ^{31}\ ue^{42}$$
阿哥　你们是　吃　不　完

26　季子我包干。　　　　　　　　　　　　季子我包干。
$$tɕi^{55}tsʅ^{31}\ ŋo^{31}\ pɔ^{33}ka^{33}$$
季子　我　包干

27　吃饱恨利认本得，　　　　　　　　　　吃饱自己不知道，
$$jɯ^{44}\ pu^{33}\ xɯ^{55}\ li^{55}\ zɯ^{44}\ pɯ^{31}\ tɯ^{44}$$
吃　饱　了　也　认　不　得

28　生怕胜友友因加。　　　　　　　　　　想把菜肴样样吃光。
$$xɛ^{55}pha^{44}\ sʅ^{55}\ jo^{21}jo^{21}\ jɯ^{44}\ tɕa^{44}$$
菜肴　想　样样　吃　尽

29　因恨三六一八倘，　　　　　　　　　　吃了三六一十八，
$$jɯ^{44}xɯ^{55}\ sa^{33}lu^{35}\ ji^{35}pa^{35}\ tha^{33}$$
吃了　三六　一八　汤

30　因恨十八巴。　　　　　　　　　　　　吃了十八碗。
$$jɯ^{44}\ xɯ^{55}\ tsʅ^{42}pia^{44}\ pa^{44}$$
吃了　十八　大碗

31　那干生怕自及号，　　　　　　　　　　你们把菜肴做多了，
$$na^{55}\ ka^{35}\ xɛ^{55}pha^{44}\ tsʅ^{55}\ tɕi^{35}\ xɔ^{55}$$
你们把　菜肴　做　多　掉

32　肉鱼因本完阿张。　　　　　　　　　　肉鱼吃不完很多。
$$kɛ^{21}\ v̩^{35}\ jɯ^{44}\ pɯ^{31}\ lɔ^{32}\ ʔa^{31}\ tsa^{44}$$
肉　鱼　吃　不　完　一　扎

33　一首乃利土门很，　　　　　　　　　　全部放进土锅里，
$$ji^{35}sou^{31}\ ne^{44}ɲi^{44}\ thu^{33}mɯ^{21}\ xɯ^{31}$$
全部　放进　土锅　里

34　煮自杂锅汤。　　　　　　　　　　　　回去煮个杂锅汤。
$$tsv̩^{33}\ tsʅ^{55}\ tsa^{3}kuo^{33}tha^{33}$$
煮　成　杂锅汤

35　季子我叫咋阿哥，【换韵】　　　　　　季子我喊我的哥，
$$tɕi^{55}tsʅ^{31}\ ŋɔ^{31}\ ʔɯ^{55}\ tsɔ^{42}\ ʔa^{31}kɔ^{33}$$
季子　我　喊　着　阿哥

36　酒也醉来饭也饱。　　　　　　　　　　酒也醉了饭也饱。
$$tsʅ^{33}\ li^{55}\ tɕye^{44}\ lɔ^{32}\ fa^{55}\ je^{31}\ pu^{33}$$
酒　也　醉　了　饭　也　饱

37　辞别阿哥我杯号，　　　　　　　　　　辞别阿哥我去了，
$$tshʅ^{42}pie^{35}\ ʔ^{31}kɔ^{33}\ ŋɔ^{31}\ pe^{44}\ lɔ^{32}$$
辞别　阿哥　我　走了

38　杯央城隍吐。　　　　　　　　　　　　回去城隍庙。

pe⁴⁴ja⁴⁴ tshɯ⁴² xua⁴² nɔ³³
走回　城隍　　上

39　那岸当自大官吉，　　　　　　　　你们这里大官多，
na⁵⁵ ʔa⁵⁵ta⁴⁴ tsŋ⁵⁵ tɔ³²kua³⁵ tɕi³⁵
你们　这里　则　大官　多

40　你们这里兵马多。　　　　　　　　你们这里兵马多。
ni³¹mɯ³³ tsŋ⁵⁵li³¹ piɯ³³ma³¹ tuo³³
你们　　这里　　兵马　　多

41　季子从小爱清静，　　　　　　　　季子从小爱清静，
tɕi⁵⁵tsŋ³¹ tsho⁴²ɕiɔ³¹ e⁵⁵ tɕhɯ³³tɕɯ⁵⁵
季子　　从小　爱　清静

42　杯央城隍吐。　　　　　　　　　　回去城隍庙。
pe⁴⁴ja⁴⁴ tshɯ⁴²xua⁴² nɔ³³
走回　城隍　上

43　敬香敬火人格吉，　　　　　　　　虔诚敬香人很多，
tɕɯ⁴⁴ɕiɔ³⁵ tɕɯ⁴⁴xui³³ n̠i²¹kɛ³⁵ tɕi³⁵
敬香　　敬火　　人　多

44　干那乳扇半守我。　　　　　　　　他们给我干拉和乳扇。
ka⁵⁵la⁵⁵ jɯ³³se⁴² pa⁵⁵ sŋ³¹ ŋɔ³¹
干拉　乳扇　他们　给　我

45　阿好欠我则阿碗，　　　　　　　　一家倒给我一碗，
ʔa³¹xɔ³¹ tɕhi³³tsŋ³¹ ŋɔ³¹ ʔa³¹pa⁴⁴
一家　倒给　我　一大碗

46　因利因完多。　　　　　　　　　　吃也吃不完。
jɯ⁴⁴ li⁵ jɯ⁴⁴ lɔ¹² tuo³²
吃　也　吃　了　不得

47　杀恨鸡头灯望力，　　　　　　　　杀了鸡可得几文，
ɕa⁴⁴ xɯ⁵⁵ ke³⁵tɯ²¹ tɯ⁴⁴ ua⁵⁵li⁵⁵
杀　了　鸡　　得　几文

48　猪头壳上杀一刀。　　　　　　　　敬献猪头给一块。
te⁴²tɯ²¹pɔ³¹ nɔ³³ ɕa⁴⁴ ʔa³¹ta⁵⁵
猪头　　上　杀　一块

49　等行哉比自官求，　　　　　　　　这行还比做官好，
lɯ⁴²ɕɯ⁴² tse⁴⁴ pi³⁵ tsŋ⁵⁵kua⁵⁵ tɕhiu⁵⁵
这行　还比　做官　好

50　咋阿哥，那走心我吐。　　　　　　阿哥哟——你们也羡慕。
tsɔ⁴² ʔa³¹kɔ, na⁵⁵ tsɔ⁵⁵ɕi³⁵ ŋɯ⁵⁵ nɔ³³
咋阿哥，　你们羡慕　我的　上

中林【唱】：

1　中林开口叫一声，　　　　　　　　中林开口叫一声，

tso³³liɯ⁴² khɯ⁵⁵tɕye³³ tɕiɔ⁵⁵ ji³⁵sɯ³³
中林　　开口　　叫　一声

2　　叫声三弟你且听。　　　　　　　　　　　　叫声三弟你听着。
ʔɯ²² tsɔ⁴² ʔa³¹the³³ nɔ³¹ tɕhɛ⁵⁵ khɯ³³
叫　说　阿弟　你　听　着

3　　肉胎三人怎头闷，　　　　　　　　　　　兄弟三个在异乡，
ru⁵⁵the³³ sa³⁵ȵi²¹ tsɯ³³ tɯ²¹mɯ⁵⁵
兄弟　　三个　在　前面

4　　而得本功后。　　　　　　　　　　　　　在前顾不了后面。
ŋɛ²¹ tɯ²¹ pɯ³¹ ku⁴⁴ ɣɯ³³
去　前　不　顾　后

5　　阿胎预先杯打只，　　　　　　　　　　　三弟你先回家乡，
ʔa³¹the³³ jy⁴⁴ɕie⁵⁵ pe⁴⁴ta⁴² tsɿ⁵⁵
阿弟　　预先　　走回　则

6　　回去敬孝二双亲。　　　　　　　　　　　回去敬孝二双亲。
ja⁴⁴khɣ³¹ tɕɯ⁴⁴ɕiu⁴⁴ e⁵⁵sua³³tɕhɯ³³
回去　　敬孝　　二双亲

7　　斗母嚯初在好东，　　　　　　　　　　　爹妈你嫂在家里，
to⁵⁵mɔ³³ nɯ⁵⁵tshhu³³ tsɯ³³ xɔ³¹tɣ³⁵
爹妈　你嫂　　在　家里

8　　实在不忍心。　　　　　　　　　　　　　实在不忍心。
sɿ³⁵tse⁵⁵ pu³⁵ zɯ³¹ɕɯ³³
实在　　不　忍心

9　　打发你一匹龙马，　　　　　　　　　　　打发你一匹龙马，
ta³¹fa³⁵ ni³¹ ji³⁵phi³³ lo⁴²ma³¹
打发　你　一匹　龙马

10　　打发你八百黄金，　　　　　　　　　　　打发你八百黄金，
ta³¹fa³⁵ ni³¹ pa³⁵pɯ³⁵ xua⁴²tɕɯ³³
打发　你　八百　黄金

11　　打发你鸡毛令箭，[1]　　　　　　　　　　打发你鸡毛令箭，
ta³¹fa³⁵ ni³¹ ji³³mɔ⁴² liɯ⁵⁵tɕie⁵⁵
打发　你　鸡毛　令箭

12　　路上也放心。　　　　　　　　　　　　　路上也放心。
thu³³ nɔ³³ li⁵⁵ fa⁵⁵ɕɯ³³
路　上　也　放心

13　　逢州就有州官接，　　　　　　　　　　　逢州就有州官接，
fo⁴² tsou³³ tɕiu⁵⁵jou³¹ tsou³³kua⁴² tɕie³⁵
逢　州　　就有　　州官　　接

---

[1] 鸡毛令箭[ji³³mɔ⁴² liɯ⁵⁵tɕie⁵⁵]：汉语词语。古俗，箭上拴上鸡毛，表示高官紧急公事，沿途不得阻挠。

| 14 | 逢县哉怎县官迎。 | 逢县还有县官迎。 |

fo⁴² ɕie⁵⁵ tse⁴⁴tsɯ³³ ɕie⁵⁵kua³³ jɯ⁴²
逢 县 还有 县官 迎

| 15 | 打发你常将军保驾， | 打发你常将军保驾， |

ta³¹fa³⁵ ni³¹ tsha⁴²tɕa³³jye³³ pɔ³¹tɕa⁵⁵
打发 你 常将军 保驾

| 16 | 生保杯吐后。 | 让他在后跟。 |

sɯ³³ pɔ³¹ pe⁴⁴ nɯ⁵⁵ ɣɯ³³
让 他 走 你 后

| 17 | 将军生得飞毛腿， | 将军生着飞毛腿， |

tɕa³³jye³³ xe⁵tɯ⁴⁴ fe³³mɔ⁴²thui³¹
将军 生着 飞毛腿

| 18 | 一日路程走三千。 | 一日可走三千里。 |

ji³⁵zʅ³⁵ lu⁵⁵tɕhɯ⁴² tsou³¹ sa³³tɕhie³³
一日 路程 走 三千

| 19 | 一夜能行八百里， | 一夜能行八百里， |

ji³⁵je⁵⁵ nɯ⁴² ɕɯ⁴² pa³⁵pɯ³⁵ li³¹
一夜 能 行 八百里

| 20 | 纠因飞只黑。 | 好像飞着去。 |

tɕiu⁴²jɯ³³ fɤ⁵⁵tsʅ²¹ xɯ⁴⁴
好像 飞去 了

季子【白】：大哥，二哥，那个将军是几丈长（常）来的？得有七八丈，拿马龙头把它套出来。

中林【白】：哎，三弟，这人姓常，名进凯。

季子【白】：哦，是那天打我的那个，这是常将军，那天你打我，今后可不能再打了。

常将军【白】：得罪三王爷了。不敢不敢。三爷上马高升！

季子【白】：这是将军，你这马骑倒了。

常将军【白】：不是，是三王爷把马骑倒了。

季子【白】：常将军，我上马下马淘气，你把马头割下来，兜在马屁股上。

常将军【白】：哎，三王爷，马头杀下来，马就死了。

季子【白】：管他死不死，只要会走路。这是大哥，二哥，我们走了——【唱】：

| 1 | 辞别阿哥我要走， | 辞别阿哥我要走， |

tshʅ⁴²pie³⁵ ʔa³¹kɔ³³ ŋɔ³¹ n̠ɔ³³ pe⁴⁴
辞别 阿哥 我 要 走

| 2 | 常将军来把马牵。 | 常将军来把马牵。 |

tsha³¹tɕa³³jye³³ jɯ³⁵ pa³³ ma³¹ tɕhie³³
常将军 来 把 马 牵

| 3 | 一路行程来得快， | 一路行程来得快， |

ji³⁵lu⁵⁵ ɕɯ⁴²tshɯ⁴² le⁴² tɯ³⁵ kui⁵⁵
一路 行程 来得 快

4 犹如长翅飞。 犹如长翅飞。
jou⁴²zɣ⁴² tsa³¹tshŋ⁵⁵ fe³³
犹如 长翅 飞

5 季子快马又加鞭， 季子快马还加鞭，
tɕi⁵⁵tsŋ³¹ kue⁵⁵ma³¹ jou⁵ tɕa³³pie³³
季子 快马 又 加鞭

6 一路走来一路观。 一路走来一路观。
ji³⁵lu³⁵ tsou³¹ le⁴² ji³⁵lu⁵⁵ kuɛ³³
一路 走 来 一路 观

7 一夜行程八百里， 一夜行程八百里，
ji³⁵je⁵⁵ ɕɯ⁴²tshɯ⁴² pa³⁵pɯ³⁵ li³¹
一夜 行程 八百 里

8 一日走三千。 一日走三千。
ji³⁵ zŋ³⁵ tsou³¹ sa³³tɕhie³³
一日 走 三千

9 走了一州又一县， 走了一州又一县，
pe⁴⁴ lɔ³² ji³⁵ tsou³³ jou⁵⁵ ji³⁵ ɕie⁵⁵
走 了 一 州 又 一 县

10 走了一山又一山。 走了一山又一山。
pe⁴⁴ lɔ³² ji³⁵ se³³ jou⁵⁵ ji³⁵ se⁴⁴
走 了 一 山 又 一 山

11 一路行程来得快， 一路行程来得快，
ji³⁵lu⁵⁵ ɕɛ⁴²tshɯ⁴² le⁴² tɯ³⁵ kui⁵⁵
一路 行程 来 得 快

12 来到立城县。 来到立城县。
le⁴²tɔ⁵⁵ li³⁵tshɯ⁴²ɕie⁵⁵
来到 立城县

13 四大城门紧关起， 四大城门紧关起，
sŋ⁵⁵ ta⁵⁵ tshɯ⁴²mɯ⁴² tɕi⁵⁵ tɕɯ³¹khɯ³³
四 大 城门 关 紧起

14 教场霸大闹喧天。 教场霸道闹喧天。
tɕiɔ⁵⁵tsha³¹pa⁵⁵ ta⁵⁵nɔ⁵⁵ ɕye³³tie³³
教场坝 大闹 喧天

15 叫一声守门将军， 叫一声守门将军，
tɕiɔ⁵⁵ ji³⁵ suɯ³³ sou³¹mɯ⁴² tɕa³³jye³³
叫 一 声 守门 将军

16 快把城门开！ 快把城门开！
kue⁵⁵ pa³¹ tshɯ⁴²mɯ⁴² ke³³
快 把 城门 开

17 开口叫咋常将军， 开口再叫常将军，

khɯ⁵⁵tɕye³³ ʔɯ⁵⁵ tsɔ⁴² tsha⁴²tɕa³³jye³³
开口　　叫　说　常将军

18　布告阿贴贴冷委，　　　　　　　　　一张布告贴这里，
　　pu⁵⁵kɔ⁵⁵ ʔa³¹thie⁵⁵ tɕa⁴⁴ lɯ³¹ue³¹
　　布告　一张　　贴　这里

19　城门那哉吉肯约，　　　　　　　　　城门又是紧关起，
　　tsŋ³¹me²¹ na⁵⁵tse⁴² tɕi⁵⁵khɯ³ jɔ³⁵
　　城门　那扇　关起　了

20　是办那一庄？【介】　　　　　　　　不知何等事？
　　tsŋ³³ pe⁴⁴ ʔa⁵⁵xɛ³¹ ne³¹
　　则　办　什么　　的

常将军【唱】:

1　我干三王爷闷双，　　　　　　　　　这里我给王爷说，
　　ŋɔ³¹ ka⁴⁴ sa³³ua⁴²je⁴² mɯ⁵⁵ sua⁴⁴
　　我　把　三老爷　　　处　说

2　格日半干犯人杀。　　　　　　　　　今日他们杀犯人。
　　ke⁵⁵n̩i⁴⁴ pa⁵⁵ ka⁴⁴ fa⁵⁵zɯ⁴² ɕa⁴⁴
　　今日　他们　把　犯人　杀

3　今日斩三十六人，　　　　　　　　　今日斩三十六人，
　　ke⁵⁵n̩i⁴⁴ ɕa⁴⁴ sa⁵⁵tsŋ³⁵fɣ⁴⁴ n̩i²¹
　　几日　杀　三十六　　人

4　布告贴岸当。　　　　　　　　　　　布告这样写。
　　pu⁵⁵kɔ⁵⁵ tɕha⁴⁴ ʔa⁵⁵ta⁴⁴
　　布告　贴　这里

九、王氏临刑得救　兄弟扫平冤屈

【诗】:　本县立城县正堂，
　　　　　读书容易做官难。
　　　　　今日是黑道日期，
　　　　　要把犯人推上刑场。

县官【白】: 今令守城营将军，将三十六桩犯人带到刑场，走上一走。

守城将军【白】: 是。**【唱】:**

1　城守营我等时而，　　　　　　　　　城守营我刚才去，
　　tshu⁴²sou³ju⁴² ŋɔ³¹ tu²¹tsŋ²¹ ŋɛ²¹
　　城守营　　我　刚才　　去

2　马吐挂得金铃得。　　　　　　　　　他们个个挂金铃。
　　me³³ nɔ³³ kua⁴⁴tɯ⁴⁴ tɕɯ³³liɯ⁴²tɯ²¹
　　马　上　挂着　　金铃

3　队伍杯期教场坝，　　　　　　　　　队伍走出教场坝，

tui⁵⁵u³³ pe⁴⁴tɕhi⁴⁴ tɕiɔ⁵⁵tsha³¹pa⁵⁵
队伍　走出　教场坝

4　分开自勾而。　　　　　　　　　　　　　分开成两行。
　　fɣ⁵⁵ khe⁵⁵ tsʅ⁵⁵ kou³³ ɣɛ⁴²
　　分　开　成　两　行

5　破锣打鼓闹喧天，[1]　　　　　　　　　　吹芦打鼓闹喧天，
　　phɯ⁵⁵lu³¹ tɛ⁴⁴kuɔ³³ nɔ⁵⁵çye³³thie³³
　　吹芦　打鼓　闹喧天

6　大枪三响云天鸣。　　　　　　　　　　　打枪三响云天响。
　　tɛ⁴⁴ tshou⁴⁴ sa³⁵ɕa³¹ jye⁴²thie⁵⁵ mɯ²¹
　　打　枪　三响　云天　鸣

7　午时三刻要开刀，　　　　　　　　　　　午时三刻就开刀。
　　u¹sʅ⁴² sa³³khɯ³⁵ jɔ⁵⁵ khe³³tɔ³³
　　午时　三刻　要　开刀

8　敌等笨时而。　　　　　　　　　　　　　只等那时去。
　　ti³¹ tɯ⁵⁵ pɯ⁵⁵tsʅ²¹ ŋɛ²¹
　　只　等　那时　去

【诗】：今日是黑道，
　　　　辕门斩犯人。
　　　　老汉兰芳草，
　　　　在世柱为人。

老汉【白】今日，立城县斩三十六人，叫我前去领王氏尸首，我背起孙子就走。哎呀呀——【唱】：

1　芳草我干孙背肯，　　　　　　　　　　　芳草背起小孙孙，
　　fa³³tshɔ³¹ ŋɔ³¹ ka⁴⁴ suã⁵⁵ jɛ⁴²khɯ³³
　　芳草　我　把　孙　背起

2　叫我两眼泪纷纷。　　　　　　　　　　　让我两眼泪纷纷。
　　tɕiɔ⁵⁵ ŋɔ³¹ nia³¹jɛ³¹ lue⁵⁵fɯ³³fɯ³³
　　叫　我　两眼　泪纷纷

3　背起孙子去讨奶，　　　　　　　　　　　背起孙孙去讨奶，
　　jɛ⁴²khɯ³³ sui³³tsʅ³¹ ŋɛ²¹ ka⁴⁴pa⁴²
　　背起　孙子　去　讨奶

4　子母干三认。　　　　　　　　　　　　　认一认母亲。
　　tsʅ³¹mɔ³³ ka⁴⁴ sa⁵⁵zɯ⁴⁴
　　子母　把　相认

5　一面杯自一面哭，　　　　　　　　　　　孙孙背上不停哭，
　　jɛ³³mie⁵⁵ pe⁴⁴ tsʅ⁵⁵ jɛ³³mie⁵⁵ khɔ⁴⁴
　　一面　背　则　一面　哭

---

[1] 锣[lu³¹]：白族古乐器，今译作芦管。形似唢呐去掉喇叭头的管状，吹奏和指法与箫同。这种乐器，元江白族还在使用，大理一带早已失传，其名只残留在[phɯ⁵⁵lu³¹ tɛ⁴⁴kuɔ³³]这个词中。

6	芳草米西流本生。	芳草眼泪流不尽。
	fa³³tshɔ³¹ mi⁴²ɕi⁴² kɯ²¹ pɯ³¹ sɯ⁴⁴	
	芳草　　眼泪　流　不　停	
7	教场坝大闹喧天,	教场坝大闹喧天,
	tɕiɔ⁵⁵tsha³¹pa⁵⁵ ta⁵⁵nɔ⁵⁵ɕye³³thie³³	
	教场坝　　　大闹　喧天	
8	如乌云遮阴。	如乌云遮阴。
	zɣ⁴² u³³jye⁴² tse³³jɯ³³	
	如　乌云　　遮阴	
9	一路行程来得快,	一路行程来得快,
	ji³⁵lu⁵⁵ ɕɯ⁴²tshɯ⁴² le⁴² tɯ³⁵ kue⁵⁵	
	一路　行程　　来　得　快	
10	老汉越米越伤心。	老汉越想越伤心。
	lɔ³¹xa⁵⁵ jye³⁵mi³³ jye³⁵ sa³³ɕɯ³³	
	老汉　越想　　越　伤心	
11	王氏捆在第七桩,	王氏捆在第七桩,
	ua⁴²sʅ⁵⁵ fɣ⁴²ke²¹ ti⁵⁵tɕhi³⁵ tsua³³	
	王氏　捆在　　第七　　桩	
12	我杯己保肯。	我去走近她。
	ŋɔ³¹ pe⁴⁴tɕi³¹ pɔ³¹ khɯ³³	
	我　走近　　她　吧	
13	开嘴我叫咋王氏,	开口喊儿媳王氏,
	khɯ⁵⁵jye³³ ŋɔ³¹ ʔɯ⁵⁵tsɔ⁴² ua⁴²sʅ⁵⁵	
	开口　　我　喊着　　王氏	
14	接肯嗤子牢狱生。	接起你儿牢狱生。
	tɕa⁴⁴khɯ³³ nɯ⁵⁵ tsʅ³³ lɔ⁴²ju³⁵sɯ³³	
	接起　　你的　儿　牢狱生	
15	运利老运你妈行,	可怨爷爷怨你妈,
	jye⁴⁴ nɯ⁴⁴ lɔ³¹ jye⁴⁴ nɯ⁵⁵ ta⁴²	
	怨　你　爷　怨　你　得	
16	运嗤爹朵吐。	不可怨你爹。
	jye⁴⁴ nɯ⁵⁵tie³³ tuo³² lɯ⁴⁴	
	怨　你爹　不得　的	
17	王氏生保奶弟怎,	儿媳给儿喂口奶,
	ua⁴²sʅ⁵⁵ sɯ³³ pɔ³¹ pa⁴²ti⁵⁵ tsɯ³⁵	
	王氏　给　他　奶一口　吧	
18	奶利喂叭等回吐。	喂奶只到这一回。
	pa⁴² li⁵⁵ ʔo⁵⁵phia⁴⁴ lɯ³¹xui⁵⁵ lɯ⁴⁴	
	奶　也　喂到　　这回　　的	
19	子女斗母格开号,	子女爹妈相分离,

tsɿ³³ n̥v³³ to³⁵mɔ³³ kɛ⁴⁴khe⁵⁵ xɔ⁵⁵
子女 爹妈 隔开 掉

20   后世那上认。   后世再相认。
ɣɯ³³se⁴² na⁵⁵ sa⁵⁵zɯ⁴⁴
后世 你们 相认

王氏【白】：

1   王氏低头干爹阿，   王氏低头看看爹，
ua⁴²sɿ⁵⁵ ti³¹thou⁴² ka⁴⁴ tie³³ ʔa³³
王氏 低头 把 爹 看

2   看得我子牢狱生。   看见我儿牢狱生。
xa⁵⁵tɯ⁴⁴ ŋɯ⁵⁵tsɿ³³ lɔ⁴²ju³⁵sɯ³³
看见 我儿 牢狱生

3   子女斗母杯开号，   子女爹妈走开了，
tsɿ³¹n̥v³³ to³⁵mɔ³³ kɛ⁴⁴khe⁵⁵ xɔ⁵⁵
子女 爹妈 隔开 掉

4   阴魂不在身。   阴魂不在身。
phɛ²¹mɛ³¹ pu³⁵ tse⁵⁵ sɯ³³
阴魂 不在 身

5   哭咋我子委格心，   我哭我儿眼珠子，
khou⁴⁴ tsɔ⁴² ŋɯ⁵⁵tsɿ³³ ue³³kɛ³⁵ɕɯ³⁵
哭 着 我儿 眼珠子

6   母干奶弟喂你饮。   阿妈把奶喂给你。
mɔ³³ ka⁴⁴ pa⁴²ti⁵⁵ ʔo⁵⁵ nɔ³¹ ʔɯ³³
妈 把 奶 喂 你 喝

7   格日罢杀嗤母吐，   今日你妈被杀了，
ke⁵⁵n̪i⁴⁴ pa⁵⁵ ɕa⁴⁴ nɯ⁵⁵mɔ³³ lɔ³²
今日 他们 杀 你妈 了

8   支奶饱吐饮。   奶要饱饱吃。
tsɿ³³ pa⁴² pu³³ nɔ³³ ʔɯ³³
则 奶 饱 的 喝

9   必古饮很饮右古，   左边吃了吃右边，
pi³⁵ku²¹ ʔɯ³³xɯ⁵⁵ ʔɯ³³ tsɿ⁴²ku²¹
左奶 喝了 喝 右奶

10   我支你自认本得。   我儿你是不知道。
ŋɯ⁵⁵tsɿ³³ nɔ³¹ tsɿ⁵⁵ zɯ⁴⁴ pɯ³¹ tɯ⁴⁴
我儿 你 则 认 不 得

11   你是兰家吐后代，   你是兰家的后代，
nɔ³¹ tsɿ³³ la³⁵tɕa³³ nɔ³³ xou⁵⁵te⁵⁵
你 是 兰家 的 后代

12   后代香火根。   接香火一根。

xou⁵⁵te⁵⁵ɕiu³⁵xui³³kua⁴⁴
后代　　香火棍

13　本后你咋过大恨，【换韵】　　　　　　以后你就是长大，
　　pɯ³¹ɣɯ³³nɔ³¹tsɔ⁴²kuo⁵⁵tɔ³²xɯ⁵⁵
　　以后　　你　是　长大　了

14　求心干嘚老孝养。　　　　　　　　　好心孝养你爷爷。
　　tɕhiu⁵⁵ɕi³⁵ka⁴⁴nɯ⁵⁵lo³¹ɕio⁴⁴ja⁴⁴
　　好　心　把　你爷　孝养

15　儸爹杯打讨得人，　　　　　　　　　你爹回来娶着妻，
　　nɯ⁵⁵tie³³pe⁴⁴ta⁴²thu⁵⁵tɯ⁴⁴ȵi²¹
　　你爹　走回　讨着　　人

16　要叫闷阿妈。　　　　　　　　　　　要喊她阿妈。
　　nɔ³³ʔɯ⁵⁵mɯ⁵⁵ʔa³¹ma³³
　　要　喊　她　阿妈

17　为因嘚奶笨心毒，　　　　　　　　　因为奶奶她心毒，
　　ui⁵⁵jɯ³³nɯ⁵⁵ne⁴⁴pɯ⁵⁵ɕi³⁵tu⁵⁵
　　因为　你奶　她　心毒

18　赖母干你利害相。　　　　　　　　　赖妈害到小心肝。
　　le⁵⁵mɔ³³ka⁴⁴nɔ³¹li⁵⁵xe⁴⁴ɕa⁴⁴
　　诬妈　把　你　也　害死

19　官头因得笨闷钱，　　　　　　　　　贪官吃着她的钱，
　　kua³⁵tɯ²¹jɯ⁴⁴tɯ⁴⁴pɯ⁵⁵mɯ⁵⁵tɕhie⁵⁵
　　官　　吃着　　她的　钱

20　保干母冤枉。　　　　　　　　　　　她给妈冤枉。
　　pɔ³¹ka⁴⁴mɔ³³jye³³va³¹
　　她　把　妈　冤枉

21　亲母打你汝麻怎，　　　　　　　　　亲母打你用草秆，
　　tɕhi⁵⁵mɔ³³tɛ⁴⁴nɔ³¹zu³¹ma⁴⁴tsɯ³¹
　　亲母　打　你　用　稻草一秆

22　姨妈打你汝棍光。　　　　　　　　　姨妈打你用木棍。
　　ji⁵⁵mɔ³³tɛ⁴⁴nɔ³¹zu³¹kua⁴²kua⁴⁴
　　姨妈　打　你　用　棍子

23　次扣杂乃自打烂，　　　　　　　　　整个身子都打烂，
　　tʂhŋ⁵⁵khɯ³¹tsa³⁵ne³¹tsɿ³³tɛ⁴⁴na⁴⁴
　　身子　整个儿　　打烂

24　脓利流成血。　　　　　　　　　　　脓也变成血。
　　no²¹li⁵⁵kɯ²¹tsɿ²¹sua⁴⁴
　　脓　也　流成　　血

25　处头五敢自杯朵，　　　　　　　　　村头巷尾不能去，

tshɣ⁵⁵tɯ²¹ u³¹ka⁴² tsɿ⁵⁵ pe⁴⁴ tuo³²
村头　巷尾　则　走　不得

26　河边海边要杯堆。　　　　　　　　　　　　河边海边不能去。
kv³⁵pie⁵⁵ kɔ²¹pie⁵⁵ nɔ⁴⁴ pe⁴⁴ tuɔ⁴⁴
河边　海边　要　走　不得

27　怎了子女斗母没，　　　　　　　　　　　　有了子女没爹妈，
tsɯ³³lɔ³² tsɿ³³ȵɣ³³ to³⁵mɔ³³ mu³³
有了　子女　爹妈　没

28　冷落自岸当。　　　　　　　　　　　　　　冷落在牢房。
lɯ³¹luo³⁵ tsɿ⁵⁵ ʔa⁵⁵ta⁴⁴
冷落　在　这里

29　门头门五苗本庄，　　　　　　　　　　　　门头门槛不能踢，
me²¹tɯ²¹ me²¹u³¹ nɔ⁴⁴ pɯ³¹ tsua⁵⁵
门头　门槛　要　不　踢

30　半因唱卑看半朵。　　　　　　　　　　　　不能看他们吃饭。
pa⁵⁵ jɯ⁴⁴ tsha⁵⁵pe³³ ʔa³³ pa⁵⁵ tuo³²
他们　吃　早饭晚饭　看　他们　不得

31　人活难利名本伤，　　　　　　　　　　　　做人虽难也不坏名声，
ȵi²¹xɛ⁵⁵ na²¹ li⁵⁵ miɛ⁵⁵ pɯ³¹ sa⁵⁵
家事　难也　名　不　伤

32　举斗母旗杆。　　　　　　　　　　　　　　举爹妈旗杆。
tɕy³¹ to³⁵mɔ³³ tɕi²¹ka³⁵
举　爹妈　旗杆

33　以后你咋过大恨，　　　　　　　　　　　　以后你就长大了，
ji³¹xou⁵⁵ nɔ³¹ tsɔ⁴² kuo⁵⁵tɔ³² xɯ⁵⁵
以后　你　就　长大　了

34　一定要苦读寒窗。　　　　　　　　　　　　定要苦读寒窗。
ji³⁵tɯ⁵⁵ jɔ⁵⁵ khu³¹tu³⁵ xa⁴²tshua³³
定要　要　苦读　寒窗

35　古说官从何处来，　　　　　　　　　　　　古说官从何处来，
ku³¹su³⁵ kue³³ tsho³⁴² xo⁴²tshɣ⁵⁵ le⁴²
古说　官　从　何处　来

36　读书人做官。　　　　　　　　　　　　　　读书人做官。
ɣɯ⁴²sɿ³⁵ȵi²¹ tsɿ³⁵kua³⁵
读书人　做官

37　儂母越说越伤心，　　　　　　　　　　　　你妈越说越伤心，
nu⁵⁵mɔ³³ jye³⁵ suo³⁵ jye³⁵ sa³³ɕɯ³³
你妈　越　说　越　伤心

38　肝脏一包糟。　　　　　　　　　　　　　　心肝一包糟。

ka³³ ta³¹ ji³⁵ pɔ³³ tsɔ³³
肝脏　一包　　糟

39　阿子你要紧证且，　　　　　　　　我儿你要紧记心，
　　ʔa³¹tsɿ³³ nɔ³¹ jɔ⁴⁴tɕɯ³¹ tsɯ⁴⁴ɕi³⁵
　　我儿　你　要紧　　记心

40　干忘记恨朵。　　　　　　　　　　不可以遗忘。
　　ka⁴⁴ phɛ³³mɛ³¹tɕi⁵⁵ tuo³²
　　把　忘记　　　不得

41　宁可斗母子女没，　　　　　　　　宁可爹妈没子女，
　　niɯ⁴²ko³¹ to³⁵mɔ³³ tsɿ³³n̠ʑ³³ mu³³
　　宁可　　爹妈　　子女　没

42　自么子女没斗母。　　　　　　　　不可子女没爹妈。
　　tsɿ⁵⁵mɯ⁵⁵ tsɿ³³n̠ʑ³³ mu³³ to³⁵mɔ³³
　　怎么　　　子女　　没　爹妈

43　难为阿爹您情意，　　　　　　　　多谢阿爹您情义，
　　na⁵⁵ue⁵⁵ ʔa³¹tie³³ n̠i⁵⁵ tɕɛ²¹ji³¹
　　多谢　　阿爹　　您　情义

44　您抚养大你。　　　　　　　　　　请抚养大他。
　　n̠i⁵⁵ fʋ³¹ja³¹ to²¹ pɔ³¹
　　您　抚养　　大　他

45　今日半干我杀恨，　　　　　　　　今日他们把我杀了，
　　ke⁵⁵n̠i⁴⁴ pa⁵⁵ ka⁴⁴ ŋɔ³¹ ɕa⁴⁴ xɯ⁵⁵
　　今日　他们　把　我　杀　了

46　您干尸首领回家。　　　　　　　　您把尸首领回家。
　　n̠i⁵⁵ ka⁴⁴ sɿ³³sou³¹ liɯ³¹ ja⁴⁴ khʋ³¹
　　您　把　尸首　　领　回家

47　子女斗母杯开号，　　　　　　　　子女爹妈相隔了，
　　tsɿ³¹n̠ʋ³³ to³⁵mɔ³³ pe⁴⁴ khe⁵⁵ xɔ⁵⁵
　　子女　　爹妈　　走　开　掉

48　咋阿爹，等后世三看！[1]【介】　　咋阿爹呀——等后世相见！
　　tso⁴² ʔa³¹ti³³ ja³¹ tɯ³³ ɣɯ³³se⁴² sa⁵⁵ʔa³³
　　咋　阿爹　呀　等　后世　相见

老汉【唱】:

1　黑令插肯喱次吐，　　　　　　　　黑令插在你身上，
　　xɯ³⁵liu⁵⁵ tsha⁴⁴ke²¹ nɯ⁵⁵ tshɿ⁵⁵ nɔ³³
　　黑令　　插在　　你的　身　上

2　冤枉自闷怎岸当！　　　　　　　　冤枉怎么到这地步！

---

[1] 咋[tso⁴²]: 语气词，有就这样、那么等的意味。

jye³³ua³¹ ts̩⁵⁵mɯ⁵⁵ tsɯ³³ ʔa⁵⁵ta⁴⁴
冤枉　　怎么　　　在　这里

3　干保拖叭教场坝，　　　　　　　　把她拖进教场坝，
　　ka⁴⁴ pɔ³¹ thuo³³phia⁴⁴ tɕiɔ⁵⁵tsha³¹pa⁵⁵
　　把　她　　拖到　　　　教场坝

4　本死争岸拉！　　　　　　　　　　不死在哪里！
　　pɯ³¹ ɕi³³ tsɯ³³ ʔa⁵⁵na⁴⁴
　　不　死　在　哪里

5　千错万错阿爹错，　　　　　　　　千错万错阿爹错。
　　tɕhie³³tshuo⁵⁵ ua⁵⁵tshuo⁵⁵ ʔa³¹tie³³ tshuo⁵⁵
　　千错　　　万错　　　阿爹　　错

6　不该在干乔氏接。　　　　　　　　不该再把乔氏娶。
　　pu³⁵ke³³ tse⁴⁴ ka⁴⁴ tɕhiɔ⁴²s̩⁵⁵ tɕa⁴⁴
　　不该　再　把　乔氏　　接

7　自从干乔氏讨争，　　　　　　　　自从把乔氏娶来，
　　ts̩⁵⁵tsho⁴² tɕhiɔ⁴²s̩⁵⁵ tɕa⁴⁴ja⁴⁴ ts̩⁵⁵
　　自从　　　乔氏　　　接回　则

8　成家破人亡。　　　　　　　　　　家破又人亡。
　　ts̩²¹ tɕa³³phɔ⁵⁵ zɯ⁴²ua⁴²
　　成　家破　　人亡

9　我子二人当兵号，　　　　　　　　我儿两个当兵去，
　　ŋɯ⁵⁵ts̩³³ kuo³³ȵi²¹ ta³⁵kɤ³⁵ xɔ⁵⁵
　　我儿　　两个　　当兵　　了

10　兰季子老利免三。　　　　　　　 也不再想兰季子了，
　　la⁴²tɕi⁵⁵ts̩³¹ nɔ³³ li⁵⁵ mi³³ sa³³
　　兰季子　　上　也　想　不需

11　王氏儿媳遭屈死，　　　　　　　 儿媳王氏遭屈死，
　　ua⁴²s̩⁵⁵ ts̩³³ vɤ³³ tsɔ³³ tɕhu³⁵ s̩³¹
　　王氏　　儿媳　　遭　屈　死

12　独哉牢狱生。　　　　　　　　　 还独在牢狱生娃娃。
　　tu⁵⁵ tse⁴⁴ lɔ⁴²ju³⁵sɯ³³
　　独　有　牢狱生

13　我干狱生抱起因，【换韵】　　　　我把狱生抱起来，
　　ŋɔ³¹ ka⁴⁴ ju³⁵sɯ³³ pu³³khɯ³³ jɯ³⁵
　　我　把　狱生　　抱起　来

14　给那子母干三认。　　　　　　　 你们母子认一认。
　　z̩³¹ na⁵⁵ ts̩³¹mu³¹ ka⁴⁴ sa⁵⁵zu⁴⁴
　　让　你们　子母　　把　相认

15　王氏你嚁年纪小，　　　　　　　 王氏你还年纪小，

	ua⁴²sɿ⁵⁵ nɯ⁵⁵ nɔ³³ n̠i⁴⁴sua⁴⁴ se³¹	
	王氏　你　的　年纪　小	
16	我利死你后。	我也死你后。
	ŋɔ³¹ li⁵⁵ ɕi³³ nɯ⁵⁵ ɣɯ³³	
	我　也　死　你　后	

季子【白】：哎！常将军，你我进去看看，他们到底斩杀什么人也——**【唱】**：

1	季子我干布告看，	季子我把布告看，
	tɕi⁵⁵tsɿ³¹ ŋɔ³¹ ka⁴⁴ pu⁵⁵kɔ⁴⁴ ʔa³³	
	季子　我　把　布告　看	
2	一共有三十六桩。	一共有三十六桩。
	ji³⁵ kо⁵⁵ jou³¹ sa³³sɿ³³lu³⁵ tsua³³	
	一共　有　三十六　桩	
3	今日是黑道日子，	今日是黑道日子，
	ke⁵⁵n̠i⁴⁴ tsɯ³³ xɯ³⁵tɔ⁵⁵ zɿ³⁵zɿ³⁵	
	今日　是　黑道　日子	
4	半干犯人杀。	你们要杀人。
	pa⁵⁵ ka⁴⁴ fa⁵⁵zu⁴² ɕa⁴⁴	
	你们　把　犯人　杀	
5	季子抬头细看看，	季子抬头仔细看，
	tɕi⁵⁵tsɿ³¹ the⁴²thou⁴² ɕii⁵⁵ ka⁴⁴xa⁵⁵	
	季子　抬头　细　看看	
6	争舍央三十六桩。	有什么三十六桩。
	tsɯ³³ xa⁵⁵tɕa⁴⁴ sa³³sɿ³³lu³⁵ tsua³³	
	有　什么　三十六　桩	
7	今日辕门斩犯人，	今日辕门斩犯人，
	ke⁵⁵n̠i⁴⁴ jye⁴²mɯ⁴² tse³¹ fa⁵⁵zu⁴²	
	今日　辕门　斩　犯人	
8	我，阿桩桩之看。	我，仔细看着每一桩。
	ŋɔ³¹ ʔa³¹tsua³³tsua³³tsɿ³³ ʔa³³	
	我　一桩桩儿　看	
9	我干第一桩干汉，	我把第一桩看看，
	ŋɔ³¹ ka⁴⁴ ti⁵⁵ji³⁵ tsua³³ ka⁴⁴xa⁵⁵	
	我　把　第一　桩　看看	
10	十利批明恨岸当。	判书也批明在这里。
	sɿ⁵⁵ li⁵⁵ phi⁵⁵mɛ²¹ xɯ⁵⁵ ʔa⁵⁵ta⁴⁴	
	书　也　批明　了　这里	
11	第一桩怎子杀父，	第一桩是子杀父，
	ti⁵⁵ji³⁵ tsua³³ tsɿ³³ tsɿ³¹ ɕa⁵⁵ tie³³	
	第一　桩　是　子　杀　父	
12	应该干保杀。	这事应该杀。

ju⁵⁵ke⁵⁵ ka⁴⁴ pɔ³¹ ɕa⁴⁴
应该　　把　他　杀

13　我干第二桩干汉，　　　　　　　　　　我再看看第二桩，
ŋɔ³¹ ka⁴⁴ ti⁵⁵ne⁵⁵ tsua³³ ka⁴⁴xa⁵⁵
我　把　第二　　桩　　看看

14　大路抢劫就是他，　　　　　　　　　　大路抢劫就是他，
ta⁵⁵lu⁵⁵ tɕhia³¹tɕie³⁵ tɕiu⁵⁵sɿ⁵⁵ tha³³
大路　　抢劫　　　　就是　　　他

15　杀半人格抢半货，　　　　　　　　　　又杀人来又抢货，
ɕa⁴⁴ pa⁵⁵ ȵi²¹kɛ³ tɕha³¹ pa⁵⁵ xuo⁴⁴
杀　他们人　　抢　他们　货

16　冷头应该杀。　　　　　　　　　　　　这个应该杀。
lɯ³¹tɯ²¹ ju⁵⁵ke⁵⁵ ɕa⁴⁴
这个　　　应该　　　杀

17　我干第三桩干汉，　　　　　　　　　　我再看看第三桩，
ŋɔ³¹ ka⁴⁴ ti³¹sa³⁵ tsua⁵⁵ ka⁴⁴xa⁵⁵
我　把　第三　　桩　　看看

18　这个就是女人家，　　　　　　　　　　这个是个女人家，
tsɿ⁵⁵kuo⁴⁴ tɕiu⁵⁵sɿ⁵⁵ nv³¹zɯ⁴²tɕa³³
这个　　　就是　　　女人家

19　这人放毒害人命，　　　　　　　　　　这人放毒害人命，
tsɿ⁵⁵zɯ⁴² fa⁵⁵tu³⁵ xe⁵⁵ zɯ⁴²miɯ⁵⁵
这人　　　放毒　　害　人命

20　干笨夫害相。　　　　　　　　　　　　害死她丈夫。
ka⁴⁴ pɯ⁵⁵ pɔ³⁵ xe⁵⁵ ɕa⁴⁴
把　她　夫　害　死

21　我干第四桩干汉，　　　　　　　　　　我把第四桩看看，
ŋɔ³¹ ka⁴⁴ ti³¹ɕi⁴⁴ tsua⁴⁴ ka⁴⁴xa⁵⁵
我　把　第四　　桩　　看看

22　笨胎干笨哥害相，　　　　　　　　　　弟弟害死他哥哥，
pɯ⁵⁵the³³ ka⁴⁴ pɯ⁵⁵kɔ³³ xe⁴⁴ ɕa⁴⁴
他弟　　　把　他哥　　害　死

23　同胞兄弟感情没，　　　　　　　　　　同胞兄弟没感情，
to⁴²pɔ³³ ɕiɔ³³ti⁵⁵ ka³¹tɕhɯ⁴² mu³³
同胞　　　兄弟　　　感情　　没

24　冷头利该杀。　　　　　　　　　　　　这个也该杀。
lɯ³¹tɯ²¹ li⁵⁵ ke⁵⁵ ɕa⁴⁴
这个　　　也　该　杀

25　我干第五桩干汉，　　　　　　　　　　我再看看第五桩，

ŋɔ³¹ ka⁴⁴ ti³¹ŋv³³ tsua³³ ka⁴⁴xa⁵⁵
我 把 第五 桩 看看

26 谋夫半妻第五桩,　　　　　　　　　　　谋夫妻子这一桩,
mou⁴²fv³³ pa⁵⁵tshe⁵⁵ ti⁵⁵u³¹ tsua³³
谋夫 他妻 第五 桩

27 此人做事太无理,　　　　　　　　　　　这人做事太无理,
tshʅ⁴²zɯ⁴² tsʅ⁵⁵se³¹ the⁵⁵ vγ⁴²li³¹
这人 做事 太 无理

28 应该干保杀。　　　　　　　　　　　　　这个也该杀。
jɯ⁵⁵ke⁵⁵ ka⁴⁴ pɔ³¹ ɕa⁴⁴
应该 把 他 杀

29 再干第六桩干汉,　　　　　　　　　　　再把第六桩看看,
tse⁴⁴ ka⁴⁴ ti⁵⁵lu³⁵ tsua³³ ka⁴⁴xa⁵⁵
再 把 第六 桩 看看

30 杀人放火就是他,　　　　　　　　　　　杀人放火就是他,
sa³⁵zɯ⁴² fa⁵⁵xuo³¹ tɕiu⁵⁵sʅ⁵⁵ tha³³
杀人 放火 就是 他

31 抢半银艮烧半好,　　　　　　　　　　　抢人金银烧人房,
tɕha³¹ pa⁵⁵ tɕhie⁵⁵ɲi²¹ su⁵⁵ pa⁵⁵ xɔ³¹
抢 他们 钱银 烧 他们 房

32 应该干保杀。　　　　　　　　　　　　　这个也该杀。
jɯ⁵⁵ke⁵⁵ ka⁴⁴ pɔ³¹ ɕa⁴⁴
应该 把 他 杀

33 我干第七桩干汉,　　　　　　　　　　　我再看看第七桩,
ŋɔ³¹ ka⁴⁴ ti⁵⁵tɕhi³⁵ tsua³³ ka⁴⁴xa⁵⁵
我 把 第七 桩 看看

34 委闷飞肯片片花,　　　　　　　　　　　眼前飞起片片花,
ue³³mɯ⁵⁵ fγ⁵⁵khɯ⁵⁵ phie⁵⁵phie⁵⁵xua³³
眼前 飞起 片片花

35 女人冷艮叫王氏,　　　　　　　　　　　这个女人叫王氏,
nγ³³ɲi²¹ lɯ³¹ɲi²¹ ʔɯ⁵⁵ ua⁴²sʅ⁵⁵
女人 这个 叫 王氏

36 保干本胎杀。　　　　　　　　　　　　　她把弟弟杀。
pɔ³¹ ka⁴⁴ pɯ⁵⁵the³³ ɕa⁴⁴
她 把 她弟 杀

37 季子我自细心米,　　　　　　　　　　　季子这里细心想,
tɕi⁵⁵tsʅ³¹ ŋɔ³¹ tsʅ⁵⁵ ɕi⁴⁴ɕɯ⁵⁵ mi³³
季子 我 则 细心 想

38 王氏自闷怎岸当?　　　　　　　　　　　王氏为何在这里?

ua⁴²sŋ⁵⁵ tsŋ⁵⁵mɯ⁵⁵ tsɯ³³ ʔa⁵⁵ta⁴⁴
王氏　怎么　　在　这里

39　王氏桂花我大嫂,　　　　　　　　　　王氏桂花我大嫂,
　　ua⁴²sŋ⁵⁵ kui⁵⁵xu³ ŋɯ⁵⁵ ʔa³¹tshu³³
　　王氏　桂花　　我　阿嫂

40　老子要问他。　　　　　　　　　　　　老子要问她。
　　lɔ³¹tsŋ³¹ jɔ⁵⁵ vɯ⁵⁵ tha³³
　　老子　　要　问　她

41　自闷西庄杯开恨,　　　　　　　　　　怎么西庄走散后,
　　tsŋ⁵⁵mɯ⁵⁵ ɕi³³tsua³³ pe⁴⁴ja⁴⁴ xɯ⁵⁵
　　怎么　　西庄　　走回　掉

42　隔很多少日些了。　　　　　　　　　　相隔多少个日子。
　　kɛ⁴⁴ xɯ⁵⁵ tɕi³⁵ɕiɔ³³ ȵi⁴⁴ɕɛ⁴⁴ lɔ³²
　　隔　了　多少　　日子　了

43　我母自闷害我初,　　　　　　　　　　我妈怎么害我嫂,
　　ŋɯ⁵⁵mɔ³³ tsŋ⁵⁵mɯ⁵⁵ xe⁴⁴ ŋɯ⁵⁵tshu³³
　　我妈　　怎么　　害　我嫂

44　梦格也不防。　　　　　　　　　　　　做梦也不防。
　　mɯ³¹kɛ³³ li⁵⁵ pu³⁵fa⁴²
　　梦境　　也　不防

45　东门西门吉啃约,　　　　　　　　　　东门西门在关着,
　　ty³⁵me²¹ se³⁵me²¹ tɕi⁵⁵khɯ³³ jɔ³⁵
　　东门　　西门　　关起　　了

46　南门北门关肯了。　　　　　　　　　　南门北门也关起。
　　na²¹me²¹ pɯ⁴⁴me²¹ tɕi³⁵khɯ³³ lɔ³²
　　南门　　北门　　关起　　了

47　定得午时要开刀,　　　　　　　　　　定着午时要开刀,
　　tiɯ⁴⁴tɯ⁴⁴ u³¹sŋ⁴² jɔ⁵⁵ ke³³tɔ³³
　　定着　　午时　要　开刀

48　不好了,快去救大嫂!　　　　　　　　不好了,快去救大嫂!
　　pu³⁵xɔ³¹ liɔ³¹ kue⁵⁵ tɕhy⁵⁵ kɯ⁴² ta⁵⁵sɔ³¹
　　不好　了　快　去　救　大嫂

【白】: 常将军, 大事不好了! 你赶快把城门打开! 他们要杀我大嫂了!

常将军【白】: 好! 待我进去——三王爷, 快快进来!

季子【唱】:

1　季子我慌慌张张,　　　　　　　　　　季子我急急忙忙,
　　tɕi⁵⁵tsŋ³¹ ŋɔ³¹ xua⁴⁴xua⁴⁴ tsa³³tsa³³
　　季子　　我　急急　　忙忙

2　杯井去进教场坝。　　　　　　　　　　赶快进去教场坝。

pe⁴⁴tɕɯ³¹ ŋɛ²¹ɲi⁴⁴ tɕiɔ⁵⁵tsha³¹pa⁵⁵
走近　　去进　　教场坝

3　打炮锣鼓响沉沉，　　　　　　　　　　　　大炮锣鼓响轰轰，
　　ta³¹po⁵⁵ luo⁴²ku³¹ ɕa³¹tshɯ⁴²tshɯ⁴²
　　大炮　　锣鼓　　响轰轰

4　旗插得阿张。　　　　　　　　　　　　　　黑旗插一片。
　　tɕi²¹ tsha⁴⁴tɯ⁴⁴ ʔa³¹tsa⁴²
　　旗　插着　　一片

5　头闷汉得古人人，　　　　　　　　　　　　前面看见一老人，
　　tɯ²¹mu⁵⁵ xa⁵⁵tɯ⁴⁴ ku³³ɲi²¹ɲi²¹
　　前面　　看见　　老人一个

6　手很抱一个娃娃。　　　　　　　　　　　　手里抱着小娃娃。
　　sɯ³³xɯ³¹ pu³³ ji³⁵kuo⁵⁵ ua⁴²ua³³
　　手里　　抱　一个　　娃娃

7　女人冷人我大嫂，　　　　　　　　　　　　这个女人我大嫂，
　　ȵɣ³³ɲi²¹ lɯ³¹ɲi²¹ ŋɯ⁵⁵ ʔa³¹tshu³³
　　女人　　这个　　我的　大嫂

8　双脚跪地上。　　　　　　　　　　　　　　双脚跪地上。
　　shua³³tɕu³⁵ kui⁵⁵ ti⁵⁵sa⁵⁵
　　双脚　　跪　地上

9　次吐插得黑旗杆，　　　　　　　　　　　　一杆黑旗插在身，
　　tshη⁵⁵ nɔ³³ tsha⁴⁴tɯ⁴⁴ xɯ⁴⁴tɕi²¹ka³⁵
　　身　上　插着　　黑旗一杆

10　咀很在干马庆安。[1]　　　　　　　　　　嘴里还咬着滚珠。
　　tɕye³³mɯ⁵⁵ tse⁴⁴ ka⁴⁴ mɛ³³tɕhɯ⁵⁵ ŋa⁴⁴
　　嘴里　　还　把　马庆　　咬

11　米西勾江勾江流，　　　　　　　　　　　　两股眼泪不断流，
　　mi⁴²ɕi⁴² ko³³kɣ³⁵ ko³³kɣ³⁵ kɯ²¹
　　眼泪　　两股　　两股　流

12　两眼泪汪汪。　　　　　　　　　　　　　　满脸泪汪汪。
　　nia³¹je³¹ lue⁵⁵ua³³ua³³
　　两眼　　泪汪汪

13　叫声常将军听我，　　　　　　　　　　　　叫你常将军听话，
　　ʔɯ⁵⁵ tshη⁵⁵tsha⁴²tɕa³³ jye³³ tɕhe³⁵ ŋɔ³¹
　　叫　常将军　　　听　我

14　你快快去把她拉。　　　　　　　　　　　　你赶快去拉拉她。
　　ni³¹ khue⁵⁵khue⁵⁵ tɕhy⁵⁵ pa³¹ tha³³ la³³
　　你　赶快　　　去　把　她　拉

---

[1] 马庆[mɛ³³tɕhɯ⁵⁵]：鞍具配饰的滚珠。这种滚珠穿在套马尾的绳子上，可减轻对马背的摩擦。旧时，为了不给犯人说话，斩首前听候时，给犯人嘴里咬上这种滚珠。

15　大官小官杀绝保，　　　　　　　　　　杀尽大官和小官，
　　tɔ³²kua³⁵ se³¹kua³⁵ ɕa⁴⁴tsui⁴⁴ pɔ³¹
　　大官　　小官　　杀绝　　他

16　有事我承当！　　　　　　　　　　　　有事我承当！
　　jou³¹sɿ⁵⁵ ŋɔ³¹ tshɯ⁴²ta³³
　　有事　　我　承当

【白】：那是爹爹！那是嫂嫂啊——【唱】：

1　叫咋阿初听我双，　　　　　　　　　　我喊阿嫂听我说，
　　ʔɯ⁵⁵ tsɔ⁴² ʔa³¹tshu³³ tɕhɛ³⁵ ŋɔ³¹ sua⁴⁴
　　喊着　　阿嫂　听　我　说

2　咀很在子马庆咬。　　　　　　　　　　嘴里还咬着滚珠。
　　tɕye³³xɯ³¹ tse⁴⁴tsɿ³³ me³³tɕhɯ⁵⁵ ŋa⁴⁴
　　嘴里　　还有　　滚珠　咬

3　季子我一时落难，　　　　　　　　　　季子我一时落难，
　　tɕi⁵⁵tsɿ³¹ ŋɔ³¹ ji³⁵sɿ⁴² luo³⁵na⁵⁵
　　季子　我　一时　落难

4　半干你害叭。　　　　　　　　　　　　他们又害你。
　　pa⁵⁵ka⁴⁴ nɔ³¹ xe⁴⁴ phia⁴⁴
　　他们　把你　害到

5　阿初你自错阿来，　　　　　　　　　　阿嫂你有什么错，
　　ʔa³¹tshu³³ nɔ³¹ tsɿ⁵⁵ tshuo⁵⁵ ʔa⁵⁵le³¹
　　阿嫂　你　则　错　什么

6　怎么犯法怎岸当？　　　　　　　　　　怎么犯法到这里？
　　tsɿ⁵⁵mɯ⁵⁵ fa⁵⁵fa³⁵ tsɯ³³ ʔa⁵⁵ta⁴⁴
　　怎么　　犯法　在　这里

7　阿初次吐插黑令，　　　　　　　　　　阿嫂身插黑令旗，
　　ʔa³¹tshu³³ tshɿ⁵⁵ nɔ³³ tsha⁴⁴ xɯ³⁵liɯ⁵⁵
　　阿嫂　身　上　插　黑令

8　给半干你杀？　　　　　　　　　　　　要让他们杀？
　　zɿ³¹ pa⁵⁵ka⁴⁴ nɔ³¹ ɕa⁴⁴
　　让　他们　把你　杀

9　莫非阿母肯毒心，　　　　　　　　　　莫非阿媒起毒心，
　　mo³⁵fe³³ ʔa³¹mɔ³³ khɯ⁵⁵ tu³⁵ɕi³⁵
　　莫非　阿媒　起　毒心

10　自么自期事物那？　　　　　　　　　怎么做出人命了？
　　tsɿ⁵⁵mɯ⁵⁵ tsɿ⁵⁵tɕhi⁴⁴ sɿ³¹vɣ³³ na⁵⁵
　　怎么　　做出　　人命　了

11　无缘无故定死罪，　　　　　　　　　无缘无故定死罪，
　　vɣ⁴²jye³³ vɣ⁴²ku⁵⁵ tiɯ⁵⁵ sɿ³¹tsui⁵⁵
　　无缘　　无故　定　死罪

12	笨心乃狗咬。	她心让狗咬。
	pɯ⁵⁵ çi³⁵ne³¹ khua³³ ŋa⁴⁴	
	她　心　　狗　咬	
13	你干马庆具期因，	你把滚珠子抠出来，
	nɔ³¹ ka⁴⁴ me³³tɕhu⁵⁵tsɿ³³ tɕhi⁴⁴ jɯ³⁵	
	你　把　滚珠子　　抠　来	
14	舍样苦情对我双。	有何苦情跟我说。
	sɿ³¹ja⁴² khu³¹tɕɯ⁴² tui⁴² ŋɔ³¹ sua⁴⁴	
	何样　苦情　　对　我　说	
15	今日阿初得活命，	今日阿嫂得活命，
	ke⁵⁵ɳi⁴⁴ ʔa³¹tshu³³ tɯ³⁵ xuo³⁵miɯ⁵⁵	
	今日　阿嫂　　得　活命	
16	我干官头杀。	我要把官杀。
	ŋɔ³¹ ka⁴⁴ kua³⁵tɯ²¹ ɕa⁴⁴	
	我　把　官　　杀	

王氏【唱】：

1	开咀我叫咋阿胎，	开口我喊我阿弟，
	khe⁵⁵tɕye³³ ŋɔ³¹ ʔɯ⁵⁵ tsɔ⁴² ʔa³¹the⁴⁴	
	开口　　我　喊　着　阿弟	
2	阿胎你自听我双，	阿弟你就听我说。
	ʔa³¹the³³ nɔ³¹ tsɿ⁵⁵ tɕɛ³⁵ ŋɔ³¹ sua⁴⁴	
	阿弟　　你　则　听　我　说	
3	阿胎你杯早柴很，	阿弟你说去找柴，
	ʔa³¹the³³ nɔ³¹ pe⁴⁴ ji²¹ ɕi³⁵ xɯ⁵⁵	
	阿弟　　你　走　找　柴　了	
4	自么不归家？	怎么不归家？
	tsɿ⁵⁵mɯ⁵⁵ pu³⁵ kui³³tɕa³³	
	怎么　　不　归家	
5	阿时阿母找叭约，	一时阿嫫找你来，
	ʔa³¹tsɿ²¹ ʔa³¹mɔ³³ ji²¹phia⁴⁴ jɔ³⁵	
	一时　　阿嫫　　找到　来	
6	保汉得你白汗衫。	她看见你白汗衫。
	pɔ³¹ xa⁵⁵tɯ⁴⁴ nɯ⁵⁵ pɯ³⁵xa⁵⁵se³³	
	她　看见　　你的　白汗衫	
7	赖咋我干你杀很，	赖说我把你杀掉，
	le⁵⁵ tsɔ⁴² ŋɔ³¹ ka⁴⁴ nɔ³¹ ɕa⁴⁴ xɯ⁵⁵	
	赖　说　我　把　你　杀　掉	
8	叫我去见官。	叫我去见官。
	tɕiɔ⁵⁵ ŋɔ³¹ ŋɛ²¹ ke⁴² kua³⁵	
	叫　我　去　见　官	

9 阿母笨心比蛇毒，　　　　　　　　　　　　阿嬷她心比蛇毒，
   ʔa³¹mɔ³³ puɯ⁵⁵ɕi³⁵ pi³¹ se⁴² tu³⁵
   阿嬷　　她心　比　蛇　毒

10 拿银钱去买人家。　　　　　　　　　　　　拿银钱去收买官。
   ne⁴⁴ tɕhie⁵⁵ȵi²¹ me³¹ zuɯ⁴²tɕa³³
   拿　银钱　　买　人家

11 官头吃得笨吐钱，　　　　　　　　　　　　那官吃了她的钱，
   kua³⁵tuɯ²¹ jɯ⁴⁴tuɯ⁴⁴ puɯ⁵⁵ nɔ³³ tɕhie⁵⁵
   官　　　吃着　　她　的　钱

12 官干笨斗双。　　　　　　　　　　　　　　说的阿嬷话。
   kua³ ka⁴⁴ puɯ⁵⁵ tuo²¹ sua⁴⁴
   官　把　她的　话　说

13 笨叹我吐日月满，　　　　　　　　　　　　那时身上日子满，
   puɯ³¹tha⁵⁵ ŋuɯ⁵⁵ nɔ³³ ȵi⁴⁴ŋua⁴⁴ ma³³
   那时　　我　的　日子　　满

14 十月怀胎九月生。　　　　　　　　　　　　十月怀胎九月生。
   sɿ³⁵jye³⁵ xue⁴²the³³ tɕiu³¹jye³⁵ suɯ³³
   十月　　怀胎　　九月　　生

15 嘞侄争牢好计生，　　　　　　　　　　　　你的侄儿生牢里，
   nuɯ⁵⁵tɕi⁴² tsuɯ³³ lɔ⁴²xɔ³¹ tɕi⁴²xɛ³⁵
   你侄　　在　牢房　　生

16 他叫牢狱生。　　　　　　　　　　　　　　叫他牢狱生。
   pɔ⁵⁵ miɛ³⁵ lɔ⁴²ju³⁵suɯ³³
   他　名　牢狱生

17 嘞侄添叭应本日，　　　　　　　　　　　　生你侄儿那一天，
   nuɯ⁵⁵tɕi⁴² thie⁵⁵ phia⁴⁴ jɯ³⁵ puɯ³¹ȵi⁴⁴
   你侄　　添　到　来　那天

18 可怜生使本没哈。　　　　　　　　　　　　可怜饭也没吃口。
   kho³¹liɯ⁴² xɛ⁵⁵zɿ³¹ puɯ³¹ mu³³ xa⁴⁴
   可怜　饭　　本来　没　一口

19 汝得靠山自称宝，　　　　　　　　　　　　只用围腰包裹他，
   zu³¹ tuɯ⁵⁵ khou⁵⁵se⁴⁴ tsɿ⁵⁵ tshuɯ⁴⁴ pɔ³¹
   用　着　围腰　　则　拴　他

20 受冷样吐罪。　　　　　　　　　　　　　　受着这样罪。
   sou⁴⁴ luɯ³¹ja⁴² nɔ³³ tsui⁴⁴
   受着　这样　的　罪

21 冷叹定下因死罪，　　　　　　　　　　　　这时定下了死罪，
   luɯ³¹tha⁵⁵ tiɯ⁴⁴thuɯ⁵⁵ jɯ³⁵ sɿ³¹tsui⁵⁵
   这时　　定下　　来　死罪

22 今日半要干我相，　　　　　　　　　　　　今日他们要杀我。

	ke⁵⁵ȵi⁴⁴ pa⁵⁵ nɔ³³ ka⁴⁴ ŋɔ³¹ ɕa⁴⁴	
	今日 他们 要 把 我 杀	
23	自从阿胎杯期恨,	自从阿弟出走后,
	ɕa³⁵tsɿ⁵⁵ ʔa³¹the³³ pe⁴⁴tɕhi⁴⁴ xɯ⁵⁵	
	自从 阿弟 走出 掉	
24	受恨多少难。	受了多少罪。
	sou⁴⁴xɯ⁵⁵ tɕi³⁵ɕiɔ³³ na⁴⁴	
	受了 多少 难	

老汉【唱】:

1	老汉我抬头干汉,	老汉我抬头看看,
	lɔ³¹xa⁵⁵ ŋɔ³¹ the⁴²thou⁴² ka⁴⁴xa⁵⁵	
	老汉 我 抬头 看看	
2	手么达肯朱马光:[1]	手里拿起竹马棍:
	sɯ³³ mɯ⁵⁵ ta³⁵khɯ³³ tsʏ⁴⁴mɛ³³kua⁴⁴	
	手里 拿起 竹马棍	
3	你一出门无音信,	"你一出门无音信,
	mi³¹ ji³⁵ tshʏ³⁵mɯ⁴² vʏ⁴² jiɯ³³ɕɯ⁵⁵	
	你 一 出门 无音信	
4	生你初受难。	让你嫂受难。
	sɯ³³ nɯ⁵⁵tshu³³ sou⁴⁴na⁴⁴	
	让 你嫂 受难	
5	斗利本双杯开号,	不跟爹说就走了,
	to⁵⁵ li⁵⁵ pɯ³¹ sua⁴⁴ pe⁴⁴ khe⁵⁵ xɔ⁵⁵	
	爹 也 不 说 走 开 掉	
6	季子你害人不堪。	季子你害人不堪。
	tɕi⁵⁵tsɿ³¹ nɔ³¹ xe⁵⁵zɯ⁴² pu³⁵kha³³	
	季子 你 害人 不堪	
7	格日阿时杯打因,	今日一时走回来,
	ke⁵⁵ȵi⁴⁴ ʔa³¹tsɿ²¹ pe⁴⁴ja⁴⁴ jɯ³⁵	
	今日 一时 走回 来	
8	看你自么双!	看你怎么说!"
	xa⁵⁵ nɔ³¹ tsɿ⁵⁵mɯ⁵⁵ sua⁴⁴	
	看 你 怎么 说	

季子【唱】:

1	季子树勾跪岸当,	季子双脚跪下来,
	tɕi⁵²tsɿ²³¹ sʏ⁵⁵kou⁴⁴ kʏ³¹ ʔa⁵⁵ta⁴⁴	
	季子 双脚 跪 这里	
2	阿爹您自听我双。	阿爹您听我说说。

---

[1] 朱马光[tsʏ⁴⁴mɛ³³jua⁴⁴]: 即儿童骑竹马的竹棍。

ʔa³¹tie³³ n̻i⁵⁵ tsʅ⁵⁵ tɕhɛ³⁵ ŋɔ³¹ sua⁴⁴
阿爹　您　则　我　我　说

3　不是我不辞而去，　　　　　　　　　　　　不是我不辞而别，
　　pu³⁵sʅ⁵⁵ ŋɔ³¹ pu³tshʅ⁴² ɛ⁴²pi³⁵
　　不是　我　不辞　而别

4　是季子我遭殃。　　　　　　　　　　　　　是季子遭殃。
　　tsɔ⁴² tɕi⁵⁵tsʅ³¹ ŋɔ³¹ tsɔ³³ja³³
　　是　季子　我　遭殃

5　路吐遇得兵马过，　　　　　　　　　　　　路上遇着兵马过，
　　thu³³ nɔ³³ jy⁴⁴tɯ⁴⁴ kɣ³⁵mɛ³³ kuo³²
　　路　上　遇着　兵马　过

6　硬要把我季子拉。　　　　　　　　　　　　硬把季子拉挑夫。
　　ʔɯ⁵⁵ jɔ⁵⁵ ka⁴⁴ ŋɔ³¹ tɕi⁵⁵tsʅ³¹ la³³
　　硬要　把　我　季子　拉

7　不由分说把我拉，　　　　　　　　　　　　不由分说拉起走，
　　pu³⁵jou⁴² fu³³suo³⁵ ka⁴⁴ ŋɔ³¹ la³³
　　不由　分说　把　我　拉

8　生我干夫当。　　　　　　　　　　　　　　让我去当夫。
　　sɯ³³ ŋɔ³¹ ka⁴⁴ fɣ⁵⁵ ta³³
　　让　我　把　夫　当

9　季子我杯叭大理，　　　　　　　　　　　　季子走到大理来，
　　tɕi⁵⁵tsʅ³¹ ŋɔ³¹ pe⁴⁴phia⁴⁴ ta⁵⁵li³¹
　　季子　我　走到　大理

10　可怜无钱回家乡。　　　　　　　　　　　　可怜无钱回家乡。
　　kho³¹lie⁴² tɕhie⁵⁵mu³³ xui⁴² tɕa³³ɕa³³
　　可怜　无钱　回　家乡

11　争恨大理讨生使，　　　　　　　　　　　　就在大理讨饭吃，
　　tsɯ³³ xɯ⁵⁵ ta⁵⁵li³¹ thu⁵⁵ xɛ⁵⁵zʅ³¹
　　在　了　大理　讨　饭

12　唱着落莲花。　　　　　　　　　　　　　　唱着莲花落。
　　tsha⁵⁵ tsu³⁵ luo³⁵lia³⁵xua³³
　　唱　着　莲花落

13　我哥二人争大理，　　　　　　　　　　　　两个哥哥在大理，
　　ŋɯ⁵⁵ kɔ³³ kou³³n̻i²¹ tsɯ⁵⁵ ta⁵⁵li³¹
　　我　哥　两个　在　大理

14　二人在大理做官。　　　　　　　　　　　　两个都在做大官。
　　kou³³n̻i²¹ kɣ⁴² ta⁵⁵li³¹ tsʅ⁵⁵kua³⁵
　　两个　在　大理　做官

15　打发人请唱小调，　　　　　　　　　　　　打发人请唱小调，

	tɛ⁴⁴fɛ⁴⁴ zɯ⁴² tɕhɯ³¹ tsha⁵⁵ ɕiɔ³¹tiɔ⁵⁵	
	打发　人　请　唱　小调	
16	闷干我请叭。	才把我请来。
	mɯ⁵⁵ ka⁴⁴ŋɔ³¹ tɕhɛ³³ phia⁴⁴	
	才　把　我　请　到	
17	季子我唱亮家谱,	季子我唱咱家谱,
	tɕi⁵⁵tsɿ³¹ ŋɔ³¹ tsha⁵⁵ n̠a⁵⁵ tsa³³phu³¹	
	季子　我　唱　咱们　家谱	
18	肉胎闷得三认叭。	兄弟这才得相会。
	zu⁵⁵thi³³ mɯ⁵⁵tɯ³¹ sa⁵⁵zɯ⁴⁴ phia⁴⁴	
	兄弟　这才　相会　到	
19	我哥打发我央应,	哥哥打发我回来,
	ŋɯ⁵⁵ kɔ³³ tɛ⁴⁴fɛ⁴⁴ ŋɔ³¹ ja⁴²jɯ³⁵	
	我哥　打发　我　回来	
20	报喜讯到家。	报喜讯回家。
	pɔ⁵⁵ ɕi³¹ɕye⁵⁵ tɔ⁵⁵ tɕa³³	
	报　喜讯　到　家	

【白】这是常将军,快把县官提来!

常将军【白】：三王爷在上,已将县官提来了。

季子【白】：你这个县官,你为何乱判案子,杀我嫂嫂王氏!

县官【白】：嗯。这是武卒之事。

季子【白】：那你快把武卒提来。

县官【白】：王爷在上,武卒提来了。

季子【白】：这是武卒,检验为何起了私心!

武卒【白】：这是你妈妈的事。

季子【白】：常将军,你把县官,你把武卒,他二个拴在马尾巴上,我要在教场坝拖他们三转也——【唱】:

1	大骂一声武卒和县官,	大骂武卒和县官,
	ta⁵⁵ ma⁵⁵ ji³⁵sɯ³³ vɣ³¹tsu³⁵ xo⁴² ɕie⁵⁵kua³³	
	大　骂　一声　武卒　和　县官	
2	嚨心自闷毒期那!	你们的心怎么这样毒!
	nɯ⁵⁵ ɕi³⁵ tsɿ⁵⁵mɯ⁵⁵ to³⁵ tɕhi⁴⁴ na⁵⁵	
	你的心　怎么　毒　出　这样	
3	自官不为民分忧,	做官不为民分忧,
	tsɿ⁵⁵kua³⁵ pu³⁵ ue⁵⁵miɯ⁴² fɯ³³jou³³	
	做官　不　为民　分忧	
4	错干人格相。	胡乱杀人家。
	tshu⁵⁵ ka⁴⁴ n̠i²¹kɛ³⁵ ɕa⁴⁴	
	错　把　人　杀	
5	怎钱人格送你钱,	有钱的人送你钱,

	tsɯ³³ tɕhie⁵⁵ ɲi²¹kɛ³⁵ so³³ nɔ³¹ tɕhie⁵⁵ 有 钱 人 送 你 钱	
6	犯法人格你笨相。 fa⁵⁵fa³⁵ ɲi²¹kɛ³⁵ nɔ³¹ pɯ³¹ ɕa⁴⁴ 犯法 人 你 不 杀	犯法的人你不杀。
7	钱立没人送肯朵， tɕhie⁵⁵li⁵⁵ mu³³ ɲi²¹ so³³ khɯ³³ tuo³² 钱文 没 人 送 起 不得	没有钱的人送不起，
8	犯法没利相。 fa⁵⁵fa³⁵ mu³³ li⁵⁵ ɕa⁴⁴ 犯法 没 也 杀	没犯法也杀。
9	半斗半母怎好东， pa⁵⁵ to⁵⁵ pa⁵⁵ mɔ³³ tsɯ³³ xɔ³¹tʏ³⁵ 他们 爹 他们 妈 在 家里	人家爹妈在家里，
10	半子半女别笨当。 pa⁵⁵ tsɿ³³ pa⁵⁵ ɲʏ³³ pie⁵⁵ pɯ⁵⁵ta⁴⁴ 他们 儿 他们 女 丢 那里	人家子女在那里。
11	县官冷头不清醒， ɕie⁵⁵kue³³ nɯ³¹tu²¹ pu³⁵ tɕhu³³ɕɯ³¹ 县官 这个 不 清醒	这个县官不清醒，
12	不能饶过他！ pu³⁵nɯ⁴² zɔ⁴² kuo⁵⁵ tha³³ 不能 饶 过 他	不能饶过他！

【白】：这个县官，你判案不分青红皂白，看钱办案，坑害良民，罪恶累累，十恶不赦，今日当众拖死你，才能大快人心。待我上马就走！【介】

常将军【白】：叩。王爷在上！已将他们两个拖死了。

季子【白】：好！常将军，快把三十六桩，全部放掉。

犯人【白】：多谢二王爷！

季子【白】：各位犯人听我讲来——【唱】：

1	各位犯人听我双， ko³⁵ue⁵⁵ fa⁵⁵zɯ⁴² tɕhɛ³⁵ ŋɔ³¹ sua⁴⁴ 各位 犯人 听 我 说	各位犯人听我说，
2	今后不能在犯法。 tɕɯ³³xou⁵⁵ pu³⁵nɯ⁴² tse⁵⁵ fa⁵⁵fa³⁵ 今后 不能 再 犯法	今后不能再犯法。
3	今日我双那闷咽， ke⁵⁵ɲi⁴⁴ ŋɔ³¹ sua⁴⁴ na⁵⁵mɯ⁵⁵ jɯ³⁵ 今日 我 说 你们 来	今日我说给你们，
4	紧紧记心上。	紧紧记心上。

tɕɯ³¹tɕɯ³¹ tɕi⁵⁵ ɕɯ³³ sa⁵⁵
紧紧　　记心　上

5　第一本准自大贼，　　　　　　　　　　第一不准做大贼，
　　ti³¹ji⁴⁴ pɯ³¹tsui³¹ tsɿ⁵⁵ to³²tsɿ⁴²
　　第一　不准　　做 大贼

6　苗本自皮日党半。　　　　　　　　　　不要天天去偷人。
　　mia⁴⁴ pɯ³¹ tsɿ⁵⁵ pi²¹ɲi⁴⁴ ta³¹ pa⁵⁵
　　不要 不　做　天天　偷 人家

7　古说黄土变成金，　　　　　　　　　　古说黄土变成金，
　　ku³¹suo³⁵ xua⁴²thu³¹ pie⁵⁵tshɯ⁴² tɕɯ³³
　　古说　　黄土　　变成　　金

8　只要狠心干。　　　　　　　　　　　　只要狠心干。
　　ti³¹ɲɔ⁴⁴ xɯ³¹ɕɯ³³ ka⁵⁵
　　只要　狠心　干

9　第二本准去放火，　　　　　　　　　　第二不准去放火，
　　ti³¹zɿ³¹ pɯ³¹tsu³¹ ɣɛ²¹ fa⁵⁵xuo³¹
　　第二　不准　去　放火

10　放火之人罪恶大。　　　　　　　　　放火之人罪恶大。
　　fa⁵⁵xuo tsɿ³³zu⁴² tsui⁵⁵ɣɔ³⁵ ta⁵⁵
　　放火　之人　罪恶　大

11　第三本准打斗母，　　　　　　　　　第三不准打爹妈，
　　ti³¹sa³⁵ pɯ³¹tsui³¹ tɛ⁴⁴ to³⁵mɔ³³
　　第三　不准　打 爹妈

12　干爹妈孝养。　　　　　　　　　　　要孝养爹妈。
　　ka⁴⁴ to³⁵mɔ³³ ɕiɔ⁴⁴ja⁵⁵
　　把　爹妈　孝养

13　第四本准杀人格，　　　　　　　　　第四不准去杀人，
　　ti⁵⁵sɿ⁵⁵ pɯ³¹tsui³¹ ɕa⁴⁴ɲi²¹kɛ³⁵
　　第四　不准　杀 人

14　天下唯人命最大。　　　　　　　　　天下唯人命最大。
　　thie³³ɕa⁵⁵ ve⁴² zu⁴²miɯ⁵⁵ tsui⁵⁵ta⁵⁵
　　天下　唯　人命　最大

15　打死了人要抵命，　　　　　　　　　打死了人要抵命，
　　tɛ⁴⁴ɕa⁴⁴ ɲi²¹kɛ³⁵ ɲɔ³³ ti³¹miɯ⁵⁵
　　打死 人　要 抵命

16　一点不饶让。　　　　　　　　　　　一点不饶让。
　　ji³⁵tie³¹ pu³⁵ zɔ⁴² za⁵⁵
　　一点　不　饶让

17　子女斗母丢那后，　　　　　　　　　子女爹妈丢后边，

	tsɿ³³n̠ɣ³³ to³⁵mɔ³³ pie⁵⁵ na⁵⁵ ɣɯ³³	
	子女　爹妈　　丢　你们　后	
18	怎吐子女斗母没。	有的子女没爹妈。
	tsɯ³³ nɔ³³ tsɿ³³n̠ɣ³³ to³⁵mɔ³³ mu³³	
	有　的　　子女　　爹妈　　没	
19	那气欧自那慌张,	那时你们心难过,
	na⁵⁵tɕhi⁵⁵ ʔɔ⁴² tsɿ⁵⁵ na⁵⁵ xua³³tsa³³	
	那时　　难过　则　你们　慌张	
20	生生气相罢。	活活气死人。
	xɛ³xɛ³⁵ tɕhi⁴⁴ ɕa⁴⁴ pa⁵⁵	
	活活　　气　　死　他们	
21	今日那遇得我吐,	今日你们遇着我,
	ke⁵⁵n̠i⁴⁴ na⁵⁵ jy⁴⁴tɯ⁴⁴ ŋɯ⁵⁵ nɔ³³	
	今日　　你们　遇着　　我　上	
22	头世修得舍来住。	前世修得这条命。
	tɯ²¹se⁴² ɕɯ⁵⁵tɯ⁴⁴ miɛ⁴² le³¹tsɿ⁴⁴	
	前世　　修得　　命　这条	
23	放活那三十六桩,	放活你们三十六人,
	tsɿ⁴²xɛ³⁵ na⁵⁵ sa³³sɿ³³ lu³⁵ tsua³³	
	放活　　你们　三十　　六　桩	
24	使那回家乡。	让你们回家。
	sɯ³³ na⁵⁵ xui⁴² tɕa³³ɕa³³	
	让　你们　回　　家乡	
25	自生意人自生意,	做生意的做生意,
	tsɿ⁵⁵ sɯ⁵⁵ji⁴⁴n̠i²¹ tsɿ⁵⁵ sɯ⁵⁵ji⁴⁴	
	做　生意人　　　做　生意	
26	自庄家人自庄家。	做庄家的做庄家。
	tsɿ⁵⁵ tsua⁵⁵tɕa⁵⁵n̠i²¹ tsɿ⁵⁵ tsua⁵⁵tɕa⁵⁵	
	做　庄家人　　　　做　庄家	
27	渔樵耕读务生理,	渔樵耕读务生理,
	jy⁴² tɕhiɔ⁴² kɯ³³ tu³⁵ ʔɣ⁴⁴ sɯ³³li³¹	
	渔　樵　　耕　读　务　生理	
28	不能再犯法。	不能再犯法。
	pu³⁵nɯ⁴² tse⁵⁵ fa⁵⁵fa³⁵	
	不能　　再　　犯法	
29	三十六桩放恨了,	三十六桩全放了,
	sa³³sɿ³³ lu³⁵ tsua⁴⁴ tsɿ⁴²xɯ⁵⁵ lɔ³²	
	三十　　六　桩　　放掉　　了	
30	爹爹你不必悲伤。	爹爹您不必悲伤。

tie³³tie³³ ɲi⁵⁵ pu³⁵pi³⁵ pe³³sa³³
爹爹　您　不必　悲伤

31　子女斗母得团圆，　　　　　　　　　　子女爹妈得团圆，
tsʅ³³ɲʋ³³ to³⁵mɔ³³ tɯ³⁵ thue⁴²jye⁴²
子女　爹妈　得　团圆

32　云开见面汪。　　　　　　　　　　　　云开见月亮。
vʋ²¹ sa⁴² ke³² mi⁵⁵ua⁴⁴
云　散　见　月亮

33　阿爹骑肯马吐怎，【换韵】　　　　　　阿爹你去骑马吧，
ʔa³¹tie³³ kɯ²¹khɯ³³ mɛ³³ nɔ³⁵ tsɯ³⁵
阿爹　骑起　马　上　吧

34　常将军来把马牵。　　　　　　　　　　常将军给你牵马。
tsha⁴²tɕa³³jye³³ jɯ³⁵ ka⁴⁴ mɛ³³ khe⁵⁵
常将军　来　把　马　牵

35　大嫂坐肯县官轿，　　　　　　　　　　大嫂坐上县官轿，
ʔa³¹tshu³³ kʋ⁴²khɯ³³ ɕie⁵⁵kue³³ tɕiɔ⁴⁴
阿嫂　坐起　县官　轿

36　小侄我自背。　　　　　　　　　　　　我背侄儿走。
tɕi⁴²tsʅ³³ ŋɔ³¹ tsʅ⁵⁵ jɛ⁴²
侄儿　我　则　背

37　五人四少杯央应，　　　　　　　　　　四个老小回家去，
u³¹ɲi²¹ sʅ⁵⁵sɔ⁵⁵ pe⁴⁴ ja⁴⁴ jɯ³⁵
五个　四少　走　回　来

38　不觉回到大门前。　　　　　　　　　　不觉来到大门前。
pi³⁵tɕu³⁵ xui⁴² tɔ⁵⁵ tɕa³³mɯ⁴²tɕhie⁴²
不觉　回到　大门前

39　阿村子人杯期加，　　　　　　　　　　全村男女来迎接，
ʔa³¹jɯ⁴⁴ ɲi²¹kɛ³⁵ pe⁴⁴ tɕhi⁴⁴ tɕa⁴⁴
全村　人　走　出　接

40　多少吐热闹。　　　　　　　　　　　　场面多热闹。
tɕi³⁵ɕiɔ³³ nɔ³³ ʔue⁵⁵ɲi⁴⁴
多少　的　热闹

41　爹爹回房休息去，　　　　　　　　　　爹爹上房休息去，
tie³³tie³³ xui⁴²fa⁴² ka⁴⁴ɕa³tsʅ³³
爹爹　回房　闲闲会儿

42　大嫂也把绣房归。　　　　　　　　　　大嫂您也归绣房。
ʔa³¹tshu³³ je³¹ pa⁴¹ ɕiu⁵⁵fa⁴² kui³³
阿嫂　也　把　绣房　归

43　常将军和我两个，　　　　　　　　　　常将军和我两个，

tsha³¹tɕa³³jye³³ ho⁴² ŋɔ³¹ nia³¹ kuo⁵⁵
常将军　　和　我　两　个

44　陪大家闲闲。　　　　　　　　　　　　　　　陪大家闲闲。
phe⁵⁵ ta⁵⁵tɕa³³ ɕie⁴²ɕie³³
陪　　大家　　　闲闲

十、全家欢聚家乡　恶婆流浪他乡

【诗】：　文官提笔安天下，
　　　　　武官提刀定太平。
　　　　　皇王有道民安乐，
　　　　　男女老少喜盈盈。

中林【白】：待我中林中秀想来，圣上已准我回家。待我叫出二弟，收拾行装，回家探望一番——【唱】：

1　兄弟二人就起身，　　　　　　　　　　　　　兄弟二人就起身，
ɕio³³ti⁵⁵ e⁵⁵zɯ⁴² tɕiu⁵⁵ tɕhi³¹sɯ³³
兄弟　二人　　就　　起身

2　带起马部和家丁。　　　　　　　　　　　　　带起马部和家丁。
te⁵⁵tɕhi³¹ ma³¹pu⁵⁵ ho⁴² tsa³³tiɯ³³
带起　　马部　　和　家丁

3　大摆马部往前走，　　　　　　　　　　　　　大摆马部往前走，
ta⁵⁵pe³¹ ma³¹pu⁵⁵ ua³¹tɕhie⁴² tsou³¹
大摆　　马部　　　往　前　　走

4　显八面威风。　　　　　　　　　　　　　　　显八面威风。
ɕie³¹ pa³⁵mie⁵⁵ ui³³fo³³
显　　八面　　　威风

5　五色旗号摆两旁，　　　　　　　　　　　　　五色旗号摆两旁，
u³¹sɯ³ tɕhi⁴²xɔ⁵⁵ pe³¹ nia³¹pa⁴²
五色　　旗号　　　摆　　两旁

6　马部兵丁朝后跟。　　　　　　　　　　　　　马部兵丁朝后跟。
ma³¹pu⁵⁵ piɯ³³tiɯ³³ tshɔ⁴² xou⁵⁵ kɯ³³
马部　　　兵丁　　　　朝　　后　　跟

7　得胜回家有大功，　　　　　　　　　　　　　得胜回家有大功，
tɯ³⁵sɯ⁵⁵ ja⁴⁴khɣ³¹ jou³¹ ta⁵⁵ko³³
得胜　　　回家　　　　有　　大功

8　天下扬名声。　　　　　　　　　　　　　　　天下扬名声。
thie³³ɕa⁵⁵ ja⁴² miɯ⁴²sɯ³³
天下　　　扬　名声

9　各州府县来应接，　　　　　　　　　　　　　各州府县来接应，

10　香案摆满大街心。　　　　　　　　　　　香案摆满大街心。
　　　ɕia³³ŋa⁵⁵ pe³¹ ma³³ ta⁵⁵ke³³ ɕɯ³³
　　　香案　摆　满　大街　心

11　吹锣打鼓杯期加，　　　　　　　　　　　敲芦打鼓来迎接，
　　　phɯ⁵⁵lu²¹ tɛ⁴⁴ku³³ pe⁴⁴tɕhi⁴⁴ tɕa⁴⁴
　　　吹芦　打鼓　走出　接

12　自热闹纷纷。　　　　　　　　　　　　　可热闹纷纷。
　　　tsɿ⁵⁵ zɯ³⁵nɔ⁵⁵ fu³³fɯ³³
　　　则　热闹　纷纷

13　一路行程来得快，　　　　　　　　　　　一路行程来得快，
　　　ji³⁵lu⁵⁵ ɕɯ⁴²tshɯ⁴² le⁴² tɯ³⁵ khui⁵⁵
　　　一路　行程　来得　快

14　不觉杯叭恨村很。　　　　　　　　　　　不觉到了村子里。
　　　pu³⁵tɕu³⁵ pe⁴⁴ phia⁴⁴ xɯ⁵⁵jɯ⁴⁴ xɯ³¹
　　　不觉　走　到　了　村　里

15　阿村人格杯期加，　　　　　　　　　　　全村男女来迎接，
　　　ʔa³¹jɯ³³ n̠i²¹kɛ³⁵ pe⁴⁴tshi⁴⁴ tɕa⁴⁴
　　　全村　人　走出　接

16　实在好威风。　　　　　　　　　　　　　实在好威风。
　　　sɿ³⁵tse⁵⁵ xɔ³¹ ui³³fɯ³³
　　　实在　好　威风

季子【白】：爹爹，而门外敲锣打鼓，定是我大哥二哥回来了，快快出门接他们去！
老汉【白】：啊，我两个儿子回来了！辛苦了——**【唱】**：

1　开口我叫咋阿支，　　　　　　　　　　　开口我叫我的儿，
　　　khɯ⁵⁵tɕye³³ ŋɔ³¹ ʔɯ⁵⁵ tsɔ⁴² ʔa³¹tsɿ³³
　　　开口　我　叫着　我儿

2　中林中秀听我说。　　　　　　　　　　　中林中秀听我说。
　　　tso³³liɯ⁴² tso³³ɕiu⁵⁵ tɕhɛ³⁵ ŋɔ³¹ sua⁴⁴
　　　中林　中秀　听我说

3　那两胎杯当兵恨，　　　　　　　　　　　你们兄弟当兵后，
　　　na⁵⁵ kou³³the⁵⁵ ta³⁵kɣ³⁵ xɯ⁵⁵
　　　你们兄弟　当兵　了

4　天天焦那堆。　　　　　　　　　　　　　我天天焦心。
　　　pi²¹n̠i⁴⁴ tɕiɔ⁵⁵ na⁵⁵ tua⁴⁴
　　　天天　焦　你们　上

5　冷叹两胎杯央老，　　　　　　　　　　　这回你们回来了，
　　　lɯ³¹tha⁵⁵ kou³³the³³ pe⁴⁴ ja⁴⁴ lɔ³²
　　　这回　兄弟　走　回　了

6　　你爹我自喜欢相。　　　　　　　　　　　爹爹好欢喜。
　　　na⁵⁵ tie³³ ŋɔ³¹ tsɿ⁵⁵ ɕi³¹xua³⁵ ɕa⁴⁴
　　　你们爹　我　则　欢喜　　死

7　　两个都封侯王爷，　　　　　　　　　　两个都封侯王爷，
　　　kou³³ȵi⁵⁴ tɕhɛ⁵⁵ fu³³ xou⁴²ua⁴²je⁴²
　　　两个　　都　封　　侯王爷

8　　名扬于四方。　　　　　　　　　　　　名扬于四方。
　　　miɛ³⁵ ja⁴² jy⁴² sɿ⁵⁵fa³³
　　　名　　扬于　四方

9　　儂母冷头没良心，　　　　　　　　　　你嬤这个没良心，
　　　nɯ⁵⁵mɔ³³ nɯ³¹tɯ²¹ mu³³nia⁵ɕɯ⁵⁵
　　　你嬤　　这个　　　没良心

10　　王氏受恨多少难。　　　　　　　　　　王氏受了很多难。
　　　ua⁴²sɿ⁵⁵ sou⁴⁴ xɯ⁵⁵ tɕi⁵⁵ɕiɔ³³ na⁴⁴
　　　王氏　　受　了　很多　　难

11　　季子保咋本央咽，　　　　　　　　　　季子他要是不回来，
　　　tɕi⁵⁵tsɿ³¹ pɔ³¹ tsɔ⁴² pɯ³¹ ja⁴⁴jɯ³⁵
　　　季子　　他　要是　不　回来

12　　半干王氏相。　　　　　　　　　　　　是要遭官杀。
　　　pa⁵⁵ ka⁴⁴ ua⁴²sɿ⁵⁵ ɕa⁴⁴
　　　他们　把　王氏　　杀

13　　我干小孙抱期咽，　　　　　　　　　　我把小孙抱回来，
　　　ŋɔ³¹ ka⁴⁴ se³¹sua⁵⁵ pu³³tshi⁴⁴ jɯ³⁵
　　　我　把　小孙　　抱出　　来

14　　拜拜你二叔巴巴。　　　　　　　　　　拜拜二叔和爸爸。
　　　pɛ⁴²pɛ⁴² ni³¹ e⁵⁵su³⁵ pa⁴²pa³³
　　　拜拜　　你　二叔　　爸爸

15　　你是兰家的后代，　　　　　　　　　　你是兰家的后代，
　　　nɔ³¹ tsɿ³³ la⁴²tɕa³³ pa⁵⁵ xou⁵⁵te⁵⁵
　　　你　是　兰家　　他们　后代

16　　后代香火光。　　　　　　　　　　　　接兰家香火。
　　　xou⁵⁵te⁵⁵ ɕiɔ³⁵xui³³kua⁴⁴
　　　后代　　香火根

中林、中秀【唱】：

1　　中林中秀好欢喜，　　　　　　　　　　中林中秀好欢喜，
　　　tso³³liɯ⁴² tso³³ɕiu⁵⁵ xɔ³¹ xue⁵⁵ɕi³¹
　　　中林　　中秀　　好　欢喜

2　　兄弟给阿爹说话。　　　　　　　　　　两兄弟给阿爹说说。
　　　zu⁵⁵the³ kou⁵⁵ ʔa³¹tie³³ suo³⁵xua⁵⁵
　　　兄弟　　跟　阿爹　　说说

3	旺子胎之杯期号，	几个兄弟走开了，
	ua⁵⁵tsɿ³¹the³³ tsɿ³³ pe⁴⁴ tshi⁴⁴ xɔ⁵⁵	
	几个兄弟　是　走开　了	
4	利老本汉三。	您老没指望。
	ȵi⁵⁵ lɔ³¹ pɯ³¹ xa⁵⁵ sa³³	
	您　老　没　指望　了	
5	干利古人丢好东，	把您老人丢家里，
	ka⁴⁴ ȵi⁵⁵ ku³³ȵi²¹ pie⁵⁵ xɔ³¹tɣ³⁵	
	把　您　老人　丢　家里	
6	十分罪干我吐减。	请您恕罪过。
	sɿ³⁵fɯ³³ zui⁵⁵ ka⁴⁴ ŋa⁵⁵ nɔ³³ ka³³	
	十分　罪　把　我们　上　减	
7	敬得忠而失去孝，	敬得忠而失去孝，
	tɕɯ⁵⁵tɯ³⁵ tso³³ le⁴² sɿ⁵⁵ tɕy⁵⁵ ɕiɔ⁵⁵	
	敬得　　忠　来　失　去　孝	
8	这话果不差。	这话果不差。
	tsɿ⁵⁵xua⁵⁵ kuo³¹ pu³⁵tsha³³	
	这话　　果　不差	
9	两胎冷叹杯打英，	兄弟这回到您前，
	kou³³ the³³ lɯ³¹tha⁵⁵ pe⁴⁴ja⁴⁴ jɯ³⁵	
	兄弟　　这回　走回　来	
10	主意央咽干利看。	打定主意看看您。
	tsu³¹ji⁴⁴ ja⁴⁴jɯ³⁵ ka⁴⁴ȵi⁵⁵ʔa³³	
	主意　　回来　　看看您	
11	汉得阿爹精神求，	看见阿爹精神好，
	xa⁵⁵tɯ⁴⁴ ʔa³¹tie³³ tɕɯ⁵⁵sɯ⁵⁵ tɕhiu⁵	
	看见　阿爹　　精神　　好	
12	两胎喜欢相。	兄弟好欢喜。
	kou³³the³³ ɕo³¹xua³⁵ ɕa⁴⁴	
	兄弟俩　欢喜　死	
13	唯愿利百福百寿，	唯愿您百福百寿，
	ve⁴²jye⁵⁵ ȵi⁵⁵ pɯ³⁵fɣ³⁵ pɯ³⁵sou⁵⁵	
	唯愿　您　百福　百寿	
14	唯愿利过阿百岁。	唯愿您有一百岁。
	ve⁴²jye⁵⁵ ȵi⁵⁵ kuo³² ʔa³¹ pe⁴⁴ sua⁴⁴	
	唯愿　您　过　一　百　岁	
15	冷叹亮一家团圆，	这回咱一家团圆，
	lɯ³¹tha⁵⁵ ȵa⁵⁵ ji³⁵tɕa³³ thue⁴² jye³¹	
	这回　　咱们　一家　团圆	
16	享百世其昌。	享百世其昌。

ɕa³¹ pɯ³⁵sɿ⁵⁵ tɕhi³¹ tsha³³
享　百世　其昌

乔氏【白】：乔氏我出门好几天来了，未能回家。今日回家，待我看看去呐——【唱】：

1　乔氏米米自生果，　　　　　　　　乔氏想想哭出声，
　　tɕio⁴²sɿ⁵⁵ mi³³mi³³ tsɿ⁵⁵ xɛ⁵⁵kou⁴⁴
　　乔氏　想想　　则　大哭

2　我干人平自差吐。　　　　　　　　就为我的人品做错。
　　ŋo³¹ ka⁴⁴ zɯ⁴²p̃³¹ tsɿ⁵⁵ tsha³³ nɔ³²
　　我　把　人品　做　差　上

3　古说害人中害己，　　　　　　　　古说害人终害己，
　　ku³¹suo³⁵ xɛ⁵⁵zɯ⁴² tso³³ xɛ⁵⁵ tɕi³¹
　　古说　　害人　　终　害　己

4　害达我头吐。　　　　　　　　　　害到我身上。
　　xɛ⁴⁴ta⁴² ŋɯ⁵⁵ tɯ²¹ nɔ³³
　　害回　我　头　上

5　冷叹我成单人之，　　　　　　　　这回我成孤独人，
　　lɯ³¹tha⁵⁵ ŋo³¹ tsɿ²¹ tu⁵⁵ȵi²¹tsɿ³³
　　这回　　我　成　独人儿

6　给汪边人笑话我，　　　　　　　　让外人都笑话我。
　　zɿ³¹ ua⁴⁴nɔ³³xɔ³³ sɔ³¹ ŋɯ⁵⁵ nɔ³³
　　让　外人　　笑　我　上

7　阿更老后咬手哉，　　　　　　　　这时转身咬手拐，
　　ʔa³¹kɯ⁵⁵ lou³¹ɣɯ³³ ŋa⁴⁴ sɯ³³tse⁴⁴
　　这时　　转身　　咬　手拐

8　后悔及米朵。　　　　　　　　　　后悔赶不上。
　　xou⁵⁵xui³¹ tɕi³²mi³²tuo³²
　　后悔　　　赶不上

9　冷旺自我好东没，　　　　　　　　这月我不在家里，
　　lɯ³¹ ua⁴⁴ ŋo³¹ tsɿ⁵⁵ xɔ³¹tɣ³⁵ mu³³
　　这月　我　则　在家　　不

10　今日回家里瞧瞧。　　　　　　　今日回家瞧一瞧。
　　ke⁵⁵ȵi⁴⁴ xui⁴²tɕa³³li³¹ tɕhio⁴²tɕhio³³
　　今日　回家里　　瞧瞧

11　格门闷利打开号，　　　　　　　两扇大门都打开，
　　kɛ⁴²me²¹ mɯ⁵⁵ li⁵⁵ tɛ⁴⁴khɯ⁵⁵ xɔ⁵⁵
　　两扇　　处　也　打开　　掉

12　阿和莫非贼党我。　　　　　　　啊呵，莫非贼来偷。
　　ʔa⁵⁵xɔ⁵⁵ mo³⁵fe³³ tsɯ⁴² ta³¹ŋo³¹
　　啊呵　莫非　　贼　偷我

【白】：待我进门看看——啊哗哗，家里怎么会有那么多人！噫——这是我儿兰季子！

哎！那是我儿，儿呀，家里为何有这么多人？

季子【白】：哦——是我没良心的妈妈！

乔氏【白】：不得乱说！你是怎么回来的？

季子【白】：我回来要你的命！

季子【白】：你要问，上面坐的是我爹爹，盔衣盔甲亮铮铮的是我大哥和二哥，二哥身边穿着玉珠盔甲的是我的二嫂，还有那个小儿是我的侄子牢狱生。还有那个大汉是我买回来的灶君老爷。

乔氏【白】：这是小孙孙，你们都回来了。那我们一家得团圆了。

季子【白】：哎，我们团圆，再要你这个不要脸的败家婆娘做什么！待我吩咐常将军，快帮我打母亲来！（叭叭叭，十、二十、三十、四十）

乔氏【白】：啊哟啊哟，常将军，饶过我吧！万万不能——【唱】：

1	乔氏达跌等委吐，	乔氏倒地在这里，
	tɕhio⁴²sʅ⁵⁵ ta⁴²tue⁴⁴ lɯ³¹ui³³ nɔ³³	
	乔氏　　倒地　　这里　上	
2	叫我没里没主朵。	让我逃也逃不脱。
	sɯ³³mɔ³¹ mɯ²¹ li⁵⁵ mɯ²¹tsʅ²¹ tuo³²	
	让我　逃　也　逃脱　不得	
3	将军狗人利打我，	狗将军来棒打我，
	tɕa³³jye³³ khua³³tɯ²¹ jɯ³ tɛ⁴⁴ ŋɔ³¹	
	将军　　狗　　来　打　我	
4	没欺汪边吐。	忙逃到外边。
	mɯ²¹ tɕhi⁴⁴ ua⁴⁴fɣ³³ nɔ³³	
	逃　出　外边　上	
5	季子干我赶期因，	季子把我赶出来，
	tɕi⁵⁵tsʅ³¹ ka⁴⁴ ŋɔ³¹ tɕi⁴²tɕhi⁴⁴ jɯ³⁵	
	季子　把我　赶出　来	
6	我利早笨吐做做。	我也像他一样做。
	ŋɔ³¹ li⁵⁵tsɔ⁴² pɯ⁵⁵ nɔ³³ tsʅ⁵⁵tsʅ⁵⁵	
	我　或　他　上　做做	
7	我利咋杯讨生使，	这回我也去讨饭，
	ŋɔ³¹ li⁵⁵tɕɔ⁴² pe⁴⁴ thu⁵⁵ xɛ⁵⁵sʅ³¹	
	我　也　走　讨　饭	
8	休道该笨吐。	羞回他头上。
	tshɯ³³ ta⁴² ke²¹ pɯ⁵⁵ nɔ³³	
	羞　回去　他　上	
9	给我银碗去讨饭，	给我银碗去讨饭，
	sɯ³¹ ŋɔ³¹ ȵi⁴²ue³¹ ɣɛ²¹ thɔ³¹fa⁵⁵	
	给　我　银碗　去　讨饭	
10	使几叭心棵。	疼痛到心头。

$$sη^{31}tɕi^{31}\ phia^{44}\ ɕi^{35}khɔ^{33}$$
疼　到　　一颗心

11　格保再赶我后正，　　　　　　　　　怕他再来追赶我，
　　$kɛ^{35}\ pɔ^{31}\ tse^{44}\ tɕi^{42}\ ŋɯ^{55}\ ɣɯ^{33}\ tsɯ^{42}$
　　怕他 再　赶　我　后　可能

12　底得逃时别县吐。　　　　　　　　　只得逃到别县去。
　　$ti^{31}\ te^{35}\ mɯ^{21}tsη^{21}\ pie^{35}ɕie^{55}\ nɔ^{33}$
　　只得　逃到　　别县　　上

13　赶出老娘三百里，　　　　　　　　　赶出老娘三百里，
　　$tɕi^{42}tɕhi^{44}\ lɔ^{31}nia^{42}\ sa^{33}pɯ^{35}\ li^{31}$
　　赶出　　老娘　　三百　　里

14　紧记心得吐。　　　　　　　　　　　紧记在心头。
　　$tɕɯ^{31}\ tɕi^{44}\ ɕi^{35}\ tɯ^{21}\ nɔ^{33}$
　　紧　记　心　头　上

15　心闷想要央杯达，　　　　　　　　　心里想要回家来，
　　$ɕi^{35}mɯ^{55}\ ɕa^{31}\ nɔ^{44}\ ja^{44}\ pe^{44}\ ta^{42}$
　　心里　想　要　回　走　回

16　半那嫌我年纪倒。　　　　　　　　　他们嫌我年纪大。
　　$pa^{55}\ tsη^{55}\ ɕie^{42}\ ŋɿ^{31}\ ȵi^{44}sua^{44}\ tɔ^{32}$
　　他们　则　嫌　我　年纪　　大

17　叫花子的无管头，　　　　　　　　　叫花子上没管人，
　　$tɕiɔ^{55}xua^{33}tsη^{31}\ nɔ^{33}\ vɣ^{42}kue^{31}thou^{42}$
　　叫花子　　　上　　没管头

18　讨生使清高。　　　　　　　　　　　讨饭也清高。
　　$thu^{55}xɛ^{55}zη^{31}\ tɕhɯ^{33}kɔ^{33}$
　　讨饭　　　清高

19　逃难杯叭岸当因，　　　　　　　　　逃难来到这里来，
　　$mɯ^{21}\ tsη^{55}\ pe^{44}\ phia^{44}\ ʔa^{55}ta^{44}\ jɯ^{35}$
　　逃　则　走　到　这里　来

20　等叹使几叭心棵。　　　　　　　　　这回疼痛到心头。
　　$tɯ^{21}tha^{55}\ sη^{31}tɕi^{31}\ phia^{44}\ ɕi^{35}khɔ^{33}$
　　过去　　疼　到　一颗心

21　手拿银碗讨生使，　　　　　　　　　手拿银碗去讨饭，
　　$sɯ^{33}\ pe^{33}\ ȵi^{42}ue^{31}\ thu^{55}xɛ^{55}zη^{31}$
　　手　拿　银碗　　讨饭

22　劝化人格伙。　　　　　　　　　　　劝化在世人。
　　$tɕhye^{44}xua^{44}\ ȵi^{21}kɛ^{35}xɔ^{33}$
　　劝化　　　人们

23　乔氏古吐古雄怎，　　　　　　　　　乔氏老的老朽了，

tɕiɔ⁴²sʅ⁵⁵ ku³³ nɔ³³ ku³³ɕio⁴² tshɯ⁵⁵
乔氏　老的　老朽　了

24　实在对朱人格朵。　　　　　　　　　　实在难以对世人。
sʅ³⁵tse⁵⁵ tui⁴²tsɣ⁴² n̠i²¹kɛ³⁵ tuo³²
实在　对着　人　不得

25　我干良心打怪号，　　　　　　　　　　我把良心使坏了，
ŋɔ³¹ ka⁴⁴ nia⁵⁵ɕɯ⁵⁵ tɛ⁴⁴kue⁴² xɔ⁵⁵
我　把　良心　打坏　掉

26　那学我闷朵。　　　　　　　　　　　　不能再学我。
na⁵⁵ ɣɯ⁴² ŋɯ⁵⁵ mɯ⁵⁵ tuo³²
那么　学　我　上　不得

27　我自全那大生尧，　　　　　　　　　　我劝你们做婆婆的人，
ŋɔ³¹ tsʅ⁵⁵ tɕhye⁴⁴ na⁵⁵ tɔ³¹sʅ³³jɔ⁴²
我　则　劝　你们　婆婆

28　我再劝那姨母伙，　　　　　　　　　　我劝你们做后娘的人，
ŋɔ³¹ tse⁴⁴ tɕhye⁵⁵ na⁵⁵ ji⁵⁵mɔ³³xɔ³³
我　再　劝　你们　后娘们

29　我再劝那子妇伙，　　　　　　　　　　我劝你们做媳妇的人，
ŋɔ³¹ tse⁴⁴ tɕhye⁵⁵ na⁵⁵ tsʅ³³vɣ³³xɔ³³
我　再　劝　你们　儿媳们

30　待子待武待斗母，　　　　　　　　　　待爹待妻待儿媳，
te⁴⁴tsʅ³³ te⁴⁴vɣ³³ te⁴⁴ tou³⁵mɔ³³
待爹　待妻　待儿媳

31　欺光人格朵。　　　　　　　　　　　　不能欺负人。
tɕhi⁴⁴khua⁴⁴ n̠i²¹kɛ³⁵ tuo³²
欺瞒　人　不得

32　人行善事天保佑，　　　　　　　　　　人行善事天保佑，
zɯ⁴² ɕɯ⁴² se⁵⁵sʅ⁵⁵ thie³³ pɔ³¹jou⁵⁵
人　行　善事　天　保佑

33　恶毒保人过期朵。　　　　　　　　　　恶毒那人过不了。
ɣɔ³⁵tu³⁵ pɔ³¹n̠i²¹ kuo³²tɕhi⁴⁴ tuo³²
恶毒　那人　过出　不得

34　恶棍满淫落寞恨，　　　　　　　　　　恶贯满盈终落寞，
ɣɔ³⁵kui⁵⁵ me³¹n̠ɯ⁴² luo³⁵mɔ³⁵ xɯ⁵⁵
恶贯　满盈　落寞　掉

35　死朵好利朵。　　　　　　　　　　　　死活都不得。
ɕi³³ tuo³² tɕhiu⁵⁵ li⁵⁵ tuo³²
死　不得　好　也　不得

36　王氏行得怎好处，　　　　　　　　　　王氏修得有德行，

ua⁴²sɿ⁵⁵ ɕɯ⁵⁵tu⁴⁴ tsɯ³³ tɕhiu⁵⁵tshɣ³¹
王氏　修得　　有　　好处

37　阿更自想福过朵。　　　　　　　　　这时享福日子过不完。
　　ʔa³¹kɯ⁵⁵ tsɿ⁵⁵ ɕa³¹fɣ³⁵ kuo³² tuo³²
　　这时　则　享福　　过　不得

38　子女斗母罢团圆，　　　　　　　　子女爹妈都团圆，
　　tsɿ³¹ȵɣ³³ tuo³⁵mɔ³³ pa⁵⁵ thue⁴²jye⁴²
　　子女　　爹妈　　　他们　团圆

39　自撞死半吐！　　　　　　　　　　我不如撞他们而死！
　　tsɿ⁵⁵ tsua⁴⁴ ɕi³³ pa⁵⁵ nɔ³³
　　则　　撞　　死　他们　上

季子【白】：待我兰季子自想，我妈既然出去了，那时该因她命中所带——哎，手下，快摆酒席来上来！

手下【白】：已经摆好了。

季子【白】：爹爹在上，大哥，二哥，大嫂，二嫂，常将军，请坐呐——【唱】：

1　叫声爹爹上边坐，　　　　　　　　叫声爹爹上面坐，
　　tɕiɔ⁵⁵sɯ³³ tie³³tie³³ sa⁵⁵mie⁵⁵ tsuo⁵⁵
　　叫声　　　爹爹　　　上面　　坐

2　大哥二哥坐两旁。　　　　　　　　大哥二哥坐两旁。
　　ta⁵⁵kɔ³³ e⁵⁵kɔ³³ tsuo⁵⁵ nia³¹pie³³
　　大哥　　二哥　　坐　　两旁

3　大嫂二嫂对面陪，　　　　　　　　大嫂二嫂两边陪，
　　ta⁵⁵sɔ³¹ e⁵⁵sɔ³¹ tui⁵⁵mie⁵⁵ phe⁴²
　　大嫂　　二嫂　　对面　　　陪

4　我坐您勾吐。　　　　　　　　　　我坐在下边。
　　ŋɔ³¹ kɣ⁴² ȵi⁵⁵ ko⁴⁴ nɔ³³
　　我　坐　您　脚　上

5　唯愿爹爹您长寿，　　　　　　　　唯愿爹爹您长寿，
　　ve⁴²jye⁵⁵ tie³³tie³³ ȵi⁵⁵ tsha⁴²sou⁵⁵
　　唯愿　　　爹爹　　　您　　长寿

6　寿比南山不老松。　　　　　　　　寿比南山不老松。
　　sou⁵⁵ pi³¹ na⁴²se³³ pu³⁵lɔ³¹ so³³
　　寿　　比　南山　　不老　　松

7　父亲寿岁如彭祖，　　　　　　　　父母寿岁如彭祖，
　　fɣ⁵⁵tɕhu³³ sou⁵⁵sui⁵⁵ zu⁴² pho⁴²tsu³¹
　　父亲　　　寿岁　　　如　彭祖

8　精神好过朵。　　　　　　　　　　精神无比好。
　　tɕɯ⁵⁵sɯ⁵⁵ tɕhiu⁵⁵ kuo³² tuo³²
　　精神　　　好　　　过　不得

9　大哥二哥央朝很，　　　　　　　　大哥二哥咱们朝里面，

　　　　ta⁵⁵kɔ³³ e⁵⁵kɔ³³ xui⁴² tshɔ⁴² xɯ³¹
　　　　大哥　二哥　咱们　朝　里

10　忠心报国把朝保。　　　　　　　　　　忠心报国把朝保。
　　　　tso³³ɕɯ³³ pɔ⁵⁵kuo³⁵ pa³¹ tshɔ⁴²pɔ³¹
　　　　忠心　报国　把　朝保

11　自从今日团圆恨，　　　　　　　　　　自从今日得团圆，
　　　　tsʅ⁵⁵tsho⁴² ke⁵⁵ȵi⁴⁴ thue⁴²jye⁴² xɯ⁵⁵
　　　　自从　今日　团圆　掉

12　亮享福过朵。　　　　　　　　　　　　咱们享福日子过不完。
　　　　n̠a⁵⁵ ɕa³¹fɣ³⁵ kuo³² tuo³²
　　　　咱们　享福　过　不得

尾　声

艺人【唱】:

1　磨房记已唱完了，　　　　　　　　　　磨房记已唱完了，
　　　　mo⁵⁵fa⁴²tɕi⁵⁵ ji³¹ tsha⁵⁵ ue⁴² liɔ³¹
　　　　磨房记　已　唱　完　了

2　各位大人伙听我。　　　　　　　　　　各位大人听听我。
　　　　kɯ³⁵ui⁵⁵ ta⁵⁵zɯ⁴²xɔ³³ tɕhɛ³⁵ ŋɔ³¹
　　　　各位　大人们　听　我

3　乔氏古尧没良心，　　　　　　　　　　乔氏婆娘没良心，
　　　　tɕhiɔ³¹sʅ⁵⁵ ku³³jɔ⁴² mo³⁵ȵia⁴²ɕɯ³³
　　　　乔氏　婆娘　没良心

4　笨闷亮学朵。　　　　　　　　　　　　不能学她做。
　　　　pɯ⁵⁵ mɯ⁵⁵ n̠a⁵⁵ ɣɯ⁴² tuo³²
　　　　她　上　咱们　学　不得

5　自人好为阿来自，　　　　　　　　　　做人为了什么做，
　　　　tsʅ⁵⁵ȵi²¹ xu³³ui⁴² ʔa⁵⁵le³¹ tsʅ⁵⁵
　　　　做人　好为　什么　做

6　曲张事物亮做朵。　　　　　　　　　　偷偷摸摸不能做。
　　　　khɣ⁴⁴tsa⁴⁴ sʅ³¹vɣ³³ n̠a⁵⁵ tsʅ⁵⁵ tuo³²
　　　　曲张　事情　咱们　做　不得

7　古说害人终害己，　　　　　　　　　　古说害人终害己，
　　　　ku³¹suo³⁵ xe⁵⁵zɯ⁴² tso³³ xe⁵⁵tɕi³¹
　　　　古说　害人　终　害己

8　害达人之吐。　　　　　　　　　　　　害回您头上。
　　　　xe⁴⁴ ta⁴² ȵi²¹tsʅ³³ nɔ³³
　　　　害回　自己　上

9　害人之心不可有，　　　　　　　　　　害人之心不可有，

xe⁵⁵zɯ⁴² tsʅ³³ ɕɯ³³ pu³⁵kho³¹ jou³¹
害人 之 心 不可 有

10 防人之心不可少。 防人之心不可少。
fa⁴²zɯ⁴² tsʅ³³ ɕɯ³³ pu³⁵kho³¹ sɔ³¹
防人 之 心 不可 少

11 大家把婆媳关系， 大家把婆媳关系，
ta⁵⁵tɕa³³ pa³¹ po⁴²ɕi³⁵ kue³³ɕi⁵⁵
大家 把 婆媳 关系

12 一定要搞好。 一定要搞好。
ji³⁵tɯ⁵⁵ jɔ⁵⁵ kɔ³¹xɔ³¹
一定 要 搞好

13 大生尧要疼子武， 婆婆要疼儿媳妇，
tɔ³²sʅ³³jɔ⁴² ȵɔ³³ kɔ²¹ tsʅ³³vɣ³³
婆婆 要 疼 儿媳

14 子武尊敬大生尧。 儿媳妇要敬重婆婆。
tsʅ³³vɣ³³ tsui³³tɕɯ⁵⁵ tɔ³²sʅ³³lɔ⁴²
儿媳 尊敬 婆婆

15 想要干大家庭自求， 想要大家庭做好，
ɕa³¹ ȵɔ³³ ka⁴⁴ ta⁵⁵tɕa³³thiɯ⁴² tsʅ⁵⁵ tɕhiu⁵⁵
想 要 把 大家庭 做 好

16 团结不可少。 团结不可少。
tjue⁴²tɕi³⁵ pu³⁵kho³¹ sɔ³¹
团结 不可 少

17 唱生冷声本唱了， 唱了这本不唱了，
tsha⁵⁵ sɯ⁴⁴ lɯ³¹ tshɛ⁵⁵ pɯ³¹ tsha⁵⁵ lɔ³²
唱 了 这 声 不 唱 了

18 冷叹夜格利深吐。 这时夜更也深了。
lɯ³¹tha⁵⁵ jou³¹kɛ⁵⁵ li⁵⁵ se⁵⁵ lɔ³¹
这时 夜更 也 深 了

19 祝贺大家晚上好， 祝贺大家晚上好，
tsu³⁵xu⁵⁵ ta⁵⁵tɕa³³ va³¹sa⁵⁵ xɔ³¹
祝贺 大家 晚上 好

20 大家再见了。 大家再见了。
ta⁵⁵tɕa³³ tse⁵⁵tɕie⁵⁵ liɔ³¹
大家 再见 了

【诵】：团圆团圆真团圆，荣华富贵两双全。做人今日团圆后，平安过百年。

梁山伯与祝英台（中集）

张福雄　段　伶

《梁山伯与祝英台》是中国古代四大民间传说之一。历史上，各地有许多以它改编的戏曲。在白族地区，梁祝故事广为流传，移植为大本曲的《梁山伯与祝英台》分上、中、下三集，以宏大的篇幅全面展示了这个民间传说的全貌。白族民间艺人以白族语言、白族风土人情、白族乐曲联唱的方式进行传播，已经成为白族文艺的一个组成部分，全本演唱或节选演唱经久不衰。今天还能看到民间流传的古白文抄本有多种版本，故事情节和长短基本一致。

本书选取大本曲《梁山伯与祝英台》（中集）又名《山伯访友》、《祝英台吊孝》等，内容是：梁山伯顾念旧情，探望祝英台，得知英台已许配他人，悲愤至极，一病不起，含恨而终；祝英台预知山伯难以解脱旧情，曾以天方药单作为无可救药给予暗示，又以含泪祭文给予祭奠，最终在接亲路经山伯坟前时殉情，天意将二人化作一双蝴蝶，自由高飞。

故事以白族自己的语言优美的音韵表达，亲切自然；用白族长于抒发各种喜怒哀乐感情的大本曲套曲进行联唱，使人喜闻乐见。白族人读书求名，知书达礼，包办婚姻，有着悠久的文化传统，梁祝读书时发生的故事、婚恋观念、人物的经历、各种事物、奇幻想象乃至各种场景，都如同是发生在白族人民大众身边的人和事。白族人感到自然而然。尤其，梁祝求神拜佛的所在安排在大理观音塘，这是白族地区名播遐迩的古寺，人们常到那里许愿还愿；山伯寿终之日是白族村村寨寨欢度火把节的当天，人们自然感到对比强烈，悲情震撼人心。梁祝在喜事鼓乐之时，化蝶双飞，正符合白族人民求真求美的意愿。总之，梁祝的故事犹如发生在身边。

本文依据大理市民间艺人赵丕鼎先生提供的抄本进行释读。抄本是赵先生上世纪60年代根据老艺人的抄本转抄的。由于全曲很长，为了阅读方便，释读时，按内容把全曲分为六节，分别拟定题目，并根据曲中人物关系和音韵格律关系，加了人物称谓、白、唱等术语。其中"换韵"一词按抄本照录。

一、忆旧谊山伯访友　吐真情英台食言

山伯【诗】：　三年读书在学堂，
　　　　　　每日留心做文章。
　　　　　　若凡手折月中桂，
　　　　　　一举成名天下扬。

【白】：小生梁山伯是也。祖籍江南苏州府卧龙岗人氏。父亲去世得早，多蒙母亲抚养，供给读书。上无兄下无弟。在杭州读书三年，与祝英台贤弟情投意合，我二人结拜为生死之交。如今离开学堂不觉半载有余。思想起来，好不叹伤人呐——【唱】：

1 自从往学堂回归， 自从学堂里回来，
　　tsɿ⁵⁵tsho⁴² ua³¹ ɕɔ³⁵tha⁵⁵ xui⁴²kui³³
　　自从　　往　学堂　　回归

2 咀闷本双心闷米。 嘴里不说心中想。
　　tɕy³³mɯ⁵⁵ pɯ³¹ sua⁴⁴ ɕi³⁵mɯ⁵⁵ mi³³
　　嘴里　　不　说　心中　　想

3 英台双我话本声， 英台说给我的那句话，
　　jɯ³³the⁴² sua⁴⁴ ŋɔ³¹ to³¹ pɯ³¹ tshɛ⁵⁵
　　英台　　说　我　话　那　句

4 未知是实须。 未知实和虚。
　　ve⁵⁴tsɿ³³ sɿ⁵⁵ sɿ³⁵ɕy⁴⁴
　　未知　　是　实虚

5 保双周估我武尼， 她说为我找媳妇，
　　pɔ³¹ sua⁴⁴ tso³³ku³³ ŋɔ³¹ vɣ³⁵ȵi³¹
　　她　说　介绍　　我　媳妇

6 生怎荞东呔女胎。 就是她家小妹妹。
　　sɯ³³tsɯ³³ xɔ³¹tɣ³⁵ pɯ⁵⁵ ȵɣ³¹the⁴⁴
　　就是　　家　她的　妹子

7 报给我八字时辰， 报给我生辰八字，
　　pɔ³¹ zɿ³¹ ŋɔ³¹ pa³⁵tsɿ⁵⁵ sɯ³³sɯ⁴²
　　报　给　我　八字　　生辰

8 定与我日期。 定给我日期。
　　tiɯ⁵⁵kɯ³³ ŋɔ³¹ zɿ³⁵tɕhi³³
　　定下　　我　日期

9 阿更格恨半双吐， 现在隔了半年了，
　　ʔa³¹kɯ⁵⁵ kɛ⁴⁴xɯ⁵⁵ pa⁴²sua⁴⁴ lɔ³²
　　现在　　隔了　　半年　了

10 未曾去过她家里， 没有去过她家里，
　　 pɯ³³ ŋɛ²¹kuɔ⁴² pɯ⁵⁵ xɔ³¹tɣ³⁵
　　 没有　去过　　她　家中

11 山伯说话不算话， 山伯我说话不算话，
　　se³³pɯ³⁵ sua⁴⁴to³¹ pɯ³¹ɕy⁴⁴ xua⁵⁵
　　山伯　　说话　　不算　话

12 自阿尼退尼。 一日推一日。
　　tsɿ⁵⁵ ʔa³³ȵi⁴⁴ thui⁵⁵ȵi⁴⁴
　　则　一日　　推　一日

13 我干哦母且期咽， 我把母亲请出来，

　　　　ŋɔ³¹ ka⁴⁴ ŋɯ⁵⁵mɔ³¹ tɕhɛ⁴⁴tɕhi⁴⁴ jɯ³⁵
　　　　我　把　我的妈　请出　　来

14　　要过我母干作衣。　　　　　　　　　跟母亲商量商量。
　　　　ȵo⁴⁴ kuɔ³⁵ ŋɯ⁵⁵mɔ³¹ ka⁴⁴ tsuɔ³⁵ji⁴⁴
　　　　要　跟　　我妈　　把　商量

15　　一来求亲二访友，　　　　　　　　　一来求亲二访友，
　　　　ji³⁵le⁴² tɕho⁴²tɕhɯ³³ ɛ⁵⁵ fa³¹jo³¹
　　　　一来　　求亲　　　　二　访友

16　　看娘依不依。　　　　　　　　　　　看娘依不依。
　　　　kha⁵⁵ ȵa⁴² ji³⁵ pu³⁵ ji³⁵
　　　　看　娘　依　不　依

【白】：母亲在上。小儿有心去祝贤弟家，一来求亲，二来访友。母亲可由儿去？
母亲【白】：既是小儿的终身大事，为娘哪有不依之理。
山伯【白】：谢母亲，小儿去了。四九，随定我来，就此去也——【唱】：

1　　山伯替勾冷哷杯，　　　　　　　　　山伯抬脚这就走，
　　　　se³³pɯ³⁵ thi⁵⁵ko⁴⁴ nɯ³¹pɯ³⁵ pe⁴⁴
　　　　山伯　　抬脚　　现在　　走

2　　手摆金扇夫咀委。[1]　　　　　　　　手摇扇子拂面庞。
　　　　sɯ³³ pe³³ tɕɯ³³se⁵⁵ fɣ⁴⁴ tɕui³³ui³³
　　　　手　摇　金扇　　煽　脸

3　　头吐代坑书生帽，　　　　　　　　　头上戴着书生帽，
　　　　tɯ²¹nɔ³³ tɯ⁴⁴khɯ³³ sɣ³³sɯ³³ mɔ⁵⁵
　　　　头上　　戴着　　书生　　帽

4　　身穿蓝衫衣。　　　　　　　　　　　身穿蓝衫衣。
　　　　sɯ³³ tshue³³ la⁴²sa³³ji³³
　　　　身　穿　　蓝衫　　衣

5　　下坡杯登阿哷哷，　　　　　　　　　下坡走了一段段，
　　　　thɯ⁵⁵pu³¹ pe⁴⁴tɯ⁴⁴ ʔa³¹pɯ³⁵pɯ³⁵
　　　　下坡　　走着　　一段段

6　　上坡杯灯阿哉哉。　　　　　　　　　上坡走了一程程。
　　　　tso³³pu³¹ pe⁴⁴tɯ⁴⁴ ʔa³¹tse⁴⁴tse⁴⁴
　　　　上坡　　走了　　一程程

7　　桃红柳绿三春景，　　　　　　　　　桃红柳绿三春景，
　　　　thɔ⁴²xo⁴² lio³¹lu³⁵ sa³³tshui³³tɕɯ³¹
　　　　桃红　　柳绿　　三春景

8　　开吐思热闹。　　　　　　　　　　　开得真热闹。
　　　　khɯ⁵⁵ nɔ³³ sʅ⁴⁴ ui³⁵ȵi⁴⁴
　　　　开　得　真　热闹

---

[1] 金扇[tɕɯ³³se⁵⁵]：实际指的是普通折扇。

9　　党很菜子花开黄，　　　　　　　　　　　　　田野油菜花一片黄，
　　　ta³¹xɯ³¹ tsu³¹tsʅ³³ xuɔ³⁵ khɯ⁵⁵ŋɤ³¹
　　　田野里　油菜花　　　开黄

10　　叙利花开白似雪。　　　　　　　　　　　　梨花开得像白雪。
　　　çy⁵⁵li⁵⁵xuɔ³⁵ khɯ⁵⁵tsʅ⁵⁵ pɛ⁴²çy⁴⁴
　　　梨花　　　开成　　白雪

11　　二桃花开冬季很，　　　　　　　　　　　　樱桃花开在冬季里，
　　　ɛ⁵⁵ta²¹xuɔ³⁵ khɯ⁵⁵ tɤ³⁵tɕi⁴⁴ xɯ³¹
　　　樱桃花　　开　　冬季　　里

12　　名叫小阳春。　　　　　　　　　　　　　　节气小阳春。
　　　miɛ³⁵ ʔɯ³⁵ çɔ³¹ja⁴²tshui³³
　　　名　叫　小阳春

13　　青咽咽自怎头尖，　　　　　　　　　　　　绿茵茵在树枝头，
　　　tɕhiɛ³¹jɯ⁵⁵jɯ⁵⁵ tsʅ⁵⁵ tsɯ³¹tɯ³¹ tɕi³⁵
　　　青茵茵　　　　是　树枝　　头

14　　绿咽咽自江很水。　　　　　　　　　　　　绿油油是江里水。
　　　lv⁴⁴jiɛ⁵⁵jiɛ⁵⁵ tsʅ⁵⁵ kɤ³⁵ xɯ³¹ çy³³
　　　绿茵茵　　　是　江　里　水

15　　处周之怎树尖鸣，　　　　　　　　　　　　春鸟儿在树尖叫，
　　　tshɤ⁵⁵tso⁴⁴tsʅ³³ tsɯ³⁵ tsɯ³¹tɕi³⁵ mɛ²¹
　　　春鸟儿　　　　在　树尖　　　鸣

16　　蝴蝶对对飞。　　　　　　　　　　　　　　蝴蝶成对飞。
　　　kɔ⁵⁵li⁴⁴ tui³² tui³² fe³³
　　　蝴蝶　　成对　飞

17　　头孟阿朵马必因，　　　　　　　　　　　　前面那朵杜鹃花，
　　　tu²¹mu³⁵ ʔa³¹tuɔ³¹ ma³¹pi³⁵ jɯ³⁵
　　　前面　　一朵　　杜鹃花　了

18　　封花时加保单衣。　　　　　　　　　　　　蜂花时节它大意。
　　　fɤ³⁵xuɔ³⁵ tsʅ²¹tɕia⁴⁴ pɔ³¹ ta⁴⁴ji⁴⁴
　　　蜂花　　时节　　它　大意

19　　干保封恨山干很，　　　　　　　　　　　　自己飞到山谷里，
　　　ka⁴⁴ pɔ³¹ fɤ³⁵xɯ⁵⁵ sɤ³²ka³² xɯ³¹
　　　把　它　飞在　　山谷　里

20　　花兰很本入。　　　　　　　　　　　　　　花园里不去。
　　　xuɔ³⁵la³¹ xɯ³¹ pɯ³¹ ȵi⁴⁴
　　　花园　里　不　入

21　　好花开处没人汉，　　　　　　　　　　　　好花开处没人看，
　　　xu³¹xuɔ³⁵ khɯ⁵⁵tshɤ³¹ mu³³ȵi³¹ xa⁵⁵
　　　好花　　开处　　没人　看

22　　如今开在半阴山。　　　　　　　　　　　　如今开在半阴山。

zɤ⁴²tɕɯ³³ khe³³tse⁵⁵ pe⁵⁵jɯ³³se³³
如今　　开在　　半阴山

23　好比和尚守冷寺， 　　　　　　　　　　好比和尚守冷寺，
　　 xɔ³¹pi³¹ tɯ²¹pɔ³⁵ sɯ³¹ nɯ³¹ se³⁵
　　 好比　　和尚　　守　冷　寺

24　寒父采花山。　　　　　　　　　　　　寒蜂息花山。
　　 ka³¹fɤ⁵⁵ tshe⁵⁵ xuɔ³⁵se³³
　　 寒蜂　　栖　　花山

25　白豆活开满山坡， 　　　　　　　　　　白杜鹃开满山坡，
　　 pɛ⁴²tɯ³¹xuɔ³⁵ khɯ⁵⁵ ma³¹ se³³phɔ³³
　　 白杜鹃　　　　开　　满　山坡

26　开打呔很车之悲， 　　　　　　　　　　红杜鹃还来凑趣，
　　 khɯ⁵⁵ ta⁴² pɯ⁵⁵xɯ³¹ tshɛ⁴⁴tsʅ³³pe⁴⁴
　　 开放　回　它里面　　红的一朵

27　车花开入白花敢， 　　　　　　　　　　红花开进白花里，
　　 tshɛ⁴⁴xuɔ³⁵ khɯ⁵⁵ȵi⁴⁴ pɛ⁴²xuɔ³⁵ ka⁴²
　　 红花　　　开进　　　白花　　峡

28　红白两相依。　　　　　　　　　　　　红白两相依。
　　 xo⁴²pɛ³⁵ ȵa³¹ ɕa³³ji³³
　　 红白　　两　相依

29　三十里到桃花甸， 　　　　　　　　　　三十里到桃花甸，
　　 sa³³sʅ³⁵li³¹ tɔ⁵⁵ thɔ⁴²xua³³tiɛ⁵⁵
　　 三十里　　到　桃花甸

30　桃花杏花开齐区。 　　　　　　　　　　桃花杏花开齐全。
　　 ta³¹xuɔ³⁵ ɛ³¹xuɔ³⁵ khɯ⁵⁵ tɕhi⁴²tɕhui⁴²
　　 桃花　　　杏花　　　开　　齐全

31　一路不觉来得快， 　　　　　　　　　　一路不觉来得快，
　　 ji³⁵lu⁵⁵ pu³⁵tɕu³⁵ le⁴² tɯ³⁵ khui⁵⁵
　　 一路　　不觉　　来　得　快

32　到了祝家村。　　　　　　　　　　　　到了祝家村。
　　 tɔ⁵⁵liɔ³¹ tsu³⁵tɕa³³tshui³³
　　 到了　　祝家村

【白】：来此已到祝家庄了，四九，你去问个明白，祝员外家住在哪里？

四九【白】：好，我去去就来。只见前面来了一位老倌，我去问他。嗨，老倌，我问你：祝员外家住在哪里？

老倌【白】：我骂你这小畜牲。黄里柴白里柴，也有些称呼，没头没脑的，真正让人可恼——【唱】：

1　小倒走自出等头， 　　　　　　　　　　怎会有这个小伙子，
　　 se³¹tɔ³¹tso³² tsʅ⁵⁵ tshɤ⁴⁴ tɯ³¹tɯ²¹
　　 小伙子　　　则　　出　　这个

2　　没规倒矩来问人，　　　　　　　　　　　　没规没矩来来问人，
　　　mu³⁵kui³³ tɔ⁵⁵tɕy³¹ pe⁴⁴piɛ⁴⁴n̩i²¹
　　　没规　　没矩　　来　问　人

3　　苗头苗恼相等相，　　　　　　　　　　　　苗头苗脑这模样，
　　　miɔ⁴²to⁴² miɔ⁴²nɔ³¹ ɕa⁴⁴ tɯ³¹ ɕa⁴⁴
　　　苗头　　苗脑　　样　这　样

4　　实在太不成！　　　　　　　　　　　　　　实在太不成！
　　　sɿ³⁵tse⁵⁵ the⁵⁵ pu³⁵tshɯ⁴²
　　　实在　　太　　不成

5　　祝员院坐因等吐，　　　　　　　　　　　　祝员外家住村头，
　　　tsu³⁵yi⁴²ui⁵⁵ kɤ⁴⁴ jɯ⁴⁴tɯ²¹ nɔ³³
　　　祝员外　　住　村头　　上

6　　有财有势又有名。　　　　　　　　　　　　有财有势又有名。
　　　jo³¹tshe⁴² jo³¹sɿ⁵⁵ jo⁵⁵ jo³¹miɯ⁴²
　　　有财　　有势　　又　有名

7　　因头格灯阿弟之，　　　　　　　　　　　　村头离这一小点，
　　　jɯ⁴⁴tɯ²¹ kɛ⁴⁴tɯ⁴⁴ ʔa³¹ti⁵⁵tsɿ³³
　　　村头　　离着　　一小点

8　　就是祝家门。　　　　　　　　　　　　　　就是祝家门。
　　　tɕo⁵⁵sɿ⁵⁵ tsu³⁵tɕa³³mɯ⁴²
　　　就是　　祝家门

四九【唱】：

1　　古博等人思曲博，[1]　　　　　　　　　　这个老人真刻薄，
　　　ku³³pɔ³⁵ tɯ³¹n̩i³¹ sɿ⁴⁴tɕhu³⁵pɔ³⁵
　　　老人　　这个　　真　刻薄

2　　干我气利逗坑约，　　　　　　　　　　　　把我气也惹起来，
　　　ka⁴⁴ ŋɯ⁵⁵tɕhi⁴⁴li⁵⁵ to³⁵ khɯ³³ jɔ³⁵
　　　把　我的气　　也　惹起　了

3　　古头古恼恩硬我吐，　　　　　　　　　　　怪声怪气来骂我，
　　　ku³¹tɯ²¹ ku³¹nɔ³¹ ʔɯ⁴⁴ jɯ³⁵ ŋɯ⁵⁵ nɔ³³
　　　怪声　　怪气　　骂　来　我的上

4　　阿怎声干各。[2]　　　　　　　　　　　　句句在嘲讽。
　　　ʔa³³tsɯ³¹tshɛ⁵⁵ ka³⁵ko³⁵
　　　凡有句　　　　挖苦

5　　世上人格见委期，　　　　　　　　　　　　世上之人见识短，
　　　se³²kɛ³⁵ n̩i³¹kɛ³⁵ ke³² ui³³tɕi⁴²
　　　世上　人　　见　眼前

---

[1] 曲博[tɕhu³⁵pɔ³⁵]：即挖苦、嘲讽。
[2] 干各[ka³⁵kɛ³¹]：即挖苦、嘲讽。

6	我是小书童一个。	我是小书童一个。
	uo³¹ sʅ⁵⁵ ɕɔ³¹ sɤ⁴⁴tho⁴² ji³⁵kɔ⁵⁵	
	我 是 小 书童 一个	
7	我吐面貌生灯丑,	我的相貌长得丑,
	ŋɯ⁵⁵ nɔ³³ mie⁵⁵mɔ⁵⁵ xɛ⁵⁵tɯ⁴⁴ tsho³¹	
	我的上 相貌 长得 丑	
8	把衣服化吊。	把衣衫换掉。
	pa³¹ ji³³sa³³ xua⁵⁵tiɔ⁵⁵	
	把 衣裳 换掉	

【白】：禀公爷，我已问了几次，有一位老倌，古头古恼的。

山伯【白】：如今世上人眼浅。不如我把衣服换掉，这样保险问得着了。

四九【白】：那么快快换来。

山伯【白】：是了那——【唱】：

9	四九干衣彼化坑,	四九把衣服换上,
	sʅ⁵⁵tɕo³¹ ka⁴⁴ ji³⁵pe⁴² xue⁵⁵khɯ³³	
	四九 把衣服 换起	
10	书童变成小书生。	书童变生小书生。
	sɤ⁴⁴tho⁴² pie⁵⁵tshɯ⁴² ɕɔ³¹sɤ³³sɯ³³	
	书童 变生 小书生。	
11	摇摇摆摆杯旺步,	摇摇摆摆走几步,
	jɔ⁴²jɔ⁴² pe³³pe³³ pe⁴⁴ua⁵⁵pu³³	
	摇摇 摆摆 走 几步	
12	自文质彬彬。	确实文质彬彬。
	tsʅ⁵⁵ vɤ⁴²tsʅ³⁵ piɯ³³piɯ³³	
	是 文质 彬彬	
13	梁山伯会祝英台,	梁山伯会祝英台,
	ȵa⁴²se³³pɯ³⁵ xui⁴⁴ tsu³⁵jɯ³³the⁴²	
	梁山伯 会 祝英台	
14	四九我杯会银心,[1]	四九我去会银心,
	sʅ⁵⁵tɕo³¹ ŋɔ³¹ pe⁴⁴ xui⁴⁴ jɯ⁴²ɕɯ³³	
	四九 我 去 会 银心	
15	头孟我认办本直,	前面道路认不清,
	tɯ²¹mɯ³⁵ ŋɔ³¹ zu⁴⁴ pa⁵⁵ pɯ³³ tsʅ⁵⁵	
	前面 我 认 他们 不 真	
16	我杯问罢坑。	我去问他们。
	ŋɔ³¹ pe⁴⁴ piɛ⁴⁴ pa⁵⁵ khɯ³³	
	我 去 问 他们 去	
17	大爹大叔欠我须,	大爷大叔听我说,

---

[1] 银心：人名，有的抄本写为吟心。

ʔa³¹ta⁵⁵ ʔa³¹jɛ³³ tɕhiɛ⁵⁵ ŋɔ³¹ sua⁴⁴
大爹　大叔　听　我　说

18　我咽问那事期，　　　　　　　　　我向你们打听一件事，
ŋɔ³¹ jɯ³⁵ piɛ⁴⁴ na⁵⁵ sʅ³¹vv³³ tɕhi³³
我　来　问　你们　事情　一件

19　那因很怎祝员外，　　　　　　　　你们村里的祝员外，
na⁵⁵ jɯ⁴⁴ xɯ³¹ tsu³³ tsu³⁵yui⁴²ui⁵⁵
你们　村　里　有　祝员外

20　坐恨岸拉委？　　　　　　　　　　住在哪里？
kv̩⁴² xɯ⁵⁵ ʔa⁵⁵la⁴⁴ui³³
住　在　哪里

村民【唱】:

1　恼问员外坐那委，　　　　　　　　你问员外住哪里，
nɔ³¹ piɛ⁴⁴ yi⁴²ui⁵⁵ kv̩⁴ na⁴⁴ui³³
你　问　员外　住　哪里

2　过了小桥转个弯，　　　　　　　　过了小桥转个弯，
kuɔ⁵⁵lɔ³¹ ɕɔ³¹tɕhɔ⁴² tsue³¹ kɔ⁵⁵ ui³³
过了　小桥　转　个　弯

3　大门前玉石围杆，　　　　　　　　大门前有玉石围杆，
ta⁵⁵mɯ⁴² tɕhe⁴² y⁵⁵sʅ³⁵ ui⁴²ka³¹
大门　前　玉石　围杆

4　大门八字开。　　　　　　　　　　大门八字开。
ta⁵⁵mɯ⁴² pa³⁵tsʅ⁵⁵ khe³³
大门　八字　开

5　三滴大门挂红匾，　　　　　　　　三滴大门挂红匾，
sa⁴⁴ti³⁵ ta⁵⁵mɯ⁴² kua⁵⁵ xo⁴²piɛ³¹
三滴　大门　挂　红匾

6　金十旺子千使委。　　　　　　　　金子闪闪耀人眼。
tɕie³⁵sʅ³⁵ ua⁵⁵tsʅ³¹ tɕhɛ⁴⁴sʅ³¹ ui³³
金书　几字　刺疼　眼

7　太师弟大户人家，　　　　　　　　太师第大户人家，
the⁵⁵sʅ³³ti³³ ta⁵⁵xu⁵⁵ zɯ⁴²tɕa³³
太师第　大户　人家

8　呼怎坐本委。　　　　　　　　　　就住在那里。
xɯ³³tsɯ³³ kv̩⁴² pɯ³³ui³³
就是　住　那里

四九【唱】:

1　四九多谢阿大爹，　　　　　　　　四九多谢老大爹，
sʅ⁵⁵tɕo³¹ tuɔ³³ɕie⁵⁵ ʔa³¹ta⁵⁵ti³³
四九　多谢　老大爹

2　　　难为利吐好情以。　　　　　　　　　　　　多谢您的好情意。
　　　　nɔ³⁵ui³⁵n̠i⁵⁵ nɔ³³ xu³¹ tɕiɛ²¹ji⁴⁴
　　　　多谢　　您的　好　情意

3　　　我杯双给公爷坑，　　　　　　　　　　　　我去禀告给公爷，
　　　　ŋɔ³¹ pe⁴⁴ sua⁴⁴zɿ³¹ ko⁵⁵ji⁵⁵ khɯ³³
　　　　我　去　说给　　公爷　去

4　　　杯干英台会。　　　　　　　　　　　　　　去把英台会。
　　　　pe⁴⁴ ka⁴⁴ jɯ³³the⁴² xui⁴⁴
　　　　去　把　英台　　会

【白】：公爷，我问清楚了。四九带路走那——【唱】：

5　　　四九带路往前川，　　　　　　　　　　　　四九带路往前走，
　　　　sɿ⁵⁵tɕo³¹ te⁵⁵lu⁵⁵ ua³¹tɕhie⁴² tso³¹
　　　　四九　　带路　往前　　　走

6　　　公爷跟召我后杯。　　　　　　　　　　　　公爷跟着我过来。
　　　　ko⁴⁴jɛ⁴² kɯ³³tsɔ³³ ŋɯ⁵⁵ ɣɯ³³ pe⁴⁴
　　　　公爷　跟着　　我的　后　走

7　　　过了小桥倒个拐，　　　　　　　　　　　　过了小桥倒个拐，
　　　　kuɔ⁵⁵lɔ³¹ ɕɔ³¹tɕhɔ⁴² tɔ⁵⁵kɔ⁵⁵kui³¹
　　　　过了　　小桥　　倒个拐

8　　　又转个弯弯。　　　　　　　　　　　　　　又转个弯弯。
　　　　jo⁵⁵ tsua³¹ kɔ⁵⁵ ue³³ue³³
　　　　又　转　个　弯弯

9　　　抬头看见大照壁，　　　　　　　　　　　　抬头看见大照壁，
　　　　the⁴²thɔ⁴² ʔa³¹tɯ⁴⁴ tɔ³¹ tso⁵⁵pi³⁵
　　　　抬头　　看见　大　照壁

10　　　风水景致思齐区。　　　　　　　　　　　风水景致真齐全。
　　　　fo³³ɕy³¹ tɕɯ³¹tsɿ⁵⁵ sɿ⁴⁴ tɕhi⁵⁵tɕhyi⁴²
　　　　风水　　景致　　真　齐全

11　　　再有麒麟卧芭蕉，　　　　　　　　　　　再有麒麟卧芭蕉，
　　　　tse⁵⁵jo³¹ tɕhi⁴²liɯ⁴² pa³³tɕɔ³³
　　　　再有　　麒麟　　芭蕉

12　　　是今古奇观。　　　　　　　　　　　　　是今古奇观。
　　　　sɿ⁵⁵ tɕɯ³³ku³¹ tɕhi⁴²kue³³
　　　　是　今古　　奇观

13　　　处敢那深狗那恶，　　　　　　　　　　　巷道深来狗又凶，
　　　　tshy⁵⁵ka³² na³² sɿ⁵⁵ khua³³ na³² ʔɔ³⁵
　　　　巷道　　又　深　狗　又　凶

14　　　桃李梅杏栽两边。　　　　　　　　　　　桃李梅杏栽两边。
　　　　thɔ⁴²li³¹ me⁴²ɕɯ⁵⁵ tse⁴⁴ nia³¹pie³³
　　　　桃李　梅杏　　栽　两边

15 以四合来外三坊，　　　　　　　　　里有四合外三坊，
　　ji³¹ sʅ⁵⁵xɔ³⁵ le⁴² ui⁵⁵ sa³³fa³¹
　　里　四合　　来　外　三坊

16 大门八字开。　　　　　　　　　　大门八字开。
　　ta⁵⁵mɯ⁴² pa³⁵tsʅ⁵⁵ khe³³
　　大门　　八字　　开

17 水阁凉亭思汉求，　　　　　　　　水阁凉亭真好看，
　　ɕy³³kɔ³⁵ nia⁴²thiɯ⁴² sʅ⁴⁴ xa⁵⁵tɕio⁵⁵
　　水阁　　凉亭　　　真　好看

18 车期倒眉很期匾。　　　　　　　　红漆大门黑漆匾。
　　tshɛ⁴⁴tɕhi⁴⁴ tɔ³¹me³¹ xɯ⁴⁴tɕhi⁴⁴ pie³¹
　　红漆　　　大门　　黑漆　　　匾

19 黑七匾吐写金字，　　　　　　　　黑漆匾上题金字，
　　xɯ⁴⁴tɕhi⁴⁴ pie³¹ nɔ³³ uɛ⁴² tɕie³⁵sʅ³⁵
　　黑漆　　　匾　上　写　金字

20 保自千使委。　　　　　　　　　　光芒耀双眼。
　　pɔ³¹ tsʅ⁵⁵ tɕhɛ⁴⁴ sʅ³¹ ui³³
　　它　作　刺　疼　眼

21 一对狮子滚绣球，　　　　　　　　一对狮子滚绣球，
　　ji³⁵tui⁵⁵ sʅ³³tsʅ³¹ kui³¹ ɕo⁵⁵tɕho⁴²
　　一对　　狮子　　滚　绣球

22 玉石围杆分两边。　　　　　　　　玉石围杆分两边。
　　y⁵⁵sʅ³⁵ la⁴²ka³³ fɯ⁴⁴ nia³¹pie³³
　　玉石　围杆　分　两边

23 果然是官门府弟，　　　　　　　　果然是官门府第，
　　kuɔ³¹za⁴² sʅ⁵⁵ kua³³mɯ⁴² fɣ³¹ti⁵⁵
　　果然　　是　官门　　府第

24 宇金龙宝殿。　　　　　　　　　　像金銮宝殿。
　　jy³¹ tɕɯ³³lo⁴² pɔ³¹tie⁵⁵
　　像　金銮　　宝殿

25 行行走走来得快，　　　　　　　　行行走走来得快，
　　ɕiɯ⁴²ɕiɯ⁴² tso³¹tso³¹ le⁴²tɯ³⁵ khui⁵⁵
　　行行　　　走走　　来得　快

26 不觉来到大门前。　　　　　　　　不觉来到大门前。
　　pu³⁵tɕu³⁵ le⁴²tɔ⁵⁵ ta⁵⁵mɯ⁴²tɕhie⁴²
　　不觉　　来到　　大门前

27 真正是太师府门，　　　　　　　　真正是太师府门，
　　tsɯ³³tsɯ⁵⁵ sʅ⁵⁵ the⁵⁵sʅ³³fɣ³¹ mɯ⁴²
　　真正　　　是　太师府　　　门

28 叫声把门开。　　　　　　　　　　叫声把门开。

　　　　tɕɔ⁵⁵sɯ³³ pa³¹ mɯ⁴² khe³³
　　　　叫声　　把　门　开

【白】：我哑声哑气地叫门，他们没有听见。待我高声大气地叫门。开门来！开门来！开门来！

　　银心【白】：来了呐！【唱】：

1　　欠灯门孟人格叫，　　　　　　　　听见门外有人喊，
　　　tɕhɛ⁵⁵tɯ⁴⁴ me²¹mɯ³⁵ n̩i³¹kɛ³⁵ ʔɯ³⁵
　　　听见　　门外　　　人　　喊

2　　银心苟首杯期因。　　　　　　　　银心马上走出来。
　　　jɯ⁴²ɕɯ³³ ko³¹so³¹ pe⁴⁴tɕhi⁴⁴ jɯ³⁵
　　　银心　　马上　　走出　　来

3　　左脚把进右苟狠，　　　　　　　　左脚绊在右脚上，
　　　tsɛ³²ko⁴⁴ pa⁴²n̩i⁴⁴ pi³⁵ko⁴⁴ xɯ³¹
　　　右脚　　绊进　　左脚　里

4　　唱没七倒恨。　　　　　　　　　　差一点摔倒。
　　　tsha⁵⁵mu³³tɕi³⁵ tuɛ⁴⁴ xɯ⁵⁵
　　　差一点　　　　跌倒　掉

5　　我自开门咽干汉，　　　　　　　　我打开门一看，
　　　ŋɔ³¹ tsʅ⁵⁵ khɯ⁵⁵me³¹ jɯ³⁵ ka⁴⁴xa⁵⁵
　　　我　就　开门　　　来　看看

6　　三十六等杯叭因。[1]　　　　　　　三十六来到这里。
　　　sa³³sʅ³³lu³⁵tɯ³¹ pe⁴⁴ phia⁴⁴ jɯ³⁵
　　　三十六　　　　来　到　　来

7　　岸拉必十吹灯恼，　　　　　　　　什么风吹着你，
　　　ʔa⁵⁵la⁴⁴ pi³⁵sʅ³⁵ phɯ⁵⁵tɯ⁴⁴ nɔ³¹
　　　哪里　　风　　　吹到　　你

8　　干恼碰叭咽？　　　　　　　　　　吹到这里来？
　　　ka⁴⁴ nɔ³¹ pɯ⁵⁵phia⁴⁴ jɯ³⁵
　　　把　你　吹到　　　来

9　　我那咋怎含人柱，　　　　　　　　我以为是什么人，
　　　ŋɔ³¹ nɛ⁵⁵tsɔ⁵⁵ tsɯ³³ xɛ³³n̩i³¹tsɤ⁵⁵
　　　我　以为　　是　什么人

10　　古生怪气干门叫。　　　　　　　　怪声怪气来叫门。
　　　kui⁵⁵sɯ⁴⁴ ku³¹tɕhi⁵⁵ ka⁴⁴ me²¹ ʔɯ³⁵
　　　怪声　　怪气　　　把　门　叫

11　　原来怎三十六等，　　　　　　　　原来是个三十六，
　　　jui⁴²le⁴² tsɯ³³ sa³³sʅ³³lu³⁵ tɯ³¹
　　　原来　　是　三十六　　　　个

---

[1] 隐喻书童名字的四九，即以四和九相乘三十六相称。

12 恼咽干眉恩。 你来把门叫。
　　 nɔ³¹ juɯ³⁵ ka⁴⁴ me²¹ ʔɯ³⁵
　　 你　来　把　门　叫

四九【唱】：

1 能斗等声听本求， 你说这话真难听，
　　 nɯ⁵⁵ to³¹ tɯ³¹ tshɛ⁵⁵ tɕhɛ⁵⁵ pɯ³³ tɕho⁵⁵
　　 你的　说　这话　　听　不　好

2 为何叫我三十六。 为何叫我三十六。
　　 ui⁵⁵xɛ⁴² tɕɔ⁵⁵ ŋɔ³¹ sa³³sɿ³³lu³⁵
　　 为何　叫　我　三十六

3 女腊之头双鬼话， 小姑娘尽说鬼话，
　　 n̠ɣ³¹na³³tsɿ⁴⁴tɯ³¹ sua⁴⁴ kɣ³³to³¹
　　 小姑娘　　　说　鬼话

4 我期妞本逗。 别惹我生气。
　　 ŋɯ⁵⁵ tɕhi⁴⁴ n̠o⁴⁴pɯ³¹ to³⁵
　　 我　气　　不要　惹

银心【唱】：

1 你吐名字叫四九， 你的名字叫四九，
　　 nɯ⁵⁵ nɔ³³ miɛ³⁵tshɛ⁵⁵ ʔɯ³⁵ sɿ⁵⁵jio³¹
　　 你　的　名字　　叫　四九

2 四九可是三十六？ 四九可是三十六？
　　 sɿ⁵⁵tɕo³¹ khɔ³¹sɿ⁵⁵ sa⁴⁴sɿ⁴⁴lu³⁵
　　 四九　　可是　　三十六

3 未必等声叫唱号， 难道这话叫错了，
　　 vɣ⁵⁵pi³⁵ tɯ³¹tshɛ⁵⁵ ʔɯ³⁵ tsha⁵⁵ xɔ⁵⁵
　　 难道　　这话　　叫　错　了

4 真是瞎眼木。 真是不可思议。
　　 tsɯ⁴⁴sɿ⁵⁵ ɕa⁴²je³¹ mu³⁵
　　 真是　　瞎眼　　没

四九【唱】：

1 四九我说话爱玩， 四九我爱开玩笑，
　　 sɿ⁵⁵tɕo³¹ ŋɔ³¹ suɔ³⁵xua⁵⁵ e⁵⁵ue⁴²
　　 四九　　我　说话　　爱玩

2 姑娘好像格肚皮。 姑娘好像隔肚皮。
　　 ku³³n̠a⁵⁵ xɔ³¹ɕa⁵⁵ kɛ⁴⁴ fɣ⁴⁴pe³¹
　　 姑娘　　好像　　隔　肚皮

3 干我看吼恨岸当， 让我这里看傻眼，
　　 ka⁴⁴ ŋɔ³¹ xa⁵⁵xo³¹ xɯ⁵⁵ ʔa⁵⁵ta⁴⁴
　　 把　我　看呆　　在　这里

4 此事真稀奇。 此事真稀奇。

tsʰɿ³¹sɿ⁵⁵ tsɯ⁴⁴ ɕi³³tɕʰi⁴²
此事　真　稀奇

5　头孟恼怎闪倒走，　　　　　　　　　　　　以前你是小伙子，
　　tɯ³¹mɯ³⁵ nɔ³¹ tsɯ³³ se³¹tɔ³¹tso⁴⁴
　　以前　你　是　小伙子

6　阿更变自女之人。　　　　　　　　　　　　现在变成小姑娘。
　　ʔa³¹kɯ⁵⁵ piɯ⁴²tsɿ⁵⁵ ȵɣ³³tsɿ³³ȵi²¹
　　现在　变成　小姑娘

7　拿假葫芦卖假药，　　　　　　　　　　　　拿假葫芦卖假药，
　　na⁴² tɕa³¹ xu⁴²lu³⁵ me⁵⁵ tɕa³¹jɔ³⁵
　　拿　假　葫芦　卖　假药

8　气相世格人。　　　　　　　　　　　　　　气死世间人。
　　tɕʰi⁴⁴ ɕa⁴⁴ se⁴²kɛ³⁵ȵi³¹
　　气　死　世间人

9　恼自英台吐书童，　　　　　　　　　　　　你是英台的书童，
　　nɔ³¹ tsɿ⁵⁵ jɯ³³tʰe⁴²nɔ³³ sɣ³³to⁴²
　　你　是　英台　的　书童

10　呋叹恼怎知人尼。　　　　　　　　　　　那时你是小伙子。
　　pɯ³¹tʰa⁵⁵ nɔ³¹ tsɯ³³ tsɿ³³ȵi³¹ȵi²¹
　　那时　你　是　一男人

11　阿更变自女之尼，　　　　　　　　　　　现在成了小姑娘，
　　ʔa³¹kɯ⁵⁵ pi⁴²tsɿ⁵⁵ ȵɣ³³tsɿ³³ȵi²¹
　　现在　变成　小姑娘

12　等来非稀奇。　　　　　　　　　　　　　这事真稀奇。
　　tɯ³¹ne³¹ fe⁴⁴ ɕi³³tɕʰi⁴²
　　这事　很　稀奇

银心【唱】：

1　四九恼要本双三，　　　　　　　　　　　四九你不要说了，
　　sɿ⁵⁵tɕo³¹ nɔ³¹ ȵo⁴⁴pɯ³³ sua⁴⁴ sa⁴⁴
　　四九　你　不要　说　了

2　问恼杯怎自含样，　　　　　　　　　　　问你来这做什么，
　　piɛ⁴⁴ nɔ³¹ pe⁴⁴ tsɯ³⁵ tsɿ⁵⁵ xɛ³³ja³³
　　问　你　来　这　做　什么

3　嚅伴杯怎人利没，　　　　　　　　　　　是否同伴一起来，
　　nɯ⁵⁵ tɕa⁴² pe⁴⁴ tsɯ³³ȵi²¹ ȵi⁵⁵ mu³³
　　你　伴　来　有人　或　无

4　直干我孟双。　　　　　　　　　　　　　如实对我说。
　　tsɿ³⁵ ka⁴⁴ ŋɯ⁵⁵ mɯ⁵⁵ sua⁴⁴
　　真　把　我　处　说

四九【唱】：

1　四九我干嘡孟双，　　　　　　　　　　　四九我对你说，
　　sŋ⁵⁵tɕo³¹ ŋɔ³¹ ka⁴⁴ nɯ⁵⁵ mɯ⁵⁵ sua⁴⁴
　　四九　我　对　你　处　说

2　山伯访友叭岸当，　　　　　　　　　　　山伯访友到这里，
　　se³³pɯ³⁵ fa³¹jo³¹ phia⁴⁴ ʔa⁵⁵ta⁴⁴
　　山伯　访友　到　这里

3　一来求亲二访友，　　　　　　　　　　　一来求亲二访友，
　　ji³⁵le⁴² tɕho⁴²tɕhiɯ⁴⁴ ɛ⁵⁵ fa³¹jo³¹
　　一来　求亲　二　访友

4　一事两共当。　　　　　　　　　　　　　一事两共当。
　　ji³⁵sŋ⁵⁵ nia³¹ ko⁵⁵ ta⁴⁴
　　一事　两　共　当

银心【唱】：

1　银心我自花张香，　　　　　　　　　　　银心我则好慌张，
　　jɯ⁴²ɕɯ³³ ŋɔ³¹ tsŋ⁵⁵ xua³⁵tsa³⁵ ɕa⁴⁴
　　银心　我　则　慌张　极

2　山伯访友叭岸当，　　　　　　　　　　　山伯访友到这里，
　　se³³pɯ³⁵ fa³¹jo³¹ phia⁴⁴ ʔa⁵⁵ta⁴⁴
　　山伯　访友　到　这里

3　四九恼怎岸当等，　　　　　　　　　　　四九你在这里等，
　　sŋ⁵⁵tɕo³¹ nɔ³¹ tsɯ³⁵ ʔa⁵⁵ta⁴⁴ tɯ³³
　　四九　你　在　这里　等

4　我入去报叭。　　　　　　　　　　　　　我入内禀告。
　　ŋo³¹ ȵi⁴⁴ ŋɛ³¹ pɔ⁵⁵ phia⁴⁴
　　我　入　去　报　到

5　行行走走来得快，　　　　　　　　　　　行行走走来得快，
　　ɕɯ⁴²ɕɯ⁴² tso³¹tso³¹ le⁴² tɯ³⁵ khui⁵⁵
　　行行　走走　来　得　快

6　我干小姐秀狠叭。　　　　　　　　　　　我到小姐闺房中。
　　ŋɔ³¹ ka⁴⁴ ɕɔ³¹tɕe³¹ tɕhɛ⁵⁵xɯ³¹ phia⁴⁴
　　我　把　小姐　闺房　到

7　山伯访友杯叭咽，　　　　　　　　　　　山伯访友来到了，
　　se³³pɯ³⁵ fa³¹jo³¹ pe⁴⁴ phia⁴⁴ jɯ³⁵
　　山伯　访友　走　到　来

8　等恨大门外。　　　　　　　　　　　　　等候在大门外。
　　tɯ³¹ xɯ⁵⁵ tɔ³¹me²¹ ua⁴⁴
　　等　在　大门　外

英台【唱】：

1　英台我阿时听灯，　　　　　　　　　　　英台我一时听到，

jɯ³³the⁴² ŋɔ³¹ ʔa³¹tsɿ³¹ tɕɛ⁵⁵tɯ⁴⁴
英台　我　一时　听到

2　梁兄来到我家门，
ȵa⁴²ɕo³³ le⁴²tɔ⁵⁵ ŋɔ³¹ tɕa⁴⁴mɯ⁴²
梁兄　来到　我　家门，

梁兄来到我家门，

3　那喜欢自那欧气，
na³² ɕi³¹xua³⁵ tsɿ⁵⁵ na³² ʔo³³tɕhi⁴⁴
又　喜欢　来　又　伤心

又喜欢来又伤心，

4　心科跳本生。
ɕi³⁵khuɔ³³ thiɔ⁵⁵ pɯ³³ sɯ⁴⁴
心儿　跳　不　停

心儿跳不停。

5　英台我脚慌手乱，
jɯ³³the⁴²ŋɔ³¹ tɕo³⁵xua³³ so³¹lua⁵⁵
英台　我　脚慌　手乱

英台我脚慌手乱，

6　奔忙干衣彼化坑，
pɯ⁵⁵ma⁵⁵ ka⁴⁴ ji³⁵pe⁴⁴ mɯ³¹khɯ⁴⁴
赶忙　把　衣服　换上

赶忙把衣服换上，

7　依然装自之人人，
ji³³ze⁵⁵ tsua³⁵tsɿ⁵⁵ tsɿ³³ȵi³¹ȵi³¹
依然　扮成　一男人

依然扮成男子样，

8　宽宽梁兄心。
khua³³khua³³ ȵa⁴²ɕo³³ ɕɯ³³
宽宽　梁兄　心

宽宽梁兄心。

9　事物等太不碰巧，
sɿ³³vɣ³³ tɯ³³the⁵⁵ pu³⁵ phɯ⁵⁵tɕhɔ³¹
事情　这件　不　碰巧

这件事情不好了，

10　梁兄弟哉认本灯，
ȵa⁴²ɕo³³ ti⁵⁵ tse⁴⁴ zɯ⁴⁴pɯ³¹tɯ⁴⁴
梁兄　还再　不知道

梁兄还再不知道，

11　等叹孟访友求亲，
tɯ³¹tha⁵⁵ mɯ⁴² fa³¹jo³¹ tɕho⁴²tɕhɯ⁴⁴
这时　才　访友　求亲

现在才访友求亲，

12　大事变了根。
ta⁵⁵sɿ⁵⁵ pi⁵⁵ liɔ³¹ kɯ³³
大事　变　了　根

大事变了根。

13　银心恼杯回话怎，
jɯ⁴²ɕɯ³³ nɔ³¹ pe⁴⁴ xui⁴²xua⁵⁵ tsɯ³⁵
银心　你去　回话　吧

银心你去回话吧，

14　快快说与梁兄听，

快快说与梁兄听，

khui⁵⁵khui⁵⁵ suɔ³⁵jy³¹ n̥a⁵⁵ɕo³³ thiɯ³³
快快　　说与　梁兄　听

15　英台本方便加宝，　　　　　　　　英台不方便迎他，
　　jɯ³³the⁴² pɯ³³ fa³³pie⁵⁵ tɕa⁴⁴ pɔ³¹
　　英台　　不　方便　　接　他

16　后花兰上等。　　　　　　　　　　后花园相候。
　　ʔɯ³³ xuɔ³⁵na²¹ sa⁵⁵tɯ³³
　　后　　花园　　相等

银心【唱】：

1　银心我杯回话坑，　　　　　　　　银心我去回话了，
　　jɯ⁴²ɕɯ³³ ŋɔ³¹ pe⁴⁴ xui⁴²xua⁵⁵ khɯ³³
　　银心　　我　去　回话　　了

2　双本期吐事等本，　　　　　　　　这件事情说不出口，
　　sua⁴⁴ pɯ³³ tɕhi⁴⁴ nɔ³³ sɿ³³ tɯ³¹pɯ³¹
　　说　不　出　的　事　这件

3　今日我汉半唱戏，　　　　　　　　今天我看他们演戏，
　　kɛ⁵⁵n̥i⁴⁴ ŋɔ³¹ ʔa³³ pa⁵⁵ tɕho³¹ɕi⁴⁴
　　今天　　我　看　他们　唱戏

4　我背回话坑。　　　　　　　　　　我去回话了。
　　 ŋɔ³¹ pe⁴⁴ xui⁴²xua⁵⁵ khɯ³³
　　 我　去　回话　　了

5　不觉一路来得快，　　　　　　　　不觉一路来得快，
　　pu³⁵tɕu³⁵ ji³⁵lu⁵⁵ le⁴²tɯ³⁵ kui⁵⁵
　　不觉　　一路　　来得　快

6　相公四九把我听，　　　　　　　　相公四九把我听，
　　ɕa⁵⁵ko⁴⁴ sɿ⁵⁵tɕo³¹ pa³¹ ŋɔ³¹ thiɯ³³
　　相公　　四九　　把　我　听

7　小姐不方便迎接，　　　　　　　　小姐不方便迎接，
　　ɕo³¹tɕie³¹ pu³⁵fa⁴⁴piɛ⁵⁵ jɯ⁴²tɕe³⁵
　　小姐　　不方便　　迎接

【插白】阿本！双唱号！祝相公——　　啊呀！说错了！祝相公
　　ʔa⁴⁴pɯ⁴⁴ sua⁴⁴ tsha⁵⁵ xɔ⁵⁵。tsu³⁵ɕa⁵⁵ko⁴⁴
　　啊呗　说　错　了　祝相公

8　怎恨花兰等。　　　　　　　　　　有请到花园。
　　tsɯ³⁵xɯ⁵⁵ xuɔ³⁵na²¹ tɯ³¹
　　在着　　花园　　等

山伯【唱】：

1　前面银心把路带，　　　　　　　　前面银心把路带，
　　tɕhie⁴²mie⁵⁵ jɯ⁴²ɕɯ³³ pa³¹ lu⁵⁵ te⁵⁵
　　前面　　　银心　　把　路　带

2	山伯跟随在后面，	山伯跟随在后面，
	se³³pɯ³⁵ kɯ³³sui⁴² tse⁵⁵ xo⁵⁵mie⁵⁵	
	山伯　跟随　　在　后面	
3	人逢喜事精神爽，	人逢喜事精神爽，
	zɯ⁴²fɯ⁴² ɕi³¹sʅ⁵⁵ tɕɯ³³sɯ⁴² sua³¹	
	人逢　　喜事　　精神爽	
4	干委利笑闭。	笑得难睁眼。
	ka⁴⁴ ui³³ li⁵⁵ sɔ³¹ me³⁵	
	把　眼　也　笑　闭	
5	行行走走来得快，	行行走走来得快，
	ɕɯ⁴²ɕɯ⁴² tso³¹tso³¹ le⁴² te³⁵ khui⁵⁵	
	行行　　走走　　来　得　快	
6	不觉来到花园内。	不觉来到花园内。
	pu³⁵tɕye³⁵ le⁴²tɔ⁵⁵ xua⁴⁴jyi⁴²nui⁵⁵	
	不觉　　　来到　　花园内	
7	山伯抬头因干看，	山伯抬头一看，
	se³³pɯ³⁵ tui³⁵khɯ³³ jɯ³⁵ ka⁴⁴xa⁵⁵	
	山伯　　抬头　　来　看看	
8	喜欢相我看灯英台。[1]	好喜欢，我见了英台。
	ɕi³¹xua³⁵ ɕa⁴⁴ ŋɔ³¹ ʔa³³tɯ⁴⁴ jɯ³³the⁴²	
	喜欢　　极　我　看见　　英台	
9	开咀叫着祝英台，	开口叫着祝英台，
	kɯ⁵⁵tɕyi³³ ʔɯ³⁵tsɔ⁴² tsu³⁵jɯ³³the⁴²	
	开口　　　叫着　　祝英台	
10	今日两胎重会相，	今日兄弟重相聚，
	ke⁵⁵ȵi⁴⁴ ko³³the³³ tsho⁴² ɕa³³xui⁵⁵	
	今日　　兄弟　　　重　相会	
11	山伯天天米唯堆，	山伯天天想着你，
	se³³pɯ³⁵ ȵi⁴⁴ȵi⁴⁴ mi³³ nɯ⁵⁵ tua⁴⁴	
	山伯　　天天　　想　你的　上	
12	车热朵，吃不下美味。	睡不香，吃不下美味。
	tshɛ⁴⁴ȵi³⁵tuɔ³³, jɯ⁴⁴ pɯ³³thɯ⁵⁵ me³¹ve⁵⁵	
	睡不着　　　　吃　不　下　美味	
13	习棵怎恨夫很没，	心也不在身，
	ɕi³⁵kho³³ tsɯ³⁵ xɯ⁵⁵ fɣ⁴⁴xɯ³¹ mu³³	
	心　　　　在　了　肚子　不	
14	忧忧愁愁无兴趣，	忧忧愁愁无心思，

---

[1] 喜欢相我 [ɕi³¹xua³⁵ɕa⁴⁴ŋɔ³¹]：形容高兴到了极点。相 [ɕa⁴⁴]，附着在动词后，表程度至极。

jo³³jo³³ tsho⁴²tsho⁴² vɣ⁴² ɕɯ⁵⁵tɕhyi⁵⁵
忧忧　愁愁　无　兴趣

15　阿日三顿因下朵，　　　　　　　　　一日三餐吃不下，
　　ʔa³¹n̩i⁴⁴ sa⁵⁵tui⁴⁴ jɯ⁴⁴ thɯ⁵⁵ tuɔ³³
　　一日　三餐　吃　下　不得

16　习孟怎阿块。　　　　　　　　　　　心中堵得慌。
　　ɕi³⁵mɯ⁵⁵ tsɯ³⁵ ʔa³¹ khui⁵⁵
　　心中　　有　一　块

英台【唱】：
1　英台我干哥孟双，　　　　　　　　　英台我对哥你说，
　　jɯ³³the⁴² ŋɔ³¹ ka⁴⁴ kɔ³³ mɯ⁵⁵ sua⁴⁴
　　英台　我　对　哥　处　说，

2　生我皮日米嫩端，　　　　　　　　　叫我白天在想你，
　　sɯ³¹ ŋɔ³¹ pe⁴²n̩i⁴⁴ mi³¹ nɯ⁵⁵ tua⁴⁴
　　叫　我　每天　想　你的　上

3　背格生我车热朵，扑摆边，[1]　　　　叫我夜里睡不着，敲板壁，
　　pe³³kɛ³¹ sɯ³¹ŋɔ³¹tshɛ⁴⁴n̩i³⁵tuɔ³³, pu⁴⁴pie⁴⁴pi³⁵
　　晚上　叫我　睡着　不　敲墙板

4　退忙跳所岸。　　　　　　　　　　　推说跳蚤咬。
　　thui⁵⁵ma³⁵ khua³³ɕi⁴⁴ ŋa⁴⁴
　　推说　跳蚤　咬

5　上与鱼头想饮水，　　　　　　　　　就像鱼儿想喝水，
　　sa⁵⁵jy²¹ ŋɣ³⁵tɯ³¹ ɕa³¹ ʔɯ³³ ɕy³³
　　相仿　鱼　想　喝水

6　生我鱼住水下康，[2]　　　　　　　　使我就像鱼在水下渴，
　　sɯ³¹ ŋɔ³¹ ŋɣ³⁵kɣ⁴² ɕy³³ ɛ³³ kha⁴⁴
　　让我　鱼　在　水下　渴

7　千花自挨没兴趣，　　　　　　　　　绣花做鞋没兴趣，
　　tɕhɛ⁴⁴xuɔ³⁵ tsɿ⁵⁵ŋe³¹ mu³³ ɕɯ⁵⁵tɕhyi⁵⁵
　　绣花　做鞋　没　兴趣

8　米住阿高堆。　　　　　　　　　　　想念着哥哥你。
　　mi³¹tɕɛ³¹ ʔa³¹kɔ³³ tua⁴⁴
　　想念　阿哥　上

9　米高堆自因本下，　　　　　　　　　想着哥哥吃不下，
　　mi³¹ kɔ³³ tua⁴⁴ tsɿ⁵⁵ jɯ⁴⁴ pu³¹ thɯ⁵⁵
　　想　哥　上　则　吃　不　下

10　给我底自水康康，　　　　　　　　叫我只得口干渴，

---

[1] 摆边 [pɛ³⁵piɛ⁴⁴]：指隔板。白族民居采用木板制作成整块的隔板来分隔室内房间，隔板有冬暖夏凉的特点，床铺一般都靠近隔板铺设。

[2] 生我鱼住水下康 [sɯ³¹ŋɔ³¹ŋɣ³⁵tsɯ³⁵ɕy³³ɛ³³kha⁴⁴]：意思是让我这条鱼在水下渴，喻指可望不可即。

$$ sɯ^{33} ŋɔ^{31} ti^{31} tsʅ^{55} ɕy^{33} kha^{44} kha^{44} $$
　　让　我　只得　　口干渴

11　康坑咽自养饮庆,　　　　　　　　　　口渴起来喝一通,
$$ kha^{44} khɯ^{44} jɯ^{35} tsʅ^{55} ja^{31} ʔɯ^{33} tɕhɯ^{55} $$
　渴　起　来　则　捧　喝　一阵

12　饮恨弟哉康。　　　　　　　　　　　　喝了还是渴。
$$ ʔɯ^{33} xɯ^{55} ti^{55} tse^{44} kha^{44} $$
　喝　了　点　再　渴

13　车热恨利惊细谢,　　　　　　　　　　睡着了也被惊醒,
$$ tshɛ^{33} ȵi^{44} xɯ^{55} li^{55} tɕɯ^{35} ɕi^{55} ɕɛ^{55} $$
　睡着　　了　也　惊　醒

14　给我自惊呼养花。　　　　　　　　　　让我惊慌失措。
$$ sɯ^{33} ŋɔ^{31} tsʅ^{55} tɕɯ^{35} xu^{35} ja^{31} xua^{35} $$
　让　我　则　惊慌失措

15　车们臭恨养期去,　　　　　　　　　　睡梦错后跑出去,
$$ tshɛ^{33} mɯ^{31} tɕhuɔ^{55} xɯ^{55} ja^{31} tɕhi^{44} ŋɛ^{21} $$
　睡梦　　错　了　跑出　去

16　杯期门门看。　　　　　　　　　　　　走到门口看。
$$ pe^{44} tɕhi^{44} me^{21} mɯ^{35} ʔa^{33} $$
　走出　门口　看

17　看星看旺哥吐鬼,　　　　　　　　　　看星看月不见哥,
$$ xa^{55} ɕɛ^{55} xa^{55} ua^{44} kɔ^{33} nɔ^{33} kui^{32} $$
　看星　看月　哥　则　不见

18　委孟岸坑片之花,　　　　　　　　　　眼睛看的花又乱,
$$ ui^{33} mɯ^{55} ʔa^{33} khɯ^{44} pie^{55} tsʅ^{33} xua^{33} $$
　眼里　看得　片子花

19　猪头模皆皆皮吐, 米哥端,　　　　　　美味放在碗里, 想念哥,
$$ te^{42} tɯ^{31} pia^{44} ti^{35} ke^{42} pe^{31} nɔ^{33}, mi^{33} kɔ^{33} tua^{44} $$
　猪一头　放在　　碗　里　想哥上

20　因保利十三。　　　　　　　　　　　　也吃不下去。
$$ jɯ^{44} pɔ^{31} li^{55} sʅ^{35} sa^{44} $$
　吃它　也不想了

21　今日阿哥杯叭因,　　　　　　　　　　今日阿哥到这里,
$$ ke^{55} ȵi^{44} ʔa^{31} kɔ^{33} pe^{44} phia^{44} jɯ^{35} $$
　今日　阿哥　走到　来

22　心孟花坑上丈外。　　　　　　　　　　心儿高兴起三丈高。
$$ ɕi^{35} mɯ^{55} xua^{35} khɯ^{33} sa^{33} tsa^{55} ua^{44} $$
　心儿　欢　起　三丈　外

23　两人杯入花兰恨,　　　　　　　　　　两人走进花园里,

  ko³³ȵi³¹ pe⁴⁴ȵi⁴⁴ xuɔ³⁵na²¹ xɯ³¹
  两人 走进 花园 里

24 苟尼干须花。   两人来叙话。
  ko³³ȵi³¹ ka⁴⁴ɕy⁵⁵xua⁴⁴
  两人 叙叙话

25 大开花门干汉,   打开园门把花看,
  tɛ⁴⁴khɯ⁵⁵ xuɔ³³me²¹ ka⁴⁴xa⁵⁵
  打开 花园 看看

26 花兰开登百样花,   花园开着百样花,
  xuɔ³⁵na²¹ khɯ⁵⁵tu⁴⁴ pɛ³⁵ja⁵⁵ xua³³
  花园 开着 百样 花

27 车牡丹配白牡丹,   红牡丹配白牡丹,
  tshɛ⁴⁴mu³¹ta³³ phe⁵⁵ pɛ⁴²mu³¹ta³³
  红牡丹 配 白牡丹

28 还有玉兰花。   还有玉兰花。
  xa⁴²jo³¹ y⁵⁵la⁴²xua³³
  还有 玉兰花

29 车勺药配白勺药,   红勺药配白勺药,
  tshɛ⁴⁴ sɔ³⁵jɔ³⁵ phe⁵⁵ pɛ⁵⁵ sɔ³⁵jɔ³⁵
  红 勺药 配 白 勺药

30 勺药牡丹配一双,   勺药牡丹配一双,
  sɔ³⁵jo³⁵ mu³¹ta³³ phe⁵⁵ ji³⁵sua³³
  勺药 牡丹 配 一双

31 古桐兰配凤尾竹,   虎头兰配凤尾竹,
  xu³¹tho⁴²la⁴² phe⁵⁵ fɯ⁵⁵ve³¹tsɿ³⁵
  虎头兰 配 凤尾竹

32 还有粉台花。   还有粉团花。
  xa⁴²jo³¹ fɯ³¹thue⁴²xua³³
  还有 粉团花

33 气有百有活利开,   千种百样花也开,
  tɕhi⁵⁵jo³² pɛ⁴⁴jo³² xuɔ³⁵ li⁵⁵ khɯ⁵⁵
  千种 百样 花 也 开

34 直父采花奔忙香,   蜜蜂采花最奔忙,
  tsɿ³⁵fɣ⁵⁵ tshe³¹xuɔ³⁵ pɯ⁵⁵ma⁴² ɕa⁴⁴
  蜜蜂 采花 奔忙 极

35 活利为因父吐开,   花也为了蜜蜂开,
  xuɔ³³ li⁵⁵ ui⁴⁴jo³⁵ fɣ⁵⁵ nɔ³³ khɯ⁵⁵
  花 也 为了 蜂 上 开

36 父为花吐叭。   蜜蜂为花来。

$$fɤ^{55}\ ui^{35}\ xuɔ^{35}\ nɔ^{33}\ phia^{44}$$
蜂　为　花　上　到

37　岸当阿灯池塘来，　　　　　　　　　　　看见这里一池塘，
$$ʔa^{55}ta^{44}\ ʔa^{33}tɯ^{44}\ tshʅ^{42}tha^{42}le^{31}$$
这里　　看见　　池塘　一个

38　红金鱼树汉解香，　　　　　　　　　　　一对红金鱼真好看，
$$xuɔ^{35}\ tɕie^{35}ŋɤ^{35}sɤ^{55}\ xa^{55}ke^{44}\ ɕa^{44}$$
红　　金鱼一对　　好看　极

39　鱼母干等博摇摇，　　　　　　　　　　　母鱼把头摇摇，
$$ŋɤ^{35}mɔ^{33}\ ka^{44}\ tɯ^{21}pɔ^{31}\ jɔ^{21}jɔ^{21}$$
母鱼　把　头　摇摇

40　鱼斗头，干尾巴巴巴。　　　　　　　　　公鱼，把尾巴甩甩。
$$ŋɤ^{35}to^{35}tɯ^{31}\ ka^{44}\ mi^{32}tu^{35}\ pha^{44}pha^{44}$$
公鱼　　把　尾巴　　甩甩

41　千活百活串本完。　　　　　　　　　　　逛不完满园花。
$$tɕhi^{55}jo^{32}\ pɛ^{44}jo^{32}\ kuɛ^{33}\ pɯ^{31}\ uɔ^{32}$$
千样　　百样　　逛　不　完

山伯【唱】：

1　山伯干英台孟双，　　　　　　　　　　　山伯对英台说，
$$se^{33}pɯ^{35}\ ka^{44}\ jɯ^{33}the^{42}mɯ^{55}\ sua^{44}$$
山伯　对　英台　处　说

2　花兰花亮矿习串，　　　　　　　　　　　花园景色慢慢赏，
$$xuɔ^{35}la^{31}\ xuɔ^{35}\ ȵa^{55}\ khua^{55}ɕi^{35}\ kuɛ^{33}$$
花园　花　咱们　慢慢　逛

3　干亲事话双。　　　　　　　　　　　　　把亲事说说。
$$ka^{44}\ tɕhɯ^{33}sʅ^{55}\ to^{31}\ sua^{44}$$
把　亲事　话　说

4　恼请期沥女台因，　　　　　　　　　　　你把妹妹请出来，
$$nɔ^{31}\ tɕhɛ^{33}tɕhi^{44}\ ȵɯ^{55}\ ŋɤ^{31}the^{33}\ jɯ^{35}$$
你　请出　　你的　妹妹　来

5　我要过保干须花，　　　　　　　　　　　我要跟她谈一谈，
$$ŋɔ^{31}\ ȵo^{44}\ kuɔ^{35}\ pɔ^{31}\ ka^{44}ɕy^{44}xua^{44}$$
我　要　跟　她　叙叙话

6　传干亲事谈求恨，　　　　　　　　　　　若把亲事谈成了，
$$tshui^{55}\ ka^{44}\ tɕhɯ^{33}sʅ^{55}\ tha^{42}\ tɕho^{42}\ xɯ^{55}$$
催　把　亲事　　谈　好　了

7　山伯我杯央。　　　　　　　　　　　　　山伯我回家。
$$se^{33}pɯ^{35}\ ŋɔ^{31}\ pe^{44}ja^{44}$$
山伯　我　回家

英台【白】： 梁兄请坐。待我叫出九妹来，与梁兄相会就是了。行行走走来到书房，

哎呀，叫我好着急。大事已变，梁兄还不知道，叫我如何办呢？阿呀，丑媳妇难免见公婆，还不如露出原形，直言拜上了那——【唱】

1	英台干衣服装化脱，	英台把男装换下，
	juɯ³³the⁴² ka⁴⁴ji³⁵pe³²mɯ³¹thuua⁴⁴	
	英台　　把　衣服　　换下	
2	书生变成小姑娘。	书生变成小姑娘。
	sɿ⁴⁴sɯ⁴⁴ pie⁵⁵tshɯ⁴² ɕɔ³¹ku³³n̠a³³	
	书生　　变成　　　小姑娘	
3	头吐代坑朱眉勒，	头上戴起珠眉帽，
	tuɯ²¹nɔ³³ tuɯ³²khɯ⁴⁴ tsɿ³³me⁴²lɯ³¹	
	头上　　　戴起　　　珠眉帽	
4	戴一朵金花。	戴一朵金花。
	te⁵⁵ji³⁵tuɔ³¹ tɕɯ³³xua³³	
	戴一朵　　　金花	
5	本点咀委党活色，	不施脂粉像桃花，
	pɯ³³tie³¹ tɕy³¹ui³³ ta³¹xuɔ³⁵sɯ³⁵	
	不点　　　脸面　　桃花色	
6	梳妆台上巧梳妆，	梳妆台上巧梳妆，
	sɿ⁴⁴tsua⁴⁴the⁴² sa⁵⁵ tɕhɔ³¹ sɿ⁴⁴tsua⁴⁴	
	梳妆台　　　　上　巧　　梳妆	
7	头包松自水波浪，	头发梳成水波浪，
	tuɯ²¹pɔ³¹ sɿ³¹tsɿ⁵⁵ ɕy³³pɔ³³la⁵⁵	
	头发　　　梳成　　水波浪	
8	东哉人一光。[1]	跌断苍蝇腰。
	to⁴⁴tse⁴² sɯ³¹ ji³⁵kua⁴⁴	
	跌断　　　苍蝇　腰杆	
9	真金耳环八宝珠，	真金耳环八宝珠，
	tsɯ³³tɕɯ³³ ɛ³¹xua⁴² pa³⁵pɔ³¹tsɿ³³	
	真金　　　耳环　　八宝珠	
10	一步三摇响叮当，	一步三摇响丁当，
	ji³⁵pu⁵⁵ sa³³jɔ⁴² ɕa³¹tiɯ³³ta³³	
	一步　　三摇　　响丁当	
11	九甲委背黑委眉，	双眼皮加黑眉毛，
	tɕo³¹tɕa³⁵ui³³pe³¹ xɯ⁴⁴ui³³me³⁵	
	双眼皮　　　　　黑眉毛	
12	樱桃口一张。	樱桃口一张。
	juɯ³³tɔ⁴² khɔ³¹ ji³⁵tsa³³	
	樱桃　　　口　一张	

---

[1] 此句的意思是，头发梳的光滑，苍蝇停歇也会跌断腰杆。

13	金次走尼买革很，	明镜照金身，
	tɕie³⁵tʂɿ⁵⁵ tso³²ɳi⁴⁴ mɛ²¹kɛ³² xɯ³¹	
	金身　　照进　明镜　里	
14	好像一朵粉牡丹。	好像一朵粉牡丹。
	xɔ³¹ɕa⁵⁵ ji³⁵tuo³¹ fɯ³¹mu³¹ta³³	
	好像　　一朵　　粉牡丹。	
15	次吐衣登龙凤袍，	身上穿着龙凤袍，
	tʂɿ⁵⁵nɔ³³ ji⁴²tu⁴⁴ lo⁴²fɯ⁵⁵phɔ⁴²	
	身上　　穿着　　龙凤袍	
16	丝绸官靠叭。	穿起丝绸裤。
	sɿ³³tsho⁴² kua³⁵ khɔ⁵⁵ phia⁴⁴	
	丝绸　　裤　穿　到	
17	三寸金莲脚又小，	三寸金莲脚又小，
	sa³³tshui⁵⁵ tɕɯ³³ɳe⁴² tɕɔ³⁵ jo⁵⁵ɕɔ³¹	
	三寸　　金莲　　脚　又　小	
18	杯阿步自花上花。	走一步则摇三摇。
	pe⁴⁴ ʔa³³pu³³ tsɿ⁵⁵ xua³³ sa⁵⁵ xua³³	
	走　一步　则　晃　三　晃	
19	英台我干衣化完，	英台我把衣换完，
	jɯ³³the⁴² ŋɔ³¹ ka⁴⁴ ji³⁵ mɯ³¹ uɔ³⁵	
	英台　我　把　衣　换　完	
20	花园去会他。	去花园会他。
	xua³³jyi⁴² tɕhy⁵⁵ xui⁵⁵ tha³³	
	花园　　去　会　他	

山伯【唱】:

1	山伯抬头因干看，	山伯抬头一看，
	se³³pɯ³⁵ the⁴²tho⁴² jɯ³⁵ ka⁴⁴ʔa³³	
	山伯　抬头　来　看看	
2	干我委树利看花，	把我双眼也看花，
	ka⁴⁴ ŋɯ³¹ ui³³sɿ⁴² li⁵⁵ kha⁵⁵xua³³	
	把　我　双眼　也　看花	
3	好像西人下世格，	好像仙女下人间，
	xɔ³¹ɕa⁵⁵ se³⁵ɳi³¹ thɯ⁵⁵ se⁴²kɛ³⁵	
	好像　仙女　下　人间	
4	化保利难化。	画也难画出。
	xua⁴⁴ pɔ³¹ li⁵⁵ na³¹ xua⁴⁴	
	画　她　也　难　画	
5	英台本干保本彼，	英台不高她不矮，
	jɯ³³the⁴² pɯ³¹ ka³⁵ pɔ³¹ pɯ³¹ pi³¹	
	英台　不　高　她　不　矮	

6　好像双胞胎一双，　　　　　　　　　　好像双胞胎一双，
　　xɔ³¹ɕa⁵⁵ sua⁴⁴pɔ⁴⁴the⁴⁴ ji³⁵sua⁴⁴
　　好像　　双胞胎　　　　一双

7　苟尼本表呼阿人，　　　　　　　　　　不是像两人像一人，
　　ko³³ȵi³¹ pɯ³³piɔ³³ xɯ⁵⁵ ʔa³¹ȵi³¹
　　两人　　不是　　　了　一人

8　使快吥来团。[1]　　　　　　　　　　 一个饵块模子做出来。
　　sʅ³³khui⁵⁵ pu³¹ne³¹ thua⁴⁴
　　饵块　　　模子　　　做

9　咀委与英台咀委，　　　　　　　　　　脸庞像英台脸庞，
　　tɕy³³ui³³ jy³¹ jɯ³³the⁴² tɕy³³ui³³
　　脸面　　像　英台　　脸面

10　头发阿弟利本差。　　　　　　　　　 头发一点也不差。
　　tɯ²¹ma³⁵ ʔa³¹ti⁵⁵ li⁵⁵ pɯ³¹tsha³³
　　头发　　　一点　也　不差

11　上头看叭沟彼吐，　　　　　　　　　 从头看到脚，
　　tsho³⁵ tɯ²¹ ʔa³³ phia⁴⁴ ko⁴⁴pe³³ nɔ³³
　　从　头　看　到　　脚板　上

12　人格在出娘！　　　　　　　　　　　 怎有这样美的人！
　　ȵi³¹kɛ³⁵ tse⁵⁵ tshɣ⁴⁴ ȵa³³
　　人　　怎　有　这样

13　女人自孟出娘人，　　　　　　　　　 怎么会有这样好姑娘，
　　ȵɣ³³ȵi³¹ tsʅ⁵⁵mɯ⁵⁵ tshɣ⁴⁴ ȵa³³ȵi³¹
　　女人　　怎么　　　出　这个

14　使我习棵看自花。　　　　　　　　　 叫我看得心发慌。
　　sɯ³¹ ŋɯ³¹ ɕi³⁵khɔ⁴⁴ ʔa³³ tsʅ⁵⁵ xua³³
　　叫　　我　　心　　　看得　　慌

英台【唱】：

1　姑娘就是祝九妹，　　　　　　　　　　姑娘就是祝九妹，
　　ku³³ȵa⁴² tɕo⁵⁵sʅ⁵⁵ tsu⁵⁵tɕo³¹me⁵⁵
　　姑娘　　就是　　　祝九妹

2　为兄把礼参。　　　　　　　　　　　　为兄把礼参。
　　ui⁴²ɕo³³ pa³¹li³¹tsha³³
　　为兄　　把礼参

山伯【白】：这是祝九妹，山伯见上一礼。动问祝九妹，你哥哥祝英台为何没有出来，我们有话不便叙谈。

英台【白】：哎呀，梁兄请听那——【唱】：

---

[1] 饵块[sʅ³³khui⁵⁵]：大理的特产，用米饭舂成，可做成饼、丝，节日做的饵块饼子，印有各种花样，都用模子做。

1	九妹就是祝英台， tɕo³¹me⁵⁵ tɕo⁵⁵sɿ⁵⁵ tsu³⁵jɯ³³the⁴² 九妹　　就是　　祝英台	九妹就是祝英台，
2	英台就是祝九妹。 jɯ³³the⁴² tɕo⁵⁵sɿ⁵⁵ tsu⁵⁵tɕo³¹me⁵⁵ 英台　　就是　　祝九妹	英台就是祝九妹。
3	祝家只有祝英台， tsu³⁵tɕa³³ tsɿ³⁵jo³¹ tsu³⁵jɯ³³the⁴² 祝家　　只有　　祝英台	祝家只有祝英台，
4	并无祝九妹。 piɯ⁵⁵vɣ⁴² tsu³⁵tɕo³¹me⁵⁵ 并无　　祝九妹	并无祝九妹。

山伯【唱】：

1	山伯听登笑哈哈， se³³pɯ³⁵ tɕhe⁵⁵tɯ⁴⁴ ɕo⁵⁵xa⁴⁴xa⁴⁴ 山伯　　听见　　笑哈哈	山伯听见笑哈哈，
2	九妹恼干笑话双， tɕo³¹me⁵⁵ nɔ³¹ ka⁴⁴ sɔ³¹tɔ³¹ sua⁴⁴ 九妹　　你 把　笑话　　说	九妹你真会说笑话，
3	英台保怎之人人， jɯ³³the⁴²pɔ³¹ tsɯ³³ tsɿ³³n̠i³¹n̠i³¹ 英台　　她　是　一男人	英台她是男人，
4	九妹是姑娘。 tɕo³¹me⁵⁵ sɿ⁵⁵ ku³³n̠a³³ 九妹　　是　姑娘	九妹是姑娘。
5	老杯请期汧哥因， nɔ³¹ pe⁴⁴ tɕhe³³tɕhi⁴⁴ nɯ⁵⁵ kɔ³³ jɯ³⁵ 你 去 请出　　你的　哥 来	你去请出你哥来，
6	上人一起干须花， sa⁵⁵n̠i³¹ ji³⁵tɕhi³¹ ka⁴⁴ɕy⁵⁵xua⁵⁵ 三人　　一起　　叙叙话	三人一起来叙谈，
7	知心斗受双旺菜， tsɿ³⁵ɕi³⁵tɔ³¹ sua⁴⁴ ua⁵⁵tshɛ⁵⁵ 真心话　　说　几句	说它几句真心话，
8	山伯我杯央。 se³³pɯ³⁵ ŋɔ³¹ pe⁴⁴ja⁴⁴ 山伯　　我　回去	山伯我就回家。

英台【唱】：

1	英台我干哥孟双，	英台我跟哥哥说，

jɯ³³the⁴² ŋɔ³¹ ka⁴⁴ kɔ³³ mɯ⁵⁵ sua⁴⁴
英台　我　跟　哥　处　说

2　我是英台果不差，　　　　　　　　　我是英台果不差，
ŋɔ³¹ sʅ⁵⁵ jɯ³³the⁴² kuɔ³¹pu³⁵tsha⁵⁵
我　是　英台　　果不差

3　阿哥利咋本相信，　　　　　　　　　阿哥你若不相信，
ʔa³³kɔ³³ n̠i⁵⁵tso⁴² pɯ³³ ɕa³³ɕɯ⁵⁵
阿哥　您说　不　相信

4　我干直话双。　　　　　　　　　　　我把真话讲。
ŋɔ³¹ ka⁴⁴ tsʅ³⁵to³¹ sua⁴⁴
我　把　真话　说

5　梁肉阿哥听我因，　　　　　　　　　梁兄你来听我讲，
n̠a⁴²zɤ³⁵ ʔa³¹kɔ³³ tɕhɛ⁵⁵ ŋɔ³¹ jɯ³⁵
梁兄　阿哥　听　我　来

6　英台我是独姑娘，　　　　　　　　　英台我是独姑娘，
jɯ³³the⁴² ŋɔ³¹ sʅ⁵⁵ tu³⁵ku³³n̠a³³
英台　　我　是　独姑娘

7　女妆男扮去读书，　　　　　　　　　女扮男装去读书，
n̠y³¹pe⁵⁵ na⁴²tsua³³ pe⁴⁴ ɣɯ⁴²sʅ³⁵
女扮　　男装　　去　读书

8　干尼山杯叭。　　　　　　　　　　　走到了尼山。
ka⁴⁴ n̠i⁴²se³³ pe⁴⁴ phia⁴⁴
把　尼山　　走到

9　柳阴树孟玉灯利，　　　　　　　　　柳树下遇着你，
sɯ⁵⁵ʔɯ³¹ tsɯ³¹ mɯ⁵⁵ jui⁴⁴tɯ⁴⁴ n̠i⁵⁵
柳阴　树　处　遇着　您

10　同心合意报日双，　　　　　　　　 情投意合报年龄，
tho⁴²ɕɯ⁴²xɔ³⁵ji⁵⁵ pɔ⁵⁵ n̠i⁴⁴sua⁴⁴
情投意合　　　报　年龄

11　二弟跪下叩头包，　　　　　　　　 兄弟下跪来磕头，
kɔ³¹the³³ kɤ³¹ thɯ⁵⁵ to⁴⁴tɯ²¹pɔ³¹
兄弟　　跪下　磕头

12　结拜怎咊当。　　　　　　　　　　 在那里结拜兄弟。
tɕɛ³⁵pe⁵⁵ tsɯ³⁵ pɯ⁵⁵ta⁴⁴
结拜　　在　那里

13　读书三双车阿铺，　　　　　　　　 读书三年睡一床，
ʔɯ⁴²sʅ³⁵ sa⁵⁵sua⁴⁴ tshɛ³³ ʔa³¹phu⁵⁵
读书　三年　　睡　一床

14　打必水该利格叭，　　　　　　　　 扁担水碗划界限，

ta⁴²pi³⁵ ɕy³³ke³² li⁵⁵ kɛ³⁵phia⁴⁴
扁担 水碗 也 隔到

15 那日干保鼠碰恨, 谁若碰倒了水碗,
na³²ɲi³¹ ka⁴⁴ pɔ³¹ tshɤ⁴⁴phɯ⁵⁵ xɯ⁵⁵
谁 把 它 碰洒 了

16 供书保承担。 学费他承担。
ku³⁵sɿ³⁵ pɔ³¹ tshu⁴²ta³³
学费 他 承担

17 阿哥利本敢反次, 阿哥翻身都不敢,
ʔa³¹kɔ³³ li⁵⁵ pɯ³³ka³¹ fɛ³¹tshɿ⁵⁵
阿哥 也 不敢 翻身

18 格咋自吐鼠恰恰, 哥哥怕得老鼠样,
kɛ³⁵tso⁴² tsɿ⁵⁵ nɔ³¹ sɤ³¹ tɕhia⁴⁴tɕhia⁴⁴
怕是 则 你 鼠 瑟瑟

19 英台我干鼠碰号, 英台我把水碗碰倒,
jɯ³³the⁴² ŋɔ³¹ ka⁴⁴ tshɤ⁴⁴phɯ⁵⁵ xɔ⁵⁵
英台 我 把 碰倒 了

20 供书我承担。 学费我承担。
ku³⁵sɿ³⁵ ŋɔ³¹ tshu⁴²ta³³
学费 我 承担

21 老师生亮打花全, 老师令我俩打拳,
lɔ³²sɿ³³ sɯ⁴⁴ na⁵⁵ tɛ⁴⁴xua³³tɕhui⁴²
老师 让 咱们 打花拳

22 保咋使亮干衣脱。 他叫我们脱衣衫。
pɔ³¹ tsɔ⁴² sɯ³³ na⁵⁵ ka⁴⁴ ji³⁵ thua⁴⁴
他 说 让 咱们 把 衣 脱

23 我双我手脚灵便, 我说我手脚灵便,
ŋɔ³¹ sua⁴⁴ ŋɯ⁵⁵ sɯ³³ko⁴⁴ liɯ⁴²pie⁵⁵
我 说 我 手脚 灵便

24 何必托衣三。 何必脱衣衫。
xɔ⁴²pi³⁵ tuɔ³⁵ ji⁵⁵sa⁴⁴
何必 脱 衣裳

25 阿声之干答有号, 一句话儿就回绝了,
ʔa³¹tshɛ⁵⁵tsɿ⁴⁴ ka⁴⁴ ta³⁵jo³³ xɔ⁵⁵
一句话儿 把 回应 了

26 梁兄在阿半笑香。 梁兄一旁笑哈哈。
na⁵⁵ɕo³³ tsɯ³⁵ ʔa³¹pɔ³¹ sɔ³¹ɕa⁴⁴
梁兄 在 一旁 笑极

27 阿哥车入古节很, 阿哥蒙在鼓里头,

ʔa³¹kɔ³³ tshɛ⁴⁴n̪i⁴⁴ ku³¹tɕɛ³³ xɯ³¹
阿哥　　睡在　　鼓　　里

28　底米读书堆。　　　　　　　　　　　一心只想读书事。
　　ti³¹mi³¹ ʔɯ⁵⁵sŋ³⁵ tua⁴⁴
　　只想　　读书　　上

山伯【唱】：

1　开口叫声祝贤妹，　　　　　　　　　开口叫声祝贤妹，
　　khe³³kho³¹ tɕɔ⁵⁵su⁴⁴ tsu⁵⁵ɕie⁴²me⁵⁵
　　开口　　叫声　　祝贤妹

2　原来是女妆男扮，　　　　　　　　　原来是女扮男妆，
　　jui⁴²le⁴² sŋ⁵⁵ na⁴²tsua³³ n̪y³¹pe⁵⁵
　　原来　　是 男装　　女扮

3　皆因山伯好周花，　　　　　　　　　注定山伯好时运，
　　ke³³jɯ³³ se³³pɯ³⁵ xɯ³¹ tso³¹xuɔ³⁵
　　皆因　　山伯　　好时运

4　苟尼成呋妻。　　　　　　　　　　　两人夫妻配。
　　ko³³n̪i³¹ tse³¹ pɯ⁵⁵tshe⁵⁵
　　两人　　成　　夫妻

5　天上牛郎配织女，　　　　　　　　　天上牛郎配织女，
　　thie³³sa⁵⁵ n̪o⁴²la⁴² phe⁵⁵ tsŋ³⁵n̪y³¹
　　天上　　牛郎　　配　织女

6　仙姬利干董永配，　　　　　　　　　仙女也把董永配，
　　ɕie³³tɕi³³ li⁵⁵ ka⁴⁴ to³¹jo³¹ phe⁵⁵
　　仙女　　也　把　董永　　配

7　崔文顺配张四姐，　　　　　　　　　崔文顺配张四姐，
　　tshui³³vɯ⁴²ɕy⁵⁵ phe⁵⁵ tsa³³sŋ⁵⁵tɕie³¹
　　崔文顺　　配　张四姐

8　山伯配英台。　　　　　　　　　　　山伯配英台。
　　se³³pɯ³⁵ phe⁵⁵ jɯ³³the⁵⁵
　　山伯　　配　英台

9　皆因亮头世姻缘，　　　　　　　　　注定我们今生有姻缘，
　　ke³³jɯ³³ n̪a⁵⁵ tɯ²¹xɛ⁵⁵ jɯ³³jui⁴²
　　皆因　　咱们　前生　　姻缘

10　有缘千里来相会，　　　　　　　　有缘千里来相会，
　　jo³¹jui⁴² tɕhie³³li³¹ le⁴² ɕa³³xui⁵⁵
　　有缘　　千里　　来　相会

11　女台比牡丹汉求，　　　　　　　　祝妹美貌赛牡丹，
　　n̪y³⁵the³³ pi³¹ mu³¹ta³³ xa⁵⁵tɕho⁵⁵
　　妹妹　　比　牡丹　　好看

12　美鸳鸯一对。　　　　　　　　　　美鸳鸯一对。

	me³¹jui³³ja³³ ji³⁵tɯ⁵⁵	
	美鸳鸯　　一对	
13	山伯逗害孟等博，	山伯磕头谢苍天，
	se³³pɯ³⁵ to⁴⁴ xe⁵⁵mɯ⁵⁵ tɯ²¹pɔ³¹	
	山伯　磕　天上　　头	
14	自孟行灯恼英台，	竟然修行得英台，
	tsɿ⁵⁵mɯ⁵⁵ ɕɯ³⁵tɯ⁴⁴ nɔ³¹ juɨ³³the⁵⁵	
	竟然　　修得　　你　英台	
15	杯打择书因加恼，	回家择日来接亲，
	pe⁴⁴ta⁴² tshe³⁵sɿ³⁵ jɯ³⁵ tɕa⁴⁴ nɔ³¹	
	回家　　择日　　来　接　你	
16	马上成亲，干恩委笑闭。	马上成亲，眼睛笑成缝。
	ma³¹sa⁵⁵tshɯ⁴²tɕhɯ³³ ka⁴⁴ŋɯ⁵⁵ui³¹sɔ³¹me³⁵	
	马上　成亲　　把我眼　笑闭	

英台【白】：那是。梁兄，一时说之不尽。你我到南楼一叙。来此已到，银心，摆酒席上来。

银心【白】：已经齐备。

英台【白】：梁兄请。

山伯【白】：贤妹请。阿呀，贤妹你怎么哭起来了。

英台【白】：梁兄不提亲事罢了，提起亲事，哎，伤心了——【唱】：

1	英台气冷下岸当，	英台气倒在地上，
	jɯ³³the⁴² tɕhi⁴⁴lɯ³¹ xɯ⁵⁵ ʔa⁵⁵ta⁴⁴	
	英台　　气倒　　在　这里	
2	亲事话自要提三，	你莫再提亲事了，
	tɕhɯ³³sɿ⁵⁵ to³¹ tsɿ⁵⁵ ȵo⁴⁴ thi⁵⁵ sa⁴⁴	
	亲事　话　则不要　提　了	
3	哥咋提坑亲事话，	哥再提起亲事，
	kɔ³³tsɔ⁴² thi⁵⁵kɯ³³ tɕhɯ³³sɿ⁵⁵ to³¹	
	哥　再　提起　亲事　话	
4	活干我气相。	气死我英台。
	xɛ⁵⁵ ka⁴⁴ ŋɔ³¹ tɕhi⁴⁴ ɕa⁴⁴	
	生　把　我　气　死	
5	四六日而且莫提，	四六日下且莫提，
	sɿ⁵⁵lu³⁵ ȵi⁴⁴ ɛ³³ tɕhe³¹ mɔ³⁵thi⁴²	
	四六　日　下　且　莫提	
6	二八三七记心肠。	二八三七记心肠。
	ɛ⁵⁵pa³⁵sa³³tɕhi³⁵ tɕi⁵⁵ɕɯ³³tsha⁴²	
	二八三七　　记心肠	
7	冷叹格恨半双吐，	现在事已过半年，

lɯ³¹tha⁵⁵ kɛ⁴⁴xɯ⁵⁵ pa³²sua⁴⁴ lɔ³²
现在　　隔过　　半年　　　了

8　　孟敌叭岸当。　　　　　　　　　　　才来到这里。
　　　mɯ⁵⁵ti³¹ phia⁴⁴ ʔa⁵⁵ta⁴⁴
　　　才　　　来到　　这里

9　　马甲办杯咽兔我，　　　　　　　　马甲家里来提亲，
　　　ma³¹tɕa³⁵ pa⁵⁵ pe⁴⁴jɯ³⁵ thu⁵⁵ ŋɔ³¹
　　　马甲家　　他们　过来　　讨　我

10　英台死也不愿他，　　　　　　　　英台死也不愿他，
　　　jɯ³³the⁴² sɿ³¹ jye³¹ pu³⁵jui⁵⁵ tha³³
　　　英台　　　死也　　不愿　　他

11　父母逼迫答有罢，　　　　　　　　父母逼迫答应他，
　　　to³⁵mɔ³³ pi³⁵phɯ³⁵ ta³⁵jɯ³¹ pa⁵⁵
　　　父母　　　逼迫　　　答应　　他们

12　哥赶米朵三。　　　　　　　　　　哥哥赶不上了。
　　　kɔ³³ tɕi⁴²mi³¹ tuɔ³³ sa⁴⁴
　　　哥　赶上　　不得　了

13　父母择开亮姻缘，　　　　　　　　父母拆散咱姻缘，
　　　to³⁵mɔ³³ tshe³⁵khe⁵⁵ n̠a⁵⁵ jɯ³³jye⁴²
　　　父母　　　拆开　　咱们　姻缘

14　等世自差恨舍样？　　　　　　　　前世做错了什么？
　　　tɯ²¹xɛ⁵⁵ tsɿ⁵⁵tsha⁵⁵ xɯ⁵⁵ xɛ³³ja³³
　　　前世　　　做错　　了　　什么

15　牛不吃水压牛头，　　　　　　　　牛不吃水压牛头，
　　　n̠o⁴² pu³⁵ tshɿ³⁵sui³¹ ja³⁵ n̠o⁴²tho⁴²
　　　牛　　不　吃水　　　压　牛头

16　气我心吐双。　　　　　　　　　　伤心血凝在心上。
　　　tɕhi⁴⁴ ŋɯ²¹ ɕi³⁵nɔ³³ sua⁴⁴
　　　气　　　凝　心上　　血

山伯【唱】：

1　　英台汧话自样双？　　　　　　　英台你怎这样讲？
　　　jɯ³³the⁴² nɯ⁵⁵to³¹ tsɿ⁵⁵ja³³ sua⁴⁴
　　　英台　　　你的话　　怎么　讲

2　　山伯气自动朵三，　　　　　　　　山伯气得动不了，
　　　se³³pɯ³⁵ tɕhi⁴⁴tsɿ⁵⁵ ty³³ tuɔ³³ sa⁴⁴
　　　山伯　　　气得　　　动　不得　了

3　　手比脚来跌下去，　　　　　　　　手酸脚麻倒下去，
　　　sɯ³³pi²¹ kɔ⁴⁴ne⁴² to⁴⁴ thɯ⁵⁵ tsɿ³¹
　　　手麻　　脚酸　跌　下　去

4　　整坑因朵三。　　　　　　　　　　站不起来了。

tsɯ³³khɯ³³jɯ³⁵ tuo³³ sa⁴⁴
站起来　　　不得 了

5　马甲办吐怎大欠，　　　　　　　　　　马甲他家很富有，
　　ma³¹tɕa³⁵ pa⁵⁵ nɔ³³ tsɯ³¹ tɔ³¹tɕhe⁵⁵
　　马甲　　他们 上　有　大钱

6　山伯我苦读寒窗，　　　　　　　　　　山伯我苦读寒窗，
　　se³³pɯ³⁵ ŋɔ³¹ khɯ³¹tu³⁵ xa⁴²tshua³³
　　山伯　　我　苦读　　寒窗

7　老只看得黑马甲，　　　　　　　　　　你只看得起马甲，
　　nɔ³¹ ti³¹ ʔa³¹ tɯ⁴⁴ xɯ⁵⁵ ma³¹tɕa³⁵
　　你　只　看得　　了　马甲

8　看我吐本加。　　　　　　　　　　　　看不起我家。
　　ʔa³¹ ŋɯ⁵⁵ nɔ³³ pɯ³¹tɕa⁴⁴
　　看 我 的 上　不起

9　本叹怎尼山读书，　　　　　　　　　　那时在尼山读书，
　　pɯ³¹tha⁵⁵ tsɯ³⁵ ni⁴²se³³ ʔɯ⁴²sʅ³⁵
　　那时　　在　尼山　　读书

10　二人车阿铺三双，　　　　　　　　　　两人三年同床睡，
　　ko³³ɲi³¹ tshɛ³³ ʔa³¹phu⁵⁵ sa⁵⁵sua⁴⁴
　　两人　　睡　　一床　　三年

11　格楼格打必水该，　　　　　　　　　　中间隔扁担和水碗，
　　kɛ³⁵lo⁵⁵ kɛ³⁵ ta³²pi³⁵ ɕy³³ke⁴²
　　中间　隔　扁担　水碗

12　直话恼本双。　　　　　　　　　　　　真话你不讲。
　　tsʅ³⁵tɔ³¹ nɔ³¹ pɯ³³ sua⁴⁴
　　真话　你　不　讲

13　汉灯汧吐乳弟大，　　　　　　　　　　看见你的奶儿大，
　　xa⁵⁵tɯ⁴⁴ nɯ⁵⁵ nɔ³³ pa⁴²ti⁵⁵ tɔ³¹
　　看见　　你的上 奶儿　大

14　你说乳大做高官，　　　　　　　　　　你说奶大做高官，
　　nɔ³¹ sua⁴⁴ pa⁴²tɔ³¹ tsʅ⁵⁵ tɔ³¹kua³⁵
　　你　说　奶大　做　大官

15　干我阿声答有号，　　　　　　　　　　一句就把我打发，
　　ka⁴⁴ ŋɔ³¹ ʔa³¹tshɛ⁵⁵ ta³⁵jo³³ xɔ⁵⁵
　　把我　一句　　打发　了

16　纠我加没双。　　　　　　　　　　　　叫我无话答。
　　tɕo⁴⁴ ŋɔ³¹ tɕa⁴⁴ mu³³ sua⁴⁴
　　叫　我　讲　无　说

17　本日两胎怎花园，　　　　　　　　　　那日二人逛花园，

pɯ³³ȵi⁴⁴ ko³³the⁴⁴ tsɯ³⁵ xuɔ³⁵na²¹
那日　　兄弟　　在　花园

18　汉灯恼安使自庄，　　　　　　　　　见你蹲着撒尿，
　　xa⁵⁵tɯ⁴⁴ nɔ³¹ ʔa³⁵sʅ³¹ tsʅ⁵⁵ tsua³³
　　见到　　你 撒尿　　作　蹲

19　你双读书人规矩，　　　　　　　　　你说读书人讲规矩，
　　nɔ³¹ sua⁴⁴ ʔɯ⁴²sʅ³⁵ȵi³¹ kui³⁵tɕy³¹
　　你　说　　读书人　　　规矩

20　在谁嗯孟双。　　　　　　　　　　　任由你辩解。
　　tse³²ɕy³⁵ nɯ⁵⁵ mɯ⁵⁵ sua⁴⁴
　　任由　　你　　处　　说

21　老师给亮打花全，　　　　　　　　　老师叫我们打拳，
　　lɔ³²sʅ³³ zʅ³¹ ȵa⁵⁵ te⁴⁴xua³³tɕhui⁴²
　　老师　　叫　咱们　打花拳

22　英台嗯衣被本脱，　　　　　　　　　英台你不脱衣衫，
　　jɯ³³the⁴² nɯ⁵⁵ ji³⁵pe³² pɯ³³ thua⁴⁴
　　英台　　你的　衣裳　　不　脱

23　恼干老师考过号，　　　　　　　　　你把老师也骗了，
　　nɔ³¹ ka⁴⁴ lɔ³²sʅ³¹ khɔ³¹kuɔ³² xɔ⁵⁵
　　你　把　老师　　考过　　了

24　不泄漏机关。　　　　　　　　　　　不泄露机关。
　　pu³⁵ ɕe⁵⁵lo⁵⁵ tɕi³³kua³³
　　不　泄露　　机关

25　点水不漏祝英台，　　　　　　　　　滴水不漏祝英台，
　　ti³⁵ɕy³¹ pu³⁵lo⁵⁵ tsu³⁵jɯ³³the⁴²
　　滴水　　不漏　　祝英台

26　嗯吐本事自怎将，　　　　　　　　　你的本事怎有这样高，
　　nɯ⁵⁵nɔ³³ pɯ³³sʅ⁵⁵ tsʅ⁵⁵ tsɯ³³ tɕa³³
　　你的　　本事　　怎　有　这样

27　蜜口蛇心祝英台，　　　　　　　　　蜜口蛇心祝英台，
　　mi³⁵kho³¹ sɛ³⁵ɕɯ³³ tsu³⁵jɯ³³the⁴²
　　蜜口　　蛇心　　祝英台

28　你心毒咋加。　　　　　　　　　　　你心毒成这样。
　　nɯ⁵⁵ ɕi³⁵ tu³⁵ tse²¹ tɕa⁵⁵
　　你　心　毒　成　这样

29　不用刀来不用斧，　　　　　　　　　不用刀来不用斧，
　　pu³⁵ jo⁵⁵ tɔ³³ le⁴² pu³⁵ jo⁵⁵ fɣ³¹
　　不　用　刀　来　不　用　斧

30　本汝一答干我相，　　　　　　　　　杀我不用刀，

pɯ³³zu³¹ ji³⁵ta³⁵ ka⁴⁴ ŋɔ³¹ ɕa⁴⁴
不用　刀子　把　我　杀

31　我吐次性次嘴盂，　　　　　　　　　我的魂儿在你上，
ŋɯ⁵⁵ nɔ³³ tshŋ⁵⁵ɕɛ³² tshŋ⁵⁵ nɯ⁵⁵ mɯ⁵⁵
我的　上　魂儿　丢　你的　处

32　害来怎岸拉？　　　　　　　　　　　老天在哪里？
xe⁵⁵ne³¹ tsɯ³⁵ ʔa⁵⁵na⁴⁴
天　　在　哪里

英台【唱】：

1　英台想想好伤心，　　　　　　　　　英台想想好伤心，
jɯ³³the⁴² ɕa³¹ɕa³¹ xɔ³¹sa³³ɕɯ³³
英台　想想　好伤心

2　使我眼泪流本生，　　　　　　　　　让我泪儿流不停，
sɯ³³ ŋɯ⁵⁵ mi⁴²ɕi⁴² kɯ³¹ pɯ³³sɯ⁴⁴
让　我的　眼泪　流　不停

3　阿哥双着我心毒，　　　　　　　　　阿哥说我心太毒，
ʔa³¹kɔ³³ sua⁴⁴tsɔ⁴² ŋɯ⁵⁵ ɕi³⁵ tu³⁵
阿哥　说　我　心　毒

4　底天认地认。　　　　　　　　　　　只有天地知我心。
i³¹ xe⁵⁵zɯ³³ tɕi³³zɯ³³
只　天知　地知

5　同其读书恨三双，　　　　　　　　　一起读书了三年，
tho⁴²tɕhi³¹ ʔɯ⁴²sŋ³⁵ xɯ⁵⁵ sa⁵⁵sua⁴⁴
一起　读书　了　三年

6　三年共枕不成亲，　　　　　　　　　三年共枕不成亲，
sa⁴⁴ɲe⁴² ko⁵⁵tsɯ³¹ pu³⁵ tshu⁴²tɕhu³³
三年　共枕　不　成亲

7　真是水冷锅盖热，　　　　　　　　　真是水冷锅盖热，
tsɯ³³sŋ⁵⁵ ɕy³¹lɯ³¹ kuɔ³³ke⁵⁵ ze³⁵
真是　水冷　锅盖　热

8　饭熟米汤生。　　　　　　　　　　　饭熟米汤生。
fa⁵⁵sɤ³⁵ mi³¹tha³³ sɯ³³
饭熟　米汤　生

9　及根答已田间中，　　　　　　　　　犁耙配田田中犁，
tɕi³⁵kɯ³¹ ta³⁵ tɕi³¹ tɕi³¹xɯ³¹ tso⁴⁴
犁耙　搭田　田里　犁

10　生我田间走及后，　　　　　　　　 让我只在犁后走，
sɯ³³ ŋɔ³¹ tɕi³¹xɯ³¹ pe⁴⁴ tɕi³⁵ kɯ³¹
让　我　田里　走　犁后

11　计少话受打动恼，　　　　　　　　 多少话语暗示你，

12 当做耳边风。 当做耳边风。
    ta⁵⁵tsuɔ⁵⁵ ɛ³¹pie³³ fɯ³³
    当做   耳边 风

    tɕi⁵⁵ɕo³³ to³¹so⁵⁵ tɛ⁴⁴tɤ³¹ nɔ³¹
    多少   话语   暗示   你

13 报给哥八字时辰， 报给哥生辰八字，
    pɔ⁵⁵ zɿ³¹ kɔ³³ pa³⁵tsɿ⁵⁵sɯ³³sɯ⁴²
    报 给 哥 八字   生辰

14 同年同月同日生， 同年同月同日生，
    tho⁴²ȵe⁴² tho⁴²yɛ³⁵ tho⁴²zɿ³⁵ sɯ³³
    同年   同月   同日   生

15 二人托生乎阿日， 两人同一日出生，
    ko³³ȵi³¹ tɕi⁴²xɛ⁵⁵ sɯ³³ ʔa³¹ȵi⁴⁴
    两人   出生   是 一日

16 梁兄可记灯。 梁兄可记得。
    ȵa⁴²ɕo³³ khɔ³¹ tɕi⁴⁴tɯ⁴⁴
    梁兄   可   记得

17 误了时期你才来， 误了时辰你才来，
    u⁵⁵lɔ³¹ sɿ⁴²tshɯ⁴² ni³¹ tshe⁴²le⁴²
    误了 时辰   你 才来

18 等叹孟访友谈亲。 现在才访友求亲。
    tɯ³¹tha⁵⁵ mɯ⁵⁵ fa³¹jo³¹ tha⁴²tɕhɯ³³
    现在   才 访友   谈亲

19 斗母干我许马甲， 父母把我许马甲，
    to³⁵mɔ³³ ka⁴⁴ ŋɔ³¹ ɕy³¹ ma³¹tɕa³⁵
    父母   把 我 许 马甲

20 死也不甘心。 死也不甘心。
    sɿ³¹ jɛ³¹ pu³¹ ka³³ɕɯ³³
    死 也 不 甘心

21 冷世夫妻自本成， 今世夫妻做不成，
    lɯ³¹xɛ⁵⁵ pɯ⁵⁵tshe⁵⁵ tsɿ⁵⁵ pɯ³³tsɛ²¹
    今世   他妻   做   不成

22 皆因亮命很代灯， 皆因命里有定数，
    ke³³jɯ³³ ȵa⁵⁵ miɛ³²xɯ³¹ te³²tɯ⁴⁴
    皆因 咱们 命里   带着

23 同生同死葬一处， 同生同死葬一处，
    tho⁴²sɯ³³ tho⁴²sɿ³¹ tsa⁵⁵ ji³⁵tshɤ⁵⁵
    同生   同死   葬   一处

24 阴司途上等。 阴司路上等。

juɯ³³sɿ³³ thu³³ sa⁵⁵tuɯ³¹
阴司　路　相等

山伯【唱】：

1　英台恼自害人精，　　　　　　　　　英台你是害人精，
　　juɯ³³the⁴² nɔ³¹ tsɿ⁵⁵ xe⁵⁵zuɯ⁴²tɕuɯ³³
　　英台　　你　是　　害人精

2　叫我三魂不在身，　　　　　　　　　叫我三魂不在身，
　　tɕɔ⁵⁵ŋɔ³¹ sa³³xui⁴² pu³⁵ tse⁵⁵suɯ³³
　　叫我　　三魂　　不　在身

3　甲阴代阳冷坑药，　　　　　　　　　夹阴带阳冷起来，
　　tɕa³⁵juɯ³³ te⁵⁵ja⁴² kuɯ³⁵khuɯ³³jɔ³⁵
　　夹阴　　带阳　　冷起来

4　我病格难好。　　　　　　　　　　　我病怕难好。
　　ŋuɯ⁵⁵ pɛ³¹ kɛ³⁵ na³¹xuɯ³³
　　我的　病　怕　难好

5　夫很送自灰炭快，　　　　　　　　　内心烧成红炭火，
　　fy⁴⁴xuɯ³¹ su⁵⁵tsɿ⁵⁵ xui³³tha³¹khui⁵⁵
　　内心　　烧成　　红炭块

6　次扣冷自桃桃坑。　　　　　　　　　身子冷得直哆嗦。
　　tshɿ⁵⁵khuɯ⁵⁵ kuɯ³⁵tsɿ⁵⁵ ta³¹ta³¹ xuɯ³³
　　身子　　冷得　　哆嗦　了

7　咀国送自瓦照闹，　　　　　　　　　嘴巴烧得像瓦片，
　　tɕy³³ku³¹ su⁵⁵tsɿ⁵⁵ uɛ³²tsɔ⁵⁵ lɔ³²
　　嘴巴　　烧得　　瓦片　了

8　害果来本生。　　　　　　　　　　　呻吟声不停。
　　xɛ⁵⁵kɣ³⁵ le³¹ pu³³suɯ³³
　　呻吟声　来　不停

9　曰烈摆来灯者号，　　　　　　　　　冤孽病得上了，
　　jui³³ȵɛ³⁵ pɛ³³ne³¹ tuɯ⁴⁴tsɛ²¹ xɔ⁵⁵
　　冤孽　　病　得成　了

10　坐下去自站本坑，　　　　　　　　坐下去则站不起，
　　kɣ³²thuɯ⁵⁵tsɿ³¹ tsɿ⁵⁵ tsuɯ³³ pu³³ khuɯ³³
　　坐下去　　则　站　不　起

11　喉代几孟无几来，[1]　　　　　　　喉咙里呜□一声，
　　kɣ⁴²te⁴⁴tɕi³¹ muɯ⁵⁵ u³¹tɕi³¹ne³¹
　　喉咙底　处　　呜地一声

12　打期双阿本。　　　　　　　　　　吐出一摊血。

---

[1] 无[u³¹]: 拟声词。

ta³²tɕhi³⁵ sua⁴⁴ ʔa³¹pɯ³³
吐出　　血　一塘

13　等宝棵利日恨着，　　　　　　　　　头也晕了，
　　tɯ²¹pɔ³¹khɔ³³ li⁵⁵ zɿ³¹ xɯ³³ tsɔ³⁵
　　头　　　　也晕　起　了

14　片之花利热热恨，　　　　　　　　　眼前金星闪，
　　phie⁵⁵tsɿ³³xua³³ li⁵⁵ zɛ³³zɛ³³ xɯ³³
　　金星　　　　也闪闪　　了

15　山伯气自双抢习，　　　　　　　　　山伯气得血攻心，
　　se³³pɯ³⁵ tɕhi⁴⁴tsɿ⁵⁵ sua⁴⁴ tɕha³¹ ɕi³⁵
　　山伯　　气得　　血　呛　心

16　阿跌倒打后。　　　　　　　　　　　一跤跌到后。
　　ʔa³¹khɛ⁵⁵ to⁴⁴ ta⁴² ɣɯ³³
　　一跤　倒　回　后

英台【唱】：
1　阿哥利妞本气三，　　　　　　　　　阿哥你就不要气了，
　　ʔa³¹kɔ³³ ɲi⁵⁵ ɲo⁴⁴pɯ³³ tɕhi⁴⁴ sa⁴⁴
　　阿哥　您　不要　　气　了

2　英台我干直斗双，　　　　　　　　　英台我把实话讲，
　　jɯ³³the⁴² ŋɔ³¹ ka⁴⁴ tsɿ³⁵to³¹ sua⁴⁴
　　英台　　我　把　实话　　讲

3　死恨埋几阿哥利，　　　　　　　　　死后与哥葬一处，
　　ɕi³¹xɯ⁵⁵ so⁵⁵tɕi³¹ ʔa³¹kɔ³³ ɲi⁵⁵
　　死后　　葬挨　　阿哥　您

4　当对害几双。　　　　　　　　　　　我对天起誓。
　　ta³⁵tui³² xe⁵⁵tɕi³¹ sua⁴⁴
　　当对　天地　说

山伯【唱】：
1　山伯想想心不甘，　　　　　　　　　山伯想想心不甘，
　　se³³pɯ³⁵ mi³³mi³³ ɕɯ³³pɯ³⁵ka³³
　　山伯　想想　　心不甘

2　为何恼直话本双？　　　　　　　　　为何不把真话讲？
　　ui⁵⁵xɛ⁴² nɔ³¹ tsɿ³⁵to³¹ pɯ³³ sua⁴⁴
　　为何　你　真话　　不　说

3　绕山绕海双我孟，　　　　　　　　　绕山绕海对我讲，
　　zɔ³¹ɕy³³ zɔ³¹kɔ²¹ sua⁴⁴ ŋɯ⁵⁵ mɯ⁵⁵
　　绕水　绕海　说　我的　处

4　欠兔朵，花言巧语双，　　　　　　　听不懂，你的花言巧语，
　　tɕhɛ⁵⁵thɣ⁵⁵tuɔ³³ xua³³je⁴² tɕhɔ³¹jy³¹ sua⁴⁴
　　听不懂　　　花言　　巧语　　说

5	生我死利心本空，	叫我死也不甘心，
	suɯ³¹ ŋɔ³¹ ɕi³¹ li⁵⁵ ɕi³⁵pɯ³¹khɣ⁵⁵	
	叫　我　死　也　不甘心	
6	等叹后悔没处双，	现在后悔无处诉，
	tɯ³¹tha⁵⁵ xo⁵⁵xui³¹ mu³³tshɣ³¹ sua⁴⁴	
	现在　　后悔　　无处　　说	
7	恼咋双恩孟直话，	你若对我讲实话，
	nɔ³¹ tsɛ³¹ sua⁴⁴ ŋɯ⁵⁵ mɯ⁵⁵ tsʅ³⁵to³¹	
	你若　说　我　处　实话	
8	何必出咽加。	何必出这些事。
	xɔ⁵⁵pi³⁵ tshɣ⁴⁴ nɯ³¹tɕa⁴⁴	
	何必　出　这些	

英台【唱】:

1	梁兄总头听我双，	梁兄从头听我讲，
	n̠a⁴²ɕo³³ tso³⁵tɯ³¹ tɕhɛ⁵⁵ ŋɔ³¹ sua⁴⁴	
	梁兄　从头　听　我　说	
2	使我眼泪流千川，	叫我眼泪流不止，
	suɯ³¹ ŋɔ³¹ mi⁴²ɕi⁴² kɯ³¹ tɕhi⁵⁵tshua⁴⁴	
	叫　我　眼泪　流　千把	
3	因为供阿哥功名，	因为顾阿哥功名，
	jo³³ui³⁵ ko³⁵ ʔa³¹kɔ³³ ko³³miɯ⁴²	
	因为　顾　阿哥　功名	
4	直话本敢双。	实话不敢说。
	tsʅ³⁵to³¹ pɯ³¹ka³¹ sua⁴⁴	
	实话　不敢　说	
5	想要双哥孟直话，	想跟哥哥讲实话，
	ɕa³¹n̠o⁴⁴ sua⁴⁴ kɔ³³ mɯ⁵⁵ tsʅ³⁵to³¹	
	想要　说　哥　处　实话	
6	怕你读书没心肠，	怕你读书没心思，
	pha⁵⁵ n̠i³¹ tu³⁵sɣ³³ me³⁵ɕɯ³³tsha⁵⁵	
	怕　您　读书　没心思	
7	哥者走登本以恨，[1]	一旦让他尝滋味，
	kɔ³²tsɛ³¹ tso⁴²tɯ⁴⁴ pɯ⁵⁵ ji³¹xɯ⁵⁵	
	如果　尝到　它的　滋味	
8	时时米咪堆。	时时想着它。
	tsʅ³¹tsʅ³¹ mi³¹ pɯ⁵⁵ tua³³	
	时时　想　它　上	
9	同学汉期恩形象，	同学看出我形象，

---

[1] 哥[kɔ³²]: 在白语中有"一旦使他（它、她），就……"之意。

to⁴² ɕuɛ³⁵ xa⁵⁵tɕhi⁴⁴ ŋɯ⁵⁵ ɕɯ⁴²ɕa⁵⁵
同学　　看出　　我的　形象

10　哞后罢提我话光，　　　　　　　　　他们背后议论我的事，
　　pɯ⁵⁵ɣɯ³³ pa⁵⁵ thi⁵⁵ ŋɯ⁵⁵ to³¹kua⁴⁴
　　背后　　他们　提 我的　事情

11　双着我怎女人人，　　　　　　　　　说我是女儿身，
　　sua⁴⁴ tso⁴² ŋɔ³¹ tsɯ³³ ɲɣ³³ɲi³¹ɲi³¹
　　说　着　我 是　女　人

12　是一个姑娘。　　　　　　　　　　　是一个姑娘。
　　sɿ⁵⁵ ji³⁵kɔ⁵⁵ ku³³ɲa³³
　　是 一个　　姑娘

13　等人本提都尼提，　　　　　　　　　这个不说那个说，
　　tɯ³¹ɲi³¹ pɯ³³thi⁵⁵ tu⁵⁵ɲi³¹ thi⁵⁵
　　这个　　不说　　那个　提

14　当面本双半后双，　　　　　　　　　当面不说背后说，
　　ta³³mie⁵⁵ pɯ³³sua⁴⁴ pe⁵⁵xo⁵⁵ sua⁴⁴
　　当面　　 不说　　背后　 说

15　汉灯我吐耳朵双，　　　　　　　　　看见我的一双耳朵，
　　xa⁵⁵tɯ⁴⁴ ŋɯ⁵⁵nɔ³³ ɲɣ³¹tɔ³²sɿ⁵⁵
　　看见　　 我的　　 耳一双

16　周过耳古光。　　　　　　　　　　　戴过耳环。
　　tso⁴⁴kuɔ³² ɲɣ³¹ku³¹kua⁴⁴
　　戴过　　　耳环

17　英台虽然庄吐向，　　　　　　　　　英台虽然装得像，
　　jɯ³³the⁴² sui³³za⁴² tsua³⁵nɔ³³jy³¹
　　英台　　 虽然　　扮得像

18　羊脚阿支漏哞当，　　　　　　　　　一只羊脚露在外，
　　jo³¹ko⁴⁴ ʔa³¹pho⁴⁴ jɛ³¹ pɯ⁵⁵ta⁴⁴
　　羊脚　　一只　　露　那里

19　惟独阿哥不在意，　　　　　　　　　惟独阿哥不在意，
　　vɣ⁴²tu³⁵ ʔa³¹kɔ³³ pɯ³⁵tse⁵⁵ji⁵⁵
　　惟独　　阿哥　　不在意

20　敌米读书堆。　　　　　　　　　　　只想着读书。
　　ti³¹ mi³¹ ʔɯ⁴²sɿ³⁵ tua³²
　　只　想　读书　 上

21　干九接登家东信，　　　　　　　　　谎称收到家中信，
　　ka³⁵tɕo³¹ tɕa⁴⁴tɯ⁴⁴ xɔ³¹tɣ³⁵sɿ³⁵
　　谎称　　　收到　　家中信

22　叫我急速转回家，　　　　　　　　　叫我急速转回家，

tɕɔ⁵⁵ ŋɔ³¹ tɕi³⁵su³⁵ tsua³¹ xui⁴²tɕa³³
叫 我 急速 转 回家

23 弟格事物闹明恨， 只怕事情弄清楚，
ti³¹kɛ³⁵ sɿ³³vɣ³³ no⁴⁴mɛ²¹ xɯ⁵⁵
只怕 事情 弄清 了

24 是名誉有关。 和名誉攸关。
sɯ³³ miɯ⁴²y⁵⁵ jo³³kua³³
和 名誉 攸关

25 主衣打恨盘吐盘， 打主意犹犹豫豫，
tsɣ³¹ji⁴⁴ tɛ⁴⁴ xɯ⁵⁵ pɯ⁵⁵ la⁴⁴ pɯ⁵⁵
主意 定了 一个 又 一个

26 上下两难无主张， 上下两难无主张，
sa⁵⁵ɕa⁵⁵ n̠a³¹na⁴² vɣ⁴² tsɣ³¹tsa³³
上下 两难 无 主张

27 家书好像催命鬼， 家书好像催命鬼，
tɕa³³sɣ³³ xɔ³¹ɕa⁵⁵ tshui³³miɯ⁵⁵kui³¹
家书 好像 催命鬼

28 本杯利朵三。 不走也不行。
pɯ³³ pe⁴⁴ li⁵⁵ tuɔ³³ sa⁴⁴
不 走 也 不行 了

29 辞别老师央莠东， 辞别老师回家乡，
tshɿ⁴²piɛ³⁵ lɔ³²sɿ³³ ja⁴⁴ xɔ³¹tɣ³⁵
辞别 老师 回家

30 阿哥送我十里外， 阿哥十里相送，
ʔa³¹kɔ³³ so³¹ŋɔ³¹ tsɿ⁵⁵li³¹ ua⁴⁴
阿哥 送我 十里 外

31 计少话受打动恼， 多少话语打动你，
tɕi⁵⁵ɕo³³ to³¹so⁵⁵ tɛ⁴⁴to⁵⁵ nɔ³¹
多少 话语 打动 你

32 米呔吐本加。 没有什么没想到。
mi³¹ pɯ⁵⁵nɔ³³ pɯ³³ tɕa⁴⁴
想 它 不 接

33 比扎比利双给利， 打比打喻说给你，
pi³¹tsa⁴⁴ pi³¹ li⁵⁵ sua⁴⁴ zɿ³¹ n̠i⁵⁵
打比 比也 说 给你

34 岸拉有自比本加， 哪一样没比到，
ʔa⁵⁵la⁴⁴jo³² tsɿ⁵⁵ pi³¹ pɯ³³ tɕa⁴⁴
哪一样 是比 不 接

35 牛不爬墙墙爬牛， 牛不爬墙墙爬牛，

ɳo⁴² pu³⁵ pha⁴²tɕha⁴² tɕha⁴² pha⁴² ɳo⁴²
牛　不　爬墙　　墙　爬　牛

36　道理争岸拉？　　　　　　　　　　　道理何在？
　　tɔ⁵⁵li³¹ tsɯ³⁵ ʔa⁵⁵na⁴⁴
　　道理　　在　　哪里

37　两胎杯叭五里塘，　　　　　　　　　弟兄二人来到五里塘，
　　ko³¹the³³ pe⁴⁴phia⁴⁴ u³¹li³¹ta⁴²
　　兄弟　　　走到　　　五里塘

38　塘中有一对鸳鸯，　　　　　　　　　塘中有一对鸳鸯，
　　tha⁴²tso³³ jo³¹ ji³⁵tui⁵⁵ jyi³³ja³³
　　塘中　　有　一对　　　鸳鸯

39　我干燕树比自亮，　　　　　　　　　我把双燕比我俩，
　　ŋɔ³¹ ka⁴⁴ je⁵⁵sɣ⁵⁵ pi³¹ tsʅ⁵⁵ ɳa⁵⁵
　　我　把　双雁　　比　成　咱们

40　阿哥本由双。　　　　　　　　　　　哥哥不许比。
　　ʔa³¹kɔ³³ pɯ³³jo³⁵ sua⁴⁴
　　哥哥　　不由　　说

41　两胎杯叭磨坐那，　　　　　　　　　兄弟走到磨房里，
　　ko³¹the³³ pe⁴⁴phia⁴⁴ ui³²tsuɔ³² na³²
　　兄弟　　　走到　　　磨房　里

42　磨板两扳利比叭，　　　　　　　　　两块磨盘也比到，
　　ui³²pe⁴² ko³¹pe⁴⁴ li⁵⁵ pi³¹ phia⁴⁴
　　磨盘　　两块　　也　比　到

43　上扳本动底扳动，　　　　　　　　　上盘不转下盘转，
　　to³¹pe⁴⁴ pɯ³³tɣ³¹ ɛ³¹pe⁴⁴ tɣ³¹
　　上盘　　不动　　下盘　动

44　英台打击庄。　　　　　　　　　　　英台没办法。
　　jɯ³³the⁴² tɛ⁴⁴tɕi³¹tsua⁴⁴
　　英台　　　没办法

45　两胎杯叭观音塘，　　　　　　　　　兄弟二人来到观音塘，
　　ko³¹the³³ pe⁴⁴phia⁴⁴ kuɛ³⁵ji³⁵tha⁵⁵
　　兄弟　　　来到　　　观音塘

46　观音塘里去敬香，　　　　　　　　　观音塘里去进香，
　　kua³³jɯ³³tha⁵⁵ li³¹ tɕhy⁵⁵ tɕɯ⁵⁵ɕa³³
　　观音塘　　　里　去　　进香

47　我约阿哥逗头博，　　　　　　　　　我约阿哥共磕头，
　　ŋɔ³¹ jɔ³⁵ ʔa³¹kɔ³³ to⁴⁴tɯ²¹pɔ³¹
　　我　约　阿哥　　磕头

48　要拜堂成双。　　　　　　　　　　　要拜堂成双。

jɔ⁵⁵ pe⁵⁵tha⁴² tshɯ⁴²sua³³
要 拜堂　　成双

49　等孟汉灯水牛等，　　　　　　　　　　　前面看见老水牛，
　　tɯ³¹mɯ³⁵ xa⁵⁵tɯ⁴⁴ ɕy³³ŋɯ³¹tɯ³¹
　　前面　　看见　　水牛一头

50　我汝牛等打动叭，　　　　　　　　　　　我用到水牛来启发，
　　ŋɔ³¹ zɤ³¹ ŋɯ³¹tɯ³¹ tɛ⁴⁴tɤ³¹ phia⁴⁴
　　我　用　水牛　　打动　到

51　英台我对牛弹琴，　　　　　　　　　　　英台我对牛弹琴，
　　jɯ³³the⁴² ŋɔ³¹ tui⁵⁵ȵo⁵⁵ tha⁴²tɕhiɯ⁴²
　　英台　　我　对牛　　弹琴

52　喷气央坑香。　　　　　　　　　　　　　你十分生气。
　　nɯ⁵⁵ tɕhi⁴⁴ja³¹khɯ³³ ɕa⁴⁴
　　你　　生气　　　　极

53　池塘很怎鱼阿对，　　　　　　　　　　　一对金鱼池中游，
　　tʂʅ⁴²tha⁴² xɯ³¹ tsɯ³³ tɕie³⁵ŋɤ³⁵sʅ⁵⁵
　　池塘　　里　有　　金鱼　一对

54　我汝鱼对利比叭，　　　　　　　　　　　我把双鱼也比到，
　　ŋɔ³¹ zɤ³¹ ŋɤ³⁵tui⁴² li⁵⁵ pi³¹ phia⁴⁴
　　我　用　双鱼　　也　比　到

55　鱼头头游鱼母后，　　　　　　　　　　　公鱼游在母鱼后，
　　ŋɤ³⁵tɔ³⁵tɯ³¹ jo³⁵ ŋɤ³⁵mɔ³¹ ʔɯ³³
　　公鱼　　　游　母鱼　　后

56　鱼在水底康。　　　　　　　　　　　　　鱼在水中渴。
　　ŋɤ³⁵ tsɯ³⁵ ɕy³³ɛ³³ kha⁴⁴
　　鱼　在　水　下　渴

57　退忙忍哥我女胎，　　　　　　　　　　　推脱许哥我妹妹，
　　thui⁵⁵ma³⁵ sɯ³³kɔ³¹ ŋɯ⁵⁵ ȵɤ³¹the³³
　　推脱　　许哥　　我的　妹妹

58　使我天天干利看，　　　　　　　　　　　叫我天天把你看，
　　sɯ³¹ ŋɔ³¹ ȵi⁴⁴ȵi⁴⁴ ka⁴⁴ ȵi⁵⁵ ʔa³³
　　叫　我　天天　　把　你　看

59　利底以事不为事，　　　　　　　　　　　你却没把它当回事，
　　ȵi⁵⁵ ti³¹ ji³³sʅ⁵⁵ pu³⁵ui⁴² sʅ⁵⁵
　　您　却　以事　不为　事

60　等叹孟杯叭。　　　　　　　　　　　　　现在才来到。
　　tɯ³³tha⁵⁵ mɯ⁴² pe⁴⁴ phia⁴⁴
　　现在　才　走　到

61　麦光根利途苗那，　　　　　　　　　　　麦秆中间也通窍，

$$\text{mu}^{44}\text{kua}^{44}\text{tsɯ}^{35}\text{ li}^{55}\text{ thγ}^{55}\text{mio}^{32}\text{ na}^{31}$$
麦秆　　　　　也　直通　　呢

62　阿哥夫很途条光，　　　　　　　　哥哥你一窍不通，
$$\text{ʔa}^{31}\text{ko}^{33}\text{ fγ}^{44}\text{xɯ}^{31}\text{ tho}^{33}\text{thio}^{42}\text{kua}^{44}$$
哥哥　　肚里　　通条一根

63　蜂怎花兰本采花，　　　　　　　　蜂在花园不采蜜，
$$\text{fγ}^{55}\text{ tsɯ}^{35}\text{ xuo}^{35}\text{la}^{31}\text{ pɯ}^{33}\text{ tshe}^{31}\text{xuo}^{35}$$
蜂　在　花园　　不　采蜜

64　鱼怎水底康。　　　　　　　　　　鱼在水中渴。
$$\text{ŋγ}^{35}\text{ tsɯ}^{35}\text{ ɕy}^{33}\text{ ɛ}^{33}\text{ kha}^{44}$$
鱼　在　水　下　渴

65　阿哥梁兄利方心，　　　　　　　　梁兄哥哥你放心，
$$\text{ʔa}^{31}\text{ko}^{33}\text{ ȵa}^{42}\text{ɕo}^{33}\text{ ȵi}^{55}\text{ fa}^{44}\text{ɕi}^{35}$$
哥哥　梁兄　　您　放心

66　英台我扶利几干，　　　　　　　　英台一心在你上，
$$\text{jɯ}^{33}\text{the}^{42}\text{ ŋo}^{31}\text{ u}^{31}\text{ ȵi}^{55}\text{ tɕi}^{31}\text{ka}^{35}$$
英台　　我　扶　您　旗帜

67　生利上禾死上禾，[1]　　　　　　　生生死死不相离，
$$\text{xɛ}^{55}\text{ li}^{55}\text{ sa}^{55}\text{kuo}^{31}\text{ ɕi}^{33}\text{ sa}^{55}\text{kuo}^{31}$$
生　也　相爱　　死　相爱

68　不愿马德芳。　　　　　　　　　　不愿马德芳。
$$\text{pu}^{35}\text{jui}^{55}\text{ ma}^{31}\text{tɛ}^{35}\text{fa}^{33}$$
不愿　　马德芳

69　英台我本爱欠尼，　　　　　　　　英台我不爱钱财，
$$\text{jɯ}^{33}\text{the}^{42}\text{ ŋo}^{31}\text{ pɯ}^{33}\text{ e}^{44}\text{ tɕhie}^{55}\text{ȵi}^{21}$$
英台　　我　不　爱　钱银

70　梁兄人才世无双，　　　　　　　　梁兄人才世无双，
$$\text{ȵa}^{42}\text{ɕo}^{33}\text{ zu}^{42}\text{tshe}^{42}\text{ sṇ}^{55}\text{vγ}^{42}\text{sua}^{33}$$
梁兄　　人才　　世无双

71　马甲比已阿哥利，　　　　　　　　马甲与您哥哥比，
$$\text{ma}^{31}\text{tɕa}^{35}\text{ pi}^{33}\text{tɕi}^{33}\text{ ʔa}^{31}\text{ko}^{33}\text{ ȵi}^{55}$$
马甲　　比起　　阿哥　您

72　岸拉走岸拉。　　　　　　　　　　哪里差哪里。
$$\text{ʔa}^{55}\text{la}^{44}\text{ tso}^{33}\text{ ʔa}^{55}\text{la}^{44}$$
哪里　差　哪里

73　黑物自孟配凤凰，　　　　　　　　乌鸦怎能配凤凰，
$$\text{xɯ}^{33}\text{ŋγ}^{35}\text{ tsṇ}^{55}\text{mɯ}^{55}\text{ phe}^{55}\text{ fu}^{55}\text{xua}^{42}$$
乌鸦　　怎能　　配　凤凰

---

[1] 禾[ko³¹]：是"爱、喜欢"的意思。

| 74 | 朱者子吐桌位光。 | 竹桌怎能显威光。 |

tsɤ⁴⁴ tsɛ³⁵tsʅ³³ nɔ³³ tsuɔ⁵⁵ ui⁵⁵kua³³
竹　桌子　　上　做　　威光

| 75 | 马甲想兔祝英台， | 马甲想娶祝英台， |

ma³¹tɕa³⁵ ɕa³¹thu⁵⁵ tsu³⁵ju³³the⁴²
马甲　　想娶　　祝英台

| 76 | 保自梦保巴。 | 让他梦一场。 |

pɔ³¹ tsʅ⁵⁵ mɯ³¹ pɔ³¹ pa³¹
他　做　梦　它　次

| 77 | 纠保水蛇想龙珠， | 使他水蛇想龙珠， |

ȵo⁴⁴ pɔ³¹ ɕy³³khɤ³³ ɕa³¹ lo⁴²tsɤ³³
使　他　水蛇　　想　龙珠

| 78 | 生保猴子想面汪， | 叫他猴子捞月亮， |

sɯ³¹ pɔ³¹ ʔo³¹sua³⁵ ɕa³¹ mi⁵⁵ua⁴⁴
叫　他　猴子　　想　月亮

| 79 | 癞蛤蟆想害鹅肉， | 癞蛤蟆想吃天鹅肉， |

le⁵⁵xa⁴²ma³³ ɕa³¹ xe⁵⁵ʔo³¹ kɛ²¹
癞蛤蟆　　　想　天鹅　　肉

| 80 | 干唩脑想干。 | 把他的脑水想干。 |

ka⁴⁴ pɯ⁵⁵ nɔ³¹ ɕa³¹ka³⁵
把　他的　脑　想干

山伯【唱】：

| 1 | 山伯月米米心伤， | 山伯越想越心伤， |

se³³pɯ³⁵ ye³⁵ mi³¹ ye³⁵ ɕɯ³³sa³³
山伯　越　想　越　心伤

| 2 | 山伯我自哈期加， | 山伯我怎么这样傻， |

se³³pɯ³⁵ ŋɔ³¹ tsʅ⁵⁵ xa³⁵tɕhi⁴⁴tɕa⁴⁴
山伯　我　怎　这样傻

| 3 | 英台话受打动我， | 英台话语打动我， |

ju³³the⁴² to³¹so⁵⁵ te⁴⁴tɤ³³ ŋɔ³¹
英台　话语　　打动　我

| 4 | 米唩吐本叭。 | 竟然没想到。 |

mi³¹ pɯ⁵⁵ nɔ³³ pɯ³¹ phia⁴⁴
想　它　上　不　到

| 5 | 只怪我瞎不争眼， | 只怪我瞎不睁眼， |

tsʅ³¹kui⁵⁵ ŋɔ³¹ ɕa⁴² pu³⁵ tsɯ³³je³¹
只怪　我　瞎　不　睁眼

| 6 | 不通人情实悲伤。 | 不通人情实悲伤。 |

pu³⁵tho⁵⁵ zɯ⁴²tɕhu⁴² sʅ³⁵ pe³³sa³³
不通　　人情　　实　悲伤

7　老后手哉咬灯朵，　　　　　　　　　　　　　后悔难咬手拐，
　　lo³²ʔɯ³³ sɯ³³tse⁴⁴ ŋa⁴⁴ tɯ⁴⁴ tuɔ³¹
　　事后　手拐　咬　着　不得

8　哎！底得干杯央。　　　　　　　　　　　　哎！只好把家回。
　　e! ti³¹tɛ³³ ka⁴⁴ pe⁴⁴ja⁴⁴
　　哎！只得把　家回

【白】：那是，祝英台，我梁山伯就要告辞回家去了。

英台【白】：好，四九好好招呼梁相公。让梁兄放心去吧，英台我从来不会辜负于你。

山伯【白】：哎，伤心——

二、山伯染病思英台　英台开单救山伯

英台【唱】：

1　只见梁兄他起身，　　　　　　　　　　　　只见梁兄他起身，
　　tsɿ³¹tɕie⁵⁵ ȵa⁴²ɕo³³ ta³³ tɕhi³¹sɯ³³
　　只见　梁兄　他　起身

2　生果快快看咪后，　　　　　　　　　　　　伤心欲绝看他去，
　　xɛ⁵⁵kɤ³⁵ khui⁵⁵khui⁵⁵ ʔa³¹ pɯ⁵⁵ ɣɯ³³
　　痛哭　阵阵　看　他　后

3　杯途保宽东宽西，　　　　　　　　　　　　他走路东倒西歪，
　　pe⁴⁴thu³³ po³¹ khuɛ⁵⁵tɤ³⁵ khuɛ⁵⁵se³⁵
　　走路　他　倒东　倒西

4　自宽南宽北。　　　　　　　　　　　　　　还歪南扭北。
　　tsɿ⁵⁵ khuɛ⁵⁵na³¹ khuɛ³⁵pɯ⁴⁴
　　又　倒南　倒北

5　千错百错杯恩十，　　　　　　　　　　　　千错万错去读书，
　　tɕhi⁵⁵tshuɔ⁵⁵ pɛ⁴²tshuɔ⁵⁵ pe⁴⁴ ʔɯ³²sɿ³⁵
　　千错　百错　去　读书

6　女伴男妆惹祸根。　　　　　　　　　　　　女扮男妆惹祸根。
　　ȵy³¹pa⁵⁵ na⁴²tsua³³ zɛ³¹ xuɔ⁵⁵kɯ³³
　　女扮　男妆　惹祸根

7　梁兄我吐登病，　　　　　　　　　　　　　梁兄为我生病，
　　ȵa⁴²ɕo³³ ui³⁵ ŋɯ⁵⁵ no³³ tɯ⁴⁴pɛ³³
　　梁兄　为　我　上　得病

8　我干咪命坑。　　　　　　　　　　　　　　我害了他的命。
　　ŋo³¹ ka⁴⁴ pɯ⁵⁵ miɛ³² khɯ³³
　　我　把　他的　命　害

山伯【唱】：

1　山伯自宽南宽北，　　　　　　　　　　　　山伯我东倒西歪，

se³³pɯ³⁵ tsŋ⁵⁵ khuɛ⁵⁵na³¹ khuɛ³⁵pɯ⁴⁴
山伯　则　倒南　　倒北

2　走一步来哭一声。　　　　　　　　　　走一步来哭一声。
tso³¹ ji³⁵ pu⁵⁵ le⁴² khu³⁵ ji³⁵sɯ³³
走　一步　来　哭　一声

3　苟吐车登女人人，　　　　　　　　　　旁边睡着一女生，
ko⁴⁴nɔ³³ tshɛ³³tɯ⁴⁴ ɲy³³ɲi³¹ɲi³¹
旁边　　睡着　　女人一个

4　常呋以本灯。　　　　　　　　　　　　我竟不知道。
tsɯ⁵⁵ pɯ⁵⁵ zɯ⁴⁴pɯ³¹tɯ⁴⁴
这样　笨　不知道

5　见了好花我不折，　　　　　　　　　　见了好花我不折，
tɕie⁵⁵lɔ³¹ xɔ³¹xua³³ ŋɔ³¹ pu³⁵tsɛ³⁵
见了　　好花　　我　不折

6　山伯我自瞎眼睛，　　　　　　　　　　山伯我是瞎眼睛，
se³³pɯ³⁵ ŋɔ³¹ tsŋ⁵⁵ ɕa³⁵je³¹tɕɯ³³
山伯　　我　是　瞎眼睛

7　买尼不得看尼得，　　　　　　　　　　买的不得看的得，
mɛ⁴²ne³³ pu³⁵tɯ³⁵ kha⁵⁵ne³³ tɯ³⁵
买的　　不得　　看的　　得

8　白白送他们。　　　　　　　　　　　　白白送他们。
pɛ³⁵pɛ³⁵ so⁵⁵ tha³³mɯ³³
白白　送　他们

9　煮注鸡头飞期着，　　　　　　　　　　煮熟的鸡飞走了，
tsɤ³³tsɤ⁴² ke³⁵tɯ²¹ fɤ³⁵tɕhi⁴⁴ tsɔ³¹
煮熟　鸡　　飞走　　了

10　山伯我自本灯因，　　　　　　　　　　山伯我却没得到，
se³³pɯ³⁵ ŋɔ³¹ tsŋ⁵⁵ pɯ³³ tɯ⁴⁴ jɯ⁴⁴
山伯　我　则　不　得　吃

11　纠我白达呋名头，　　　　　　　　　　叫我空有其名分，
tɕo⁵⁵ ŋɔ³¹ pɛ³⁵ ta³⁵ pɯ⁵⁵ mie³⁵tho⁴²
叫　我　白　搭　它　名头

12　白达我名声。　　　　　　　　　　　　我空有名分。
pɛ³⁵ ta³⁵ ŋɯ⁵⁵ miɯ⁴²sɯ³³
白　搭　我的　名声

13　好菜本灯好笨配，　　　　　　　　　　好妻不得好夫配，
xu³¹tshe⁵⁵ pɯ³³tɯ⁴⁴ xu³¹pɯ³³ phe⁵⁵
好妻　　不得　　好夫　配

14　好笨配好菜本灯，　　　　　　　　　　好夫不得配好妻，

xu³¹pɯ³³ phe⁵⁵ xu³¹tshe⁵⁵ pɯ³³tɯ⁴⁴
好夫　　配　　好妻　　　不得

15　火节三寒没药色，　　　　　　　　　火急伤寒无药治，
　　xuɔ³¹tɕɛ³⁵ sa³³xa⁵⁵ mu³³ jo⁴⁴sɛ³⁵
　　火急　　伤寒　　无　　医生

16　加来黑生生。　　　　　　　　　　　这样就了此一生了。
　　tɕa³³le³¹ xu⁴⁴ sɯ³³sɯ³³
　　这样　　就　　结束了

四九【白】：公爷不要哭了，听我一讲那……【唱】：

1　四九我做气不平，　　　　　　　　　四九我也气不平，
　　sʅ⁵⁵tɕo³¹ ŋɔ³¹ tsʅ⁵⁵ tɕhi⁵⁵ pu³⁵phiɯ⁴²
　　四九　　我　则　气　　不平

2　相公听我说分明，　　　　　　　　　相公听我说分明，
　　ɕa⁵⁵ko³³ thiɯ⁵⁵ ŋɔ³¹ su³⁵ fu³³miɯ⁴²
　　相公　　听　　我　说　分明

3　保护利次扣要紧，　　　　　　　　　保护你身子要紧，
　　pɔ³¹xu⁵⁵ ȵi⁵⁵ tshʅ⁵⁵kho⁵⁵ jɔ³⁵tɕɯ³¹
　　保护　　您　身子　　　要紧

4　不必多伤情。　　　　　　　　　　　不必多伤情。
　　pu³⁵pi³⁵ tuɔ³³ sa³³tɕhɯ⁴²
　　不必　　多　　伤情

5　英台本表金偶麦，　　　　　　　　　英台不是金青蛙，
　　jɯ³³the⁴² pu³¹piɔ³³ tɕie³⁵ʔo⁵⁵mɛ⁵⁵
　　英台　　不是　　金青蛙

6　保那本表聚宝盆，　　　　　　　　　她又不是聚宝盆，
　　pɔ³¹ na³² pɯ³³piɔ³³ tɕy⁵⁵pɔ³¹phɯ⁴²
　　她　又　不是　　聚宝盆

7　她又不是金包印，　　　　　　　　　她又不是金包印，
　　tha³³ jo⁵⁵ pu³⁵sʅ⁵⁵ tɕɯ³³pɔ³³jɯ⁵⁵
　　她　又　不是　　金包印

8　缺少她不成。　　　　　　　　　　　缺少她不成。
　　tɕhyɛ³⁵sɔ³¹ tha³³ pu³⁵tshɯ⁴²
　　缺少　　　她　　不成

9　婆娘好比洗脚水，　　　　　　　　　婆娘好比洗脚水，
　　phɔ⁴²ȵa³³ xɔ³¹pi³¹ ɕi³¹tɕɔ³⁵ɕy³¹
　　婆娘　　好比　　洗脚水

10　倒了一盆又一盆，　　　　　　　　　倒了一盆有一盆，
　　tɔ⁵⁵lɔ³¹ ji³⁵phɯ⁴² jo³¹ ji³⁵phɯ⁴²
　　倒了　　一盆　　有　一盆

11　东山无柴西山砍，　　　　　　　　　东山无柴西山砍，

to³³se³³ vɣ̩⁴²tshe⁴² ɕi³³se³³ kha³¹
东山　无柴　　西山　砍

12　要多少美人。　　　　　　　　　　　有多少美人。
　　jo³¹ tuɔ³³sɔ³¹ me³¹zɯ⁴²
　　有　多少　　美人

13　相公有才又有貌，　　　　　　　　　相公有才又有貌，
　　ɕa⁵⁵ko³³ jo³¹tse⁴² jo⁵⁵ jo³¹mɔ⁵⁵
　　相公　　有才　又　有貌

14　何愁讨个美佳人。　　　　　　　　　何愁讨个美佳人。
　　xɔ⁴²tsho⁴² thɔ³¹kɔ⁵⁵ me³¹tɕa³³zɯ⁴²
　　何愁　　讨个　　美佳人

15　只要你功名成就，　　　　　　　　　只要你功名成就，
　　tsɻ³¹jo⁵⁵ ȵi³¹ ko³³miu⁴² tshu⁴²tɕo⁵⁵
　　只要　您　功名　　成就

16　一举天下闻，　　　　　　　　　　　一举天下闻，
　　ji³⁵tɕy³¹ thie³³ɕa⁵⁵ vɯ⁴²
　　一举　　天下　　闻

17　想要哈人谁利调，　　　　　　　　　想要那个随你挑，
　　ɕa³¹ȵo⁴⁴ xa³³ȵi³¹ sui⁴² ȵi³¹ thiɔ³³
　　想要　那个　　随　您　挑

18　多少媒人送上门。　　　　　　　　　多少媒人送上门。
　　tuɔ³³sɔ³¹ me⁴²zɯ⁴² so⁵⁵ sa⁵⁵mɯ⁴²
　　多少　　媒人　送　上门

19　英台堆自要米三，　　　　　　　　　不要再想英台了，
　　jɯ³³the⁴² tua³² tsɻ⁵⁵ ȵo⁴⁴ mi³¹ sa⁴⁴
　　英台　上　则　不要　想　了

20　快习讨宝头。【换韵】　　　　　　　重新讨一个。
　　khu⁴²ɕi³⁵ thu⁵⁵ pɔ³¹ tɯ³¹
　　重新　讨　她　一个

山伯【唱】:

1　人才好吐利地及，　　　　　　　　　人才好的也很多，
　　zɯ⁴²tshe⁴² xu³¹ nɔ³³ li⁵⁵ ti³¹ tɕi³⁵
　　人才　　好　的　也　很多

2　情以来本孟吐没，　　　　　　　　　情义这份无人卖。
　　tɕie³¹ji³³le³¹ pɯ³¹ mɯ³³ nɔ³³ mu³³
　　情义　　本　她　上　无

3　除吐英台本讨武，　　　　　　　　　除了英台我不娶，
　　tshɣ⁴²lɔ³¹ jɯ³³the⁴² pɯ⁵⁵ tu⁵⁵ vɣ̩³³
　　除了　英台　　不　娶　妻

4　干我命招见。【换韵】　　　　　　　把我命召见。

ka⁴⁴ ŋɯ⁵⁵miɛ³² tso³³tɕie⁵⁵
把 我的命 召见

5 开口我叫作四九， 开口我叫四九，
khɯ⁵⁵tɕy³³ ŋɔ³¹ ʔɯ³⁵tsɔ⁴² sʅ⁵⁵tɕo³¹
开口 我 叫道 四九

6 恼求求干我招呼， 你好好把我侍候，
nɔ³¹ tɕho⁵⁵tɕho⁵⁵ ka⁴⁴ ŋɔ³¹ tso³³xu³³
你 好好 把 我 侍候

7 我底成人半鬼半， 我已成半人半鬼，
ŋɔ³¹ ti³¹tsɛ³¹ ȵi³¹pɔ³¹ kɣ³³pɔ³¹
我 已成 人半 鬼半

8 慢慢回家中。 慢慢回家中。
khua⁵⁵khua⁵⁵ nɔ³³ ja⁴⁴khɣ³¹
慢慢 的 回家

【白】行行走走，回到家中。四九，扶我进去。那是母亲。

梁母【白】：阿呀，我儿，你怎么成了眼青脸绿、昏昏沉沉。

山伯【唱】：哎，母亲请听——【唱】：

1 开咀我恩咋阿妈， 开口叫一声阿妈，
khɯ⁵⁵tɕy³³ ŋɔ³¹ ʔɯ³⁵tsɔ⁴² ʔa⁴⁴ma⁴⁴
开口 我 叫道 阿妈

2 山伯我干利孟双， 山伯我跟您讲，
se³³pɯ³⁵ ŋɔ³¹ ka⁴⁴ ȵi⁵⁵mɯ⁵⁵ sua⁴⁴
山伯 我 跟 您 讲

3 求亲访友把病染， 求亲访友把病染，
tɕho⁴²tɕhɯ³³ fa³¹jo³¹ pa³¹ piɯ⁵⁵ za³¹
求亲 访友 把 病 染

4 等回格朵三。 这次怕不行了。
tɯ³³xui³¹ kɛ³⁵ tuɔ³¹ sa⁴⁴
这次 怕 不行 了

5 咘爹干保许马甲， 她爹把她许给马甲，
pɯ⁵⁵ti³³ ka⁴⁴ pɔ³¹ ɕy³¹ ma³¹tɕa³⁵
她爹 把 她 许 马甲

6 干我气自动朵三。 把我气得不能动。
ka⁴⁴ ŋɔ³¹ tɕhi⁴⁴tsʅ⁵⁵ tɣ³³ tuɔ³³ sa⁴⁴
把 我 气得 动 不能 了

7 欺贫爱富祝员外， 欺贫爱富祝员外，
tɕhi³³phiɯ⁴² e⁵⁵fɣ⁵⁵ tsu³⁵jui⁴²ui⁵⁵
欺贫 爱富 祝员外

8 看不起我家。 看不起我家。

kha⁵⁵pu³⁵tɕhi³¹ ŋɔ³¹ tɕa³³
看不起　　我　家

9　纠我者甲阴代阳，　　　　　　　　　使我成了夹阴带阳，
tɕo⁵⁵ ŋ³¹ tsɛ³¹ tɕa³⁵juɯ³³ te⁵⁵ja⁴²
使我　成　夹阴　　带阳

10　喉呆己孟打期双，　　　　　　　　口中吐出了鲜血，
kɤ⁴²te⁴⁴tɕi³¹ muɯ⁵⁵ ta³³tɕhi⁴⁴ sua⁴⁴
喉咙　　处　吐出　　血

11　双抢习自双本习，　　　　　　　　血抢心成血奔心，
sua⁴⁴ tɕha³¹ ɕi³⁵ tsɿ⁵⁵ sua⁴⁴ puɯ³³ ɕi³⁵
血　攻　心　则　血　奔　心

12　弟格死怕叭。　　　　　　　　　　只怕死期到。
ti³¹kɛ³⁵ ɕi³¹pha⁵⁵ phia⁴⁴
只怕　死期　到

梁母【唱】：

1　苏氏听登我之须，　　　　　　　　苏氏我听得我儿说，
su³³sɿ⁵⁵ tɕhe⁵⁵tuɯ⁴⁴ ŋuɯ⁵⁵ tsɿ³³ ɕy⁴⁴
苏氏　听到　我的　儿　叙

2　使我眼泪流如水，　　　　　　　　使我眼泪流如水，
sɿ³¹ŋɔ³¹ je³¹le⁵⁵ kuɯ²¹tsɛ²¹ ɕy³³
使我　眼泪　流成　水

3　求亲访友把病染，　　　　　　　　求亲访友把病染，
tɕho⁴²tɕhuɯ³³ fa³¹jo³¹ pa³¹ piuɯ⁵⁵ za³¹
求亲　访友　把　病　染

4　花古六见虽。　　　　　　　　　　花蕾遇冰霜。
xuɔ³⁵kuu³¹lu³⁵ kɛ³² ɕui⁴⁴
花骨朵　　遇　雪

5　阿母守恼独儿子，　　　　　　　　阿妈养你独儿子，
ʔa³³mɔ³³ so³³ nɔ³¹ ti³¹ta³⁵tsɿ³¹
阿妈　养　你　独儿子

6　干恼当自活宝贝，　　　　　　　　把你当成活宝贝，
ka⁴⁴ nɔ³¹ ta⁴⁴tsɿ⁵⁵ xuɔ³⁵pɔ³¹pe⁴⁴
把　你　当成　活宝贝

7　阿之者三何两夕，　　　　　　　　我儿若有三长两短，
ʔa³³tsɿ²¹ tsɛ²¹ sa³³xɔ⁴² ȵa³¹tue³¹
一时　若　三长　两短

8　绝后代香烟。　　　　　　　　　　绝后代香烟。
tɕye³⁵ xo⁵⁵te⁵⁵ ɕa³³jie³³
绝　后代　香烟

9　阿之出去桃花票，　　　　　　　　我儿出门面桃花，

$ʔa^{33}tsɿ^{33}$ $tshɣ^{44}ŋɛ^{31}$ $ta^{31}xuɔ^{35}$ $phio^{55}$
我儿　出去　　　桃花　　样

10　杯打咽成黄菜山，　　　　　　　　回家变成黄菜叶，
　　$pe^{44}ta^{42}$ $juɯ^{35}$ $tsɛ^{21}$ $ŋɣ^{31}$ $tsɯ^{33}se^{44}$
　　回来　　来　　成　黄　菜叶

11　阿之杀自干习各，　　　　　　　　我儿瘦得像干柴，
　　$ʔa^{31}tsɿ^{21}$ $sa^{35}tsɿ^{55}$ $ka^{35}ɕi^{35}kɛ^{33}$
　　一时　　瘦得　　干柴

12　自孟着等灾。　　　　　　　　　　怎遇这一劫。
　　$tsɿ^{55}mɯ^{55}$ $tsɔ^{55}$ $tɯ^{31}$ tse^{35}
　　怎么　　遇　这　灾

13　古说养儿要防老，　　　　　　　　古说养儿要防老，
　　$ku^{31}suɔ^{35}$ $ja^{31}ɛ^{42}$ $jɔ^{55}$ $fa^{42}lɔ^{31}$
　　古说　　养儿　要　防老

14　本防事物出等期，　　　　　　　　不想竟出这等事，
　　$pɯ^{33}fa^{35}$ $sɿ^{33}vɣ^{33}$ $tshɣ^{44}$ $tɯ^{31}tɕhi^{33}$
　　不防　　事情　　出　　这件

15　苏氏我吐命朱苦，　　　　　　　　苏氏我命里好苦，
　　$su^{33}sɿ^{55}$ $ŋɯ^{55}$ $nɔ^{33}$ $miɛ^{42}tsɣ^{44}$ khu^{31}
　　苏氏　我的　上　命根　　苦

16　气阿已邪山。　　　　　　　　　　气倒在床上。
　　$tɕhi^{44}$ $ŋa^{35}$ $tɕi^{31}$ $jɛ^{42}se^{32}$
　　气　倒　在　席子

山伯【唱】:
1　山伯干阿母孟须，　　　　　　　　山伯我对母亲说，
　　$se^{33}pɯ^{35}$ ka^{44} $ʔa^{31}mɔ^{33}$ $mɯ^{55}sua^{44}$
　　山伯　　对　阿母亲　处叙

2　我劝阿母要本气，　　　　　　　　我劝母亲莫要气，
　　$ŋɔ^{31}tɕhui^{55}$ $ʔa^{33}mɔ^{33}$ $ȵo^{44}pɯ^{33}$ $tɕhi^{44}$
　　我劝　　阿妈　　不要　　气

3　阿母利日双古号，　　　　　　　　母亲您年事已高，
　　$ʔa^{33}mɔ^{33}$ $ȵi^{55}$ $ȵi^{44}sua^{44}$ ku^{31} $xɔ^{55}$
　　阿妈　　您　年岁　　老了

4　要靠儿孝顺。　　　　　　　　　　要靠儿孝顺。
　　$jɔ^{55}$ $khɔ^{55}$ $ɛ^{42}$ $ɕɔ^{55}ɕy^{55}$
　　要靠　儿　孝顺

5　本防我阿时登病，　　　　　　　　不料我一时得病，
　　$pɯ^{33}fa^{35}$ $ŋɔ^{31}$ $ʔa^{31}tsɿ^{21}$ $tɯ^{44}pɛ^{31}$
　　不料　　我　一时　　得病

6　皆因我吐命很代。　　　　　　　　注定我命该如此。

ke³³jɯ³³ ŋɯ⁵⁵ nɔ³³ miɛ⁴²xɯ³¹ te⁴⁴
该是　我的上　命里　带

7　要想山伯我病好，
　　ȵo⁴⁴ɕa³¹ se³³pɯ³⁵ ŋɯ⁵⁵ pe³¹ xɯ³¹
　　要想　山伯　我的　病　好

要想山伯我病好，

8　除非配英台。
　　tshɣ⁴²fe³³ pe⁵⁵ jɯ³³the⁴²
　　除非　配　英台

除非配英台。

9　阿母去请英台怎，
　　ʔa³¹mɔ³³ ŋɛ³¹ tɕhe³³ jɯ³³the⁴² tsɯ³⁵
　　母亲　去 请　英台　来

母亲你去请英台来，

10　孔其救灯我命退，
　　khɔ³¹tɕhi⁵⁵ tɕo⁵⁵tɯ⁴⁴ ŋɯ⁵⁵ miɛ⁴²thui⁵⁵
　　恐其　救着　我的　命一条

可能会救着我一命，

11　仙丹就是祝英台，
　　ɕie³³ta³³ tɕo⁵⁵sɿ⁵⁵ tsɯ³⁵jɯ³³the⁴²
　　仙丹　就是　祝英台

仙丹就是祝英台，

12　过保干上见。
　　kuɔ³⁵ pɔ³¹ ka⁴⁴ sa⁵⁵ke³²
　　和　她　稍　相见

和她见个面。

梁母【唱】：

1　我之恼要本气三，
　　ŋɯ⁵⁵ tsɿ³³ nɔ³¹ ȵo⁴⁴pɯ³¹ tɕhi⁴⁴ sa⁴⁴
　　我的　儿 你 不要　气　了

我儿你不要气了，

2　母去干英台请成。
　　mɔ³³ ŋɛ³¹ ka⁴⁴ jɯ³³the⁴² tɕhɛ³³ tsɯ³⁵
　　妈　去　把　英台　请　去

母亲我去把英台请来。

3　英台保者杯怎没，
　　jɯ³³the⁴² pɔ³¹ tsɛ³¹ pe⁴⁴tsɯ³⁵ mu³³
　　英台　她　若　来到　不

英台她若不来，

4　亮纠哖吐卡张。
　　ȵa⁵⁵ tɕo³⁵ pɯ⁵⁵ nɔ³³ kha³¹tsa⁴²
　　咱们　就　她　上　打算

我们就依它来打算。

四九【白】： 四九说与奶奶，年老不必动驾。你在家好好招呼梁相公，我去请祝英台就是了。

山伯【白】： 既然如此，四九，取过笔墨，我梁山伯写上一封血书。哎，伤心了——

【唱】：

1　咬破手指痛在心，
　　jɔ³¹pɔ⁵⁵ so³¹tsɿ³¹ tho⁵⁵ tse⁵⁵ ɕɯ³³
　　咬破　手指　痛　在　心

咬破手指痛在心，

2   手指头母血利流。   手指鲜血淌。
    su³³tsʅ³¹ tu²¹mɔ³³ sua⁴⁴ li⁵⁵ kɯ³¹
    手拇   指头   血 也 流

3   血书拜上祝英台，   血书拜上祝英台，
    ɕue³⁵sɿ³³ pe⁵⁵sa⁵⁵ tsu³⁵juɯ³³the⁴²
    血书   拜上   祝英台

4   请你看分清。   请你看分明。
    tɕhuɯ³¹ ȵi³¹ kha⁵⁵ fu³³tɕhuɯ³³
    请   您   看   分明

5   有情贤妹来看我，   有情贤妹来看我，
    ɯ³³tɕɛ²¹ ɕie⁴²me⁵⁵ le⁴² kha⁵⁵ ŋɔ³¹
    有情   贤妹   来 看   我

6   贤妹是我救命星，   贤妹是我救命星，
    ɕie⁴²me⁵⁵ sʅ⁵⁵ ŋɔ³¹ tɕo⁵⁵miɯ⁵⁵ɕɯ³³
    贤妹   是 我 救命星

7   若凡请得你们来，   若凡请得你们来，
    zuɔ⁵⁵fa⁴² tɕhuɯ³¹tɛ³⁵ ni³¹mɯ³³ le⁴²
    若凡   请得   你们   来

8   我活成得嘞。   我能活下去。
    ŋɔ³¹ xɛ⁵⁵tsɛ³¹ tɛ³³ nɯ⁴⁴
    我 能活   得 的

9   不念鱼情看水情，   不念鱼情看水情，
    pu³⁵ȵe⁵⁵ y⁴²tɕhu⁴² kha⁵⁵ sui³¹tɕhu⁴²
    不念   鱼情   看   水情

10 三年同床是知心，   三年同床是知心，
    sa³³ne⁴² tho⁴²tshua⁴² sʅ⁵⁵ tsʅ³³ɕɯ³³
    三年   同床   是 知心

11 生死离别见一面，   生离死别见一面，
    su³³sʅ³¹ li⁴²pie³⁵ tɕie⁵⁵ ji³⁵mie⁵⁵
    生离死别   见   一面

12 一定请怎冷。   请你一定来。
    ji³⁵tiɯ⁵⁵ tɕhɛ³³tsɯ³⁵ lɯ⁴⁴
    一定   请成   的

13 我死贤妹来吊孝，   我死贤妹来吊孝，
    ŋɔ³¹ sʅ³¹ ɕie⁴²me⁵⁵ le⁴² tiɔ⁵⁵ɕɔ⁵⁵
    我 死 贤妹   来 吊孝

14 灵前祭奠哭一声。   灵前祭奠哭一声，
    liɯ⁴²tɕhie⁴² tɕi⁵⁵tie⁵⁵ khu³⁵ ji³⁵sɯ³³
    灵前   祭奠   哭   一声

15 冷世夫妻自本成，   今世做不成夫妻，

	lɯ³¹xɛ⁵⁵ pɯ⁵⁵tshe⁵⁵ tsŋ⁵⁵ pɯ³³tsɛ³¹ 今世　夫妻　做　不成	
16	已后代上认。 tɕi³¹ɣɯ³³xɛ⁵⁵ sa⁵⁵zɯ⁴⁴ 挨　后世　相认。	待来世相认。
17	我问贤妹谁是主， ŋɔ³¹ vɯ⁵⁵ ɕie⁴²me⁵⁵ sui⁴² sŋ⁵⁵ tsɣ³¹ 我　问　贤妹　谁　是　主	我问贤妹谁是主，
18	我问贤妹谁是宾， ŋɔ³¹ vɯ⁵⁵ ɕie⁴²me⁵⁵ sui⁴² sŋ⁵⁵ piɯ³³ 我　问　贤妹　谁　是　宾	我问贤妹谁是宾，
19	哪个是你心上人， na³¹kɔ⁵⁵ sŋ⁵⁵ ni³¹ ɕɯ³³sa⁵⁵zɯ⁴² 哪个　是　你　心上人	哪个是你心上人，
20	谁是眼中钉。 sui⁴² sŋ⁵⁵ je³¹tso³³tiɯ³³ 谁　是　眼中钉	谁是眼中钉。
21	哪一个是勾魂鬼， na³¹ji³⁵kɔ⁵⁵ sŋ⁵⁵ kɔ³³xui⁴²kui³¹ 哪一个　是　勾魂鬼	哪一个是勾魂鬼，
22	哪一个是害人精， na³¹ji³⁵kɔ⁵⁵ sŋ⁵⁵ xe⁵⁵zɯ⁴²tɕɯ³³ 哪一个　是　害人精	哪一个是害人精，
23	不知何处真地狱， pu³⁵tsŋ³³ xɔ⁴²tshɣ⁵⁵ tsɯ³³ ti⁵⁵y³⁵ 不知　何处　真　地狱	不知何处真地狱，
24	谁是血河坑。 sui⁴² sŋ⁵⁵ ɕye³⁵xɔ⁴²khɯ³³ 谁　是　血河池	谁是血河池。
25	一要贤妹绣花鞋， ji³⁵jɔ⁵⁵ ɕie⁴²me⁵⁵ ɕo⁵⁵xua³³xe⁴² 一要　贤妹　绣花鞋	一要贤妹绣花鞋，
26	头发送我几十根， tho⁴²fa³⁵ so⁵⁵ ŋɔ³¹ tɕi³¹sŋ³⁵ kɯ³³ 头发　送　我　几十　根	头发送我几十根，
27	委眉送我两上正， ui³³me³⁵ so³³ ŋɔ³¹ kɔ³³sa⁵⁵ tsɯ³⁵ 眉毛　送　我　两三　根	眉毛送我两三根，
28	绫罗帕一根。	绫罗帕一床。

liɯ⁴²luɔ⁴²pha⁵⁵ ʔa³¹n̠ɯ³²
绫罗帕　　　一床

29　鸳鸯带子送一对，　　　　　　　　　鸳鸯带子送一对，
　　jui³³ja³³ te⁵⁵tsɿ³¹ so⁵⁵ ji³⁵tui⁵⁵
　　鸳鸯　　带子　　送　一对

30　绣花审巾送我奔。　　　　　　　　　绣花手帕送一块。
　　tɕhiɛ⁴⁴xuɔ³⁵ sɯ³¹tɕɯ³⁵ so³³ ŋɔ³¹ pɯ⁴⁴
　　绣花　　手帕　　送　我　一块

31　打发四九去请恼，　　　　　　　　　打发四九去请你，
　　tɛ⁴⁴fɛ⁴⁴ sɿ⁵⁵tɕo³¹ ŋɛ³¹ tɕhɛ³³ nɔ³¹
　　打发　　四九　　去　请　　你

32　贤妹要起身。　　　　　　　　　　　贤妹要起身。
　　ɕiɛ⁴²me⁵⁵ jɔ⁵⁵ tɕhi³¹ sɯ³³
　　贤妹　　要　起身

【白】：血书已经写完。四九，快快带去。
四九【白】：行行走走，来到祝家门。待我一看，银心出来了。
银心【白】：四九哥哥，到此所为何事？
四九【白】：银心，听了那——【唱】：

1　说与银心听细端，　　　　　　　　　说与银心听端详，
　　suɔ³⁵jui³¹ jɯ⁴²ɕɯ³³ thiɯ³³ ɕi⁵⁵tua³³
　　说与　　银心　　听　　端详

2　提坑半吐事等期，　　　　　　　　　提起他俩这些事，
　　thi⁵⁵khɯ³³ pa⁵⁵ nɔ³³ sɿ³³ tɯ³³tɕhi³³
　　提起　　他们　上　事　这件

3　四九我自作急相，　　　　　　　　　四九我真是着急，
　　sɿ⁵⁵tɕo³¹ ŋɔ³¹ tsɿ⁵⁵ tsuɔ³⁵tɕi³⁵ ɕa⁴⁴
　　四九　　我　是　着急　　极

4　恼敌当自水。　　　　　　　　　　　你当不知道。
　　nɔ³¹ ti³¹ ta⁴⁴tsɿ⁵⁵ ɕy³³
　　你　只　当作　不知

5　山伯登下冤孽摆，　　　　　　　　　山伯得了冤孽病，
　　sɛ³³pu³⁵ tɯ⁴⁴thu⁵⁵ jy³³ni³⁵ pɛ³³
　　山伯　　得了　　冤孽　　病

6　分明英台干保害，　　　　　　　　　就是英台把他害，
　　xɯ⁴⁴tsɯ³³ jɯ³³the⁴² ka⁴⁴ pɔ³¹ xe⁴⁴
　　就是　　英台　　把　他　害

7　英台当自呠十没，　　　　　　　　　英台当作无其事，
　　jɯ³³the⁴² ta⁴⁴tsɿ⁵⁵ pɯ⁵⁵ sɿ³³ mu³³
　　英台　　当作　　她　事　无

8　保敌庄二昏。　　　　　　　　　　　她只是装昏。

$$po^{31}\ ti^{31}\ tsua^{35}\ \varepsilon^{32}ui^{33}$$
　　她　只　装　　昏

9　救命除非祝英台，　　　　　　　　　　　救命除非祝英台，
　　$t\varepsilon o^{55}mi\mathrm{w}^{55}\ tsh\gamma^{42}f\varepsilon^{33}\ tsu^{35}j\mathrm{w}^{33}th\varepsilon^{42}$
　　救命　　　除非　　祝英台

10　英台保怎人生哉，　　　　　　　　　　英台是一棵人参，
　　$j\mathrm{w}^{33}th\varepsilon^{42}\ po^{31}\ ts\mathrm{w}^{33}\ z\mathrm{w}^{42}s\mathrm{w}^{33}\ ts\mathrm{w}^{31}$
　　英台　　她　是　人参　　一棵

11　的发四九杯怎请，　　　　　　　　　　打发四九我来请，
　　$t\varepsilon^{44}f\varepsilon^{44}\ s\gamma^{55}t\varepsilon o^{31}\ pe^{44}ts\mathrm{w}^{35}\ t\varepsilon h\varepsilon^{33}$
　　打发　　四九　　来去　　请

12　杯干山伯会。　　　　　　　　　　　　去把山伯会。
　　$pe^{44}\ ka^{44}\ se^{33}p\mathrm{w}^{35}\ xui^{44}$
　　去　把　山伯　会

　银心【白】：原来梁相公病重了。
　四九【白】：何消说，他两个女装男扮，装是装得好，可是把梁相公装进棺材里去了。岸本本，不有说场了，你快领我去见祝小姐。
　银心【白】：那么随定我来。禀小姐，四九来了。
　英台【白】：四九，我且问你：梁相公病体如何？
　四九【白】：小姐，他在棺材里打量睡呢。
　英台【白】：此话怎讲？
　四九【白】：哎，差不多死了呐——【唱】：

1　四九我干利孟双，　　　　　　　　　　四九我跟小姐说，
　　$s\gamma^{55}t\varepsilon o^{31}\ \mathfrak{y}o^{31}\ ka^{44}\ \mathfrak{n}i^{55}\ m\mathrm{w}^{55}\ sua^{44}$
　　四九　　我　跟　您　处　说

2　山伯时时米利堆，　　　　　　　　　　山伯时时想着你，
　　$se^{33}p\mathrm{w}^{35}\ ts\gamma^{21}ts\gamma^{21}\ mi^{31}\ \mathfrak{n}i^{55}\ tua^{44}$
　　山伯　　时时　　想　您　上

3　救命仙丹乎怎利，　　　　　　　　　　救命仙丹就是你，
　　$k\mathrm{w}^{42}mi\varepsilon^{32}\ \varepsilon ie^{33}ta^{33}\ x\mathrm{w}^{33}\ ts\mathrm{w}^{33}\ \mathfrak{n}i^{55}$
　　救命　　仙丹　　好　有　您

4　除非小姐叭。　　　　　　　　　　　　除非小姐来。
　　$tsh\gamma^{42}f\varepsilon^{33}\ \varepsilon o^{31}t\varepsilon ie^{31}\ phia^{44}$
　　除非　　小姐　　到

5　要同小姐见一面，　　　　　　　　　　要同小姐见一面，
　　$jo^{55}tho^{42}\ \varepsilon o^{31}t\varepsilon ie^{31}\ t\varepsilon ie^{55}\ ji^{35}mi\varepsilon^{55}$
　　要同　　小姐　　见　一面

6　梦格狠利加黑双，　　　　　　　　　　梦中也这样说，
　　$m\mathrm{w}^{31}k\varepsilon^{42}\ x\mathrm{w}^{31}\ li^{55}\ t\varepsilon a^{31}x\mathrm{w}^{33}\ sua^{44}$
　　梦　　里　也　这样　　说

7	多谢小姐行方便，	多谢小姐行方便，
	tuɔ³³ɕɛ⁵⁵ ɕɔ³¹tɕie³¹ ɕɯ⁴² fa³³piɛ⁵⁵	
	多谢　小姐　行　方便	
8	杯干山伯看。	去把山伯看。
	pe⁴⁴ ka⁴⁴ se³³pɯ³⁵ ʔa³³	
	去　把　山伯　看	
9	血书是他亲手写，	血书是他亲手写，
	ɕuɛ³⁵sʅ³³ sʅ⁵⁵ pɔ³¹ tɕhɯ³³so³¹ vɛ⁴²	
	血书　是　他　亲手　写	
10	交与小姐细看看，	交与小姐细看看，
	tɕɔ³³y³¹ ɕɔ³¹tɕie³¹ ɕi⁵⁵ ka⁴⁴ʔa³³	
	交与　小姐　细　看看	
11	除了小姐无救星，	除了小姐无救星，
	tshʅ⁴²lɔ³¹ ɕɔ³¹tɕie³¹ vɣ⁴² tɕo⁵⁵ɕɯ³³	
	除了　小姐　无　救星	
12	杯干山伯看。	去把山伯看。
	pe⁴⁴ ka⁴⁴ se³³pɯ³⁵ ʔa³³	
	去　把　山伯　看	

英台【唱】：

1	英台我干血书看，	英台我把血书看，
	jɯ³³the⁴² ŋɔ³¹ ka⁴⁴ ɕy³⁵sʅ³³ ʔa³³	
	英台　我　把　血书　看	
2	等将事物本求三，	现在大事不好了，
	tɯ³³tɕa³¹ sʅ³⁵vɣ³³ pɯ³¹ tɕho⁵⁵ sa³³	
	这些　事情　不　好　了	
3	梁兄为我吐灯病，	梁兄为我得下病，
	n̠a⁴²ɕo³³ ui³⁵ ŋɯ⁵⁵ nɔ³³ tɯ⁴⁴pɛ³¹	
	梁兄　为　我的上　得病	
4	气自动朵三。	气得动不了。
	tɕhi⁴⁴ tsʅ⁵⁵ tɣ³³ tuɔ³² sa³³	
	气　成　动　不得　了	
5	英台米米利欧气，	英台想想更伤心，
	jɯ³³the⁵⁵ mi³¹mi³¹ li⁵⁵ ʔo³¹tɕhi⁴⁴	
	英台　想想　也　伤心	
6	生我眼泪流如水，	使我眼泪流如水，
	sɯ³¹ ŋɯ⁵⁵ mi⁴²ɕi⁴² kɯ²¹ tsɛ²¹ ɕy³³	
	使　我　眼泪　流　成　水	
7	上下两难使等竹，	这桩事上下两难，
	sa⁵⁵ɕa⁵⁵ na³¹na⁴² sʅ³³ tɯ³¹tsɣ⁴⁴	
	上下　两难　事　这桩	

8	打本期主义。	想不出主意。
	tɛ⁴⁴ puɯ³³ tɕhi⁴⁴ tsʅ³³ ji⁴⁴	
	打　不出　主意	
9	女人自孟汉之病，	姑娘怎好探病看男子，
	ȵy³³ȵi³¹ tsʅ⁵⁵mɯ⁵⁵ xa⁵⁵ tsʅ³³ pɛ³¹	
	姑娘　怎么　看　男　病	
10	弟格暇尼双事非，	就怕闲人说是非，
	ti³¹kɛ³⁵ ɕa³⁵ȵi²¹ sua⁴⁴ sʅ⁵⁵ fe³³	
	就怕　闲人　说　是非	
11	正直无私却有疲，	光明磊落怕闲言，
	tsɯ⁵⁵tsʅ³⁵ vɣ⁴²sʅ³³ tɕhu⁵⁵ jo³¹pi⁵⁵	
	正直　无私　却　有弊	
12	使我自孟杯。	让我怎么去。
	suɯ³¹ ŋɔ³¹ tsʅ⁵⁵mɯ⁵⁵ pe⁴⁴	
	让　我　怎么　去	
13	转怎转只我爹错，	说来说去是我爹的错，
	tɕy³²tsɯ³⁵ tɕy³²tsʅ³¹ ŋɯ⁵⁵ti³¹ tshuɔ⁵⁵	
	转来　转去　我爹　错	
14	女阿人干两荪害，	一个姑娘害两家，
	ȵy³³ ʔa³¹ȵi³¹ ka⁴⁴ ko³³xɔ³¹ xe⁴⁴	
	女　一个　把　两家　害	
15	不如开吐药单来，	不如开个药方子，
	pu³⁵zu⁴² kɯ⁵⁵ nɔ³¹ jo⁴⁴ta³⁵ne³¹	
	不如　开　它　药方子	
16	干梁兄安玉。	把梁兄安慰。
	ka⁴⁴ ȵa⁴²ɕo³³ ʔa³³y⁴⁴	
	把　梁兄　安慰	

【白】待我拿出笔墨来，写一副药单给梁兄。哎呀，伤心了——【唱】：

1	英台提起笔，	英台提起笔，
	jɯ³³the⁴² thi⁴²tɕhi³¹ pi³⁵	
	英台　提起　笔	
2	两眼泪汪汪。	两眼泪汪汪。
	ȵa³¹je³¹ le⁵⁵ua³³ua³³	
	两眼　泪汪汪	
3	拜上梁兄莫悲伤，	拜上梁兄莫悲伤，
	pe⁵⁵sa⁵⁵ ȵa⁴²ɕo³³ mɔ³⁵ sa³³ɕɯ³³	
	拜上　梁兄　莫　悲伤	
4	听到阿哥利登病，	听到哥哥得了病，
	tɕhe⁵⁵tɯ⁴⁴ ʔa³¹kɔ³³ ȵi⁵⁵ tɯ⁴⁴pɛ³³	
	听到　阿哥　您　得病	

5   叫我心不安。   叫我心不安。
    tɕɔ⁵⁵ ŋ³¹ ɕɯ³³ pu³⁵ʔa³³
    叫 我 心 不安

6   想要去看利,   想要去看你,
    ɕa³¹no⁴⁴ ŋɛ³¹ ʔa³³ n̠i⁵⁵
    想要 去 看 您

7   弟格闲人双。   只怕闲人说。
    ti³¹kɛ³⁵ ɕa³⁵n̠i³¹ sua⁴⁴
    只怕 闲人 说

8   英台我自打击庄,   英台我急得团团转,
    jɯ³³the⁴² ŋɔ³¹ tsɿ⁵⁵ tɛ⁴⁴tɕi³⁵tɕui⁴²
    英台 我 则 急得团团转

9   开给哥吐药单来,   开给哥哥一药单,
    khɯ⁵⁵kɯ³¹ kɔ³³ nɔ³³ jo⁴⁴ta³⁵ne³¹
    开给 哥 上 一 药单

10 实在生难香。   实在太难了。
    sɿ³¹tse⁵⁵ xɛ⁵⁵na³¹ ɕa⁵⁵
    实在 艰难 极

11 第一东海龙王角,   第一东海龙王角,
    ti⁵⁵ji³⁵ to³³xe³¹ lo⁴²ua⁴² kuɔ³⁵
    第一 东海 龙王 角

12 第二蟠桃酒一缸,   第二蟠桃酒一缸,
    ti⁵⁵ɛ⁵⁵ pa⁴²thɔ⁴²tɕo³¹ ji³⁵ka³³
    第二 蟠桃酒 一缸

13 第三千年瓦上霜,   第三千年瓦上霜,
    ti⁵⁵sa³³ tɕhie³³n̠e⁴² ua³¹sa⁵⁵ sua³³
    第三 千年 瓦上 霜

14 四要麒麟胆。   四要麒麟胆。
    sɿ⁵⁵jɔ⁵⁵ tɕhi⁴²liɯ⁴² ta³³
    四要 麒麟 胆

15 第五鳌鱼尾上毛,   第五鳌鱼尾上毛,
    ti⁵⁵u³¹ yɔ⁵⁵y⁴² vɣ³¹sa⁵⁵ mɔ⁴²
    第五 鳌鱼 尾上 毛

16 第六蚊子眼眶拉,   第六蚊子眼眶眶,
    ti⁵⁵lu³⁵ vɯ⁴²tsɿ³¹ je³¹kua³³la⁴⁴
    第六 蚊子 眼眶眶

17 第七观音甘露水,   第七观音甘露水,
    ti⁵⁵tɕhi³⁵ kua³³jɯ³³ ka³³lu⁵⁵ɕy³¹
    第七 观音 甘露水

18 八用白檀香。   八用白檀香。

pa³⁵jo⁵⁵ pɛ³⁵tha⁴²ɕa³³
八用　　白檀香

19　第九要用青龙须，　　　　　　　　　　　第九要用青龙须，
　　ti⁵⁵tɕo³¹ jɔ⁵⁵jo⁵⁵ tɕhuɯ⁵⁵lo²¹ɕy³³
　　第九　　要用　　青龙须

20　第十直付光等架。　　　　　　　　　　　十要用蜜蜂骨架。
　　ti⁵⁵sɿ³⁵ tsɿ³⁵fɤ⁵⁵ kua⁴⁴tuɯ³¹tɕa⁴⁴
　　第十　　蜜蜂　　骨架

21　十样如能找得全，　　　　　　　　　　　十样如能找得全，
　　sɿ³⁵ja⁵⁵ zu⁴²nɯ⁴² tsɔ³¹tuɯ³⁵ tɕhui⁴²
　　十样　　如能　　找得　　全

22　起死回生汤。　　　　　　　　　　　　　起死回生汤。
　　tɕi³¹sɿ³¹ xui⁴²sɯ³³ tha³³
　　起死　　回生　　汤

23　开好药单开药引，　　　　　　　　　　　开好药单开药引，
　　khe³³xɔ³¹ jɔ³⁵ta⁵⁵ khe³³ jɔ³⁵jɯ³¹
　　开好　　药单　　开　药引

24　三样药引配拢它：　　　　　　　　　　　三样药引配拢它：
　　sa³³ja⁵⁵ jɔ³⁵jɯ³¹ phe⁵⁵lo³¹ tha³³
　　三样　　药引　　配拢　　它

25　公鸡蛋利老虎乳，　　　　　　　　　　　公鸡蛋和母虎奶，
　　tu⁵⁵pɯ³¹ se³² li⁵⁵ lɔ³¹mɔ³³ pa⁴²
　　公鸡　　蛋　和　母虎　　奶

26　跳蚤心肝肺。　　　　　　　　　　　　　跳蚤心肝肺。
　　khua³³ɕi⁴⁴ ɕi³⁵ka³⁵phia⁴⁴
　　跳蚤　　心肝肺

27　打药要用真珠君，　　　　　　　　　　　煎药要用珍珠罐，
　　ta³¹jo⁴⁴ ȵo⁴⁴zɤ³¹ tsɯ³³tsɤ³³ tɕy³⁵
　　煎药　　要用　　珍珠　　罐

28　饮保要汝玛瑙干，　　　　　　　　　　　吃药要用玛瑙杯，
　　ʔɯ³¹ pɔ³¹ ȵo⁴⁴zɤ³¹ ma³¹nɔ³¹ka⁴⁴
　　吃　它　要用　　玛瑙杯

29　金童玉女来温药，　　　　　　　　　　　金童玉女来温药，
　　tɕɯ³³tho⁴² y⁵⁵ȵɤ³¹ le⁴² ui³³jɔ³⁵
　　金童　　玉女　　来　温药

30　做一口而干。　　　　　　　　　　　　　做一口而干。
　　tsuɔ⁵⁵ ji³⁵kho³¹ ɛ⁴² ka³³
　　做　　一口　　而　干

31　若凡此药不见效，　　　　　　　　　　　若是此药不见效，

zu⁴²fa⁴² tsʅ³¹jɔ³⁵ pu³⁵tɕie⁵⁵ɕɔ⁵⁵
若是　　此药　　　不见效

32　再有一计好单方，　　　　　　　　　再有一剂好单方，
　　tse⁵⁵jo³¹ ji³⁵tɕi⁵⁵ xɔ³¹ ta³³fa³³
　　再有　　一剂　　好　单方

33　活期寿坊买保格，　　　　　　　　　红漆棺材买一口，
　　xuɔ³⁵tɕhi⁴⁴ so⁵⁵fa⁴² mɛ³² pɔ³¹ kɛ³⁵
　　红漆　　　棺材　　买　它　口

34　料里求呔当。　　　　　　　　　　　准备好后事。
　　liɔ⁵⁵li³¹tɕho⁵⁵ pɯ⁵⁵ta⁴⁴
　　准备好　　　　那里

35　请个地师把坟看，　　　　　　　　　请个地师把坟看，
　　tɕhɯ³¹kɔ⁵⁵ ti⁵⁵sʅ³³ pa³¹ fɯ⁴² kha⁵⁵
　　请个　　　地师　　把　坟　看

36　南山脚下好风光。　　　　　　　　　南山脚下好风光。
　　na⁴²sa³³ tɕɔ³⁵ɕa⁵⁵ xɔ³¹ fɯ³³kua³³
　　南山　　脚下　　　好　风光

37　葬在南山大路旁，　　　　　　　　　葬在南山大路旁，
　　tsa⁵⁵ tse⁵⁵ na⁴²se³³ ta⁵⁵ lu⁵⁵pha⁴²
　　葬　在　南山　　大　路旁

38　英台好烧香。　　　　　　　　　　　英台好烧香。
　　jɯ⁵⁵the⁴² xɔ³¹ sɔ³³ɕa³³
　　英台　　　好　烧香

39　梁兄死后我吊孝，　　　　　　　　　梁兄死后我吊孝，
　　n̠a⁴²ɕo³³ sʅ³¹xo⁵⁵ ŋɔ³¹ tio⁵⁵ɕɔ⁵⁵
　　梁兄　　死后　　我　吊孝

40　灵前祭奠泪汪汪。　　　　　　　　　灵前祭奠泪汪汪。
　　liɯ⁴²tɕhie⁴² tɕi⁵⁵tiɛ⁵⁵ le⁵⁵ua³³ua³³
　　灵前　　　　祭奠　　　泪汪汪

41　回复哥哥几件事。　　　　　　　　　回复哥哥几件事，
　　xui⁴²fv³⁵ kɔ³³kɔ³³ tɕi³¹tɕie⁵⁵ sʅ⁵⁵
　　回复　　　哥哥　　　几件　　　事

42　清清明明双。　　　　　　　　　　　清清楚楚说。
　　tɕhɛ⁵⁵tɕhɛ⁵⁵ mɛ²¹mɛ²¹ sua⁴⁴
　　　清清楚楚　　　　说

43　早来三日我是主，　　　　　　　　　早来三日我是主，
　　tsɔ³¹le⁴² sa³³zʅ³⁵ ŋɔ³¹ sʅ⁵⁵ tsv³¹
　　早来　　三日　　我　是　主

44　迟来三日我为宾，　　　　　　　　　迟来三日我为宾，

tshŋ⁴²le⁴² sa³³zŋ³⁵ ŋɔ³¹ ui⁴² piɯ³³
迟来　三日　我　为　宾

45　哥哥本是我心爱，　　　　　　　　　　哥哥本是我心爱，
　　kɔ³³kɔ³³ pɯ³¹sŋ⁵⁵ ŋɔ³¹ ɕɯ³³e⁵⁵
　　哥哥　本是　我　心爱

46　马甲眼中钉。　　　　　　　　　　　　马甲眼中钉。
　　ma³¹tɕa³⁵ je³¹ tso³³ tiɯ³³
　　马甲　眼中　钉

47　英台就是勾魂鬼，　　　　　　　　　　英台就是勾魂鬼，
　　jɯ³³the⁴² tɕo⁵⁵sŋ⁵⁵ ko³³xui⁴² kui³¹
　　英台　就是　勾魂　鬼

48　爹妈就是害人精，　　　　　　　　　　爹妈就是害人精，
　　ti³³ma³³ tɕo⁵⁵sŋ⁵⁵ xe⁵⁵zɯ⁴²tɕɯ³³
　　爹妈　就是　害人精

49　秀房是我真地狱，　　　　　　　　　　绣房是我真地狱，
　　ɕo⁵⁵fa⁴² sŋ⁵⁵ ŋɔ³¹ tsɯ³³ ti⁵⁵jo³⁵
　　绣房　是　我　真　地狱

50　我是血河坑。　　　　　　　　　　　　我是血河坑。
　　uɔ³¹ sŋ⁵⁵ ɕuɛ³⁵xuɔ⁴²khɯ³³
　　我　是　血河坑

51　三更梦里团圆合，　　　　　　　　　　三更梦里团圆合，
　　sa³³kɯ³³ mɯ⁵⁵li³¹ thue⁴²jui⁴²xuɔ³⁵
　　三更　梦里　团圆合

52　除非二世得成亲，　　　　　　　　　　除非二世得成亲，
　　tshɣ⁴²fe³³ ɛ⁵⁵sŋ⁵⁵ tɛ³⁵ tshɯ⁴²tɕhɯ³³
　　除非　二世　得　成亲

53　妙药仙丹利无益，　　　　　　　　　　妙药仙丹也无益，
　　miɔ⁵⁵jɔ³⁵ ɕie³³ta³³ li⁵⁵ vɣ⁴²ji⁵⁵
　　妙药　仙丹　也　无益

54　我是真人参。　　　　　　　　　　　　我是真人参。
　　ŋɔ³¹ sŋ⁵⁵ tsɯ³³zɯ⁴²sɯ³³
　　我　是　真人参

55　取出鸳鸯带一副，　　　　　　　　　　取出鸳鸯带一副，
　　tɕhui³¹tɕhŋ³⁵ jui³³ja³³te⁵⁵ ji³⁵fɣ⁵⁵
　　取出　鸳鸯带　一副

56　七尺绫罗帕一根，　　　　　　　　　　七尺绫罗帕一根，
　　tɕhi³⁵tshŋ³⁵ liɯ⁴²luɔ⁴²pha⁵⁵ ji³⁵kɯ³³
　　七尺　绫罗帕　一根

57　送哥绣花鞋阿双，　　　　　　　　　　绣花鞋一双送给哥，

so³⁵ kɔ³³ tɕhɛ⁴⁴xuɔ³⁵ ʒe³¹ ʔa³¹tɕi³³
送　哥　绣花鞋　　一双

58　绣花手巾奔。 绣花帕一床。
　　tɕhɛ⁴⁴xuɔ³⁵ sɯ³¹tɕiɯ³⁵ pɯ⁴⁴
　　绣花　　手帕　　床

59　头发滴下二三根， 头发拔下两三根，
　　tɯ²¹ma³⁵ ti³⁵thɯ⁵⁵ ko³¹sa⁵⁵ kɯ³⁵
　　头发　　拔下　　两三　　根

60　委眉滴下保阿敏。 眉毛拔起了一撮。
　　ui³³me³⁵ ti³⁵thɯ⁵⁵ pɔ³¹ ʔa³¹miɯ³¹
　　眉毛　　拔下　　它　一撮

61　习科利想期给哥， 心儿都想掏给哥，
　　ɕi³⁵kɔ³³ li⁵⁵ ɕa³¹ tɕhi⁴⁴kɯ³¹ kɔ³³
　　心儿　　也　想　掏给　哥

62　梁兄可认灯？ 梁兄可知道？
　　n̩a⁴²ɕo³³ kɯ³¹ zɯ⁴⁴tɯ⁴⁴
　　梁兄　　可　知道

【白】：药单开完了，把它包起。四九，你把药单和这几件东西快快拿回去，快去替我交与梁兄。

四九【白】：是了，行行走走回到家中。奶奶，开门来。奶奶同我走到上房，拿与公爷看看。梁相公，病体可好些了？

山伯【白】：四九，英台可来了？公爷，英台不来，带来一副药单、几样东西。公爷拿去观看。待我打开来看，哎呀，不好了——【唱】：

1　只见英台把书修， 只见英台把书修，
　　tsɿ³¹tɕie⁵⁵ jɯ³³the⁴² pa³¹ sv̩³³ ɕo³³
　　只见　　英台　　把　书　修

2　山伯将书拿手中， 山伯将书拿手中，
　　se³³pɯ³⁵ tɕa³⁵ sv̩³³ na⁴² so³¹ tso³³
　　山伯　　接　书　拿　手　中

3　我自抬头因干汉， 我抬起头看一看，
　　ŋɔ³¹ tsɿ⁵⁵ the⁴²tho⁴² jɯ³⁵ ka⁴⁴xa⁵⁵
　　我　则　直起　　来　看看

4　也费了些劲。 也费了些劲。
　　je³¹ fe⁵⁵ lɔ³¹ ɕɯ³³tɕɯ³³
　　也　费了　　些劲

5　上写英台顿首拜， 上写英台顿首拜，
　　sa⁵⁵ ɕie³¹ jɯ³³the⁴² tui⁵⁵so³¹ pe⁵⁵
　　上　写　英台　　顿首　拜

6　多多拜上我梁兄， 多多拜上我梁兄，

	tuɔ³³tuɔ³³ pe⁵⁵sa⁵⁵ ŋɔ³¹ na⁴²ɕo³³	
	多多　　　拜上　　我　梁兄	
7	开登哞吐药单来，	开着这一个药方，
	khɯ⁵⁵tɯ⁴⁴ pɯ⁵⁵ nɔ³³ jo⁴⁴ta³⁵ne³¹	
	开着　　它　上　药方　一个	
8	尽是好药初。【换韵】	尽是好草药。
	tɕɯ³⁵sɿ⁵⁵ xu³¹ jo⁴⁴tshu³³	
	尽是　　好　草药	
9	第一东海龙王角，	第一东海龙王角，
	ti⁵⁵ji³⁵ to³³xe³¹ lo⁴²ua⁴² kuɔ³⁵	
	第一　　东海　龙王　　角	
10	英台恼自哞本米。	英台只能是白想。
	jɯ³³the⁴² nɔ³¹ tsɿ⁵⁵ pɯ⁵⁵ pɯ³¹ mi³³	
	英台　　你　也　白　不　想	
11	东海龙王哪个见，	东海龙王哪个见，
	to³³xe³¹ lo⁴²ua⁴² na³¹kɔ⁵⁵ tɕie⁵⁵	
	东海　　龙王　　哪个　　见	
12	阿人见过没。	谁也没见过。
	ʔa³³n̪i³¹ ke³²kuɔ³² mu³³	
	一人　　见过　　无	
13	就说东海龙王角，	就说东海龙王角，
	tɕo⁵⁵suɔ³⁵ to³³xe³¹ lo⁴²ua⁴² kuɔ³⁵	
	就说　　东海　龙王　　角	
14	哪个敢进水晶宫，	哪个敢进水晶宫，
	na³¹kɔ⁵⁵ ka³¹tɕɯ⁵⁵ ɕy³¹tɕɯ³³ko³³	
	哪个　　敢进　　水晶宫	
15	哪人敢拿龙角加，	谁敢取那副龙王角，
	ʔa⁵⁵n̪i³¹ ka³¹ne⁴⁴ lɣ³¹kɣ⁴⁴ tɕa⁴⁴	
	一人　　敢取　　龙角　架	
16	说到半须空。	说得半虚空。
	sua³⁵tɯ³⁵ pa⁵⁵ ɕy³³ko³³	
	说得　　半　虚空	
17	山伯瞧瞧第二行，	山伯瞧瞧第二行，
	se³³pɯ³⁵ tɕhɔ⁴²tɕhɔ⁴² ti⁵⁵ɛ⁵⁵ xa⁴²	
	山伯　瞧瞧　　　第二　行	
18	第二蟠桃酒一干，	第二蟠桃酒一缸，
	ti⁵⁵ɛ⁵⁵ pha³³thɔ⁴²tɕo³¹ ji³⁵ka³³	
	第二　蟠桃酒　　　　一缸	
19	药等季月方难早，	这剂药更是难找，

jo⁴⁴ tɯ³¹tɕi⁴⁴ yɛ³⁵fa³³ na⁴²tsɔ³¹
药　这剂　更是　难找

20　格干我气相。　　　　　　　　　可能会气死我。
kɛ³⁵ ka⁴⁴ ŋɔ³¹ tɕhi⁴⁴ ɕa⁴⁴
怕　把　我　气　死

21　王母掌管蟠桃酒，　　　　　　　王母掌管蟠桃酒，
ua⁴²mu³¹ tsa³¹kua³¹ pha⁴⁴thɔ⁴²tɕo³¹
王母　　掌管　　蟠桃酒

22　神仙富贵才喝它，　　　　　　　神仙富贵才喝它，
sɯ⁴²ɕie³³ fu⁵⁵kui⁵⁵ tshe⁴² xuɔ³³ tha³³
神仙　　富贵　　才　喝　它

23　凡人自孟早登保，　　　　　　　凡人哪里去寻它，
fa⁴²zɯ⁴² tsɿ⁵⁵mɯ⁵⁵ ji²¹tɯ⁴⁴ pɔ³¹
凡人　　怎么　　找得　它

24　双闹容易相。　　　　　　　　　说得很容易。
sua⁴⁴nɔ³³ zo⁴²ji⁵⁵ ɕa⁴⁴
说的　　容易　极

25　第三千年瓦上霜，　　　　　　　第三千年瓦上霜，
ti⁵⁵sa³³ tɕhie³³ne⁴² ua³¹sa⁵⁵ sua⁴⁴
第三　千年　　瓦上　　霜

26　世间哪有这药方，　　　　　　　世间哪有这药方，
sɿ⁵⁵tɕie³³ na³¹jo³¹ tse⁵⁵ jɔ³⁵fa³³
世间　　哪有　　这　药方

27　受西下恨瓦房吐，　　　　　　　雪霜下在瓦房上，
so⁵⁵ɕi⁴⁴ ʔo⁴²xɯ⁵⁵ uɛ⁴²xɔ³¹ nɔ³³
雪霜　下在　瓦房　上

28　太阳阿出化。　　　　　　　　　太阳一出化为水。
mi³²pi³¹ ʔa³¹tshɣ⁴⁴ xua⁴⁴
太阳　一出　化

29　第四要汝麒麟胆，　　　　　　　第四要用麒麟胆，
ti⁵⁵sɿ⁵⁵ ȵo⁴⁴zɣ³¹ tɕhi⁴²liɯ⁴² ta³¹
第四　要用　麒麟　　胆

30　英台嗱话自加双，　　　　　　　英台你怎这样说，
jɯ³³the⁴² nɯ⁵⁵to³¹ tsɿ⁵⁵tɕa³¹ sua⁴⁴
英台　你的话　这样　说

31　那人见过麒麟等，　　　　　　　哪一个见过麒麟，
na⁴⁴ȵi³¹ ke⁴²kuɔ³² tɕhi⁴²liɯ⁴²tɯ³¹
哪一个　见过　　麒麟

32　行那早吥胆。　　　　　　　　　到哪找它胆。

ʔa⁵⁵na⁴⁴ ji²¹ puɯ⁵⁵ ta³¹
到哪　找　它　胆

33　第五鳖鱼尾上毛，　　　　　　　　　　　　第五鳌鱼尾上毛，
　　ti⁵⁵u³¹ ʔɔ⁵⁵yɤ⁴² vɣ³¹sa⁵⁵ mɔ⁴²
　　第五　鳌鱼　尾上　毛

34　英台随口不辞劳，　　　　　　　　　　　　英台随口不辞劳，
　　jɯ³³the⁴² sui⁴²kho³¹ pu³⁵ tsɿ⁴²lɔ⁴²
　　英台　　随口　　不　辞劳

35　鳖鱼利动土利永，[1]　　　　　　　　　　鳌鱼一动地也摇，
　　ʔɔ³⁵yɤ³⁵ li⁵⁵tɤ³³ tɕi³¹ li⁵⁵ jo³¹
　　鳌鱼　一动　地　也　摇

36　镇压倒山河。　　　　　　　　　　　　　　镇压倒山河。
　　tsɯ⁵⁵ja³⁵tɔ³¹ se³³xuɔ⁴²
　　镇压倒　山河

37　鳖鱼毛正行那找，　　　　　　　　　　　　鳌鱼毛去哪里找，
　　ʔɔ³⁵yɤ³⁵ ma²¹tsɯ³⁵ ŋɛ²¹na⁴⁴ ji²¹
　　鳌鱼　毛　　去哪里　找

38　哪个敢拔它的毛？　　　　　　　　　　　　哪个敢拔它的毛？
　　na³¹kɔ⁵⁵ ka³¹pa³⁵ tha³³tɛ³³ mɔ⁴²
　　哪个　　敢拔　它的　毛

39　罢本米期恼米期，　　　　　　　　　　　　别人不想你能想，
　　pa⁵⁵ puɯ³³ mi³¹tɕhi⁴⁴ nɔ³¹ mi³¹tɕhi⁴⁴
　　别人　不　想出　你　想出

40　叫我没奈何。　　　　　　　　　　　　　　叫我没奈何。
　　tɕɔ⁵⁵ ŋɔ³¹ mo³⁵ne⁵⁵xuɔ⁴²
　　叫　我　没奈何

41　第六蚊子眼宽拉，　　　　　　　　　　　　第六蚊子眼眶眶，
　　ti⁵⁵lu³⁵ mɯ⁴⁴tsɿ³³ ui³³kho⁵⁵lo⁵⁵
　　第六　蚊子　　眼眶眶

42　英台提笔不想它，　　　　　　　　　　　　英台提笔不想它，
　　jɯ⁵⁵the⁴² thi⁴²pi³⁵ pu³⁵ ɕa³¹ tha³³
　　英台　　提笔　不　想　它

43　蚊子不过一包血，　　　　　　　　　　　　蚊子不过一包血，
　　vɯ⁴²tsɿ³¹ pu³⁵kuɔ⁵⁵ ji³⁵pɔ³³ɕuɛ³⁵
　　蚊子　　不过　　一包血

44　必吹保怪三。　　　　　　　　　　　　　　风吹难寻它。
　　pi³⁵ phɯ⁵⁵ pɔ³¹ kui⁴² sa⁴⁴
　　风　吹　它　不见了

---

[1] 相传，地震是由传说中的鳌鱼摆动引起的，人们敬畏鳌鱼，古建筑如牌坊也有其石雕形象做基石。

45	次叩底有芝麻大， tshi⁵⁵kho⁵⁵ ti³¹tsɯ³³ vɣ⁵⁵pɛ³¹ tɔ³¹ 身子　　只有　芝麻　大	身子只有芝麻大，
46	委叩陋来怎岸拉， ui³³kho⁵⁵lo⁵⁵ne³¹ tsɯ³⁵ ʔa⁵⁵la⁴⁴ 眼睛眍眍　　　在　　哪里	眼睛眍眍在哪里，
47	如若有这些怪事， zuɔ⁴²zuɔ⁵⁵ jo³¹ tse⁵⁵ɕie³³ kui⁵⁵sɿ⁵⁵ 如要　　　有　这些　　怪事	如若有这些怪事，
48	等铁树开花。 tɯ³¹ thiɛ³⁵sɣ⁵⁵ khe³³xua³³ 等　铁树　　开花	等铁树开花。
49	第七观音甘露水， ti⁵⁵tɕhi³⁵ kua³³jɯ³³ ka³³lu⁵⁵ɕɣ³¹ 第七　　观音　　甘露水	第七观音甘露水，
50	干我一光利期哉。 ka⁴⁴ ŋɯ⁵⁵ ji³⁵kua⁴⁴ li⁵⁵ tɕhi⁴⁴ tse⁴⁴ 把　我的　腰杆　　也　气　断	气断我腰杆。
51	甘露蜜水咀着来， ka³³lu⁵⁵ mi³²ɕɣ³³ tɕy³³tsɔ⁴²ne³¹ 甘露　　蜜水　　嘴上说	甘露蜜水是传说，
52	那人委孟见。 na⁴⁴n̩i³¹ ui³³mɯ⁵⁵ ke⁴² 哪个　　眼前　　见	哪个曾见过。
53	观音松恨观音堂， kua³³jɯ³³ su⁴⁴xɯ⁵⁵ kua³³jɯ³³tha⁴² 观音　　塑在　　观音堂	观音塑在观音堂，
54	左手执掌甘露水， tsuɔ³¹so³¹ tsɿ³⁵tsa³¹ ka³³lu⁵⁵sui³¹ 左手　　执掌　　甘露水	左手执掌甘露水，
55	无故保的泥松吐， u³³ku³¹ pɔ³¹ti³¹ ne³¹su⁴⁴ nɔ³³ 葫芦　　只是　泥塑　的	净瓶是泥塑的，
56	露水怎那委？ lu⁵⁵sui³¹ tsɯ³⁵ na⁴⁴ui³³ 露水　　在　　哪里	露水在哪里？
57	第八女汝白檀香， ti⁵⁵pa³⁵ n̩o⁴⁴zɣ³³ pɛ³⁵tha⁴²ɕa³³ 第八　要用　　白檀香	第八要用白檀香，
58	此来是一品无双，	此来是一品无双，

tshŋ³¹le⁴² sŋ⁵⁵ ji³⁵phiɯ³¹ vɣ⁴²sua³³
此来　是　一品　无双

59　自孟一登白檀香，　　　　　　　　　　怎能找着白檀香，
　　tsŋ⁵⁵mɯ⁵⁵ ji²¹tɯ⁴⁴ pɛ³⁵tha⁴²ɕa³³
　　怎能　　找着　　白檀香

60　是灵宝仙丹。　　　　　　　　　　　　是灵宝仙丹。
　　sŋ⁵⁵ liɯ⁴²pɔ³¹ ɕie³³ta³³
　　是　灵宝　　仙丹

61　渺渺香烟土地外，　　　　　　　　　　缈缈香烟土地外，
　　miɔ³¹miɔ³¹ ɕa³³je³³ thu³¹ti⁵⁵ ue⁵⁵
　　缈缈　　香烟　　土地　外

62　佛佛其香上天花，　　　　　　　　　　香馥其香上天花，
　　fɣ³⁵fɣ³⁵ tɕhi⁴²ɕa³³ sa⁵⁵thie³³ xua³³
　　香馥　　其香　　上天　花

63　凡人消得一小节，　　　　　　　　　　凡人晓得一小节，
　　fa⁴²zɯ⁴² ɕɔ³³tɛ³⁵ ji³⁵ ɕɔ³¹tɕiɛ³⁵
　　凡人　　晓得　　一　小节

64　水耳捞面汪。　　　　　　　　　　　　水中捞月亮。
　　ɕy³¹ ɛ³³ lɔ⁴² mi⁵⁵ua⁴⁴
　　水　下　捞　月亮

65　第九要用青龙须，　　　　　　　　　　第九要用青龙须，
　　ti⁵⁵tɕo³¹ jɔ⁵⁵jo⁵⁵ tɕhɯ³³lo⁴² ɕy⁴⁴
　　第九　　要用　　青龙　须

66　自孟开期药等基，　　　　　　　　　　怎会开出这药方，
　　tsŋ⁵⁵mɯ⁵⁵ khɯ⁵⁵tɕhi⁴⁴ jo⁴⁴ tɯ³¹tɕi⁴⁴
　　怎么　　开出　　药　这方

67　那人见过青龙等，　　　　　　　　　　哪一个见过青龙，
　　na⁴⁴ɲi³¹ ke³²kuɔ³² tɕhiɛ⁵⁵lɣ³¹tɯ³¹
　　哪一个　见过　　青龙

68　山伯我等死。　　　　　　　　　　　　山伯我等死。
　　se³³pɯ³⁵ ŋɔ³¹ tɯ³¹ ɕi³³
　　山伯　　我　等　死

69　第十直父光等加，　　　　　　　　　　十要用蜜蜂骨架，
　　ti⁵⁵sŋ³⁵ tsŋ³⁵fɣ⁵⁵ kua⁴⁴tɯ³¹tɕa⁴⁴
　　第十　　蜜蜂　　骨架

70　山伯本死兔岸拉，　　　　　　　　　　山伯我必死无疑，
　　se³³pɯ³⁵ pɯ³³ɕi³³ thu⁴⁴ ʔa⁵⁵la⁴⁴
　　山伯　　不死　　在　哪里

71　直父光等去那找，　　　　　　　　　　蜜蜂骨头哪里找，

ts1³⁵fɣ⁵⁵ kua⁴⁴tɯ³¹ ŋɛ³¹ na⁴⁴ ji²¹
蜜蜂　　骨头　　去　哪　找

72　除死别无法。　　　　　　　　　　　　　除死别无法。
tshɣ⁴²sȵ³¹ pie³⁵ vɣ⁴²fa³⁵
除死　　别　无法

73　药单就是追魂票，　　　　　　　　　　药单就是追魂票，
jɔ³⁵ta³³ tɕo⁵⁵sȵ⁵⁵ tsui³³xui⁴²phiɔ⁵⁵
药单　　就是　　　追魂票

74　再把药引细看看，　　　　　　　　　　再把药引细看看，
tse⁵⁵pa³¹ jɔ³⁵jɯ³¹ ɕi⁵⁵ka⁴⁴ʔa³³
再把　　药引　　细　看看

75　公鸡蛋虎母乳，　　　　　　　　　　　公鸡蛋和母虎奶，
tu⁵⁵pɯ³³se³² ȵi⁵⁵ lɔ³¹mɔ³³pa⁴²
公鸡蛋　　和　母虎奶

76　阿本本，跳锁心肝肺。　　　　　　　　阿本本——跳蚤心肝肺。
ʔa⁵⁵pɯ³³pɯ³³，thiɔ⁵⁵suɔ³¹ ɕi³⁵ka³⁵phia⁴⁴
阿本本　　　跳蚤　　　心肝肺

77　世间哪有公鸡蛋，　　　　　　　　　　世间哪有公鸡蛋，
sȵ⁵⁵tɕie³³ na³¹jɔ³¹ ko³³tɕi³³ta⁵⁵
世间　　哪有　　公鸡蛋

78　那人敢追虎母乳，　　　　　　　　　　有谁敢挤母虎奶，
na⁴⁴ȵi³¹ ka³¹tɕui³² lɔ³¹mɔ³³pa⁴²
有谁　　敢挤　　母虎奶

79　跳锁心肝去拉找，　　　　　　　　　　跳蚤心肝哪里找，
thiɔ⁵⁵suɔ³¹ ɕi³⁵ka³⁵ ŋɛ³¹ la⁴⁴ ji²¹
跳蚤　　　心肝　　去　哪　找

80　在比上天难。　　　　　　　　　　　　比登天还难。
tse⁴⁴pi³¹ tso³³xe⁵⁵ na³¹
还比　　上天　　难

81　温药要汝珍珠居，　　　　　　　　　　煎药要用珍珠罐，
ʔo⁴²jo⁴⁴ no⁴⁴zɣ³¹ tsɯ³³tsɣ³³tɕy³⁵
煎药　　要用　　珍珠罐

82　吃保要汝玛瑙干，　　　　　　　　　　吃药要用玛瑙杯，
ʔɯ³¹pɔ³¹ no⁴⁴zɣ³¹ ma³¹nɔ³¹ka³³
吃它　　要用　　玛瑙杯

83　金童玉女来温药，　　　　　　　　　　金童玉女来温药，
tɕɯ³³to⁴² y⁵⁵ȵui³¹ le⁴² ui³³jo³⁵
金童　　玉女　　来　温药

84　做一口而干。　　　　　　　　　　　　做一口而干。

	tsuɔ⁵⁵ ji³⁵kho³¹ ɛ⁴² ka³³	
	做 一口 而 干	
85	药单看完心也动，	药单看完心也动，
	jɔ³⁵ta³³ kha⁵⁵uɯ⁴² ɕɯ³³ li⁵⁵ ju³¹	
	药单 看完 心 也 动	
86	喉带底孟气利凑，	粗气喘不停，
	kɤ⁴²te⁴⁴tɕi³¹ mɯ⁵⁵ tɕhi⁴⁴ li⁵⁵ tsho⁴⁴	
	喉咙 处 气 也 喘	
87	英台虽然女人等，	英台虽是女儿身，
	jɯ³³the⁴² sui³³za⁴² n̠ɤ³³n̠i³¹tɯ³¹	
	英台 虽然 一女子	
88	是个人屠户。	是个人屠夫。
	sɿ⁵⁵kuɔ⁵⁵ zɯ⁴² thu⁴²fɤ³³	
	是个 人 屠夫	
89	火节伤寒没药色，	火结伤寒无人治，
	xuɔ³¹tɕɛ³⁵ sa³³xa⁴² mu³³ jo⁴⁴sɛ³⁵	
	火结 伤寒 无 医生	
90	看来山伯我无救。	看来山伯我无救。
	kha⁵⁵le⁴² se³³pɯ³⁵ ŋɔ³¹ vɤ⁴²tɕo⁵⁵	
	看来 山伯 我 无救	
91	英台劝我去紧死，	英台劝我赶紧死，
	jɯ³³the⁴² tɕhui⁵⁵ ŋɔ³¹ ŋɛ³¹tɕɯ³¹ ɕi³³	
	英台 劝 我 去 挨 死	
92	等你阴司路。	阴司路等你。
	tɯ³¹ ni³¹ jɯ³³sɿ³³ thu³³	
	等 你 阴司 路	

梁母【白】：山伯阿子，恼要本哭三，养求精神要紧。[se³³pɯ³⁵ ʔa³¹tsɿ³³, nɔ³¹ n̠o⁴⁴ pɯ³¹ khɔ⁴⁴ sa³³, ja³¹ tɕhɔ⁵⁵ tshɿ⁵⁵khɯ³¹ jɔ⁴⁴tɕɯ³¹。]（山伯我儿，不要哭了，养好精神要紧。）哎，伤心——**【唱】**：

1	阿之恼女本期三，	我儿你莫要气了，
	ʔa³¹tsɿ³³ nɔ³¹ n̠o⁴⁴pɯ³³ tɕhi⁴⁴ sa³³	
	我儿 你 莫要 气 了	
2	老底怎皆头日双，	你只有小鸡一般年纪，
	nɔ³¹ ti³¹tsɯ³³ ke³⁵tɯ³¹ n̠i⁴⁴sua⁴⁴	
	你 只有 鸡 年纪	
3	阿母养恼独儿子，	母亲养你独儿子，
	ʔa³¹mɔ³³ xa⁵⁵ nɔ³¹ ti³¹ta³⁵tsɿ³³	
	母亲 养 你 独儿子	
4	后代香烟光。	望你续后代香火。

ʔɯ³³te³³ ɕo³⁵tsɯ³¹kua⁴⁴
后代　　香火棍

5　周头鸣及呠肉没，　　　　　　　　　　　鸟儿叫多了身子瘦，
　　tso⁴⁴tɯ³¹ mɛ³¹tɕi³⁵ pɯ⁵⁵ kɛ³¹ mu³³
　　鸟儿　　叫多　　它　肉　无

6　话双及恨精神伤，　　　　　　　　　　　话说多了伤精神，
　　to³¹ sua⁴⁴tɕi³⁵ xɯ⁵⁵ tɕɯ³³sɯ⁴² sa³³
　　话　说多　　了　精神　　伤

7　英台丢开阿半吡，　　　　　　　　　　　你把英台丢一边，
　　jɯ³³the⁴² tio³³ke⁵⁵ ʔa³¹pɔ³¹ nɔ³³
　　把英台　丢开　　一边　　了

8　呠堆要米三。　　　　　　　　　　　　　不要再想她。
　　pɯ⁵⁵ tua⁴⁴ no⁴⁴ mi³¹ sa⁴⁴
　　她　上　　别　想　了

9　若凡我儿有不测，　　　　　　　　　　　要是我儿有不测，
　　zuɔ⁵⁵fa⁴² ŋɔ³¹ɛ⁴² jo³¹ pu³⁵tshɛ³⁵
　　若凡　　我儿　　有　不测

10　嚧母落成皆无安，　　　　　　　　　　　落得母鸡孵鸭!!一场空。
　　nɯ⁵⁵mɔ³³ luɔ³⁵tsɛ³¹ ke³⁵ vy̩⁴⁴ ʔa⁴⁴
　　你妈　　落得　　　鸡　孵　　鸭

11　安子由入水深处，　　　　　　　　　　　小鸭子游进水深处，
　　ʔa⁴⁴tsɿ³³ jo³⁵ȵi⁴⁴ ɕy³³ sɿ⁵⁵ tshy̩³¹
　　鸭子　　游进　　水深　　处

12　皆母干打三。　　　　　　　　　　　　　母鸡干着急。
　　ke³⁵mɔ³³ ka³⁵ta⁴²sa⁴⁴
　　母鸡　　干着急

山伯【唱】:

1　母亲不必泪淋淋，　　　　　　　　　　　母亲不必泪淋淋，
　　mu³¹tɕhɯ³³ pu³⁵pi³⁵ le⁵⁵liɯ⁴²liɯ⁴²
　　母亲　　　不必　　泪淋淋

2　阎王要命不留情，　　　　　　　　　　　阎王要命不留情，
　　je⁴²ua⁴² jɔ⁵⁵miɯ⁵⁵ pu³⁵ lio⁴² tɕhiɯ⁴²
　　阎王　　要命　　　不　留　情

3　古说万般都是命，　　　　　　　　　　　古说万般都是命，
　　ku³¹suɔ³⁵ ua⁵⁵pe³³ to³³sɿ⁵⁵ miɯ⁵⁵
　　古说　　万般　　都是　　命

4　半点不由人。　　　　　　　　　　　　　半点不由人。
　　pa⁵⁵tie³¹ pu³⁵ jo⁴² zɯ⁴²
　　半点　　不　由　人

5　阿母当自灯我没，　　　　　　　　　　　阿妈就当没生我，

$$ʔa^{31}mɔ^{33}\ ta^{44}tsʅ^{55}\ tɯ^{44}\ ŋɔ^{31}\ mu^{33}$$
　　阿妈　　就当　　得　没

6　母亲当做去修行，　　　　　　　　　母亲当做去修行，
$$mu^{31}tɕhɯ^{33}\ ta^{44}tsuɔ^{55}\ khɯ^{55}\ ɕo^{33}ɕɯ^{42}$$
　　母亲　　　当做　　　去　　修行

7　黄泉路上无老少，　　　　　　　　　黄泉路上无老少，
$$xua^{42}tɕhui^{42}\ lu^{55}sa^{55}\ vɣ^{42}\ lɔ^{31}sɔ^{55}$$
　　黄泉　　　路上　　无　　老少

8　错死那一人？　　　　　　　　　　　错死哪一人？
$$tshuɔ^{55}sʅ^{31}\ na^{31}\ ji^{35}zɯ^{42}$$
　　错死　　　哪　　一人

9　和尚无儿孝子多，　　　　　　　　　和尚无儿孝子多，
$$xuɔ^{42}sa^{55}\ vɣ^{42}ɛ^{42}\ ɕɔ^{55}tsʅ^{31}\ tuɔ^{33}$$
　　和尚　　无儿　　　孝子　　多

10　公鸡不叫天也明，　　　　　　　　公鸡不叫天也明，
$$ko^{33}tɕi^{33}\ pu^{35}tɕɔ^{55}\ thie^{33}\ je^{31}\ miɯ^{42}$$
　　公鸡　　　不叫　　　天　　也　明

11　期香恨利干枉然，　　　　　　　　气死了也空枉然，
$$tɕhi^{44}ɕa^{44}\ xɯ^{55}\ li^{55}\ ka^{35}\ ua^{31}za^{42}$$
　　气死　　了　也　干　　枉然

12　母亲莫心疼。　　　　　　　　　　母亲莫心疼。
$$mu^{31}tɕhɯ^{33}\ mɔ^{35}\ ɕɯ^{33}thɯ^{42}$$
　　母亲　　　莫　　心疼

三、抑郁伤情赴地府　梁母痛失独儿子

【诗】：　花开花落泪纷纷，
　　　　　每日思念梁兄恩。
　　　（原抄本后缺二行）

英台【白】：奴乃祝英台，想起哥哥梁山伯，不知病体如何？此时夜静更深，忽听樵楼起更。思想起来，哎，天哪——【唱】：

1　忽听鼓楼一更交，　　　　　　　　忽听鼓楼一更交，
$$xu^{35}thiɯ^{55}\ ku^{31}lo^{42}\ ji^{35}kɯ^{33}tɕo^{33}$$
　　忽听　　　鼓楼　　　一更交

2　英台花哭梁兄哥，　　　　　　　　英台痛哭我梁兄，
$$jɯ^{33}the^{42}\ xɛ^{55}khu^{35}\ nia^{42}ɕo^{33}kɔ^{33}$$
　　英台　　痛哭　　　梁兄哥

3　眼泪干枕头流气，　　　　　　　　泪水浸湿了枕头，
$$mi^{55}ɕi^{42}\ ka^{44}\ tsʅ^{33}tɯ^{21}\ kɯ^{31}tɕhɛ^{55}$$
　　泪水　把　　枕头　　　流尽

4	报愿我爹母。 pɔ⁵⁵jui⁵⁵ ŋɯ⁵⁵ to³⁵mɔ³³ 抱怨　我的　父母	抱怨我父母。
5	想要去看我哥转， ɕa³¹ȵo⁴⁴ ŋɛ³¹ ʔa³³ ʔa³¹kɔ³³ tɕui⁴⁴ 想要　去　看　阿哥　一趟	想去看阿哥一趟，
6	牛吐怎及马怎错， ŋɯ³¹ nɔ³³ tsɯ³³ tɕi³⁵ mɛ³³ tsɯ³³ tshuɔ⁴⁴ 牛　上　有　犁　马　有　套	牛有犁来马有套，
7	英台头吐怎管头， jɯ³³the⁴² tɯ²¹nɔ³³ tsɯ³¹ kua⁴²tɯ²¹ 英台　头上　有　管头	英台身上有人管，
8	谁灯我衣朵。 sui⁴²tɯ⁴⁴ ŋɯ⁵⁵ ji⁴⁴ tuɔ³³ 随着　我的　意　不得	随不得我意。
9	好菜本登呼呋配， xu³¹tshe⁵⁵ pu³³tɯ⁴⁴ xu³¹pɯ³³ phe⁵⁵ 好妻　不得　好夫　配	好妻不能配好夫，
10	呼呋配灯好菜朵， xu³¹pɯ³³ phe⁵⁵tɯ⁴⁴ xu³¹tshe⁵⁵ tuɔ³³ 好夫　配得　好妻　不	好夫不能配好妻，
11	牛不吃水压牛头， ȵo⁴² pu³⁵ tsʅ³⁵ɕui³¹ ja³⁵ ȵo⁴²tho⁴² 牛　不　吃水　压　牛头	牛不吃水压牛头，
12	疼己叭习科。 sʅ³¹tɕi³¹ phia⁴⁴ ɕi³⁵khɔ³³ 痛到　到　心	痛到心窝窝。
13	认灯事物出两太， zɯ⁴⁴tɯ⁴⁴ sʅ³³vɣ³¹ tshɣ⁴⁴ nia³¹the⁴² 早知　事情　出　两台	早知事情会这样，
14	直话双给哥利三， tsʅ³⁵to³¹ sua⁴⁴zʅ³¹ kɔ³³ li⁵⁵ sa⁴⁴ 真话　说给　哥　也　罢	真话说给哥哥也罢，
15	冷叹后悔赶本米， lɯ³¹tha⁵⁵ xo⁵⁵xui³¹ tɕi⁵⁵pu³¹mi⁴² 现在　后悔　来不及	现在后悔来不及，
16	悔打咽朵少。 xui³¹ta⁴⁴jɯ³⁵ tuɔ³³ sa⁴⁴ 后悔　不能　了	后悔亦无用。
17	生利上果死上果，	生也相爱死也相爱，

xɛ⁵⁵ li⁵⁵ sa⁵⁵kuɔ³¹ ɕi³¹ sa⁵⁵kuɔ³¹
生 也 相爱 死 相爱

18 死利埋己哥勾吐，　　　　　　　　　死也葬在哥身旁，
ɕi³¹ li⁵⁵ so⁵⁵tɕi³¹ kɔ³³ ku⁴⁴nɔ³³
死 也 葬在 哥 脚旁

19 马甲想讨祝英台，　　　　　　　　　马甲想讨祝英台，
ma³¹tɕa³⁵ ɕa³¹thu⁵⁵ tsu³⁵jɯ³³the⁴²
马甲 想讨 祝英台

20 除飞自梦宝。　　　　　　　　　　除非去做梦。
tshɤ⁴²fe³³ tsʅ⁵⁵mɯ³¹pɔ³¹
除非 做梦

山伯【唱】:

1 三更哭到五更天，　　　　　　　　　三更哭到五更天，
sa³³kɯ³³ khu³⁵tɔ⁵⁵ u³¹kɯ³³ thie³³
三更 哭到 五更 天

2 山伯花哭祝英台，　　　　　　　　　山伯痛哭祝英台，
se³³pɯ³⁵ xɛ⁵⁵khu³⁵ tsu³⁵jɯ³³the⁴²
山伯 痛哭 祝英台

3 冤家遇着对头人，　　　　　　　　　冤家遇着对头人，
jui³³tɕa³³ y⁵⁵tsuɔ³⁵ tui⁵⁵tho⁴²zɯ⁴²
冤家 遇着 对头人

4 干我命周减。　　　　　　　　　　　把我命糟蹋。
ka⁴⁴ ŋɯ⁵⁵mie³² tso⁵⁵tɕi³³
把 我命 糟蹋

5 看灯嘅吐药单来，　　　　　　　　　看见你的药方子，
ʔa³¹tɯ⁴⁴ nɯ⁵⁵nɔ³³ jo⁴⁴ta³⁵ne³¹
看见 你的 药方子

6 生我受头吐甲宣。　　　　　　　　　使我雪上再加霜。
sɯ³¹ ŋɔ³¹ so⁵⁵ tɯ³¹nɔ³³ tɕa³⁵ ɕy⁴⁴
使我 霜头上 加雪

7 看灯嘅吐秀花鞋，　　　　　　　　　看见你的绣花鞋，
ʔa³¹tɯ⁴⁴ nɯ⁵⁵nɔ³³ tɕhɛ⁴⁴xuɔ³⁵ŋe³¹
看见 你的 绣花鞋

8 申登我及杯。　　　　　　　　　　　知道你要我前面走。
se³³tɯ⁴⁴ ŋɔ³¹ tɕi⁴² pe⁴⁴
知道 我 前走

9 看灯嘅头发旺根，　　　　　　　　　看见你的几根头发，
ʔa³¹tɯ⁴⁴ tɯ²¹ma³⁵ ua⁵⁵kɯ³⁵
看见 头发 几根

10 纠我心棵花水叹。　　　　　　　　　让我心如开水烫。

tɕo⁵⁵ ŋɯ⁵⁵ ɕi³⁵khɔ³³ xua⁴⁴ɕy³¹ lui⁴⁴
让 我 心 开水 烫

11 看灯嘴委眉旺根， 看见你的几根眉毛，
ʔa³¹tɯ⁴⁴ nɯ⁵⁵ ui³¹me³⁵ ua⁵⁵kɯ³⁵
看见 你的 眉毛 几根

12 干我肠期军。 让我痛断肠。
ka⁴⁴ ŋɯ⁵⁵ tso²¹ tɕhi⁴⁴tɕy⁴⁴
让 我的 肠 气断

13 有了月琴我本弹， 有了月琴我不弹，
jo³¹lɔ³¹ yɛ³⁵tɕhɯ⁴² ŋɔ³¹ pɯ³³ tha⁴²
有了 月琴 我 不 弹

14 想弹月琴眼黑追， 想弹月琴弦又断，
ɕa³¹ tha⁴² yɛ³⁵tɕhɯ⁴² ui³³xɯ³³ tɕy⁴⁴
想 弹 月琴 琴弦 断

15 山伯死利委本眉， 山伯死不瞑目，
se³³pɯ³⁵ ɕi³¹ li⁵⁵ ui³¹ pɯ³³ me³⁵
山伯 死 也 眼 不 闭

16 老后咬手哉。 后悔咬手拐!!来不及。
lɔ³²ŋɯ³³ ŋa⁴⁴ sɯ³³tse⁴⁴
后悔 咬 手拐

17 委阿眉自汉灯恼， 一闭眼就看见你，
ui³¹ ʔa³¹me³⁵ tsʅ⁵⁵ xa⁵⁵tɯ⁴⁴ nɔ³¹
眼 一闭 则 看见 你

18 委双开恨嘴吐怪， 眼一睁开不见你，
ui³¹sɤ⁵⁵ khɯ⁵⁵xɯ⁵⁵ nɯ⁵⁵ nɔ³³ kui³²
眼睛 睁了 你 上 不见

19 想要变自蚊之等， 真想变成一只蚊子，
ɕa³¹ȵo⁴⁴ piɯ³²tsʅ⁵⁵ mɯ⁴⁴tsʅ³³tɯ³¹
想要 变成 蚊子

20 飞到你旁边。 飞到你旁边。
fe³³tɔ⁵⁵ ȵi³¹ pha⁴²pie³³
飞到 你 旁边。

21 米坑英台计少话， 想起英台多少话，
mi³¹khɯ³⁵ jɯ³⁵the⁵⁵ tɕi⁵⁵ɕo³³ to³¹
想起 英台 多少 话

22 转怎转只我单衣， 说来说去我大意，
tɕy³²tsɯ³⁵ tɕy³²tsʅ³¹ ŋɔ³¹ ta⁴⁴ji⁴⁴
说来 转去 我 大意

23 千有百生打动我， 千样百样打动我，

tɕhi⁵⁵jo³² pɛ⁴⁴suɯ⁴⁴ tɛ⁴⁴tv³¹ ŋo³¹
千样　百样　打动　我

24　芋头山浇水。　　　　　　　　　　　　　　如同芋头叶浇水——滑落。
pi³¹tv⁵⁵se⁴⁴ tɕɔ³⁵ɕy³³
芋头叶　浇水

25　守之照依我吐比，　　　　　　　　　　　养儿如果像我这样，
so³¹tsŋ³³ tɕo⁴⁴juɯ³⁵ ŋuɯ⁵⁵ nɔ³³ pi³¹
养儿　照依　我的　上　比

26　阿白人利干气闲？　　　　　　　　　　　多少人气死？
ʔa³¹pɛ⁴⁴ȵi³¹ li⁵⁵ ka⁴⁴ tɕhi⁴⁴ɕi³³
一百个　也把　气死

27　枉来世上走一走，　　　　　　　　　　　枉来世上走一走，
ua³¹le⁴² sŋ⁵⁵sa⁵⁵ tso³¹ ji³⁵ tso³¹
枉来　世上　走一走

28　气叭死本日。　　　　　　　　　　　　　气到死那天。
tɕhi⁴⁴ phia⁴⁴ ɕi³¹ puɯ³³ȵi⁴⁴
气到　死那天

29　我把英台好一比，　　　　　　　　　　　我把英台好一比，
ŋɔ³¹ pa³¹ juɯ³³the⁴² xɔ³¹ ji³⁵ pi³¹
我把　英台　好一比

30　好比纵王苏达机。　　　　　　　　　　　好比纣王苏妲己。
xɔ³¹pi³¹ tso⁵⁵ua⁴² su³³ta³⁵tɕi³³
好比　纣王　苏妲己

31　唯心哉比铁利硬，　　　　　　　　　　　你心比铁还要硬，
nuɯ⁵⁵ ɕi³⁵ tse⁴⁴pi³¹ the⁴⁴ li⁵⁵ ŋɛ³²
你　心　还比　铁　也硬

32　毒叭恨等日。　　　　　　　　　　　　　毒到这一天。
tu³⁵ phia⁴⁴ xuɯ⁵⁵ tuɯ³¹ȵi⁴⁴
毒到　了　这天

梁母【唱】：

1　苏氏我干书房入，　　　　　　　　　　　苏氏我把书房进，
su³³sŋ⁵⁵ ŋɔ³¹ ka⁴⁴ sv³³fa⁴² ȵi⁴⁴
苏氏　我把　书房　进

2　我命等朱十分害，　　　　　　　　　　　我的命运十分差，
ŋuɯ⁵⁵ miɛ³² tuɯ³¹tsv⁴⁴ sŋ³⁵fuɯ³³ xe⁴⁴
我的命　这条　十分　差

3　守灯我之独儿子，　　　　　　　　　　　养着山伯独儿子，
so³¹tuɯ⁴⁴ ŋuɯ⁵⁵tsŋ⁴⁴ ti³¹ta³⁵tsŋ³³
养着　我儿　独儿子

4　自孟着等哉。　　　　　　　　　　　　　怎会遭此灾。

tsɿ⁵⁵mɯ⁵⁵ tsɔ⁴² tɯ³¹ tsɛ³³
怎会　　遭　这　灾

5　眼跳心惊事等足，　　　　　　　　　这些事令人心惊肉跳，
　　je³¹thiɔ⁵⁵ ɕɯ³³tɕɯ³³ sɿ³¹ tɯ³¹tsɣ⁴⁴
　　眼跳　　　心惊　　　事　这样

6　梦格很利梦灯害，　　　　　　　　　梦里也梦到不吉利，
　　mɯ³¹ka⁴²xɯ³¹ li⁵⁵ mɯ⁴⁴tɯ⁴⁴ xe⁴⁴
　　梦里　　　也　梦到　　坏

7　敌要阿支摆恨因，　　　　　　　　　只要我儿病好了，
　　ti³¹ȵo⁴⁴ ʔa³¹tsɿ⁴⁴ pɛ³¹ xɯ³¹ jɯ³⁵
　　只要　我儿　　病　好　来

8　亮纠呋吐卡宣。　　　　　　　　　我们就好来打算。
　　ȵa⁵⁵tɕo⁴⁴ pɯ⁵⁵ nɔ³³ kha³¹ɕy⁴⁴
　　咱们　依　它　上　计算

山伯【唱】:

1　山伯我叫作阿母，　　　　　　　　　山伯我叫道阿妈，
　　se³³pɯ³⁵ ŋɔ³¹ ʔɯ³⁵tsɔ⁴² ʔa³³mɔ³³
　　山伯　我　叫道　　　阿妈

2　上舍本乃之利母，　　　　　　　　　难舍难分母与子，
　　sa⁵⁵sɛ³¹ pɯ³¹ nɛ⁵⁵ tsɿ³³ li⁵⁵ mɔ³¹
　　难舍　　不　呀　子　和　母

3　不孝之子梁山伯，　　　　　　　　　不孝之子梁山伯，
　　pu³⁵ɕɔ⁵⁵ tsɿ³³tsɿ³¹ nia⁴²se³³pɯ³⁵
　　不孝　　之子　　梁山伯

4　修养灯利朵。　　　　　　　　　　不能孝养您。
　　ɕo³⁵ja³¹ tɯ⁴⁴ ȵi⁵⁵ tuɔ³³
　　孝养　　得　您　不能

5　气气利敌之母气，　　　　　　　　　说亲也只母子亲，
　　tɕhi⁵⁵tɕhi⁵⁵ li⁵⁵ ti³¹ tsɿ³³mɔ³³ tɕi⁵⁵
　　亲亲　　　也　只　子母　　亲

6　阿母为我呔奔波，　　　　　　　　　阿妈为我来奔波，
　　ʔa³³mɔ³³ ui³⁵ ŋɯ⁵⁵ nɔ³³ pɯ³³pɔ³³
　　阿妈　　为　我的　上　奔波

7　山伯我半途而废，　　　　　　　　　山伯我半途而废，
　　se³³pɯ³⁵ ŋɔ³¹ pa⁵⁵thu⁴² ɛ⁴² fe⁵⁵
　　山伯　我　半途　　而　废

8　白出世间吐。　　　　　　　　　　白来人世间。
　　pɛ³⁵ tshɣ⁴⁴ se³²kɛ³² nɔ³³
　　白　出　世间　　上

9　今日利之格朵吐，　　　　　　　　　今日您儿怕要死，

	kɛ⁵⁵ȵi⁴⁴ ȵi⁵⁵tsʅ⁴⁴ kɛ³⁵ tuɔ³³ lɔ³²	
	今日 您儿 怕 不行 了	
10	英台杀人不用刀。	英台杀人不用刀。
	jɯ³³the⁴² sa³⁵zɯ⁴² pu³⁵jo⁵⁵ tɔ⁴⁴	
	英台 杀人 不用 刀	
11	山伯哭几已老武，	山伯哭与阎罗王，
	se³³pɯ³⁵ kho⁴⁴tɕi³¹ ji³¹lɔ³⁵u³¹	
	山伯 哭挨 阎罗王	
12	马甲大笑哈。	马甲偷欢喜。
	ma³¹tɕa³⁵ ta³¹ sɔ³¹xɔ³²	
	马甲 偷 喜欢	

梁母【唱】：

1	我劝阿之要哭三，	我劝我儿莫哭了，
	ŋɔ³¹ tɕhui⁵⁵ ʔa³¹tsʅ⁴⁴ ȵo⁴⁴ kho⁴⁴ sa⁴⁴	
	我 劝 我儿 莫 哭 了	
2	乃摆乃使达灾难，	忍痛忍病挡灾难，
	nɯ³¹pɛ²¹ nɯ³¹sʅ³¹ ta³¹ tse³³na⁵⁵	
	这时 这事 挡 灾难	
3	话双吉恨杀精神，	话说多了伤精神，
	to³¹ sua⁴⁴ tɕi³⁵ xɯ⁵⁵ sa³⁵ tɕɯ³³sɯ⁴²	
	话 说 多 了 伤 精神	
4	丢开英台堆。	别再想英台。
	piɛ⁵⁵ke⁵⁵ jɯ³³the⁴² tua⁴⁴	
	丢开 英台 上	
5	除了南山别有庙，	除了南山别有庙，
	tshɤ⁴²lɔ³¹ na⁴²sa⁴⁴ piɛ³⁵ jo³¹ miɔ⁵⁵	
	除了 南山 别 有 庙	
6	东方不亮走西方。	东方不亮走西方。
	to³³fa³³ pu³⁵ȵa⁵⁵ tso³¹ ɕi³³fa³³	
	东方 不亮 走 西方	
7	有吐头包有帽子，	有了头就有帽，
	tsɯ³¹lɔ³¹ tɯ²¹po³¹ tsɯ³¹ mɔ⁵⁵tsʅ³¹	
	有了 头 有 帽子	
8	未必缺少她。	未必缺少她。
	vɤ⁵⁵piɜ⁵ tɕhye³⁵sɔ³¹ tha⁴⁴	
	未必 缺少 她	
9	底要阿之病好咽，	只要我儿病好了，
	ti³¹ȵo⁴⁴ ʔa³¹tsʅ⁴⁴ pɛ³¹ xɯ³¹ jɯ³⁵	
	只要 我儿 病 好 了	
10	世上有多少姑娘，	世上有多少姑娘，

	sɿ⁵⁵sa⁵⁵ jo³¹ tuɔ⁴⁴sɔ³¹ ku³³ɲa³³	
	世上　有　多少　　姑娘	
11	在比英台好吐及，	再比英台好的多，
	tse⁴⁴pi³¹ jɯ³³the⁴² xu³¹ nɔ³³ tɕi³⁵	
	再比　英台　好　的　多	
12	由得亮卡张。	由我们打算。
	jo⁴²tɛ³⁵ ɲa⁵⁵ kha³¹tsa⁴⁴	
	由得　咱们　筹划	
13	可怜你母夫起薄，	可怜你妈福气薄，
	khɔ³¹ɲe⁴² nɯ⁵⁵mɔ³³ fɣ³⁵tɕhi⁵⁵ pɔ³⁵	
	可怜　你妈　　福气　薄	
14	嘥爹世格早没三，	你爹早离人世，
	nɯ⁵⁵ti³¹ se⁴⁴kɛ³⁵ tsu³³ mu³³sa⁴⁴	
	你爹　人间　早　不在	
15	阿母守寡扶辞老，	阿妈守寡抚育你，
	ʔa³³mɔ³³ so³¹kua³¹ fɣ⁴²tshɿ⁴² nɔ³¹	
	阿妈　守寡　抚育　你	
16	梁门后代香。	梁门后代香。
	ɲa⁴²mɯ⁴² xo⁵⁵te⁵⁵ ɕa³³	
	梁门　后代　香	
17	苏氏我祝告天地，	苏氏我祷告天地，
	sɣ⁴⁴sɿ⁵⁵ ŋɔ³¹ tsɣ³⁵kɔ⁵⁵ thie³³ti⁵⁵	
	苏氏　我　祷告　天地	
18	祝告救命王菩萨。	祷祝救命王菩萨。
	tsɣ³⁵kɔ⁵⁵ tɕo⁵⁵miɯ⁵⁵ua⁴² phu⁴²sa⁵⁵	
	祷告　救命王　菩萨	
19	祖宗三代干保佑，	祖宗三代多保佑，
	tsɣ³¹tso³³ sa³³te⁵⁵ ka⁴⁴ pɔ³¹jo⁵⁵	
	祖宗　三代　把　保佑	
20	我儿得平安。	我儿得平安。
	ŋɔ³¹ɛ⁴² tɯ³⁵ phiɯ⁴²ʔa³³	
	我儿　得　平安	
21	烧香党火请医生，	点香烧钱请医生，
	su⁵⁵ɕo³⁵ ta³¹xui³³ tɕhɛ³³ jo⁴⁴sɛ³⁵	
	点香　点火　请　医生	
22	好药好草母找叭。	好药好方妈都找。
	xu³¹jo⁴⁴ xu³¹tshu³³ mɔ³³ ji³¹ phia⁴⁴	
	好药　好草　妈　找到	
23	石块个盂叩头包，	看见石头也磕个头，

tso⁴²kua⁵⁵kɛ³¹ mɯ⁵⁵ to⁴⁴tɯ³¹pɔ³¹
石头块　　处　磕头

24　我之要病三。　　　　　　　　　　　　　我儿莫要再病了。
ŋɯ⁵⁵tsʅ³³ no⁴⁴ pɛ³¹ sa⁴⁴
我儿　莫　病　了

25　杀狮杀有救嘅命，　　　　　　　　　　杀狮杀象救你命，
ɕa⁴⁴sʅ³⁵ ɕa⁴⁴zɣ³¹ kɯ⁴² nɯ⁵⁵ miɛ³²
杀狮　杀象　救　你的　命

26　气恼处庙利处塔。　　　　　　　　　　替你盖庙又建塔。
tɕhi⁵⁵ nɔ³¹ tshɣ³¹se³⁵ li⁵⁵ tshɣ³¹tha⁴⁴
替　你　建庙　和　建塔

27　田二坵吐卖恨宝，　　　　　　　　　　把两块田也卖掉，
tɕi³¹ ko³³tɕi³¹ nɔ³³ kɯ²¹xɯ⁵⁵ pɔ³¹
田　两块　上　卖掉　它

28　贫穷点利三。　　　　　　　　　　　　贫穷也罢了。
khui³³tso²¹ti⁵⁵ li⁵⁵ sa⁴⁴
贫穷点　　也　罢

山伯【唱】：

1　山伯哉干母孟须，　　　　　　　　　　山伯再对母亲说，
se³³pɯ³⁵ tse⁴⁴ ka⁴⁴ mɔ³³ mɯ⁵⁵ ɕy⁴⁴
山伯　再　把　妈　处　叙

2　利之难过期今日，　　　　　　　　　　你儿难捱过今日，
ȵi⁵⁵tsʅ³³ na³¹kuɔ³²tɕhi⁴⁴ ke⁵⁵ȵi⁴⁴
你儿　难过出　　今日

3　阿母招我吐欠尼，　　　　　　　　　　阿妈为我花钱财，
ʔa³³mɔ³³ tso⁴⁴ ŋɯ⁵⁵ nɔ³³ tɕhie⁵⁵ȵi²¹
阿妈　花　我的上　钱财

4　领利大情以。　　　　　　　　　　　　领你大恩情。
niɯ³¹ ȵi⁵⁵ tɔ³¹ tɕhɯ⁵⁵ji⁴⁴
领　您　大　情意

5　英台吐货物旺羊，　　　　　　　　　　英台的几件东西，
jɯ³³the⁴² nɔ³³ xuɔ⁴⁴vɣ³⁵ ua⁵⁵ja⁴²
英台　的　东西　几件

6　装在我的棺材里。　　　　　　　　　　装在我的棺材里。
tsua³³tse⁵⁵ ŋɔ³¹ ti³³ kua³³tshe⁴² li³¹
装在　我的　棺材　里

7　利支阿时军期恨，　　　　　　　　　　您儿一时断了气，
ȵi⁵⁵tsʅ⁴⁴ ʔa³¹tsʅ⁵⁵ tɕy⁴⁴tɕhi⁵⁵ xɯ⁵⁵
您儿　一时　断气　了

8　穿给我衣彼。　　　　　　　　　　　　为我穿衣裳。

ji³² sʅ³¹ ŋɯ³¹ ji³⁵pe⁴⁴
穿 给 我的 衣裳

9   第一要狮象马鹿，   第一要狮象马鹿，
ti⁵⁵ji³⁵ jɔ⁵⁵ sʅ⁴⁴ɕa⁵⁵ ma³¹lu³⁵
第一 要 狮象 马鹿

10   第二要童男童女，   第二要童男童女，
ti⁵⁵ɛ⁵⁵ jɔ⁵⁵ tho⁴²na⁴² tho⁴²ȵy³¹
第二 要 童男 童女

11   职司旗号要齐整，   职司旗号要齐整，
tsʅ³⁵sʅ³³ tɕhi⁴²xɔ⁵⁵ jɔ⁵⁵ tɕhi⁴²tsɯ³¹
职司 旗号 要 齐整

12   旗要汝阿对。   旗要用一对。
tɕi²¹ ȵo⁴⁴ zɣ³³ ʔa³¹tui⁴²
旗 要 用 一对

13   五色摇钱抬前头，   五色摇钱树抬在前，
vɣ³¹sɛ³⁵ jɔ⁴²tɕhie⁴² ta³⁵ tsʅ²¹tɯ²¹
五色 摇钱 抬 前头

14   金升尼等摆前面，   金升银斗前面摆，
tɕie³⁵sɯ³⁵ ȵi²¹tɯ³¹ pe³¹ tɕi⁴²mi³²
金升 银斗 摆 前面

15   英台央马甲本叹，   英台嫁给马甲时，
jɯ³³the⁴² ja⁴⁴ ma³¹tɕa³⁵ pɯ³¹tha⁵⁵
英台 回 马甲 那时

16   是小儿大喜。   是小儿大喜时。
sʅ⁵⁵ ɕo³¹ɛ⁴² ta⁵⁵ɕi³¹
是 小儿 大喜

梁母【唱】：

1   母我抱坑小之哭，   母亲抱起我儿哭，
mɔ³¹ ŋɔ³¹ pu³³khɯ³³ se³¹tsʅ³³ kho⁴⁴
妈 我 抱起 我儿 哭

2   哭作阿之接习收，   哭我儿牵心索。
kho⁴⁴tsɔ⁴² ʔa³³tsʅ⁴⁴ tɕa⁵⁵ɕi³⁵so⁴⁴
哭作 我儿 牵心索

3   阿之恼张没三恨，   我儿你若死去了，
ʔa³³tsʅ⁴⁴ nɔ³¹ tsɔ⁴² mu³³sa⁴⁴ xɯ⁵⁵
我儿 你 是 死了 掉

4   嘰母那人送。   你妈哪人来送终。
nɯ⁵⁵mɔ³³ na⁴⁴ȵi³¹ so³³
你妈 哪人 送

5   有了付坑没人达，   魂幡无人抬，

tsɯ³¹nɔ³³ fɛ⁵⁵khɯ³³ mu³³n̩i³¹ ta³⁵
有了　魂幡　　没人　抬

6　杀把棍光怎吐没，　　　　　　　　　丧杖没人杵。
　　sa³⁵pa³¹kua⁴² kua⁴⁴ tsɯ³⁵nɔ³³mu³³
　　丧棒棍　　根　　没人杵

7　人平将来生生号，　　　　　　　　　人生这样结束了，
　　ȵi³¹pɛ²¹ tɕa³¹ne³¹ sɯ⁴⁴sɯ⁴⁴ xɔ⁵⁵
　　人生　　这样　　样子　　了

8　做万事该休。　　　　　　　　　　　万事该休。
　　tsʅ⁵⁵ va⁵⁵sʅ⁵⁵ ke³³ɕo³³
　　则　万事　该休

9　收灵由恨没处军，　　　　　　　　　绳子断口在细处，
　　so⁴⁴n̩ɯ⁴² jo³² xɯ⁵⁵ mu³²tshɤ³¹ tɕy⁴⁴
　　绳子　　由了　细处　　断

10　你把老娘丢后头。　　　　　　　　　你把老娘丢后头。
　　ȵi³¹ pa³¹ lɔ³¹na⁴² tio⁴⁴ xo⁵⁵tho³³
　　你把　老娘　　丢　后头

11　三情事物见恨及，　　　　　　　　　经历多了伤心事，
　　sa³⁵tɕɛ³¹ sʅ³³vɤ³³ ke³² xɯ⁵⁵ tɕi³⁵
　　伤心　　事　　见得　多

12　等足本斗等。　　　　　　　　　　　这事没遇到。
　　tɯ³³tsɤ⁴⁴ pɯ³¹ to⁴⁴tɯ⁴⁴
　　这事　　没　遇过

13　米泪当自水江流，　　　　　　　　　泪水就像江水流，
　　mi⁴²ɕi⁴² ta⁴⁴tsʅ⁵⁵ ɕy³³kɤ³⁵ kɯ²¹
　　泪水　　就像　　江水　流

14　心利跳自肉利休，　　　　　　　　　心也跳来肉也跳，
　　ɕi³⁵ li⁵⁵ thiiɔ⁵⁵ tsʅ⁵⁵ kɛ³¹ li⁵⁵ jo³¹
　　心也　跳　则　肉也　跳

15　叫我越哭越伤情，　　　　　　　　　叫我越哭越伤心，
　　tɕɔ⁵⁵ ŋɔ³¹ yɛ³⁵ kho⁴⁴ yɛ³⁵ sa³⁵tɕɛ³¹
　　叫　我　越　哭　越　伤心

16　越冷越刮风。　　　　　　　　　　　越冷越刮风。
　　yɛ³⁵ lɯ³¹ yɛ³⁵ kua³⁵fo³³
　　越　冷　越　刮风

山伯【唱】:

1　我劝阿母要哭三，　　　　　　　　　我劝母亲莫哭了，
　　ŋɔ³¹ tɕhui⁵⁵ ʔa³³mɔ³³ n̩o⁴⁴ ko⁴⁴ sa⁴⁴
　　我　劝　　母亲　　莫　哭　了

2　上气加登下气朵，　　　　　　　　　上气不接下气，

to³¹tɕhi⁴⁴ tɕa⁴⁴tɯ⁴⁴ ɛ³³tɕhi⁴⁴ tuɔ³³
上气　　接得　　下气　　不

3　山伯哉干阿母汉，　　　　　　　　　　山伯再把母亲看，
　　se³³pɯ³⁵ tse⁴⁴ ka⁴⁴ ʔa³³mɔ³³ ʔa³³
　　山伯　　再　把　阿亲　　看

4　汉生等加闹。　　　　　　　　　　　　最后看一次。
　　xa⁵⁵sɯ⁴⁴ tɯ³¹tɕa³¹ nɔ³³
　　看到　　这次　　上

5　文章送恨我前面，　　　　　　　　　　文章烧在我前面，
　　vʋ⁴²tsa³³ su⁵⁵xɯ⁵⁵ ŋɯ⁵⁵ tɕi³²mi⁴²
　　文章　　烧在　　我的　前面

6　因为利支读过宝，　　　　　　　　　　因为您儿读过它，
　　jo⁴⁴ui³⁵ ȵi⁵⁵tsɿ⁴⁴ ɣɯ⁴²kuɔ³² pɔ³¹
　　因为　　您儿　　读过　　它

7　双话气起昏恨着，　　　　　　　　　　说着晕过去，
　　sua⁴⁴tɔ³¹ tɕhi⁴⁴khɯ³³ jye³³xɯ⁴⁴tsɔ³¹
　　说着　　气成　　晕过去

8　跌下铺铺吐。　　　　　　　　　　　　跌倒在床上。
　　to⁴⁴thɯ⁵⁵ phu⁵⁵phu⁵⁵ nɔ³³
　　跌倒　　床　　　上

梁母【白】：阿呀，小儿，你撑住身体。山伯大气不断，死而复生。娘亲再听小儿一言，哎，伤心了！

山伯【唱】：

1　山伯死死生打约，　　　　　　　　　　山伯死了又复生，
　　se³³pɯ³⁵ ɕi³³ɕi³³ xɛ⁵⁵ta⁵⁵jɔ³⁵
　　山伯　　死死　　生复　来

2　要紧化声丕没号。　　　　　　　　　　要紧话儿忘记了。
　　jɔ³⁵tɕɯ³¹ to³¹tshɛ⁵⁵ phe⁴⁴mɔ³¹ xɔ⁵⁵
　　要紧　　话语　　忘记　了

3　英台咋杯因祭我，　　　　　　　　　　英台若要来祭我，
　　jɯ³³the⁴² tsɔ⁴² pe⁴⁴ jɯ³⁵ tse³² ŋɔ³¹
　　英台　若　来　来　祭　我

4　千及要奉孝。　　　　　　　　　　　　千万要给她孝衣。
　　tɕhie⁴⁴tɕi³⁵ ȵo⁴⁴ fu⁴⁴ɕo⁴⁴
　　千记　　要　奉孝

5　修衣修彼要齐张，　　　　　　　　　　孝衣孝裤要齐全，
　　ɕo⁴⁴ji³⁵ ɕo⁴⁴pe³² ȵo⁴⁴ tse³¹tsa⁴²
　　孝衣　孝服　　要　齐整

6　孝矮孝代要答合，　　　　　　　　　　孝鞋孝带要合礼，

ɕo⁴⁴ŋɛ³¹ ɕɔ⁵⁵te⁵⁵ ȵo⁴⁴ ta³⁵xɔ³⁵
孝鞋　孝带　要　合理

7　修直参吐孝烟龙，　　　　　　　　　　袖子上要绣荷包，
　　ɕo⁵⁵tsʅ³⁵ tsha⁴⁴ nɔ³³ ɕo⁵⁵ jie³³nu³¹
　　袖子　对　上　绣　荷包

8　占人修白号。　　　　　　　　　　　　全身都是白。
　　tsa⁵⁵ȵi³¹ ɕo⁵⁵ pɛ⁴² xɔ⁴²
　　全身　都　白　了

9　干保代坑东楼吐，　　　　　　　　　　把她招待在东楼，
　　ka⁴⁴ pɔ³¹ te³² xɯ⁵⁵ tɤ³⁵lɯ³¹ nɔ³³
　　把　她　待　在　东楼　上

10　纠保当人因阿桌，　　　　　　　　　让她独自吃一桌，
　　tɕo⁴⁴ pɔ³¹ ta³⁵ȵi³¹ jɯ⁴⁴ ʔa³¹tsuɔ³⁵
　　让　她　独人　吃　一桌

11　闲话呋孟要本双，　　　　　　　　　闲话莫要跟她讲，
　　ɕa³⁵to³¹ pɯ⁵⁵ mɯ⁵⁵ ȵo⁴⁴pɯ³¹ sua⁴⁴
　　闲话　她　处　不要　说

12　人恶礼不恶。　　　　　　　　　　　人恶礼不恶。
　　zɯ⁴² uɔ³⁵ li³¹ pu³⁵ uɔ³⁵
　　人　恶　礼　不　恶

13　头孟话自要本提，　　　　　　　　　以前的事不要提，
　　tɯ³¹mɯ³⁵ to³¹ tsʅ⁵⁵ ȵo⁴⁴pɯ³¹ thi⁵⁵
　　以前　话　则　不要　提

14　三双豆子一起作，　　　　　　　　　三年豆子一齐打，
　　sa⁵⁵sua⁴⁴ tɯ³¹jɛ⁴² ʔa³³tɕa³¹ tsʅ⁵⁵
　　三年　豆子　一次　做

15　利支我利会卡张，　　　　　　　　　你儿我会打算，
　　ȵi⁵⁵tsʅ³³ ŋɔ³¹ li⁵⁵ xui⁵⁵ kha³¹tsa⁴⁴
　　你儿　我　也　会　打算

16　阿母本消交。　　　　　　　　　　　母亲不消焦急。
　　ʔa³³mɔ³³ pɯ³³ɕɔ³¹ tɕɔ³⁵
　　阿妈　不消　焦

17　话利双生等声吐，　　　　　　　　　话就讲到这句了，
　　to³¹ li⁵⁵ sua⁴⁴sɯ⁴⁴ tɯ³¹tshɛ⁵⁵ nɔ³³
　　话　也　讲到　这句　上

18　路等朱自杯绝号，　　　　　　　　　这条路是走绝了，
　　tu⁴⁴ tɯ³¹tsɤ⁴⁴ tsʅ⁵⁵ pe⁴⁴ tɕɤ⁴⁴ xɔ⁵⁵
　　路　这条　则　走　断　了

19　侯呆已孟吾已来，　　　　　　　　　喉咙里面"呜"一声，

kɣ⁴²te⁴⁴tɕi³¹ mɯ⁵⁵ u³¹ tɕi³¹ne³¹
喉咙　　　处　呜　这样

20　一时把气落。　　　　　　　　　　　一时把气落。
　　ji³⁵sɿ⁴² pa³¹ tɕhi⁵⁵luɔ³⁵
　　一时　把　气落

梁母【白】：那是我儿，你真的死了。【唱】：

1　苏氏期东下泠委，　　　　　　　　　苏氏气倒在这里，
　　su⁴⁴sɿ⁵⁵ tɕhi⁴⁴to⁴⁴ thɯ⁵⁵ lɯ³¹ui³³
　　苏氏　气倒　下　这里

2　欢哭恩子活宝贝，　　　　　　　　　痛哭我儿活宝贝，
　　xɛ⁵⁵kho⁴⁴ ŋɯ⁵⁵tsɿ³³ xuɔ³⁵pɔ³¹pe⁴⁴
　　痛哭　我儿　活宝贝

3　双话气起闹背着，　　　　　　　　　说着说着你去了，
　　sua⁴⁴to³¹ tɕhi⁵⁵tɕhi³³ nɔ³¹ pe⁴⁴ tso⁴²
　　说着　正在　你　去　了

4　干母丢等委。　　　　　　　　　　　把母亲抛下这里。
　　ka⁴⁴ mɔ³³ piɛ⁵⁵ tɯ³¹ui³³
　　把　妈　丢　这里

5　苏氏我脚慌手乱，　　　　　　　　　苏氏我手慌脚乱，
　　sɣ⁴⁴sɿ⁵⁵ ŋɔ³¹ tɕɔ³⁵xua³³ so³¹luɛ⁵⁵
　　苏氏　我　脚慌　手乱

6　去井穿给恼衣彼，　　　　　　　　　急忙给你穿衣服，
　　ŋɛ³¹tɕɯ³¹ ji⁴⁴zɿ³¹ nɔ³¹ ji³⁵pe⁴⁴
　　去挨　穿给　你　衣服

7　英台吐货物旺样，　　　　　　　　　英台的几样东西，
　　jɯ³³the⁴² nɔ³³ xuɔ⁴⁴ŋɣ³¹ ua⁵⁵ja⁴²
　　英台　上　东西　几样

8　送恨嚯前面。　　　　　　　　　　　烧在你面前。
　　su⁵⁵xɯ⁵⁵ nɯ⁵⁵ tɕi³²mi³²
　　烧在　你　面前

9　四书五经代本去，　　　　　　　　　四书五经你带去，
　　sɿ⁵⁵sɣ³³ u³¹tɕɯ³³ te⁴⁴pɯ³¹ ŋɛ²¹
　　四书　五经　带去　去

10　阿母恶给恼尼气，　　　　　　　　母亲给你喂银气，
　　ʔa³³mɔ³³ ʔɔ³⁵zɿ³¹ nɔ³¹ ɲi²¹tɕhi⁴⁴
　　母亲　喂给　你　银气

11　阿之嚯土杯上西，　　　　　　　　我儿你路往西走，
　　ʔa³³tsɿ²¹ nɯ⁵⁵ thu⁴⁴ pe⁴⁴tso³³ se³⁵
　　我儿　你的路　走往　西

12　地狱很要杯。　　　　　　　　　　地狱你莫去。

	tɕi³¹vɣ³³ xɯ³¹ n̻o⁴⁴ pe⁴⁴	
	地狱　里　莫　去	
13	白头发送黑头发，	白头发送黑头发，
	pɛ³⁵ tho⁴²fa⁴⁴ so⁵⁵ xɛ³⁵tho⁴²fa³³	
	白　头发　送　黑头发	
14	古人本死小人死。	老的不死小的死。
	ku³³n̻i³¹ pɯ³³ɕi³¹ se³¹n̻i³¹ ɕi³¹	
	老人　不死　小人　死	
15	阿之恼加唯母因，	我儿你来接你妈，
	ʔa³³tsɿ⁴⁴ nɔ³¹ tɕa⁴⁴ nɯ⁵⁵mɔ³³ jɯ³⁵	
	我儿　你　接　你妈　来	
16	阴司很上会。	阴司里相会。
	jɯ⁴⁴sɿ⁴⁴ xɯ³¹ sa⁵⁵xui⁴⁴	
	阴司　里　相会	

【白】：我还是料理安葬要紧。只得请隔壁邻居来帮个忙，气死无益……

四、英台奔丧尽忠贞　声泪吊孝吟祭文

【诗】：心头有大事，
　　　　坐卧不安宁。
（原抄本后缺二行）

英台【白】：英台自想，闻知山伯学兄重病在身，不免叫出梅香，快快出来。

梅香【白】：来了，命你前去看看梁相公病体如何，知道了呐——【唱】：

1	眉香提勾等呔三，	梅香提脚往前走，
	me⁴²ɕa³³ thi⁵⁵ko⁴⁴ tɯ³¹mɯ³⁵ sa⁴⁴	
	梅香　提脚　往前　走	
2	眼孟自东看西看，	眼睛东看西看，
	ui³¹mɯ⁵⁵ tsɿ⁵⁵ tɤ³⁵ʔa³³ se³⁵ʔa³³	
	眼睛　则　东看　西看	
3	杯路我自风摆柳，	走路我像风拂柳，
	pe⁴⁴thu⁴⁴ ŋɔ³¹ tsɿ⁵⁵ po³³ pe³¹ lio³¹	
	走路　我　则　风　摆柳	
4	阿步花上花。	一步花上花。
	ʔa³³pu³¹ xua³³sa⁵⁵xua³³	
	一步　花上花	
5	生我心孟非喜欢，	让我心里好喜欢，
	sɯ³¹ ŋɔ³¹ ɕi³⁵mɯ⁵⁵ fe⁴⁴ ɕi³¹xua³⁵	
	让　我　心里　好　喜欢	
6	姑给我杯梁家庄，	姑叫我去梁家庄，

ku³⁵ zı̩³¹ ŋɔ³¹ pe⁴⁴ ŋa⁴²tɕa³³tsua³³
姑　叫　我　走　梁家庄

7　英台米解梁山伯，　　　　　　　　　　　英台想着梁山伯，
　　juɯ³³the⁴² mi³¹tɕɛ³¹ ŋa⁴²se³³puɯ³⁵
　　英台　　想着　　梁山伯

8　我米四九堆。　　　　　　　　　　　　　我想着四九。
　　ŋɔ³¹ mi³¹ sı̩⁵⁵tɕo³¹ tua⁴⁴
　　我　想　四九　上

9　今日正合我主意，　　　　　　　　　　　今日正合我的意，
　　tɕɯ³³zı̩³⁵ tsɯ⁵⁵xuɔ³⁵ ŋɔ³¹ tsɣ³¹ji⁵⁵
　　今日　　正合　　我　主意

10　我要杯干四九看，　　　　　　　　　　我要去把四九看，
　　ŋɔ³¹ ȵo⁴⁴ pe⁴⁴ ka⁴⁴ sı̩⁵⁵tɕo³¹ ʔa³³
　　我　要　去　把　四九　看

11　本上见恨汪月吐，　　　　　　　　　　几个月没见面了，
　　puɯ³³ sa⁵⁵ke⁴² xɯ⁵⁵ ua⁵⁵ua⁴⁴ lɔ³²
　　不　相见　了　几月　了

12　时时米呔堆。　　　　　　　　　　　　时时想着他。
　　tsı̩³¹tsı̩³¹ mi³¹puɯ⁵⁵tua³²
　　时时　　想着他

13　山伯英台成一对，　　　　　　　　　　山伯英台成一对，
　　se³³puɯ³⁵ juɯ³³the⁴²tshuɯ⁴² ji³⁵tui⁵⁵
　　山伯　　英台　　成　一对

14　四九银心配一双，　　　　　　　　　　四九银心配一双，
　　sı̩⁵⁵tɕo³¹ juɯ⁴²ɕɯ³³ phe⁵⁵ ji³⁵sua³³
　　四九　　银心　配　一双

15　一路不觉来得快，　　　　　　　　　　一路不觉来得快，
　　ji³⁵lu⁵⁵ pu³⁵tɕyɛ³⁵ le⁴²tɛ³⁵khui⁵⁵
　　一路　不觉　　来得快

16　走到梁家庄。　　　　　　　　　　　　走到梁家庄。
　　tso³¹tɔ⁵⁵ ŋa⁴²tɕa³³tsua³³
　　走到　梁家庄

【白】：待我进去，那是奶奶，我家小姐叫我来看看，公爷病体如何？
梁母【白】：哎，这是梅香，你公爷已经死了！
梅香【唱】：伤心——【唱】：

1　眉香看看利伤习，　　　　　　　　　　梅香看看也伤心，
　　me⁴²ɕa³³ xa⁵⁵xa⁵⁵ li⁵⁵ sa³⁵ɕi³⁵
　　梅香　　看看　也　伤心

2　明声花哭姑爹利，　　　　　　　　　　伤心哭唱我姑爹，

	mɛ³⁵tshɛ⁵⁵ xua⁴⁴kho⁴⁴ ku³³tie³³ ȵi⁵⁵	
	大声　　痛哭　　姑爹　　您	
3	伤情不过事等足，	伤心不过这件事，
	sa³⁵tɕɛ³¹ pɯ³³kuɔ³³ sʅ³¹ tɯ³¹tsɤ⁴⁴	
	伤心　　不过　　事　这件	
4	习如闪刀灾。	心里如刀绞。
	ɕi³⁵ zu⁴² ji³⁵ta³⁵ tse³⁵	
	心　如　刀　斩	
5	求亲访友把病染，	求亲访友把病染，
	tɕho⁴²tɕhɯ³³ fa³¹jo³¹ pa³¹ piɯ⁵⁵ za³¹	
	求亲　　访友　把　病　染	
6	如今一时把命费，	如今一时把命废，
	zu⁴²tɕɯ³³ ji³⁵sʅ⁴² pa³¹ miɯ⁵⁵ fe⁵⁵	
	如今　　一时　把　命　废	
7	我姑听灯利死恨，	我姑听着您死了，
	ŋɯ⁵⁵ku³⁵ tɕhɛ⁵⁵tɯ⁴⁴ ȵi⁵⁵ ɕi³¹ xɯ⁵⁵	
	我姑　　听着　　您　死了	
8	底自叹口气。	一直在叹气。
	ti³¹tsʅ⁵⁵ tha⁵⁵kho³¹tɕhi⁴⁴	
	只是　　叹口气	

梁母【唱】:

1	我干眉香恼干劝，	我把梅香你来劝，
	ŋɔ³¹ ka⁴⁴ me⁴²ɕa³³ nɔ³¹ ka⁴⁴tɕhui⁵⁵	
	我　把　梅香　　你　劝劝	
2	山伯苦情嗯委见，	山伯苦情你眼见，
	se³³pɯ³⁵ khu³¹tɕɛ³¹ nɯ⁵⁵ui³³ ke⁴²	
	山伯　苦情　　你眼　见	
3	女算吔者杯打去，	孙女你若回去了，
	ȵy³³sua⁵⁵ nɔ³¹ tse³¹ pe⁴⁴ta³² ŋɛ³¹	
	孙女　　你　若　走　回　去	
4	干嗯姑孟提。	跟你姑讲讲。
	ka⁴⁴ nɯ⁵⁵ ku³⁵ mɯ⁵⁵ thi⁵⁵	
	跟　你　姑　处　提	
5	山伯双次岸当话，	山伯临死留下话，
	se³³pɯ³⁵ sua⁴⁴tshʅ⁵⁵ ʔa⁵⁵ta⁴⁴ to³¹	
	山伯　说下　　这里　话	
6	要请英台来祭奠，	要请英台来祭奠，
	jɔ⁵⁵tɕhɯ³¹ jɯ³³the⁴² le⁴² tɕi⁵⁵tie⁵⁵	
	要请　英台　　来　祭奠	
7	杯本杯自哉谁宝，	走不走在随她，

pe⁴⁴ puɯ³³ pe⁴⁴ tsŋ⁵⁵ tse⁴⁴ɕy³⁵ pɔ³¹
走　不　走　则　在　随　她

8　哉谁本主义。　　　　　　　　　　　　　随她拿主意。
　　tse⁵⁵ɕy³⁵ puɯ⁵⁵ tsɤ³¹ji⁴⁴
　　在　随　她　主意

梅香【唱】:

1　眉香干阿奶孟双,　　　　　　　　　　梅香跟阿奶您说,
　　me⁴²ɕa³³ ka⁴⁴ ʔa³³ne⁴⁴ muɯ⁵⁵ sua⁴⁴
　　梅香　跟　阿奶　处　说

2　我劝阿奶要气三,　　　　　　　　　　我劝阿奶莫气了,
　　ŋɔ³¹ tɕhui⁵⁵ ʔa³³ne⁴⁴ nɔ⁴⁴ tɕhi⁴⁴ sa⁴⁴
　　我　劝　阿奶　莫　气　了

3　死人后死人本山,　　　　　　　　　　死人已死人莫伤,
　　ɕi³¹ ȵi³¹ xuɯ⁴⁴ ɕi³⁵ nɔ⁴⁴ puɯ³ sa³³
　　死　人　了　莫　莫　伤

4　期打咽朵三。　　　　　　　　　　　　气不回来了。
　　tɕhi⁴⁴ ta⁴⁴juɯ³⁵ tuɔ³¹ sa⁴⁴
　　气　回来　不得　了

5　拆处倒恨宽处米,　　　　　　　　　　窄处跌了往宽处想,
　　tsɛ⁴⁴tshɤ³¹ to⁴⁴xuɯ⁵⁵ khua⁴⁴tshɤ³¹ mi³¹
　　窄处　跌倒　宽处　想

6　料理干姑爹安葬,　　　　　　　　　　把姑爹后事料理了,
　　liɔ⁵⁵li³¹ ka⁴⁴ ku⁴⁴tie³³ ʔa³³tsa⁵⁵
　　料理　把　姑爹　安葬

7　次吐阿奶我杯着,　　　　　　　　　　辞了阿奶我走了,
　　tshi⁴²lɔ³¹ ʔa³¹ne⁴⁴ ŋɔ³¹ pe⁴⁴ tsɔ³¹
　　辞了　阿奶　我　走了

8　干小姐孟双。　　　　　　　　　　　　对跟小姐说。
　　ka⁴⁴ ɕɔ³¹tɕie³¹ muɯ⁵⁵ sua⁴⁴
　　对　小姐　处　说

【白】: 奶奶请回去,我照常回复小姐就是了。行行走走,回到自家门口。待我进去,禀报小姐,我回来了。

英台【白】: 梁相公病体如何?

梅香【白】: 小姐听了那——**【唱】:**

1　眉香告禀阿姑利,　　　　　　　　　　梅香禀告阿姑您,
　　me⁴²ɕa³³ kɔ⁵⁵piuɯ³¹ ʔa³³ku³⁵ ȵi⁵⁵
　　梅香　禀告　阿姑　您

2　早自姑爹斗本提,　　　　　　　　　　以前不提姑爹的话,
　　tsu³¹tsŋ⁵⁵ ku³³tie⁴⁴tɔ³¹ puɯ³¹ thi⁵⁵
　　早前　姑爹的话　不　提

3	阿更孟敌提哝话，	现在才想到他，
	ʔa³¹kɯ⁵⁵ mɯ⁵⁵ti³¹ thi⁵⁵ pɯ⁵⁵ to³¹	
	一时 才 提 他的 话	
4	魂到阴司内。	魂到阴司内。
	xui⁴²tɔ⁵⁵ jɯ⁴⁴sʅ⁴⁴ nui⁵⁵	
	魂到 阴司 内	
5	纳为阿姑利心硬，	阿姑您心真硬，
	na³⁵ui³⁵ ʔa³³ku³⁵ ȵi⁵⁵ ɕi³⁵ŋɛ³²	
	难为 阿姑 您 心硬	
6	开与他药单十剂。	开与他药单十剂。
	khe³³ jui³¹ tha⁴⁴ jɔ³⁵tha³³ sʅ³⁵tɕi⁵⁵	
	开 与 他 药单 十剂	
7	送给宝货物旺羊，	送他几样东西，
	so³¹kɯ³¹ pɔ³¹ xuɔ⁴⁴vɣ³¹ ua⁵⁵ja⁴²	
	送给 他 东西 几样	
8	甲哝病吐及。	使他病情加重。
	tɕa⁴⁴ pɯ⁵⁵ pɛ³¹ nɔ³³ tɕi³⁵	
	加 他 病 上 重	
9	保双阿姑利心硬，	他说阿姑您心硬，
	pɔ³¹ sua⁴⁴ ʔa³³ku³⁵ ȵi⁵⁵ ɕi³⁵ŋɛ⁴²	
	他 说 阿姑 您 心硬	
10	生果来来叫青害，	撕心裂肺叫青天，
	xɛ⁵⁵kɣ³⁵ ne³¹ne³¹ ʔɯ³⁵ tɕhɛ⁵⁵xe⁵⁵	
	痛喊 阵阵 叫 青天	
11	者尼取火准时加，	前日烧火把时，
	tse³¹ȵi⁴⁴ tɕhy⁴⁴xui³¹tɕy³¹ tsʅ³¹tɕa⁴⁴	
	前日 烧火把 时候	
12	死利委本眉。	死也不闭眼。
	ɕi³¹ li⁵⁵ ui³³ pɯ³³ me³⁵	
	死 也 眼 不 闭	

英台【白】：哎呀，梁山伯可有遗言？
梅香【白】：小姐，你听了——【唱】：

1	别的阿来保本双，	别的一样他都没说，
	pɯ⁵⁵tɕa⁴² ʔa³¹ne³⁵ pɔ³¹ pɯ³¹ sua⁴⁴	
	别的 一样 他 没 说	
2	保双求哝干宝安，	他说好好看看他，
	pɔ³¹ sua⁴⁴ tɕho⁵⁵nɯ⁴⁴ ka⁴⁴ pɔ³¹ ʔa⁴⁴	
	他 说 好好 把 他 看	
3	阿姑利者杯祭宝，	阿姑若要去祭他，

$$ʔa^{33}ku^{35}\ ȵi^{55}\ tsɛ^{31}\ pe^{44}\ tse^{32}\ pɔ^{31}$$
阿姑　你若　去　祭　他

4　利闹女减马。　　　　　　　　　　不要怠慢你。
$$ȵi^{55}\ nɔ^{33}\ no^{44}\ tɕi^{42}ma^{33}$$
您　上　莫　怠慢

5　修衣修被要齐整，　　　　　　　　孝衣孝服要齐全，
$$ɕo^{44}ji^{35}\ ɕo^{44}pe^{44}\ no^{44}\ tse^{21}tsa^{42}$$
孝衣　孝服　要　齐全

6　闲话利孟要本双。　　　　　　　　闲话不要对你讲。
$$ɕa^{35}to^{31}\ ȵi^{55}\ mɯ^{55}\ no^{44}\ pu^{31}\ sua^{44}$$
闲话　对　处　要　莫　说

7　死者不能复生了，　　　　　　　　死者不能复生了，
$$sɿ^{31}tsɛ^{31}\ pu^{35}nɯ^{42}\ xɛ^{55}ta^{42}\ lɔ^{32}$$
死了　不能　复生　了

8　死恨人哉光。　　　　　　　　　　死者也沾光。
$$ɕi^{31}xɯ^{55}ȵi^{31}\ tse^{42}kua^{33}$$
死者　沾光

英台【白】：那是梁兄，哎，好哭——【唱】：

1　听得眉香这般言，　　　　　　　　听得梅香这般言，
$$thiɯ^{55}tu^{44}\ me^{42}ɕa^{33}\ tse^{55}pa^{44}\ je^{42}$$
听得　梅香　这般　言

2　使我流千颗米泪，　　　　　　　　让我千泪流，
$$sɯ^{31}\ ŋɔ^{31}\ kɯ^{21}\ tɕhi^{55}khɔ^{33}\ mi^{42}ɕi^{42}$$
让　我　流　千颗　眼泪

3　收司药杯干宝祭，　　　　　　　　收拾好去祭奠他，
$$sɯ^{35}sɿ^{32}\ no^{44}\ pe^{44}\ ka^{44}\ pɔ^{31}\ tse^{32}$$
收拾　要　去　把　他　祭

4　安慰呒阴魂。　　　　　　　　　　安慰他阴魂。
$$ʔa^{44}ui^{55}\ pɯ^{55}\ jɯ^{33}xui^{42}$$
安慰　他的　阴魂

5　头孟阿人林招德，　　　　　　　　以前有个林招德，
$$tɯ^{31}mɯ^{35}\ ʔa^{31}ȵi^{31}\ liɯ^{42}tsɔ^{44}tɛ^{35}$$
以前　那人　林招德

6　呒菜本人十分贤，　　　　　　　　他的妻子十分贤，
$$pɯ^{55}tshe^{55}\ pɯ^{31}ȵi^{31}\ sɿ^{35}fu^{44}\ ɕie^{42}$$
他妻　那人　十分　贤

7　教场吐祭笨周夫，　　　　　　　　她在教场祭丈夫，
$$tɕɔ^{55}tsha^{31}\ nɔ^{33}\ pɔ^{31}\ tse^{32}\ pɯ^{55}\ tsɔ^{21}fɤ^{55}$$
教场　上　她　祭　她的　丈夫

8　做先苦后甜。　　　　　　　　　　做先苦后甜。

　　　　　tsʅ⁵⁵ ɕie³³khu³¹ xo⁵⁵thie⁴²
　　　　　做　先苦　　后甜

9　　在怎阿人韩顺龙，　　　　　　　　　　再有一人韩顺龙，
　　　　　tse⁴⁴tsɯ³¹ ʔa³¹n̥i³¹ xa⁴²ɕui⁵⁵lo⁴²
　　　　　再有　　一人　　韩顺龙

10　　贤会呋莱王秀连，　　　　　　　　　他有贤妻王秀莲，
　　　　　ɕie⁴²xui⁵⁵ pu⁵⁵tshe⁵⁵ ua⁴²ɕo⁵⁵lie⁴²
　　　　　贤惠　　他妻　　王秀莲

11　　亲自杯祭呋周夫，　　　　　　　　　亲自祭奠他丈夫，
　　　　　tɕhɯ⁴⁴tsʅ⁵⁵ pe⁴⁴tse³² pɯ⁵⁵ tso²¹fɣ⁵⁵
　　　　　亲自　　去祭　他　丈夫

12　　以后大团圆。　　　　　　　　　　　以后大团圆。
　　　　　ji³¹xo⁵⁵ ta⁵⁵thua⁴²jyi⁴²
　　　　　以后　　大团圆

13　　自人我罢孟本乃，　　　　　　　　　做人我比不上别人，
　　　　　tsʅ⁵⁵n̥i³¹ ŋo³¹ pa⁵⁵mɯ⁵⁵ pɯ³¹ne³³
　　　　　做人　我　它们处　不比

14　　母亲面前敬个言，　　　　　　　　　母亲面前敬个言，
　　　　　mu³¹tɕhu³³ miee⁵⁵tɕhie⁴² tɕɯ⁵⁵ kɔ⁵⁵je⁴²
　　　　　母亲　　面前　　敬　个　言

15　　母咋本由小女杯，　　　　　　　　　母亲不由小女走，
　　　　　mɔ³³ tsɔ⁴² pɯ³¹jo³⁵ se³¹n̥ɣ³³ pe⁴⁴
　　　　　她　说　不由　小女　走

16　　答他要银钱。　　　　　　　　　　　向她要银钱。
　　　　　ta³⁵ tha³³ jɔ⁵⁵ jɯ⁴²tɕhie⁴²
　　　　　向　她　要　银钱

17　　羊猪干则自尼叭，　　　　　　　　　猪羊换成钱，
　　　　　jo³¹te⁴² ka³⁵tsɛ³⁵ tsʅ⁵⁵ n̥i²¹pia⁴⁴
　　　　　羊猪　　换成　　是　银钱

18　　只要汤饭与香钱，　　　　　　　　　只要汤饭与香钱，
　　　　　tsʅ³¹jɔ⁵⁵ tha³³fa⁵⁵ y³¹ ɕa³³tɕhie⁴²
　　　　　只要　　汤饭　　与　香钱

19　　我写呋吐祭文聘，　　　　　　　　　我写一篇祭文，
　　　　　ŋo³¹ uɛ⁴² pɯ⁵⁵no³³ tɕi⁵⁵vɣ⁴² phiɯ⁵⁵
　　　　　我　写　它上　祭文　　一篇

20　　表表我的言。　　　　　　　　　　　表表我的言。
　　　　　piɔ³¹piɔ³¹ ŋɔ³¹ti³³ je⁴²
　　　　　表表　　　我的　言

【白】：禀，母亲在上。

英母【白】：只见女儿泪淋淋，不知有何泪伤情？

英台【白】：女儿见礼。

英母【白】：哎呀，女儿，你一见为娘为何哭哭啼啼？看你的脸色不像人样。你听我呐——【唱】：

1　汉灯阿女流米西，　　　　　　　　　看见女儿泪涟涟，
　　xa⁵⁵tɯ⁴⁴ ʔa³¹n̪v̩³³ kɯ²¹ mi⁴²ɕi⁴²
　　看见　　女儿　　流　　眼泪

2　阿女心本空舍来，　　　　　　　　　女儿为何心不甘，
　　ʔa³³n̪v̩³³ ɕi³⁵pɯ³¹khv̩⁵⁵ sɛ³¹le³¹
　　女儿　　心不甘　　什么

3　恼干直话双母孟，　　　　　　　　　你把真话对妈说，
　　nɔ³¹ ka⁴⁴ tsʅ³⁵to³¹ sua⁴⁴ mɔ³¹ mɯ⁵⁵
　　你　把　真话　　说　妈　处

4　有什么问题。　　　　　　　　　　　有什么问题。
　　jo³¹ sɯ³¹mɔ⁵⁵ vɯ⁵⁵thi⁴²
　　有　什么　　问题

5　阿女伤自干习各，　　　　　　　　　我儿瘦成一根柴，
　　ʔa³¹n̪v̩³³ sa³⁵tsʅ⁵⁵ ka³⁵ɕi³⁵ ku⁵⁵
　　女儿　　只成　　干柴　一枝

6　咀委活票本上与，　　　　　　　　　脸嘴已不像脸嘴，
　　tɕy³³ui³³ xuɔ³⁵phio⁵⁵ pɯ³¹ sa⁵⁵jy³¹
　　脸　　样子　　不　相像

7　镜面达坑单人照，　　　　　　　　　拿起镜子照一照，
　　kɛ³²mi³² ta³⁵khɯ⁴⁴ ta³⁵n̪i³¹ tso³²
　　镜子　　拿起　　自己　照

8　杀成自等人。　　　　　　　　　　　瘦成了这个。
　　sa³⁵tsɛ³¹ tsʅ⁵⁵ tɯ³¹n̪i³¹
　　只剩　　成　这人

英台【唱】：

1　阿母走头听我须，　　　　　　　　　母亲从头听我说，
　　ʔa³¹mɔ³³ tsɯ³⁵tɯ³¹ tɕhɛ⁵⁵ ŋɔ³¹ ɕy⁴⁴
　　阿妈　　从头　　听　我　叙

2　爹妈做事大不该，　　　　　　　　　爹妈做事大不该，
　　tie³³ma³³ tsuɔ⁵⁵sʅ⁵⁵ ta⁵⁵ pu³⁵ ke³³
　　爹妈　　做事　　大　不　该

3　本该干我仍马甲，　　　　　　　　　不该把我嫁马甲，
　　pɯ³¹ke⁴⁴ ka⁴⁴ ŋɔ³¹ zɯ³¹ ma³¹tɕa³⁵
　　不该　　把　我　嫁　马甲

4　利女我本顾。　　　　　　　　　　　不顾你女儿。
　　n̪i⁵⁵ n̪v̩³³ ŋɯ⁵⁵ pɯ³¹ku³²
　　您　女　我的　不顾

5 马甲保自富利博，马甲他是很富有，
ma³¹tɕa³⁵ pɔ³¹ tsɿ⁵⁵ kɔ²¹ɲi⁵⁵pɔ³⁵
马甲 他 是 富有

6 山伯怎官员子弟，山伯是官员子弟，
se³³pɯ³⁵ tsɯ³³ kua⁴⁴jyi⁴² tsɿ³¹ti⁵⁵
山伯 是 官员 子弟

7 你不该欺贫爱富，你不该欺贫爱富，
ɲi³¹ pu³⁵ke³³ tɕhi⁴⁴phiɯ⁴² e⁵⁵fu⁵⁵
你 不该 欺贫 爱富

8 阿时见委期。却是目光短浅。
ʔa³¹tsɿ³¹ ke⁴²ui³¹ tɕhi⁴⁴
一时 目光 浅

9 自从干我仍马甲，自从把我嫁马甲，
tsɿ⁵⁵tsho⁴² ka⁴⁴ ŋɔ³¹ zɯ³¹ ma³¹tɕa³⁵
自从 把我 给 马甲

10 干我梁兄命周减。就把梁兄的命糟蹋。
ka⁴⁴ ŋɯ⁵⁵ na⁴²ɕo⁴⁴ miɛ³² tso³⁵tɕi³³
把我的 梁兄 命 糟蹋

11 念在三年同学情，念在三年同学情，
ɲe⁵⁵tse⁵⁵ sa⁴⁴ɲe⁴² tho⁴²ɕu³⁵ tɕhɯ⁴²
念在 三年 同学 情

12 有计少情以。有多少情义。
tsɯ³¹ tɕi⁵⁵ɕo³¹ tɕɛ²¹ji³³
有 多少 情义

13 钱尼乃给女些正，给女儿拿些钱财，
tɕhie⁵⁵ɲi²¹ ne⁴⁴zɿ³¹ ɲɣ³¹ tie³³ tsɯ³⁵
钱银 拿给 女 一些 来

14 眉香利打我吐杯，梅香也和我一起去，
me⁴²ɕa⁴⁴ li⁵⁵ ta⁴⁴ ŋɯ⁵⁵ nɔ³³ pe⁴⁴
梅香 也和 我的 上 走

15 等世呔菜自本成，此世夫妻做不成，
tɯ³¹xɛ⁵⁵ pɯ⁵⁵ tshe⁵⁵ tsɿ⁵⁵ pɯ³¹ tsɛ²¹
这世 他的 妻 做不成

16 我去干保祭。我去祭拜他。
ŋɔ³¹ ŋɛ³¹ ka⁴⁴ pɔ³¹ tɕi⁴⁴
我 去 把 他 祭

英母【唱】：

1 可恼可恼真可恼，可恼可恼真可恼，
khɔ³¹nɔ³¹ khɔ³¹nɔ³¹ tsɯ³³ khɔ³¹nɔ³¹
可恼 可恼 真 可恼

2 我女嗯胆思干倒，
　　ŋuɯ⁵⁵n̠ʝ³³ nuɯ⁵⁵ ta³¹ sɿ⁴⁴ka⁴⁴ to³¹
　　我儿　你的　胆　真是　大

我儿你胆真是大，

3 山伯成嗯孟舍来，
　　se³³puɯ³⁵ tsɛ²¹ nuɯ⁵⁵ muɯ⁵⁵ xɛ³¹ne³¹
　　山伯　　是　你的　处　　什么

山伯是你什么人，

4 为何杯祭宝？
　　ui⁵⁵xuɔ⁴² pe⁴⁴ tse³² pɔ³¹
　　为何　　去　祭　他

为何去祭他？

5 我们是有名之家，
　　ŋɔ³¹muɯ³³ sɿ⁵⁵ jo³¹miuɯ⁴² tsɿ³³ tɕa³³
　　我们　　是　有名　　之　家

我们是有名之家，

6 嗯爹认灯本求吐，
　　nuɯ⁵⁵ti³³ zuɯ⁴⁴tuɯ⁴⁴ puɯ³¹ tɕho⁵⁵ lɔ³²
　　你爹　　知道　　不　好　了

你爹知道不好了。

7 老张杯祭梁山伯，
　　nɔ³¹ tsɛ³¹ pe⁴⁴ tse³² n̠a⁴²se³³puɯ³⁵
　　你若　去　祭　梁山伯

你若去祭梁山伯，

8 阿顿打香恼。
　　ʔa³¹tui³² tɛ⁴⁴ ɕa⁴⁴ nɔ³¹
　　一顿　　打　死　你

一顿打死你。

英台【唱】：

1 阿母等声双唱号，
　　ʔa³³mɔ³³ tuɯ³¹tshe⁵⁵ sua⁴⁴tsha⁵⁵ xɔ⁵⁵
　　母亲　　这句　　说错　　了

母亲此句讲错了，

2 山伯利我怎同学，
　　se³³puɯ³⁵ li⁵⁵ ŋɔ³¹ tsuɯ³³ tho⁴²ɕu³⁵
　　山伯　　和　我　是　同学

山伯和我是同学，

3 同学之情祭奠他，
　　tho⁴²ɕu³⁵ tsɿ³³tɕhuɯ⁴² tɕi⁵⁵tie⁵⁵ tha³³
　　同学　之情　　　祭奠　　他

同学之情祭奠他，

4 是正理正道。
　　sɿ⁵⁵ tsuɯ⁵⁵li³¹ tsuɯ⁵⁵tɔ⁵⁵
　　是　正理　　正道

是正理正道。

5 利张我吐本由杯，
　　n̠i⁵⁵tsɔ⁴² ŋuɯ⁵⁵ nɔ³³ puɯ³¹jo³⁵ pe⁴⁴
　　或是　　我的　上　不由　走

你若不许去，

6 今日不吵不日闹，
　　tɕuɯ⁴⁴zɿ³⁵ pu³⁵tshɔ³¹ puɯ³¹ n̠i⁴⁴ nɔ⁵⁵
　　今日　　不吵　　不　天　闹

今日不吵明日闹，

7	马甲罢杯因迎亲，	马甲他们来迎亲，
	ma³¹tɕa³⁵ pa⁵⁵ pe⁴⁴ jɯ³⁵ jɯ⁴²tɕhɯ³³	
	马甲　他们　走　来　迎亲	
8	我偏不上轿。	我就不上轿。
	ŋɔ³¹ phie³³ pu³⁵ sa⁵⁵tɕɔ⁵⁵	
	我　偏　不　上轿	
9	利张随我杯祭斋，[1]	您若随我去祭奠，
	ȵi⁵⁵tsɔ⁴² ɕui⁴² ŋɔ³¹ pe⁴⁴ tse³²tse³³	
	或是　随　我　去　祭斋	
10	将来不怨哪一个，	将来不怨哪一个，
	tɕa³³le⁴² pu³⁵jui⁵⁵ na³¹ji³⁵kɔ⁵⁵	
	将来　不怨　哪一个	
11	马甲罢杯因迎亲，	马甲家若来迎亲，
	ma³¹tɕa³⁵ pa⁵⁵ pe⁴⁴jɯ³⁵ jɯ⁴²tɕhɯ³³	
	马甲　他们　过来　迎亲	
12	半句话不说。	半句话不说。
	pa⁵⁵tɕui⁵⁵ xua⁵⁵ pu³⁵ su³⁵	
	半句　话　不　说	

【白】：妈妈不准我行悼，也就罢了。我好马不罩双鞍，烈女不嫁二夫。要与马甲成亲万万不能。我就碰死在这里了。

英母【白】：阿呀，女儿，我只有你这独姑娘。如若出三好两短，倒叫老娘寡妇婆娘烧灵牌，一了百了。为娘随你去吧。梅香，同你姑姑前去祭奠，快去快回。

梅香【白】：知道了呐——【唱】：

1	梅香告禀阿姑须，	梅香我跟阿姑讲，
	me⁵⁵ɕa³³ kɔ⁵⁵piɯ³¹ ʔa³¹ku³⁵ ɕy⁴⁴	
	梅香　告禀　阿姑　说	
2	头孟途自非难杯，	前面的路不好走，
	tɯ³¹mɯ³⁵ thu⁴⁴ tsʅ⁵⁵ fe³³ na³¹ pe⁴⁴	
	前面　路　是　很　难　走	
3	姑吐次扣生单泼，	姑姑身子很单薄，
	ku³⁵ nɔ³³ tshʅ⁵⁵kho⁵⁵ xɛ⁵⁵ ta⁵⁵puɔ⁴²	
	姑姑的　身子　剩　单薄	
4	骑马头吐杯。	骑着马儿走。
	kɯ³¹ mɛ³³tɯ³¹ nɔ³³ pe⁴⁴	
	骑马　上　走	
5	祭货祭物代本保，	祭品要带上，
	tsɛ³²xuɔ³² tsɛ³²vɣ³¹ te⁴⁴pɯ³¹ pɔ³¹	
	祭品　祭物　带上　它	

---

[1] 祭斋[tsɛ³²tsɛ³⁵]：即祭奠，礼节比行吊更隆重。

6	习衣习被穿坑杯,	穿上新衣把路赶,
	ɕi³⁵ji³⁵ ɕi³⁵pe⁴² ji³²khɯ³³ pe⁴⁴	
	新衣 新服 穿上 走	
7	无故亮敌敬个情,	无外乎去敬个情,
	u⁴²ku⁵⁵ ȵa⁵⁵ ti³¹ tɕɯ⁵⁵ kɔ⁵⁵ tɕhɯ⁴²	
	无故 咱们 只 敬 个 情	
8	千吉少嗯期。	千万要节哀。
	tɕhie⁵⁵tɕi⁵⁵ ɕo³¹ nɯ⁴⁴ tɕhi⁴⁴	
	千万 少 你的 气	

英台【唱】:

1	穿舍来衣骑舍马,	还穿什么衣裳骑什么马,
	ji³² xɛ³¹le³¹ji³⁵ kɯ³¹ xɛ³¹mɛ³³	
	穿 什么衣裳 骑 什么马	
2	嗯姑本表杯自客,	你姑又不是去做客,
	nɯ⁵⁵ku³⁵ pɯ³¹ piɔ³³ pe⁴⁴ tsʅ⁵⁵khɛ⁴⁴	
	你姑 本 不是 去 做客	
3	过山过坡杯呔那,	爬山过坡去他家,
	kuɔ³²ss⁵⁵ kuɔ⁴⁴pɔ³¹ pe⁴⁴ pɯ⁵⁵na⁴²	
	过山 过坡 去 他那里	
4	底杯干死问。[1]	只为去凭吊。
	ti³¹ pe⁴⁴ ka⁴⁴ ɕi³¹ piɛ⁴⁴	
	只 去 把 死 问	
5	女我日出黑云披,	眼前乌云遮日头,
	ȵγ³³ ŋɔ³¹ ȵi⁴⁴tshγ⁴⁴ xɯ⁴⁴ŋγ³¹ pe³¹	
	女 我 日出 乌云 遮	
6	我哥花开受宣打,	我哥花开遇霜打,
	ŋɯ⁵⁵kɔ³³ xuɔ³⁵khɯ⁵⁵ tɔ³⁵ ɕy⁴⁴ tɛ⁴⁴	
	我哥 花开 遇 霜 打	
7	英台心棵夫很没,	英台心儿不在身,
	jɯ³³the⁴² ɕi³⁵khuɔ⁴⁴ fv̩⁴⁴xɯ³¹ mu³³	
	英台 心 肚里 无	
8	当自一刀舍。	就像刀子割。
	ta⁴⁴tsʅ⁵⁵ ji³⁵ta³⁵ sɛ⁴⁴	
	就像 刀子 割	

梅香【唱】:

1	在劝阿姑少嗯哭,	再劝阿姑莫哭了,

---

[1] 干死问[ka⁴⁴ ɕi³³ piɛ⁴⁴]: 干[ka⁴⁴], 是动词的词头, 表示动作行为短暂而重复。其动词是[piɛ⁴⁴ɕi³³], 是由词素"问+死"构成, 意思是首次到死者家凭吊。白族人第一次到死者家凭吊时, 即用这个词。由于有"干", 可以把动词的词素倒置, 构成[ka⁴⁴ ɕi³³ piɛ⁴⁴]词组。

	tse⁴⁴tɕhui⁵⁵ ʔa³¹ku³⁵ ɕo³¹lɯ⁴⁴ kho⁴⁴	
	再劝 阿姑 少些 哭	
2	头孟遇灯难杯途,	前面遇有艰难路,
	tɯ³¹mɯ³⁵ jy⁴⁴tɯ⁴⁴ na³¹pe⁴⁴ thu⁴⁴	
	前面 遇着 难走 路	
3	哭相恨利加来吐,	哭死了也没办法,
	kho⁴⁴ɕa⁴⁴xɯ⁵⁵ li⁵⁵ tɕa⁴⁴le³¹ lɔ³²	
	哭死了 也 没的 了	
4	死人一阵风。	死人一阵风。
	sʅ³¹zu⁴² ji³⁵tsɯ⁵⁵ fo³³	
	死人 一阵 风	
5	姑爹已经死恨吐。	姑爹已经死去了,
	ku³³tie³³ ji³¹tɕɯ⁴⁴ ɕi³¹xɯ⁵⁵ lɔ³²	
	姑爹 已经 死去 了	
6	皆因两人姻缘没,	皆因两人无缘分,
	ke⁴⁴ju⁴⁴ ko³¹ȵi³¹ jɯ⁴⁴jui⁴² mu³¹	
	皆因 两人 缘分 没	
7	保护利次扣要紧,	保护您身子要紧,
	pɔ³¹xu⁵⁵ ȵi⁵⁵ tshi⁵⁵kho⁵⁵ jɔ³⁵tɕɯ³¹	
	保护 您身子 要紧	
8	哭打因吐没。	哭不回来他。
	kho⁴⁴ ta³²jɯ³⁵ nɔ³³ mu³³	
	哭 回来 的 无	

英台【唱】:

1	眉香恼自思本通,	梅香你真是不懂,
	me⁴²ɕa³³ nɔ³¹ tsʅ⁵⁵sɯ⁴⁴ pɯ³¹thγ⁵⁵	
	梅香 你真是 不通	
2	洗本清吐菜等空,	如同洗不净的一撮箕菜,
	se³³ pɯ³¹tɕhɛ⁵⁵ nɔ³³ tshɯ³¹ tɯ³¹khγ⁵⁵	
	洗 不净 的菜 这一箕	
3	改本开吐针利线,	如同解不开的针和线,
	ke³¹ pɯ³¹ khɯ⁵⁵ nɔ³³ tsʅ³⁵ li⁵⁵ xɯ³³	
	解 不开 的 针和 线	
4	取心含来柱。	热心被什么砸烂了。
	tɕhy⁴⁴ɕi³⁵ xɛ³¹ne³¹ tsγ⁵⁵	
	热心 什么 砸	
5	燕阿双自成阿头,	一双大雁成一只,
	je⁵⁵ ʔa³¹sγ⁵⁵ tsʅ⁵⁵ tsɛ²¹ ʔa³¹tɯ³¹	
	雁 一双 则成 一只	
6	使我敢花本探父。	使我寒花不招蜂。

sɯ³¹ ŋɔ³¹ kɑ²¹xɔ³⁵ pɯ³¹ thɑ³⁵ fv̩⁵⁵
使 我 寒花 不 接 蜂

7 梁兄加人找处没， 像梁兄知心没处找，
nɑ⁵⁵ɕo³³ tɕɑ⁴²n̠i³¹ ji²¹tshv̩³³ mu³³
梁兄 伙伴 找处 没

8 我心孟本宽。 我的心不甘。
ŋɯ⁵⁵ ɕi³⁵ mɯ⁵⁵ pɯ³¹ khv̩⁵⁵
我 心 处 不 亏

梅香【唱】：
1 眉香哉干阿姑禀， 梅香再向阿姑禀，
me⁴²ɕɑ³³ tse⁴⁴ kɑ⁴⁴ ʔɑ³¹ku³⁵ piɯ³¹
梅香 再 向 阿姑 禀

2 果然洗本清吐菜， 果然（是）洗不清的菜，
kuɔ³¹zɑ⁴² se³³ pɯ³¹ tɕhɛ⁵⁵ nɔ³³ tshɯ³¹
果然 洗 不 清 的 菜

3 改本开吐直利线， 解不开的针和线，
ke³¹ pɯ³¹khɯ⁵⁵ nɔ³³ tsɿ³⁵ li⁵⁵ xɯ³³
解不开 的 针 和 线

4 越呆保月紧。 越拉它越紧。
ye³⁵ te³³ pɔ³¹ ye³⁵ tɕɯ³¹
越 拉 它 越 紧

5 笨菜怎头世行吐， 夫妻本是前世修，
pɯ⁵⁵tshe⁵⁵ tsɯ³¹ tu³¹xɛ⁵⁵ ɕɯ³⁵nɔ³³
夫妻 是 前世 修的

6 子女吐自父母仍， 子女命是父母给，
tsɿ³³n̠v̩³³ nɔ³³ tsɿ⁵⁵ to³⁵mɔ³³ zɯ³¹
子女 上 则 父母 给

7 弟作阿姑本空利， 只是阿姑心不甘，
ti³¹tsɔ⁴² ʔɑ³¹ku³⁵ pɯ³¹kv̩⁵⁵ li⁵⁵
只是 阿姑 心不甘 也

8 且干心悔冷。 先安安后悔心。
tɕhie³¹ kɑ⁴⁴ ɕi³⁵ xui³³ lɯ³¹
先 把 心 悔 吧

英台【唱】：
1 听登眉香自加双， 听着梅香这样说，
tɕhɛ⁵⁵tɯ⁴⁴ me⁴²ɕɑ³³ tsɿ⁵⁵ tɕɑ⁴⁴suɑ⁴⁴
听着 梅香 是 这说

2 纠我委很流其双。 让我眼里流出血。
sɯ³³ ŋɔ³¹ ui³³xɯ³¹ kɯ³¹tɕhi³⁵ suɑ⁴⁴
让 我 眼里 流出 血

3   阿哥硬心杯嘥武，　　　　　　　　　　　　哥哥狠心独自去，
    ʔa³¹kɔ³³ ŋɛ⁴⁴ɕi³⁵ pe⁴⁴ nɯ⁵⁵vɣ³¹
    阿哥　　硬心　　去　你的

4   干我丢岸当。　　　　　　　　　　　　　　把我丢这里。
    ka⁴⁴ ŋɔ³¹ tio⁴⁴ ʔa⁵⁵ta⁴⁴
    把　我　丢　这里

5   笨菜两人成阿人，　　　　　　　　　　　　夫妻两人成一人，
    pɯ³³tshe⁵⁵ ko³³ɲi³¹ tsɛ²¹ ʔa³³ɲi³¹
    夫妻　　　两人　　成　一人

6   咀委期自光头加，　　　　　　　　　　　　脸嘴气成骨头架，
    tɕy³³ui³³ tɕhi⁴⁴ tsɿ⁵⁵ kua⁴⁴tɯ³¹tɕa⁴⁴
    脸嘴　　　气　　成　骨头架

7   阿时杯叭哥灵前，　　　　　　　　　　　　一时走到哥灵前，
    ʔa³¹tsɿ⁵⁵ pe⁴⁴phia⁴⁴ kɔ³³ liɯ⁴² tɕhie⁴²
    一时　　　走到　　　哥　灵　前

8   干我苦情双。　　　　　　　　　　　　　　把我苦情诉。
    ka⁴⁴ ŋɯ⁵⁵ khu³¹tɕɛ²¹ sua⁴⁴
    把　我　苦情　　　说

9   本叹杯出门读书，　　　　　　　　　　　　那时出门读书，
    pɯ³¹tha⁵⁵ pe⁴⁴ tshɣ⁴⁴me³¹ ɣɯ⁴²sɿ³⁵
    那时　　　去　出门　　　读书

10 同床共枕恨三双，　　　　　　　　　　　　同床共枕了三年，
    tho⁴²tshua⁴² ko⁵⁵tsɯ³¹ xɯ⁵⁵ sa⁵⁵sua⁴⁴
    同床　　　　共枕　　　了　三年

11 弟咋使哥争功名，　　　　　　　　　　　　只想叫哥争功名，
    ti³¹tsɔ⁴² sɯ³¹ kɔ³³ tsɯ⁴⁴ ko³³miɯ⁴²
    只说　　　让　哥　争　　功名

12 中状元探花。　　　　　　　　　　　　　　中状元探花。
    tso⁵⁵ tsua⁵⁵jui⁴² tha⁵⁵xua³³
    中　　状元　　　　探花

13 英台本敢双直话，　　　　　　　　　　　　英台不敢说实话，
    jɯ³³the⁴² pɯ³¹ ka³¹ sua⁴⁴ tsɿ³⁵to³¹
    英台　　　不　敢　说　真话

14 衣习要干桂花加，　　　　　　　　　　　　一颗心要争冠花，
    ji³⁵ɕɯ³⁵ ɲo⁴⁴ ka⁴⁴ kui⁵⁵xua³³ tɕa⁴⁴
    一心　　要　把　冠花　　　　加

15 谁想读书古短命，　　　　　　　　　　　　谁想读书却命短，
    sui⁴²ɕa³¹ ɣɯ⁴²sɿ³⁵ ku³¹ mie³² tshɯ⁵⁵
    谁想　　　读书　　　苦　命　　短

16 咀委去那看。　　　　　　　　　　　　　　哪里见你的容颜。

tɕy³³ui³³ ŋɛ³¹ na³² ʔa³¹
脸　去　哪里　看

梅香【白】：禀，小姐在上，已经来到祝家门前了。

英台【白】：梅香，你先进去看个明白，恐他家有高人贵客，与我不便。

梅香【白】：知道，待我进去。那是奶奶，我家小姐来了。

梁母【白】：待我迎接才是那——**【唱】**：

1　小姐勺苦叭岸当，　　　　　　　　　小姐辛苦到这里，
　　ɕɔ³¹tɕie³¹ sɔ³²khu⁴⁴ phia⁴⁴ ʔa⁵⁵ta⁴⁴
　　小姐　辛苦　到　这里

2　我之闪格很没三，　　　　　　　　　我儿已不在人世。
　　ŋɯ⁵⁵ tsɿ⁴⁴ se³²kɛ³⁵ xɯ³¹ mu³¹ sa⁴⁴
　　我儿　世间　里　没了

3　出去只加净肉快，　　　　　　　　　出门时他一身肉，
　　tshɤ⁴⁴ŋɛ³¹ tsɿ³¹tɕa⁴⁴ tɕiɯ⁵⁵kɛ³¹kui⁵⁵
　　出去　时候　精肉一块

4　央咽光头加。　　　　　　　　　　　回来瘦成骨头架。
　　ja⁴⁴jɯ³⁵ kua⁴⁴tɯ³¹tɕa⁴⁴
　　回来　骨头架

5　我之出去桃花票，　　　　　　　　　我儿出门面如桃花，
　　ŋɯ⁵⁵tsɿ³³ tshɤ⁴⁴ŋɛ³¹ ta³¹xuɔ³⁵phio⁵⁵
　　我儿　出门　桃花样

6　杯打因成青朱光，　　　　　　　　　回来已成青竹竿，
　　pe⁴⁴ta³²jɯ³⁵ tsɛ³¹ tɕhiɛ³¹tsɤ⁴⁴kua⁴⁴
　　回来　成　青竹竿

7　死等孟哉提喱话，　　　　　　　　　临死还在念着你，
　　ɕi³³tɯ³¹mɯ³⁵ tse⁴⁴ thi⁵⁵ nɯ⁵⁵ to³¹
　　死前　还　提　你的　话

8　等灯恼朵三。　　　　　　　　　　　等不到你来了。
　　tɯ³¹tɯ⁴⁴ nɔ³¹ tuɔ³¹ sa⁴⁴
　　等到　你　不得　了

英台【白】：那是母亲，事到如今，我英台有苦难诉、有言难说。吩咐梅香，摆起茶器酒器。英台我祭奠一场是了。

梅香【白】：已经摆好了。请姑娘祭奠来。

英台【白】：好，请先生引礼督促。

先生【白】：祭主就位。跪灵前敬香：初敬香，亚敬茶，三敬酒。三敬已毕。叩首，三叩首：一叩首，二叩首，三叩首。三叩已毕。

英台【俯伏读祭文】：时也，夏秋两季莲花开，乃我大顺年间近故梁山伯哥哥，今梦游天宫，登仙之期，不孝妻祝英台，谨以香席果品、菜肴、酒礼致祭于梁兄灵前，而唁曰：呜呼，苍天——**【唱】**：

1　英台双勾跪岸当，　　　　　　　　　英台双脚跪这里，

       ȵɯ³³tʰe⁴² sɤ⁵⁵ko⁴⁴ kɤ³¹ ʔa⁵⁵ta⁴⁴
       英台　双脚　跪　这里

2　压不住我泪汪汪，　　　　　　　　　　忍不住我泪汪汪，
   ja³⁵ pu³⁵tsɤ⁵⁵ ŋɔ³¹ nui⁵⁵ua³³ua³³
   压 不住　我　泪汪汪

3　明声花哭梁山伯，　　　　　　　　　　大声唱哭梁山伯，
   mɛ³⁵tsʰɛ⁵⁵ xuɔ³⁵kʰo⁴⁴ ȵa⁴²se³³pɯ³⁵
   大声　　痛哭　　梁山伯

4　死吐自苦着加。　　　　　　　　　　　死得怎么这样苦。
   ɕi³³nɔ³³ tsʅ⁵⁵ kʰu³¹ tsɯ³¹tɕa⁴⁴
   死得　　怎　苦　这样

5　自孟干哥误会恨，　　　　　　　　　　怎么误会了哥哥，
   tsʅ⁵⁵mɯ⁵⁵ ka⁴⁴ kɔ³³ u⁵⁵xui⁵⁵ xɯ⁵⁵
   怎么　　把　哥　误会　　了

6　英台自碰臭哝光，　　　　　　　　　　英台哭死去活来，
   ȵɯ³³tʰe⁴² tsʅ⁵⁵ pɯ⁵⁵tsʰo⁵⁵ to⁴⁴kua⁴⁴
   英台　　则　（悲痛欲绝状）

7　生利两人一起生，　　　　　　　　　　生也两人一起生，
   xɛ⁵⁵ li⁵⁵ ko³¹ȵi³¹ ji³⁵tɕʰi³¹ xɛ⁵⁵
   生　也　两人　一起　　生

8　死利同其巴。　　　　　　　　　　　　死也钻拢他。
   ɕi³¹ li⁵⁵ tʰɤ⁵⁵tɕi³¹ pɔ³¹
   死　也　钻拢　　他

9　大顺元年内，　　　　　　　　　　　　大顺元年内，
   ta⁵⁵sui⁵⁵ jui⁴²ȵe⁴² nui⁵⁵
   大顺　　元年　　内

10　双双有属狗。　　　　　　　　　　　年份是属狗，
   sua⁴⁴sua⁴⁴ tsɯ³³ tsɤ⁴²kua³³
   年份　　　是　属狗

11　怎恨取火把时加，　　　　　　　　　在点火把时候，
   tsɯ³⁵xɯ⁵⁵ tɕʰy⁴⁴xui³³tɕy³¹ tsʅ³¹tɕa⁴⁴
   在　　点火把　　　时候

12　近故亡人梁山伯。　　　　　　　　　近故亡人梁山伯。
   tɕɯ⁵⁵kɯ⁵⁵ ua⁴²zɯ⁴² ȵa⁴²se³³pɯ³⁵
   近故　　亡人　　梁山伯

13　阴魂怎岸拉，　　　　　　　　　　　阴魂在哪里，
   ȵɯ⁴⁴xui⁴² tsɯ³⁵ ʔa⁵⁵la⁴⁴
   阴魂　　在　哪里

14　跪下哥灵前，　　　　　　　　　　　跪在哥灵前，

kv³¹thɯ⁵⁵ kɔ³³ liɯ⁴²tɕhie⁴²
跪在　　哥　灵前

15　炉中三炷香，　　　　　　　　　　　　炉中三炷香，
　　lu⁴²tso⁴⁴ sa⁴⁴tsɣ⁵⁵ ɕa⁴⁴
　　炉中　　三炷　　香

16　月遇丁未怎六汪。　　　　　　　　　　月逢丁未六月。
　　ua⁴⁴ke³² tiɯ³³ve⁵⁵ tsɯ³³ fɣ⁴⁴ua⁴⁴
　　月逢　　丁未　　是　六月

17　千里送与你鹅毛，　　　　　　　　　　千里送与你鹅毛，
　　tɕhie⁴⁴li³¹ so⁵⁵y³¹ ȵi³¹ ɣɔ⁴²mɔ⁴²
　　千里　　送与　您　鹅毛

18　果品一炉香，　　　　　　　　　　　　果品一炉香，
　　kuɔ³¹phiɯ³¹ ji³⁵lu⁴² ɕa⁴⁴
　　果品　　　一炉　香

19　清茶摆入肯，　　　　　　　　　　　　清茶摆在里，
　　tɕhɛ⁵⁵tsɔ³¹ pe³¹ȵi⁴⁴ khɯ³¹
　　清茶　　摆进　里

20　清酒摆期汪。　　　　　　　　　　　　清酒放在外。
　　tɕhɛ⁵⁵tsɿ³³ pe³¹tɕhi⁴⁴ ua⁴⁴
　　清酒　　摆在　　外

21　阿哥饮宝中利三，　　　　　　　　　　哥哥喝它一杯吧，
　　ʔa³¹kɔ³³ ʔɯ³¹ pɔ³¹tsɣ³⁵ li⁵⁵ sa⁴⁴
　　阿哥　　喝　它一杯　或　不消

22　阿哥白自人阿昌，　　　　　　　　　　哥哥白做人一趟，
　　ʔa³¹kɔ³³ pɛ³⁵tsɿ⁵⁵ȵi³¹ ʔa³¹tsha⁵⁵
　　阿哥　　白做人　　　一遭

23　自空去空央。　　　　　　　　　　　　只空去空回。
　　tsɿ⁵⁵ khɣ⁵⁵ŋɛ³¹ khɣ⁵⁵ja⁴⁴
　　则　空去　　空回

24　金升利尼等斗，　　　　　　　　　　　金升和银斗，
　　tɕiɛ³⁵sɯ³³ li⁵⁵ ȵi²¹tɯ³³to³¹
　　金升　　和　银斗

25　元宝有一双。　　　　　　　　　　　　元宝有一双，
　　jui⁴²pɔ³¹ jo³¹ ji³⁵sua⁴⁴
　　元宝　　有　一双

26　十二久主摆岸当，　　　　　　　　　　十二生肖摆在这里，
　　tsɿ⁴²ne⁴⁴ tɕo³¹tsɣ⁴² pe³¹ ʔa⁵⁵ta⁵⁵
　　十二　　生肖　　摆　这里

27	干那乳山供入肯，[1] ka^{55}na^{55} n̻v^{31}se^{32} pe^{31}n̻i^{44} khɯ^{31} 干那　乳扇　摆进　里	干那乳扇供朝里，
28	供果罢期汪， ko^{55}kuɔ^{31} pe^{31}tɕhi^{44} ua^{44} 供果　摆出　外	供果摆出外，
29	荔枝和元圆， li^{55}tsɿ^{33} li^{55} jui^{42}jui^{42} 荔枝　和　桂圆	荔枝和桂圆，
30	白果与西瓜， pɛ^{35}kuɔ^{31} li^{55} ɕi^{33}kua^{33} 白果　和　西瓜	白果与西瓜，
31	叙利核桃佛手干， ɕy^{55}li^{55} ɣɔ^{21}tɔ^{21} fv^{35}so^{31}ka^{44} 梨子　核桃　佛手柑	梨子核桃佛手柑，
32	葡萄加自秀球花， phu^{55}thɔ^{55} tɕa^{44}tsɿ^{55} ɕo^{55}tɕho^{42}xuɔ^{35} 葡萄　结成　绣球花	葡萄结成绣花球，
33	花果碰必香。 xua^{44}kɔ^{31} phɯ^{55}pi^{31} ɕa^{44} 花果　扑鼻　香	花果扑鼻香。
34	须阿哥自人， ɕy^{44} ʔa^{31}kɔ^{33} tsɿ^{55}n̻i^{31} 说　阿哥　为人	说起阿哥人，
35	是有名之家。 sɿ^{55} jo^{31}miɯ^{42} tsɿ^{33} tsa^{33} 是　有名　之　家	是有名之家。
36	舍人本事来等样， xa^{31}n̻i^{31} pɯ^{31}sɿ^{55} le^{33}tɯ^{44}ja^{33} 谁人　本事　像这样	谁人本事比得上，
37	阿哥夫很忙大船， ʔa^{31}kɔ^{33} fv^{44}xɯ^{31} ma^{35} tɔ^{31}ji^{21} 阿哥　肚里　撑　大船	哥哥肚里能撑船，
38	夫很大空宽。 fv^{44}xɯ^{31} tɔ^{31} khu^{55}khua^{44} 肚里　大　宽广	肚里好宽广。
39	须阿哥读书，	说起哥读书，

---

[1] 干那[ka^{55}na^{55}]：祭祀用的一种必备食品。用米粉面加水、颜料制作成薄片并晾干，使用时，放入油锅煎炸至酥脆。乳山[n̻v^{31}se^{32}]：大理特产，用羊奶或牛奶制成。

çy⁴⁴ ʔa³¹kɔ³³ ɣɯ⁴²sɿ³⁵
说　阿哥　读书

40　车阿铺三双，　　　　　　　　　　　　三年睡一床。
tɕhε³³ ʔa³¹phu⁵⁵ sa⁵⁵sua⁴⁴
睡　一床　三年

41　气样百生利比叭，　　　　　　　　　千样百样比到了，
tɕhi⁵⁵jo³² pε⁴⁴sɯ⁴⁴ li⁵⁵ pi³¹phia⁴⁴
千样　百样　也　比到

42　非礼物言恼利我，　　　　　　　　　非礼勿言你和我，
fe³³li³¹ u³⁵je⁴² nɔ³¹ li⁵⁵ ŋɔ³¹
非礼　勿言　你　和　我

43　闲话本由双。　　　　　　　　　　　闲话不由说。
ɕa³⁵to³¹ pɯ³¹jo³⁵ sua⁴⁴
闲话　不由　说

44　格楼格打必，　　　　　　　　　　　中间隔扁担，
kε³⁵lo⁵⁵ kε³⁵ ta³²pi³⁵
中间　隔扁担

45　水该利格叭，　　　　　　　　　　　水碗都用到，
çy³³ke³² li⁵⁵ kε³⁵ phia⁴⁴
水碗　也　隔　到

46　鼠碰供读书三双。　　　　　　　　　撞倒就供三年书。
tshy³³phɯ⁵⁵ ku³⁵ ɣɯ⁴²sɿ³⁵ sa⁵⁵sua⁴⁴
撞倒　供　读书　三年

47　阿哥利自非闪心，　　　　　　　　　哥哥你则很小心，
ʔa³¹kɔ³³ ɳi⁵⁵ tsɿ⁵⁵ fe³³ se³¹ɕi³⁵
阿哥　您　则　很　小心

48　格自鼠枪枪。　　　　　　　　　　　怕得像鼠样。
kε³⁵ tsɿ⁵⁵ sy̩³³tɕha⁴⁴tɕha⁴⁴
怕　成　鼠模样

49　自十自对处，　　　　　　　　　　　吟诗做对时，
tsɿ⁵⁵sɿ³³ tsɿ⁵⁵tui⁴² tshy̩³¹
吟诗　做对　处

50　才学好着加。　　　　　　　　　　　才学真是好。
tshe⁴²ɕɔ³⁵ xu³¹ tsɔ⁴²tɕa⁵⁵
才学　好　真是

51　阿哥读书聪明香，　　　　　　　　　哥哥读书好聪明，
ʔa³¹kɔ³³ ɣɯ⁴²sɿ³⁵ tsho⁴⁴miɯ⁴² ɕa⁴⁴
阿哥　读书　聪明　极

52　弟着阿哥争供名，　　　　　　　　　只想供哥争功名，

	ti³¹tsɔ⁴² ʔa³¹kɔ³³ tsɯ⁴⁴ ko⁴⁴miɯ⁴²	
	只想　　阿哥　　争　　功名	
53	中状元探花。	中状元探花。
	tso⁵⁵ tsua⁵⁵jyi⁴² tha⁵⁵xua³³	
	中　　状元　　　探花	
54	须阿哥人才，	说阿哥人才，
	ɕy⁴⁴ ʔa³¹kɔ⁵⁵ zɯ⁴²tshe⁴²	
	说　　阿哥　　人才	
55	有童子相央，	有童子相貌，
	tsɯ³³ to⁴²tsɿ³¹ ɕa⁴⁴ja⁴⁴	
	有　　童子　　相貌	
56	相貌好比是文昌，	相貌好比是文昌，
	ɕa⁵⁵mɔ⁵⁵ xɔ³¹pi³¹ sɿ⁵⁵ vɯ⁴²tsha³³	
	相貌　　好比　　是　文昌	
57	出入走进文昌宫，	出入走进文昌宫，
	tshɣ³⁵zu³⁵ tso³¹tɕɯ⁵⁵ vɯ⁴²tsha⁵⁵ko³³	
	出入　　走进　　　文昌宫	
58	缺少一炉香。	缺少一炉香。
	tɕhye³⁵sɔ³¹ ji³⁵lu⁴² ɕa⁴⁴	
	缺少　　　一炉　　香	
59	有等央人才，	有这样的人才，
	tsɯ³³ tɯ³¹ja³¹ zɯ⁴²tshe⁴²	
	有　　这样　　人才	
60	多坐宝旺双，	多活它几年，
	tuɔ³⁵ kɣ³² pɔ³¹ ua⁵⁵sua⁴⁴	
	多　　在　它　几年	
61	皆要坐宝阿白双。	应该活它一百岁。
	kɛ³⁵ nɔ⁴⁴ kɣ³² pɔ³¹ ʔa³¹pɛ³² sua⁴⁴	
	该　要　在　它　一百　岁	
62	半途而费哥丢我，	半途而废哥丢我，
	pa⁵⁵thu⁴² ɛ⁴² fe⁵⁵ kɔ³³ pie⁵⁵ ŋɔ³¹	
	半途　　而　废　哥　丢　我	
63	皮日米哥堆。	日日想念哥。
	pe²¹ȵi⁴⁴ mi³¹ kɔ³³ tua³²	
	每日　　想　哥　上	
64	须阿哥日双，	说哥的年纪，
	ɕy⁴⁴ ʔa³¹kɔ³³ ȵi⁴⁴sua⁴⁴	
	说　阿哥　年纪	
65	甲满十六双。	刚满十六岁。

tɕa³⁵ma³¹ tsɿ⁴²fv⁴⁴ sua⁴⁴
刚满　　十六　岁

66　两人自阿有日双，　　　　　　　　　两人是相同年纪，
ko³¹ɲi³¹ tsɿ⁵⁵ ʔa³¹jo³² ɲi⁴⁴sua⁴⁴
两人　是　一样　年纪

67　花古六老孟敌开，　　　　　　　　　花骨朵儿才开放，
xuɔ³⁵ku³¹lu³⁵ nɔ³³ mɯ⁴²ti³¹ khɯ⁵⁵
花骨朵　　的　才　开

68　道过受宣相。　　　　　　　　　　　就遇着雪霜。
tɔ³⁵kuɔ³² so⁵⁵ɕy⁴⁴ ɕa⁴⁴
遇着　　霜雪　杀

69　须阿哥归山，　　　　　　　　　　　说阿哥归山，
ɕy⁴⁴ ʔa³¹kɔ³³ kui⁵⁵se⁵⁵
说　阿哥　归山

70　甲合怎夫汪，　　　　　　　　　　　刚好在六月，
tɕa³⁵xɔ³⁵ tsɯ³⁵ fv⁴⁴ua⁴⁴
刚好　　在　六月

71　六月二十五日，　　　　　　　　　　六月二十五日，
lu³⁵yɛ³⁵ ɛ⁵⁵sɿ⁴⁴u³¹ zɿ³⁵
六月　二十五　日

72　取火把时阿哥死，　　　　　　　　　哥哥死在点火把时，
tɕhui⁴⁴ xui³¹tɕy³¹ tsɿ³¹ ʔa³¹kɔ³³ ɕi³³
点　火把　时　哥哥　死

73　及时见阎王。　　　　　　　　　　　吉时见阎王。
tɕi³⁵sɿ⁴² tɕie⁵⁵ je⁴²ua⁴⁴
吉时　见　阎王

74　丢阿母古人，　　　　　　　　　　　丢下妈妈老人家，
tio⁴⁴ ʔa³¹mɔ³³ ku³³ɲi³¹
丢　妈妈　老人

75　头发白宣番。　　　　　　　　　　　头发白霜染。
tɯ²¹ma³⁵ pɛ⁴²so⁵⁵ phia⁴⁴
头发　白霜　到

76　阿母靠舍人孝养？　　　　　　　　　妈妈靠谁人孝养？
ʔa³¹mɔ³³ khɔ⁵⁵ xa³³ɲi³¹ ɕɔ⁵⁵ja³¹
妈妈　靠　谁人　孝养

77　者着怎兄怎弟因，　　　　　　　　　如果有兄弟姐妹，
tsa³¹tsɯ³³ tsɯ³³ɲɣ³⁵ tsɯ³³the⁴⁴ jɯ³⁵
如果　有兄　有弟　了

78　干母次利三。　　　　　　　　　　　丢下妈也倒罢。

ka⁴⁴ mɔ³³ tshŋ⁵⁵ li⁵⁵ sa⁴⁴
把　妈　丢　也　罢

79　家家火把节，　　　　　　　　　　　　　家家火把节，
　　tɕa³³tɕa³³ xuɔ³¹pa³¹tɕɛ³⁵
　　家家　　　火把节

80　人人之过加，　　　　　　　　　　　　　人人在过节，
　　ȵi³¹ȵi³¹ tsŋ⁵⁵ kuɔ³²tɕa⁴⁴
　　人人　　则　过节

81　想早我哥去那看，　　　　　　　　　　　想念我哥去哪找，
　　ɕa³¹ ji²¹ ŋɯ⁵⁵ kɔ³³ pe⁴⁴ na⁴⁴ ji²¹
　　想　找　我的　哥　去　哪　找

82　点坑眉灯火找哥，　　　　　　　　　　　点起明子火找哥哥，
　　ke³¹khɯ⁴⁴ me³⁵tɯ³⁵ xui³³ ji²¹ kɔ³³
　　点起　　　明子　　火　找　哥

83　找灯哥朵三。　　　　　　　　　　　　　找不着哥哥。
　　ji²¹tɯ⁴⁴ kɔ³³ tuɔ³³ sa⁴⁴
　　找着　哥　不得　了

84　格山怎找处，　　　　　　　　　　　　　隔山能找到，
　　kɛ³²sɤ³² tsɯ³³ ji²¹tshɤ³¹
　　隔山　　有　找处

85　格海灯上看，　　　　　　　　　　　　　隔海得相见，
　　kɛ³²kɔ²¹ tɯ⁴⁴ sa⁵⁵ʔa³¹
　　隔海　得　相见

86　格扳四尧没处看，　　　　　　　　　　　隔了棺材无法看，
　　kɛ³²pɛ³³ ɕi⁴⁴jɔ³¹ mu³³tshɤ³¹ ʔa³³
　　隔板　四张　无处　　看

87　阴阳隔着一张纸。　　　　　　　　　　　阴阳隔着一张纸。
　　jɯ⁴⁴ja⁴² kɛ³⁵tsɛ⁴⁴ ji³⁵tsa⁴⁴ tsŋ³¹
　　阴阳　　隔着　　一张　　纸

88　汉灯哥朵三，　　　　　　　　　　　　　看不见哥哥，
　　xa⁵⁵tɯ⁴⁴ kɔ³³ tuɔ³¹ sa⁴⁴
　　看见　　哥　不得　了

89　提坑我苦情。　　　　　　　　　　　　　提起我苦情。
　　thi⁵⁵khɯ³³ ŋɯ⁵⁵ khu³¹tɕɛ²¹
　　提起　　　我的　苦情

90　抱怨我爹妈，　　　　　　　　　　　　　抱怨我爹妈，
　　pɔ⁴⁴jyi⁴⁴ ŋɔ³¹ tie³³ma³³
　　抱怨　　我　爹妈

91　一个姑娘害两家。　　　　　　　　　　　一个姑娘害两家。

	ji³⁵kuɔ⁵⁵ ku³³ȵa³³ xe⁵⁵ ȵa³¹tɕa³³ 一个　姑娘　害　两家	
92	子要女愿本许配， tsɿ⁴⁴ȵo⁴⁴ ȵɣ³³jyi⁵⁵ puɯ³¹ɕy³³ phe⁵⁵ 男情　女愿　不许　配	男情女愿不婚配，
93	孟干哥欺香。 muɯ⁴²ka⁴⁴ kɔ³³ tɕhi⁴⁴ɕa⁴⁴ 才　把　哥　气死	才把哥气死。
94	好夫配好妻， xɔ³¹fɣ⁴⁴ phe⁵⁵ xɔ³¹tɕhi³³ 好夫　配　好妻	好夫配好妻，
95	配灯哥朵三。 phe⁵⁵tuɯ⁴⁴ kɔ³³ tuɔ³¹ sa⁴⁴ 配得　哥　不得　了	配不得哥哥。
96	前世烧了对头香， tɕhie⁴²sɿ⁵⁵ sɔ³³lɔ³¹ tui⁵⁵to⁴² ɕa³³ 前世　烧了　对头　香	前世烧了对头香，
97	牛不吃水压牛头， ȵo⁴²pu³⁵ tshɿ³⁵ɕy³¹ ja³⁵ȵo⁴²tho⁴² 牛　不　吃　水　压　牛头	牛不吃水压牛头，
98	欺我心吐双。 tɕhi⁴⁴ŋuɯ³¹ ɕi³⁵ nɔ³³ sua⁴⁴ 气　凝　心　上　血	伤心血凝心间。
99	打散鸳鸯鸟， ta³¹sa⁵⁵ jyi³³ja³³ȵɔ³¹ 打散　鸳鸯鸟	打散鸳鸯鸟，
100	把我给马甲。 pa³¹ ŋɯ³¹ zɿ³¹ ma³¹tɕa³⁵ 把　我　给　马甲	把我给马甲。
101	马甲祖打亮格干， ma³¹tɕa³⁵ tsu³¹ta³¹ ȵa⁵⁵ kɛ³⁵ka³² 马甲　阻挡　咱们　中间	马甲阻挡在中间，
102	英台落成广皆头， juɯ³³the⁴² luɔ³⁵tsɛ²¹ kuɔ³¹ke³⁵tuɯ³¹ 英台　成了　寡母鸡	英台成了独秧鸡，
103	十一分凄惨。 sɿ³⁵ji³⁵fuɯ³³ tɕhi³³tsha³³ 十一分　凄惨	十一分凄惨。
104	燕双成阿头，	双燕成单只，

je⁵⁵sɣ⁵⁵ tsɛ²¹ ʔa³³tɯ³¹
双雁　成　一只

105　主树成阿倘。　　　　　　　　　　　　　双筷子成一支。
tsɣ³¹sɣ⁵⁵ tsɛ³¹ ʔa³¹tha³¹
一双筷　成　一支

106　纠我单雁不成双，　　　　　　　　　　　让我单燕不成双，
tɕo⁵⁵ ŋɔ³¹ ta³³je⁵⁵ pu³⁵ tshɯ⁴² sua³³
让　我　单雁　不　成　双

107　英台孤雁宿寒林，　　　　　　　　　　　英台孤雁宿寒林，
jɯ³³the⁴² ku³³je⁵⁵ su⁵⁵ xa⁴²liɯ⁴²
英台　孤雁　宿　寒林

108　归落在何方？　　　　　　　　　　　　　归落在何方？
kui³³luɔ³⁵ tse⁵⁵ xuɔ⁴²fa³³
归落　在　何方

109　飞利一起飞，　　　　　　　　　　　　　飞也一起飞，
fɣ³⁵ li⁵⁵ ji³⁵tɕhi³¹ fɣ³⁵
飞　也　一起　飞

110　堆利一起堆，　　　　　　　　　　　　　蹲也一块儿蹲，
tsua³¹ li⁵⁵ ji³⁵tɕhi³¹ tsua³¹
蹲　也　一起　蹲

111　阿哥利等我没三，　　　　　　　　　　　哥哥你却不等我，
ʔa³³kɔ³³ n̩i⁵⁵ tɯ³¹ ŋɔ³¹ mu³³ sa⁴⁴
阿哥　您　等　我　没　了

112　阎王叫你三更死，　　　　　　　　　　　阎王叫你三更死，
je⁴²ua⁴² tɕɔ⁵⁵n̩i³¹ sa³³kɯ³³ sʅ³¹
阎王　叫你　三更　死

113　等灯我朵三。　　　　　　　　　　　　　等不得我了。
tɯ³¹tɯ⁴⁴ ŋɔ³¹ tuɔ³³ sa⁴⁴
等得　我　不得　了

114　干罗二十四，　　　　　　　　　　　　　干罗二十四，
ka⁴⁴luɔ⁴² ɛ⁵⁵sʅ³⁵sʅ⁵⁵
干罗　二十四

115　彭祖八百双，　　　　　　　　　　　　　彭祖八百岁，
phɯ⁴²tsu³¹ pia⁴⁴pɛ⁴⁴sua⁴⁴
彭祖　八百岁

116　颜回不满三十三。　　　　　　　　　　　颜回不满三十三。
je⁴²xui⁴² pu³⁵ma³¹ sa⁴⁴sʅ³⁵sa⁴⁴
颜回　不满　三十三

117　布顿好自呋斗称，　　　　　　　　　　　布匹好则布头损，

phiɔ³¹tui³² xu³¹ tsɿ⁵⁵ puɯ⁵⁵ tuɯ³¹ tshuɯ⁵⁵
布匹　　好则　它　头　损

118　古人尼所双。　　　　　　　　　　　　古人这样说。
ku³¹ȵi³¹ ȵa³³ne³¹ sua⁴⁴
古人　　这样　　说

119　比哥楚霸王，　　　　　　　　　　　　比哥楚霸王，
pi³¹ kɔ³³ tshu³¹pa⁵⁵ua⁴²
比　哥　楚霸王

120　无人敌得他，　　　　　　　　　　　　无人敌得他，
vv̩⁴²zɯ⁴² ti³⁵tɯ³⁵ tha³³
无人　　敌得　他

121　他们只为争江山，　　　　　　　　　　他们只为争江山，
tha³³mɯ³³ tsɿ³¹ui⁵⁵ tsɯ⁴⁴ tɕa³³se³³
他们　　　只为　　争　江山

122　韩信逼死楚霸王，　　　　　　　　　　韩信逼死楚霸王，
xa⁴²ɕɯ⁵⁵ pi³⁵sɿ³¹ tshu³¹pa⁵⁵ua⁴²
韩信　　逼死　　楚霸王

123　逼死东乌江。　　　　　　　　　　　　逼死东乌江。
pi³⁵sɿ³¹ to³³u³³tɕa³³
逼死　　东乌江

124　韩信封官位，　　　　　　　　　　　　韩信封官位，
xa⁴²ɕɯ⁵⁵ fo³³ kue³³ui⁵⁵
韩信　　封　官位

125　封得三齐王，　　　　　　　　　　　　封得三齐王，
fo⁴⁴tɛ³⁵ sa³³tɕhi⁴²ua⁴²
封得　　三齐王

126　百战百胜保刘邦。　　　　　　　　　　百战百胜保刘邦。
pɛ³⁵tsa⁵⁵ pɛ³⁵sɯ⁵⁵ pɔ³¹ lio⁴²pa⁴⁴
百战　　百胜　　保　刘邦

127　成萧何来败萧何，　　　　　　　　　　成萧何来败萧何，
tshɯ⁴² ɕɔ⁴⁴xuɔ³⁵ le⁴² pe⁵⁵ ɕɔ⁴⁴xuɔ³⁵
成　　萧何　　来败　萧何

128　干韩信害相。　　　　　　　　　　　　把韩信害死。
ka⁴⁴ xa⁴²ɕɯ⁵⁵ xe⁴⁴ɕa⁴⁴
把　韩信　　害死

129　阿哥利死恨，　　　　　　　　　　　　哥哥你死后，
ʔa³³kɔ³³ ȵi⁵⁵ ɕi³¹ xɯ⁵⁵
哥哥　　您　死　后

130　叫我生哭相。　　　　　　　　　　　　让我好伤心。

tɕo⁵⁵ ŋɔ³¹ xɛ⁵⁵ko⁴⁴ ɕa⁴⁴
让 我 痛哭 极

131 古母单人丢岸当。 老母独自丢在这里。
ku³¹mɔ³³ ta³⁵n̩i³¹ piɛ⁵⁵ ʔa⁵⁵ta⁴⁴
老母 独自 丢 这里

132 黄梅不落青梅落， 黄梅不落青梅落，
xua⁴²me⁴² pu³⁵lu³⁵ tɕhɯ⁴⁴me⁴² lu³⁵
黄梅 不落 青梅 落

133 哪个不悲伤！ 哪个不悲伤！
na³¹kuɔ⁵⁵ pu³⁵ pe³³sa³³
哪个 不 悲伤

134 阿哥利交足， 哥哥您不必焦心，
ʔa³³kɔ³³ n̩i⁵⁵ tɕo³⁵tɕu⁴²
阿哥 您 别 焦心

135 古母我汉三。 老母我孝养。
ku³¹mɔ³³ ŋɔ³¹ xa⁵⁵ sa⁴⁴
老母 我 养 了

136 英台我汝心棵双， 英台我用良心讲，
jɯ³³the⁴² ŋɔ³¹ zɤ³¹ ɕi³⁵khuɔ⁴⁴ sua⁴⁴
英台 我 用 心 说

137 闪世斗母求阿有， 世间父母都一样，
se³²ke³⁵ to³⁵mɔ³³ tɕho⁵⁵ ʔa³¹jo⁴²
世间 爹妈 都 一样

138 我吐要单外。 别跟我见外。
ŋɯ⁵⁵ nɔ³³ n̩o⁴⁴ ta⁴⁴ua⁴⁴
我 上 别 当外

139 衣被我者着， 衣裳我缝来，
ji³⁵pe⁴⁴ ŋɔ³¹ tse³¹ tsɯ³⁵
衣裳 我 缝 来

140 鞋袜我自叭， 鞋袜我做到，
ŋe³¹va³⁵ ŋɔ³¹ tsɿ⁵⁵ phia⁴⁴
鞋袜 我 做 到

141 逢年过节干母加。 逢年过节来接妈。
fɯ⁴²n̩e⁴² kuɔ⁵⁵tɕɛ³⁵ ka⁴⁴ mɔ³¹ tɕa⁴⁴
逢年 过节 把 妈 接

142 世间有三父八母， 世间有三父八母，
sɿ⁵⁵tɕie³³ jo³¹ sa⁴⁴fɤ⁵⁵ pa³⁵mu³¹
世间 有 三父 八母

143 一样看待她。 一样看待她。

ji³⁵ja⁵⁵ kha⁵⁵te⁵⁵ tha³³
一样　看待　　她

144　清明上哥坟，　　　　　　　　　　　　清明上哥的坟，
　　　tɕɯ⁵⁵mi³⁵ tso³¹ kɔ³³mu³²
　　　清明　　　上　哥坟

145　七月初一加。　　　　　　　　　　　　七月初一接你。
　　　tɕhi⁴⁴ua⁴⁴ uɛ³⁵ji⁴⁴ tɕa⁴⁴
　　　七月　　　初一　　接

146　阿哥利干我那叭，　　　　　　　　　　哥哥请你到我家，
　　　ʔa³³kɔ³³ ȵi⁵⁵ ka⁴⁴ ŋɯ⁵⁵na³² phia⁴⁴
　　　阿哥　　您　把　我的地方　到

147　七月十四送利包，　　　　　　　　　　七月十四给你烧包，
　　　tɕhi⁴⁴ua⁴⁴ tsʅ³⁵ɕi⁵⁵ su⁵⁵ ȵi⁵⁵ pɔ³⁵
　　　七月　　　十四　　烧　您　包

148　哥干我孟加。　　　　　　　　　　　　来接哥哥你。
　　　kɔ³³ ka⁴⁴ ŋɯ⁵⁵ mɯ⁵⁵ tɕa⁴⁴
　　　哥　把　我的　处　接

149　阿哥利死恨，　　　　　　　　　　　　哥哥您死后，
　　　ʔa³³kɔ³³ ȵi⁵⁵ ɕi³¹ xɯ⁵⁵
　　　哥哥　　您　死　后

150　缺少一炉香。　　　　　　　　　　　　缺少一炉香。
　　　tɕhyɛ³⁵sɔ³¹ ji³⁵lu⁴² ɕa⁴⁴
　　　缺少　　　　一炉　　香

151　后代香烟那人加，　　　　　　　　　　后代家里香火谁人续，
　　　ɣɯ³³te⁴⁴ ɕo³⁵xui³³ na⁴⁴ȵi²¹ tɕa⁴⁴
　　　后代　　　香火　　　谁　　接

152　油利干自火利乌，　　　　　　　　　　油也干来火也熄，
　　　jɯ³¹ li⁵⁵ ka³⁵ tsʅ⁵⁵ xui³¹ li⁵⁵ u³³
　　　油　也　干　则　火　　也　熄

153　怎巴猴子散。　　　　　　　　　　　　树倒猢狲散。
　　　tsɯ³¹ pa⁴⁴ ɣo³¹sua³⁵ sa⁴⁴
　　　树　　倒　　猢狲　　　散

154　任灯病灯直，　　　　　　　　　　　　知道病已得，
　　　zɯ⁴⁴tu⁴⁴ pɛ³¹ tu⁴⁴ tsʅ⁵⁵
　　　知道　　　病　得

155　生我花张香。　　　　　　　　　　　　使我好慌张。
　　　sɯ³³ ŋɔ³¹ xua³⁵tsa³⁵ ɕa⁴⁴
　　　使　我　慌张　　　　极

156　英台亲手开药单，　　　　　　　　　　英台亲手开药单，

jɯ³³the⁴² tɕhɯ³³so³¹ khe³³ jɔ³⁵ta³³
英台　亲手　开　药单

157　火节三寒没药色，　　　　　　　　　火结伤寒无药治，
　　　xuɔ³¹tɕɛ³⁵ sa⁴⁴xa⁴² mu³³ jo⁴⁴sɛ³⁵
　　　火结　伤寒　无　医生

158　埂灯哥朵三。　　　　　　　　　　　救不得哥哥。
　　　tɕo³² tɯ⁴⁴ kɔ³³ tuɔ³³ sa⁴⁴
　　　救　得　哥　不得　了

159　自孟哥死恨，　　　　　　　　　　　自从哥死后，
　　　tsɿ⁵⁵mɯ⁵⁵ kɔ³³ ɕi³¹ xɯ⁵⁵
　　　自从　哥　死　后

160　任登事能加。　　　　　　　　　　　认清这些事。
　　　zɯ⁴⁴tɯ⁴⁴ sɿ³¹ nɯ³¹tɕa⁴⁴
　　　认清　事　这些

161　直斗双给哥利三，　　　　　　　　　真话说给哥哥也罢，
　　　tsɿ³⁵to³¹ sua⁴⁴zɿ³¹ kɔ³³ li⁵⁵ sa⁴⁴
　　　真话　说给　哥　也　罢

162　那格名声打次恨，　　　　　　　　　又怕名声被损坏，
　　　la³²kɛ³⁵ miɛ³⁵tshɛ⁵⁵ tɛ⁴⁴tshɿ⁵⁵ xɯ⁵⁵
　　　又怕　名声　弄丢　了

163　是名誉有关。　　　　　　　　　　　和名誉有关。
　　　tsɯ³³ miɯ⁴²jyi⁵⁵ jo³¹kua⁴⁴
　　　和　名誉　有关

164　阿哥利芳心，　　　　　　　　　　　哥哥你放心，
　　　ʔa³¹kɔ³³ ȵi⁵⁵ fa⁴⁴ɕi³⁵
　　　阿哥　您　放心

165　我扶利其杆。　　　　　　　　　　　有我撑您的旗杆。
　　　ŋɯ⁵⁵ pɛ³³ ȵi⁵⁵ tɕi³¹ka³⁵
　　　我　扶　您　旗帜

166　英台细双吐猛双，　　　　　　　　　英台先跟你说一声，
　　　jɯ³³the⁴² ɕiɛ⁵⁵ sua⁴⁴ nɯ⁵⁵ mɯ⁵⁵ sua⁴⁴
　　　英台　先　说　你的　处　说

167　我若死恨埋己利，　　　　　　　　　我死后跟你一起葬，
　　　ŋɔ³¹ tɕi³¹ ɕi³¹xɯ⁵⁵ me⁴²tɕi³¹ ȵi⁵⁵
　　　我　若　死后　葬挨　您

168　不愿马德芳。　　　　　　　　　　　不愿马德芳。
　　　pu³⁵jui⁵⁵ ma³¹tɯ³⁵fa³³
　　　不愿　马德芳

169　哭哥委个心，　　　　　　　　　　　哭哥我的眼珠子，

ko⁴⁴ kɔ³³ ui³³kɛ⁵⁵ɕi³⁵
哭　哥　　眼珠

170　哭哥心肝肺。　　　　　　　　　　　　哭哥我的心肝肺。
ko⁴⁴ kɔ³³ ɕi³⁵ka³⁵phia⁴⁴
哭　哥　心肝肺

171　阿哥阴魂听我双，　　　　　　　　　　阿哥阴魂听我说，
ʔa³¹kɔ³³ jɯ³³xui⁴² tɕhɛ⁵⁵ ŋɔ³¹ sua⁴⁴
阿哥　阴魂　　听　我　说

172　阿哥死只岸拉去？　　　　　　　　　　哥哥你死向何方了？
ʔa³¹kɔ³³ ɕi³¹tsʅ³¹ ʔa⁵⁵na⁴⁴ ŋɛ³¹
阿哥　死朝　哪方　去

173　干我丢岸当。　　　　　　　　　　　　把我丢这里。
ka⁴⁴ ŋɔ³¹ piɛ⁵⁵ ʔa⁵⁵ta⁴⁴
把　我　丢　这里

174　阿哥死只头，　　　　　　　　　　　　哥哥死在前，
ʔa³¹kɔ³³ ɕi³¹tsʅ³¹ tɯ³¹
阿哥　死朝　前

175　鬼门关上看。　　　　　　　　　　　　鬼门关相见。
kui³¹mɯ⁴²kua⁴⁴ sa⁵⁵ʔa³¹
鬼门关　　　相见

176　阴司路吐干我加，　　　　　　　　　　阴司路上你接我，
jɯ³³sʅ³³ thu³³ nɔ³³ nɔ³¹ ka⁴⁴ ŋɔ³¹ tɕa⁴⁴
阴司　路　上　你　把　我　接

177　早晚赶米哥吐约，　　　　　　　　　　迟早会追上哥哥，
tsu³¹me³³ tɕi⁴²mi³¹ kɔ³³ nɔ³³ jɔ³⁵
早晚　　赶上　哥　上　的

178　死了成一双。　　　　　　　　　　　　死了成一双。
ɕi³¹xɯ⁵⁵ tsɛ³¹ ʔa³³sua³³
死了　成　一双

179　马甲气相梁山伯，　　　　　　　　　　马甲气死梁山伯，
ma³¹tɕa³⁵ tɕhi⁴⁴ɕa⁴⁴ na⁴²se³³pɯ³⁵
马甲　气死　　梁山伯

180　英台气相马德芳，　　　　　　　　　　英台气死马德芳，
jɯ³³the⁴² tɕhi⁵⁵ɕa⁴⁴ ma³¹tɛ³⁵fa⁴⁴
英台　气死　马德芳

181　马甲想讨祝英台，　　　　　　　　　　马甲想娶祝英台，
ma³¹tɕa³⁵ ɕa³¹ thu⁵⁵ tsu³⁵jɯ³³the⁴²
马甲　想　讨　祝英台

182　猴子想面汪。　　　　　　　　　　　　猴子想月亮。

ɣo³¹sua³⁵ ɕa³¹ mi⁵⁵ua⁴⁴
猴子　　想　月亮

183　答对阿哥穿孝衣，　　　　　　　　　　　哥哥当面穿孝衣，
　　　ta³⁵tui⁴⁴ ʔa³¹kɔ³³ ji³² ɕo⁴⁴ji³⁵
　　　当对　　阿哥　　穿　孝衣

184　答对阿哥干孝加，　　　　　　　　　　　哥哥当面把孝戴，
　　　ta³⁵tui⁴⁴ ʔa³¹kɔ³³ ka⁴⁴ ɕo⁴⁴ tɕa⁴⁴
　　　当对　　阿哥　　把　孝　接

185　答对阿哥穿坑宝，　　　　　　　　　　　哥哥当面穿起它，
　　　ta³⁵tui⁴⁴ ʔa³¹kɔ³³ ji³²khɯ³³ pɔ³¹
　　　当对　　阿哥　　穿起　　它

186　永远不脱它。　　　　　　　　　　　　　永远不脱它。
　　　jo³¹jye³¹ pu³⁵thuɔ³⁵ tha⁴⁴
　　　永远　　不脱　　　它

187　今日杯因干哥祭，　　　　　　　　　　　今日到来把哥祭，
　　　kɛ⁵⁵ȵi⁴⁴ pe⁴⁴jɯ³⁵ ka⁴⁴ kɔ³³ tse³²
　　　今日　　来到　　把　哥　祭

188　只有祭文这一张，　　　　　　　　　　　只有祭文这一张，
　　　tsɿ³⁵jo³¹ tɕi⁵⁵vɯ⁴² tsɿ⁵⁵ ji³⁵tsa³³
　　　只有　　祭文　　这　一张

189　礼物张利自兄弟，　　　　　　　　　　　礼物薄来兄弟情，
　　　li³¹vɣ³⁵ tshɛ⁵⁵ li⁵⁵ tsɿ⁵⁵ zɣ³⁵the⁴⁴
　　　礼物　　轻　也　做　兄弟

190　哥干我情加。　　　　　　　　　　　　　请哥把我情意接。
　　　kɔ³³ ka⁴⁴ ŋɯ⁵⁵ tɕiɛ²¹ tɕa⁴⁴
　　　哥　把　我的　意　接

191　祭利本汝羊利猪，　　　　　　　　　　　祭奠不用羊和猪，
　　　tse³² li⁵⁵ pɯ³¹zɣ³¹ jo³¹ li⁵⁵ te⁴²
　　　祭　也　不用　　羊　和　猪

192　祭利本汝皆利安，　　　　　　　　　　　祭奠不用鸡和鸭。
　　　tse³² li⁵⁵ pɯ³¹zu³¹ ke⁵⁵ li⁵⁵ ʔa⁴⁴
　　　祭　也　不用　　鸡　和　鸭

193　祭利敌汝香三杆，　　　　　　　　　　　祭你只用三炷香，
　　　tse³² ȵi⁵⁵ ti³¹zɣ³¹ ɕo³⁵ sa⁵⁵ka³⁵
　　　祭　您　只用　香　三　杆

194　江水饭三哈。　　　　　　　　　　　　　江水饭三口。
　　　kɣ³⁵ɕy³³ xɛ⁵⁵sɿ³¹ sa⁵⁵xa⁴⁴
　　　江水　　饭　　　三口

195　一炷香来敬天地，　　　　　　　　　　　一炷香来敬天地，

ji³⁵tsɣ⁵⁵ɕa³³ le⁴² tɕɯ⁵⁵ thie³³ti⁵⁵
一炷香　来　敬　天地

196　二炷香来敬三光，　　　　　　　　　　　　二炷香来敬三光，
ɛ⁵⁵tsɣ⁵⁵ɕa³³ le⁴² tɕɯ⁵⁵ sa³³kua³³
二炷香　来　敬　三光

197　第三杆干阿哥祭，　　　　　　　　　　　　三炷香来祭哥哥，
te³¹sa⁵⁵ ka³⁵ ka⁴⁴ ʔa³¹kɔ³³ tɕi⁵⁵
第三　杆　把　阿哥　祭

198　哉干提包花。　　　　　　　　　　　　　　再烧提包花。
tse⁴⁴ka⁴⁴ thi⁴⁴pɔ³³xuɔ³³
再烧　提包花

199　白香三杆香付付，　　　　　　　　　　　　三炷白香香喷喷，
pɛ⁴²ɕo³⁵ sa⁵⁵ka³⁵ ɕo³⁵fɣ⁵⁵fɣ⁵⁵
白香　三炷　香馥馥

200　清茶三中明亮亮。　　　　　　　　　　　　三杯清茶亮堂堂。
tɕhɛ⁵⁵tsɔ²¹ sa⁵⁵tsɣ³⁵ mɛ²¹na⁴⁴na⁴⁴
清茶　三杯　亮堂堂

201　茶气酒气敬给利，　　　　　　　　　　　　茶水酒水敬给你，
tsɔ²¹tɕhi⁴⁴ tsʅ³¹tɕhi⁴⁴ tɕɯ⁴⁴kɯ³¹ ȵi⁵⁵
茶水　酒水　敬给　您

202　阿哥饮因巴。　　　　　　　　　　　　　　哥哥来喝吧。
ʔa³¹kɔ³³ ʔɯ³¹ jɯ³⁵ me³²
阿哥　喝　来　吧

203　金银纸火送给利，　　　　　　　　　　　　金银纸火烧给您，
tɕie³⁵ȵi²¹ tsʅ³³xui³³ su⁵⁵zʅ³¹ ȵi⁵⁵
金银　纸火　烧给　您

204　梁兄阴魂做旁昌。　　　　　　　　　　　　梁兄阴魂做盘缠。
na⁴²ɕo³³ jɯ⁴⁴xui⁴² tsʅ⁵⁵ pha⁴²tsha⁴²
梁兄　阴魂　做　盘缠

205　阿哥领利欠尼咽，　　　　　　　　　　　　哥哥来领你财银，
ʔa³¹kɔ³³ nɛ³¹ ȵi⁵⁵ tɕhie⁵⁵ȵi²¹ jɯ³⁵
阿哥　领　您　钱银　来

206　做乌呼尚乡。　　　　　　　　　　　　　　就呜呼尚飨。
tsʅ⁵⁵ u⁴⁴xu⁴⁴ sa⁵⁵ɕa³¹
则　呜呼　尚飨

梁母【唱】：

1　小姐请坑母回礼，　　　　　　　　　　　　小姐请起母回礼，
ɕɔ³¹tɕie³¹ tɕhɛ³³khɯ³³ mɔ³³ sɯ⁵⁵le³³
小姐　请起　母　回礼

2　我劝小姐少冷气。　　　　　　　　　　　　我劝小姐别伤心。

	ŋɔ³¹ tɕhui⁵⁵ ɕɔ³¹tɕie³¹ ɕɔ³¹nɯ³³ tɕhi⁴⁴	
	我 劝 小姐 少的 气	
3	老利怎名吐人格，	你也是有名声的人，
	nɔ³¹ li⁵⁵ tsɯ³¹ mie³⁵ nɔ³³ n̠i³¹kɛ³⁵	
	你 也 是 名声 的 人	
4	受本等利台。	受不得这事。
	so⁴⁴ pɯ³¹tɯ⁴⁴ nɯ³¹the³³	
	受 不得 这事	
5	宝害生本叹本杯因，	他活着时你不来，
	pɔ³¹ xɛ⁵⁵sɯ⁴⁴ pɯ³¹tha⁵⁵ pɯ³¹ pe⁴⁴ jɯ³⁵	
	他 活着 那时 不 走 来	
6	死恨利自孟祭礼。	死后你才来祭奠。
	ɕi³¹xɯ⁵⁵ ni⁵⁵ tsɿ⁵⁵mɯ⁵⁵ tse³²li³³	
	死后 你 才来 祭礼	
7	家东招呼利吐没，	家里没人招呼你，
	xɔ³¹tɣ³⁵ tsɔ³³xu³³ nɔ³¹ nɔ³³ mu³³	
	家里 招呼 你 上 无	
8	自为生为死。	都为办丧事。
	tsɿ⁵⁵ ui³⁵ xɛ⁵⁵ ui³⁵ ɕi³¹	
	则 为 生 为 死	

梅香【唱】：

1	眉香我干姑孟双，	梅香我对姑姑说，
	me⁴²ɕa³³ ŋɔ³¹ ka⁴⁴ ku³⁵ mɯ⁵⁵ sua⁴⁴	
	梅香 我 跟 姑 处 说	
2	我劝阿姑要哭三，	我劝阿姑别哭了，
	ŋɔ³¹ tɕhui⁵⁵ ʔa³¹ku³⁵ n̠o⁴⁴ kho⁴⁴ sa⁴⁴	
	我 劝 阿姑 别 哭 了	
3	世格那人自本死，	世上谁人不生死，
	se³²kɛ³⁵ na⁴⁴n̠i³¹ tsɿ⁵⁵ pɯ³³ ɕi³³	
	世上 谁人 会 不 死	
4	本当跪亮堆。	不只我们家。
	pɯ³¹ta³⁵ tu³⁵ n̠a⁵⁵tɣ³⁵	
	不只 独 咱们家	
5	虽然山伯宝死恨，	虽然山伯他死了，
	sui³³za⁴² se³³pɯ³⁵ pɔ³¹ ɕi³¹ xɯ⁵⁵	
	虽然 山伯 他 死 了	
6	姻缘正配许马甲。	姻缘正配给马甲。
	jɯ⁴⁴jui⁴² tsɯ⁵⁵phe⁵⁵ ɕy³¹ ma³¹tɕa³⁵	
	姻缘 正配 许 马甲	
7	马甲张见姑委孟，	马甲若在姑面前，

        ma³¹tɕa³⁵ tsɯ³¹ke³⁵ ku³⁵ ui³³mɯ⁵⁵
        马甲　 站在　 姑　眼前

8　丕没山伯堆。　　　　　　　　　　　忘记他山伯。
    phe⁴⁴mu³¹ se³³pɯ³⁵ tua³²
    忘记　　山伯　上

英台【唱】：

1　开口干眉香孟双，　　　　　　　　　开口我跟梅香说，
    khɯ⁵⁵tɕy³³ ka⁴⁴ me⁴²ɕa³³ mɯ⁵⁵ sua⁴⁴
    开口　　对 梅香　　处　说

2　眉香嘞话双岸拉，　　　　　　　　　梅香你说哪里话，
    me⁴²ɕa⁴⁴ nɯ⁵⁵to³¹ sua⁴⁴ ʔa⁵⁵la⁴⁴
    梅香　　你话　说　哪里

3　恼张哉提马甲话，　　　　　　　　　你若再提马甲的话，
    nɔ³¹ tsɛ³¹tse⁴⁴ thi⁵⁵ ma³¹tɕa³⁵ to³¹
    你 若再　　提　马甲　话

4　纠姑生气相。　　　　　　　　　　　气死姑姑我。
    ka⁴⁴ ku³⁵ xɛ⁵⁵ tɕhi⁴⁴ɕa⁴⁴
    把　姑　活　气死

5　英台我利怎坑因，　　　　　　　　　英台我站起身来，
    jɯ³³the⁴² ŋɔ³¹ li⁵⁵ tsɯ³¹khɯ⁴⁴ jɯ³⁵
    英台　　我 也　站起　　来

6　阿哥听灯我没三，　　　　　　　　　哥哥听不见我话，
    ʔa³¹kɔ³³ tɕhɛ⁵⁵tɯ⁴⁴ ŋɔ³¹ mu³³ sa⁴⁴
    阿哥　　听见　　我　没 了

7　干我喉呆利哭束，　　　　　　　　　把我喉咙也哭哑，
    ka⁴⁴ ŋɯ⁵⁵ kɤ⁴²te⁴⁴ li⁵⁵ kho⁴⁴su⁵⁵
    把　我　喉咙　　也　哭哑

8　哭期因朵三。　　　　　　　　　　　哭不出来了。
    kho⁴⁴tɕhi⁴⁴ jɯ³⁵ tuɔ³¹ sa⁴⁴
    哭出　　来　不得 了

梁母【白】：小姐起来，劳累你了。
英台【白】：母亲可敢。
梁母【白】：四九快到东楼，摆好酒席。
四九【白】：奶奶，已经摆好了。
梁母【白】：既是如此，小姐请坐。
英台【白】：母亲何必拘礼。
梁母【白】：小姐请！
英台【白】：母亲饮呐！
梁母【唱】：

1　酒席筵前把杯举，　　　　　　　　　酒席筵前把杯举，

	tɕo³¹ɕi³⁵ je⁵⁵tɕhie⁴² pa³¹ pe³³ tɕy³¹ 酒席　　筵前　　把　杯　举	
2	我劝小姐莫拘礼。	我劝小姐莫拘礼。
	ŋo³¹ tɕhyi⁵⁵ ɕo³¹tɕiɛ³¹ mo⁵⁵ tɕui³³li³¹ 我　劝　　小姐　　莫　拘礼	
3	过山过坡叭岸当，	过山过坡到这里，
	kuɔ³²sɤ³² kuɔ³²po²¹ phia⁴⁴ ʔa⁵⁵ta⁴⁴ 过山　　过坡　　到　这里	
4	领利大情以。	领你大情义。
	nɛ³¹ ni⁵⁵ tɔ³² tɕɛ²¹ji⁴⁴ 领　你　大　情义	
5	本没阿羊好菜爬，	没有一样好饭菜，
	piɯ⁵⁵vɤ⁴² ʔa³¹jo³² xu³¹ xɛ⁵⁵pha⁴⁴ 没有　　一样　好　饭菜	
6	清茶淡饭待薄你。	清茶淡饭薄待你。
	tɕhu³³tsha⁴² ta⁵⁵fa⁵⁵ te⁵⁵po³⁵ ȵi³¹ 清茶　　淡饭　薄待　你	
7	恐其利者因本山，	如果你吃不习惯，
	kho³³tɕhi⁵⁵ ni⁵⁵ tsɛ³¹ jɯ⁴⁴ pɯ³¹ sɿ⁵⁵ 如果　　你若　吃　不　习惯	
8	干底弟因皆。	随便吃一碗。
	ka³⁵pi³¹tiɛ⁴⁴ jɯ⁴⁴ po³¹ ke⁴⁴ 随便　　吃　它　一碗	

英台【唱】:

1	阿母冷声要本双，	母亲不要这样说，
	ʔa³³mo³³ tɯ³¹tshɛ⁵⁵ ȵo⁴⁴pɯ³¹ sua⁴⁴ 阿妈　　这句　　不要　说	
2	难为阿母利情叭。	多谢母亲的好意。
	no³⁵ui³⁵ ʔa³¹mo³¹ ȵi⁵⁵ tɕɛ³¹ phia⁴⁴ 多谢　　阿妈　您　情意　到	
3	女我苦其礼本通，	如果女儿不懂礼，
	ȵɤ³³ ŋo³¹ kho³³tɕhi⁵⁵ le³¹ pɯ³³se³³ 女　我　如果　　礼　不懂	
4	干我包涵叭。	把我多包涵。
	ka⁴⁴ ŋo³¹ po⁴⁴xa⁴² phia⁴⁴ 把　我　包涵　　到	
5	菜松自满盆满蝶，	饭菜盛满盘盘碟碟，
	xɛ⁵⁵pha⁴⁴ tsɿ⁵⁵ ma³¹pa³¹ ma³¹tiɛ³⁵ 饭菜　　是　满盘　　满碟	
6	因恨没南填期巴，	还没吃完又添来，

jɯ⁴⁴xɯ⁵⁵ mu³³na³¹ tie⁵⁵ tɕhi³⁵ pa⁴⁴
吃完　还没　添　出　大碗

7　五碗四盘摆前面，　　　　　　　　　五碗四盘摆面前，
　　u³¹ue³¹ sŋ⁵⁵phe⁴² pe³¹ tɕi³²mi³²
　　五碗　四盘　摆　面前

8　敌自干宝看。　　　　　　　　　　　只是把它看。
　　ti³¹tsŋ⁵⁵ ka⁴⁴ pɔ³¹ ʔa³³
　　只是　把　它　看

9　人参燕窝因本下，　　　　　　　　　人参燕窝吃不下，
　　zɯ⁴²sɯ⁴⁴ je⁵⁵u³³ jɯ⁴⁴ pɯ³¹ thɯ⁵⁵
　　人参　燕窝　吃　不　下

10　油鱼大香本因三，　　　　　　　　鱿鱼大虾也不吃，
　　jo⁴²y⁴² ta⁵⁵ɕa³³ pɯ³¹ jɯ⁴⁴ sa³⁵
　　鱿鱼　大虾　不　吃　了

11　白米生使偷生盂，　　　　　　　　白米饭端在手，
　　pɛ⁴²me³³ xɛ⁵⁵sŋ³¹ tho⁴⁴ sɯ³³mɯ⁵⁵
　　白米　米饭　端　手里

12　敌自干宝看。　　　　　　　　　　只是把它看。
　　ti³¹tsŋ⁵⁵ ka⁴⁴ pɔ³¹ ʔa³³
　　只是　把　它　看

13　女我动咀因宝皆，　　　　　　　　我勉强吃一点，
　　nʏ³³ ŋɔ³¹ tʏ³³tɕy³¹ jɯ⁴⁴ pɔ³¹ ke³²
　　女　我　动口　吃　它　一碗

14　利着干哥情领叭，　　　　　　　　就算领到哥情意，
　　ni⁵⁵tsɔ⁴² ʔa³¹kɔ³³ tɕɛ³¹lɛ³¹ phia⁴⁴
　　或许　阿哥　情意　到

15　冷世夫妻自本成，　　　　　　　　此生不能做夫妻，
　　lɯ³¹xɛ⁵⁵ fʏ⁵⁵tɕhe⁵⁵ tsŋ⁵⁵ pɯ³¹tsɛ²¹
　　此世　夫妻　做　不成

16　已后代上看。　　　　　　　　　　来世再相会。
　　tɕi³¹ ɣɯ³³te³³ sa⁵⁵ʔa³¹
　　挨　后代　相会

17　英台我叫着阿妈，　　　　　　　　英台我叫声阿妈，
　　jɯ³³the⁴² ŋɔ³¹ ʔɯ³⁵tsɔ⁴² ʔa³¹mo³³
　　英台　我　叫着　阿妈

18　我哥宝埋恨岸拉，　　　　　　　　我哥哥葬在哪里，
　　ŋɯ⁵⁵kɔ³³ pɔ³¹ me⁴²xɯ⁵⁵ ʔa⁵⁵la⁴⁴
　　我哥　他　葬在　哪里

19　利干直话双我盂，　　　　　　　　您把真话跟我讲，

20 我纠哒吐卡张。 我打算就着它。
ŋɔ³¹ tɕo⁴⁴ pɯ⁵⁵ nɔ³³ kha³¹tsa⁴⁴
我 就 它 上 打算

ȵi⁵⁵ ka⁴⁴ tsʅ³⁵to³¹ sua⁴⁴ ŋɯ⁵⁵ mɯ⁵⁵
您 把 真话 说 我的 上

梁母【唱】:

1 说与小姐你听召， 说与小姐你听着，
suɔ³⁵jyi³¹ ɕɔ³¹tɕɛ³¹ ni³¹ thiɯ⁴⁴ tsuɔ⁴⁴
说与 小姐 你 听 着

2 守恨南山途头吐。 葬在南山路口处。
so³³xɯ⁵⁵ n̠a⁴²sa⁴⁴ thu³³tɯ³¹nɔ³³
葬在 南山 路口处

3 马甲迎亲从此过， 马甲迎亲从此过，
ma³¹tɕa³⁵ jɯ⁴²tɕhɯ⁴⁴ tsho⁴²tsʅ³¹ kuɔ⁵⁵
马甲 迎亲 从此 过

4 请恼去祭保。 请你去祭他。
tɕhɛ³³ nɔ³¹ ŋɛ³¹ tse³² pɔ³¹
请 你 去 祭 他

英台【唱】:

1 守恨哒当自求吐， 葬在那里就好了，
so⁴⁴xɯ⁵⁵ pɯ⁵⁵ta⁴⁴ tsʅ⁵⁵ tɕho⁵⁵ lɔ³²
葬在 那里 则 好 了

2 正合英台主义吐， 正合英台我主意，
tsɯ⁵⁵xɔ³⁵ jɯ³³the⁴² tsɣ³¹ji⁴⁴ nɔ³³
正合 英台 主意 上

3 以恩英台我死恨， 他日英台我死后，
lɔ³²ʔɯ³³ jɯ³³the⁴² ŋɔ³¹ ɕi³¹ xɯ⁵⁵
他日 英台 我 死 了

4 守己梁兄哥。 葬挨梁兄哥。
so³³tɕi³¹ n̠a⁴²ɕo³³kɔ³³
葬挨 梁兄哥

5 马甲迎亲叭哒当， 马甲迎亲到那里，
ma³¹tɕa³⁵ jɯ⁴²tɕhɯ³³ phia⁴⁴ pɯ⁵⁵ta⁴⁴
马甲 迎亲 到 那里

6 英台一定杯祭保。 英台一定去祭他。
jɯ³³the⁴² ji³⁵tiɯ⁵⁵ pe⁴⁴ tse³² pɔ³¹
英台 一定 去 祭 他

7 梁兄利我守阿课， 梁兄与我葬一坟，
n̠a⁴²ɕo³³ li⁵⁵ ŋɔ³¹ so⁴⁴ ʔa³¹khɔ⁵⁵
梁兄 和我 葬 一坟

8 紧计心头吐。   紧记在心头。
   tɕɯ³¹tɕi⁴⁴ ɕi³⁵tɯ²¹ nɔ³³
    紧记 心头 上

【白】：辞别母亲，女儿要回去了。

  梁母【白】：小姐，怎么回去？哎，伤心——【唱】：

1 母我听登小姐杯，   母亲我听见小姐走，
   mɔ³¹ ŋɔ³¹ tɕhɛ⁵⁵tɯ⁴⁴ ɕɔ³¹tɕɛ³¹ pe⁴⁴
    妈 我 听到 小姐 走

2 手干手舍本来，   手拉手来舍不得，
   sɯ³³ ŋa³⁵ sɯ³³ sɛ³¹ pɯ³¹ ne⁴⁴
    手 拉 手 舍 不 放

3 自从今日杯开恨，   自从今日分手后，
   tsɿ⁵⁵tsho⁴² kɛ⁵⁵ȵi⁴⁴ pe⁴⁴khe⁵⁵ xɯ⁵⁵
    自从 今日 走手 了

4 等那日上见。   哪天才相见。
   tɯ³¹ na³²ȵi⁴⁴ sa⁵⁵ke³²
    等 哪天 相见

5 嗯哥日双十六南，   你哥年纪才十六，
   nɯ⁵⁵kɔ³³ ȵi⁴⁴sua⁴⁴ tsɿ⁵⁵fv⁴⁴ na³¹
    你哥 年纪 十六 才

6 正在自人保要死，   正在做人他却死，
   tsɯ⁵⁵tse⁵⁵ tsɿ⁵⁵ȵi³¹ pɔ³¹ ȵo⁴⁴ ɕi³³
    正在 做人 他 要 死

7 莫说我敌古人尼，   莫说我已是老人，
   mɔ³⁵suɔ³⁵ ŋɔ³¹ ti³¹ ku³³ȵi³¹ȵi³¹
    莫说 我 只 老人家

8 木摇风吹吹。   经不住风吹。
   mɔ³⁵ jɔ²¹ fo³³ tshui³³tshui³³
    莫 扬 风 风 吹吹

9 今日是穿鞋杀穿袜，   今日还穿鞋穿袜，
   kɛ⁵⁵ȵi⁴⁴ tsɯ³³ tso⁴⁴ŋe³¹ sa³³ tso⁴⁴va³⁵
    今日 是 穿鞋 了 穿袜

10 知道明日穿不穿。   谁知明日穿不穿。
   tsɿ³³tɔ⁵⁵ miɯ⁴²ʐ³⁵ tshua³³ pu³⁵ tshua³³
    谁知道 明日 穿 不 穿

11 清茶淡饭因保皆，   清茶淡饭吃一碗，
   tɕhu³³tsha⁴² ta⁵⁵fa⁵⁵ jɯ⁴⁴ pɔ³¹ ke⁴⁴
    清茶 淡饭 吃 它 一碗

12 况习闲旺日。   安心闲几日。

khua⁵⁵ɕi³⁵ ɕa³⁵ ua⁵⁵n̺i⁴⁴
宽心　　闲　几日

13　嘞母双嘞孟等声，　　　　　　　　母亲我说给你这话，
　　nɯ⁵⁵mɔ³³ sua⁴⁴ nɯ⁵⁵mɯ⁵⁵ tɯ³¹tshɛ⁵⁵
　　母亲　　说　给你　　这句

14　夫很千及要本气。　　　　　　　　心中千万不要再伤心。
　　fɤ⁴⁴xɯ³¹ tɕhie³³tɕi³⁵ n̺o⁴⁴pɯ³¹tɕhi⁴⁴
　　肚中　　千记　　不要　气

15　嘞哥本死利死老，　　　　　　　　你哥不该死也死了，
　　nɯ⁵⁵ ko³³ pɯ³³ ɕi³³ li⁵⁵ ɕi³³ lɔ³²
　　你　哥　不　死　也　死　了

16　莫挂在心间。　　　　　　　　　　莫挂在心间。
　　mɔ³⁵ kua⁵⁵tse⁵⁵ ɕɯ³³tɕe³³
　　莫　挂在　　　心间

英台【唱】：

1　听登阿母叫青害，　　　　　　　　听到阿妈叫苍天，
　　tɕhɛ⁵⁵tɯ⁴⁴ ʔa³¹mo³¹ kɤ³⁵ tɕhɛ⁵⁵xe⁵⁵
　　听到　　　阿妈　　叫　青天

2　使我心收小刀灾，　　　　　　　　叫我心内如刀割，
　　sɯ³¹ ŋɔ³¹ ɕi³⁵ sɯ⁴⁴ ji³⁵ta³⁵ tse³⁵
　　叫　我　心　让　刀　　斩

3　身者鬼宝恨岸当，　　　　　　　　我半阴半阳在这里，
　　tshη⁵⁵ tsɛ²¹ kɤ³³pɔ³¹xɯ⁵⁵ ʔa⁵⁵ta⁴⁴
　　身　成　鬼半　　　　这里

4　叫我没主义。　　　　　　　　　　使我没主意。
　　tɕo⁵⁵ ŋɔ³¹ mu³³ tsɤ³¹ji⁴⁴
　　使　我　没　主意

5　英台次吐利古母，　　　　　　　　英台告别老母亲，
　　jɯ³³the⁴² tshη⁴²lɔ⁴⁴ n̺i⁵⁵ ku³³mɔ³³
　　英台　　告别　　　您　老母

6　看登古母非三心，　　　　　　　　看到阿妈很伤心，
　　ʔa³³tɯ⁴⁴ ku³³mɔ³³ fe⁴⁴ sa³⁵ɕi³⁵
　　看到　　阿妈　　很　伤心

7　把灯岸当泥等塘，　　　　　　　　和着这里泥一塘，
　　pa³³tɯ⁴⁴ ʔa⁵⁵ta⁴⁴ ne³¹ tɯ³¹tha⁴²
　　拌着　　这里　　泥　这塘

8　若阿等孤鸡。　　　　　　　　　　像看到一只小秧鸡。
　　ɕɤ³¹ ʔa³¹tɯ⁴⁴ kuɔ³¹ke³⁵
　　像　看到　　秧鸡

9　英台就是官女子，　　　　　　　　英台我是官女子，

jɯ³³the⁴² tɕo⁵⁵sɿ⁵⁵ kue³³n̠y³¹tsɿ³¹
英台　　就是　　官女子

10　扶事阿母本方便。　　　　　　　服侍阿妈不方便。
vɣ³¹sɿ³³ ʔa³³mɔ³³ pɯ³¹ fa⁴⁴pie⁵⁵
服侍　　阿妈　　不　方便

11　辞吐阿母我杯找，　　　　　　　辞别阿妈我走了，
tshɿ⁴²piɛ³⁵ ʔa³³mɔ³³ ŋɔ³¹ pe⁴⁴tsɔ³¹
辞别　　　阿妈　　　我　走了

12　莫挂在心间。　　　　　　　　　莫挂在心间。
mɔ³⁵ kua⁵⁵tse⁵⁵ ɕɯ³³tɕe³³
莫　　挂在　　　心间

梁母【唱】：

1　千留百留恼要杯，　　　　　　　千留百留你要走，
tɕhi⁵⁵lio³⁵ pɛ⁴⁴lio³⁵ nɔ³¹ n̠o⁴⁴pe⁴⁴
千留　　　百留　　　你　要走

2　十分留你你不依，　　　　　　　十分留你你不依，
sɿ³⁵fɯ³³ lio⁴² ni³¹ ni³¹ pu³⁵ji³³
十分　　　留　　你　你　不依

3　自牛自马甚达那，　　　　　　　做牛做马偿还你们，
tsɿ⁵⁵ŋɯ³¹ tsɿ⁵⁵mɛ³³ sɯ⁵⁵ta⁴² na⁵⁵
做牛　　　做马　　　偿还　　　你们

4　说与你参妈。　　　　　　　　　苦情说与爹妈听。
suɔ³⁵jyi³¹ ni³¹ tie³³ma³³
说与　　　你　爹妈

英台【唱】：拜别母亲，我要去了。
梁母【白】：慢慢去吧——【唱】：

1　英台提勾冷咪坑，　　　　　　　英台抬脚现在走，
jɯ³³the⁴² thi⁵⁵ko⁴⁴ lɯ³¹pu³⁵ khɯ³³
英台　　　提脚　　　现在　　起

2　主义打恨我夫很，　　　　　　　心里打定了主意，
tsɣ³¹ji⁴⁴ tɛ⁴⁴xɯ⁵⁵ ŋɯ⁵⁵ fɣ⁴⁴xɯ³¹
主意　　　打定　　　我　　心里

3　梁兄加人黑死号，　　　　　　　梁兄这样就死了，
n̠a⁴²ɕo³³ tɕa³³n̠e³¹xɯ⁴⁴ ɕi³¹ xɔ⁵⁵
梁兄　　　这样子　　　　死　了

4　我利死咪后。　　　　　　　　　我也要以死相随。
ŋɔ³¹ li⁵⁵ ɕi³³ pɯ⁵⁵ ɣɯ³³
我　也　死　他　后

5　本发事物出等怪，　　　　　　　不想事情会这样，

	pɯ³¹fa³⁵ sɿ³¹vɣ³³ tshɣ⁴⁴ tɯ³¹kɣ⁴⁴	
	不想 事情 出 这些	
6	梦格很利发本登，	梦里头也料不到。
	mɯ⁴⁴kɛ³¹ xɯ³¹ li⁵⁵ fa³⁵ pɯ³¹ tɯ⁴⁴	
	梦 里 也 防 不 得	
7	除了山伯我本仍，	除了山伯我不嫁，
	tshɣ⁴²lɔ³¹ se³³pɯ³⁵ ŋɔ³¹ pɯ³¹ zɯ³¹	
	除了 山伯 我 不 嫁	
8	顾我的名声。	要顾我名声。
	ku⁴⁴ ŋɔ³¹ ti³³ miɯ⁴²sɯ⁴⁴	
	顾 我 的 名声	

梅香【唱】：

1	眉香我干姑孟双，	梅香我对姑姑说，
	me⁴²ɕa³³ ŋɔ³¹ ka⁴⁴ ku³⁵ mɯ⁵⁵ sua⁴⁴	
	梅香 我 对 姑 处 说	
2	我劝阿姑要悲三。	我劝阿姑莫悲伤。
	ŋɔ³¹ tɕhui⁵⁵ ʔa³³ku³⁵ ȵo⁴⁴ ʔo³³ sa⁴⁴	
	我 劝 阿姑 莫 悲 了	
3	虽然山伯宝死恨，	虽然山伯他死了，
	ɕui³³za⁴² se³⁵pɛ³⁵ pɔ³¹ ɕi³³ xɯ⁵⁵	
	虽然 山伯 他 死了	
4	马甲怎呋当。	马甲依然在。
	ma³¹tɕa³⁵ tsɯ³⁵ pɯ⁵⁵ta⁴⁴	
	马甲 在 那里	
5	马甲干十择恨吐，[1]	马甲已择定婚期，
	ma³¹tɕa³⁵ ka⁴⁴ sɿ³⁵ tɕhɛ³⁵xɯ⁵⁵ lɔ³²	
	马甲 把 婚期 择定 了	
6	喜事择灯邓八月，	娶亲定在这八月，
	ɕi³¹sɿ⁴⁴ tshɛ³⁵tɯ⁵⁵ tɯ³¹ pia⁴⁴ua⁴⁴	
	娶亲 定在 这 八月	
7	八月十五团圆节，	八月十五团圆节，
	pa³⁵ye³⁵ sɿ³⁵u³¹ thua⁴²jyi⁴² tɕie³⁵	
	八月 十五 团圆 节	
8	就姻缘成双。	就姻缘成双。
	tsɿ⁵⁵ jɯ⁴⁴jyi⁴² tshɯ⁴²sua³³	
	则 姻缘 成双	
9	那时吃了团圆酒，	那时吃了团圆酒，

---

[1] 十 [sɿ³⁵]：专指婚期。定婚期，称作"择十"[tshɛ³⁵sɿ³⁵]。

na⁵⁵sɿ⁴² tshɿ³⁵lɔ³¹ thua⁴²jui⁴² tɕo³¹
那时 吃了 团圆 酒

10 自然丕没山伯堆， 自然就忘了山伯，
tsɿ⁵⁵za⁴² phe⁴⁴mu³¹ se³³pɯ³⁵ tua³²
自然 忘记 山伯 上

11 除了南山别有庙， 除了南山别有庙，
tshy̩⁴²lɔ³² na⁴²sa³³ pie³⁵ jo³¹ miɔ⁵⁵
除了 南山 别 有 庙

12 依然还是他。 依然还是他。
ji³³za⁴² xua⁴²sɿ⁵⁵ tha³³
依然 还是 他

13 祝元外对马太守， 祝员外对马太守，
tsu³⁵jyi⁴²ui⁵⁵ tui⁵⁵ ma³¹the⁵⁵so³¹
祝员外 对 马太守

14 祝英台配马德芳， 祝英台配马德芳，
tsu³⁵jɯ³³the⁴² phe⁵⁵ ma³¹tɯ³⁵fa³³
祝英台 配 马德芳

15 怎欠荮对大官荮， 有钱人配有权人，
tsɯ³³tɕhe⁵⁵xɔ³¹ tui⁴⁴ ta³⁵kua⁴⁵ xɔ³¹
有钱人 对 做官 家

16 做户对门当。 择门当户对。
tsɿ⁵⁵ xu⁵⁵tui⁵⁵ mɯ⁴²ta³³
则 户对 门当

英台【唱】:

1 眉香自孟出冷等， 怎么会有你这个梅香，
me⁴²ɕa³³ tsɿ⁵⁵mɯ⁵⁵ tshy̩⁴⁴ nɯ³¹tɯ³¹
梅香 怎么 有 这个

2 逗起我的火一盆， 惹怒我的火一盘，
to³⁵khɯ³³ ŋɯ⁵⁵ nɔ³³ xui³³ ʔa³¹pa²¹
惹怒 我的 上 火 一盘

3 喺口孟自不鬼双， 你嘴里真是胡乱说，
nɯ⁵⁵ tɕy³¹mɯ⁵⁵ tsɿ⁵⁵ pu³⁵kui³¹sua⁴⁴
你 嘴里 则 胡乱说

4 说话太无情。 说话太无情。
suɔ³⁵xua⁵⁵ the⁵⁵ vy̩⁴²tɕhɯ⁴²
说话 太 无情

5 英台我是贞节女， 英台我是贞节女，
jɯ³³the⁴² ŋɔ³¹ sɿ⁵⁵ tsɯ⁴⁴tɕie³⁵n̩y³¹
英台 我 是 贞节女

6 把我当成什么人， 把我当成什么人，

$$pa^{31}\ \mathrm{\eta o}^{31}\ ta^{44}tshu^{42}\ su^{31}mo^{55}zu^{42}$$
把　我　当成　　什么人

7　自人顾名声要紧，　　　　　　　　　　　做人顾名声要紧，
$$ts\eta^{55}\mathrm{ni}^{31}\ ku^{44}\ mi\varepsilon^{35}tsh\varepsilon^{55}\ j\mathrm{ɔ}^{35}tɕu^{31}$$
做人　顾　名声　　要紧

8　不顾枉为人。　　　　　　　　　　　　不顾枉为人。
$$pu^{35}ku^{55}\ ua^{31}\ ui^{42}zu^{42}$$
不顾　枉　为人

【白】：梅香，休要胡言乱语。已经回到家了。待我进绣房凉睡一时。梅香，你去禀报奶奶。就说小姐回来了。

梅香【白】：知道了——

五、魂魄夜访心不甘　　深情日思意难平

【诗】：魂行行来魂行行，
　　　　魂魄不把英台丢。
　　　　山伯人死魂不散，
　　　　飘到英台梦里中。

山伯【白】：我山伯，孤魂是也。来到祝英台门口。二位将军在此。

门神【白】：你是何方妖魔，敢来乱闯？

山伯【白】：我是孤魂非是妖魔，我与祝英台托梦。

门神【白】：既然如此，速去速回。不可惊鸡动犬。

山伯【白】：知道。这是祝英台，你睡着了。我山伯来了。哎，你听——【唱】：

1　正在人静时，　　　　　　　　　　　正在人静时，
$$tsu^{55}tse^{55}\ zu^{42}tɕu^{55}\ s\eta^{42}$$
正在　　人静　　时

2　听皆宽声期，　　　　　　　　　　　听到鸡犬叫声，
$$tɕh\varepsilon^{55}\ ke^{35}khua^{44}\ tsh\varepsilon^{55}tɕhi^{44}$$
听到　鸡犬　　声音

3　吓得魂飞魄上天。　　　　　　　　　吓得魂魄飞上天。
$$ɕa^{35}te^{35}\ xui^{42}fe^{33}\ phu\mathrm{ɔ}^{35}\ sa^{55}thie^{33}$$
吓得　　魂飞　魄　　上天

4　山伯阴魂杯叭咽，　　　　　　　　　山伯阴魂来到了，
$$se^{33}pu^{35}\ ju^{44}xui^{42}\ pe^{44}phia^{44}\ ju^{35}$$
山伯　阴魂　　来到　　了

5　来到祝家村。　　　　　　　　　　　来到祝家村。
$$pe^{44}phia^{44}\ tsu^{35}tɕa^{33}tshui^{33}$$
来到　　祝家村

6　不觉杯叭唯门孟，　　　　　　　　　不觉来到你门前，

pu³⁵tɕye³⁵ pe⁴⁴phia⁴⁴ nɯ⁵⁵ me³¹ua⁴⁴
不觉　　　来到　　你的　门外

7　门神二位在此间，　　　　　　　　　　　　门神二位在此间，
mɯ⁴²sɯ⁴² ɛ⁵⁵ui⁵⁵ tse⁵⁵ tshŋ³¹tɕie³³
门神　　　二位　　在　　此间

8　上付门神干我放，　　　　　　　　　　　　请求门神把我放，
sa³²fv⁴⁴ me³¹sŋ³⁵ ka⁴⁴ ŋɔ³¹ tsŋ³²
请求　　门神　　　把　我　　放

9　莫当误时间。　　　　　　　　　　　　　　莫耽误时间。
mɔ³⁵ ta³³u⁵⁵ sŋ⁴²tɕie³³
莫　　耽误　　时间

10　阿杯杯叭嗯车处，　　　　　　　　　　　　一走走到你睡处，
ʔa³¹pe⁴⁴ pe⁴⁴phia⁴⁴ nɯ⁵⁵ tshɛ³³tshɣ³¹
一走　　走到　　　你的　睡处

11　没情车自死吐水。　　　　　　　　　　　　无情睡得死一般。
mu³³tɕɛ²¹ tshɛ³³tsŋ⁵⁵ ɕi³³nɔ³³ ɕy³³
无情　　　睡得　　　死的　　可能

12　双手打开嗯床帐，　　　　　　　　　　　　双手打开你床帐，
sv⁵⁵sɯ³³ tɛ⁴⁴khɯ⁵⁵ nɯ⁵⁵ tshua⁴²tsa⁵⁵
双手　　　打开　　　你的　床帐

13　我干嗯梦入。　　　　　　　　　　　　　　我把你梦进。
ŋɔ³¹ ka⁴⁴ nɯ⁵⁵ mɯ³² ɲi⁴⁴
我　　把　你的　梦　　进

14　没情没以祝英台，　　　　　　　　　　　　没情没义祝英台，
mu³³tɕɛ³¹ mu³³ji³¹ tsu³⁵jɯ³³the⁴²
没情　　　没义　　　祝英台

15　我本死自恼本期。　　　　　　　　　　　　我不死来你不气。
ŋɔ³¹ pɯ³³ ɕi³³ tsŋ⁵⁵ nɔ³¹ pɯ³³ tɕhi⁴⁴
我　不　死　则　　你　不　气

16　山伯我死吐本空，　　　　　　　　　　　　山伯我死得不甘心，
se³³pɯ³⁵ ŋɔ³¹ ɕi³³ nɔ³³ pɯ³¹khɣ⁵⁵
山伯　　　我　死的　　不甘心

17　怎舍来主义。　　　　　　　　　　　　　　有什么主意。
tsɯ³¹ xɛ³³ne³¹ tsɣ³¹ji⁴⁴
有　　什么　　主意

18　恶腊本过生整恼，　　　　　　　　　　　　毒辣无人超过你，
ɣɔ³⁵la³⁵ pɯ³¹kuɔ³² sɯ³³ tsɯ³³ nɔ³¹
毒辣　　　不过　　　样　是　你

19　山伯我直心直衣。　　　　　　　　　　　　山伯我真心真意。

sa³⁵pɛ³⁵ ŋɔ³¹ tsɿ³⁵ɕi³⁵ tsɿ³⁵ji⁵⁵
山伯　我　真心　　真意

20　纠我后悔赶不上，　　　　　　　　　　让我后悔赶不上，
　　tɕo⁴⁴ ŋɔ³¹ xo⁵⁵xui³¹ ka³¹pu³⁵sa⁵⁵
　　让　我　后悔　　赶不上

21　老后咬手哉。　　　　　　　　　　　　老了咬手拐——后悔来不及。
　　lɔ³¹ʔɯ³³ ŋa⁴⁴ sɯ³³tse⁴⁴
　　后悔　　咬　手拐

22　山伯灯病没救星，　　　　　　　　　　山伯得病无救星，
　　se³³pɯ³⁵ tɯ⁴⁴pɛ³¹ mu³³ tɕo⁵⁵ɕɯ⁴⁴
　　山伯　　得病　　无　救星

23　抱怨恼利白抱怨。　　　　　　　　　　抱怨你也白抱怨。
　　pu³⁵jui⁴⁴ nɔ³¹ li⁵⁵ pɛ³⁵ pu³⁵jui⁴⁴
　　抱怨　　你　也　白　抱怨

24　嗯父母欺贫爱富，　　　　　　　　　　你爹妈欺贫爱富，
　　nɯ⁵⁵ to³⁵mɔ³³ tɕhi³³phiɯ⁴² e⁵⁵fɣ⁵⁵
　　你　爹妈　　欺贫　　爱富

25　合罢吐卡宣。　　　　　　　　　　　　只为他们作想。
　　xɔ³⁵ pa⁵⁵ nɔ³³ kha³¹ɕyi⁴⁴
　　合　他们　上　作想

26　打发四九去请恼，　　　　　　　　　　打发四九去请你，
　　te⁴⁴fɛ⁴⁴ sɿ⁵⁵tɕo³¹ ŋe³¹ tɕhe³³ nɔ³¹
　　打发　　四九　　去　请　你

27　想要过老干上见。　　　　　　　　　　想要和你见个面。
　　ɕa³¹jɔ³⁵ kuɔ³⁵ nɔ³¹ ka⁴⁴sa⁵⁵ke³²
　　想要　和　你　见个面

28　老底以事不为事，　　　　　　　　　　你却以事不为事，
　　nɔ³¹ ti³¹ ji³³sɿ⁵⁵ pu³⁵ ui⁴²sɿ⁵⁵
　　你　只　以事　不　为事

29　本杯呼本杯。　　　　　　　　　　　　不来就不来。
　　pɯ³³pe⁴⁴ xɯ⁵⁵ pɯ³³pe⁴⁴
　　不来　了　不来

30　开给我怎药单来，　　　　　　　　　　给我开来一药单，
　　khɯ⁵⁵ zɿ³¹ ŋɔ³¹ tsɯ³³ jo³⁵ta³³ne³¹
　　开　给　我　有　一药单

31　十宝灵当各其区。　　　　　　　　　　十宝灵丹各齐全。
　　sɿ³⁵pɔ³¹ liɯ⁴²ta⁴⁴ kɔ³⁵ tɕhi⁴²tɕhyi⁴²
　　十宝　灵丹　各　齐全

32　药单就是追魂票，　　　　　　　　　　药单就是追魂票，

jo³⁵ta⁴⁴ tɕo⁵⁵sɿ⁵⁵ tɕui³³xui⁴² phiɔ⁵⁵
药单　就是　追魂　票

33　及时纠我死。　　　　　　　　　　让我及时死。
tɕi³⁵sɿ⁴² tɕo⁴⁴ ŋɔ³¹ ɕi³³
及时　让　我　死

34　和尚头孟借靠梳，　　　　　　　　要向和尚借梳子，
tuɯ²¹pɔ³⁵ tɯ³¹mu⁵⁵ tɕɛ⁴⁴ khɔ⁵⁵sɣ³⁵
和尚　那里　借　梳子

35　尼姑头孟借果背，　　　　　　　　要向尼姑借裹背，
ȵɣ³³sɿ³⁵ tɯ³¹mu⁵⁵ tɕɛ⁴⁴ kuɔ³³pe⁴⁴
尼姑　那里　借　裹背

36　公鸡头孟要蛋快，　　　　　　　　要向公鸡取鸡蛋，
tu⁵⁵pɯ³³ tɯ³¹mu⁵⁵ ȵo⁴⁴ se³²khui⁵⁵
公鸡　那里　要　鸡蛋

37　嘹吐好主义。　　　　　　　　　　你的好主意。
nɯ⁵⁵nɔ³³ xu³¹ tsɣ³¹ji⁴⁴
你的　好　主意

38　本给我货物汪羊，　　　　　　　　寄给我几样东西，
pɯ³¹kɯ³¹ ŋɔ³¹ xuɔ⁴⁴ŋɣ³¹ ua⁵⁵ja⁴²
寄给　我　东西　几样

39　干嘹货物见我委，　　　　　　　　我看见你的东西，
ka⁴⁴ nɯ³¹ xuɔ⁴⁴ŋɣ³¹ ke³² ŋɯ⁵⁵ui³³
把　你的东西　见　我眼

40　山伯见礼不见人，　　　　　　　　山伯见礼不见人，
se³³pɯ³⁵ tɕie⁵⁵li³¹ pu³⁵ tɕe⁵⁵zɯ⁴²
山伯　见礼　不　见人

41　本死去那奶？　　　　　　　　　　不死何处找？
pɯ³¹ɕi³³ ŋɛ³¹na³³ ne⁴⁴
不死　哪里　拿

42　该登货物甲我病，　　　　　　　　见了东西加重我病，
ke³²tɯ⁴⁴ xuɔ⁴⁴ŋɣ³³ tɕa³⁵ ŋɯ⁵⁵pɛ³¹
见着　东西　加　我病

43　干我害叭恨等日。　　　　　　　　把我害到了这一天。
ka⁴⁴ ŋɔ³¹ xe⁴⁴phia⁴⁴ xɯ⁵⁵ tɯ³¹ȵi⁴⁴
把　我　害到　了　这天

44　老自青必碰白云，　　　　　　　　你是清风吹白云，
nɔ³¹ tsɿ⁵⁵ tɕhiɛ⁵⁵pi³⁵ phɯ⁵⁵ pɛ⁴²ŋɣ³¹
你则　清风　吹　白云

45　吹得满天飞。　　　　　　　　　　吹得满天飞。

	tshui⁴⁴tuɯ³⁵ ma³¹thie³³ fe⁴⁴	
	吹得　　满天　　飞	
46	老答马甲自笨菜，	你和马甲做夫妻，
	nɔ³¹ ta³⁵ ma³¹tɕa³⁵ tsʅ⁵⁵ puɯ³¹tshe⁵⁵	
	你　和　马甲　　做　夫妻	
47	山伯我本随嗨衣。	山伯我本随你意。
	se³³puɯ³⁵ ŋɔ³¹ puɯ³¹ sui³⁵ nɯ⁵⁵ji⁴⁴	
	山伯　我　本　随　你意	
48	干我害香山尖闹，	把我害死山头上，
	ka⁴⁴ ŋɔ³¹ xe⁴⁴ɕa⁴⁴ sʅ⁴⁴tuɯ²¹ nɔ³³	
	把　我　害死　　山头　上	
49	那为吐自期。	多谢你做得出。
	nɔ³⁵ui³⁵ nɔ³¹ tsʅ⁵⁵tɕhi⁴⁴	
	难为　　你　做得出	
50	等行话自要本提，	过去话就不提了，
	tuɯ³¹ɕɯ³⁵ to³¹ tsʅ⁵⁵ ȵo⁴⁴puɯ³¹ thi⁵⁵	
	过去　　话　则　不要　提	
51	我干嗨孟直话须。	我把实话对你说。
	ŋɔ³¹ ka⁴⁴ nɯ⁵⁵ mɯ⁵⁵ tsʅ³⁵to³¹ ɕy⁴⁴	
	我　把　你的　处　实话　叙	
52	等叹我叭阴司恨，	现在我到了阴间，
	tuɯ³¹tha⁵⁵ ŋɔ³¹ phia⁴⁴ jɯ⁴⁴sʅ⁴⁴ xɯ³¹	
	现在　　我　到　阴司　里	
53	方才知实虚。	方才知实虚。
	fa³³tshe⁴² tsʅ³³ sʅ³⁵ɕy³³	
	方才　　　知　实虚	
54	我是玉皇左金童，	我是玉皇左金童，
	ŋɔ³¹ sʅ⁵⁵ yui⁵⁵xua⁴² tsuɔ³¹ tɕɯ³³tho⁴²	
	我　是　玉皇　　左　金童	
55	你是玉女在右边。	你是玉女在右边。
	ni³¹ sʅ⁵⁵ yui⁵⁵ȵy³¹ tse⁵⁵ jo⁵⁵pie³³	
	你　是　玉女　　在　右边	
56	二人具有思凡意，	两人俱有思凡意，
	ɛ⁵⁵zɯ⁴² tɕy⁵⁵jo³¹ sʅ³³fa⁴² ji⁵⁵	
	两人　　俱有　　思凡　意	
57	急速下凡间。	急速下凡间。
	tɕi³⁵su³⁵ ɕa⁵⁵ fa⁴²tɕie³³	
	急速　　下　凡间	
58	二人来到南天门，	二人来到南天门，

59 遇灯马甲怎本委。 遇到马甲在那里。
jui⁴⁴tɯ⁴⁴ ma³¹tɕa³⁵ tsɯ³⁵ pɯ³¹ui³³
遇到　马甲　在　那里

60 不知不觉得罪宝， 不知不觉得罪他，
pu³⁵tsʅ³³ pu³⁵tɕɔ³⁵ tɯ³⁵tɕui⁵⁵ pɔ³¹
不知　不觉　得罪　他

61 仇恨在心间。 仇恨在心间。
tsho⁴²xɯ⁵⁵ tse⁵⁵ ɕɯ³³tɕie³³
仇恨　　在　心间

62 使亮自本成夫妻， 使我们做不成夫妻，
sɯ³¹ ɲa⁵⁵ tsʅ⁵⁵ pɯ³¹tsɛ²¹ fv̩³³tɕhi³³
使　咱们　做　不成　夫妻

63 马甲祖打在中间。 马甲阻挡在中间。
ma³¹tɕa³⁵ tsɤ³¹ta³¹ xɯ⁵⁵ tso³³tɕie³³
马甲　阻挡　了　中间

64 冷世夫妻自本成， 此生夫妻做不成，
lɯ³¹xɛ⁵⁵ pɯ⁵⁵tɕhe⁵⁵ tsʅ⁵⁵ pɯ³¹tsɛ²¹
这生　夫妻　做　不成

65 依然归上天。 依然归上天。
ji³³za⁴² kui³³ sa⁵⁵thie³³
依然　归　上天

66 阴司途吐恼等我， 阴司路上你等我，
jɯ³³sʅ³³ thu⁴⁴nɔ³³ nɔ³¹ tɯ³³ ŋɔ³¹
阴司　路上　你　等　我

67 五台山下等我杯。 五台山下来等我。
u³¹the⁴² sa³³ɕa⁵⁵ tɯ³³ ŋɔ³¹ pe⁴⁴
五台　山下　等　我　走

68 路头吐自哥等恼， 路口处则哥等你，
thu⁴⁴tɯ³¹ nɔ³³ tsʅ⁵⁵ kɔ³³ tɯ³³ nɔ³¹
路口　上　则　哥　等　你

69 同齐见阎君。 聚齐见阎王。
to⁵⁵tse³¹ ke³² lɔ³¹tɕyi⁴⁴
聚齐　见　阎君

70 马甲者杯因加恼， 马甲如来迎娶你，
ma³¹tɕa³⁵ tsɛ³¹ pe⁴⁴jɯ³⁵ tɕa⁴⁴ nɔ³¹
马甲　如　走来　接　你

71 一定绕我坟门杯。 一定绕我墓前走。

	ji³⁵tɯ⁵⁵ zɔ³¹ ŋɯ⁵⁵ mu³²mɯ⁵⁵ pe⁴⁴ 一定　　绕　我的　墓前　　走	
72	八子枪侥代本因， pa³⁵tsŋ⁵⁵ tɕha⁴⁴jo²¹ te³²pɯ³¹ jɯ³⁵ 八字　　贴纸　　带着　来	生辰八字要带来，
73	我们成夫妻。 ŋɔ³¹mɯ³³ tshu⁴² fv⁴⁴tɕi⁴⁴ 我们　　成　夫妻	我们成夫妻。
74	习孟想哉双旺声， ɕi³⁵mɯ⁵⁵ ɕa³¹tse⁴⁴ sua⁴⁴ ua⁵⁵ tshɛ⁵⁵ 心里　　想再　说　几　句	心里还想说几句，
75	听登金鸡明声气。 tɕhɛ⁵⁵tɯ⁴⁴ tɕi³⁵ke⁵⁵ mɛ²¹ tshɛ⁵⁵tɕhi⁴⁴ 听到　　金鸡　　叫　声气	听到金鸡的叫声。
76	阳间难留阴间客， ja⁴²tɕe³³ na⁴²lio⁴² jɯ³³tɕie³³ khɯ³⁵ 阳间　　难留　阴间　　客	阳间难留阴间客，
77	辞恼我生杯。 tshŋ⁴²lɔ³¹ ŋo³¹ sɯ³³ pe⁴⁴ 辞了　我　就　走	告辞我走了。

【诗】：梦来梦来真梦来，
　　　　　双手揉也揉不开。
　　　　　适才靠在床边上，
　　　　　梦见梁兄到我边。

英台【白】：我英台睁眼一看，梁兄，哎，好哭——【唱】：

1	英台阿发细谢恨， jɯ³³the⁴² ʔa³³fa³⁵ ɕi⁵⁵ɕɛ⁵⁵ xɯ⁵⁵ 英台　　一觉　睡醒　了	英台一觉睡醒后，
2	未知阳来未知阴。 ve⁵⁵tsŋ³³ ja⁴²le⁴² ve⁵⁵tsŋ³³ jɯ³³ 未知　阳来　未知　　阴	未知阳来未知阴。
3	梦登梁兄入我梦， mɯ³¹tɯ⁴⁴ ȵa⁴²ɕo³³ ȵi⁴⁴ ŋɯ⁵⁵mɯ³¹ 梦到　　梁兄　　入　我梦	梦到梁兄进我梦，
4	睁眼看分清。 tsɯ³³je³¹ kha⁵⁵ fu³³tɕhu³³ 睁眼　　看　分清	睁眼看分清。
5	双双气起杯恨着， sua⁴⁴sua⁴⁴ tshŋ⁵⁵tɕhi³³ pe⁴⁴xɯ⁵⁵ tsɔ⁴² 说着　　　正在　　走了　说是	说着说着离开了，

6　　呸话旺声利计登。　　　　　　　　　　　　　　他说的话还记得。
　　　pu⁵⁵to³¹ ua⁵⁵tshɛ⁵⁵ li⁵⁵ tɕi⁴⁴tɯ⁴⁴
　　　他的话　　几句　　也　记得

7　　阴阳阻隔没奈何，　　　　　　　　　　　　　　阴阳阻隔没奈何，
　　　jɯ³³ja⁴² tsu³¹kɛ³⁵ me³⁵ne⁵⁵xuɔ⁴²
　　　阴阳　　阻隔　　没奈何

8　　拉梁兄本登。　　　　　　　　　　　　　　　　拉不着梁兄他。
　　　tɕi³³ ȵa⁴²ɕo³³ pɯ³¹tɯ⁴⁴
　　　拉　梁兄　　不得

9　　计少苦情双我孟，　　　　　　　　　　　　　　多少苦情说给我，
　　　tɕi⁵⁵ɕo³¹ khu³¹tɕɛ²¹ sua⁴⁴ ŋɯ⁵⁵ mɯ⁵⁵
　　　多少　　苦情　　说　我的 处

10　 眼泪干枕头吐金。　　　　　　　　　　　　　　泪水湿枕头。
　　　mi⁴²ɕi⁴² ka⁴⁴ tsʅ³¹tɯ³¹ nɔ³³ tɕɯ³³
　　　泪水　　把　枕头　　上　浸。

11　 十要大花哭保声，　　　　　　　　　　　　　　想要痛哭一场，
　　　sʅ³⁵jo⁵⁵ tɔ³¹xua³⁵kho⁴⁴ pɔ³¹ tshɛ⁵⁵
　　　想要　嚎啕大哭　　它 声

12　 格斗母认灯。　　　　　　　　　　　　　　　　恐父母知晓。
　　　kɛ³⁵ to³⁵mɔ³³ zɯ⁴⁴tɯ⁴⁴
　　　恐　父母　　知道

13　 英台硬心我夫很，　　　　　　　　　　　　　　英台心里藏硬心，
　　　jɯ³³the⁴² ŋɛ⁴²ɕi³⁵ ŋɯ⁵⁵ fy⁴⁴xɯ³¹
　　　英台　　硬心　　我的 肚里

14　 阿哥本空我认灯。　　　　　　　　　　　　　　我知道哥哥不甘心。
　　　ʔa³¹kɔ³³ pɯ³¹khɣ⁵⁵ ŋɔ³¹ zɯ³¹tɯ⁴⁴
　　　阿哥　　不甘心　　我　认得

15　 鬼门国吐哥等我，　　　　　　　　　　　　　　鬼门关口哥等我，
　　　kɣ³³me³¹ kuɛ³⁵nɔ³³ kɔ³³ tɯ³³ ŋɔ³¹
　　　鬼门　　关上　　哥　等　我

16　 走利一起坑。　　　　　　　　　　　　　　　　去也一起去。
　　　pei⁴⁴ li⁵⁵ ji³⁵tɕhi³¹ khɯ⁵⁵
　　　去　也　一起　起

17　 利双我孟杀情话，　　　　　　　　　　　　　　你对我说的伤心话，
　　　ȵi⁵⁵ sua⁴⁴ ŋɯ⁵⁵ mɯ⁵⁵ sa³⁵tɕɛ²¹ to³¹
　　　你　说　我的 上　伤情　话

18　 使我自花哭利后。　　　　　　　　　　　　　　使我痛哭在你后。
　　　sɯ³¹ ŋɔ³¹ tsʅ⁵⁵ xuɔ³⁵kho⁴⁴ ȵi⁵⁵ ɣɯ³³
　　　使　我　则　痛哭　　您　后

19　 我做冬天吃冷水，　　　　　　　　　　　　　　我则冬天吃冷水，

ŋo³¹ tsɿ⁵⁵ to⁴⁴thie³³ tshɿ³⁵ luɯ³¹sui³¹
我 则 冬天 吃 冷水

20　点点记在心。　　　　　　　　　　　点点记在心。
tie³¹tie³¹ tɕi⁵⁵tse⁵⁵ ɕɯ³³
点点 记在 心

21　二弟好比水利鱼，　　　　　　　　　两人好比水和鱼，
ko³³the⁴⁴ xɔ³¹pi³¹ ɕy³³ li⁵⁵ ŋɤ³⁵
两人 好比 水 和 鱼

22　鱼头喂恨水本很。　　　　　　　　　鱼儿养在水塘里。
ŋɤ³⁵tɯ³¹ ui⁴²xɯ⁵⁵ ɕy³³pɯ³³ xɯ³¹
鱼儿 养在 水塘 里

23　水利干自鱼利死，　　　　　　　　　水也干来鱼也死，
ɕy³³ li⁵⁵ ka³⁵ tsɿ⁵⁵ ŋɤ³⁵ li⁵⁵ ɕi³³
水 也 干 则 鱼 也 死

24　将来呼生手。　　　　　　　　　　　人生就这样飘荡了。
tɕa³³ne³¹xu⁵⁵ sɯ³³sɯ³³
（野生游子）样子

六、摆阔迎亲成泡影　梁祝化蝶天上飞

【诗】：头戴金冠两翅摇，
　　　　身穿金甲大黄袍。
　　　　享不尽荣华富贵，
　　　　保住了玉带龙袍。

马父【白】：本部府马员外是也。单生一子，取名马德芳，明日八月十五，孩儿红罗天喜，好不快乐人也——【唱】：

1　本部满福带喜气，　　　　　　　　　本部满府带喜气，
pɯ³¹pu⁵⁵ ma³¹fɤ³¹ te⁵⁵ ɕi³¹tɕhi⁵⁵
本部 满府 带 喜气

2　说与我儿听细备。　　　　　　　　　说与我儿听细备。
suɔ³⁵juɿ³¹ ŋo³¹ɛ⁴² thiɯ⁴⁴ ɕi⁵⁵pe⁵⁵
说与 我儿 听 细备

3　八月十五自喜司，　　　　　　　　　八月十五办喜事，
pa⁴⁴ua⁴⁴tsɿ⁴² ŋɤ³³ tsɿ⁵⁵ ɕi³¹sɿ⁴⁴
八月十五 做 喜事

4　是大吉大利。　　　　　　　　　　　是大吉大利。
sɿ⁵⁵ ta⁵⁵tɕi³⁵ ta⁵⁵li⁵⁵
是 大吉 大利

5　堂前要铺灯挂彩，　　　　　　　　　堂前要铺灯挂彩，

tha⁴²tɕhe⁴² jɔ⁵⁵ phu³³tɯ³³ kua⁵⁵tshe³¹
堂前　　要　铺灯　　挂彩

6　墙上挂字画裱对。　　　　　　　　　　墙上挂字画裱对。
　　tɕha⁴²sa⁵⁵ kua⁵⁵ tsʅ⁵⁵xua⁵⁵ piɔ³¹tui⁵⁵
　　墙上　　挂　字画　　裱对

7　高脚牌闹万民伞，　　　　　　　　　　高脚牌及万民伞，
　　kɔ³³tɕɔ³⁵phe⁴² nɔ³³ ua⁵⁵miɯ⁴²sa³¹
　　高脚牌　　上　万民伞

8　是三元及弟。　　　　　　　　　　　　是三元及第。
　　sʅ⁵⁵ sa⁵⁵jui⁴² tɕi³⁵ti⁵⁵
　　是　三元　　及第

9　红柒桌子亮汪汪，　　　　　　　　　　红漆桌子亮汪汪，
　　xoo⁴²tɕhi³⁵ tsɛ³⁵tsʅ³¹ ȵa⁵⁵ua³³ua³³
　　红漆　　桌子　　亮汪汪

10　金交以妞摆其备。　　　　　　　　　金椅子要摆齐全。
　　tɕe³⁵ tɕɔ³⁵ji³¹ ȵo⁴⁴ pe³¹ tɕhi⁴²pe⁵⁵
　　金　椅子　要　摆　齐备

11　金香炉利尼花瓶，　　　　　　　　　金香炉和银花瓶，
　　tɕe³⁵ ɕo³⁵lu³⁵ li⁵⁵ ȵi²¹ xuɔ³⁵piɛ²¹
　　金　香炉　和　银　花瓶

12　香花敬天地。　　　　　　　　　　　香花敬天地。
　　ɕa³³xua³³ tɕɯ⁵⁵ thie³³ti⁵⁵
　　香花　敬　天地

13　鹿鹤同春彩旺匹，　　　　　　　　　鹿鹤同春彩几匹，
　　lu³⁵xɔ³⁵ tho⁴²tshui⁴⁴ tshɛ³¹ ua⁵⁵phi³³
　　鹿鹤　同春　彩　几匹

14　金光月府摆门外。　　　　　　　　　金刀月斧摆门外。
　　tɕɯ³³kua³³ jye³⁵fv³¹ pe³¹ mɯ⁴²uɛ⁵⁵
　　金刀　月斧　摆　门外

15　金狮一对滚秀球，　　　　　　　　　金狮一对滚绣球，
　　tɕɯ³³sʅ³¹ ji³⁵tui⁵⁵ kui³¹ ɕo⁵⁵tɕho⁴²
　　金狮　一对　滚　绣球

16　汉灯花利心。　　　　　　　　　　　看着心欢喜。
　　xa⁵⁵tɯ⁴⁴ xua³⁵ȵi⁵⁵ɕi³⁵
　　看着　逗人欢

17　金盅尼该玉调羹，　　　　　　　　　金盅银碗玉调羹，
　　tɕe³⁵tsɤ³⁵ ȵi²¹ke³² y⁵⁵thiɔ⁴²kɯ³³
　　金盅　银碗　玉调羹

18　象牙筷吐包灯金。　　　　　　　　　象牙筷上包着金。

　　　　ɕa⁵⁵ja⁴²kui⁵⁵　nɔ³³　pɔ³⁵tɯ⁴⁴　tɕe³⁵
　　　　象牙筷　　　上　包着　　　金

19　五盅四盘三滴水，　　　　　　　　　　　五盅四盘三滴水，
　　　u³¹tsɤ³⁵ sɿ⁵⁵pa⁴² sa³³ti³⁵sui³¹
　　　五盅　　四盘　　三滴水

20　八大碗不算。　　　　　　　　　　　　　八大碗不算。
　　　pa³⁵ta⁵⁵ua³¹ pu³⁵sua⁵⁵
　　　八大碗　　　不算

21　寿星老酒三百缸，　　　　　　　　　　　寿星老酒三百缸，
　　　so⁵⁵ɕɯ³³ lɔ³¹tɕo³¹ se³³pɯ³⁵ ka³³
　　　寿星　　老酒　　　三百　　缸

22　汝保待官员子弟。　　　　　　　　　　　用它待官员子弟。
　　　zu³¹ pɔ³¹ te⁴⁴ kua³³jyi⁴² tsɿ³¹ti⁵⁵
　　　用　它　待　官员　　　子弟

23　帮忙要请五百人，　　　　　　　　　　　帮忙要请五百人，
　　　pa³³ma⁴² jɔ⁵⁵ tɕhɯ³¹ u³¹pɛ³⁵ zɯ⁴²
　　　帮忙　　要　请　　五百　人

24　待客莫大意。　　　　　　　　　　　　　待客莫大意。
　　　the⁵⁵khɛ³⁵ mɔ³⁵ ta⁵⁵ji⁵⁵
　　　待客　　莫　大意

25　知召欠尼无其数，　　　　　　　　　　　准备钱财无其数，
　　　tsɿ³⁵tsɔ³⁵ tɕhe⁵⁵ȵi³¹ vɤ⁴²tɕhi⁴²su⁵⁵
　　　准备了　　钱财　　无其数

26　亮要多召保汪力。　　　　　　　　　　　我们要多花它几文钱。
　　　n̠a⁵⁵ n̠o⁴⁴ tuɔ³⁵ tsɔ⁴⁴ pɔ³¹ ua⁵⁵li³⁵
　　　咱们　要　多　花　它　几文

27　高人贵客请叭因，　　　　　　　　　　　高人贵客请到来，
　　　kɔ³³zɯ⁴² kui⁵⁵khɯ³⁵ tɕhɛ³³ phia⁴⁴ jɯ³⁵
　　　高人　　贵客　　　请　　到　　来

28　怎计少阔气。　　　　　　　　　　　　　有多么阔气。
　　　tsɯ³¹ tɕi⁵⁵ɕo³¹ kuɔ³⁵tɕhi⁵⁵
　　　有　多么　　阔气

马郎【唱】:

1　马德芳叫咋阿爹利，　　　　　　　　　　马德芳叫道阿爹您，
　　　ma³¹tɛ³⁵fa³³ ʔɯ³⁵tsɔ⁴² ʔa³³ti³¹ ȵi⁵⁵
　　　马德芳　　　叫道　　　阿爹　您

2　前夜我梦灯阿顿。　　　　　　　　　　　前夜我做了一个梦。
　　　tɯ³¹ɕɛ⁴⁴ ŋɔ³¹ mɯ³¹tɯ⁴⁴ ʔa³¹tui³⁵
　　　前夜　　我　梦见　　　一个

3　梦灯跌入莫十很，　　　　　　　　　　　梦见跌进厕所里，

mɯ³¹tɯ⁴⁴ to⁴⁴n̠i⁴⁴ mɔ³⁵sɿ³⁵ xɯ³¹
梦见　　跌进　　厕所　　里

4　庄登使阿快。　　　　　　　　　　抓着屎一坨。
　　tʃua⁴⁴tɯ⁴⁴ sɿ³¹ ʔa³¹kui⁵⁵
　　抓着　　屎　一坨

5　衫子马褂配烂号，　　　　　　　　衫子马褂撕烂了，
　　se³³tsɿ³¹ ma³¹kua⁵⁵ phe⁵⁵ la³¹ xɔ⁵⁵
　　衫子　　马褂　　撕　烂　了

6　欠马白马入海心。　　　　　　　　青马白马入海心。
　　tɕhe⁵⁵mɛ³¹ pɛ⁴²mɛ³¹ n̠i⁴⁴ kɔ²¹ɕi³⁵
　　青马　　白马　　入　海心

7　自从梦登等顿后，　　　　　　　　自从做了这个梦，
　　tsɿ⁵⁵tsho⁴² mɯ³¹tɯ⁴⁴ tɯ³¹tui³⁵ xɯ⁵⁵
　　自从　　做了　　这梦　　了

8　习孟怎阿快。　　　　　　　　　　心里有疙瘩。
　　ɕi³⁵mɯ⁵⁵ tsɯ³¹ ʔa³¹khui⁵⁵
　　心里　　有　一块

马父【唱】：

1　阿顿本梦梦等样，　　　　　　　　不梦别的梦这个，
　　ʔa³¹tui³⁵ pɯ³¹ mɯ³¹ mɯ³¹ tɯ³¹ja³³
　　一样　　不　梦　梦　这样

2　明日㘆吐喜司叭，　　　　　　　　明日就是你大喜，
　　mɛ⁵⁵n̠i⁴⁴ nɯ⁵⁵nɔ³³ ɕi³¹sɿ⁴⁴ phia⁴⁴
　　明日　　你的　　喜事　到

3　童男子人同吉利，　　　　　　　　小伙子要图吉利，
　　se³¹to³¹tso³² ni³¹ thu⁴² tɕi³⁵li⁵⁵
　　小伙子　　你　图　吉利

4　闲话要本双。　　　　　　　　　　闲话莫要说。
　　ɕa³⁵to³¹ no⁴⁴pɯ³¹ sua⁴⁴
　　闲话　　莫要　说

5　明日是红罗大喜，　　　　　　　　明日是红罗大喜，
　　miɯ⁴²zɿ³⁵ sɿ⁵⁵ xo⁴²luɔ⁴² ta⁵⁵ɕi³¹
　　明日　　是　红罗　　大喜

6　迎亲要到祝家庄，　　　　　　　　迎亲要到祝家庄，
　　jɯ⁴²tɕhɯ³³ jɔ⁵⁵tɔ⁵⁵ tsu³⁵tɕa³³tsua³³
　　迎亲　　要到　　祝家庄

7　大热大闹自喜事，　　　　　　　　热热闹闹办喜事，
　　tɔ³¹ui³⁵ tɔ³¹n̠i⁴⁴ tsɿ⁵⁵ ɕi³¹sɿ⁴⁴
　　热热　　闹闹　做　喜事

8　世格人干看。　　　　　　　　　　让世人看看。

se⁴²kɛ³⁵ɲi³¹ ka⁴⁴xa⁵⁵
世人　　　看看

9　习衣习被旺香贵，[1]　　　　　　　　　　　　新衣新裳几香柜，
　　ɕi³⁵ji³⁵ ɕi³⁵pe³² ua⁵⁵ ɕo³⁵kɤ³³
　　新衣　新裳　几　香柜

10　四闹抬保十六加，　　　　　　　　　　　　饰物抬它十六架，
　　sŋ⁵⁵nɔ³³ ta³⁵ pɔ³¹ tsŋ⁵⁵fɤ⁴⁴tɕa⁴⁴
　　嫁妆　抬　它　十六架

11　珍珠玛瑙无其数，　　　　　　　　　　　　珍珠玛瑙无其数，
　　tsɯ³³tsɤ³³ ma³¹nɔ³¹ vɤ⁴²tɕhi⁴²su⁵⁵
　　珍珠　玛瑙　无其数

12　放五色霞光。　　　　　　　　　　　　　　放五色霞光。
　　fa⁵⁵ u³¹sɛ³⁵ ɕa⁴²kua³³
　　放　五色　霞光

13　一对摆鱼跳龙门，　　　　　　　　　　　　一对摆鱼跳龙门，
　　ʔa³¹tui⁴⁴ pe³³ ŋɤ³⁵ thiɔ⁵⁵ lo⁴²mɯ⁴²
　　一对　摆　鱼　跳　龙门

14　二对摆老鼠偷瓜，　　　　　　　　　　　　二对摆老鼠偷瓜，
　　ɛ⁵⁵tui⁵⁵ pe³¹ lɔ³¹tshɤ³¹ tho³³kua³³
　　二对　摆　老鼠　偷瓜

15　三对摆麒麟卧芭蕉。　　　　　　　　　　　三对摆麒麟卧芭蕉，
　　sa³³tui⁵⁵ tɕhi⁴²liɯ⁴² u⁵⁵ pa⁴⁴tɕɔ⁴⁴
　　三摆　麒麟　卧　芭蕉

16　摆凤吹牡丹。　　　　　　　　　　　　　　摆凤吹牡丹。
　　pe³¹ fɯ⁵⁵tshui³³ mu³¹ta³³
　　摆　凤吹　牡丹

17　传家贵宝白玉带，　　　　　　　　　　　　传家贵宝白玉带，
　　tshua⁴²tɕa³³ kui⁵⁵pɔ³¹ pɛ³⁵ y⁵⁵te⁵⁵
　　传家　贵宝　白　玉带

18　凤冠霞帔明亮亮。　　　　　　　　　　　　凤冠霞帔明亮亮。
　　fɯ⁵⁵kua³³ ɕa⁴²phe³³ mɛ²¹n̥a⁴⁴n̥a⁴⁴
　　凤冠　霞帔　明亮亮

19　男子显才女显志，　　　　　　　　　　　　男子显才女显志，
　　na⁴²tsŋ³¹ ɕe³¹tshe⁴² n̥y³¹ ɕe³¹tsŋ⁵⁵
　　男子　显才　女　显志

20　扶父母旗杆。　　　　　　　　　　　　　　扬父母美德旗帜。
　　u³¹ to³⁵mɔ³³ tɕi³¹ka³⁵
　　扶　父母　旗杆

---

[1] 香贵[ɕo³⁵kɤ³³]：专指婚庆中所使用的柜子，一般漆成红色以示吉祥。

庆同【白】：禀老爷，迎亲礼物已经齐备好了。
马郎【白】：庆同，听我吩咐那——【唱】：

1 开咀双给庆同听，　　　　　　　　　开口说给庆同听，
   khɯ⁵⁵tɕy³³ sua⁴⁴kɯ³¹ tɕhɯ⁵⁵tho⁴² tɕhɛ⁵⁵
   开口　　说给　　庆同　　　听

2 明日你相公喜事，　　　　　　　　　明日你相公婚庆，
   mɛ⁵⁵ȵi⁴⁴ nɯ⁵⁵ ɕa⁵⁵ko³³ ɕi³¹sŋ⁵⁵
   明日　你的　相公　　喜事

3 使恼杯请吹弟的，　　　　　　　　　使你去请吹唢呐，
   sɯ³¹ nɔ³¹ pe⁴⁴tɕhɛ³³ phɯ⁵⁵ti⁵⁵tɛ⁴⁴
   使　你　去请　　吹唢呐

4 请上南夫名。　　　　　　　　　　　请上三十六名。
   tɕhɛ³³ sa⁵⁵na³¹fv̩⁴⁴ miɛ³⁵
   请　三十六　　名

5 要请保细吹细打，　　　　　　　　　要请他细吹细打，
   ȵo⁴⁴ tɕhɛ³³ pɔ³¹ ɕi⁵⁵tshui³³ ɕi⁵⁵ta³¹
   要　请　他　细吹　　细打

6 四花红吐哉要唱声。　　　　　　　　挂红绸时要唱戏。
   sŋ⁵⁵ xua⁴⁴xo⁴² nɔ³³ tse⁴⁴ tsho³¹tshe⁵⁵
   挂　红绸　　上　再　唱一声

7 等太自大热大闹，　　　　　　　　　这事要热热闹闹，
   tɯ³¹the⁵⁵ tsŋ⁵⁵ tɔ³¹ui³⁵ tɔ³¹ȵi⁴⁴
   这事　　是　大热　　大闹

8 请朝中贵客。　　　　　　　　　　　请朝中贵客。
   tɕhɯ³¹ tshɔ⁴² tso³³ kui⁵⁵khɯ³⁵
   请　　朝　中　贵客

庆同【白】：是了。【唱】：

1 老爷使庆同掌家，　　　　　　　　　老爷使庆同掌家，
   lɔ³¹je⁴² sŋ³¹ tɕhɯ⁵⁵tho⁴² tsa³¹tɕa⁵⁵
   老爷　使　庆同　　　掌家

2 掌家等太我喜欢。　　　　　　　　　掌家这事我喜欢。
   ta³¹tɕa³⁵ tɯ³¹te⁵⁵ ŋɔ³¹ ɕi³¹xua⁵⁵
   掌家　这事　我　喜欢

3 欠尼阿必交给我，　　　　　　　　　钱银一笔交给我，
   tɕhe⁵⁵ȵi²¹ ʔa³¹pi³⁵ tɕɔ³⁵kɯ³¹ ŋɔ³¹
   钱银　　一笔　交给　　我

4 武利讨两三。　　　　　　　　　　　妻也娶俩仨。
   vv̩³³ li⁵⁵ thu⁵⁵ kɔ³³sa⁵⁵
   妻　也　娶　俩仨

5 第一本头自我鞋，　　　　　　　　　第一个给我做鞋子，

te³³ji⁴⁴ puɯ³³tuɯ³¹ tsʅ⁵⁵ ŋɔ³¹ ŋe²¹
第一　那个　　做　我　鞋

6　第二本等缝我官，　　　　　　　　　　　　第二个给我做裤子，
ti⁵⁵zʅ⁴⁴ puɯ³³tuɯ³¹ tse³¹ ŋɔ³¹ kua³⁵
第二　那个　　做　我　裤

7　第三本等人才虎，　　　　　　　　　　　　第三个那个人才好，
ti⁵⁵sa⁵⁵ puɯ³³tuɯ³¹ zuɯ⁴²tshe⁴² xu³³
第三　那个　　人才　　好

8　生保配我闲。　　　　　　　　　　　　　　叫她陪我闲。
suɯ³¹ pɔ³¹ phe⁵⁵ ŋɔ³¹ ɕa³⁵
让　她　陪　我　闲

9　毛尼衫子我自披，　　　　　　　　　　　　毛尼衫子我作披，
mɔ⁴²n̠i⁴² se³³tsʅ³³ ŋɔ³¹ tsʅ⁵⁵ phi³³
毛尼　衫子　我　作　披

10　缎子鞋闹我自杀，　　　　　　　　　　　缎料鞋子我做拖，
tua⁵⁵tsʅ³¹ ŋe³¹ nɔ³³ ŋɔ³¹ tsʅ⁵⁵ sa³⁵
缎子　鞋　上　我　做　拖

11　皮日之吐双笑话，　　　　　　　　　　　整天街上说笑话，
puɯ³³n̠i⁴⁴ tsʅ³³nɔ³³ sua⁴⁴ ɕɔ⁵⁵xua⁵⁵
每天　　街上　　说　笑话

12　衣乐汉之算。　　　　　　　　　　　　　逸乐看儿孙。
ji³⁵luɔ³⁵ xa⁵⁵ tsʅ³³sua⁵⁵
逸乐　看　儿孙

13　行行走走来得快，　　　　　　　　　　　行行走走来得快，
ɕɯ⁴²ɕɯ⁴² tsɔ³¹tsɔ³¹ le⁴²tuɯ³⁵ khui⁵⁵
行行　　走走　　来得　快

14　今日杯师夫那闲，　　　　　　　　　　　今日去乐师那里闲，
kɛ⁵⁵n̠i⁴⁴ pe⁴⁴ sʅ³³fv̠³³ na³² ɕa³⁵
今日　去　师傅　那里　闲

15　明日我相公喜司，　　　　　　　　　　　明日我相公喜事，
mɛ⁵⁵n̠i⁴⁴ ŋuɯ⁵⁵ ɕa⁵⁵kɔ³³ ɕi³¹sʅ⁴⁴
明日　我的　相公　　喜事

16　请那吹保察。　　　　　　　　　　　　　请你们吹一场。
tɕhɛ³³ na⁵⁵ phuɯ⁵⁵ pɔ³¹ tsha³⁵
请　你们　吹　它　一场

17　细吹细打三十六，　　　　　　　　　　　细吹细打三十六人，
ɕi⁵⁵tshui³³ ɕi⁵⁵ta³¹ sa³³sʅ³³lu³⁵
细吹　　细打　三十六

18　小夫三百个以上，　　　　　　　　　　　吹箫三百个以上，

ɕɔ³⁵fɣ³⁵ se³³pɯ³⁵ kɔ⁵⁵ ji³¹sa⁵⁵
吹箫　三百　个　以上

19　不可为误那请怎，　　　　　　　　　　不可延误你们请来，
　　pu³⁵khuɔ³¹ ui³¹u⁵⁵ na⁵⁵ tɕhɛ³³tsɯ³⁵
　　不可　　为误　你们　请来

20　我，怎呣当汉那。　　　　　　　　　　我，在那里等你们。
　　ŋɔ³¹ tsɯ³⁵ pɯ⁵⁵ta⁴⁴ xa⁵⁵ na⁵⁵
　　我　在　那里　看你们

师傅【唱】：

1　各位徒弟那请听，　　　　　　　　　　各位徒弟请听好，
　　kɔ³⁵ui⁵⁵ thu⁴²ti⁵⁵ na⁵⁵ tɕhɯ³¹ thiɯ³³
　　各位　徒弟　你们　请　听

2　明日马相公喜事，　　　　　　　　　　明日马相公喜事，
　　mɛ⁵⁵ɲi⁴⁴ ma³¹ɕa⁵⁵kɔ³³ ɕi³¹sʅ⁴⁴
　　明日　　马相公　　喜事

3　请亮杯细吹细打，　　　　　　　　　　请我们细吹细打，
　　tɕhɛ³³ na⁵⁵ pe⁴⁴ ɕi⁵⁵tshui³³ ɕi⁵⁵ta³¹
　　请　咱们　去　细吹　细打

4　那哉杯唱声。　　　　　　　　　　　　还要去唱戏。
　　na³² tse³² pe⁴⁴ tsha⁵⁵tshɛ⁵⁵
　　你们再　去　唱一声

5　抬旗午鼓亮杯吐，　　　　　　　　　　抬旗扶鼓要去了，
　　ta³⁵tɕi³¹ u³¹ku³³ na⁵⁵ pe⁴⁴ lɔ³²
　　抬旗　扶鼓　咱们　走　了

6　打锣打鼓哉唱声，　　　　　　　　　　敲锣打鼓又唱戏，
　　tɛ⁴⁴lɔ³⁵ tɛ⁴⁴ku³³ tse⁴⁴ tɕho⁵⁵tshɛ⁵⁵
　　敲锣　打鼓　再　唱一声

7　等太自大热大闹，　　　　　　　　　　这台事是很热闹，
　　tɯ³¹the⁵⁵ tsʅ⁵⁵ tɔ³¹ui³⁵ tɔ³¹ɲi⁴⁴
　　这台事　是　大热　大闹

8　杯因点饮点。　　　　　　　　　　　　去吃点喝点。
　　pe⁴⁴ jɯ⁴⁴ti⁵⁵ ʔɯ³¹ti⁵⁵
　　去　吃点　喝点

乐手【唱】：

1　弟子听得心忧忧，　　　　　　　　　　弟子听得心忧忧，
　　ti⁵⁵tsʅ³¹ tɕhɛ⁵⁵tɯ⁴⁴ ɕi³⁵jo⁴⁴jo⁴⁴
　　弟子　听得　心悠悠

2　细吹细打学登没。　　　　　　　　　　细吹细打没学着。
　　ɕi⁵⁵tshui⁴⁴ ɕi⁵⁵ta³¹ ɣɯ⁴²tɯ⁴⁴ mu³³
　　细吹　细打　学着　没

3	每日我打办闹杯，	走时我和他们走，
	pe²¹n̠i⁴⁴ ŋɔ³¹ ta³² pa⁵⁵ nɔ³³ pe⁴⁴	
	每天 我 和 他们 上 走	
4	我面吐打古。	我只是打鼓。
	ŋɯ⁵⁵ miɛ³² nɔ³³ tɛ⁴⁴ ku³³	
	我的 面份 打 鼓	
5	明日马相公请亮，	明日马相公请咱们，
	mɛ⁵⁵n̠i⁴⁴ ma³¹ ɕa⁵⁵ko³³ tɕhɛ³³ n̠a⁵⁵	
	明日 马相公 请 咱们	
6	怎计少生番肉古，	有多少美食佳肴，
	tsɯ³³ tɕi⁵⁵ ɕo³³ xɛ⁵⁵ pha⁴⁴ kɛ²¹ ŋɣ³³	
	有 多少 菜蔬 肉食	
7	打呠呠自因咀咀，	打一阵阵则吃一顿顿，
	tɛ⁴⁴ pɯ³⁵ pɯ³⁵ tsŋ⁵⁵ jɯ⁴⁴ tɕy³³ tɕy³³	
	打 一阵阵 则 吃 一顿顿	
8	底格装处没。	就怕吃不下。
	ti³¹ kɛ³⁵ tso³⁵ tshɣ³¹ mu³³	
	就怕 装处 没	

乐手【唱】:

1	之我从小吹弟打，	子我从小吹唢呐，
	tsŋ³³ ŋɔ³¹ tsho⁵⁵ se³¹ phɯ⁵⁵ ti⁵⁵ tɛ⁴⁴	
	子 我 从小 吹唢呐	
2	吹着利劳老利勒。[1]	只吹得利劳老利勒。
	phɯ⁵⁵ tsɔ⁴² li⁵⁵ lɔ³¹ lɔ³¹ li⁵⁵ lɛ⁴⁴	
	吹着 利劳老利勒	
3	阿吹吹叭马头孟，	一吹吹到马面前，
	ʔa³³ phɯ⁵⁵ phɯ⁵⁵ phia⁴⁴ mɛ³³ tɯ³¹ mɯ³⁵	
	一吹 吹到 马 面前	
4	干呠马惊骇。	吓着他的马。
	ka⁴⁴ pɯ⁵⁵ mɛ³³ tɕɯ³⁵ xɛ³⁵	
	把 他的 马 惊吓	
5	咀巴两边争次号，	嘴巴两边吹肿了，
	tɕui³³ pa⁴² ko³³ pɔ³¹ tsɯ³² tshŋ⁵⁵ xɔ³⁵	
	嘴巴 两边 挣 肿 了	
6	脖子公利争期引，	脖子也吹出瘿袋来，
	pɔ³⁵ tsŋ⁴⁴ ku⁴⁴ li⁵⁵ tsɯ³² tɕhi⁴⁴ jɛ³³	
	脖子 也 挣 出 瘿袋	
7	委皮哉来争次号，	眼皮子也肿起来，

---

[1] 利劳老利勒[li⁵⁵lɔ³¹lɔ³¹li⁵⁵lɛ⁴⁴]: 拟声词。

	ui³³pe³¹tse⁴⁴ne³¹ tsɯ³² tshɿ⁵⁵ xɔ⁵⁵	
	眼皮子 　　挣　肿　了	
8	想因活革惜。[1]	想吃一串红肉。
	ɕa³¹ jɯ⁴⁴ xuɔ³⁵kɛ²¹ ɕi³⁵	
	想　吃　红肉　串	

乐手【唱】：

1	之我从闪爱吹箫，	汉子我从小爱吹箫，
	tsɿ³³ ŋɔ³¹ tsho⁵⁵se³¹ e⁴⁴ phɯ⁵⁵ɕɔ³⁵	
	子 我 从小　　爱 吹箫	
2	碰箫的怎我吹高。	吹箫属我水平高。
	phɯ⁵⁵ɕɔ³⁵ ti⁵⁵tsɯ³³ ŋɔ³¹ phɯ⁵⁵kɔ³⁵	
	吹箫　　只是　　我　吹得好	
3	阿碰碰叭要紧处，	一吹吹到要紧处，
	ʔa³³phɯ⁵⁵ phɯ⁵⁵phia⁴⁴ jɔ³⁵tɕɯ³¹ tshɤ³¹	
	一吹　　吹到　　　要紧　　处	
4	肖光争破号。	箫管吹破了。
	ɕɔ³⁵kua⁴⁴ tsɯ³² phɔ³¹ xɔ⁵⁵	
	箫　　　吹　破　了	
5	杯请小炉匠先保，	去请小炉匠修它，
	pe⁴⁴tɕhɛ⁴⁴ ɕɔ³¹lu³¹tɕa⁵⁵ ɕo³⁵ pɔ³¹	
	去请　　　小炉匠　　　修　它	
6	手艺自有本等各，	手艺就数那个高，
	so³¹ji⁴⁴ sɯ⁴⁴tsɯ³³ pɯ³³tɯ³¹ kɔ³⁵	
	手艺　　就数　　　那个　　高	
7	气我包灯肖本光，	替我包的那支箫，
	tɕhi⁵⁵ ŋɔ³¹ pɔ³⁵tɯ⁴⁴ ɕɔ³⁵ pɯ³¹kua⁴⁴	
	替　我　包的　　　箫　那支	
8	套吐羊肠套。	套着羊肠套。
	thɔ⁵⁵nɔ³³ jo³¹tso³¹ thɔ⁵⁵	
	套的　　羊肠　　套	
9	我干呋孟取打因，	我从他那儿赎回箫，
	ŋɔ³¹ ka⁴⁴ pɯ⁵⁵mɯ⁵⁵ tsʏ⁴²ta⁴² jɯ³⁵	
	我　从　他那　　　赎回　　　来	
10	我牛母等非曲包，	我的老婆很讥讽，
	ŋɯ⁵⁵ jo³⁵mɔ³³tɯ³¹ fe³³ tɕhu³⁵pɔ³⁵	
	我　老婆　　　　很　讥讽	
11	气我丢下勾孟去，	替我丢到地下了，

---

[1] 活革[xuɔ³⁵kɛ²¹]：白族宴席八大碗中的一道肉菜，形为方形，以红曲米水烩制成红色以图喜庆。喜宴中，有的把它穿成串，放在碗里，增添情趣。

tɕhi⁵⁵ ŋɔ³¹ piɛ⁵⁵thɯ⁵⁵ kɔ⁴⁴mɯ⁵⁵ ŋɛ²¹
替 我 丢下 脚下 去

12 宽干抬因号。 给狗叼吃了。
khua³³ ka⁴⁴ ta³⁵jɯ⁴⁴ xɔ⁵⁵
狗 把 拿吃 了

帮手【唱】:

1 我怎因很阿六爹, 我是村中阿六爹,
ŋɔ³¹ tsɯ³³ jɯ⁴⁴xɯ³¹ ʔa³¹lu³⁵ti³³
我 是 村里 阿六爹

2 从闪我学登达水。 从小我学着挑水。
tsho⁵⁵se³¹ ŋɔ³¹ ɣɯ⁴²tɯ⁴⁴ ta³⁵ɕy³³
从小 我 学着 挑水

3 我利汝心打半达, 我也尽力去挑水,
ŋɔ³¹ li⁵⁵ zɣ³³ɕi³⁵ ta³⁵ pa⁵⁵ta³²
我 也 用心 挑 几挑

4 因利因灯好嗺咀。 还能吃到好饭菜。
jɯ⁴⁴ li⁵⁵ jɯ⁴⁴tɯ⁴⁴ xu³³nɔ³³ tɕy³³
吃 也 吃得 好的 一嘴

5 酒利饮恨莫打古, 酒也喝了无数瓶,
tsʅ³³ li⁵⁵ ʔɯ³³xɯ⁵⁵ mu³³ta³² ku³¹
酒 也 喝了 无数 瓶

6 死赶之醉期。 口水都醉出。
ɕi⁵⁵ka³²tsʅ⁴⁴ tɕy⁴⁴tɕhi⁴⁴
口水 醉出

帮手【唱】:

1 我怎因很唐小赵, 我是村中唐小赵,
ŋɔ³¹ tsɯ³³ jɯ⁴⁴xɯ³¹ tha⁴²ɕɔ³¹tsɔ⁵⁵
我 是 村里 唐小赵

2 从小自处手艺各。 从小做厨手艺高。
tsho⁵⁵se³¹ tsʅ⁵⁵tshɣ⁵⁵ sɔ³¹ji⁴⁴ kɔ³⁵
从小 做厨 手艺 高

3 马甲办那自喜司, 马甲他家办喜事,
ma³¹tɕa³⁵ pa⁵⁵ nɛ⁵⁵ tsʅ⁵⁵ ɕi³¹sʅ⁵⁵
马甲 他们 呢 做 喜事

4 请我自汪桌。 请我做几桌。
tɕhɛ³³ ŋɔ³¹ tsʅ⁵⁵ ua⁵⁵tsuɔ³⁵
请 我 做 几桌

5 羊猪杀恨汪百头, 猪羊杀了几百头,
jo³¹ te⁴² ɕa⁴⁴xɯ³¹ ua⁵⁵pɛ⁴⁴ tɯ³¹
猪 羊 杀了 几百 头

6　客利请登两气桌，　　　　　　　　　　　客也请了两千桌。
　　khɛ⁴⁴ li⁵⁵ tɕhe³³tɯ⁴⁴ ko³³tɕhi⁵⁵ tsuɔ³⁵
　　客　也　请了　　两千　桌

7　找达吐帮忙汪人，　　　　　　　　　　　再请几个帮手来，
　　ji²¹ ta³⁵ nɔ³³ pa³³ma⁴² ua⁵⁵ɲi³¹
　　找　搭　上　帮忙　　几个

8　我达人之乐。　　　　　　　　　　　　　我独自享乐。
　　ŋɔ³¹ ta³⁵ɲi³¹tsɿ³³ luɔ³⁵
　　我　独自儿　　乐

帮手【唱】:

1　我怎因很张大舍，　　　　　　　　　　　我是村中张大舍，
　　ŋɔ³¹ tsɯ³³ ju⁴⁴xɯ³¹ tsa⁴⁴ta⁵⁵se³¹
　　我　是　　村里　　张大舍

2　从闪学登自生使。　　　　　　　　　　　从小学着煮米饭。
　　tsho⁵⁵se³³ ɣɯ⁴²tɯ⁴⁴ tsɿ⁵⁵ xɛ⁵⁵sɿ³¹
　　从小　　学着　　做米饭

3　自生使吐咀舌及，　　　　　　　　　　　煮米饭的话语多，
　　tsɿ⁵⁵ xɛ⁵⁵sɿ³¹nɔ³³ tɕy³³tsɔ⁴² tɕi³⁵
　　煮米饭的　　嘴舌　多

4　古人要番闪要硬，　　　　　　　　　　　小的要硬老要软。
　　ku³³ɲi³¹ no⁴⁴ phɛ⁵⁵ se³¹ no⁴⁴ ŋɛ⁴²
　　老人　要软　小　要硬

5　我怎自生使王人，　　　　　　　　　　　我是煮饭的能人，
　　ŋɔ³¹ tsɯ³³ tsɿ⁵⁵ xɛ⁵⁵sɿ³¹ ua⁴²zɯ⁴²
　　我　是　煮饭　　王人

6　自本番本硬。　　　　　　　　　　　　　做不软不硬。
　　tsɿ⁵⁵ pɯ³¹ phɛ⁵⁵ pɯ³³ ŋɛ⁴²
　　做　不　软　不　硬

帮手【唱】:

1　我怎因很倒汉包，　　　　　　　　　　　我是村中大汉子，
　　ŋɔ³¹ tsɯ⁴⁴ ju⁴⁴xɯ³¹ tɔ³¹xa⁵⁵pɔ³⁵
　　我　是　　村中　　大汉子

2　我吐伙计本学交。　　　　　　　　　　　我做活计别操心。
　　ŋɯ⁵⁵ nɔ³³ xuɔ⁴²tɕi⁵⁵ pɯ³³ɕɔ³⁵ tɕɔ³⁵
　　我　的　活计　　不用　操心

3　马甲办那自喜司，　　　　　　　　　　　马甲家要办喜事，
　　ma³¹tɕa³⁵ pa⁵⁵ nɛ⁵⁵ tsɿ⁵⁵ ɕi³¹sɿ⁴⁴
　　马甲　他们的　做　喜事

4　请我抬四闹。　　　　　　　　　　　　　请我抬轿子。

	tɕhe³³ ŋɔ³¹ ta³⁵ sʅ⁵⁵tɕɔ³⁵	
	请　我　抬　四轿	
5	四闹抬坑我倒吐，	轿子扛起我肩上，
	sʅ⁵⁵tɕɔ³⁵ ta³⁵khɯ³³ ŋɯ⁵⁵ tɯ³¹nɔ³³	
	轿子　抬起　我　身上	
6	甲合遇灯亲家包。	正好遇到亲家公。
	tɕa³⁵xɔ³⁵ jui⁴⁴tɯ⁴⁴ tɕhɯ⁵⁵tɕa³³pɔ³⁵	
	正好　　遇到　　亲家公	
7	亲家问我杯岸拉，	亲家问我去哪里，
	tɕhɯ⁵⁵tɕa³³ piɛ⁴⁴ ŋɔ³¹ pe⁴⁴ ʔa⁵⁵na⁴⁴	
	亲家　　问　我　去　哪里	
8	干我问后号。	把我问呆了。
	ka⁴⁴ ŋɔ³¹ piɛ⁴⁴ xo³¹ xɔ³⁵	
	把　我　问　呆　了	

帮手【唱】:

1	我怎因很赵小取，	我是村中赵小取，
	ŋɔ³¹ tsɯ³³ jɯ⁴⁴xɯ³¹ tsɔ⁵⁵ɕɔ³¹tɕhui³¹	
	我　是　村里　　赵小取	
2	我吐伙计怎阿喜。	我的伙伴是阿喜。
	ŋɯ⁵⁵ nɔ³³ xu³¹tɕa⁴² tsɯ³³ ʔa³³ɕi³¹	
	我　的　好伴　是　阿喜	
3	马公子办自喜司，	马公子家办喜事，
	ma³¹kɔ³³ tsʅ³¹ pa⁵⁵ tsʅ⁵⁵ ɕi³¹sʅ⁴⁴	
	马公子　是　他们　做　喜事	
4	请我达火举。	请我抬火把。
	tɕhɛ⁴⁴ ŋɔ³¹ ta³⁵ xui³¹tɕy³¹	
	请　我　抬　火把	
5	火举两举达手孟，	火把两把抬手中，
	xui³¹tɕy³¹ kɔ³¹tɕy³¹ ta³⁵ sɯ³³ mɯ⁵⁵	
	火把　　两把　　抬　手　处	
6	我两人杯自阿对。	我们两人走成一对。
	ŋa⁵⁵ kɔ³¹ȵi³¹ pe⁴⁴ tsʅ⁵⁵ ʔa³¹tui⁴²	
	我们　两人　走　成　一对	
7	古说喜事不离双，	人说喜事不离双，
	ku³¹sɯɔ³⁵ ɕi³¹sʅ⁵⁵ pu³⁵ li⁴² sua³³	
	古说　　喜事　　不　离　双	
8	做福禄寿喜。	呈福禄寿喜。
	tsʅ⁵⁵ fv³⁵lu³⁵ so⁵⁵ɕi³¹	
	呈　福禄　寿喜	

帮手【唱】：

1 我怎因很赵小唐，　　　　　　　　　　　　　　我是村中赵小唐，
   ŋɔ³¹ tsɯ³³ jɯ⁴⁴xɯ³¹ tsɔ⁵⁵çɔ³¹tha⁴²
   我　是　村里　　赵小唐

2 我吐伙计登及南。　　　　　　　　　　　　　　我的好伴非常多。
   ŋɯ⁵⁵ nɔ³³ xu³³tɕa⁴² tɯ³³ tɕi³⁵na³¹
   我　的　好伴　　是　很多

3 马公子办自喜事，　　　　　　　　　　　　　　马公子家办喜事，
   ma³¹ko³³tsɿ³¹ pa⁵⁵ tsɿ⁵⁵ çi³¹sɿ⁴⁴
   马公子　　　他们　做　喜事

4 请我自陪郎。　　　　　　　　　　　　　　　　请我做陪郎。
   tɕhe³³ ŋɔ³¹ tsɿ⁵⁵ pe⁴²na⁴²
   请　　我　做　陪郎

5 陪郎四人两边坐，　　　　　　　　　　　　　　陪郎四人两边坐，
   pe⁴²na⁴² çi⁴⁴ȵi³¹ ko³³pɔ³¹ kv⁴²
   陪郎　　四人　　两边　　坐

6 媒人博人自我办。　　　　　　　　　　　　　　媒人做我伴。
   me³⁵sɯ³⁵ pɔ³⁵ȵi³¹ tsɿ⁵⁵ ŋɯ⁵⁵ tɕa⁴²
   媒人　　他　　做　我的　伴

7 达旗达伞杯前头，　　　　　　　　　　　　　　抬旗抬伞走前头，
   ta³⁵tɕi³¹ ta³⁵sa³² pe⁴⁴ tsɿ³¹tɯ³¹
   抬旗　　抬伞　　走　朝前

8 自乐然陪郎。　　　　　　　　　　　　　　　　做乐然陪郎。
   tsɿ⁵⁵ luɔ³⁵za⁴² pe⁴²na⁴²
   做　乐然　　陪郎

马父【白】： 那是庆同，各样齐备好了吗？

庆同【白】： 禀老爷，已经齐备好了。

马父【白】： 既是如此，吩咐小儿，准备迎亲，三杆大炮，（嘟……）公子高升！公子高升！**【唱】：**

1 公子迎亲等时去，　　　　　　　　　　　　　　公子迎亲现在走，
   ko³³tsɿ³¹ jɯ⁴²tɕhɯ³³ tɯ³¹tsɿ²¹ pe⁴⁴
   公子　　迎亲　　　现在　　走

2 放炮三响入害明，　　　　　　　　　　　　　　放炮三响如打雷，
   tsɿ³⁵tshv⁵⁵ sa⁵⁵kɛ³¹ zɣ³¹ xɛ⁵⁵mɛ²¹
   放炮　　三响　　如　打雷

3 紫梓锣利过山号，　　　　　　　　　　　　　　紫梓锣和过山号，
   tsɿ³¹tsɿ³¹luo³⁵ li⁵⁵ kɔ³²sa³³xɔ⁵⁵
   紫梓锣　　　和　过山号

4 好比生虎明。　　　　　　　　　　　　　　　　好像猛虎叫。

xɔ³¹pi³¹ xɛ⁵⁵lɔ³¹ mɛ²¹
好像　猛虎　叫

5　金光月府朝天灯，　　　　　　　　　　金光月斧朝天灯，
tɕiɯ⁵⁵kua³³ yɛ³⁵fv³¹ tshɔ⁴²thie³³ tɯ³³
金光　　月斧　　朝天　　灯

6　执司旗号摆两而。　　　　　　　　　　执司旗号摆两行。
tsɿ³⁵sɿ³³ tɕhi⁴²xɔ⁵⁵ pe³³ ko³³ʔɛ⁴²
执司　　旗号　　摆　两行

7　吴公旗利万民伞，　　　　　　　　　　蜈蚣旗和万民伞，
u³⁵ko³⁵tɕi³¹ li⁵⁵ va⁵⁵miɯ⁴²sa³²
蜈蚣旗　　和　万民伞

8　十一分汉节。　　　　　　　　　　　　十一分好看。
sɿ³⁵ji³⁵ fɯ³³ xa⁵⁵tɕɛ⁴²
十一　分　好看

9　向羊轿利坐灯康，　　　　　　　　　　还坐一乘象牙轿，
ɕa⁵⁵ja⁴² tɕo³² li⁵⁵ kɤ⁴²tɯ⁴⁴ kha⁴⁴
象牙　轿　也　坐着　一座

10　马吐挂金铃银铃。　　　　　　　　　　马上挂着金铃银铛。
mɛ³³ nɔ³³ kua⁴⁴ tɕe³⁵niɯ⁴² ȵi²¹niɯ⁴²
马　上　挂　金铃　银铃

11　前呼后拥无其数，　　　　　　　　　　前呼后拥无其数，
tɕhe⁴²xu³³ xo⁵⁵jo³³ vɤ⁴²tɕhi⁴²su⁵⁵
前呼　　后拥　　无其数

12　好像官入城。　　　　　　　　　　　　好像官入城。
xɔ³¹ɕa⁵⁵ kua⁴⁴ zɤ⁴² tshɯ⁴²
好像　官　入　城

13　花旗干害利照车，　　　　　　　　　　花旗映红了天空，
xuɔ³⁵tɕi³¹ ka⁴⁴ xe⁵⁵ li⁵⁵ tso⁴⁴tshɛ⁴⁴
花旗　把　天　也　照红

14　抬轿尽周中十鞋。　　　　　　　　　　抬轿尽穿珠丝鞋。
ta³⁵tɕo³² tɕɯ⁵⁵tso⁴⁴ tsɤ³³sɿ³³ ŋe²¹
抬轿　尽穿　　珠丝　鞋

15　虽然此日小登科，　　　　　　　　　　虽然此日小登科，
ɕui³³za⁴² tshɿ³¹zɿ³⁵ ɕɔ³¹tɯ³³kɔ³³
虽然　　此日　　小登科

16　恰似做老爷。　　　　　　　　　　　　恰似做老爷。
tɕha⁵⁵sɿ⁵⁵ tsuɔ⁵⁵ lɔ³¹je⁴²
恰似　　做　老爷

庆同【白】：禀公爷，已来到祝家门前，祝家已在门外迎接。如此，住轿。（进了祝府）

马父【白】：摆酒席上来！

庆同【白】：已经齐备。公子请陪郎饮了呐！
马郎【唱】：

1　　公子今日好喜欢，　　　　　　　　　　　　公子今日好喜欢，
　　　ko³³tsŋ³¹ tɕɯ⁴⁴zŋ³⁵ xɔ³¹ɕi³¹xua³³
　　　公子　　今日　　　好喜欢

2　　欢天喜地笑哈哈。　　　　　　　　　　　　欢天喜地笑哈哈。
　　　xua³³thie³³ ɕi³¹ti⁵⁵ ɕɔ⁵⁵xa⁴⁴xa⁴⁴
　　　欢天　　喜地　　笑哈哈

3　　古说三杯通大道，　　　　　　　　　　　　古说三杯通大道，
　　　ku³³suɔ³⁵ sa³³pe³³ tho³³ ta⁵⁵tɔ⁵⁵
　　　古说　　三杯　通　大道

4　　饮恨十中外。　　　　　　　　　　　　　　喝了十杯多。
　　　ʔɯ³³xɯ⁵⁵ tsŋ⁴²tsɤ³⁵ ua⁴⁴
　　　喝了　　十杯　　多

5　　撤了酒席去拜堂，　　　　　　　　　　　　撤了酒席去拜堂，
　　　tshɛ³⁵lɔ³¹ tɕo³¹ɕi³⁵ tɕhy⁵⁵ pe⁵⁵tha⁴²
　　　撤了　　酒席　　去　　拜堂

6　　赐了红来挂起花。　　　　　　　　　　　　挂起了红花。
　　　tshŋ⁵⁵lɔ³¹ xo⁴² le⁴² kua⁵⁵tɕhi³¹ xua³³
　　　赐了　红　来　挂起　　花

7　　三拜九叩拜天地，　　　　　　　　　　　　三拜九叩拜天地，
　　　sa⁵⁵pe⁵⁵ tɕo³¹kho⁵⁵ pe⁵⁵ thie³³ti⁵⁵
　　　三拜　九叩　　拜　天地

8　　拜日月三光。　　　　　　　　　　　　　　拜日月三光。
　　　pe⁵⁵ zŋ³⁵yɛ³⁵ sa³³kua³³
　　　拜　日月　　三光

9　　祖宗三代利干拜，　　　　　　　　　　　　三代祖宗也拜拜，
　　　tsu³¹tso³³ sa⁵⁵te³¹ li⁵⁵ ka⁴⁴pɛ⁴²
　　　祖宗　　三代　也　拜拜

10　　四礼八拜把礼参。　　　　　　　　　　　四礼八拜把礼参。
　　　sŋ⁵⁵li³¹ pa³⁵pe⁵⁵ pa³¹ li³¹ tsha³³
　　　四礼　八拜　把　礼　参

11　　二拜六叩拜灶君，　　　　　　　　　　　二拜六叩拜灶君，
　　　ɛ⁵⁵pe⁵⁵ lu³⁵kho⁵⁵ pe⁵⁵ tsɔ⁵⁵tɕy³³
　　　二拜　六叩　拜　灶君

12　　拜灶君菩萨。　　　　　　　　　　　　　拜灶君菩萨。
　　　pe⁵⁵ tsɔ⁵⁵tɕy³³ phu³¹sa³³
　　　拜　灶君　　菩萨

13　　有请高堂上父母，　　　　　　　　　　　有请高堂上的父母，

jo³¹tɕɯ³¹ kɔ³³tha⁴² sa⁵⁵ fɤ⁵⁵mu³¹
有请　　高堂　　上　父母

14　　今日二人配鸳鸯，
　　　tɕɯ³³zŋ³⁵ ɛ⁵⁵zɯ⁴² phe⁵⁵ jui³³ja³³
　　　今日　　二人　　配　鸳鸯

今日二人配鸳鸯，

15　　三父八母是一样，
　　　sa³³fɤ⁵⁵ pa³⁵mu³¹ sŋ⁵⁵ ji³⁵ja⁵⁵
　　　三父　　八母　　是　一样

三父八母是一样，

16　　干斗母拜叭。
　　　ka⁴⁴ to³⁵mɔ³³ pɛ³² phia⁴⁴
　　　把　父母　　拜　到

把父母来拜。

祝父【白】：拜堂已毕，祝员外自想：不免去到南楼，叫女儿赶快梳妆，安慰她一番呐——【唱】：

1　　员外我干女孟双，
　　　jui⁴²ui⁵⁵ ŋɔ³¹ ka⁴⁴ ȵɤ³³ mɯ⁵⁵ sua⁴⁴
　　　员外　　我　对　女　处　说

员外我对女儿说，

2　　把你许配给马甲，
　　　pa³¹ ni³¹ ɕy³¹phe⁵⁵ kɯ³¹ ma³¹tɕa³⁵
　　　把　你　许配　　给　马甲

把你许配给马甲，

3　　这才是门当户对，
　　　tse⁵⁵ tshe⁴²sŋ⁵⁵ mɯ⁴²ta³³ xu⁵⁵tui⁵⁵
　　　这　才是　　门当　　户对

这才是门当户对，

4　　有多少威光。
　　　jo³¹ tuɔ³³sɔ³¹ ui³³kua³³
　　　有　多少　　　威光

有多少威光。

5　　身价银子一千五，
　　　sɯ³³tɕa⁵⁵ jɯ⁴²tsŋ³¹ ji³⁵tɕhi³³u³¹
　　　身价　　银子　　　一千五

身价银子一千五，

6　　贴打呋吐五百三。
　　　thie³⁵ta³² pɯ⁵⁵ nɔ³³ u³¹pɯ³⁵ sa³³
　　　贴上　　它上　五百　三

再贴上五百三。

7　　古说是人图名誉，
　　　ku³³su³⁵ tsŋ⁵⁵ȵi³¹ thu⁴² miɯ⁴²y⁵⁵
　　　古人　　做人　　图　名誉

古说做人图名誉，

8　　召恨两千外。
　　　tsɔ⁴⁴xɯ⁵⁵ kɔ³¹ tɕhi³³ ua⁴⁴
　　　花了　　两　千　外

花了两千多。

9　　打发皮箱十六科，
　　　tɛ⁴⁴fɛ⁴⁴ phi⁵⁵ɕa⁴⁴ tsŋ⁴²fɤ⁴⁴ khɔ³³
　　　打发　皮箱　　十六　　个

打发皮箱十六只，

10	哱很货物满满加，	里面货物满满装，
	pɯ⁵⁵xɯ³¹ xuɔ⁴⁴ŋɣ³¹ ma³¹ma³¹ tɕa³³	
	里面 东西 满满 装	

11	大红绸缎冷保面，	大红绸缎的被面，
	ta⁵⁵xo⁴² tsho⁴²tua⁵⁵ lɔ³¹pɔ³¹mi³²	
	大红 绸缎 被面	

12	头上加绣花。	上面绣着花。
	to⁴²sa⁵⁵ tɕa³³ ɕo⁵⁵xua³³	
	头上 加 绣花	

13	第一绣喜鹊争梅，	第一绣喜鹊争梅，
	ti⁵⁵ji³⁵ ɕo⁵⁵ ɕi³¹tɕhɔ³⁵ tsɯ³³me⁴²	
	第一 绣 喜鹊 争梅	

14	第二绣风吹牡丹，	第二绣风吹牡丹，
	ti⁵⁵ɛ⁵⁵ ɕo⁵⁵ fɯ⁵⁵tshui⁴⁴ mu³¹ta³³	
	第二 绣 风吹 牡丹	

15	第三绣白鹤白含松，	第三绣白鹤伴寒松，
	ti⁵⁵sa⁵⁵ ɕo⁵⁵ pɛ³⁵xɔ³⁵ pɛ⁵⁵ xa⁴²so³³	
	第三 绣 白鹤 伴 寒松	

16	蝴蝶绕莲花。	蝴蝶绕莲花。
	xu⁴²tie³⁵ zɔ⁵⁵ ȵe²¹xua³³	
	蝴蝶 绕 莲花	

17	白绸缎吐白床帐，	白绸缎和白床帐，
	pɛ⁴² tsho⁴²tua⁵⁵ nɔ³³ pɛ⁴² tshua⁴²tsa⁵⁵	
	白 绸缎 上 白 床帐	

18	满床肉子花床单，	满床褥子花床单，
	ma³¹tshua⁴² zɣ³⁵tsɿ³¹ xua⁴⁴ tie⁵⁵ta³³	
	满床 褥子 花 床单	

19	一对金钩挂床帐，	一对金钩挂床帐，
	ji³⁵tui⁵⁵ tɕɯ³³ko³³ kua⁵⁵ tshua⁴²tsa⁵⁵	
	一对 金钩 挂 床帐	

20	象牙床一张。	象牙床一张。
	ɕa⁵⁵ja⁴² tshua⁴² ji³⁵tsa³³	
	象牙 床 一张	

21	习衣习被旺香贵，	新衣新裳几衣柜，
	ɕi³⁵ji³⁵ ɕi³⁵pe⁴² ua⁵⁵ ɕo³⁵kɣ³³	
	新衣 新裳 几 香柜	

22	绣花鞋有几十双。	绣花鞋有几十双。
	ɕo⁵⁵xua³³ɣe²¹ jo³¹ tɕi³¹sɿ³⁵ sua³³	
	绣花鞋 有 几十 双	

| 23 | 鸳鸯枕头配十对， | 鸳鸯枕头配十对， |

jui³³ja³³ tsɯ³¹tho⁴² phe⁵⁵ sʅ³⁵tui⁵⁵
鸳鸯　　枕头　　配　十对

24　咘吐花绣满。　　　　　　　　　　　　　上面绣满花。
pɯ⁵⁵ nɔ³³ xuɔ³⁵ ɕo⁵⁵ma³³
它　上　花　绣满

25　绣登吐二龙抢宝，　　　　　　　　　　　绣着二龙抢宝，
tɕhɛ⁴⁴tɯ⁴⁴ ɛ⁵⁵lo⁴² tɕha³¹pɔ³¹
绣着　　　二龙　抢宝

26　双凤朝阳一支花。　　　　　　　　　　　双凤朝阳一枝花。
sua⁴⁴fu⁵⁵ tshɔ⁴²ja⁴² ji³⁵tsʅ³³ xua³³
双凤　　朝阳　　一枝　花

27　身发油利花露水，　　　　　　　　　　　生发油和花露水，
sɯ³³fa³⁵jo⁴² li⁵⁵ xua³³lu⁵⁵sui³¹
生发油　　和　花露水

28　打发旺皮箱。　　　　　　　　　　　　　打发几皮箱。
ta⁴⁴fɛ⁴⁴ ua⁵⁵ phi⁴²ɕa³³
打发　几　皮箱

29　金旗利那怎阿双，　　　　　　　　　　　金镯子也有一对，
tɕe³⁵tɕi²¹ li⁵⁵ tsɯ³¹ ʔa³¹sɣ⁵⁵
金镯　也　有　一对

30　玉旗利那怎阿双，　　　　　　　　　　　玉镯子也有一双，
y⁵⁵tɕi³¹ li⁵⁵ nɛ⁵⁵ tsɯ³³ ʔa³¹sua³³
玉镯　也　则　有　一双

31　金别子利银别子，　　　　　　　　　　　金簪子和银簪子，
tɕe³⁵ pie³⁵tsʅ³¹ li⁵⁵ ɲi²¹ pie³⁵tsʅ³¹
金　簪子　和　银　簪子

32　哉金耳古光。　　　　　　　　　　　　　还有金耳环。
tse⁴⁴ tɕe³⁵ ȵɣ³³ku³¹kua⁴⁴
还有　金　耳环

33　金中利银皆，　　　　　　　　　　　　　金盅和银碗，
tɕe³⁵tsɣ³⁵ li⁵⁵ ɲi²¹ke⁴²
金盅　和　银碗

34　象牙快阿川，　　　　　　　　　　　　　象牙筷一双，
ɕa⁵⁵ja⁴² khui⁵⁵ ʔa³¹tshua⁴⁴
象牙　筷　一把

35　绿白分清玉大巴，　　　　　　　　　　　绿白分明大玉碗，
lu³⁵pɛ³⁵ fɯ⁴⁴tɕhɯ³³ y⁵⁵ tɔ³¹pa⁴⁴
绿白　分明　　玉　大碗

36　玉酒中吐玉调根，　　　　　　　　　　　玉酒杯和玉调羹，

y⁵⁵ tsʅ³¹tsɣ³⁵ nɔ³³ y⁵⁵ thiɔ⁴²kɯ³³
玉　酒杯　　上　玉　调羹

37　红柒桌一张。　　　　　　　　　　　红漆桌一张。
　　xo⁴²tɕhi³⁵ tsuo³⁵ ji³⁵tsa³³
　　红漆　　　桌　　一张

38　铜君利铜盆，　　　　　　　　　　　铜壶和铜盆，
　　kɛ³³tɕy³⁵ li⁵⁵ kɛ³³pa³¹
　　铜壶　　　和　铜盆

39　衣加闹鞋加。　　　　　　　　　　　衣架和鞋架。
　　ji³⁵tɕa⁴⁴ nɔ³³ ŋe²¹tɕa⁴⁴
　　衣架　　上　鞋架

40　抽提桌子火把加，　　　　　　　　　抽屉桌子火盆架，
　　tɕho⁵⁵thi⁵⁵ tsɛ³⁵tsʅ³¹ xui³³pa³¹ tɕa⁵⁵
　　抽屉　　　桌子　　　火盆　　架

41　干宝摆期大门外，　　　　　　　　　把它摆出大门外，
　　ka⁴⁴ pɔ³¹ pe³³tɕhi⁴⁴ tɔ³¹me³¹ ua⁴⁴
　　把　它　摆出　　大门　　外

42　摆给办干看。　　　　　　　　　　　摆给他们看看。
　　pe³³ kɯ³¹ pa⁵⁵ ka⁴⁴ʔa³³
　　摆　给　他们　看看

43　再有花门帘，　　　　　　　　　　　再有花门帘，
　　tse⁴⁴tsɯ³³ xua³³ mɯ⁴²ne⁴²
　　再有　　　花　门帘

44　干恨青门光。　　　　　　　　　　　挂在新房外。
　　kua⁴⁴xɯ⁵⁵ tɕhɛ⁵⁵me³¹ ua⁴⁴
　　挂在　　　新房　　　外

45　闪期闪入汉求香，　　　　　　　　　里外闪亮真好看，
　　sɛ³¹tɕhi⁴⁴ sɛ³¹ɲi⁴⁴ xa⁵⁵tɕho⁵⁵ ɕa⁴⁴
　　闪里　　　闪外　　好看　　极

46　呠吐花登马六对，　　　　　　　　　上面画一对鹿，
　　pɯ⁵⁵nɔ³³ xua⁴⁴tɯ⁴⁴ ma³¹lu³⁵ tui³²
　　上面　　　画着　　　马鹿　　一对

47　怎吐大上咬。　　　　　　　　　　　在上面相咬。
　　tsɯ³⁵ pɯ⁵⁵nɔ³³ sa⁵⁵ŋa⁴⁴
　　在　上面　　　相咬

48　多少货物双本完，　　　　　　　　　多少嫁妆说不完，
　　tɕi⁵⁵ɕo³³ xuɔ⁴⁴ŋɣ³³ sua⁴⁴ pɯ³¹ uɔ³²
　　多少　　嫁妆　　　说　不　完

49　二行四边摆岸当，　　　　　　　　　二行四边摆这里，

ko³¹ʔɛ⁴² ɕi⁴⁴pi³⁵ pe³¹ ʔa⁵⁵ta⁴⁴
二行　四边　摆　这里

50　阿女苟着装收怎，　　　　　　　　　女儿赶快换装吧，
ʔa³³ŋɣ³³ ko³¹so³¹ tsua³⁵so³² tsɯ³⁵
阿女　赶快　打扮　吧

51　爹吐要欧三。　　　　　　　　　　　别再气爹了。
ti³³ nɔ³³ ŋo⁴⁴ ʔo³³ sa⁴⁴
爹　上　莫　气　了

英台【唱】：

1　听登阿爹自加须，　　　　　　　　　听见阿爹这样说，
tɕhɛ⁵⁵tɯ⁴⁴ ʔa³¹ti³³ tsɿ⁵⁵tɕa⁵⁵ ɕy⁴⁴
听见　阿爹　这样　叙

2　英台我阿样本爱，　　　　　　　　　英台我一样都不喜欢，
jɯ³³the⁴² ŋɔ³¹ ʔa³¹ja³⁵ pɯ³³e⁴⁴
英台　我　一样　不爱

3　利着热闹打发我，　　　　　　　　　您说热闹嫁了我，
ni⁵⁵tsɔ⁴² ui³⁵ȵi⁴⁴ tɛ⁴⁴fɛ⁴⁴ ŋɔ³¹
您说　热闹　打发　我

4　我闷干闲期。　　　　　　　　　　　我却很嫌弃。
ŋɯ⁵⁵ mɯ⁵⁵ ka⁴⁴ ɕie⁴²tɕhi⁵⁵
我　处　把　嫌弃

5　山伯利我怎姻缘，　　　　　　　　　山伯和我有姻缘，
se³³pɯ³⁵ li⁵⁵ ŋɔ³¹ tsɯ³³ jɯ³³jyi⁴²
山伯　和我　有　姻缘

6　马甲吐自我本爱，　　　　　　　　　马甲我不爱，
ma³¹tɕa³⁵ nɔ³³ tsɿ⁵⁵ ŋɔ³¹ pɯ³¹ e⁴⁴
马甲　上　则　我　不爱

7　若凡衣我两件事，　　　　　　　　　若是依我两件事，
zuɔ³⁵fa⁴² ji³⁵ŋɔ³¹ ȵa³¹tɕie⁵⁵ sɿ⁵⁵
若是　依我　两件　事

8　我孟衣阿爹。　　　　　　　　　　　我才从爹爹。
ŋɔ³¹ mɯ⁴² ji³³ ʔa³³ti³³
我　才　依　阿爹

【白】：爹爹要我与马甲成亲，要依我两件事。

祝父【白】：阿呀，女儿，只要你好好上轿，莫说两件事，十件百件，只管说来，爹爹听了呐！

英台【唱】：

1　英台我要第一件，　　　　　　　　　英台我要第一件，
jɯ³³the⁴² ŋɔ³¹ jɔ⁵⁵ ti⁵⁵ji³⁵ tɕie⁵⁵
英台　我要　第一　件

2　　　上轿我要穿孝衣，　　　　　　　　　　　　　上轿我要穿孝衣，
　　　　sa⁵⁵tɕo⁵⁵ ŋɔ³¹ no⁴⁴ je³² ɕo⁴⁴ji³⁵
　　　　上轿　　我　要　穿　孝衣

3　　　杯叭山伯坟勾吒，　　　　　　　　　　　　　走到山伯坟墓旁，
　　　　pe⁴⁴phia⁴⁴ se³³pɯ³⁵ mu³²ko³² nɔ³³
　　　　走到　　　山伯　坟墓　　旁

4　　　我要把他祭。　　　　　　　　　　　　　　　我要把他祭。
　　　　ŋɔ³¹ jɔ⁵⁵ pa³¹ tha³³ tɕi⁵⁵
　　　　我　要　把　他　祭

5　　　英台再说第二件，　　　　　　　　　　　　　英台我说第二件，
　　　　jɯ³³the⁴² tse⁵⁵ sua⁴⁴ ti⁵⁵ne⁴⁴tɕie⁵⁵
　　　　英台　　　再说　　　第二件

6　　　打发梅香同我去，　　　　　　　　　　　　　打发梅香同我去，
　　　　ta³¹fa³⁵ me⁴²ɕa³³ to⁴² ŋɔ³¹ tɕhy⁵⁵
　　　　打发　　梅香　　同　我　去

7　　　祭货祭物打发我，　　　　　　　　　　　　　祭品祭物准备给我，
　　　　tse³²xuɔ⁴⁴ tse³²ŋɣ³³ tɛ⁴⁴fɛ⁴⁴ ŋɔ³¹
　　　　祭品　　　祭物　　准备　　我

8　　　我孟底衣利。　　　　　　　　　　　　　　　我才依顺你。
　　　　ŋɔ³¹ mɯ⁴²ti³¹ ji³⁵ n̠i⁵⁵
　　　　我　才　　依　你

祝父【唱】：

1　　　干我欠自后斗楼，　　　　　　　　　　　　　把我听得傻了眼，
　　　　ka⁴⁴ ŋɔ³¹ tɕhɛ⁵⁵ tsɿ⁵⁵ xo³³to³³lo³³
　　　　把　我　听　则　傻晕头

2　　　阿女双斗合衣没。　　　　　　　　　　　　　女儿说话不如意。
　　　　ʔa³¹n̠ɣ³³ sua⁴⁴to³¹ xɔ³⁵ji⁴⁴ mu³³
　　　　女儿　　　说话　　合意　　没

3　　　自习武人穿孝衣，　　　　　　　　　　　　　做新娘穿孝衣，
　　　　tsɿ⁵⁵ ɕi³⁵vɣ³³n̠i³¹ ji³² ɕo⁴⁴ji³⁵
　　　　做　　新娘子　　　穿　孝衣

4　　　成含样体土。　　　　　　　　　　　　　　　成什么体统。
　　　　tsɛ³¹ xɛ³³ja³³ thi³¹thu³³
　　　　成　什么　　体统

【白】：只准你内穿孝衣，外穿红衣，祭山伯坟时脱下红衣。祭完以后，仍然穿上红衣上轿。

　　英台【白】：好了，我依从爹爹就是了。
　　祝父【白】：梅香快背新娘上轿。
　　梅香【白】：是了呐——【唱】：

1　　　梅香背习武上轿，　　　　　　　　　　　　　梅香背新娘上轿，

me⁴²ɕa³³ tɛ³³ ɕi³⁵vɣ³³ tso³³tɕo⁴⁴
梅香　背　新娘　　上轿

2　保怎我倒吐花哭。　　　　　　　　　她在我背上大哭。
pɔ³¹ tsɯ³⁵ ŋɯ⁵⁵ tɔ³¹ nɔ³³ xua³⁵ko⁴⁴
她　在　我　背　上　大哭

3　习武冷头思干轻，　　　　　　　　这个媳妇真是轻，
ɕi³⁵vɣ³³ lɯ³³tɯ³¹ sʅ⁴⁴ka⁴⁴ tshɛ⁵⁵
媳妇　这个　真是　轻

4　当自背灯没。　　　　　　　　　　就像没背着。
ta⁴⁴tsʅ⁵⁵ tɛ³³tɯ⁴⁴ mu³³
就像　背着　没

5　冷叹本日利日吐，　　　　　　　　现在不进也进了，
lɯ³³tha⁵⁵ pɯ³³ ȵi⁴⁴ li⁵⁵ ȵi⁴⁴ lɔ³²
现在　不　进　也　进了

6　哭相恨利义思没。　　　　　　　　哭死了也没意思。
kho⁴⁴ ɕa⁴⁴ xɯ⁵⁵ li⁵⁵ ji⁵⁵sʅ⁴² mu³³
哭　死了　也　意思　没

7　马甲孖东富利博，　　　　　　　　马甲家里很富有，
ma³¹tɕa³⁵ xɔ³¹tɣ³⁵ kɔ³¹ȵi⁵⁵pɔ³⁵
马甲　家里　富裕

8　利吐夫起好。　　　　　　　　　　您的福气好。
ȵi⁵⁵ nɔ³³ fɣ³⁵tɕhi⁵⁵ xu³¹
您　的　福气　好

庆同【白】：新人上轿放炮回府。

七、梁祝化蝶永相随　天地共悯留万世

【诗】：　今日离家好伤心，
　　　　　思想梁兄昔日恩。
　　　　　未知梁兄坟何在，
　　　　　大路旁边看分清。

英台【白】：正行之间，英台拉开门帘一看，我问梅香叫什么地名？

梅香【白】：叫南山大路。

英台【白】：噢——人人俱说，个个俱讲，梁山伯葬在路旁。手下，住轿！梅香随我来呐。

梅香【白】：姑娘休息一时。

英台【白】：梁山伯之坟果然在南山大路旁。这是梁兄——**【唱】**：

1　英台束勾跪岸当，　　　　　　　　英台并脚跪这里，
jɯ³³the⁴² sɣ⁵⁵ko⁴⁴ kɣ³³ ʔa⁵⁵ta⁴⁴
英台　并脚　跪　这里

2 梁肉阴魂听我双。 梁兄阴魂听我说。
ȵa⁴²jɔ⁵⁵ jɯ³³xui⁴² tɕhɛ⁵⁵ ŋɔ³¹ sua⁴⁴
梁兄　阴魂　听　我　说

3 今日马甲因迎亲， 今日马甲来迎亲，
ke⁵⁵ȵi⁴⁴ ma³¹tɕa³⁵ jɯ³⁵ jɯ⁴²tɕhɯ³³
今日　马甲　来　迎亲

4 万不能衣他。 万不能依他。
va⁵⁵ pu³⁵nɯ⁴² ji³³ ta³³
万　不能　依　他

5 一女不能嫁二夫， 一女不能嫁二夫，
ji³⁵ȵy³¹ pu³⁵nɯ⁴² tɕa⁵⁵ ɛ⁵⁵fu³³
一女　不能　嫁　二夫

6 好马不能照双安。 好马不能罩双鞍。
xɔ³¹ma³¹ pu³⁵nɯ⁴² tsɔ⁵⁵ sua³³ʔa³³
好马　不能　罩　双鞍

7 人生难利名本菜， 人生还是重名声，
zu⁴²sɯ³³ na³² li⁵⁵ mie³⁵ pɯ³¹ tshɛ⁵⁵
人生　难也　名　不　轻

8 扶父母旗杆。【换韵】 扶父母旗杆。
ppɛ³³ to³⁵mɔ³³ tɕhi²¹ka⁵⁵
扶　父母　旗杆

9 二人从小结朋友， 两人从小交朋友，
ko³¹ȵi³¹ tsho⁵⁵se³³ tɕa⁴²ʔɯ³³ tɕa⁴⁴
两人　从小　朋友　交

10 同其读书恨三双， 同期读了三年书，
tho⁴²tɕhi⁴⁴ ɣɯ⁴²sʅ³⁵ xɯ⁵⁵ sa⁵⁵sua⁴⁴
同期　读书　了　三年

11 阿哥杯因谈亲事， 哥哥你来谈亲事，
ʔa³¹kɔ³³ pe⁴⁴jɯ³⁵ tha⁴² tɕhɯ³³sʅ⁵⁵
阿哥　走来　谈　亲事

12 孟干哥欺香。 才把哥气死。
mɯ⁴² ka⁴⁴ kɔ³³ tɕhi⁴⁴ɕa⁴⁴
才　把　哥　气死

13 为我欺贫爱富， 因我爹欺贫爱富，
ui³² ŋɔ³¹ tɕhi³³phiɯ⁴² e⁵⁵fɣ⁵⁵
为我　欺贫　　爱富

14 英台不愿马德芳， 英台不愿马德芳，
jɯ³³the⁴² pu³⁵yui⁵⁵ ma³¹tɯ³⁵fa³³
英台　不愿　马德芳

15 今日使保白喜欢， 今日使他白喜欢，

ke⁵⁵ȵi⁴⁴ suɯ³¹ pɔ³¹ pɛ³⁵ ɕi³¹xua³⁵
今日　使　他　白　喜欢

16　名声存本当。　　　　　　　　　　　保留好名声。
miɛ³⁵tshɛ⁵⁵ tsui⁴² puɯ⁵⁵ta⁴⁴
名声　　存　那里

17　阿哥阴魂入我梦，　　　　　　　　哥哥阴魂入我梦，
ʔa³¹kɔ³³ jɯ⁴⁴xui⁴² ȵi⁴⁴ ŋɔ³¹ mɯ³¹
阿哥　阴魂　入 我 梦

18　英台点滴计心昌。　　　　　　　　英台点滴记心上。
jɯ³³thɛ⁴² tiɛ³¹ti³⁵ tɕi⁴⁴ ɕi³⁵ tsha⁵⁵
英台　点滴　记 心 上

19　因为英台夫起拨，　　　　　　　　因为英台福气薄，
jo⁴⁴ui³⁵ jɯ³³thɛ⁴² fɤ³⁵tɕhi⁵⁵ pɔ³⁵
因为　英台　福气　薄

20　行得哥朵三。　　　　　　　　　　无法配哥哥。
xa⁵⁵tɯ⁴⁴ kɔ³³ tuɔ³³ sa⁴⁴
看得　哥　不得　了

21　阿哥好比花古六，　　　　　　　　哥哥好比花骨朵，
ʔa³¹kɔ³³ xɔ³¹pi³¹ xuo³⁵ku³¹lu³⁵
阿哥　好比　花骨朵

22　开花吐自棵本加，　　　　　　　　花开了却不结果，
khɯ⁵⁵xuɔ³⁵ nɔ³³ tsɿ⁵⁵ khɔ³³ pɯ³¹ tɕa⁴⁴
花开　上　则　果　不　结

23　三件大事不完成，　　　　　　　　三件大事不完成，
sa⁴⁴tɕiɛ⁵⁵ ta⁵⁵sɿ⁵⁵ pu³⁵ ua⁴²tshɯ⁴²
三件　大事　不　完成

24　自空去空央。　　　　　　　　　　则空来空去。
tsɿ⁵⁵ khɤ⁵⁵ŋɛ³¹ khɤ⁵⁵ja⁴⁴
则　空去　空来

25　嘫妻好比黄连苦，　　　　　　　　你妻苦赛黄连苦，
nɯ⁵⁵tshɛ⁵⁵ xɔ³¹pi³¹ xua⁴²nɛ⁴² khu³³
你妻　好比　黄连　苦

26　甘密冷怎岸拉？　　　　　　　　　甜蜜滋味在哪里？
ka³⁵mi⁴⁴lɯ³¹ tsɯ³³ ʔa⁵⁵la⁴⁴
甜蜜的　在　哪里

27　好花开入暗沟很，　　　　　　　　好花开进阴沟里，
xu³¹xuɔ³⁵ khɯ⁵⁵ȵi⁴⁴ miɛ³²kɔ³³ xɯ³¹
好花　开进　阴沟　里

28　倒登受虽相。　　　　　　　　　　遭到霜雪咬。

tɔ³⁵tɯ⁴⁴ so⁵⁵ɕy⁴⁴ ɕa⁴⁴
遭到　霜雪　杀

29　有情阿哥坟门开，
　　tsɯ³³tɕɛ²¹ ʔa³¹kɔ³³ mu³¹me²¹ khɯ⁵⁵
　　有情　　阿哥　墓门　　开
　　有情哥哥开墓门，

30　要紧要干睢菜加。
　　jɔ³⁵tɕɯ³¹ ȵo⁴⁴ ka⁴⁴ nɯ⁵⁵ tshe⁵⁵ tɕa⁴⁴
　　要紧　　要　把　你的　妻　接
　　要紧来把你妻接。

31　同生同死葬一处，
　　tho⁴²sɯ³³ tho⁴²sʅ³¹ tsa⁵⁵ ji³⁵tshɤ⁵⁵
　　同生　　同死　　葬　一处
　　同生同死葬一处，

32　不愿马德芳。【换韵】
　　pu³⁵jyi⁵⁵ ma³¹tɯ³⁵fa³³
　　不愿　　马德芳
　　不愿马德芳。

33　英台跪下叩头博，
　　jɯ³³the⁴² kv̩³¹thɯ⁵⁵ tɔ⁴⁴tɯ³¹pɔ³¹
　　英台　　跪下　　磕头
　　英台跪下来磕头，

34　祝告天地和三光，
　　tsu³⁵kɔ⁵⁵ thie³³ti⁵⁵ xo⁴² sa³³kua³³
　　祷告　　天地　　和　三光
　　祝告天地和三光，

35　大害要开我堆委，
　　tɔ³¹xe⁵⁵ ȵo⁴⁴ khɯ⁵⁵ ŋɯ⁵⁵ nɔ³³ ui³³
　　老天　要　开　我的　上　眼
　　老天要为我开眼，

36　我孟灯出托。
　　ŋɔ³¹ mɯ⁵⁵tɯ⁴⁴ tshɤ⁴⁴thua⁴⁴
　　我　才　　　解脱
　　我才得解脱。

37　有灵有验墓门开，
　　jo³¹liɯ⁴² jo³¹je⁵⁵ mu⁵⁵mɯ⁴² khe³³
　　有灵　　有验　　墓门　　开
　　有灵有验墓门开，

38　害明大特几古拉，
　　xe⁵⁵mɛ³¹ tɔ³¹the⁴⁴ tɕi³¹kv̩³⁵la⁴⁴
　　雷声　　震天　　闪电
　　雷声震天又闪电，

39　干恨墓门特开恨，
　　ka⁴⁴ xɯ⁵⁵ mu³¹me²¹ tɛ⁴⁴khɯ⁵⁵ xɯ⁵⁵
　　把　了　墓门　　打开　　了
　　劈开了山伯墓门，

40　英台阿果中入去，
　　jɯ³³the⁴² ʔa³¹ko⁴⁴ tsu⁴⁴ȵi⁴⁴ ŋɛ²¹
　　英台　　一步　　跳进　去
　　英台一步跳进去，

41　二人成一双。
　　　　　　　　　　　　　　　　二人成一双。

ko³³n̠i³¹ tsɛ²¹ ji³⁵sua³³
二人　成　一双。

【白】梁兄，等等我，我来了——

庆同【白】：奇怪了，奇怪了，禀公子，大事不好了。

马郎【白】：什么大事？

庆同【白】：英台在山伯坟前祭奠，哭了几声，忽然一阵雷声把墓门打开。英台跳进去了，即时墓门关闭。

马郎【白】：阿呀呀气死我了，可恼——【唱】：

1　马甲迎亲叭等委，　　　　　　　　　　马甲迎亲到这里，
　　ma³¹tɕa³⁵ jɯ⁴²tɕhɯ³³ phia⁴⁴ tɯ³³ui³³
　　马甲　　迎亲　　　到　　这里

2　莫择西其事等堆。　　　　　　　　　　莫测稀奇事这堆。
　　mɔ³⁵tshɛ³⁵ ɕi³³tɕhi⁴² sʅ³³ tɯ³³tui³⁵
　　莫测　　稀奇　　事　这堆

3　习武中入坟课号，　　　　　　　　　　新娘跳进坟墓里，
　　ɕi³⁵vɣ³³ tsu⁴⁴n̠i⁴⁴ mu³¹kuɔ⁵⁵ xɔ⁵⁵
　　新娘　　跳进　　坟墓　　了

4　是其哉怪哉。　　　　　　　　　　　　真是好奇怪。
　　sʅ⁵⁵ tɕhi⁴²tse³³ kui⁵⁵tse³³
　　则　其哉　　怪哉

5　我干暮课王开宝，　　　　　　　　　　我把坟墓挖开了，
　　ŋɔ³¹ ka⁴⁴ mu³²khɔ⁵⁵ ua⁴²khe⁵⁵ pɔ³¹
　　我　把　坟墓　　挖开　　它

6　王期石十之阿对，　　　　　　　　　　挖出石狮子一对，
　　ua⁴²tɕhi³⁵ tso⁴²sʅ³⁵tsʅ³¹ ʔa³¹tui⁴²
　　挖出　　石狮子　　　一对

7　保自阿头笑几头，　　　　　　　　　　一头对着一头笑，
　　pɔ³¹ tsʅ⁵⁵ ʔa³³tɯ³¹ sɔ³¹tɕi³³ tɯ³¹
　　它　则　一头　　笑挨　一头

8　举委对举委。　　　　　　　　　　　　脸庞对脸庞。
　　tɕy³³ui³³ tui³² tɕy³³ui³³
　　脸　　对　脸

9　英台死次利来住，　　　　　　　　　　英台尸身哪去了，
　　jɯ³³the⁴² ɕi³³tshʅ⁵⁵ li⁵⁵ na³¹tsɣ⁵⁵
　　英台　　尸身　　也　哪个

10　山伯寿坊吐利鬼。　　　　　　　　　山伯棺材也不见。
　　se³³pɯ³⁵ so⁵⁵fa⁴² nɔ³³ li⁵⁵ kui³²
　　山伯　棺材　　上　也　不见

11　我干师子打破宝，　　　　　　　　　我把狮子打破了，

ŋɔ³¹ ka⁴⁴ sʅ³⁵tsʅ³¹ tɛ⁴⁴phɔ³¹ pɔ³¹
我　把　　狮子　　打破　　它

12　打自粉粉碎。　　　　　　　　　　　　　打得粉粉碎。
　　tɛ⁴⁴tsʅ⁵⁵ fɯ³³fɯ³³ ɕy³³
　　打成　　粉粉碎

13　变期因甚后两怎，　　　　　　　　　　变成了两棵柳树，
　　piɯ³²tɕhi⁴⁴ jɯ³⁵ sɯ⁵⁵ɣɯ³¹ kɔ³¹tsɯ³¹
　　变出　　　来　　柳树　　　两棵

14　一对白柳柳两边。　　　　　　　　　　一对白柳留两边。
　　ji³⁵tui⁵⁵ pɛ³⁵liɔ³¹ ȵo³¹ ȵa³¹pie³³
　　一对　　白柳　　扭　两边

15　怎尖两来必坑号，　　　　　　　　　　枝头两束缠成结，
　　tsɯ³¹tɕi³⁵ kɔ³¹le³¹ pi³⁵khɯ³³ xɔ⁵⁵
　　枝头　　两个　　缠成　　了

16　柳成大圈圈。　　　　　　　　　　　　结成大圈圈。
　　ȵo³¹tsɛ³¹ tɔ³³ tɕhui³³tɕhui³³
　　扭成　　　大　圈圈

17　拔刀我把柳树砍，　　　　　　　　　　拔刀我把柳树砍，
　　pa³⁵tɔ³³ ŋɔ³¹ pa³¹ liɔ³¹sɣ⁵⁵ kha³¹
　　拔刀　　我　把　柳树　　砍

18　父人周恼自尾杯，　　　　　　　　　　老子砍你成圆木片，
　　ti³³ȵi³¹ tsɔ⁴⁴ nɔ³¹ tsʅ⁵⁵ ui³¹pe⁴⁴
　　老子　　砍　　你　做　　圆木片

19　尾杯两张飞期时，　　　　　　　　　　木片两张飞出去，
　　ui³¹pe⁴⁴ kɔ³¹tsɔ³⁵ fɣ³⁵tɕhi⁴⁴ tsʅ²¹
　　木片　　两张　　飞出　　　时

20　变自白个乃。　　　　　　　　　　　　变成了蝴蝶。
　　piɯ³²tsʅ⁵⁵ pɛ⁴² kɔ⁵⁵le⁴⁴
　　变成　　　白　蝴蝶

21　百个利头飞时头，　　　　　　　　　　白蝴蝶飞在前头，
　　pɛ⁴² kɔ⁵⁵li⁴⁴tɯ³¹ fɣ³⁵tsʅ³¹ tɯ³¹
　　白　蝴蝶　　　飞朝　　　前

22　花蝴蝶在后边飞，　　　　　　　　　　红蝴蝶飞在后，
　　xuɔ³⁵ kɔ⁵⁵li⁴⁴ tsɯ³⁵ɣɯ³³ fɣ³⁵
　　红　蝴蝶　　在后　　　飞

23　阿勒阿勒飞上害，　　　　　　　　　　扑闪扑闪飞上天，
　　ʔa³³lɛ³¹ ʔa³³lɛ³¹ fɣ³⁵ tsɔ³³ xe⁵⁵
　　一闪　　一闪　　飞　上　天

24　看看飞上天。　　　　　　　　　　　　看看飞上天。

xa⁵⁵xa⁵⁵ fv̩³⁵ sa⁵⁵ tie³³
看看　飞　上　天

25　人格前面汉本十，　　　　　　　　　世人面前没脸面，
n̠i³¹kɛ³⁵ tɕi⁴²mi³¹ xa⁵⁵ puɯ³¹ sʅ³⁵
人家　　面前　　看　不　惯

26　梦格很利梦灯害，　　　　　　　　　梦里也不吉祥，
muɯ⁴⁴kɛ³¹xuɯ³¹ li⁵⁵ muɯ³²tuɯ⁴⁴ xe⁴⁴
梦里　　　也　梦得　　差

27　好比项羽见江东，　　　　　　　　　好比项羽见江东父老，
xɔ³¹pi³¹ ɕa⁵⁵y̩³¹ tɕie⁵⁵ tɕa³³to³³
好比　项羽　见　江东

28　无面转回归。　　　　　　　　　　　羞于转回来。
vv̩⁴²mie⁵⁵ tsue⁴² xui⁴²kui⁴⁴
无面　　转　回归

马郎【白】：马德芳自想，迎亲来到五台山前，喜事落与梁山伯与祝英台，叫我落得空手回家。唉，伤心——【唱】：

1　公子气吼恨岸当，　　　　　　　　　公子气呆在这里，
ko³³tsʅ³¹ tɕhi⁴⁴xo³¹ xuɯ⁵⁵ ʔa⁵⁵ta⁴⁴
公子　气呆　了　这里

2　事物等太本求三。　　　　　　　　　这桩事情不用忙了。
sʅ³³vv̩³³ tuɯ³¹the⁵⁵ puɯ³¹ tɕho⁵⁵ sa⁴⁴
事情　这台　　不　好　了

3　黄道吉日去迎亲，　　　　　　　　　黄道吉日去迎亲，
xua⁴²tɔ⁵⁵ tɕi³⁵zʅ³⁵ tɕhy⁵⁵ juɯ⁴²tɕhuɯ³³
黄道　吉日　去　迎亲

4　达成空轿康。　　　　　　　　　　　抬成空轿子。
ta³⁵tsɛ²¹ khv̩⁵⁵ tɕo³²kha⁴⁴
抬成　空　轿子

5　我利怎少爷公子，　　　　　　　　　我也是少爷公子，
ŋo³¹ li⁵⁵ tsuɯ³³ so⁵⁵jɛ⁴² ko³³tsʅ³¹
我　也　是　少爷　公子

6　三亲六戚利请叭。　　　　　　　　　三亲六戚也请到。
sa³³tɕhuɯ³³ lu³⁵tɕhi³⁵ li⁵⁵ tɕhɛ³³phia⁴⁴
三亲　六戚　也　请到

7　陪郎请进士举人，　　　　　　　　　陪郎是进士举人，
phe⁴²la⁴² tɕhɛ³³ tɕuɯ⁵⁵sʅ⁵⁵ tɕy³¹zuɯ⁴²
陪郎　请　进士　举人

8　不想出等样。　　　　　　　　　　　不想成这样。
pu³⁵ ɕa³¹ tshv̩⁴⁴ tuɯ³¹ja⁴⁴
不　想　出　这样

9	猪利杀恨旺百等， te^{42} li^{55} ɕa^{44}xɯ^{55} ua^{55}pɛ^{44} tɯ^{31} 猪　也　杀了　　几百　　头	猪也杀了几百头，
10	客且灯两千桌外， khɛ^{44} tɕhɛ^{33}tɯ^{44} ko^{33}tɕhi^{55} tsuɔ^{35} ua^{44} 客　　得　　　两千　　　桌　多	客也请着两千桌，
11	事物自孟出冷太， sŋ^{33}vɣ^{33} tsŋ^{55}mɯ^{55} tshɣ^{44} lɯ^{31}the^{55} 事情　　怎么　　　出　　这台	事情怎么出这样，
12	咀委藏暗拉。 tɕy^{33}ui^{33} tso^{55} ʔa^{55}la^{44} 脸　　　藏　　哪里	脸往哪里搁。
13	第一对不起官元， ti^{55}ji^{35} tui^{55}pu^{35}tɕhi^{31} kua^{33}jyi^{42} 第一　　对不起　　　官员	第一对不起官员，
14	第二对不起爹妈， ti^{55}ɛ^{55} tui^{55}pu^{35}tɕhi^{31} tie^{33}ma^{33} 第二　　对不起　　　爹妈	第二对不起爹妈，
15	拿起宝剑自砍头， na^{42}tɕhi^{31} pɔ^{31}tɕe^{55} tsŋ^{55} kha^{31}tho^{42} 拿起　　宝剑　　自　砍头	拿起宝剑自砍头，
16	自家杀自家。 tsŋ^{55}tɕa^{33} sa^{35} tsŋ^{55}tɕa^{33} 自家　　杀　自家	自家杀自家。
17	人力马夫抬头看， zɯ^{42}li^{35} ma^{31}fɣ^{33} tui^{35}tɯ^{21} kha^{55} 人力　　马夫　　抬头　看	人力马夫抬头看，
18	公子自缢恨岸当， ko^{33}tsŋ^{31} tsŋ^{55}ji^{55} xɯ^{55} ʔa^{55}ta^{44} 公子　　自缢　　掉　这里	公子自缢在这里，
19	死次变成百个奶， ɕi^{31}tshŋ^{55} pie^{32}tsɛ^{21} pɛ^{42} ko^{55}li^{44} 尸身　　变成　　白　蝴蝶	尸身变成白蝴蝶，
20	马甲吐鬼三。 ma^{31}tɕa^{35} nɔ^{33} kui^{42} sa^{44} 马甲　　上　不见　吧	马甲不见了。
21	陪郎概马杯打吐， phe^{42}la^{42} khe^{55}mɛ^{31} pe^{44}ta^{32} lɔ^{32} 陪郎　　牵马　　折回　了	陪郎牵马回家去，
22	人力抬成空轿康，	人力抬成空轿子，

	zɯ⁴²li³⁵ ta³⁵tsɿ²¹ khɤ⁵⁵ tɕo³²kha⁴⁴	
	人力　　抬成　　空　　轿子	
23	山伯英台飞时等，	山伯英台朝前飞，
	sa³⁵pɛ³⁵ jɯ³³the⁴² fɤ³⁵tsɿ²¹ tɯ³¹	
	山伯　　英台　　飞在　　前	
24	马甲飞后方。	马甲飞后方。
	ma³¹tɕa³⁵ fe³³ xo⁵⁵fa³³	
	马甲　　飞　后方	

【白】：待我梁山伯与祝英台变成蝴蝶，飞上天宫去了呐……

尾　声

艺人【唱】：

1	山伯英台个利束，	山伯英台一对蝶，
	se³³pɯ³⁵ jɯ³³the⁴² kɔ⁵⁵li⁴⁴ sɤ⁵⁵	
	山伯　　英台　　蝴蝶　一对	
2	飞敌飞打怎害空。	飞来飞去在空中。
	fɤ³⁵ti³⁵ fɤ³⁵ta³² tsɯ³⁵ xe⁵⁵khɤ⁵⁵	
	飞来　　飞去　　在　　空中	
3	飞正飞时花兰很，	飞去飞来花园里，
	fɤ³⁵tsɯ³⁵ fɤ³⁵tsɿ²¹ xuɔ³⁵la³¹ xɯ³¹	
	飞来　　飞去　　花园　　里	
4	两个一起飞。	两个成对飞。
	ko³¹tɯ³¹ ji³⁵tɕhi³¹ fɤ³⁵	
	两个　　一起　　飞	
5	白个利头飞只头，	白蝴蝶在前头飞，
	pɛ⁴² kɔ⁵⁵li⁴⁴tɯ³¹ fɤ³⁵tsɿ²¹ tɯ³¹	
	白　蝴蝶　　飞朝　　前	
6	花个利头怎后飞，	红蝴蝶飞在后头，
	xuɔ³⁵ kɔ⁵⁵li⁴⁴tɯ³¹ tsɯ³⁵ ɣɯ³³ fɤ³⁵	
	红　蝴蝶　　在　后　飞	
7	山伯英台飞只头，	山伯英台飞在前，
	sa³⁵pɛ³⁵ jɯ³³the⁴² fɤ³⁵tsɿ²¹ tɯ³¹	
	山伯　　英台　　飞朝　　前	
8	马甲怎后飞。	马甲飞在后。
	ma³¹tɕa³⁵ tsɯ³⁵ɣɯ³¹ fɤ³⁵	
	马甲　　在后　　飞	
9	今日飞上打害吐，	今日回到天上，
	kɛ⁵⁵n̩i⁴⁴ fɤ³⁵ tso³¹ ta³² xe⁵⁵nɔ³³	
	今日　　飞　上　回　天上	

10 　白堂香来香付付。　　　　　　　　　　　　白檀香来香气喷。
    pɛ³⁵ tha⁴² ɕa⁴⁴ le⁴² ɕo³⁵ fɣ⁵⁵ fɣ⁵⁵
    白　檀香　来　香气喷

11 　前有童子来接引，　　　　　　　　　　　　前有童子来接引，
    tɕhe⁴² jo³¹ to⁴² tsɿ³¹ le⁴² tɕɛ³⁵ jɯ³¹
    前有　童子　来　接引

12 　团圆打天空。　　　　　　　　　　　　　　团圆回天上。
    thua⁴² jyi⁴² ta⁴² xe⁵⁵ khɣ⁵⁵
    团圆　回　天空

13 　访友几生恨岸当，　　　　　　　　　　　　访友就唱到这里了，
    fa³¹ jo³¹ tɕi³¹ sɯ⁴⁴ xɯ⁵⁵ ʔa⁵⁵ ta⁴⁴
    访友　唱完　了　这里

14 　各位乡亲那请安，　　　　　　　　　　　　向各位乡亲请安，
    kɔ³⁵ ui⁵⁵ ɕa³³ tɕɯ³³ na⁵⁵ tɕhɛ³¹ ʔa³³
    各位　乡亲　你们　请安

15 　下本三妻两状元，　　　　　　　　　　　　下本三妻两状元，
    ɕa⁵⁵ pɯ³¹ sa³³ tɕhi³³ ȵa³¹ tsua⁵⁵ jyi⁴²
    下本　三妻　两　状元

16 　呠后哉唱巴。　　　　　　　　　　　　　　以后再来唱。
    pɯ⁵⁵ ʔɯ³³ tse⁴⁴ tɕi³¹ pa⁵⁵
    以后　再　唱　吧

17 　团圆团圆真团圆，　　　　　　　　　　　　团圆团圆真团圆，
    tua⁴² jyi⁴² tua⁴² jyi⁴² tsɯ⁴⁴ tua⁴² jyi⁴²
    团圆　团圆　真　团圆

18 　今日团圆上天台，　　　　　　　　　　　　今日团圆上天台，
    tɕɯ³³ zɿ³⁵ tua⁴² jyi⁴² sa⁵⁵ thie³³ the⁴²
    今日　团圆　上　天台

19 　自从今日回天后，　　　　　　　　　　　　自从今日回天后，
    tsɿ⁵⁵ tsho⁴² tɕɯ³³ zɿ³⁵ xui⁴² thie³³ xo⁵⁵
    自从　今日　回　天后

20 　享受香烟万万年。　　　　　　　　　　　　享受香烟万万年。
    ɕa³¹ so⁵⁵ ɕa³³ je³³ ua⁵⁵ ua⁵⁵ ȵe⁴²
    享受　香烟　万万年

第三辑　吹吹腔戏本

　　吹吹腔，是白族特有的一种剧种，也称板凳戏。伴奏音乐只用于唱段的过门，唱腔无伴奏。乐器有唢呐及鼓钹等打击乐器，所以白语一般称为 [ti^{55}tɛ^{44}ɕi^{44}]（唢呐戏）。

　　吹吹腔剧目是明代从中原传入白族地区，据考已有400多年的历史，现存剧目 70 多种，大多数为汉语，其中《崔文瑞砍柴》《竹林拾子》等少数几种是白语或白语和汉语相杂的剧目。汉语剧目唱词的句式、音韵格律从属白曲，在排演过程中一些道白和唱段由演员临时翻译为白语。角色分生、旦、净、丑等。乐曲有多种，如《哑子哭娘》《一字腔》、《大过山》《山坡羊》等。旧时有脸谱、戏装和戏台，当今有的地方还有残存。

　　吹吹腔源远流长，至今在云龙、洱源、剑川和怒江傈僳族自治州的泸水等地农村还有演出。排演时，有些地方的演员按出生的生肖每年一换，以图本命年清洁平安。本辑选录《竹林拾子》抄本释读。

竹林拾子

段 伶 杨福寿

《竹林拾子》是白族吹吹腔传统剧目，讲述的是神灵赐予善心人儿子的故事，反映了白族民间善有善报的朴素思想。今收集有两种抄本，一是云龙大达村农村吹吹腔剧团的张兴高藏本，二是大理州文化局施珍华先生抄于剑川县文化馆的藏本。两本基本情节相同，但详略不一，各有所长。本文选取流传于剑川的抄本进行释读，并参考大达村的残本，进行适当的整理。

人物：　土地[1]
　　　　周士郎
　　　　周士郎妻子（简称周妻）

土地【白】：吾下福得正神土地是也，是土，也是地，不沾土气，不成土地。今早奉了敕旨，只因太子无人照看，今有村中士郎夫妻二人有德有幸，可惜无后，由他夫妻照管抚养。哎！土地，土地，脚不落地，善哉，善哉！难哎，吾神不救，再等何时！我姑且假装砍竹子的伙伴，去叫周士郎去砍竹拾子。（后面的道白，在排演中都翻译为白语，本文作音标注音）走了，走了！[pe⁴⁴la⁴², pe⁴⁴la⁴²!]【向内喊】：周士郎，天亮了，东方亮了，砍竹子来，我们一首去了，快些来！[2][zo³³ sɿ⁵¹lã⁴², mɛ⁴²mɛ⁴² la⁴², tỹ⁵⁵fv̩⁵⁵kʰɯ⁵⁵ mɛ²¹pɛ²¹ la⁴², ɣɛ²¹ tso⁴⁴ tsɿ⁴⁴ kʰɯ³³, ȵa⁵⁵ ji³⁵so³¹ ɣɛ²¹, lɛ⁴⁴sɯ³³ ɣɯ³⁵!]

周士郎【内应】：哎！半夜三更哪个叫？[ʔɛ³⁵! pẽ⁵¹ji⁵¹ sã³³kũ³³ ʔa⁵¹na⁴⁴ ȵi²¹ ʔɯ⁵⁵!]

土地【白】：快些来，我们去了。[lɛ⁴⁴sɯ³³ ɣɯ³⁵, ŋa⁵⁵ ɣɯ²¹ la⁴²!]

周士郎【内白】：半夜三更，你叫我去哪里？这气我们两口子正在好睡哩。[pe⁵¹ji⁵¹ sã³³kũ³³, no³¹ ʔɯ⁵⁵ ŋɯ⁵⁵ɣ̃⁵⁵ ɣɛ³⁵na⁴⁴?]

土地【白】：快些来，快些来，我们去了，赶紧走！[lɛ⁴⁴sɯ³³ ɣɯ³⁵, lɛ⁴⁴sɯ³³ ɣɯ³⁵, ŋa⁵⁵ ɣɛ²¹ la⁴², lɛ⁴⁴sɯ³³ pe⁴⁴ la⁴²。]

周士郎【自语】：噢！村头的杨老倌他们！我的砍竹子伙伴在喊我呢。[ʔa³¹! jɯ⁴⁴tɯ²¹ jã⁴²lo³¹kuɛ̃³³ ja³³ ma⁵⁵。 ŋɯ⁵⁵ tɕa⁴² tso⁴⁴tsɿ⁴⁴ xo³³!]【内答】：怕鸡还没有叫吧。[kɛ̃⁵⁵ ke⁵⁵ li⁵⁵ tse⁴⁴ ɣa³⁵ mɛ³⁵。]

土地【白】：鸡叫了，我去了。[ke⁵⁵mɛ²¹ la⁴², ŋo³¹ ɣɛ²¹ la⁴²。]

---

[1] 土地[tʰu³³tɕi³¹]：也称[sɿ⁵⁵zʅ²¹]、[sɿ⁵⁵zʅ²¹ tʰu³³tɕi³¹]，即山神、山神土地。
[2] 一首[ji³⁵so³¹]：汉语方言借词，意为全部。

周士郎【内白】：是了，等等着，我才爬起来。[xo⁵⁵ la⁴², na⁵⁵ ka⁴⁴ tũ³³, ŋo³¹ tshu³³ fɛ̃³³ khɯ³³。]

土地【白】：赶紧些。[lɛ⁴⁴sɯ³³ tɕɛ⁴⁴。]

周士郎【内白】：是了。[ʔɛ³⁵。]【上。唱】：[1]

1	就要走，就要走，	就要起，就要起，
	tshu³³ ȵo³³ khɯ³³ tshu³³ ȵo³³ khɯ³³	
	就　要　起，　就　要　起	
2	听见门外有叫声。	听见门外有人叫。
	tɕhẽ⁵⁵tɯ⁴⁴ me²¹ɣ̃⁵⁵ ʔɯ⁵⁵ȵi²¹ lɯ⁴⁴	
	听见　门外　叫人　的	
3	听见门外有人叫，	听见门外在叫人，
	tɕhẽ⁵⁵tɯ⁴⁴ me²¹ɣ̃⁵⁵ ma⁵⁵ ʔɯ⁵⁵ȵi²¹	
	听见　门外　他们　叫人	
4	急急忙忙跑出来，	急急忙忙跑出来，
	tɕɯ³¹lɯ³¹ ma⁵⁵la⁵⁵ pho³³tɕhi³³ ɣɯ³⁵	
	急急忙忙　　跑出　　来	
5	遮羞裤子也拿不着，[2]	遮羞裤子也拿不着，
	sã⁵⁵ti⁵⁵ta⁴²ne³¹ ja³⁵ ne⁴⁴ tɯ⁴⁴	
	要紧之物　　没　拿　着	
6	东方天空未发白，	东方天空未发白，
	xẽ⁵⁵ no³³ mɛ²¹ li⁵⁵ tse⁴⁴ ja³⁵pɛ⁴²	
	天　上　明　也　还　不白	
7	地上一点看不清，	地上一点看不清，
	tɕi³¹ no³³ ʔa³¹tɕɛ⁴⁴ ʔã³³ ja³⁵tɯ⁴⁴	
	地　上　一点　　看　不着	
8	迷离糊罗就起床，	迷离糊罗就起床，
	mi⁴²li⁴² xu⁴²lo⁴² fɛ̃³³khɯ³³ ɣɯ³⁵	
	迷哩糊罗　　爬起　　来	
9	热闹只有天上星。	热闹只有天上星。
	xẽ⁵⁵ no³³ ɕẽ⁵⁵ tsʅ⁵⁵ tsa⁴⁴tsa⁴⁴sɯ³³	
	天　上　星　则　（热闹状）	

【诵】：[3]

1	东有启明西长庚，	东有启明西长庚，

---

[1] 该角色的唱段（1—9句）中的汉字，表面上看，都可以用汉语解读，但汉语的押韵、押调不工整，歌唱顶耳拗口。用白语曲词格律解读则很工整，韵押"厄韵"，调押中调，入乐顺畅。（白语曲词与乐曲和谐，律韵有5个韵部，律调有高、中、低3个。）

[2] 遮羞裤子：这是汉语词组，比较直白。实际演出用白语比喻词[sã⁵⁵ti⁵⁵ta⁴²ne³¹]，意思是似乎麻烦啰嗦却是要紧之物，比喻裤子。

[3] 该段诵词（1—16）中有的用汉语，有的用白语。其中的汉字，根据白语变读汉语的音韵，用白语解读则韵、调和谐。

tõ³³ jo³¹ tɕhi³¹mɯ⁴² ɕi³³ tshã⁴²kũ³³
东　有　启明　　西　长庚

2　文曲星对武明星。　　　　　　　　　　　　文曲星对武明星。
vũ⁴tɕhu³⁵ ɕũ³³ tui⁵¹ vɣ³¹mɯ⁴²ɕũ³³
文曲　星　对　武明星

3　二十八宿轮流转，　　　　　　　　　　　　二十八宿轮流转，
e⁵¹sŋ³³pa³⁵ɕo³⁵ lũ⁴²lio⁴² tsuẽ³¹
二十八宿　　轮回转

4　落难紫微星。　　　　　　　　　　　　　　落难紫微星。
lo³⁵nã⁵¹ tsŋ³¹ve⁴²ɕũ³³
落难　　紫微星

5　三星也偏北斗斜，　　　　　　　　　　　　三星也偏北斗斜，
sã⁵⁵ɕẽ⁵⁵ li⁵⁵ lui²¹ pɯ⁴⁴tɯ⁴⁴ khuɛ⁵⁵
三星　也　偏　北斗　　斜

6　鸡窝星也在吃惊。　　　　　　　　　　　　鸡窝星也在吃惊。
ke⁵⁵tsŋ³³ke⁵⁵mo³³ kẽ⁵⁵ thio⁴⁴ khɯ³³
鸡窝星　　　怕　跳　起

7　参星商星那几家，　　　　　　　　　　　　参星商星那几家，
tshũ³³ɕũ³³ sã³³ɕũ³³ ma⁵⁵ ka³⁵xo³¹
参星　　商星　　那　几家

8　他们一家追一家，　　　　　　　　　　　　他们一家追一家，
ma⁵⁵ tsŋ⁵⁵ ʔa³¹xo³¹ tɕi⁴² xo³¹ ɣɯ³³
他们　则　一家　追　家　后

9　牛女二星要相逢，　　　　　　　　　　　　牛女二星要相逢，
ȵo⁴²ny³¹ ɛ⁵¹ɕũ³³ jo⁵¹ ɕã³³fo⁴²
牛女　二星　要　相逢

10　银河天上渡双星，　　　　　　　　　　　银河天上渡双星，
jũ⁴²xo⁴² thĩ⁵⁵sã⁵¹ tu⁵¹ suã³³ɕũ³³
银河　天上　渡　双星

11　喊我的是什么人？　　　　　　　　　　　喊我的是什么人？
ʔɯ⁵⁵ ŋɯ⁵⁵ mɯ⁵⁵ tsŋ³³ se³¹sɯ³³ tɯ²¹
喊　我　的　是　什么　人

12　怕是夜里揉羊皮。[1]　　　　　　　　　　怕是夜里揉羊皮。
kẽ⁵⁵ tsŋ³³ jo²¹xɯ³¹ ȵɯ⁵⁵ jõ²¹pe²¹
怕　是　夜里　　揉　羊皮

13　天还未明你就起，　　　　　　　　　　　天还未明你就起，

---

[1] 揉羊皮[ȵɯ⁵⁵ jõ²¹pe²¹]：是加工羊皮的活路。羊皮剥下来后，民间用萝卜水之类碱性物质，腌一晚，然后用手和脚搓揉，直至如布一般柔软，晾干后缝制羊皮褂或御寒的披背。披背，即用白绵羊皮加工而成，当地妇女几乎个个都披一张，冬天披在背上御寒。此句意思是，揉羊皮时发出声响疑似叫人声。

xẽ⁵⁵ li⁵⁵ ja³⁵ pɛ⁴² no³¹ fɛ̃³³khɯ³³
天　也　不　白　你　起来

14　天还未明你就跑。　　　　　　　　　　天还未明你就跑。
mɛ²¹ li⁵⁵ ja³⁵ pɛ⁴² no³¹ tshu³³ pho³³
天　也　不　白　你　就　跑

15　迷离糊罗走回来，　　　　　　　　　　迷离糊罗又回家，
mi⁴²ki⁴²hu⁴²lu⁴² tã⁴² ja⁴⁴khɣ³¹
迷离糊罗　转　回家

16　再睡一小觉。　　　　　　　　　　　　再睡一小觉。
tse⁴⁴ tsɛ̃³³ mo³¹ fɣ⁵⁵tsʅ³³
再　睡　它　一小觉

土地【又上。再叫。】

周士郎【内白】：等一等，等一等，我才收拾东西！[ka⁴⁴tɯ³³ lɯ³¹，ka⁵⁵tɯ³³ lɯ³¹, ŋo³¹ mɯ⁵⁵tɯ³¹ sɯ⁵⁵sʅ³³ vɣ³³tã⁴²！]

【随应。土地下。】

周士郎【上。白】：来了！[ɣɯ³⁵ la⁴²！]【唱】：

1　等一等呀等一等，　　　　　　　　　　等一等呀等一等，
ka⁴⁴tũ³³ lɯ³¹ ja³³ ka⁴⁴tũ³³ lɯ³¹
等等　的　呀　等等　的

2　饭也不吃这要走。　　　　　　　　　　早饭不吃这就走。
tshã⁵⁵ li⁵⁵ ja³⁵ jɯ⁴⁴ tshu³³n̪o³³ khɯ³³
早饭　也　不　吃　就要　起

3　急急忙忙走上路，　　　　　　　　　　急急忙忙走上路，
tɕi³⁵tɕi³⁵ma⁴²ma⁴² tshu³³n̪o³³ pe⁴⁴
急急忙忙　就要　走

4　顺带含锅子。　　　　　　　　　　　　顺带含口烟。
sui⁴⁴te⁴⁴ kã²¹ko⁵⁵tsʅ³³
顺带　含锅儿

5　晌午干饭带着了，　　　　　　　　　　午饭米饭带着了，
n̪ɯ⁴⁴tɯ³¹ xɛ⁵⁵zʅ³¹ li⁵⁵ te⁴⁴ la⁴²
午饭　饭　也　带　了

6　上面还有豆豉坨，　　　　　　　　　　上面还有豆豉坨，
tɯ⁴²no³³ to⁴⁴sʅ⁵⁵ tsɯ³³ tɕɛ⁴⁴ tsʅ³³
上面　豆豉　有　点儿

7　糯米粑粑还带一块，　　　　　　　　　糯米粑粑还带一块，
tse⁵⁵mi⁴²pa⁵⁵pa⁵⁵ tse⁴⁴ te⁴⁴phĩ³¹
糯米粑粑　再　带　一块

8　就怕粘一起。　　　　　　　　　　　　就怕粘一起。
tshu³³kɛ⁵⁵ tɕi⁵⁵ tsʅ⁵⁵ kɯ³³
就怕　粘　则　一起

【急走。唱】：

9 他们几个不等我，　　　　　　　　　　　　　他们几个不等我，
   ma⁵⁵ ka³⁵tɯ²¹ ŋɯ⁵⁵ no³⁵ tɯ̃³³
   他们 几个　　我的 上　不等

10 我三步两步后面追。　　　　　　　　　　　我三步两步后面追。
   ŋo³¹ tsɿ⁵⁵ kõ³³pu³¹ sã⁵⁵pu³¹ tɕi⁴² nɯ⁵⁵ ɣɯ³³
   我　则　两步　三步　追　你的 后

11 晕头昏脑到竹林，　　　　　　　　　　　　晕头昏脑到山上，
   zɿ²¹tɯ²¹mo⁵⁵miɛ⁴² phia⁴⁴ sỹ⁴² no³³
   迷迷糊糊　　　到　山　上

12 不见伙伴们。　　　　　　　　　　　　　　不见伙伴们。
   tɕa⁴²xo³³ kẽ⁴² ja³⁵ tɯ⁴⁴
   伙伴　　见 不 着

【不见人，错觉。白】：哎！真实忙忙不成事！[ʔɛ! tsɯ̃³³sɿ⁵¹ ma⁴²ma⁴² pu³⁵ tshɯ̃⁴² sɿ⁵¹！]
【内娃娃哭声，声音越来越大】：哦喂！哦喂……[ʔo³¹uɛ³⁵ ʔo³¹uɯ³⁵……]
【介。惊讶。唱】：

1 越是害怕越要叫，　　　　　　　　　　　　越是害怕越要叫，
   lɯ⁴⁴lɯ⁴⁴ kẽ⁵⁵ tsɿ⁵⁵ lɯ⁴⁴lɯ⁴⁴ kỹ⁵⁵
   越　　 怕 则　越　　 叫

2 把我耳朵也叫聋。　　　　　　　　　　　　把我耳朵也叫聋。
   ka⁴⁴ ŋɯ⁵⁵ ȵi³³tɯ²¹kua⁵⁵ kẽ⁵⁵ kỹ⁵⁵
   把 我的　耳朵　　　怕 聋

3 把我魂魄惊跑了，　　　　　　　　　　　　把我魂魄惊跑了，
   ka⁴⁴ ŋɯ⁵⁵ uɛ²¹phɛ³¹ li⁵⁵ kẽ⁵⁵ so³³
   把 我的　魂魄　　也 怕 失

4 回去见祖先。　　　　　　　　　　　　　　回去见祖先。
   ja⁴⁴khɣ³¹ ʔã³³ to⁵⁵po⁵⁵
   回去　　见　祖先

5 难为我祖先魂灵，　　　　　　　　　　　　谢谢我祖先魂灵，
   na⁵⁵ui⁵⁵ ŋa⁵⁵ to⁵⁵po⁵⁵ɕi⁵⁵ỹ³³
   难为　我的　祖先魂灵

6 难为灶君大官波，　　　　　　　　　　　　谢谢灶君大官人，
   na⁵⁵ui⁵⁵ tso⁵⁵jyi³³ to⁴² kuã⁵⁵po⁵⁵
   难为　　灶君　　大　官公

7 我要买只大公鸡，　　　　　　　　　　　　我要买只大公鸡，
   ŋo³¹ no³³ mɛ⁴² mɯ⁵⁵ no³³ ke⁵⁵po⁵⁵tɯ²¹
   我 要 买 它 上 公鸡一只

8 回家祭奠你们。　　　　　　　　　　　　　回家祭你们。
   ja⁴⁴khɣ³¹ tse⁴² na⁵⁵ ỹ⁵⁵
   回家　　祭 你们 处

9　　越怕越是听见叫，　　　　　　　　　　　　越怕越是听见叫，
　　　luɯ⁴⁴luɯ⁴⁴ kɛ̃⁵⁵ tsɿ⁵⁵ luɯ⁴⁴luɯ⁴⁴ kỹ⁵⁵
　　　越　　怕　则　越　　　叫

10　　我则跑去叫声处。　　　　　　　　　　　　我则跑到叫声处。
　　　ŋo³¹ tsɿ⁵⁵ pho³³tsɿ²¹ kỹ⁵⁵tshγ³¹ ṽ⁵⁵
　　　我　则　跑去　　叫处　那里

11　　嗨！不知哪个野婆娘，　　　　　　　　　　嗨！不知哪个野婆娘，
　　　xe⁴²! pu³⁵tsɿ³³ na³¹ko⁵⁵ ji³¹pho⁴²nia³³
　　　嗨！不知　　哪个　　野婆娘

12　　放在这里娃娃一个！　　　　　　　　　　　放在这里娃娃一个！
　　　sɯ⁴⁴khɯ³³ tsɿ⁵¹li³¹ ua⁴²ua³³ ji³⁵ko⁵¹
　　　放在　　　这里　　娃娃　　一个

13　　弯腰将他抱起来，（道具娃娃）　　　　　　弯腰将他抱起来，
　　　ʔuɛ³³thɯ⁵⁵ n̻o⁴² mo³¹ pu³³khɯ³³ ɣɯ³⁵
　　　弯腰　　　把　他　抱起　　　来

14　　可怜孩儿抱在手。　　　　　　　　　　　　可怜孩儿抱在手。
　　　sɿ⁵⁵tsɿ³³n̻γ³³n̻i²¹ pu³³ ŋɯ⁵⁵ ṽ⁵⁵
　　　小小孩儿　　　　抱　我的　处

15　　一手把他脚下摸，哈哈……　　　　　　　　我再摸摸他脚下，哈哈……
　　　ŋo³¹ tsɿ⁵⁵ ka⁴⁴ mɯ⁵⁵ ko⁴⁴ ṽ⁵⁵ mo⁴⁴ xa⁴⁴xa⁴⁴……
　　　我　则　把　他的　脚　处　摸　哈哈……

16　　有个小麻雀！　　　　　　　　　　　　　　有个小雀雀！
　　　tsɯ³³ ma⁴²tɕho³⁵ ji³⁵ko⁵⁵
　　　有　　麻雀　　　一个

【大声喊】：这里有人吗？这里有人吗？[tɯ⁵⁵xɯ³¹ tsɯ³³ n̻i²¹kɛ⁵⁵ mo³³？]【无人应。再喊。无人应。】

【想想，略有所悟。白】：啊，可怜啊，我的孩儿！[ʔa³¹，n̻i⁵⁵ko²¹ ʔa³¹tsɿ³³！]【唱】：

1　　莫非山神想我们，　　　　　　　　　　　　莫非山神怜我无后，
　　　sɿ⁵⁵zɿ²¹po⁵⁵ li⁵⁵mi³³ ŋa⁵⁵ tua⁴⁴
　　　山神公　　　也想　　我们　上

2　　给着我们好儿子。　　　　　　　　　　　　赐我一个好儿子。
　　　zɿ³¹ tɯ⁴⁴ ŋa⁵⁵ no³³ ɕo³¹tsɿ³³tsua⁴⁴
　　　给　着　我们　上　好小子

3　　赶快说给我妻子，　　　　　　　　　　　　赶紧去告诉我老婆，
　　　lɛ⁴⁴sɯ⁴⁴ sua⁴⁴ tsɿ³¹ ŋɯ⁵⁵ vγ³³n̻i²¹
　　　赶快　　说　给　我的　妻子

4　　她一定很高兴。　　　　　　　　　　　　　她一定很高兴。
　　　mo³¹ ji³⁵tĩ⁵¹ xũã⁵⁵xa⁴⁴
　　　她　一定　　高兴至极

【白】：走啊！[tse⁴⁴la⁴²！]

我的老婆成天想孩子，快想疯了，这娃娃抱回去，她一定很高兴。[ŋɯ⁵⁵ vɣ³³ɲi²¹ mi³³ tsɿ³³ n̪ɣ³³ tua⁴⁴ tsha⁵⁵mo³³tɕi⁵⁵ mi³³ vɣ²¹ sɯ⁵⁵ la⁴² ʔa⁵⁴ta⁴⁴ŋo³¹ n̪o⁴² mo³¹ pu³³ ja⁴⁴ khɣ³¹ tsɿ⁵⁵ mo³¹ ji³⁵tĩ⁵⁴ xuã⁵⁵ tɕɯ⁵⁵ tua⁴²。]【下】

周妻【上。唱】：

1 　　我是士郎他老婆，　　　　　　　　　　我是士郎他老婆，
　　　　mo³¹ tsɿ³³ sɿ⁵¹na⁴² mɯ⁵⁵ vɣ³³ɲi²¹
　　　　我　是　士郎　他的　老婆

2 　　为人怎么这样子！　　　　　　　　　　为人怎么这样子！
　　　　tsu⁵⁵ɲi²¹ tsu⁵⁵tɯ⁴⁴ nia⁴²sɯ³³ne³¹
　　　　为人　　怎么　　这样子

3 　　今年我满三十六，　　　　　　　　　　今年我满三十六，
　　　　kɛ⁵⁵tsɿ⁵⁵ ŋo³¹ tsɛ̃²¹ sã⁵⁵tsɿ⁴² fɣ⁴⁴
　　　　今年　　我　成　三　十　六

4 　　膝下没子女。　　　　　　　　　　　　膝下没子女。
　　　　tɕhi³⁵ɕa⁵¹ mo³⁵ tsɿ³¹nyi³¹
　　　　膝下　　没　子女

5 　　夫君每天去砍竹，　　　　　　　　　　夫君每天去砍竹，
　　　　po⁵⁵ɲi²¹ pe²¹ɲi⁴⁴ ɣɛ²¹ tso⁴⁴tsɣ⁴⁴
　　　　丈夫　　每天　　去　砍竹

6 　　每天砍竹供肚子。　　　　　　　　　　每天勉强供肚子。
　　　　pe²¹ɲi⁴⁴ tso⁴⁴tsɣ⁴⁴ ko⁵⁵ ŋa⁵⁵ fɣ⁴⁴
　　　　每天　　勉强　　供 我们 肚子

7 　　钱粮虽然不操心，　　　　　　　　　　钱粮虽然不操心，
　　　　tshã⁵⁵pe³³ tse²¹xui³³ no³³ ja³⁵ tsho⁵⁵ɕɯĩ⁵⁵
　　　　粮食　　钱财　　上　不　操心

8 　　心事在心上。　　　　　　　　　　　　心事在心头。
　　　　ɕĩ⁵⁵sɿ⁴² tsɯ³³ ɕĩ⁵⁵ no³³
　　　　心事　在　心头

9 　　越更想来心越疼，　　　　　　　　　　越想心越疼，
　　　　lɯ⁴⁴lɯ⁴⁴ mi³³ tsɿ⁵⁵ ɕĩ⁵⁵ no³³ sỹ³¹
　　　　越更　想　则　心　上　疼

10 　　心越疼来肚也疼。　　　　　　　　　　心越疼来肚也疼。
　　　　ɕĩ³³ no³³ sỹ³¹ tsɿ⁵⁵ fɣ⁴⁴ li⁵⁵ sỹ³¹
　　　　心　上　疼　则　肚　也　疼

11 　　难道老天来保佑，　　　　　　　　　　难道天保佑，
　　　　na⁴²to²¹ lo³¹thĩ³³ po³¹jo⁴⁴ ŋa⁵⁵
　　　　若是　明日　　天　保佑

12 　　老来也得子。　　　　　　　　　　　　老来也得子。
　　　　ku³³jo⁴² xã⁵⁵ tsɿ³³n̪ɣ³³
　　　　老娘　　生　子女

【呻吟。唱】：

1　啊哟啊哟啊哟哟，　　　　　　　　　　　　啊哟啊哟啊哟哟，
　　ʔa³⁵ju³¹ ʔa³⁵ju³³ ʔa³⁵ju³³ju³³
　　啊哟　　啊哟　　啊哟哟

2　双眼花花看不清。　　　　　　　　　　　　双眼睁开看不清。
　　ũe³³sṽ⁵⁵ khɯ⁵⁵khe⁵⁵ xã⁵⁵ ja³⁵tu⁴⁴
　　双眼　　睁开　　　看　不着

3　小肚子里有一坨，　　　　　　　　　　　　小肚子里有一坨，
　　se³¹fɣ⁴⁴kho³³ mɯ⁵⁵ tsɯ⁴⁴ ʔa³¹ku²¹
　　小肚子　　　处　有　一坨

4　压在尿水上。　　　　　　　　　　　　　　压在尿水上。
　　ja⁴⁴khɯ³³ sʅ⁵⁵so³¹ no³³
　　压在　　　尿水　　上

5　下身那里受不了，　　　　　　　　　　　　下身那里受不了，
　　ɣɛ³³thui⁵⁵ ṽ⁵⁵ tsʅ³³ tɕɯ⁵⁵tɕhi⁴⁴tua⁴²
　　下身　　　出　是　受不了

6　双脚就像不在身。　　　　　　　　　　　　双脚就像不在身。
　　ko⁴⁴sṽ⁵⁵ tɛ⁴⁴kẽ⁵⁵ tshʅ⁵⁵ no³³ mo³³
　　双脚　　就像　　身　上　无

7　心血如同开水涨，　　　　　　　　　　　　心血如同开水涨，
　　ɕĩ⁵⁵ṽ⁵⁵ sã⁵⁵jye³¹ xua⁴⁴ɕɣ³³ xua⁴⁴
　　心头　　如同　　开水　　涨

8　怕要生娃娃。　　　　　　　　　　　　　　怕要生娃娃。
　　tɛ⁴⁴kẽ⁵⁵ xã⁵⁵ tɕʅ³³n̠ɣ³³
　　怕要　　生　　娃娃

【昏迷，倒下。周士郎上。】

周士郎【抱着娃娃，哼着曲子，高兴上。见妻状，惊讶，喊】：怎么了！怎么了！不见半天，你成了这个样子！[tsʅ⁵⁵kɛ²¹ la⁴²！tsʅ⁵⁵kɛ²¹ la⁴²！ja³⁵kɛ⁴² ʔa³¹ n̠ɯ⁴⁴tɯ³¹，no³¹ tsʅ⁵⁵kɛ²¹ tsẽ²¹ nia⁴²sɯ³³sɯ³³！]

周妻【如梦初醒，又哭又笑。白】：我坐月子了！[no³¹ kɣ⁴²khɣ³¹ yɯ³¹ la⁴²……]

周士郎【心里明白，是想娃娃过度了。大笑。将计就计。白】：哈哈……真的生了一个了！[xa⁴⁴xa⁴⁴……tso⁴²kua⁴⁴ xã⁵⁵tɯ⁴⁴ n̠i²¹ la⁴²！]【把手里的娃娃交给妻子看。】

周妻【高兴。白】：真的是我的儿啊！真的是我的儿啊！[tsẽ⁵⁵tso⁴²kua⁴⁴ ŋɯ⁵⁵ tsʅ³³n̠i²¹！tsẽ⁵⁵tso⁴²kua⁴⁴ ŋɯ⁵⁵ tsʅ³³n̠i²¹！]【唱】：

1　一双眼睛明亮亮，　　　　　　　　　　　　一双眼睛明亮亮，
　　ŋue³³tsʅ³³sṽ⁵⁵ tsʅ³³ mɛ²¹lɛ⁴⁴lɛ⁴⁴
　　双眼儿　　　是　明亮亮

2　两片嘴皮红又红。　　　　　　　　　　　　两片嘴皮红又红。
　　tɕye³³pe²¹ kõ³³jo²¹ tshɛ⁴² la³⁵ tshɛ⁴²
　　嘴皮　　两片　　红　又　红

3   好像一个豆米粒，   好像一个豆米粒，
    sã⁵⁵ jye³¹ tɯ³¹ ɕĩ⁵⁵ tsɿ³³ sɯ³³ kho³³
    好像   豆米样   一粒
4   让人多高兴。   让人多高兴。
    xuã⁵⁵ ȵi⁵⁵ ɕĩ⁵⁵ no³³ ʔɛ³³
    逗人爱   的   一砣

周士郎【白】：你想儿子想疯了！这哪里是你生的呀！[no³³ mi³³ tsɿ³³ ȵi²¹ tua⁴⁴ mi³³ vɣ²¹ sɯ⁵⁵ la⁴²！pia⁴² sɯ³³ tsui⁵⁵ tsɿ³³ tsɿ⁵⁵ kɛ²¹ no³³ xã⁵⁵ tɕhi⁴⁴！]

周妻【白】：不是我生的，是谁生的？你看，我的肚子也扁了，疼也不疼了！[ŋɿ³¹ xã⁵⁵ no³³ pio³³ tsɿ⁵⁵ ʔa³¹to³¹ xã⁵⁵ no³³？ no³³ ʔã³³，ŋɯ⁵⁵ fɣ⁴⁴ kho³³ li⁵⁵ ja³⁵ mo³³ la⁴²，sỹ³¹ li⁵⁵ ja³⁵ sỹ³¹ la⁴²！]

周士郎【白】：难道你裤子都不脱还生下娃娃吗？[na⁴²to⁵⁴ kua⁵⁵ li⁵⁵ ja³⁵ thua⁴⁴ xã⁵⁵ tsɿ³³ȵɣ³³？]

周妻【摸摸裤子。惊讶。】：啊——[ʔa⁵⁵——]

周士郎【白】：难道你不流一滴血还能生下娃娃吗？[na⁴²to⁵⁴ sua⁴⁴ ʔa³¹ti³³ li⁵⁵ ja³⁵ kɯ²¹ xã⁵⁵ tsɿ³³ȵɣ³³？]

周妻【摸摸地上。惊讶。】：啊——[ʔa⁵⁵——]

周士郎【逗婴儿，婴儿笑。白】：难道刚生下的娃娃还能"咯哩咯哩"笑吗？[na⁴²ta⁵⁴ tshu³³ xã⁵⁵tɕhi⁴⁴ no³¹ ȵi²¹ tshu³³ khe⁵⁵li⁵⁵ khe⁵⁵li⁵⁵ so³¹？]

周妻【看娃娃。惊讶】：啊——[ʔa⁵⁵——]

周士郎【白】： 这是山神赐给我们的儿子，不是你生的。[no³¹ȵi²¹ tsɿ³³ sɿ⁵⁵zɿ²¹lo³¹ji⁵⁵ zɿ³¹ȵa⁵⁵no³³tsɿ³³ ȵi²¹。]

周妻【如梦初醒。恍然大悟。唱】：

1   山神想我们无后，   山神怜悯我无后，
    sɿ⁵⁵zɿ²¹ po⁵⁵ li⁵⁵ mi³³ ŋa⁵⁵ tua⁴⁴
    山神公   也   想 我们 上
2   给着我们大儿子。   赐我一个大儿子。
    zɿ³¹ tɯ⁴⁴ ŋa⁵⁵ no³³ to⁴²tsɿ³³tsua⁴⁴
    给   着 我们 上   大小子
3   想死想活求个儿，   想死想活求个儿，
    kka³¹xɛ̃⁵⁵ kha³¹ɕi³³ ȵo⁴⁴ tsɿ³³ȵi²¹
    想活   想死   要 儿一个
4   真的到眼前。   真的到眼前。
    tso⁴²kua⁴⁴ phia⁴⁴ ʔa⁵¹ta⁴⁴
    真的   到   这里

【白】：既然是这样，我们赶快来谢恩！[tɕi⁵⁵zɛ̃⁵⁵ tsɿ³³ nia⁴²sɯ³³sɯ³³，ŋa⁵⁵ lɛ⁴⁴sɯ³³ ka⁴⁴ sɿ⁵⁵zɿ²¹po⁵⁵ ka⁴⁴ sa⁴⁴fɣ⁴⁴！]

周士郎【白】：说合了！赶快谢恩！[sua⁴⁴ ka⁴⁴ sa⁴⁴fɣ！lɛ⁴⁴sɯ³³ ka⁴⁴ sa⁴⁴fɣ！]

【夫妻跪拜。合唱】：

1   山神公呀山神母，   山神公呀山神母，

$sɿ^{55}zɿ^{21}po^{55}\ la^{35}\ sɿ^{55}zɿ^{21}mo^{33}$
山神公　呀　山神母

2　万事万物靠着你。　　　　　　　　　　　　万事万物靠着你。
$tɕhi^{55}jõ^{42}\ pɛ^{44}jã^{42}\ ko^{44}\ nɯ^{55}\ no^{33}$
千事　百样　靠　你的　上

3　积功积德这辈子，　　　　　　　　　　　　积功积德这辈子，
$tɕi^{35}kõ^{33}\ tɕi^{35}tɯ^{35}\ no^{31}\ no^{31}\ ji^{31}$
积功　积德　你　这　一生

4　请您再保佑。　　　　　　　　　　　　　　请您再保佑。
$tɕhẽ^{33}\ ȵi^{55}\ tse^{44}\ po^{31}jo^{44}$
请　您　再　保佑

周士郎【白】：他妈！[$mɯ^{55}mo^{33}$！]

周妻【白】：哎。他爹！[$ʔɛ^{55}$。$mɯ^{55}ti^{33}$！]

周士郎【白】：哎。[$ʔɛ^{55}$。]

周士郎【白】：他妈！我这回嘛，在家看我们的儿子，你去赶街买东西。回来嘛，还要磕个平安头哟。[$mɯ^{55}mo^{33}$！$no^{31}pɯ^{55}\ tsɿ^{55}\ ŋo^{31}\ kɤ^{42}tɤ̃^{55}\ xã^{55}mo^{31}$, $no^{31}\ ɣɛ^{21}\ tsɿ^{33}\ no^{33}mɛ^{42}$ $mɯ^{55}\ no^{33}\ vɤ^{33}tã^{4}\ ka^{35}tɕi^{31}$, $ja^{44}kɯ^{55}\ tsɿ^{55}$, ȵa$^{55}\ to^{44}\ mɯ^{55}\ no^{33}\ phĩ^{55}ŋa^{55}\ tɯ^{21}po^{31}\ kho^{33}$。]

周妻【白】：他爹，不得，你去，我在家看儿子。[$mɯ^{55}\ mo^{33}$！$ʔa^{31}tua^{42}$，$ʔa^{31}tua^{42}$，$no^{31}\ ɣɛ^{21}$，$ŋo^{31}\ kɤ^{42}tɤ̃^{55}\ xã^{55}mo^{31}$。]

周士郎【白】：不得，还是她妈去。你听！[$ʔa^{31}tua^{42}$，$no^{31}\ ɣɛ^{21}$。$no^{31}\ tɕhẽ^{55}$——]【唱】：

1　拿去家里钱三万，　　　　　　　　　　　　拿去家里钱三万，
$tã^{55}tsɿ^{21}\ xa^{31}tɤ̃^{55}\ tse^{21}\ sã^{55}ɣ̃^{42}$
拿去　家里　钱　三万

2　金银纸火多买几样。　　　　　　　　　　　金银纸火多买几样。
$tɕĩ^{55}ȵi^{21}\ tsɿ^{33}xui^{33}\ to^{55}\ mɛ^{42}\ jã^{42}$
金银　纸火　多　买　样

3　公鸡要买大的那个，　　　　　　　　　　　公鸡要买大的那个，
$ke^{55}po^{55}\ ȵo^{33}\ mɛ^{42}\ to^{42}\ mo^{31}\ tɯ^{21}$
公鸡　要买　大　的　那个

4　咱们还要讨奶。　　　　　　　　　　　　　咱们还要讨奶。
$ȵa^{55}\ ȵo^{33}\ ka^{44}\ ʔɯ^{33}\ pa^{42}$
咱们要　讨　吃　奶

5　红米要买一斗六，　　　　　　　　　　　　红米要买一斗六，
$tshɛ^{44}me^{44}\ ȵo^{33}\ mɛ^{42}\ ji^{35}to^{31}\ lu^{35}$
红米　要买　一斗　六

6　白米要买一斗三。　　　　　　　　　　　　白米要买一斗三。
$pɛ^{42}mi^{33}\ ȵo^{33}\ mɛ^{42}\ jo^{35}to^{31}\ sã^{33}$
白米　要　买　一斗　三

7　满月要请客，　　　　　　　　　　　　　　满月要请客，

    so³³xɛ³³zʅ²¹ tɕhẽ³³khɛ⁴⁴
    满月　　　请客

8 做菜几大碗。   做菜几大碗。
  tsu⁵⁵ mɯ⁵⁵ no³³ ka³⁵pa⁴⁴
  还　它　上　几大碗

9 鸡蛋要买一百多，   鸡蛋要买一百多，
  ke⁵⁵sẽ⁴² no³³ mɛ⁴² ʔa³¹pɛ⁴⁴ no⁵⁵
  鸡蛋　要　买　一百　多

10 猪脚要买七八只。   猪脚要买七八只。
  te⁴²ko⁴⁴ no³³ mɛ⁴² tɕhi⁴⁴pia⁴⁴ ʔɛ³³
  猪脚　要　买　七八　只

11 猪脚透透煮，   猪脚透透煮，
  te⁴²ko⁴⁴ phɛ⁵⁵ lɯ⁴⁴ ko⁴²
  猪脚　烂　的　熬

12 奶才催得多。   奶才催得多。
  pa⁴²tsʅ⁴⁴ mɯ⁵⁵tɯ³¹ ua⁴⁴
  奶水　　才　　多

13 米酒要大斟，   米酒要大斟，
  po⁴²ʔo⁵⁵tsʅ³³ tsũ⁵⁵ to⁴² no³³ ue²¹
  米酒　　　蒸　大　是　斟

14 加上羊油砂糖。   加上羊油砂糖。
  jo²¹tsʅ⁵⁵ so⁵⁵to²¹ li⁵⁵ tɕa⁴⁴tshua⁴⁴
  羊油　　砂糖　　也　抓一把

15 漆油化进白酒里，   漆油化进白酒里，
  tɕhi⁴⁴tsʅ⁵⁵ xua⁴⁴ ɲi⁴⁴ pɛ⁴²tsɣ̃³³ xɯ³¹
  漆油　　化　进　白酒　　里

16 这样吸吃就行了。   这样吸吃就行了。
  jɯ⁴⁴ pu³¹ no³³ tsʅ⁵⁵ fɣ⁴⁴
  吃　补　的　做　吸

17 买就买这些，   买就买这些，
  mɛ⁴² tshu³³ mɛ⁴² no³¹jã⁴²
  买　就　买　这些

18 再买你就说。   再买你就说。
  tse⁴⁴ mɛ⁴² tsʅ⁵⁵ no³³ sua⁴⁴
  再　买　则　你　说

  周妻【白】：不得，还是他爹去买才得。[ʔtua⁴², mɯ⁵⁵ti³³ ɣɛ²¹ mɛ⁴² mɯ⁵⁵tɯ³¹ xo⁵⁵。]
  周士郎【白】：是了，我去买。那你好好在家看他。我去了！[xo⁵⁵la⁴²! ŋo³¹ ɣɛ²¹ mɛ⁴², tsʅ⁵⁵ no³¹ kɣ⁴² tɣ̃⁵⁵ ʔã³³ ɲa⁵⁵ tsʅ³³ɲi²¹ phio⁵⁵。ŋo³¹ ɣɛ²¹ la⁴²！]【下】

  周妻【白】：他爹去了，我给他洗洗澡。[mɯ⁵⁵ti³³ ɣɯ²¹la⁴², ŋo³¹ ka⁴⁴ ɲa⁵⁵ tsʅ³³ɲi²¹ se³³ tsʅ³³。]【给儿子洗澡，包裹。唱】：

1　　我在这里看了又看，　　　　　　　　　　　　我这里看了又看，
　　　ŋo³¹ tsŋ⁵⁵ kɤ⁴²ta⁵⁵ ʔa³³ la³⁵ ʔa³³
　　　我　则　在这里　看　了　看

2　　就是身上一块肉，　　　　　　　　　　　　就是身上一坨肉，
　　　tshu³³tsŋ³³ tshŋ⁵⁵ no³³ kɛ²¹sɯ³³ko²¹
　　　不　昌盛　　　的　你　这个人

3　　我的小心肝！　　　　　　　　　　　　　　我的小心肝！
　　　tshŋ⁵⁵ no³³ ɕĩ⁵⁵kã⁵⁵phia⁴⁴
　　　身　上　心肝肺

4　　小衣穿起来，　　　　　　　　　　　　　　小衣穿起来，
　　　ji⁵⁵tsŋ³³khõ⁵⁵ ji⁴²khɯ³³
　　　小衣儿　　穿起

5　　小围腰围起，　　　　　　　　　　　　　　小围腰围起，
　　　tɕo³¹tsŋ³³ne³¹ ui⁵⁵khɯ³³
　　　小围腰　　围起

6　　小被子铺下，　　　　　　　　　　　　　　小被子铺下，
　　　la³¹po³¹tsŋ³³se⁴⁴ phu⁵⁵thɯ⁵⁵
　　　小被子　　铺下

7　　小心裹起来，　　　　　　　　　　　　　　小心裹起来，
　　　se³¹⁵ɕĩ⁵⁵ po⁵⁵tɕɯ³¹khɯ³³
　　　小心　　裹来

8　　衣带拿过来，　　　　　　　　　　　　　　衣带拿过来，
　　　ji⁵⁵tsŋ⁵⁵ȵɯ⁴² ne⁴⁴ɣɯ³⁵
　　　衣带　　拿　过来

9　　裹成一炷香，　　　　　　　　　　　　　　裹成一炷香，
　　　po⁵⁵tsŋ⁵⁵ ɕõ⁵⁵tsŋ³³kã⁵⁵ sɯ³³sɯ³
　　　裹成　一香炷儿　似

10　　小枕头搭起，　　　　　　　　　　　　　小枕头搭起，
　　　tsŋ³³tɯ³¹tsŋ³³ne³¹ ta⁴⁴khɯ³³
　　　小枕头　　　搭起

11　　头靠小枕头，　　　　　　　　　　　　　头靠小枕头，
　　　kho⁴⁴khɯ³³ tsŋ³³tɯ³¹ no³³
　　　靠着　　枕头　上

12　　像个小佛像。　　　　　　　　　　　　　像个小佛像。
　　　ve⁴²tsŋ³³tsui⁵⁵ sɯ³³sɯ³³
　　　小佛　　样子

【看着娃娃，自己很满意。逗娃娃玩。】

周士郎【带东西上。白】：他妈，我回来了，这回我们要祷祝了。[mɯ⁵⁵mo³³，ŋo³¹ ja⁴⁴kɯ⁵⁵ la⁴²，na⁵⁵ to³¹ko⁴⁴ la⁴²。]

【夫妻一起摆祭坛，烧香。】

周妻【白】：是了，他爹，你烧金银纸火，咱们就祷祝吧。[xo⁵⁵la⁴²，mɯ⁵⁵ti³³，no³¹ xu⁵⁵ tɕi⁵⁵n̩i²¹ tsʅ³³xui³³，n̩a⁵⁵ tsu³³ to³¹ko⁴⁴ ua⁵⁵。]

周士郎【白】：她妈，你听着——[mɯ⁵⁵mo³³，mo³¹ tɕhẽ⁵⁵khɯ³³——]【唱】：

1　夫妻二人拜朝东，　　　　　　　　夫妻二人拜朝东，
　　fỹ⁵⁵tshe⁵⁵ kõ³³n̩i²¹ pɛ⁴²tsɛ̃²¹ tỹ⁵⁵
　　夫妻　　二人　　拜朝　　东

2　东边有个好地方。　　　　　　　　东边有个好地方。
　　tỹ⁵⁵fỹ³³ no³³ tsʅ³³ ɕõ³¹ tɕi³¹fỹ⁵⁵
　　东边　上　有　好　地方

3　日后我儿长大后，　　　　　　　　日后我儿长大后，
　　me⁵¹n̩i⁴⁴ n̩a⁵⁵ tsʅ³³ to⁴²la⁴² tsʅ⁵⁵
　　明天　咱儿　长大　则

4　让他去读书。　　　　　　　　　　让他去读书。
　　so³³ mo³¹ ɣɛ²¹ ɣɯ⁴²sỹ⁵⁵
　　让他　去　读书

周妻【白】：说得好，说得好。[mɯ⁵⁵ti³³ sua⁴⁴ tɕhhõ⁵⁵ lɯ⁴⁴。]【唱】：

1　夫妻二人拜朝东，　　　　　　　　夫妻二人拜朝东，
　　fỹ⁵⁵tshe⁵⁵ kõ³³n̩i²¹ pɛ⁴²tsɛ̃²¹ tỹ⁵⁵
　　夫妻　　二人　　拜朝　　东

2　让我儿子去读书。　　　　　　　　让我儿子去读书。
　　so³³ n̩a⁵⁵ tsʅ³³n̩i²¹ ɣɛ²¹ ɣɯ⁴²sỹ⁵⁵
　　让咱　儿子　去　读书

3　读了书就做大官，　　　　　　　　读了书就做大官，
　　ɣɯ⁴² la⁴² sỹ⁵⁵ tsʅ⁵⁵ tsu⁵⁵ to⁴²kuã⁵⁵
　　读了书　则　做　大官

4　大官出咱家。　　　　　　　　　　大官出咱家。
　　to⁴²kuã⁵⁵ tshɣ⁴⁴ n̩a⁵⁵tỹ⁵⁵
　　大官　出　咱家

周士郎【白】：他妈说得好。[mɯ⁵⁵mo³³ sua⁴⁴ tɕhõ⁵⁵ lɯ⁴⁴。]【唱】：

1　夫妻二人拜朝南，　　　　　　　　夫妻二人拜朝南，
　　fỹ⁵⁵tshe⁵⁵ kõ³³n̩i²¹ pɛ⁴²tsɛ̃²¹ na²¹
　　夫妻　　二人　　拜朝　　南

2　南边有个好田坝。　　　　　　　　南边有个好田坝。
　　na²¹fỹ³³ no³³ tsʅ³³ xu³³ tɕi³¹ta³¹
　　南边　上　有　好　田坝

3　明天我儿长大后，　　　　　　　　明天我儿长大后，
　　me⁵¹n̩i⁴⁴ n̩a⁵⁵ tsʅ³³ to⁴²la⁴² tsʅ⁵⁵
　　明天　咱们儿　长大　则

4　做庄稼过日。　　　　　　　　　　做庄稼过日。

tsu⁵⁵ɳi²¹xɛ̃⁵⁵ ko⁴²la⁴²
做庄稼　　过日

周妻【白】：合理合理，我拜。[xo⁵⁵lɯ⁴⁴ xo⁵⁵lɯ⁴⁴，ŋo³¹ la³¹ pɛ⁴²。]【唱】：

1　夫妻二人拜朝南，　　　　　　　　　夫妻二人拜朝南，
　　fv̩⁵⁵tshe⁵⁵ kõ³³ɳi²¹ pɛ⁴²tsɛ̃²¹ na²¹
　　夫妻　二人　拜朝　南

2　做庄家也有好处。　　　　　　　　　做庄家也有好处。
　　tsu⁵⁵zuã⁵⁵tɕa⁵⁵ li⁵⁵ tsʅ³³ ɕo³¹tshv̩³¹
　　做庄家　　也　有　好处

3　日后我儿长大后，　　　　　　　　　日后我儿长大后，
　　me⁵¹ɳi⁴⁴ na⁵⁵ tsʅ³³ to⁴²la⁴² tsʅ⁵⁵
　　明天　咱们　儿　长大　则

4　吃也吃不完。　　　　　　　　　　　吃也吃不完。
　　ju⁴⁴ li⁵⁵ ju⁴⁴la⁴² tua⁴²
　　吃　也　吃了　不得

周士郎【白】：合理合理，我拜。[xo⁵⁵lɯ⁴⁴ xo⁵⁵lɯ⁴⁴，ŋo³¹ la³¹ pɛ⁴²。]【唱】：

1　夫妻二人拜朝西，　　　　　　　　　夫妻二人拜朝西，
　　fv̩⁵⁵tshe⁵⁵ kõ³³ɳi²¹ pɛ⁴²tsɛ̃²¹ se⁵⁵
　　夫妻　二人　拜朝　西

2　西边人家很有鸡。　　　　　　　　　西边人家有很多鸡。
　　se⁵⁵fv̩³³ no³³ xo³³ ke⁵⁵ tĩ³¹tɕi⁵⁵
　　西边　上　人家　鸡　很多

3　日后我儿长大后，　　　　　　　　　日后我儿长大后，
　　me⁵¹ɳi⁴⁴ na⁵⁵ tsʅ³³ to⁴²la⁴² tsʅ⁵⁵
　　明天　咱们　儿　长大　则

4　让他去养鸡。　　　　　　　　　　　让他去养鸡。
　　sõ³³ mo³¹ ɣe²¹ xã⁵⁵ke⁵⁵
　　让　他　去　养鸡

周妻【白】：合理合理，我拜。[xo⁵⁵lɯ⁴⁴ xo⁵⁵lɯ⁴⁴，ŋo³¹ la³¹ pɛ⁴²。]【唱】：

1　夫妻二人拜朝西，　　　　　　　　　夫妻二人拜朝西，
　　fv̩⁵⁵tshe⁵⁵ kõ³³ɳi²¹ pɛ⁴²tsɛ̃²¹ se⁵⁵
　　夫妻　二人　拜朝　西

2　养鸡也是好职业。　　　　　　　　　养鸡也是好职业。
　　xã⁵⁵ ke⁵⁵ li⁵⁵ tsʅ³³ ɕo³¹ no³³ pi⁵⁵
　　养　鸡　也是　好　的　事

3　日后我儿长大后，　　　　　　　　　日后我儿长大后，
　　me⁵¹ɳi⁴⁴ na⁵⁵ tsʅ³³ to⁴²la⁴² tsʅ⁵⁵
　　明天　咱们　儿　长大　则

4　卖鸡钱财多。　　　　　　　　　　　卖鸡钱财多。

kɯ²¹ ke⁵⁵ tsẽ²¹xui³³ tɕi⁵⁵
卖鸡　　钱财　　多

周士郎【白】：合理合理，我拜。[xo⁵⁵lɯ⁴⁴ xo⁵⁵lɯ⁴⁴, ŋo³¹ la³¹ pɛ⁴²。]【唱】：

1　　夫妻二人拜朝北，　　　　　　　　夫妻二人拜朝北，
　　　fɤ⁵⁵tshe⁵⁵ kõ³³ɲi²¹ pɛ⁴²tsẽ²¹ pɯ⁴⁴
　　　夫妻　　二人　　拜朝　　北

2　　北边有寺还有庙。　　　　　　　　北边有寺还有庙。
　　　se⁵⁵ li⁵⁵ tsʅ³³ tsʅ⁵⁵ zʅ²¹ li⁵⁵ tsʅ³³
　　　寺　也　有　　则　庙　也　有

3　　日后我儿长大后，　　　　　　　　日后我儿长大后，
　　　me⁵¹ɲi⁴⁴ na⁵⁵ tsʅ³³ to⁴²la⁴² tsʅ⁵⁵
　　　明天　　咱们　儿　长大　　则

4　　每天去烧香。　　　　　　　　　　每天去烧香。
　　　pe²¹ɲi⁴⁴ ka⁴⁴ ɕõ⁵⁵ n̩ɯ³³
　　　每天　　把　香　燃

周妻【白】：合理合理，我拜。[xo⁵⁵lɯ⁴⁴ xo⁵⁵lɯ⁴⁴, ŋo³¹ la³¹ pɛ⁴²。]【唱】：

1　　夫妻二人拜朝北，　　　　　　　　夫妻二人拜朝北，
　　　fɤ⁵⁵tshe⁵⁵ kõ³³ɲi²¹ pɛ⁴²tsẽ²¹ se⁵⁵
　　　夫妻　　二人　　拜朝　　北

2　　积功积德咱本分。　　　　　　　　积功积德咱本分。
　　　tɕi³⁵kõ³³ tɕi³⁵tɯ³⁵ na⁵⁵ pũ³¹fũ⁴⁴
　　　积功　　积德　　咱们　本分

3　　日后我儿长大后，　　　　　　　　日后我儿长大后，
　　　me⁵¹ɲi⁴⁴ na⁵⁵ tsʅ³³ to⁴²la⁴² tsʅ⁵⁵
　　　明天　　咱们　儿　长大　　则

4　　神佛保佑他。　　　　　　　　　　神佛保佑他。
　　　zʅ²¹ve⁴² tsho³³ mɯ⁵⁵ ɣɯ³³
　　　神佛　　支持　他　后

周士郎【白】：合理合理。这又拜，咱们两个一起拜了。[xo⁵⁵lɯ⁴⁴ xo⁵⁵lɯ⁴⁴。ŋo³¹ la³¹ pɛ⁴²。no³¹pɯ⁵⁵ tsʅ⁵⁵ na⁵⁵ kõ³³ɲi²¹ ta³¹xo³¹ pɛ⁴² la⁴²。]

周妻【白】：合了。[xo⁵⁵ lɯ⁴⁴。]

夫妻【合唱】：

1　　夫妻二人拜中央，　　　　　　　　夫妻二人拜中央，
　　　fɤ⁵⁵tshe⁵⁵ kõ³³ɲi²¹ pɛ⁴² tsõ³³jã³³
　　　夫妻　　二人　　拜　中央

2　　上拜天来下拜地。　　　　　　　　拜天拜地拜日月。
　　　pɛ⁴²xẽ⁵⁵ pɛ⁴²tɕi³¹ pɛ⁴² ɲi⁴⁴uã⁴⁴
　　　拜天　　拜地　　拜　日月

3　　日后我儿长大后，　　　　　　　　日后我儿长大后，

4

me⁵¹ȵi⁴⁴ ȵa⁵⁵ tsɿ³³ to⁴²la⁴² tsɿ⁵⁵
明天　咱们儿　长大　则
做什么都顺畅。　　　　　　　　　　　做什么都顺畅。
tsu⁵⁵sɛ³¹ li⁵⁵ sũi⁴⁴tshã⁴⁴
做什么　也　顺畅

【娃娃咯咯咯地笑了。夫妻高兴，逗娃娃玩。】

周妻【突然想起，白】：咱们的儿子还没有名字呢，他爹，你给他取一个名字吧。[ȵa⁵⁵ tsɿ³³ȵi²⁵ mɯ⁵⁵miɛ⁵⁵ ze⁴⁴ tshɛ̃⁵⁵ mo³³，no³¹ tɕyi³¹ tsɿ³¹ mo³¹ miɛ⁵⁵tshɛ̃⁵⁵ khɯ³³。]

周士郎【白】：说的是。我的名字叫周士郎，儿子的名字嘛，就叫周君保吧。[sua⁴⁴ xo⁵⁵ la⁴²。ŋɯ⁵⁵ miɛ⁵⁵ ʔɯ⁵⁵ tso³³sɿ⁵⁵lã⁴²，ȵa⁵⁵ tsɿ³³ȵi²¹ miɛ⁵⁵ nɛ⁵⁵，tshu³³ ʔɯ⁵⁵ tso³³ jỹ³³po³¹ ua⁵⁵。]

周妻【白】：合了，周君保。[xo⁵⁵la⁴²，tshu³³ ʔɯ⁵⁵ tso³³ tɕỹ³³po³¹。]

夫妻【白】：但愿我们的儿子永保长生，大发大旺，家道兴隆，嗣续繁昌。我们为儿子去喝长寿酒了。

周士郎【白】：他妈！背起我们的儿子，咱们三母子走吧！[mɯ⁵⁵mo³³，ma³¹ khɯ³³ ȵa⁵⁵ tsɿ³³ȵi²¹，ȵa⁵⁵ sã⁵⁵tsɿ³³mɯ³³ pe⁴⁴la⁴²。]

周妻【白】：哎。我儿周君保，背起，走吧。[ʔɛ⁵⁵。ŋɯ⁵⁵ tsɿ⁵⁵ tso³³ tɕỹ³³po³¹，ma³¹khɯ³³，pe⁴⁴la⁴²。]

【妻随夫下。】

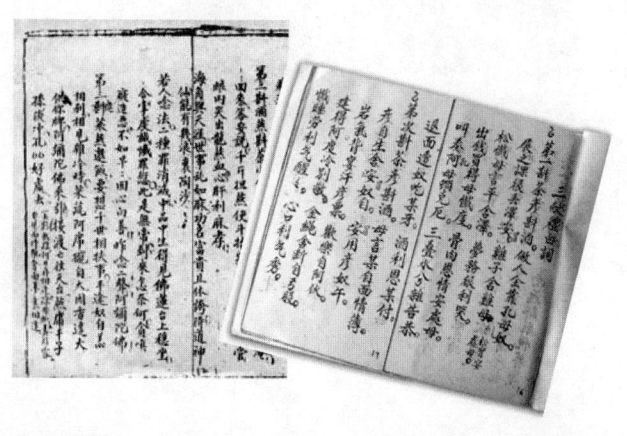

第四辑　宗教经文

　　白族宗教信仰除释、道、儒外，还信仰本民族特殊的本主。在寺观庙宇和民家的法事中所念的经文大多是汉文经，而悼亡经文中有一些白文经称[pɛ⁴²ɣ̃⁴²tsɿ³³ tɕɛ̃⁵⁵]。

　　白族以白文传经的方式由来已久，如元至大三年（1310）立于昆明的《雄辩法师塔铭》上说："□僰人说法□□□□严经，维摩诘经□□□□以僰人之言，于是，其书盛传，解者益众。"现在看到的白文经书和讽诵场景，当是古代"僰人之言"为书的一种遗留。

　　本书选编了阿吒利佛经《叹亡灵词》、《十王白词》、《三献礼白词》、《行三献礼·奏乐唱词》、《超宗度祖文》和道教《祭脚力》等6篇。这些经文的语言、内容、形式及讽诵音乐别具一格，是白族地区佛教密宗和道教的一大特色。从文学角度看，这些经文用白语追悼亡灵、抒发悼念之情，用语洗练，感情深沉。格律严谨，音韵和谐。加之在特殊气氛中以特殊的方式诵唱，悲切哀婉，如泣如诉，催人泪下。

叹亡白词

段　伶　杨建芳

　　关于白文经《叹亡白词》，释读者收集有 3 种手抄本：一是张文渤老师惠赠的剑川金华镇掌坛杨云轩先生藏本的复印件（简称金华本），二是云南省社会科学院宗教研究所侯冲先生惠赠剑川甸南赵沛霖先生藏本的复印件（简称甸南本），三是剑川县羊岑乡掌坛赵茂泉先生惠赠抄本（简称羊岑本）。三种版本所载之处及名称不尽相同，金华本载于《灵堂白词》之中，称《叹亡白词》；甸南本载于《佛门赈济杂用》之中，称《叹白词》；羊岑本是孤本，称《白语经》。3 种版本名称不同，但内容和词语大同小异。

　　释读照录金华本原文。该篇为代言之词，即代孝子和死者言，均以第一人称讽诵。原文将死者"爹"或"妈"以小字作注，今以△作为代号。为死者作法事时，根据死者与孝子的关系，填入"波"或"母"，即[po^{55}]（爹）、[mo^{33}]（母）。为了让代言的内容层次清晰，今在段前添加"孝子"、"死者"、"代言者"及段落编号。段落和编号依音韵结构而设。该文全篇押一种律韵和律调。律韵、律调相同的段落为叠段联章结构的大段（包括独立的段落），尚有不同律韵、律调四句独立成段者，因为不是民歌之词，可以独立成段。

孝子　1　哭孔△子诉苦情，[1]　　　　　　　哭阿△诉说儿苦情，
　　　　　　kho^{44} kho^{31}△ tsʅ^{55} sua^{44} khu^{31}tɕuĩ^{21}
　　　　　　哭　亲　△　则　说　　苦情
　　　2　前夜孔△来入梦。　　　　　　　　昨夜阿△来到儿的梦境。
　　　　　　tuɯ^{21}ɕɛ^{44} ko^{31}△ ɣɯ^{35} jĩ^{44} muɯ^{31}
　　　　　　前夜　　亲△来　进　梦
　　　3　左手握自右手脑，[2]　　　　　　左手握在右手上，
　　　　　　pi^{55}sɯ^{33} u^{21} tsʅ^{55} tsɛ^{42}sɯ^{33} no^{33}
　　　　　　左手　　握　在　右手　　上
　　　4　哭了使自则。[3]　　　　　　　　　哭呀哭不停。
　　　　　　ko^{44} la^{42} sɛ^{31}tsʅ^{33}tsɯ^{42}
　　　　　　哭　了　　很多

---

[1] 孔[kho^{31}]：一般与母连用，意思是血亲的生母。该文也与男性词尾"波"[po^{55}]（爹）连用，意思是血亲的生父。原文符号△表示母和爹。子[tsʅ^{55}]：有的地方写作"自"，连词，表示转折的"那么、则、则要"之意，或作动作先后关系的连接；有用作时态助词，在动词之后，表示动作的态势。这个词出现频率很高，本文一般只译写作"则"。
[2] 脑[no^{33}]：方位词，意思是物体之上，也作前置宾语助词。
[3] 使用则[sɛ^{31}tsʅ^{33}tsɯ^{42}]：这个词的意思是很多很多。

5	叫天务是天足高，[1]	叫天呀天高，
	ʔɯ⁵⁵ xẽ⁵⁵ ṽ⁵⁵ tsɿ³³ xẽ⁴⁴ko⁴⁴ kã⁵⁵	
	叫　他　那里则　天脚　高	
6	挖地坪子地坪硬，	挖地呀地硬。
	ua⁴² tɕi³¹pẽ²¹ tsɿ³³ tɕi³¹pẽ²¹ tsɯ⁴²	
	挖　地　　则　地　硬	
7	诵居傍来挖改界，[2]	又抓脸来又抓脚，
	so⁵⁵ tɕye³³pa⁴² la³⁵ ua⁴² kɛ²¹kɛ⁵⁵	
	抓　脸颊　又　挖　胫骨	
8	眼中血利额。	双眼血泪流。
	uẽ³³ xɯ³¹ sua⁴⁴ li⁵⁵ kɯ²¹	
	眼　里　血　也　流	
9	想起孔△孟做人，	想起阿△一辈子做人，
	mi³³ khɯ³³ kho³¹△ mɯ⁵⁵ tsu⁵⁵jĩ²¹	
	想　起　亲　△　他　做人	
10	使安常时额面洗。	让儿血泪流不停。
	sẽ⁵⁵ ŋa⁵⁵ tsõ²¹tsẽ³¹ kɯ²¹ mi⁴²ɕi⁴²	
	让　咱　时常　流　眼泪	
11	孔△做人苦则昌，	阿△做人苦了一生，
	kho³¹△ tsu⁵⁵jĩ²¹ khu³¹ tshɯ⁵⁵ tshã⁵⁵	
	亲　△　做人　苦　了　一场	
12	休嘎日利免。	舍不得歇歇自己的身子。
	ɕã⁵⁵ ka³⁵jĩ⁴⁴ li⁵⁵ mi⁴²	
	闲　几天　也　不及	
13	做六得来超度燕，[3]	今天做斋事超度您，
	tsu⁵⁵ fu⁴⁴tɯ⁴⁴ ɣɯ³⁵ tsho³³tu⁵⁵ jĩ⁵⁵	
	做　斋事　来　超度　您	
14	设立施食而拜佛。	设立祭坛拜佛经。
	se³⁵li³⁵ sɿ³³sɿ⁵⁵ ɣɛ²¹ pɛ⁴²ve⁴²	
	设立　祭坛　去　拜佛	
15	生日孝养燕鸭度，	您在世时儿还未能尽孝，
	xẽ⁵⁵jĩ⁴⁴ ɕo⁴⁴ja⁴⁴ jĩ⁵⁵ ja³⁵tu⁴⁴	
	在世　敬孝　您　不着	
16	体卌孝心圆。[4]	但愿圆满儿子的孝心。

---

[1] 是[tsɿ³³]：有的写作"自"、"子"，有"是"的意味；因为白语的[ɿ]和[ɯ]有互变现象，土语把[tshɯ³¹]（有、菜等词）也念作[tshɿ³¹]。也作名词的词尾，有表示小、巧、可爱的意味。该词出现频率很高，很多情况下难以翻译。

[2] 抓脸颊又抓胫骨[so⁵⁵ tɕye³³pa⁴² la³⁵ ua⁴² kɛ²¹kɛ⁵⁵]：俗语。白族人伤心至极时常使用的动作。诵[so⁵⁵]：本意是几个手指的挠。挖[ua⁴²]：本意是挖，这里指手使力的抓。

[3] 做六得[tsu⁵⁵fv⁴⁴tɯ⁴⁴]：即做斋事，请阿吒利组织做超度先人、祈求平安作的道场。

[4] 卌[ka⁴⁴]：白字。一是介词，有"把、跟"之意；二是作词头，凡带这个词头的动词，有短暂而重复之意。

thi³¹ ka⁴⁴ ɕo⁴⁴ɕĩ⁵⁵ uẽ²¹
只　把　孝心　圆

17　我册地阎王尚付，　　　　　　　　　儿给阎王老爷来求情，
　　ŋo³¹ ka⁴⁴ tɕi³¹li⁵⁵ṽ³¹ sa⁴⁴fɤ⁴⁴
　　我　把　阎王　　　谢

18　恩孔△上莫代骂。　　　　　　　　　请您不要亏待我的阿△。
　　ŋɯ⁵⁵ kho³¹ △　no³³ mia⁴⁴ te⁴⁴ma⁴⁴
　　我的亲　△　上　莫　亏待

19　做人认真是认真，　　　　　　　　　他(她)做人认真又认真，
　　tsu⁵⁵jĩ²¹ tsɯ̃⁴⁴tsɯ̃⁵⁵ tsɯ³³ tsɯ̃⁴⁴tsɯ̃⁵⁵
　　做人　　认真　　　是　认真

20　小心孟东马。[1]　　　　　　　　　　做事小心又小心。
　　se³¹ɕĩ⁵⁵ mɯ⁵⁵tõ³³ ma³³
　　小心　　上面　　没有

21　介日打开地狱门，　　　　　　　　　今天打开地狱门，
　　ke⁵⁴jĩ⁴⁴ tẽ⁴⁴khe⁵⁵ tɕi³¹ṽ²¹ me²¹
　　今天　　打开　　　地狱　门

22　孔△回来安唵。[2]　　　　　　　　　阿△回来看我们。
　　kho³¹△ ja⁴⁴kɯ⁵⁵ ka⁴⁴ ŋa⁵⁵ ʔã³³
　　亲　△ 回来　　把 我们 看

23　家中杂好哭你后，　　　　　　　　　全家在您后面哭呀哭，
　　xa³¹tṽ⁵⁵ tsa⁵⁵xo³¹ kho⁴⁴ nɯ⁵⁵ ɣɯ³³
　　家　　　全家　　哭　你的　后

24　想好则您多。[3]　　　　　　　　　　想您想得死去活来。
　　mi³³ xa⁴⁴ tshɯ⁵⁵ jĩ⁵⁵ tua⁴⁴
　　想念 极　掉　　您　上

25　孔△自皆而得早，　　　　　　　　　阿△怎么早归山呀？
　　kho³¹△ tsʅ⁵⁵kɛ²¹ ɣɛ²¹ tɯ²¹ tso⁴²
　　亲　△ 怎么　　　去　前　说

26　温利恩冷坐自家。　　　　　　　　　我们一时只是一家子。
　　uẽ⁵⁵li⁵⁵ ʔɯ⁵⁵nɯ⁵⁵ kɤ⁴² tsʅ⁵⁵ xo³¹
　　（恍惚之间）　住 成 一家

27　用安杂家脑丢去，　　　　　　　　　如今您把全家丢后面，

---

[1] 马[ma³³]: 该词是中部方言沙溪方音，即没有之意。以这个音押韵字，说明该抄本是沙溪文人的抄本。
[2] 唵[ʔã³³]: 白字。即看。白语"看"有两个词，这个词用于近看、细看，也作寻找。另一个是[xã⁵⁵]，是远看，相当于"望"，也有"照看、照管"之意，如[xã⁵⁵tsʅ⁴⁴ṽ³³]（领娃娃）、[xã⁵⁵ŋɯ²¹]（放牛）。
[3] 好[xa⁴⁴]: 时态助词，至极之意，如[ɕa⁴⁴xa⁴⁴]（杀死）、[ɕa³¹ jɯ⁴⁴xa⁴⁴ tshɯ⁵⁵]（想吃死了。即，想吃极了。）则[tshɯ⁵⁵]: 动词的时态助词，意思是完成了，一般译为"掉"。多[tua⁴⁴]: 方位助词，意思是整体之上，它常出现在宾语之后，也可作宾语助词。

	jõ⁴² ŋa⁵⁵ tsa³⁵ho³¹ no³³ piɛ⁵⁵ tshɯ⁵⁵	
	把 我们 全家 　 上 丢 掉	
28	能甲子阿斗？	有谁做您的伴了？
	nɯ⁵⁵ tɕa⁴² tsʅ³³ ʔa³¹to³¹	
	你的 伴 是 谁	
29	孔△孤心了孤单，	阿△孤心又孤单，
	kho³¹ △ ku⁵⁵ɕĩ⁵⁵ la³⁵ ku⁵⁵tã⁵⁵	
	亲 △ 孤 心 又 孤单	
30	小人大人哭自家。	全家老小哭一屋。
	se³¹jĩ²¹ to⁴²jĩ²¹ kho⁴⁴ tsʅ⁵⁵ xo³¹	
	小人 大人 哭 成 一家	
31	少杂哭死则燕后，	哭死哭活您后边，
	ɕu³³tsa³⁵ kho⁴⁴xa⁴⁴ tshɯ⁵⁵ jĩ⁵⁵ ɣɯ³³	
	差不多 哭死 　 在 您 后	
32	燕脑莫见处。	还是不见您。
	ni⁵⁵ no³³ mo³³ kẽ⁴² tshv̩³¹	
	您 上 没 见处	
33	思安杂西哭相通，	我们哭了一通宵，
	zʅ³¹ ŋa⁵⁵ tsa³⁵jo³¹ kho⁴⁴ sã⁵⁵thv̩⁵⁵	
	让 我们 整夜 哭 相通	
34	亲△魂魄讨到家。[1]	把阿△的魂魄找回来。
	kho³¹ △ uẽ²¹phɛ³¹ ka⁴⁴ phia⁴⁴ tv̩⁵⁵	
	亲 △ 魂魄 找 到 家	
35	体杂空手皿燕恭，	只有空手来祭奠，
	thi³¹tsa³⁵ khv̩⁵⁵sɯ³³ ka⁴⁴ jĩ⁵⁵ kõ³³	
	只是 空手 把 您 供	
36	空手敬燕钟。	空手祭一杯。
	khv̩⁵⁵sɯ³³ tɕũ⁴⁴ jĩ⁵⁵ tsv̩⁵⁵	
	空手 敬 您 杯	
37	随安面套吃母碗，	您就随我们心意吃一碗，
	sue⁵⁵ ŋa⁵⁵ mi⁴²tho⁴⁴ jɯ⁴⁴ mo³¹ ke⁴²	
	随 我们 面上 吃 它 碗	
38	随安面套饮母钟。	您就随我们心意喝一杯。
	sue⁵⁵ ŋa⁵⁵ mi⁴²tho⁴⁴ ʔũ³³ mo³¹ tsv̩⁵⁵	
	随 我们 面上 喝 它 杯	
39	孔△此次莫见处，	以后没处再见阿△面，

---

[1] 讨[ka⁴⁴]: 意思是失去之后的讨要。家[tv̩⁵⁵]: 即[xa³¹tv̩⁵⁵]（家里）的简化式。

kho³¹△ nɯ³¹pu⁵⁵ mo³³ kẽ⁴² tshɤ³¹
亲 △ 这次 没 见 处

40　记杂燕面目。　　　　　　　　只能记得您音容。
tɕi⁴⁴ tsa³⁵ jĩ⁵⁵ mi⁴² phio⁵⁵
记 只是 您 面目

41　孔△去见阎王，[1]　　　　　　阿△这次见阎王，
kho³¹△ ɣɛ²¹ kẽ⁴² tɕi³¹li⁵⁵ṽ²¹
亲 △ 去 见 阎王

42　地阎王孟说仲赏？[2]　　　　阎王他说了什么事情？
tɕi³¹li⁵⁵ṽ²¹ mɯ⁵⁵ sua⁴⁴ tso⁴² sã³¹
阎王 他的 说 着 什么

43　用安杂家丢燕后，　　　　　您把我们丢在您后面，
jõ⁴² ŋa⁵⁵ tsa³⁵ xo³¹ piɛ⁵⁵ jĩ⁵⁵ ɣɯ³³
把我们 全家 丢 您 后

44　燕忍心子担！　　　　　　　您怎能忍得下心！
jĩ⁵⁵ zũ³¹ɕĩ⁵⁵ tsɿ³¹ta⁴²
您 忍心 可否

45　千斤担燕使安当，　　　　　您把千斤担子给我们扛，
tɕhĩ³³tɕɯ³³ tã⁵⁵ ni⁵⁵ sɛ̃⁵⁵ ŋa⁵⁵ tã⁵⁵
千斤 担 您 让 我们 挑

46　家常事务阿斗管？　　　　　一副家常要给谁来管？
tɕa⁵⁵tsha⁵⁵ sɛ³¹vɤ³³ ʔa³¹to³¹ kua⁴²
家常 事情 谁 管

47　子子孙孙刺斗务？　　　　　子子孙孙留给谁？
tsɿ³³tsɿ³³ suã⁵⁵suã⁵⁵ tshɿ⁵⁵ to³¹ṽ⁵⁵
子子 孙孙 留下 谁那里

48　使阿斗握暗？[3]　　　　　　让谁来照应？
sɛ̃³³ ʔa³¹to³¹ u²¹ɣa⁴²
让 谁 聚集

49　念经拜佛超渡燕，　　　　　今天念经拜佛超度您，
jo³¹tɕɛ̃⁵⁵ pɛ⁴²vɛ⁴² tsho³³tu⁵⁵ jĩ⁵⁵
念经 拜佛 超度 您

50　地阎王脑尚付了。　　　　　已经告谢阎王了。
tɕi³¹li⁵⁵ṽ²¹ no³³ sã⁴⁴fɤ⁴⁴ la⁴²
阎王 上 谢 了

---

[1] 阎王[tɕi³¹li⁵⁵ṽ²¹]：训读字，读为白语三个音节的词，才符合格律。
[2] 仲[tso⁴²]：助词，在动词之后，表示推测、据说、或说、这么着等语气。赏[sɛ̃³¹]：是[ʔa⁵⁵sɛ̃³¹]（什么）的简化。
[3] 握暗[u³¹ɣa⁴²]：其构词结构是 [u³¹]（守护）+[ɣa⁴²]（聚集），意思是关照、关怀、护佑。

51　明书白编打彼燕,[1]　　　　　　　　　　白纸黑字寄给您,
　　　mε²¹sɤ⁵⁵ pε⁴²phũ³¹ tẽ⁴⁴ pi⁵⁵ jĩ⁵⁵
　　　明书　　白凭　　　打　给　您

52　使亲△回阳。　　　　　　　　　　　　要让阿△您早回阳。
　　　sẽ³³ kho³¹ △ xue⁴²jã⁴²
　　　让　亲　△　回阳

53　走了走了又转回,　　　　　　　　　　走了走了又回来,
　　　pe⁴⁴la⁴² pe⁴⁴la⁴² la³¹ tsuẽ⁴²tã⁴²
　　　走了　　走了　　又　转回

54　言语重重说了不得。　　　　　　　　　言语实在说不完。
　　　ɕi⁵⁵ɣo⁴² sε⁴⁴sε⁴⁴ sua⁴⁴ la⁴² tua⁴²
　　　话语　　实在　　说　了　不得

55　孔△言语出了自,　　　　　　　　　　阿△要是说句话,
　　　kho³¹ △ ɕi⁵⁵ɣo⁴² tshɤ⁴⁴ la⁴² tsɿ⁵⁵
　　　亲　△　话语　　出　　了　则

56　剌自孙神亡。[2]　　　　　　　　　　就是一句神灵的话。
　　　tshɿ⁵⁵ tsɿ³³suã⁵⁵ zɿ²¹ṽ⁴²
　　　留下　子孙　　神话

57　燕恩大得山利海,　　　　　　　　　　您的恩情大如山和海,
　　　jĩ⁵⁵ ŋũ³³ to⁴² tɯ⁴⁴ sṽ⁴² li⁵⁵ ko²¹
　　　您　恩　大　得　山　和　海

58　孔△怎么去前早?　　　　　　　　　　阿△怎么去得这样早?
　　　kho³¹ △ tsɿ⁵⁵kε²¹ ɣε²¹ tɯ²¹ tsõ⁴²
　　　亲　△　怎么　　去　前　说

59　想起亲△孟做人,　　　　　　　　　　想起阿△您一辈子为人,
　　　mi³³ khɯ³³ kho³¹△ mɯ⁵⁵ tsu⁵⁵jĩ²¹
　　　想起　　亲　△　他　做人

60　思庸破得保。　　　　　　　　　　　难过得不想活了。
　　　sɿ⁵⁵jõ³³ pho³¹ tɯ³¹po³¹
　　　想要　　破　头

61　十八乡村利寻尽,　　　　　　　　　　十八个乡里也找尽,
　　　tsε⁴²pia⁴⁴ ɕõ⁵⁵jɯ⁴⁴ li⁵⁵ ji²¹ tɕhẽ⁵⁵
　　　十八　　　乡邑　　也　寻　尽

62　十八地狱俱寻过,　　　　　　　　　　十八层地狱也找了,

---

[1] 打[tẽ⁴⁴]: 汉语借词,打发之意。彼[pi⁵⁵]: 助词,在动词之后,表示动作的方向。
[2] 神亡[zɿ²¹ṽ⁴²]: 即神灵的话语。白族人把先人故世时说的话视为神灵的话语,对它十分尊重。

叹亡白词　　　613

　　　　tsɯ⁴²pia⁴⁴ ti⁵⁴ju³⁵ tɕhɛ⁵⁵ ji²¹ ko⁴²
　　　　十八　　地狱　尽　寻　过

63　孔△魂魄朒到家，　　　　　　　　把您的魂魄找回家，
　　kho³¹△ uɛ̃²¹phɛ³¹ ka⁴⁴ phia⁴⁴ tỹ⁵⁵
　　亲　△　魂魄　　找　到　家

64　梦中内说话。　　　　　　　　　　梦里给您说说话。
　　mɯ³¹ṽ⁴² kɯ³¹ sua⁴⁴tõ²¹
　　梦　　　里　说话

65　孔△梦无里安我，　　　　　　　　阿△来到梦境里看我们，
　　kho³¹△ mɯ³¹ṽ⁴² xɯ³¹ ʔã³³ ŋo³¹
　　亲　△　梦幻　里　看　我

66　阿时自哭阿时笑。　　　　　　　　我们一时笑来一时哭。
　　ʔa³¹tsɛ²¹ tsʅ⁵⁵ ko⁴⁴ ʔa³¹tsɛ²¹ so³¹
　　一时　　则　哭　一时　笑

67　体杂梦皆内相遇，　　　　　　　　这只是梦幻中相见，
　　thi³¹tɕa³⁵ mɯ³¹kɛ̃³³ xɯ³¹ sã⁵⁵to⁵⁵
　　只是　　梦幻　里　相遇

68　肉在骨下肖。　　　　　　　　　　让儿的肉烂在骨头下。
　　kɛ²¹ tsʅ⁵⁵ kua⁴⁴ ɣɛ³³ ɕo⁴²
　　肉　在　骨　下　烂

69　右手思死孟面洗，　　　　　　　　右手擦去阿△泪，
　　pi⁵⁵sɯ³³ sɯ⁴⁴ sʅ⁵⁵ mɯ⁵⁵ mi⁴²ɕi⁴²
　　右手　　揩　掉　她　眼泪

70　左手丝庸慨倒母。　　　　　　　　左手要把阿△拉回来。
　　tsɛ⁴²sɯ³³ sʅ⁵⁵ jõ³³ khe⁵⁵ tã⁴² mo³¹
　　左手　　要想　牵　回　她

71　去了人自眼前见，　　　　　　　　眼前看见人已去，
　　ɣɛ²¹ la⁴² jĩ²¹ tsʅ⁵⁵ uẽ³³ṽ⁵⁵ kẽ⁴²
　　去了　人　则　眼前　　见

72　体杂空用午。　　　　　　　　　　只得空温馨一场。
　　thi³¹tsa³⁵ khỹ⁵⁵ jõ⁴⁴ɣo²¹
　　只是　　空　温馨

死者　73　望乡台脑倒后看，　　　　　　我从望乡台上回头看，
　　　　uã⁵⁵ɕã³³the⁴² no³³ tã⁴²ɣɯ³³ xã⁵⁵
　　　　上　回后　看　回后　望

74　丢则后脑我家常。　　　　　　　　看见我丢在后面的家当。
　　piɛ⁵⁵ tshɯ⁵⁵ ɣɯ³³ no³³ ŋɯ⁵⁵ tɕa⁵⁵tshã⁵⁵
　　丢　掉　后　的　我的　家常

75　家中杂好丢恩后，　　　　　　　　把全家骨肉都丢下，

xa³¹tỹ⁵⁵ tsa³⁵xo³¹ piɛ⁵⁵ ŋɯ⁵⁵ ɣɯ³³
家里　全家　　丢　我的　后

76　伤心了伤肝。　　　　　　　　　　伤心又伤肝。
　　sã⁵⁵ɕũ⁵⁵ la³⁵ sã⁵⁵kã⁵⁵
　　伤心　　又　伤肝

77　隔子隔女隔家乡，　　　　　　　　隔儿隔女隔家乡，
　　kɛ⁴⁴tsɿ³³ kɛ⁴⁴jỹ³³ kɛ⁴⁴ tɕa⁵⁵ɕã⁵⁵
　　隔子　　隔女　　隔　家乡

78　争名夺利苦则昌。　　　　　　　　争名夺利苦一场。
　　tsũ³³miɯ⁴² tu³⁵li⁵⁵ ku³¹ tshɯ⁵⁵ tshã⁵⁵
　　争名　　　夺利　　苦　掉　　一场

79　金山银山摆孟大，　　　　　　　　金山银山摆那里，
　　tɕĩ⁵⁵sɣ⁴² jĩ²¹sɣ⁴² pe³¹ mɯ⁵⁵ta⁴⁴
　　金山　　银山　　摆　那里

80　体杂空皿望。　　　　　　　　　　只是空看看。
　　thi³¹tsa³⁵ khỹ⁵⁵ ka⁴⁴xã⁵⁵
　　只是　　　空　　望望

81　来利空手两把来，　　　　　　　　来时两手空空来，
　　ɣɯ³⁵ li⁵⁵ khỹ⁵⁵ sɯ³³ ko³³ pho⁴⁴ ɣɯ³⁵
　　来　也　空　　手　两　只　来

82　亚利空手两把亚。　　　　　　　　去时也是空手去。
　　ja⁴⁴ li⁵⁵ khỹ⁵⁵ sɯ³³ ko³³ pha⁴⁴ ja⁴⁴
　　回　也　空　　手　两　只　回

83　空来空亚世界内，　　　　　　　　空来空去人世间，
　　khỹ⁵⁵ ɣɯ³⁵ khỹ⁵⁵ ja⁴⁴ se⁴²kɛ⁴² ɣɯ³¹
　　空　　来　空　　回　人世间　　里

84　肖燕肉下骨。　　　　　　　　　　让人气的骨头烂皮下。
　　ɕo⁴² jĩ⁵⁵ kɛ²¹ ɣe³³ kua⁴⁴
　　烂　您　肉　下　骨

85　思安鸡子试鸡母，　　　　　　　　如今鸡仔失去了母鸡，
　　sɛ³³ ŋa⁵⁵ kɛ⁵⁵tsɿ³³ sɛ⁴⁴ kɛ⁵⁵mo³³
　　让　我们　鸡仔　　失　母鸡

86　盖选三星逝日月。　　　　　　　　三星失去日月光。
　　kɛ⁴²ɕye⁴² sã⁵⁵ɕɛ̃⁵⁵ tshɿ⁵⁵ jĩ⁴⁴uã⁴⁴
　　好象　　　三星　　失　日月

87　心不亏的叙苦情，　　　　　　　　心中后悔叙这苦情，
　　ɕĩ⁵⁵ ʔa³¹khỹ⁵⁵ no³³ ɕy⁴⁴ khu³¹tɕɛ̃²¹
　　心　不甘　　　的　叙　苦情

88　庸去阿难说！　　　　　　　　　　要到哪里诉说！

jõ³³ ɣɯ²¹ ʔa⁵⁵na⁴⁴ sua⁴⁴
要　去　哪里　说

孝子	89	空△金身去则哪里？[1]	阿△金身到哪里？
		kho³¹△ tɕi⁵⁵tʂŋ̍⁵⁵ ɣɛ²¹ tsɯ³⁵ na⁴⁴	
		亲　△　金身　去　到　哪里	
	90	饱吃饱喝就地王。	饱吃饱喝见阎王。
		pu³³jɯ⁴⁴ pu³³ʔũ³³ tɕɯ³¹ tɕi³¹ṽ²¹	
		饱吃　饱喝　就　阎王	
	91	祷祝孔△做安争，	但愿还来做我们的主，
		to³¹tsu³⁵ kho³¹△ tsu⁵⁵ ŋa⁵⁵ tsɯ³³	
		祷祝　亲　△　做　我们　主	
	92	驾燕香仲卦。[2]	延续阿△长远的香火。
		tɕa⁴⁴ jĩ⁵⁵ ɕõ⁵⁵tso³¹kua⁴⁴	
		接　您　香火棍	
	93	使安子孙阿代扶阿代，	让我们一代如一代，
		sɛ³³ ŋa⁵⁵ tsʅ³³suã⁵⁵ ʔa³¹te⁴⁴ fv̩⁴² ʔa³¹te⁴⁴	
		让　我们　子孙　一代　顺　一代	
	94	祭燕阿架扶一架。	像渡槽一节接一节。
		tsɯ²¹jũ⁵⁵ ʔa³¹ tɕa⁴⁴ fv̩⁴² ʔa³¹ tɕa⁴⁴	
		渡槽　一　架　顺　一架	
	95	思安子孙阿代扶阿代，	子孙一代跟一代，
		sɛ³³ ŋa⁵⁵ tsʅ³³suã⁵⁵ ʔa³¹ te⁴⁴ fv̩⁴² ʔa³¹ te⁴⁴	
		让　我们　子孙　一代　顺　一代	
	96	燕庸想安多。	您要把我们牵挂。
		jĩ⁵⁵ jõ³³ mi³³ ŋa⁵⁵ tua⁴⁴	
		您　要　想念　我们　上	
代言	97	魂魄若到若不到，	魂灵即将送到这时候，
		uɛ̃²¹phɛ³¹ sõ³³phia⁴⁴ sõ³³ ja³⁵ phia⁴⁴	
		魂魄　送到　送　不　到	
	98	初若青灯火付哈。	青灯就把火扇灭。
		tshu³³ sõ³³ tɕhẽ⁵⁵tũ⁵⁵xue³³ fv̩³³ xa⁴⁴	
		就　让　青灯火　扇　死	
	99	要想千生相扶事，	要想千世相服侍，
		jõ³³ mi³³ tɕhĩ⁵⁵ xɛ̃⁵⁵ sã⁵⁵ vv̩²¹zɛ²¹	
		要　想　千　世　相　服侍	
	100	水底捞月亮。	水下捞月亮。

---

[1] 则[tsɯ²¹]: 助词，在动词之后，表示动作的离心方向。
[2] 香仲卦[ɕõ⁵⁵tso³¹kua⁴⁴]: 即香火棍，是延续家族血缘的比喻词。

ɕye³³ ɣɛ³³ vɣ²¹ mi⁵⁵uã⁴⁴
水　下　捞　月亮

101　天燕子利雷雷飞，[1]　　　　　　　　　空中燕子远远飞，
　　　xẽ⁵⁵ɣɛ³³tsʅ³³ li⁵⁵ lue²¹lue²¹ fɣ⁵⁵
　　　燕子　　也　（翱翔）　飞

102　春大了自母大亚。　　　　　　　　　　立春过后还回来。
　　　tshɣ̃⁵⁵ tẽ⁴² la⁴² tsʅ⁵⁵ mo³¹ ta⁴²ja⁴⁴
　　　立春过后　则　它　转回

103　老人少人归万寿，[2]　　　　　　　　　人一去世回不来，
　　　ku³³jĩ²¹ se³¹jĩ²¹ kue⁵⁵ ɣ̃⁴⁴zo²¹
　　　老人　　小人　归　棺材

104　肉利骨脑塔。　　　　　　　　　　　　只是肉皮盖骨头。
　　　kɛ²¹ li⁵⁵ kua⁴⁴ no³³ tha⁴⁴
　　　肉　也　骨　上　盖

105　想起孔△做人多，　　　　　　　　　　想起阿△您做人，
　　　mi³³ khɯ³³ kho³¹△ tsu⁵⁵jĩ²¹ tua⁴⁴
　　　想　起　亲　△　做人　上

106　想靠燕脑阿百岁。　　　　　　　　　　原想靠您一百年。
　　　ɕã³¹ kho³³ jĩ⁵⁵ no³³ ʔa³¹pɛ⁴⁴ sua⁴⁴
　　　想　靠　您　上　一　百　岁

107　万寿不开扬多眼，　　　　　　　　　　现在只有我孤单，
　　　ɣ̃⁴⁴so²¹ ja³⁵ khe⁵⁵ jã⁵⁵ tu⁵⁵ jĩ²¹
　　　棺材　不　开　咱们　独　人

108　冊扬脑分散。　　　　　　　　　　　　棺材隔着两个人。
　　　ka⁴⁴ jã⁵⁵ no³³ fɣ̃⁵⁵sã⁴⁴
　　　把　咱们　上　分散

109　燕恩大得山利海，　　　　　　　　　　您的恩大如山海，
　　　jĩ⁵⁵ ŋɯ̃³³ to⁴² tɯ⁴⁴ sɣ̃⁴² li⁵⁵ ko²¹
　　　您　恩　大　得　山　和　海

110　燕情耕松日利月。　　　　　　　　　　您的情大如日月。
　　　jĩ⁵⁵ tɕẽ²¹ kɯ³³ tso⁴² jĩ⁴⁴ li⁵⁵ uã⁴⁴
　　　您　情　厚　如　日　和　月

111　孔△自盖阿时绝？　　　　　　　　　　怎能一时不见阿△面？
　　　kho³¹△ tsʅ⁵⁵kɛ²¹ ʔa³¹tsẽ²¹ tsue⁴⁴
　　　亲　△　怎么　一时　绝

112　天高莫处说。　　　　　　　　　　　　天高没处说。

---

[1] 雷雷[lue²¹lue²¹]：即翱翔。单个的[lue²¹]，即在天空中盘旋，重叠后有不停地盘旋之意。
[2] 万寿[ɣ̃⁴⁴zo²¹]：即棺材，古语，带有文气或避讳时用。棺材的常用词有两个，一是为[xo³¹sɯ³³]，[xo³¹]即家或房子，后加不同于房子、家的量词；二是使用汉语称为[kuɛ⁵⁵tshe⁵⁵]（棺材）。

xe⁵⁵kã⁵⁵ mo³³ tshɣ³¹ sua⁴⁴
天高　　没　处　说

113　乌鸦生子返反哺义，　　　　　　乌鸦叼肉给它妈，
　　　u³³ja³³ xã⁵⁵tsʅ³³ fẽ³¹pu³¹ji⁵⁵
　　　乌鸦　养儿　反哺义

114　羊子吃奶跪孟母。　　　　　　　羊羔吃奶跪母前。
　　　jo²¹tsʅ³³ ʔũ³³pa⁴² kɣ³¹ mɯ⁵⁵mo³³
　　　羊儿　吃奶　跪　它的母

115　禽兽得利知报恩，　　　　　　　禽兽也知把恩报，
　　　tɕhũ⁴²so⁵⁵ tɯ²¹li⁵⁵ sẽ³³ po⁵⁵ŋɯ³³
　　　禽兽　只也　知　报恩

116　人不如鸟乎！　　　　　　　　　难道人不如禽兽！
　　　zũ⁴² pu³⁵zu⁴² nio³¹ xu³³
　　　人　不如　鸟　乎

117　孔△自解初归山？　　　　　　　阿△怎能就归山？
　　　kho³¹△ tsʅ⁵⁵kɛ²¹ tshu³³ kue⁵⁵sɣ̃⁴²
　　　亲　△　怎么　就　归山

118　万寿隔扬皮利肤，　　　　　　　棺材隔着亲骨肉，
　　　ɣ̃⁴⁴so²¹ kɛ⁵⁵ jã⁵⁵ pe²¹li⁵⁵ vɣ⁴⁴
　　　棺材　隔　咱们　皮和肚

119　手等甲利皮相试，　　　　　　　手指甲离手指肉，
　　　sɯ³³tɯ²¹kɛ⁵⁵ li⁵⁵ pe²¹ sã⁵⁵sɛ⁴⁴
　　　手指甲　和皮　相隔开

120　汝燕心脑母！　　　　　　　　　难道心不疼！
　　　sɣ³¹ jĩ⁵⁵ ɕĩ⁵⁵ no³³ mo³³
　　　痛　您　心　上　吗

121　目连寻母持明珠，[1]　　　　　　目连持珠去寻母，
　　　mu³⁵niĩ⁴² ɕɣ̃⁴² mu³¹ tsʅ⁴²mi⁴²tsu³³
　　　目连　寻母　持　明珠

122　破地狱门救孟母。　　　　　　　破开地狱救出来。
　　　pho³¹ ti⁵⁴ju³⁵ me²¹ kɯ⁴² mɯ⁵⁵mo³³
　　　破　地狱　门　可　他母

123　死了人自眼务见，　　　　　　　故世的人眼前见，
　　　ɕi³³ la⁴² jĩ²¹ tsʅ⁵⁵ uẽ³³ɣ̃⁵⁵ kẽ⁴²
　　　死了　人　则　眼前　见

124　转来脑鸭莫。　　　　　　　　　不见起死回生。
　　　tsuẽ⁴²tã⁴² no³³ ja³⁵mo³³
　　　转回　的　没有

---

[1] 这里引用"目连救母"的典故。

125　孔△死了鸣号哭，　　　　　　　　　　　叫天喊地哭阿△，
　　kho³¹△ ɕi⁴⁴ la⁴² mɛ²¹xɛ̃⁵⁵ko⁴⁴
　　亲　△　死了（伤心哭状）

126　告别空鸣树上脑。　　　　　　　　　　布谷空鸣对天空。
　　ko⁴⁴pi⁵⁵ khỹ⁵⁵mɛ²¹ tsɯ³¹ tɯ²¹ no³³
　　布谷　空鸣　　树　头　上

127　祷祝孔△去变佛，　　　　　　　　　　虔诚祷祝阿△归山变成佛，
　　to³¹tsu⁵⁵ kho³¹△ ɣɛ²¹ pĩ⁴² ve⁴²
　　祷祝　　亲　△ 去　变　佛

128　去自西方脑。　　　　　　　　　　　　到那西方极乐世界。
　　ɣɛ⁴² tsɿ²¹ sɛ̃⁵⁵fɣ³³ no³³
　　去　向　西方　　上

129　此次孔△见十王，　　　　　　　　　　这次阿△见十王，
　　nɯ³¹pɯ⁵⁵ kho³¹△ kẽ⁴² sɿ⁵⁵uã⁴²
　　这次　　亲　△ 见　十王

130　哭死则利哭不转。　　　　　　　　　　哭死哭活哭不回。
　　kho⁴⁴ xa⁴⁴ tshɯ⁵⁵ li⁵⁵ kho⁴⁴ tã⁴²tua⁴²
　　哭　死　掉　　也　哭　回不得

131　择取日子送出您，　　　　　　　　　　选个吉日送您去，
　　xã⁵⁵sɣ⁵⁵ jĩ⁴⁴ɕɛ⁴⁴ sõ³³ tɕhi⁴⁴ jĩ⁵⁵
　　择取　　日子　　送　出　　您

132　好高馈脑坐。　　　　　　　　　　　　安葬在最高的那座山上。
　　xa³¹ kã⁵⁵ khue⁵⁵ no³³ kɣ⁴²
　　凡　　高　　座　　上　在

133　童子阿对扶事燕，　　　　　　　　　　一对童子服侍您，
　　thõ⁴²tsɿ³¹ ʔa³¹ tue⁴² vɣ²¹sɿ³¹ jĩ⁵⁵
　　童子　　　一对　　服侍　　您

134　五色钱整温燕圹。[1]　　　　　　　　五色的钱树先暖您的圹。
　　u³¹se³⁵ tsɛ̃²¹tsɯ³¹ ʔuẽ⁵⁵ jĩ⁵⁵ khuã³¹
　　五色　钱树　　　　温　　您　　圹

135　藏风聚气席母席，　　　　　　　　　　藏风聚气的这席风水地，
　　tshã⁴²fõ³³ tɕye⁵⁴tɕhi⁵⁴ ɕi⁵⁵ mo³¹ ɕi⁵⁵
　　藏风　　　聚气　　　　席　那　席

136　孟脑发帝王。　　　　　　　　　　　　发旺出帝王。
　　mɯ⁵⁵ no³³ fa³⁵ ti⁵⁴uã⁴²
　　他　　上　发　帝王

137　青龙白虎排左右，　　　　　　　　　　青龙白虎排左右，

---

[1] 葬俗。在安放棺材之前，在坟墓的圹里先烧五色的钱树。

tɕhẽ⁵⁵nɤ²¹ pɛ⁴²xu³³ pe⁴² tsu³¹jo⁵⁴
青龙　　白虎　　排　左右

138　对面青山尽来朝。[1]　　　　　　　　对面青山都来朝。
tue⁵⁴mi⁴² tɕhũ³³sẽ³³ tɕũ⁵⁵ lɛ⁴² tsha⁴²
对面　　青山　　尽　来　朝

139　地脉龙神来保护，　　　　　　　　　地脉龙神来保驾，
ti⁵⁴muɯ³⁵ no⁴²sũ⁴² lɛ⁴² po³¹xu⁵⁴
地脉　　龙神　　来　保护

140　长远发其祥。　　　　　　　　　　　长久发吉祥。
tsõ²¹tsẽ²¹ fa³⁵ tɕi³⁵tɕhã⁴²
长久　　发　吉祥

141　香仲卦用本安务，　　　　　　　　　您把香火棍寄回来，
ɕõ⁵⁵tso²¹kua⁴⁴ jõ³³ puɯ³¹ ŋa⁵⁵ ɣ̃⁵⁵
香火棍　　　要　寄　咱们上

142　义方教子名俱扬。[2]　　　　　　　　义方教子名俱扬。
ji⁵⁴fã³³ tɕo⁵⁴tsɿ³¹ miɯ⁴² tɕye³³ jã⁴²
义方　　教子　　名　俱　扬

143　子孙发达充安后，[3]　　　　　　　　有您支撑我们子孙发达，
tsɿ³³suã⁵⁵ fa³⁵ta³⁵ tshõ³³ ŋa⁵⁵ ɣuɯ³³
子孙　　发达　　愿　我们　后

144　享富贵荣华。　　　　　　　　　　　共享富贵荣华。
ɕã³¹ fɤ⁵⁴kue⁵⁴ jõ⁴²xua⁴²
享　富贵　　荣华

逝水东流去，南柯一梦中。悲惨风飒飒，何处是家乡？众鸟同林宿，天明各自飞。东西南北去，苦乐不相随。

---

[1] 朝[tsha⁴²]，汉语借词，沙溪土语音近[ɑ]韵，入白语韵部的"阿"韵。
[2] 义方教子：汉语典故，"义方"二字是借音。
[3] 充[tshõ³³]：意为心理上的支持。

十王白词

段 伶　杨福寿

《十王白词》,是云南省社会科学院宗教研究所侯冲先生惠赠的复印件,其原文载于《佛门赈济杂用》中,为剑川甸南赵沛霖先生藏本。该词主要是佛教密宗为村民举行葬礼中使用。释读照录原文。

1　　孔△去前见一殿,[1]　　　　　　　　　　　　　　阿△前去见一殿,
　　　kho³¹△ ɣɯ²¹ tsɛ̃²¹ kẽ⁴² ji⁴² tiɛ̃⁵⁴
　　　亲　△　去　朝　见　一　殿

2　　阿时去到阴阳界。　　　　　　　　　　　　　　一时来到阴阳界。
　　　ʔa³¹ tsɛ̃²¹ ɣɛ²¹ phia⁴⁴ jĩ³³jã⁴² ke⁵⁴
　　　一　时　去　到　阴　阳　界

3　　面怙汤自庸母饮,　　　　　　　　　　　　　　不要喝那迷糊汤,
　　　mi⁴²hu⁴² thã³³ tsɿ⁵⁵ jõ³³mo³¹ ʔɯ̃³³
　　　迷糊汤　　则　不要　喝

4　　免得燕受害。　　　　　　　　　　　　　　　　免得您受罪。
　　　mĩ³¹ tɯ³⁵ jĩ⁵⁵ so⁵⁴xe⁵⁴
　　　免　得　您　受害

5　　一殿见了见二殿,　　　　　　　　　　　　　　见了一殿见二殿,
　　　ji³⁵tiɛ̃⁵⁴ kẽ⁴² la⁴² kẽ⁴² ʔɛ⁵⁴tiɛ̃⁵⁴
　　　一殿　见　了　见　二殿

6　　阿人子恶阿人善。　　　　　　　　　　　　　　一人恶又一人善。
　　　ʔa³¹jĩ²¹ tsɿ³³ yo³⁵ ʔa³¹jĩ²¹ sɛ̃⁵⁴
　　　一　人　是　恶　一　人　善

7　　大王坐堂问了问,　　　　　　　　　　　　　　大王坐堂发了话,
　　　ta⁵⁴uã⁴² tsu⁵⁴tã⁴² piɛ⁴⁴ la³⁵ piɛ⁴⁴
　　　大王　坐堂　问　又　问,

8　　心惊了胆战。　　　　　　　　　　　　　　　　心惊又胆战。

---

[1] 殿[tiɛ̃⁵⁴]:当地白语土语"殿"和"帝"同音,可译为殿或帝,但参照有关口传经和该经的"王",应该是帝。这里因音韵关系,仍写作"殿"[tiɛ̃⁵⁴]。

ɕĩ³³tɕũ³³ la³⁵ tã³¹tsɛ̃⁵⁴
心惊　又　胆战

9　二殿会了会三殿，　　　　　　　　　　　　会过二殿会三殿，
　　ʔɛ⁵⁴tiɛ̃⁵⁴ xue⁴⁴ la⁴² xue⁵⁴ sã³³tiɛ̃⁵⁴
　　二殿　　会　了　会　三殿

10　钱火去处官利听。　　　　　　　　　　　　钱财到时官听话。
　　tse²¹xue³³ ɣɛ²¹tʂʅ³¹ kuã⁵⁵ li⁵⁵ tɕʰɛ̃⁵⁵
　　钱财　　去处　　　官　也　听

11　金银钱财多带涯，　　　　　　　　　　　　路上钱财多带些，
　　tɕĩ⁵⁵jĩ²¹ tsʅ³³xue³³ to⁵⁵ te⁴⁴ ja⁴²
　　金银　　纸火　　多　带　些

12　阿人脑斗拳。[1]　　　　　　　　　　　　　逢官就行贿。
　　ʔa³¹jĩ²¹ no³³ to³¹tɕʰũ⁵⁵
　　一人　　上　给拳

13　三殿见了会四殿，[2]　　　　　　　　　　　见了三殿会四殿，
　　sã³³tiɛ̃⁵⁴ kɛ̃⁴²la⁴² xue⁵⁴ sʅ⁵⁴tiɛ̃⁵⁴
　　三殿　　见了　　会　四殿

14　此时孤当漂涯间？　　　　　　　　　　　　这时怎么感到很孤单？
　　nɯ³¹tsɛ̃²¹ ku⁵⁵tã⁵⁵ pʰia⁴⁴ ja⁴² tɕɛ̃⁵⁵
　　此时　　孤单　　到　这样　怎么

15　孝子贤孙在何方，　　　　　　　　　　　　孝子孝女在哪里，
　　ɕo⁵⁴tsʅ³¹ ɕĩ⁴²sã³³ tɕʅ³³ ʔa⁵⁴na⁴⁴
　　孝子　　贤孙　　在　哪里

16　阿斗替扬刺？　　　　　　　　　　　　　　哪个来替身？
　　ʔa³¹to³¹ tʰi⁵⁵ jã⁵⁵ tsʅ⁵⁵
　　谁　　替　咱　身

17　四殿见了会五殿，　　　　　　　　　　　　见了四殿会五殿，
　　sʅ⁵⁴tiɛ̃⁵⁴ kɛ̃⁴²la⁴² xue⁵⁴ u³¹tiɛ̃⁵⁴
　　四殿　　见了　　会　五殿

18　殿殿阎王怕不怕？　　　　　　　　　　　　眼看阎王怕不怕？
　　ku⁵⁴ku⁵⁴ jɛ̃⁴²uã⁴² kɛ̃⁵⁵ tso⁴²⁵kɛ̃⁵⁵
　　个个　　阎王　　怕　或不怕

19　牛头马面两边排，　　　　　　　　　　　　牛头马面两边排，

---

[1] 斗拳[to³¹tɕʰũ⁵⁵]：即给拳。隐语，意思是暗中给他一拳，即暗里行贿。
[2] 这段中衣韵[i]与艾韵[ɛ]混用。

	jõ⁴²tho⁴² ma³¹mi⁵⁴ liã³¹pĩ³³ phɛ⁴²	
	牛头　　马面　　两边　　排	
20	孟眼利满代。[1]	眼珠瞪圆看着你。
	mɯ⁵⁵ uẽ³³ li⁵⁵ me²¹ tẽ⁵⁵	
	他　眼　也　瞪　瞎	
21	赫赫斯尹地罗王，	黑黑面孔那阎王，
	xɯ⁴⁴xɯ⁴⁴sɯ³³ jĩ²¹ tɕi³¹li⁵⁵ɣ̃³¹	
	黑黑样　　者　阎王	
22	𠰱问问自害刺刺。[2]	问一声就骂一声。
	ka⁴⁴piɛ⁴⁴piɛ⁴⁴ tsʅ⁵⁵ xɛ⁴⁴tshɛ̃⁵⁵tshɛ̃⁵⁵	
	把　问问　　则　骂声声	
23	铁索板子响响手，	手里铁索唰唰响，
	the⁴⁴so⁴⁴ pẽ³³ tsʅ⁵⁵ ɕa⁴⁴ɕa⁴⁴sɯ³³	
	铁索　　拿　则　唰唰样	
24	魂魄也不在。	吓得人魂都不附体。
	uẽ²¹pɛ²¹ li⁵⁵ pu³⁵tsɛ⁵⁴	
	魂魄　　也　不在	
25	五殿见了会六殿，	见了五殿会六殿，
	u³¹tiẽ⁵⁴ kẽ⁴²la⁴² xue⁵⁴ lu³⁵tiẽ⁵⁴	
	五殿　　见了　会　六殿	
26	个个大王自恩宽。	个个大王有靠山。
	ku⁵⁴ku⁵⁴ ta⁵⁴uã⁴² tsʅ³³ ɣɯ³³ khue⁵⁵	
	个个　　大王　有　后　座	
27	乘早脑自那招供，	你们趁早来招供，
	tshɯ⁵⁴ tsu³³ no³³ tsʅ⁵⁵ na⁵⁵ tso³³kõ³³	
	趁　早　上　则　你们　招供	
28	忍得那受罪。	省得活受罪。
	sẽ³¹tɯ³⁵ na⁵⁵ so⁵⁴tsue⁵⁴	
	省得　　你们　受罪	
29	为恶人子打嘎改，	为恶之人定要改，
	ue⁴²ɣo³⁵jĩ²¹ tsʅ³³ tẽ⁴⁴ ka⁴⁴ke³¹	
	为恶人　　是　定　改改	
30	为善人子问嘎句。	为善之人问几句。
	ue⁴²sɛ̃⁵⁴jĩ²¹ tsʅ³³ piɛ⁴⁴ ka³⁵tɕhẽ⁵⁵	
	为善人　　是　问　几句	
31	冤枉曲直问干净，	冤枉曲直问底细，

---

[1] 满代[mɛ⁴²tẽ⁵⁵]: 即瞪瞎，指把眼珠瞪圆状。
[2] 这句是歌谣语言。𠰱[ka⁴⁴]: 介词，有把之意。害[xɛ⁴⁴]: 即痛骂。

jỹ³³vã³¹ tɕhu³³tsɿ³⁵ piɛ⁴⁴ kã⁵⁵tɕuĩ⁴²
冤枉　　曲直　　问　干净

32　轻重了分别。　　　　　　　　　处罚轻重有分别。
tshẽ⁵⁵tsỹ³³ la³⁵ fũ⁵⁵pi⁵⁵
轻重　　又　分别

33　六殿见了会七殿，　　　　　　　见了六殿会七殿，
lu³⁵tiẽ⁵⁴ kẽ⁴² la⁴² xue⁵⁴ tɕhi³⁵tiẽ⁵⁴
六殿　　见了　会　七殿

34　见得多大阴阳界。　　　　　　　知道那么大的阴阳界。
kẽ⁴²tɯ⁴⁴ tu³³ta⁵⁴ jĩ³³jã⁴²kɛ⁵⁴
见得　　多大　阴阳界

35　听见目连来救母，[1]　　　　　　听说目连来救母，
tɕhẽ⁵⁵tɯ⁴⁴ mu³⁵lĩ⁴² ɣɯ³⁵ tɕo⁵⁵ mo³¹
听见　　　目连　　来　救　母

36　他来免大赦。　　　　　　　　　得到了大赦。
mo³¹ ɣɯ³⁵ mĩ³¹ ta⁵⁴sɛ⁵⁴
他　来　免　大赦

37　七殿 见了会八殿，　　　　　　 见了七殿会八殿，
tɕhi³⁵tiẽ⁵⁴ kẽ⁴² la⁴² xue⁵⁴ pa³⁵tiẽ⁵⁴
七殿　　见了　会　八殿

38　手中钱火利用尽。　　　　　　　手里钱财已用完。
sɯ³³ɣɯ³¹ tse²¹xue³³ li⁵⁵ jõ⁴² tɕhẽ⁵⁵
手里　　钱财　　也　用　尽

39　相约相勾去递秉，　　　　　　　互相邀约奏上秉，
sã⁵⁵jo⁵⁵ sã⁵⁵ko⁵⁵ ɣɛ²¹ ti⁴⁴ pĩ³¹
（互相邀约）　去　递　秉

40　阿人说句句。　　　　　　　　　一人说一句。
ʔa³¹jĩ²¹ sua⁴⁴ tshẽ⁵⁵tshẽ⁵⁵
一人　　说　　句句

41　八殿见了会九殿，　　　　　　　见了八殿会九殿，
pa³⁵tiẽ⁵⁴ kẽ⁴² la⁴² xue⁵⁴ tɕo³¹tiẽ⁵⁴
八殿　　见了　会　九殿

42　手持朱笔点那名。　　　　　　　手持朱笔点你们的名。
so³¹tshɿ⁴² tsu³³pi³⁵ tĩ³¹ na⁵⁵miɛ⁵⁵
手持　　　朱笔　　点　你们名

---

[1] 典故。据说目连用明珠打开阴间门，把母亲救出来。

43	点得眼脑道得点，	点着的名上点一点，
	tĩ³¹ tɯ⁴⁴ jĩ²¹ no³³ to⁴⁴ tɯ⁴⁴ ti³³	
	点着　人　上　滴　着　滴	
44	滴不得者悟点名。	点不着的是误点名。
	to⁴⁴ ɣa³⁵ tɯ⁴⁴ tse³¹ u⁴⁴ tĩ³¹ miɛ⁵⁵	
	滴　不　着　者　误　点　名	
45	九殿见了会十殿，	见了九殿会十殿，
	tɕo³¹tiɛ̃⁵⁴ kẽ⁴²la⁴² xue⁵⁴ tshŋ³⁵tiɛ̃⁵⁴	
	九殿　　见了　会　十殿	
46	牛头马面排两面。	牛头马面排两边。
	jõ⁴²tho⁴² ma³¹mi⁵⁴ phe⁴² nia³¹mi⁴²	
	牛头　　马面　　排　两面	
47	鬼子鬼女俱哄堂，	大鬼小鬼都叫喊，
	kɣ³³tsŋ³³ kɣ³³jɣ̃³³ tɕhẽ⁵⁵ kɣ̃⁵⁵xɛ⁴⁴	
	鬼子　　鬼女　　都　叫喊	
48	巍峨登宝殿。	登上威严大宝殿。
	ue³³ɣo⁴² tɯ̃³³ po³¹ tĩ⁵⁴	
	巍峨　　登　宝殿	
49	文武判官怕人怕，	文武判官够吓人，
	vũ⁴²vɣ³¹ phe⁵⁴kuẽ³³ kẽ⁵⁵jĩ²¹kẽ⁵⁵	
	文武　　判官　　够怕人	
50	占得大王孟恩宽。	靠着大王这座山。
	tse⁴⁴ tɯ⁴⁴ ta⁵⁴uã⁴² mɯ⁵⁵ ɣɯ³³ khue⁵⁵	
	占着　大王　他　后　座	
51	大王出来加寿岁，	大王出来加寿岁，
	ta⁴²uã⁴² ɣɯ³⁵tɕhi⁴⁴ tɕa³³ so⁵⁴sue⁵⁴	
	大王　　出来　　加　寿岁	
52	大家人干听。	人人要听听。
	ta⁴⁴tɕa⁵⁵jĩ²¹ ka⁴⁴tɕhẽ⁵⁵	
	大家　　　听听	
53	无罪人之加十岁，	无罪之人加十岁，
	vɣ⁴²tsue⁵⁴ jĩ²¹ tsŋ³³ tɕa⁵⁵ tsŋ⁴² sua⁴⁴	
	无罪　　人　是　加　十　岁	
54	有罪者之减一半。	有罪之人减一半。
	tsɯ³³tsue⁵⁴jĩ²¹ tsŋ³³ tɕi³¹ ji³⁵ pẽ⁵⁴	
	有罪　　人　是　减　一　半	
55	那用凭据当半使，	你们要把凭据拿给他，
	na⁵⁵ jõ³³ phũ³¹tɕye⁵⁴ tã⁵⁵ pũ³¹sŋ³¹	
	你们要　凭据　　拿　给	

56　定死又定生。　　　　　　　　　　　　　是生死凭据。
　　tiɯ⁵⁴ ɕi³³ la³⁵ tiɯ⁵⁴ xɛ̃⁵⁵
　　定死　　又　定　生

57　阿时自死时自生，　　　　　　　　　　一时是生一时死，
　　ʔa³¹tsʅ²¹ tsʅ⁵⁵ ɕi³³ tsʅ²¹ tsʅ⁵⁵ xɛ̃⁵⁵
　　一时　则　死　时　则　生

58　受苦受难受侧青。　　　　　　　　　　受苦受难全受尽。
　　so⁵⁴khu³¹ so⁵⁴na⁵⁴ so⁵⁴ tsɯ²¹ tɕhɛ̃⁵⁵
　　受苦　　受难　　受　去　尽

59　观音母利自修成，　　　　　　　　　　观音母也修行，
　　kuã⁵⁵jĩ⁵⁵mo³³ li⁵⁵ tsʅ⁵⁵ ɕɯ⁵⁵ tsʅ²¹
　　观音母　　也　则　修　成

60　道处初见生。　　　　　　　　　　　　所到之处死人能转世。
　　phia⁴⁴ tshɤ³¹ tshu³³ tɕĩ⁴²xɛ̃⁵⁵
　　到　处　就　出生

61　鬼王坐堂点那名，　　　　　　　　　　鬼王坐堂点你们的名，
　　kɤ³³ỹ²¹ tsu⁵⁴thã⁴² tĩ³¹ na⁵⁵miɛ⁵⁵
　　鬼王　坐堂　点你们名

62　三间得自去干听。　　　　　　　　　　牵连到的就去听一听。
　　sã⁵⁵tɕɛ̃⁵⁵ tɯ⁴⁴ tsʅ⁵⁵ ɣɛ²¹ ka⁴⁴tɕhɛ̃⁵⁵
　　相牵连　得　则　去　听听

63　善恶分明俱挂起，　　　　　　　　　　善恶都在生死簿上写分明，
　　sɛ̃⁵⁴ɣo³⁵ fũ³³miɯ⁴² tɕhɛ̃⁵⁵ kua⁴⁴ khɯ³³
　　善恶　分明　尽　挂　起

64　一恶改百善。　　　　　　　　　　　　一恶抵百善。
　　ji³⁵ ɣo³⁵ kɛ⁴² pɯ³⁵sɛ̃⁵⁴
　　一恶　值　百善

65　碓舂磨磨油里煎，　　　　　　　　　　碓舂磨碾油里煮，
　　tue⁴²ta⁴² ue⁴²ɣɯ²¹ jɯ²¹ xɯ³¹ tsɛ̃⁵⁵
　　碓舂　磨磨　油　里　煎

66　铜蛇钱狗咬人家。　　　　　　　　　　毒蛇啄馋狗咬。
　　tɤ²¹khɤ³³ tshɯ²¹khuã³³ ʔã⁴⁴ jĩ²¹kɛ⁵⁵
　　毒蛇　　馋狗　　咬　人家

67　打爹打母则天劈，　　　　　　　　　　打爹打妈天雷劈，
　　tɛ̃⁴⁴ti³³ tɛ̃⁴⁴mo³³ tsʅ⁵⁵ xɛ̃⁵⁵ pho³¹
　　打爹　打母　则　天　劈

68	不孝自夹棍。[1] pu³⁵ ɕo⁵⁴ tsɿ⁵⁵ tɕa³⁵ kuẽ⁵⁴ 不孝　则　夹　棍	不孝儿女夹棍夹。
69	百般苦楚谁人知， puɯ³⁵ pẽ³³ khu³¹ tshu³¹ na⁴⁴ jĩ²¹ sẽ³³ 百般　　苦楚　　谁人　知	百般折磨谁人知，
70	何不回头早行善。 xo⁴² pu³⁵ xue⁴² tho⁴² tsu³³ ɕɯ̃⁴² sẽ⁵⁴ 何不　回头　　早　行善	何不回头早行善。
71	生日死日初阿牙， xẽ⁵⁵ jĩ⁴⁴ ɕi³³ jĩ⁴⁴ tshu³³ ʔa³¹ ja⁴² 生日　死日　就　　一样	人生人死都一样，
72	王法怕人怕！ uã⁴² fa³⁵ pẽ⁵⁵ jĩ²¹ kẽ⁵⁵ 王法　够怕人	王法够吓人！
73	血河池内红莲花， ɕye³⁵ ho⁴² tshɿ⁴² xɯ³¹ tshɿ⁴⁴ ne²¹ xo⁵⁵ 血河池　　里　赤　莲花	血河池里红莲花，
74	何日认得他们罪过？ sẽ³³ jĩ⁴⁴ sɿ⁴⁴ tɯ⁴⁴ ma⁵⁵ tsue⁵⁴ ku⁵⁴ 哪天　认得　他们　罪过	哪天认得他们的罪过？
75	眼内哭出龙和血， uẽ³³ xɯ³¹ kho⁴⁴ tɕhi⁴⁴ nɣ²¹ jĩ⁵⁵ ɕua⁴⁴ 眼里　哭出　脓和血	眼里哭出脓和血，
76	漂浮又漂浮。 pi⁵⁵ po⁵⁵ la³⁵ pi⁵⁵ po⁵⁵ （波浪起伏响动状）	人在血河中飘浮。
77	送天挖地叫观音， so⁵⁵ xẽ⁵⁵ ua⁴² tɕi³¹ ʔɯ⁵⁵ kuã⁵⁵ jĩ⁵⁵ 抓天　抓地　喊　观音	抓天抓地喊观音，
78	昼昼夜夜叫相通。 jĩ⁴⁴ jĩ⁴⁴ jo²¹ jo²¹ ʔɯ⁵⁵ sã⁵⁵ thɣ⁵⁵ 日日　夜夜　喊　相通	日日夜夜叫不停。
79	救苦救难观音母， tɕo⁵⁴ khu³¹ tɕo⁵⁴ na⁵⁴ kuã⁵⁵ jĩ⁵⁵ mu³³ 救苦　救难　观音母	救苦救难观音母，
80	把我忙干求。	来帮我们求求情。

---

[1] 一种刑法。把手指插入几根连接的棍子之间，随着案情进展，逐渐绞紧，让人疼痛不已。

tã⁴² ŋa⁵⁵ ɣɯ⁴² ka⁴⁴tɕõ⁵⁵
帮 我们 忙 求求

81　望乡台上倒后看，　　　　　　　　　　　望乡台上往后看，
　　uã⁵⁴ɕã³³the⁴² no³³ tã⁴²ɣɯ³³ xã⁵⁵
　　望乡台　　　上　会后　　看

82　隔子隔女隔家乡。　　　　　　　　　　　隔儿隔女隔家乡。
　　kɛ⁴⁴tsɿ³³ kɛ⁴⁴jṽ³³ kɛ⁴⁴ tɕa⁵⁵ɕã⁵⁵
　　隔子　隔女　隔　家乡

83　杳杳冥冥赴黄泉，　　　　　　　　　　　无声无息赴黄泉，
　　tshẽ⁵⁵mo³³ tɕhi⁴⁴mo³³ fɣ⁵⁴ xuã⁴²tɕhuẽ³¹
　　（无声无息）　　赴　黄泉

84　路上无老少。　　　　　　　　　　　　　一路不分老和少。
　　thu³³ no³³ mo³³ lao³¹sɑ⁵⁴
　　路　上　无　老少

85　富贵贫贱有多少，　　　　　　　　　　　富贵贫贱有多少，
　　fɣ⁵⁴kue⁵⁴ phĩ⁴²tɕɛ̃⁵⁴ tsɿ³³ sɛ³¹tsɯ⁴²
　　富贵　　贫贱　　有　多少

86　王侯公子并宰相。　　　　　　　　　　　王侯公子并宰相。
　　uã⁴²xou⁴² kõ³³tsɿ³¹ pũ⁵⁴ tse³¹tɕã⁵⁴
　　王侯　　公子　　并　宰相

87　有人无人归木首，[1]　　　　　　　　　　不论贵贱都进棺材，
　　tsɿ³³jĩ²¹ mo³³jĩ²¹ kue⁵⁵ ṽ⁴⁴zo⁴²
　　有人　无人　归　棺材

88　空手　见　大王。　　　　　　　　　　　空手见大王。
　　khɣ⁵⁵sɯ³³ kẽ⁴² ta⁵⁴uã⁴²
　　空手　　见　大王

89　奈何桥下翻滚滚，　　　　　　　　　　　奈何桥下波浪滚，
　　lɛ⁵⁴xo⁴²tɕhao⁴² ɣɛ³³ fẽ³³kue³¹kue³¹
　　奈何桥　　下　翻滚滚

90　恶风暴雨天利鸣。　　　　　　　　　　　恶风暴雨天打雷。
　　ɣo³⁵fũ³³ pao⁵⁴ju³¹ xẽ⁵⁵ li⁵⁵ mɛ²¹
　　恶风　暴雨　天　利　鸣

91　日利虽了夜利虽，　　　　　　　　　　　不知是夜还是昼，
　　jĩ⁴⁴li⁵⁵sue³³ la⁴² jo³¹li⁵⁵sue³³
　　日也不知　又　夜也不知

---

[1] 木首[ṽ⁴⁴zo⁴²]：前字为训读字，后字为音读字，合称为[ṽ⁴⁴so²¹]，即棺材的古称。有的写作"万寿"，前字也是训读近音字，后字音读近音字。

92	黑天了杂免。	灰天黑地黑人间。
	xɯ⁴⁴xẽ⁵⁵ la⁴² tsa⁵⁵ miɛ⁴²	
	天黑　了　全　暗	
93	刀山剑树作山林，	刀山剑树如山林，
	tao³³sẽ³³ tɕiẽ⁵⁴sγ⁵⁴ tsu³⁵ sẽ³³lĩ⁴²	
	刀山　　剑树　　做　山林	
94	人家坐孟奴害耻。	上面都是呻吟人。
	jĩ²¹kɛ⁵⁵ kγ⁴² mɯ⁵⁵ no³³ xẽ⁵⁵tshɛ³¹	
	人　　在　那里　上　呻吟	
95	人家是哭鬼是笑，	人哭恶鬼笑，
	jĩ²¹lɛ⁵⁵ tsʅ³³ kho⁴⁴ kγ³³ tsʅ³³ so³¹	
	人　　是　哭　鬼　是　笑	
96	眼利怕打免。	不敢看这般惨境。
	uẽ³³ li⁵⁵ kẽ⁵⁵ tẽ⁴⁴miɛ⁴²	
	眼　也　怕　全盲	
97	木首坡馈是干高，	棺材如山第一高，
	ʔγ̃⁴⁴zo²¹ po²¹khue⁵⁵ tsʅ³³ kɛ⁴⁴ kã⁵⁵	
	棺材　　坡（座）是　最　高	
98	黑山老箐是横当。	还有黑山老箐横在前。
	xɯ³⁵sẽ³³ lao³¹tɕhɯ̃⁵⁵ tsʅ³³ kuã²¹tã⁵⁵	
	黑山　　老箐　　是　横当	
99	金寺银山丢我后，[1]	金山银山丢后面，
	tɕĩ⁵⁵sẽ⁵⁵ jĩ²¹sγ̃⁴² pie⁵⁵ ŋɯ⁵⁵ γɯ³³	
	金山　　银山　丢　我　后	
100	体杂自冊望。	只是干看看。
	thi³¹tsa³⁵ tsʅ⁵⁵ ka⁴⁴xã⁵⁵	
	只得　　则　看看	
101	做人出来担自担，	做人在世一担挑，
	tsu⁵⁵jĩ²¹ γɯ³⁵tɕhi⁴⁴ tã⁵⁵ tsʅ⁵⁵ tã⁴²	
	做人　　出来　　担　成　一担	
102	空去世上苦侧昌。	空去世上苦一场。
	kγ̃⁵⁵ ŋɛ²¹ se⁴² tõ³³ khu³¹ tshɯ⁵⁵ tshã⁵⁵	
	空　去　世　上　苦　掉　一场	
103	死自空手就木首，	死了空手装棺材，
	ɕi³³ tsʅ⁵⁵ kγ̃⁵⁵sɯ³³ tɕɯ³¹ γ̃⁴⁴zo²¹	
	死　则　空手　　就　棺材	
104	功过就咱担。	功过还要自己担。

---

[1] 寺[sẽ⁵⁵]: 音读字，即山；山[sγ̃⁴²]: 训读字，即山。

kõ³³ku⁵⁴ tshu³³ jã⁵⁵ tã⁵⁵
功过 就 咱担

105	见得十王朝地藏， kẽ⁴²tɯ⁴⁴ tsʅ³⁵uã⁴² tsho⁴² ti⁵⁴tsã⁵⁴ 见着 十王 朝 地藏	见了十王朝地藏，
106	僧衣僧帽披袈裟。 sũ³³ji³³ sũ³³mao⁵⁴ phi³³ tɕa⁵⁵sa⁵⁵ 僧衣 僧帽 披 袈裟	僧衣僧帽披袈裟。
107	破地狱用夜明珠， pho³¹ ti⁵⁴ju³⁵ jõ⁴² ji⁵⁴miũ⁴²tsɿ³³ 破 地狱 用 夜明珠	破开地狱要用夜明珠，
108	手持金锡杖。 so³¹ tshʅ²¹ tɕũ³³ɕi³⁵tsã⁵⁴ 手 持 金锡杖	手持金锡杖。
109	曹官簿案无人情， tshao²¹kuã⁵⁵ po³⁵ʔã⁵⁴ vɿ⁴² zũ⁴²tɕhũ⁴² 曹官 簿案 无 人情	曹官簿案没人情，
110	狱主持叉无颜笑。 ju³⁵tsu³¹ tshʅ⁴²tsha³³ vɿ⁴²jẽ⁴² ɕao⁵⁴ 狱主 持 叉 无颜 笑	狱主持叉没笑脸。
111	昭人漂人欲朗朗， tso³³jĩ²¹ pio³³jĩ²¹ ju²¹na³³na³³ 是人 非人 抖嗦嗦	好人坏人都发抖，
112	侯大王坐堂。 tũ³³ ta⁵⁴uã⁴² kɣ⁴²thã⁵⁵ 侯 大王 坐堂	侯大王坐堂。
113	转轮大王来坐堂， tsuɛ³¹lũ⁴² ta⁵⁴uã⁴² ɣɯ³⁵ kɣ⁴² thã⁵⁵ 转轮 大王 来 坐堂	转轮大王来坐堂，
114	孽镜台奴去观光。 ni³⁵tɕũ⁵⁴thɛ⁴² no³³ ɣɛ²¹ kuã³³kuã⁵⁵ 孽镜台 上 来 观光	孽镜台上去观光。
115	变阿得众变阿人，[1] pĩ⁴² ʔa³¹tɯ²¹ tso⁴² pĩ⁴² ʔa³¹jĩ²¹ 变 一头 或 变 一人	让人变成禽兽或变成人，
116	大家人子看。	大家都在认真看。

---

[1] 得[tɯ²¹]: 是动物的通用量词，这里代表动物。

ta⁴⁴tɕa⁵⁵jĩ²¹ tsʅ³³ xã⁵⁵
大家　　是　看

117　有罪人是变阿得，　　　　　　　　　　　有罪的人变禽兽，
　　　tsʅ³³tsue⁴⁴jĩ²¹ tsʅ³³ pĩ⁴² ʔa³¹tɯ²¹
　　　有罪人　　是　变　一头

118　无罪人子去做官。　　　　　　　　　　　无罪的人去做官。
　　　mo³³tsue⁴⁴jĩ²¹ tsʅ³³ ɣɛ²¹ tsu⁵⁵kuã⁵⁵
　　　没罪人　　是　来　做官

119　善恶昭彰看分明，　　　　　　　　　　　善恶昭彰很分明，
　　　sẽ⁵⁴ɣo³⁵ tsao³³tsã³³ khã⁵⁴ mɛ²¹pɛ⁴²
　　　善恶　昭彰　看　明白

120　迟早总有报。　　　　　　　　　　　　　因果迟早都要报。
　　　tsu³³me³³ tsõ³¹ tsʅ³³ pɔ⁵⁴
　　　迟早　总是　报

121　劝你们世上大家人，　　　　　　　　　　要劝你们世上人，
　　　tɕhye³³ na⁵⁵ se⁴² tõ³³ ta⁴⁴tɕa⁵⁵jĩ²¹
　　　劝　你们　世上　大家人

122　此次去到阴司基。　　　　　　　　　　　这次来到阴司地。
　　　nɯ³¹pɯ⁵⁵ ŋɛ²¹ phia⁴⁴ jĩ³³sʅ³³ tɕi³¹
　　　这次　　去到　阴司　地

123　天鸣斗太鬼是叫，　　　　　　　　　　　看见雷鸣电闪鬼叫喊，
　　　xẽ⁵⁵mɛ²¹ to³¹thɛ⁴⁴ kɤ³³ tsʅ³³ mɛ²¹
　　　打雷　闪电　鬼　是　鸣

124　魂魄不付体。　　　　　　　　　　　　　让人怕的魂飞魄散。
　　　uẽ²pɛ²¹ pu³⁵ fɣ⁵⁴thi³¹
　　　魂魄　不　附体

125　见得阿人自碎剐，　　　　　　　　　　　看见有人剐成面，
　　　kẽ⁴² tɯ⁴⁴ ʔa³¹ jĩ²¹ tsʅ³³ mo⁴²to⁴²
　　　看得　一人　是　细剐

126　见得阿人自生皮。　　　　　　　　　　　看见有人生剥皮。
　　　kẽ⁴² tɯ⁴⁴ ʔa³¹ jĩ²¹ tsʅ³³ xẽ⁵⁵pe²¹
　　　见得　一人　是　剥皮

127　獠牙锯齿鬼某等，　　　　　　　　　　　獠牙锯齿那个鬼，
　　　liao⁴²ja⁴² tɕye⁵⁴tshʅ³³ kɤ³³ mo³¹ tɯ²¹
　　　獠牙　锯齿　鬼　那个

128　坐打割代舌。　　　　　　　　　　　　　如同割猪舌一般割人舌。
　　　tsu⁵⁴ta⁵⁴ sɛ⁴⁴ te⁴² tse⁴²
　　　坐大　盖　猪　舌

129 眼务不见自阿许，
uẽ³³ỹ⁵⁵ ɣa³⁵kẽ⁴² tsŋ⁵⁵ ʔa³¹ɕye³¹
眼前　不见　则　不信

眼睛不见还难信，

130 少杂阿人道阿人。
ɕu³³tsa³⁵ ʔa³¹jĩ²¹ to⁴⁴ ʔa³¹jĩ²¹
只差　一人　堆　一人

只差还没有把人堆成堆。

131 此次下生盖不行，
nɯ³¹pɯ⁵⁵ ɣɯ³³xẽ⁵⁵ kẽ⁵⁵ ʔa³¹tua⁴²
这次　下世　怕　不得

再生可能难得成，

132 看见盖燕皮。
xã⁵⁵kẽ⁴² kɛ⁴⁴ jĩ⁵⁵ pe²¹
看见　裂　您　皮

看见这般让人怕得皮子裂。

133 大秤小斗自收哄，[1]
to⁴²tɕhye⁵⁵ se³¹tɯ³³ tsŋ⁵⁵ so³³ xo³³
大秤　小斗　则　放不得

大秤小斗可不能放，

134 告示牌在眼面前。
kao⁴⁴sŋ⁴⁴pe⁵⁵ tsŋ³³ uẽ³³mi⁴²tɕi⁴²
告示牌　是　眼面前

告示已经在面前。

135 冷牙初自劝世文，
nɯ³¹ja⁴² tshu³³ tsŋ³³ tɕyẽ⁵⁴sŋ⁵⁴vɯ⁴²
这些　就　是　劝世文

这个就是劝世文，

136 劝你们杂好人。
tɕhyẽ⁴⁴ na⁵⁵ tsa³⁵xa³¹jĩ²¹
劝　你们　全都人

劝大家奉行。

137 十八地狱见则看，
sŋ³⁵pa³⁵ ti⁵⁴ju³⁵ kẽ⁴² tshɯ⁵⁵ xa⁵⁵
十八　地狱　见　掉　看

见了十八层地狱，

138 此次抵得去面君。
nɯ³¹pɯ⁵⁵ ti³¹ tɯ⁴⁴ ŋɛ²¹ kẽ⁴² kuã⁵⁵
这次　抵得　去　见　官

这次抵得去见官。

139 好人歹人欲朗朗，
tso³³jĩ²¹ pio³³jĩ²¹ ju²¹ na³³na³³
是人　非人　抖　嗦嗦

好人坏人身发抖，

140 心惊又胆战。
ɕũ³³tɕũ³³ la³⁵ tã³¹tsɛ⁵⁴
心惊　又　胆战

让人心惊又肉跳。

---

[1] 收[so³³]：即唆使。是放出去做不好之事的放。唆使狗咬人、放蛊也用这个词。哄[xo³³]：副词，即不可。

141 子孙安多阿妙兔,   子孙不要把我们牵挂,
     tsʅ³³suã⁵⁵ ŋa⁵⁵ tua⁴⁴ ʔa³¹mia⁴⁴ mi³³
     子孙   我们 上   不要   想

142 我们登天上吐跪敕。   我们在等天上一句话。
     ŋa⁵⁵ tɯ³³ xẽ⁵⁵ no³³ sʅ⁵⁵kv⁴² tshẽ⁵⁵
     我们 等 天   上   书句   声

143 大赦幽牢杂改子,   大赦幽牢里所有的人,
     ta⁵⁴sɛ⁵⁴ jo³³lao⁴² tsa³⁵kɛ²¹tsʅ³³
     大赦   幽牢   大家

144 大家人见生。   全都可转生。
     ta⁴⁴tɕa⁵⁵jĩ²¹ tɕi⁴²xẽ⁵⁵
     大家   出生

惟愿三魂如在,七魂俨然,仗我三宝之威光,亡者脱,西方而引至。

三献礼白词

段 伶 杨福寿

　　《三献礼白词》的释读，原文照录张文渤老师惠赠的剑川金华镇掌坛杨云轩先生藏本的复印件。原文中的"孔母"，即[kho³¹mo³³]（亲生之母），由此可知本篇原为祭奠母亲亡灵之词。若死者是亲生之父，在实际讽诵时可改作"孔爹"，即[kho³¹po⁵⁵]（亲生之父）。又在原文"安"，即[ŋa⁵⁵]（我们）字旁注有小字"冒"，即[ma⁵⁵]（他们），意思是可以根据实际情况改作第三人称代言，由此可知，该抄本原抄自第一人称的自言本。本篇所选按第一人称祭奠三献礼。

1	第一斟茶彦斟酒，	第一斟茶又斟酒，
	ti³¹ji⁴⁴ tsũ⁵⁵tso²¹ jĩ⁵⁵ tsũ⁵⁵tsỹ³³	
	第一　斟茶　　和　斟酒	
2	做人全靠孔母奴，	我们持家全靠阿妈您。
	tsu⁵⁵jĩ²¹ tɕhuẽ³¹khao⁵⁴ kho³¹mo³³ no³³	
	做人　全靠　　亲妈　上	
3	展之课很丢泽冒，	瞬息之间您丢下我们，
	tsẽ²¹tsŋ³³khɣ⁴⁴xɯ³¹ piɛ⁵⁵ tshɯ⁵⁵ ma⁵⁵	
	一时之间　　　丢　掉　他们，	
4	鸡仔失鸡母。[1]	就像小鸡儿失去了母鸡。
	ke⁵⁵tsŋ³³ sɛ⁴⁴ ke⁵⁵mo³³	
	鸡仔　失　母鸡	
5	松忏母言平私泽，	让亲妈一时走了，
	so³³ tshẽ⁵⁵ mo³³jĩ²¹ pẽ²¹ sɛ⁴⁴ tshɯ⁵⁵	
	给　亲　妈　一时　失　掉	
6	梦务很利哭。	我们梦中也在哭。
	mɯ³¹ṽ⁴² xɯ³¹ li⁵⁵ kho⁴⁴	
	梦幻　里　也　哭	
7	出钱买得磨忏多，	出钱也难以买到阿妈身，
	tsɣ⁴⁴tsɛ²¹ mɛ⁴² tu⁴⁴ mo³³ tshẽ⁵⁵ tua⁴²	
	出钱　买　得　母　身　不得	

---

[1] 此句原文下有"（或）松冒安处母"[so³³ ma⁵⁵ ʔã³³tshɣ³¹ mo³³]，即让他们没处去找。表示此句可改。

8	骨肉恩情找处母。[1] ku³⁵zu³⁵ ʔũ³³tɕhũ⁴² ʔã³³ tshɣ³⁵⁵ mo³³ 骨肉　恩情　　看　处　　没有	骨肉亲情哪里去寻找。
9	叫奏孔母站起来，[2] ʔɯ⁵⁵ tso⁴² kho³¹mo³³ tue⁵⁵ khɯ³³ ɣɯ³⁵ 喊　　着　亲妈　　站　起　来	且喊阿妈站起来，
10	三叠水兮杂告恭。[3] sã³³ti³⁵sue³¹ ɕi⁵⁵ tsa³⁵ ka⁴⁴kõ³³ 三叠水　　　席　只是　供供	只有三叠水的这席把您祭奠。
11	退面透奴吃某牙，[4] thue³¹mi⁴²tho⁴⁴ no³³ jɯ⁴⁴ mo³¹ jã⁴² （难以推辞）　的　吃　它　一样	您就不要推辞吃一点，
12	酒利恩某付。 tsɣ̃³³ li⁵⁵ ʔũ³³ mo³¹ fɣ̃⁴⁴ 酒　也　喝　它　一小口	酒也喝一口。
13	第二斟茶彦斟酒， ti³¹zŋ³¹ tsũ⁵⁵ tso²¹ jĩ⁵⁵ tsũ⁵⁵ tsɣ̃³³ 第二　　斟　茶　和　斟　酒	第二斟茶又斟酒，
14	母彦某自面情薄。 mo³³jĩ²¹ mo³³ tsŋ⁵⁵ mi⁴²tɕɛ̃²¹ po⁴² 母亲　　没有　则　心情　　薄	没有妈的人心很软。
15	彦自生舍冒奴自， jĩ⁵⁵ tsŋ⁵⁵ xɛ̃⁵⁵sŋ⁴⁴ ŋã⁵⁵ no³³ tsŋ⁵⁵ 您　则　　健康　　我们　上　则	全家靠您健康的身子，
16	冒用彦奴午。 ŋã⁵⁵ jõ³³ jĩ⁵⁵ no³³ u²¹ 我们　要　您　上　守护	我们靠您守护。
17	岩气背宴汗彦票， ŋɛ²¹tɕhi⁴⁴ pe⁴⁴jĩ⁴⁴ xã⁵⁵ jĩ⁵⁵ phio⁵⁵ 出去　　走进　　望　您　面影	出出进进都要看见您身影，
18	欢乐自阿伙。 xuɛ̃⁵⁵lu⁵⁵ tsŋ³³ ʔa³¹xo³¹ 欢乐　　是　一家	全家都很欢乐。

---

[1] 安处母[ʔã³³tshɣ³³⁵mo³³]: 即没找处。声调 315 中的 5, 是省略[li⁵⁵]后的流音。这是音节压缩的通例。
[2] 奏[tso⁴²]: 助词, 在动词之后, 表示推测、据说、或说, 这么着等语气, 这里的意思是这么叫着。
[3] 三叠水[sã³³ti³⁵sue³¹]: 汉语借词, 指白族宴席的总称。一般是四碟、五盘、八大碗。告[ka⁴⁴]: 动词词头, 表示动作的短暂而连续。
[4] 退面透[thue³¹]: 即难以推辞。[thue³¹], 借口推脱之意; 面[mi⁴²], 及之意; 透[tho⁴⁴], 不想, 懒得想之意, 合成即难以推辞、不好推辞之意。

19	建得阿度冷别敬，	老天怎么能这样兴，
	tɕi⁴² tɯ⁴⁴ ʔa³¹tua⁴² lɯ³¹pi⁵⁵ tɕɛ⁵⁵	
	兴 得 不得 这件 怎么	
20	金绳舍断自弓股。	金索子断成两节了。
	tɕĩ⁵⁵so⁴⁴ sɛ⁴⁴tse⁴² tsŋ⁵⁵ kõ³³ ku³¹	
	金绳 割断 则 两 股	
21	忏睡劳利气醒醒，	悲痛让人熟睡也痛醒，
	tshẽ³³sue³³ la⁴² li⁵⁵ tɕhi⁴⁴ ɕẽ⁵⁵ɕẽ⁵⁵	
	睡着 了 也 气 醒	
22	心口也气孝。	心烂肚子里。
	ɕĩ⁵⁵kho³³ li⁵⁵ tɕhi⁴⁴ ɕo⁴²	
	心 也 气 烂	
23	安认真掌言旗干，	我们认真撑着您旗帜，
	ŋa⁵⁵ ma⁵⁵ zũ⁴⁴tsũ⁵⁵ tsã³¹ jĩ⁵⁵ tɕi³¹kã⁵⁵	
	我们 认真 掌 您 旗杆	
24	鸭亏彦干斗。	不辜负您的家教。
	ja³⁵khɣ⁵⁵ jĩ⁵⁵ kã⁵⁵tõ²¹	
	不亏 您 教育	
25	空手敬彦再恩盅，	空手再敬您喝一盅，
	khɣ̃⁵⁵sɯ³³ tɕũ⁴⁴ jĩ⁵⁵ tse⁴⁴ ʔũ³³ tsɣ̃⁵⁵	
	空手 敬 您 再 喝 盅	
26	一醉解千愁。	但愿一醉解千愁。
	ji³⁵tsue⁵⁴ ke³¹ tɕhĩ³³tsho²¹	
	一醉 改 千愁	
27	第三斟茶彦斟酒，	第三斟茶又斟酒，
	ti³¹sã⁵⁵ tsũ⁵⁵ tso²¹ jĩ⁵⁵ tsũ⁵⁵ tsɣ̃³³	
	第三 斟 茶 和 斟 酒	
28	昧彦送中彦墓奴。	明天送您上祖坟。
	me⁵⁴jĩ⁴⁴ sõ³³ tso³³ jĩ⁵⁵ mɯ³¹no³³	
	民团 送 上 您 坟地	
29	三亲六眷一首厄，[1]	三亲六眷都要来，
	sã³³tɕhũ³³ lu³⁵jyẽ⁵⁴ ji³⁵so³¹ ɣɯ³⁵	
	三亲 六眷 一首 来	
30	打伙送彦孤。	一起送您成百岁。
	ta³¹xo³¹ so³³ jĩ⁵⁵ ku³³	
	打伙 送 您 古	

---

[1] 一首[ji³⁵so³¹]：汉语方言借词，意思是全部。

31　　建得孤劳岩归山，[1]　　　　　　　　老天兴下老了去归山，
　　　tɕi⁴² tɯ⁴⁴ ku³³ la⁴² ŋɛ²¹ kue⁵⁵sẽ⁵⁵
　　　兴　得　老　了　去　归山

32　　古人牙苦孤档奴。　　　　　　　　　老人回到老地方。
　　　ku³³jĩ²¹ ja⁴⁴khɤ³¹ ku³³tã³¹ no³³
　　　老人　　回去　　老地方　上

33　　三皇五帝利初辽，　　　　　　　　　三皇五帝也一样，
　　　sã³³xuã⁴² u³¹ti⁵⁴ li⁵⁵ tshu³³ lia⁴²
　　　三皇　　五帝　也　就　这样

34　　长生不老奴鸭母。　　　　　　　　　世间没有长生不老人，
　　　tshã⁴²sɯ³³ pu³⁵lao³¹ no³³ ja³⁵mo³³
　　　长生　　不老　　的　没有

35　　等心个大岩彦亡，[2]　　　　　　　　您就安心地去吧，
　　　tɯ³¹ɕĩ⁵⁵ kɤ⁴²⁵ta⁴⁴ ŋɛ²¹ jĩ⁵⁵vɤ³¹
　　　（安心在这里）　　去　您的

36　　保佑彦后侯。　　　　　　　　　　　保佑您后人。
　　　po³¹jo⁴⁴ jĩ⁵⁵ ɤɯ³³xo³³
　　　保佑　　您　后人

37　　三献礼敬茶彦酒，　　　　　　　　　三献礼敬了茶和酒，
　　　sã³³ɕĩ⁵⁴li³¹ tɕɯ̃⁴⁴ tso²¹ jĩ⁵⁵ tsỹ³³
　　　三献礼　　敬　　茶　和　酒

38　　诚心诚意再告恭。　　　　　　　　　诚心诚意再把阿妈祭。
　　　tshũ⁴²ɕũ³³ tshũ⁴²ji⁵⁴ tse⁴⁴ ka⁴⁴kõ³³
　　　诚心　　　诚意　　再　供供

39　　叫奏孔母吃某牙，　　　　　　　　　喊阿妈您再吃一口，
　　　ʔɯ⁵⁵ tso⁴² kho³¹ mo³³ jɯ⁴⁴ mo³¹ ja⁴²
　　　叫　着　亲　妈　吃　他　一样

40　　岩则西夫奴。[3]　　　　　　　　　　好去西方极乐世界。
　　　ŋɛ²¹ tsɛ̃²¹ sẽ⁵⁵fɤ³³ no³³
　　　去　从　西方　上

---

[1] 岩归山[ɤɛ²¹ kui⁵⁵sẽ⁵⁵]：即去归山或归寺。对老年人或善心人死亡的雅称，一般为[kui⁵⁵se⁵⁵ tsɛ²¹ve⁴²]，即归山成佛或归寺成佛。因白语的[sẽ⁵⁵]有两意，一是汉语借词的山，二是佛寺。
[2] 等心个大[tɯ³¹ɕĩ⁵⁵ kɤ⁴²⁵ta⁴⁴]：即安心在这里。其中[kɤ⁴²⁵]中的5，是[ʔa⁵⁴ta⁴⁴]的[ʔa⁵⁴]省略后的流音。
[3] 则[tsɛ̃²¹]：助词，表示动作的离心方向。

行三献礼·奏乐唱礼

段　伶　杨福寿

《行三献礼·奏乐唱礼》的释读，原文照录《佛门赈济杂用》所载。每一献的白文之前有一段汉文，别具一格。本篇将原文中的汉文也依次照录。

切（窃）以人生在世，犹如夜梦花红，大限到来，恰似朝花晚露，世尊丈六金身，双林入灭□□□□。叹八百之彭祖，嗟四八之颜回，虽然老少不同，怎奈生死平等。且如三皇五帝，难免无常；五代圣人，难逃百日生死；神农妙药，不医大限之人；扁鹊仙方，难救数中之命。秦始皇，驱山填海，自奔于沙丘丧气；楚霸王，举鼎拔山，勒马于乌江自刎；韩信公，要大功劳，何曾在世；石崇当豪无家，如今在哪的；孟尝君，有三千剑客，个个殒亡；孔夫子，有七十二贤，人人丧命。叹燕、周、秦、汉、魏，坟墓锁于荒郊；晋、宋、齐、梁，棺椁埋于旷野。古圣先贤，已成堆金积玉；能文会武，呜呼，三寸气在千般用，一旦无常万事休。仰白阴灵，伏希谛听：

1　　第一斟茶燕斟酒，　　　　　　　　　　　　第一斟茶又斟酒，
　　　ti^{31}ji^{44} tsɯ̃^{55} tso^{21} jĩ^{55} tsɯ̃^{55} tsɣ̃^{33}
　　　第一　　茶　和斟　　酒

2　　要想靠托孔△奴。　　　　　　　　　　　　本想还要靠阿△。
　　　jõ^{33}ɕã^{31} kao^{44}to^{55} kho^{31}△ no^{33}
　　　要想　靠着　亲　△ 上

3　　用安全家丢能后，　　　　　　　　　　　　不想把我们丢下，
　　　jõ^{42} ŋa^{55} tsa^{35}xo^{31} piɛ^{55} nɯ^{55} ɣɯ^{33}
　　　把我们 全家　　丢 你的 后

4　　汝燕心奴妈？　　　　　　　　　　　　　　难道您不心疼？
　　　sɣ̃^{31} jĩ^{55} ɕĩ^{55} no^{33} mo^{33}
　　　疼　您　心　上　吗

5　　哭死燕后哭大多，　　　　　　　　　　　　哭死哭活哭不回来您了，
　　　kho^{44} xa^{44} jĩ^{55} ɣɯ^{33} kho^{44} tã^{42} tua^{42}
　　　哭　死　您　后　哭　回　不得

6　　鲜死燕后鲜出孟。　　　　　　　　　　　　找死找活找不着您了。
　　　ɕi^{21} xa^{44} jĩ^{55} ɣɯ^{33} ɕi^{21} tshɣ^{31} mo^{33}
　　　找　死　您　后　找　处　没有

7　体杂诚心干燕敬，　　　　　　　　　　　只得诚心诚意祭奠您，
　　thi³¹tsa³⁵ tshũ⁴²ɕũ³³ ka⁴⁴ jĩ⁵⁵ tɕɯ⁴⁴
　　只有　 诚心　 把 您 敬

8　空手干燕送。　　　　　　　　　　　　　空着两手把您送。
　　khỹ⁵⁵ sɯ³³ ka⁴⁴ jĩ⁵⁵ so³³
　　空 手　把 您 送

　　彭祖寿年今在何方？颜回不幸少年亡，但看三皇并五帝，难免无常。
　　若人念佛一种罪下减，上品上升得见佛，莲花台上稳坐，合掌虔诚听忏罪愆，此是无常。到头来怎奈何，怎奈何贪嗔痴造恶，不如早早回心向善，咋念一声"阿弥陀佛"。

9　第二斟酒彦斟茶，　　　　　　　　　　　第二斟酒又斟茶，
　　ti³¹ zɿ³¹ tsũ⁵⁵ tsỹ³³ jĩ⁵⁵ tsũ⁵⁵ tso²¹
　　第二　 斟 酒 和 斟 茶

10 小人大人哭自好。　　　　　　　　　　　大大小小哭一屋。
　　se³¹jĩ²¹ to⁴²jĩ⁵¹ kho⁴⁴ tsɿ⁵⁵ xo³¹
　　小人　大人　哭 成一家

11 孔△踮起干安庵，　　　　　　　　　　　阿△起来把我们看看，
　　kho³¹△ tue⁵⁵khɯ³³ ka⁴⁴ ŋa⁵⁵ xã⁵⁵
　　亲　△ 站 起 把 我们 看

12 回来答安说。　　　　　　　　　　　　　回来跟我们说说话。
　　ja⁴⁴kɯ⁵⁵ ta⁴² ŋa⁵⁵ tõ²¹
　　回来　 答 我们 话

13 千斤担彦使斗抬？　　　　　　　　　　　千斤担子您让谁来担？
　　tɕhĩ³³tɕɯ³³ tã⁵⁴ jĩ⁵⁵ sɛ³³ to³¹ tã⁵⁵
　　千 斤　 担 您 让 谁 担

14 家常事务使斗管？　　　　　　　　　　　家常事情让谁来管？
　　tɕa⁵⁵tshã⁵⁵ sɿ³¹vɣ³³ sɛ̃³³ to³¹ kua⁴²
　　家常　　事情　 让 谁 管

15 眼内哭出龙燕血，　　　　　　　　　　　眼里哭出脓和血呀，
　　uẽ³³ xɯ³¹ kho⁴⁴ tshɿ⁴⁴ nɣ²¹ jĩ⁵⁵ sua⁴⁴
　　眼 里　哭　 出　脓 和 血

16 心肝利麻孝。　　　　　　　　　　　　　心肝也烂在肚子里头。
　　ɕĩ⁵⁵kã⁵⁵ li⁵⁵ ma⁴²ɕo⁴²
　　心肝　也 腐烂

　　海角与天涯，世事乱如麻。功名富贵且休夸，得道神仙能有几，浪里淘沙。
　　若人念佛二种罪消减，中品中升得见佛，莲花台上稳坐，合掌虔诚忏悔罪愆，此是无常。到头来怎奈何，怎奈何贪嗔痴造恶，不如早早回心向善，咋念二声"阿弥陀佛"。

17	第三邀菜彦邀饭，	第三请菜又请饭，
	ti³¹sã⁵⁵ tɕhẽ³³ tshŋ³¹ jĩ⁵⁵ tɕhẽ³³ zŋ³¹	
	第三 请 菜 和 请 饭	
18	要想千生相扶事。	心想千生万世相服侍。
	jõ³³ ɕã³¹ tɕhĩ³³tshŋ⁵⁴ sã⁵⁵ vɣ²¹zŋ³¹	
	要想 千生 相 服侍	
19	半途奴自羔三斯，	不想半路两相别，
	pã⁴²thu³³ no³³ tsŋ⁵⁵ jã⁵⁵ sã⁵⁵sŋ⁴⁴	
	半路 上 则 咱们 相割	
20	相见杂奴时。	只有这时见遗容。
	sã⁵⁵kẽ⁴² tsa³⁵ no³¹ tsŋ³¹	
	相见 只有 这 时	
21	蔬菜阿席摆自大，	一席冷菜摆在灵牌前，
	tshŋ³¹sɣ⁵⁵ ʔa³¹ɕi⁵⁵ pe³¹ tsŋ⁵⁵ ta⁴⁴	
	菜蔬 一席 摆 在 这里	
22	因香达火供你牌。	烧起香火祭奠您的牌位。
	jĩ³³ɕõ⁵⁵ ta²¹xue³³ kõ³³ jĩ⁵⁵ pe⁵⁵	
	燃香 点火 祭 您 牌	
23	阿弥陀佛来接引，	阿弥陀佛来接引，
	o³³mi³³ thu⁴²fɣ³⁵ ɣɯ³⁵ tɕi³⁵juɯ̃³¹	
	阿弥 陀佛 来 接引	
24	度亡往天台。	度您上天台。
	tu⁵⁴ vã⁴² uã³¹ tiẽ³³thε⁴²	
	度 亡 往 天台	
25	彦庸干子孙后冲，	您要撑持您子孙，
	jĩ⁵⁵ jõ³³ ka⁴⁴ tsŋ³³suã⁵⁵ ɣɯ³³ tsho³³	
	您 要 把 子孙 后 撑持	
26	孔△好处去。	阿△就往极乐地方去吧。
	kho³¹ △ xo³³ tshv³¹ ŋε²¹	
	亲 △ 好 处 去	

（最后一句显然不押韵，因此，原文在这一句下注有几个小字的汉语选择句："一去影无踪、何日再相逢、除非纸上画形容，见面难相会，梦里来相逢。"）

祭脚力

段 伶　寸云激

《祭脚力》经文的释读，是根据剑川县张笑先生提供的抄本复印件。释读者拜访张先生时，请他讲述了祭祀过程，并请张先生在复印件写上该本的相关情况。张先生写到："此祭脚力，白语汉字记音的脚本为剑川县金华山正一教超度亡灵所用。其唱腔使用海东调，即吹吹腔，科仪使用时，用唢呐伴奏。原本为尹定朝师傅所保存的民国年间抄本。2009.11.5 张笑。"

祭脚力，白语称[tse⁴²tɕo⁵⁵li⁵⁵]。[tɕe⁴²]，即祭祀；[tɕo⁵⁵li⁵⁵]，即脚力，是汉语挑夫的别称，合称的意思是祭奠挑夫亡灵的经文。

本篇的主要内容是：阴司寄钱给城隍，即招一队挑夫挑担远行。挑夫一路辛苦，又想念父母妻室，一路打趣而行，最后得到一些工钱，回家孝敬父母。其主题是通过挑夫挑担的酸甜苦辣，表达不忘父母的恩德、妻室的艰辛，以及祈求父母在天之灵保佑后人的思想。唱词中打趣的话语，有的似乎是丑话，但话丑理正，参与的信士众多。剑川县道教每年在金华山道教圣地举行这种祭脚力祭祀活动。祭祀科仪十分隆重，在山沟的桥上及两端，立有纸扎挑夫上百尊，有孩童高，头戴草帽，肩挑一担。两边信男数百跪拜，聆听道教主师歌唱，旁边乐手唢呐伴奏，气氛庄严肃穆。据说，旧时除道教有这种科仪外，佛教也有祭脚力的科仪。

祭脚力，是道教普遍使用的科仪，主要叙述阎王派遣挑夫把银钱挑到冥府，通过一路艰辛磨难，以求赎罪，转世幸福。这种科仪传到白族地区后有许多变异，更加世俗化，经文中挑夫甚至自称是剑川人，像是祭祀当地的挑夫。但剑川乃至滇西都没有挑夫，只有背夫，这似乎与传统生活有矛盾。但从民族源流上看，白族中有大量的汉族人融入，尤其在明代，中央政府实行移民政策，大量的移民从江南、中原迁到白族地区，这些脚力似是移民先人之灵。

《祭脚力》的经文很特殊，它不像一般经文的赞颂和祈祷，而更像本子曲（故事曲），有情节，有人物，有对话，其中有斋主、脚力、路人、同伴、妻子的对话和描述，结构形式和音韵格律也如同本子曲一样安排，没有分角色，而是由主祭师一人代表各个角色歌唱。因此，民间对祭脚力经文又称[tɕo⁵⁵li⁵⁵khγ⁴⁴]（脚力曲）。本书在释读时，为方便读者阅读，在文中添加了人物身份、序号等。

斋主   1   斋主侯米兜波朵，[1]   斋主们想祖宗，
           tse³³tsɤ³¹xo³³ mi³³ to⁵⁵po⁵⁵ tua⁴⁴
           斋主们　　想祖宗　上

     2   阴司簿奴本者叭。   阴司簿寄财钱。
          jĩ³³sɿ³³po⁵⁵ no³³ pɯ³¹ tse²¹pia⁴⁴
          阴司簿　上　寄　钱

     3   米走城隍操心乃，[2]   心想城隍会操心，
          mi³³ tso⁴² tshũ⁵⁵xuã⁵⁵ tsho⁵⁵ɕũ⁵⁵ ne³¹
          想是　城隍　　操心　的

     4   脚力某派下。   选派挑担人。
          tɕo⁵⁵li⁵⁵ mo³¹ pe⁴²ɕa⁴⁴
          脚力　他　派下

     5   某勾夫头后遇化，   他跟夫头们相遇，
          mo³¹ ko⁵⁵ fɤ⁵⁵tho⁵⁵ jy⁴⁴xua⁴⁴
          他　跟　夫头　　遇着

     6   斋主妈者杂四霸。   说是斋主很有钱。
          tse³³tsɤ³¹ ma⁵⁵ tse²¹ tsa³⁵sɯ⁵⁵ pa⁴⁴
          斋主　他们　钱　很　有

     7   冷本妈者门俗已，   工钱数量也不少，
          lɯ³¹pɯ⁵⁵ ma⁵⁵ tse²¹ mɯ⁵⁵sɤ⁴² tɕi⁵⁵
          这次　　他们　钱　数量　多

     8   脚力后派架。   到处派挑夫。
          tɕo⁵⁵li⁵⁵xo³³ pe⁴⁴ tɕa⁴⁴
          脚力们　　派　尽

     9   旗子头罗佣者咱，   小旗铜锣也齐整，
          tɕi²¹tsɿ³³ tho⁵⁵lo⁵⁵ ȵo³³ tse²¹tsa⁴²
          旗子　　头锣　要　齐整

   10   某奴佣则姑买样。   数百挑夫像军队。
          mɯ⁵⁵ no³³ ȵo³³ tsɯ³³ kɤ⁵⁵mɛ³³ jã⁴⁴
          它　上　要　有　军队　样

   11   脚力侯佣挑者泽，   挑齐挑夫上路了，
          tɕo⁵⁵li⁵⁵xo³³ ȵo³³ thio³¹ tse²¹ tshɯ⁵⁵
          脚力们　　要　挑齐　完

   12   一路奴顺畅。   一路上顺畅。

---

[1] 斋主[tse³³tsɤ³¹]: 汉语借词，即指参与斋事的所有人。朵[tua⁴⁴]: 方位词兼宾语助词，指事物整体之上的意思。白语关于方位，有指事物之处[ɣ̃⁵⁵]或[ŋɤ⁵⁵]，白文写作音读"孟"、"鱼"、训读"处"等；指事物所属之上面[no³³]，白文写作白字"吐"、训读"上"等；指事物之整体[tua⁴⁴]，白文写作训读为"上"、音读为"朵"、"端"等。有这样的方位词作为宾语的标志，宾语可置于句中不同位置。

[2] 乃[ne³¹]: 语气词，表示肯定的"的"。

ji³⁵lu⁵⁵ no³³ sũ⁴⁴tshã⁴⁴
一路 上   顺畅

13 夫头工银顶奔忙，   两个夫头很奔忙，
    fɤ⁵⁵tho⁵⁵ kõ³³ȵi³¹ tũ³¹ pũ⁵⁵mã⁵⁵
    夫头   两人   很 奔忙

14 呆呆厄厄奴顾票。   前前后后都要顾。
    tɯ²¹tɯ²¹ ɣɯ³³ɣɯ³³ no³³ ku⁴⁴ phia⁴⁴
    前前   后后   上 顾 到

15 喜哩欢拉奴阿窝，   高高兴兴的一伙，
    ɕi³¹li³¹ xiã⁵⁵la⁵⁵ no³³ ʔa³¹ pho⁵⁵
    高高兴兴   的 一 伙

16 介旋额打仗。   好像去打仗。
    kɛ⁴²ɕye⁴² ɣɛ²¹ tẽ⁴⁴tsã⁴⁴
    好似   去 打仗

挑夫 1 骂清样做乎富邓，   他们请咱做斋事，
    ma⁵⁵ tɕẽ³³ n̥a⁵⁵ tsu⁵⁵ xu³³ fɤ⁴⁴tɯ⁴⁴
    他们 请 咱们 做 好 斋事

2 受苦额介候舍勒。   辛苦工钱也合适。
    so⁵⁵khu³³ ɣɯ⁴²kɛ⁴² xo⁵⁵sɿ⁴⁴ lɯ⁴⁴
    辛苦   工钱   合适   的

3 吃补恩补额介岗，   吃饱喝足工钱高，
    jɯ⁴⁴pu³³ ʔũ³³pu³³ ɣɯ⁴²kɛ⁴² kã⁵⁵
    吃饱   喝饱   工钱   高

4 当担精神出。   挑担有精神。
    tã⁵⁵tã⁴² tɕũ³³sũ⁴² lɯ⁴⁴
    挑担   精神   的

5 严屏之腊当担重，   太阳火辣担子重，
    ȵi⁴⁴phĩ³¹ tsɿ³³ la³⁵ tã⁵⁵ tã⁴² tsɤ³³
    太阳   是 辣 挑 担 重

6 更心破胆妥呆奴。   路上处处还担心。
    kẽ⁵⁵ɕĩ⁵⁵ pho³¹tã³³ thu³³tɯ²¹ no³³
    惊心   破胆   路   上

7 贝票啥妥再介处，   走到小路狭窄处，
    pe⁴⁴ pia⁴⁴ se³¹thu³³ tsɛ⁴⁴kɛ⁴² tshɤ³¹
    走 到 小路   狭窄   处

8 气里不敢出。   不敢出声响。
    tɕhi⁴⁴ li⁵⁵ pu³⁵kã³¹ tshɤ⁴⁴
    气 也 不敢   出

9 更哈贼侯厄抢样，   生怕毛贼来抢人，

kẽ⁵⁵xa⁴⁴ tsʅ⁴² xo³³ ɣɯ³⁵ tɕhã³¹ n̩a⁵⁵
生怕　贼们　来　抢　咱们

10　更哈哨头生防勒。　　　　　　　　　生怕哨头找岔子。
kẽ⁵⁵xa⁴⁴ so⁴⁴tho⁵⁵ sũ⁵⁵fã⁵⁵ lɯ⁴⁴
生怕　哨头　　生方　的

11　夫头工银紧惊朵，　　　　　　　　　两个夫头忙不迭，
fv̩⁵⁵tho⁵⁵ kõ³³n̩i²¹ tɕũ³¹tɕɯ⁵⁵ tua⁴²
夫头　　两个　　忙乱　　不行

12　叟呆腊叟后。　　　　　　　　　　　忙前又忙后。
so⁵⁵tɯ²¹ la³⁵ so⁵⁵ɣɯ³³
忙前　又　忙后

13　贝妥当担舍收苦，　　　　　　　　　挑担走路好辛苦，
pe⁴⁴thu³³ tã⁵⁵tã⁴² sɛ⁴⁴ so⁵⁵khu³³
走路　　挑担　　很　辛苦

14　哼免掺特梦样某。　　　　　　　　　晚上睡下不做梦。
xẽ⁵⁵miɛ⁴² tshẽ³³thɯ⁵⁵ mi³³ jã³⁵ mo³³
晚上　　睡下　　想　样　没有

15　吃补掺朽虽乃之，　　　　　　　　　吃饱睡好这些人，
jɯ⁴⁴pu³³ tshẽ³³ ɕõ³¹ sui³³ nẽ⁵⁵tsʅ⁵⁵
吃　饱　睡　好　虽然

16　当担气额伙。　　　　　　　　　　　就是挑担人。
tã⁵⁵tã⁴² tɕhi⁴⁴ɣɯ⁴²xo³³
挑担　　使力们

路人　1　脚力那怎阿那奴？　　　　　　　挑夫你们哪里人？
tɕo⁵⁵li⁵⁵ na⁵⁵ tsɯ³³ ʔa⁵⁵na⁴⁴ no³³
脚力　你们　是　哪里　的

2　城隍派那票达奴？　　　　　　　　　城隍派到哪里去？
tshũ⁵⁵xuã⁵⁵ pe⁴⁴ na⁵⁵ pia⁴⁴ ta⁵⁵ no³³
城隍　　　派　你们　到　哪里　上

3　侬生介俗介好东，[1]　　　　　　　　翻山越岭离家乡，
no⁵⁵sẽ⁵⁵ kɛ⁴⁴sv̩⁴² kɛ⁴⁴ xa³¹tv̩⁵⁵
越山　　隔山　　隔　家里

4　咱是奴叟苦。　　　　　　　　　　　实在很辛苦。
sʅ³⁵tse⁵⁴ no³³ so⁵⁵khu³³
实在　的　辛苦

---

[1] 生[sẽ⁵⁵]和俗[sv̩⁴²]：即山。前者为汉语借词，后者为本语词。侬生介俗[no⁵⁵sẽ⁵⁵ kɛ⁴⁴sv̩⁴²]：成语，即翻山越岭。

挑夫	1	大哥俺怎剑川侯，	大哥，我们是剑川人，
		ta⁵⁴ko³³ ŋa⁵⁵ tsɯ³³ tɕĩ⁴²tshui⁵⁵xo³³	
		大哥　我们　是　剑川们	
	2	冷奔脚力当担重。	这次挑担担子重。
		lɯ³¹pɯ⁵⁵ tɕo⁵⁵li⁵⁵ tã⁵⁵tã⁴² tsỹ³³	
		这次　脚力　挑担　重	
	3	呆务俗妥虽然几，	前面山路虽然多，
		tɯ²¹ỹ⁵⁵ sỹ⁴²thu³³ sui⁵⁵zẽ⁵⁵ tɕi⁵⁵	
		前面　山路　虽然　多	
	4	城隍特保佑。[1]	有城隍保佑。
		tshũ⁵⁵xuã⁵⁵tɯ²¹ po³¹jo⁴⁴	
		城隍（个）　保佑	
路人	1	脚力大哥那嘎银，	挑夫大哥你几个，
		tɕo⁵⁵li⁵⁵ ta⁵⁴ko³³ na⁵⁵ ka³⁵ ȵi²¹	
		脚力　大哥　你们　几　个	
	2	汉那奴之心乃乃。	看见你们心发酸。
		xã⁵⁵ na⁵⁵ no³³ tsɿ⁵⁵ ɕĩ⁵⁵ne²¹ne²¹	
		看　你们　上　则　（心忧状）	
	3	划的特米巫银朵，	或许时常想妻子，
		xua³⁵ti⁵⁵ thɯ³¹ mi³³ vỹ³³ȵi²¹ tua⁴⁴	
		或许　常　想　妻子　上	
	4	做夫奴利桂。	丈夫不见妻。
		tsu⁵⁵ fv⁵⁵ no³³ li⁵⁵ kũi⁴²	
		做　夫　上　也　不见	
	5	好东纣色妙焦心，	家里活路别焦虑，
		xa³¹tỹ⁵⁵ tso⁴²sɯ³³ mia⁴⁴ tɕo⁵⁵ɕɯ⁵⁵	
		家里　活路　别　焦心	
	6	那吼泽勒做泽乃。	妻子慢慢可做完。
		na⁵⁵xo³¹ tshɯ³¹lɯ⁴⁴ tsu⁵⁵ tshɯ⁵⁵ ne³¹	
		你们家　慢慢　做　完　的	
	7	岩嘎彦之那严格，	去几天后你们回，
		ɣɛ²¹ ka³⁵ ȵi⁴⁴ tsɿ⁵⁵ na⁵⁵ ja⁴⁴kɯ⁵⁵	
		去　几　天　则　你们　回来	
	8	夫妻来商盖。	夫妻又相见。
		fv⁵⁵tshe⁵⁵ lɛ³¹ sã⁵⁵kẽ⁴²	
		夫妻　又　相见	

---

[1] 特[tɯ²¹]: 指动物个体的通用量词，置于事物名词之后，表示个体的一个单位。这里用于城隍之后，带有某种贬义或打趣用语。作为城隍指派的挑夫，一路辛苦，有怨气，用贬义的动物量词，合乎情理。

挑夫 1   脚力当担晃冷晃，   身上担子晃又晃，
          tɕo⁵⁵li⁵⁵ tã⁵⁵tã⁴² xuã⁴⁴ luɯ⁴⁴ xuã⁵⁵
          脚力   挑担   晃   又   晃

       2   光之工颗商扎扎。   两个睾丸也晃荡。
          kuã³³tsɿ³³ kõ³³kho³³ sã⁵⁵tsa⁴⁴tsa⁴⁴
          睾丸   两个   相碰撞

       3   汗汗霝霝勾干赫，   汗水黏糊大腿间，
          ɣã²¹ɣã²¹ ni⁴⁴ni⁴⁴ ko⁴⁴ka⁴² xɯ³¹
          （汗水粘连状）大腿间 里

       4   府赫夹汗霝。   屁里也夹汗。
          fɤ³¹ xɯ³¹ kɛ⁴² ɣã²¹ni⁴⁴
          屁 里 夹 汗水

妻子 1   那吼坐厄整克汉，   你们家人站起看，
          na⁵⁵xo³¹ kɤ⁴² ɣɯ³³ tsɯ³¹khɯ⁵⁵ xã⁵⁵
          你们   在 后 站起 看

       2   介迷腺里妈心欢。   眼里流泪心里欢。
          kɛ⁴² mi⁴²ɕi⁴² li⁵⁵ ɕi³¹xuã⁵⁵
          流 眼泪 也 喜欢

       3   卑己子乃拿克山，   小小围腰抹眼泪，
          pe³³tɕi³¹tsɿ³³ne³¹ tã⁵⁵khɯ³³ sɯ⁴⁴
          围腰儿   拿起 擦

       4   山票汉押朵。   抹到不见人。
          sɯ⁴⁴ pia⁴⁴ xã⁵⁵ ja³⁵ tu⁴⁴
          擦 到 看 不 不得

       5   呀格做得菜嘎坝，   回家做了几道菜，
          ja⁴⁴kɯ⁵⁵ tsu⁵⁵ tɯ⁴⁴ tshɯ³¹ ka³⁵ pa⁴⁴
          回来 做得 菜 几 大碗

       6   兜波己面嘎祷告。[1]   祖宗面前求保佑。
          to⁵⁵po⁵⁵ tɕi⁴²mi⁴² ka⁴⁴ to³¹ko⁴⁴
          祖宗 面前 把 祷告

       7   咒夫呆务佣舍心，   前面丈夫要小心，
          tso³¹fɤ⁵⁵ tɯ²¹ɣ̃⁵⁵ ȵo³³ se³¹ ɕĩ⁵⁵
          丈夫 前面 要 小 心

       8   清吉里平安。   一路求平安。
          tɕhũ³³tɕi³⁵ li⁵⁵ pĩ⁴²ŋa³³
          清吉   也 平安

       9   竖客处之佣舍心，   住宿地方要小心，

---

[1] 嘎[ka⁴⁴]: 介词，有把的含义。

sɤ⁴⁴khɛ⁴⁴tshɤ³¹ tsɿ⁵⁵ no̠³³ se³¹ɕĩ⁵⁵
住宿　处　　则　要　小心

10　客之母奴著省妙。[1]　　　　　　　不要染指老板娘。
khɛ⁴⁴tsɯ³³mo³³ no³³ tsɤ⁵⁵ze³¹ mia⁴⁴
客主母　　　上　染指　　别

11　客之波呆介得之，　　　　　　　　要是遇着老板公，
khɛ⁴⁴tsɯ³³po⁵⁵tɯ²¹ kɛ̃⁴⁴tɯ⁴⁴ tsɿ⁵⁵
客主公　　　　捉住　　则

12　用奴哼打哈。　　　　　　　　　　让你死活不成。
no̠⁴² no³¹ xɛ̃⁵⁵tɛ̃⁴⁴xa⁴⁴
把　你　　活活打死

13　寿松摆奴给酒银，　　　　　　　　爬松坪上给酒人，
so⁴⁴ɕõ²¹pɛ²¹ no³¹ sɿ³¹ tsṽ³³ ȵi²¹
爬松坪　　上　给　酒　人

14　通红衣之绿衣鞋。　　　　　　　　花鞋绿衣红领褂。
thõ⁵⁵xua⁵⁵ ji⁵⁵tsɿ⁵⁵ lv⁴⁴ji⁵⁵ ɣe²¹
通红　　衣儿　　绿衣　鞋

15　山手抓温叫那务，　　　　　　　　挤眉弄眼要喊你，
sɛ⁵⁵sɯ⁴⁴ tsua⁴⁴ŋũi³³ ʔɯ⁵⁵ nɯ⁵⁵ ṽ⁵⁵
招手　　　眨眼　　　喊　你　上

16　那初佣仔贤。　　　　　　　　　　那就要小心。
na⁵⁵ tshu³³ no̠³³ tsɿ³¹ɕi⁴⁴
你们　就　　要　仔细。

斋主　1　脚力波呆舍大意，　　　　　　挑夫汉子太大意，
tɕo⁵⁵li⁵⁵po⁵⁵tɯ²¹ sɿ⁴⁴ ta⁴⁴ji⁴⁴
脚力汉子　　　　很　大意

2　俗楷处利拌唐烟。[2]　　　　　　　借宿地方拌鸦片。
sɤ⁴⁴khɛ⁴⁴tsɤ³¹ li⁵⁵ pɛ̃⁵⁴ thã⁴²jĩ³³
住宿处　　也　拌　鸦片烟

3　巫银草鞋打气里，　　　　　　　　妻子在家编草鞋，
vɤ³³ȵi²¹ kɛ⁴²tɕĩ³³ tɛ⁴⁴ tɕhi⁴⁴ li⁵⁵
妻子　　草鞋　　编　出　也

4　体铺得阿顿。[3]　　　　　　　　　只抵吸一回。
thi³¹ pɯ⁵⁵ tɯ⁴⁴ ʔa³¹tũi⁴⁴
只　吸　着　一次

---

[1] 著省[tsɤ⁵⁵se³¹]：意为染指。许多地方读为[tsɤ⁵⁵ze³¹]，金华一带方音中无[z]，都念作[s]。
[2] 拌唐烟[phɯ⁵⁵thã⁴²jĩ³³]：即拌鸦片烟。吸鸦片烟之前，还要把鸦片拌成适合于烟头孔的小颗粒。
[3] 指卖草鞋所得的钱只抵吸一回（烟）。

挑夫	1	泥气巫偶醉利利，	下雨泥泞道路滑，
		ni²¹tɕhi⁵⁵ vɣ³³ɣo⁴² tsui⁴²li⁴⁴li⁴⁴	
		烂泥　　下雨　　滑滑的	
	2	开夫斗般尿斗气。	屁股跌破尿跌出。
		khɛ⁵⁵fɣ³³ to⁴⁴pɛ̃⁵⁵ so³¹ to⁴⁴ tɕhi⁴⁴	
		屁股　　跌破　尿　跌　出	
	3	光欲撕之旗施干，	裤子撕成旗子样，
		kuã⁵⁵ju⁵⁵ sɿ⁵⁵ tsɛ²¹ tɕi²¹ sɯ³³ kã⁵⁵	
		裤子　　撕　成　旗　样　杆	
	4	工事减乃气。	露出那东西。
		kõ⁵⁵sɿ⁴⁴tɕĩ³¹ nɛ⁴² tɕhi⁴⁴	
		工事　　　了　掉　出	
斋主	1	当担波特贝己某，	同伴看见走上前，
		tã⁵⁵tã⁴²po⁵⁵tɯ²¹ pe⁴⁴tɕi³¹ mo³¹	
		挑担汉子　　走　挨　他	
	2	光呆己乃斗挨温。	见他裤裆破一洞。
		kuã⁵⁵tɯ³¹ tɕĩ³³ne³¹ to⁴² ɣe⁴² ŋuẽ³³	
		裤裆　　底　大　通　洞	
	3	针线乃额补使奴，	拿出针线给他补，
		tsɛ̃⁵⁵xɯ³³ne³¹ ɣɯ³⁵ pu³³ sɿ³¹ no³¹	
		针线　　　来　补　给　你	
	4	知抓咒知介？[1]	问道"粗针或细针？"
		tsɿ⁵⁵ tsua⁴⁵ tso⁴² tsɿ⁵⁵ ke⁴⁴	
		则　粗缝　或　则　钻	
同伴	1	预面补之预面纣，[2]	裤子在身补裤子，
		jĩ⁵⁵mi⁵⁵ pu³³ tsɿ⁵⁵ jĩ³³mi⁵⁵ tso⁴⁴	
		一面　　补　则　一面　穿	
	2	押累陈奴抓史奴。	不脱裤子细心补。
		ja³⁵ lye⁵⁵ tshɯ⁵⁵ no³³ tsua⁴⁴ zɿ³¹ no³¹	
		不脱　　掉　的　补　给　你	
	3	务差务勾虽乃之，	要是疏忽补错针，
		vɯ⁵⁵tsha⁵⁵ vɯ⁵⁵ko⁴⁴ sui³³ nɛ⁵⁵tsɿ⁵⁵	
		疏忽大意　　　　要是	

---

[1] 抓[tsua⁴⁴]和介[ke⁴⁴]：缝工术语。前者为大针粗缝，后者本意为钻，比喻精细缝。前者在这里的声调变读为45，因为其后省略了[li⁵⁵tso⁴²]（或）中的[li⁵⁵]，留下声调的痕迹5，读为[tsua⁴⁵]。句中两个[tsɿ⁵⁵]，是转折连词，有那么、则是的含义。

[2] 纣[tso⁴⁴]：本意为穿鞋的穿，非穿衣、裤的穿[ji⁴²]，这里为了押韵、律调，用紧喉中调的tso⁴⁴，语义有些牵强。

	4	开夫某皮薄。	屁股皮子薄。
		khɛ⁵⁵ fɤ³³ mɯ⁵⁵ pe²¹ po⁴²	
		屁股　它　皮　薄	
挑夫	1	笑冷笑冷讲冷讲,	说说笑笑一路走,
		so³¹ lɯ⁴⁴ so³¹ lɯ⁴⁴ tɕã³¹ lɯ⁴⁴ tɕã³¹	
		笑 的 笑 的 讲 的 讲	
	2	受苦言言舍勾熬。[1]	辛苦日子容易过,
		so⁵⁵ khu³³ ɲi⁴⁴ɲi⁴⁴ sʅ⁴⁴ ko⁴² ɣo⁴²	
		辛苦　日子　很　过　容易	
	3	贝陈言言出言言,	走了一天又一天,
		pe⁴⁴ tshɯ⁵⁵ ɲi⁴⁴ɲi⁴⁴ tshɤ⁴⁴ ɲi⁴⁴ɲi⁴⁴	
		走　掉　一天　出　一天	
	4	押笑之改勾!	不说笑咋过!
		ja³⁵ so³¹ tsʅ⁵⁵ kɛ²¹ ko⁴²	
		不　笑　怎么　过	
	5	俺冷嘎呆状笑话,	咱们几个要笑话,
		ŋa⁵⁵ nɯ⁵⁵ ka³⁵ tɯ²¹ tsua⁴⁴ ɕo⁴⁴xua⁴⁴	
		我们　这　几　个　要　笑话	
	6	巫银奴之特米妙。	不要忘记家里人。
		vɤ³³ɲi²¹ no³³ tsʅ⁵⁵ thɯ³¹ mi³³ mia⁴⁴	
		妻子　上　则　常　想　别	
	7	尖心尖肝半友泽,	牵心挂肚到深夜,
		tɕẽ⁵⁵ɕĩ⁵⁵ tɕẽ⁵⁵kã⁵⁵ pã⁴²jo³¹ tsʅ⁵⁵	
		牵心　牵肝　半夜　则	
	8	阿达心麻砸。	心里可发慌。
		ʔa⁵⁵ta⁴⁴ ɕĩ⁵⁵ ma⁴⁴tsa⁴⁴	
		这里　心　慌乱	
同伴	1	脚力一史担闷董,	对方找事回话来,
		tɕo⁵⁵li⁵⁵ ji²¹sʅ²¹ tã⁴² mɯ⁵⁵ tõ²¹	
		脚力　找事　回　他　话语	
	2	哼燕子里搞闷苦。	高飞燕子也挨窝。
		xẽ⁵⁵ɣɛ³³tsʅ³³ li⁵⁵ ko²¹ mɯ⁵⁵ khɤ³¹	
		燕子　也　爱　它　窝	
	3	妈周阿呆飞呆厄,	要飞一只跟一只,

---

[1] 言言[ɲi⁴⁴ɲi⁴⁴]: 即日子。前音节是日、天之意，后音节是日、天的专用单位量词，二者连用，是一整天的意思。

ma⁵⁵ tso⁴² ʔa³¹ tɯ²¹ fɣ⁵⁵ tɯ²¹ ɣɯ³³
他们 说 一 只 飞 只 后

4   中心妈商搞。   羨慕它们好。
    tsõ⁵⁵ɕĩ⁵⁵ ma⁵⁵ sã⁵⁵ko²¹
    羨慕 它们 相爱

5   楞银才奴次改厄,[1]   咱把妻子丢后面,
    nɯ⁵⁵ ȵi²¹tshe⁵⁵ no³³ tshɛ⁵⁵ ke²¹ ɣɯ³³
    你 妻子 上 放 在 后

6   掺虽泽利奴梦某。   深夜梦里想见她。
    tshɛ³¹sui³³ tshɯ⁵⁵ li⁵⁵ no³¹ mi³³ mo³¹
    睡着 掉 也 你 想 她

7   刷走酒牙乃额则,   别再说啥拿酒来,
    sua⁴⁴ tso⁴² tsỹ³³ja⁴² nɛ⁴⁴ɣɯ³⁵tshɯ⁵⁵
    说 是 酒 拿过来

8   酒恩腊之朽。   还是喝酒好。
    tsỹ³³ ʔũ³³ la⁴² tsɿ⁵⁵ ɕõ³¹
    酒 喝 了 则 好

挑夫 1   喜里欢拉途得奴,   欢天喜地路途中,
    ɕi³¹li³¹ xuã⁵⁵la⁵⁵ thu³³tɯ²¹ no³³
    欢天喜地 路途 上

2   不觉担票交者处。   不觉挑到拿钱处。
    pu³⁵tɕo³⁵ tã⁵⁵phia⁴⁴ tɕo⁵⁵ tse²¹ tshɿ³¹
    不觉 挑到 交 钱 处

3   商争商哇奴交泽,   争先恐后交担子,
    sã⁵⁵tsũ⁵⁵ sã⁵⁵ua⁴⁴ no³³ tɕo⁵⁵ tshɯ⁵⁵
    互相争抢 的 交 掉

4   亚府安牙吼。   只想快回家。
    ja⁴⁴khɣ³¹ ʔã³³ ŋa⁵⁵ xo³¹
    回家 看 咱们 家人

5   省者候刷那叟苦,   给钱人说"辛苦了,
    zɿ³¹tse²¹xo³³ sua⁴⁴ ŋa⁵⁵ so⁵⁵khu³³
    给钱们 说 你们 辛苦

6   席面摆特样吃某,   饭菜摆下吃顿饭,
    jɯ⁴⁴ ʔẽ³³ pe³¹ thɯ⁵⁵ ŋa⁵⁵ jɯ⁴⁴ jã⁴²
    吃 喝 摆 下 咱们 吃 点

7   等心勾道再俗友,[2]   安安心心住一晚,

---

[1] 银才[ȵi²¹tshe⁵⁵]: 音读字,是妻子[vɣ³³ȵi²¹]的同义词,带有为人之妻的含义。
[2] 等心勾道[tɯ³¹ɕi⁵⁵ kɣ⁴²⁵ta⁴⁴]: 压缩音节的短语。原话应该是[tɯ³¹ɕi⁵⁵ kɣ⁴²ʔa⁵⁵ta⁴⁴](放心在这里),压缩了[ʔa⁵⁵],只留下声调5,即[kɣ⁴²⁵]。

		tuɯ³¹ɕĩ⁵⁵ kɣ⁴²⁵ta⁴⁴ tse⁴⁴ sɣ⁴⁴jo³¹ 放放心心　　再　宿　一夜	
	8	昧彦那亚苦。 me⁵⁴ɲi⁴⁴ na⁵⁵ ja⁴⁴khɣ³¹ 明天　你们　回家	明天再回去。"
	9	昧彦餐吃腊乃之， me⁵⁴ɲi⁴⁴ tshã⁵⁵ ju⁴⁴ la⁴² ɣɯ³³ tsɿ⁵⁵ 明天　早饭　吃　了　后　则	要说明早吃了饭，
	10	生生色色样亚苦。 xẽ⁵⁵xẽ⁵⁵ sɛ⁴⁴sɛ⁴⁴ ɳa⁵⁵ ja⁴⁴khɣ³¹ 健健康康　咱们　回家	精精神神咱回家。
	11	工补当之阿补贝， kõ³³ pu³¹ tã⁴⁴tsɿ⁵⁵ ʔa³¹ pu³¹ pe⁴⁴ 两步当做　　一步走	两步当作一步走，
	12	双旋箭史谋。 suã⁵⁵çỹ³¹ tɕĩ⁴² sɯ³³ tso⁴² 相似　箭　样　射	就像射箭跑。

同伴	1	那里米乃我利米， na⁵⁵ li⁵⁵ mi³³ ne³¹ ŋo³¹ li⁵⁵ mi³³ 你们也想的　我也想	你们也想我也想，
	2	巫银某朵勒勒米。 vɣ³³ɲi²¹ mɯ⁵⁵ tua⁴⁴ lɯ⁴⁴lɯ⁴⁴ mi³³ 妻子　她的　上　越更　想	越来越想我的妻。
	3	某过样厄使吼千，[1] mo³¹ kɣ⁴² ɳa⁵⁵ ɣɯ³³ sɿ³³ xo⁵⁵tɕhɛ⁵⁵ 她　在　咱们　后　守　卧室	她在后面守空房，
	4	叟苦处之某。 so⁵⁵khu³³ tshɣ³¹ tsɿ³³ mo³¹ 辛苦　处　是　她	辛苦就是她。

| 挑夫 | 1 | 哪亡聊之刷则那，[2]
 na⁵⁵vɣ³¹ nia⁴² tsɿ³³ sua⁴⁴ tsɯ³¹⁵na⁴⁴
 你们　这些　是　说　成　哪里 | 你们说话说到哪， |
| | 2 | 聊奴细偶阿妙刷。 | 这样的话不要讲。 |

---

[1] 吼千[xo⁵⁵tɕhɛ̃⁵⁵]：专指民居中专设的夫妻卧室。民居正房一般为三间，中间为堂屋，两边两间设为套间，其中一套"吼千"，即为结婚时的夫妻用房，里间为卧室，外间放置夫妻用的杂物。

[2] 聊[nia⁴²]：省略语，意思是这些。其中省略了[nɯ³¹]（这）；刷成那[sua⁴⁴tsɯ³¹⁵na⁴⁴]：省略语，其中省略了[ʔa⁵⁵]，留下声调，留下声调的流音，即 5。

nia⁴² no³³ ɕi⁵⁵ɣo⁴² ʔa³¹mia⁴⁴ sua⁴⁴
这样 的 话语 不要 说

3 古银舍银次吼东， 老人小孩放在家，
ku³³ɲi²¹ se³¹ɲi²¹ tshŋ⁵⁵ xo³¹tɣ̃⁵⁵
老人 小人 留 家里

4 佣米杂吼朵。 想要想全家。
ɲo³³ mi³³ tsa³⁵ xo³¹ tua⁴⁴
要 想 劝 家 上

同伴 1 巫银某朵当嘎米，[1] 不想妻子还是想，
vɣ̃³³ɲi²¹ mɯ⁵⁵ tua⁴⁴ tã⁴⁴ ka⁴⁴mi³³
妻子 她 上 定 想想

2 城城赫赫嘎某米。 时时刻刻把她想。
tsɛ²¹tsɛ²¹ kɛ⁴⁴kɛ⁴⁴ ka⁴⁴ mo³¹ mi³³
时时刻刻 把 她 想

3 楷得卑该午史妈， 早早晚晚服侍妈，
khɛ⁵⁵tɯ²¹ pẽ³³kɛ⁴² vɣ̃²¹ʑŋ²¹ mo³³
早上 晚上 服侍 母

4 使母朽嘎刷。 只想妈健康。
sɛ³³ mo³³ ɕõ³¹ ka³⁵ sua⁴⁴
让 母 好 几 年

5 爹妈得样某则唻， 爹妈生咱那时刻，
ti³³mo³³ tɯ⁴⁴ ɲa⁵⁵ mo³¹ tsɛ²¹ lɛ⁴²
爹妈 得 咱们 那 时 哪

6 克心之扣欢引灰。 心儿高兴像烧火。
khɯ³¹ ɕĩ⁵⁵tsŋ⁵⁵ kho³³ xuã⁵⁵ ɲɯ³³xui³³
内 心儿 欢 燃火

7 样佣腹俗发炎之， 要是发烧肚子泻，
ɲa⁵⁵ ɲo³³ fɣ⁴⁴sui⁴² fɛ⁴⁴ɲi⁴⁴ tsŋ⁵⁵
咱们 要 肚泻 发烧 则

8 妈心丹得瑞。[2] 妈心冷如冰雪。
mo³³ ɕĩ⁵⁵ tã³³ tɯ⁴⁴ sui⁴⁴
母 心 冷 得 雪

9 屎屎少少色干净， 屎屎尿尿擦干净，
sŋ³³sŋ³³ so³¹so³¹ sɯ⁴⁴ kã⁵⁵tɕũ⁴²
屎屎 尿尿 擦 干净

10 更哈开夫块干二。 担心屁股胯间炎。

---

[1] 嘎[ka⁴⁴]: 词头。与此结合的动作行为带有短暂重复或试试的意思，在这个语境中是"想一想"之意。如果不是这样的语境，是"试想"之意。
[2] 丹[tã³³]: 动词，冰冷之意。

kẽ⁵⁵xa⁴⁴ khɛ⁵⁵fɣ³³ khua³¹ka⁴² ʔɛ⁴⁴
担心　屁股　　胯间　　炎

11　走达刺油来乃额，[1]　　　　　　　　　拿来走达刺的油，
　　tso⁴²ta²¹tɕhi³¹ juɯ²¹ la³¹ ne⁴⁴ ɣɯ³⁵
　　（一种植物）油　又　拿来

12　来史抹里色。　　　　　　　　　　　　快抹又快擦。
　　lɛ⁴⁴sɯ³³ ma⁵⁵ li⁵⁵ sɯ⁴⁴
　　赶快　抹　也　擦

13　容样嘎彦咀角赫，　　　　　　　　　　像是把咱含嘴里，
　　ȵo⁴² ȵa⁵⁵ kã²¹ ni⁴⁴ tɕye³³kɛ⁵⁵ xɯ³¹
　　把　咱们　含进　嘴巴　里

14　容样当心肝宝贝。　　　　　　　　　　当成身上小心肝。
　　ȵo⁴² ȵa⁵⁵ tã⁴⁴ ɕĩ⁵⁵kã⁵⁵ po³¹pe⁴⁴
　　把　咱们　当　心肝　宝贝

15　爹母情意米劳朵，　　　　　　　　　　爹妈恩情想不尽，
　　ti³³mo³³ tɕɛ̃²¹ji³¹ mi³³ lo⁴² tua⁴²
　　爹妈　　情意　想　够不得

16　之改母押米！　　　　　　　　　　　　怎么不想妈！
　　tsɿ⁵⁵kɛ²¹ mo³³ ja³⁵ mi³³
　　怎么　　母　不　想

挑夫　1　脚力嘎银刷得礼，　　　　　　　　　　同伴说的很在理，
　　　　tɕo⁵⁵li⁵⁵ ka³⁵ ȵi²¹ sua⁴⁴ tɯ⁴⁴ li³³
　　　　脚力　几个　说　得　理

　　　2　爹母奴之兜嘎米。　　　　　　　　　　爹妈恩情多想想。
　　　　ti³³mo³³ no³³ tsɿ⁵⁵ to⁵⁵ ka⁴⁴mi³³
　　　　爹妈　上　则　多　想想

　　　3　呆摆心扣云押嗡，　　　　　　　　　　刚才心上罩云雾，
　　　　tɯ²¹pɛ²¹ ɕĩ⁵⁵kho³³ ɣ̃²¹ ja⁴⁴ ʔṽ⁵⁵
　　　　前会儿　心　　雾　压布

　　　4　冷摆旦后气。　　　　　　　　　　　　这时很后悔。
　　　　nɯ³¹pɛ²¹ tã⁴² ɣɯ³³ tɕhi⁴⁴
　　　　这时　回　后　气

　　　5　探得额介冷嘎哩，　　　　　　　　　　拿着工钱这几文，
　　　　thã⁵⁵tɯ⁴⁴ ɣɯ⁴²kɛ⁴² nɯ⁵⁵ ka³⁵li⁵⁵
　　　　接到　　工钱　这　几文

　　　6　补奴务担买嘎件。　　　　　　　　　　滋补食品买几样。

---

[1] 走达刺[tso⁴²ta²¹tɕhi³¹]：一种滇西的特有灌木，条枝上有刺，初春开白花，果大若小指节，呈黑色，油多，有消炎作用。白族民间作为避邪之物，做秧田时在田边插几枝，儿女病时摘几枝插于大门外墙上。

pu³¹ no³³ vɣ̩³³tã⁴² mɛ⁴² ka³⁵tɕĩ⁴⁴
滋补　　东西　买　几样

7　爹母干心干命之，　　　　　　　爹妈有气无力时，
ti³³mo³³ kã⁵⁵ɕĩ⁵⁵ kã⁵⁵miɛ⁴² tsʅ⁵⁵
爹妈　　（身体难过状）　则

8　含某奴嘎咀。　　　　　　　　含着吃几口。
kã²¹ mɯ⁵⁵ no³³ ka³⁵tɕye³³
含　它　上　几口

9　为刷我怎号恩付，[1]　　　　　只因嗜好喝一口，
ui⁴⁴ sua⁴⁴ ŋo³¹ tsʅ³³ xo⁴⁴ ʔũ³³fɣ̩⁴⁴
为　说　我　是　好　喝一口

10　额介嘎哩帐己付。　　　　　　工钱买酒哑几口。
ɣɯ⁴²kɛ⁴² ka³⁵li⁵⁵ tsã⁴⁴ ka³⁵ fɣ̩⁴⁴
工钱　　几文　哑　几　小口

11　己学还是借介哩，　　　　　　多少还得借几文，
tɕi⁵⁵ɕu³³ lɛ³¹no³³ tɕɛ⁴⁴ ka³⁵li⁵⁵
多少　　还是　　借　几文

12　买给爹母侯。　　　　　　　　滋补给爹妈。
mɛ⁴² zʅ³¹ ti³³mo³³xo³³
买　给　爹妈们

13　黑乌冾改使母吃，　　　　　　乌鸦叼肉给母吃，
xɯ⁴⁴ʔṽ̩⁵⁵ tɕha⁴⁴kɛ²¹ zʅ³¹ mo³³ ju⁴⁴
乌鸦　　叼肉　给　妈　吃

14　荣子恩巴跪某母。　　　　　　羊羔吃奶跪母前。
jã²¹tsʅ³³ ʔũ³³ pa⁴² kɣ̩³¹ mɯ⁵⁵ mo³³
羊羔　　喝奶　跪　它的　母

15　董永卖身殡葬父，　　　　　　董永卖身殡葬父，
tõ³¹jõ³¹ me⁵⁴shɯ³³ pĩ³³tsã⁵⁴ fɣ̩⁵⁴
董永　　卖身　　殡葬　　父

16　孝感动天心。　　　　　　　　孝感动天心。
ɕo⁵⁴ kã³¹tõ⁵⁴ thĩ³³ɕũ³³
孝　感到　天心

17　经之做泽样舍务，　　　　　　都是做了好事情，
tɕɛ⁵⁵tsʅ³³ tsu⁵⁵ tshɯ⁵⁵ xu³³ sɛ³¹vɣ̩³³
多是　　做　掉　好　事情

18　阿银干银做孝心。　　　　　　一人教人有孝心。
ʔa³¹ɲi²¹ kã⁵⁵ ɲi²¹ tsʅ³³ ɕo⁵⁵ɕũ³³
一人　　教　人　是　孝心

---

[1] 付[fɣ̩⁴⁴]：这里作量词，即喝酒之类的一小口。

	19	时年利穷舍格穷，	时年也好人间好，
		sɿ⁴²ni⁴² li⁵⁵tɕhõ⁵⁵ se⁴²kɛ⁴² tɕhõ⁵⁵	
		时年 也 好 世界 好	
	20	阿刷比刷乎。	一年胜一年。
		ʔa³¹sua⁴⁴ pi³¹ sua⁴⁴ xu³³	
		一年 比 年 好	
	21	腊介桑仲阿银吉，	腊肉香肠吃一点，
		la⁴⁴kɛ²¹ sẽ⁵⁵tsõ²¹ ʔa³¹ɲi²¹ tɕɛ⁴²	
		腊肉 香肠 一人 一点	
	22	刺盖麦食阿银咀。[1]	肥肉麦饭吃一口。
		tshɛ⁴⁴kɛ²¹ mɯ⁴⁴zɿ³¹ ʔa³¹ɲi²¹ tɕye³³	
		红肉 麦饭 一人 一嘴	
	23	菜蔬盘子某俗少，	虽然菜蔬数量少，
		tshɯ³¹sɤ⁵⁵ pã²¹ tsɿ³³ mɯ⁵⁵ sɤ⁴² ɕu³³	
		菜蔬 盆 是 它的 数量 少	
	24	酣那温务吃。	你们尽管吃。
		xã⁵⁵ na⁵⁵ ũe³³ ɣ̃⁵⁵ jɯ⁴⁴	
		看 你们 眼 处 吃	
斋主	1	超度兜波岩道岸，	超度祖宗要返回，
		tsho³³tu⁵⁴ to⁵⁵po⁵⁵ ɣɛ²¹ tã⁴²ja⁴⁴	
		超度 祖宗 去 转回	
	2	超度西侯转穷乎。	超度话语说不完。
		tsho³³tu⁵⁴ ɕi⁵⁵ tsũe⁴² tɕhõ⁵⁵xu³³	
		超度 话语 转 好好	
	3	使那额则顶朽处，	希望你们安心走，
		zɿ³¹ na⁵⁵ ɣɛ²¹tsɛ²¹ tɯ³¹ tɕhõ⁵⁵ tshɤ³¹	
		让 你们 去 成 很 好 处	
	4	额处里穷乎。	走到好地方。
		ɣɛ²¹ tshɤ³¹ li⁵⁵ tɕhõ⁵⁵ xu³³	
		去处 也 好 好	
	5	细偶阿称说劳朵，	话语一句说不完，
		ɕi⁵⁵ɣo⁴² ʔa³¹tshɛ⁵⁵ sua⁴⁴ la⁴² tua⁴²	
		话语 一句 说 了 不得	
	6	成已哩每样贝啥。	时间不早都要走。
		tsɛ²¹ji³¹ li⁵⁵ me³³ na⁵⁵ pe⁴⁴ sa⁴⁴	
		时间 晚 也 你们 要 走	

---

[1] 刺盖[tshɛ⁴⁴kɛ²¹]：即红曲烩的肥肉，大小约四方寸许，是请客宴席必备的菜肴。麦食[mɯ⁴⁴zɿ³¹]：是大麦米饭或用麦面搓揉成颗粒掺杂的米饭，旧时穷苦人家的家常饭。此句及上句的意思是吃的好坏不要计较。

7   保佑兜波嘎超生,   保佑祖宗快转世,
    po³¹jo⁴⁴ to⁵⁵po⁵⁵ ka⁴⁴ tsho³³suĩ³³
    保佑   祖宗   把   超生
8   斋主得福禄。   斋主得福禄。
    tse³³tsɣ³¹ tɯ⁴⁴ fɣ⁴⁴lɣ⁴⁴
    斋主   得   福禄

超宗度祖文

段 伶　张福雄

《超宗度祖文》在殡葬和做房寿诞的法事中使用。做房寿诞是大理一带白族普遍举办的习俗，白语称[tsŋ⁵⁵ xɔ³¹sŋ⁵⁵zŋ²¹]。民俗建造新房时要举办安龙奠土仪式，新房满一年之后，要为新房做寿庆典，以求全家清洁平安。《超宗度祖文》是其中的一个仪式。大理市大弯庄道师张维明先生为课题组再现了仪式，使用的法器有小钹、大钹、铜铃、拍案镇坛木等敲打乐器，他一人手、脚并用，敲打乐器，口唱经文。《超宗度祖文》的用意，题目已经表明为了超宗度祖。经文中的有些词语，可以根据该家人的具体情况和所处的时代即兴作一些改动。这里释读的经文是张维明先生近期做法事的传抄本，抄本为折叠式的长卷。字直行，楷书。张先生年已过七十，平日常为百姓做法事、书写上奏神灵的诰书。

　　五七追修设家祭，
　　香烟渺渺上青天。
　　三卷妙经已圆满，
　　奉送圣真会仙宫。
斋事已毕，超度祖宗忠魂，祭祖献食，三献，孝子孝眷跪！

1　我干斗博斗干双，[1]　　　　　　　　　　我把祖先的事叙一叙，
　　ŋɔ³¹ ka⁴⁴ to³⁵pɔ³⁵ to³¹ ka⁴⁴sua⁴⁴
　　我　把　祖宗　　话　说说

2　斗博自艮不简单。　　　　　　　　　　先人持家可不简单。
　　to³⁵pɔ³⁵ tsŋ⁵⁵ɲi²¹ pu³⁵tɕe³¹ta⁴⁴
　　祖先　　为人　　不简单

3　怎好折格子女吉，　　　　　　　　　　家宅狭小子女多，
　　tsɯ³¹xɔ³¹ tsɛ⁴⁴kɛ⁴² tsŋ⁴⁴ɲɣ³³ tɕi³⁵
　　家宅　　　狭窄　　儿女　　多

4　车白老利那本张。　　　　　　　　　　睡个觉也难以解决。
　　tshɛ³³pɛ²¹ nɔ³³ li⁵⁵ na⁴²pɯ³¹tsa³³
　　睡觉　　　的　也　难解决

---

[1] 斗博[to³⁵pɔ³⁵]：即祖先。文中还有"斗博细五"，即祖先魂灵之意。干[ka⁴⁴]：兼类词，一是介词，有"把"之意；二是动词词头，有动作行为短暂重复或试试之意。本句中前者"干"为介词，后者"干"与"双"（说）结合，有说一说之意。斗[to²¹]：即话语、事情之意。

5	倒支倒汝不懂事，	儿女大了不懂事，
	tɔ³¹tsʅ⁴⁴ tɔ³¹ȵɣ³³ pu³⁵ tu³¹sʅ⁵⁵	
	大儿　大女　　不懂事	
6	小支小汝那添叭。	又添了小儿小女。
	se³¹tsʅ⁴⁴se³¹ȵɣ³³ la³² thie⁵⁵ phia⁴⁴	
	小儿　小女　　又　添　来	
7	晒吐等作更许悟，[1]	小的才喊口里渴，
	se³¹ nɔ³³ tɯ²¹ tsɔ⁴² ʔɯ³³ ɕy³³u³⁵	
	小　的　个　要　喝　水	
8	倒奴艮咋夫计康。	大的又喊肚子饿。
	tɔ³¹ nɔ⁴⁴ ȵi²¹ tsɔ⁴² fɣ⁴⁴tɕi⁵⁵kha⁴⁴	
	大　的　人　说　肚饥渴	
9	白天利苦罢格苦，	白天苦了晚上苦，
	pɛ⁴²tsɔ⁴²ȵi⁴⁴ khu³¹ pe³¹kɛ³¹ khu³¹	
	白天　　　苦　晚上　苦	
10	头博利愿夕利荒。	头苦昏了心也慌。
	tɯ²¹pɔ³¹ li⁵⁵ jy⁴⁴ ɕi³⁵ li⁵⁵ xua⁴⁴	
	头　　也晕　心也慌	
11	害阿明恨筐坑有，	天一亮就起来，
	xe⁵⁵ ʔa³³ me³¹ xɯ⁴⁴ pe⁴⁴ khɯ⁴⁴ jɯ³⁵	
	天　一　明　里　走　起　来	
12	申作弓及干牙咬。	手麻脚酸把牙咬。
	sɯ³³tsɔ²¹ ko⁴⁴ne³² ka⁴⁴ ŋɛ²¹ ŋa⁴⁴	
	手麻　脚酸　把　牙　咬	
13	自从支女添叭应，	自从添家口，
	tsʅ⁵⁵tsho⁴² tsʅ⁴⁴ȵɣ³³ thie⁵⁵ phia⁴⁴ jɯ³⁵	
	自从　　子女　　添　到　来	
14	当自害花鸾利生。[2]	就像仙花落你手。
	ta⁴⁴tsʅ⁵⁵ xe⁵⁵xuɔ³⁵ lua⁴² ni⁵⁵ sɯ⁴⁴	
	就像　仙花　　落　你　手	
15	守登支女当自宝，	得了儿子当成宝，
	so³³ tɯ⁴⁴ tsʅ⁴⁴ȵɣ³³ ta⁴⁴tsʅ⁵⁵ pɔ³¹	
	生　得　子女　　当成　宝	
16	添镇汝艮当千金。	得了女儿当千金。
	thi⁵⁵ tsɯ³⁵ ȵɣ³³ȵi²¹ ta⁵⁵ tɕhe⁴⁴tɕɯ⁴⁴	
	添　有　女儿　　当　千金	
17	苦生苦喜利喜欢，	累死累活也高兴，

---

[1] 作[tsɔ⁴²]: 动词，有认为、可能、或许之意。后一句中的"咋"，读音和词义与"作"相同。更许悟[ʔɯ³³ɕy³³u³⁵]: 更许，即冷水，旧时喝水只喝冷水。其后的"悟"是少许之意，作为词尾，表示一个单位。

[2] 害花[xe⁵⁵xuɔ³⁵]: 意思是天花，指天上的花，这里为了避免歧义，翻译为"仙花"。

khu³¹xɛ⁵⁵ khu³¹ɕi³³ li⁵⁵ ɕi³¹xua³⁵
苦活　　苦死　　也　喜欢

18　敌学支女伙平安。　　　　　　　　　　　只要儿女们平安。
　　ti³¹ɕɔ³⁵ tsʅ⁴⁴n̠ʮ³³xuɔ⁴⁴ phi⁴²ʔa³³
　　只要　　儿女们　　　　平安

19　子女伙者难过坑，　　　　　　　　　　儿女一旦得了病，
　　tsʅ⁴⁴n̠ʮ³³xuɔ⁴⁴ tsɛ³¹ na²¹kuo⁴⁴ khɯ³⁵
　　子女们　　　　若　难过　　起

20　笨奶笨爷欢扎香。　　　　　　　　　　他奶他爷极慌张。
　　pɯ⁵⁵ne⁴⁴ pɯ⁵⁵jɛ⁴² xua³⁵tsa³⁵ ɕa⁴⁴
　　他奶　他爷　　慌张　　极

21　惟愿子女伙成龙，　　　　　　　　　　唯愿儿女们成才，
　　ve⁴²jy⁵⁵ tsʅ⁴⁴n̠ʮ³³xuɔ⁴⁴ tsɛ²¹ lʮ²¹
　　唯愿　　子女们　　　　成龙

22　后代子女倒发旺。　　　　　　　　　　后代子孙有前程。
　　ʔɯ³¹te³³ tsʅ⁴⁴n̠ʮ³³ tɔ³¹ fɛ⁴⁴ua⁴⁴
　　后代　　子女　　大　发旺

23　本管怎利好夫妻，　　　　　　　　　　不管是家庭夫妻，
　　pɯ³¹kua³¹ tsɯ³³ ni²¹xɔ³¹ fʮ⁴⁴tɕhi⁴⁴
　　不管　　　是　家庭　　夫妻

24　本管怎子女斗母。　　　　　　　　　　不管是子女父母。
　　pɯ³¹kua³¹ tsɯ³³ tsʅ⁴⁴n̠ʮ³³ to³⁵mɔ³³
　　不管　　　是　子女　　　父母

25　皆因等世行甘几，　　　　　　　　　　皆因前世修行聚，
　　ke⁴⁴ju⁴⁴ tɯ²¹xɛ⁵⁵ ɕɯ³⁵ ka⁴⁴tɕi³¹
　　皆因　　前世　　修　一起

26　母慈子孝家平安。　　　　　　　　　　母慈子孝家平安。
　　mɔ³¹tshʅ⁴² tsʅ³¹ɕɔ⁵⁵ tɕa³³ piɯ⁴²ʔa⁴⁴
　　母慈　　　子孝　　家　平安

27　爹母阿时登下病，　　　　　　　　　　爹妈一时得了病，
　　ti³³mɔ³³ ʔa³¹tsʅ³¹ tɯ⁴⁴ thɯ⁵⁵ pɛ³¹
　　爹母　　一时　　得　下　病

28　阿好之艮欢扎相。　　　　　　　　　　一家人人都慌了。
　　ʔa³¹xɔ³¹tsʅ⁴⁴ n̠i²¹ xua³⁵tsa³⁵ ɕa⁴⁴
　　一家　儿　人　慌乱　　极了

29　求神拜佛在许愿，　　　　　　　　　　求神拜佛再许愿，
　　tɕho⁴²sɯ⁴² pe⁵⁵fʮ³⁵ tse⁴⁴ ɕye³¹jye⁵⁵
　　求神　　　拜佛　　再　许愿

30　住院求医药色加。　　　　　　　　　　求医住院找医生。

tsɣ⁵⁵jye⁵⁵ tɕho⁴²ji⁴⁴ jo⁴⁴sɛ³⁵ tɕa⁴⁴
住院　　求医　　医生　　接

31　唯愿爹母那病很，　　　　　　　　　　　　但愿爹妈病痊愈，
ve⁴²jye⁵⁵ ti³³mɔ³³ na⁵⁵ pɛ⁴² xɯ³³
唯愿　　爹妈　　你们 病　愈

32　希望那多过旺双。　　　　　　　　　　　　只求在世多几年。
ɕi³³ua⁵⁵ na⁵⁵ tuo³⁵ kuo⁴⁴ ua⁵⁵ sua⁴⁴
希望　　你们 多　　过　　几　年

33　子女没自痛保艮，　　　　　　　　　　　　无子无女要一个，
tsๅ⁴⁴ɲɣ³³ mu³³ tsๅ⁵⁵ thu⁵⁵pɔ³⁵ ɲi²¹
子女　　没　则　讨他　　个

34　爹母没自嗬那阿？　　　　　　　　　　　　没有爹妈哪里找？
ti³³mɔ³³ mɔ³³ tsๅ⁵⁵ ŋɛ³⁵ na⁴⁴ ʔa³³
爹妈　　没 则　去　哪里　找

35　虽然相片摆冷委，　　　　　　　　　　　　虽然相片供这里，
sui⁴⁴za⁴² ɕa⁵⁵phie⁵⁵ pe³¹ lɯ³¹ui³¹
虽然　　　相片　　摆　 这里

36　看登影生斗本双。　　　　　　　　　　　　看见影像不说话。
xa⁵⁵tɯ⁴⁴ jɯ³⁵sɯ⁴⁴ to³¹ pɯ³³ sua⁴⁴
看着　　　就　话　　不　说

37　除非半夜上格很，　　　　　　　　　　　　除非半夜三更时，
tshɣ⁴²fe⁴⁴ pa⁴⁴jo³³ sa⁵⁵kɛ⁵⁵ xɯ³¹
除非　　半夜　　三更　　里

38　子女父母命登看。　　　　　　　　　　　　梦中爹妈子女得相见。
tsๅ⁴⁴ɲɣ³³ to³³mɔ³³ mɯ⁴²tɯ⁴⁴ ʔa³³
子女　　爹妈　　才得　　看

39　爹母过央十双怎，　　　　　　　　　　　　爹妈最好再过十来年，
ti³³mɔ³³ kuo⁵⁵ja³⁵ tsๅ⁴²sua⁴⁴ tsɯ⁴²
爹妈　　再过　　十年　　左右

40　十年没利过五岁。　　　　　　　　　　　　没有十年也五年。
tsๅ⁴²sua⁴⁴ mɔ³³ li⁵⁵ kuo⁴² ŋɣ³³sua⁴⁴
十年　　没 也　过　五年

41　困难日些过七难，　　　　　　　　　　　　苦难日子都熬出来了，
khui⁵⁵na⁴² ɲi⁴⁴ɕɛ⁴⁴ kuo⁴⁴tɕhi³⁵ na³¹
困难　　日子　　过去　　了

42　阿时得病见阎王。　　　　　　　　　　　　谁想一时得病见阎王。
ʔa³¹tsๅ³¹ tɯ³³ pɛ⁴⁴ ke³² ja⁴²ua⁴²
一时　　得病　　见　阎王

43　孝敬爹母自本六，　　　　　　　　　　　　孝敬爹妈还不够，

ɕo⁵⁵tɕɯ⁵⁵ ti³³mɔ³³ tsɿ⁵⁵ pɯ³¹lu⁵⁵
孝敬　爹妈　则　不够

44　给我歺吐小达昌。　　　　　　　　　　让我痛心如小刀割。
zɯ³¹ŋɯ⁵⁵ ɕi³⁵ nɔ³³ se³¹ta⁵⁵ tsha⁴⁴
给　我　心　上　小刀　插

45　爹母为我苦阿生，　　　　　　　　　　爹妈为我苦一生，
ti³³mɔ³³ ue⁵⁵ ŋɔ³¹ khu³¹ ʔa³¹xɛ⁵⁵
爹妈　为　我　苦　一生

46　冷炭后悔赶米朵。　　　　　　　　　　这时悔恨赶不上。
lɯ³¹tha⁵⁵ xo⁵⁵xui³¹ tɕi⁴²mi³¹tuo³³
这时　后悔　赶不上

47　前古有二十四孝，　　　　　　　　　　古时有二十四孝，
ku³¹tsɿ²¹ tsɯ³³ ʔɛ⁵⁵sɿ³⁵sɿ⁵⁵ ɕo⁵⁵
古时　有　二十四　孝

48　艮艮只孝顺爹母。　　　　　　　　　　人人都孝顺爹妈。
ȵi²¹ȵi²¹ tsɿ⁴⁴ɕo⁵⁵sue⁵⁵ ti³³mɔ³³
人人　在孝顺　爹妈

49　我利想要学罢门，[1]　　　　　　　　我应该学他们，
ŋɔ³¹ li⁵⁵ ɕa³¹ nɔ³³ ɣɯ⁴² pa⁵⁵ mɯ⁵⁵
我　也　想　要　学　他们　上

50　冷炭后悔赶米朵。　　　　　　　　　　这时已经来不及。
lɯ³¹tha⁵⁵ xo⁵⁵xui³¹ tɕi⁴²mi³¹tuo⁴⁴
这时　后悔　赶不上

51　大舜历山去耕田，　　　　　　　　　　大舜骊山去耕田，
ta⁵⁵sue⁵⁵ li⁵⁵sa⁴⁴ ŋɛ²¹ tso⁴⁴tɕi³¹
大舜　骊山　去　耕田

52　纷纷南下民和顺，　　　　　　　　　　纷纷南下民和顺，
fɯ³³fɯ³³ na⁴²ɕa⁵⁵ mɯ⁴² xo⁴²sui⁵⁵
纷纷　南下　民　和顺

53　孝心感动天和地，　　　　　　　　　　孝心感动天和地，
ɕo⁵⁵ɕɯ³³ ka³¹tu⁵⁵ ti³³ xo⁴² ti⁵⁵
孝心　感动　天　和　地

54　尧舜才能登宝位。　　　　　　　　　　尧舜才能得宝位。
jɔ⁴²sui⁵⁵ tshe⁴²nɯ⁴² tɯ⁴⁴ pɔ³¹ue⁵⁵
尧舜　才能　得　宝位

55　后汉出了汉文帝，　　　　　　　　　　后汉出了汉文帝，
xo⁵⁵xa⁵⁵ tshɤ⁴⁴tɕhi⁴⁴ xa⁵⁵vɯ⁴²ti⁵⁵
后汉　出来　汉文帝

---

[1] 门[mɯ⁵⁵]: 方位词兼宾语助词，在宾语之后，作为宾语标志，使宾语在句中可前置或后置。

56 因有老父病危急，　　　　　　　　　　　　　　因为老父病危急，
　　　juɯ³³jo³¹ lɔ³¹fʏ⁵⁵ puɯ⁵⁵ ui⁴⁴tɕi³⁵
　　　因有　老父　病　　危急

57 文帝亲自尝汤熬，　　　　　　　　　　　　　　文帝亲自尝药喂，
　　　vuɯ⁴²ti⁵⁵ tɕuɯ⁴⁴tsʅ⁵⁵ tsha⁴²tha⁴⁴ ʔɔ³⁵
　　　文帝　　亲自　　尝汤　　　喂

58 至今名传於后代。　　　　　　　　　　　　　　至今美名传后代。
　　　tsʅ⁵⁵tɕuɯ³³ muɯ³¹ tshue⁴² jy⁴² xo⁵⁵te⁵⁵
　　　至今　　　名　　传　　于　后代

59 孟宗苦竹冬生笋，　　　　　　　　　　　　　　孟宗苦竹冬生笋，
　　　muɯ⁵⁵tso³³ khu³¹tsu³⁵ tu³³ suɯ³³ sui³¹
　　　孟宗　　　苦竹　　冬　生　笋

60 王祥卧冰鱼自现，　　　　　　　　　　　　　　王祥卧冰鱼自现，
　　　ua⁴²tɕha⁴² u⁵⁵puɯ³³ jye⁴² tsʅ⁵⁵ɕie⁵⁵
　　　王祥　　　卧冰　　鱼　自现

61 郭巨埋儿天赐金，　　　　　　　　　　　　　　郭巨埋儿天赐金，
　　　ku³⁵tɕye⁵⁵ me⁴²ʔɛ⁴² ti³³ tsʅ⁵⁵ tɕuɯ³³
　　　郭巨　　　埋儿　　天　赐　　金

62 孝心感动天和地。　　　　　　　　　　　　　　孝心感动天和地。
　　　ɕo⁴⁴ɕi³⁵ ka³¹tu⁵⁵ thi³³ xo⁴² ti⁵⁵
　　　孝心　　感动　　天　和　地

63 董永真心行孝人，　　　　　　　　　　　　　　董永是个真心行孝人，
　　　to³¹jo³¹ tsʅ⁵⁵ɕi³⁵ ɕuɯ⁴²ɕo⁴⁴ ȵi²¹
　　　董永　　真心　　　行孝　　人

64 因为爹妈早辞世，　　　　　　　　　　　　　　因为无钱葬爹妈，
　　　juɯ³³ui⁵⁵ ti³³mɔ³³ tsu³³ tshʅ⁴²sʅ⁵⁵
　　　因为　　　爹妈　　早　辞世

65 为葬爹母去卖身，　　　　　　　　　　　　　　自己卖身葬父母，
　　　ui⁵⁵ tsa⁵⁵ ti³³mɔ³³ ŋɛ³¹ me⁵⁵suɯ⁴⁴
　　　为　葬　爹妈　　去　卖身

66 仙姬與他来匹配。　　　　　　　　　　　　　　仙姬跟他来相配。
　　　ɕi⁴⁴tɕi⁴⁴ juɯ³⁵ ko⁵⁵ pɔ³¹ ɕa⁴⁴phe⁵⁵
　　　仙姬　　　来　与　他　相配

67 提起丁郎行孝身，　　　　　　　　　　　　　　提起丁郎行孝身，
　　　thi⁵⁵khuɯ³³ tuɯ³³la⁴² ɕuɯ⁴²ɕo⁵⁵ suɯ³³
　　　提起　　　　丁郎　　　行孝　　身

68 为因父母早归阴。　　　　　　　　　　　　　　因为父母早归阴。
　　　ui⁵⁵juɯ³³ ti³³mɔ³³ tsɔ³¹ kui⁴⁴juɯ⁴⁴
　　　为因　　　爹妈　　早　归阴

69 丁郎刻木为父母，　　　　　　　　　　　　　　丁郎刻木为父母，

tɯ⁴⁴la⁴² khɛ³⁵mu³⁵ ui³⁵ ti³³mɔ³³
丁郎　刻木　　为　参妈

70　木佛也把话说清。　　　　　　　　木头父母也说话。
tsɯ³¹ve⁴² li⁵⁵ ka⁴⁴ to²¹ sua⁴⁴ tɕhɛ⁵⁵
木佛　　也把　话　说　尽

71　做官要学朱寿昌，　　　　　　　　做官要学朱寿昌，
tsuɔ⁵⁵kua⁴⁴jɔ⁵⁵ɕyɛ³⁵tsɤ³³ so⁵⁵tsha³³
做官　　要　学　朱　　寿昌

72　从小子母分离去，　　　　　　　　自小子母两散失，
tsho⁴²se³¹ tsɿ⁴⁴mɔ³³ tsu³³ fɤ³⁵khe⁵⁵
从小　　子母　　早　分开

73　弃官寻亲去找母，　　　　　　　　弃官寻亲好辛苦，
tɕhi⁵⁵kua³⁵ ɕy⁴²tɕhɯ⁴⁴ ŋɛ²¹ ji³¹ mɔ³³
弃官　　寻亲　　　去　找　母

74　结果母子得相会。　　　　　　　　最后母子得团圆。
tɕi³⁵kuo³¹ mu³¹tsɿ³¹ tɛ³⁵ ɕa⁴⁴xui⁵⁵
结果　　母子　　得　相会

75　崔家妇女姑不怠，　　　　　　　　崔家妇女顾白代，
tshui⁴⁴tɕa⁴⁴ fɤ⁵⁵ny³¹ ku⁵⁵pɯ³³tɯ⁵⁵
崔家　　妇女　　顾白代

76　孝顺婆婆有诚意，　　　　　　　　孝顺婆婆有诚意，
ɕɔ⁵⁵sui⁵⁵ phuo⁴²phuo⁴⁴ tsɯ³¹ tshɯ⁴²ji⁵⁵
孝顺　　婆婆　　　有　诚意

77　因为婆婆没牙齿，　　　　　　　　婆婆年老牙齿落，
jɯ⁴⁴ui³⁵ phuo⁴²phuo⁴⁴ tsɿ³³pa⁴⁴mu³³
因为　　婆婆　　　牙齿　没

78　年纪满八十多岁。　　　　　　　　高龄到了八十多。
ȵi⁴⁴sua⁴⁴ ma³³ pa³⁵sɿ⁴⁴ tuo³³sui⁵⁵
年纪　　满　八十　多岁

79　割股救亲孟月红，　　　　　　　　孟月红割股救母亲，
kuo³⁵ku³¹tɕo⁵⁵mu³¹ mɯ⁵⁵jye³⁵xo⁴²
割股　救母　　孟　月红

80　因为老娘病下去，　　　　　　　　因为老娘得了病，
jɯ⁴⁴ui⁵⁵ lɔ³¹nia⁴² pɯ⁵⁵ɕa⁵⁵ tɕhye⁵⁵
因为　老娘　　病　下　去

81　割股煎药老娘吃，　　　　　　　　割股煎药让老娘吃，
kuo³⁵ku³¹ tɕe³³jɔ³⁵ lɔ³¹nia⁴² tshɿ³⁵
割股　煎药　　老娘　　吃

82　保护老娘要清吉。　　　　　　　　只要老娘病痊愈。

pɔ³¹xu⁵⁵ lɔ³¹nia⁴² jɔ⁵⁵ tɕhu⁴⁴tɕi³⁵
保护　老娘　要　清吉

83　古时孝意学不完，　　　　　　　　　　古代孝子多少事，
ku³¹tʂŋ⁴² ɕɔ⁵⁵ji⁵⁵ ɕɔ³⁵ pu³⁵ ue⁴²
古时　孝意　学　不　完

84　多少孝心心中记。　　　　　　　　　　多少孝心心中记。
tu³³sɔ³¹ ɕɔ⁵⁵ɕɯ⁴⁴ ɕɯ⁴⁴ tso⁴⁴ tɕi⁵⁵
多少　孝心　心　中　记

85　可惜公婆去世了，　　　　　　　　　　可惜公婆去世了，
ko³¹ɕi³⁵ ko³³pho⁴² tɕhy⁵⁵sŋ⁵⁵ lɔ³¹
可惜　公婆　去世　了

86　叫我痛心晒珠泪。　　　　　　　　　　叫我心痛洒眼泪。
tɕɔ⁵⁵ ŋɔ³¹ thu⁵⁵ɕɯ⁴⁴ sa³¹ tsu⁴⁴lui⁵⁵
叫　我　痛心　洒　珠泪

87　祖宗位前敬大礼，　　　　　　　　　　祖宗面前敬大礼，
to³⁵pɔ³⁵ ui⁵⁵tɕhie⁴² tɕɯ⁵⁵ ta⁵⁵li³¹
祖宗　位前　敬　大礼

88　酒清茶香斋饭献。　　　　　　　　　　要把茶酒斋饭献。
tɕo³¹ tɕhu⁴⁴ tsha⁴² ɕa⁴⁴tse⁴⁴fa⁵⁵ ɕe⁵⁵
酒　清　茶　香　斋饭　献

89　虽然鱼肉鲜菜多，　　　　　　　　　　虽然鱼肉菜蔬多，
sui⁴⁴za⁴² ŋɤ³⁵ kɛ²¹ se³⁵tshɯ³¹ tɕi³⁵
虽然　鱼肉　鲜菜　多

90　忠魂只得菜香气。　　　　　　　　　　阴魂只有得香气。
tso⁴⁴xui⁴² tsŋ³¹tɛ³⁵ tshe⁵⁵ ɕa⁴⁴tɕhŋ⁵⁵
忠魂　只得　菜　香气

91　家斋到此以圆满，　　　　　　　　　　斋饭到此已圆满，
tɕa⁴⁴tse⁴⁴ tɔ⁵⁵tshŋ³¹ ji³¹ jye⁴²ma³¹
家斋　到此　已　圆满

92　爹妈文牒寻代去。　　　　　　　　　　爹妈文牒随带去。
ti³³mɔ³³ vɯ⁴²tie³⁵ ɕye³⁵ te⁴⁴ ŋɛ³¹
爹妈　文牒　寻　带　去

93　交到阴司十王府，　　　　　　　　　　交到阴司十王府，
tɕɔ⁴⁴ tɔ⁵⁵ jɯ⁴⁴sŋ⁴⁴ sŋ³⁵ ua⁴²fɤ³¹
交　到　阴司　十　王府

94　以凭超生作执荐。　　　　　　　　　　作为追荐超度转世凭据。
ji³¹ phu⁴² tshɔ⁴⁴sɯ⁴⁴ tsuo³⁵ tsŋ³⁵ tɕie⁵⁵
以　凭　超生　作　执荐

95　祖先保護后代人，　　　　　　　　　　祖先保佑后代人，

tsu³¹ɕe³³ pɔ³¹xu⁵⁵ xo⁵⁵te⁵⁵ zɯ⁴²
祖先　　保护　　后代　人

96　全家老小得康健。　　　　　　　　　　全家老幼得康健。
tɕhye⁴²tɕa⁴⁴ lɔ³¹ɕɔ³¹ tɛ³⁵ kha⁴⁴tɕe⁵⁵
全家　　　老小　　得　康健

97　出门清吉回家安，　　　　　　　　　　出门清吉回家安，
tshɣ³⁵mɯ⁴² tɕhɯ⁴⁴tɕi³⁵ xui⁴²tɕa⁴⁴ ʔa⁴⁴
出门　　　清吉　　　回家　　安

98　万事吉利千样顺。　　　　　　　　　　万事吉利千样顺。
va⁵⁵sɿ⁵⁵ tɕi³⁵li⁵⁵ tɕhe⁴⁴ja⁵⁵ sui⁵⁵
万事　　吉利　　千样　　顺

99　中元普度接祖先，　　　　　　　　　　中元普度接祖先，
tso⁴⁴jye⁴² phu³¹tu⁵⁵ tɕɛ³⁵ tsu³¹ɕe⁴⁴
中元　　　普度　　　接　　祖先

100 阴阳相见十五天。　　　　　　　　　　阴阳相见十五天。
jɯ⁴⁴ja⁴² ɕa⁴⁴tɕe⁵⁵ tsɿ³⁵u³¹ thie³³
阴阳　　相见　　　十五　　天

101 继承祖训遵国典，　　　　　　　　　　继承祖训遵国典，
tɕi⁵⁵tshɯ⁴² tsu³¹ɕye⁵⁵ tsui⁴⁴ kuɛ³⁵tie³¹
继承　　　　祖训　　　遵　　国典

102 敬孝追荐设家斋。　　　　　　　　　　敬孝追荐设家斋。
tɕɯ⁵⁵ɕɔ⁵⁵ tsui⁴⁴tɕe⁵⁵ se³⁵ tɕa⁴⁴tse⁴⁴
敬孝　　　追荐　　　设　　家斋

103 亮干斗博话干说，　　　　　　　　　　咱们把祖先叙一叙，
na̠⁵⁵ ka⁴⁴ to³⁵pɔ³⁵ to²¹ ka⁴⁴sua⁴⁴
咱们　把　祖宗　　话　说说

104 斗博细五不简单。　　　　　　　　　　祖先魂灵不简单。
to³⁵pɔ³⁵ɕi⁵⁵ɣ³³ pu³⁵ tɕe³³ta⁴⁴
祖先魂灵　　　　不　简单

105 斗闷那怎世格很，　　　　　　　　　　过去你们在世上，
tɯ²¹mɯ³⁵ na⁵⁵ tsɯ³⁵ se³²kɛ³⁵ xɯ³¹
过去　　　你们 在　　人间　　里

106 为子为女苦弄忙。　　　　　　　　　　为儿为女苦了一生。
ui³⁵tsɿ⁴⁴ ui³⁵n̠ɣ³³ khu³¹ nɯ³¹ ma⁴⁴
为儿　　　为女　　苦　这　段

107 白天那筐几闷苦，　　　　　　　　　　白天你们在田间苦，
pɛ³⁵thie⁴⁴ na⁵⁵ pe⁴⁴ tɕi³¹mɯ³⁵ khu³¹
白天　　　你们 去　田间　　苦

108 摆格那干支女看。　　　　　　　　　　晚上又把儿女照管。

pe³³kɛ³¹ na⁵⁵ ka⁴⁴ tsʅ⁴⁴ȵɤ³³ ʔa³³
晚上　你们　把　儿女　看

109　孝敬公婆那自叭，　　　　　　　　　　　孝敬公婆你们做得好，
　　　ɕɔ⁵⁵tɕɯ⁵⁵ ko⁴⁴phuɔ⁴² na⁵⁵ tsʅ⁵⁵ phia⁴⁴
　　　孝敬　　公婆　　你们　做到

110　样样扶事登到加。　　　　　　　　　　　样样服侍得到家。
　　　ja⁵⁵ja⁵⁵ vɤ²¹sʅ³¹ tɯ⁴⁴ tɔ⁵⁵tɕa⁴⁴
　　　样样　　服侍　　得　　到家

111　阿代传代传下应，　　　　　　　　　　　一代代传下来，
　　　ʔa³¹te³³ tshua⁴²te³³ tshua⁴² thɯ⁵⁵ jɯ³⁵
　　　一代　　传代　　传　　下　来

112　艮艮之至加没双。　　　　　　　　　　　个个做得没话说。
　　　ȵi²¹ȵi²¹ tsʅ⁴⁴ tsʅ⁵⁵ tɕa⁴⁴mu³³sua⁴⁴
　　　人人　　都　则　没话说

113　冷炭传叭我生很，　　　　　　　　　　　现在传到我手里，
　　　lɯ³¹tha⁵⁵ tshua⁴² phia⁴⁴ ŋɯ⁵⁵ sɯ⁴⁴ xɯ³¹
　　　现在　　传　　到　　我　手　里

114　音头音尾半利双。　　　　　　　　　　　村头村尾都知道。
　　　jɯ⁴⁴tɯ²¹ jɯ⁴⁴ŋɤ³³ pa⁵⁵ li⁵⁵ sua⁴⁴
　　　村头　　村尾　　他们　也　说

115　今日好东亮自斋，　　　　　　　　　　　今天家里咱们做斋，
　　　kɛ⁵⁵ȵi⁴⁴ xɔ³¹tɤ³⁵ n̠a⁵⁵ tsʅ⁵⁵tse⁴⁴
　　　今天　　家里　　咱们　做斋

116　干恨神圣利请叭。　　　　　　　　　　　把各位神圣都请到。
　　　ka⁴⁴ xɯ⁵⁵ sɯ³¹sɯ⁵⁵ li⁵⁵ tɕhɛ⁴⁴phia⁴⁴
　　　把　了　神圣　　也　请到

117　阴世东皇利家叭，　　　　　　　　　　　阴间东皇也要请，
　　　jɯ⁴⁴tɕie⁴⁴ to⁴⁴xua⁴² li⁵⁵ tɕa⁴⁴phia⁴⁴
　　　阴间　　东皇　　也　接到

118　冥府十王坛吐加。　　　　　　　　　　　冥府十王坛上请到。
　　　mi⁴²fɤ³¹ sʅ³⁵ua⁴² tha⁵⁵ nɔ³³ tɕa⁴⁴
　　　冥府　　十王　　坛　上　接

119　巧接超度那都博，　　　　　　　　　　　恭敬超度祖先们，
　　　tɕho⁵⁵ tɕa⁴⁴ tshɔ⁴⁴tu⁵⁵ na⁵⁵ to³⁵pɔ³⁵
　　　好　接　超度　　你们　祖先

120　超度那笀時仙乡。　　　　　　　　　　　超度你们到仙乡。
　　　tshɔ⁴⁴tu⁵⁵ na⁵⁵ pe⁴⁴ tsʅ³¹ ɕe⁴⁴ɕa⁴⁴
　　　超度　　你们　走　去　仙乡

121　后代子孙米那端，　　　　　　　　　　　后代子孙怀念你们，

xo⁵⁵te⁵⁵ tsʅ³¹sui³³ mi³³ na⁵⁵ tua⁴⁴
后代　子孙　想　你们　上

122　初一日里干那加。　　　　　　　　　初一接你们到家。
tshu⁴⁴ji³⁵ ɲi⁴⁴xɯ³¹ ka⁴⁴ na⁵⁵ tɕa⁴⁴
初一　　白天　　把　你们　接

123　干那加利套悟很，　　　　　　　　　把你们接到堂屋里，
ka⁴⁴ na⁵⁵ tɕa⁴⁴ ɲi⁴⁴ thɔ⁵⁵u⁵⁵ xɯ³¹
把　你们　接　进　堂屋　　里

124　米夕至央川流川。　　　　　　　　　眼泪擦不尽。
mi⁴²ɕi⁴² tsʅ⁵⁵ ja³¹ kɣ³⁵ kɯ³¹ kɣ³⁵
眼泪　　则　擦　条　流　条

125　那吐相片挂套悟，　　　　　　　　　你们的相片挂在堂屋里，
na⁵⁵ nɔ⁴⁴ ɕa⁵⁵phie⁵⁵ kua⁴⁴ thɔ⁵⁵u⁵⁵
你们　上　相片　　挂　堂屋

126　影神怎利斗本双。　　　　　　　　　看见影像不说话。
mi³²phio⁵⁵ tsɯ³³ li⁵⁵ to²¹ pɯ³¹ sua⁴⁴
影像　　　有　也　话　不　说

127　今格车恨立我梦，　　　　　　　　　但愿今夜梦里见你们，
kɛ⁵⁵kɛ³¹ tshe⁴⁴ xɯ⁵⁵ ɲi⁴⁴ ŋɯ⁵⁵ mɯ⁴⁴
今夜　　　睡　　了　入　我的　梦

128　需要舍乃我闷双。　　　　　　　　　需要什么说给我。
ɕui⁴⁴jɔ⁵⁵ xɛ³³ne³¹ ŋɯ⁵⁵ mɯ⁵⁵ sua⁴⁴
需要　　什么　　我　上　说

129　如意没处双给我，　　　　　　　　　没有如意的给我说，
zu⁴²ji⁵⁵ mu³³tshɣ³¹ sua⁴⁴ kɯ³¹ ŋɔ³¹
如意　没处　　说　给　我

130　至闷自来要双叭。　　　　　　　　　怎么做要说到。
tsʅ⁵⁵mɯ⁵⁵ tsʅ⁵⁵ne³¹ ɲo⁴⁴ sua⁴⁴ phia⁴⁴
怎么　　做法　　要　说　到

131　阳间不懂阴间事，　　　　　　　　　阳间不懂阴间事，
ja⁴²tɕe⁴⁴ pu³⁵to³¹ jɯ⁴⁴tɕe⁴⁴ sʅ⁵⁵
阳间　　不懂　　阴间　　事

132　父母样样枝米加。　　　　　　　　　爹妈你们样样都想尽。
ti³³mɔ³³ ja⁴²ja⁴²tsʅ⁴⁴ mi³³ tɕa⁴⁴
爹妈　　样样儿　　想　尽

133　干那加央好东应，　　　　　　　　　把你们接回到家里，
ka⁴⁴ na⁵⁵ tɕa⁴⁴ ja⁴⁴ xɔ³¹tɣ³⁵ jɯ³⁵
把　你们　接　进　家里　来

134　制叭没处那利双。　　　　　　　　　我们没做好的也要说。

tsʅ⁵⁵ phia⁴⁴ mu³³ tshɣ³¹ na⁵⁵ li⁵⁵ sua⁴⁴
做到　没　处　你们　也　说

135　提醒我自闷自艮，　　　　　　　　　　提醒我怎么做人，
thi⁵⁵ɕɯ³¹ ŋɔ³¹ tsʅ⁵⁵mɯ⁵⁵ tsʅ⁵⁵ɲi²¹
提醒　我　怎么　做人

136　为那后代得家安。　　　　　　　　　　只为你们后代得平安。
ui³⁵ na⁵⁵ xo⁵⁵te⁵⁵ tɛ³⁵ tɕa⁴⁴ ʔa⁴⁴
为　你们　后代　得　家　安

137　枝伙缝那衣枝扣，　　　　　　　　　　儿孙给你们缝了件衣服，
tsʅ⁴⁴xuo⁴⁴ tse³¹ na⁵⁵ ji³⁵tsʅ³³ kho⁵⁵
儿孙　缝　你们　衣　一件

138　满挂穿恨衣枝旺。　　　　　　　　　　马褂穿在衣服外。
ma³¹kua⁵⁵ ji³²xɯ⁵⁵ ji³⁵ tsʅ³³ ua⁴⁴
马褂　穿在　衣服　外

139　打发给那挂包来，　　　　　　　　　　打发你们一个包，
tɛ⁴⁴fɛ⁴⁴ kɯ³¹ na⁵⁵ kua⁵⁵pɔ⁴⁴ le³¹
打发　给　你们　挂包　个

140　索身伙五笨很挂。　　　　　　　　　　随身东西里面放。
sui⁴²sɯ⁴⁴ xuo⁴⁴ŋɣ³³ pɯ⁵⁵xɯ³¹ kua⁴⁴
随身　东西　里面　放

141　生艮利行死利行，　　　　　　　　　　活者修行死者也修行，
xɛ⁵⁵ɲi²¹ li⁵⁵ɕɯ³⁵ ɕi³¹ li⁵⁵ ɕɯ³⁵
活人都　修行　死者　也　修行

142　那要保佑后代艮，　　　　　　　　　　你们要保佑后代人，
na⁵⁵ ɲo⁴⁴ pɔ³¹jo⁵⁵ xo⁵⁵te⁵⁵ ɲi²¹
你们　要　保佑　后代　人

143　空手出门财回家。　　　　　　　　　　空手出门财回家。
khɣ⁵⁵sɯ³³ tshɣ⁴⁴me²¹ tshe⁴² xui⁴²tɕa⁴⁴
空手　出门　财　回家

144　保佑后代吐古伙，　　　　　　　　　　保佑后代老人们，
pɔ³¹jo⁴⁴ xo⁵⁵te⁵⁵ nɔ⁴⁴ ku³³xuɔ⁴⁴
保佑　后代　上　老人们

145　身体健康坐百岁。　　　　　　　　　　身体健康活百岁。
sɯ⁴⁴thi³¹ tɕe⁵⁵kha⁴⁴ kɣ³² pɛ⁴⁴sua⁴⁴
身体　健康　在　百年

146　保佑经营者顺利，　　　　　　　　　　保佑后代经营者，
pɔ³¹jo⁴⁴ tɕɯ⁴⁴jɯ⁴²xuɔ³³ sui⁵⁵li⁵⁵
保佑　经营们　顺利

147　生意兴隆财源多。　　　　　　　　　　生意兴隆财源多。

  sɯ⁴⁴ji⁵⁵ ɕɯ⁴⁴lo⁴² tshe⁴²jye⁴² tuo³³
  生意　兴隆　财源　　多

148 保佑在职工作者，   保佑后代工作者，
  pɔ³¹jo⁴⁴ tse⁵⁵tsʅ³⁵ ko⁴⁴tsuo³⁵xuɔ⁴⁴
  保佑　在职　　工作们

149 年年升级在加官。   年年晋级再加官。
  ȵe⁴²ȵe⁴² sɯ⁴⁴tɕi³⁵ tse⁵⁵ tɕa⁴⁴kua⁴⁴
  年年　升级　　再　加官

150 保佑后代读书伙，   保佑后代读书人，
  pɔ³¹jo⁴⁴ xo⁵⁵te⁵⁵ ɣɯ⁴²sʅ⁵⁵xuɔ⁴⁴
  保佑　后代　　学生们

151 第一本名年年保，   年年都是第一名，
  ti⁵⁵ji³⁵ pɯ³¹ miɛ³⁵ ȵe⁴²ȵe⁴² pɔ³¹
  第一　那　名　年年　　保

152 大学博士利考登，   考上大学考博士，
  ta⁵⁵ɕɔ³⁵ pɔ³⁵sʅ⁵⁵ li⁵⁵ khɔ³¹ tɯ⁴⁴
  大学　博士　也　考　　得

153 社会之中名声倒。   都在社会有名声。
  sɛ⁵⁵xui⁵⁵ tsʅ⁴⁴tso⁴⁴ miɛ³⁵tshɛ⁵⁵ tɔ³¹
  社会　之中　名声　　大

154 耕者风调和雨顺，   耕者风调和雨顺，
  kɯ⁴⁴tsɛ³¹ fo³³thiɔ⁴² li⁵⁵ jy³¹sui⁵⁵
  耕者　风调　　和　雨顺

155 年年丰产粮食多，   年年粮食大丰收，
  ȵe⁴²ȵe⁴² fo⁴⁴tsha³¹ ȵa⁴²sʅ³⁵ tuo⁴⁴
  年年　丰产　　粮食　多

156 年年六畜大兴旺，   年年六畜大兴旺，
  ȵe⁴²ȵe⁴² lu³⁵tshu³⁵ ta⁵⁵ ɕɯ⁴⁴ua⁵⁵
  年年　六畜　　大　兴旺

157 年年如意五业增。   年年如意五业兴。
  ȵe⁴²ȵe⁴² zu⁴²ji⁵⁵ u³¹niɛ³⁵ tsɯ⁴⁴
  年年　如意　五业　　增

158 恭贺祖先成佛去，   恭贺祖先成佛去，
  ko⁴⁴xuo⁵⁵ tsu³¹ɕe⁴⁴ tshɯ⁴²fɣ³⁵ tɕhy⁵⁵
  恭贺　　祖先　　成佛　　去

159 祝愿家长久安。   愿某△△家长久平安。
  tsu³⁵jye⁵⁵ △△xɔ³¹ tsha⁴² tɕo³¹ ʔa³³
  祝愿　某某　家　长　久　安

第五辑 祭 文

  在白族丧葬习俗中，各地普遍都要用本民族语言作一篇白文祭文，以或诵或唱的方式表达哀思。白语称祭文为 [tɕi⁴⁴vɯ⁵⁵phĩ⁵⁵]。祭文的内容为孝子孝女对死者的哀悼之词。

  白族使用祭文祭奠亡灵有两种仪式，一种是堂祭，即家中孝子或亲友在家中灵柩前祭奠；另一种是路祭，即嫁出去的姑娘、女婿或上门子侄在出殡的路上临时设置祭坛祭奠。祭文一般请村中有威望的文化人为孝子代笔、代诵（唱），孝男孝女及至亲跪在死者的灵柩前静静聆听，至结尾"呜呼哀哉！尚飨！"时，全场哀哭。

  祭文的内容和结构各地基本一致，一般为一序、三段、一尾。序为汉语文言，交待祭奠日期、祭奠对象及孝子孝女的孝心；三段为白曲歌体，第一段叙述死者病情，第二段叙述死者的为人和恩德，第三段抒发孝子孝女哀情和愿望；一尾为"呜呼哀哉！尚飨！"一语。有的地方祭文不分段，但内容和诵唱的程序基本一致，诵唱都用特殊的腔调或曲调，正文普遍采用白曲的阿韵、中调限韵、限调，一韵一调到底。本辑释读的祭文选录大理、剑川、云龙三县各一篇。

剑川孝男张某祭奠亡母文

段 伶　张杏莲

在剑川，诵唱悼亡祭文仪式为堂祭，时间是出殡前夜子时。诵唱方式各地不同，在甸南狮河一带是用二胡的吹吹腔曲调（当地称"东山调"）伴奏，祭文诵唱过后，孝子孝孙一堂痛哭致哀。本文是1994年狮河村张金奎老人惠赠的11篇祭文中的一篇。张老是剑川县甸南乡狮河村人，当时已经70多岁，在村中很有名望，常为村人义务书写、诵唱祭文。祭文一般写在大张白纸上，诵唱过后随葬礼烧掉。张老仅存1986年至1993年间的11份水笔书写的底稿。张老于1997年过世，这些祭文就成为张老留给后人的一份珍贵财富。

维

公元一九九一年。岁次辛未，农历十二月初十日。家祭日己丑。孝男张锡龙，孝孙占彪、占兴、占居，以及合家眷人等，谨以家常汤饭不典之仪，乃哀奠于：

新故慈母严氏育英春秋六十八寿老孺人之灵席

曰：维

一献[1]

1	一九九一年冷岁，	岁在一九九一年，
	ji^{35}tɕo^{31} tɕo^{31}ji^{35} nĩ^{42} nɯ^{31} sua^{44}	
	一九　九一　　年　这　年	
2	杨务冷岁柱羊岁。[2]	正是咱们属羊年。
	n̠a^{55} ṽ^{55} nɯ^{31} sua^{44} tsỹ^{42} jõ^{21} sua^{44}	
	咱们　处　这　年　属　羊　年	
3	三阳开泰好年成，	三羊开泰好年景，
	san^{33}jã^{42} kɛ^{33}thɛ^{55} xu^{33} ni^{42}tɕũ^{31}	
	三羊　　开泰　　好　年景	
4	满古利满告。[3]	粮仓粮柜满。
	ma^{33} ky^{31} li^{55} ma^{33} ka^{44}	
	满　柜　和　满　仓	
5	山头奴子雪道白，	山头都是白雪头，

---

[1] 一献及后面的亚献、三献三个小标题为释读者所加，因为三个标题之下为联章结构的三节。诵唱者根据联章结构分为三段联唱。

[2] 务[ṽ^{55}]：一是方位词，指旁边、处所，译为处；二是作宾语助词，译作上。后同。

[3] 柜[ky^{31}]：即柜子，可装衣物和米面等。告[ka^{44}]，是家居楼上连着板墙的三格大柜，装谷物粮食之类。

sỹ⁴²tɯ²¹ no³³ tsɿ³³ sui³³ to⁴²pɛ⁴²
山头 上 是 雪 遍白

6　　党很万中利花哈。　　　　　　　　　　田野鸟雀叫得欢。
　　　ta³¹ xɯ³¹ ỹ⁵⁵tso⁴⁴ li⁵⁵ xuã⁵⁵ xa⁴⁴
　　　田坝里 鸟雀 也 高兴 极

7　　丰收在望时光好，　　　　　　　　　　丰收在望好年景，
　　　fũ³³so³³ tse⁵⁴uã⁵⁴ tsɛ²¹kɛ̃³³ tɕhõ⁵⁵
　　　丰收 在望 时光 好

8　　心物利库宽。　　　　　　　　　　　　谁都很心宽。
　　　ɕĩ⁵⁵ỹ⁵⁵ li⁵⁵ khɤ⁵⁵khuã⁴⁴
　　　心里 也 宽敞

9　　岁奴岁子顶过好，　　　　　　　　　　岁次这年很好过，
　　　sua⁴⁴ no³¹ sua⁴⁴ tsɿ³³ tɯ³¹ ko⁴² ɕo³¹
　　　年 这 年 是 很 过 好

10　　喊子牙利鸭紧张。　　　　　　　　　 什么东西不紧张。
　　　xa³¹tsɿ³³ja⁴² tsɿ³³ ja³⁵ tɕũ³¹tsã³³
　　　凡东西 是 不 紧张

11　　手很钱文当处子，　　　　　　　　　 手头开销不用愁，
　　　sɯ³³ỹ⁵⁵ tsɛ̃²¹li⁵⁵ tã⁴⁴ tshɤ⁴⁴ tsɿ³³，
　　　手头 钱文 拿 处 有

12　　阿厦利买到。[1]　　　　　　　　　　什么都买到。
　　　ʔa⁵⁵ɕa³¹ li⁵⁵ mɛ⁴² phia⁴⁴
　　　什么 也 买 到

13　　阿过过彦冬月很，　　　　　　　　　 不想时光到冬月，
　　　ʔa³¹ ko⁴²⁵ ko⁴² ɲi⁴⁴ tỹ⁵⁵ua⁴⁴ xɯ³¹
　　　不 想 过 进 冬月 里

14　　阿斗可说出冷插。　　　　　　　　　 谁想出了这岔子。
　　　ʔa³¹to³¹ ko⁵⁵ sua⁴⁴ tshɤ⁴⁴ nɯ³¹ tsha⁴⁴
　　　谁 想到 说 出 这 岔

15　　白山母奴雪下白，[2]　　　　　　　　白山母奴雪下白，
　　　pɛ⁴²sỹ⁴²mo³³ no³³ sui⁴⁴ ɣo⁴² pɛ⁴²
　　　白山母 上 雪 下 白

16　　下到心肝肺。[3]　　　　　　　　　　下到我心肝。
　　　sue⁴⁴ ɣo⁴² ɕĩ⁵⁵kã⁵⁵phia⁴⁴
　　　雪 下 心肝肺

17　　二九彦奴悲吃腊，　　　　　　　　　 二十九日晚饭后，

---

[1] 阿厦利买到[ʔa⁵⁵ɕa³¹ li⁵⁵ mɛ⁴² phia⁴⁴]：意思是需要什么就买到什么。
[2] 白山母[pɛ⁴²sỹ⁴²mo³³]：地名。该地在狮河的后山上。白山[pɛ⁴²sỹ⁴²]，即雪山；母[mo³³]，在白语构词中有母[mo³³]作为词尾者，即有大之意，该地名即为大雪山。
[3] 心肝肺[ɕĩ⁵⁵kã⁵⁵pia⁴⁴]：直译的意思是心肝肺。在情歌中常用这个词作为曲头，含有可爱的小心肝之意。

ni³⁵tɕɯ³³ n̩i⁴⁴ nɔ³³ pe⁴⁴ jɯ⁴⁴ la⁴²
二十九　日　上　晚饭　吃　了

18　时子曲很清风到。　　　　　　　　　　　一时清风刮过来。
tsɛ̃²¹tsʅ³³khɣ³³xɯ³¹ tɕhẽ⁵⁵pi⁵⁵ phia⁴⁴
一时之间　　　清风　到

19　木松保奴更风是，[1]　　　　　　　　　阴间山上一丝寒风，
mo⁵⁵su⁵⁵po²¹ nɔ³³ kɯ⁵⁵ pi⁵⁵sʅ⁵⁵
阴间坡　　上　清　风一丝

20　阿母彦尺报。　　　　　　　　　　　　阿妈您睡倒。
ʔa³¹mo³³ n̩i⁵⁵ tshẽ³³ pa⁴⁴
阿妈　您　睡　倒

21　亲七兄弟利请来，[2]　　　　　　　　三亲六戚来探望，
tɕhĩ⁵⁵tɕɛ̃³¹ jõ⁵⁵thi³³ li⁵⁵ tɕhẽ⁵⁵ ɣɯ³⁵
亲戚　　兄弟姐妹　也　请　来

22　神医庙药利安到。　　　　　　　　　神医妙药都找齐。
sũ⁴²ji³³ mio⁵⁵ju³⁵ li⁵⁵ ʔã³³ phia⁴⁴
神医　　妙药　　也　寻　到

23　打针喝药管彦使，　　　　　　　　　打针吃药样样做，
tɛ̃⁴⁴tsʅ⁵⁵ ʔũ³³jo⁴⁴ kua⁴² n̩i⁵⁵ sɛ³¹
打针　　喝药　　管　您　事

24　想彦务健康。　　　　　　　　　　　只想您安康。
ɕã³¹ n̩i⁵⁵ ṽ⁵⁵ tɕɛ̃⁵⁵khã³³
想　您　上　健康

25　问彦彦斗鸭大腊，　　　　　　　　　谁想一病不言语，
piɛ⁴⁴ n̩i⁵⁵ n̩i⁵⁵ tõ²¹ ja³⁵ tã⁴² la⁴²
问　您　您　话　不　答　了

26　眼双昧起成佛样。　　　　　　　　　佛像一般闭上眼。
uẽ³³ṽ⁵⁵ me⁵⁵khɯ³³ tsɛ̃²¹ ve⁴² jã⁴⁴
眼　　闭起　　成　佛　样

27　已闹王得焖眼代，[3]　　　　　　　　那个阎王眼睛瞎，
tɕi²¹li⁵⁵ṽ³¹tɯ²¹ mɯ⁵⁵ uẽ⁵⁵ tɛ̃⁵⁵
阎王　　　他　眼　瞎

28　用彦奴大鸭。　　　　　　　　　　　招您回阴间。
nɔ⁴⁴ n̩i⁵⁵ ṽ⁵⁵ tã⁴² ja⁴⁴
要　您　上　折　回

29　阿时隔自工世界，[4]　　　　　　　　一时隔着两世界，

---

[1] 木松保[mo⁵⁵so⁵⁵po²¹]：即阴间山坡。
[2] 兄弟[jõ⁵⁵thi³³]：白语兄弟或姐妹同称一词。
[3] 得[tɯ²¹]：动物的通称量词，此句中用于阎王，由此可见阎王在白族人中的观念。
[4] 自[tsʅ⁵⁵]：连词，连接动作行为先后或转折时用，译为则。

ʔa³¹tsɛ̃²¹ kɛ⁴⁴ tsɿ⁵⁵ kõ³³ se⁴²kɛ⁴²,
一时　隔　成　两　世界

30　害人眼很自埂血。　　　　　　　　　　活人血泪流不断。
xɛ̃⁵⁵n̠i²¹ uẽ³³ xɯ³¹ tsɿ⁵⁵ kɯ²¹sua⁴⁴
活人　　眼　里　则　流血

31　阿妈阿妈喊不醒，　　　　　　　　　"阿妈阿妈"喊不醒，
ʔa³¹mo³³ ʔa³¹mo³³ ʔɯ⁵⁵ ɕẽ⁵⁵ tua⁴²
阿妈　　阿妈　　喊　醒　不得

32　冷本去那安？[1]　　　　　　　　　　　往后哪里喊？
nɯ³¹pɯ⁵⁵ ɣẽ³⁵ na⁴⁴ ʔã³³
这回　　去　哪里寻

33　生离死别成古恨，　　　　　　　　　生离死别成古恨，
sũ³³li⁴² sɿ³¹pi³⁵ tshũ⁴² ku³¹xɯ⁵⁴
生离　　死别　成　古恨

34　四代儿孙泪汪汪。　　　　　　　　　四代儿孙泪汪汪。
sɿ⁵⁴te⁵⁴ ɣɛ⁴²sũ³³ le⁵⁴ua³³ua³³
四代　儿孙　　泪汪汪

35　阿妈做人眼得前，　　　　　　　　　阿妈为人眼面前，
ʔa³¹mo³³ tsu⁵⁵n̠i²¹ ũi³³tɯ²¹ɣ̃⁵⁵
阿妈　　做人　　眼面前

36　冷时出冷样。　　　　　　　　　　　这时成这样。
lɯ³¹tsɛ̃²¹ tshɣ⁴⁴ lɯ³¹jã⁴⁴
这时　　出　这样

37　黄金路上无老小，　　　　　　　　　黄金路上无老小，
xuã⁴²tɕũ³³ lu⁵⁴ sã⁵⁴ vɣ⁴² lo³¹jo⁵⁴
黄金　　　路　上　无　老幼

38　世上哪有不死方。　　　　　　　　　世上哪有不死方。
se⁴² tõ³³ na³¹jo³¹ pu³⁵ sɿ³¹ fã³³
世　上　哪有　　不　死　方

39　冷本在安阿妈自，　　　　　　　　　这回再去看阿妈，
lɯ³¹pɯ⁵ tse⁴⁴ ʔã³³ ʔa³¹mo³³ tsɿ⁵⁵
这回　再　看　阿妈　　则

40　梦生很三安。　　　　　　　　　　　在梦里相见。
mɯ³¹ɣ̃⁴² xɯ³¹ sã⁵⁵ʔã³³
睡梦　里　相见

亚献

41　一献过腊亚献到，　　　　　　　　　一献过了亚献到，

---

[1] 安[ʔã³³]: 意思是看、找、寻找。

	ji³⁵ ɕĩ⁵⁴ ko⁴² la⁴² ja⁵⁵ ɕĩ⁵⁴ phia⁴⁴	
	一献 过 了 亚献 到	
42	在干我母苦情说。	再把阿妈苦情说。
	tse⁴⁴ ka⁴⁴ ŋɯ⁵⁵mɔ³¹ khu³¹ sua⁴⁴	
	再 把 我妈 苦情 说	
43	做子女更利彦古,	从小家境很贫穷,
	tsu⁵⁵ tsʅ³³ n̠ʏ³³ kɯ⁵⁵ li⁵⁵ n̠i⁵⁵ku²¹	
	做 子女 时 也 穷苦	
44	至霜雪务咬。	任霜雪打整。
	tsɛ⁵⁵ sõ⁵⁵sue⁴⁴ ṽ⁵⁵ ŋa⁴⁴	
	任 霜雪 上 咬	
45	十八岁自母回更,	十八岁时妈到家,
	tsɛ⁴² pia⁴⁴ sua⁴⁴ tsʅ⁵⁵ mo³³ ja⁴⁴kɯ⁵⁵	
	十八 岁 则 妈 回来	
46	打加里来打加外。	操里操外忙不停。
	tɛ⁴⁴tɕa⁴⁴ khɯ³¹ la³⁵ tɛ⁴⁴tɕa⁴⁴ ua⁴⁴	
	收拾 里 又 收拾 外	
47	田务庄家做成花,	田里庄稼花一样,
	tɕi³¹ṽ⁵⁵ tsuã⁵⁵tɕa⁵⁵ tsu⁵⁵ tsʅ⁵⁵ xo⁵⁵	
	田里 庄稼 做 成 花	
48	喊东鸡猪旺。	猪鸡也发旺。
	xa³¹tṽ⁵⁵ ke⁵⁵te⁴² uã⁴⁴	
	家里 猪鸡 旺	
49	爷奶轰奴扶使好,	小姑小叔相待好,
	se³¹ku⁵⁵ xo³³ no³³ vʏ²¹zʅ²¹ tɕhõ⁵⁵	
	姑姑 们 上 服侍 好	
50	爹妈轰奴顶孝养。	爹妈二老孝养勤。
	ti³³mo³³³ xo³³ no³³ tiɯ³¹ ɕa⁴⁴jã⁴⁴	
	爹妈 们 上 很 孝养	
51	外人轰奴当成亲,	村中邻里当亲待,
	ua⁴⁴no³³xo³³ no³³ tã⁴⁴ tsʅ⁵⁵ tɕhĩ⁵⁵	
	外面人 上 当 成 亲	
52	凡见人称赞。	谁都称赞您。
	xa³¹ kẽ⁴² n̠i²¹ tshuŋ⁵⁵tsã⁴⁴	
	凡 见 人 称赞	
53	五二年自爹去世,	五二年时爹去世,
	u³¹ɛ⁵⁴ ni⁴² tsʅ⁵⁵ ti³³ ja⁴⁴khʏ³¹	
	五二 年 则 爹 回家	
54	冷时阿妈三十八。	阿妈那时三十八。

nuɯ³¹tsɛ̃²¹ ʔa³¹mo³³ sã⁵⁵tsɛ⁴² pia⁴⁴
这时　阿妈　　三十　　八

55 杨成死鸡上鸡毛,　　　　　　　　　　　咱们成死母鸡上的毛,
ŋa⁵⁵ tsɛ̃²¹ çi³³mo³³ no³³ ke⁵⁵ma²¹,
咱们 成　死母　的　鸡毛

56 眼里利出血。　　　　　　　　　　　　　眼里也出血。
uẽ³³ xɯ³¹ li⁵⁵ tshɿ⁴⁴ sua⁴⁴
眼　里　也　出　血

57 我母为安奴做人,　　　　　　　　　　　阿妈为我们持家,
ʔa³¹mo³³ ue⁴⁴ ŋa⁵⁵ no³³ tsu⁵⁵ȵi²¹
阿妈　　 为 我们 上　持家

58 守寡成了三十八。　　　　　　　　　　　孤身三十八年整。
kuɛ³³lɯ³¹mɯ³³ tshɯ⁵⁵ sã⁵⁵tsɛ̃⁴² pia⁴⁴
寡妇　　　　 寡　　三十　　八

59 轻轻重重利您担,　　　　　　　　　　　轻轻重重一人担,
tɕhẽ⁵⁵ne³¹ tsɿ̃³³ne³¹ li⁵⁵ no³¹ tã⁵⁵
轻的物　　重的物　也 你　担

60 苦干心奴血。　　　　　　　　　　　　　苦干心头血。
ku³¹ kã⁵⁵ çĩ⁵⁵ no³³ sua⁴⁴
苦　干　心　上　血

61 定要把我培植掉,　　　　　　　　　　　如今儿已成家业,
tɛ⁴⁴ȵo⁴⁴ jõ⁴² ŋa⁵⁵ pe⁵⁵tsɿ⁵⁵ tshɯ⁵⁵
定要　把 我们 培植　　掉

62 好利处肯两大卡。[1]　　　　　　　　　　新房建了两大幢。
xo³¹ li⁵⁵ tshɿ³¹ khɯ³³ kõ³³ to⁴² kha⁴⁴
房　也　建　起　两　大　幢

63 子孙利有几大砣,[2]　　　　　　　　　　您的孙孙也有样,
na²¹ȵɿ³³suã⁵⁵ li⁵⁵ tsɯ³³ ka³⁵ tsue⁵⁵
孙子孙女　　　也　有　几　尊

64 好东利发旺。　　　　　　　　　　　　　家里好发旺。
xa³¹tɿ⁵⁵ li⁵⁵ fa⁵⁵uã⁴⁴
家里　　也　发旺

65 阿母彦古掉阿以,　　　　　　　　　　　阿妈苦熬一辈子,
ʔa³¹mo³³ ȵi⁵⁵ku²¹ tshɯ⁵⁵ ʔa³¹ji³¹
阿妈　　 可怜　　掉　　一生

66 冷本好勒过嘎年。　　　　　　　　　　　该当欢乐过几年。

---

[1] 卡[kha⁴⁴]: 即幢。一是动词,即罩;二是名量词,是罩形坚实的大物单位。这里用后者。
[2] 砣[tsũ⁵⁵]: 即尊。名量词,一般指菩萨。这里比喻结实、有能耐者。

	nɯ³¹pɯ⁵⁵ ço³¹lɯ⁴⁴ ko⁴² ka³⁵ sua⁴⁴	
	这回　　好的　　过 几 年	
67	不想母上喊不醒,	不想再喊喊不醒,
	pu³⁵ çã³¹ mo³³ ỹ⁵⁵ ʔɯ⁵⁵ ja³⁵ sɿ⁵⁵	
	不 想 妈 上 喊 不 醒	
68	彦上去哪看？	哪里再找您？
	ɲi⁵⁵ no³³ ɣɛ̃³⁵na⁴⁴ ʔã³³	
	您 上 去哪里 找	
69	乌鸦利有反哺义,	乌鸦也有反哺义,
	xɯ⁴⁴ʔỹ⁵⁵ li⁵⁵ tsɯ³³ fɛ³¹pu³¹ ji⁵⁵	
	乌鸦 也 有 反 哺 义	
70	孤儿孤女迷彦哆。	孤儿孤女想念您。
	kuɛ³³tsɿ³³ kuɛ³³ɲɣ³³ mi³³ ɲi⁵⁵ tua⁴⁴	
	孤儿 孤女 想 你 上	
71	想起阿母彦以以,	回想阿妈一生苦,
	mi³³ khɯ³³ ʔa³¹mo³³ ɲi⁵⁵ ji³¹ji³¹	
	想 起 阿妈 您 一生	
72	儿女眼泪化。	眼泪如水涨。
	tsɿ³³ɲɣ³³ mi⁴²ji⁴² xua⁴⁴	
	儿女 眼泪 沸腾	

三献

73	亚献过腊三献到,	亚献过后到三献,
	ja⁵⁴ çĩ⁵⁵ ko⁴² la⁴² sã⁵⁵ çĩ⁵⁵ pia⁴⁴	
	亚献 过 了 三 献 到	
74	自肉叫打阿母回？	怎能把妈喊回来？
	tsɿ⁵⁵kɛ²¹ ʔɯ⁵⁵ ta⁴² ʔa³¹mo³³ ja⁴⁴	
	怎能 喊 折转 阿妈 回	
75	生离死别奴苦情,	生离死别这苦情,
	sũ³³li⁴² sɿ³¹pi³⁵ no³³ khɯ³¹ tçɛ̃²¹	
	生离 死别 的 苦 情	
76	冷杨阿那说？	到哪里申诉？
	nɯ³¹ja⁴² ʔa⁵⁵na⁴⁴ sua⁴⁴	
	这些 哪里 说	
77	燕子子利对对飞,	燕子对对飞远方,
	xɛ̃⁵⁵ɣɛ³³tsɿ³³ li⁵⁵ tuɛ⁴²tuɛ⁴² fɣ⁵⁵	
	燕子 也 对对 飞	
78	春折回来某打回。	春天来了又返回。
	tshỹ⁵⁵ tã⁴² ɣɯ³⁵ tsɿ⁵⁵ mo³¹ tã⁴² ja⁴⁴	
	春 折来 则 它 折回	
79	阿母去了不回来,	阿妈去了不回来,

ʔa³¹mo³³ ɣẽ²¹ la⁴² ja³⁵ja⁴⁴ kɯ⁵⁵
阿妈　　去　了　不　回　家

80　只留像这像。　　　　　　　　　　　只留一张影。
kẽ⁴² tsa³⁵ ɕã⁴⁴ nɯ³¹ ɕã⁴⁴
见　只　像　这　像

81　三亲六眷哭色朵，　　　　　　　　一堂亲戚哭不停，
tɕĩ⁵⁵tɕɛ̃²¹ jõ⁵⁵thi³³ kho⁴⁴ sɯ⁴⁴ tua⁴²
亲戚　　　兄弟姐妹　哭　掉　不得

82　孝子孝女清古大。　　　　　　　　孝子孝女跪这里。
ɕo⁵⁴tsɿ³¹ ɕo⁵⁵ȵɣ³³ kɣ³¹ ʔa⁵⁵ta⁴⁴
孝子　　孝女　　跪　这里

83　喊走阿母端起来，　　　　　　　　叫声阿妈您起来，
ʔɯ⁵⁵ tso⁴² "ʔa³¹mo³³ tue⁵⁵ khɯ³³ ɣɯ³⁵
喊　着　　阿妈　　立　起　来

84　端起吃某汉。　　　　　　　　　　起来吃一口。
tue⁵⁵ khɯ³³ jɯ⁴⁴ mo³¹ xa⁴⁴
立　起　吃　它　一口

85　茶头酒气子二中，　　　　　　　　清茶淡酒有两盅，
tso²¹tɯ²¹ tsɣ̃³³tɕhi⁴⁴ tsɯ³³ kõ³³ tsɣ̃⁵⁵
（茶酒祭品）　　　　有　两　盅

86　菜书扳下得八碗。　　　　　　　　家常菜肴有八碗。
tshɯ³¹sɣ⁵⁵ pe³¹ thɯ⁵⁵ tɯ⁴⁴ pia⁴⁴ pa⁴⁴
菜蔬　　摆　下　得　八　大碗

87　饮下夺利饮某中，　　　　　　　　喝不下也喝一盅，
ʔɯ³³ thɯ⁵⁵ tua⁴² li⁵⁵ ʔɯ³³ mo³¹ tsɣ̃⁵⁵
喝　下　不得　也　喝　它　一盅

88　吃下夺利吃某汉。　　　　　　　　吃不下也吃一口。
jɯ⁴⁴ thɯ⁵⁵ tua⁴² li⁵⁵ jɯ⁴⁴ mo³¹ xa⁴⁴
吃　下　不得　也　吃　它　一口

89　明彦早上送出彦，　　　　　　　　明天早上送您去，
me⁵⁴ȵi⁴⁴ khɛ⁵⁵tɯ³¹ sõ³³ tɕhi⁴⁴ ȵi⁵⁵
明天　　早上　　送　出　您

90　白鹤麒麟保彦驾。　　　　　　　　白鹤麒麟保您驾。
pɛ³⁵xo³⁵ tɕhi⁴²lĩ⁴² po³¹ nɯ⁵⁵ tɕa⁴⁴
白鹤　　麒麟　　保　你　驾

91　童子阿尊武使彦，　　　　　　　　一尊童子服侍您，
thõ⁴²tsɿ³¹ ʔa³¹tsue⁵⁵ vɣ²¹zɿ²¹ ȵi⁵⁵
童子　　一尊　　服侍　　您

92　钱整温彦圹。　　　　　　　　　　钱树暖您圹。

tse²¹tsɯ³¹ ʔuẽ⁵⁵ nɯ⁵⁵ khuã⁴⁴
钱树　　暖　你的　圹

93　虽彦阴魂去中山，　　　　　　　　　您的阴魂去归山，
sue⁵⁵ ȵi⁵⁵ jĩ³³xue⁴² ɣẽ²¹ tsõ³³ se⁵⁵
虽　您　阴魂　　去　上　山

94　阿庙后奴牵安朵。　　　　　　　　　身后别牵挂我们。
ʔa³¹mia⁴⁴ ɣɯ³³ no³³ tɕẽ⁵⁵ ŋa⁵⁵ tua⁴⁴
不要　　　后　上　牵　我们　上

95　东波西务波得尖，　　　　　　　　　祖宗肩膀后人梯，
to⁵⁵po⁵⁵ ɕi⁵⁵ṽ³³ po³³tɯ²¹tɕĩ⁵⁵
（祖宗）　　　肩膀尖

96　保佑安平安。　　　　　　　　　　　保佑我们平安。
po³¹jo⁴⁴ ŋa⁵⁵ pĩ²¹ʔã³³
保佑　我们　平安

呜呼哀哉！尚飨！　　　　　　　　　　呜呼哀哉！尚飨！
u³³xu⁵⁵ ɛ³³tse³³ sã⁵⁴ɕã³³
呜呼　哀哉　尚飨

大理孝婿赵某祭奠岳母亡灵文

段 伶　张锡禄

　　本文是赵丕鼎先生代村民所撰祭文稿中的一篇。赵先生是大理市弯桥乡作邑村人，自幼擅长大本曲演唱，每当喜庆节日常常走乡串寨为村民演唱。村民有丧事时，常应村民之请，为村民义务书写和诵唱祭文。他所书写的祭文存稿很多，为我们展示了一袋数十篇，都用 16 开公文纸和白曲毛笔书写。应我们的请求，赵先生随意抽出 3 篇，让我们进行复印，本篇即为其中的一篇路祭祭文。该地区的祭文以大本曲的"大哭板"进行唱诵。

　　时也，春风送暖冰雪化
　　乃我
　　大中华人民共和国壬申年间正月初九日，宜祭之期，不孝婿赵某某率男赵某某、赵某某、孙赵某某及合家人等，谨以茶酒糖果、香烛纸火、江水汤饭不典之礼，致祭于李氏岳母孺人之前而唁曰：
　　呜呼！

1　枝算树勾跪岸当，　　　　　　　　　　子孙双脚跪这里，
　　tsŋ³³sua³⁵ sɤ⁵⁵ko⁴⁴ kɤ³¹ ʔa⁵⁵ta⁴⁴
　　子孙　双脚　跪　这里

2　囧我母情以须化。　　　　　　　　　　把我妈的情义诉说。
　　ka⁴⁴ ŋɯ⁵⁵mɔ³³ tɕɛ²¹ji²¹ sua⁴⁴xua⁴⁴
　　把　我的妈　情义　诉说

3　祭利点汝祭文遍，　　　　　　　　　　祭拜您前诵祭文，
　　tse⁴² ȵi⁵⁵ ti³¹ zɤ³¹ tɕi⁴⁴ve⁵⁵phie⁵⁵
　　祭　您　前　用　祭文篇

4　阴回囧岸看。　　　　　　　　　　　　请您阴魂看看我们。
　　jɯ³³xue⁴² ka⁴⁴ ŋa⁵⁵ ʔa³³
　　阴魂　把　我们　看

5　自孟阿母利死狠，　　　　　　　　　　自从阿妈去世后，
　　tsŋ⁵⁵mɯ⁵⁵ ʔa³¹mɔ³³ ȵi⁵⁵ ɕi³³ xɯ⁵⁵
　　怎么　阿妈　您　死　了

6　子算自碰臭东光。　　　　　　　　　　子孙伤心哭得死去活来。
　　tsŋ³³sua³⁵ tsŋ⁵⁵ phe⁵⁵tsho⁵⁵ to³³kua⁴⁴
　　子孙　则　（死去活来）

7 坐草奔上跪灵前， 伤心守灵跪灵前，
　　tsu⁵⁵tshɔ³¹ pe³³sa³³ kɤ³¹ li⁴² tɕhie³¹
　　坐草　　悲伤　跪　灵　前

8 哭青害明汪。 哭青天明月。
　　kho⁴⁴ tɕhɛ⁵⁵xɛ⁵⁵ me²¹ua⁴⁴
　　哭　　青天　　　明月

9 开嘴哭咋阿母利，[1] 开口哭诉阿妈您，
　　khɯ⁵⁵tɕye³³ kho⁴⁴ tsɔ⁴² a³¹mɔ³³ ȵi⁵⁵
　　开口　　　哭　是说　阿妈　您

10 山利崩自山利巴。[2] 山也崩地也裂。
　　se³⁵ li⁵⁵ pɯ³³ tsʅ⁵⁵ sɤ³² li⁵⁵ pa⁴⁴
　　山　也　崩　则　山　也　倒

11 弟昨阿母利登病， 或许阿妈得了病，
　　ti⁵⁵tsɔ⁴² ʔa³¹mɔ³³ ȵi⁵⁵ tɯ⁴⁴ pɛ²¹
　　或许　　阿妈　　您　得　病

12 的答灾答难。 定是大灾难。
　　ti⁵⁵ tɔ³²tse⁵⁵ tɔ³²na⁴⁴
　　定　大灾　　大难

13 等日杯因安利病， 前天过来看看您，
　　tɯ²¹ȵi⁴⁴ pe⁴⁴ jɯ³⁵ ʔa³³ ȵi⁵⁵ pɛ²¹
　　前天　　走　来　看　您　病

14 想要工利皿三说。 只想跟您见见面。
　　ɕa³¹nɔ⁴⁴ ko³⁵ ȵi⁵⁵ ka⁴⁴ sa³⁵ʔa³³
　　想要　　跟　您　把　相看

15 不想寿房介等孟， 不想前面供寿房，
　　pu³⁵ɕa³¹ sou⁵⁵fa⁴² kɛ⁴² tɯ²¹mɯ⁵⁵
　　不想　　寿房　　供　前面

16 达后悔——看得利度三。 很后悔——后悔看不到您了。
　　ta⁴² xo⁴⁴xue³¹ ʔa³³ tɯ⁴⁴ ȵi⁵⁵ tu⁴⁴ sa⁴⁴
　　回　后悔　　看　的　您　不得　了

17 不想自来杯差错， 不想那阴阳差错，
　　pu³⁵ɕa³¹ tsʅ⁵⁵lɛ³¹ pe⁴⁴pi⁴⁴ xo⁵⁵
　　不想　　怎么　　走差　　错

18 阿时和岸东本说。 一时不跟我们说话。
　　ʔa³¹tsʅ²¹ ko³⁵ ŋa⁵⁵ tuo²¹ pɯ³¹ sua⁴⁴
　　一时　　跟　我们　话　不　说

19 良医妙药救利病， 良医妙药要救您，

---

[1] 咋[tsɔ⁴²]：助词，在动词后，意思是说的是、是说、认为等。
[2] 句中有两个"山"字，前一个是借词，音读[se³⁵]为山；后一个是本语词，训读为[sɤ³²]（山）。

	lia⁴²ji³³ miɔ⁵⁵ju³⁵ kɯ⁴² ȵi⁵⁵ pɛ²¹	
	良医 妙药 救 您 病	
20	救得利度三。	救不得您呀。
	kɯ⁴² tɯ⁴⁴ ȵi⁵⁵ tu⁴⁴ sa⁴⁴	
	救 的 您 不得 极	
21	冰雪已化春来到，	冰雪已化春来到，
	piɯ³³ɕye³⁵ ji³¹xua⁵⁵ tshue³³ le⁴² tɔ⁵⁵	
	冰雪 已化 春 来 到	
22	双双属猴过正汪。	岁在属猴过新年。
	sua⁴⁴sua⁴⁴ tsɤ⁴² sɿ⁵⁵ kuo⁴² tsɿ³⁵ua⁴⁴	
	岁 岁 属 猴 过 正月	
23	祭日一九九二年，	祭日定在一九九二年，
	ji³⁵zɿ³⁵ ji³⁵tɕiu³¹ tɕiu³¹ʔe⁵⁵ ni⁴²	
	祭日 一九 九 二 年	
24	汪正月初七。	月份是正月初七。
	jye⁴⁴ tsɿ³⁵ua⁴⁴ ua⁴⁴ tɕhi⁴⁴	
	月 正月 月 七	
25	热匹出时利辞岸，	日出时您辞了我们，
	ȵi⁴⁴pi²¹ tshɤ⁴⁴ tsɿ²¹ ȵi⁵⁵ tshɿ⁵⁵ ŋa⁵⁵	
	太阳 出 时 您 辞 我们	
26	买给利吐沐浴汤。	我们给您买了沐浴汤。
	mɛ⁴² kɯ³¹ nɯ⁵⁵ nɔ³³ mu³⁵ju³⁵tha³³	
	买 给 你 上 沐浴汤	
27	皿利格日交椅很，	把您供在交椅里，
	ka⁴⁴ ȵi⁵⁵ kɛ⁴² ȵi⁴⁴ tɕɔ³⁵ji³¹ xɯ³¹	
	把 您 供 进 交椅 里	
28	皿利洗斗叭。	供您在上方洗。
	ka⁴⁴ ȵi⁵⁵ sɯ⁴⁴ to³³ pia⁴⁴	
	把 您 放 上 到	
29	南女自算皿利拜，	子子孙孙来拜您，
	na²¹ȵɤ³³ tsɿ³³sua⁵⁵ ka⁴⁴ ȵi⁵⁵ pɛ³²	
	（同胞子孙） 把 您 拜	
30	哭昨阿母利怎拉？	哭喊"阿妈在哪里？"
	kho⁴⁴ tsɔ⁴⁴ ʔa³¹mɔ³³ ȵi⁵⁵ tsɯ³³ na⁴⁴	
	哭 着 阿妈 您 在 哪	
31	自从今日杯开很，	自从今天走开后，
	tsɿ⁵⁵tsho³¹ ka⁵⁵ȵi⁴⁴ pe⁴⁴ khɯ⁵⁵ xɯ⁵⁵	
	自从 今天 走 开 了	
32	梦格很上看。	梦境里相见。

mɯ³¹ka⁴² xɯ³¹ sa⁵⁵ʔa³³
梦境　　里　　相见

33　须阿母苦情，　　　　　　　　　　　要叙阿妈的苦情，
　　ɕye⁴⁴ ʔa³¹mɔ³³ khu³¹tɕɛ²¹
　　叙　　阿妈　　苦情

34　哭完波多三。　　　　　　　　　　　怎么哭得完呀。
　　kho⁴⁴ua⁴² pɔ³¹ tua⁴⁴sa⁴⁴
　　哭　完　它　不了　极

35　爹母受很计少难，　　　　　　　　　爹妈受了多少苦，
　　to³⁵mɔ³³ so⁴⁴xɯ⁵⁵ tɕi⁵⁵ɕiɔ³³ na⁵⁵
　　爹妈　　受了　　多少　　难

36　从小阿人呼苦黑，　　　　　　　　　从小做了一家后，
　　tsho⁵⁵se³¹ ʔa³¹ȵi²¹xɔ³³ khu³¹xɯ⁵⁵
　　从　小　一家人　　过　恨

37　苦自光头架。　　　　　　　　　　　苦成一架骨头。
　　khu³¹tsɿ⁵⁵ kua⁴⁴tu²¹tɕa⁴⁴
　　苦　则　　骨头架

38　奶爷半自早死恨，　　　　　　　　　奶奶爷爷早过世，
　　ne⁴⁴lɔ³¹ pa⁵⁵tsɿ³³ tsu³³ɕi³³ xɯ⁵⁵
　　奶　爷　他们则　早　死　了

39　斗母那——日匹熬恨。　　　　　　　爹妈呀，太阳落了落月亮。
　　to⁵⁵mɔ³³ na⁵⁵ ȵi⁴⁴pi²¹ ʔo⁴²xɯ⁵⁵ ʔɔ⁴²mi⁵⁵ua⁴⁴
　　爹妈　　呀　太阳　　落了　　落月亮

40　配害王己自庄稼，　　　　　　　　　起早贪黑做庄稼，
　　phe⁵⁵xe⁵⁵ ua⁴²tɕi³¹ tsɿ⁵⁵ tsua³⁵tɕa³⁵
　　撕天　　挖地　　做　庄稼

41　苦自冏牙咬。　　　　　　　　　　　艰难咬咬牙。
　　khu³¹tsɿ⁵⁵ ka⁴⁴ ŋɛ²¹ŋa⁴⁴
　　苦　则　把　牙　咬

42　斗母守得女四人，　　　　　　　　　爹妈养了四姊妹，
　　to⁵⁵mɔ³³ so³³tɯ⁴⁴ ȵɣ³³ ɕi⁴⁴ȵi²¹
　　爹妈　　养得　　女　四人

43　冏岸当自习干肺。　　　　　　　　　把我们当成小心肝。
　　ka⁴⁴ŋa⁵⁵ ta⁴⁴tsɿ⁵⁵ ɕi³⁵ka³⁵phia⁴⁴
　　把我们　当成　　心肝肺

44　因为之算年双闪，　　　　　　　　　因为儿孙年纪小，
　　ji³³ue⁴⁴ tsɿ³³ sua⁵⁵ ȵi⁴⁴sua⁵⁵ se³¹
　　因为　　子孙　年纪　　小

45　孝养那本加。　　　　　　　　　　　孝养你们不到家。

ɕo⁴⁴ja⁴⁴ na⁵⁵ pɯ³¹tɕa⁴⁴
孝养　你们　不　到家

46　之女计人心计棵，　　　　　　　　儿女多少有多少心，
　　tsɿ³³ɲɣ³³ tɕi⁵⁵ ɲi²¹ ɕi³⁵ tɕi⁵⁵ khuo³³
　　子女　多　人　心　多　颗

47　舍人吐利本当外。　　　　　　　　最小的也没另眼看。
　　se³¹ɲi²¹ nɔ³³ li⁵⁵ pɯ³¹ ta⁴⁴ua⁴⁴
　　小人　上　也　不　当外

48　皮日为利女吐藕，　　　　　　　　每天为儿女们操心，
　　pe²¹ɲi⁴⁴ ue⁴⁴ tsɿ³³ɲɣ³³ nɔ³³ ʔo³¹
　　每天　为　儿女　上　怄气

49　费尽了心昌。　　　　　　　　　　费尽了心肠。
　　fe⁵⁵tɕɯ⁵⁵ la³² ɕi³³tsha³³
　　费尽　了　心肠

50　南女之算利过倒，　　　　　　　　儿女子孙已长大，
　　na²¹ɲɣ³³ tsɿ³³sua⁵⁵ li⁵⁵ kɔ³⁵tɔ⁴²
　　（同胞子孙）　　也　长大

51　交心已肺少交三。　　　　　　　　就别再焦心焦肝。
　　tɕɔ³⁵ɕi³⁵ ji³¹phia⁴⁴ ɕiɔ³³ tɕɔ³⁵ sa⁴⁴
　　（焦心扭肺）　　少　焦　了吧

52　米坑阿母利情以，　　　　　　　　想起阿妈您恩情，
　　mi³³ khɯ³³ ʔa³¹mɔ³³ li⁵⁵ tɕɛ²¹ji³¹
　　想起　　阿妈　您　情义

53　米了它不得。　　　　　　　　　　想也想不完。
　　mi³³ la³² pɔ³¹ tua⁴⁴ sa⁴⁴
　　想　了　它　不得不了

54　不想斗母求死狠，　　　　　　　　不想爹妈都去世，
　　pɯ³¹ɕa³¹ to³⁵mɔ³³ tɕhiu⁵⁵ ɕi⁴⁴ xɯ⁵⁵
　　不想　　爹妈　都　死　了

55　之算女弱丢岸当。　　　　　　　　儿女子孙丢这里。
　　tsɿ³³sua⁴⁴ ɲɣ³³so³¹ tio³³ a⁵⁵ta⁴⁴
　　子孙　儿女　丢　这里

56　年双次闪斗母死，　　　　　　　　年纪还小爹妈死，
　　ɲi⁴⁴sua⁴⁴ tɕhɿ⁵⁵ se⁴⁴ to³⁵mɔ³³ ɕi³³
　　年纪　身　小　爹妈　死

57　委很流出血。　　　　　　　　　　血泪从眼里出。
　　ue³³ xɯ³¹ kɯ²¹tɕhi⁴⁴ sua⁴⁴
　　眼里　流　出　血

58　家产房屋丢之算，　　　　　　　　家当全丢给儿孙，

tɕa³³tshe³¹ tsɯ²¹xɔ³¹ tio³³ tsʅ³³sua⁵⁵
家产　　房屋　　丢　　儿孙

59　爹母享受灯会样。　　　　　　　　爹妈享受香火福。
to³⁵mɔ³³ ɕa³¹so⁵⁵ tɯ⁵⁵xui³³ ja⁴⁴
爹妈　　享受　　灯火　　样

60　的怎灯灯板四尧，　　　　　　　　只有得到四块板，
ti³¹tsɯ³³ tɯ³⁵tɯ⁴⁴ pɛ³⁵ ɕi⁵⁵ jɔ⁴²
只有　　得到　　板　四　块

61　空去拉空央。　　　　　　　　　　空去又空回。
khɣ⁵⁵ ŋɛ²¹ la³² khɣ⁵⁵ ja⁴⁴
空　去　又　空　回

62　阿母情起杯恨茶，　　　　　　　　听说阿妈辞世了，
ʔa³¹mɔ³³ tɕhe⁵⁵tɕhi³¹ pe⁴⁴ xɯ⁵⁵ tsɔ⁴²
阿妈　　清闲　　走　了　说

63　解梅灯火没处看。　　　　　　　　点着火把也难找。
ke³¹me³⁵ ta³⁵xue³³ mu³³ tshɣ³¹ ʔa³³
点明子　拿火　　无　处　　看

64　生岸叫爹吐怪，　　　　　　　　　让我们喊爹不见爹，
sɯ³³ ŋa⁵⁵ ʔɯ³⁵ ti⁴⁴ ti⁴⁴ nɔ³³ kue⁴²
让我们　喊　爹　爹　上　不见

65　叫母母没三。　　　　　　　　　　喊妈不见妈。
ɣɯ³⁵ mɔ³³ mɔ³³ mu³³ sa⁴⁴
喊　妈　妈　无　了

66　隔山隔海怎找处，　　　　　　　　隔山隔海有觅处，
ke³⁵se³⁵ ke³⁵kɔ²¹ tsɯ³³ ji²¹ tshɣ³¹
隔山　　隔海　　有　找　处

67　隔板四尧没处看。　　　　　　　　隔着板子无处找。
kɛ⁴⁴ pe³³ ɕi⁴⁴ jɔ²¹ mu³³ tshɣ³¹ ʔa³³
隔　板　四　块　无　处　看

68　阴阳相隔一张纸，　　　　　　　　阴阳隔着一张纸，
ji³³ja⁴² ke³⁵tsɔ³⁵ ji³⁵ tsa³³ tsʅ³¹
阴阳　　隔着　　一　张　纸

69　看灯母朵三。　　　　　　　　　　不见阿妈了。
ʔa³³ tɯ⁴⁴ mɔ³³ tua⁴⁴ sa⁴⁴
看　得　妈　上　了

70　汪代下烟招少学，　　　　　　　　几代下来招女婿，
ua³⁵te³¹ thɯ⁵⁵jɯ³⁵ tsɔ³⁵ sɔ⁴²ɣɯ⁴²
几代　　下来　　招　女婿

71　门当户对立成家。　　　　　　　　门当户对立成家。

mɯ⁴²ta³³ xu⁵⁵tue⁵⁵ li³⁵ tshɯ⁴²tɕa³³
门当　户对　立　成家

72　阿母做人为岸吐，　　　　　　　阿妈操持为我们，
ʔa³¹mɔ³³ tsʅ⁵⁵n̠i²¹ ue⁴⁴ ŋa⁵⁵ nɔ³³
阿妈　做人　为　我们　上

73　皮日自哭下。　　　　　　　　　每天这样苦死苦活。
pe²¹n̠i⁴⁴ tsʅ⁵⁵ khu³¹ ɕa⁴⁴
每天　做　苦　极

74　咀很本因拿岸因，　　　　　　　自己不吃让我们吃，
tɕye³³ xɯ³¹ pɯ³¹ jɯ⁴⁴ sɯ⁵⁵ ŋa⁵⁵ jɯ⁴⁴
嘴　里　不　吃　让　我们　吃

75　阿母因本灯利三。　　　　　　　饿着肚子也忍着。
ʔa³¹mɔ³³ jɯ⁴⁴ pɯ³¹ tɯ⁴⁴ li⁵⁵ sa⁴⁴
阿妈　吃　不　得　也　了

76　阿母利吐情以求，　　　　　　　阿妈您的情义好，
ʔa³¹mɔ³³ n̠i⁵⁵ nɔ³³ tɕɛ²¹ji⁵⁵ tɕhɔ⁵⁵
阿妈　您　奴　情义　好

77　人人之称赞。　　　　　　　　　人人都称赞。
n̠i²¹n̠i²¹ tsʅ⁵⁵ tshɯ⁵⁵tsa³³
人人　则　称赞

78　利卾子女称配狠，　　　　　　　您把子女培植了，
li⁵⁵ ka⁴⁴ tsʅ³³n̠ɣ³³ phe⁵⁵tsʅ⁵⁵ xɯ⁵⁵
您　把　子女　培植　掉

79　生活阿双赛过双。　　　　　　　日子一年胜过一年。
sɯ³³xuo³⁵ ʔa³¹sua⁴⁴ se⁵⁵ kuo⁴² sua⁴⁴
生活　一年　赛　过　年

80　不想砍竹子遇结，　　　　　　　不想砍竹子遇节，
pu³⁵ɕa³¹ kha³¹ tsu³⁵tsʅ³¹ jye⁴⁴ tɕɛ³⁵
不想　砍　竹子　遇　节

81　我姐宝没三。　　　　　　　　　我姐她殁了。
ŋɯ⁵⁵ tɕi⁵⁵ pɔ³¹ mu³³ sa⁴⁴
我的　姐　她　没有　死

82　白发人送黑发人，　　　　　　　白发人送黑发人，
pɛ⁴² tɯ²¹ma³⁵ so³³ xɯ⁴⁴ tɯ²¹ma³⁵
白　头发　送　黑　头发

83　爹母气自本十三。　　　　　　　爹妈气得不得了。
to³⁵mɔ³³ tɕhi⁴⁴ tsʅ⁵⁵ pɯ³¹sʅ³¹ sa⁴⁴
爹妈　气　成　不得了　了

84　我爹次吐气成病，　　　　　　　阿爹气成一身病，

ŋɯ⁵⁵ti³³ tshŋ⁵⁵ nɔ³³ tɕhi⁴⁴ tsʅ²¹ pɛ²¹
我爹　身　上　气　成　病

85　一病见阎王。　　　　　　　　　　　一病见阎王。
ji³⁵ pi⁵⁵ tɕe³⁵ je⁴⁴ua⁴⁴
一　病　见　阎王

86　不想阿母哉登病，　　　　　　　　　不想阿妈也得病，
pu³⁵ɕa³¹ ʔa³¹mɔ³³ tse⁴⁴ tɯ⁴⁴ pɛ²¹
不想　阿妈　　再　得　病

87　住院要卬利救央。　　　　　　　　　住院要把妈医治。
tsu⁵⁵jye⁵⁵ nɔ⁴⁴ ka⁴⁴ ȵi⁵⁵ kɯ³² ja⁴⁴
住院　　要　把　您　救　回

88　好药好草救利病，　　　　　　　　　良医妙药用尽了，
xu³³jɔ³³ mu³³tshu³³ kɯ³² ȵi⁵⁵ pɛ²¹
好药　　好草　　救　您　病

89　救灯利朵三。　　　　　　　　　　　也救不了您。
ke³² tɯ⁴⁴ ȵi⁵⁵ tua³² sa⁴⁴
救　得　您　不得　了

90　怎拉斗母闷怎我，　　　　　　　　　有爹妈才有我们，
tsɯ³³ la³² to³⁵mɔ³³ ȵi⁵⁵ tsɯ³³ ŋa⁵⁵
有　了　爹妈　　才　有　我们

91　斗母情以必海宽。　　　　　　　　　爹妈恩情比海宽。
to³⁵mɔ³³ tɕɛ²¹ji³¹ pi³¹ kɔ²¹ khua⁴⁴
爹妈　　情义　　比　海　宽

92　世上父母必天大，　　　　　　　　　世间父母比天大，
sɛ⁴²kɛ⁴² fu⁵⁵mu³¹ pi³¹ thi³³ ta⁵⁵
世间　　父母　　比　天　大

93　情以忘记朵。　　　　　　　　　　　难忘父母情。
tɕhɯ⁴²ji⁵⁵ phɛ⁴⁴mi⁴² tua³²
情义　　忘记　　不得

94　做人为因之算吐，　　　　　　　　　做人一生为子孙，
tsʅ⁵⁵ȵi²¹ ue⁴⁴yɯ³⁵ tsʅ³³sua⁵⁵ nɔ³³
做人　　为了　　子孙　　上

95　害己家产丢岸当。　　　　　　　　　丢下田地和家产。
xe⁵⁵tɕi³¹ tɕa³⁵tshe³³ piɛ⁵⁵ ʔa⁵⁵ta⁴⁴
田地　　家产　　丢　这里

96　苦生苦死灯舍来，　　　　　　　　　苦死苦活为什么，
khu³¹hɛ⁵⁵ khu³¹ɕi³³ tɯ⁴⁴ xɛ³¹ne³¹
苦活　　苦死　　得　什么

97　板四尧灯叭。　　　　　　　　　　　等着板四块。

pɛ³³ɕi⁴⁴jɔ²¹ tɯ³³ phia⁴⁴
板 四块 等 到

98　提坑阿母利皮气，　　　　　　　　　　　　提起阿妈你脾气，
thi⁵⁵khɯ³³ ʔa³¹mɔ³³ nɯ⁵⁵ phi⁴²tɕhi⁵⁵
提起　　阿妈　　你的　脾气

99　阿母皮气生秋夏。　　　　　　　　　　　　阿妈脾气实在好。
ʔa³¹mɔ³³ phi⁴²tɕhi⁵⁵ xɛ⁵⁵ tɕhɔ³³ ɕa⁴⁴
阿妈　　脾气　　　生　好　极

100　干利为自底利为，　　　　　　　　　　　也为高来也为低，
ka³⁵ li⁵⁵ ue⁴⁴ tsʅ⁵⁵ ti³¹ li⁵⁵ ue⁴⁴
高　也　为　则　低　也　为

101　一样看待他。　　　　　　　　　　　　　都一样看待。
ji³⁵ja⁵⁵ ka⁵⁵te⁵⁵ tha³³
一样　　看待　他

102　四主四女本气闲，　　　　　　　　　　　娃娃不嫌弃，
sʅ³⁵sʅ³³ sʅ³⁵ȵv³³ pɯ³¹ tɕhi⁴⁴ɕi³⁵
（娃娃）　　　不　嫌弃

103　坤长人吐本当外。　　　　　　　　　　　穷人不当外。
khue³³tso³¹ȵi²¹ nɔ³³ pɯ³¹ ta⁴⁴ua⁴⁴
穷苦人　　　上　不　当外

104　阿母利将计人怎，　　　　　　　　　　　阿妈伙伴多，
ʔa³¹mɔ³³ ȵi⁵⁵ tɕa⁴⁴ tɕi³⁵ȵi²¹ tsɯ⁴²
阿妈　　您　伴　多个　有

105　的跪阿母朵。　　　　　　　　　　　　　个个惦念妈。
ti³¹ kv³¹ ʔa³¹mɔ³³ tua³²
惦念　阿妈　　上

106　阿母利自拜为人，　　　　　　　　　　　妈是虔诚拜佛人，
ʔa³¹mɔ³³ ȵi⁵⁵ tsɯ³³ pɛ⁴²ve⁴²ȵi²¹
阿妈　　您　是　拜佛人

107　好事好物母行叭。　　　　　　　　　　　善事善举都做到。
xu³³sʅ³¹ xu³³vv³³ mɔ³³ ɕɯ³⁵ phia⁴⁴
好事　善事　　妈　修　到

108　行好人自本灯好，　　　　　　　　　　　可是修行不得好，
ɕɯ³⁵ xu³³ ȵi²¹ tsʅ⁵⁵ pɯ³¹ tɯ⁴⁴ tɕhɔ³³
修　好　人　则　不　得　好

109　阿病初冷吧。　　　　　　　　　　　　　一病就倒下。
ʔa³¹pɛ³¹ tshu³³ nɯ³³pa⁴⁴
一病　　就　倒下

110　拜为初自利吐怪，　　　　　　　　　　　拜佛地方不见您，

pɛ⁴²vė⁴² tshv̩³¹ tsŋ⁵⁵ n̠i⁵⁵ nɔ³³ kue³²
拜佛　处　则　您　上　不见

111　汝香火处利没三。　　　　　　　　　烧香地方您不在。
zv̩³¹ɕɔ⁵⁵xue⁴⁴ tshv̩³¹ li⁵⁵ mu³³ sa³³
用香火　　处　您　没　了

112　阿母伴伙杯期因，　　　　　　　　阿妈伙伴都来了，
ʔa³¹mɔ³³ tɕa⁴²xɔ³³ pe⁴⁴ jɯ³⁵ la³²
阿妈　　伙伴　　走　来　了

113　母吐没处看。　　　　　　　　　　都不见阿妈。
mɔ³³ nɔ³³ mɔ³³ tshv̩³¹ ʔa³³
母　上　没　处　看见

114　须阿母寿岁，　　　　　　　　　　叙阿妈寿岁，
ɕye⁴⁴ ʔa³¹mɔ³³ so⁵⁵sue⁵⁵
叙　阿妈　　寿岁

115　押满八十双。　　　　　　　　　　不满八十岁。
ja³⁵ma³³ pia⁴⁴tsŋ⁴² sua⁴⁴
不满　　八十　　岁

116　看起等叹吐次坑，　　　　　　　　看着过去妈身体，
ʔa³³ khɯ³³ tɯ²¹tha⁵⁵ mɔ³³ tshŋ⁵⁵khɯ³¹
看起　　过去　　妈　身体

117　该过阿百双。　　　　　　　　　　该在一百岁。
ke³⁵ kv̩⁴² ʔa³¹pɛ⁴⁴ sua⁴⁴
该　在　一百　　岁

118　阿母利自奔波死，　　　　　　　　阿妈操持过度辞世了，
ʔa³¹mɔ³³ n̠i⁵⁵ tsŋ⁵⁵ pɯ⁵⁵ ɕi³³ xɯ⁵⁵
阿妈　　您　则　奔波　死　掉

119　之算自交忍阿那。　　　　　　　　子孙要交到哪里。
tsŋ³³sua⁵⁵ tsŋ⁵⁵ tɕɔ⁴⁴sɯ³¹ ʔa⁵⁵na⁴⁴
子孙　　则　交给　　哪里

120　阿母在大五双怎，　　　　　　　　阿妈要是再过四五年，
ʔa³¹mɔ³³ kv̩⁴² ta³⁵ ŋv̩³³ sua⁴⁴ tsɯ⁴²
阿妈　　在　加　五　年　可能

121　门五在皿看。　　　　　　　　　　再给我们看看家。
me²¹u³¹ tse⁴⁴ ka⁴⁴ʔa³³
门户　　再　看看

122　为因汪代自好人，　　　　　　　　因为几代为人好，
ue⁴⁴jɯ³⁵ ua⁵⁵te³¹ tsŋ⁵⁵xu³³n̠i²¹
因为　　几代　　做好人

123　阿母寿岁本高叭。　　　　　　　　阿妈寿岁到了那么高。

ʔa³¹mɔ³³ so⁴⁴sue⁴⁴ pɯ⁵⁵ ka³⁵phia⁴⁴
阿妈　寿岁　那　高到

124　没情阎老王等人，　　　　　　　　　　无情阎王这一个，
mu³³tɕɛ²¹ ji³¹lu⁵⁵ɣo²¹ tɯ²¹ɲi²¹
无情人　阎王　　这人

125　皿利名点叭。　　　　　　　　　　　　点到您的名。
ka⁴⁴ ɲi⁵⁵ miɛ³⁵ ti³¹ phia⁴⁴
把　您　命　点　到

126　阿母阴回站坑因，　　　　　　　　　　阿妈阴魂起来吧，
ʔa³¹mɔ³³ ji³³xue⁴² tue³⁵ khɯ³³ jɯ³⁵
阿妈　阴魂　竖　起　来

127　叫千叫百怎岸那。　　　　　　　　　　千呼万唤在这里。
ɣɯ³⁵tɕhi⁵⁵ ɣɯ³⁵pɛ⁴⁴ tsɯ³³ ʔa⁵⁵na⁴⁴
千喊　　百喊　　在　这里

128　哭相恨利母老怪，　　　　　　　　　　哭死了也不见妈，
kho⁴⁴ ɕa⁴⁴ hɯ⁵⁵ li⁵⁵ mɔ³³ nɔ³³ kue³²
哭　极　掉　也　妈　上　不见

129　气牛心吐血。　　　　　　　　　　　　伤心的血泪凝结在心上。
tɕhi⁴⁴ ŋɯ²¹ ɕi³⁵ nɔ³³ sua⁴⁴
气　凝　心　上　血

130　叫害自害脚高，　　　　　　　　　　　叫天天高，
ɣɯ³⁵xɛ⁵⁵ mɯ³¹ tsʅ⁵⁵ xɛ⁵⁵ ko⁴⁴ ka³⁵
喊天　它　则　天　脚　高

131　挖地平自地平宽。　　　　　　　　　　喊地地宽。
ua⁴² la³² tɕi³¹pɛ³¹ tɕi³¹pɛ³¹ khua⁴⁴
挖　了　地　　地　　宽

132　自女爹母上舍恨，　　　　　　　　　　儿女爹妈相分离，
tsʅ³³ɲɣ³³ to³⁵mɔ³³ sa⁵⁵sʅ⁴⁴ xɯ⁵⁵
儿女　爹妈　　分离　掉

133　己那日上看！　　　　　　　　　　　　哪一天才能相见！
tɕi³¹ na³¹ɲi⁴⁴ sa⁵⁵ʔa³³
挨　哪天　相见

134　等叹欢乐看之算，　　　　　　　　　　前久欢乐领儿孙，
tɯ²¹tha⁵⁵ ji³⁵nɔ³⁵ xa⁵⁵ tsʅ³³sua⁵⁵
前久　　娱乐　　领　儿孙

135　想要要利生百岁。　　　　　　　　　　要想阿妈活百岁。
ɕa³¹nɔ⁴⁴ nɔ⁴⁴ ɲi⁵⁵ kɣ³² pɛ⁴⁴sua⁴⁴
要想　要　您　在　百岁

136　眼阿眉的杯恨茶，　　　　　　　　　　眼难闭地走了呀，

ue³³ ʔa³¹ me³⁵ nɔ³³ pe⁴⁴ xɯ⁵⁵ tsɔ⁴²
眼　不闭　的　走掉　说是

137　皿岸丢阿大。　　　　　　　　　　　　把我们丢下。
ka⁴⁴ ŋa⁵⁵ piɛ⁵⁵ ʔa⁵⁵na⁴⁴
把　我们　丢　这里

138　看进里自母奴怪，　　　　　　　　　看家里不见妈，
ʔa³³ ɲi⁴⁴ khɯ³¹ tsɿ⁵⁵ mɔ³³ nɔ³³ kue³²
看　进　里边　则　妈　上　不见

139　望期外自母没三。　　　　　　　　　望外面妈不见。
xa⁵⁵ tɕhi⁴⁴ ua⁴⁴ tsɿ³³ mɔ³³ mu³³ sa⁴⁴
望　出　外　则　妈　无　了

140　阴阳隔着一张纸，　　　　　　　　　阴阳隔着一张纸，
ji³³ ja⁴² kɯ³⁵ tsu³⁵ ji³⁵ tsa³³ tsɿ³¹
阴阳　隔　着　一　张　纸

141　看灯那朵三。　　　　　　　　　　　看不着您了。
ʔa³³ tɯ⁴⁴ na⁵⁵ tua⁴⁴ sa⁴⁴
看得　您　出　了

142　阿百双利自本六，　　　　　　　　　一百岁也做不够，
ʔa³¹ pɛ⁴⁴ sua⁴⁴ li⁵⁵ tsɿ⁵⁵ pɯ³¹ lu³⁵
一　百　岁　也　做　不　够

143　生人自给生人看。　　　　　　　　　活人做给活人看。
xɛ⁵⁵ɲi²¹ tsɿ⁵⁵ kɯ³¹ xɛ⁵⁵ɲi²¹ ʔa³³
活人　做给　活人　看

144　斗母怎恨世上很，　　　　　　　　　爹妈还在人世间，
to³⁵ mɔ³³ tse⁴⁴ xɯ⁵⁵ se³² kɛ⁴² xɯ³¹
爹妈　还在着　世间　里

145　多皿半孝养。　　　　　　　　　　　要多多孝养。
to³⁵ ka⁴⁴ pa⁵⁵ ɕɔ⁴⁴ja⁴⁴
多　把　他们　孝养

146　死恨本点米打因，　　　　　　　　　人死后才想起来，
ɕi³³ xɯ⁵⁵ pɯ⁵⁵ti³¹ mi³³ ta⁴² jɯ³⁵
死了　才　想　回来

147　点梅拿火没处看。　　　　　　　　　点明子照明也无处找。
ke³¹ me³⁵ ta³⁵ xue³³ mu³³ tʂʅ³¹ ʔa³³
点明子　拿火　无　处　看

148　自半之女计些那，　　　　　　　　　做子女多少岁月了，
tsɿ⁵⁵ pa⁵⁵ tsɿ³³ɲy³³ tɕi⁵⁵ɲi⁴⁴ la³²
做　他们　儿女　几天　了

149　皿爹母自叭。　　　　　　　　　　　孝养父母要做到。

ka⁴⁴ to³⁵mɔ³³ tsɿ⁵⁵ phia⁴⁴
把 爹妈 做 到

150 父母爱儿女之心， 父母爱儿女有心，
fu⁵⁵mu³¹ ʔe⁵⁵ ʔɛ⁴²nue³¹ tsɯ³³ ɕɯ³³
父母 爱 儿女 有 心

151 报答父母是应当。 报答父母理应当。
pɔ⁵⁵ta³⁵ fu⁵⁵mu³³ tsɿ³³ jɯ⁵⁵ta³³
报答 父母 是 应当

152 羊子饮奶跪母前， 羊羔吃奶跪母前，
jo²¹tsɿ³³ ɣɯ³³pa⁴² kɣ³¹ mɔ³³ tɕi³²
羊羔 吃奶 跪 母 前

153 黑物答肉喂本母。 乌鸦叼肉喂它妈。
xɯ⁴⁴ɣ⁵⁵ ta³⁵ kɛ²¹ ue⁴⁴ pɯ⁵⁵ ma³³
乌鸦 拿 肉 喂 它的 妈

154 想要过阿母相见， 要想跟阿妈相见，
ɕa³¹ȵɔ⁴⁴ ko³⁵ ʔa³¹mɔ³³ sa⁵⁵ke³²
想要 跟 阿妈 相见

155 除非己尾叭。 除非到地狱。
tshɿ̩⁴²fe³³ tɕi³¹ŋɣ²¹ phia⁴⁴
除非 地狱 到

156 山中也有千年树， 山中虽有千年树，
se³³ tso³³ je³¹ jo³¹ tɕhi³³ ni⁴² sɣ⁵⁵
山中 也 有 千 年 树

157 闪格那人坐百双。 人间哪个活千岁。
se³²kɛ³⁵ na⁴⁴ ȵi²¹ kɣ⁴² tɕhi⁵⁵ sua⁴⁴
世间 哪个 在 千 年

158 阎王叫你三更死， 阎王叫你三更死，
je⁴²ua⁴² tɕɔ⁵⁵ ni³¹ sa³³ kɯ³³ sɿ³¹
阎王 叫 你 三更 死

159 鸡鸣难等叭。 等不到鸡鸣。
ke³⁵mɛ²¹ na²¹ tɯ³³ phia⁴⁴
鸡鸣 难 等 到

160 须阿母归山， 叙阿妈归山，
ɕye⁴⁴ ʔa³¹mɔ³³ kue³⁵se³⁵
叙 阿妈 归山

161 归山怎则汪。 归山是正月。
kue³⁵se³⁵ tsɯ³³ tsɿ³⁵ua⁴⁴
归山 是 正月

162 则汪初七阿母死， 正月初七阿妈死，

$tsʅ^{35}ua^{44}$ ua^{44} $tɕhi^{44}$ $ʔa^{31}mɔ^{33}$ $ɕi^{33}$
正月 月 七 阿妈 死

163 太阳出时节。 太阳出山时。
$ȵi^{44}pi^{31}$ $tshɤ^{44}$ $tsʅ^{21}tɕa^{44}$
太阳 出 时候

164 开咀哭昨阿姆利, 开口哭喊"阿妈您,
$khɯ^{55}tɕye^{33}$ kho^{44} $tsɔ^{42}$ $ʔa^{31}mɔ^{33}$ $ȵi^{55}$
开口 哭 着 阿妈 您

165 该当爹死要留妈。[1] 哪怕爹死也要妈。"
$ke^{35}ta^{35}$ ti^{33} $ɕi^{33}$ $ȵo^{44}$ $ȵo^{35}$ ma^{33}
该当 爹 死 要 要 妈

166 不想两人求死恨, 不想爹妈都去世,
$pu^{35}ɕa^{31}$ ko^{33} $ȵi^{21}$ $tɕho^{55}$ $ɕi^{33}$ $xɔ^{55}$
不想 两 人 全 死 了

167 卂岸丢阿当。 把我们丢下。
ka^{44} $ŋa^{55}$ $piɛ^{55}$ $ʔa^{55}ta^{44}$
把我们 丢 这里

168 生我阿声哭两人, 让我们一声哭两个,
$sɯ^{33}$ $ŋa^{55}$ $ʔa^{31}$ $tshɛ^{55}$ kho^{44} ko^{33} $ȵi^{21}$
让 我们 一 声 哭 两 个

169 阿声爹来阿声妈。 一声爹来一声妈。
$ji^{35}sɯ^{33}$ ti^{33} le^{42} $ji^{35}sɯ^{33}$ ma^{33}
一声 爹 来一声 妈

170 害斗那怎舍来柱, 不知天上怎么样,
$xɛ^{55}$ to^{33} la^{32} $tsɯ^{33}$ $se^{31}ne^{55}tsɤ^{55}$
天 上 呢 有 什么样

171 害底跪我朵。 天下只有我们独自在一方。
xer^{55} $ɣɛ^{33}$ $kɤ^{42}$ $ŋa^{55}$ tua^{32}
天 底下 跪 我们 上

172 能可父母无儿女, 宁可父母无儿女,
ni^{42} ko^{31} $fu^{55}mu^{31}$ $vɤ^{42}$ $ʔɛ^{42}nye^{31}$
宁可 父母 无 儿女

173 哪有儿女无爹妈。 哪有儿女无爹妈。
na^{31} $jo^{31˧}$ $ɛ^{42}nye^{31}$ $vɤ^{42}$ $ti^{33}ma^{33}$
哪有 儿女 无 爹妈

174 斗母两人求杯恨, 爹妈两个都走了,

---

[1] 白族对爹妈的去世,习俗认为妈的去世尤为悲痛,有民谚翻译是这样的:爹死无事,妈死有事。这个谚语内涵很宽,既有母子感情重于父子,又涉及母舅家事。

to³⁵mɔ³³ ko³³ ɲi²¹ tɕhɔ⁵⁵ pe⁴⁴ xɯ⁵⁵
爹妈　两　人　全　走　掉

175　雪上又加霜。　　　　　　　　　　　　雪上又加霜。
çye³⁵ sa⁵⁵ jo⁵⁵ tɕa³³ sua³³
雪　上　又　加　霜

176　三年哺乳没有报，　　　　　　　　　　三年哺育没有报，
sa³³ni⁴² pu³¹zɤ³¹ mo³⁵ jo³¹ pɔ⁵⁵
三年　哺乳　没　有　报

177　报答父母理应当。　　　　　　　　　　报答父母理应当。
pɔ⁵⁵ta³⁵ fu⁵⁵mu³¹ li³¹ ji⁵⁵ta³³
报答　父母　理　应当

178　孝养过那利没难，　　　　　　　　　　孝养你们还未尽，
ço⁴⁴ja⁴⁴ kuo³² na⁵⁵ li⁵⁵ mu³³ la³²
孝养　过　你们　也　无　了

179　二人求没三。　　　　　　　　　　　　两个都走了。
ko³³ ɲi²¹ tɕhɔ⁵⁵ mu³³ sa³³
两　人　全　没　了

180　米本完吐父母情，　　　　　　　　　　想不完的爹妈情，
mi³³ pɯ³¹ua⁴² nɔ³³ to³⁵mɔ³³ tɕɛ²¹
想　不完　的　爹妈　情

181　哭本完吐苦情加。　　　　　　　　　　哭不完的这苦情。
kho⁴⁴ pɯ³¹ua⁴² nɔ³³ khu³¹tɕɛ²¹tɕa³⁵
哭　不完　的　苦情事

182　米坑自人划不着，　　　　　　　　　　想起做人划不着，
mi³³khɯ³³ tsɿ⁵⁵ɲi²¹ xua⁴² pu³⁵ tsu³⁵
想起　做人　划　不着

183　空去了空央。　　　　　　　　　　　　空去又空回。
khɤ⁵⁵ ŋɛ²¹ la³² kɤ⁵⁵ ja⁴⁴
空　去　了　空　回

184　哭咋阿母利放心，　　　　　　　　　　哭着阿妈您放心，
kho⁴⁴ tsɔ⁴² a³¹mɔ³³ ɲi⁵⁵ fa⁴⁴çɯ⁵⁵
哭　是说　阿妈　您　放心

185　那女之算求汉三。　　　　　　　　　　儿孙个个都成器。
na²¹ɲɤ³³ tsɿ³³sua⁵⁵ tɕhɔ⁵⁵xa⁵⁵sa⁴⁴
（同胞儿孙）　　都好了

186　兄弟夫妻团结好，　　　　　　　　　　兄弟夫妻团结好，
zɤ³⁵the³³ pɯ³⁵tshe⁵⁵ thue⁴²tɕi³⁵ tɕhɔ⁵⁵
兄弟　夫妻　团结　好

187　不必交我朵。　　　　　　　　　　　　不必想我们。

pɯ³¹ pi³⁵ tɕiɔ⁵⁵ ŋa⁵⁵ tua⁴⁴
不必 焦 我们 上

188 三月清明上利坟， 三月清明上您坟，
sa⁵⁵ ua⁴⁴ tɕhi³³ miɯ⁴² tso³³ ȵi⁵⁵ mɯ³¹
三月 清明 上 您 坟

189 七汪汪一皿利加。 七月又接您回来几天。
tɕhi⁴⁴ ua⁴⁴ ua³⁵ ȵi³³ ka⁴⁴ ȵi⁵⁵ tɕa⁴⁴
七月 几 天 把 您 接

190 七汪十四送利包， 七月十四给你烧包，
tɕhi⁴⁴ ua⁴⁴ tsɿ⁴² ɕi⁴⁴ sv̩⁵⁵ ȵi⁵⁵ pɔ³⁵
七月 十四 烧 您 包

191 关心斗母朵。 全家一心挂念着爹和妈。
kua⁴⁴ ɕi³⁵ to³⁵ mɔ³³ tua³²
挂心 爹妈 上

192 祭利本汝肉和鱼， 祭您不用肉和鱼，
tse⁴² ȵi⁵⁵ pɯ³¹ zv̩³¹ kɛ²¹ ȵi⁵⁵ ŋv̩³⁵
祭 您 不 用 肉 和 鱼

193 祭利本汝艮和叭。 祭您不用银和贝（贝币）。
tse⁴² ȵi⁵⁵ pɯ³¹ zv̩³¹ ȵi²¹ ȵi⁵⁵ pia⁴⁴
祭 您 不 用 银 和 贝

194 祭利的汝祭文遍， 祭您只用这祭文，
tse⁴² ȵi⁵⁵ ti³¹ zv̩³¹ tɕi⁵⁵ vɯ⁴² piɯ⁵⁵
祭 您 只 用 祭文 篇

195 皿斗母情双。 叙叙爹妈的恩情。
ka⁴⁴ to³⁵ mɔ³³ tɕɛ²¹ sua⁴⁴
把 爹妈 情 说

196 祭害利祭七， 祭天和祭地，
tse⁴² xer⁵⁵ ȵi⁵⁵ tse⁴² tɕi³¹
祭 天 和 祭 地

197 那哉祭月亮。 又再祭月亮。
la⁴⁴ tse⁴⁴ tse⁴² mi⁵⁵ ua⁴⁴
又 再 祭 月亮

198 第上杆皿阿母祭， 第三只祭妈，
ti³¹ sa⁵⁵ ka³⁵ ka⁴⁴ ʔa³¹ mɔ³³ tse⁴²
第三 只 把 阿妈 祭

199 利皿我情加。 请您把我们的情义接。
ȵi⁵⁵ ka⁴⁴ ŋa⁵⁵ tɕɛ²¹ tɕa⁴⁴
您 把 我们 情 接

200 万里彩云万里天， 万里彩云万里天，

va⁵⁵li³¹ tshe³¹jyu⁴² va⁵⁵li³¹ thi³³
万里　彩云　　万里　天

201　童子阿对卌利加。　　　　　　　　　　一对童子来接您。
　　　tʋ³¹tsʅ³¹ ʔa³¹ tue⁴² ka⁴⁴ ɲi⁵⁵ tɕa⁴⁴
　　　童子　一　对　把　您　接

202　骑鲸跨鹤利上害，　　　　　　　　　　骑鲸跨鹤您上天，
　　　tɕhi⁴²tɕɯ³³ khua⁵⁵xuo³⁵ ɲi⁵⁵ tso³³ xɛ⁵⁵
　　　骑鲸　　跨鹤　　您　上　天

203　修道成仙家。　　　　　　　　　　　　修道成仙家。
　　　ɕo³³tɔ⁵⁵ tshɯ⁴² ɕi³³tɕa³³
　　　修道　成　仙家

204　之算后妈要保佑，　　　　　　　　　　请妈保佑子孙，
　　　tsʅ³³sua⁵⁵ ɣɯ³³ mɔ³³ ɲo⁴⁴ pɔ³¹jo⁵⁵
　　　儿孙　后　妈　要　保佑

205　利吐要后代香烟光。[1]　　　　　　　　后代是您接香火人。
　　　ɲi⁵⁵ nɔ³³ ɣɯ³³te⁴⁴ ɕo³⁵tso²¹kua⁴⁴
　　　您　的　后代　香火棍

206　善恶到头终有报，　　　　　　　　　　善恶到头终有报，
　　　se⁵⁵ɣo³⁵ tɔ⁵⁵tho⁴² tso³³ jo³¹ pɔ⁵⁵
　　　善恶　到头　终　有　报

207　卌世间劝化。　　　　　　　　　　　　劝化世间人。
　　　ka⁴⁴ se³²kɛ⁴² tɕye⁴⁴xua⁴⁴
　　　把　世间　劝化

208　跪下母前卌母祭，　　　　　　　　　　跪在妈前把妈祭，
　　　kɣ³¹thɯ⁵⁵ mɔ³³ tɕi⁴² ka³³ mɔ³³ tse⁴²
　　　跪起　妈　前　把　妈　祭

209　只有祭文纸一张。　　　　　　　　　　只有祭文纸一张。
　　　tsʅ³¹jo³¹ ji⁴²vɯ⁴² tsʅ⁵⁵ ji³⁵ tsa³³
　　　只有　祭文　纸　一　张

210　灵前薄奠三杯酒，　　　　　　　　　　灵前薄奠三杯酒，
　　　ni⁴² tɕhi⁴² po³⁵ ti⁵⁵ sa³³ pe³³ tɕiu³¹
　　　灵　前　薄　奠　三　杯　酒

211　做呜呼尚飨！　　　　　　　　　　　　做呜呼尚飨！
　　　tsu⁵⁵ u³³xu³³ sa⁵⁵ɕa³³
　　　做　呜呼　尚飨
　　　　　伏维哀哉！尚飨！

---

[1] 香烟光[ɕo³⁵tso²¹kua⁴⁴]：直译是香火棍，比喻承传家庭血缘的根脉。

云龙孝侄字某祭奠伯父亡灵文

段 伶　王丽梅

本文是出殡路上的路祭祭文,以侄子第一人称的口吻祭奠伯父。内容主要叙说怀念伯父的为人和自己未能尽孝的心情。字字句句情真意切,充满伤感,加之以特殊的腔调歌唱,催人泪下。

该祭文的结构可分为四段:一是以汉语"时也"开头交代时间,用白语韵文歌唱;二是以汉语文言"适我"开头交代祭奠对象的乡评、享阳及以谦辞表达祭奠之礼,用特殊腔调诵读;三是主体部分,以"呜呼"开始,叙说自己的悲痛之情,用白语韵文歌唱,以汉语"呜呼哀哉!尚飨"结尾;四是全文结尾,以汉语"初献""亚献"汉语七言八句表达悲痛心情,用特殊腔调诵读。

这种祭文的文体结构和汉白文字并用的形式,是云龙地区代表性的祭文文体。韵文的韵式、句式是白语的"山花体"叠段联章,即句子是"三七一五"(三个七字句后一个五字句)的多段联章长篇。其中出现有五个句子一段的,也有四个字的句子、超过七个字的句子,这是该地区祭文和白曲的普遍现象,因为不是民歌,可以自由,但"三七一五"句式是主流。文中还常常直接借用汉语的句子,音韵按白语的念法从属于白语音韵,仍可用当地白曲的各种乐曲歌唱。关于汉语句子,当地还流传一种"圈白点汉"或"点汉不点白"的说法,就是在汉字旁加黑点,表示直读汉语字音;字旁加圈或什么都不加,表示汉字音训读为白语音。另外,该地区的祭文(包括白曲、宗教经文)等的文字中使用的"白字"比大理、剑川一带为多,有的是白族地区普遍流传的"白字",有的是该地区独有的"白字"。

该祭文的收集者是云龙县团结乡文化站的李昱先生,1987年3月收集于云龙团结乡腊鹅寨,并为整张白纸毛笔书写的原件抄录了副本保存。团结乡是彝族白族杂居的地方,这里的彝族属罗武支系,他们平常使用的语言是当地的白语,唱诵的民歌一般也使用白语。两个民族习俗相近,葬俗中的祭文都用白语。我们到长新、关坪、团结几个乡收集白文祭文时,李先生给予了支持,将自己收集到的祭文提供我们拍照,作为大理学院民族文化研究所的资料进行保存。现在对比3个乡的十余篇祭文,它们的结构、文体、语言、文字使用情况基本一致。另外,我们还看到原大理州博物馆馆长谢道辛先生在其他地方收集到的两篇祭文,其内容、结构、语言、文字大多相同,可见这篇祭文在云龙地区具有通用性。

李先生的这篇祭文前附注"曲调花上花"几个字,这是这一带民间称白曲的曲名或曲姓。这种曲名一般是曲调的开头语,其后的"花"[xua^{44}]字表明,该祭文所押的律韵和律调为阿韵、中调,全篇一韵、一调到底。本次录入的原文,在汉字下所加黑点,均按原件照录。

　　　　　时也　　　　　　　　　　　　　　　　　　　　时也
　　　　　sɿ⁴² je³¹
　　　　　时也

1　只影跪合豆二月，　　　　　　　　　　　时间正值春二月，
　　tsɛ²¹ke³³ kɤ⁴²xo⁵⁵ tou⁵⁵ zɿ³¹ua⁴⁴
　　时间　　正值　　遇　　二月

2　岩吐梅花开肺处，　　　　　　　　　　　山上梅花正开处，
　　sv̩⁴² nɔ³³ tɕi³³xuo⁵⁵ ke⁵⁵phia⁴⁴ tshv̩³¹
　　山　上　梅花　　开　到　处

3　豆麦青帖帖。[1]　　　　　　　　　　　　豆麦绿油油。
　　tou³¹ mɯ⁴⁴ tɕhɛ³¹tɕha⁴⁴tɕha⁴⁴
　　豆麦　　青幽幽

4　岁寒然后之松柏，　　　　　　　　　　　岁寒然后知松柏，
　　sui⁵⁵xã⁴² zã⁴²xou⁵⁵ tsɿ³³ sõ³³pɯ³⁵
　　岁寒　　然后　　知　松柏

5　寒恸哭悲伤。　　　　　　　　　　　　　寒恸哭悲伤。
　　xã⁴²thõ⁵⁵ khu³⁵ pe³³sã³³
　　寒恸　　哭　悲伤

6　冬风习习寒透骨，　　　　　　　　　　　冬风习习寒透骨，
　　tõ³³fõ³³ ɕi³⁵ɕi³⁵ xã⁴² thou⁵⁵ku³⁵
　　冬风　　习习　　寒　透骨

7　白雪映梅花。　　　　　　　　　　　　　白雪映梅花。
　　pɯ³⁵ɕy³⁵ ȵɯ⁵⁵ me⁴²xua³³
　　白雪　　映　梅花

8　设极自有高必叫，　　　　　　　　　　　山头有那布谷叫，
　　se⁵⁵tɕi⁵⁵ tsɿ⁵⁵ tsɯ³³ ko⁴⁴pi⁵⁵ mɛ²¹
　　山尖　　则　有　布谷　鸣

9　焦吐心杀杀。　　　　　　　　　　　　　揪人的心肝。
　　tɕo⁵⁵ȵi⁵⁵ɕi³⁵ ɕa⁴⁴ɕa⁴⁴
　　焦人心　　阵阵

10 明天大爹送上仙，　　　　　　　　　　　明天要把大爹送上山，
　　me⁵⁴ȵi⁴⁴ ta⁵⁴ti³³ so³³tso³³ se⁵⁵
　　明天　　大爹　送上　山

11 气牛心吐血。[2]　　　　　　　　　　　　伤心的血凝心头。
　　tɕhi⁴⁴ ŋɯ²¹ ɕi³⁵ nɔ³³ sua⁴⁴
　　气　凝　心　上　血

---

[1] 该祭文首段为七七五，即三句为首段，这种句式主要流传于云龙和洱源中西部，与当地白曲句式同类。首句虽末字起韵、起调，与这种白曲乐曲一致，可以入乐。

[2] 气牛心吐血[tɕhi⁴⁴ ŋɯ³¹ ɕi³⁵ nɔ³³ sua⁴⁴]：意思是伤心的血凝结在心头。这是白族白曲中表达伤心之极时常用句。

适我

中华待赠乡评勤直享阳八十上寿字公老大人跨鹤登仙之期也，是日不孝侄△△暨合家孝眷人等，谨以汤馔柔毛遮羞果品不典之仪，致祭于

字公老大人之灵柩前，

而唁曰：呜呼！

12   大爹请起咽，   大爹请起来，
       $ta^{54}ti^{33}\ tɕhẽ^{33}khɯ^{33}\ jɯ^{35}$
       大爹   请起   来

13   侄唛跪是吒台下，   侄子跪拜在您的灵前，
       $tɕi^{42}\ ŋa^{55}\ kɣ^{31}tsɛ^{21}\ ȵi^{55}\ tɕi^{42}mi^{42}$
       侄子我们 跪朝   您   前面

14   献之本没略点三炷香。   没有敬献的只有三炷香。
       $ɕi^{44}\ tsɿ^{33}\ pɯ^{31}\ mɔ^{33}\ lio^{35}\ ti^{31}\ sa^{33}\ tsɣ^{55}\ ɕã^{33}$
       献的   不   没   略   点 三 炷 香

15   空席之席摆灵前，   一席空席摆灵前，
       $khɣ^{55}ɕi^{35}tsɿ^{33}\ ɕi^{35}\ pe^{31}\ nũ^{42}tɕhẽ^{21}$
       空席儿   席 摆 灵前

16   眼泪何日干。   让人伤心泪难干。
       $jẽ^{31}lue^{55}\ xo^{42}sɿ^{42}\ kã^{33}$
       眼泪   何时   干

17   提起大爹做人话，   大爹在世人品望，
       $thi^{55}khɿ^{33}\ ta^{54}ti^{33}\ tsu^{55}ȵi^{21}\ to^{21}$
       提起   大爹   为人   话

18   比山海利宽。   比山高比海宽。
       $pi^{31}\ sɣ^{42}ko^{21}\ li^{55}\ khua^{44}$
       比 山海   也 宽

19   四代同堂增福寿，   四代同堂增福寿，
       $sɿ^{55}te^{44}\ thõ^{42}thã^{42}\ zũ^{33}\ fɣ^{35}\ so^{55}$
       四代   同堂   增 福寿

20   名传於四方。   名传于四方。
       $mũ^{21}\ tshũe^{42}\ jy^{42}\ sɿ^{55}fã^{33}$
       名   传   于 四方

21   大爹富人吒呢不奉承，   对富人不奉承，
       $ta^{54}ti^{33}\ kɔ^{21}ȵi^{21}\ nɔ^{33}\ li^{55}\ pu^{35}\ fũ^{55}tshũ^{42}$
       大爹 富人   上 也 不 奉承

22   难人吒呢不气量。   对穷人很大方。
       $na^{21}ȵi^{21}\ nɔ^{33}\ li^{55}\ pu^{35}\ tɕhi^{44}nia^{44}$
       穷人   上 也 不   气量

23　　　吙想大爹思得阿石样，　　　　　　　　　　不想大爹为什么，
　　　　pɯ³¹ɕa³¹ ta⁵⁴ti³³ mi³³tɯ⁴⁴ ʔa⁵⁵se³¹ na̱⁴²
　　　　不想　　大爹　想着　　什么　　样

24　　　正月很要消遥极乐帮。　　　　　　　　　　正月要走极乐乡。
　　　　tsɿ⁵⁵ua⁴⁴ xɯ³¹ ŋo³³ ɕɔ³³jɔ⁴² tɕi³⁵lu³⁵ pa³³
　　　　正月　　里　要　逍遥　　极乐邦

25　　　今日唵皿兄弟走肺咽，　　　　　　　　　　今天我们兄弟姐妹到这里，
　　　　ke⁵⁵ȵi⁴⁴ ŋa⁵⁵ ka³⁵ tsɿ³¹thi³¹ pe⁴⁴ phia⁴⁴ jɯ³⁵
　　　　今天　我们　几　兄弟姐妹　走　到　来

26　　　大爹没声没气走唵那？　　　　　　　　　　大爹您没声没气到哪里？
　　　　ta⁵⁴ti³³ mɔ³³tsɿ⁵⁵ mɔ³³tɕhi⁴⁴ pe⁴⁴ ʔa⁵⁵na⁴⁴
　　　　大爹　没声　　没气　　走　哪里

27　　　十亲五戚票吐见，　　　　　　　　　　　　十亲五戚都见了，
　　　　tsɿ³⁵tɕhũ³³ u³¹tɕi³⁵ phia⁴⁴ nɔ³³ ke⁴²
　　　　十亲　　五戚　影貌　上　见

28　　　大爹人票没处见。　　　　　　　　　　　　唯独不见大爹您。
　　　　ta⁵⁴ti³³ ȵi²¹phio⁵⁵ mo³³tshɿ³¹ ke⁴²
　　　　大爹　人貌　　没处　　见

29　　　大爹有唵吒功禄，　　　　　　　　　　　　大爹您对我的恩情，
　　　　ta⁵⁴ti³³ tsɯ³³ ȵi⁵⁵ nɔ³³ kõ³³lu³⁵
　　　　大爹　有　您　的　功劳

30　　　俚唵报不起恩光。　　　　　　　　　　　　俚儿我一辈子难以报答。
　　　　tɕi⁴² ŋa⁵⁵ po⁵⁴ pu³⁵tɕhi³¹ ʔũ³³kuã³³
　　　　俚　我们　报　不起　　恩光

31　　　未出言来先掉泪，　　　　　　　　　　　　未出言来先掉泪，
　　　　ve⁵⁴ tshɿ³⁵jɛ̃⁴⁴ le⁴² ɕɛ̃³³ tio⁵⁴lye⁵⁴
　　　　未　出言　　来　先　掉泪

32　　　两眼泪汪汪。　　　　　　　　　　　　　　两眼泪汪汪。
　　　　lia³¹jɛ̃³¹ lui⁵⁵ uã³³uã³³
　　　　两眼　泪　汪汪

33　　　大爹地罗皇呢那三亲，　　　　　　　　　　未必你跟阎罗王是亲戚，
　　　　ta⁵⁵ti³³ tɕi³¹lo⁵⁵ṽ²¹ li⁵⁵ na⁵⁵ sã⁵tɕhĩ⁵⁵
　　　　大爹　阎王　　又　你们　相亲

34　　　阿时阿影别唵花？　　　　　　　　　　　　一时之间丢下我们吧？
　　　　ʔa³¹tsɿ²¹ ʔa³¹kɛ³³ piɛ⁵⁵ ŋa⁵⁵ xua⁴⁴
　　　　一时之间　　丢　我们　吧

35　　　俚唵烂柴根呢砍咻过，　　　　　　　　　　俚儿我没有给您砍过一根柴，
　　　　tɕi⁴² ŋa⁵⁵ tɕɯ⁵⁵pɔ²¹tɔ³³ li⁵⁵ tso⁴⁴ pɯ³¹ kɔ⁴²
　　　　俚　俺　朽木头　　也　斫　不　过

36　　　冷水喝呢准咻肺。　　　　　　　　　　　　没有给过一点水到您的嘴边。

kɯ⁵⁵ɕy³³ xɯ⁵⁵li⁵⁵ tɕy³³ pɯ³¹ phia⁴⁴
冷水一点　也嘴　不　到

37　思思心咘空，　　　　　　　　　　　想想心里亏，
mi³³mi³ ɕi⁵⁵pɯ³¹khỹ⁵⁵
想想　心不甘

38　想想可悲伤。　　　　　　　　　　　想想很悲伤。
ɕa³¹ɕa³¹ kho³¹ pe³³sã³³
想想　可　悲伤

39　思咋大爹在世界，　　　　　　　　　只想大爹在世间，
mi³³ tso⁴² ta⁵⁴ti³³ tsɯ³³ se⁴²kɛ⁴²
想　的是大爹　在　世间

40　况况孟孝养。　　　　　　　　　　　慢慢再敬孝。
khua⁵⁵khua⁵⁵ mɯ⁵⁵ ɕo⁴⁴jã⁴⁴
慢慢　　　才　孝养

41　咘想大爹别子别女别亲戚，　　　　　不想大爹丢子丢女丢亲戚，
pɯ³¹ɕa³¹ ta⁵⁴ti³³ piɛ⁵⁵tsɿ³³ piɛ⁵⁵n̠ɣ³³ piɛ⁵⁵tɕhĩ⁵⁵tɕɛ²¹
不想　大爹　丢儿　丢女　丢亲戚

42　咘思咹嘎桑。　　　　　　　　　　　不想我们了。
pɯ³¹mi³³ ŋa⁵⁵ tua⁴⁴ sa³³
不想　我们 上　了

43　大爹抬头卬咹听，　　　　　　　　　大爹起来听一听，
ta⁵⁴ti³³ tui⁵⁵khɯ³³ ka⁴⁴ ŋa⁵⁵ tɕhẽ⁵⁵
大爹　起来　　把　我们 听

44　侄咹和你卬咒说。　　　　　　　　　侄儿跟您说说话。
tɕi⁴² ŋa⁵⁵ ko⁵⁵ no³¹ ka⁴⁴to²¹sua⁴⁴
侄　我们 和　你　说说话

45　因为爹妈早别我，　　　　　　　　　因为我们爹妈早过世，
ju³³ue⁵⁴ ti³³mo³³ tsɯ³³ piɛ⁵⁵ ŋa⁵⁵
因为　爹妈　早　丢　我们

46　做人话呢咘算花。　　　　　　　　　怎样做人的话也没有留下。
tsu⁵⁵n̠i²¹ to³¹ li⁵⁵ pɯ³¹ sua⁴⁴ xua⁴⁴
做人 话语　也　不　说　下

47　侄我身长心不熟，　　　　　　　　　侄儿个子虽高心幼稚，
tɕi⁴² ŋa⁵⁵ tshẽ⁵⁵ to⁴² ɕi⁵⁵ pɯ³¹ tsu⁴²
侄　我们 身　大　心　不　成熟

48　娃娃之气不当家。　　　　　　　　　娃娃之气难当家。
ua⁴²ua⁴²vɣ³¹tɕhi⁵⁴ pu³⁵ tã³³ja³³
娃娃之气　　　不　当　家

49　这两年自日子转打咽，　　　　　　　这两年日子有好转，

nɯ⁵⁵ ko³³ sua⁴⁴ tɕɿ⁵⁵ sũ³³ xuo³⁵ tsui⁴² ta⁴² jɯ³⁵
这　　两　　年　　则　　生活　　　　转回　来

50　可是大爹吰招呼呋肺。　　　　　　　　　　　可是没有招呼到大爹您。
　　ko²¹ɕi⁵⁵ ta⁵⁴ti³³ ɲi⁵⁵ nɔ³³ tso⁵⁵xo⁵⁵ pɯ³¹ phia⁴⁴
　　可惜　　大爹　　您　上　　招呼　　　不　到

51　人家面前勤皿提，　　　　　　　　　　　　　人家面前提一提，
　　ɲi²¹kɛ⁵⁵ tɕi⁴²mi⁴² tɕhĩ⁵⁵ ka⁴⁴thi⁵⁵
　　人家　　　面前　　　亲　　提一提

52　自觉面惨惨。　　　　　　　　　　　　　　　自知面难看。
　　tsi⁵⁵ju³⁵ mi⁵⁵tshã³³tshã³³
　　自觉　　　面惨惨

53　大爹好吐日子过嘟那，　　　　　　　　　　　大爹好的日子过不着，
　　ta⁵⁴ti³³ tɕho⁵⁵ nɔ³³ ɲi⁴⁴ɕɛ⁴⁴ ko⁴² tu⁴⁴ na⁵⁵
　　大爹　　好　　的　　日子　　　过　不得　啊

54　自孟要走花。　　　　　　　　　　　　　　　就那么走了。
　　tsɿ⁵⁵mɯ⁵⁵ no³³ pe⁴⁴ xua⁴⁴
　　怎么　　　要　　走　了

55　唵哥唵姐罢过后呢思老嘪，　　　　　　　　　咱哥咱姐在后面想我们，
　　ŋa⁵⁵ko³³ ŋa⁵⁵tɕi³¹ pa⁵⁵ ko⁴²xɯ⁵⁵ mi³³ lɔ³¹ tua⁴⁴
　　我们哥　我们姐　他们　过后　　　想　老　上

56　大爹自孟阿样呢呋说。　　　　　　　　　　　大爹您一句话也没有留下。
　　ta⁵⁴ti³³ tsɿ⁵⁵mɯ⁵⁵ ʔa³¹ja⁴² li⁵⁵ pɯ³¹ sua⁴⁴
　　大爹　　怎么　　　　一样　　也　不　说

57　犹如孤雁宿山林，　　　　　　　　　　　　　犹如孤雁宿山林，
　　jo³¹zu⁴² ku³³jɛ̃⁵⁵ su³⁵ se³³lĩ⁴²
　　犹如　　孤雁　　　宿　　山林

58　最伤心伤肝。　　　　　　　　　　　　　　　最让人伤心伤肝。
　　tsui⁵⁴ sã³³ɕɯ³³sã³³kã⁴⁴
　　最　　伤人　　心肝

59　月亮空呢十五圆，　　　　　　　　　　　　　纵然月亮缺口十五还能圆，
　　mi⁵⁵ɳa⁴⁴ khũ⁵⁵ ni⁵⁵ tsɿ⁴²ṽ³³ ũe³¹
　　月亮　　　缺　　也　十五　　　圆

60　大爹走老呋见呀。　　　　　　　　　　　　　大爹走后不见回。
　　ta⁵⁴ti³³ pe⁴⁴ la⁴² pɯ³¹ kẽ⁴² ja⁴⁴
　　大爹　　走　了　不　见　回

61　硬心铁肺走嚅武，　　　　　　　　　　　　　这么硬心走你的，
　　ʔɛ⁴²ɕi⁵⁵ thi⁴⁴phia⁴⁴ pe⁴⁴ nɯ⁵⁵vɿ³¹
　　硬心　　铁肺　　　　走　你的

62　皿唵四代丢后花！　　　　　　　　　　　　　把我们四代丢后面！

ka⁴⁴ ŋa⁵⁵ si⁵⁴te⁵⁴ piɛ⁵⁵ ɣɯ³³ xua⁴⁴
把 我们 四代 丢 后 了

63　人家眼狠流眼泪，　　　　　　　　　　　　人家眼里流着难过的泪，
ɲi²¹kɛ⁵⁵ ue³³ xɯ³¹ kɯ²¹ mi³¹yi³¹
人家 眼里 流 眼泪

64　子女眼狠流出血。　　　　　　　　　　　　子女眼里流着伤心的血。
tsɿ³³n̩ɣ³³ ue³³ xɯ³¹ kɯ²¹ tɕhi⁴⁴ sua⁴⁴
子女 眼里 流 出 血

65　大爹有呣吐恩情，　　　　　　　　　　　　大爹你对我们的恩情，
ta⁵⁴ti³³ tsɯ³³ ŋa⁵⁵ nɔ³³ ʔũ³³tɕhũ⁴²
大爹 有 我们 的 恩情

66　敬呒等孝养！　　　　　　　　　　　　　　竟得不到孝养！
tɕɯ⁵⁵ pɯ³¹ tɯ⁴⁴ ɕo⁴⁴jã⁴⁴
竟 不 得 孝养

67　大树倒字猴子散，　　　　　　　　　　　　人说大树倒后猴子散，
to⁴²tsɯ³¹ pa⁴⁴ tsɿ⁵⁵ ɣo²¹sua⁵⁵ sã⁴²
大树 倒 则 猴子 散

68　白费大爹吐心肺。[1]　　　　　　　　　　　白费了大爹您的心肝。
pɯ³⁵fe⁵⁴ ta⁵⁴ti³³ ɲi⁵⁵ ɕi⁵⁵phia⁴⁴
白费 大爹 您 心肝

69　大爹请起咽，　　　　　　　　　　　　　　大爹请起来，
ta⁵⁴ti³³ tɕhẽ³³ khɯ³³ jɯ³⁵
大爹 请 起 来

70　册呣香火接。　　　　　　　　　　　　　　把我们的香火接。
ka⁴⁴ ŋa⁵⁵ ɕõ⁵⁵xui³³ tɕa⁴⁴
把 我们 香火 接

71　清茶淡酒吃保杯，　　　　　　　　　　　　清茶淡酒喝一杯，
tɕhi³³tɕha⁴² tã⁵⁴tɕo⁵⁵ ʔɯ³³ po³¹ tsɿ⁵⁵
清茶 淡酒 喝 它 杯

72　冷饭寒菜吃保哈。　　　　　　　　　　　　冷汤冷菜吃一口。
kɯ⁵⁵xɛ⁵⁵ ka²¹zɿ³¹ jɯ⁴⁴ po³¹xa⁴⁴
冷汤 寒饭 吃 它一口

73　阴司路上没客主，[2]　　　　　　　　　　　阴司路上没客主，
jũ³³sɿ³³ thu³³ nɔ³³ mo³³ khɛ⁴⁴tsɯ³³
阴司 路上 没 客主

74　充革呢饥饿。　　　　　　　　　　　　　　就怕您饥渴。

---

[1] 这两句的意思连不上，似乎隐喻老人过世后的家庭纷争。这个句子的出现，也许是作者的疏忽，也许真有其事。按祭文的常规，也许是后者，因为老人过世后，家庭纷争往往就此发泄。

[2] 客主[khɛ⁴⁴tsɯ³³]：即寄宿处所的主人。

tshu³³kẽ⁵⁵ n̠i⁵⁵ tɕi⁵⁵kha⁴⁴
就怕　　您　饥渴

75　自从今日相离别，　　　　　　　　　　　自从今日相离别，
tsɿ⁵⁴tsho⁴² tɕɯ³³zɿ³⁵ ɕa³³ li⁴²pi³⁵
自从　　今日　　相 离别

76　阴阳各一方。　　　　　　　　　　　　　阴阳各一方。
jũ³³ja⁴² ko³⁵ ji³⁵fã³³
阴阳　　各　一方

77　阳间难留阴间客，　　　　　　　　　　　阳间难留阴间客，
jã⁴²tɕɛ̃³³ na⁴²liu⁴² jũ³³tɕɛ̃³³ khɯ³⁵
阳间　　难留　　阴间　　客

78　三留咓得自舍说！　　　　　　　　　　　不得相留怎么说！
sa⁵⁵lio⁵⁵ pɯ³¹tɯ⁴⁴ tsɿ⁵⁵ sɛ³¹ sua⁴⁴
相留　　不得　　则　怎么　说

79　扎必大爹马只等，　　　　　　　　　　　扎给大爹一匹马，
tsa⁵⁵pi⁵⁵ ta⁵⁴ti³³ mɛ³³tsɿ³³tɯ²¹
扎给　　大爹　　马儿一个

80　阴司路吐行李挂。　　　　　　　　　　　阴司路上驮行装。
jũ³³sɿ³³ thu³³ nɔ³³ ɕɯ⁴²li³¹ kua⁴⁴
阴司　　路　上　行李　　挂

81　吉日良辰殡葬吐，　　　　　　　　　　　吉日良辰殡葬您，
tɕi³⁵zɿ³⁵ nia⁴²tshu⁴² fã⁵⁵sã³³ n̠i⁵⁵
吉日　　良辰　　殡葬　　您

82　十亲五戚自舍说。　　　　　　　　　　　十亲五戚说什么。
sɿ³⁵tɕhũ³³ u³¹tɕhi³⁵ tsɿ⁵⁵sɛ³¹ sua⁴⁴
十亲　　五戚　　什么　说

83　三别三施冲明天，　　　　　　　　　　　骨肉分开在明天，
sa⁵⁵piɛ⁵⁵ sa⁵⁵sɛ⁴⁴ tshu³³ mɛ⁵⁴n̠i⁴⁴
相丢　　相割　　就　明天

84　走阿那上看？　　　　　　　　　　　　　这回到哪里相见？
pe⁴⁴ ʔa⁵⁴na⁴⁴ sa⁵⁵ʔã³³
走　哪里　　相见

85　再要𠲎三见，　　　　　　　　　　　　　要想再相见，
tse⁴⁴ n̠o³³ ka⁴⁴ sa⁵⁵kẽ⁴²
再要　把　相见

86　水下捞月亮。　　　　　　　　　　　　　水下捞月亮。
ɕy³³ ɣɛ³³ vɣ²¹ mi⁵⁵uã⁴⁴
水　下　捞　月亮

87　千河水散海头绝，　　　　　　　　　　　千河水散海源绝，

tɕhi⁵⁵ kv̩⁵⁵ ɕy³³sã⁴² ko²¹tɯ²¹ tsũi⁴⁴
千 河水散 海头 断

88　大爹吐呢哒见呀。　　　　　　　　　　　　难见大爹转回家。
ta⁵⁴ti³³ nɔ³³ li⁵⁵ pɯ³¹ ke⁴² ja⁴⁴
大爹 上 也 不 见 回

89　一别千秋永不会，　　　　　　　　　　　　一别千秋永不会，
ji³⁵ pi³⁵ tɕhĩ³³tɕhio³³ jõ³¹ pu³⁵hui³⁵
一别 千秋 永 不会

90　可哀可恸可悲伤。　　　　　　　　　　　　可悲可恸可悲伤。
kho³¹ʔɛ³³ kho³¹thõ⁵⁴ kho³¹pẽ³³sã³³
可哀 可恸 可悲伤

呜呼哀哉！尚飨！

初献

91　一行初献泪汪汪，　　　　　　　　　　　　一行初献泪汪汪，
ji³⁵ ɕɯ̃⁴² tshu³³ ɕĩ⁵⁴ lui⁵⁴uã³³uã³³
一 行 初 献 泪汪汪

92　乌鸦舍山哭自家。　　　　　　　　　　　　乌鸦舍山哭自家。
u³¹ja³³ se³¹ sẽ³³ khu³⁵ tsʅ⁵⁴tɕa³³
乌鸦 舍 山 哭 自家

93　一旦音容何处见，　　　　　　　　　　　　一旦音容何处见，
ji³⁵tã⁵⁴ jũ³³jõ⁴² xo⁴²tshv̩⁵⁴ tɕɛ̃⁵⁴
一旦 音容 何处 见

94　举首空望白云乡。　　　　　　　　　　　　举首空望白云乡。
tɕy³¹so³¹ khõ³³uã⁵⁵ pɯ³⁵jũ⁴² ɕã³³
举首 空望 白云 乡

亚献

95　再行亚献更加惨，　　　　　　　　　　　　再行亚献更加惨，
tse⁵⁴ ɕɯ̃⁴² ja⁵⁴ɕĩ⁵⁴ kũ⁵⁴tɕa³³ tshã³¹
再 行 亚献 更加 惨

96　日亏海崩实难堪。　　　　　　　　　　　　日亏海崩实难堪。
zʅ³⁵khui³³ xe³¹pũ³³ sʅ³⁵ nã⁴²khã³³
日亏 海崩 实 难堪

97　大爹之恩不得敬，　　　　　　　　　　　　大爹之恩不得敬，
ta⁵⁴ti³³ tsʅ³³ ʔũ³³ pu³⁵ tɯ³⁵ tɕɯ̃⁵⁴
大爹 之 恩 不 得 敬

98　肝肠断裂意何安！　　　　　　　　　　　　肝肠断裂意何安！
kã³³tshã⁴² tuã⁵⁴li³⁵ ji⁵⁴ xo³¹ ŋa³³
肝肠 断裂 意何安

后 记

本书是财团法人丰田财团资助的"中国白族白文文献收集整理项目和保存"成果之一。

白族白文文献丰富多彩，但多藏于山村古寨。回顾白文文献收集过程，曾得到许多热心白族白文文献的专家、学者和友人的大力支持，本次收集了一大批资料。本书选取了其中的一部分：国家级民间文艺传承人赵丕鼎先生提供的大本曲2本和祭文1篇，云南省社科院侯冲先生和剑川张文渤先生提供的经文4篇，剑川县志办张笑先生提供的经文1篇，大理州博物馆提供的本子曲2本，云龙大达村张兴高先生和大理州文化局施珍华先生提供的吹吹腔不同版本各1篇，大理市民间艺人张维明先生提供的经文1篇，剑川已故张金坤先生早年提供的祭文1篇，云龙团结乡文化站李昱先生提供的祭文1篇，释读者早年收藏的白曲1本，美国傅京起教授提供她母亲徐琳老师生前珍藏几十年的白曲残书1本。有众多有识之士的大力支持，才奠定了本书资料的雄厚基础。

白文古文献的释读本身是一项艰难的工作，一是没有工具书可供参考；二是明代把地方典籍和简编付之一烬后，书写不统一；三是有的文献因藏于地下或年深日久，页面残损错乱，字迹不清；四是为了关顾地区性的文献涉及多种方言土语；五是录入排版的符号和格式极为复杂。在释读这批文献过程中，除本项目人员外，还得到许多友人翻译和技术的热情协助，其中张笑先生提供已翻译了几段的经文，傅京起教授提供徐琳老师初步校订、翻译残书的部分遗稿，赵丕鼎先生不吝赐教翻译中的问题，大理市郊中学的张福雄老师在假期主译并初录了一本，还有，张杏莲、杨福寿、杨建芳等几位老师也给予协助，大理州博物馆谢道辛、杨伟林等先生还协助有关文献图版的拍摄工作，德爱科技服务部李孟刚先生、下关的侯芳女士、江西的易德发先生也提供了技术支持。有他们的热情相助，才使这部书的科学释读顺利进行。

本书所载为民间历代纸质文本文献，它们思想内容之全、文体种类之多、文字符号之杂、技术处理之繁，是白文文献整理历史上的第一次。广西师范大学出版社集团为本书的出版付出了极大的努力。承蒙该出版社集团董事长兼总裁何林夏教授、文献图书出版分社雷回兴社长亲自审定书稿并一直关注编辑工作，文稿编辑鲁朝阳及肖爱景二位老师对书稿逐字逐句进行细心校订，美术编辑徐俊霞老师为版式和图版进行精心设计。有出版社的全力支持，才使这批深藏于少数民族民间的秘籍如此以高质量和新面孔稳扎于书林。

在本书出版之际，本课题组难以忘记文献提供者、协助释读者、技术支持者和出版社的辛劳，于此将上述先生、女士和机构的大名载于书上，借以表达课题组的感激之情。

释读这批文献过程中，课题组各位同仁都付出了极大的精力，其中段伶先生从文献编选到逐字逐句释读、录入、校订到印前排版及图版初编，都至始至终。由于文献释读数量庞大，遇到问题较多，主编及释读者的愿望虽然美好，但正如白语俗语说的"手长衣袖短"，书中不免存在纰漏，敬请读者见谅和指正。现在呈书于读者面前，意在抛砖引玉，希望今后有更多深藏于民间的文献面世，有更多的研究者参与释读，让白族文化中的这朵隐秘奇葩，在民族文化的大花园里大放异彩，为传承和弘扬优秀民族文化作出应有的贡献。

编者

2010 年 11 月于大理